국어 방언에 반영된 음운론적 변화

오종갑

역락

머리말

한 민족의 언어는 그 민족정신의 소산으로서 그 속에는 그 민족의 오랜 역사와 문화가 어리어 있음은 주지하는 바와 같다. 그렇다면 한 지역의 언어적 특징을 드러내는 지역방언 속에는 그 지역 주민의 오랜 전통과 문화가 담겨 있을 것임은 두말 할 필요가 없다. 뿐만 아니라, 이 방언은 지역 주민 사이에 친근감을 불러일으키고 주민 상호간의 단결을 조장하여 애향심을 불러일으키기도 한다.

그런데 이 방언을 자세히 들여다보면 인접지역인데도 어떤 어사는 동일하고 어떤 어사는 차이를 보이는 경우가 있음을 알 수 있다. 이처럼 방언 상호간에는 공통점과 함께 차이점도 있는데 그것은 문법의 차이로 설명된다.

한국정신문화연구원에서 발간한 『한국방언자료집』은 전국 138개 군(울릉군 제외)의 방언들이 가진 공통점과 차이점을 밝힐 수 있는 자료를 제공하였다. 이 책에서는 바로 이 자료들을 활용하여 138개 군의 방언들이 어떻게 같고 어떻게 다른지를 음운론적으로 연구하였다.

"'·'의 변화"를 비롯하여 "*b, *d, *z, *g의 변화"에 이르기까지 열다섯 개의 구조기술에서 나타난 음운변화를 이 책에서 다루었다. 이들 각각은 원래 독립된 논문으로 작성된 것이었다. 그러나 한 권의 책으로 엮는 과정에서 체제의 통일을 이루기 위해 원래의 논문에 변개가 이루어진 부분이 있다.

이를테면, ㅕ의 변화, 어미 'ㅑ/ㅕ'의 변화, 'ㅣ+ㅏ'의 변화, 'ㅜ/ㅗ+ㅓ/ㅏ'

의 변화, 어미 '아X'의 변화, 'ㅣ'역행동화, 자음탈락, 유기음화, 어중경음화 등은 원래 영남방언의 특징을 밝히는 데 초점을 맞추어 연구된 것이었다. 그러나 '·'의 변화, 'ㅓ, ㅡ'의 변화, y계 하향이중모음의 변화, w계 중모음의 변화, 어두경음화, /*b, *d, *z, *g/의 변화 등은 특정 지역이 아닌 138개 지역 방언 전체를 비교, 대조하여 연구하였다.

양자 사이에 보이는 이러한 차이는 양자를 묶어서 한 권의 책으로 엮는 과정에서 일관성의 결여라는 문제점을 야기하였다. 그래서 이 책에서는 앞의 논문에서 결여되었던 전국 단위에서의 논의를 보완하였음을 밝혀 둔다.

『한국방언자료집』에는 각각의 어사에 대해 138개 군의 방언형이 제시되어 있다. 그러므로 어떤 음운변화에 대해서 연구하려고 하면 이 방언형들을 모두 비교하여 그 같고 다름을 밝혀야 하는데 자료의 방대함 때문에 이 비교 작업이 간단하지가 않았다. 저자가 자료를 정리하여 비교한 과정을 유기음화의 경우를 예로 들어 소개하면 다음과 같다.

자료집에는 유기음화와 관련하여 12개의 어사가 수록되어 있다. 처음에는 이 12개 어사를 컴퓨터에 입력하고 그것을 '호글 프로그램'의 정렬 기능을 활용하여 정렬한 다음 서로 비교하는 방법으로 연구를 시작했다. 그러나 이 방법은 자료 입력에 너무 많은 시간이 소모되었다. 그래서 발음기호를 판독하여 그것을 바로 입력할 수 있는 프로그램을 수소문하였으나 그런 프로그램은 찾을 수가 없었다. 자료 입력만 되면 메일머지 프로그램을 활용하여 어사별 방언지도를 그릴 수 있고, 그것을 보면 지역별 차이가 단번에 드러나게 될 텐데 자료 입력의 어려움 때문에 그렇게 할 수 없는 안타까움이 있었다.

그러다가 고안한 것이 군별 방언형을 가위로 잘라 그것을 메일머지 프로그램을 활용하여 지도에 붙이는 방법이었다. 마침 전산학을 전공하는 가아의 도움을 받아 각 군별 방언형을 가위로 잘라 그것을 전국지도 상의 해당 군에 붙이는 프로그램을 완성하였다. 이 프로그램을 활용하여 어사별로 방언지도를 그리고 그것을 다시 부호로 바꾸어 지도에 표시한 것이 부록의 유기음화와 관련된 지도들이다.

이러한 시행착오를 거쳐 마지막으로 얻어진 자료 정리 방법은 변화에 직접 관련되는 분절음만을 군별로 표기하여 그 변화 과정을 분석하고 비교하는 것이었다. 이 마지막 방법이 대량의 자료를 통계적으로 처리하는 데 결정적 기여를 하였다고 할 수 있다.

이 책에서는 국어 방언의 변화와 관련된 음운규칙 51개가 다루어졌다. 이들 가운데 13개는 중부방언에서, 24개는 동남방언에서, 13개는 서남방언에서, 그리고 1개는 제주방언에서 그 개신파가 발생한 것으로 추정되었다. 이 추정이 가능하다면 국어의 변화를 주도한 방언은 동남방언이라고 할 수 있겠으나 중부방언과 서남방언도 큰 부분을 담당하였다고 할 수 있다.

『한국방언자료집』에는 울릉군의 방언 자료는 등재되지 않았다. 그 이유는 울릉군의 방언이 아직 정착되지 않아 사람에 따라 상당한 차이를 노정하기 때문이었다. 유일하게 조사되지 않은 울릉군의 방언에 대해서 그 실상을 알고자 하는 것은 당연한 귀결이다. 그래서 필자는 울릉군의 방언을 조사하여 울릉군 지역에서 그 언어가 어느 정도로 정착되었는지를 연구하였는데, 그 결과를 부론으로 수록함으로써 이 책에서 명실상부하게 국어방언 전체를 조망할 수 있게 되었다.

도표와 지도가 많아서 편집에 큰 어려움이 있음에도 불구하고 좋은 책을 만들어 주신 출판사 관계자 여러분께 깊은 감사의 말씀을 드린다.

2021년 5월 21일

오 종 갑

차례

3. 'ㅕ'의 변화 / 91

4. 어미 'ㅑ/ㅕ'의 변화 / 123

Ⅰ. 서론

Ⅰ. 서론

경상남도 김해 지역어에서는 표준어의 '고무래'를 '당그래'라고 하고, 경상북도 경산 지역어에서는 그것을 '밀개'라고 한다. 이 두 단어는 동일한 의미를 나타내지만 어휘항목(기저형) 자체의 차이이기 때문에 음운론적 변화를 다루는 본 저서에서는 다루어지지 않는다.

그런데 '안개가 끼어'의 '끼어'가 제주도 북제주 지역어에서는 '끼연'으로, 충청남도 보령 지역어에서는 '껴'로 실현되어 차이를 보인다. 그 이유는 전자에서는 /끼+어(언)/에 y첨가규칙이 적용되어 [끼연]으로, 후자에서는 y활음화규칙이 적용되어 [껴]로 실현되었기 때문이다.

'옷을 다리다.'의 '다리-'는 경기도 연천 지역어에서는 [대리-]로, 충청북도 보은 지역어에서는 [다리-]로 실현되어 차이를 보인다. 그 이유는 전자에서는 i역행동화규칙이 적용되고, 후자에서는 개재자음 'ㄹ' 때문에 그것이 적용되지 않았기 때문이다.

'정미소 앞에 겨가 쌓여 있다.'의 '겨'는 강원도 양구 지역어에서는 [제]로, 전라북도 완주 지역어에서는 [저]로 실현되어 차이를 보인다. 그 이유는 전자에서는 구개음화규칙→y순행동화규칙→y탈락규칙의 순서로 규칙이 적용되고, 후자에서는 구개음화규칙→y탈락규칙→y순행동화규칙의 순서로 그것이 적용되었기 때문이다.

J. K. Chambers & P. Trudgill(1980 : 45-50)에서는 첫 번째와 같은 경우는 음운규칙의 차이로, 두 번째와 같은 경우는 규칙 적용 환경의 차이로, 세 번째와 같은 경우는 규칙 적용 순서의 차이로 보고, 이러한 차이가 방언의 차이를 가져온다는 가설을 세웠다.

방언의 차이가 이처럼 음운규칙(환경, 순서)의 차이로 설명될 수 있다면,1) 국어의 방언들 사이에서 보이는 차이도 통시적으로 발달해 온 음운규칙의 차이로 설명될 수 있을 것이다.

그런데 지금까지의 연구에서는 주로 각 지역어 단위로 음운론적 연구가 이루어졌기 때문에 해당 지역어의 음운론적 측면에서의 연구 성과는 상당한 정도의 진척이 있었다고 할 수 있다. 그러나 각 지역어의 연구에서 밝혀진 여러 음운규칙들이 지역어 상호간에는 그 적용 정도에 어떠한 차이가 있는지, 각 규칙의 개신지는 어디이며, 그것이 어디에서 어디로 전파되어 갔는지 등에 대해서는 크게 관심을 기울이지 않았다. 다시 말하면, 각 규칙들을 중심으로 한 지역어 상호간의 비교, 대조적 연구가 별로 이루어지지 않음으로써 방언 상호간의 수수 관계를 거의 파악할 수 없는 실정이다.

방언 상호간의 비교, 대조에 의한 연구가 부진한 것은 방언 자료의 수집에 어려움이 있기 때문임은 두말할 필요도 없다. 그런데 다행히도 한국정신문화연구원에서 『한국방언자료집』을 간행함에 따라 각 지역 방언의 어휘, 음운, 형태 등의 연구는 물론이고, 이들의 비교를 통해 각 방언의 특성을 밝힐 수 있으며, 전국적인 언어지도의 작성을 통해 방언 상호간의 수수 관계

---

1) Saporta(1965 : 224)에서는 방언의 차이를 다음과 같이 말하고 있다.
"The grammars of two speakers with different dialects will differ then, in one way of two ways : either the grammars will have different rules, or the grammars will have the same rules in a different order."
그리고 King(1969 : 39-63)에서는, "To say that dialects have become different is to say that the grammars of these dialects are different, …….."(p.39)라고 하여 방언 간의 차이를 규칙 첨가(rule addition), 규칙 소멸(rule loss), 규칙 재배열(rule reordering) 등으로 설명하고 있다.

를 밝히는 일이 가능해졌다.2)

이 책에서는 『한국방언자료집』에 나타난 자료들을 활용하여 그들의 음운론적 변화(음운규칙)에 대한 실상을 분석하고, 분석 결과를 바탕으로 각 변화의 빈도를 군 단위로 통계 처리하며, 통계 처리 과정에서 밝혀진 빈도를 바탕으로 전국언어지도를 작성하고자 한다.

그런데 어느 한 지역의 어떤 어사에서 발생한 음운규칙은 그 자리에 그대로 머무는 것이 아니라 지역적으로 계속 확산되어 가므로, 이 책에서는 이러한 규칙들의 확산에도 관심을 기울일 것이다. 다시 말하면, 각 지역의 해당 어사들에 이 규칙들이 적용된 빈도를 조사, 비교하고, 그 적용 정도의 차이를 바탕으로 개신지를 추정한 다음 그것이 한반도 내부에서 지역적으로 전파되어 간 경로까지 추정해 보고자 한다. 그리고 마지막으로 규칙 적용 빈도를 기준으로 군 단위의 언어적 거리를 측정한 다음 그것을 활용하여 국어의 방언권을 구획해 보고자 한다.

---

2) 『한국방언자료집』 이외에도 전국적인 방언자료집으로는 小倉進平(1944), 김형규(1974), 최학근(1990) 등을 들 수 있다.

Ⅱ. 모음 변화

1. '·'의 변화

소실음 '·'[3]는 현대국어의 제 방언에서는 그 반영음이 ɨ, i, a, o, u, ə, ɘ, ɜ, ɐ, e, E, ɛ, ø 등으로 다양하게 실현된다. 그러나 '·'가 일차적으로 경험한 변화를 기준으로 볼 때는 그 반영음이 ɨ, a, o, ə, ɐ[4] 등으로 실현되어 ɐ가 실현되는 제주도 방언을 제외하고는 방언 간의 차이가 뚜렷이 드러나지 않는다. 그래서 '·'의 비음운화를 다룬 기존의 연구들에서는 방언의 구별 없이 대체로 '·'가 1단계에서는 '·>ㅡ' 변화를, 2단계에서는 '·>ㅏ, ㅗ, ㅓ' 변화를 경험한 것으로 보고 있다.

하나의 음운이 비음운화 되는 과정에서 여러 개의 다른 음운으로 변화되는 것이 불가능한 일은 아닐 것이다. 그러나 '·'가 비음운화 되는 과정에서 15세기의 7단모음('ㅣ, ㅡ, ㅓ, ㅏ, ㅜ, ㅗ, ·') 중 '·' 자신과 'ㅣ, ㅜ'를 제외한

---

3) '·'의 음가에 대해서는 학자들 사이에 견해가 일치하지 않으나 여기서는 그 음가를 'ʌ'로 추정하고 논지를 전개하기로 한다. 학자들의 추정 음가를 보면 다음과 같다.
유희(1824), 최현배(1961 : 504-505) : 'ㅏ'와 'ㅡ'의 간음, 이극노(1937) : ɔ, 河野六郎(1945), 허웅(1978a : 371), 이기문(1972b : 111) : ʌ, 이숭녕(1949) : 'ㅏ'와 'ㅗ'의 간음, 권재선(1992 : 233) : ɘ 등.

4) 『한국방언자료집Ⅸ』(제주도편)에는 제주방언에서 '·'의 반영음이 ɨ, a, o, ə, ɐ 등으로 실현되어 육지의 방언들과는 달리 '·'가 ɐ로 실현되는 예들이 있음을 볼 수 있다. 그런데 현평효(1962)에서는 이 반영음을 ɒ로, 현우종(1988)과 김원보(2006)에서는 ɔ로 표기하여 차이가 있으나 여기서는 앞의 자료집의 표기에 따라 ɐ로 표기하고 '원순후설저모음'으로 취급한다.

4개의 모음으로 변화되었다고 하는 것은, 그것도 동일한 방언에서 그렇게 다양하게 변화되었다고 하는 것은 상식적으로 납득하기 어렵다.

'·'와 관련된 연구는 그 대상 자료가 중앙어이든 방언이든 상관없이 주로 15세기 국어의 모음체계 재구와 그 전후의 모음추이가 어떠했는지를 밝히는 데 초점이 맞추어졌다. 그래서 개별 방언을 중심으로 한 연구 업적은 다수 발견되나 방언 간의 비교, 대조에 초점을 맞추어 그 변화의 차이를 규명한 업적은 발견되지 않는다.

그런데 개별 방언을 중심으로 한 업적들을 종합해 보면, '·'의 비음운화에 대한 해석이, 방언의 차이와는 거의 무관하게, 15세기 국어의 모음체계를 설위의 대립체계(1.3의 [그림 2] 참조)로 보느냐 설축의 대립체계(1.3의 [그림 3]과 [그림 4] 참조)로 보느냐에 따라 크게 두 가지로 갈라져 있음을 알 수 있다. 다음에서는 이들의 해석을 간략히 살펴보기로 한다.

15세기 모음체계를 전자와 같이 본 논문에는 이기문(1972)가 있다. 이 논문에서는 비어두 음절에서 일어난 '·>ㅡ' 변화를 '·'의 제1 단계 소실로, 어두 음절에서 일어난 '·>ㅏ' 변화를 '·'의 제2 단계 소실로 구분하였는데, 전자는 16세기에, 후자는 18세기 중엽에 완성된 것으로 보았다. 그리고 1단계 변화가 일어난 원인에 대해서는 14세기에 있었던 것으로 추정되는 "모음추이에 의하여 결과된 '·'의 불안정성과 어미의 단일화 경향이 공동"으로 작용하였기 때문이라고 하였으며, 2단계 변화의 원인에 대해서는 구체적 언급이 없으나 1단계 변화의 연장선상에서 이해하고 있는 듯하다.

15세기 모음체계를 후자와 같이 본 논문에는 김완진(1978)[5]과 박창원(1986)을 들 수 있다. 이 논문들에서는 [그림 3] 및 [그림 4]와 같은 설축대립의 모음체계에서 '·'와 'ㅡ'가 중화되어 1단계 변화('·>ㅡ')가 일어나고, 2단계 변화('·>ㅏ')는 1단계 변화의 결과 모음체계가 1.3의 [그림 2]와 같이 설위의

5) 김완진(1963)에서는 15세기 국어의 모음체계를 [그림 2]와 같이 설정하였으나 김완진(1978)에서는 그 체계를 [그림 4]와 같이 수정하였다.

대립체계로 바뀌어 '·'와 'ㅏ'의 거리가 가까워지자 '·>ㅏ'의 변화가 일어난 것으로 해석하였다. 그리고 '·>ㅓ' 변화에 대해서는 'ㅓ'가 후설화되자 '·'가 이에 흡수된 것으로 해석하였다. 그런데 신승용(2003 : 184-187)에서는 모음체계가 [그림 3]에서 [그림 2]로 바뀌고, 1·2단계의 변화를 인정하는 점에서는 앞의 경우와 동일하다. 그러나 1단계 변화를 중화의 결과로 보지 않고 모음체계 변화의 촉발 요인으로 본 점에서 앞의 경우와 차이가 있다.

정승철(1995 : 18-53)에서는 현대 제주도 방언에서 '·'가 음소로 설정되며, 15세기에 '·'를 가지고 있던 어사들 중에는 비어두음절에서 '·>ㅡ, ㅓ' 변화를, 어두음절에서 '·>ㅏ, ㅡ, ㅓ, ㅗ' 변화를 경험한 어사들이 있음을 지적하였다. 그리고 곽충구(1994 : 253-257)에서는 함북 육진방언의 비어두에서는 '·>ㅡ' 변화가, 어두에서는 '·>ㅏ, ㅓ' 변화가 있었음을 지적하였다. 이 양자에서 제시된 '·'의 변화 원인은 김완진(1978)에서 제시된 것과 별다른 차이가 없는 것으로 보인다.

최전승(1995 : 427)에서는 19세기 후기 전라방언에서는 비어두음절에서의 '·>ㅏ' 변화가 중앙어에 비해서 그 빈도가 높음을 지적하였다. 그리고 그 원인은 1·2단계의 변화가 "남부방언으로 전파되어 가는 과정에서 완급의 차이로 인하여" 시간상의 중복이 일어나고, 이 중복으로 말미암아 음절 위치에 구애되지 않고 두 단계의 변화가 동일한 대상에 경쟁적으로 작용하였기 때문이었을 것이라는 견해를 피력하였다.

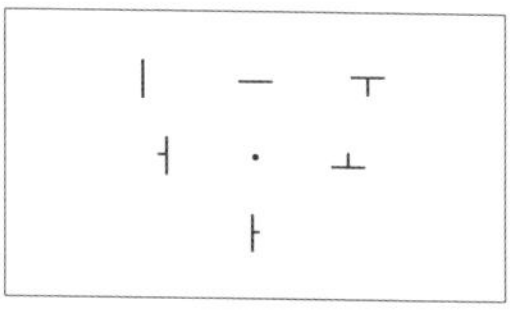

〔그림 1〕

백두현(1992 : 267-275)에서는 영남 문헌어에서 '·>ㅡ, ㅏ, ㅓ' 변화가 어두, 비어두 모두에서 일어났음을 지적하였다. 그리고 15세기의 모음체계를 [그림 1]처럼 설정하고, 1·2단계 변화의 이유를 비어두와 어두의 모음체계의 차이로 해석하였다. 즉, '·'와 'ㅡ'가 중화되어 16세기에 '·>ㅡ' 변화가 완성되자 비어두의 모음체계에서는 '·'가 소멸되었으나 어두의 모음체계에서는 아직 '·'

가 존재하다가 18세기에 다시 'ㆍ'와 'ㅏ'가 중화되고, 또 'ㅓ'의 후설화로 'ㆍ'가 'ㅓ'에 흡수되어 모음체계에서 'ㆍ'가 완전히 소멸된 것으로 해석하였다.

이상에서 살펴본 바에 의하면, 지역 방언에 따라 'ㆍ>ㅡ, ㆍ>ㅏ, ㆍ>ㅗ, ㆍ>ㅓ' 변화 중 어떤 것은 나타나지 않는 경우도 있고, 같은 변화가 일어나더라도 그 빈도에 차이가 있음도 짐작할 수 있다. 그렇다면 이들 변화가 모두 동일 개신지를 가진 것이 아니라 서로 다른 개신지를 가졌을 가능성이 있음에도 그 점에 대해서 관심을 기울인 연구는 찾아보기 어렵다.

1.1. 변화의 실제

1.1.1. 비어두에서의 변화

1.1.1.1. 'ㆍ'의 경우

중세국어나 근대국어의 비어두 음절에서 'ㆍ'를 가졌던 어사를 『한국방언자료집』에서 찾아보면 '가랑비(<ᄀᆞᄅᆞᄫᅵ, 월석 1 : 36)[6], 가루(<ᄀᆞᄅᆞ, 자회 중 : 22),

6) 이 책에서 이용된 문헌의 약호와 그 간행 연대는 다음과 같다.

1445	용가	용비어천가	1632	두중	두시언해 중간
1446	훈해	훈민정음 해례	1637	권념	권념요록
1447	석보	석보상절	1653	벽신	벽온신방
1447	훈언	훈민정음 언해	1664	유합	유합
1449	월곡	월인천강지곡	1670	노걸	노걸대언해
1459	월석	월인석보	1677	박중	박통사언해 중간
1462	법화	묘법연화경언해	1678	요로	요로원야화기
1462	능엄	능엄경언해	1682	마언	마경초집언해
1466	구방	구급방언해	1690	역어	역어유해
1475	내훈	내훈	1703	삼역	삼역총해
1481	두초	두시언해 초간	1711	두경	두창경험방
1482	남명	남명집언해	1715	역보	역어유해보

가르-(<가ᄅᆞ-, 월곡 107), 가르치-(<ᄀᆞᄅᆞ치-, 석보 19 : 2), 가리키-(<ᄀᆞᄅᆞ치-, 월석 9 : 37), 가을(<ᄀᆞᅀᆞᆶ, 두초 7 : 3), 감자(<감ᄌᆞ, 자회 상 : 11), 고프-(<골ᄑᆞ-, 남명 상 : 10), 나물(<ᄂᆞᄆᆞᆶ, 두초 22 : 14), 나흘(<나ᄋᆞᆯ, 월석 7 : 71), 노루(<노ᄅᆞ, 자회 상 : 18), 다듬-(<다ᄃᆞᆷ-, 월석 2 : 28), 다듬이질(<다ᄃᆞᆷ이, 박중 중 : 4), 다르-(<다ᄅᆞ-, 용가 24), 다섯(<다ᄉᆞᆺ, 용가 86), 다음(<다ᄋᆞᆷ, 한청 13 : 60), 마르-(<ᄆᆞᄅᆞ-, 乾, 능엄 8 : 12), 마르-(<ᄆᆞᄅᆞ-, 裁, 자회 하 : 19), 마을(<ᄆᆞᅀᆞᆶ, 두초 7 : 3), 마음(<ᄆᆞᅀᆞᆷ, 용가 18), 마흔(<마ᅀᆞᆫ, 석보 6 : 25), 만들-(<ᄆᆞᆫᄃᆞᆯ-, 번소 10 : 6), 모르-(<모ᄅᆞ-, 석보 6 : 8), 바람(<ᄇᆞᄅᆞᆷ, 용가 2), 바로(<바ᄅᆞ, 석보 6 : 20), 사람(<사ᄅᆞᆷ, 석보 6 : 5), 사흗날(<사ᄒᆞᆺ날, 번박 상 : 46), 사흘(<사ᄋᆞᆯ, 용가 67), 아름답-(<아ᄅᆞᆷ답-, 석보 13 : 9), 아우(<아ᅀᆞ, 월

1482	금삼	금강경삼가해	1722	물보	물보
1489	구간	구급간이방	1728	청구	청구영언
1511	삼강	삼강행실도 중간	1736	여사	여사서
1514	속삼	속삼강행실도	1748	동문	동문유해
1517	번소	번역소학	1753	왕랑	왕랑반혼전
1518	여씨	여씨향약언해	1763	해동	해동가요
1518	이륜	이륜행실도	1764	염불	염불보권문(동화사)
1518	정속	정속언해	1768	몽류	몽어유해
1527	자회	훈몽자회	1771	사략	십구사략언해
1541	우마	우마양저염역병치료방	1773	물명	물명고
1547	번노	번역노걸대	1773	유물	유씨물명고
1547	번박	번역박통사	1776	염불	염불보권문(경북대)
1553	은중	불설대보부모은중경	1776	염불	염불보권문(해인사)
1569	칠대	칠대만법	1783	자휼	자휼전칙
1577	계초	계초심학인문	1787	병학	병학지남
1583	석천	석봉천자문	1797	오륜	오륜행실도
1586	소언	소학언해	17??	왜어	왜어유해
1608	언태	언해태산집요	17??	태평	태평광기
1608	언두	언해두창집요	17??	한청	한청문감
1609	경서	경서석의	1832	신도	신도일록
1613	동의	동의보감	1880	경신	경신록언해
1614	사해	사성통해	1882	여소	여소학
1617	신속	동국신속삼강행실도	1916	통학	통학경편
1627	신어	첩해신어	1925	조한	조한사체
1632	가언	가례언해	?	한중	한중록

석 1 : 5), 아침(<아ᄎᆞᆷ, 석보 6 : 3), 아흐레(<아ᄒᆞ래, 석보 9 : 31), 아흔(<아ᄒᆞᆫ, 석보 6 : 37), 자루(<자ᄅᆞ, 袋, 능엄 8 : 88), 자루(<ᄌᆞᄅᆞ, 柄, 자회 중 : 12), 자르-(<ᄌᆞᄅᆞ-, 월곡 45), 자물쇠(<ᄌᆞ물쇠, 두초 24 : 30), 잠그-(<ᄌᆞᆷᄀᆞ-, 두초 7 : 33), 찬찬히(<ᄎᆞᆫᄎᆞ니, 번박 상 : 24), 하루(<ᄒᆞᄅᆞ, 석보 6 : 23), 하루살이(<ᄒᆞᄅᆞ사리, 자회 상 : 23), 흰자위(<흰ᄌᆞ의<*흰ᄌᆞᅀᅵ, 언태 43)' 등이 발견된다.[7] 그런데 이들 어사에 쓰인 'ㆍ'가 현대 국어의 여러 방언에서는 a, o, u, ɨ, i, ə, Ǝ, ɜ, ɐ, e, E, ɛ, ø 등의 유형으로 바뀌어 실현된다.

다음에서는 이들 유형이 어떠한 과정을 거쳐 변화되었는지 선행 자음의 유무와 그 성질에 따라서 살펴보기로 하되, 설명의 편의를 위해 각 어사의 유형별 실현 빈도를 먼저 보이면 [표 1]과 같다.[8]

〔표 1〕 'ㆍ'의 변화 유형별 실현 빈도(비어두, 어사별)

선행음		어사	a	o	u	ɨ	i	ə	Ǝ	ɜ	ɐ	e	E	ɛ	ø	x[9]	합계
양순음		나물			136			2									138
		자물쇠			91											47	138
		고프-			113	24			1								138
전설자음	①	다듬이질	2			46	78		7			2	2			1	138
		다듬-			5	92			41								138
		만들-				81			26							31	138
		다르-				79	28		17							14	138
		가르-				84	32		10							12	138
		마르-				88	36		14								138
		마르-				63	5		12							58	138
		모르-			6	72	40		18							2	138
		자르-				82	21		14							21	138

7) 이외에도 더 많은 어사가 있으나 제주도를 제외한 지역에서 모두 'ㆍ>ㅏ'로의 변화만 보여 통계 자료로서의 가치가 적은 어사들과, 다수의 지역에서 그 방언형이 다른 어사로 대치된 어사들은 제외하였다.

8) 각 방언형에 제시된 숫자는 해당 방언형이 실현되는 군의 수를 가리키고, 합계란에 제시된 138은 울릉군을 제외한 전국 군의 총수를 가리킨다. 이하 같음.

선행음		어사	a	o	u	ɨ	i	ə	∃	ɜ	ɐ	e	E	ɛ	ø	x[9]	합계
		가르차-	2			26	43		13							54	138
		가리카	2			17	54		5							60	138
		아름답-	2			93			41							2	138
		아침					122									16	138
		마을				65	30		5						10	28	138
		마음				24			9						105		138
	②	가을		2	3	62	19	1	26						25		138
		마흔	1	16	35	60			25						1		138
		아우		17	93		2									26	138
		노루		2	83		53										138
		자루	2	4	76	1	55										138
		자루		1	74		44								2	17	138
		가루		5	79	2	52										138
		하루		20	85	2	16		3			5	7				138
		하루살이	4	4	94	3	25		2			3	2			1	138
		비로		74	15		9		4							36	138
	③	흰자위	53	32				2	1				12	12		26	138
		감자	128					1					6	2		1	138
		찬찬히	107								2					29	138
		사람	136			2											138
		가랑비	118													20	138
		바람	136			1										1	138
	④	다섯						96	41	1							138
후설 자음		잠그-			112	20										6	138
성문음		사흗날	1			74			25						38		138
		아흔				94			25							19	138
		아흐레		1		75			41						21		138
후설 모음		사흘	1			84		1	19						33		138
		나흘	2			83		1	16						36		138
		다음				22			5						111		138
합계			697	176	1,017	1,521	711	104	466	1	2	10	29	14	382	528	5,658

'ㆍ'에 선행하는 자음이 양순음이나 후설자음인 경우에는, [표 1]에서 보는 바와 같이, 'ㆍ'가 대부분 u로 반영되고 있다. 이것은 'ᄂᆞᄆᆞᆯ>ᄂᆞ믈(박중, 중33), ᄌᆞᄆᆞᆯ쇠>ᄌᆞ믈쇠(박중, 상 : 37), 골ᄑᆞ->골프-(번노, 상 : 43), ᄌᆞᆷᄀᆞ->ᄌᆞᆷ그-(동문, 하 : 55)' 등의 예들이 발견되는 것으로 보아 'ㆍ'가 'ㅡ'로 바뀐 다음 다시 [+grave] 자질의 자음 아래서 'ㅡ>ㅜ' 변화를 경험한 것으로 해석된다.

그러나 '고프-, 잠그-'에서는 ɨ형으로 실현된 예들도 다수 발견되는데, 그것은 지역에 따라서는 'ㆍ>ㅡ'만 경험하고 'ㅡ>ㅜ'는 아직 경험하지 않았기 때문인 것으로 해석된다. 그리고 Ǝ형은 '고프-'의 경북 의성 방언형에서, ə형은 '나물'의 제주도 방언형에서 발견되는데, 이들은 각각 'ㆍ>ㅡ>ㅓ(Ǝ)'[10]와 'ㆍ>ㅓ' 변화를 경험한 것으로 해석된다.

선행자음이 성문음인 경우와 선행자음이 없는 경우(후설모음)에는 주 반영음이 ɨ로 나타나고, Ǝ로도 다수 나타난다. 그런데 후자의 Ǝ형이 나타나는 지역이 경북과 경남지역에 치우쳐 있는 점으로 미루어 보아 이들 지역에서는 'ㆍ>ㅡ'를 경험한 'ㅡ'가 다시 'ㅓ(Ǝ)'로 변화되었음을 알 수 있다.

강원 인제에서는 '사ᄒᆞᆺ날, 사ᄋᆞᆯ, 나ᄋᆞᆯ'에서 'ㆍ'가 모두 a형으로, 경북 영천에서는 '나ᄋᆞᆯ'에서 'ㆍ'가 a형으로 바뀐 예가 발견된다. 그리고 전북 완주에서는 '사ᄋᆞᆯ, 나ᄋᆞᆯ'의 'ㆍ'가 ə형으로 바뀌어 다소 특이한 모습을 보이는데, 이 지역에서 'ᄒᆞ다'가 '허다'로 바뀌었음을 감안하면 이러한 변화가 가능했던 것으로 보인다.

ø형은 'ㆍ>ㅏ' 변화를 경험한 다음 동음이 탈락된 것으로 해석할 수도 있고, 'ㆍ>ㅡ' 변화를 경험한 다음 모음충돌로 'ㅡ'가 탈락된 것으로 해석할 수도 있기 때문에 'ㅏ, ㅡ' 둘 중 어느 것이 탈락된 것인지 단정하기 어렵다.[11]

---

9) x : 해당 어사의 방언형이 등재되지 않았거나 다른 어사로 바뀐 경우를 나타낸다. 이하 같음.

10) 'ㅡ(ɨ)>ㅓ(Ǝ)' 변화의 개신지는 영남지역(경남 북부 지역)이었던 것으로 추정된다(오종갑 1999e 참고, 이 책 Ⅱ.2 참고).

11) 뒤의 3에서 보게 될 '[표 5] 변화 유형으로 본 지역별 실현 빈도'에서는 통계의 정확성

선행음이 양순음, 후설자음, 성문음, 후설모음인 경우에는 ‘·’가 거의 모두 ‘·>ㅡ’ 변화를 경험한 것과는 달리, 선행음이 전설자음인 경우에는 주 반영음이 무엇이냐에 따라 네 유형으로 나누어 볼 수 있다.

첫째는, [표 1]의 전설자음 ①에서 보는 바와 같이, ‘·’가 ‘·>ㅡ’ 변화를 경험하여 주 반영음이 ɨ로 실현된 경우인데, 이 경우의 ɨ는 다시 선행 전설자음 ‘ㄹ, ㅅ(<ㅿ), ㅊ’에 동화되어 i로 전설모음화 되기도 하였다. 그러나 ‘ㄷ’가 선행될 때는 전설모음화 되지 않았으며, ‘다듬이질’에서 i형이 나타나는 것은 i역행동화에 의한 것으로 그 성격을 달리한다.

동일한 전설자음이 선행되는 경우라도 ‘마음(<ᄆᆞᅀᆞᆷ)’과 ‘마흔(<마ᅀᆞᆫ)’에서는 i형이 발견되지 않고, ‘아침(<아ᄎᆞᆷ)’의 경우에는 ɨ형이 발견되지 않는다. 그 이유는 전자의 경우는 전설모음화 되기 전에 ‘ㅿ’가 탈락되거나 ‘ㅎ’로 바뀌어 동화주가 소멸되었기 때문이고, 후자의 경우는 ɨ가 모두 전설모음화 되었기 때문이다.

전설자음 ①에 해당되는 어사들에서 ‘·’가 ‘ㅓ(ə)’로 변화된 방언형도 상당수 발견되는데, 이들이 실현되는 지역은 모두 경북과 경남에 치우쳐 있다. 이로 볼 때 이 유형은 ‘·>ㅡ’ 변화를 경험한 다음 이들 지역에서 다시 ‘ㅡ>ㅓ(ə)’ 변화를 더 경험한 것으로 해석된다.

‘다듬-’과 ‘모르-’에서는 u형으로 실현된 경우도 있는데, 전자는 ‘다ᄃᆞᆷ->다듬-(역보 14)>다둠-’의 과정을 거친, 즉 ‘·>ㅡ’ 변화와 후행 순음에 의한 구축모음화를 거친 것으로 해석되고, 후자는 ‘모ᄅᆞ-’가 선행 ‘ㅗ’에 의한 구축모음화[12]로 ‘모로-(번박 상 : 75)’가 된 다음 다시 모음조화가 붕괴된 것으

을 위해 이 경우처럼 그 변화 유형이 불분명한 것은 제외하였다.

12) 『訓民正音』(制字解)에서는 “ㅗ與·同而口蹙 ……ㅏ與·同而口張……ㅜ與ㅡ同而口蹙……ㅓ與ㅡ同而口張”이라고 하여 이들 모음이 ‘ㅗ/ㅜ(+구축, −구장) : ·/ㅡ(−구축, −구장) : ㅏ/ㅓ(−구축, +구장)’와 같은 정도대립 관계에 있음을 말하고 있다. 그래서 여기서는 ‘· → ㅗ, ㅡ → ㅜ’와 같은 변화는 구축모음화로, ‘· → ㅏ, ㅡ → ㅓ’와 같은 변화는 구장모음화로 부르기로 한다. 그런데 김주필(2003)에서도 ‘· → ㅗ, ㅡ → ㅜ’는 구축화로, ‘· → ㅏ, ㅡ → ㅓ’는 구장화로 보아 여기서와 비슷한 견해를 보이고 있으나 내용상으로는 ‘· : ㅗ, ㅡ : ㅜ’와 ‘· : ㅏ, ㅡ : ㅓ’를 정도대립으로 보지 않고 유

로 해석된다.

대다수의 지역에서 '·>ㅡ' 변화를 경험한 것과는 달리 전북(4)[13], 전남(1), 강원(1), 경북(2)에서는 '·>ㅏ' 변화를 경험한 예가 발견된다. 그리고 강원 정선과 경북 울진에서는 e형이 발견되는데, 이것은 '·>ㅓ' 변화를 경험한 다음 다시 'ㅣ'역행동화된 것으로 해석되고, 경북 영덕과 청송에서 발견되는 E형은 e형이 다시 e>E 변화[14]를 경험한 것으로 해석된다.

둘째는, [표 1]의 전설자음 ②에서 보는 바와 같이, 주 반영음이 주로 u로 실현된 경우이다. 이 경우는 'ᄌᆞᄅᆞ(柄, 금삼 2 : 12)>ᄌᆞ로(왜어 하 : 17)>자루, ᄀᆞᄅᆞ(법화 1 : 223)>ᄀᆞ로(두경 19)>가루, ᄒᆞᄅᆞ(석보 6 : 23)>ᄒᆞ로(자휼 7)>하루, 바ᄅᆞ(석보 6 : 20)>바로(노걸 상 : 6)>바루' 등에서 'ᄅᆞ'의 '·'가 ㅗ'로 바뀐 예들이 발견되고, '아ᅀᆞ(월곡 1 : 5)>아ᄋᆞ(소언 6 : 34)>아오(한중 6)>아우, 겨ᅀᆞᆯ(두초 3 : 50)>겨ᄋᆞᆯ(두중 19 : 31)>겨올(사략 2 : 35)>겨울, 여ᅀᆞ(월곡 70)>여ᄋᆞ(소언 4 : 43)>여오(사략 2 : 11)>여우' 등과 같이 기원적으로 'ㅿ'를 가졌던 어사에서 '·'가 'ㅗ'로 바뀐 예들이 발견되는 것으로 보아 'ㄹ, ㅇ(<ㅿ)' 아래서 '·>ㅡ' 변화 이외에 '·>ㅗ' 변화도 있었음을 추론할 수 있다. 그렇다면 전설자음 ②에서의 주 반영음 u는 '·>ㅗ' 변화와, 그에 이은 모음조화 붕괴로 다시 'ㅗ>ㅜ' 변화를 경험한 것이라는 추론이 가능하게 된다.[15] '노ᄅᆞ>노로'의 경우

무대립으로 본 점에서 차이가 있다.
그리고 이병근(1979 : 157)에서는 '몬져>먼져'와 같은 비원순모음화는 "18세기 후엽에 비롯되어 19세기 중엽에 확실하여지고"라고 하였는데, 이것은 국어 모음체계에서 'ㅓ(평순) : ㅗ(원순)'의 대립이 모음체계에 자리 잡았음을 확인시켜 주는 것이다. 그래서 여기서는 19세기 중엽을 경계로 하여 그 이전의 '·>ㅗ, ㅡ>ㅜ'는 구축모음화로, 그 이후의 'ㅡ>ㅜ, ㅓ>ㅗ'는 원순모음화로 불러 양자를 구별하고자 한다.

13) ( ) 안의 숫자는 해당 방언형이 실현되는 군의 수를 가리킨다. 이하 같음.

14) e>E 변화의 개신지는 경남의 남해안 지역이었던 것으로 추정된다(오종갑 1999e 참고, 이 책 Ⅱ.5 참고).

15) 전설자음 ②에 속하는 어사들에서의 '·>ㅗ>ㅜ' 변화는 모음조화 붕괴 단계에서의 변화이지만, '겨ᅀᆞᆯ, 여ᅀᆞ'에서의 '·>ㅗ>ㅜ' 변화는 모음조화 형성 단계에서의 변화이기 때문에 이 둘의 변화에 대한 음운론적 기제는 서로 다르다.

는 위의 어사들과 동일하게 '·>ㅗ' 변화를 경험하였으나 선행 음절의 'ㅗ'에 의한 구축모음화라는 점에서 차이가 있다.

전설자음 ②에서는 '·>ㅡ' 변화를 경험한 어사들도 상당수 발견되나 거의 전부 전설모음화에 의한 'ㅡ>ㅣ' 변화를 경험했기 때문에 'ㅡ'로 남아 있는 예는 소수에 지나지 않는다. 그리고 모든 어사들에서 '·>ㅗ' 변화를 경험한 예들도 발견되는데, 동일 어사가 이렇게 두 유형으로 나타나는 것은 '·>ㅡ' 규칙과 '·>ㅗ' 규칙이 경쟁적으로 적용되었음을 의미한다.

ə형은 전북 완주에서 한 예가 발견되는데, 이것은 '·>ㅓ' 변화를 경험한 것으로 해석되며, a형은 '·>ㅏ' 변화를 경험한 것으로 경기(1), 충남(1), 경북(4), 경남(1)에서 산발적으로 나타난다. Ǝ형은 모두 영남지역에서 나타나는 것으로 보아 '·>ㅡ>ㅓ(Ǝ)'의 과정을 겪은 것으로 해석된다. e형은 전남(5)에서, E형은 전북(1)과 전남(6)에서 '하루'의 방언형('하레')으로 실현된 것인데, 이것은 'hʌrʌ → haro+suffix-i>haroy>harö>hare>harE'의 과정을 겪어 발달된 형태로 해석할 수 있다(최전승 1995 : 314). 그렇다면 e, E형은 그 변화 과정 속에 '·>ㅗ' 변화가 포함되어 있다고 할 수 있다.

'가을, 마흔'의 경우는 주 반영음이 'ㅡ'로 나타나 전설자음 ①에 해당되는 어사로 볼 수도 있을 것이다. 그러나 '·>ㅡ' 규칙과 '·>ㅗ' 규칙이 동일 어사에 적용되고 있는 점에서는 전설자음 ②의 어사들과 동일한 유형의 변화를 보인다고 하겠다. 다만 이 경우에는 후자보다는 전자의 규칙이 더 많이 적용되었다는 점에서 차이가 있다.

셋째는, [표 1]의 전설자음 ③에서 보는 바와 같이, 주 반영음이 a로 실현된 경우로서 a 이외의 음으로 실현된 경우는 매우 드물다. 그러나 '*흰ᄌᆞᄉᆡᆨ'의 'ᄌᆞ'에 쓰인 '·'는 'ㅏ'뿐만 아니라 'ㅗ'로 실현된 예도 다수 발견되어 앞의 경우와 차이를 보이는데, 그 이유는 앞에서 본 '·>ㅗ' 규칙이 이 어사에까지 확대 적용되었기 때문인 것으로 해석된다. 이 유형이 실현되는 지역에는 충남(1), 전북(6), 전남(5), 경북(3), 경남(17) 등지가 있다.

전설자음 ③의 어사들 중에는 ε형과 E형으로 실현된 예도 각각 12개씩 발견되는데, 이것은 '*흰ᄌᆞᄉᆡ>흰ᄌᆞᄋᆡ>흰지>흰재(ay)>흰재(ε)>흰재(E)'와 같은 과정을 거쳐 나타난 유형으로 이해된다. ε형은 충남북에서, E형은 경북에서 주로 나타난다. '감자'의 경우도 ε형과 E형으로 실현된 예가 발견되는데, 이 경우는 앞의 '하레'에서 본 바와 같이 '감ᄌᆞ'에 suffix-i가 첨가되어 '감ᄌᆡ'가 되고, 이것이 다시 '·>ㅏ' 변화와 단모음화를 경험한 것으로 해석할 수 있다('감ᄌᆞ(ʌ)>감ᄌᆡ(ʌy)>감재(ay)>감재(ε)>감재(E)'). ɨ형('·>ㅡ')은 제주도에서만 나타나며, ə형('·>ㅓ')은 제주(1), 충남(1), 전북(1)에서, Ǝ형('·>ㅓ(ə)>ㅓ(Ǝ)')은 경남(1)에서 나타난다. ɐ형은 ʌ>ɐ 변화를 경험한 것으로 제주도에서만 나타난다.

넷째는, [표 1]의 전설자음 ④에서 보는 바와 같이, 주 반영음이 ə형으로 실현된 경우인데, 이 ə형은 경남북에서는 Ǝ형으로, 경기 시흥에서는 ɜ형으로 바뀌어 실현된다.

이상에서 살펴본 바를 종합하면, 비어두음절의 '·'는 크게 두 종류의 변화를 경험하였다고 할 수 있다. 하나는 모음조화의 붕괴에 의한 '·>ㅡ' 변화인데, '·'에 선행하는 음이 양순음, 후설자음, 성문음, 후설모음인 어사들의 거의 전부가 이 변화를 경험하였다. 다른 하나는 자생적 변화로서의 '·>ㅏ, ㅗ, ㅓ' 변화인데, '·'에 선행하는 음이 전설자음인 어사들이 주로 이 변화를 경험하였다. 그러나 후자의 일부 어사들에서는 두 유형의 방언형이 혼재하는 경우도 있는데, 그 이유는 어사와 지역에 따라서 '·>ㅡ' 규칙과 '·>ㅏ, ㅗ, ㅓ' 규칙이 시기의 선후를 두고 경쟁적으로 적용되었기 때문인 것으로 해석된다.

'·>ㅏ'는 '·'가 동일한 설축계열 모음 중에서 구장음으로 바뀐 것이고, '·>ㅗ'는 '·'가 동일한 설축계열 모음 중에서 구축음으로 바뀐 것이다. 소멸의 운명에 놓인 '·'가 동일 계열의 인접한 음으로 바뀌는 것은 예측 가능한 일이다. 그러나 '·>ㅓ'는 설축계열 모음이 다른 계열인 설소축계열 모음으로 바뀌어 앞의 경우와는 차이를 보인다. 그 이유는 'ㅓ'의 조음 영역이

'·'의 조음 영역과 가까웠기 때문인 것으로 이해된다.

김완진(1978)에서는 중세국어의 'ㅜ, ㅡ, ㅓ' 중에서 'ㅓ'의 조음 영역이 다른 모음보다 다소 전설 쪽으로 치우쳐 있었을 것이란 추정을 하였다. 그런데 김영송(1981 : 21)에 제시된 현대국어 모음의 X선 사진 모사도를 보면, 'ㅓ'는 혀의 최고점으로는 중설모음이지만 좁힘 자리는 목머리로 되어 있어 설축모음에 해당됨을 알 수 있다. 그렇다면 중세국어에서 다소 전설 쪽으로 치우치면서 설소축모음으로 조음되던 'ㅓ'가 그 뒤 조음영역이 보다 더 후설 쪽으로 옮겨지면서 혀의 오므림에서도 변화가 일어나 '설축'의 영역에 가까워지자 이것이 원인이 되어 '·>ㅓ' 변화가 일어나게 된 것으로 설명된다.

모음조화의 붕괴에 의한 '·>ㅡ' 변화가 있었음을 앞에서 보았다. 그런데 거기서 문제가 되는 것은 개재자음이 양순음, 후설자음, 성문음이거나 개재자음이 없는 후설모음인 경우에는 그 변화가 더 빨리 진척되고, 개재자음이 전설자음인 경우에는 그 변화가 늦게 진척된 이유가 무엇이냐 하는 점이다.

'·>ㅡ' 변화에 의한 모음조화 붕괴는 선후행 설축모음의 연결에서 후행 설축모음이 설소축모음으로 바뀌는 일종의 이화작용이다. 그런데 개재자음이 [+cor] 자질을 가진 전설자음일 때는 그것이 '·>ㅡ' 변화에 일종의 제약으로 작용하였기 때문에 그 변화가 늦어지고, 반대로 개재자음이 [-cor] 자질을 가진 자음일 때는 오히려 그것이 촉진 요인으로 작용하였기 때문에 그 변화가 보다 빨리 진척되었다고 할 수 있다.[16] 그러나 이렇게 해석하면 후설모음의 경우는 [-cor] 자질의 자연부류가 될 수 없는 어려움이 있다. 그런데 후설모음까지 포괄할 수 있는 자질로는 [+grave]가 있다.

양성모음을 가진 음절에 '·'를 가진 음절이 연결되면, 그 음의 연결은 '[V, +RTR, +grave]({[C, +grave], h})[ʌ, +RTR, +grave]'와 같이 되어, 성문

16) 백두현(1992 : 70)에서는 여기와는 달리 [+cor] 자음 뒤에서 '·>ㅡ' 변화가 더 활발하였으리라는 추정을 하였다. 그리고 송민(1986 : 138-140)에서는 '·' 비음운화가 'ㅎ, ㄱ,ㅂ>ㄷ,ㄹ>ㅅ,ㅈ>ㅁ>ㄴ'의 과정으로 확산되어 갔을 것으로 추정하였다.

음 h를17) 제외한 자음이 개재할 때는 [+grave] 자질을 가진 음 셋이, [grave] 자질과는 무관한 'ㅎ'가 개재하거나 개재자음이 없을 때는 [+grave] 자질을 가진 음 둘이 연속되게 된다. 그런데 모음조화붕괴('이화')란 측면에서 보면 이러한 동일 자질 음의 연속이 이화작용을 촉진시키는 요인으로 작용하여 '·>ㅡ' 변화('[V, +RTR, +grave]({[C, +grave], h})[ʌ, +RTR, +grave]' > '[V, +RTR, +grave]({[C, +grave], h})[ɨ, ±RTR, +grave]')가 빨리 이루어진 것으로 설명된다. 이에 반해, 전설자음, 즉 [−grave] 자질의 자음이 개재된 '[V, +RTR, +grave][C, −grave][ʌ, +RTR, +grave]'의 연결일 때는 중간에 이질적 요소인 [C, −grave] 때문에 전자보다는 이화력이 제약되고, 그 결과 '·>ㅡ' 변화가 늦게 이루어진 것으로 설명된다.

이제 다시 [표 1]로 돌아가 선행 음절 말음이 양순음, 후설자음, 성문음, 후설모음인 경우에는 거의 전부 '·>ㅡ' 변화를 경험하였으나 선행 음절 말음이 전설자음인 경우에는 '·>ㅡ' 변화와 더불어 '·>ㅏ, ㅗ, ㅓ' 변화를 다수 경험한 이유를 설명해 보기로 한다.

전자의 경우에는 [+grave] 자질을 가진 음이 연속되자 그것이 이화작용의 촉진제가 되어 양순음, 후설자음, 성문음, 후설모음 뒤에서는 '·>ㅡ' 변화가 빨리 완성되었다고 설명할 수 있다. 그러나 후자의 경우에는 [−grave] 자질을 가진 전설자음이 이화작용에 대한 제약 요인으로 작용하였기 때문에 그 변화가 상대적으로 늦게까지 진행되자 그동안에 제3의 지역에서 '·>ㅏ, ㅗ, ㅓ' 규칙이 새로 발생하여 이 규칙과 '·>ㅡ' 규칙이 경쟁적으로 적용되었다고 설명할 수 있다.

---

17) [grave]는 구강의 주변적 부분인 입술, 연구개, 후설에서의 조음 여부와 관련된 변별자질이다. 그런데 h는 성문에서 조음되므로 [grave] 자질과는 무관한 음이라고 할 수 있다. Harms(1968 : 31)에서도 h를 [grave] 자질과는 무관한 음으로 보긴 하나 "음성적 실현에 있어서는 동일 음절 안의 인접 모음과 동일한 위치자질(즉 grave, high(or diffuse), flat)을 취하게 될 것이라"고 하였다.

1.1.1.2. 'ㆎ'의 경우

중세 혹은 근대 국어의 비어두 음절에서 'ㆎ'를 가졌던 어사를 『한국방언자료집』에서 찾아보면 '호미(<호ᄆᆡ, 훈해 용자), 담뱃대(<담ᄇᆡㅅ대, 한청 349), 오디(<오ᄃᆡ, 자회 상 : 12), 보늬(<보ᄂᆡ, 두중 20 : 9), 가시(<가ᄉᆡ, 荊, 석보 11 : 35), 먼지(<몬ᄌᆡ, 석보 11 : 21), 잔치(<잔ᄎᆡ, 번박 상 : 57), 흰자위(<흰ᄌᆞᄋᆡ<*흰ᄌᆞᄉᆡ, 언태 43), 다래(<다ᄅᆡ, 한청 392), 시동생(<ᄉᆡᆨ동ᄉᆡᆼ, 번박 상 : 72), 사레(<사ᄅᆡ, 한청 382), 모기(<모ᄀᆡ, 석보 9 : 9), 종이(<죠ᄒᆡ, 훈해 용자)' 등이 발견된다. 그런데 이 'ㆎ'가 현대국어의 여러 방언에서는 a, o, u, i, ə, e, E, ɛ, uy, wi, ø 등의 유형으로 바뀌어 실현된다.

다음에서는 이들 유형이 어떠한 과정을 거쳐 변화되었는지 선행 자음의 유무와 그 성질에 따라서 살펴보기로 하되, 설명의 편의를 위해 각 어사의 유형별 실현 빈도를 먼저 보이면 [표 2]와 같다.

〔표 2〕 'ㆎ'의 변화 유형별 실현 빈도(비어두, 어사별)

선행음		어사	a	o	u	i	ə	e	E	ɛ	uy	wi	ø	x	합계
양순음		호미			28	95								15	138
		담뱃대	3	3	22		3		64	43					138
전설자음	①	오디			12	41		2	4	1	1			77	138
		보늬			1	38		4	9	1				85	138
		가시				106								32	138
		먼지			3	129								6	138
		잔치	3			108		6	10	11					138
	②	흰자위	1		22	29			3		11	1	44	27	138
	③	다래						9	68	56				5	138
		시동생	21						41	36				40	138
	④	사레				22		42	48	1				25	138
후설자음		모기			61	76								1	138
성문음		종이		25	42	71									138
합계			27	29	179	807	3	71	471	375	1			383	2,346

[표 2]에서 보는 바와 같이, 'ㆎ'에 선행하는 자음이 양순음인 '호미(호ᄆᆡ)'의 경우는 주 반영음이 i로 실현되나 u로도 상당수 실현되고 있다. 전자는 'ㆍ>ㅡ' 변화로 'ㆎ'가 'ㅢ'로 된 다음 다시 'ㅢ>ㅣ' 변화를 경험한 것이다('호ᄆᆡ>호믜>호미'). 후자는 'ㆎ'의 'ㆍ'가 선행 'ㅗ' 혹은 'ㅁ'에 의한 구축모음화로 'ㅚ'가 된 다음 다시 모음조화 붕괴로 'ㅟ'가 되었으나, 이것이 다시 'ㅣ' 탈락을 경험한 것일 수도 있고('호ᄆᆡ>호뫼(청구 15)>호뮈>호무'), 전자의 '호ᄆᆡ>호믜' 단계에서 다시 'ㅡ>ㅜ' 변화로 '호뮈'가 된 다음 'ㅣ'가 탈락된 것일 수도 있다('호ᄆᆡ>호믜(역어 하 : 7)>호뮈>호무'). 그런데 'ㆎ>ㅚ'에서의 'ㆍ>ㅗ'는 결합적 변화에 의한 것이므로 앞의 2.1.1에서 본 자생적 변화로서의 'ㆍ>ㅗ'와는 차이가 있음을 유념할 필요가 있다.

동일한 양순음이 선행하더라도 '담뱃대(담ᄇᆡᆺ대)'의 'ㆎ'는 'ㆍ>ㅏ' 변화로 'ㅐ(ay)'가 된 다음 다시 ε로 단모음화 되었으나 지역에 따라서는 또 다시 'ε>E' 변화를 경험하여 이 유형이 주류를 이룬다. 하지만, 또 다른 지역에서는 'ㆎ'가 'ㆍ>ㅗ'에 의해 'ㅚ'가 된 다음 다시 'ㅣ'가 탈락되어 'ㅗ'형으로 실현되기도 한다. 그리고 'ㅜ'형은 앞의 'ㅗ'형이 모음조화 붕괴에 의해 'ㅜ'형으로 바뀐 것으로 설명할 수도 있고, 'ㅚ'가 모음조화 붕괴에 의해 'ㅟ'가 된 다음 'ㅣ'가 탈락되어 나타난 것으로 설명할 수도 있다.

앞의 '호미'의 경우와는 달리, '담배'에서는 'ㆍ>ㅡ' 변화를 경험한 예들이 발견되지 않는다. 그 이유는, '담배'가 조선에 수입된 연대가 17세기 초엽이라고 한다면(『두산 백과사전』에 의함) 그것이 전국에 널리 보급되기까지에는 상당한 시일이 소요되었을 것이며, 그 때에는 'ㆍ>ㅡ' 변화는 이미 완성 단계에 들어서서 'ㆍ>ㅡ'보다는 'ㆍ>ㅏ'가 변화를 주도했기 때문인 것으로 이해된다.

'호미'와 '담배'의 변화 과정은 다음과 같았을 것으로 추정된다.

호ᄆᆡ>호믜>호미
　　　　>호뮈>호무
　>호뫼>호뮈>호무

담ᄇᆡ>담배(ay) >담배(ε)>담배(E)
　　　　　　>담바>담버
　>담뵈　　>담뷔>담부
　　　　　　>담보>담부

선행자음이 후설음인 경우와 성문음인 경우에는 'ㆎ'에 대한 주 반영음이 i형으로 나타나나 o형과 u형도 상당수 나타난다. i형은 모음조화 붕괴에 의해 'ㆎ>ㅢ'로 변화된 다음 다시 'ㅢ>ㅣ'로 단모음화된 것이므로 'ㆎ'의 'ㆍ'는 'ㅡ'로 변화되었다고 할 수 있다('모ᄀᆡ>모긔(자회, 상 : 11)>모기'). o형은 선행 음절의 'ㅗ' 모음에 동화되어 'ㆎ'의 'ㆍ'가 'ㅗ'로 변화되어 'ㅚ'가 되었으나 다시 y가 탈락된 것이다. 그리고 u형은 'ㅚ'에서 y가 탈락된 'ㅗ'가 모음조화 붕괴에 의해 'ㅜ'로 변화된 것도 있고('죠ᄒᆡ>죵ᄒᆡ>죵회>죵호>죵오>죵우'), 'ㅚ'가 바로 모음조화 붕괴에 의해 'ㅟ'로 바뀐 다음 y가 탈락된 것도 있었던 것으로 보인다('모ᄀᆡ>모괴(박중, 중 : 58)>모귀>모구').

선행음이 전설자음인 경우에는 주 반영음이 무엇이냐에 따라 네 유형으로 나누어 볼 수 있다.

첫째는 [표 2]의 전설자음 ①에서 보는 바와 같이 주 반영음이 i로 실현된 경우로서, 이 i는 'ㆎ'가 모음조화 붕괴로 'ㅢ'가 된 다음 다시 'ㅢ>ㅣ'로 단모음화된 것이다. 그러므로 i로 실현된 어사들의 'ㆍ'에 대한 반영음은 'ㆍ>ㅡ' 변화를 경험한 'ㅡ'였다고 할 수 있다. 그리고 소수의 uy, u, ε, a, e, E가 발견되는데, 이들의 변화 과정은 다음과 같이 설명된다.

uy형은, 앞에서 본 바와 같이, 'ㆎ'가 선행음절의 'ㅗ'에 의한 구축모음화와 모음조화 붕괴에 의해 'ㆎ>ㅚ>ㅟ'의 과정을 경험한 것이고, u형은 앞의

'ㅟ(uy)'에서 y가 탈락된 것이다. 그러므로 이 두 유형에서 '·'에 대한 반영음은 'ㅗ'라고 할 수 있다. ε형은 '·ㅣ'가 'ㅐ(ay)'로 바뀐 다음 다시 ε로 단모음화된 것이고, a형은 'ㅐ(ay)'에서 y가 탈락된 것이며, E형은 ε가 다시 ε>E 변화를 경험한 것으로 해석된다.

e형은 '·ㅣ'가 'ㅔ(əy)'로 바뀐 다음 다시 e로 단모음화 되었다고 할 수도 있고, '·ㅣ'가 '·ㅣ>ㅐ(ay)>ㅐ(ε)'로 바뀐 다음 모음조화 붕괴에 의해 e로 바뀌었다고 할 수도 있다. 그런데 '오딕'의 '·ㅣ'가 e로 실현된 지역은 충남의 예산과 홍성인데, 최학근(1994 : 1109), 김형규(1974 : 191), 小倉進平(1973 : 193)에는 '오딕'의 이들 지역 방언형이 'odε, odugε' 등으로 조사되어 있을 뿐만 아니라 전국의 어느 지역에서도 e형으로 실현된 예는 발견되지 않는다. 이러한 사실은 여기서의 e가 ε로 실현되던 때가 있었음을 알게 해 주며, 이 e는 ε가 모음조화 붕괴에 의해 나타난 형태일 것이라는 추정을 가능하게 한다.[18]

둘째는, [표 2]의 전설자음 ②에서 보는 바와 같이 '·ㅣ'에 대한 주 반영음이 ø형으로 실현된 경우인데, 이 경우에는 ø형 이외에 uy, wi, u, i, a, E 등의 유형이 더 실현된다.

ø형은 '*흰ᄌᆞ싀'가 '흰자'나 '흰재'처럼 실현된 경우에 발견되는 유형인데, 그 변화 과정은 '*흰ᄌᆞ싀>흰ᄌᆞ의>흰지>흰재(ay)>흰재(ε), 흰자'처럼 설정할 수 있다. 그러나 '흰ᄌᆞ의>흰지'의 경우 전후의 '·' 중에서 어느 것이 탈락되었는지 확정할 근거를 찾기 어려워 통계 처리에서는 제외하였다. uy형은, 앞의 1.1.1.1에서 본 바와 같이, '·>ㅗ>ㅜ' 변화에 따라 '·ㅣ>ㅚ>ㅟ'로 변화된 것이고, wi형은 'ㅟ'가 다시 uy>wiy[19]>wi 변화를 겪은 것이며, u형은 앞의 uy에서 y가 탈락된 것으로 보인다('*흰ᄌᆞ싀(ʌy)>흰ᄌᆞ의(ʌy)>흰ᄌᆞ외(oy)>흰자

---

18) '보늬'의 경우는 경기(여주), 강원(횡성), 충남(연기), 경남(합천)에서, '잔치'의 경우는 경기(연천, 포천), 강원(정선), 전남(나주, 장흥, 고흥) 등지에서 e형으로 실현되나 이 두 어사에 대한 방언형은 최학근(1994), 김형규(1974), 소창진평(1973) 등에 조사되어 있지 않다.

19) u>wi의 재음소화에 대해서는 백두현(1992 : 111)을 참고하기 바람.

위(uy)>(흰자위(wɨy))>흰자위(wi), 흰자우(u)').

i형은 선행자음이 s로 실현된 경우가 대부분인데, 그것은 '*흰ᄌᆞᅀᆡ'의 'ᅀᆡ'가 'ㅿ>ㅅ' 변화에 의해 '시'가 된 다음 다시 'ㆍ>ㅡ'에 의해 '싀'가 되고 이것이 다시 'ㅢ>ㅣ'로 단모음화된 것이다('*흰ᄌᆞᅀᆡ>흰ᄌᆞ시>흰ᄌᆞ싀>흰자시'). a형은 전북 무주에서 '흰자사'로 실현된 경우에서 발견되는 유형인데, 이것은 'ᅀᆡ'의 'ㆎ'가 'ㅐ(ay)'로 바뀐 다음 다시 y가 탈락된 것이고, E형은 앞의 ay가 단모음 ɛ로 바뀐 다음 다시 ɛ>E 변화를 경험한 것이다.

앞에서 살펴본 반영음들을 'ㆎ'의 'ㆍ'에 초점을 맞추어 분석해 보면, uy, wi, u형은 다 같이 'ㆍ>ㅗ' 변화를 경험한 것이고, i형은 'ㆍ>ㅡ' 변화를, a, E형은 'ㆍ>ㅏ' 변화를 경험한 것임을 알 수 있다. 그리고 그 실현 빈도수에서는 'ㆍ>ㅗ'가 가장 많고 'ㆍ>ㅡ'가 그 다음이 되므로, 탈락의 경우를 고려하지 않는다면, 이 경우의 'ㆍ'에 대한 주 반영음은 'ㅗ'가 된다고 할 수 있다.

그런데 '흰자위'의 '자위'에 해당되는 15세기 국어 어형은 'ᄌᆞᅀᆞ(능엄 8 : 7)'로서, 그 곡용의 유형을 '눉ᄌᆞᅀᆞ'의 경우로써 보면 '눉ᄌᆞᅀᆞᄂᆞᆫ(두초 16 : 40), 눈ᄍᆞᅀᆞ롤(능엄 2 : 109), 눉ᄌᆞᅀᆞ와(월석 21 : 215), 눉ᄌᆞᅀᆡ(주격, 월석 2 : 41), 눈ᄍᆞᅀᆞᄋᆡ(관형격, 능엄 3 : 1)' 등으로 나타나 'ㆍ'가 그대로 실현된다. 이에 비해 동일하게 어말에 'ᅀᆞ'를 가진 '아ᅀᆞ(훈해 용자례)'는 그 곡용형이 '앗ᅀᅵ(주격, 용가 103장), 앗ᅀᆞᆫ(용가 24장), 앗ᅀᆞᆯ(두초 8 : 28), 앗ᅀᆡ(두초 8 : 28), 앗ᅀᅵ로니(두초 능엄 1 : 76)' 등과 같이 나타나[20] 'ㆍ'가 탈락된 다음 남은 'ㅿ'는 선행음절의 말음이 되므로 전자와는 곡용형에서 차이가 있다. 다음에서는 이러한 차이가 무엇에 연유하는지 살펴보기로 한다.

'*흰ᄌᆞᅀᆞ'의 'ᅀᆞ'에 대응되는 현대국어 방언형에는 u형과 함께 uy형도 나타남을 앞에서 보았다. 이것은 '*흰ᄌᆞᅀᆞ'보다 앞선 시대의 어형이 '*흰ᄌᆞᅀᆡ'였으리라는 추정을 가능하게 한다. 훈몽자회에서 '睛 눈ᄌᆞᅀᆡ 쳥'(자회 상 : 13)

---

20) '눈ᄌᆞᅀᆞ, 아ᅀᆞ'의 곡용형은 허웅(1978b : 317-318)에서 가져 온 것이다.

이 나타나고, 두시언해 중간본에서도 '눈ᄌᆞᄋᆡ'(두중 9 : 19)가 나타나 말음이 '·ㅣ'임을 보여 주는데, 여기서의 'ᄌᆞᅀᅵ, ᄌᆞᄋᆡ'는 다 같이 '核'을 의미하는 것으로 앞의 'ᄌᆞᅀᆞ'의 변화형이다. 15세기에는 'ᄌᆞᅀᆞ'로 나타나다가 16세기에는 'ᄌᆞᅀᅵ'로 나타나므로 시기의 선후 관계로 본다면 후자가 뒷시대의 형태라고 하겠으나[21] 15세기의 곡용형과 동시에 고려하면 후자가 오히려 시기적으로 앞선 형태라고 할 수 있다.

15세기 국어의 곡용형 '아ᅀᆞ+이→아ᇫ이'에서 연음이 되지 않은 것은 분절음층에서는 '·'가 탈락되었으나 그것이 연결되어 있던 음절성분층의 N(ucleus)-자리(slot)는 존속되었기 때문이다. 이와 마찬가지로 'ᄌᆞᅀᆞ+이→ᄌᆞᅀᅵ'에서 '·'가 탈락되지 않은 것은 'ᅀᆞ'와 '이' 사이에 어떤 음운이 탈락되었으나 그것이 연결되어 있던 음절성분층의 자리는 존속되었기 때문에 모음충돌이 일어나지 않게 되고 그 결과 '·'는 탈락되지 않게 된 것이다. 그럼 탈락된 음운은 무엇인가. 그것은 훈몽자회에서 y를 가진 형태가 나타나고, 또 현대국어 방언에서도 어말에서 y가 실현되는 지역이 있는 것으로 볼 때 이 coda의 y가 탈락된 음운이었으리라는 추정이 가능해진다.

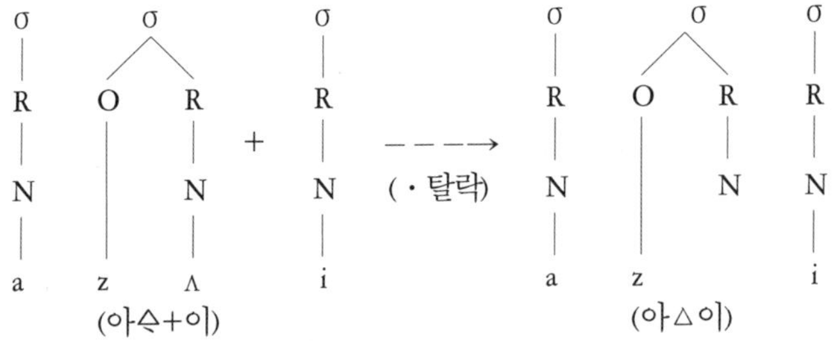

21) 최전승(1995 : 320)에서는 'ᄌᆞᅀᆞ'는 15세기부터 suffix-i가 붙은 'ᄌᆞᅀᅵ'와 공존하였으며, 이 'ᄌᆞᅀᅵ'는 개신형 또는 방언에서 유입되었을 것으로 보았다. 이것은 'ᄌᆞᅀᆞ>ᄌᆞᅀᅵ'를 인정하는 것으로 이해된다.

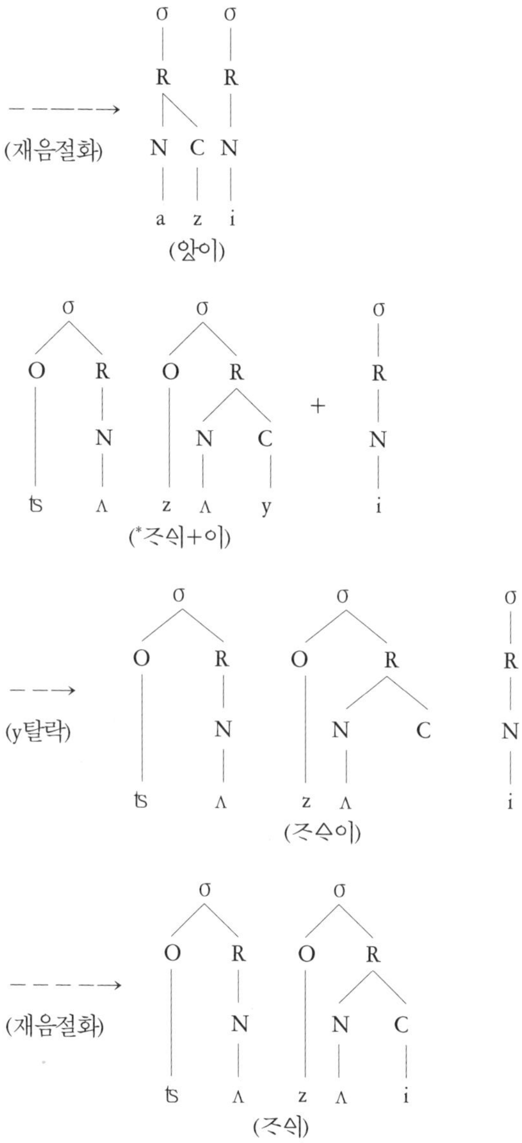

셋째는 [표 2]의 전설자음 ③에서 보는 바와 같이 '·ㅣ'에 대한 주 반영음

이 E형으로 실현되나 그에 못지않게 ε형도 다수 실현된 경우이다. 그런데 E와 ε는 ʌy>ay>ε>E의 과정을 거치면서 나타난 유형으로 해석되므로 '·ㅣ'의 '·'에 대한 주 반영음은 a라고 할 수 있다. 그리고 a형 역시 ay에서 y가 탈락된 것이므로 '·'의 주 반영음이 a임에는 차이가 없다.

그런데 '다래(다릭)'에서 나타나는 e형은 'ʌy>əy>e'의 과정을 거친 것으로 해석할 수 있는데, 이렇게 해석하면 다음의 전설자음 ④의 해석과 같이 '·>ㅓ' 변화가 이들 9개 군에 영향을 미쳤다고 할 수 있다. 그러나 최학근(1994 : 1192)에 의하면 e로 실현된 9개 군(충북 진천, 충남 서산, 당진, 아산, 천원, 청양, 부여, 서천, 경남 산청)에서 이들 어사의 '·ㅣ'에 해당되는 반영음이 모두 ε로 조사되어 있기 때문에 이 ε가 모음조화 붕괴에 의해 e로 바뀐 것으로 해석하고자 한다('다릭(ʌy)>다래(ay)>다래(ε)>다레(e)').[22] 그렇다면 이 경우도 '·'는 'ㅏ'로 바뀐 것으로 보아야 한다.

넷째는 [표 2]의 전설자음 ④에서 보는 바와 같이 '·ㅣ'에 대한 주 반영음이 E로 실현된 경우인데, 이 경우는 ③의 경우와는 달리 e형이 다수 실현된다. 여기서의 E는 ʌy>əy>e>E의 과정을 거쳐서 나타난 유형으로 해석되며, e형은 E로 변화되기 전 단계의 형태로 해석된다. 그러므로 여기서는 '·ㅣ'의 '·'에 대한 주 반영음이 ə라고 할 수 있다.

그리고 '·ㅣ'가 i로 실현된 예도 상당수 발견되는데, 이 유형은 ʌy>əy>e의 단계에서 다시 e>i 변화가 일어났다고 볼 수도 있으나 이들이 실현되는 지역이 경기(7), 강원(9), 충북(1), 경북(3), 경남(1)으로서 e>i의 세력이 약한 경기, 강원 등지가 중심을 이루고 있는 점으로 미루어 보아 이 규칙에 의한 변화는 아닌 듯하다. 그렇다면 이것은 '·>ㅡ' 규칙에 의해 '·ㅣ'가 'ㅢ'로 바뀌고, 이것이 다시 'ㅣ'로 단모음화된 것이라고 할 수 있다. ε형은 강원도 평창

22) 9개 군 중에서 경남 산청을 제외한 8개 군이 부사형어미 '아'에서 모음조화 붕괴('아>어')가 가장 심한 지역인 점도 이러한 해석을 뒷받침해 준다(오종갑 2007 참고, 이 책 Ⅱ.9 참고).

에서만 실현되는데, 이 경우는 'ㆎ'가 ay로 바뀐 다음 단모음화된 것이다.

이상에서 살펴본 'ㆍ'('ㆎ' 중의 'ㆍ')의 변화 유형과 앞의 1.1.1.1의 'ㆍ'의 변화 유형을 비교해 보면, 두 경우의 변화는 모음조화 붕괴에 의한 'ㆍ>ㅡ' 변화와 자생적 변화에 의한 'ㆍ>ㅏ, ㅗ, ㅓ' 변화를 함께 경험했다는 점에서 차이가 없음을 알 수 있다. 다만, 'ㆎ'의 경우에는 그에 선행하는 양순음이나 구축모음에 동화되어 구축모음화('ㆍ>ㅗ') 된 예가 다수 나타난다는 점이 특징적이나, 'ㆍ'의 경우에도 '노ᄅᆞ>노로, 모ᄅᆞ->모로-'와 같은 예가 나타나는 것으로 보아 정도의 차이가 있을 뿐이다.

1.1.2. 어두에서의 변화

1.1.2.1. 'ㆍ'의 경우

중세 혹은 근대 국어의 어두 음절에서 'ㆍ'를 가졌던 어사를 『한국방언자료집』에서 찾아보면 '가렵-(<ᄀᆞᄅᆞᆸ-, 소언 2 : 3), 가루(<ᄀᆞᄅᆞ, 자회 중 : 22), 가르치-(<ᄀᆞᄅᆞ치-, 석보 19 : 2), 간지럽-(<ᄀᆞᆫ지럽-, 동문 하 : 33), 갑자기(<ᄀᆞᆸ작도이, 가언 5 : 3), 같-(<ᄀᆞᇀ-, 석보 6 : 1), 까-(<ᄧᆞ-, 석보 13 : 10), 나누-(<ᄂᆞᆫ호-, 석보 19 : 6), 나물(<ᄂᆞᄆᆞᆶ, 능엄 6 : 99), 낡-(<ᄂᆞᆰ-, 월곡 155), 남(<ᄂᆞᆷ, 他人, 용가 24), 당기-(<ᄃᆞᆼᄀᆡ-, 능엄 5 : 24), 마르-(<ᄆᆞᄅᆞ-, 乾, 두초 8 : 5), 마르-(<ᄆᆞᄅᆞ-, 裁, 자회 하 : 19), 마을(<ᄆᆞᅀᆞᆶ, 두초 7 : 39), 마음(<ᄆᆞᅀᆞᆷ, 석보 6 : 8), 만지-(<ᄆᆞᆫ지-, 능엄 7 : 7), 말-(<ᄆᆞᆯ-, 卷, 능엄 4 : 110), 말(<ᄆᆞᆯ, 馬, 용가 31), 맑-(<ᄆᆞᆰ-, 두초 8 : 24), 박쥐(<ᄇᆞᆰ쥐, 자회 상 : 22), 밝-(<ᄇᆞᆰ-, 용가 71), 밟-(<ᄇᆞᆲ-, 석보 11 : 1), 버리-(<ᄇᆞ리-, 석보 13 : 39), 벌(<ᄇᆞᆯ, 番, 석보 6 : 21), 부수-(<ᄇᆞᅀᆞ-, 금삼 5 : 16), 부시-(<ᄇᆞᅀᆡ-, 남명 하 : 75), 빨-(<ᄲᆞᆯ-, 濯, 월곡 105), 빨-(<ᄲᆞᆯ-, 吸, 자회 하 : 14), 삵괭이(<ᄉᆞᆰ, 자회 상 : 19), 상추(<ᄉᆞᆼ치, 동문 하 : 3), 새끼(<ᄉᆞᆺ기, 청구 114), 자물쇠(<ᄌᆞ믈쇠, 자회 중 : 16), 짬(<ᄧᆞᆷ, 신어 7 : 19),

찬찬히(<ᄎᆞᆫᄎᆞ니, 번박 상 : 24), 턱(<ᄐᆞᆨ, 두초 8 : 4), 파리(<ᄑᆞ리, 자회 상 : 21), 팔-(<ᄑᆞᆯ-, 월석 8 : 94), 팥(<ᄑᆞᇀ, 구간 6 : 22), 하-(<ᄒᆞ-, 爲, 월석 8 : 93), 흙(<ᄒᆞᆰ, 석보 13 : 51)' 등이 발견된다.

그런데 이 'ᆞ'가 현대국어의 여러 방언에서는 ɐ, a, ə, Ǝ, ɜ, ɛ, e, E, o, u, ɨ, i 등의 유형으로 바뀌어 실현된다. 다음에서는 이들 유형이 어떠한 과정을 거쳐 변화되었는지 각 유형에 따라서 살펴보기로 하되, 설명의 편의를 위해 각 어사의 유형별 실현 빈도를 먼저 보이면 [표 3]과 같다.[23)]

〔표 3〕 'ᆞ'의 변화 유형별 실현 빈도(어두, 어사별)

유형		어사	a	ə	Ǝ	ɜ	ɛ	e	E	o	u	ɨ	i	ɐ	x	합계
①		흙			42							94		2		138
②	ㄱ	삵괭이	103										34		1	138
		낡-	128		1							5			4	138
		갑자기	120									3			15	138
		간지럽-	122				6		5			1		1	3	138
	ㄴ	같-	135		1									2		138
		가루	136											2		138
		마음	136											2		138
		찬찬히	107											2	29	138
		까	131				5								2	138
		자물쇠	88				3		4						43	138
		가르치-	130				2		4					2		138
		당기-	27				36		56					2	17	138
		가렵-	47				27		23					2	39	138

23) 이외에도 '가랑비(<ᄀᆞᄅᆞᄫᅵ), 가위(<ᄀᆞ새), 가을(<ᄀᆞᅀᆞᆶ), 간장(<ᄀᆞᆫ장), 감-(<ᄀᆞᆷ-, 洗), 까닭(<ᄭᅡ닥), 깔-(<ᄭᆞᆯ-), 낮-(<ᄂᆞᆽ-), 낯(<ᄂᆞᆾ), 다람쥐(<ᄃᆞ라미), 달무리(<ᄃᆞᆯ모로), 닭(<ᄃᆞᆰ), 따-(<ᄠᆞ-), 따르-(<ᄠᆞ로-, 隨), 땀띠(<ᄯᆞᆷ되야기), 바람(<ᄇᆞᄅᆞᆷ), 빨리(<ᄲᆞᆯ리), 삶-(<ᄉᆞᇒ-), 싸-(<ᄡᆞ-, 오줌), 쌀벌레(<ᄡᆞᆯ), 자루(<ᄌᆞᄅᆞ, 柄), 자르-(<ᄌᆞᄅᆞ-), 잠그-(<ᄌᆞᆷᄀᆞ-), 짜-(<ᄧᆞ-, 鹽), 차-(<ᄎᆞ-), 차조(<ᄎᆞ조), 참깨(<ᄎᆞᆷᄢᅢ), 타-(<ᄐᆞ-, 裂), 하나(<ᄒᆞ낳), 하루(<ᄒᆞᄅᆞ)' 등의 어사가 더 있으나 이들은 제주도를 제외한 모든 지역에서 'ᆞ>ㅏ' 변화를 경험하였기 때문에 별도로 자료를 제시하지 않았다. 제주도에서는 'ᆞ'가 ɐ로 실현된다.

유형		어사	a	ə	∃	ɜ	ɛ	e	E	o	u	ɨ	i	ɐ	x	합계
	ㄷ	상추	112				15			1					10	138
		나누-	32							74				2	30	138
		짬	80							1					57	138
		부수-	2							2	133				1	138
		부사-	32							21	39		3		43	138
		마을	107							2				2	27	138
		말	132							4				2		138
		마르-	86							6				2	44	138
		맑-	130							6				2		138
		빨-	108							8				2	20	138
		만지-	111				5		4	14				2	2	138
		빨-	121							15				2		138
		팔-	113							19				2	4	138
		밝-	114							22				2		138
		마르-	108							28				2		138
		밟-	101							35				2		138
		말-	98							38				2		138
		박쥐	92							43					3	138
		팥	103	1						32				2		138
		파리	95	7		1				33				2		138
	ㄹ	나물	92	26	3	1				14				2		138
		남	84	20	15	2				17						138
		하	92	41	1	2								2		138
③		버리-	2	49	4	17		26	39		1					138
		턱		20	1	32	4	26	53					2		138
		벌		63	1	1				4	50				19	138
합계			3,557	227	69	56	103	52	188	439	223	103	37	53	413	5,520

유형 ①은 주 반영음이 '—'인데, 이 '—'는 비어두의 변화에서 본 '·>—' 규칙의 적용 범위가 어두에까지 확대되어 나타난 것으로 이해된다. ∃형은 그것이 실현되는 지역이 모두 영남지역(42개 군)인 점으로 보아 '·>—>ㅓ

(ɜ)'의 변화를 경험한 것으로 해석된다. 그리고 ɐ형은 ʌ>ɐ 변화를 경험한 것으로 선행 자음의 성질과는 상관없이 제주도에서만 실현된다.[24)]

유형 ②는 주 반영음이 'ㅏ'인 경우인데, 이 경우 역시 비어두의 변화에서 본 바와 같은 '·>ㅏ' 규칙이 적용된 것이다. 유형 ② 중에서도 ②ㄱ은 주 반영음이 a형으로 실현되면서 ɨ형으로 실현된 예도 가진 경우로서, 이 경우에는 a, ɨ 이외에 i, ɛ, E, ɜ, ɐ형이 더 발견된다. ɨ형은 지역(명주, 단양, 완주, 임실, 순창, 구례, 광산, 남제주)에 따라 유형 ①에서 본 '·>ㅡ' 규칙이 적용된 것이고, ɜ형은 경남 울주에서 실현된 유형으로서 ɨ>ɜ 변화를 겪은 것이다. i형은 '·>ㅡ' 변화를 겪은 'ㅡ'가 다시 전설자음 뒤에서 전설모음화된 것이다. ɛ형은 강원(2), 전남(4)에서 실현되는데, 이것은 '·'가 'ㅏ'로 변화된 다음 다시 i모음역행동화된 것이며, E형은 앞의 ɛ가 ɛ>E 변화를 경험한 것으로 전남(5)에서 실현된다.

유형 ②ㄴ은 앞의 ②ㄱ과 같이 주 반영음이 a형으로 실현되지만 ɨ형으로 실현된 예는 발견되지 않는 경우로서, 이 경우에는 ɛ, E, ɜ, ɐ형이 더 발견된다. ɛ형은 '가리치-, 당기-, 가렵-'의 경우는 '·>ㅏ'를 경험한 'ㅏ'가 다시 i역행동화되어 나타난 것이다. 그리고 '까-, 자물쇠'의 경우도 '·>ㅏ>ㅐ'의 과정으로 변화된 것이 확실시되나 'ㅏ'가 'ㅐ'로 바뀐 원인이 무엇인지는 분명치 않다. E형은 앞의 ɛ가 다시 ɛ>E 변화를 경험한 것이다. ɜ형은 경남 남해에서만 실현되는데, 이것은 '·(ʌ)>ㅓ(ə)>ㅓ(ɜ)'의 과정을 겪은 것으로 해석된다('ᄀᆞᇀ->겉-(ə)>겉-(ɜ)').

유형 ②ㄷ은 주 반영음이 a형으로 실현되면서 o형으로도 다수 실현된 경우인데, 이 외에도 ɛ, E, ə, ɜ, u, i, ɐ형으로 실현된 예가 소수 발견된다. ɛ형은 '·'가 i역행동화에 의해 'ㆎ(ʌy)'가 된 다음 다시 ʌy>ay>ɛ의 과정을 겪은 것이며('ᄆᆞᆫ지->ᄆᆡᆫ지-(이륭 중 43)>맨지-(ay)>맨지-(ɛ)'), E형은 ɛ가 다시 ɛ>E 변화

24) 『한국방언자료집』에는 현대 제주도 방언의 단모음이 i, e, ɛ, ɨ, ə, a, u, o, ɐ의 9개로 조사되어 있다.

를 경험한 것이다. 그러나 '상추(ᄉᆞᆼ치)'에서 나타난 ε형('생초, 생추')은 i역행동화로 설명되지 않는데, 그것은 근대국어 자료에서 'ᄉᆡᆼ치(生菜)'(동문 하 : 3)와 같은 예가 발견되는 것으로 보아 한자 '生'에 이끌린 것으로 보인다. 이 유형이 실현되는 지역에는 경기(2), 강원(11), 충남(2)이 있다.

ə형은 'ㆍ>ㅓ' 변화를 경험한 것으로 전북(5), 전남(1), 경남(1)에서 실현되고, ɜ형은 ə가 다시 ə>ɜ 변화를 경험한 것으로 충남(1)에서만 실현된다. 이 두 유형은 뒤의 유형 ③의 'ㆍ>ㅓ' 변화가 이들 지역에 제한적으로 전파된 결과로 해석된다.

o형은 그것으로 실현된 어사들 — '상추(ᄉᆞᆼ치), 나누-(ᄂᆞᆫ호-)' 제외 — 이 모두 'ㆍ'의 선행 혹은 후행 자음으로 양순음을 가지고 있는 것으로 보아 'ㆍ'가 양순음에 동화된 것임을 알 수 있다. 그러나 전남 신안에서는 양순음을 가지지 않은 'ᄉᆞᆼ치'가 '송추'로 실현되어 'ㆍ>ㅗ' 변화를 보여주는데 그 이유는 다음과 같았을 것으로 추정된다.

신안을 제외한 전남의 전역에서는 'ᄉᆞᆼ치'의 현대 방언형이 '상추'로 실현되는데, 이것은 'ᄉᆞᆼ치>ᄉᆞᆼ최>상최>상초>상추'의 과정을 거친 것으로 추정된다. 신안의 경우도 'ᄉᆞᆼ치>ᄉᆞᆼ최'의 과정은 동일하였으나 이 단계 이후부터 다른 지역과는 그 변화 과정을 달리한 것으로 추정된다. 즉 'ᄉᆞᆼ최'가 'ㅗ'에 의한 역행동화로 '송최'가 되고, 이것이 다시 y탈락과 모음조화 붕괴를 거쳐 '송추'가 된 것으로 추정된다('ᄉᆞᆼ치>ᄉᆞᆼ최>송최>송초>송추'). 'ᄂᆞᆫ호-'의 'ㆍ'가 'ㅗ'로 실현된 경우도 'ㅗ' 역행동화로 설명되는데, 그 과정은 'ᄂᆞᆫ호->논호->노노->노누'로 상정할 수 있다. 그렇다면 어두음절에 쓰인 'ㆍ'는 선행 혹은 후행 자음이 양순음이거나 후행모음이 구축모음일 때 그것의 구축성에 동화되어 'ㆍ>ㅗ' 변화를 경험했다고 할 수 있다.

그리고 '부시-(<ᄇᆞᅀᅵ-), 부수-(<ᄇᆞᅀᆞ-)'에서 발견되는 u형은 o가 다시 모음교체되어 u로 실현되었다고도 할 수 있겠으나 그 교체 이유가 석연치 않다. 그런데 중세국어 자료에서 'ᄇᆞᅀᆞ와미-(눈부시-, 월석 14 : 28)>브스와미-(번박

상 : 70), ᄇᆞᅀᆞᄧᅵᇹ-(바수어 찧-, 구간 1 : 16)>브ᅀᅳ딓-(구간 6 : 62)'과 같은 예가 발견되는 점으로 미루어 보아 'ᆞ>ㅡ' 변화가 있었음을 짐작할 수 있다. 그렇다면 여기의 u형은 'ᆞ>ㅡ' 변화를 경험한 'ㅡ'가 선행 순자음에 동화되어 'ㅜ'로 변화된 것으로 해석된다. i형은 'ᄇᆞᅀᅵ->브ᅀᅴ->브ᅀᅵ->브시->비시-'의 과정을 겪은 것으로 보이는데, '브시->비시-'에서 'ㅡ'가 'ㅣ'로 바뀐 것은 후행 전설자음에 의한 전설모음화로 해석된다. 이 유형이 실현되는 지역에는 경기(2), 충남(1)이 있다.

유형 ②ㄹ은 주 반영음이 a이고, 부 반영음이 ə인 경우인데, 동일 어사가 지역에 따라, 전자는 'ᆞ>ㅏ' 변화를 경험하고 후자는 'ᆞ>ㅓ' 변화를 경험한 것이다. Ǝ, ɜ형은 ə가 각각 ə>Ǝ, ə>ɜ 변화를 더 경험한 것이고, o형은 'ᆞ'가 후행의 양순음에 의해 구축모음화된 것이다.

유형 ③은 'ᆞ'에 대한 주 반영음이 ə인 경우인데, 이것은 다시 ə>Ǝ/ɜ 변화에 의해 Ǝ형과 ɜ형으로도 실현된다. e, E형은, '버리-(<ᄇᆞ리-)'의 경우에는 i역행동화로 e형이 된 다음 다시 e>E 변화에 의해 E형이 되었으나, '턱'의 경우에는 '특>틱(동신 효4 : 5)'이 발견되는 것으로 보아 '틱'의 'ᆡ(ʌy)'가 'ㅔ(əy)'로 바뀐 다음 이것이 다시 단모음 e를 거쳐 E가 된 것으로 설명된다. 그리고 ε형은 '틱'의 'ᆡ(ʌy)'가 'ㅐ(ay)'로 바뀐 다음 이것이 다시 단모음화된 것인데, 강원도 명주, 영월, 정선, 경북 울진에서만 실현된다.

'벌'에서는 주 반영음이 ə이지만 o, u로 실현된 예도 상당수 있는데, o는 앞에서 본 바와 같이 순자음 아래서 'ᆞ'가 구축모음화된 것으로 경기(1), 전남(3)에서 실현된다. u형은 전남, 경남북, 제주 지역에서만 실현되는데, 이것은 비어두에서 발달한 'ᆞ>ㅡ' 변화가 어두에까지 확대 적용된 다음 다시 'ㅂ' 아래서 'ㅡ>ㅜ' 변화를 경험한 것으로 해석된다.[25]

---

25) 'ᄇᆞᆯ>블'의 변화가 있었음은 '블'(삼강행실도 충신 : 35, 병학지남 우영영본 1 : 21)에서 확인된다(백두현 1992 : 82 참고).

1.1.2.2. 'ㆎ'의 경우

중세국어의 어두 음절에서 'ㆎ'를 가졌던 어사를 『한국방언자료집』에서 찾아보면 '깨-(<ᄭᆡ-, 覺, 석보 9 : 31), 내일(<ᄂᆡ실, 남명 상 : 40), 대가리(<ᄃᆡ골, 자회 상 : 24), 때(<ᄣᆡ, 垢, 석보 6 : 27), 매-(<ᄆᆡ-, 월곡 76), 맵-(<ᄆᆡᆸ-, 석보 6 : 30), 맺-(<ᄆᆡᆽ-, 석보 9 : 40), 배(<ᄇᆡ, 梨, 두초 15 : 21), 배꼽(<ᄇᆡᆺ복, 자회 상 : 27), 배우-(<ᄇᆡ호-, 석보 9 : 13), 새-(<ᄉᆡ-, 漏, 석보 13 : 10), 샘(<ᄉᆡᆷ, 용가 2, <ᄉᆡ암, 방약 59), 생각(<ᄉᆡᆼ각, 능엄 7 : 46), 채소(<ᄎᆡ소, 번박 상 : 4), 캐-(<ᄏᆡ-, 월석 1 : 52), 패-(<ᄑᆡ-, 穗, 법화 3 : 36), 패-(<ᄑᆡ-, 劈, 금삼 5 : 49), 해무리(<ᄒᆡᆺ모로, 자회 하 : 1), 흰떡(<ᄒᆡᆫ(ᄡᆞᆯ), 월석 8 : 90)' 등이 발견된다.

그런데 이 'ㆎ'가 현대국어의 여러 방언에서는 ɛ, E, e, i, y, ɐ, a, ɨ, ɨy 등의 유형으로 바뀌어 실현된다. 다음에서는 이들 유형이 어떠한 과정을 거쳐 변화되었는지 각 유형에 따라서 살펴보기로 하되, 설명의 편의를 위해 각 어사의 유형별 실현 빈도를 먼저 보이면 [표 4]와 같다.

〔표 4〕 'ㆎ'의 변화 유형별 실현 빈도(어두, 어사별)

유형		어사	ɛ	E	e	ɨy	ɨ	i	y	ɐ	x	합계
①		흰떡				1	18	74			45	138
②	ㄱ	패	77	45				16				138
		샘	55	37	2			15	11		18	138
		내일	70	50	4			11	3			138
		배우	76	58	2			2				138
	ㄴ	패	69	56							13	138
		매	50	41							47	138
		대가리	81	57								138
		캐	77	57							4	138
		채소	88	43							7	138
		맺	77	57						2	2	138
	ㄷ	배꼽	86	50	2							138
		맵	83	53	2							138

유형		어사	ε	E	e	ɨy	ɨ	i	y	ɐ	x	합계
		때	80	55	2						1	138
		배	91	45	2							138
	ㄷ	생각	75	61	2							138
		새	79	57	2							138
		깨	78	58	2							138
		해무리	80	54	1						3	138
합계			1,599	1,057	28	1	18	118	14	2	198	3,036

[표 4]의 유형 ①은 ‘ㆍ’(‘ㆎ’의 ‘ㆍ’)에 대한 주 반영음이 ɨ인 경우이다. 그리고 유형 ②는 그것이 a인 경우인데, 그 중에서 ②ㄱ은 ə, ɨ를 부 반영음으로 가진 경우이고, ②ㄴ은 제주도에서 한 어사가 ɐ로 실현된 것 이외에는 모두 주 반영음 a만을 가진 경우이며, ②ㄷ은 부 반영음 ə를 가진 경우이다. 그런데 유형 ①과 ②에서 발견되는 반영음 a, ə, ɨ는 각각 비어두의 변화에서 본 ‘ㆍ>a, ə, ɨ’ 변화가 지역과 어사에 따라서 어두에도 그대로 적용된 것이다.

다음에서는 [표 4]에 제시된 ‘ㆎ’의 반영음들이 어떠한 과정을 거쳐 나타나게 되었는지를 반영음별로 종합하여 살펴보기로 한다.

ε형은, 앞에서도 본 바와 같이, ‘ㆎ(ʌy)>ㅐ(ay)>ㅐ(ε)’의 과정을 거쳐 나타난 것인데, 이 경우에는 선행자음의 성질이 그 변화에 아무런 영향을 미치지 않았다. E형은 앞의 ε가 다시 ε>E 변화를 경험한 것으로 경남북의 거의 전역과 전남의 다수 지역에서 나타나고, 그 밖의 도에서는 산발적으로 나타난다.

e형은 강원(고성), 충남(서천), 전북(무주)에서 1개씩의 예가 나타나는 것 이외에는 전부 제주 지역에서만 나타난다. 이것은 ‘ㆎ(ʌy)>ㅔ(əy)>ㅔ(e)’의 과정을 거친 것이다. ɨy형은 비어두에서의 ‘ㆍ>ㅡ’ 변화가 어두에까지 확대된 것이고, ɨ형은 ɨy에서 y가 탈락된 것이며, i형은 ɨy가 단모음화된 것이다.

y형은 앞의 i가 활음화된 것인데, 이 유형은 ‘내일(ᄂᆡ실)’의 충남(부여) 방언

형 [nyal]과, '샘(싀암)'의 충북(옥천, 영동) 및 충남(아산, 천원, 예산, 공주, 연기, 부여, 논산, 대덕, 금산) 방언형 [sya : m]에서 발견된다. ɐ형은 제주도에서 '맺아(밎아)'가 [mɐǰa]로 실현된 경우에서 볼 수 있는 것으로 '밎-'의 'ㆎ(ʌy)'가 ɐy로 바뀐 다음 다시 y가 탈락된 것이다.

[표 4]에서 볼 수 있는 'ㆍ'('ㆎ'의 'ㆍ')의 반영음 a, ə, ɨ, ɐ와 [표 3]에서 볼 수 있는 'ㆍ'의 반영음 a, ə, ɨ, ɐ, o를 비교해 보면, a, ə, ɨ, ɐ는 서로 일치되지만 o는 일치되지 않음을 알 수 있다. 이러한 차이는 어두의 'ㆍ'에 양순음이 선행될 때는 구축모음화 되나 'ㆎ'에 양순음이 선행될 때는 구축모음화 되지 않았음을 의미한다.

1.2. 규칙의 전개 양상

중세국어에서 'ㆍ, ㆎ'를 가졌던 어사들의 현대국어 방언형을 검토해 본 결과 'ㆍ'는 일차적으로 ɨ, a, o_1(자생적 변화), o_2(결합적 변화), ə, ɐ 등으로 변화되었음을 알 수 있었다. 그런데 ʌ>ɐ 변화는 제주도 방언에서만 발견되므로 다음에서는 이 변화를 제외한 각각의 변화가 전국 138개 군(울릉군 제외)에서 실현된 빈도를 통계적으로 조사하고, 그것을 바탕으로 각 변화의 개신지와 개신파의 전개 양상을 살펴보기로 한다.

먼저 전국 138개 군에서 각 유형의 변화가 실현된 빈도를 표로 보이면 [표 5]와 같다.[26]

---

26) [표 5]의 '어사 수'에 제시된 'x/y'에서 y에는 해당 음운변화가 일어날 수 있는 어사의 전체가, x에는 해당 음운변화가 실제로 일어난 어사의 수가 제시되어야 하나 [표 5]에서는 비교의 명료성을 위해 y에 포함될 수 있는 어사에 다음과 같은 제한을 두었다. ʌ>ɨ(모음조화 붕괴)의 경우는 비어두에서의 변화가 기본이 되므로 앞의 [표 1]과 [표 2]에 제시된 어사들 중 1개 군 이상에서 이 변화를 경험한 어사들을 모두 통계의 대상으로 삼았다. 그러나 '아ᄎᆞᆷ>아츰>아침'과 같은 경우는 전국의 모든 지역에서 'ㆍ>ㅡ' 변화만 경험하였고, '다ᄉᆞᆺ>다섯'과 같은 경우는 전국의 모든 지역에서 'ㆍ>ㅓ' 변화만

[표 5] '·'의 변화 유형별 실현 빈도(지역별)

군명	① ʌ>ɨ		② ʌ>a		③ ʌ>o_1		④ ʌ>o_2		⑤ ʌ>ə	
	어사수	비율(%)	어사수	비율(%)	어사수	비율(%)	어사수	비율(%)	어사수	비율(%)
101연천	18/31	58	60/79	76	9/12	75	3/31	10	5/29	17
102파주	17/30	57	59/79	75	8/11	73	3/32	9	6/29	21
103포천	19/30	63	58/78	74	7/11	64	2/31	6	5/29	17
104강화	18/30	60	55/76	72	8/11	73	3/30	10	5/28	18
105김포	17/30	57	58/78	74	8/12	67	2/31	6	6/29	21
106고양	18/31	58	58/79	73	8/12	67	2/32	6	6/29	21
107양주	19/30	63	59/80	74	7/11	64	3/32	9	5/29	17
108남양[27]	19/30	63	59/80	74	6/11	55	3/32	9	5/29	17
109가평	19/29	66	57/77	74	7/10	70	3/30	10	4/29	14
110옹진	15/26	58	55/71	77	6/11	55	2/30	7	5/28	18
111시흥	18/30	60	59/79	75	6/11	55	3/31	10	4/28	14
112광주	17/29	59	59/79	75	7/10	70	3/32	9	5/28	18
113양평	16/28	57	60/79	76	7/9	78	4/32	13	3/28	11
114화성	16/27	59	58/78	74	6/9	67	2/31	6	6/28	21
115용인	17/29	59	58/79	73	7/10	70	3/32	9	6/29	21
116이천	18/29	62	54/74	73	7/11	64	3/30	10	4/28	14
117여주	14/26	54	60/80	75	7/9	78	3/29	10	4/27	15
118평택	18/29	62	60/78	77	5/11	45	3/30	10	5/29	17
119안성	15/27	56	57/77	74	7/10	70	4/29	14	4/28	14
201철원	18/29	62	60/78	77	7/10	70	2/30	7	4/29	14
202화천	16/28	57	58/75	77	8/10	80	2/29	7	4/27	15
203양구	13/28	46	56/75	75	8/10	80	6/29	21	5/27	19

경험하였기 때문에 '·>ㅡ' 변화의 빈도를 비교하는 본고의 입장에서 보면 유의미적인 자료가 될 수 없다. 그래서 다시 앞의 어사들 중 이러한 어사를 제외한 어사들의 경우만 '·>ㅡ' 변화를 조사하여 그 빈도를 [표 5]에 제시하였다.

ʌ>a, ʌ>o_1, ʌ>o_2, ʌ>ə의 경우는 어두와 비어두의 구별 없이, 즉 [표 1], [표 2], [표 3], [표 4]에 제시된 어사들 중 1개 군 이상에서 해당 변화를 경험한 어사들 모두를 각각의 통계 대상으로 삼았다(전국의 어느 군에서도 해당 음운변화를 경험하지 않은 어사는 그 음운변화의 통계에서 제외시킴).

그런데 동일한 음운변화에서 지역에 따라 y에 해당되는 수치에 차이가 있는 것은 지역에 따라 특정 어사가 사용되지 않거나 다른 어사로 바뀐 경우가 있기 때문이다.

군명	① ʌ>ɨ		② ʌ>a		③ ʌ>o₁		④ ʌ>o₂		⑤ ʌ>ə	
	어사수	비율 (%)	어사수	비율 (%)	어사수	비율 (%)	어사수	비율 (%)	어사수	비율 (%)
204인제	11/29	38	63/77	82	8/11	73	5/29	17	4/29	14
205고성	18/30	60	55/75	73	7/12	58	4/29	14	5/29	17
206춘성	16/28	57	59/78	76	7/9	78	4/30	13	4/28	14
207홍천	14/27	52	58/76	76	6/9	67	6/28	21	4/28	14
208양양	18/30	60	58/75	77	7/12	58	3/29	10	4/29	14
209횡성	15/27	56	61/78	78	7/9	78	3/29	10	3/27	11
210평창	16/30	53	61/77	79	8/12	67	3/28	11	3/28	11
211명주	15/29	52	56/74	76	8/12	67	3/29	10	4/29	14
212원성	15/27	56	59/77	77	7/9	78	2/31	6	5/28	18
213영월	10/27	37	59/74	80	8/11	73	6/28	21	3/27	11
214정선	15/28	54	58/74	78	5/10	50	3/30	10	5/29	17
215삼척	12/27	44	57/72	79	8/12	67	5/30	17	4/28	14
301진천	17/28	61	60/78	77	7/11	64	2/29	7	4/28	14
302음성	17/29	59	59/79	75	8/11	73	3/30	10	4/28	14
303중원	15/28	54	62/77	81	7/12	58	1/30	3	4/28	14
304제원	17/28	61	60/78	77	7/11	64	2/29	7	4/28	14
305단양	15/27	56	56/74	76	8/12	67	3/28	11	4/28	14
306청원	18/30	60	59/78	76	7/12	58	2/30	7	4/28	14
307괴산	16/27	59	58/74	78	8/12	67	3/28	11	3/28	11
308보은	17/29	59	58/76	76	7/12	58	2/28	7	4/28	14
309옥천	14/26	54	58/74	78	7/11	64	2/29	7	5/29	17
310영동	14/24	58	57/72	79	6/9	67	2/29	7	5/27	19
401서산	17/30	57	55/77	71	7/12	58	3/30	10	7/29	24
402당진	16/28	57	51/73	70	6/10	60	3/28	11	8/29	28
403아산	17/29	59	57/75	76	7/12	58	2/28	7	5/29	17
404천원	17/28	61	56/75	75	7/11	64	3/28	11	4/28	14
405예산	17/30	57	55/76	72	7/12	58	2/28	7	7/29	24
406홍성	16/28	57	54/75	72	6/10	60	2/28	7	8/28	29
407청양	15/26	58	53/74	72	6/9	67	2/28	7	7/28	25
408공주	17/28	61	55/75	73	6/11	55	2/28	7	6/29	21
409연기	17/29	59	56/74	76	6/11	55	2/27	7	4/28	14
410보령	18/30	60	54/75	72	7/12	58	2/28	7	8/29	28

군명	① ʌ>ɨ		② ʌ>a		③ ʌ>o_1		④ ʌ>o_2		⑤ ʌ>ə	
	어사수	비율 (%)	어사수	비율 (%)	어사수	비율 (%)	어사수	비율 (%)	어사수	비율 (%)
411부여	16/27	59	54/74	73	6/10	60	2/27	7	6/29	21
412서천	15/27	56	53/76	70	6/10	60	2/29	7	11/28	39
413논산	17/27	63	57/75	76	6/9	67	2/29	7	5/28	18
414대덕	16/27	59	56/76	74	6/10	60	2/29	7	5/29	17
415금산	17/28	61	57/76	75	6/11	55	1/29	3	6/29	21
501옥구	14/26	54	52/68	76	7/9	78	1/28	4	8/28	29
502익산	13/29	45	56/73	77	8/10	80	2/29	7	8/28	29
503완주	9/28	32	51/71	72	9/12	75	3/26	12	11/29	38
504진안	12/27	44	52/71	73	9/12	75	4/27	15	7/29	24
505무주	9/26	35	58/71	82	8/12	67	5/29	17	6/29	21
506김제	10/25	40	52/68	76	8/10	80	4/28	14	8/27	30
507부안	16/27	59	45/68	66	6/12	50	7/27	26	7/29	24
508정읍	16/26	62	49/69	71	4/12	33	5/29	17	8/29	28
509임실	11/27	41	48/70	69	9/12	75	7/29	24	7/27	26
510장수	11/25	44	47/68	69	8/10	80	6/29	21	10/28	36
511고창	14/26	54	49/69	71	6/12	50	6/28	21	8/29	28
512순창	14/25	56	43/65	66	5/10	50	8/27	30	8/28	29
513남원	14/26	54	43/67	64	6/12	50	8/28	29	8/27	30
601영광	13/23	57	42/66	64	4/8	50	14/27	52	6/28	21
602장성	14/24	58	44/71	62	5/10	50	11/26	42	8/29	28
603담양	14/24	58	44/68	65	5/11	45	11/27	41	7/28	25
604곡성	18/27	67	45/70	64	5/12	42	10/27	37	7/29	24
605구례	14/23	61	36/62	58	3/10	30	14/28	50	7/25	28
606함평	15/25	60	43/70	61	4/8	50	14/29	48	6/28	21
607광산	15/24	63	38/65	58	3/8	38	14/25	56	6/28	21
608신안	14/23	61	40/65	62	2/7	29	16/28	57	4/28	14
609무안	16/25	64	42/69	61	3/8	38	15/29	52	5/27	19
610나주	13/24	54	39/68	57	4/8	50	17/29	59	7/28	25
611화순	17/26	65	43/68	63	5/10	50	11/28	39	6/27	22
612승주	17/25	68	37/67	55	3/11	27	16/26	62	6/25	24
613광양	15/25	60	44/72	61	6/12	50	12/27	44	8/27	30
614영암	13/23	57	43/68	63	4/8	50	15/29	52	4/27	15

군명	① ʌ>ɨ		② ʌ>a		③ ʌ>o_1		④ ʌ>o_2		⑤ ʌ>ə	
	어사수	비율 (%)	어사수	비율 (%)	어사수	비율 (%)	어사수	비율 (%)	어사수	비율 (%)
615진도	7/22	32	41/65	63	6/9	67	17/27	63	4/26	15
616해남	13/28	46	46/72	64	6/11	55	15/29	52	4/29	14
617강진	14/25	56	42/69	61	3/10	30	17/27	63	4/28	14
618장흥	14/24	58	43/73	59	3/10	30	17/28	61	4/29	14
619보성	14/24	58	37/64	58	3/10	30	16/27	59	6/28	21
620고흥	13/22	59	36/60	60	2/9	22	17/27	63	5/25	20
621여천	15/21	71	38/63	60	1/9	11	12/25	48	8/26	31
622완도	13/22	59	42/63	67	2/9	22	12/27	44	5/26	19
701영풍	17/27	63	55/71	77	6/11	55	3/29	10	4/28	14
702봉화	15/28	54	58/75	77	6/12	50	5/27	19	3/29	10
703울진	14/24	58	60/74	81	5/9	56	2/29	7	4/28	14
704문경	13/27	48	59/72	82	7/10	70	4/31	13	3/27	11
705예천	15/27	56	57/72	79	6/11	55	4/30	13	3/27	11
706안동	16/28	57	58/73	79	5/12	42	4/31	13	3/27	11
707영양	16/25	64	62/75	83	3/10	30	2/29	7	3/28	11
708상주	17/29	59	60/78	77	6/11	55	3/32	9	4/28	14
709의성	20/28	71	58/74	78	5/10	50	2/30	7	3/27	11
710청송	18/25	72	54/68	79	3/12	25	1/30	3	4/25	16
711영덕	21/29	72	55/73	75	2/12	17	3/29	10	4/28	14
712금릉	11/23	48	57/69	83	7/8	88	3/29	10	3/25	12
713선산	13/23	57	56/69	81	6/9	67	3/30	10	3/23	13
714군위	15/23	65	57/70	81	5/10	50	2/31	6	3/25	12
715영일	18/27	67	57/76	75	4/10	40	4/30	13	3/27	11
716성주	17/25	68	56/71	79	2/11	18	3/29	10	3/27	11
717칠곡	20/29	69	59/77	77	4/11	36	2/31	6	3/28	11
718경산	13/22	59	57/69	83	1/11	9	5/29	17	3/26	12
719영천	13/25	52	58/71	82	4/11	36	3/31	10	4/28	14
720고령	17/24	71	56/72	78	4/10	40	2/29	7	3/27	11
721달성	23/30	77	52/73	71	4/12	33	3/30	10	4/28	14
722청도	18/28	64	56/76	74	6/11	55	4/29	14	3/27	11
723월성	16/27	59	60/74	81	3/12	25	3/32	9	3/26	12
801거창	14/25	56	54/69	78	6/12	50	4/26	15	4/27	15

군명	① ʌ>ɨ		② ʌ>a		③ ʌ>o_1		④ ʌ>o_2		⑤ ʌ>ə	
	어사수	비율(%)	어사수	비율(%)	어사수	비율(%)	어사수	비율(%)	어사수	비율(%)
802합천	12/22	55	53/70	76	6/11	55	4/26	15	5/26	19
803창녕	18/26	69	50/68	74	5/12	42	3/26	12	4/26	15
804밀양	22/28	79	51/72	71	5/12	42	2/29	7	4/26	15
805울주	15/23	65	50/65	77	3/10	30	5/29	17	3/25	12
806함양	15/25	60	47/68	69	7/12	58	5/26	19	7/27	26
807산청	19/28	68	50/72	69	6/12	50	5/28	18	5/26	19
808의령	19/26	73	50/68	74	3/12	25	5/27	19	4/27	15
809하동	17/25	68	43/64	67	4/12	33	8/26	31	6/27	22
810진양	19/27	70	42/67	63	4/12	33	10/27	37	5/27	19
811함안	18/27	67	52/70	74	5/12	42	4/28	14	4/27	15
812의창	18/25	72	52/69	75	5/12	42	4/27	15	3/26	12
813김해	19/24	79	52/70	74	2/12	17	4/28	14	4/26	15
814양산	15/25	60	48/65	74	5/11	45	3/25	12	5/25	20
815사천	17/27	63	40/66	61	5/12	42	12/27	44	5/26	19
816고성	17/26	65	45/69	65	6/12	50	8/26	31	5/27	19
817남해	20/26	77	43/70	61	4/11	36	7/28	25	6/26	23
818통영	18/24	75	43/67	64	3/11	27	8/29	28	6/27	22
819거제	19/28	68	39/67	58	5/12	42	11/27	41	5/26	19
901북제	22/26	85	8/66	12	2/10	20	1/25	4	14/26	54
902남제	21/25	84	7/64	11	2/10	20	1/23	4	15/27	56

다음에서는 [표 5]와 [부록]의 [지도 2]~[지도 6]에 의거하여 지역별로 각각의 변화가 어떻게 수용되었는지 그 양상을 간략히 분석해 보기로 한다.

ʌ>ɨ 변화는, 전국적으로 보면, 그 빈도가 32%에서 85%까지 걸쳐 있는데, 도별로는 전북(47.7%)<강원(52.3%)<충북(58.1%)<전남(58.7%)<충남(58.9%)<경기(59.5%)<경북(62.2%)<경남(67.8%)<제주(84.5%)로 나타나 전북에서 가장 낮은

27) 표 작성의 편의를 위해 '남양주, 북제주, 남제주'를 줄여서 각각 '남양, 북제, 남제'로 표기하였다. 이하 같음.

빈도를 보이는 반면 제주도에서 가장 높은 빈도를 보이고, 충북, 전남, 충남, 경기에서는 거의 비슷한 빈도를 보인다. 그리고 최고의 빈도인 85%와 84%의 빈도를 보인 지역은 북제주와 남제주이고, 그 다음으로 높은 빈도인 79%의 빈도를 보인 지역은 경남 김해와 밀양이다.

지역별 빈도가 보여주는 이와 같은 경향은 ʌ>ɨ의 개신지가 제주도임을 말해 준다고 할 수 있겠으나 제주도 방언이 육지 방언에 영향을 미쳤으리라고는 생각하기 어렵다. 그러므로 이 방언을 제외하면 경남지역이 개신의 중심지가 되었으며, 그 개신파는 경남지역으로부터 인접 지역으로 점차 확산되어 갔을 것이란 추정을 가능하게 한다([지도 2] 참조).

ʌ>ɨ 변화(모음조화 붕괴)가 경남지역에서 먼저 발생했으리라는 추정은 16세기 초의 중앙어를 반영한 문헌으로 보이는 [번역소학](1517)과, 영남방언을 반영한 문헌으로 보이는 [정속언해](1518)와 [이륜행실도](1518)의 모음조화 붕괴율 비교를 통해서도 확인된다.[28)]

[번역소학(6.7권)]에서는 형태소내부에서 '사름(<사ᄅᆞᆷ, 번소, 7 : 27)'의 한 예가 모음조화 붕괴형으로 발견되었는데, 그것도 137개의 예들 가운데 136개가 '사ᄅᆞᆷ'으로 실현되고, 1개가 '사름'으로 실현된 것이었다. 이에 비해, [정속언해]와 [이륜행실도]에서는 총 97개의 예들 중 39개가 '사ᄅᆞᆷ'으로, 58개가 '사름'으로 실현되고, 이 외에도 여러 개의 어사들이 모음조화 붕괴형으로 실현되어 후자에서의 모음조화 붕괴율이 현저히 높다. 전후자 사이에 나타난 이와 같은 차이는 그 배경이 된 방언의 차이에 연유했을 것으로 판단된다. [정속언해]와 [이륜행실도]에 나타난 모음조화 붕괴형을 보이면 예(1)과 같다.

(1) 사름(이륜 1, 2, 5, 6, 9, 11, 13, 14, 20, 25, 26, 26, 27, 31, 36, 37, 38,

---

28) 백두현(1992 : 64)에서는 영남 문헌 자료에 나타난 'ㆍ>ㅡ'의 빈도가 중앙어의 그것보다 더 높았을 것이라고 추정하였다.

41, 47, 48, 정속 1, 2, 4, 4, 5, 7, 11, 14, 14, 14, 14, 14, 14, 14, 16, 16, 17, 23, 26, 27, 28, 28, 29, 29, 29, 29, 29, 29, 29, 29, 29, 29, 29, 29, 29, 29, 30, 30), 하늘(정속 1), 모든(이륜 32), 다른(이륜 10, 15), 모르ᄂ니(이륜 38), 아름(정속 16), 아름뎌(이륜 26, 31, 32), 아릐(정속 30), 아므(이륜 32), 여나믄(이륜 2, 46), 아슴(이륜 4, 8, 25)

ʌ>a 변화는, 전국적으로 보면, 그 빈도가 11%에서 83%까지 걸쳐 있는데, 도별로는 제주(11.5%)<전남(61.2%)<경남(69.7%)<전북(71.7%)<충남(73.1%)<경기(74.5%)<강원(77.3%), 충북(77.3%)<경북(78.8%)으로 나타나 제주도에서 가장 낮은 빈도를 보이는 반면, 경북에서 가장 높은 빈도를 보인다. 그리고 최고의 빈도인 83%의 빈도를 보인 지역은 경북의 영양, 금릉, 경산이고, 80% 이상의 빈도를 보인 전국의 13개 군 중에서도 경북이 9개 군을 차지한다.

지역별 빈도가 보여주는 이와 같은 경향과 부록의 [지도 3]을 종합해 볼 때 ʌ>a 변화의 개신지는 경북지역이며, 그 개신파는 이 지역으로부터 인접 지역으로 점차 확산되어 갔을 것으로 추정된다. 그런데 전남, 경남 서부, 전북 남부 지역에서 그 빈도가 낮은 것은 전남지역에서 발생한 ʌ>o_2 변화가 주변 지역으로 전파되어 ʌ>a 변화와 상충되었기 때문인 것으로 해석된다.

ʌ>o_1 변화는, 전국적으로 보면, 그 빈도가 9%에서 88%까지 걸쳐 있는데, 도별로는 제주(20.0%)<전남(39.4%)<경남(40.1%)<경북(43.6%)<충남(59.7%)<충북(64.0%)<전북(64.9%)<경기(66.3%)<강원(69.6%)으로 나타나 제주도에서 가장 낮은 빈도를 보이는 반면, 강원도에서 가장 높은 빈도를 보인다. 그런데 80% 이상의 높은 적용률을 보인 지역은 강원도가 2/15개 군, 전북이 3/13개 군, 경북이 1/23개 군으로 나타나 어느 한 지역을 개신의 중심지로 추정하기에는 어려움이 있다.

그래서 여기서는 부록의 [지도 4]에 근거하여 강원도 북부 지역을 제1 개신지, 전북 북부 지역을 제2 개신지로 추정해 두고자 한다. 그 이유는 전자의 개신파가 남하하고, 후자의 개신파가 북상하면서 서로 만나는 중간 지역(충남 서산, 예산, 아산, 공주, 연기, 충북 청원, 보은, 경북 상주, 의성 등지)에 50%대의 띠가 형성되어 양자가 두 개의 지역으로 구분되기 때문이다.

ʌ>o_2 변화는, 전국적으로 보면, 그 빈도가 3%에서 63%까지 걸쳐 있다. 도별로는 제주(4.0%)<충남(7.5%)<충북(7.7%)<경기(9.1%)<경북(10.1%)<강원(13.0%)<전북(18.2%)<경남(21.8%)<전남(52.0%)으로 나타나 제주에서 가장 낮은 빈도를 보이는 반면 전남에서 가장 높은 빈도를 보인다. 그리고 60% 이상의 빈도를 보인 지역이 5개 군(승주, 진도, 강진, 장흥, 고흥)인데, 이 5개 군이 모두 전남지역에 속한다. 그러므로 ʌ>o_2 변화의 개신지는 전남지역이며, 이 지역에서 발생된 개신파는 경남의 남해안과 전북의 남부 지역을 거쳐 전국으로 확산되어 갔으리라는 추정을 가능하게 한다([지도 5] 참조). 그러나 전국적으로 볼 때 개신파의 확산 정도는 매우 낮은 편이다.

ʌ>ə 변화는, 전국적으로 보면, 그 빈도가 경북(12.2%)<강원(14.5%), 충북(14.5%)<경기(17.2%)<경남(18.0%)<전남(21.0%)<충남(22.7%)<전북(28.6%)<제주(55.0%)로 나타나 경북에서 가장 낮은 빈도를 보이는 반면 제주도에서 가장 높은 빈도를 보인다. 그리고 최고의 적용률을 보인 군 단위 지역도 남제주(56%), 북제주(54%)로 나타난다. 이와 같은 빈도 분포로 볼 때 제주 지역이 ʌ>ə 변화의 개신지였으리라는 추정이 가능하다. 그러나 제주도 방언이 육지 방언에 영향을 끼쳤다고 해석하는 데는 어려움이 있다.

제주도 지역을 제외하면 육지에서는 전북지역이 28.6%로서 그 빈도가 가장 높다. 군 단위 적용률에서는 상대적으로 높은 빈도를 보인 지역이 충남 서천(39%), 전북 완주(38%), 장수(36%)로 나타나고, 상대적으로 높은 30%대의 빈도를 보인 7개 군 중에서는 충남이 1개 군, 전남이 2개 군을 차지하는 데 비해 전북이 4개 군을 차지한다.

지역별 빈도가 보여주는 이와 같은 경향은 동심원을 그리면서 전파되는 방언 전파의 전형적 모습을 보여주지 못한다. 그러나 도별 빈도나 군 단위 빈도가 상대적으로 높은 지역이 전북지역임을 말해 주기에는 충분하다고 생각된다. 그래서 여기서는 전북지역을 ʌ>ə 변화의 개신지로 추정해 두고자 한다. 이 개신파는 주로 한반도의 서부 지역(전남의 서남부 지역 제외)으로 전파되어 갔기 때문에 동부 지역(경기 동부, 강원, 충북, 경북, 경남)에서는 그 빈도가 낮다([지도 6] 참조).

1.3. '·'의 변화와 모음체계

15세기 국어의 모음체계에 대해서는 다음 그림에서 보는 바와 같이 두 가지 견해가 대립되어 있다고 할 수 있다.

ㅣ	ㅡ	ㅜ
	ㅓ	ㅗ
	ㅏ	·

〔그림 2〕

ㅣ		ㅜ
	ㅡ	ㅗ
	ㅓ	·
	ㅏ	

〔그림 3〕

ㅣ		ㅡ(ㅜ)
	ㅓ	·(ㅗ)
	ㅏ	

〔그림 4〕

[그림 2]는 이기문(1972b : 111)에서 제시된 체계로 정음 문자와 파스파 문자가 표상하는 음의 대응 관계를 바탕으로 15세기 국어 모음의 음가를 추정한 다음 그것을 바탕으로 수립한 체계이다. 모음의 분류 방법상으로 보면 이 체계는 '혓바닥형(tongue arch model, 관찰의 범위가 센입천장에서 여린입천장까지의 혓바닥의 단면이 나타내는 아치 모양에 한정됨.)'에 바탕을 두고 수립된 것이라고 할 수 있다.

[그림 3]은 허웅(1978a : 360)에서 제시된 체계이고, [그림 4]는 김완진(1978)에서 제시된 체계로 'ㅗ, ㅜ'를 'w+ ·, w+ㅡ'로 재음소화하여 'ㅗ, ㅜ'를 음소목록에서 제외한 것이다. [그림 2]의 체계로서는 모음조화를 합리적으로

설명할 수 없음을 지적하고 이것을 극복하기 위해 훈민정음의 '설불축, 설소축, 설축'의 개념을 보다 충실히 해석함으로써 수립된 체계이다. 모음의 분류 방법상으로 보면 이 체계는 '고대형(ancient model, 관찰의 범위가 입천장에서 목머리에 이르는 입안 전체에 이름.)'에 바탕을 두고 수립된 것이라고 할 수 있다.[29)]

그런데 오종갑(2007 : 183-189)에서는 현대국어의 모음조화(부사형어미 '아'의 경우)와 모음체계의 관련성을 논하면서, 전국 138개 군(울릉군 제외)을 한 단위로 보았을 때, 현대국어의 모음체계에서도 '설축' 자질이 유지되고 있음을 입증한 바 있다. 그것을 보이면 다음의 [그림 5], [그림 6]과 같다.

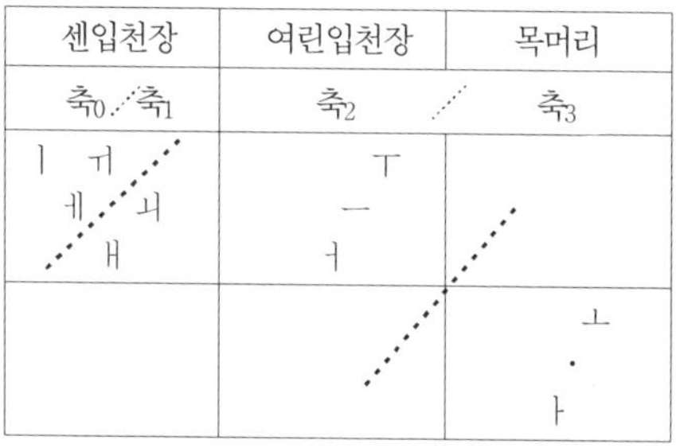

센입천장
여린입천장
목머리
축0 축1
축2
축3
ㅣ ㅟ
ㅔ ㅚ
ㅐ
ㅜ
ㅡ
ㅓ
ㅗ
·
ㅏ

〔그림 5〕 '고대형'으로 본 모음체계

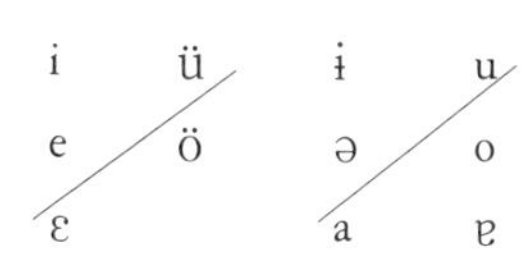

〔그림 6〕 '혓바닥형'으로 본 모음체계

[그림 5]는 '고대형'으로 나타낸 현대국어의 모음체계도이고, [그림 6]은 '혓바닥형'에 설축의 대립까지 포함시킨 모음체계도이다. 이 체계로부터 근대국어 이후에 이루어진 하강이중모음의 단모음화(ay>ɛ, əy>e, oy>ö, uy>ü)와 제주도 방언에서 경험한 ʌ>ɐ 변화를 제거하면 i, ɨ, ə, a, u, o, ʌ의 7모음체계

29) 모음의 분류 방법에 대해서는 김영송(1988 : 100-104)를 참고할 수 있다.

가 되는데, 이것이 바로 15세기 국어의 모음체계([그림 7])가 된다고 할 수 있다.

앞에서도 언급한 바와 같이 [그림 5]와 [그림 6]의 11모음체계는 전국을 한 단위로 보았을 때의 그것을 나타낸 것이다. 그러나 실제로 이러한 모음체계를 가진 방언은 존재하지 않으며, 『한국방언자료집』에는 각 방언의 모음체계를 10모음(i, e, ɛ, ü, ö, ɨ, ə, a, u, o), 9모음(i, e, ɛ/ ɨ, ə, a, u, o, ɐ), 8모음(i, e, ɛ/ ɨ, ə, a, u, o), 6모음(i, E/ Ǝ, a, u, o) 등의 체계로 구분하고 있다.[30)]

다음에서는 [그림 7]의 모음체계가 현대국어 각 방언의 모음체계(6 · 8 · 10단모음)로 바뀐 과정을 간략히 살펴보기로 한다.

'설소축(u, ɨ, ə) : 설축(o, ʌ, a)'의 사선적 대립을 보이던 15세기 국어의 7모음체계([그림 7])는 경남지역에서 발생한 모음조화 붕괴 규칙(ʌ>ɨ)이 모음조화 붕괴와는 상관없는 어두에까지 그 적용 범위가 확대되어 ʌ : ɨ의 설축 대립이 소멸될 운명에 놓이게 되었다. 그러나 이 개신파를 받아들인 여타 방언에서는 그에 따라 언어 변화를 수행하면서도 다른 한편으로는 '·'를 동일한 설축계열의 a(구장모음화, 개신지 : 경북지역)나 o(구축모음화, 개신지 : 강원도 북부 및 전북지역)로 변화시키는 또 다른 개신파를 발생시켰던 것으로 추정된다. 그리고 전북지역에서는 또 하나의 개신파인 ʌ>ə가 발생하였는데, 이것 역시 그 조음영역의 근접함에서 비롯된 변화로 이해된다.

각 방언에서 발생한, 이와 같은 변화('ʌ>ɨ, a, o, ə')는 결국 ʌ의 비음운화를 초래하고, 그에 이어 모음체계가 재구성되는 변화가 있었을 것으로 추정된다. 다시 말하면, ʌ의 비음운화로 설축 대립 체계에 불균형이 초래되자 [그

---

30) 『한국방언자료집』에는 지역에 따라 보다 다양한 모음체계가 제시되어 있는데 그것을 보면 다음과 같다.
10모음(i, e, ɛ, ü, ö, ɨ, ə, a, u, o) : 경기(15), 강원(전역), 충북(8), 충남(전역), 전북(고창을 제외한 전역), 전남(10). 9모음(i, e, ɛ, ü, ɨ, ə, a, u, o) : 경기(1). 9모음(i, e, ɛ, ö, ɨ, ə, a, u, o) : 경기(2), 충북(1). 9모음(i, E, ü, ö, ɨ, ə, a, u, o) : 전북(1), 전남(12). 9모음(i, e, ɛ, ɨ, ə, a, u, o, ɐ) : 제주(2). 8모음(i, e, ɛ, ɨ, ə, a, u, o) : 경기(1). 8모음(i, e, E, ü, Ǝ, a, u, o) : 경남(1). 7모음(i, e, E, Ǝ, a, u, o) : 경남(9). 7모음(i, E, ɨ, ə, a, u, o) : 충북(1). 6모음(i, E, Ǝ, a, u, o) : 경북(전역), 경남(9).

림 7]에서는 잉여적이었던 설위 자질이 변별자질로 기능하게 된 것으로 해석된다. 그리고 구축(혹은 구장) 자질의 정도의 차이에 의한 'o : ʌ : a'의 대립도 무너지면서 새로이 원순성 유무에 의한 'ɨ : u, ə : o, a : ɐ'(평순 : 원순)의 대립이 형성되어 [그림 8]과 같은 원평·설위·설축 대립 체계로 모음체계가 재구성된 것으로 해석된다.31)

[그림 8]의 6(7)모음체계는 하강이중모음 'ㅐ, ㅔ'가 단모음화됨으로써 [그림 9]와 같은 8(9)모음체계로 변화되고, 여기에 'ㅟ, ㅚ'의 단모음화가 다시 추가됨으로써 [그림 10]과 같은 10모음체계가 완성되었다.32) 그리고 [그림 11]의 6모음체계는 [그림 9]의 'e, ɛ'와 'ɨ, ə'가 각각 E와 Ǝ로 합류됨으로써 나타난 체계인데, 이 체계에서는 'ㅟ, ㅚ'가 단모음화되는 과정은 경험하지 않은 것으로 이해된다.

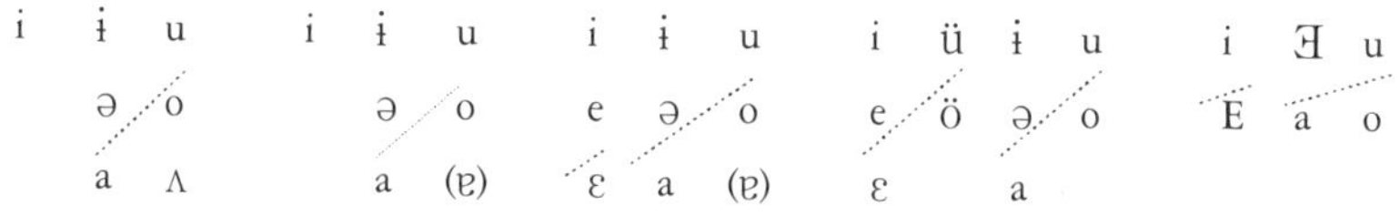

〔그림 7〕 〔그림 8〕 〔그림 9〕 〔그림 10〕 〔그림 11〕

1.4. 요약

중세 혹은 근대 국어에서 '·'('ㆎ'의 '·' 포함)를 가졌던 어사 114개의 현대국어 방언형을 『한국방언자료집』에서 찾아 '·'의 변화 과정에 적용된 음운

31) [그림 8]과 [그림 9]의 [ɐ]는 제주도 방언에만 해당됨.

32) 김완진(1963 : 495)에서는 'ㅔ, ㅐ'의 단모음화 시기를 18세기로, 이기문(1972a : 202, 228)에서는 'ㅔ, ㅐ'의 그것은 18세기 말엽으로, 'ㅟ, ㅚ'의 그것은 20세기 이후로 추정하였으며, 허웅(1978a : 460)에서는 'ㅔ, ㅐ, ㅟ, ㅚ'의 그것을 모두 19세기 이후로 추정하였다. 경상도 방언의 경우는 김주원(1984 : 22-23)에서는 'ㅔ, ㅐ, ㅟ'가 18세기 초에, 백두현(1992 : 278)에서는 'ㅔ, ㅐ'는 18세기 중엽에, 'ㅚ'는 19세기에 단모음화되었을 것으로 추정하였다.

규칙에는 어떤 것이 있는지, 그리고 그 규칙들은 각 지역(군 단위)에서 어느 정도의 빈도로 적용되는지를 통계적으로 살펴봄으로써 각 규칙의 개신지와 그 전개 양상을 밝혀보고자 하였다. 그 과정에서 밝혀진 중요한 사항을 요약하면 다음과 같다.

(1) '·'의 통시적 변화 과정에 적용된 음운규칙에는 '·>ㅡ, ·>ㅏ, ·>ㅗ$_1$, ·>ㅗ$_2$, ·>ㅓ, ʌ>ɐ'의 여섯이 있었는데, 이들 규칙이 동일 어사에 경쟁적으로 적용됨으로써 다양한 형태의 방언형이 나타나게 되었다.

(2) 모음조화 붕괴 규칙('·>ㅡ')의 적용 범위는 '[V, +RTR, +grave]({[C, +grave], h})[ʌ, +RTR, +grave]'로부터 '[V, +RTR, +grave][C, −grave][ʌ, +RTR, +grave]'로 확대되어 갔기 때문에 전자의 구조기술을 가진 어사에서는 후자의 구조기술을 가진 어사에서보다 모음조화가 더 빨리 붕괴되었다.

(3) '·>ㅡ' 규칙의 개신지는 경남지역인데, 이 규칙은 이 지역으로부터 경북 남부 지역과 전남지역을 거쳐 전국으로 전파되어 갔을 것으로 추정된다.

(4) '·>ㅏ' 규칙의 개신지는 경북지역이었던 것으로 추정된다. 그리고 이 규칙은 모든 방언에서 그 적용 빈도가 높으나, 전남, 경남 서부, 전북 남부 지역에서는 상대적으로 그것이 낮다. 그 이유는 전남지역에서 발생한 '·>ㅗ$_2$' 규칙이 '·>ㅏ' 규칙과 상충되었기 때문이다.

(5) '·>ㅗ$_1$' 규칙의 개신지는 강원도 북부지역(제1 개신지)과 전북 북부지역(제2 개신지)인데, 이 규칙은 주변 지역을 거쳐 남한의 전역으로 전파되어 간 것으로 추정된다.

(6) '·>ㅗ$_2$' 규칙의 개신지는 전남지역이었던 것으로 추정되는데, 이 규칙은 전남지역으로부터 경남의 남해안과 전북의 남부 지역을 거쳐 전국으로 확산되어 갔으나 그 세력은 미약하다.

(7) '·>ㅓ' 규칙의 개신지는 전북지역이었던 것으로 추정되는데, 이 규칙은 전북지역으로부터 주로 한반도의 서부 지역(전남의 서남부 지역 제외)으로

전파되어 갔기 때문에 동부 지역(경기 동부, 강원, 충북, 경북, 경남)에서는 그 적용 빈도가 낮다.

(8) ʌ>ɐ 규칙의 개신지는 제주 지역인데, 이 규칙은 제주 방언에만 적용되었다.

(9) 15세기 국어의 모음체계에서 설축, 구축, 구장 자질은 변별자질로서 기능하고, 설위(혀의 고저와 전후)와 원평 자질은 잉여자질로서 기능하였다. 그러나 '·'의 비음운화 이후에는 모음체계가 재조정되어 설축과 함께 설위, 원평 자질이 변별자질로 기능하게 되었다.

—"국어 방언에 반영된 '·'의 변화"란 제목으로 『어문학』(한국어문학회) 100집, pp.65-115에 수록됨, 2009.

2. '—, ㅓ'의 변화

중세 혹은 근대 국어의 어두에서 사용되었던 '—(ɨ)'와 'ㅓ(ə)'는 현대국어의 제 방언에서 그 방언형이 각각 'ɨ, Ǝ, i, u, ə'와 'ə, Ǝ, ɜ, ɨ, i, u, o, yə, e, wə, uə' 등으로 실현되어 다양한 모습을 보인다. 그러나 영남을 제외한 대부분의 지역에서는 'ɨ'와 'ə'가 그대로 유지되는 데 비해 영남지역에서는 대부분 지역에서 'ɨ'와 'ə'에 대응되는 음이 Ǝ로 실현됨으로써 모음체계에 차이를 보이고 있다. 그래서 기존의 연구에서는 영남지역에서도 역사적으로 ɨ'와 'ə'가 존재했는지의 여부와, 존재했다면 어떤 과정을 거쳐 합류 혹은 중화가 이루어졌는지에 대해서 관심을 기울였는데 그것을 보면 다음과 같다.

최명옥(1982 : 14)에서는 경북 월성 지역어에서 중부방언의 ɨ와 ə에 대응하는 음이 i(전설모음화형)와 ɜ로 나타나고, 또 i모음역행동화규칙이 적용된 월성어의 i와 ɛ가 중부방언에서 ɨ와 ə로 대응되는 점에 주목하여 월성어에서도 과거에는 ɨ와 ə가 변별되었으리라는 추정을 하였다.

그리고 김주원(1984 : 51)과 백두현(1992 : 153)에서는 영남방언에서 ɨ와 ə가 중화(합류)된 시기를 전자에서는 18세기 중엽으로, 후자에서는 18세기 후기로 보았다. 그런데 ɨ와 ə가 중화된 이유는 "'·'의 비음운화 이후 'ㅓ'가 후설화됨으로써 'ㅓ'가 '—'의 바로 밑에 위치하게" 되고 그 결과 양자의 조음영역이 충분히 확보되지 못하자 '— : ㅓ'의 고저대립이 소멸되었기 때문이라고 설명하였다(백두현 1992 : 152–159 참고).

박종덕(2004 : 39–45)에서도 전설평순중모음으로 치우쳐 있던 'ㅓ'가 중설평순고모음 'ㅡ' 아래로 이동하자 양자의 조음영역이 가까워져 합류가 이루어진 것으로 설명하여 백두현(1992 : 152–159)의 견해와 유사함을 볼 수 있다. 다만 백두현(1992 : 152–159)에서는 'ㆍ'가 소멸된 자리로 'ㅓ'가 후퇴하게 된 것으로 본 데 비해 박종덕(2004 : 39–45)에서는 17세기 무렵 e와 ɛ가 전설모음으로 자리 잡자 이에 밀려 'ㅓ'의 음역이 후퇴한 것으로 본 점에서 차이가 있는 듯하다.

백두현(1992 : 152–159)와 박종덕(2004 : 39–45)의 견해처럼 'ㅡ'와 'ㅓ'가 18세기에 합류(혹은 중화)되어 Ǝ가 되었다면 현대의 영남방언에서는 Ǝ만 실현되어야 할 것이다. 그러나 『한국방언자료집』의 자료들을 살펴보면, ɨ와 ə가 합류(혹은 중화)되지 않고 둘 중의 어느 하나만 Ǝ로 변화된 지역도 발견되는데, 그것은 ɨ와 ə의 합류(혹은 중화)를 한 덩어리로 묶어 하나의 개신파로 처리할 수 없음을 의미하는 것이다. 바꾸어 말하면, ɨ>Ǝ와 ə>Ǝ의 변화는 별개의 것으로 취급되어야 하며, 이러한 변화의 개신지와 그 개신파의 진행 방향도 별개의 것으로 논의되어야 함을 의미하는 것으로 보인다.

그래서 이 장에서는 ① 『한국방언자료집』에 나타난 자료들을 활용하여 ɨ, ə 변화의 실상을 분석하고, ② 분석 과정에서 드러난 변화 규칙들 각각의 적용 빈도를 군 단위로 통계 처리하며, ③ 통계 처리 과정에서 산출된 적용 빈도를 바탕으로 전국언어지도를 작성하고자 한다. ④ 그런 다음 각 군 단위의 적용 빈도를 비교하고, 언어지도를 해석함으로써 변화 규칙 각각의 개신지와 개신파의 전파 과정을 추정해 보고자 한다.

2.1. 변화의 실제

2.1.1. '―'의 변화

중세 혹은 근대 국어에서 'ㅡ'를 가졌던 어사들 — 느리-(석보 9 : 10), 늙-(석보 11 : 36), 늦-(두초 16 : 22), 드물-(<드믈-, 두초 8 : 34), 듣-(석보 19 : 6), 들(유합 상 : 6), 들깨(<들ᄣᅢ, 자회 상 : 14), 뜨-(<ᄠᅳ-, 浮, 두초 7 : 5), 틀(자회 중 : 17), 틀-(역어 상 : 66), 틈(번박 상 : 40), 스물(<스믏, 능엄 2 : 6), 그릇(월곡 4), 글(용가 7), 긁-(두초 20 : 2), 끓-(<긇-, 내훈 중간 2 : 61), 끊-(<긊-, 월석 1 : 29), 크-(석보 6 : 12), 흐르-(자회 하 : 1), 흙(소언 6 : 122) — 의 'ㅡ'가 현대국어의 제 방언에서는 ɨ, ɜ, i, u, ə 등의 유형으로 실현됨을 『한국방언자료집』에서 확인할 수 있다.

먼저 어사별로 'ㅡ'가 바뀌어 실현된 실태를 보이면 [표 6]과 같은데, 다음에서는 각 유형이 현대국어에 이르는 과정에서 어떠한 변화를 경험했는지 살펴보기로 한다.

〔표 6〕 '―'의 변화 유형별 실현 빈도(어사별)

유형 / 어사	ɨ	ɜ	i	u	ə	x	합계
느리-	83	35	20				138
늙-	96	42					138
늦-	96	42					138
드물-	83	42		11		2	138
듣-	96	42					138
들	99	37				2	138
들깨	114	23		1			138
뜨-	93	42			3		138
틀	95	41				2	138
틀-	95	40	1			2	138
틈	95	42		1			138
스물	41	1	37	59			138

어사 \ 유형	ɨ	ɜ	i	u	ə	x	합계
그릇	96	41		1			138
글	102	36					138
긁-	96	42					138
끊-	96	42					138
끓-	100	38					138
크-	102	34			2		138
흐르-	96	42					138
흙	95	42			1		138
합계	1,869	746	58	73	6	8	2,760

ɨ형은 중세국어의 '一'(ɨ)가 아무른 변화 없이 그대로 유지된 것으로 영남지역을 제외한 대부분의 지역에서 실현되고, ɜ형은 ɨ>ɜ 변화를 경험한 것으로 영남지역에서 주로 실현된다. i형은 '느리-, 스물, 틀-'의 방언형에서 나타나는데 이것은 '一'가 전설성의 자음 'ㄴ, ㅅ, ㅌ' 뒤에서 전설모음화된 것으로 해석할 수 있다.[33] 그러나 '느리-'의 경우는 'ㅣ'역행동화가 발달된 전북(2), 전남(11), 경북(4), 경남(3) 등지에서만 실현되는 것으로 볼 때 'ㅣ'역행동화로 해석해도 무리는 없을 것으로 생각된다.

u형은 '그릇, 들깨, 드물-, 스물, 틈'의 '一'가 'ㅜ'로 원순모음화된 것인데, 뒤의 셋은 순음에 의한 역행동화로 볼 수 있다.[34] 그러나 앞의 둘은 그 원인이 분명하지 않은데, '그릇>구릇'의 경우는 이화작용으로, '들깨>둘깨'의 경우는 '들빼'의 'ㅂ'에 영향을 받았을 가능성을 말해 두고자 한다.

ə형은 '뜨-, 크-, 흙'의 '一'(ɨ)가 모음 하강된 것으로 모두 전북지역(완주, 정읍, 순창)에서 발견되는데, ə>ɨ에 대한 과도교정이 그 변화의 기제가 된 것

33) '一'의 선행자음이 경구개음인 예들이 발견되지 않는데 그것은 이들 자음 뒤에서는 대부분의 어사들이 전설모음화 되었기 때문이다.

34) '一'의 선행자음에 순자음이 발견되지 않는 것은 순자음에 의한 원순모음화('一>ㅜ')가 이미 완성되었기 때문인 것으로 생각된다.

으로 해석할 수 있을 듯하다. 그러나 전북지역에서 ə>ɨ 변화의 세력이 타 지역에 비해 상대적으로 강하지도 않은 상황에서 이 지역에서만 과도교정이 가능했겠느냐는 의심을 가질 수 있다.

이상에서 살펴본 바를 종합해 보면, ɨ는 그 일차적 변화에서 무변화형을 포함하여 다섯 유형의 변화가 있었음을 알 수 있다. 실현 가능 어사수 2,760개에서 기타의 8개를 제외한 실현 어사수 2,752개를 기준으로 했을 때 각 유형의 적용률은 무변화형(68.0%)>Ǝ형(27.1%)>u형(2.7%)>i형(2.1%)>ə형(0.2%)과 같다.

2.1.2. 'ㅓ'의 변화

중세 혹은 근대 국어에서 'ㅓ'를 가졌던 어사들 — 머리(용가 95), 먹-(석보 6 : 32), 버릇(석보 6 : 21), 벌(훈해 용자), 벗-(용가 36), 넓-(<넙-, 능엄 1 : 9), 더럽-(월석 1 : 35), 더위(구방 상 : 11), 떡(<쩍, 자회 중 : 20), 떫-(<뻟-, 두초 18 : 16), 털(자회 하 : 12), 젓(자회 중 : 21), 거미(<거믜, 두초 21 : 4), 거울(<거우루, 월석 1 : 34), 걷-(월곡 130), 허리(자회 상 : 27), 헝겊(<헝것, 자회 중 : 17), 어머니(<어마님, 용가 90), 얼굴(석보 9 : 17), 얼-(두초 21 : 36), 없-(용가 20) — 의 'ㅓ'가 현대국어의 제 방언에서는 ə, Ǝ, u_1, ɨ, i, u_2, 3, o, yə, e, wə, uə 등의 유형으로 실현됨을 『한국방언자료집』에서 확인할 수 있다.

먼저 어사별로 'ㅓ'가 바뀌어 실현되는 실태를 보면 [표 7]과 같은데, 다음에서는 각 유형이 현대국어에 이르는 과정에서 어떠한 변화를 경험했는지 살펴보기로 한다.

〔표 7〕 'ㅓ'의 변화 유형별 실현 빈도(어사별)

유형 / 어사	ə	Ǝ	u_1	ɨ	i	u_2	ɜ	o	yə	e	wə	uə	x	합계
머리	87	41					10							138
먹-	55	25	37				21							138
버릇	82	40					15						1	138
벌	83	41		2		6	4				1	1		138
벗-	86	41					11							138
넓-	93	41					4							138
더럽-	34	41		56	2								5	138
더위	96	41					1							138
떡	88	40					10							138
떫-	39	40		57	2									138
털	55	41					40						2	138
젓	95	40					2						1	138
젖-	63	41		33	1									138
거미	59	41					38							138
거울	46	30					35		3	4			20	138
걷-	59	41		14			24							138
허리	77	41					20							138
헝겊	32	39		62									5	138
어머니	90	39	1				7	1						138
얼굴	77	11					19						31	138
얼-	84	41		13										138
없-	45	40		20		33								138
합계	1,525	836	38	257	5	39	261	1	3	4	1	1	65	3,036

ə형은 중세국어의 'ㅓ'(ə)가 아무른 변화 없이 그대로 유지된 것인데, 영남지역을 제외한 대부분의 지역에서 이 유형이 실현된다. Ǝ형은 ə가 모음상승된 것으로 영남지역에서 실현되고, u_1은 Ǝ가 다시 u로 원순모음화된 것이다. 이 유형에 속하는 어사에는 '먹-, 어머니'의 둘이 있다.

'먹->묵-'은 전북의 2개 군과 전남, 경남북에서만 실현되는데 이 경우의

'ㅓ'는 장음이 아니기 때문에 뒤에서 보게 될 'ㅓ>ㅡ' 변화가 있은 다음 다시 'ㅡ>ㅜ' 변화가 있은 것으로 보기는 어렵다. 그렇다면 'ㅓ'가 선행 순자음의 영향으로 'ㅜ'로 원순모음화된 것으로 해석해야 되는데 이 경우의 'ㅓ'는 'ㅡ'와 'ㅓ'가 합류된 Ǝ로 해석된다.

그것은 'i, e, ɛ, ɨ, ə, a, u, o'와 같은 8모음체계에서는 평순모음 ə에 대립되는 원순모음은 o가 되지만 'i, E, Ǝ, a, u, o'와 같은 6모음체계에서는 Ǝ에 대립되는 원순모음은 u가 되기 때문이다. 경북 선산에서 실현되는 '어머니'의 방언형 '움마'는 'ㅓ'가 순자음에 역행동화되어 원순모음으로 바뀐 것인데 이 경우의 'ㅓ'도 Ǝ였을 것으로 해석된다.

ɨ형은 장음의 ə가 모음상승된 것인데 경기, 강원, 충남북에서 주로 실현된다. i형은 앞의 ɨ가 다시 전설자음 뒤에서 전설모음화된 것이고, u_2형은 ɨ가 다시 전후의 순자음에 의해 원순모음화된 것이다. u_2형으로 실현된 어사에는 '벌'과 '없-'이 있는데, 전자는 강원(3), 충북(2), 충남(1)에서, 후자는 경기(6), 강원(5), 충북(7), 충남(13), 전북(2)에서 실현된다.

Ǝ형은 경기, 강원, 충남북과 전북(3)에서 실현되는데 이것은 ə가 모음하강된 것으로 영남지역에서 발달된 모음상승(ə>Ǝ)과는 대립되는 변화다. o형은 경북 고령에서 '어머니'의 방언형이 omE로 실현된 것인데, 이는 후행 순자음에 의한 원순모음화(ə>o)로 해석된다.

yə형은 ə에 y가 첨가된 것이고 e형은 yə가 다시 축약된 것인데, y첨가는 원래부터 yə를 가진 어사에서 y가 탈락되는 현상에서 과도교정된 것으로 해석된다. wə형은 충북 옥천에서 '벌'의 방언형으로 실현된 것인데 이것은 선행 'ㅂ'의 영향으로 w가 첨가된 것이다. 그리고 uə형은 충북 음성에서 역시 '벌'의 방언형으로 실현된 것인데 이것은 wə의 w가 성절음화된 것으로 해석된다.

이상에서 살펴본 바를 종합해 보면, ə는 그 일차적 변화에서 무변화형을 포함하여 일곱 유형의 변화가 있었음을 알 수 있다. 실현 가능 어사수 3,036

개에서 기타의 65개를 제외한 실현 어사수 2,971개를 기준으로 했을 때 각 유형의 적용률은 무변화형(51.3%)>ɞ형(29.5%)>ɨ형(10.1%)>ɜ형(8.8%)>yə형(0.2%)>wə형(0.1%)>o형(0.0%)과 같다. ɞ형에는 ɞ, u_1형이, ɨ형에는 ɨ, i, u_2형이, yə형에는 yə, e형이, wə형에는 wə, uə형이 각각 포함된다.

2.2. 규칙의 전개 양상

ɨ는 그 일차적 변화에서 무변화형을 포함하여 다섯 유형의 변화, 즉 무변화형(68.0%), ɞ형(27.1%), u형(2.7%), i형(2.1%), ə형(0.2%) 등의 변화가 있었음을 앞에서 보았다. 이들 중 무변화형은 영남 이외의 지역에서 많이 실현되고, ɞ형은 영남지역에서만 실현된다. u형은 충남을 제외한 여타의 도에서, i형은 제주도를 제외한 여타의 도에서, ə형은 전북(3)에서만 실현되는데 그 비율은 매우 낮다.

ɨ의 일차적 변화에서 주류를 이루는 변화 유형은 ɞ형인데 이것이 차지하는 비율은 27.1%에 이른다. 다음에서는 이 유형이 전국 138개 군(울릉군 제외)에서 실현되는 빈도를 조사하여 ɨ>ɞ 변화의 개신지와 그 전파 과정을 살펴보기로 한다.

〔표 8〕 ɨ>ɞ 변화의 실현 빈도(%, 지역별)

군명	ɨ>ɞ	비율	군명	ɨ>ɞ	비율	군명	ɨ>ɞ	비율
101연천	0/20	0	403아산	0/20	0	621여천	0/20	0
102파주	0/20	0	404천원	0/20	0	622완도	0/20	0
103포천	0/20	0	405예산	0/20	0	701영풍	16/20	80
104강화	0/20	0	406홍성	0/20	0	702봉화	16/20	80
105김포	0/20	0	407청양	0/20	0	703울진	13/20	65
106고양	0/20	0	408공주	0/20	0	704문경	17/20	85
107양주	0/20	0	409연기	0/20	0	705예천	16/20	80

군명	ɨ>ɜ	비율	군명	ɨ>ɜ	비율	군명	ɨ>ɜ	비율
108남양	0/20	0	410보령	0/20	0	706안동	17/20	85
109가평	0/20	0	411부여	0/20	0	707영양	18/20	90
110옹진	0/20	0	412서천	0/20	0	708상주	14/20	70
111시흥	0/20	0	413논산	0/20	0	709의성	17/20	85
112광주	0/20	0	414대덕	0/20	0	710청송	19/20	95
113양평	0/20	0	415금산	0/20	0	711영덕	19/20	95
114화성	0/20	0	501옥구	0/20	0	712금릉	15/20	75
115용인	0/20	0	502익산	0/20	0	713선산	18/20	90
116이천	0/20	0	503완주	0/20	0	714군위	18/20	90
117여주	0/20	0	504진안	0/20	0	715영일	15/20	75
118평택	0/20	0	505무주	0/20	0	716성주	18/20	90
119안성	0/20	0	506김제	0/20	0	717칠곡	18/20	90
201철원	0/20	0	507부안	0/20	0	718경산	17/20	85
202화천	0/20	0	508정읍	0/20	0	719영천	18/20	90
203양구	0/20	0	509임실	0/20	0	720고령	18/20	90
204인제	0/20	0	510장수	0/20	0	721달성	18/20	90
205고성	0/20	0	511고창	0/20	0	722청도	17/20	85
206춘성	0/20	0	512순창	0/20	0	723월성	17/20	85
207홍천	0/20	0	513남원	0/20	0	801거창	19/20	95
208양양	0/20	0	601영광	0/20	0	802합천	19/20	95
209횡성	0/20	0	602장성	0/20	0	803창녕	19/20	95
210평창	0/20	0	603담양	0/20	0	804밀양	19/20	95
211명주	0/20	0	604곡성	0/20	0	805울주	19/20	95
212원성	0/20	0	605구례	0/20	0	806함양	19/20	95
213영월	0/20	0	606함평	0/20	0	807산청	19/20	95
214정선	0/20	0	607광산	0/20	0	808의령	19/20	95
215삼척	0/20	0	608신안	0/20	0	809하동	19/20	95
301진천	0/20	0	609무안	0/20	0	810진양	19/20	95
302음성	0/20	0	610나주	0/20	0	811함안	19/20	95
303중원	0/20	0	611화순	0/20	0	812의창	19/20	95
304제원	0/20	0	612승주	0/20	0	813김해	19/20	95
305단양	0/20	0	613광양	0/20	0	814양산	19/20	95
306청원	0/20	0	614영암	0/20	0	815사천	19/20	95

군명	ɨ>Ǝ	비율	군명	ɨ>Ǝ	비율	군명	ɨ>Ǝ	비율
307괴산	0/20	0	615진도	0/20	0	816고성	19/20	95
308보은	0/20	0	616해남	0/20	0	817남해	17/20	85
309옥천	0/20	0	617강진	0/20	0	818통영	18/20	90
310영동	0/20	0	618장흥	0/20	0	819거제	18/20	90
401서산	0/20	0	619보성	0/20	0	901북제	0/16	0
402당진	0/20	0	620고흥	0/20	0	902남제	0/16	0

[표 8]에 의거하여 ɨ>Ǝ의 빈도(적용률)를 보면, 영남 이외의 지역에서는 그것이 0%로 나타나 이 변화를 전혀 경험하지 않았음을 알 수 있다. 그러나 영남지역에서는 그 빈도가 매우 큼을 알 수 있는데, 그 중에서도 경북에서는 84.6%의 적용률을, 경남에서는 94.0%의 적용률을 보이고 있음을 알 수 있다. 이러한 사실은 ɨ>Ǝ 변화의 개신지가 영남지역, 그 중에서도 경남지역이었으리라는 추정을 가능하게 한다. 그리고 이 개신파는 북쪽의 경북지역으로 전파되어 갔으나 여타 지역으로는 아직 그것이 전파되지 않은 것으로 해석된다([지도 7] 참조).

무변화형의 빈도는 충남(99.7%)>경기(97.9%)>충북(96.5%)>강원(96.0%)>제주(94.0%)>전남(92.7%)>전북(90.4%)>경북(9.6%)>경남(0%)의 순으로 나타난다. 경북과 경남을 제외한 전 지역에서 90% 이상의 높은 빈도를 보이고 경남북에서는 10% 미만의 낮은 빈도를 보이는데, 후자에서 낮은 빈도를 보이는 것은 ɨ>Ǝ의 빈도가 높기 때문임은 두말 할 필요가 없다([지도 8] 참조).

ə는 그 일차적 변화에서 무변화형을 포함하여 일곱 유형의 변화, 즉 무변화형(51.3%)>Ǝ형(29.5%)>ɨ형(10.1%)>ɜ형(8.8%)>yə형(0.2%)>wə형(0.1%)>o형(0.0%) 등의 변화가 있었음을 앞에서 보았다. 이들 중 yə형, wə형, o형은 그 실현 빈도가 매우 낮으므로 이들을 제외한 나머지 네 유형이 전국 138개 군(울릉군 제외)에서 실현된 빈도를 조사하여 각각의 개신지와 전파 과정을 살펴보기로 한다.

〔표 9〕 'ㅓ'의 변화 유형별 실현 빈도(지역별)

군명	무변화	비율(%)	ə〉ɜ	비율(%)	ə〉ɨ	비율(%)	ə〉з	비율(%)
101연천	8/22	36	0/22	0	4/22	18	10/22	45
102파주	15/22	68	0/22	0	4/22	18	3/22	14
103포천	13/22	59	0/22	0	5/22	23	4/22	18
104강화	14/22	64	0/22	0	4/22	18	4/22	18
105김포	21/22	95	0/22	0	0/22	0	1/22	5
106고양	10/22	45	0/22	0	5/22	23	7/22	32
107양주	14/22	64	0/22	0	4/22	18	4/22	18
108남양	8/22	36	0/22	0	5/22	23	9/22	41
109가평	11/22	50	0/22	0	5/22	23	6/22	27
110옹진	16/22	73	0/22	0	6/22	27	0/22	0
111시흥	4/21	19	0/21	0	8/21	38	9/21	43
112광주	8/21	38	0/21	0	5/21	24	8/21	38
113양평	7/22	32	0/22	0	6/22	27	9/22	41
114화성	6/21	29	0/21	0	7/21	33	8/21	38
115용인	8/22	36	0/22	0	5/22	23	9/22	41
116이천	14/21	67	0/21	0	5/21	24	2/21	10
117여주	15/22	68	0/22	0	6/22	27	1/22	5
118평택	12/22	55	0/22	0	5/22	23	5/22	23
119안성	8/22	36	0/22	0	5/22	23	9/22	41
201철원	18/22	82	0/22	0	4/22	18	0/22	0
202화천	12/22	55	0/22	0	6/22	27	4/22	18
203양구	15/22	68	0/22	0	7/22	32	0/22	0
204인제	13/22	59	0/22	0	8/22	36	1/22	5
205고성	19/21	90	0/21	0	1/21	5	1/21	5
206춘성	17/21	81	0/21	0	4/21	19	0/21	0
207홍천	14/22	64	0/22	0	7/22	32	1/22	5
208양양	20/22	91	0/22	0	2/22	9	0/22	0
209횡성	16/21	76	0/21	0	5/21	24	0/21	0
210평창	18/22	82	0/22	0	4/22	18	0/22	0
211명주	18/21	86	0/21	0	3/21	14	0/21	0
212원성	12/22	55	0/22	0	8/22	36	2/22	9
213영월	16/21	76	0/21	0	4/21	19	1/21	5

군명	무변화	비율(%)	ə〉Ǝ	비율(%)	ə〉ɨ	비율(%)	ə〉ɜ	비율(%)
214정선	18/22	82	0/22	0	4/22	18	0/22	0
215삼척	15/21	71	0/21	0	6/21	29	0/21	0
301진천	11/22	50	0/22	0	5/22	23	6/22	27
302음성	8/22	36	0/22	0	6/22	27	8/22	36
303중원	7/22	32	0/22	0	5/22	23	10/22	45
304제원	12/21	57	0/21	0	5/21	24	4/21	19
305단양	15/22	68	0/22	0	4/22	18	3/22	14
306청원	14/22	64	0/22	0	3/22	14	5/22	23
307괴산	10/22	45	0/22	0	6/22	27	6/22	27
308보은	16/22	73	0/22	0	4/22	18	2/22	9
309옥천	14/22	64	0/22	0	4/22	18	3/22	14
310영동	14/22	64	0/22	0	4/22	18	4/22	18
401서산	10/22	45	0/22	0	4/22	18	8/22	36
402당진	12/22	55	0/22	0	4/22	18	6/22	27
403아산	10/22	45	0/22	0	4/22	18	8/22	36
404천원	8/22	36	0/22	0	5/22	23	9/22	41
405예산	14/22	64	0/22	0	4/22	18	4/22	18
406홍성	12/22	55	0/22	0	4/22	18	6/22	27
407청양	13/22	59	0/22	0	4/22	18	5/22	23
408공주	11/22	50	0/22	0	4/22	18	7/22	32
409연기	12/22	55	0/22	0	4/22	18	6/22	27
410보령	16/22	73	0/22	0	3/22	14	3/22	14
411부여	16/22	73	0/22	0	3/22	14	3/22	14
412서천	13/22	59	0/22	0	4/22	18	5/22	23
413논산	15/22	68	0/22	0	4/22	18	3/22	14
414대덕	12/22	55	0/22	0	4/22	18	6/22	27
415금산	14/22	64	0/22	0	3/22	14	5/22	23
501옥구	13/22	59	0/22	0	4/22	18	5/22	23
502익산	17/22	77	0/22	0	3/22	14	2/22	9
503완주	17/22	77	0/22	0	4/22	18	1/22	5
504진안	22/22	100	0/22	0	0/22	0	0/22	0
505무주	20/22	91	0/22	0	2/22	9	0/22	0
506김제	20/22	91	0/22	0	2/22	9	0/22	0

군명	무변화	비율(%)	ə〉ɜ	비율(%)	ə〉ɨ	비율(%)	ə〉з	비율(%)
507부안	19/22	86	0/22	0	3/22	14	0/22	0
508정읍	19/22	86	0/22	0	3/22	14	0/22	0
509임실	21/21	100	0/21	0	0/21	0	0/21	0
510장수	22/22	100	0/22	0	0/22	0	0/22	0
511고창	21/22	95	0/22	0	1/22	5	0/22	0
512순창	21/22	95	0/22	0	1/22	5	0/22	0
513남원	21/22	95	0/22	0	1/22	5	0/22	0
601영광	20/22	91	0/22	0	2/22	9	0/22	0
602장성	21/22	95	0/22	0	1/22	5	0/22	0
603담양	20/22	91	0/22	0	2/22	9	0/22	0
604곡성	20/22	91	0/22	0	1/22	5	0/22	0
605구례	20/21	95	0/21	0	1/21	5	0/21	0
606함평	21/22	95	0/22	0	1/22	5	0/22	0
607광산	21/22	95	0/22	0	1/22	5	0/22	0
608신안	20/22	91	0/22	0	2/22	9	0/22	0
609무안	22/22	100	0/22	0	0/22	0	0/22	0
610나주	21/22	95	0/22	0	1/22	5	0/22	0
611화순	20/21	95	0/21	0	1/21	5	0/21	0
612승주	19/22	86	0/22	0	2/22	9	0/22	0
613광양	20/22	91	0/22	0	1/22	5	0/22	0
614영암	21/22	95	0/22	0	1/22	5	0/22	0
615진도	21/22	95	0/22	0	1/22	5	0/22	0
616해남	21/22	95	0/22	0	1/22	5	0/22	0
617강진	21/22	95	0/22	0	1/22	5	0/22	0
618장흥	20/22	91	0/22	0	1/22	5	0/22	0
619보성	20/22	91	0/22	0	1/22	5	0/22	0
620고흥	20/22	91	0/22	0	1/22	5	0/22	0
621여천	20/22	91	0/22	0	1/22	5	0/22	0
622완도	21/22	95	0/22	0	1/22	5	0/22	0
701영풍	0/20	0	20/20	100	0/20	0	0/20	0
702봉화	0/21	0	21/21	100	0/21	0	0/21	0
703울진	0/21	0	19/21	90	2/21	10	0/21	0
704문경	0/21	0	21/21	100	0/21	0	0/21	0

군명	무변화	비율(%)	ə〉ɜ	비율(%)	ə〉ɨ	비율(%)	ə〉з	비율(%)
705예천	0/20	0	19/20	95	1/20	5	0/20	0
706안동	0/21	0	21/21	100	0/21	0	0/21	0
707영양	0/21	0	21/21	100	0/21	0	0/21	0
708상주	0/22	0	22/22	100	0/22	0	0/22	0
709의성	0/20	0	20/20	100	0/20	0	0/20	0
710청송	0/19	0	18/19	95	1/19	5	0/19	0
711영덕	0/21	0	21/21	100	0/21	0	0/21	0
712금릉	0/21	0	21/21	100	0/21	0	0/21	0
713선산	0/20	0	19/20	95	1/20	5	0/20	0
714군위	0/21	0	20/21	95	1/21	5	0/21	0
715영일	0/21	0	21/21	100	0/21	0	0/21	0
716성주	0/21	0	21/21	100	0/21	0	0/21	0
717칠곡	0/21	0	20/21	95	1/21	5	0/21	0
718경산	0/21	0	20/21	95	1/21	5	0/21	0
719영천	0/21	0	20/21	95	1/21	5	0/21	0
720고령	0/20	0	18/20	90	1/20	5	0/20	0
721달성	0/22	0	21/22	95	1/22	5	0/22	0
722청도	0/21	0	20/21	95	1/21	5	0/21	0
723월성	0/21	0	20/21	95	1/21	5	0/21	0
801거창	0/21	0	21/21	100	0/21	0	0/21	0
802합천	0/20	0	20/20	100	0/20	0	0/20	0
803창녕	0/22	0	21/22	95	1/22	5	0/22	0
804밀양	0/21	0	21/21	100	0/21	0	0/21	0
805울주	0/22	0	22/22	100	0/22	0	0/22	0
806함양	19/20	95.0	0/20	0	1/20	5	0/20	0
807산청	0/21	0	21/21	100	0/21	0	0/21	0
808의령	0/21	0	21/21	100	0/21	0	0/21	0
809하동	1/21	5	20/21	95	0/21	0	0/21	0
810진양	0/20	0	19/20	95	1/20	5	0/20	0
811함안	0/20	0	20/20	100	0/20	0	0/20	0
812의창	0/20	0	19/20	95	1/20	5	0/20	0
813김해	0/22	0	21/22	95	1/22	5	0/22	0
814양산	0/21	0	21/21	100	0/21	0	0/21	0

군명	무변화	비율(%)	ə>ɘ	비율(%)	ə>ɨ	비율(%)	ə>ɜ	비율(%)
815사천	0/21	0	21/21	100	0/21	0	0/21	0
816고성	0/22	0	22/22	100	0/22	0	0/22	0
817남해	0/21	0	21/21	100	0/21	0	0/21	0
818통영	0/22	0	21/22	95	1/22	5	0/22	0
819거제	0/21	0	20/21	95	1/21	5	0/21	0
901북제	20/20	100	0/20	0	0/20	0	0/20	0
902남제	20/20	100	0/20	0	0/20	0	0/20	0

[표 9]에 의거하여 각 지역에서 ə>ɘ, ə>ɨ, ə>ɜ 변화[35)]가 어느 정도의 빈도로 실현되는지 그 경향을 분석하되, 먼저 ə>ɘ의 경우부터 보면 다음과 같다.

ə>ɘ의 적용률은 경남북을 제외한 지역에서는 0%이나 경북과 경남에서는 각각 97.0%와 92.9%로서 매우 높은 적용률을 보인다. 군별 적용률의 단순 평균치는 경남보다 경북이 더 높다. 그러나 전남방언의 영향을 받은 경남의 함양에서 그 적용률이 0%로 나타나는 점을 고려하여 이 지역을 제외하고 평균을 내면 98.1%나 되므로 경남과 경북 중 어느 지역이 개신지라고 단정하기 어렵다. 그래서 여기서는 영남지역 전체를 개신지로 추정해 두고자 한다([지도 9] 참조).

ə>ɨ의 적용률은 경기(22.8%)>강원(22.4%)>충북(21.0%)>충남(17.5%)>전북(8.5%)>전남(5.5%)>경북(2.8%)>경남(1.8%)>제주(0.0%)의 순서로 나타나 경기 지역에서 그 빈도가 가장 높다. 그러므로 ə>ɨ의 개신지는 경기 지역이라고 할 수 있을 것이다. 그런데 강원 지역에서도 높은 적용률을 보일 뿐만 아니

35) 오종갑(2005 : 6-9)에서는 어두에 사용된 'ㅕ(yə)'가 방언에 따라 yɘ, yɨ, yɜ 등으로 변화되는 경우가 있음을 확인하였다. 그리고 거기에 포함된 ə>ɘ, ə>ɨ, ə>ɜ 변화의 개신지를 각각 경북 북부지역, 경기도 남부 지역, 경기도 동남부지역으로 추정한 바 있다. 그런데 여기서는 이들 각각의 개신지를 영남지역, 경기지역, 경기지역으로 추정하여 다소 범위를 넓게 잡았다. y계상향이중모음에 포함된 'ㅓ'라도 선행 y의 영향을 받지 않는 'ㅓ'는 단모음으로 쓰인 'ㅓ'나 그 변화 과정과 분포 지역에 별다른 차이가 없다.

라 최고의 적용률인 30%대의 적용률을 보인 군의 수도 경기도와 동일하게 3개 군에 이르므로 양 지역이 다 같이 개신의 후보지가 될 수 있겠다.

그런데 [지도 10]을 보면 20%대의 적용률을 보인 지역이 경기도에 집중되어 강원도보다 그 세력이 강함을 보여 준다. 그래서 여기서는 경기 지역이 개신지가 되고 이 개신파가 한편으로는 강원도로, 다른 한편으로는 충남북을 거쳐 전라도와 경상도로 전파되어 갔을 것으로 추정해 두고자 한다.

ə>ɜ의 적용률은 경기(26.2%)>충남(25.5%)>충북(23.2%)>강원(3.1%)>전북(2.9%)>전남(0.0%), 경북(0.0%), 경남(0.0%), 제주(0.0%)의 순서로 나타나 경기도가 개신지가 될 가능성이 있다. 그런데 충남에서도 매우 높은 적용률을 보이므로 이 지역 역시 개신지가 될 가능성이 있다. 그러나 최고의 적용률인 40%대의 적용률을 보인 군의 수가 경기도에서는 6개 군, 충남에서는 1개 군으로 나타나 양자 사이에는 현격한 차이가 있다. 그러므로 ə>ɜ 변화의 개신지는 경기도였을 것으로 추정해 두고자 한다. 이 개신파는 한편으로는 충남북을 거쳐 전북으로, 다른 한편으로는 강원도로 전파되어 갔을 것으로 추정된다([지도 11] 참조).

무변화형의 빈도는 제주(100%)>전남(93.2%)전북(88.6%)>강원(74.5%)>충남(57.1%)>충북(55.3%)>경기(51.1%)>경남(5.3%)>경북(0.0%)의 순으로 나타나는데 경북과 경남을 제외한 전 지역에서 50% 이상의 높은 빈도를 보인다. 그러나 경남의 함양(95.5%)과 하동(5%)(두 지역은 전남 방언의 영향을 받은 것으로 추정됨.)을 제외한 경남북의 모든 지역에서는 0%의 적용률을 보이는데, 그것은 이 지역에서 ə>Ǝ의 적용률이 다른 지역보다 높기 때문임은 두말 할 필요가 없다([지도 12] 참조).

앞의 [표 8]과 [표 9]에서 살펴본 내용을 종합해 보면, ɨ>Ǝ 변화(27.1%)와 ə>Ǝ 변화(29.5%)는 다 같이 영남지역에서 발생한 개신파임을 확인할 수 있으며, 후자의 적용률이 전자의 그것보다 높음을 알 수 있다. 그런데 후자의 적용률이 전자의 그것보다 높다는 사실은 ə>ɜ 변화가 먼저 발생하여 제1개신파가 되고, ɨ>ɜ 변화는 그 뒤에 발생하여 제2개신파가 되었음을 의미하는 것이다.

그런데 앞에서 언급한 바와 같이 기존의 연구에서는 ɨ와 ə가 ɜ로 중화(혹은 합류)된 것은 ə가 ɨ의 밑으로 이동함으로써 서로의 조음영역이 가까워져 변별이 어려워졌기 때문이라고 하였다. 그러나 여기서는 ɨ와 ə가 ɜ로 합류된 것은 조음 영역의 접근보다는 국어 음운 변화의 중요한 기제인 폐구조음화 원칙[36]의 작용 때문인 것으로 해석하고자 한다.

즉, 모음 a의 조음영역이 상승되자 그에 밀려 ə가 ɜ의 위치로 상승되고, 그 결과 ɜ와 ɨ의 조음영역이 가까워져 변별력이 약화되었다. 하지만 ɨ는 연쇄적 상승이 불가능하기 때문에 오히려 하강하여 ɜ와 합류된 것으로 보인다. a의 조음영역이 서울방언보다 경남방언에서 더 높다는 사실은 김영송(1981 : 25-27)에서 확인된다.

김영송(1981 : 25-27)에서는 서울방언과 경남방언의 모음을 조음할 때의 입안의 X선 사진 실측값을 제시하였는데, 그 중에서 a의 실측값을 보면 서울방언은 혀의 최고점 값이 X축 : 45.8mm, Y축 : -1.2mm이고, 경남방언은 그것이 X축 : 54.5mm, Y축 : 3.5mm로 되어 있다. 이러한 수치는 경남방언의 a가 서울방언의 그것보다 X축은 8.7mm 뒤쪽에서, Y축은 4.7mm 높은 위치에서 조음됨을 말하는 것이다. 즉 경남방언에서는 서울방언에서보다 약간 후설적이면서 고설적인 위치에서 a가 조음됨을 의미하는 것이다.

---

36) ə가 ɜ로 상승된 이유는 폐구조음원칙으로 설명할 수 있다(김진우 1988b : 521 참고).

2.3. 요약

이 장에서는 중세나 근대 국어의 어두음절에서 'ㅡ'를 가졌던 어사 20개와 'ㅓ'를 가졌던 어사 22개의 현대국어 방언형을 『한국방언자료집』에서 찾아 이들의 변화에 대해서 살펴보았다. 그리고 이 과정에서 밝혀진 각각의 음운규칙(변화)이 각 지역(군 단위)에서 어느 정도로 적용되었는지를 통계적으로 살펴봄으로써 각 규칙의 개신지와 그 전개 양상을 밝혀보고자 하였다. 그 과정에서 밝혀진 중요한 사항을 요약하면 다음과 같다.

(1) ɨ의 변화와 관련된 주된 변화는 ɨ>Ǝ인데, 이 변화(개신파)의 개신지는 경남지역이었을 것으로 추정된다. 그리고 이 개신파는 북쪽의 경북지역으로 전파되어 갔으나 여타 지역으로는 아직 그것이 전파되지 않았다.

(2) ə의 변화와 관련된 주요 변화에는 ə>Ǝ, ə>ɨ, ə>ɜ 등이 있다. ə>Ǝ의 개신지는 영남지역으로 추정되나 그 개신파는 영남 이외의 지역으로는 아직 전파되지 않았다. ə>ɨ의 개신지는 경기 지역으로서 그 개신파가 한편으로는 강원도로, 다른 한편으로는 충남북을 거쳐 전라도와 경상도로 전파되어 갔을 것으로 추정된다. ə>ɜ의 개신지는 경기지역으로서 그 개신파는 한편으로는 충남북을 거쳐 전북으로, 다른 한편으로는 강원도로 전파되어 갔을 것으로 추정된다.

(3) ɨ>Ǝ 변화와 ə>Ǝ 변화의 음운론적 기제는 폐구조음원칙의 작용이라고 할 수 있다. 즉, 모음 a의 조음영역이 상승되자 그에 밀려 ə가 Ǝ의 위치로 상승되고, 그 결과 Ǝ와 ɨ의 조음영역이 가까워져 변별력이 약화되었다. 하지만 ɨ는 연쇄적 상승이 불가능하기 때문에 오히려 하강하여 Ǝ와 합류된 것으로 보인다.

—"국어 방언에 반영된 'ㅡ, ㅓ'의 변화"란 제목으로 『늘푸른 나무』(영남대) 제2집, pp.10-32에 수록됨, 2012.

3. 'ㅕ'의 변화

중세국어의 'ㅕ(yə)'는 현대국어의 제 방언에서는 yə(yƎ, yɜ, yɨ), ye(yE), e(E, ɛ), ə(Ǝ, ɜ), i 등의 다양한 형태들로 대응되어 방언과 방언 사이에 상당한 차이가 있음을 볼 수 있다. 그런데 이 yə의 통시적 변화, 주로 단모음화와 관련된 지금까지의 논의는 대체로 다섯 가지로 요약할 수 있다.

첫째는 yə가 음운도치에 의하여 əy가 되고, 이것이 다시 축약되어 e가 되었다고 보는 견해(유창돈(1963 : 38), 김진우(1967), 이광호(1978), 최태영(1978)), 둘째는 yə가 바로 축약되어 e가 되었다고 보는 견해(허웅(1985 : 526), 최명옥(1982 : 80-85)), 셋째는 중세국어 'ㅕ'의 'ㅓ'는 그 음가가 ə가 아니라 e에 가까운 ɜ였는데, 뒤에 단모음 e가 확립되자 ɜ가 e에 partager되어 ㅕ는 ye가 되고, 이 ye는 다시 y가 탈락되어 e가 되었다고 보는 견해(김완진(1963)), 넷째는 'ㅕ'를 구성하는 두 개의 모음 성분 |i|와 |ə|가 상호 의존 관계에 있어 대등하게 결합하면 |i, ə|가 되어 [e]를 발생시키고, 부음성이 |i|에 있고 주음성이 |ə|에 있으면 [yə]를 반생시키나 부음성이 약화 탈락되면 [ə]만 남게 되며, 주음성이 |i|에 있고 부음성이 |ə|에 있으면 [ə]가 약화 탈락되어 [i]가 나타나게 된다고 보는 견해(박종희(1993)), 다섯째는 y순행동화로 해석하는 견해(오종갑(1983), 최임식(1984), 백두현(1992)) 등이 있다.

(1)의 견해는 y계 하향이중모음이 존재하던 시대의 문헌에서 이러한 예가

발견되지 않는 결함이 있고, (2)의 견해는 본론에서 보는 바와 같이 'ㅕ>ㅔ'로의 축약 이전에 어사에 따라 'ㅕ>ㅖ'의 단계가 있었음이 확인되므로 일면적 타당성만을 지니고 있다. (3)의 견해는 체계적인 면에서 볼 때 'ㅑ, ㅛ, ㅠ'도 'ɛ, ö, ü'로 단모음화되었으므로 이 경우에도 동일한 논리로 설명될 수 있어야 할 텐데 그렇지 못한 것 같다.

(4)의 견해는 방언형 yə, ye, e, ə, i 등을 동일 선상에 두고 두 개의 모음 성분 |i|와 |ə|로부터 공시적으로 유도해 낼 때는 타당성을 지닌 해석으로 이해된다. 그러나 통시적으로 볼 때, 이를테면, i는 동일 방언 안에서 yə>ye>e>i의 과정을 거친 시차성이 인정됨에도 불구하고, 두 개의 모음 성분 |i|와 |ə|의 조작에 의해 |i, ə| →[yə], [ye], [e], [ə], [i] 등과 같은 다양한 형태의 모음이 나타난 것으로 해석하여 변화의 단계성을 무시한 점은 쉽게 수긍되지 않는다.

그래서 여기서는, (5)의 견해에 따라, yə가 y순행동화에 의해 변화를 경험하게 되는데, 단모음 e가 확립되기 전의 중세국어에서는 어사에 따라 y순행동화를 삼중모음 yəy로 수용하고, e가 확립된 이후에는 어사에 따라 y순행동화를 ye(혹은 e)로 수용하며, 이 e는 다시 모음상승에 의해 i로 변화된 것으로 해석하고자 한다(yə>yəy>ye>e>i, yə>ye>e>i, yə>e>i).

3.1. 변화의 실제

중세국어에서 어두 음절의 중성에 'ㅕ(yə)'를 가지고 있던 25개 어사들 — 겨(糠, 법화 2 : 28), 겨드랑(<겨드랑, 腋, 언두 하 : 43), 겨울(<겨슬, 冬, 월석 1 : 26), 겹옷(袷, 두초 7 : 38), 곁(邊, 월곡 46), 며느리(婦, 석보 6 : 7), 멸치(<멸티, 물명 2 : 5), 베개(<벼개, 枕, 법화 2 : 73), 벼락(霹, 두초 18 : 19), 벼룩(<벼록, 蚤, 자회 상 : 12), 벼슬(官, 석보 9 : 23), 병(甁, 구간 6 : 24), 뼈(<뼈, 骨, 능엄 2 : 5), 설흔(<셜흔, 三十, 두초

8 : 21), 섧다(<셟다, 哀, 석보 6 : 44), 여럿(<여렇, 諸, 능엄 10 : 23), 여우(<여ᅀᆞ, 狐, 월곡 70), 여자(<녀자, 女子, 오륜 3 : 36), 열(<엻, 十, 두초 22 : 50), 영감(<녕감<령감, 令監)[37], 젊-(<졈-, 少, 석보 6 : 10), 젖(<졎, 乳, 능엄 7 : 17), 처녀(<쳐녀, 處女, 이륜 43), 혀(舌, 훈해 21), 형(兄, 속삼 효 : 22) — 의 'ㅕ'가 현대국어에서는 운소를 무시하면 yə, yƎ, yɜ, yɨ, yE, ye, e, E, ɛ, we, ö, Ǝ, ə, ɜ, ɨ, o, i, iə, yɐ, ya, ɐ, a의 22유형으로 실현되고 있다.

이러한 유형들은 'ㅕ'의 부음 y가 유지되느냐의 여부에 따라 y유지형과 y탈락형으로 나눌 수 있는데, 전자는 다시 부음 y가 주음의 변화에 아무른 작용도 하지 않은 순수한 y유지형과 주음의 변화에 동화력을 행사한 y순행동화형으로 나눌 수 있다. 그래서 다음에서는 기술의 편의상 y유지형, y순행동화형, y탈락형, 기타의 네 유형으로 크게 나누어 'ㅕ'의 변화 과정을 살펴보기로 한다.

3.1.1. y유지형

이 유형에 속하는 방언형으로는 yə, yƎ, yɜ, yɨ 등이 있다.

yə형은 중세국어의 형태가 아무런 변화도 경험하지 않고 현대국어에 그대로 이어진 것이다. 경북 영덕과 경남 함양을 제외한 모든 지역에서 이 유형이 실현되는데 그 중에서도 경기도에서 가장 많이 실현된다.

yƎ형은 yə형의 ə가 모음상승에 의해 ə>Ǝ 변화를 경험한 것이다. 앞의 25개 어사에서 yə>yƎ(또는 ə>Ǝ)로 변화된 어사들의 도별 실현 빈도를 종합해 보면, 경북의 23개 군 전역(울릉군 제외)과 경남의 18개 군(함양 제외)에서만 ə>Ǝ 변화를 경험하고 여타의 도에서는 이 변화를 경험한 군이 한 곳도 없

37) '영감'은 중세국어 자료에서 발견되지 않는다. 그러나 <신증유합 하 : 9>에서 '令 령 령'으로 석과 음이 달려 있고, <삼역총해 5 : 14>에서는 "님금의 녕을 바다서"처럼 표기된 것으로 보아 '令監'의 '令'은 그 음이 어두에서 '령>녕>영'으로 변했음을 알 수 있다.

음을 알 수 있다. 그러므로 ə>Ǝ 변화의 개신지는 영남지역이었으리라는 추정이 가능한데 그 중에서도 어느 지역에서 그 개신파가 발생했는지를 추정하기 위해 각 군별로 경험한 ə>Ǝ 변화의 빈도를 조사하였다. 그 결과는 [표 10]과 같고,[38] 그것을 지도에 표시하면 부록의 [지도 13]과 같다.

〔표 10〕 ə〉Ǝ 변화의 실현 빈도(%, 지역별)

군명	비율	군명	비율	군명	비율	군명	비율	군명	비율	군명	비율
701영풍	61	708상주	60	715영일	58	722청도	57	806함양	0	813김해	46
702봉화	62	709의성	52	716성주	48	723월성	51	807산청	56	814양산	52
703울진	58	710청송	57	717칠곡	61	801거창	56	808의령	56	815사천	52
704문경	56	711영덕	59	718경산	48	802합천	52	809하동	56	816고성	52
705예천	60	712금릉	56	719영천	52	803창녕	46	810진양	56	817남해	48
706안동	63	713선산	54	720고령	56	804밀양	51	811함안	46	818통영	50
707영양	58	714군위	52	721달성	57	805울주	48	812의창	54	819거제	52

위의 [표 10]과 [지도 13]에 의하면, 가장 높은 60%대의 실현율을 보이는 지역은 경북의 영풍, 봉화, 예천, 안동, 상주, 칠곡으로서 칠곡을 제외하면 대체로 경북의 북부에 속하는 지역임을 알 수 있다. 이러한 사실은 ə>Ǝ 변화의 개신지가 경북 북부 지역이며, 이 개신파가 일찍부터 남쪽으로 전파되어 영남 전역에서 높은 실현율을 보이게 된 것이라는 추정을 가능하게 한다.[39]

yɜ형은, yƎ형의 경우와는 반대로, yə의 ə가 모음하강에 의해 ə>ɜ 변화를 경험한 것으로 경기도, 충청남북도, 전라북도에서만 실현되는데, 다음에서는 ə>ɜ 변화의 개신지가 어디인지를 추정해 보기로 한다.

앞의 25개 어사들의 방언형 가운데 yə가 yɜ로 변화된 것과 yɜ에서 y가 탈

---

38) 25개의 어사가 지역별로 yə>yƎ(ə>Ǝ) 변화를 경험한 어사의 수를 조사한 다음 그 백분율을 구했으나 지면 관계상 실현 어사의 수는 제시하지 않았다. 이하 같음.

39) 오종갑(1999e)에서는 '거울, 걸, 넓다, 더럽지, 덜(小), 머리, 먹지, 버릇, 벌(蜂), 없다, 어머니, 젖, 처녀, 털, 허리, 헝겊'의 16개 어사에 사용된 'ㅓ'의 방언형들을 통계적으로 처리한 결과 ə>Ǝ 변화의 개신지가 경북 북부 지역일 것으로 추정한 바 있다(이 책 Ⅱ.2 참고).

락되거나 또는 yə에서 y가 탈락된 다음 다시 ə가 ɜ로 변화된 것으로 해석되는 어사들의 도별 실현 빈도를 종합해 보면, 경기도에서는 14/19개 군, 충북에서는 6/10개 군, 충남에서는 14/15개 군, 전북에서는 1/13개 군에서 ə>ɜ 변화를 경험했음을 알 수 있다. 그러므로 변화를 경험한 군의 수로만 보면 충남 지역이 ə>ɜ 변화의 개신지로 추정될 만하다.

그러나 실현 어사의 총수를 실현 군의 수로 나눈 평균치가 경기는 3.5개, 충북은 2,8개, 충남은 2.0개로 나타나 오히려 경기 지역이 더 많은 변화를 경험하였다. 뿐만 아니라, 개별 군의 실현율로 볼 때도 그 실현율이 36%로서 가장 높은 지역이 경기도 양평이고, 그 주변 지역인 용인, 안성, 광주, 남양주, 시흥 등지에서 20%대의 실현율을 보여 중심지를 이루므로 대체적으로 보아 경기도의 동남부지역이 개신의 중심지가 된 것으로 추정된다. 그렇다면 충남북과 전북의 옥구에서 ə>ɜ 변화를 보인 것은 경기도에서 발생한 개신파가 이들 지역에 전파되어 갔기 때문이라고 해석할 수 있다.

ə>ɜ 변화의 실현 지역과 그 빈도를 표로 보이면 [표 11]과 같고, 그것을 지도에 표시하면 부록의 [지도 14]와 같다.

〔표 11〕 ə〉ɜ 변화의 실현 빈도(%, 지역별)

군명	비율	군명	비율	군명	비율	군명	비율	군명	비율	군명	비율
101연천	4	108남양	20	118평택	4	307괴산	10	405예산	8	411부여	8
102파주	4	111시흥	24	119안성	20	310영동	4	406홍성	4	412서천	8
104강화	4	112광주	20	301진천	12	401서산	12	407청양	16	413논산	8
105김포	4	113양평	36	302음성	10	402당진	8	408공주	10	414대덕	4
106고양	4	114화성	18	303중원	28	403아산	4	409연기	4	501옥구	4
107양주	16	115용인	20	306청원	4	404천원	12	410보령	8		

yɨ형은 yə형의 ə가 장음의 환경에서 ə>ɨ 변화를 경험한 것으로 '영 : 감' 한 어사에서만 나타나는데, 이 유형의 실현 지역에는 경기(17), 강원(7), 충북(전역), 충남(전역), 전북(2)이 있다. 그런데 동일한 장음의 환경에서 ə>ɨ 변화

를 경험하는 지역이 있는가 하면 그렇지 않은 지역도 있으므로 그 분포가 어떠한지를 보다 자세히 살펴보기로 한다.

앞의 25개 어사 가운데 장음의 환경에서 ə>ɨ 변화를 경험한 어사로는 '영 : 감' 이외에 yɨ형에서 y가 탈락되어 ɨ로만 실현되는 '섧 : 다, 젊 : 다, 처 : 녀' 등도 있다. 그리고 대부분의 방언에서 단음으로 실현되는 '겨울'이 장음으로 실현되어 ə>ɨ 변화를 경험한 지역도 있어 앞의 25개 어사 가운데 ə>ɨ 변화를 경험한 어사에는 '영감, 섧다, 젊다, 처녀, 겨울'의 다섯이 된다.

그런데 이들만으로 ə>ɨ 변화의 개신지를 추정하기에는 그 수가 너무 적어 이들과 함께 『한국방언자료집』의 자료들 중에서 지역에 따라 ə>ɨ 변화를 경험한 방언형을 가진 어사 '거들+어, 거머리, 건너+어, 더럽+지, 덜(小), 떫+어서, 섬(島), 성(姓), 얼+ㄴ다(凍), 얼마, 열+지(開), 젓+지(櫓), 헝겊'을 추가한 18개의 어사들이 경험한 ə>ɨ 변화의 군별 빈도를 조사하였다. 그 결과는 [표 12]와 같고[40], 그것을 지도에 표시하면 부록의 [지도 15]와 같다.

〔표 12〕 ə>ɨ 변화의 실현 빈도(%, 지역별)

군명	비율	군명	비율	군명	비율	군명	비율	군명	비율	군명	비율
101연천	61	114화성	72	207홍천	71	304제원	67	406홍성	64	503완주	44
102파주	72	115용인	81	208양양	19	305단양	67	407청양	67	504진안	8
103포천	83	116이천	83	209횡성	80	306청원	47	408공주	50	505무주	47
104강화	72	117여주	67	210평창	63	307괴산	69	409연기	58	506김제	28
106고양	78	118평택	67	211명주	44	308보은	64	410보령	39	507부안	33
107양주	67	119안성	72	212원성	75	309옥천	56	411부여	50	508정읍	28
108남양	36	201철원	53	213영월	69	310영동	50	412서천	71	511고창	28
109가평	69	202화천	69	214정선	50	401서산	67	413논산	44	608신안	12
110옹진	69	203양구	67	215삼척	56	402당진	67	414대덕	61	612승주	6
111시흥	78	204인제	76	301진천	58	403아산	61	415금산	29	614영암	6
112광주	44	205고성	20	302음성	75	404천원	61	501옥구	39	703울진	17
113양평	72	206춘성	69	303중원	75	405예산	61	502익산	33		

40) ə>ɨ 변화를 경험한 어사가 한 개도 없는 지역은 표에서 제외하였다.

위의 [표 12]에 의하면, 경기도에서는 18/19개 군에서 ə>ɨ 변화를 경험하였는데, 18개 군에서 변화된 비율의 평균치는 69%이고, 강원도에서는 15개 군 전역에서 59%, 충북에서는 10개 군 전역에서 63%, 충남에서는 15개 군 전역에서 57%, 전북에서는 9/13개 군에서 32%, 전남에서는 3/22군에서 8%, 경북에서는 1/23개 군에서 0.7%, 경남에서는 0/19개 군에서 0%이므로 그 빈도는 경기>충북>강원>충남>전북>전남>경북>경남의 순으로 낮아짐을 알 수 있다. 이와 같은 실현 빈도의 차이는 ə>ɨ 변화의 개신지가 경기 지역일 것이라는 추정을 가능하게 한다.

그런데 개별 군을 중심으로 ə>ɨ 변화의 빈도를 보면, 가장 높은 80%대의 적용률을 보이는 지역이 경기도의 이천(83%), 포천(83%), 용인(81%)과 강원도의 횡성(80%)인 점으로 보아 경기도 중에서도 이천과 용인을 중심으로 한 남부 지역이 이 변화의 개신지가 된 것으로 추정된다. 그 이유는 이들 지역의 남쪽 지역인 안성과 충북 음성, 서쪽 지역인 화성, 시흥 등지에서 70%의 적용률을 보이고 또 그 주변 지역에서는 60-50%의 적용률을 보여 방언 전파의 일반적인 경향을 보여 주기 때문이다.[41]

이상에서 살펴본 yə, yƎ, yɜ, yɨ형은 반모음(부음) y를 기준으로 볼 때는 아무런 변화도 경험하지 않았을 뿐만 아니라 후행 단모음(주음)에도 아무런 영향력을 행사하지 않았다는 공통점이 있다. 그래서 다음에서는 이들을 묶어 y유지형으로 유별하고 이 유형의 실현 양상과 선행자음의 유무 및 종류와는 어떠한 상관관계가 있는지 살펴보기로 한다.

선행자음이 없는 경우[42]에는 전국에서 'ㅕ'가 y유지형으로 실현된 비율이

41) 김정태(2004)에서는 천안 방언에서 실현되는 'ə → ɨ'의 모음상승을 중부방언의 한 특징으로 보았으며, 이 상승은 장모음 [əː]에서는 필수적으로 일어나나 비어두의 [ə]에서는 수의적으로 일어남을 보고하였다.

42) '여자(<녀자), 영감(녕감<령감)'은 원래 어두 자음을 가진 어사였지만 두음법칙의 적용으로 인한 새구조화에 의해 어두 자음이 소멸되었으며, [표 15]에서 보는 바와 같이 그 변화의 실태도 어두 자음을 가지지 않은 어사들과 특이한 차이를 보이지 않기 때문에

98.7%이고, 선행자음이 있는 경우에는 y유지형으로 실현된 비율이 순음의 경우는 18.8%, 경구개음(또는 경구개음화된 음) 'ㅅ, ㅈ, ㅊ'의 경우는 0%, 연구개음의 경우는 58.7%, 성문음의 경우는 26.3%이다. 즉 '선행자음 없음>연구개음>성문음>순음>경구개음'의 순서로 y유지형의 실현율이 낮아지는데, 이것은 역순으로 'ㅕ'의 변화가 더 많았음을 의미하는 것이다.

3.1.2. y순행동화형

이 유형에 속하는 방언형에는 ye, yE, e, E, ɛ, we, ö, i 등이 있다.

ye형은 yə형의 ə가 선행 y에 순행동화 되어 e로 바뀐 것이고, yE형는 ye형의 e가 e>E 변화를 경험한 것인데, 이 둘은 다 같이 y순행동화를 경험했다는 점에서 동일하다.

e형은 yə가 y순행동화에 의해 ye가 된 다음 다시 y가 탈락된 것으로 해석할 수도 있고, yə가 y순행동화의 단계를 거치지 않고 바로 축약되어 e가 된 것으로 해석할 수도 있어 어느 과정의 변화를 겪었는지 쉽게 판단되지 않는다. 그런데 후자의 축약을 선행 y의 전설성이 후행 모음에 영향을 주어 그것을 전설화시킴과 동시에 자신은 탈락된 것으로 해석한다면 후자의 경우도 y순행동화에 의해 ye가 된 다음 y가 탈락된 것으로 해석할 수 있으므로 후자와 같이 해석하더라도 y순행동화를 경험한 유형에 포함시킬 수 있다. 그래서 여기서는 전후자를 다 같이 y순행동화형으로 다루기로 한다.

E형과 ɛ형은 e형과 동일한 변화 과정을 겪었으나 다시 e>E, e>ɛ 변화를 더 경험하였다는 점에서만 차이가 있으므로 이들 역시 y순행동화를 경험했다는 점에서는 동일하게 취급된다. 그리고 i형은 e형이 다시 e>i 변화[43]를 경험한

여기서는 어두 자음을 가지지 않은 어사와 동일하게 취급하였다.

43) 오종갑(1999e)에서 e>i 변화는 영남지역에서 발생한 ɛ>E 변화에 그 원인이 있는 것으로 보았다. 즉, ɛ가 E로 상승하여 이것이 음운체계에 구조적 압력으로 작용하자 경북지

것인데 이것 역시 y순행동화를 경험한 점에서는 동일한 부류로 묶어진다.

y순행동화를 경험한 유형에는 we형과 ö형도 추가된다. we형은 '혀'의 방언형이 충북 단양에서 실현될 때 나타난 유형인데, 거기에서 '혀'의 방언형에 swe와 syi(<se)가 병존하는 것으로 보아 syi의 전단계 형태인 se가 원순이중모음화 되어 swe가 나타난 것[44]으로 해석된다. 그리고 ö형 역시 '혀'의 방언형이 경기도(포천, 강화, 남양주, 시흥, 광주, 양평, 화성, 이천), 강원도(철원, 원성), 충북(음성, 중원, 괴산, 보은), 전북(무주) 등지에서 실현될 때 나타난 유형인데, 경기도의 남양주와 이천 등지에서 sö형과 se형이 병존하는 것으로 보아 se가 원순모음화에 의해 sö가 된 것으로 해석된다.[45]

각 방언형이 역사적으로 변화되어 온 과정을 표로 보이면 [표 13]과 같다.

〔표 13〕 y순행동화형의 변화 과정

기저형	y순행동화	y탈락	e〉E/ε	원순모음화	e〉i	방언형
yə	ye					ye
yə	ye		yE			yE
yə	ye	e				e
yə	ye	e	E			E
yə	ye	e	ε			ε
yə	ye	e		we/ö		we/ö
yə	ye	e			i	i

역에서는 주로 e가 i로 상승하는 변화가 일어나고, 경남지역에서는 오히려 e가 E로 하강하는 변화가 일어나게 된 것으로 보았다(이 책 Ⅱ.5 참고).

44) 곽충구(1982)에서는 아산방언에서 단모음 '어(ə)'가 원순이중모음 '워(wə)'로 바뀐 예들을 제시하고 있다.
'어쩨 → 워 : 쩨, 어디 → 워 : 디, 얼마 → 월(:)마, 언제 → 원 : 제, 어느 때 → 워 : 느 때, 어떻게 → 워 : 티기'

45) we형과 ö형에서 전자는 이중모음이고, 후자는 단모음이라는 차이는 있으나 둘 다 원순모음화 되었다는 점에서는 동일하다. 특히 충북 지역에서는 이 두 형태가 동시에 나타나는데, 이 둘이 수의적으로 나타난 것인지 그렇지 않으면 어느 한쪽에서 다른 쪽으로 변해 가는 과도기를 반영한 것인지 문제가 될 수 있다. 필자는 'ㅚ(oy)'의 단모음화 과정을 oy>wəy>we>ö로 보는 입장이므로(최전승 : 1987 참고), 여기서도 양자의 공존은 we형이 ö형으로 변해 가는 과도기를 반영한 것으로 해석하고자 한다.

ye형이 실현되는 지역에는 경기(2), 강원(3), 전북(1), 전남(2), 경북(1)이 있고, yE형이 실현되는 지역에는 전북(1), 전남(1), 경북(5), 경남(1)이 있는데, 이 두 유형이 실현되는 지역은 매우 제한되어 있다. 그 이유는 현대국어에서 CyV와 같은 분절음의 연결이 제약되기 때문인 것으로 이해된다.

e형은 경기(전역), 강원(전역), 충북(단양을 제외한 전역), 충남(전역), 전북(전역), 전남(12), 경북(6), 경남(10), 제주(전역)에서 실현되는데, 전남, 경북, 경남지역은 여타 지역에 비해 그 실현 빈도가 낮다. 그 이유는 이들 지역에서는 e>E 변화를 경험한 E형이 많이 실현되기 때문이다. E형이 실현되는 지역에는 경기(2), 강원(1), 충북(1), 전북(1), 전남(10), 경북(21), 경남(13)이 있는데, 경북, 경남, 전남지역에서 그 실현 빈도가 높다. ɛ형은 전남(3), 경북(2)에서 실현되기는 하나 그 세력은 미약하다.

we형은 충북(1)에서, ö형은 경기도(8), 강원도(2), 충북(4), 전북(1)에서 실현되는데, 비록 '혀' 한 어사에 한정되기는 하나 경기도와 충북의 상당수 지역에서 원순모음화를 경험하고 있음이 특징적이다. i형은 경기(0), 강원(8), 충북(8), 충남(2), 전북(남원을 제외한 전역), 전남(구례를 제외한 전역), 경북(전역), 경남(전역), 제주(1)에서 실현되는데, 경상남북도와 전라남북도를 포괄하는 남부 지역에서는 거의 전역에서 이 유형이 실현되나 경기도에서는 한 지역에서도 실현되지 않으며 충남에서도 실현 지역이 매우 제한되어 있다.

이상에서 살펴본 ye, yE, e, E, ɛ, we, ö, i의 실현 지역은 다 같이 y순행동화를 경험한 지역이란 점에서는 동일하므로 이들을 종합해 보면 전국 138개 군(울릉군 제외) 전역에서 y순행동화를 경험한 형태가 실현됨을 알 수 있다. 그런데 동일한 y순행동화형이라도 선행자음의 유무와 선행자음의 성질에 따라 그 실현 양상에 차이가 있으므로 다음에서는 y순행동화형이 선행자음의 유무나 선행자음의 성질에 따라 그 실현 양상에 어떠한 차이를 보이는지 살펴보기로 한다.

먼저 선행자음이 없는 '여자, 영감, 여럿, 여우, 열'의 5개 어사가 138개 군에서 y순행동화형으로 실현 가능한 방언형의 총수는 690개가 된다. 그러나 이들 가운데 다른 어형으로 실현되어 비교가 불가능한 21.5개의[46] 방언형을 제외하면 비교 가능한 방언형의 총수는 668.5개가 되는데, 그 중에서 9개(ye 5, yE 0.5, E 3.5)만이 y순행동화형으로 실현되어 그 실현 비율이 1.3%에 지나지 않는다.

선행자음이 순음인 경우('며느리, 멸치, 베개, 벼락, 벼룩, 벼슬, 병, 뼈')에는 비교 가능한 방언형 1098개 가운데 873.5개가 y순행동화형으로 실현되어 그 실현 비율이 79.6%에 이른다.

선행자음이 경구개음(혹은 경구개음화 된 음) 'ㅅ, ㅈ, ㅊ'인 경우('설흔, 쉽다, 젊다, 젖, 처녀')에는 비교 가능한 방언형이 기타의 24개를 제외한 666개이다. 그리고 원래 선행자음이 연구개음 'ㄱ'이던 어사들 가운데 일부인 370.5개 어사(y탈락형)는 먼저 'ㅈ'로 구개음화된 다음 후행의 'ㅕ'가 변화를 경험하고, 선행자음이 'ㅎ'인 어사들 가운데서도 일부인 87.5개 어사(y탈락형)는 먼저 'ㅅ'로 구개음화된 다음 후행의 'ㅕ'가 변화를 경험하므로 뒤의 두 경우도 선행자음이 경구개음인 어사들에 포함되어야 한다.

이 세 경우를 합하면 선행자음이 경구개음인 경우로서 비교 가능한 방언형은 1124개인데, 이들 가운데 y순행동화형으로 실현된 어사의 수는 0개로서 그 실현율은 0%이다. 경구개음 뒤에서 y순행동화형이 실현되지 않는 것은 선행자음과 후행 'ㅕ'의 y가 공통으로 지닌 [+palatal] 자질의 중복으로 말미암아 y가 동화력을 발휘하기 전에 탈락되었기 때문이다.

앞에서 선행자음이 경구개음인 경우에는 후행의 'ㅕ'가 y순행동화형으로 실현된 예가 없다고 하였다. 그러나 원래의 'ㅅ, ㅈ, ㅊ'가 아니고 구개음화를 거친 'ㅅ(<ㅎ)'가 선행하는 경우('혀, 형')에는 경기(전역), 강원(12), 충북(9), 충남(2), 전북(4), 전남(13), 경북(22), 경남(16), 제주(전역)에서, 구개음화를 거친

46) 한 군에서 두 개의 방언형이 병존할 때는 0.5로 계산하였다. 이하 같음.

'ㅈ(<ㄱ)'가 선행하는 경우('겨, 겨드랑, 겨울, 겹옷, 곁')에는 경기(1), 강원(11), 충북(2), 전북(3), 전남(11), 경북(6), 경남(1), 제주(전역)에서 y순행동화를 경험한 예가 발견되어 전자와는 차이를 보인다. 이러한 사실은 'ㅅ(<ㅎ), ㅈ(<ㄱ)'의 경우에는, 원래부터 'ㅅ, ㅈ, ㅊ'를 지녔던 어사와는 달리, 구개음화규칙이 적용된 다음에 y순행동화규칙과 y탈락규칙이 경쟁적으로 적용되었던 것이 아닌가 하는 의문을 가지게 한다.

그러나 'ㅅ(<ㅎ), ㅈ(<ㄱ)'에 결합된 'ㅕ'가 경쟁적으로 y순행동화규칙과 y탈락규칙의 적용을 받았다고 할 때는 y탈락규칙의 적용을 받는 '혀>셔>서, 겨>져>저' 등의 경우에는 해석상의 어려움이 없으나 y순행동화규칙의 적용을 받는 '혀>셔>셰>세, 겨>져>졔>제' 등의 경우에는 '셔, 져'의 단계에서 필수적으로 y탈락규칙이 적용되기 때문에(3.1.3 참조) 'ㅕ>ㅖ'와 같은 과정 자체가 설정될 수 없는 어려움이 있다. 그래서 여기서는 y순행동화형이 실현되는 지역에서는 구개음화규칙보다 y순행동화규칙을 먼저 경험한 것으로 해석하고자 한다.

선행자음이 연구개음 'ㄱ'일 경우('겨, 겨드랑, 겨울, 겹옷, 곁')에는 어사에 따라 실현 방언형에 다소의 차이가 있기는 하지만, 그것을 종합해 보면, yə는 ye, e, E, ɛ, i의 다섯 유형으로 변화되어 실현됨을 알 수 있다. 이에 비해 구개음화를 경험한 'ㅈ(<ㄱ)'가 선행될 때는 e, E, ɛ, i의 네 유형으로만 실현되어 전자에서 실현되던 ye가 후자에서는 실현되지 않는 차이가 있음도 알 수 있다.

이러한 차이가 나타난 이유는, 앞에서 이미 본 바와 같이, 경구개음 뒤에서 y탈락규칙이 필수적으로 적용되었기 때문이다. 그러므로 이 경우에 해당되는 '겨'의 방언형 '제, 지'와 같은 형태는 현대방언에서는 선행자음이 경구개음 'ㅈ'이지만 y순행동화를 경험하던 당시의 선행자음은 모두 연구개음 'ㄱ'이었던 것으로 해석되어야 한다.

따라서 선행자음이 연구개음인 경우는 방언형에서 'ㄱ' 그대로 실현되는

256.5개에서 기타의 11개를 제외한 245.5개의 어사와, 구개음화에 의해 'ㅈ(<ㄱ)'로 실현되는 어사 중 y순행동화를 경험한 38개의 어사를 합친 283.5개가 비교 가능한 어사의 총수가 된다. 그런데 이 어사들 가운데 y순행동화형으로 실현된 어사는 선행자음이 'ㄱ'일 때의 78개와 선행자음이 'ㅈ<ㄱ)'일 때의 38개를 합친 116개이므로 y순행동화형으로 실현된 비율은 40.9%가 된다.

선행자음이 성문음 'ㅎ'일 경우('혀, 형')에 결합된 'ㅕ'가 y순행동화를 경험한 경우에도, 앞의 연구개음의 경우와 마찬가지로, yE가 'ㅎ' 뒤에서는 실현되나 'ㅅ(<ㅎ)' 뒤에서는 실현되지 않는 차이가 있다. 후자에서 yE가 실현되지 않는 것은, 앞에서도 설명한 바와 같이, y순행동화규칙이 먼저 적용된 다음 구개음화규칙이 적용되고, 다시 y탈락규칙이 적용되었기 때문이다. 그러므로 '혀'나 '형'의 '혀'가 방언형에서 sE, sɛ, swe, sö, syi 등으로 실현된 것은 모두 'ㅅ'가 아닌 'ㅎ' 뒤에서 y순행동화를 경험한 것으로 해석되어야만 한다.

따라서 선행자음이 성문음인 경우는 방언형에서 'ㅎ' 그대로 실현되는 89개의 어사와 구개음화에 의해 'ㅅ(<ㅎ)'로 실현되는 어사 중 y순행동화를 경험한 99.5개의 어사를 합친 188.5개가 비교 가능한 어사의 총수가 된다. 그런데 이 어사들 가운데 y순행동화형으로 실현된 어사는 선행자음이 'ㅎ'일 때의 33.5개와 선행자음이 'ㅅ(<ㅎ)'일 때의 99.5개를 합친 133개이므로 y순행동화형으로 실현된 비율은 70.5%가 된다.

이상에서 살펴본 바에 의하면, y순행동화는 순음(79.6%)>성문음(70.5%)>연구개음(40.9%)>선행자음 없음(1.3%)>경구개음(0%)의 순서로 그 적용률이 낮아짐을 확인할 수 있다. 그런데 여기서의 관심사는 선행자음의 유무나 선행자음의 종류가 이러한 적용률의 차이를 가져온 음운론적 기제가 무엇인가 하는 점이다. 다음에서는 이점에 대해서 살펴보기로 한다.

구강에서의 조음위치를 다섯 개의 조음점으로 나누어 각 조음점 사이의 거리를 1로 볼 때, pyə는 '양순→치조→경구개(전설)→연구개(후설)'의 과정을, hyə는 '성문→연구개→경구개(전설)→연구개(후설)'의 과정을, kyə는 '연구개→경구개(전설)→연구개(후설)'의 과정을 거쳐 조음되므로 그 거리는 각각 3, 3, 2가 된다. 그리고 yə는 '경구개(전설)→연구개(후설)'의 과정을 거쳐 조음되므로 그 거리는 1이 된다. 조음 과정에서 보이는 이러한 거리의 차이는 그대로 조음의 난이도와 직결되는데, 이것이 'ㅕ'의 변화에 영향을 미친 것으로 이해된다.

다시 말하면, yə<kyə<hyə, pyə의 순서로 조음 거리가 멀어 조음에 더 힘이 들므로 변화의 순서는 이것과는 역순으로 조음에 힘이 더 드는 것부터 더 먼저 변화가 일어난 것으로 이해된다. 그리고 동일한 조음 거리를 가진 hyə와 pyə의 경우에는 후자의 조음이 전자의 조음보다 다소 어려움이 있기 때문에 그 실현율에서 차이를 보인 것으로 이해된다.[47] 경구개음이 선행하는 경우에는 y탈락규칙이 먼저 적용되기 때문에 y순행동화규칙은 전혀 적용되지 않았다.

3.1.3. y탈락형

y탈락형에 속하는 유형으로는 ə, Ǝ, ɜ, ɨ, o 등을 들 수 있다.

ə형은 yə형에서 y가 탈락된 것이고, Ǝ, ɜ, ɨ형은 각각 ə>Ǝ, ə>ɜ, ə>ɨ 변화를 경험한 것임은 앞에서도 설명한 바 있다. ə형은 경북(전역)과 경남(함양을 제외한 전역)을 제외한 남한 전역에서, Ǝ형은 경북(전역), 경남(함양을 제외한 전역)에서, ɜ형은 경기(9), 충북(4), 충남(12), 전북(1)에서, 그리고 ɨ형은 경기(17),

47) 허웅(1985 : 27)에서 "[h] 소리는 ------ 꼭 목청에서만 나는 것 같지 않다. 오히려 상당히 넓은 입안 통로를 공기가 지나갈 때에 인두나 입안 통로의 전체에서 갈이가 일어나는 듯한 느낌을 준다."고 한 것은 [pyə]보다는 [hyə]의 발음이 용이함을 이해하는 데 참고가 될 수 있을 것이다.

강원(10), 충북(전역), 충남(전역), 전북(5)에서 실현된다. o형은, 충남(아산, 논산)에서 '벼개'의 y가 탈락되어 '버개'로 실현된 예가 발견되는 점으로 미루어 보아, '버개'의 'ㅓ'가 순음 아래서 다시 원순모음화(ə>o)되어 '보개'가 됨으로써 나타난 유형으로 해석된다.[48] 이 유형이 실현되는 지역에는 경기도(남양주, 이천), 충남(서천)이 있다.

y탈락형은 선행자음이 없는 경우에는 비교 가능한 방언형 668.5개 가운데서 한 개의 예도 실현되지 않아 0%의 실현율을, 선행자음이 순음인 경우에는 비교 가능한 방언형 1098개 가운데 17개가 실현되어 1.6%의 실현율을 보인다. 순음일 경우 y가 탈락된 어사는 '베개'에 한정되어 있는데, 그 방언형은 '버개(<벼개)'로 실현된다. 선행자음이 경구개음일 경우에는 비교 가능한 방언형 1124개가 모두 y탈락형으로 실현되어 100%의 실현율을 보이는데, 그 이유는 경구개음과 'ㅕ'의 y가 지닌 [+palatal] 자질이 중복됨으로 말미암아 y가 탈락되었기 때문이다.

선행자음이 경구개음일지라도 원래의 'ㅅ, ㅈ, ㅊ'가 아니고 구개음화를 거친 'ㅅ(<ㅎ), ㅈ(<ㄱ)'가 선행할 경우에는 'ㅕ'의 방언형은 y탈락형('ㅓ')과 y순행동화형('ㅔ')의 둘로 실현되는데, 그것은 일률적이라기보다 지역이나 어사에 따라 차이를 보인다. 이러한 차이가 나타난 이유는 구개음화규칙이 먼저 전파된 지역이나 어사에서는 구개음화규칙이 적용된 다음 필수적으로 y탈락규칙이 적용되나 구개음화규칙이 늦게 전파된 지역에서는 y순행동화규칙이 먼저 적용된 다음 구개음화규칙과 y탈락규칙이 적용되었기 때문인 것으로 해석할 수 있다.

다 같이 구개음화를 경험한 'ㅈ(<ㄱ), ㅅ(<ㅎ)'를 선행시킨 'ㅕ'가 y탈락형

48) 이병근(1979)에서는 경기방언에 나타난 'ㅗ>ㅓ' 비원순모음화 현상('몬져>먼저, 보리>버리')을 근거로 'ㅗ : ㅓ'의 대립을 원순성의 유무에 의한 대립으로 보고 있는데, 이러한 견해는 'ㅓ>ㅗ'를 원순모음화로 보는 여기서의 설명이 타당성이 있음을 뒷받침해준다.

과 y순행동화형으로 달리 실현되는 과정의 차이를 방언형 '저(<겨), 제(<겨)'와 '서(<혀), 세(<혀)'를 예로 들어 보이면 다음과 같다.

(1)	/겨/	/혀/
구개음화	져	셔
y탈락	저	서
	[저]	[서]

(2)	/겨/	/혀/
y순행동화	계	혜
구개음화	졔	셰
y탈락	제	세
	[제]	[세]

선행자음이 연구개음일 때는 비교 가능한 방언형 283.5개 가운데 오직 1개의 예에서 y가 탈락되어 0.4%의 탈락률을 보이고, 선행자음이 성문음일 때는 비교 가능한 방언형 188.5개 가운데 6개의 예에서 y가 탈락되어 3.2%의 탈락률을 보인다.

이상에서 살펴본 바를 종합하면, y탈락형의 경우 선행자음의 유무와 그 성질에 따라서 탈락률에 상당한 차이가 있는데, 그것은 경구개음이 선행된 어사에서 발달된 y탈락규칙이 미약하나마 비경구개자음이 선행된 어사에까지 그 적용 범위가 확산되어 갔으나 선행자음이 없는 경우에까지는 아직 그 적용 범위가 확산되지 않았음을 의미하는 것이다.

앞의 3.1.1~3.1.3에서 살펴본 각 방언형의 실현 빈도를 선행자음의 유무와 성질에 따라 유별하여 표로 보이면 다음의 [표 14]와 같다.[49]

---

49) 다음의 3.1.4에서 볼 수 있는 yɐ형과 ya형은 y유지형에 포함시킬 수 있고, ɐ형과 a형은 y탈락형에 포함시킬 수 있으며, iə형은 성절음화형으로 독립시킬 수도 있겠다. 그러나 전자의 경우는 이 연구에서 주제로 삼고 있는 yə의 변화와는 거리가 있고, 후자의 경우는 단 한 개의 예만 발견되기 때문에 통계 처리 과정에서는 이들을 제외하였다.

〔표 14〕 'ㅕ'의 선행자음에 따른 유형별 실현 빈도

선행자음 / 유형	없음	순음	경구개음	연구개음	성문음
y유지형 (%)	659.5/668.5 (98.7)	206.5/1098 (18.8)	0/1124 (0)	166.5/283.5 (58.7)	49.5/188.5 (26.3)
y순행동화형 (%)	9//668.5 (1.3)	873.5/1098 (79.6)	0/1124 (0)	116/283.5 (40.9)	133/188.5 (70.5)
y탈락형 (%)	0/668.5 (0)	17/1098 (1.6)	1124/1124 (100)	1/283.5 (0.4)	6/188.5 (3.2)
합계(%)	100	100	100	100	100

3.1.4. 기타 유형

일부 'ㅕ'의 이전 단계의 음성형인 *yʌ는[50] 대부분의 방언에서는 yə로 변화되었기 때문에 'ㅕ'의 변화 예로 취급되었다. 그러나 몇몇 지역 방언에서는 yɐ로 실현되거나 yɐ의 ɐ가 a로 바뀜으로써 'ㅕ'의 변화와는 직접적 관련을 가지지 않게 되었는데 그러한 유형에는 yɐ, ya, ɐ, a 등이 있다. 그리고 또 하나 특이한 변화 과정을 보인 것으로 iə형이 있는데 다음에서는 이들의 변화 과정에 대해서 살펴보기로 한다.

yɐ형은 '여럿'에 대응되는 제주도 방언형 'yɐra, yɐrai'에서 발견되는 유형이다. 이 유형은 중세국어 이전의 *yʌ가 대부분의 방언에서는 *yʌ>yə 변화를 경험하였으나 제주방언에서는 *yʌ>yɐ 변화를 경험하여 나타난 것으로 해석된다. 그리고 ɐ형은 '곁, 겨드랑, 겹옷'에 대응되는 제주도 방언형 'ᄌᆞᇀ, ᄌᆞ드랑, ᄌᆞᆸ옷'에서 발견되는 유형이다. 이 경우의 모음 ɐ는 원래 이중모음 yɐ이었으나 선행자음 'ㄱ'가 구개음화되어 'ㅈ'로 바뀌자 [+palatal] 자질의 중복을 꺼려 yɐ의 y가 탈락되어 나타난 것으로 해석된다(čɐ<čyɐ<kyɐ<*kyʌ).[51]

50) 이기문(1972b : 127)에서는 15세기 국어에서 모음조화에 어긋난 '여라, 야라(諸)/여듧(八), 여ᄃᆞ래(八日)'로부터 '*yʌ'를 재구하였으며, 이 '*yʌ'는 현대방언에서 'yə, ya, yʌ' 등으로 실현되고 있음을 지적하였다.

ya형은 '여우'에 대응되는 경북(10) 및 경남(6)의 방언형 '야수, 야시, 야깽이'에서 발견되는 유형인데, 이 유형은 중세국어 이전 단계의 *yʌ가 이들 지역에서 ʌ>a 변화를 경험함으로써 나타난 유형으로 추정된다. 그리고 a형은 '겨드랑, 곁'에 대응되는 경북(14) 및 경남(3)의 방언형 '자드랑, 잩'에서 발견되는 유형인데, 이 a도 원래는 ya이었으나 선행자음이 'ㄱ>ㅈ'로 구개음화되자 y가 탈락되고 a만 남은 것으로 해석된다.

iə형은 'ㅕ'가 앞에서 본 y순행동화규칙이나 y탈락규칙의 적용을 받지 않고, 그것의 y가 성절음화된 것으로 보이는데, 이 유형은 전남 담양에서 실현된 '병'의 방언형 piəŋ에서 발견된다.52)

지금까지 살펴본 25개 어사의 방언형과 그 실현 빈도를 표로 보이면 [표 15]와 같다.

〔표 15〕 'ㅕ'의 변화 유형별 실현 빈도(어사별)

유형 / 어사	yə	y∃	yɜ	yɨ	yE	ye	e	E	ε	we	ö	i
며느리	13.5	7	1				79	17.5				20
멸치	26					0.5	66.5	26.5				18.5
베개	6.5						33	6				75.5

51) 정승철(1995 : 62-74)에서도 여기서와 동일한 해석을 하고 있는데, 거기에서는 여기에서 제시한 어사들 이외에도 중세국어에서 'ㅕ'를 가진 어사들이 제주방언에서 yɐ(>ɐ)로 대응되어 실현되는 어사들을 다수 제시하고 있다.

52) 최학근(1994)에는 자음을 선행시킨 yə가 많은 지역에서 iə로 바뀐 예들이 제시되어 있는데, 이러한 예들은 yə>iə가 하나의 변화 유형으로 자리 잡고 있었음을 말해 준다. 뼈 : [p'iək-t'a : gu](<전남>곡성), [p'iət-tε](<전남>화순)// 혀 : [h^{i}ə-badak](<충북>영동, 옥천, <전북>전주, 진안, <강원>영월, 평창, 횡성), [h^{i}ə-p'adak](<경북>봉화, 울진 외 3개 지역, <충북>괴산, <전남>목포, 구례, 곡성)// 며느리 : [miənuri](<전남>구례 외곡리)// 별 : [p^{i}ə : l](<전남>광양, 진상, 구례, 곡성), [p^{i}əl](<전남>장성, 담양 외 5개 지역, <전북>순창, 정읍 외 6개 지역, <경기>개성, 장단, 연천, <경북>평해, 영천 외 3개 지역, <충남>공주, 천안, 금산, <충북>영동, <강원>강릉, 철원, <황해>금천, 연안, 해주 외 11개 지역, <함남>신고산, 안변, 덕원 외 12개 지역, <평남>평양, <평북>박천, 영변 외 3개 지역).

어사 \ 유형		yə	y∃	yɜ	yɨ	yE	ye	e	E	ɛ	we	ö	i
벼락		16					1.5	76.5	38				6
벼룩		9						88.5	20				20.5
벼슬		20.5					1	60.5	23.5				26.5
병		78	9.5			2		20.5	11				16
뼈		19.5					0.5	72	24.5				21.5
소계 (%)		189 (17.1)	16.5 (1.5)	1 (0.0)		2 (0.2)	3.5 (0.3)	496.5 (45.0)	167 (15.1)				204.5 (18.5)
설흔													
섧다													
졺다													
젖													
처녀													
소계(%)													
겨	č							20	8	2			2
겨드랑	č							1	5				
겨울	č												
겹옷	č												
곁	č												
소계 (%)								21 (4.8)	13 (3.0)	2 (0.5)			2 (0.5)
혀	s( )							47.5	23.5	2	0.5	14	4
형	s												8
소계 (%)								47.5 (25.4)	23.5 (12.6)	2 (1.1)	0.5 (0.3)	14 (7.5)	12 (6.4)
겨	k	11	4.5	5			2	13	8.5				29.5
겨드랑	k	16							2	1			
겨울	k	57.5	15	3				12	7				1
겹옷	k	27	2.5					1	1				
곁	k	24		1									
소계 (%)		135.5 (52.8)	22 (8.6)	9 (3.5)			2 (0.8)	26 (10.1)	18.5 (7.2)	1 (0.4)			30.5 (11.9)
혀	h	2	0.5			0.5		4	5	0.5			2
형	h	38	3	6				6	10				5.5

유형 / 어사	yə	yƎ	yɜ	yɨ	yE	ye	e	E	ɛ	we	ö	i
소계 (%)	40 (45.0)	3.5 (3.9)	6 (6.7)		0.5 (0.6)		10 (11.2)	15 (16.9)	0.5 (0.6)			7.5 (8.4)
여자	97	40						1				
영감	41	40		51								
여럿	84.5	41	11									
여우	88.5	19	8.5		5	0.5		2.5				
열	70	41	27									
소계 (%)	381 (55.2)	181 (26.2)	46.5 (6.7)	51 (7.3)	5 (0.7)	0.5 (0.1)		3.5 (0.5)				
총계 (%)	745.5 (21.6)	223 (6.5)	62.5 (1.8)	51 (1.5)	7.5 (0.2)	6 (0.2)	601 (17.4)	240.5 (7.0)	5.5 (0.2)	0.5 (0.0)	14 (0.4)	256.5 (7.4)

유형 / 어사	Ǝ	ə	ɜ	ɨ	o	iə	기타					합계
							yɐ	ya	ɐ	a	x	
며느리												138
멸치												138
베개		1.5	13		2.5							138
벼락												138
벼룩												138
벼슬											6	138
병						1						138
뼈												138
소계 (%)		1.5 (0.1)	13 (1.2)		2.5 (0.2)	1 (0.0)					6 (0.5)	1104 (100)
설흔	41	89	8									138
쉽다	41	45.5		51.5								138
젊다	41	91		6								138
젖	41	92	4						1			138
처녀	41	38.5	1	34.5							23	138
소계 (%)	205 (29.7)	356 (51.6)	13 (1.9)	92 (13.3)					1 (0.1)		23 (3.4)	690 (100)
겨 č	0.5	28	4									64.5
겨드랑 č	21	78	1						1	12		119

어사	유형	Ǝ	ə	ɜ	ɨ	o	iə	기타					합계
								yɐ	ya	ɐ	a	x	
겨울	č	10	21		5.5								36.5
겹옷	č	32.5	68	1						1			102.5
곁	č	29	71								11		111
소계 (%)		93 (21.5)	266 (61.4)	6 (1.4)	5.5 (1.3)					2 (0.5)	23 (5.1)		433.5 (100)
혀	s( )	0.5	31.5										123.5
형	s	6.5	48.5	0.5									63.5
소계 (%)		7 (3.7)	80 (42.7)	0.5 (0.3)									187 (100)
겨	k												73.5
겨드랑	k												19
겨울	k		1									5	101.5
겹옷	k											4	35.5
곁	k											2	27
소계 (%)			1 (0.4)									11 (4.3)	256.5 (100)
혀	h												14.5
형	h	5		1									74.5
소계 (%)		5 (5.6)		1 (1.1)									89 (100)
여자													138
영감												6	138
여럿								1.5					138
여우									14				138
열													138
소계 (%)								1.5 (0.2)	14 (2.0)			6 (0.8)	690 (100)
총계 (%)		310 (9.0)	704.5 (20.4)	33.5 (1.0)	97.5 (2.8)	2.5 (0.1)	1 (0.0)	1.5 (0.0)	14 (0.4)	3 (0.1)	23 (0.7)	46 (1.3)	3450 (100)

3.2. 규칙의 전개 양상

15세기 국어 어두 음절에 사용되던 'ㅕ(yə)'가 현대국어에 이르는 과정에서 경험한 음운규칙에는 y순행동화규칙, y탈락규칙, ə>Ǝ/ɜ/ɨ/ 규칙, e>E/ɛ 규칙, e>i 규칙 등의 다양한 규칙들이 있음을 앞에서 보았다. 그런데 ə>Ǝ/ɜ/ɨ/ 규칙에 대해서는 앞의 3.1에서 그 개신지를 추정하였고, e>E/ɛ 규칙과 e>i 규칙의 개신지와 그 전파 양상에 대해서도 이미 오종갑(1998a, 1999e)에서 고찰한 바 있다. 그러므로 여기서는 y순행동화규칙과 y탈락규칙의 적용 빈도를 군 단위로 조사하여 그들의 개신지와 전파 경로를 살펴보기로 한다.

먼저 y순행동화규칙과 y탈락규칙이 적용된 빈도를 군 단위로 보이면 [표 16]과 같고, 그것을 지도에 표시하면 각각 [지도 16], [지도 17]과 같다.

〔표 16〕 y순행동화 및 y탈락 규칙의 적용 빈도(지역별, %)

군명	동화	탈락	군명	동화	탈락	군명	동화	탈락	군명	동화	탈락
101연천	20	20	302음성	36	34	512순창	32	44	712금릉	44	36
102파주	26	22	303중원	24	34	513남원	38	36	713선산	46	33
103포천	16	24	304제원	28	26	601영광	33	46	714군위	48	31
104강화	20	20	305단양	38	32	602장성	16	42	715영일	41	31
105김포	20	20	306청원	32	26	603담양	33	46	716성주	53	27
106고양	18	22	307괴산	36	34	604곡성	27	44	717칠곡	38	27
107양주	12	20	308보은	36	36	605구례	44	36	718경산	52	27
108남양	24	28	309옥천	32	34	606함평	35	43	719영천	48	27
109가평	20	34	310영동	40	34	607광산	29	46	720고령	44	36
110옹진	32	30	401서산	8	40	608신안	42	38	721달성	43	30
111시흥	28	20	402당진	16	44	609무안	30	46	722청도	43	32
112광주	8	32	403아산	22	40	610나주	19	46	723월성	49	31
113양평	32	24	404천원	16	38	611화순	31	42	801거창	44	32
114화성	28	26	405예산	18	40	612승주	39	40	802합천	48	32
115용인	26	26	406홍성	12	44	613광양	43	35	803창녕	54	29
116이천	26	28	407청양	20	48	614영암	36	40	804밀양	49	30

군명	동화	탈락	군명	동화	탈락	군명	동화	탈락	군명	동화	탈락
117여주	34	26	408공주	20	40	615진도	29	38	805울주	51	26
118평택	14	20	409연기	16	48	616해남	36	40	806함양	44	32
119안성	16	28	410보령	20	34	617강진	37	35	807산청	44	36
201철원	17	33	411부여	18	42	618장흥	36	40	808의령	44	36
202화천	36	32	412서천	17	48	619보성	37	38	809하동	44	36
203양구	28	32	413논산	22	46	620고흥	46	33	810진양	44	36
204인제	31	31	414대덕	24	40	621여천	43	35	811함안	54	29
205고성	25	31	415금산	31	38	622완도	37	38	812의창	46	38
206춘성	34	32	501옥구	28	42	701영풍	39	28	813김해	54	29
207홍천	31	29	502익산	24	46	702봉화	38	28	814양산	47	35
208양양	27	27	503완주	24	42	703울진	41	25	815사천	48	32
209횡성	23	35	504진안	34	34	704문경	43	33	816고성	48	32
210평창	37	38	505무주	37	31	705예천	40	40	817남해	52	32
211명주	38	30	506김제	28	42	706안동	37	35	818통영	50	33
212원성	36	36	507부안	24	42	707영양	42	33	819거제	48	32
213영월	37	38	508정읍	28	48	708상주	40	32	901북제	42	36
214정선	37	31	509임실	32	40	709의성	48	28	902남제	40	36
215삼척	36	30	510장수	41	33	710청송	43	28			
301진천	26	32	511고창	36	44	711영덕	39	26			

[표 16]에 의거하여 각 지역별로 y순행동화규칙이 적용된 경향을 분석하면 다음과 같다.

경기도에서는 y순행동화규칙의 경우 가장 높은 적용률을 보이는 지역은 양평(32%), 여주(34%), 옹진(33%)이다. 양평은 인접한 여주(34%)가, 여주는 인접한 강원도의 원성(36%)과 충북의 음성(36%)이 상대적으로 높은 적용률을 보이므로 이들 지역으로부터 개신파가 전파된 것으로 판단되는데 이 두 지역은 경기도의 동남부에 속한다.

그런데 이들 지역과는 달리 옹진의 경우는 서부 해안 지역에 속하는데도 30%대의 적용률을 보여 인접지역으로 방언이 전파되는 일반적 경향과는 차이를 보인다. 그 이유는 이 지역에는 강한 세력을 지닌 전남의 서해안 지역으로부터 그 개신파가 전파되었기 때문인 것으로 추정된다.

3개 군을 제외한 여타 지역에서는 10~20%대의 낮은 적용률을 보이고 있으며, 광주에서는 8%로서 매우 낮은 적용률을 보이기도 한다. 19개 군 전체의 적용률 평균은 22.1%로서 충남(18.7%) 다음으로 그 적용률이 낮은 도에 해당된다.

강원도에서는 y순행동화규칙의 경우 10개 군에서는 30%대의 적용률을 보이고, 4개 군(양구, 고성, 양양, 횡성)에서는 20%대, 1개 군(철원)에서는 10%대의 낮은 적용률을 보인다. 상대적으로 낮은 적용률을 보이는 양구, 고성, 양양, 횡성, 철원 중에서 횡성을 제외한 4개 군이 북부 지역에 해당되므로 y순행동화규칙은 남부 지역에서 북부 지역으로 그 개신파가 전파되어 간 것으로 추정되는데, 이것은 경북지역으로부터 강원도의 남부 지역으로 개신파가 전파되어 북상하였기 때문인 것으로 판단된다. 15개 군 전체로 볼 때는 평균 31.5%의 적용률을 보여, 전국적으로 볼 때, 중간 정도의 적용률을 보이는 도에 해당된다.

충북의 경우에는 1개 군(영동)에서는 40%, 6개 군에서는 30%대, 3개 군에서는 20%대의 적용률을 보인다. 40%의 적용률을 보이는 영동 지역은 경북의 상주, 금릉이 각각 40%와 44%의 적용률을 보이므로 일찍부터 이들 지역의 영향을 받은 것으로 보이며, 30%대의 적용률을 보이는 6개 군 가운데 단양, 괴산, 보은, 옥천은 경북과 접경하고 있어 경북으로부터 직접적인 영향을 받고, 음성과 청원은 경북으로부터 전파된 개신파가 괴산과 보은을 거쳐 전파된 것으로 이해된다. 20%대의 제원과 중원은 인접한 문경(43%)과 단양(38%)의 영향을 받은 것으로 보인다. 충북지역은 평균 32.8%의 적용률을 보여, 전국적으로 볼 때, 중간 정도의 적용률을 보이는 도에 해당된다.

충남의 경우는 전체 15개 군 가운데 7개 군이 10%대, 6개 군이 20%대로서 그 적용률이 낮은 편이다. 다만 금산이 31%의 적용률을 보이는데, 이는 인접한 영동(40%)의 영향을 받은 것으로 보이며, 충남의 가장 서쪽 지역이라고 할 수 있는 서산에서는 매우 낮은 8%의 적용률을 보인다. 8%의 적용률을 보인 서산을 비롯하여 10%대의 적용률을 보인 당진(16%), 예산(18%), 홍성(12%), 부여(18%), 서천(17%) 등지는 충남의 서부 지역에 속한다. 충남 지역은 평균 18.7%의 적용률을 보여 그 적용률이 가장 낮은 도에 해당된다.

전북의 경우는 장수가 41%로서 그 적용률이 가장 높고, 진안, 무주, 임실, 고창, 순창, 남원이 30%대의 적용률로서 그 다음으로 높은 적용률을 보이는데 장수를 비롯한 이들 지역은 전북의 동부와 남부 지역에 해당된다. 여타 지역은 20%대의 적용률을 보이는데 대체로 전북의 서부 지역에 해당된다.

이와 같은 분포 경향은 경남북으로부터 전파되어 온 개신파가 전북의 동부 지역과 남부 지역을 거쳐 서부 지역으로 전파되어 가고 있음을 의미하는 것으로 해석된다. 전북지역은 평균 31.2%의 적용률을 보여, 전국적으로 볼 때, 중간 정도의 적용률을 보이는 도에 해당된다.

전남의 경우에는 상대적으로 높은 40%대의 적용률을 보이는 지역은 구례, 신안, 광양, 고흥, 여천인데 이들 지역은 전남의 동부 및 해안 지역에 해당된다. 이들 지역에서 적용률이 높은 것은 경남에 접경하여 있거나 해로를 통해 일찍부터 개신파가 전파되었기 때문인 것으로 해석된다.

여타 지역은 이 지역들로부터 개신파가 전파되어 12개 군에서는 30%대의 적용률을 보이나 장성, 나주, 곡성, 광산, 진도에서는 10-20%대의 상대적으로 낮은 적용률을 보인다. 전남지역은 평균 34.5%의 적용률을 보여, 전국적으로 볼 때, 중간 정도의 적용률을 보이는 도에 해당된다.

경북의 경우는 전체 23개 군 가운데 2개 군(성주, 경산)에서는 50%대의 적용률을 보이는데 이 두 지역은 경북의 남부 지역에 해당된다. 그리고 16개 군에서는 40%대의 적용률을 보여 그 적용률이 대체로 높으며, 상대적으로 낮은 30%대의 적용률을 보이는 지역은 5개 군이 있는데, 그 가운데 영풍, 봉화, 안동, 영덕은 북부 지역에 해당되고, 칠곡은 남부 지역에 해당된다.

이상과 같은 분포 경향은 남부 지역이 북부 지역보다 그 적용률이 높음을 의미하는데, 이것은 y순행동화규칙의 개신파가 남쪽에서 북쪽으로 전파되었음을 의미한다고 할 수 있다. 경북지역은 평균 43.4%의 적용률을 보여, 전국적으로 볼 때, 경남 다음으로 그 적용률이 높은 도에 해당된다.

경남의 경우는 전체 19개 군 가운데 6개 군이 50%대, 13개 군이 40%대의 적용률을 보여 매우 높은 적용률을 보인다. 그런데 50%대의 적용률을 가진 지역은 창녕, 울주, 함안, 김해, 남해, 통영으로서 앞의 넷은 경남의 동부 지역에 속하고, 뒤의 둘은 남부 해안·도서 지역에 속하므로 서부 지역보다는 동부 지역에서의 적용률이 다소 높다고 할 수 있다. 경남지역은 평균 48.1%의 적용률을 보여, 전국적으로 볼 때, 그 적용률이 가장 높은 도에 해당된다.

제주도의 경우에는 평균 41.0%의 적용률을 보여 경남북 다음으로 높은 적용률을 보인 도에 해당된다.

이상에서 살펴본 각 지역별 적용률과 [지도 16]을 종합해 보면, y순행동화규칙의 경우 그 적용률이 상대적으로 높은 50%대의 적용률을 보인 지역은 전국에서 8개 군이 있는데, 그 가운데 경북이 2개 군, 경남이 6개 군을 차지함을 알 수 있다. 그러므로 이러한 분포상의 차이만을 고려한다면 y순행동화규칙의 개신지는 경남지역이었으리라는 추정을 가능하게 한다.

그러나 이 규칙의 개신지를 이렇게 추정하는 데는 약간의 문제가 있다. 그 이유는 50%대의 적용률을 가진 지역은 창녕(54%), 울주(51%), 함안(54%), 김해(54%), 남해(52%), 통영(50%) 등지인데, 이들 지역이 한 곳을 중심으로 집중되어 있지 않을 뿐만 아니라 경북의 성주(53%), 경산(52%)도 앞의 6개 군에 뒤지지 않는 높은 적용률을 보이기 때문이다. 그래서 여기서는 2개 군에서 50%대의 적용률을 보인 경북 남부 지역과 경남지역을 포괄하여 y순행동화규칙의 개신지로 추정해 두기로 한다.

이상에서 살펴본 바를 종합하면, y순행동화규칙은 경남지역과 경북 남부 지역에서 그 개신파가 발생하여 북쪽으로는 경북 북부 지역을 거쳐 강원도 지역으로 전파되어 갔으며, 서쪽으로는 전남북과 충북 지역으로 전파되어 갔으나 한반도의 서쪽에 위치한 충남과 경기, 그리고 전북의 서부지역에는 개신파가 늦게 도달하여 그 적용률이 낮다고 할 수 있다. 그리고 남해안 지역에서 y순행동화규칙의 적용률이 높은 점을 감안할 때 제주도의 경우는 해로를 통해 개신파가 전파되어 경남북 다음으로 높은 적용률을 보인 것으로 해석된다.

다음에서는 [표 16]과 [지도 17]에 의거하여 각 지역별로 y탈락규칙이 적용된 양상을 간략히 분석해 보기로 한다.

먼저 경기도의 경우는 y탈락규칙의 적용률은 최저 20%, 최고 34%인데, 16개 군에서는 20%대의 적용률을, 3개 군에서는 30%대의 적용률을 보인다. 19개 군 전체의 평균 적용률은 24.7%로서 이것은, 전국적으로 볼 때, 가장 낮은 적용률에 해당된다.

강원도의 경우는 최저 27%, 최고 38%의 적용률을 보이는데, 2개 군에서는 20%대, 13개 군에서는 30%대의 적용률을 보인다. 15개 군 전체의 평균 적용률은 32.3%로서 이것은, 전국적으로 볼 때, 보통 정도의 적용률에 해당된다.

충북의 경우는 최저 26%, 최고 36%의 적용률을 보이는데, 2개 군에서는 20%대, 8개 군에서는 30%대의 적용률을 보인다. 10개 군 전체의 평균 적용률은 32.2%로서 이것은, 전국적으로 볼 때, 보통 정도의 적용률에 해당된다.

충남의 경우는 최저 34%, 최고 48%의 적용률을 보이는데, 3개 군에서는 30%대, 12개 군에서는 40%대의 적용률을 보인다. 15개 군 전체의 평균 적용률은 42.0%로서 이것은, 전국적으로 볼 때, 가장 높은 적용률에 해당된다.

전북의 경우는 최저 31%, 최고 48%의 적용률을 보이는데, 4개 군에서는 30%대, 9개 군에서는 40%대의 적용률을 보인다. 13개 군 전체의 평균 적용률은 40.3%로서 이것은, 전국적으로 볼 때, 충남 다음으로 높은 적용률에 해당된다.

전남의 경우는 최저 33%, 최고 46%의 적용률을 보이는데, 9개 군에서는 30%대, 13개 군에서는 40%대의 적용률을 보인다. 22개 군 전체의 평균 적용률은 40.3%로서 전북과 동일하다.

경북의 경우는 최저 25%, 최고 40%의 적용률을 보이는데, 10개 군에서는 20%대, 12개 군에서는 30%대, 1개 군에서는 40%대의 적용률을 보인다. 23개 군 전체의 평균 적용률은 30.6%로서 이것은, 전국적으로 볼 때, 경기도 다음으로 낮은 적용률에 해당된다.

경남의 경우는 최저 26%, 최고 38%의 적용률을 보이는데, 4개 군에서는 20%대, 15개 군에서는 30%대의 적용률을 보인다. 19개 군 전체의 평균 적용률은 32.5%로서 이것은, 전국적으로 볼 때, 보통 정도의 적용률에 해당된다.

제주도의 경우에는 북제주와 남제주에서 다 같이 36%의 적용률을 보이는데 이것은, 전국적으로 볼 때, 다소 높은 적용률에 해당된다.

이상에서 살펴본 바에 의하면, y탈락규칙의 경우는 그 적용률이 최저 20%에서 최고 48%로 나타나고 있음을 알 수 있다. 그들 가운데 40% 이상의 적용률을 지닌 지역을 찾아보면 경기, 강원, 충북에서는 한 곳도 발견되지 않고, 충남에서는 12/15개 군이, 전북에서는 9/13개 군이, 전남에서는 13/22개 군이, 경북에서는 1/23개 군이 발견된다. 이러한 수치로 볼 때 y순행동화규칙의 개신지는 한반도의 서쪽 지역에 속하는 충남, 전북, 전남으로 압축된다.

다시 이 군들 가운데서 46% 이상의 적용률을 보인 군들로 그 범위를 압축하면 충남에서는 4개 군(청양(48%), 연기(48%), 서천(48%), 논산(46%))이, 전북에서는 2개 군(정읍(48%), 익산(46%))이, 전남에서는 5개 군(영광(46%), 담양(46%), 광산(46%), 무안(46%), 나주(46%))가 발견되어 어느 한 도로 집중된 모습을 찾기가 어렵다. 그러나 충남의 경우를 다시 보면 최고의 적용률인 48%의 적용률을 보인 지역이 타도에 비해 많음을 알 수 있고, 앞에서 본 바와 같이, 도별 적용률의 평균치에서도 충남이 가장 높은 점을 고려하여 여기서는 y탈락규칙의 개신지를 충남 지역(대체로 동남부 지역)으로 추정해 두고자 한다.

이러한 추정이 가능하다면, y탈락규칙은 충남 지역을 개신지로 하여 남쪽으로는 전북·전남의 서부 및 중부 지역으로 그 개신파가 먼저 전파된 다음 다시 동부 지역을 거쳐 경남북으로 전파된 것으로 해석된다. 그리고 동쪽으로는 충북을 거쳐 다시 경북과 강원도 지역으로 전파되었으며, 북쪽으로는 경기도 지역으로 개신파가 전파되어 갔으나 그 전파 속도는 매우 느렸던 것으로 해석된다.

yə의 y에 초점을 맞출 때 y유지형은 이 장에서 논의되는 규칙의 전개 양상과는 직접적 관련이 없으나 y순행동화형, y탈락형과 더불어 상보적 관계를 형성하므로 y유지형의 전국적 분포를 알아보는 것도 yə의 변화를 이해하는 데 도움이 된다. 물론 y유지형의 실현율은 y순행동화형의 실현율과 y탈락형의 실현율을 합한 수를 100%에서 뺀 수치가 되는데 그것은 [표 17]에서 보는 바와 같고, 그 분포 양상을 지도에 표시하면 [지도 18]과 같다.

〔표 17〕 y유지형의 실현 빈도(지역별, %)

군명	비율	군명	비율	군명	비율	군명	비율	군명	비율
101연천	60	210평창	25	413논산	32	613광양	22	719영천	25
102파주	52	211명주	32	414대덕	36	614영암	24	720고령	20
103포천	60	212원성	28	415금산	31	615진도	33	721달성	27
104강화	60	213영월	25	501옥구	30	616해남	24	722청도	25
105김포	60	214정선	31	502익산	30	617강진	27	723월성	20
106고양	60	215삼척	34	503완주	34	618장흥	24	801거창	24
107양주	68	301진천	42	504진안	32	619보성	25	802합천	20
108남양	48	302음성	30	505무주	31	620고흥	21	803창녕	17
109가평	46	303중원	42	506김제	30	621여천	22	804밀양	21
110옹진	38	304제원	46	507부안	34	622완도	25	805울주	22
111시흥	52	305단양	30	508정읍	24	701영풍	33	806함양	24
112광주	60	306청원	42	509임실	28	702봉화	34	807산청	20
113양평	44	307괴산	30	510장수	25	703울진	33	808의령	20

군명	비율	군명	비율	군명	비율	군명	비율	군명	비율
114화성	46	308보은	28	511고창	20	704문경	23	809하동	20
115용인	48	309옥천	34	512순창	25	705예천	20	810진양	20
116이천	46	310영동	26	513남원	26	706안동	27	811함안	17
117여주	40	401서산	52	601영광	21	707영양	25	812의창	17
118평택	66	402당진	40	602장성	42	708상주	28	813김해	17
119안성	56	403아산	38	603담양	21	709의성	24	814양산	17
201철원	50	404천원	46	604곡성	29	710청송	28	815사천	20
202화천	32	405예산	42	605구례	20	711영덕	35	816고성	20
203양구	40	406홍성	44	606함평	22	712금릉	20	817남해	16
204인제	38	407청양	32	607광산	25	713선산	21	818통영	17
205고성	44	408공주	40	608신안	21	714군위	21	819거제	20
206춘성	34	409연기	36	609무안	25	715영일	27	901북제	21
207홍천	40	410보령	46	610나주	35	716성주	20	902남제	24
208양양	46	411부여	40	611화순	27	717칠곡	35		
209횡성	42	412서천	35	612승주	21	718경산	20		

[표 17]에 의하면, y유지형의 실현율 평균이 경기도(53.2%), 강원도(36.1%), 충북(35.0%), 충남(39.3%), 전북(28.4%), 전남(25.3%), 경북(25.7%), 경남(19.4%), 제주도(22.5%)로 나타남을 볼 수 있다. 그런데 이 비율은 경기도가 y유지형의 실현율이 가장 높고, 경기도를 제외한 중부지역(충남북, 강원)이 30%대로서 그 다음으로 높으나, 남부 지역(전남북, 경남북)과 제주도는 10~20%대로서 상대적으로 낮음을 알려 준다.

3.3. 요약

이 장에서는 중세국어의 어두음절 중성에 'ㅕ'를 가지고 있던 25개 어사들의 현대국어 방언형을 『한국방언자료집』에서 찾아 그들의 변화 과정에 적용된 규칙에는 어떤 것이 있으며, 각 지역(군 단위)에서 그들이 적용된 비율은 어떠한지를 통계적으로 살펴봄으로써 각 규칙의 개신지와 그 전개 양상을 밝혀보고자 하였다. 특히, 'ㅕ'의 부음 y가 그것의 변화에 직접 관여하였는지의 여부에 초점을 맞추어 논의를 전개하였다. 그 과정에서 밝혀진 중요한 사항을 요약하면 다음과 같다.

(1) 'ㅕ'는 통시적으로 두 방향으로의 변화를 경험하였는데, 하나는 부음 y가 주음 'ㅓ'에 동화력을 행사하는 y순행동화규칙에 의한 변화이고, 다른 하나는 [+palatal] 자질의 중복으로 말미암아 발생된 y탈락규칙에 의한 변화이다. 전자의 경우에는 선행자음의 유무와 성질에 따라 그 적용률에 차이를 보이는데 그것은 조음의 난이도와 관련이 있다.

(2) y순행동화규칙의 개신파는 영남지역(경남과 경북 남부지역)에서 발달하였으며, 그것은 북쪽으로는 경북 북부지역을 거쳐 강원지역으로, 서쪽으로는 전남북과 충북을 거쳐 충남과 경기지역으로, 남쪽으로는 해로를 통해 제주지역으로 전파되어 간 것으로 추정된다. 그러나 충남·경기 지역과 전북의 서부지역은 개신파가 늦게 전파되어 이 규칙의 적용률이 다른 지역보다 낮은 편이다.

(3) y탈락규칙은 충남지역(대체로 동남부지역)에서 발달하였으며, 그 개신파는 남쪽으로는 전북·전남의 서부 및 중부 지역으로 먼저 전파된 다음 다시 동부지역을 거쳐 경남북으로 전파된 것으로 추정된다. 그리고 동쪽으로는 충북을 거쳐 다시 경북과 강원도 지역으로 전파되었으며, 북쪽으로는 경기도 지역으로 전파되어 갔으나 그 전파 속도는 매우 느렸던 것으로 추정된다.

(4) 'ㅕ'의 주음 'ㅓ'는 부음 y와 상관없이 ə>Ǝ/ɜ/ɨ 변화를 경험하기도 하는데, ə>Ǝ 규칙, ə>ɜ 규칙, ə>ɨ 규칙의 개신지는 각각 경북 북부지역, 경기도 동남부지역, 경기도 남부지역인 것으로 추정된다.

—"'ㅕ'의 음운론적 변화와 영남방언"이란 제목으로
『한민족어문학』(한민족어문학회) 46집, pp.1-42에 수록됨, 2005.

4. 어미 'ㅑ/ㅕ'의 변화

중세국어에서 Vy를 말음으로 가진 동사 어간에 부사형 어미 a/ə가 결합될 때는 y순행동화에 의한 y첨가로 어미 a/ə가 모두 ya/yə로 실현되었다.[53] 그러나 이 ya/yə는 현대국어의 여러 방언에서는 ① 아무런 변화도 경험하지 않은 경우, ② a/ə[ᴲ]형으로 실현되는 경우, ③ ɛ/e[E]형으로 실현되는 경우, ④ i형으로 실현되는 경우, ⑤ ø로 실현되는 경우 등 다양한 형태들로 실현되어 방언들 사이에 상당한 차이가 있음을 볼 수 있다.

그런데 지금까지의 연구에서는 주로 각 방언에서 어간말 모음 Vy의 재구조화형에 어미 a/ə가 결합될 때 여기에 적용되는 음운규칙에는 어떠한 것이 있는지를 밝히는 일에 초점이 맞추어졌기 때문에, 즉 공시적 음운변동에 관

---

53) 도수희(1983 : 22-28)에서는 15세기 국어에서 y를 말음으로 가진 어간에 어미 '아/어'가 결합될 때는 y순행동화에 의해 y겹침 현상이 일어남을 지적하였으며, 김정태(1996 : 21-23)과 김영선(1999 : 108)에서도 동일한 견해가 피력되어 있다. 그러나 뒤의 두 논문에서는 동사 어간 말음이 i인 경우에도 y겹침 현상이 일어나는 것으로 설명되어 있으나 이점에 대해서 필자는 견해를 달리 하고 있다.
오종갑(2002)에서는 15세기 국어에서 i를 말음으로 가진 동사 어간에 어미 '아/어'가 결합될 때는 i가 y로 활음화되는 경우와 어미에 y가 첨가되는 경우의 두 유형으로 실현됨을 지적하고, 그러한 차이가 규칙 발생의 개신지의 차이에 말미암은 것으로 설명하였다. 즉, y활음화규칙의 개신지는 비영남지역이고 y첨가규칙의 개신지는 영남지역인데, 이 두 규칙이 동일한 구조기술에 경쟁적으로 적용됨으로 말미암아 그러한 차이가 나타나게 된 것으로 설명하였다.

심이 집중되었기 때문에 이들의 통시적 변화에 대해서는 별다른 관심을 기울이지 않았다. 다시 말하면, ya/yə(←Vy+a/ə)의 변화와 관련된 비교, 대조적 연구가 이루어지지 않음으로써 방언 상호간의 수수 관계를 파악하기 어려운 실정이다.

그래서 이 장에서는 『한국방언자료집』에 나타난 자료들을 활용하여 어미 ya/yə(←Vy+a/ə)의 변화에 관여한 음운규칙에는 어떤 것이 있는지, 또 그들의 개신지는 어디이며, 그들은 어디에서 어디로 전파되어 갔는지를 살펴보고자 한다. 그런데 어미 ya/yə의 변화를 통시적으로 고찰하여 방언간의 차이를 밝히기 위해서는 어간말 모음 Vy의 재구조화와 어미 ya/yə의 변화를 모두 비교, 대조하여야 하겠으나 여기서는 후자의 변화에 초점을 맞추어 고찰하고자 한다. 다만, 후자의 변화를 설명하는 데 필요한 범위 안에서 전자의 변화에 대해서도 언급하기로 한다.[54]

4.1. 변화의 실제

어간 말음이 Vy인 중세국어의 동사 어간에는 선행 모음의 종류에 따라 'ㅐ(ay), ㆎ(ʌy), ㅔ(əy), ㅚ(oy), ㅟ(uy), ㅢ(ɨy)'의 여섯 유형이 있다. 다음에서는 이들 각 유형에 해당되는 어간들 — ᄢᅢ-(破, 금삼 5 : 22), 포개-(疊, 가언 6 : 2), ᄉᆡ-(漏, 석보 13 : 10), ᄭᆡ-(覺, 석보 9 : 31), 메-(擔, 월곡 119), ᄢᅦ-(開, 소언 5 : 101), 쇠-(老, 언두 상 : 34), 되-(斗量, 석보 6 : 35), ᄠᅱ-(躍, 두초 16 : 2), 쉬-(餲, 소언 3 : 25), 긔-(匍, 월석 1 : 11), 비븨-(鑽, 법화 2 : 173) — 의 현대국어 형태에 어미 '아'[55]가

54) Vy는 y계하향이중모음의 변화와 관련되는 것인데 이것에 대해서는 Ⅱ.5를 참고하기 바람.

55) 여기서의 '아'는 어미 '아, 아도, 아서, 아라, 았다' 가운데 하나 혹은 둘을 대표한다. 어간에 이들 어미가 붙을 때 방언에 따라서는 극히 일부에서 활용형의 차이를 보이는 경우가 있다. 그러나 『한국방언자료집』에는 각 동사 어간에 이들 어미 모두가 결합될 때

결합될 때의 방언형을 『한국방언자료집』에서 찾아 그들이 어떠한 변화를 경험했는지 살펴보기로 한다.

4.1.1. 어간 말음이 'ㅐ'인 경우

중세국어에서 어간 말음이 'ㅐ(ay)'였으나 현대국어(표준어)에서 그 어간 말음이 'ㅐ(ɛ)'로 바뀐 '깨-(<ᄣᅢ-, 破), 포개-(疊)'에 어미 '아'가 결합될 때의 'ㅐ+ㅏ'의 방언형은, 전국적으로 보아, Eyə, eyə, ɛɛ, EE, ɛ, E, yə, ɛə, EƎ 등과 같은 9유형이 있는데,[56] 다음에서는 각 유형의 변화 과정과 분포 지역에 대해서 살펴보기로 한다.

Eyə/eyə형은, 공시적으로는, 어간말 모음 E/e의 전설성의 영향으로 어미 모음 ə(←a)에 y첨가가 이루어진 것으로 해석할 수 있다. 그러나 통시적으로는 'ㅐ'가 아직 이중모음 ay로 발음되던 중세국어에서는 'ㅐ+ㅏ'가 y순행동화에 의해 'ㅐㅑ(ayya)'로 실현되다가 근대국어 이후에 와서는 하향이중모음의 단모음화로 'ㅐㅑ(ɛya)'로 변화되었으며,[57] 이것이 다시 지역에 따른 ɛ>E/e 변화와 음모음화(모음조화 붕괴)에 의해 현대국어 방언에서는 Eyə/eyə로 실현되는 것으로 해석된다(ay+a→ayya>ɛya>Eyə/eyə). 이 유형의 실현 지역은 제주도에 한정되어 있다.

ɛɛ형은 공시적 입장에서는 'ㅐ+ㅏ'에서 'ㅏ'가 'ㅐ'에 완전순행동화 된 것으로 설명할 수 있으나,[58] 통시적 입장에서는 Eyə/eyə형의 변화 과정에서

의 방언형이 골고루 제시되어 있지 않기 때문에 불가피하게 어미 두음 '아'를 가진 경우는 동일하게 취급하였다.

56) 운소까지 고려할 경우에는 Eyə, eyə, ˊɛɛ, ɛ́ɛ, ÉE, ɛ :, ˊɛ :, E :, É :, ɛ, ˊɛ, E, É, yə, ɛə, ÉƎ의 16유형이 되나 본 연구에서는 전국 138개 군의 자료들을 대상으로 분절음의 변화를 고찰하는 데 주안점을 두었기 때문에 분절음의 변화를 설명하기 위해 필요한 경우 이외에는 운소에 대한 언급은 하지 않기로 한다.

57) 하향이중모음의 단모음화에 대해서는 주 32) 참고.

58) ɛɛ형뿐만 아니라 본론의 곳곳에서 발견되는 EE, ee, ii, wɛɛ, wii 등은 공시적으로는 모두

본 εya의 ya가 ε로 축약된 형태로 설명되고, EE형은 εε형이 다시 ε>E 변화를 경험한 형태로 설명된다(ay+a→ayya>εya>εε>EE). 전자는 강원(명주, 정선)에서만 실현되고 후자는 경북의 거의 전역에서 실현된다.

ε/E형은 앞의 εε/EE형이 각각 한 음절로 축약된 것으로 해석되는데(ay+a→ayya>εya>εε>εε/EE>ε(:)/E(:)), 음절 축약에 의한 보상적 장음화는 어간의 음절수에 따라 차이를 보인다. 단음절 어간인 '깨-'의 경우는 109개 군에서 ε/E형으로 실현되는데, 이들 가운데 103개 군에서는 장음으로, 6개 군에서는 단음으로 실현되고, 2음절 어간인 '포개-'의 경우는 108개 군에서 ε/E형으로 실현되는데, 이들 가운데 6개 군에서는 장음으로, 102개 군에서는 단음으로 실현되어 단음절의 경우에 보상적 장음화가 월등히 많다. ε형은 경기(18),[59] 강원(전역), 충북(전역), 충남(전역), 전북(12), 전남(9) 등지에서, E형은 경기(6), 강원(1), 충북(2), 전북(13), 전남(13), 경북(1), 경남(전역) 등지에서 실현된다.

yə형은 어간이 '포개-'인 경우 경기(2)에서만 실현된다. 그런데 이 유형은 이 지역에서 어간이 '포기-'로 재구조화되자 어미의 y가 탈락된 다음 다시 어간 모음 i가 y활음화된 것으로 이해되며, 이 '포기-'는 역사적으로 '포긔-

---

완전순행동화로 설명할 수 있는데, 완전순행동화에 대한 언급은 영남의 각 지역어를 음운론적으로 연구한 논문들에서 쉽게 찾아볼 수 있다. (서보월(1984, 안동), 이동화(1984a, 고령), 최명옥(1998b : 104-107, 합천), 박정수(1993 : 69-80, 경남 전역), 정인상(1982, 통영) 등 참고).

그러나 εε형을 모든 학자들이 완전순행동화로 해석하는 것은 아니다. 배주채(1998 : 116-123)에서는 전남 고흥방언에서 실현되는 εε형을 완전순행동화가 아닌 '아'전설화로 처리하여 앞의 설명 방법과는 차이를 보인다. 이 과정을 '아'전설화로 처리한 것은 '패, 되, 기 : , 뒤 : + 아/어→① 패애, 되애, 기 : 에, 뒤 : 에→② 패 : , 돼 : , 계 : , 뒈 : →③ 패 : , 돼 : , 게 : , 뒈 : '의 세 단계 가운데서 ①단계에 초점을 맞춘 것으로, 이 단계에서 어미 '아/어'는 어간말 모음에 동화되되 완전동화가 아닌 부분동화(전설화)되기 때문이다. 그러나 통시적으로 볼 때는 ①단계의 방언형은 어간말 모음과는 상관없이 어미 '야/여'가 축약된 것으로 설명된다.

59) 어사별로 해당 방언형이 실현되는 군의 수는 별도의 표로 제시된다. 그렇기 때문에 여기서는 두 개의 어사 모두가 해당 방언형으로 실현되든지 혹은 한 개의 어사만 해당 방언형으로 실현되든지 구별함이 없이 그것이 실현되기만 하면 그 방언형이 실현되는 군으로 취급하여 ( ) 안에 그 수치를 보였다. 이하 같음.

(倭語 하 : 45)'에 소급되는 것으로 보인다(ɨy+ə→ɨyyə>iyə>iə>yə).

εə/EƎ형은, 공시적으로는, 어미 모음이 a→ə/Ǝ 변화를 경험한 것으로 설명되는데, 전자는 경기(여주), 충남(서산)에서, 후자는 경북(의성)에서 실현된다. 그러나 통시적으로 볼 때는 εə형은 ay+a→ayya>εya>εyə>εə의 변화 과정을 거친 것인데, 여기서 y가 탈락된 것은 전설성의 중복이 그 원인인 것으로 보인다. EƎ형은 εə형의 ε와 ə가 각각 ε>E, ə>Ǝ 변화를[60] 경험한 것으로 설명된다.

'ㅐ+ㅏ'의 변화 유형과 그것이 실현되는 군의 수를 보면 [표 18]과 같다.[61]

〔표 18〕 'ㅐ+ㅏ'의 변화 유형별 실현 빈도(어사별)

유형 / 어사	Eyə	eyə	εε	EE	ε	E	yə	εə	EƎ	x	합계
깨+아		2	2	22	76	33		2	1		138
포개+아	2			21	53	55	2	1		4	138
합계	2	2	2	43	129	88	2	3	1	4	276

4.1.2. 어간 말음이 'ᆡ'인 경우

중세국어에서 어간 말음이 'ᆡ(ʌy)'였으나 현대국어(표준어)에서는 그 어간 말음이 'ㅐ(ε)'로 바뀐 '새-(<ᄉᆡ-, 漏), 깨-(<ᄶᆡ-, 覺)'에 각각 어미 '아'가 결합될 때의 'ㅐ+ㅏ'의 방언형은, 전국적으로 보아, eyə, έε :, EÉ, ε :, έ :, E :, É :, ε, E, É, ε : a, ε : ə, εa, εə, ÉƎ 등으로 실현된다.[62] 이들에서 운소를

60) ε>E 변화에 대해서는 그 개신지를 경남지역으로 추정하고(오종갑 1998a 참고, 이 책 Ⅱ.5 참고), ə>Ǝ 변화에 대해서는 그 개신지를 경북 북부 지역으로 추정한 바 있다(오종갑 1999e 참고, 이 책 Ⅱ.2 참고).

61) 강원(철원, 고성, 영월)과 경북(울진)에서는 '포개-'의 방언형이 등재되지 않았다.

62) '남제주'에서는 '새+아'의 방언형이 등재되지 않았다.

무시하면 eyə, εε, EE, ε, E, εa, εə, EƎ 등의 8유형이 되는데, 다음에서는 각 유형의 변화 과정과 분포 지역에 대해서 살펴보기로 한다.

어간 말음이 '·ㅣ(ʌy)'인 경우에 실현되는 앞의 8유형 가운데 εa를 제외한 eyə, εε, EE, ε, E, εə, EƎ 등의 유형은 어간 말음이 'ㅐ(ay)'인 앞의 경우와 차이가 없다. 그 이유는 중세국어에서 어간 말음이 'ㅐ'인 경우나 '·ㅣ'인 경우에 어미 '아'가 결합될 때 다 같이 y순행동화에 의해 ay/ʌy+a→ayya/ʌyya처럼 실현되다가 ʌ의 변화와 이중모음의 단모음화에 의해 어간 모음이 두 경우 모두 단모음 ε로 바뀐 뒤에는 동일한 변화 과정을 경험하면서 현대국어에 이어지기 때문이다.

어간 말음이 'ㅐ(ay)'인 경우에는 발견되지 않던 εa형은 전남(화순, 함평)에서 '새+아'의 경우에 실현된 것인데, 이것은 공시적으로는 아무런 변화도 경험하지 않은 것으로 해석되지만, 통시적으로는 ʌy+a→ʌyya>ayya>εya>εa의 과정을 겪은 것으로 해석된다. 이 경우 εya>εa의 과정에서 나타나는 y탈락은 전설성의 중복에 그 원인이 있는 것으로 보인다.

'·ㅣ+ㅏ'의 변화 유형과 그것이 실현되는 군의 수를 보이면 [표 19]와 같다.

〔표 19〕 'ㅐ(〈·ㅣ)+ㅏ'의 변화 유형별 실현 빈도(어사별)

유형 / 어사	eyə	εε	EE	ε	E	εa	εə	EƎ	x	합계
새+아	1	1		74	56.5	2	2	0.5	1	138
깨(覺)+아	2		1	78	55		2			138
합계	3	1	1	152	111.5	2	4	0.5	1	276

4.1.3. 어간 말음이 'ㅔ'인 경우

중세국어에서 어간 말음이 'ㅔ(əy)'였으나 현대국어(표준어)에서 그 어간 말음이 'ㅔ(e)'로 바뀐 '메-(擔), 떼-(<뻬-, 開)'에 어미 '아'가 결합될 때의 'ㅔ+ㅏ'의 방언형은, 전국적으로 보아, eya, e : ya, é : ya, eyə, iya, i : ya, ə́ : ya, ee, ée, EE, e :, é :, E :, ε :, e, íi, i :, i, Ea, eə, e : ə, éƎ, iə, i : ə, íƎ, yə, yə :, yɨ :, ə́ : 등으로 실현된다.[63] 이들에서 운소를 무시하면 eya, eyə, iya, əya, ee, EE, e, E, ε, ii, i, Ea, eə, eƎ, iə, iƎ, yə, yɨ, ə 등의 19유형이 되는데, 다음에서는 각 유형의 변화 과정과 분포 지역에 대해서 살펴보기로 한다.

eya형은 'ㅔ'가 아직 이중모음 əy로 발음되던 중세국어에서 y순행동화에 의한 y첨가로 'ㅔㅑ(əyya)'가 되었으나 근대국어 이후 이중모음의 단모음화로 əy가 e로 바뀐 것이다(əy+a → əyya>eya). 그 실현 지역에는 경기(1), 강원(5), 경남(1) 등지가 있으나 어간 '떼-'의 경우에 한정된다. 그리고 eyə형은 eya형의 ya가 음모음화된 것으로 제주도에서 실현된다. iya형은 eya형이 e>i 변화를 경험한 것으로 강원(2)에서 실현되며, əya형은 əy+a → əyya에서 y가 중복되기 때문에 어간 말음 y가 탈락된 것으로 이해되는데, 이것은 강원(1)에서만 실현된다.

ee형은 앞의 eyə형이 yə>e의 변화를 경험한 것이고, EE형은 ee형이 다시 모음상승된 것이다. 전자는 강원(1), 경북(1), 경남(1)에서, 후자는 경남(2)에서 실현된다.

e형은 ee형이 음절축약된 것인데, 경기(8), 강원(7), 충북(3), 충남(7), 전북(3), 전남(6), 경남(9)에서는 보상적 장음화에 의해 장음으로 실현되고, 경기(2), 강원(2), 충남(1), 전북(2), 경남(3)에서는 단음으로 실현된다. E형은 EE형이 음절축약된 것으로 전남(4), 경남(4)에서 실현되고, ε형은 ee형이 εε형으로 모음상승 된 다음 다시 음절축약된 것으로 해석할 수도 있고, e가 바로 ε로 모음상

63) 경기(연천)와 경남(창녕)에는 '메어'의 방언형이 등재되지 않았다.

승된 것으로 해석할 수도 있는데, 이 유형은 전북(1)에서 실현된다. E형과 ɛ형은 모두 장음으로만 실현된다.

ii형은 ee형이 e>i 변화를 경험한 것으로 울진을 제외한 경북 전역에서 '메+아'의 경우에 실현된다. 그리고 i형은 ii형이 음절축약된 것으로 '메, 떼+아'의 경우에 모두 실현되는데, 지역과 어사에 따라서 보상적 장음이 실현되기도 하고 그렇지 않기도 한다. 이 유형이 실현되는 지역에는 강원(1), 충북(3), 전남(3), 경북(의성, 월성을 제외한 전역), 경남(7) 등지가 있다. 그런데 ii형과 i형은 다 같이 e>i 변화를 경험한 것이므로, 그 분포 지역을 종합해 보면 영남지역, 특히 경북지역에서 그 세력이 매우 강함을 알 수 있다.

그런데 오종갑(1999e)에서는 '게, 게으르다, 넷, 네 개, 데리고, 떼, 떼고, 메우지, 베, 베개, 세다, 셋, 세수대야, 제(祭), 제기, 헹군다' 등의 17개 어사를 중심으로 형태소 내부에서의 e>i 변화를 살펴보았다. 그 결과, 경북의 경우는 전역에서 이 변화를 경험하고, 경남의 경우는 북부 및 동부 지역(거창, 합천, 창녕, 밀양, 울주, 의창, 김해, 양산, 거제)에서는 이 변화를 경험하였으나, 서남부 지역(함양, 산청, 의령, 하동, 진양, 함안, 사천, 고성, 남해, 통영)에서는 이 변화를 경험하지 않았음을 알 수 있었다.[64]

형태소 경계에서 e>i 변화를 경험한 전자의 경우와 형태소 내부에서 이 변화를 경험한 후자의 경우에서 영남지역의 경우만을 대상으로 그 분포 지역을 대비해 보면, 전자의 분포 지역이 경북에서는 말할 것도 없고, 경남에서도 형태소 내부에서 이 변화를 경험한 지역의 범위 안에 들어가는 창녕, 밀양, 울주, 의창, 김해, 양산, 거제 등지에 한정됨을 알 수 있다.[65] 형태소 경계에서 경험한 e>i 변화 지역이 형태소 내부에서 경험한 그것의 범위 안에 포함된다는 사실은 형태소 내부에서의 변화가 먼저 일어나고, 그에 뒤이

64) e>i 변화 원인에 대해서는 주 43) 참고

65) 어사별로는 '메+아'의 경우에는 밀양, 울주, 양산에서, '떼+아'의 경우에는 창녕, 밀양, 울주, 양산, 의창, 김해, 거제에서 이 변화를 경험하였다.

어 형태소 경계에서의 변화가 있었음을 의미하는 것으로 이해된다.

Ea형은 eya형에서 y가 탈락된 다음 다시 e>E 변화를 경험한 것으로 전북(1)에서 실현된다. 그리고 eə형은 eyə형에서 y가 탈락된 것이고, eƎ형은 eə형이 다시 ə>Ǝ 변화를 경험한 것인데, 전자의 실현 지역에는 경기(3), 충북(2), 충남(1), 전남(1)이 있고, 후자의 실현 지역에는 경북(1)이 있다.

iə형은 eə형이 모음상승에 의해 e>i 변화를 경험한 것이고(əyyə>eyə>eə>iə), iƎ형은 iə형이 다시 ə>Ǝ 변화를 경험한 것인데, 전자의 실현 지역에는 경기(11), 강원(7), 충북(4), 충남(7), 전북(11), 전남(17)이 있고, 후자의 실현 지역에는 경북(1)이 있다.

yə형은 iə형에서 i가 활음화된 형태이고, yɨ형은 yə형이 ə>ɨ 변화를 경험한 형태인데, 후자는 장음으로만 실현되는 점으로 보아 ə>ɨ 변화는 장음의 환경에서 발생한 것으로 보인다. 전자의 실현 지역에는 경기(3), 강원(1), 충북(4), 충남(8)이 있고, 후자의 실현 지역에는 경기(2)가 있다.

ə형은 '메+아'가 강원(삼척)에서 mə́ : 로 실현된 경우인데, 이것은 yə형에서 y가 탈락된 것으로 이해된다(məy+ə → məyyə>meyə>meə>miə>myə>mə :).

'ㅔ+ㅏ'의 변화 유형과 그것이 실현되는 군의 수를 보이면 [표 20]과 같다.

〔표 20〕 'ㅔ+ㅏ'의 변화 유형별 실현 빈도(어사별)

유형 / 어사	eya	eyə	iya	əya	ee	EE	e	E	ε	ii	i
메+아		2			3	2	31	6.5	1	22	8.5
떼+아	6.5	2	1.5	1	1		38	2			33
합계	6.5	4	1.5	1	4	2	69	8.5	1	22	41.5

유형 / 어사	Ea	eə	eƎ	iə	iƎ	yə	yɨ	ə	x	합계
메+아	1	3.5		38.5		14	2	1	2	138
떼+아		3	1	44	1	4				138
합계	1	6.5	1	82.5	1	18	2	1	2	276

4.1.4. 어간 말음이 'ㅚ'인 경우

중세국어에서 어간 말음이 'ㅚ(oy)'였으나 현대국어(표준어)에서 그 어간 말음이 'ㅚ(ö)'로 바뀐 '쇠-(老), 되-(斗量)'에 어미 '아'가 결합될 때의 'ㅚ+ㅏ'의 방언형은, 전국적으로 보아, öya, öyə, öa, öə, ö:, ö, weyə, wEa, wɛə, wέɛ, we:, wé:, wɛ:, wE:, ^{w}E:, wE, we, wi:, ^{w}i:, eyə, ee, ÉE, EÉ, É:, E:, e:, é:, é, É, íi, i:, í:, í, eə, íƎ, üa, üə 등으로 실현된다.[66] 이들에서 운소를 무시하면, öya, öyə, öa, öə, ö, weyə, wEa, wɛə, wɛɛ, wɛ, we, wE, wi, eyə, ee, EE, e, E, ii, i, eə, iƎ, üa, üə 등의 24유형이 되는데, 다음에서는 각 유형의 변화 과정과 분포 지역에 대해서 살펴보기로 한다.

öya형은 'ㅚ'가 아직 이중모음 oy로 발음되던 중세국어에서 y순행동화에 의한 y첨가로 'ㅚㅑ(oyya)'가 되었으나 근대국어 이후 이중모음의 단모음화로 oy가 ö로 바뀐 것이고(oy+a→oyya>öya), öyə형은 öya형의 ya가 음모음화된 형태이다. 전자의 실현 지역에는 전남(1)이 있고, 후자의 실현 지역에는 경기(2)가 있다.

öa형은 öya형에서, öə형은 öyə형에서 각각 y가 탈락된 것인데, 전설성의 중복이 그 원인인 것으로 보인다. 전자의 실현 지역에는 충남(2), 전북(11), 전남(16)이 있고, 후자의 실현 지역에는 경기(2), 충북(1), 충남(3), 전북(1), 전남(3)이 있다.

ö형은 öyə형이 yə>e 변화에 의해 öe가 되었으나, 아래의 we형이 wee에서 e가 탈락되어 이루어진 것으로 미루어, ö 속에 포함된 전설중모음성 때문에 전설중모음인 e가 탈락된 것으로 이해된다. 이 유형은 경기(2), 강원(2), 충북(1), 충남(6), 전남(5), 경남(1)에서 실현된다.

weyə형은 중세국어의 'ㅚ(oy)+ㅏ(a)→oyya'가 근대국어 이후 그 어간 모음이 oy>wəy[67]>we로 변화되어 weya가 된 다음 다시 어미가 음모음화 된 형

66) 경남(양산)의 경우에는 '쇠+아'의 방언형이 등재되지 않았다.

태로 해석된다. 이 유형은 제주도에서만 실현된다.

wEa형은 앞에서 본 weya가 전설성의 중복에 의해 y가 탈락된 다음 다시 e>E 변화를 경험한 것이고, wεə형은 weya에서 y가 탈락된 점은 앞의 경우와 동일하나, e가 ε로 모음하강 되고, 또 어미가 음모음화 된 점에서 차이가 있다. 전자는 경기(1)에서, 후자는 경기(2)에서 실현된다.

wεε형은 weya에서 ya가 ε로 축약되자 역행동화되어 we가 wε로 바뀐 것으로 해석되는데, 강원(2)에서 실현되고, we형은 weyə형에서 yə가 축약되어 wee가 된 다음 다시 e가 탈락된 것인데, 이 유형은 경기(5), 충북(1), 충남(3), 경남(2)에서 실현된다. wE형은 we형의 e가 모음하강된 것으로 경기(8), 충북(전역), 충남(2), 전북(2), 전남(1), 경북(1), 경남(1)에서 실현되고, wε형은 wεε형에서 ε가 하나 탈락된 것으로 경기(4), 강원(전역)에서 실현된다.

wi형은 we형이 e>i 변화를 경험한 것으로 충북(단양), 경남(창녕)에서 실현되는데, 이 유형이 실현되는 지역은 형태소 내부에서 e>i 변화를 경험한 지역의 범위 안에 들어간다.

eyə형은 weyə형에서 w가 탈락된 것인데, 제주(1)에서 실현된다. ee형은 eyə형에서 yə가 e로 축약된 것으로 경남(1)에서 실현되고, EE형은 ee형이 다시 e>E 변화를 경험한 것으로 경북(3)에서만 실현된다. e형은 ee형에서 e가 하나 탈락된 것으로 충남(3), 경남(9)에서 실현되고, E형은 e형이 다시 e>E 변화를 경험한 것으로 볼 수도 있고, EE형에서 E가 하나 탈락된 것으로 볼 수도 있는데, 이 유형은 경북(20), 경남(9)에서만 실현된다.

ii형은 ee형이 e>i 변화를 경험한 것으로 '쇠+아'의 경우에만 경북(21)에서 실현된다. 그리고 i형은 ii형에서 i가 하나 탈락된 것인데, '쇠+아'의 경우에는 경남(3)에서, '되+아'의 경우에는 충북(1), 경북(3)에서 이 유형이 실현된다. 그런데 후자의 경북(3)은 전자의 경북(21)에 포함되는 지역이기 때문에 이 두

---

67) oy>wəy에서 o가 wə로 재음소화된 과정에 대한 자세한 논의는 백두현(1992 : 111)을 참고하기 바람.

어사의 경우를 종합한 e>i 변화 지역은 충북(1), 경북(21), 경남(3)이 된다.

그런데 4.1.3에서 ii형과 i형을 설명하는 과정에서 경북의 전역과 경남의 북부 및 동부 지역(거창, 합천, 창녕, 밀양, 울주, 의창, 김해, 양산, 거제)에서는 형태소 내부에서 e>i 변화를 경험하였으나, 경남의 서남부 지역(함양, 산청, 의령, 하동, 진양, 함안, 사천, 고성, 남해, 통영)에서는 그것을 경험하지 않았음을 지적한 바 있다. 이 점에 유의하면서 여기서의 e>i 변화 지역을 보면, 그 실현 지역이 경북은 말할 것도 없고, 경남의 경우에도 동부지역에 속하는 3개 군(밀양, 울주, 김해)에만 이 변화를 경험하고 있어 형태소 내부에서 e>i 변화를 경험한 지역의 범위 안에 들어 있음을 알 수 있다.

이러한 사실은 형태소 경계에서의 e>i 변화가 형태소 내부에서의 그것에 종속되는 현상임을 다시 한 번 입증해 주는 것으로 이해된다. 다시 말하면, 형태소 내부에서 e>i 변화가 먼저 발생하고, 뒤이어 형태소 경계에까지 그 변화가 확대되어 갔기 때문에 그 적용 지역이 전자의 적용 지역 범위 안에 머물고 있는 것으로 이해된다.

eə형은 eyə형에서 y가 탈락된 것으로 전남(1)에서 실현되고, iƎ형은 eə형이 e>i, ə>Ǝ 변화를 경험함으로써 나타난 유형으로 경북(2)에서 ii형과 병존한다. üa형은 '쇠, 되+아'의 'ㅚ+ㅏ'가 전북 남원에서 실현되는 유형인데, 이것은 앞의 wEa형으로부터 재구될 수 있는 형태 *wea가 e>i 변화로 *wia가 되고, 이 *wia의 wi가 다시 단모음화되어 나타난 형태로 해석된다(*wea>*wia>üa).[68] 그리고 üə형은 '쇠+아'의 'ㅚ+ㅏ'가 충남(2)에서 실현되는 형태인데, 이것은 üa형의 a가 음모음화된 것이다.

68) 전북 남원에서는 'ᄢᅨ-(貫, 월곡 14)>꿰-(가언 1 : 46)'가 'k'ü-'로 실현되는데, 그 변화 과정은 'pk'əy->k'wəy->k'we->k'wi->k'ü-'로 설명된다. 이러한 변화 과정이 타당성을 지닌다면 이 지역어에서 wi>ü의 변화를 상정하는 것은 타당성을 지닌 추론으로 생각된다. 그리고 남원은 아니지만 동일한 전북지역에 속하는 옥구, 익산, 김제, 정읍, 순창에서는 '궤(櫃, 번소 8 : 39)'가 'kü'로 실현되는데, 이것 역시 'kwəy>kwe>kwi>kü'와 같은 변화 과정을 겪었으리라는 추론이 가능하다.

〔표 21〕 'ㅚ+ㅏ'의 변화 유형별 실현 빈도(어사별)

어사 \ 유형	öya	öyə	öa	öə	ö	weyə	wEa	wεə	wεε	wε	we	wE	wi
쇠+아			28.5	4	10.5	1		2	1	17	7	20	
되+아	1	2	24	5.5	15	2	0.5		1	16	8.5	19.5	1.5
합계	1	2	52.5	9.5	25.5	3	0.5	2	2	33	15.5	39.5	1.5

어사 \ 유형	eyə	ee	EE	e	E	ii	i	eə	iƎ	üa	üə	x	합계
쇠+아	1		2.5	9	6	19.5	3	1	1	1	2	1	138
되+아		1	1	10	26		2.5			1			138
합계	1	1	3.5	19	32	19.5	5.5	1	1	2	2	1	276

4.1.5. 어간 말음이 'ㅟ'인 경우

중세국어에서 어간 말음이 'ㄱ(uy)'였으나 현대국어(표준어)에서 그 말음이 'ㄱ(ü)'로 바뀐 '뛰-(<쀠-, 躍), 쉬-(餲)'에 어미 '아'가 결합될 때의 'ㄱ+ㅏ'의 방언형은, 전국적으로 보아, üyə, üwə, üe, ü：, ü, ú, üiə, üə, üɨ, wiyə, wíi, wi：, wí, wíƎ, we：, wé：, ö：, íi, íiƎ, i：, í：, iə, íƎ, yə：, yə 등으로 실현된다. 이들에서 운소를 무시하면, üyə, üwə, üe, ü, u, üiə, üə, üɨ, wiyə, wii, wi, wiƎ, we, ö, ii, iiƎ, i, iə, iƎ, yə 등의 20유형이 되는데, 다음에서는 각 유형의 변화 과정과 분포 지역에 대해서 살펴보기로 한다.

üyə형은 'ㄱ'가 아직 이중모음 uy로 발음되던 중세국어에서 uy+ə(←a)가 y순행동화에 의한 y첨가로 'ㄱㅕ(uyyə)'가 되었으나 근대국어에 와서 이중모음의 단모음화로 uy가 ü로 바뀐 것이다(uy+ə→uyyə>üyə). 이 유형의 실현 지역에는 경기(1)와 전남(1)이 있다. üwə형은 üyə형의 y가 ü의 원순성에 동화되어 나타난 형태로 보이는데, 충북(1)에서 '쉬+아'의 경우에 실현된다.

üe형은 üyə형의 yə가 e로 축약된 것인데, 그 실현 지역에는 강원(8), 전남(1)이 있다. ü형은 üe형이 e>i 변화로 üi가 되었으나, wii형에서 i가 탈락되어

wi형이 되는 것으로 미루어 볼 때, ü 속에 포함된 전설고모음성 때문에 전설고모음인 i가 탈락되어 나타난 것으로 해석된다. 이 유형은 충북(2), 전남(2)에서 실현된다. 그리고 u형은 경남(1)에서 '쉬+아'의 경우에 실현된 것인데, ü형이 비전설화된 것으로 보인다.

üiə형은 강원(1)에서 쉬+어'의 경우에 실현되는 방언형인데, 이것은 üe형이 e>i 변화로 üi가 된 다음 다시 어미 ə가 중가된 것으로 보인다. üə형은 경기(여주)에서 실현되는데, üyə형과 병존하는 점으로 미루어 볼 때 üyə에서 y가 탈락된 것으로 해석되며, 그 이유는 전설성의 중복 때문인 것으로 보인다. 그리고 üɨ형은 üə형이 ə>ɨ 변화를 경험함으로써 나타난 유형으로 해석된다. 전자의 실현 지역에는 경기(18), 강원(7), 충북(8), 충남(10), 전북(12), 전남(20)이 있고, 후자의 실현 지역에는 경기(1)가 있다.

wiyə는 15세기 국어에서 'ㅟ(uy)+ㅓ(ə) → ㅟㅕ(uyyə)'로 실현되다가 근대국어 이후 그 어간이 uy>wɨy>wi[69]로 변화됨으로써 나타난 형태로 해석되는데, 이 유형은 제주도에서만 실현된다. wii형은 wiyə형이 yə>e>i의 변화를 경험한 것인데, 경남(1)과 경북(1)에서 실현되고, wi형은 wii형에서 i가 하나 탈락된 것으로 충북(1)과 경남(2)에서 실현된다.

wiƎ형은 wiyə형이 전설성의 중복에 의한 y탈락과 ə>Ǝ 변화를 경험함으로써 나타난 유형인데, 경북(1)에서 실현된다. we형은 uy+ə → uyyə가 된 다음 어간 말음 y가 탈락되어 uyə가 된[70] 다음 다시 yə>e변화를 경험하여 ue가 되고 이 ue가 다시 u의 활음화로 we가 된 것으로 설명된다(uy+ə →

69) uy>wɨy>wi에서 u가 wɨ로 재음소화된 과정에 대해서는 백두현(1992 : 111)을 참고하기 바람.

70) 여기서 어간 말음 y가 탈락된 것으로 보는 것은 '쉬여(두초 25 : 21)>주여(능엄 1 : 98, 구간 1 : 39), 머굴위여(월석 13 : 25)>머굴우옛노라(월석 13 : 34), 메여(월석 8 : 102)>머여(두초 15 : 11), 킈야(금삼 2 : 20)>킈야(태산 16)' 등과 같은 예들이 발견됨에 근거한 것이다. 더 많은 예들은 김정태(1996 : 23-26)과 김영선(1999 : 115-117)을 참고하기 바람.

uyyə>uyə>ue>we). 이 유형은 경기(6), 강원(11), 충남(1), 전북(1), 전남(1)에서 실현된다. ö형은, 4.1.4의 üa형의 설명에서 wi>ü와 같은 단모음화를 가정하였는데, 이 경우와 동일한 맥락에서 we형이 단모음화된 것으로 설명된다. 이 유형은 전남(2)에서 실현된다.

ii형은 wii(<wie)형에서 w가 탈락된 것으로 경북(22), 경남(12)에서 실현되고, iiƎ형은 경북(의성)에서 실현되는데, 후자는 ii형에 어미 '어(Ǝ)'가 중가된 것으로 해석된다. 그리고 i형은 ii형에서 i가 하나 탈락된 것으로 충북(1), 경남(8)에서 모두 장음으로만 실현된다. 그런데 앞에서 살펴본 'wii, wi'형과 여기서 살펴본 'ii, iiƎ, i'형은 다 같이 e>i 변화를 경험하였으므로 이들이 실현되는 지역을 종합하면 영남 전역이 됨을 알 수 있다. 이러한 사실은 영남의 전역에서 e>i 변화를 경험하였음을 의미하는 것이다.

어간 말음이 'ㅔ, ㅚ'인 경우에는 형태소 경계에서 e>i 변화를 경험한 지역이 형태소 내부에서 그것을 경험한 지역의 범위를 벗어나지 않음을 4.1.3과 4.1.4의 'ii, i'형을 설명하는 과정에서 보았다. 그러나 어간 말음이 'ㅟ'인 여기서는 형태소 경계에서 e>i 변화를 경험한 지역이 형태소 내부에서 그것을 경험한 지역의 범위를 벗어나고 있는데, 그 이유는 두 경우에 적용되는 규칙의 차이에서 찾을 수 있다.

어간 말음이 'ㅔ, ㅚ'인 경우에 어미 '아'가 결합될 때, 영남지역에서는 əy/oy+a가 əyya/oyya>əyyə/oyyə>(əyyə/wəyyə)>eyə/weyə>ee/wee의 과정으로 변화되었을 것으로 추정된다. 그리고 이 단계에 이르면 ee/wee는 음운체계의 구조적 압력에 의한 e>i 변화를 경험하여 ii/wii가 되는데, 그 분포는 형태소 내부에서 e>i 변화를 경험한 지역의 범위를 벗어나지 않는다.

그러나 어간 말음이 'ㅟ'인 경우에 어미 '아'가 결합될 때는 uy+a가 uyya>uyyə>(wɨyyə)>wiyə>wie의 과정으로 변화되었을 것으로 추정된다. 만약 이 단계(wie)에서 e>i 변화를 경험하였다면, 'ㅟ'의 경우도 'ㅔ, ㅚ'의 경우와 마찬가지로 형태소 내부에서 e>i 변화를 경험한 지역의 범위를 벗어나지 않았을 것이다. 그러나 실제로는 이 범위를 벗어나 영남 전역에서 e>i 변화를 경험하였다.

어간 말음이 ‘ㅔ, ㅚ’인 경우와 ‘ㅟ’인 경우에 보이는 이러한 분포상의 차이는 구조적 압력에 의한 e>i 변화가 아닌 또 다른 변화가 있었음을 암시한다. 그래서 여기서는 어간이 ‘ㅟ’인 경우에는, ‘ㅔ, ㅚ’인 경우와는 달리, 어미의 e가 어간의 i에 동화되어 i로 변화된 것으로 해석하고자 한다. 즉, 구조적 압력에 의한 e>i 변화와는 다른 ‘e>i/i+—’ 규칙을 설정하고자 하는데, 이 규칙은 어간 말음이 ‘ㅢ(ɨy)’이었던 것이 i로 바뀐 경우에도 적용되고, 처음부터 어간 말음이 i이었던 경우에도 적용된다(오종갑 2002 참고).

iə형은 wiyə형에서 w와 y가 탈락된 것이고, iɜ형은 iə형의 ə가 영남지역에서 발달된 ə>ɜ 변화를 경험한 것이다. 전자의 실현 지역에는 충남(4)이 있으며, 후자의 실현 지역에는 경남(산청)이 있다. yə형은 iə형의 i가 활음화된 것인데 그 실현 지역에는 충남(4)이 있다.

〔표 22〕 ‘ㅟ+ㅏ’의 변화 유형별 실현 빈도(어사별)

어사＼유형	üyə	üwə	üe	ü	u	üiə	üə	üɨ	wiyə	wii	wi
뛰+아	0.5		3.5	3			65.5	1	2	2	1
쉬+아	1	1	6.5	3	1	1	64.5		2	1	3
합계	1.5	1	10	6	1	1	130	1	4	3	4

어사＼유형	wiɜ	we	ö	ii	iiɜ	i	iə	iɜ	yə	합계
뛰+아	1	12.5	1	33		5	3	1	3	138
쉬+아		11.5	0.5	32	1	4	1.5	1	2.5	138
합계	1	24	1.5	65	1	9	4.5	2	5.5	276

4.1.6. 어간 말음이 'ㅢ'인 경우

중세국어에서 어간 말음이 'ㅢ(ɨy)'였으나 현대국어(표준어)에서 그 말음이 'ㅣ(i)'로 바뀐 '기-(匍), 피-(發)'에 어미 '아'가 결합될 때의 'ㅣ+ㅏ'의 방언형은, 전국적으로 보아, iyə, ie：, ie, íi, i：, í：, i, í, iə, íə, íƐ, iɨ, yə：, yə, yɨ：, ye：, ye, e：, é：, e, E：, E 등으로 실현된다. 이들에서 운소를 무시하면 iyə, ie, ii, i, iə, iƐ, iɨ, yə, yɨ, ye, e, E 등의 12유형이 되는데, 다음에서는 각 유형의 변화 과정과 분포 지역에 대해서 살펴보기로 한다.

iyə형은 제주(2)에서만 실현되는데, 어간말 모음 'ㅢ'에 선행하는 자음이 비순음인 경우('긔-')와 순음인 경우('픠-')로 나누어서 살펴볼 필요가 있다. 선행자음이 비순음인 '긔-'에 어미 '어(←아)'가 결합되면, 'ㅢ'가 아직 이중모음 ɨy로 발음되던 중세국어에서는 'ㅢ+ㅓ'가 y순행동화에 의한 y첨가로 'ㅢㅕ(ɨyyə)'로 실현되었다. 그러나 근대국어에 와서는 이중모음의 단모음화로 ɨy가 i로 바뀌어 iyə형이 나타나게 되고, 이것이 현대국어에까지 이어지게 되었다(ɨy+ə → ɨyyə>iyə).

그리고 선행자음이 순음인 '픠-'에 어미 '어(←아)'가 결합될 때의 'ㅢ+ㅓ'도 '긔-'의 경우와 마찬가지로 y가 첨가되어 'ㅢㅕ(ɨyyə)'로 실현되었다. 그러나 이 경우에는 어간 모음이 다시 선행 순음에 동화되어 'ㅢㅕ(ɨyyə)>ㅟㅕ(uyyə)'로 변화되는데(예, 퓌여(번박 상 : 7)), 이 uyyə는 u의 재음소화에 의해 wɨyyə가 되고, 이 wɨyyə는 다시 ɨy>i에 의해 wiyə가 되며, 이 wiyə의 w가 다시 선행 순음 아래서 탈락됨으로써 iyə가 나타나게 되었다(ɨyyə>uyyə>(wɨyyə)>wiyə>iyə).

ie형은 iyə형이 yə>e 변화를 경험함으로써 나타난 유형인데, 강원(5), 전북(3)에서 실현된다. ii형은 ie형이 e>i 변화를 경험하여 나타난 유형이고, i형은 ii형에서 i가 하나 탈락된 유형이다. 전자의 실현 지역에는 경북(14), 경남(5)이 있고, 후자의 실현 지역에는 경기(3), 강원(2), 충북(4), 전북(1), 전남(2), 경북(전역), 경남(16)이 있다.

그런데 ii형이나 i형은 다 같이 e>i 변화를 경험했다는 점에서는 동일하므로 두 경우의 실현 지역을 종합하면, 영남지역에서는 전역에서 이 변화를 경험한 것이 된다. 그리고 이와 같은 분포 양상은, 4.1.5에서 본 'wii, wi, ii, iiƎ, i'형의 경우와 동일한 것으로서, 형태소 경계에서 후행의 e가 선행 i에 동화되어 i로 바뀐 것으로 해석된다. 즉 'e>i/i+—' 규칙이 적용된 것으로 해석된다.

iə형은 iyə형에서 y가 탈락된 것이고, iƎ형은 iə형이 ə>Ǝ 변화를, iɨ형은 iə형이 ə>ɨ 변화를 각각 경험한 것이다. iə형의 실현 지역에는 경기(11), 강원(9), 충북(5), 충남(9), 전북(전역), 전남(18)이 있고, iƎ형의 실현 지역에는 경북(3), 경남(5)이 있으며, iɨ형의 실현 지역에는 경기(2)가 있다.

yə형은 iə형의 i가 활음화된 것이고, yɨ형은 yə형의 ə가 ə>ɨ 변화를 경험한 것이다. 전자의 실현 지역에는 경기(16), 강원(2), 충북(4), 충남(전역), 전북(1), 전남(1)이 있는데, 지역에 따라 장음으로 실현되기도 하고 단음으로 실현되기도 한다. 후자의 실현 지역에는 경기(6), 충남(1)이 있는데, 이 경우에는 모두 장음으로 실현된다.

ye형은 강원(3)에서만 실현되는데, 이것은 두 가지 방법으로의 설명이 가능하다. 하나는 yə형의 ə가 y순행동화에 의해 e로 바뀐 것으로 설명하는 것이고(iyə>iə>yə>ye), 다른 하나는 ie형의 i가 활음 y로 바뀐 것으로 설명하는 것이다(iyə>ie>ye). 두 설명 방법 가운데 어느 것이 더 타당성이 있는지에 대해서는 판단하기가 쉽지 않다. 그런데 강원도의 인제에서는 '피+어'의 'ㅣ+ㅓ'가 ie와 ye : 의 둘로 실현되는데, 이러한 병존은 iyə>ie의 단계에 있는 형태가 iyə>ie>ye의 단계로 넘어가는 과도기를 반영하는 것으로 해석된다. 그래서 여기서는 후자의 설명 방법이 더 타당성이 있는 것으로 판단하고자 한다.

e형은 ye형에서 y가 탈락된 것이고, E형은 e형이 모음하강된 것이다. 전자는 강원(6), 충남(1), 전북(3), 전남(5), 경남(2)에서, 후자는 경남(3)에서 실현된다.

〔표 23〕 'ㅢ(〉ㅣ)+ㅏ'의 변화 유형별 실현 빈도(어사별)

유형 어사	iyə	ie	ii	i	iə	iɜ	iɨ	yə	yɨ	ye	e	E	합계
기+아	2	2	4	44.5	51	1	1.5	16.5	5	1	9.5		138
피+아	2	4	15	21.5	41.5	6.5	1	28.5	3.5	1.5	10	3	138
합계	4	6	19	66	92.5	7.5	2.5	45	8.5	2.5	19.5	3	276

4.1.7. 축약규칙과 y〉ø 규칙

Vy+a/ə는 15세기 국어에서는 y순행동화에 의한 y첨가로 어미 a/ə가 ya/yə로 바뀌어 실현되었는데, 이 ya/yə가 현대국어에 이르는 과정에서 어떠한 변화를 경험하였는지 지금까지 살펴보았다. 여기서는 앞의 4.1.1~4.1.6에서 살펴본 ya/yə의 변화형을 바탕으로 그것의 변화와 관련된 음운규칙에는 어떠한 것이 있었는지를 종합해 보기로 한다.

먼저 앞의 4.1.1~4.1.6에 나타난 ya/yə의 변화형을 보면, 그것이 경험한 일차적 변화는 ya/yə가 축약된 경우와 y가 탈락된 경우의 둘로 나누어짐을 알 수 있는데, 이 두 경우의 단계별 변화 과정을 정리하면 다음과 같다.

4.1.7.1. ya/yə가 축약된 경우

어미 ya/yə는 먼저 모음축약에 의해 ɛ/e로 실현되는데, 모음축약규칙의 적용을 받는다는 점에서는 ya와 yə가 동일한 음운과정을 경험했다고 할 수 있으나 그 이후의 변화 과정에서는 서로 차이가 있으므로 ya의 경우와 yə의 경우를 나누어서 그 변화 과정을 살펴보는 것이 편리하다.

15세기 국어의 어미 ya는 현내국어에서도 몇몇 지역에서 그대로 실현되기도 하나 일차적으로 모음축약에 의해 ɛ로 바뀐다. 그리고 이 ɛ는 몇몇 지역에서는 그대로 실현되나 지역에 따라서는 ɛ>E 변화에 의한 모음상승을 경험하게 된다. 그런데 이렇게 나타난 어미 ɛ 혹은 E는 어간말 모음 ɛ 혹은

E와의 중복에 의해 탈락이 이루어지는데, 이 탈락된 형태가 대다수의 지역에서 실현된다. 그 결과 ya의 현대 방언형은 ya, ɛ, E, ø 등으로 실현된다.

```
ya > ya > ya > ya
   > ɛ  > ɛ  > ɛ
             > ø
        > E  > E
             > ø
```

15세기 국어의 어미 yə 역시 일부 지역에서는 현대국어에서도 그대로 실현되고 있으나 일차적으로 모음축약에 의해 e로 바뀌는데, 이 e도 일부 지역에서는 그대로 실현된다. 그러나 이것은 다시 지역에 따라 서로 다른 이차적 변화를 경험하는데, e>i 혹은 ‘e>i/i+—’ 규칙의 적용에 의해 어미 e가 i로 실현되기도 하며, e>E/ɛ 변화에 의해 모음이 하강되기도 한다. 그런 다음 다시 어간말 모음의 종류에 따라 어미 e, i, E, ɛ 등이 탈락되는, 즉 동모음이 탈락되는 삼차적 변화를 경험하게 되는데,[71] 그 결과 yə의 현대 방언형은 yə, e, i, E, ɛ, ø 등으로 실현된다.

```
yə > yə > yə > yə
   > e  > e  > e
             > ø
        > i  > i
             > ø
        > E  > E
             > ø
        > ɛ  > ɛ
             > ø
```

71) 어간말 모음 e, i, E, ɛ에 각각 어미 e, i, E, ɛ가 결합되어 동모음이 탈락되기는 하나 이들이 모두 동일한 시대에 동일한 변화를 겪었으리라고는 보지 않는다. 어사나 지역에 따라 그 진행의 속도에 차이가 있을 수 있기 때문이다. 여기서 사용한 ‘삼차적 변화’란 음운론적 기제로 보아 동일하고, 각 유형의 음운변화 과정상으로 보아 세 번째 단계에 속하므로 한 데 묶어 그렇게 부른 것이다.

4.1.7.2. y가 탈락된 경우

15세기 국어의 어미 ya/yə는, 통시적으로 볼 때, 그 일차적 변화가 축약으로의 변화였으나 그와는 다른 또 하나의 변화가 있었는데, 그것은 y가 탈락되는 변화였다. 즉, ya/yə는 어떤 음운론적 요인에 의해 y가 탈락되는 일차적 변화를 경험하였다. 그런 다음 남은 a/ə에서 a의 경우는 별다른 변화 없이 현대국어에서도 그대로 실현되고 있으나 ə의 경우는 일부 지역에서는 ɜ로, 또 다른 일부 지역에서는 ɨ로 변화되어 현대국어의 여러 방언에서 실현되고 있다.

ya/yə > a/ə > a/ə, ɜ, ɨ

그런데 여기서 제기될 수 있는 의문은, 첫째 어미 ya/yə가 현대국어에까지 존속되지 않고 근대국어 이후 변화를 경험하게 된 이유가 무엇이고, 둘째 동일한 어미 ya/yə가 한편으로는 축약규칙의 적용을 받고 다른 한편으로는 y탈락규칙의 적용을 받는데 그 이유가 무엇이며, 셋째 두 규칙의 발생 시기의 선후 관계는 어떠한가 하는 점이다. 다음에서는 이 세 가지 의문점에 대한 해답을 찾아보기로 한다.

먼저 이 세 가지 의문점을 해결하기 위해 앞의 4.1.1~4.1.6에서 살펴본 12개 어사의 역사적 변화 단계에서 어미 ya/yə가 y축약규칙 혹은 y탈락규칙의 적용을 받던 단계의 어간말 모음을 기준 — 이를테면, 4.1.3의 i형은 그 변화 단계가 əy+ə→əyyə>eyə>ee>ii>i로 해석되는데 이 경우 어미 yə가 e로 축약될 당시의 어간말 모음은 e이므로 이것이 기준이 됨 — 으로 하여 거기에 결합된 어미들을 유형별로 분류한 다음 그 빈도를 조사하였는데, 그것을 보이면 [표 24]와 같다.72)

---

72) 어미의 변화 유형이 y축약형이나 y탈락형이 아닌 것은 y유지형에 포함시켰으며 ( ) 안의 수치는 백분율을 나타낸다.

〔표 24〕 어미 'ㅑ/ㅕ'의 변화 유형별 실현 빈도(%)

어간말 모음 / 어미 유형	i(wi)	e(we)	ɛ(wɛ)	ü	ö	ə	u	합계
y축약형 (ya/yə>ɛ/e)	198(52)	320(69)	527(98)	18(12)	25.5(28)	0(0)	25.5(100)	1114.5(68)
y탈락형	171(45)	121.5(26)	10.5(2)	131(86)	62(69)	0(0)	0(0)	496(30)
y유지형	9.5(3)	21.5(5)	0(0)	2.5(2)	3(3)	1(100)	0(0)	37.5(2)
합계	378.5 (100)	463 (100)	538 (100)	151.5 (100)	90.5 (100)	1 (100)	25.5 (100)	1648 (100)

위의 [표 24]에 의하면, 어미 ya/yə가 y축약형으로 변화되거나 y탈락형으로 변화될 당시의 어간말 모음은 중세국어의 Vy가 단모음화되거나 상향이중모음으로 변화되었음을 알 수 있는데, 이러한 사실은 어미 ya/yə의 변화가 어간말 모음 Vy의 변화와 직접적인 관련이 있음을 의미하는 것으로 해석된다. 바꾸어 말하면, 중세국어에서 동화주로 작용하던 Vy의 y가 소멸(변화)됨으로 말미암아 어미 ya/yə까지도 변화를 초래하게 되었음을 의미하는 것으로 해석된다.

동화주 y가 소멸된 뒤 이 ya/yə는 국어음운사에서 볼 수 있는 단모음화의 추세에 따라 단모음화되는데, 영남지역에서는 주로 y축약형으로 변화되고, 호남지역에서는 주로 y탈락형으로 변화되어 양자 사이에는 단모음화 과정에서 차이를 보인다(4.2의 설명 참조). 그런데 y축약형으로 변화되거나 y탈락형으로 변화되거나 구별 없이 선행 어간말 모음의 종류에 따라 그 실현 빈도에 차이가 있다. 즉, 전자에서는 원순전설고모음<원순전설중모음<평순전설고모음<평순전설중모음<평순전설저모음<후설모음(u)의 순서로 그 빈도가 높고, 후자의 경우에는 전자와는 반대로 후설모음<평순전설저모음<평순전설중모음<평순전설고모음<원순전설중모음<원순전설고모음의 순서로 그 빈도가 높다.

두 규칙의 발생 시기의 선후 관계는 두 규칙이 적용된 어사의 다소에 의해서 결정될 수 있을 것으로 판단되는데, 이것은 동일한 구조기술에 상충하는 두 규칙이 경쟁적으로 적용될 때는 시기적으로 앞선 규칙이 후행하는 규칙보다 더 많은 어사에까지 그 적용 범위를 확대해 갔으리라는 가정을 전제로 한다. 이러한 가정이 가능하다면, 전체 1648개의 어사 가운데 1114.5개의 어사에 적용되어 그 적용률이 68%인 y축약규칙이 496개의 어사에 적용되어 그 적용률이 30%인 y탈락규칙보다 먼저 발생하였으리라는 추정을 가능하게 한다.

4.2. 규칙의 전개 양상

15세기 국어의 활용어미 ya/yə가 역사적으로 경험한 음운규칙에는 y축약규칙(ya/yə>ɛ/e), y탈락규칙, e>i 규칙, 'e>i/i+—' 규칙, e>E/ɛ 규칙, ə>Ǝ/ɨ 규칙, i/e/E/ɛ>ø 규칙 등의 다양한 규칙들이 있음을 앞에서 보았다. 그런데 주10)과 주14)에서도 언급한 바와 같이 앞의 두 규칙을 제외한 나머지 규칙들의 개신지와 그 전파 양상에 대해서는 이미 오종갑(1998a, 1999e, 2002)에서 고찰한 바 있으므로 여기서는 y축약규칙(ya/yə>ɛ/e)과 y탈락규칙의 적용 빈도를 군 단위로 조사하여 그들의 개신지와 전파 경로를 살펴보기로 한다.

먼저 y축약 및 y탈락 규칙이 적용된 빈도를 군 단위로 보이면 [표 25]와 같고, 그것을 지도에 표시하면 [지도 19] 및 [지도 20]과 같다.

〔표 25〕 y축약 및 y탈락 규칙 적용 빈도(지역별)

군명	y축약		y탈락		군명	y축약		y탈락	
	어사수	비율(%)	어사수	비율(%)		어사수	비율(%)	어사수	비율(%)
101연천	6/11	55	5/11	45	511고창	4.5/12	38	7.5/12	62
102파주	8/12	67	4/12	33	512순창	4/12	33	8/12	67
103포천	6/12	50	6/12	50	513남원	7/12	58	5/12	42

군명	y축약		y탈락	
	어사수	비율(%)	어사수	비율(%)
104강화	5/12	42	6/12	50
105김포	6/12	50	6/12	50
106고양	9/12	75	2/12	17
107양주	6.5/12	54	5.5/12	46
108남양	7.5/12	62	4.5/12	38
109가평	6/12	50	6/12	50
110옹진	7/12	58	5/12	42
111시흥	6.5/12	54	5.5/12	46
112광주	5/12	42	7/12	58
113양평	9/12	75	3/12	25
114화성	9.5/12	79	2.5/12	21
115용인	7.5/12	62	4.5/12	38
116이천	4/12	33	7/12	58
117여주	1/12	8	9.5/12	79
118평택	6/12	50	6/12	50
119안성	5.5/12	46	5.5/12	46
201철원	7/11	64	4/11	36
202화천	10/12	83	2/12	17
203양구	11.5/12	96	0.5/12	4
204인제	9.5/12	79	2.5/12	21
205고성	8/11	73	2/11	18
206춘성	8/12	67	3/12	25
207홍천	9.5/12	79	2.5/12	21
208양양	8/12	67	3/12	25
209횡성	7/12	58	4/12	33
210평창	12/12	100	0/12	0
211명주	11/12	92	0/12	0
212원성	7/12	58	5/12	42
213영월	9/11	82	1/11	9
214정선	10/12	83	2/12	17
215삼척	10/12	83	1/12	8
301진천	6/12	50	6/12	50
302음성	7/12	58	5/12	42
303중원	6/12	50	6/12	50

군명	y축약		y탈락	
	어사수	비율(%)	어사수	비율(%)
601영광	5/12	42	7/12	58
602장성	5/12	42	7/12	58
603담양	4/12	33	8/12	67
604곡성	5/12	42	7/12	58
605구례	12/12	100	0/12	0
606함평	3.5/12	29	8.5/12	71
607광산	4/12	33	8/12	67
608신안	4/12	33	8/12	67
609무안	5/12	42	7/12	58
610나주	4/12	33	8/12	67
611화순	3/12	25	9/12	75
612승주	9.5/12	79	2.5/12	21
613광양	9/12	75	3/12	25
614영암	4/12	33	8/12	67
615진도	4/12	33	8/12	67
616해남	4/12	33	8/12	67
617강진	4.5/12	38	7.5/12	62
618장흥	5/12	42	5/12	42
619보성	4/12	33	8/12	67
620고흥	11/12	92	1/12	8
621여천	12/12	100	0/12	0
622완도	9.5/12	79	2.5/12	21
701영풍	11/12	92	1/12	8
702봉화	12/12	100	0/12	0
703울진	11/11	100	0/11	0
704문경	12/12	100	0/12	0
705예천	12/12	100	0/12	0
706안동	12/12	100	0/12	0
707영양	12/12	100	0/12	0
708상주	12/12	100	0/12	0
709의성	8/12	67	4/12	33
710청송	12/12	100	0/12	0
711영덕	11/12	92	1/12	8
712금릉	12/12	100	0/12	0

군명	y축약		y탈락		군명	y축약		y탈락	
	어사수	비율(%)	어사수	비율(%)		어사수	비율(%)	어사수	비율(%)
304제원	7/12	58	5/12	42	713선산	11.5/12	96	0.5/12	4
305단양	12/12	100	0/12	0	714군위	12/12	100	0/12	0
306청원	6.5/12	54	4.5/12	38	715영일	12/12	100	0/12	0
307괴산	6/12	50	6/12	50	716성주	12/12	100	0/12	0
308보은	11/12	92	1/12	8	717칠곡	12/12	100	0/12	0
309옥천	6/12	50	6/12	50	718경산	12/12	100	0/12	0
310영동	11.5/12	96	0.5/12	4	719영천	12/12	100	0/12	0
401서산	2/12	17	10/12	83	720고령	12/12	100	0/12	0
402당진	8/12	67	4/12	33	721달성	12/12	100	0/12	0
403아산	7/12	58	5/12	42	722청도	12/12	100	0/12	0
404천원	7/12	58	5/12	42	723월성	10.5/12	88	1.5/12	12
405예산	8/12	67	4/12	33	801거창	12/12	100	0/12	0
406홍성	8/12	67	4/12	33	802합천	12/12	100	0/12	0
407청양	8/12	67	4/12	33	803창녕	10.5/11	95	0.5/11	5
408공주	6/12	50	6/12	50	804밀양	12/12	100	0/12	0
409연기	5/12	42	7/12	58	805울주	12/12	100	0/12	0
410보령	7/12	58	5/12	42	806함양	12/12	100	0/12	0
411부여	4/12	33	8/12	67	807산청	7/12	58	4/12	33
412서천	4/12	33	8/12	67	808의령	12/12	100	0/12	0
413논산	7/12	58	5/12	42	809하동	12/12	100	0/12	0
414대덕	6/12	50	6/12	50	810진양	12/12	100	0/12	0
415금산	6/12	50	6/12	50	811함안	11/12	92	1/12	8
501옥구	4/12	33	8/12	67	812의창	12/12	100	0/12	0
502익산	4/12	33	8/12	67	813김해	12/12	100	0/12	0
503완주	4.5/12	38	7.5/12	62	814양산	11/11	100	0/11	0
504진안	4/12	33	8/12	67	815사천	11.5/12	96	0.5/12	4
505무주	6/12	50	6/12	50	816고성	11/12	92	1/12	8
506김제	4/12	33	8/12	67	817남해	12/12	100	0/12	0
507부안	5/12	42	7/12	58	818통영	12/12	100	0/12	0
508정읍	4/12	33	8/12	67	819거제	12/12	100	0/12	0
509임실	6/12	50	6/12	50	901북제	0/12	0	0/12	0
510장수	11/12	92	1/12	8	902남제	0/11	0	0/11	0

[표 25]에 의거하여 각 지역별로 y축약규칙이 적용된 경향을 분석하면 다음과 같다.

경기도에서는 y축약규칙의 경우 8%만 적용된 지역(여주)이 있는가 하면 79%의 높은 적용률을 보이는 지역(화성)도 있다. 그런데 전체 19개 군 가운데는 14개 군이 50% 이상의 적용률을 보여 전국적으로 볼 때는 보통 정도의 적용률(평균 : 53.4%)을 보인다.

강원도에서는 y축약규칙의 경우 전역에서 50% 이상의 적용률을 보인다. 특히 강원도의 남부 지역으로서 경북의 북부 지역과 접경하거나 가까운 지역인 삼척, 영월, 정선, 명주, 평창 등지에서는 80% 이상의 높은 적용률을 보이고, 그 가운데서도 평창에서는 100%의 적용률을 보인다. 그런데 경북과는 다소 먼 거리에 있는 양구와 화천에서 각각 96%와 83%의 높은 적용률을 보이고 있어 이것이 이 지역 전체의 특성이 반영된 것인지 제보자의 개인적 특성이 반영된 것인지는 확실치 않다. 전국적으로 볼 때 강원지역은 상당히 높은 적용률(평균 : 77.6%)을 보이는 지역에 해당된다.

충북의 경우에는, 강원도의 경우와 마찬가지로, 전역에서 50% 이상의 적용률을 보이는데, 그들 가운데 7개 군에서는 50%대, 나머지 3개 군 가운데 단양은 100%, 영동과 보은은 90%대의 높은 적용률을 보인다. 전국적으로 볼 때, 충북지역은 강원지역과 함께 상당히 높은 적용률(평균 : 65.8%)을 보이는 지역에 해당된다.

충남의 경우는 전체 15개 군 가운데 11개 군에서는 50~60%대의 적용률을 보여 이들이 주류를 이루고, 나머지 4개 군(서산, 부여, 서천, 연기)에서는 10~40%대의 낮은 적용률을 보이는데 이들은 충남의 서부 지역에 속한다. 전국적으로 볼 때 충남은 보통 정도의 적용률(평균 : 51.7%)을 보인다.

전북의 경우는 1개 군(장수)에서는 90%대의 높은 적용률을 보이고, 3개 군에서는 50%대의 적용률을 보이나 나머지 9개 군에서는 30~40%대의 적용률을 보인다. 전국적으로 볼 때 전북은 제주도를 제외하고는 가장 낮은 적용률(평균 : 43.5%)을 보인다.

전남의 경우에는 20%대에서 100%까지 그 적용률의 편차가 매우 크다. 전체 22개 군 가운데 16개 군에서 40%대 이하의 적용률을 보여 전북과 더불어 그 적용률이 낮은 편이다. 나머지 6개 군 가운데서는 여천과 구례가 100%, 고흥 92%, 광양, 승주, 완도가 70%대의 적용률을 보인다. 전국적으로 볼 때 전남은 제주와 전북 다음으로 낮은 적용률(평균 : 49.6%)을 보인다.

경북의 경우에는 전체 23개 군 가운데 18개 군에서는 100%, 3개 군에서는 90%대의 적용률을 보여 그 적용률이 매우 높다. 그리고 나머지 2개 군(월성, 의성) 가운데 월성에서는 88%의 높은 적용률을 보이나 의성에서는 67%의 적용률을 보여 상대적으로 낮은 적용률을 보인다. 전국적으로 볼 때 경북은 가장 높은 적용률(평균 : 97.2%)을 보인다.

경남의 경우에는 전체 19개 군 가운데 14개 군이 100%, 4개 군이 90%대의 적용률을 보여 매우 높은 적용률을 보인다. 다만 1개 군(산청)에서 50%대의 낮은 적용률을 보이는데, 그 이유는 전남지역에서 발달한 것으로 보이는 y탈락규칙의 영향을 일찍부터 받았기 때문인 것으로 보인다. 전국적으로 볼 때 경남은 경북 다음으로 높은 적용률(평균 : 96.5%)을 보인다.

제주도의 경우에는 y축약규칙이 전혀 적용되지 않았다.[73)]

이상에서 살펴본 각 지역별 적용률과 [지도 19]를 종합해 보면, y축약규칙의 경우 100%의 적용률을 보인 지역은 전국에서 36개 군인데, 그 가운데 경북이 18개 군, 경남이 14개 군으로서 도합 32개 군이고, 강원 1개 군(평창), 충북 1개 군(단양), 전남 2개 군(구례, 여천)임을 알 수 있다. 이러한 분포상의 차이는 y축약규칙의 개신지가 영남지역이었으리라는 추정을 가능하게 한다.

---

73) 제주도의 경우에는 축약규칙만 적용되지 않은 것이 아니라 탈락규칙도 전혀 적용되지 않았는데, 그것은 중세국어에서 실현되던 어미의 형태 '여'(제주도에서는 '연')가 그대로 유지되어 왔기 때문이다. 이러한 사실은 정승철(1995 : 124)에 제시된 자료에서도 확인된다.

그렇다면, 영남 이외의 지역에서 100%의 적용률을 보인 지역들은 일찍부터 영남지역에서 발달한 y축약규칙이 이들 지역으로 전파되어 갔기 때문인 것으로 해석할 수 있다. 이를테면, 충북 단양은 경북의 문경(100%), 예천(100%)과 접경하고 있으므로 이들 지역의 영향을 받은 것으로 해석할 수 있고, 전남 구례와 여천은 접경지역인 경남의 하동(100%)과 남해(100%)의 영향을 각각 받은 것으로 해석할 수 있다. 그리고 강원도의 평창은 경북과의 접경지역은 아니지만, 경북 북부지역과 접경하거나 근거리에 위치한 영월, 삼척, 정선, 명주 등지가 80~90%대의 높은 적용률을 보인 점으로 미루어, 육로나 해로를 통해 일찍부터 경북 북부 지역의 영향을 받았을 것으로 추정된다.

그런데 [표 25]를 다시 보면, y축약규칙의 적용 비율이 높아지면 상대적으로 y탈락규칙의 적용 비율이 낮아지고, 반대로 y탈락규칙의 적용 비율이 높아지면 상대적으로 y축약규칙의 적용 비율이 낮아짐을 알 수 있다. 이러한 사실은 이 두 규칙이 상충하는 관계에 있음을 의미하는 것이다.

y탈락규칙의 경우 상대적으로 적용률이 높은 70% 이상의 지역은 충남 서산(83%), 경기 여주(79%), 전남 화순(75%), 함평(71%)의 네 곳이다. 이 수치만을 고려한다면, 가장 높은 적용률을 보이는 충남 서산이 제1 개신지, 경기 여주가 제2 개신지, 전남 화순과 함평이 제3 개신지가 된다고 할 수 있겠다. 그러나 개신파가 일반적으로 개신지에서 주변 지역으로 동심원을 그리면서 전파된다고 볼 때, 충남 서산의 경우에는 그 주변 지역의 적용률(30%대)과 격차가 너무 심해 개신지로 추정하기에는 어려움이 있다.

경기 여주의 경우는 인접한 군들 — 경기도의 양평(25%), 광주(58%), 이천(58%), 강원도의 원성(42%), 충북의 음성(42%), 중원(50%) — 에서 양평을 제외하고는 비교적 높은 적용률을 보이고 있어 개신지로 추정될 수 있을 듯하다. 그러나 이 경우에도 호남지역의 강력한 세력이 충청도를 거쳐 이 지역으로 일찍 전파되어 온 것으로 해석할 수 있으므로 이 지역 역시 개신의 중심지로 추정하기에는 어려움이 있다.

전남의 화순과 함평의 경우에는, 앞의 두 경우와는 달리, 이들 지역을 중심으로 한 전남의 중·서부 지역(영남과 접경하거나 가까운 동부 지역은 낮은 적용률을 보임.)에서는 9개 군이 60%대의 적용률을, 4개 군이 50%대의 적용률을 보여 개신파의 일반적인 전파 경향을 따르고 있고, 그 세력도 집중되어 있는 점으로 보아 이들 지역을 개신의 중심지로 추정하여도 무리는 없을 것으로 보인다.

그런데 전북지역의 경우를 보면, 전체 13개 군 가운데 8개 군이 60%대의 적용률을, 3개 군이 50%대의 적용률을 보여 전남의 경우에 비견할 정도의 높은 적용률을 보이고 있어 어느 한 지역만을 개신의 중심지로 추정하기가 곤란하다. 그래서 여기서는 두 지역을 포괄하여, 영남과 접경한 동부지역을 제외한 호남의 중·서부지역을 개신지로 추정해 두고자 한다.[74)]

앞의 4.1.7에서는 y축약규칙이 y탈락규칙보다 먼저 발생하였을 것으로 추정하였다. 이러한 추정과 여기서 추정한 두 규칙의 개신지를 종합하면 y축약규칙은 y탈락규칙보다 먼저 영남지역을 중심으로 발달하였고, 그 뒤를 이어 호남의 중·서부지역에서 y탈락규칙이 발생하였음을 추정할 수 있다.

그렇다면, y축약규칙은 [표 25]와 [지도 19]를 종합해 볼 때 개신지인 영남지역으로부터 북쪽으로는 강원도 지역으로, 서북쪽으로는 충북을 거쳐 경기도와 충남으로, 서쪽으로는 전남과 전북으로 전파되어 갔을 것으로 추정된다. 그러나 제주도로는 y축약규칙이 전혀 전파되지 않았다.

이에 비해, y탈락규칙은 [표 25]와 [지도 20]을 종합해 볼 때 개신지인 호남의 중·서부지역으로부터 북쪽으로는 주로 한반도의 서쪽 지역인 충청도

74) y탈락규칙의 경우에도 각 지역별로 그것이 적용된 경향을 분석하는 것이 마땅하겠으나 앞에서 본 y축약규칙의 적용률이 높은 지역은 상대적으로 y탈락규칙의 적용률이 낮고, 또 [지도 20]을 통해 그 경향을 파악할 수 있으므로 번거로움을 피해 여기서는 굳이 그 경향을 분석하지 않기로 한다.

를 거쳐 경기도로 전파되어 갔을 것으로 추정된다. 그리고 강원도 지역에는 충북과 경기도로부터 그 개신파가 전파되어 갔을 것으로 추정되는데, 이 지역에서는 그 적용률이 매우 낮다. 호남의 중·서부지역으로부터 동쪽으로는 호남의 동부지역을 거쳐 영남지역으로 그 개신파가 전파되어 갔을 것으로 추정되는데, 영남지역에는 몇몇 지역에, 그것도 매우 낮은 비율로 전파되어 있다.

4.3. 요약

이 장에서는 15세기 국어에서 어간 말음이 Vy였던 12개의 동사 어간에 어미 '아/어'가 결합될 때의 방언형을 『한국방언자료집』에서 찾아 그들의 변화 과정에 적용된 규칙에는 어떤 것이 있으며, 각 지역(군 단위)에서 그들이 적용된 비율은 어떠한지를 통계적으로 살펴봄으로써 각 규칙의 개신지와 그 전개 양상을 밝혀보고자 하였다. 그 과정에서 밝혀진 중요한 사항을 요약하면 다음과 같다.

(1) 15세기 국어에서 Vy+a/ə는 y순행동화에 의한 y첨가로 그 어미가 ya/yə로 실현되었는데, 이 ya/yə가 경험하게 되는 1차적 변화는 ya/yə>ɛ/e처럼 축약되는 경우와 ya/yə>a/ə처럼 y가 탈락되는 경우의 둘이다.

(2) y축약규칙은 영남지역에서 발생한 것으로 추정되고, y탈락규칙은 호남의 중·서부지역에서 발생한 것으로 추정되나, 그 적용 비율을 볼 때 전자가 후자보다 먼저 발생하였을 것으로 추정된다. 그리고 이 두 규칙은 동일한 구조기술에 적용됨으로써 상충하는 관계에 있다.

(3) y축약규칙은 영남지역으로부터 그 개신파가 주변 지역으로 전파되어 갔으나 제주도에는 전혀 전파되지 않았다. 그리고 y탈락규칙은 그 개신파가 호남의 중·서부지역으로부터 주변 지역으로 전파되나 주로 한반도의 서쪽

지역으로 전파됨으로 말미암아 영남지역에는 그 전파의 정도가 매우 낮다. 이 규칙 역시 제주도에는 전파되지 않음으로써 제주도에서는 15세기의 형태인 y첨가형이 그대로 쓰이고 있다.

— "'Vy+a/ə'의 음운론적 변화와 영남방언—어미 'ya/yə'의 변화를 중심으로 —"란 제목으로 『한글』(한글학회) 265호, pp.57-97에 수록, 2009.

5. y계 하향이중모음의 변화

5.1. 'ㅐ, ㅔ, ㅢ'

중세국어에서 y계하강이중모음이었던 'ㅐ(ay)'와 'ㅔ(əy)'는 현대국어의 여러 방언에서 그 방언형이 각각 'ɛ, E, e, i, y, wɛ, wE, ö, a'와 'e, E, i, oi, we, ö, üe, ə : i, ɨ : i, ɨy, yə, ə' 등으로 실현되어 다양한 모습을 보인다. 그러나 이들 가운데서 주류를 이룬 것은 각각 ɛ와 e인데, 그 비율은 98.5%와 95.8%에 이른다(5.1.1.1 및 5.1.1.2 참조). 그리고 이 ɛ와 e는 영남방언에서 다시 E로 바뀜으로써 모음체계의 변화를 초래하게 되었는데 기존의 연구에서는 이 ɛ와 e의 합류 혹은 중화의 과정에 대해서 많은 관심을 기울였다. 그것을 보면 다음과 같다.

이돈주(1978 : 191-192)에서는 전라남도방언에서 e와 ɛ는 원래 변별력을 가지고 있었으나 역사적으로 발달한 e>i의 변화 때문에 ɛ 역시 e의 자리로 옮아가 이 둘은 E로 합류되었을 것이란 견해가 제시되었다.[75] 그리고 최명옥

---

75) 이기갑(1986 : 20)에서도 동일한 입장을 취하고 있다.

(1982 : 14)에서는 경북 월성 지역어에서 e는 i로 변화되지만 ε는 i로 변화되지 않으므로 이 지역어에서도 중부방언에서와 마찬가지로 과거 어느 시기에 e와 ε의 대립이 존재했으리라는 견해가 제시된 바 있다. 이 두 견해는 'ㅔ, ㅐ'의 변화와 관련된 논문들에서 거의 그대로 받아들여지고 있는 듯하다.

이기갑(1986 : 21-23)에서는 '떼(群)-때(垢), 메다(負)-매다(結), 베다(割)-배다(孕)'에서 모음 e와 ε가 변별되는지의 여부를 전남 전역에 걸쳐 조사하고, 또 김영송(1977 : 89)의 연구 결과를 종합한 결과, e와 ε 합류의 개신파 E는 전남의 서쪽과 경남의 동북쪽에서 발생하여 각각 전남의 동쪽과 경남의 서남쪽으로 전파되어 간 것으로 해석하였다.

김택구(1991 : 90)에서는 '베개, 게, 삼베, 체, 오이, 조리, 병' 등의 어사를 중심으로 경남지역에서의 e>i 변화를 조사하였다. 그 결과, e>i를 경험한 지역으로 합천, 창녕, 밀양 등지가 있음을 지적하고, 이 개신파는 대구를 중심으로 하여 고령, 청도 지역을 거쳐 이들 지역으로 전파되어 온 것으로 보았다.

박정수(1993 : 15-16)에서는 전남과 경계를 이루는 서부 경남지역(함양, 하동, 남해, 산청, 진양, 사천, 고성)에서는 e와 ε의 대립이 유지되나 그 밖의 지역에서는 e와 ε가 합류되어 ε로 실현되는 것으로 보았다.

최명옥(1992 : 65-69)에서는 경남북의 방언분화를 논하는 자리에서 '게, 베다, 되다, 별, 뼈' 등의 어사를 이용하여 e>i 변화를 살펴보았는데, 이 변화는 경북에서 그 개신파가 발생하여 경남의 동남쪽(창녕, 밀양, 울산, 양산, 김해)으로 전파되어 간 것으로 보았다.

신승원(1996 : 132-133)에서는 『한국방언자료집』의 자료들을 활용하여 e>i 변화의 최대 개신지를 경북의 서부지역(상주, 금릉, 선산, 문경)으로, 그 다음의 개신지를 전남의 해안선을 낀 서부지역으로 보았다. 그리고 전자에서 발생한 개신파는 경북의 중부 지역을 거쳐 태백산맥이 가로지르는 동부 지역에 와서 소멸되었으며, 후자의 개신파는 전남의 동부 쪽으로 전파되어 가다가 소백산맥이 놓여 있는 동부지역에 와서 소멸된 것으로 보았다.

김덕호(1997 : 121-125)에서는 '뼈, 키, 어레미, 벽'의 네 어사를 중심으로 경북지역에서의 e>i 변화 여부를 조사하였다. 그 결과, '뼈'와 '키'의 경우에는 주로 경북의 서북부지역과 남서부지역에서, '어레미'의 경우에는 앞의 지역을 포함한 북동 지역에서, 그리고, '벽'의 경우에는 경북 서부 지역에서 e>i 변화를 경험하였음을 보고하였다.

이상에서 제시된 여러 견해들은 대체로 다음과 같이 정리될 수 있다.

e와 ɛ는 전남과 경북지역에서 원래부터 존재했으나 e>i 변화가 이 둘의 합류의 원인을 제공했다. 그리고 e>i 변화의 개신지는 경북의 서부지역과 전남의 서부지역 두 곳이며, e와 ɛ 합류의 개신지는 전남의 서부지역과 경남의 동북부지역이라고 할 수 있다.

그러나 e와 ɛ의 합류 원인이 과연 e>i 때문인지에 대해서는 의문의 여지가 없지 않다. 뿐만 아니라, 『한국방언자료집』의 자료들을 살펴보면, e와 ɛ가 합류되지 않고 둘 중의 어느 하나만 E로 변화된 지역도 발견되는데, 그것은 e와 ɛ의 합류를 한 덩어리로 묶어 하나의 개신파로 처리할 수 없음을 의미하는 것이다. 바꾸어 말하면, e>E와 ɛ>E의 변화는 별개의 것으로 취급되어야 하며, 이러한 변화의 개신지와 그 개신파의 진행 방향도 별개의 것으로 논의되어야 함을 의미하는 것이다.

중세 혹은 근대 국어에서 y계하강이중모음이었던 'ㅢ(ɨy)'는 현대국어의 여러 방언에서 그 방언형이 ɨy, i, wi, uɨ, ɨ, e, E, ᆿ 등으로 실현되어 다양한 모습을 보인다. 이러한 변화에 대한 기존의 견해들을 보면 다음과 같다.

이기문 외(1984 : 204-205)에서는 전기 중세국어에서 일어났던 모음추이의 결과 후기 중세국어에서 전설모음 계열이 비게 되자 이것을 메우기 위해 əy→e, ay→ɛ, uy→ü, oy→ö와 같은 전설 단모음화가 일어났다는 견해를 피력하였다. 그러나 ɨy의 경우는 앞의 경우보다 ɨy→i로의 전설 단모음화가 늦게 일어났는데, 그 이유는 이미 존재하는 전설 고모음 i와 ɨy의 합류로 인

한 동음이의어의 생성을 막기 위한 것이라고 해석하였다.

신지영(1999 : 475–477)에서는 이기문 외(1984 : 204–205)의 견해에 대해 다음과 같은 의문을 제기하고 거기에 대한 해답을 찾고자 하였다.

첫째는 현대 방언에서 /ㅢ/는 초성 없는 형태소의 첫 음절에만 존재한다. 그러므로 이중모음의 단모음화를 막은 원인이 동음이의어의 생성을 막기 위한 것이었다면 동음이의어는 초성 있는 음절에서만 생성된다는 의미가 되는데 그러한 논리는 타당성을 지니기 어렵다.

둘째는 모음추이에 의한 전설 쪽의 공백이 단모음화를 일으키고 하강이중모음의 체계를 갑자기 붕괴시키는 직접적인 원인이 될 수는 없다는 견해를 제기하였다. 그리고 이 문제에 대한 해답을 음절구조의 변화에서 찾고자 하였다. 즉 근대국어시기에 하강이중모음이 음절구조에서 허용되지 않게 되자 ɨy는 "방언에 따라 혹은 음성 환경에 따라서 단모음화와 핵이동의 두 방향으로" 변화하게 되었다고 한다.[76)]

하강이중모음 ɨy가 핵이동하면 상승이중모음 ɨ̯i로 바뀌는데, 신지영(1999 : 495)에서는 현대국어에 존재하는 'ㅢ'를 하강이중모음 ɨy가 아닌 상승이중모음 ɨ̯i로 해석해야만 한다는 견해를 피력하였다. 그러나 『한국방언자료집』에는 'ㅢ'를 가진 방언 — 경기(12), 강원(5), 충북(6), 충남(13) — 에서 그 음가가 모두 [ɨy]로 표기되어 몇몇 방언에서 수의적으로 발음되는 [ɨ̯i]를 근거로 모든 방언의 'ㅢ'를 ɨ̯i로 해석해야 한다는 견해는 재고의 여지가 있어 보인다.

뿐만 아니라, 각 방언의 음운체계에 비추어 볼 때도 'ㅢ'는 ɨy로 보는 것이 타당성을 지닌다고 할 수 있다. 'ㅟ, ㅚ'가 현대방언에서 상승이중모음 wi, we로 실현되는 지역은 주로 영남지역이고, 하강이중모음 uy, oy로 실현되는 지역은 주로 충남 지역이다. 그러므로 'ㅢ'를 ɨ̯i로 보면 이것은 상승이중모음 we, wi가 주류를 이룬 영남지역에서 실현되는 것이 음운체계상 조화를 이룬

76) 하강이중모음 ɨy가 핵이동하면 상승이중모음 ɨ̯i로 바뀌는데 『한국방언자료집』에는 ɨ̯i를 가진 어사가 발견되지 않는다.

다고 할 수 있을 것이다. 그러나 실제로는 하강이중모음 uy, oy가 실현되는 충북 지역에서 상승이중모음 ɨ̯i가 실현되는 것으로 해석되어 상호 부조화를 초래하게 된다. 그러므로 일부 지역에서 실현되는 'ㅢ(ɨ̯i)'를 제외하고는 'ㅢ(ɨy)'로 보는 것이 타당성이 있을 것으로 보인다.

5.1.1. 변화의 실제

5.1.1.1. 'ㅐ'

중세 혹은 근대 국어에서 'ㅐ'(ay)를 가졌던 어사들 — 개(<가히, 월곡 70), 개구리(<개고리, 유합 상 : 15), 개암(<개옴, 자회 상 : 11), 개울(<개올, 청구 106), 개-(<가히-, 두초 2 : 24), 깨(<ᄣᅢ, 사해 상 : 40), 깨끗이(<ᄣᅢᄀᆞ지, 마언 하 : 19), 깨-(<ᄣᅢ-, 破, 금삼 5 : 22), 냅-(<냅-, 요로), 내(<냏, 용가 2), 대마디(<대, 석보 13 : 53), 대장간(<대쟝, 역어 상 : 19), 매(鷹, 두초 8 : 18), 매(鞭, 법화 5 : 41), 맷돌(<매돌, 물보), 빼-(<ᄲᅡ히-, 오륜 3 : 63), 새암(<새옴, 妬, 월곡 108), 새우(<새요, 자회 상 : 20), 새(鳥, 용가 7), 새벽(<새박, 소언 6 : 95), 재우-(<재-, 석보 6 : 16) — 의 'ㅐ'가 현대국어의 여러 방언에서는 ɛ, E, e, i, y, wɛ, wE, ö, a 등의 유형으로 실현됨을 『한국방언자료집』에서 확인할 수 있다. 먼저 어사별로 'ㅐ'가 바뀌어 실현되는 실태를 보이면 [표 26]과 같은데, 다음에서는 각 유형이 현대국어에 이르는 과정에서 어떠한 변화를 경험했는지 살펴보기로 한다.

〔표 26〕 'ㅐ'의 변화 유형별 실현 빈도(어사별)

유형 / 어사	ε	E	e	i	y	wε	wE	ö	a	x	합계
개	103	35									138
개구리	81	55								2	138
개암	69	47							14	8	138
개울	71	7	1							59	138
개-	82	56									138
깨	60	25				31	12	10			138
깨끗이	78	58	2								138
깨-	76	60								2	138
냅-	68	43								27	138
내	67	35								36	138
대마디	63	54								21	138
대장간	62	15								61	138
매	96	40								2	138
매	80	56								2	138
맷돌	75	60								3	138
빼-	49	44	2							43	138
새암	69	48	3	9	7					2	138
새우	84	52	1							1	138
새	102	36									138
새벽	78	60									138
재우-	80	57		1							138
합계	1,593	943	9	10	7	31	12	10	14	269	2,898

* x : 방언형이 조사되지 않았거나 다른 어사로 바뀌어 비교가 불가능한 경우를 나타냄.

ε형은 ay가 축약되어 단모음으로 바뀐 것이고,[77] E형은 이 ε가 다시 모음 상승을 경험한 것이다. e형은 ay가 ʌ>a에 대한 과도교정으로 ʌy로 바뀐 다음 다시 ʌ>ə와 əy>e 변화를 경험한 것으로 해석된다(ay>ʌy>əy>e). i형은 e형이 e>i 변화를 경험한 것이며, y형은 i형이 다시 활음 y로 바뀐 것이다.

77) 'ㅔ, ㅐ'의 단모음화시기에 대해서는 주 32) 참고

wε형은 앞의 ε형에 w가 첨가된 것인데, 충북(2), 충남(14), 전북(12), 전남(1), 제주(2)에서 '깨(ᄢᅢ)'의 방언형이 k'wε로 실현된 데서 발견되는 유형이다. 그런데 이 k'wε는 'ᄢᅢ'의 'ㅂ'가 원순성 동화의 동화주로 작용하여 후행 모음에 w를 첨가시킨 다음 자신은 탈락되고, 다시 ay>ε를 경험함으로써 나타난 것으로 해석된다(pk'ay>pk'way>k'way>k'wε)(곽충구 1985 참고). wE는 wε의 ε가 다시 ε>E 변화를 경험한 것인데, 충남(1), 경남(1), 전남(11)[78]에서 '깨(ᄢᅢ)'의 방언형으로 실현된다.

ö형은 전남(10)에서 '깨(<ᄢᅢ)'의 방언형이 k'ö로 실현된 것에서 발견되는 유형이다. 이 유형은 앞에서 본 k'wε의 wε가 축약되어 ö로 변했다고 할 수 있겠으나 10개 군 가운데 4개 군(화순, 광양, 장흥, 여천)에서는 i, e, ε, ü, ö, ɨ, ə, a, u, o의 10모음체계를 이루어 ö에 대립되는 평순모음이 e임을 감안할 때 wε>ö 변화를 가정하는 것은 무리가 있는 것으로 생각된다.

그런데 앞의 10개 군 가운데 6개 군(신안, 무안, 영암, 진도, 해남, 강진)에서는 e와 ε가 E로 합류되어 변별되지 않는다. 그러므로 이 체계에서는 i : ü, E : ö가 각각 평순 : 원순으로 대립되어 wE>ö 규칙을 설정하여도 아무른 문제가 발생하지 않는다. 그리고 앞의 4개 군(화순, 광양, 장흥, 여천)에서도 체계상으로는 10모음체계이지만 어사에 따라서는 이미 ε>E 변화를 경험한 어사들도 발견되는 점으로 미루어 볼 때 이러한 어사들에서는 wE>ö 규칙이 적용될 수 있었던 것으로 이해된다.

wE>ö 규칙의 설정과 관련하여 'ㅞ, ㅙ'의 변화를 살펴볼 필요가 있다. 이와 관련된 어사를 『한국방언자료집』에서 찾아보면, 'ㅞ'의 경우에는 '궤, 궤짝, 꿰-, 웬일' 등이 있고, 'ㅙ'의 경우에는 '괭이, 꽹과리, 왜(何), 왜국, 왜간장, 횃대' 등이 있다. 다음에서는 이들 어사에 쓰인 'ㅞ, ㅙ'가 역사적으로 어떠한 변화를 경험하였는지 살펴보기로 한다.

78) 전남(함평)에서는 E형으로 실현되는데, 이것은 wE에서 w가 탈락된 것으로 해석된다.

중세국어의 'ᅰ(wəy)'는 18세기 중엽 이중모음 əy가 단모음 e로 바뀜으로 말미암아 we로 변하였다. 그런 다음 이 we는 다시 단모음 ö로 축약되거나, wE 혹은 wi로 바뀌는데, 후자의 wi는 다시 ü로 축약되기도 한다.

wəy > we > ö
　　　　　> wE
　　　　　> wi > ü

단모음화된 경우의 예와 실현 지역을 보이면 다음의 [표 27]과 같다.[79)]

〔표 27〕 we>ö 혹은 we>wi>ü의 분포

어사 \ 군명	103 포천	114 화성	210 평창	212 원성	213 영월	215 삼척	308 보은	309 옥천	310 영동	402 당진	405 예산
궤	ö	ö	ö	ö	ö		ö	ö	ö		
웬일											
궤짝	ö	ö	ö	ö	ö	ö	ö	ö	ö		
꿰-	ü				ü		ü	ü	ü	ö	ö

어사 \ 군명	406 홍성	410 보령	411 부여	507 부안	611 화순	612 승주	613 광양	620 고흥	621 여천	809 하동
궤										ö
웬일					ö					
궤짝				ö	ö					ö
꿰-	ö	ö	ö	ü	ü	ü	ü	ö	ü	ü

we>ö의 변화는 e : ö가 평순 : 원순의 대립을 형성하는 모음체계에서는 충분히 가능한 일이다. 그러나 모음체계상 대립의 짝이라고 보기 어려운

79) 원래 'ᅰ'를 가진 어사가 아닌데도 변화의 중간 과정에서 'ᅰ'가 형성되고 이것이 다시 'ᅬ(ö)'로 단모음화된 예들도 발견된다.
누에 : ue>we>ö --- 경기(김포, 시흥), 전남(광양, 고흥)
뛰어/쉬어 : uy+ə>uyyə>u-yə>ue>we>ö---전남(고흥)/전남(승주)

ε : ö가 평순 : 원순의 대립을 이루어 wε>ö 변화를 경험한 듯한 방언형이 발견되는데 그것을 보면 다음의 [표 28]과 같다. 이러한 예는 충북 중원에서 한 예가 발견되는 것 이외에는 모두 전남지역에서만 발견된다. 그러므로 전남지역에서는 특이하게 we와 wε가 모두 단모음 ö로 축약되었다고 할 수 있을 듯하다.

그러나 앞에서도 지적한 바와 같이 i : ü, e : ö, ε : ( )와 같은 대립을 유지하는 모음체계에서 we와 wε가 축약되어 다 같이 ö로 단모음화 되었다고 하는 것은 일반적인 언어 변화에 비추어 수긍하기 어렵다. 그런데 전남의 많은 지역에서 ε와 e는 다 같이 E로 변화되어 둘이 합류되므로 i : ü, e : ö, ε : ( )와 같은 대립 관계가 i : ü, E : ö와 같은 관계로 그 대립이 재구성되었다고 하면 이 문제는 쉽게 해결된다. 즉 wε>wE>ö의 과정을 겪어 ö가 나타난 것으로 해석된다.

way > wε > wε
　　　　　　> wE
　　　　　　> wE > ö

〔표 28〕 wε〉wE〉ö의 분포

군명 어사	303 중원	604 곡성	606 함평	609 무안	611 화순	613 광양	615 진도	616 해남	617 강진	618 장흥	619 보성	620 고흥	621 여천	622 완도
괭이		ö	ö			ö	ö	ö	ö			ö	ö	
꽹과리								ö				ö		
왜(何)					ö		ö							
왜간장	ö			ö	ö	ö	ö	ö		ö		ö	ö	
왜국			ö	ö	ö		ö							
횃대					ö		ö				ö			ö

a형은 '개옴(kayom)'이 '개욤(kayyom)>개얌(kayyam)>가얌(kayam)/개암(kεam)'으로 변화되는 과정에서 '개얌(kayyam)'의 선행 y가 탈락함으로써 나타난 유형이다.

이상에서 살펴본 바에 의하면 ε, E, wε, wE, ö의 다섯은 모두 그 일차적 변화에서 'ㅐ(ay)'가 ε로 단모음화된 유형임을 알 수 있다. 이들 유형으로 실현된 방언형을 모두 합치면 2,589개(=1,593+943+31+12+10)가 되는데, 이것은 전체 실현 어사 2629개(=2,898−269)의 98.5%에 해당된다. 그리고 ε>E 변화를 경험한 어사는 E, wE형에 해당되는 어사들로서 모두 955개인데, 이것은 ε의 총수 2,589개의 36.9%에 해당된다.

5.1.1.2. 'ㅔ'

중세 혹은 근대 국어에서 'ㅔ'(əy)를 가졌던 어사들 — 게(蟹, 자회 상 : 20), 게으르-(석보 11 : 15), 네 개(두초 7 : 16), 떼(<뻬, 노걸 하 : 22), 떼-(<뻬-, 소언 5 : 101), 메우-(塡, 사해 하 : 82), 메-(擔, 월곡 119), 세 개(용가 32) — 의 'ㅔ'가 현대 국어의 제 방언에서 e, i, E, ə : i, ɨ : i, ɨy, oi, we, ö, üe, yə, ə 등의 유형으로 실현됨을 『한국방언자료집』에서 확인할 수 있다. 먼저 어사별로 'ㅔ'가 바뀌어 실현되는 실태를 보이면 [표 29]와 같은데, 다음에서는 각 유형이 현대국어에 이르는 과정에서 어떠한 변화를 경험했는지 살펴보기로 한다.

〔표 29〕 'ㅔ'(əy)의 변화 유형별 실현 빈도(어사별)

유형 / 어사	e	E	i	ə : i	ɨ : i	ɨy	oi	we	ö	üe	yə	ə	x	합계
게	34	5	56	1	32	4	1	3	1	1				138
게으르-	76	23	38								1			138
네개	64	11	61		1							1		138
떼	94	18	25										1	138
떼-	57	4	77											138
메우-	63	19	54										2	138
메-	39	12	87											138
세개	71	12	55											138
합계	498	104	453	1	33	4	1	3	1	1	1	1	3	1,104

e형은 əy>e 변화를 경험한 것이고, E형은 이 e가 다시 모음하강에 의하여 e>E 변화를, i형은 모음상승에 의하여 e>i 변화를 각각 경험한 것이다. e>E 변화형은 경남지역에서 많이 발견되고, e>i 변화형은 경북지역에서 많이 발견된다.

ə : i, ɨ : i, ɨy, oi, we, ö, üe형은 모두 '게(<게(상성), 자회 상 : 20)'의 변화와 관련된 방언형들인데, 이들 가운데 ə : i는 əy의 상성이 음장으로 바뀌는 과정에서 이음절로 바뀐 것이고(əy>ə : i), ɨ : i, ɨy는 각각 ə : i, əy의 ə가 ɨ로 상승된 것이다(əy(LH)>ə : i>ɨ : i, əy>ɨy). oi는 kəy가 kə : i로 바뀐 다음 다시 w가 첨가되어 kwə : i가 된 다음 다시 wə>o 변화를 경험한 것으로 해석된다(kəy>kə : i>kwə : i>kwəi>koi).

we형은 kwəi의 wə가 wə>o 변화를 경험하기에 앞서 i가 먼저 활음화되어 kwəy가 된 다음 다시 əy가 e로 축약된 것으로 해석할 수도 있고, kəy에 바로 w가 첨가되어 kwəy가 된 다음 əy가 e로 축약된 것으로 해석할 수도 있다. ö형은 we가 다시 단모음화 된 것이고, üe형은 we의 w가 후행 e의 전설성에 동화되어 ɥ가 된 다음 이것이 다시 성절음화된 것으로 보인다(kəy>(kə : i>kwə : i>kwəi>)kwəy>kwe>kö/kɥe>küe).

yə형은 əy가 e로 축약되자 이 e가 yə>e에 의한 변화로 인식되어 그에 대한 과도교정형으로 발생된 것이고, ə형은 əy형에서 y가 탈락된 것이다.

이상에서 살펴본 바에 의하면, e형, E형, i형의 셋은 모두 그 일차적 변화에서 'ㅔ(əy)'가 e로 단모음화된 유형임을 알 수 있다. əy>e 변화를 경험한 어사는 이 셋을 모두 합친 1,055(=498+104+453)개가 되는데, 이것은 전체 실현 어사 1101(=1104-3)개의 95.8%에 해당된다. 그리고 이 e는 그대로 유지되는 비율이 47.2%(=498/1055×100), e>E 변화를 경험한 비율이 9.9%(=104/1055×100), e>i 변화를 경험한 비율이 42.9%(=453/1055×100)에 이른다.

5.1.1.3. 'ㅢ'

중세 혹은 근대 국어에서 어두에 'ㅢ(ɨy)'를 가졌던 어사들 — 기계총(<긔계, 병학 1 : 13), 기-(<긔-, 월곡 1 : 11), 키우-(<킈우-, 유합 하 : 38), 미꾸라지(<믯구리, 자회 상 : 20), 시누이(<싀누의, 청구 120), 시동생(<싀권당, 은중 16), 씌우-(<쁴우-, 법화 4 : 35), 의논(<의논, 석천 31), 의자(<의자, 물보 商賈), 의복(<의복, 소언 4 : 43) — 의 'ㅢ'가 현대국어의 여러 방언에서는 ɨy, i, ui, wi, ɨ, e, E, Ǝ 등의 유형으로 실현됨을 『한국방언자료집』에서 확인할 수 있다.

먼저 어사별로 'ㅢ'(ɨy)가 바뀌어 실현되는 실태를 보이면 [표 30]과 같은데, 다음에서는 각 유형이 현대국어에 이르는 과정에서 어떠한 변화를 경험했는지 살펴보기로 한다.

〔표 30〕 'ㅢ'(ɨy)의 변화 유형별 실현 빈도(어사별)

유형 / 어사	ɨy	i	wi	ui	ɨ	e	E	Ǝ	x	합계
기계총		122							16	138
기-		138								138
키우-		132				1			5	138
미꾸라지		133					2		3	138
시누이		120							18	138
시동생		136							2	138
씌우-		114				1			23	138
의논	28	56	1		43	1		9		138
의자	32	69	1		36					138
의복	26	73		1	33			4	1	138
합계	86	1,093	2	1	112	3	2	13	68	1,380

ɨy형은 중세국어의 하강이중모음이 그대로 유지된 것인데 5.2.1.1의 'ㅚ(oy)'의 변화에서도 보는 바와 같이 자음이 선행되지 않은 경우에만 이 유형이 발견된다. 그리고 i형은 ɨy>i 변화를 경험한 것인데 선행자음이 있는 경

우에 그 빈도가 훨씬 높다. 이와 같은 사실은 선행자음이 있는 경우에 ɨy의 변화가 더 빨리 진행되었음을 의미하는 것이다.

그렇다면 y계 하강이중모음의 변화에 선행자음이 상당한 역할을 하였다고 할 수 있겠다. 그런데 5.2.1.2의 uy의 변화에서는 자음을 선행한 예들만 있고, 그 중에서 후설자음이 선행한 경우가 전설자음이 선행한 경우보다 변화의 속도가 느림을 볼 수 있다. 이러한 사실은 선행자음이 있을 경우에 하강이중모음의 변화가 더 빨리 일어나고, 그 중에서도 전설자음이 선행할 경우에 그 변화가 더 빨리 일어났음을 의미하는 것이다.

다시 말하면, C_1+V+y(전설자음+후설모음+전설반모음)>C_2+V+y(후설자음+후설모음+전설반모음)>V+y(후설모음+전설반모음)의 순서로 하강이중모음의 변화가 더 늦었음을 의미한다. 그런데 C+V+y의 경우보다 V+y의 경우에 그 변화가 더 늦게 진척된 것은 후자가 전자보다 더 자연스러운 음절구조이기 때문인 것으로 해석된다. 그리고 C_2+V+y보다 C_1+V+y에서 그 변화가 더 빨리 진척된 것은 후설모음의 전후에 있는 전설성의 음이 상호 작용하여 후설모음을 전설모음화 시켰기 때문인 것으로 해석된다.

wi형은 i형에 w가 첨가된 것으로, ui형은 wi형의 w가 음절화된 것으로 해석되는데, 이 두 유형은 경기도 고양에서만 발견되는 특이한 형태이다. '의논, 의복' 두 어사에서 ɨy>wi를 경험한 것으로 볼 때 후행의 원순성 혹은 순음성에 동화되어 w가 첨가된 것으로 해석할 수 있을 듯하나 '의자'의 예가 그러한 해석을 허용하지 않는다.

ɨ형은 ɨy형에서 y가 탈락된 것인데 선행 자음이 없는 경우에만 이 유형이 나타난다. e, E, Ǝ형은 그 일차적 변화에서 다 같이 ɨy>əy 변화를 경험했을 것으로 추정된다. 그런 다음 다시 əy가 축약된 것이 e형이고, 이 e형이 다시 e>E 변화를 경험한 것이 E형이며, Ǝ형은 əy>ə>Ǝ의 과정을 거친 것으로 해석할 수 있다.

이상에서 살펴본 바를 종합하면, ɨy는 그 일차적 변화에서 무변화형을 포함하여 다섯 유형의 변화가 있었음을 알 수 있다. 그 빈도는 축약형(ɨy>i, 83.5%)>y탈락형(ɨy>ɨ, 8.5%)>무변화형(ɨy, 6.5%)>əy형(ɨy>əy, 1.4%)과 같은데, 축약형에는 i, wi, ui형이 포함되고, əy형에는 e, E, ᴲ형이 포함된다.

5.1.2. 규칙의 전개 양상

중세 혹은 근대 국어의 ay, əy는 각각 소수의 예외가 있기는 하지만 현대 국어 방언에서 대부분 단모음 ɛ, e로 실현되기 때문에 ay>ɛ, əy>e 변화의 개신지가 어디였는지 추정하기는 어렵다. 그래서 여기서는 ay의 2차적 변화인 ɛ>E와 əy의 2차적 변화인 e>E, e>i 변화가 전국의 138개 군(울릉군 제외)에서 어느 정도로 실현되었는지 살펴보기로 한다.

〔표 31〕 'ㅐ, ㅔ'의 변화 유형별 실현 빈도(지역별)

유형 / 군명	ɛ>E		e>E		e>i	
	어사수	비율(%)	어사수	비율(%)	어사수	비율(%)
101연천	1/21	5	0/8	0	1/8	13
102파주	1/20	5	0/8	0	3/8	38
103포천	1/21	5	0/8	0	2/8	25
104강화	1/21	5	0/8	0	4/8	50
105김포	0/19	0	0/8	0	6/8	75
106고양	1/20	5	0/8	0	0/8	0
107양주	0/19	0	0/8	0	4/8	50
108남양	2/20	10	0/8	0	2/8	25
109가평	0/20	0	0/8	0	1/8	13
110옹진	0/19	0	0/8	0	4/8	50
111시흥	1/20	5	0/8	0	3/8	38
112광주	0/20	0	0/8	0	3/8	38
113양평	0/20	0	0/8	0	2/8	25
114화성	0/20	0	0/8	0	3/8	38
115용인	0/20	0	0/8	0	3/8	38

유형 군명	ε>E		e>E		e>i	
	어사수	비율(%)	어사수	비율(%)	어사수	비율(%)
116이천	0/20	0	0/8	0	2/8	25
117여주	3/21	14	0/8	0	2/8	25
118평택	0/20	0	0/8	0	5/8	63
119안성	1/20	5	0/8	0	3/8	38
201철원	0/18	0	0/8	0	2/8	25
202화천	1/18	6	0/8	0	3/8	38
203양구	0/16	0	0/8	0	2/8	25
204인제	1/17	6	0/8	0	3/8	38
205고성	2/17	12	0/8	0	2/8	25
206춘성	0/20	0	0/8	0	2/8	25
207홍천	1/20	5	0/8	0	4/8	50
208양양	2/19	11	0/8	0	1/8	13
209횡성	0/20	0	0/8	0	4/8	50
210평창	0/18	0	0/8	0	1/8	13
211명주	0/18	0	0/8	0	2/8	25
212원성	0/19	0	0/8	0	2/8	25
213영월	0/18	0	0/8	0	2/8	25
214정선	0/18	0	0/8	0	1/8	13
215삼척	0/17	0	0/7	0	2/7	29
301진천	0/21	0	0/8	0	0/8	0
302음성	1/20	5	0/8	0	4/8	50
303중원	1/21	5	0/8	0	2/8	25
304제원	1/19	5	0/8	0	3/8	38
305단양	7/19	37	0/8	0	7/8	88
306청원	0/21	0	0/8	0	2/8	25
307괴산	1/20	5	0/8	0	4/8	50
308보은	0/20	0	0/8	0	5/8	63
309옥천	0/20	0	0/8	0	5/8	63
310영동	0/21	0	0/8	0	5/8	63
401서산	0/20	0	0/8	0	1/8	13
402당진	0/21	0	0/8	0	0/8	0
403아산	0/20	0	0/8	0	3/8	38

유형 / 군명	ɛ〉E		e〉E		e〉i	
	어사수	비율(%)	어사수	비율(%)	어사수	비율(%)
404천원	0/20	0	0/8	0	3/8	38
405예산	0/20	0	0/8	0	1/8	13
406홍성	1/20	5	0/8	0	2/8	25
407청양	0/21	0	0/8	0	2/8	25
408공주	0/20	0	0/8	0	5/8	63
409연기	0/19	0	0/8	0	1/8	13
410보령	0/20	0	0/8	0	2/8	25
411부여	0/19	0	0/8	0	4/8	50
412서천	0/21	0	0/8	0	4/8	50
413논산	0/19	0	0/8	0	5/8	63
414대덕	0/21	0	0/8	0	5/8	63
415금산	0/19	0	0/8	0	3/8	38
501옥구	1/20	5	0/8	0	3/8	38
502익산	0/21	0	0/8	0	4/8	50
503완주	0/21	0	0/8	0	4/8	50
504진안	0/20	0	0/8	0	3/8	38
505무주	3/21	14	0/8	0	2/8	25
506김제	2/21	10	0/8	0	4/8	50
507부안	1/20	5	0/8	0	2/8	25
508정읍	1/21	5	0/8	0	6/8	75
509임실	2/20	10	0/8	0	2/8	25
510장수	1/21	5	0/8	0	1/8	13
511고창	14/20	70	2/8	25	5/8	63
512순창	2/19	11	0/8	0	2/8	25
513남원	1/20	5	0/8	0	0/8	0
601영광	17/18	94	3/8	38	5/8	63
602장성	18/19	95	1/8	13	7/8	88
603담양	18/18	100	0/8	0	6/8	75
604곡성	2/19	11	0/8	0	2/8	25
605구례	16/19	84	0/8	0	0/8	0
606함평	7/18	39	0/8	0	6/8	75
607광산	18/19	95	0/8	0	7/8	88

군명 \ 유형	ε〉E		e〉E		e〉i	
	어사수	비율(%)	어사수	비율(%)	어사수	비율(%)
608신안	16/18	89	2/8	25	4/8	50
609무안	18/19	95	2/8	25	6/8	75
610나주	2/19	11	0/8	0	8/8	100
611화순	3/18	17	0/8	0	2/8	25
612승주	17/19	89	1/8	13	0/8	0
613광양	0/19	0	0/8	0	0/8	0
614영암	18/19	95	2/8	25	3/8	38
615진도	16/17	94	2/8	25	6/8	75
616해남	2/19	11	0/8	0	5/8	63
617강진	17/19	89	6/8	75	2/8	25
618장흥	2/19	11	0/8	0	2/8	25
619보성	19/19	100	3/8	38	1/8	13
620고흥	1/19	5	0/8	0	2/8	25
621여천	0/19	0	0/8	0	4/8	50
622완도	18/18	100	5/8	63	3/8	38
701영풍	13/17	76	2/8	25	6/8	75
702봉화	13/18	72	3/8	38	5/8	63
703울진	13/18	72	1/8	13	2/8	25
704문경	15/16	94	0/8	0	8/8	100
705예천	15/18	83	1/8	13	6/8	75
706안동	15/18	83	0/8	0	8/8	100
707영양	12/16	75	2/8	25	5/8	63
708상주	13/18	72	0/8	0	8/8	100
709의성	8/17	47	0/8	0	4/8	50
710청송	14/17	82	4/8	50	4/8	50
711영덕	11/17	65	0/8	0	7/8	88
712금릉	14/18	78	0/8	0	8/8	100
713신산	13/20	65	0/8	0	8/8	100
714군위	12/19	63	1/8	13	7/8	88
715영일	13/19	68	2/8	25	5/8	63
716성주	15/19	79	2/8	25	6/8	75
717칠곡	13/19	68	1/8	13	7/8	88

유형 / 군명	ε〉E		e〉E		e〉i	
	어사수	비율(%)	어사수	비율(%)	어사수	비율(%)
718경산	14/16	88	0/8	0	8/8	100
719영천	14/17	82	2/8	25	6/8	75
720고령	13/19	68	2/8	25	6/8	75
721달성	10/16	63	1/8	13	7/8	88
722청도	8/18	44	0/8	0	8/8	100
723월성	12/19	63	3/8	38	5/8	63
801거창	20/20	100	0/8	0	1/8	13
802합천	19/19	100	0/8	0	0/8	0
803창녕	18/18	100	3/8	38	5/8	63
804밀양	19/19	100	5/8	63	3/8	38
805울주	18/18	100	3/8	38	5/8	63
806함양	19/19	100	0/8	0	0/8	0
807산청	17/19	89	0/8	0	0/8	0
808의령	20/20	100	0/8	0	0/8	0
809하동	19/19	100	0/8	0	0/8	0
810진양	19/19	100	0/8	0	0/8	0
811함안	18/18	100	0/8	0	0/8	0
812의창	20/20	100	5/8	63	3/8	38
813김해	19/19	100	4/8	50	4/8	50
814양산	18/18	100	6/8	75	2/8	25
815사천	19/19	100	0/8	0	0/8	0
816고성	18/18	100	0/8	0	0/8	0
817남해	18/18	100	8/8	100	0/8	0
818통영	19/19	100	7/7	100	0/7	0
819거제	19/19	100	7/8	88	1/8	13
901북제	1/12	8	0/8	0	2/8	25
902남제	1/12	8	1/7	14	0/7	0

[표 31]에 의거하여 각 지역에서 ε>E, e>E, e>i 변화가 어느 정도의 빈도로 실현되는지 그 경향을 분석하되, 먼저 ε>E의 경우부터 보면 다음과 같다.

ε>E의 빈도를 도별로 보면, 경남(99.4%)>경북(71.7%)>전남(60.2%)>전북

(10.8%)>제주(8.0%)>충북(5.7%)>경기(3.1%)>강원(2.7%)>충남(0.3%)의 순서로 되어 경남지역에서는 거의 전역에서 이 변화를 경험하였으나 제주 및 중부 지역(경기, 강원, 충남북)에서는 10% 미만의 변화를 경험하였음을 알 수 있다. 이러한 빈도는 경남지역이 이 변화의 개신지였으리라는 추정을 가능하게 한다. 경남지역이 이 변화의 개신지라면 이 개신파는 서쪽으로는 전남을 거쳐 전북으로 전파되고, 북쪽으로는 경북으로 전파된 다음 미약하나마 중부 지역으로 그 개신파가 전파된 것으로 해석된다([지도 21] 참조).

e>E의 빈도를 도별로 보면, 경남(32.4%)>전남(15.5%)>경북(14.8%)>제주(7.0%)>전북(1.9%)>경기(0.0%), 강원(0.0%), 충북(0.0%), 충남(0.0%)의 순서로 되어 남부 지역인 경남북, 전남북과 제주에는 개신파가 전파되었으나 중부 지역에는 아직 그 개신파가 전파되지 않았음을 알 수 있다. e>E 개신파가 전파된 지역 중에는 경남지역에서 그 빈도가 가장 높은데, 그 중에서도 남해와 통영에서의 빈도가 100%로 나타나므로 이 지역을 개신지로 추정하여도 무리는 없을 것으로 생각된다. 그렇다면 이 개신파는 한편으로는 경남의 동부 지역을 거쳐 경북지역으로 전파되고, 다른 한편으로는 해로를 통해 전남의 남부와 서부 해안 쪽으로 전파되었을 것으로 추정된다([지도 22] 참조).

e>i의 빈도를 도별로 보면, 경북(78.4%)>충북(46.5%)>전남(46.2%)>전북(36.7%)>경기(35.1%)>충남(34.5%)>강원(27.9%)>경남(16.0%)>제주(12.5%)의 순서로 되어 경북지역이 타 지역에 비해 그 빈도가 월등히 높다. 그러므로 이 변화의 개신지는 경북지역으로 볼 수 있는데, 그 중에서도 문경, 안동, 상주, 금릉, 선산 등 100%의 적용률을 보인 지역이 서부 지역에 치우쳐 있는 것으로 보아 이 지역을 개신의 중심지로 보아도 무방할 것으로 생각된다.

그런데 [표 31]과 [지도 23]을 보면 전남의 서부 해안 지역과 경기도의 서부 해안 및 도서 지역이 주변 지역에 비해 상대적으로 e>i 빈도가 높음을 볼 수 있다. 이러한 경향은 경북의 서부 지역에서 발생한 개신파가 동부 지역으로 전파되고, 이것이 해로를 통해 전남의 서부 해안 지역으로 전파된 다음 다시 경기도의 해안 및 도서 지역으로 전파되어 갔으리라는 해석을 가능하게 한다. 그렇다면 경북의 서부 지역은 제1개신지, 전남의 서부 해안 지역은 제2개신지, 경기도의 도서 및 해안 지역은 제3개신지라고 할 수 있겠다.

앞의 5.1.1.1에서는 ɛ>E 변화가, 5.1.1.2에서는 e>E 변화가 역사적으로 발달되었음을 지적하였다. 그러나 ɛ/e와 E를 구별하여 표기할 수 있는 문자가 없었기에 문헌상의 자료에서 ɛ>E나 e>E 변화를 확인하기는 쉽지 않다. 그런데 경상도 방언을 반영한 것으로 판단되는 문헌 자료에서 'ㅐ'를 'ㅔ'로 표기하거나 'ㅔ'를 'ㅐ'로 표기하여 혼란을 보인 예가 18세기 중엽부터 발견되고, 이러한 예들은 20세기 초의 문헌들에서는 더욱 빈번하게 발견된다. 그 중의 몇 예를 보면 다음과 같다(백두현 1992 : 122–129, 박종덕 2004 참고).

> [18세기] 즉제(병학, 우영본 1 : 2a)~즉재(병학, 우영본 1 : 6b), 배프고(<베프고, 병학, 우영본 2 : 6b), 새배(염불, 동화사본 2a)~새베(염불, 동화사본 7a), 이제(염불, 동화사본 20b)~이지(염불, 해인사본 50b)
>
> [19세기] 관자제 보살(신도 3a)~관자재 보살(신도 4a), 경래(<敬禮, 신도 7b)
>
> [20세기 초] 지개 호戶(통학, 초간본 15a), 권새 권權(통학, 초간본 20b), 개빈(戒賓, 조한 1b), 조게 합蛤(통학, 초간본 14b), 빈겍(賓客, 조한 18b), 제력(財力, 조한 30b)

백두현(1992 : 156)에서는 위의 예에서 보는 바와 같이 'ㅐ>ㅔ' 및 'ㅔ>ㅐ'가 쌍방향의 변화를 보이므로 'ㅐ'와 'ㅔ'는 중화되어 변별력을 상실한 것으로 해석하였다. 그리고 중화의 원인은 e : ɛ 간의 고저대립이 갖는 불안정성 때문이라고 해석하였다. 그리고 박종덕(2004 : 56–57)에서는 위와 같은 변화를 합류로 보고, 합류의 원인은 'ㅡ(ɨ)'와 'ㅓ(ə)'가 Ǝ로 합류되어 후설모음이 Ǝ : a, u : o와 같이 2서열체계로 바뀐 데 있는 것으로 보았다. 그리고 이에 압력을 받아 전설모음도 i : e : ε의 3서열체계에서 i : E의 2서열체계로 바뀐 것이라고 해석하였다.

그런데 이 견해들과 같이 e와 ε가 중화 혹은 합류되어 E로 바뀌었다면 ㅔ나 ㅐ를 가진 어사는 현대방언에서 모두 E를 가진 어사로 바뀌어 실현되어야 할 것이다. 그럼에도 불구하고 실제로는 앞에서 언급한 바와 같이 ε>E의 비율(36.9%)과 e>E의 비율(9.8%) 사이에는 큰 차이가 있다. 이러한 차이는 'ㅐ, ㅔ'의 중화(혹은 합류)가 완성된 다음에 중화음 E가 개신파로서 주변 지역으로 전파되어 간 것이 아니라 ε>E와 e>E는 별개의 변화로 발달하였음을 의미하는 것이다. 그리고 이 두 변화가 모든 어사에서 완성된 지역에서는 ε와 e는 소멸되고 E가 모음체계에 자리를 잡게 되었으나, 그렇지 않은 지역에서는 아직도 이들 변화가 진행 중인 것으로 해석된다.

모음체계의 압력에 의해 ε와 e가 E로 중화(혹은 합류)된 것이 아니라 ε>E와 e>E가 별개의 변화로 발달한 것이라면 그 이유는 무엇인가?

이 물음에 대한 해답은 다음의 몇 가지로 생각해 볼 수 있다.

첫째는 이돈주(1978 : 191-192)의 견해처럼 역사적으로 발달한 e>i의 변화 때문에 중모음의 자리가 비자 ε 역시 상승되어 E가 된 것으로 해석하는 것이다. 그러나 이렇게 해석하면 해결되지 않는 문제가 있다. 그것은, e>i 변화를 겪지 않은 경기(1), 전북(1), 전남(2), 경남(11), 제주(1) 등지에서도 ε>E 변화가 일어났는데(앞의 [표 31] 참조), 그 이유가 무엇인지를 설명할 수 없기 때문이다.

둘째는 경남의 남부 해안 및 도서 지방에 개신지를 둔 모음하강규칙 e>E에 의해 생성된 중모음 E와 저모음 ε 간의 간극이 줄어 그 변별력이 약화되자 ε가 E로 합류된 것으로 해석하는 것이다. 그러나 이 경우에도 해결되지 않는 문제가 있다. 즉, e>E 변화를 겪지 않은 경기(3), 강원(2), 충북(5), 충남(1), 전북(8), 전남(10), 경북(9), 경남(10) 등지에서도 ε가 E로 변화되었는데(앞의 [표 31] 참조), 그 이유가 무엇인지를 설명할 수 없기 때문이다.

셋째는 ε>E로의 모음상승이 이루어지자[80] 그에 이어 경북지역에서는 e>i 변화가 일어나고, 경남지역에서는 e>E 변화가 일어났다고 해석하는 것이다.[81] 이 경우 두 지역에서 보이는 차이는 i : e : ε의 3서열체계에서 ε의 상승을 받아들이는 방식에 차이가 있었기 때문이라고 할 수 있다.

다시 말하면, 전자에서는 ε가 E로 상승되어 e와의 거리가 좁혀지게 되자 이 e를 i의 자리로 상승시키고, 후자에서는 e와의 거리가 좁혀지자 오히려 이 e를 E로 하강시킴으로써 각각 모음체계의 안정성을 확보했다고 할 수 있다. 각각 다른 방식으로 ε>E 변화를 수용했으나 결과적으로는 경남북 모두 평순전설모음에서 i : E의 2서열체계를 형성하게 되었다.

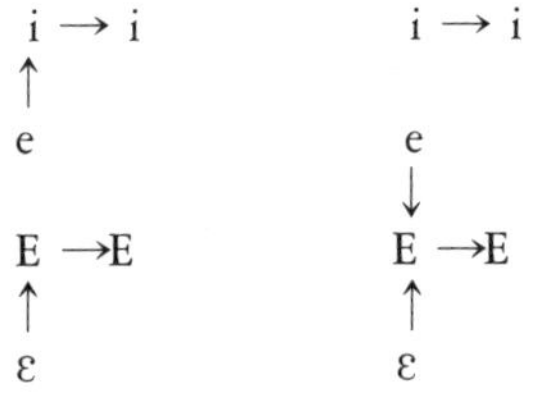

(경북지역) (경남지역)

여기서는 셋째의 해석 방법을 취하기로 한다. 그 이유는 e>i 규칙이나 e>E 규칙이 적용된 지역보다 ε>E 규칙이 적용된 지역이 더 넓기 때문이다. 시기의 전후를 두고 발달한 두 개의 음운규칙은 선행 규칙이 제1개신파가 되고, 후행 규칙이 제2개신파가 되는데, 이 경우 제1개신파가 지나간 뒤를 제2개신파가 뒤따르는 것이 개신파 전파의 일반적 현상이라고 할 수 있다. 그렇다면 적용 지역이 보다 광범위한 ε>E 규칙이 제1개신파가 될 것은 자명한 이치이기 때문이다.[82]

---

80) 김진우(1988b : 521)에서는 이러한 현상을 폐구조음원칙으로 설명하였다.

81) 김주필(1996)은 필사본 ≪경민편언해≫(1806)와 그 선후 시기의 자료들에 나타난 표기를 검토한 결과, 영남방언에서는 'ㅔ'와 'ㅐ'가 단모음화되기 전에 이 둘의 합류가 일어난 것으로 추정하였다.

ɨy는 그 일차적 변화에서 무변화형(ɨy), 축약형(ɨy>i), y탈락형(ɨy>ɨ), ɨy>əy형 등으로의 변화가 있었음을 앞에서 보았다. 이들 중 무변화형은 경기(12), 강원(5), 충북(6), 충남(13)에서, ɨy>əy형은 경기(1), 충남(1), 전남(1), 경북(6), 경남(7)에서 나타나는데 그 실현율은 각각 6.5%(86/1,312개), 1.4%(18/1312개)에 지나지 않는다.

ɨy의 변화에서 주류를 이루는 변화는 축약형(ɨy>i)인데 그 실현율은 83.5%(1096/1312개)이다. 다음에서는 이것과 함께 8.5%(112/1312개)의 실현율을 보이는 y탈락형(ɨy>ɨ)이 전국 138개 군(울릉군 제외)에서 실현되는 빈도를 조사하여 그들의 개신지와 그 전파 과정을 살펴보기로 하되, 양자의 빈도를 먼저 보이면 다음의 [표 32]와 같다.

〔표 32〕 'ㅢ'(ɨy)의 변화 유형별 실현 빈도(지역별)

유형 / 군명	ɨy〉i		ɨy〉ɨ		유형 / 군명	ɨy〉i		ɨy〉ɨ	
	어시수	비율(%)	어시수	비율(%)		어시수	비율(%)	어시수	비율(%)
101연천	6/9	67	3/9	33	511고창	7/9	78	2/9	22
102파주	5/8	63	0/8	0	512순창	6/9	67	3/9	33
103포천	6/9	67	3/9	33	513남원	9/10	90	1/10	10
104강화	6/9	67	1/9	11	601영광	7/9	78	2/9	22
105김포	6/9	67	3/9	33	602장성	9/10	90	1/10	10
106고양	9/9	100	0/9	0	603담양	9/10	90	1/10	10
107양주	5/8	63	3/8	38	604곡성	8/10	80	2/10	20
108남양	6/9	67	2/9	22	605구례	8/10	80	2/10	20
109가평	6/9	67	3/9	33	606함평	7/9	78	2/9	22
110옹진	7/10	70	1/10	10	607광산	8/9	89	1/9	11
111시흥	7/10	70	2/10	20	608신안	7/10	70	3/10	30
112광주	6/9	67	1/9	11	609무안	9/10	90	1/10	10

82) 백두현(1992 : 150)에서는 영남 문헌어에 반영된 'ㅔ, ㅐ'의 변화 예들을 근거로 ɛ>e가 e>i에 앞서는 변화였음을 추정한 바 있다. ɛ>e가 e>i에 앞서는 변화라고 본 점에 대해서는 수긍이 가나 ɛ가 e로 변화된 것으로 본 점에 대해서는 수긍하기 어렵다. ɛ가 e로 변화된 것이 아님은 이 경우의 e는 i로 변화되지 않음에서도 알 수 있다.

유형 / 군명	ɨy>i		ɨy>ɨ		유형 / 군명	ɨy>i		ɨy>ɨ	
	어사수	비율(%)	어사수	비율(%)		어사수	비율(%)	어사수	비율(%)
113양평	6/9	67	1/9	11	610나주	10/10	100	0/10	0
114화성	6/9	67	1/9	11	611화순	7/10	70	3/10	30
115용인	6/9	67	1/9	11	612승주	7/9	78	2/9	22
116이천	8/10	80	1/10	10	613광양	9/9	100	0/9	0
117여주	6/9	67	0/9	0	614영암	9/10	90	1/10	10
118평택	5/8	63	0/8	0	615진도	9/10	90	0/10	0
119안성	6/9	67	2/9	22	616해남	9/9	100	0/9	0
201철원	7/10	70	0/10	0	617강진	10/10	100	0/10	0
202화천	6/9	67	3/9	33	618장흥	9/9	100	0/9	0
203양구	8/10	80	2/10	20	619보성	7/8	88	1/8	13
204인제	7/10	70	1/10	10	620고흥	8/9	89	1/9	11
205고성	7/10	70	1/10	10	621여천	7/9	78	2/9	22
206춘성	7/9	78	0/9	0	622완도	7/9	78	2/9	22
207홍천	9/10	90	1/10	10	701영풍	9/9	100	0/9	0
208양양	7/9	78	0/9	0	702봉화	10/10	100	0/10	0
209횡성	8/10	80	2/10	20	703울진	8/9	89	0/9	0
210평창	9/10	90	1/10	10	704문경	8/9	89	0/9	0
211명주	10/10	100	0/10	0	705예천	9/9	100	0/9	0
212원성	7/9	78	2/9	22	706안동	10/10	100	0/10	0
213영월	9/9	100	0/9	0	707영양	10/10	100	0/10	0
214정선	9/9	100	0/9	0	708상주	9/9	100	0/9	0
215삼척	10/10	100	0/10	0	709의성	9/9	100	0/9	0
301진천	8/10	80	0/10	0	710청송	9/10	90	0/10	0
302음성	7/10	70	1/10	10	711영덕	9/9	100	0/9	0
303중원	7/10	70	0/10	0	712금릉	10/10	100	0/10	0
304제원	9/10	90	1/10	10	713선산	9/10	90	0/10	0
305단양	8/10	80	2/10	20	714군위	8/10	80	0/10	0
306청원	7/10	70	0/10	0	715영일	10/10	100	0/10	0
307괴산	7/10	70	2/10	20	716성주	10/10	100	0/10	0
308보은	7/10	70	0/10	0	717칠곡	10/10	100	0/10	0
309옥천	8/9	89	1/9	11	718경산	10/10	100	0/10	0
310영동	9/9	100	0/9	0	719영천	10/10	100	0/10	0

군명＼유형	ɨy>i		ɨy>ɨ	
	어사수	비율(%)	어사수	비율(%)
401서산	7/10	70	0/10	0
402당진	7/10	70	0/10	0
403아산	7/10	70	0/10	0
404천원	7/10	70	0/10	0
405예산	6/9	67	0/9	0
406홍성	7/10	70	0/10	0
407청양	7/10	70	0/10	0
408공주	7/10	70	0/10	0
409연기	6/9	67	0/9	0
410보령	7/10	70	0/10	0
411부여	7/10	70	0/10	0
412서천	8/10	80	0/10	0
413논산	7/10	70	3/10	30
414대덕	7/10	70	0/10	0
415금산	6/9	67	3/9	33
501옥구	7/10	70	3/10	30
502익산	7/10	70	3/10	30
503완주	7/10	70	3/10	30
504진안	8/10	80	2/10	20
505무주	8/10	80	2/10	20
506김제	7/10	70	3/10	30
507부안	8/10	80	2/10	20
508정읍	7/10	70	3/10	30
509임실	6/10	60	3/10	30
510장수	9/10	90	1/10	10

군명＼유형	ɨy>i		ɨy>ɨ	
	어사수	비율(%)	어사수	비율(%)
720고령	9/9	100	0/9	0
721달성	10/10	100	0/10	0
722청도	9/10	90	0/10	0
723월성	10/10	100	0/10	0
801거창	9/9	100	0/9	0
802합천	8/9	89	0/9	0
803창녕	10/10	100	0/10	0
804밀양	9/10	90	0/10	0
805울주	10/10	100	0/10	0
806함양	8/9	89	0/9	0
807산청	10/10	100	0/10	0
808의령	9/9	100	0/9	0
809하동	8/9	89	0/9	0
810진양	9/9	100	0/9	0
811함안	9/9	100	0/9	0
812의창	9/9	100	0/9	0
813김해	10/10	100	0/10	0
814양산	9/9	100	0/9	0
815사천	9/9	100	0/9	0
816고성	10/10	100	0/10	0
817남해	8/9	89	0/9	0
818통영	9/10	90	0/10	0
819거제	9/10	90	0/10	0
901북제	7/7	100	0/7	0
902남제	8/8	100	0/8	0

[표 32]에 의거하여 각 지역에서 ɨy>i, ɨy>ɨ 변화가 어느 정도의 빈도로 실현되는지 그 경향을 분석하되, 먼저 ɨy>i의 경우부터 보면 다음과 같다.

ɨy>i의 빈도는 제주(100%)>경북(96.9%)>경남(96.1%)>전남(86.6%)>강원(83.4%)>충북(78.9%)>전북(75.0%)>충남(70.1%)>경기(69.1%)의 순서로 나타나 제

주 지역에서 그 빈도가 가장 높다. 그러므로 ɨy>ɨ의 개신지는 제주 지역이라고 할 수 있을 것이다. 그러나 제주 지역에서 발생한 개신파가 전국적으로 전파되어 간 것으로 보기는 어려우므로 여기서는 경상도 지역을 이 변화의 개신지로 추정하고자 한다.

경상도 지역이 이 변화의 개신지라면 이 개신파는 서쪽으로는 전남북과 충북으로 전파된 다음 다시 충남과 경기도로 전파되고, 북쪽으로는 강원도를 거쳐 경기도로 전파되어 갔을 것으로 추정된다. 그런데 전남의 경우를 다시 보면 경남과 접경한 동부 지역보다는 서남부 해안 지역에서 그 빈도가 더 높음을 볼 수 있다. 그것은 경남북의 해안 지역으로부터 이 지역으로 개신파가 전파되었기 때문인 것으로 보인다([지도 24] 참조).

ɨy>ɨ의 빈도는 전북(24.2%)>경기(16.3%)>전남(13.0%)>강원(9.0%)>충북(7.1%)>충남(4.2%)>경북(0.0%), 경남(0.0%), 제주(0.0%)의 순서로 나타나 전북지역이 가장 높다. 그리고 상대적으로 높은 30%대의 빈도를 보인 군의 수도 전북에서 7/13개 군으로 나타나 경기도의 5/19개 군보다 높은데, 이러한 빈도와 [지도 25]에서의 분포를 동시에 고려하여 이 변화의 개신지를 전북지역으로 추정하고자 한다. 이러한 추정이 가능하다면 다른 도로는 전북지역에서 개신파가 전파되어 갔을 것으로 해석할 수 있다.

그런데 [지도 25]를 다시 보면 경기 북부 지역에서 이 변화가 집중적으로 일어났으나 이 지역과 전북지역의 중간에 위치한 충남북에는 ɨy>ɨ의 변화가 전혀 일어나지 않은 지역들이 많이 있다. 그러므로 전북에서 발생한 개신파가 육로를 통해 경기 북부 지역으로 전파되었으리라고 해석하기에는 어려움이 있다. 그래서 여기서는 전북 서부 지역에서 발생한 개신파가 해로를 통해 경기도 해안 지역으로 전파되었을 것으로 추정하고자 한다.

5.1.3. 요약

중세 혹은 근대 국어의 ay, əy는 현대국어 방언에서 거의 전부 단모음 ɛ, e로 변화되었기 때문에 그들의 개신지가 어디인지를 추정하기는 어렵다. 그러나 ay의 2차적 변화인 ɛ>E와 əy의 2차적 변화인 e>E, e>i의 경우는 그 변화 원인 및 개신지를 추정할 수 있었는데 그것을 요약하면 다음과 같다.

(1) 'ㅐ(ɛ), ㅔ(e)'의 변화에는 세 개의 규칙(ɛ>E, e>E, e>i)이 크게 관여하였다. 그 가운데 ɛ>E는 폐구조음원칙이 그 발생 원인이 되었고, e>E와 e>i는 ɛ>E로 말미암아 e와 E의 간극이 좁혀진 것이 그 발생 원인이 되었을 것으로 추정된다. 그 결과, 일부 지역에서는 e가 E로 하강하고, 일부 지역에서는 오히려 그것이 i로 상승하였다.

(2) ɛ>E와 e>E는 다 같이 그 개신지가 경남지역인데, 거기서 발생한 개신파는 경북과 전남지역으로 전파되었을 것으로 추정된다. 그리고 e>i는 경북의 서부 지역이 제1 개신지, 전남의 서부 해안 지역이 제2 개신지, 경기도의 도서 및 해안 지역이 제3 개신지가 되어 그 주변 지역으로 개신파가 전파되었을 것으로 추정된다.

(3) ɨy>i의 개신지는 경상도 지역으로서 그 개신파는 서쪽으로는 전남북과 충북을 거쳐 충남과 경기도로 전파되고, 북쪽으로는 강원도를 거쳐 경기도로 전파되었을 것으로 추정된다. 그리고 ɨy>i의 개신지는 전북 서부 지역으로서 그 개신파는 남으로는 전남지역으로, 북으로는 경기, 강원, 충북 등지로 전파된 것으로 보인다. 그러나 경남북과 제주 지역으로는 개신파가 전혀 전파되지 않았다.

5.2. 'ㅚ, ㅟ'의 변화

중세국어에서 y계하강이중모음이었던 'ㅚ(oy)'와 'ㅟ(uy)'는 현대국어의 여러 방언에서 그 방언형이 각각 'oy, ö, we, wE, wɛ, wi, ü, i, e, E, ɛ, yə, oi, öy, öi, ei, Ei, o, oɨ'와 'uy, ü, yu, wi, i, we, ö, wE, u, uɨ, E' 등으로 실현되어 다양한 모습을 보인다. 그러나 'ㅚ(oy)'는 현대방언에서 대부분 ö(59.4%)와 we(34.8%)로 실현되고, 'ㅟ(uy)'는 대부분 ü(63.4%)와 wi(32.5%)로 실현되어 단모음화 유형과 상승이중모음화 유형의 둘이 변화의 주류를 이루고 있다. 그래서 기존의 연구에서는 이 두 유형의 발생 과정에 대해서 많은 관심을 기울였는데 그것을 보면 다음과 같다.

최명옥(1982 : 80-85)에서는 월성방언을 통시적으로 고찰하는 자리에서 oy>ö>we, uy>ü>wi의 변화 과정을 제시하였다. 그러나 최전승(1987)에서는 19세기 후기와 현대의 전라, 경상, 평북의 방언 자료를 바탕으로 하여 전라방언의 경우에는 oy>we>ö, uy>wi>ü의 변화 과정을, 경상 및 평북방언의 경우에는 oy>we>e, uy>wi>i의 변화 과정을 상정하여 양자 사이에는 견해의 차이를 보인다.

백두현(1992 : 94-114)에서는 영남 문헌어의 자료를 바탕으로 oy>ö>we, uy>wi의 과정을 상정하였는데 영남방언만을 가지고 보면 oy의 경우는 최명옥(1982 : 80-85)와, uy의 경우는 최전승(1987)과 견해의 일치를 보인다. 한영균(1991)에서는 강원방언을 바탕으로 oy>öy>ö의 과정을 상정하였는데 이것은 oy>ö의 전단계에 y역행동화 과정이 더 있었음을 의미한다.

이상의 견해들을 종합해 보면 대상 방언과 해석 방법의 차이에 따라 oy, uy의 변화 과정을 설명하는 데 견해 차이가 있음을 알 수 있다. 그리고 '하강이중모음(oy, uy)>단모음(ö, ü)>상승이중모음(we, wi)'으로의 변화냐 '하강이중모음(oy, uy)>상승이중모음(we, wi)>단모음(ö, ü)'으로의 변화냐가 주된 논의의 대상이 되었으며 방언에 따라 어느 한 과정이 존재하지 않을 수도 있음을 알 수 있다.

그런데 박종희(1995)에서는 oy, uy가 위와 같은 일련의 변화 과정을 거친 것으로 보지 않고 oy, uy>we, wi와 oy, uy>ö, ü를 분리하여 별개의 변화 과정을 거친 것으로 해석하였다. 즉, 전자는 'ㅔ(əy), ㅐ(ay)'가 단모음화되어 하강이중모음체계가 붕괴되자 구조적 압력을 받아 oy, uy도 뒤 모라로 핵을 이동시켜 상승이중모음 we, wi로 변화된 것으로 해석하였다. 그리고 후자는 '·'의 소멸로 ATR대립체계가 무너지고 모음체계가 재정립되어 그것의 전반부가 공백으로 남게 되자 'ㅔ(əy), ㅐ(ay)'의 전설단모음화(e, ε)에 이어 'ㅟ(uy), ㅚ(oy)'도 전설단모음화(ö, ü)되어 체계적 균형을 유지하게 되었다고 해석하였다.

단모음 ö, ü가 존재하지 않는 방언이 있는 것을 볼 때 'oy, uy>we, wi'와 'oy, uy>ö, ü'를 별개의 변화로 본 박종희(1995)의 견해는 상당한 타당성이 있는 것으로 보인다. 그러나 동일 방언에서 동일한 음이 동일 조건에서 두 유형으로 변화되는 것이 불가능한 일은 아니겠으나 그렇다고 흔히 있을 수 있는 일도 아니라고 생각된다. 방언에 따라 두 유형이 다 나타나는 경우도 있고, 한쪽 유형만 나타나는 경우도 있으며, 두 유형이 다 나타나는 경우에도 방언에 따라 그 빈도에 차이가 있음을 볼 때 이 두 변화는 그 개신지를 달리하고 있는 것은 아닐까 하는 의문을 가지게 한다.

5.2.1. 변화의 실제

5.2.1.1. 'ㅚ'

중세국어에서 어두에 'ㅚ'(oy)를 가졌던 어사들 — 괴-(愛, 훈해 합자), 되(升, 자회 중 : 11), 되-(升, 석보 6 : 35), 되-(强, 월석 10 : 5), 쇠(鐵, 월석 1 : 26), 죄(罪, 두초 23 : 19), 외국(<외방, 번소 10 : 14), 왼손(<왼, 석보 6 : 30), 왼쪽(<왼, 석보 6 : 30), 외

삼촌(유합 상 : 20), 오이(<외, 瓜, 두초 8 : 42) — 의 'ㅚ'가 현대국어의 여러 방언에서는 oy, ö, we, wE, wɛ, wi, ü, i, e, E, oi, öy, öi, ei, Ei, o, oɨ 등의 유형으로 실현됨을 『한국방언자료집』에서 확인할 수 있다. 먼저 어사별로 'ㅚ'(oy)가 바뀌어 실현되는 실태를 보이면 [표 33]과 같은데, 다음에서는 각 유형이 현대국어에 이르는 과정에서 어떠한 변화를 경험했는지 살펴보기로 한다.

〔표 33〕 'ㅚ'(oy)의 변화 유형별 실현 빈도(어사별)

유형 / 어사	oy	ö	we	wE	wɛ	wi	ü	i	e	E	oi	o	öy	x	합계
되		87	7			1		6	10	27					138
되-(升)		88	3	2		1			12	30				2	138
되-(强)		91	3	1		3		20	10	8				2	138
쇠		90	3	10	1	6		6	12	10					138
죄		93	1	4	1	5		3	9	20				2	138
외국	1	87	10	20	1	4		2	5	7				1	138
왼손	5	81	14	12		16	1	1	3	4			1		138
왼쪽	5	81	15	10		16		3	3	5					138
외삼촌		68	11	9		15		2	6	6	1	20			138
오이		50	3	3		7		13	8	8	46				138
합계	11	816	70	71	3	74	1	56	78	125	47	20	1	7	1,380

oy형은 중세국어의 'ㅚ(oy)'가 그대로 유지된 것인데 자음이 선행되지 않는 경우에 유지된 비율이 약간 높음을 보여 준다. ö형은 oy가 단모음화된 것인데, 'ㅚ(oy)'에 선행자음이 없을 때보다 선행자음(전설자음)이 있을 때 단모음화가 다소 빨리 진척된 듯하다.83)

83) 『한국방언자료집』에는 '베(<뵈, 布, 석보 13 : 52)'의 방언형(i(17), e(78), E(29), ɛ(9), yə(4), 기타(1))이 조사되어 있는데, 이 경우에는 ö형이나 we형의 어느 것도 실현되지 않는다. 그러므로 선행자음이 'ㅂ'일 때는 'ㅚ(oy)'가 ö로 단모음화된 다음 다시 비원순모음화 되었다고 해석할 수도 있고, we로 바뀐 다음 다시 w가 탈락되었다고 해석할 수도 있다. 즉, 1단계의 변화를 oy>ö나 oy>(wəy)>we의 어느 것으로도 설명할 수 있으므로 이 경우는 통계의 정확성을 고려하여 [표 33]의 통계표에서 제외하였다.

we형은 oy의 o가 wə로 재음소화되어 oy>wəy로 변화된 다음 다시 əy가 e로 축약되어 wəy>we로 변화된 형태이다. wE, wɛ, wi형은 we의 e가 지역에 따라 e>E/ɛ/i 등으로 변화된 형태이다. 그런데 전국적으로 볼 때 e>E와 같은 모음하강은 흔히 발견되나 e>ɛ와 같은 모음 하강은 다소 특이한 점이 있다. e>ɛ 변화를 경험한 지역에는 강원도의 양구, 인제, 양양과 경북의 의성이 있다. ü형은 wi가 축약된 것이고, i형은 wi에서 w가 탈락된 것이며, e, E형은 각각 we, wE형에서 w가 탈락된 것으로 보인다.

oi형은 oy의 y가 i로 음절화된 것이고, o형은 oy에서 y가 탈락된 것인데, 전자의 음절화나 후자의 탈락은 다 같이 하강이중모음을 회피하는 또 하나의 방법으로 생각된다. öy는 oy가 y의 전설성에 역행동화된 것이다.

이상에서 살펴본 바를 종합해 보면, oy는 그 일차적 변화에서 다섯 유형의 변화가 있었음을 알 수 있다. 그 빈도는 단모음화(oy>ö, 59.4%)>상승이중모음화(oy>we, 34.8%)>음절화(oy>oi, 3.4%)>y탈락(oy>o, 1.5%)>y역행동화(oy>öy, 0.0%)와 같은데, 상승이중모음화에는 we, wE, wɛ, wi, ü, i, e, E 등이 포함된다.

5.2.1.2. 'ᅱ'

중세 혹은 근대 국어에서 어두에 'ㅟ'(uy)를 가졌던 어사들 — 귀(<귀, 석보 6 : 28), 뀌-(<ᄭᅱ-, 마언 하 : 57), 뒤(<뒿, 용가 30), 뒤지-(<뒤지-, 역보 17), 뒤집-(<뒤집-, 역보 29), 뛰-(<ᄠᅱ-, 두초 16 : 2), 튀-(<ᄠᅱ-, 跳, 두초 25 : 19), 쉬-(<쉬-, 법화 2 : 203), 쉰(<쉰, 능엄 2 : 85), 쉬(<쉬, 蠅卵, 동문 하 : 42), 쉽-(<쉽-, 번소 8 : 11), 쥐(<쥐, 용가 88) — 의 'ㅟ'가 현대국어의 여러 방언에서는 uy, ü, wi, i, we, ö, wE, u, E 등의 유형으로 실현됨을 『한국방언자료집』에서 확인할 수 있다. 먼저 어사별로 'ㅟ'(uy)가 바뀌어 실현되는 실태를 보이면 [표 34]와 같은데, 다음에서는 각 유형이 현대국어에 이르는 과정에서 어떠한 변화를 경험했는지 살펴보기로 한다.

〔표 34〕 'ㅟ'(uy)의 변화 유형별 실현 빈도(어사별)

어사 \ 유형	uy	ü	wi	i	ö	u	E	we	wE	x	합계
귀	6	77	30	25							138
뀌-	1	79	11	35		10		2			138
뒤		83	24	30				1			138
뒤지-		85	3	40		9				1	138
뒤집-		81	6	39		10				2	138
뛰-		91	4	41		1	1				138
튀-		89	7	41					1		138
쉬-		88	7	42		1					138
쉰		84	11	42						1	138
쉬		89	14	24	2	1		2		6	138
쉽-		77	7	19		19				16	138
쥐		90	15	31						2	138
합계	7	1,013	139	409	2	51	1	5	1	28	1,656

uy형은 중세국어의 하강이중모음이 그대로 유지된 것이다. uy에 모음이 선행된 예가 발견되지 않아 자음의 유무가 그 변화에 영향을 미쳤는지는 알 수 없으나 자음 중에서는 연구개자음이 선행된 경우에 uy형이 더 많이 나타남을 볼 수 있다. ü형은 uy가 단모음화된 것인데, 'ㅟ'의 선행자음이 경구개자음일 때가 연구개자음일 때보다 그 단모음화가 더 빨리 진행된 듯하다. wi형은 uy가 재음소화(u>wɨ)로 wɨy가 된 다음 다시 ɨy가 i로 축약된 것이고, i형은 wi에서 w가 탈락된 것이다.

we형은 체언인 '뒤, 쉬'의 경우와 용언 어간 '뀌-'의 경우를 구분할 필요가 있다. 전자의 경우는 e>i에 대한 과도교정으로 앞의 wi의 i가 e로 바뀌어 we가 된 것이다(uy>wɨy>wi>we). 그리고 후자의 경우는 용언 어간 '뀌-'에 어미 '어'가 결합되면 '뀌+어(uy+ə) → 뀌여(uyyə)>꾸여(uyə)>꾸에(ue)>꿰(we)'와 같이 바뀌는데 마지막 단계의 we가 어간으로 재구성된 것이다. 이것은 다시 e>E 변화에 의해 wE로 실현되기도 한다.

ö는 앞의 we가 다시 단모음화된 것이고(uy>wɨy>wi>we>ö), u는 uy에서 y가 탈락된 것이다. E는 '뛰다'의 울진 방언형인데, 이것은 앞의 wE에서 w가 탈락된 것이다.

이상에서 살펴본 바를 종합해 보면, uy는 그 일차적 변화에서 무변화의 경우를 포함하여 네 유형의 변화가 있었음을 알 수 있다. 그 빈도는 단모음화(uy>ü, 62.2%)>상승이중모음화(uy>wi, 34.0%)>y탈락(uy>u, 3.4%)>무변화(uy>uy, 0.4%)와 같은데, 상승이중모음화형에는 wi, i, ö형과 we형(명사)이 포함되고, y탈락형에는 u, wE, E형과 we형(동사)이 포함된다.

5.2.2. 규칙의 전개 양상

oy는 그 일차적 변화에서 무변화형을 포함하여 여섯 유형의 변화, 즉 무변화형(oy), 단모음화형(oy>ö), 상승이중모음화형(oy>we), 성절음화형(oy>oi), y탈락형(oy>o), y역행동화형(oy>öy) 등의 변화가 있었음을 앞에서 보았다. 이들 중 무변화형과 y탈락형은 주로 충남 지역에서 실현되고, y역행동화형 역시 충남 당진에서만 실현되는데 그 비율은 각각 0.8%, 1.5%, 0.1%로서 매우 낮다. 그리고 성절음화형은 주로 중부 지역(경기, 강원, 충남북)에서 발견되는데 이 역시 그 비율은 3.4%에 지나지 않는다.

oy의 일차적 변화에서 주류를 이루는 변화는 단모음화(oy>ö)와 상승이중모음화(oy>we)인데, 이 두 변화(규칙)는 y계하향이중모음을 회피하기 위한 공모규칙의 성격을 지니고 있다. 두 변화가 차지하는 비율은 각각 59.1%, 35.1%에 이른다. 다음에서는 이 두 변화가 전국 138개 군(울릉군 제외)에서 실현되는 빈도를 조사하여 단모음화와 상승이중모음화의 개신지와 그 전파 과정을 살펴보기로 한다. 양자의 빈도를 먼저 보이면 다음의 [표 35]와 같다.

〔표 35〕 'ㅚ'(oy)의 변화 유형별 실현 빈도(지역별)

유형 / 군명	oy〉ö		oy〉we		유형 / 군명	oy〉ö		oy〉we	
	어사수	비율(%)	어사수	비율(%)		어사수	비율(%)	어사수	비율(%)
101연천	8/10	80	1/10	10	511고창	10/10	100	0/10	0
102파주	2/10	20	7/10	70	512순창	10/10	100	0/10	0
103포천	6/10	60	3/10	30	513남원	10/10	100	0/10	0
104강화	5/10	50	3/10	30	601영광	10/10	100	0/10	0
105김포	7/10	70	1/10	10	602장성	10/10	100	0/10	0
106고양	1/10	10	8/10	80	603담양	10/10	100	0/10	0
107양주	8/10	80	1/10	10	604곡성	10/10	100	0/10	0
108남양	6/10	60	3/10	30	605구례	10/10	100	0/10	0
109가평	9/10	90	0/10	0	606함평	10/10	100	0/10	0
110옹진	9/10	90	0/10	0	607광산	10/10	100	0/10	0
111시흥	7/10	70	2/10	20	608신안	10/10	100	0/10	0
112광주	5/10	50	3/10	30	609무안	10/10	100	0/10	0
113양평	5/10	50	4/10	40	610나주	10/10	100	0/10	0
114화성	9/10	90	0/10	0	611화순	10/10	100	0/10	0
115용인	9/10	90	0/10	0	612승주	10/10	100	0/10	0
116이천	7/10	70	2/10	20	613광양	10/10	100	0/10	0
117여주	9/10	90	0/10	0	614영암	10/10	100	0/10	0
118평택	9/10	90	0/10	0	615진도	9/10	90	1/10	10
119안성	9/10	90	0/10	0	616해남	10/10	100	0/10	0
201철원	9/10	90	0/10	0	617강진	10/10	100	0/10	0
202화천	9/10	90	0/10	0	618장흥	10/10	100	0/10	0
203양구	10/10	100	0/10	0	619보성	10/10	100	0/10	0
204인제	10/10	100	0/10	0	620고흥	10/10	100	0/10	0
205고성	10/10	100	0/10	0	621여천	10/10	100	0/10	0
206춘성	9/10	90	0/10	0	622완도	10/10	100	0/10	0
207홍천	10/10	100	0/10	0	701영풍	0/10	0	10/10	100
208양양	9/10	90	1/10	10	702봉화	0/10	0	10/10	100
209횡성	10/10	100	0/10	0	703울진	0/10	0	10/10	100
210평창	10/10	100	0/10	0	704문경	0/10	0	10/10	100
211명주	10/10	100	0/10	0	705예천	0/10	0	10/10	100
212원성	10/10	100	0/10	0	706안동	0/10	0	10/10	100

군명＼유형	oy>ö		oy>we		군명＼유형	oy>ö		oy>we	
	어사수	비율(%)	어사수	비율(%)		어사수	비율(%)	어사수	비율(%)
213영월	10/10	100	0/10	0	707영양	0/10	0	10/10	100
214정선	10/10	100	0/10	0	708상주	0/10	0	10/10	100
215삼척	10/10	100	0/10	0	709의성	0/10	0	10/10	100
301진천	8/10	80	0/10	0	710청송	0/10	0	10/10	100
302음성	9/10	90	0/10	0	711영덕	0/10	0	10/10	100
303중원	9/10	90	0/10	0	712금릉	0/10	0	10/10	100
304제원	9/10	90	0/10	0	713선산	0/10	0	10/10	100
305단양	1/10	10	8/10	80	714군위	0/10	0	10/10	100
306청원	9/10	90	0/10	0	715영일	0/10	0	10/10	100
307괴산	9/10	90	0/10	0	716성주	0/10	0	10/10	100
308보은	10/10	100	0/10	0	717칠곡	0/10	0	10/10	100
309옥천	10/10	100	0/10	0	718경산	0/10	0	10/10	100
310영동	8/10	80	0/10	0	719영천	0/10	0	10/10	100
401서산	7/10	70	1/10	10	720고령	0/10	0	10/10	100
402당진	7/10	70	0/10	0	721달성	0/10	0	10/10	100
403아산	8/10	80	0/10	0	722청도	0/10	0	10/10	100
404천원	8/10	80	0/10	0	723월성	0/10	0	10/10	100
405예산	7/10	70	1/10	10	801거창	2/10	20	8/10	80
406홍성	8/10	80	0/10	0	802합천	0/10	0	10/10	100
407청양	4/10	40	2/10	20	803창녕	0/10	0	10/10	100
408공주	8/10	80	0/10	0	804밀양	0/10	0	10/10	100
409연기	8/10	80	0/10	0	805울주	0/10	0	10/10	100
410보령	5/10	50	1/10	10	806함양	0/10	0	10/10	100
411부여	8/10	80	0/10	0	807산청	0/10	0	10/10	100
412서천	7/10	70	0/10	0	808의령	0/10	0	10/10	100
413논산	6/10	60	0/10	0	809하동	4/10	40	6/10	60
414대덕	6/10	60	0/10	0	810진양	0/10	0	10/10	100
415금산	7/10	70	0/10	0	811함안	2/10	20	8/10	80
501옥구	10/10	100	0/10	0	812의창	0/10	0	10/10	100
502익산	9/10	90	0/10	0	813김해	0/10	0	10/10	100
503완주	9/10	90	1/10	10	814양산	0/10	0	10/10	100
504진안	10/10	100	0/10	0	815사천	0/10	0	10/10	100

유형 / 군명	oy〉ö		oy〉we		유형 / 군명	oy〉ö		oy〉we	
	어사수	비율(%)	어사수	비율(%)		어사수	비율(%)	어사수	비율(%)
505무주	10/10	100	0/10	0	816고성	0/10	0	10/10	100
506김제	10/10	100	0/10	0	817남해	0/10	0	10/10	100
507부안	10/10	100	0/10	0	818통영	0/10	0	9/10	90
508정읍	9/10	90	0/10	0	819거제	0/10	0	10/10	100
509임실	10/10	100	0/10	0	901북제	0/6	0	6/6	100
510장수	10/10	100	0/10	0	902남제	0/7	0	7/7	100

[표 35]에 의하면 oy>ö의 빈도가 전남(99.6%)>전북(97.7%)>강원(97.3%)>충북(82.0%)>충남(69.3%)>경기(68.4%)>경남(4.2%)>경북(0.0%), 제주(0.0%)의 순서로 되어 전남북과 강원 지역의 빈도가 월등히 높음을 알 수 있다. 그러므로 oy>ö의 개신지는 이들 지역 중의 어느 한 지역이라고 할 수 있을 것이다. 그런데 전남의 경우는 21/22개 군에서, 전북의 경우는 10/13개 군에서, 강원도의 경우는 11/15개 군에서 100%의 빈도를 보이므로 개신의 중심지는 전남지역으로 압축되고 전북지역에는 전남에서 발생한 개신파가 전파되었을 것으로 해석할 수 있다.

그러나 강원도의 경우에는 전남지역에서 발생한 개신파가 충남이나 충북을 거쳐 전파된 것으로 보기가 어렵다. 그 이유는 전북과 강원도 사이에 80~90%대의 띠가 양 지역을 갈라놓기 때문이다. 그래서 여기서는 강원도 지역을 oy>ö의 제2 개신지로 추정하고자 한다.

그렇다면, 전남에서 발생한 제1 개신파는 전북을 거쳐 충남북으로 전파되고 이것이 다시 경기도로 전파되었을 것으로 해석되고, 강원도에서 발생한 제2 개신파는 경기도와 충남 지역으로 전파되었을 것으로 해석된다. 그리고 제1 개신파는 경남의 거창, 하동, 함안으로도 산발적으로 전파되었으나 그 빈도는 매우 미약하다. 경북지역으로는 제1 개신파도 제2 개신파도 전혀 전파되지 않았다([지도 26] 참조).

oy>we의 빈도는 경북(100%), 제주(100%)>경남(95.3%)>경기(20.0%)>충북(8.0%)>충남(3.3%)>전북(0.8%)>강원(0.7%)>전남(0.5%)의 순서로 되어 경북, 제주, 경남지역의 빈도가 월등히 높음을 알 수 있다. 그러므로 oy>we의 개신지는 이들 지역 중의 어느 한 지역이라고 할 수 있겠으나 제주 지역이 개신의 중심지가 되었다고 보기는 어려울 것이다. 그렇다면 영남지역이 개신지가 되었다고 할 수 있는데, 그 중에서도 경북의 경우는 23/23개 군에서, 경남의 경우는 15/19개 군에서 100%의 빈도를 보이므로 개신의 중심지는 경북지역이었을 것으로 판단된다.

경북지역에서 발생한 개신파는 가장 먼저 경남지역으로 전파된 것으로 해석되는데 거기서는 경북지역에 버금 갈 정도의 높은 빈도로 실현된다. 그러나 여타의 도에서는 경기도를 제외하고는 극히 소수의 지역에만 개신파가 전파되어 이 변화는 영남지역을 중심으로 발달되었음을 알 수 있다.

그런데 충북 단양의 경우는 80%의 빈도를 가지는데 그것은 이 지역과 접경한 경북의 영풍, 예천, 문경이 모두 100%의 빈도를 지님을 볼 때 이들 지역의 영향을 받은 것으로 해석된다. 그리고 경기도의 경우에는 20%의 빈도로 영남과 제주를 제외한 지역 중에서 가장 높은 빈도를 보이는데, 이것은 인접지역 확산(neighbourhood diffusion)이 아닌 건너뛰기 확산(jumping diffusion)에 의한 전파로 해석된다([지도 27] 참조).

uy는 그 일차적 변화에서 무변화형을 포함하여 네 유형의 변화, 즉 무변화형(uy), 단모음화형(uy>ö), 상승이중모음화형(uy>wi), y탈락형(uy>u) 등의 변화가 있었음을 앞에서 보았다. 이들 중 무변화형은 충남북에서만 실현되고, y탈락형은 충남북을 비롯하여 여타의 도에서도 실현되나 전북에서는 전혀 실현되지 않는다. 전후자의 전국적 빈도는 각각 0.4%, 3.4%로서 매우 낮다.

uy의 일차적 변화에서 주류를 이루는 변화는 단모음화(uy>ü)와 상승이중모음화(uy>wi)인데, 이 두 변화(규칙)은 y계하향이중모음을 회피하기 위한 공보규칙의 성격을 지니고 있다. 두 변화가 차지하는 비율은 각각 62.2%,

34.0%에 이른다. 다음에서는 이 두 변화가 전국 138개 군(울릉군 제외)에서 실현되는 빈도를 조사하여 단모음화와 상승이중모음화의 개신지와 그 전파 과정을 살펴보기로 한다. 양자의 빈도를 먼저 보이면 다음의 [표 36]과 같다.

〔표 36〕 'ㅟ'(uy)의 변화 유형별 실현 빈도(지역별)

유형 / 군명	uy〉ü		uy〉wi		유형 / 군명	uy〉ü		uy〉wi	
	어사수	비율(%)	어사수	비율(%)		어사수	비율(%)	어사수	비율(%)
101연천	12/12	100	0/12	0	511고창	12/12	100	0/12	0
102파주	10/12	83	2/12	17	512순창	12/12	100	0/12	0
103포천	11/12	92	1/12	8	513남원	12/12	100	0/12	0
104강화	11/12	92	1/12	8	601영광	11/11	100	0/11	0
105김포	12/12	100	0/12	0	602장성	11/11	100	0/11	0
106고양	8/12	67	4/12	33	603담양	11/11	100	0/11	0
107양주	9/12	75	2/12	17	604곡성	12/12	100	0/12	0
108남양	12/12	100	0/12	0	605구례	12/12	100	0/12	0
109가평	12/12	100	0/12	0	606함평	12/12	100	0/12	0
110옹진	12/12	100	0/12	0	607광산	11/11	100	0/11	0
111시흥	11/11	100	0/11	0	608신안	10/11	91	1/11	9
112광주	11/12	92	1/12	8	609무안	10/11	91	0/11	0
113양평	12/12	100	0/12	0	610나주	11/11	100	0/11	0
114화성	11/12	92	1/12	8	611화순	12/12	100	0/12	0
115용인	11/12	92	1/12	8	612승주	12/12	100	0/12	0
116이천	10/12	83	0/12	0	613광양	12/12	100	0/12	0
117여주	9/12	75	1/12	8	614영암	10/11	91	1/11	9
118평택	11/12	92	0/12	0	615진도	11/11	100	0/11	0
119안성	11/12	92	0/12	0	616해남	12/12	100	0/12	0
201철원	11/12	92	1/12	8	617강진	10/10	100	0/10	0
202화천	8/12	67	2/12	17	618장흥	11/11	100	0/11	0
203양구	11/12	92	0/12	0	619보성	11/11	100	0/11	0
204인제	12/12	100	0/12	0	620고흥	12/12	100	0/12	0
205고성	11/12	92	1/12	8	621여천	11/11	100	0/11	0
206춘성	12/12	100	0/12	0	622완도	11/11	100	0/11	0
207홍천	12/12	100	0/12	0	701영풍	0/12	0	11/12	92

유형 / 군명	uy〉ü		uy〉wi	
	어사수	비율(%)	어사수	비율(%)
208양양	12/12	100	0/12	0
209횡성	12/12	100	0/12	0
210평창	12/12	100	0/12	0
211명주	12/12	100	0/12	0
212원성	12/12	100	0/12	0
213영월	9/12	75	2/12	17
214정선	11/12	92	0/12	0
215삼척	11/12	92	0/12	0
301진천	11/12	92	0/12	0
302음성	9/12	75	0/12	0
303중원	11/12	92	1/12	8
304제원	9/12	75	3/12	25
305단양	1/12	8	11/12	92
306청원	9/12	75	0/12	0
307괴산	11/12	92	0/12	0
308보은	12/12	100	0/12	0
309옥천	10/12	83	0/12	0
310영동	8/12	67	4/12	33
401서산	9/12	75	3/12	25
402당진	12/12	100	0/12	0
403아산	10/12	83	2/12	17
404천원	8/12	67	2/12	17
405예산	10/12	83	2/12	17
406홍성	5/12	42	5/12	42
407청양	8/12	67	3/12	25
408공주	11/12	92	0/12	0
409연기	5/12	42	5/12	42
410보령	9/12	75	3/12	25
411부여	12/12	100	0/12	0
412서천	7/12	58	2/12	17
413논산	9/12	75	3/12	25
414대덕	11/12	92	0/12	0

유형 / 군명	uy〉ü		uy〉wi	
	어사수	비율(%)	어사수	비율(%)
702봉화	0/12	0	10/12	83
703울진	1/11	9	8/11	73
704문경	0/12	0	12/12	100
705예천	0/11	0	11/11	100
706안동	0/12	0	11/12	92
707영양	0/12	0	11/12	92
708상주	0/12	0	12/12	100
709의성	1/12	8	11/12	92
710청송	0/12	0	11/12	92
711영덕	0/12	0	11/12	92
712금릉	0/12	0	12/12	100
713선산	0/11	0	11/11	100
714군위	0/12	0	11/12	92
715영일	0/12	0	12/12	100
716성주	0/12	0	12/12	100
717칠곡	0/12	0	12/12	100
718경산	0/12	0	12/12	100
719영천	0/12	0	11/12	92
720고령	0/12	0	12/12	100
721달성	0/11	0	11/11	100
722청도	0/12	0	11/12	92
723월성	0/12	0	12/12	100
801거창	1/12	8	11/12	92
802합천	0/11	0	11/11	100
803창녕	0/12	0	11/12	92
804밀양	0/12	0	12/12	100
805울주	0/12	0	12/12	100
806함양	0/12	0	12/12	100
807산청	0/12	0	12/12	100
808의령	0/12	0	11/12	92
809하동	7/12	58	3/12	25
810진양	0/11	0	10/11	91

유형 / 군명	uy>ü		uy>wi		유형 / 군명	uy>ü		uy>wi	
	어사수	비율(%)	어사수	비율(%)		어사수	비율(%)	어사수	비율(%)
415금산	10/12	83	2/12	17	811함안	0/12	0	12/12	100
501옥구	12/12	100	0/12	0	812의창	0/11	0	10/11	91
502익산	12/12	100	0/12	0	813김해	0/11	0	10/11	91
503완주	12/12	100	0/12	0	814양산	0/12	0	11/12	92
504진안	12/12	100	0/12	0	815사천	0/11	0	10/11	91
505무주	12/12	100	0/12	0	816고성	0/11	0	10/11	91
506김제	12/12	100	0/12	0	817남해	0/12	0	11/12	92
507부안	12/12	100	0/12	0	818통영	0/12	0	11/12	92
508정읍	12/12	100	0/12	0	819거제	0/12	0	11/12	92
509임실	12/12	100	0/12	0	901북제	0/11	0	11/11	100
510장수	12/12	100	0/12	0	902남제	0/11	0	10/11	91

[표 36]에 의하면 uy>ü의 빈도가 전북(100%)>전남(98.8%)>강원(93.5%)>경기(90.9%)>충북(75.9%)>충남(75.6%)>경남(3.5%)>경북(0.7%)>제주(0.0%)의 순서로 되어 전북지역에서는 모든 지역에서 uy>ü가 완성되었다. 그러므로 이 변화의 개신지는 전북지역으로 보아도 무리는 없을 것으로 생각된다. 그러면 이 개신파는 남쪽으로는 전남지역을 거쳐 경남의 일부 지역으로, 북쪽으로는 충남북을 거쳐 경기도로 전파되어 갔을 것으로 해석된다.

그런데 앞의 oy>ö의 경우에서도 본 바와 같이 강원도의 경우에는 전남지역에서 발생한 uy>ü 개신파가 충남이나 충북을 거쳐 전파된 것으로 보기가 어렵다. 그 이유는 전북과 강원도 사이에 60~90%대의 띠가 양 지역을 갈라놓기 때문이다. 그래서 여기서는 강원도 지역을 uy>ü의 제2 개신지로 추정하고 이 지역에서 발생한 개신파도 경기도 및 충북 지역으로 전파되어 갔을 것으로 해석하고자 한다([지도 28] 참조).

uy>wi의 빈도는 제주(95.5%)>경북(95.0%)>경남(90.7%)>충남(17.9%)>충북(15.8%)>경기(6.1%)>강원(3.3%)>전남(0.8%)>전북(0.0%)>의 순서로 되어 제주와 경남북의 빈도가 월등히 높음을 알 수 있다. 그러므로 uy>wi의 개신지는 이들 지역 중의 어느 한 지역이라고 할 수 있겠으나 제주 지역이 개신의 중심지가 되었다고 보기는 어려울 것이다. 그렇다면 영남지역이 개신지가 되었다고 할 수 있는데, 그 중에서도 경북의 경우는 12/23개 군에서, 경남의 경우는 6/19개 군에서 100%의 빈도를 보이므로 개신의 중심지는 경북지역이었을 것으로 판단된다.

경북지역에서 발생한 개신파는 주로 경남지역으로 전파된 것으로 해석되는데 그 빈도는 경북지역에 버금 갈 정도로 높다. 그러나 여타의 도에서는 충남북에서 10%대의 빈도를 보인 것 이외에는 그 빈도가 매우 낮다([지도 29] 참조).

앞에서 고찰한 바를 종합하면, 단모음화 oy>ö의 개신지는 전남(제1개신지)과 강원도(제2개신지)이고, uy>ü의 개신지는 전북(제1개신지)과 강원도(제2개신지)임을 알 수 있다. 그리고 상승이중모음화(oy>we, uy>wi)는 두 변화 모두 그 개신지가 경북지역임을 알 수 있다. 그렇다면 경북 이외의 지역에서 상승이중모음화를 경험한 어사들은 경북지역에서 전파된 개신파의 영향에 의한 것이고, 전라도나 강원도 이외의 지역에서 단모음화를 경험한 어사들은 전라도나 강원도 지역에서 전파된 개신파의 영향에 의한 것이라고 할 수 있다.[84]

다음에서는 단모음화는 전라도 지역에서 주로 발생하고 상승이중모음화는 경상도 지역에서 주로 발생한 원인이 무엇인지에 대해 살펴보기로 한다.

15세기 국어의 모음체계는 설축과 구축의 대립체계였던 것으로 해석된다([그림 12] 참조). 그러나 그 뒤 ʌ의 소멸로 인해 18세기에는 설위(고저, 전후) 및 원평의 대립체계로 모음체계가 재구성되자([그림 13] 참조), 후설모음 ə와 a에 대립되는 전설모음 e와 ɛ가 əy와 ay의 단모음화에 의해 형성되었던 것으로

84) 최전승(1987 : 43)에서는 경상방언에서 단모음 ö는 존재한 적이 없고 'ㅚ'가 [we, wɛ]로 실현되는 것은 oy>we의 결과로 보았다. 그러나 백두현(1992 : 105)에서는 小倉進平(1944 : 301)의 자료에 근거하여 이 방언에서 ö가 존재하였으며 이 ö가 다시 we, e, wɛ 등으로 바뀐 것으로 보았다.

해석된다([그림 14] 참조). 그리고 비영남지역에서는 그 뒤를 이어 후설원순모음 u, o에 대립되는 전설원순모음 ü(<uy), ö(<oy)도 모음체계에 자리 잡아 [그림 15]와 같은 안정된 체계가 형성되었던 것으로 해석된다.

그러나 영남지역에서는 ü(<uy), ö(<oy)의 개신파가 전파되기 전에 e와 ɛ가 E로 합류됨으로써 i : ü=e : ö의 대립관계가 i : ü=E : ö의 대립관계로 바뀌는 체계적 변화로 말미암아 [그림 14]의 체계에서 발달한 uy>ü, oy>ö 변화가 [그림 16]의 체계에서는 수용되기에 어려움이 있었던 것으로 해석된다.

비록 단모음화는 수용하기 어려웠으나 국어에서 y계 하강이중모음이 소멸되어 가는 추세에 따라 경상도 방언에서는 uy, oy의 u, o가 재음소화에 의해 wɨy, wəy가 된 다음 다시 ɨy, əy의 단모음화에 의해 wi, we가 나타나게 된 것으로 해석된다. 그러나 지역에 따라서는 일부 어사에서 uy>ü, oy>ö 변화를 경험한 어사가 발견되기도 하는데, 그 이유는 e・ɛ>E 합류와 uy>ü, oy>ö 변화와의 상대적인 시기의 차이와 관련이 있는 것으로 이해된다.

i u	i ɨ u	i ɨ u	i ü ɨ u	i Ǝ u
ɨ o 〉	ə o 〉	e ə o 〉	e ö ə o 〉	E a o
ə ʌ	a	ɛ a	ɛ a	
a				
〔그림 12〕	〔그림 13〕	〔그림 14〕	〔그림 15〕	〔그림 16〕

5.2.3. 요약

중세 혹은 근대 국어의 oy, uy는 현대국어 방언에서 단모음화(ö, ü) 되거나 상승이중모음화(we, wi) 되었는데, 그 변화 원인 및 개신지는 다음과 같이 추정된다.

(1) əy, ay의 단모음화에 의해 e, ɛ가 전설평순모음에 자리 잡자 비영남지역에서는 그 뒤를 이어 uy, oy도 전설원순모음 ü, ö로 변화되어 모음체계의

안정을 취하게 된 것으로 해석된다. 그러나 영남지역에서는 e와 ε가 E로 합류됨으로써 i : ü=e : ö의 대립관계가 i : ü=E : ö의 대립관계로 바뀌는 체계적 변화로 말미암아 uy>ü, oy>ö로의 변화를 수용하지 못하고 상승이중모음 wi, we로 변화된 것으로 해석된다.

(2) 단모음화(oy>ö, uy>ü)의 개신지는 전라도 지역(제1 개신지)과 강원도 지역(제2 개신지)이고, 상승이중모음화(oy>we, uy>wi)의 개신지는 경북지역이었을 것으로 추정된다. 그리고 동일 지역에서 양자의 형태가 공존하는 경우는 두 개의 개신파가 상호 경쟁하였기 때문인 것으로 해석된다.

6. w계 중모음의 변화

15세기 국어의 w계 중모음에는 wə, wa, wəy, way 등이 있었던 것으로 추정되나(허웅 1985 : 403), 현대국어 표준어에는 wi, we, wɛ, wə, wa의 다섯이 있다. 그러므로 중세국어 이후 현대국어에 이르는 과정에서 wi가 이중모음으로 자리 잡고[85] wəy, way는 əy, ay의 단모음화에[86] 의해 w계 삼중모음이 w계 이중모음으로 변화되었음을 알 수 있다.[87]

그러나 지역에 따라서는 w계 이중모음의 변화에 상당한 차이가 있는데 그것을 전국적인 관점에서 비교, 대조한 연구는 별로 발견되지 않는다. 다만, 하위 지역어 단위로 그들이 어떻게 변화되었는지에 대한 간략한 언급들

85) 이기문(1972b : 127)과 최세화1976 : 77))에서는 w계 상향이중모음에 wa, wə, wi의 셋을 인정하고 wi가 인정되는 근거로 βi>wi('더ᄫᅵ>더위')의 변화와 부동사어미 '-디ᄫᅵ>-디위, -디외, -디웨'의 변화를 들고 있다. 그러나 전자의 경우는 15세기의 명사형어미가 'ᄋᆡ/의'인 점을 고려하면 '*더ᄫᅴ>더ᄫᅱ(석보 9 : 9)>더위(təuy)>더위(təwi)'의 과정을 상정할 수 있고, 후자의 경우처럼 'ᄫᅵ'를 가졌던 어사들이 현대국어에서 'wi'로 실현되는 예가 발견되지 않는 점으로 미루어 'ᄫᅵ'가 wi로 발달된 경우는 없었던 것으로 보고자 한다.

86) əy, ay의 단모음화에 대해서는 주 32) 참고

87) 15세기 국어의 y계 이중모음 oy(ㅚ)를 가졌던 어사의 59.4%는 ö로, 34.8%는 we로 변화되었으며, uy(ㅟ)를 가졌던 어사의 62.2%는 ü로, 34.0%는 wi로 변화되었다. 그러므로 이 경우의 we, wi도 w계 이중모음의 변화에 포함 시켜야 하겠으나 전국적 분포가 너무 치우쳐 있어 여기서는 제외하였다(5.2.1.1.~5.2.1.2. 참조).

은 많이 볼 수 있다.

먼저 경북방언과 관련된 논문들에 나타난 학자들의 견해를 보면 다음과 같다.

최명옥(1980 : 157-158, 영덕), 권재선(1981, 청도), 백두현(1982a : 11, 금릉), 민원식(1982 : 26, 문경), 이시진(1986 : 19-21, 문경), 이동화(1984b : 9, 안동), 서보월(1984 : 23, 안동), 조신애(1985 : 11-12, 안동), 최임식(1994 : 245-249, 안동), 정철(1991 : 36, 의성), 신승원(1996 : 40, 의성)에서는 w계 이중모음에 wi, wɛ[wE], wə[wㅋ], wa가 있으나, 이들은 모두 자음이 선행되지 않을 때만 실현된다고 한다.

이동화(1984a : 3-4, 고령)에서는 자음이 선행되지 않거나 어두에 k나 h가 오는 제한된 환경에서만 wi, wɛ, wə, wa가 실현된다고 한다. 그러나 백두현(1985 : 89, 상주 화북)에서는 wa, wə, wɛ, we, wi가 실현되어 다른 지역과 차이가 있음을 보고하였다.

최명옥(1982 : 23, 80-85, 월성)에서는 w계 이중모음 체계의 변화를 3기로 나누어, 제1기 : wə, wa, 제2기 : wi, we, wɛ, wə, wa, 제3기 : wi, wɛ, wɜ, wa로 구분하고, 제2기에서 제3기로의 변화를 w탈락에 의한 변화(wi, we, wɛ, wa>i, e, ɛ, a)와 축약에 의한 변화(wə>o)의 둘로 구분하였다. 그러나 일부 어사들에서는 이 두 규칙이 적용되지 않는 경우가 있음을 지적하였다.

다음에서는 경남방언과 관련된 논문들에 나타난 학자들의 견해를 보기로 한다.

김영송(1974)에서는 경남방언 전체로 볼 때는 w계 이중모음에 '와, (워), (왜), (위)'가 있으나 w는 어두 이외의 위치에서는 매우 불안정하다고 한다. 그러나 김택구(1991 : 42)에서는 경남 전역에서 wɜ, wa만을 인정하며, 박정수(1993 : 17)에서는 wa만을 인정한다.

김재문(1977 : 20-21)에서는 서부경남(거창, 함양, 산청, 하동, 남해, 사천, 고성, 진양, 합천)방언에는 wə, wa가 있는데, 이는 선행자음이 없을 경우에만 실현된다고 한다. 그리고 박명순(1982 : 16, 거창)에서는 w계 이중모음에 wi, wE, wə/wƎ, wa 등이 있으나 자음 뒤에서는 w가 탈락된다고 한다. 그러나 한자어에서는 wƎ가 그대로 실현된다고 한다.

성인출(1984 : 7-10, 창녕)에서는 wə, wa가 실현되고, 문곤섭(1980 : 34, 창녕)에서는 자음이 선행되지 않는 경우에만 wi, wE, wƎ, wa 등이 실현된다고 한다. 이에 비해 정영주(1987 : 451-461, 창녕)에서는 w계 이중모음이 wɛ>ɛ(e), wa>a, wə>ə(o), we>e(i) 등으로 변화되었다고 한다.

구현옥(1998 : 44, 함안)에서는 wƎ, wa가 있는데 이들은 자음이 선행되지 않을 때 실현된다고 한다. 전광현(1979 : 17-19, 함양)에서는 어두의 비자음음절에 한하여 wa, wə, wɛ가 실현되고, 이영길(1976 : 34-36, 진주, 진양)에서는 w계 이중모음이 wi>u(i), we>e, wɛ>ɛ, wa>a 등으로 변화되었음을 지적하고 있다.

이광호(1978 : 177, 진주)에서는 wi, wə, wa가 있으나 자음이 선행되면 w가 탈락되고 그렇지 않을 때는 w의 실현이 임의적이라고 한다. 그러나 곽창석(1986 : 7, 진주)에서는 wa, wƎ만 실현되는 것으로 보고 있다. 정영주(1985 : 293-296, 진양)에서는 wə, wɛ, wa가 각각 ə(o), ɛ, a로 변화되었다고 한다.

김영송(1973 : 104, 김해), 박지홍(1975 : 184, 양산), 배병인(1983 : 54, 산청)에서는 wa만이 실현되는 것으로 본다. 정연찬(1968 : 64, 고성, 통영)에서는 w와 다른 모음이 결합될 때 we, wɛ, wə, wa 등이 실현되나 어사에 따라 w가 매우 약화된다고 한다.

박창원(1983 : 78-79, 고성)에서는 w계 이중모음체계에 wə, wa가 있는데, 이들은 wi, wə, wa>wi, (wɛ), wə, wa>wi, we, wɛ, wə, wa>(we), (wɛ), wə, wa>wə, wa의 과정을 거쳐 발달해 온 것으로 보고 있다. 그러나 최중호(1984 : 22-26, 고성)에서는 자음이 선행되지 않을 때는 we, wɛ, wə, wa 등이 실현되는데, 앞의 둘에서는 w가 임의적으로 탈락된다고 본다.

유구상(197ɔ : 55-56, 남해)에서는 we, wɛ, wa가 환경에 관계없이 e, ɛ, a로 바뀐다고 하는 데 비해, 김형주(1983 : 47)와 류영남(1982 : 10)은 wa가 실현되는 것으로 보고 있다. 정정덕(1982 : 4, 거제)에서는 w가 음소로 설정되기 어려움을 지적하고, w계 이중모음은 거의 다 단모음화 하였다고 한다.

다음에서는 경남북 이외 지역의 방언과 관련된 논문들에 나타난 학자들의 견해를 보기로 한다.

조성귀(1983 : 270, 충북 옥천)와 김충회(1985 : 37, 충북 충주)에서는 we, wɛ, wə, wa, wi가 자음의 선행 여부와 관계없이 실현됨을 보고하였다. 후자에서는 wə가 o로 축약되는 예(꿩>꽁)와 wa의 w가 탈락되는 예(환갑>한갑)를 제시하였다. 박경래(1984 : 37, 46, 충북 괴산)에서는 G1세대에서는 w계 이중모음에 we, wɛ, wə, wa가, G2세대에서는 wE, wə, wa가 실현되는 것으로 보고 있다.

이기동(1983 : 70, 전북 임실)에서는 음절 위치에 상관없이 w가 탈락되는 경우가 있음을 보고하였다. 최태영(1983 : 93-97, 전북 전주), 심병기(1985 : 26-27, 전북 임실)에서는 w계 이중모음에 we, wɛ, wə, wa가 실현되는데, 이들은 자음이 선행되지 않을 경우와 순자음 이외의 자음이 선행될 경우에는 잘 실현된다고 한다.

이용호(1984 : 63-64, 전북 남원)에서는 w계 이중모음에 we, wɛ, wə, wa가 실현되는데, 이들은 자음이 선행되지 않을 경우에는 잘 실현되나 자음이 선행될 경우에는 수의적으로 w가 탈락된다고 한다. 전광현(1977 : 17-20, 전북 익산)에서는 w계 이중모음에 we, wɛ, wə, wa, wi가 실현되는데, 이들은 자음이 선행하지 않을 경우에는 잘 실현되나 연구개음과 후음이 선행할 경우에는 수의적으로 w가 탈락된다고 한다. 그런데 옥구지역어에서는 '권투>곤투'와 같이 wə>o의 변화가 있음을 지적하였다.

소강춘(1989 : 64-72)에서는 전북방언의 w계 이중모음에 we, wɛ(wE), wə, wa가 있으나 순음 아래에서는 w가 실현되지 않는다고 한다. 그리고 이 방언에 wə>o/ə와 we>ö/ü의 변화가 있음을 지적하였다.

배주채(1998 : 38, 전남 고흥)에서는 w계 이중모음에 we, wɛ, wə, wa가 있다고 한다.

정승철(1995 : 61, 제주도)에서는 w계 이중모음에 wi, we, wɛ, wə, wa가 있는데 순음 아래에서는 w가 탈락된다고 한다.

이병근(1977 : 314-319)에서는 동해안 방언(강릉, 삼척, 울진)의 w계 이중모음은 자음이 선행되지 않는 경우와 연구개음・후음이 선행되는 경우에 실현되나 드물게 wə>o, we>ö로 단모음화되기도 함을 지적하였다. 그리고 "강릉>삼척>울진"의 순으로 이중모음의 단모음화 경향이 강함도 지적하였다.

오종갑(2003 : 40)에서는 동해안 어촌지역어(영덕, 울진, 삼척, 강릉)의 w계 이중모음은 영덕과 울진에서는 wi, wE, wƎ, wa가, 삼척에서는 wE, wƎ, wa가, 강릉에서는 we, wɛ, wə, wa가 실현됨을 보고하였다.

곽충구(1994 : 100, 함북 육진)에서는 w계 이중모음에 we, wɛ, wə, wa가 있음을 보고하였고, 현진건(2000 : 73-74, 함북 육진)에서는 'ㅘ>ㅏ, ㅝ>ㅓ'와 같이 'ㅗ/ㅜ'가 탈락되는 경우가 있음을 보고하였다.

이상에서 살펴 본 바와 같이 많은 학자들이 전국 각 지역어의 w계 이중모음에 대해 관심을 기울였다. 그 결과 각 지역어들의 w계 이중모음체계에 상당한 차이가 있으며, 그 이유는 음운 환경의 제약을 받으면서 w가 탈락되기도 하고, wə>o나 we>ö처럼 축약되기도 한 데 그 원인이 있었던 것으로 파악된다.

그러나 대부분의 연구들이 w계 이중모음의 체계를 수립하는 데 관심이 집중되었기 때문에 w계 이중모음의 변화를 가져 온 개신파에는 어떤 것이 있고, 그 개신지는 어디이며, 또 그것이 어디에서 어디로 전파되고 있는지 등에 대해서는 알기가 어렵다.

6.1. 변화의 실제

6.1.1. 'ㅝ'의 변화

중세 혹은 근대 국어에서 'ㅝ'를 가졌던 어사들 — 권투(<*권법, 한청 116), 꿩(<쭹, 용가 9 : 40), 원망(유합 하 : 3), 월요일(<*월봉, 번박 상 : 11) — 의 'ㅝ'가 현대국어의 제 방언에서는 wə, wƎ, wɜ, o, ə, Ǝ, ɜ, uƎ, yə, x 등의 유형으로 실현됨을 『한국방언자료집』에서 확인할 수 있다.

먼저 어사별로 'ㅝ'가 바뀌어 실현된 실태를 보이면 [표 37]과 같은데, 다음에서는 각 유형이 현대국어에 이르는 과정에서 어떠한 변화를 경험했는지 살펴보기로 한다.

〔표 37〕 'ㅝ'의 변화 유형별 실현 빈도(어사별)

유형 / 어사	wə	wƎ	wɜ	o	ə	Ǝ	ɜ	uƎ	yə	x	계
권투	58	9	1	33	6	30	1				138
꿩	53	5	6	66	1	2		1		4	138
원망	93	37			3	5					138
월요일	93	39		1	2	2			1		138
계	297	90	7	100	12	39	1	1	1	4	552
비율(%)	54.1	16.5	1.4	18.4	2.3	7.2	0.0	0.0	0.0	0.1	100

wə형은 중세국어의 'ㅝ'(wə)가 그대로 유지된 것으로 주로 충남과 전남북에서 많이 실현된다. wƎ형은 wə의 ə가 Ǝ로의 변화를 경험한 것으로 전남 여천 한 곳을 제외하고는 전부 경남북에서만 실현된다. wɜ형은 ə>ɜ 변화를 경험한 것인데 경기(4), 충북(1), 충남(2)에서만 실현된다. wə, wƎ, wɜ의 셋 가운데 뒤의 둘은 핵모음이 변화되었으나 반모음 w는 변화되지 않았다. 이 셋은 모두 반모음 w가 유지된 것인데 이 유형으로 실현된 어사는 총 552개 중

394개로 72.0%에 해당된다.

o형은 w가 [+round] 자질을 후행 핵모음 ə에 남기고 탈락된 것, 즉 축약된 것이다. 경기도(15), 강원도(10), 충남(8), 충북(3), 전북(4), 전남(9), 경남(17), 경북(17)에서 이 유형이 실현된다. 그러나 실현 어사의 수에서는 경기도와 강원도에서 빈도가 높다. 이 유형으로 실현된 어사는 총 552개 중 100개로 18.4%에 해당된다.

ə형, ɘ형, ɜ형은 각각 wə, wɘ, wɜ에서 w가 탈락된 것인데, ə는 w만 탈락된 것이고, ɘ는 ə>ɘ, ɜ는 ə>ɜ 변화를 더 겪은 것이다. ə는 경기(1), 전북(3), 전남(2), 경남(1)에서, ə>ɘ는 경북(19), 경남(12)에서, ə>ɜ는 경기도 고양 한 군에서만 나타난다. w가 탈락된 어사는 총 552개 중 52개로 9.5%에 해당된다.

uɘ형은 경남 남해에서 '꿩'이 k'uɘŋ으로 실현된 유형인데, 그 변화 과정은 wə>wɘ>uɘ로 설명된다. wə>wɘ는 ə>ɘ로 모음상승된 것이고, wɘ>uɘ는 w>u로 성절음화된 것이다. yə형은 전북 고창에서 '월요일'이 yərəllal로 실현된 유형이다. 그 변화 과정은 wə>yə로 설명되는데, 여기서의 w>y는 비원순화로 설명된다.

앞에서 본 핵모음 ə가 ɘ로 변화된 어사는 실현가능 어사 총수 552개 중 130개로 23.6%에 이르는데,[88] 그것의 지역별 실현 빈도를 보이면 [표 38]과 같다.

88) ə>ɜ 변화는 총 실현 가능 어사 552개 중 8개로 1.4%에 지나지 않는다. 그래서 여기서는 별도로 개신지를 추정하지 않았다. 이 변화의 개신지는 오종갑(2005 : 7-8)에서 경기도 동남부 지역일 것으로 추정한 바 있다(이 책의 Ⅱ.3 참고).

〔표 38〕 ə〉Ǝ 변화의 실현 빈도(%, 지역별)

군명	비율	군명	비율	군명	비율	군명	비율	군명	비율
621여천	25	709의성	75	718경산	75	804밀양	75	814양산	75
701영풍	75	710청송	50	719영천	75	805울주	75	815사천	75
702봉화	100	711영덕	75	720고령	75	807산청	75	816고성	75
703울진	100	712금릉	75	721달성	50	808의령	75	817남해	100
704문경	100	713선산	75	722청도	75	809하동	75	818통영	75
705예천	100	714군위	75	723월성	75	810진양	75	819거제	75
706안동	75	715영일	100	801거창	100	811함안	75		
707영양	75	716성주	75	802합천	75	812의창	75		
708상주	100	717칠곡	75	803창녕	75	813김해	75		

위의 [표 38]에 의하면, 가장 높은 100%대의 실현율을 보이는 지역은 경북의 봉화, 울진, 문경, 예천, 상주, 영일로서 영일을 제외하면 대체로 경북의 북부에 속하는 지역이고, 경남의 경우에는 거창과 남해에서 100%의 실현율을 보이나 경북에 비할 바가 아니다. 이러한 사실은 ə>Ǝ 변화의 개신지가 경북 북부 지역이며, 이 개신파가 일찍부터 남쪽으로 전파되어 영남 전역에서 높은 실현율을 보이게 된 것이라는 추정을 가능하게 한다.[89]

6.1.2. 'ㅘ'의 변화

중세 혹은 근대 국어에서 'ㅘ'를 가졌던 어사들 — 왕(동문 상 : 36), 과부(신속열 3 : 40), 과일(<*과실, 월석 1 : 5), 광(<*고방, 계초 11), 괭이(<광이, 동문 하 : 17), 광주리(<광조리, 자회 중 : 19), 화로(남명 하 : 69), 화요일(<*火화, 자회 하 : 15), 환갑(동문 상 : 4) — 의 'ㅘ'가 현대국어의 여러 방언에서는 wa, wɛ, wE, ö, a, ɛ, E 등의 유형으로 실현됨을 『한국방언자료집』에서 확인할 수 있다.

먼저 어사별로 'ㅘ'가 바뀌어 실현된 실태를 보면 [표 39]와 같은데, 다음

89) ə>Ǝ 변화의 개신지에 대해서는 주 39) 참고.

에서는 각 유형이 현대국어에 이르는 과정에서 어떠한 변화를 경험했는지 살펴보기로 한다.

〔표 39〕 'ㅘ'의 변화 유형별 실현 빈도(어사별)

어사 \ 유형	wa	wɛ	wE	ö	a	ɛ	E	x	계
왕	137				1				138
과부	103				35				138
과일	106				32				138
광	109				29				138
괭이(〈광이)	15	42	41	9		1	29	1	138
광주리	109				19			10	138
화로	109				29				138
화요일	98				40				138
환갑	14				124				138
계	800	42	41	9	309	1	29	11	1,242
비율(%)	64.4	3.4	3.3	0.7	25.0	0.0	2.3	0.9	100

wa형은 중세국어의 'ㅘ'(wa)가 그대로 유지된 것이고, wɛ형은 '광이'의 'ㅘ'가 ㅣ역행동화에 의해 'ㅙ'(wɛ)가 된 것이며, wE형은 wɛ의 ɛ가 다시 E로 변화된 것이다. 그러므로 이 경우는 핵모음에 변화가 있었으나 반모음의 변화는 없었던 것으로 해석된다. 반모음 w가 유지된 어사는 실현 가능 총 어사 1242개 중 883개로 71.1%에 해당된다.

ö형은 '괭이'에서만 실현되는 유형으로 앞에서 본 wE형의 w가 [+round] 자질을 후행 핵모음에 남기고 탈락된 것, 즉 축약된 것이다. 전남의 9개 군(곡성, 함평, 무안, 광양, 진도, 해남, 강진, 고흥, 여천)에서 실현된다. 이 유형에 속하는 어사 수는 실현 가능 총 어사 1242개 중 9개로서 0.7%에 해당된다.

a, ɛ, E형은 각각 wa, wɛ, wE형에서 w가 탈락된 것이다. 이 유형에 속하는 어사 수는 실현 가능 총 어사 1242개 중 339개로서 27.3%에 해당된다.

6.1.3. 'ㅞ'의 변화

중세 혹은 근대 국어에서 'ㅞ'를 가졌던 어사들 — 궤짝(자회 중 : 10), 꿰-(<꿰-, 가언 5 : 6), 꿰매-(<꿰ᄆᆡ-, 여사 3 : 6) — 의 'ㅞ'가 현대국어의 여러 방언에서는 we, wə, wa, wE, wi, oy, o, yo, oi, ö, ü, u, uy, ue, yE, e, E, i 등의 유형으로 실현됨을 『한국방언자료집』에서 확인할 수 있다.

먼저 어사별로 'ㅞ'가 바뀌어 실현된 실태를 보이면 [표 40]과 같은데, 다음에서는 각 유형이 현대국어에 이르는 과정에서 어떠한 변화를 경험했는지 살펴보기로 한다.

〔표 40〕 'ㅞ'의 변화 유형별 실현 빈도(어사별)

유형 / 어사	we	wE	wi	wə	wa	oy	o	ö	oi	yo	ü	u	uy	e	E	i	ue	yE	x	계
궤짝	61	16	12					12		1	5		1	5	9	13	2	1		138
꿰지	14		18			1		6	8		58		1	1		31				138
꿰매어	13	5	4	6	1		34	3			15	32				14			11	138
계	88	21	34	6	1	1	34	21	8	1	78	32	2	6	9	58	2	1	11	414
비율(%)	21.3	5.1	8.2	1.4	0.2	0.2	8.2	5.1	2.0	0.2	18.8	7.7	0.5	1.5	2.2	14.0	0.5	0.2	2.7	100

we형은 중세국어 'ㅞ'(wəy)의 əy가 단모음 e로 바뀌어 we가 된 다음 그것이 유지된 것이다. wE형은 핵모음 e가 저모음 E로 바뀐 것이고, wi형은 we의 e가 고모음화한 것이다. wə형은 wəy가 이중모음화 하는 과정에서 əy>e 보다 əy>ə를 택한 것이다. wa형은 전남 장성에서 유일하게 실현된 유형인데, wəy>wə>wa의 과정을 거친 것으로 판단되나 ə>a의 이유가 무엇인지는 알 수가 없다. we, wE, wi, wə, wa는 핵모음의 변화 여부와 관계없이 반모음의 변화는 없었다. w가 유지된 어사의 수는 실현 가능 총 어사 414개 중 150개로서 36.2%에 해당된다.

oy형은 w가 후행 핵모음과 축약되면서 [+round] 자질만 남기고 자신은 탈락된 것이고(wəy>oy), o형은 wəy>oy에서 다시 y가 탈락된 것으로 해석된다. ö형은 wəy가 이중모음 oy 혹은 we로 바뀐 다음 단모음 ö로 바뀐 것이고, oi형은 wəy>oy의 과정을 거친 다음 oy의 y가 성절음화 된 것으로 해석된다. yo형은 경기도 이천에서만 발견되는 유형이다. 이것은 wəy>oy/we>ö의 과정을 거친 다음 ö가 다시 yo로 바뀐 것인데 그 기제는 yo>ö 축약에 대한 과도교정(ö>yo)[90] 때문인 것으로 해석된다.

ü형은 wəy의 əy가 e로 축약되어 e가 되고 이것이 다시 i로 모음상승 되어 wi가 된 다음 다시 단모음화 된 것이다(wəy>we>wi>ü). u형은 '꿰매어'에서 나타나는 유형인데 wəy>we>wi>ü의 과정을 거친 다음 이 ü가 다시 연구개음의 후설성에 동화되어 u로 후설모음화 된 것으로 해석된다. uy형은 wəy>we>wi>ü의 ü가 다시 이중모음으로 바뀐 것인데 그 기제는 uy>ü에 대한 과도교정으로 해석된다.

oy, o, ö, yo, oi, ü, u, uy형은 모두 반모음 w가 후행 핵모음과 축약되어 [+round] 자질을 남기고 자신은 탈락된 유형이다. w축약형에 해당되는 어사의 수는 실현 가능 총 어사 414개 중 177개로 42.8%에 해당된다.

e형은 wəy>we>e에서 보는 바와 같이 단모음화와 w탈락의 과정을 겪은 것이다. E형은 앞의 e가 다시 모음하강 한 것으로 해석할 수도 있고, wəy>we>wE>E처럼 w가 탈락되기 전에 e>E의 과정을 먼저 겪은 다음 w가 탈락된 것으로 해석할 수도 있다. i형 역시 wəy>we>e>i나 wəy>we>wi>i의 두 과정으로 해석할 수 있다. e, E, i형은 다 같이 w가 탈락된 것인데 여기에 속하는 어사의 수는 실현 가능 총 어사 414개 중 73개로 17.6%에 해당된다.

90) 경기도 이천에서 이러한 과도교정형이 발견되지는 않는다. 그러나 20세기 초 전라도방언을 반영하고 있는 완판소설 <화룡도>(1908)에 '묘칙(妙策, 1077>뫼칙(화룡도 1077)'이 발견되는데, 이러한 변화에 대한 과도교정형이 <리더봉젼>(1908)에서 '뫼(山, 676)>묘(673)'로 나타난다. 이 예에 비추어 볼 때 'ㅛ>ㅚ' 변화와 그에 따른 과도교정 'ㅚ>ㅛ'를 상정할 수 있다. 'ㅛ>ㅚ' 변화와 관련된 더 많은 예들은 오종갑(1983)을 참고하기 바람.

ue형은 충남 아산과 연기에서 실현된 방언형인데 wəy>we로 이중모음화된 다음 다시 we의 w가 성절음화한 것이다(wəy>we>ue). yE형은 wəy>we>wE>yE의 과정을 겪은 것으로 보이는데 마지막 과정은 비원순화로 해석된다. ue, yE형에 속하는 어사의 수는 전자는 총 어사 414개 중 2개(0.5%), 후자는 414개 중 1개(0.2%)에 지나지 않는다.

앞에서 본 핵모음 e가 E로 변화된 어사는 실현 가능 어사 총수 414개 중 31개로 7.5%에 해당되고,[91] 그것의 지역별 실현 빈도는 [표 41]과 같다.

〔표 41〕 e>E 변화의 실현 빈도(%, 지역별)

군명	비율	군명	비율	군명	비율	군명	비율	군명	비율
306청원	33	608신안	33	616해남	33	701영풍	33	813김해	33
601영광	33	609무안	33	617강진	33	719영천	33	814양산	33
602장성	33	610나주	33	618장흥	33	720고령	33	817남해	33
604곡성	33	612승주	67	619보성	33	723월성	33	818통영	33
606함평	33	614영암	67	620고흥	33	805울주	33	819거제	33
607광산	33	615진도	33	622완도	33	812의창	33		

위의 [표 41]에 의하면, 가장 높은 67%대의 실현율을 보이는 지역은 전남의 승주, 영암이고, 나머지 지역은 전부 33%의 실현율을 보인다. 도 단위로는 충북(1), 전남(17), 경북(4), 경남(7)으로 전남에서 가장 널리 전파되었음을 알 수 있다.[92]

핵모음 e가 i로 변화된 어사는 실현가능 어사 총수 414개 중 92개로 22.2%에 해당되고, 그것의 지역별 실현 빈도는 [표 42]와 같다.

---

91) ə>ɜ 변화는 총 실현 가능 어사 552개 중 8개로 1.4%에 지나지 않는다. 그래서 여기서는 별도로 개신지를 추정하지 않았다. 이 변화의 개신지는 오종갑(2005)에서 경기도 동남부 지역일 것으로 추정한 바 있다(이 책 Ⅱ.2 참고).

92) 앞의 Ⅱ.5.1.2에서는 e>E 변화의 개신지를 경남지역으로 추정하였다.

〔표 42〕 e>i 변화의 실현 빈도(%, 지역별)

군명	비율	군명	비율	군명	비율	군명	비율	군명	비율
105김포	33	701영풍	67	712금릉	67	723월성	67	812의창	67
204인제	67	702봉화	67	713선산	67	801거창	33	813김해	33
207홍천	33	703울진	33	714군위	67	802합천	100	814양산	33
208양양	33	704문경	100	715영일	100	803창녕	67	815사천	33
209횡성	33	705예천	67	716성주	100	804밀양	67	816고성	67
210평창	33	706안동	67	717칠곡	100	805울주	67	817남해	33
214정선	33	707영양	67	718경산	100	806함양	33	818통영	67
215삼척	33	708상주	67	719영천	67	807산청	33	819거제	33
305단양	100	709의성	100	720고령	33	808의령	33		
608신안	33	710청송	67	721달성	67	810진양	67		
622완도	33	711영덕	100	722청도	67	811함안	33		

위의 [표 42]에 의하면, 가장 높은 100%의 실현율을 보이는 지역은 충북 1개 군(단양), 경북 7개 군(문경, 의성, 영덕, 영일 성주, 칠곡, 경산), 경남 1개 군(합천)이다. 이와 같은 적용률을 볼 때 대체적으로 경북지역에서 e>i 변화의 세력이 강함을 알 수 있다.

6.1.4. 'ㅙ'의 변화

중세 혹은 근대 국어에서 'ㅙ'를 가졌던 어사들 — 왜간장(<*왜깁, 노걸 하 : 23), 왜국(<*왜깁, 노걸 하 : 23), 홰대(<홰, 자회 중 : 14) — 의 'ㅙ'가 현대국어의 여러 방언에서는 wɛ, wE, we, wi, ö, ɛ, E, e 등의 유형으로 실현됨을 『한국방언자료집』에서 확인할 수 있다.

먼저 어사별로 'ㅙ'가 바뀌어 실현된 실태를 보이면 [표 43]과 같은데, 다음에서는 각 유형이 현대국어에 이르는 과정에서 어떠한 변화를 경험했는지 살펴보기로 한다.

〔표 43〕 'ᅫ'의 변화 유형별 실현 빈도(어사별)

유형 / 어사	wɛ	wE	we	wi	ö	ɛ	E	e	x	계
왜간장	49	43	3		8	1	8	2	24	138
왜국	49	47	1		4	1	33	1	2	138
횃대	45	50	1	1	4	6	26	1	4	138
계	143	140	5	1	16	8	67	4	30	414
평균(%)	34.6	33.9	1.3	0.2	4.0	2.1	16.3	1.0	6.6	100

wɛ형은 중세국어 'ᅫ'(way)의 ay가 단모음 ɛ로 바뀌어 wɛ가 된 다음 그것이 유지된 것이다. wE형은 주음 ɛ가 모음상승 되어 E로 바뀐 것이고, we형은 wɛ의 ɛ가 역시 모음상승 되어 e로 바뀐 것이다. wi형은 앞의 we가 다시 e>i 변화를 겪은 것이다(way>wɛ>we>wi). wɛ, wE, we, wi형은 핵모음의 변화 여부와 관계없이 반모음 w는 그대로 유지된 것이다. w가 유지된 어사의 수는 실현 가능 총 어사 414개 중 289개로 69.8%에 해당된다.

ö형은 way>wɛ>wE의 과정을 거친 다음 wE가 다시 ö로 변화된 것인데, wE>ö의 과정은 w가 후행 핵모음에 [+round] 자질을 남기고 자신은 탈락된 축약현상이다(way>wɛ>wE>ö). 이 유형에 속하는 어사는 16개로 총 어사 414개의 3.9%에 해당된다.

ɛ, E, e형은 각각 wɛ, wE, we형에서 w가 탈락된 것인데, 여기에 속하는 어사의 수는 실현 가능 총 어사 414개 중 101개로 24.4%에 해당된다.

앞에서 본 주음 ɛ가 E로 변화된 어사는 실현가능 총 어사 414개 중 207개로 50.0%에 이르는데 그것의 지역별 실현 빈도를 보이면 [표 44]와 같다.

〔표 44〕 ε>E 변화의 실현 빈도(%, 지역별)

군명	비율	군명	비율	군명	비율	군명	비율	군명	비율	군명	비율
104강화	33	502익산	100	605구례	100	701영풍	67	717칠곡	67	810진양	100
108남양	33	503완주	100	606함평	67	702봉화	67	718경산	100	811함안	33
111시흥	67	504진안	100	607광산	100	703울진	33	719영천	100	812의창	100
112광주	67	505무주	100	608신안	100	704문경	67	720고령	67	813김해	100
113양평	67	506김제	100	609무안	33	705예천	67	721달성	100	814양산	100
115용인	67	507부안	100	610나주	100	706안동	67	722청도	100	815사천	67
119안성	67	508정읍	67	612승주	100	707영양	33	723월성	100	816고성	100
205고성	33	509임실	100	613광양	100	708상주	67	801거창	33	817남해	67
207홍천	33	510장수	100	614영암	100	709의성	33	802합천	67	818통영	100
302음성	67	511고창	100	616해남	67	710청송	67	803창녕	100	819거제	100
303중원	33	512순창	100	617강진	100	711영덕	67	804밀양	67		
304제원	33	513남원	100	618장흥	67	712금릉	67	805울주	100		
305단양	67	601영광	100	619보성	67	713선산	67	806함양	100		
307괴산	100	602장성	100	620고흥	67	714군위	67	807산청	67		
407청양	67	603담양	100	621여천	33	715영일	100	808의령	33		
501옥구	67	604곡성	100	622완도	67	716성주	100	809하동	67		

위의 [표 44]에 의하면, 가장 높은 100%의 실현율을 보이는 지역은 충북(1), 전북(11), 전남(12), 경북(7), 경남(10) 등이다. 이와 같은 실현율을 볼 때 전라도와 경상도 지역에서 ε>E 변화의 세력이 매우 강함을 알 수 있다.

앞의 6.1.1~6.1.4에서는 'ㅝ, ㅘ, ㅞ, ㅙ'의 각각에 해당하는 어사들의 방언형과 실현 빈도를 알아보았다. 그리고 이들의 변화 과정에 적용된 음운규칙에는 w탈락규칙, w축약규칙, 성절음화규칙, 비원순음화규칙 등이 있음을 보았다. 다음에서는 이들을 종합하여 [표 45]에 제시하고 그들의 음운론적 기제에 대해서 살펴보기로 한다.

〔표 45〕 w의 변화 유형별 실현 빈도(1)(어사별)

유형 / 어사	w유지	w탈락	w축약	성절음화	비원순화	x	합계
왕	137	1	0				138
왜간장	95	11	8			24	138
왜국	97	35	4			2	138
원망	130	8	0				138
월요일	132	4	1		1		138
소계	591	59	13	0	1	26	690
비율(%)	85.7	8.6	1.9	0	0.1	3.7	100
과부	103	35	0				138
과일	106	32	0				138
광	109	29	0				138
광주리	109	19	0			10	138
괭이	98	30	9			1	138
권투	68	37	33				138
궤짝	89	27	19	2	1		138
꿩	64	3	66	1		4	138
꿰매어	29	14	84			11	138
꿰지	32	32	74				138
소계	807	258	285	3	1	26	1,380
비율(%)	58.5	18.8	20.7	0.1	0.0	1.9	100
화로	109	29	0				138
화요일	98	40	0				138
환갑	14	124	0				138
횃대	97	33	4			4	138
소계	318	226	4	0	0	4	552
비율(%)	57.7	40.9	0.7	0.0	0.0	0.7	100.7
합계	1,716	543	302	3	2	56	2622
비율(%)	65.5	20.7	11.5	0.1	0.0	2.2	100

[표 45]에 의하면, w유지형이 전체의 65.5%, w탈락형이 20.7%, w축약형이 11.5%, 성절음화형이 0.1%, 그리고 비원순음화형이 0.0%를 차지하고 있

어 뒤의 둘은 고려의 대상에서 제외해도 별 문제가 되지 않는다.

w유지형은 선행자음의 유무에 의해 w유지의 비율에 차이가 있다. 선행자음이 없는 경우에는 85.7%, 선행자음이 있는 경우 — 연구개음일 때는 58.5%, 후음일 때는 57.7% — 에는 평균 58.1%의 비율을 보인다. 그런데 양순음, 치경음, 경구개음에 해당되는 어사들은 발견되지 않고, 연구개음과 후음에 해당되는 어사들만 발견되는 것으로 보아 w 앞에는 [-전방성, -설정성]의 자음만 올 수 있는 음소연결제약이 있는 것으로 이해할 수도 있겠다.

그러나 한국방언자료집에서 '뉘, 뒤, 쥐, 되, 쇠, 죄' 등의 예에서[93] w가 발견되는 것으로 보아 치경음이나 경구개음과의 연결에 제약이 있었다고는 할 수 없다. 다만 순음의 경우에는 [+순음성]의 중복을 꺼려 해당 어사가 발견되지 않는 것으로 해석된다.

w탈락형의 경우에는 'h+w+v(40.9%)>c+w+v(18.8%)>w+v(8.6%)'의 순서로 w탈락 비율이 낮아진다. 그 이유는 활음 둘이 연결되는 것이 연구개자음과 w가 연결되는 것보다 조음이 더 어렵고, wv보다는 cwv의 조음이 보다 어렵기 때문인데 이것은 음절구조제약과 관련이 있는 것으로 보인다.

w축약형은 w탈락형보다 실현 비율이 낮다. 이 경우에 실현율이 낮은 것은 'ㅘ'를 지닌 어사에서는 'w+a'의 축약으로 만들어지는 원순모음 ɒ가 음운체계 상에 존재하지 않기 때문에 축약이 일어나지 않고 여타의 'ㅝ, ㅞ, ㅙ'를 포함한 어사에서만 축약이 일어났기 때문이다.

이 같은 사실을 감안하여 'ㅘ'계 어사를 제외한 어사들만으로 통계를 내어 보면 [표 46]에서 보는 바와 같이 w탈락형보다 w축약형의 비율이 오히려 높음을 알 수 있다. 이것은, 동일한 조건 하에서는, 변화의 기세로서 탈락보다 축약을 더 선호한 것이란 해석을 가능하게 한다.

---

93) 이들의 방언형에 대해서는 Ⅱ.5.2에서 이미 다룬 바 있다.

〔표 46〕 w의 변화 유형별 실현 빈도(2)(어사별)

어사＼유형	w유지	w탈락	w축약	합계
왜간장	95	11	8	114
왜국	97	35	4	136
원망	130	8	0	138
월요일	132	4	1	137
괭이	98	30	9	137
권투	68	37	33	138
궤짝	89	27	19	135
꿩	64	3	66	133
꿰매어	29	14	84	127
꿰지	32	32	74	138
횃대	97	33	4	134
합계	931	234	302	1,467
비율(%)	63.0	16.0	21.0	100

6.2. 규칙의 전개 양상

중세국어의 어두 음절에 사용되던 w계 중모음 'ㅝ, ㅘ, ㅞ, ㅙ'가 현대국어에 이르는 과정에서 겪은 음운규칙에는 w탈락규칙, w축약규칙, 성절음화규칙, 비원순화규칙 등의 규칙들이 있음을 앞에서 보았다. 그런데 뒤의 둘은 그 실현율이 극소수에 지나지 않으므로 앞의 둘만의 적용 빈도를 군 단위로 조사하여 그들의 개신지와 전파 경로를 살펴보기로 한다.

먼저 w탈락규칙과 w축약규칙이 적용된 빈도를 군 단위로 보이면 [표 47]과 같고, 그것을 지도에 표시하면 각각 [지도 30], [지도 31]과 같다.

〔표 47〕 w탈락 및 w축약 규칙의 적용 빈도(%, 지역별)

군명	탈락	축약	군명	탈락	축약	군명	탈락	축약	군명	탈락	축약
101연천	11	11	303중원	11	0	601영광	5	11	715영일	68	0
102파주	5	11	304제원	11	11	602장성	0	5	716성주	61	0
103포천	11	11	305단양	33	0	603담양	6	11	717칠곡	39	0
104강화	11	11	306청원	11	5	604곡성	5	5	718경산	79	0
105김포	21	5	307괴산	11	11	605구례	11	5	719영천	74	0
106고양	11	11	308보은	5	16	606함평	16	11	720고령	53	0
107양주	11	5	309옥천	11	11	607광산	5	5	721달성	61	0
108남양	11	11	310영동	21	16	608신안	6	0	722청도	61	6
109가평	16	11	401서산	11	5	609무안	11	11	723월성	68	0
110옹진	21	5	402당진	5	11	610나주	5	11	801거창	44	6
111시흥	16	0	403아산	5	5	611화순	5	11	802합천	50	0
112광주	11	0	404천원	5	5	612승주	5	5	803창녕	11	0
113양평	16	11	405예산	5	11	613광양	11	11	804밀양	39	6
114화성	16	11	406홍성	5	11	614영암	11	6	805울주	16	0
115용인	11	5	407청양	16	5	615진도	11	11	806함양	84	5
116이천	16	11	408공주	5	11	616해남	5	11	807산청	61	6
117여주	16	5	409연기	11	11	617강진	5	11	808의령	53	5
118평택	5	11	410보령	5	11	618장흥	0	5	809하동	33	17
119안성	21	11	411부여	5	11	619보성	5	11	810진양	79	0
201철원	11	6	412서천	5	11	620고흥	5	5	811함안	17	0
202화천	12	6	413논산	11	5	621여천	16	11	812의창	79	0
203양구	6	0	414대덕	5	11	622완도	11	5	813김해	72	0
204인제	6	6	415금산	5	11	701영풍	50	0	814양산	67	0
205고성	5	11	501옥구	11	16	702봉화	28	6	815사천	65	0
206춘성	5	11	502익산	11	16	703울진	21	5	816고성	68	0
207홍천	11	6	503완주	11	5	704문경	72	0	817남해	89	6
208양양	6	6	504진안	5	11	705예천	72	6	818통영	83	0
209횡성	11	11	505무주	11	11	706안동	50	6	819거제	74	5
210평창	16	11	506김제	0	11	707영양	56	6	901북제	6	6
211명주	17	6	507부안	11	16	708상주	67	6	902남제	6	6
212원성	16	16	508정읍	63	16	709의성	56	0			
213영월	17	17	509임실	11	11	710청송	65	0			

군명	탈락	축약	군명	탈락	축약	군명	탈락	축약	군명	탈락	축약
214정선	21	5	510장수	5	11	711영덕	67	0			
215삼척	11	5	511고창	58	11	712금릉	82	6			
301진천	5	11	512순창	5	16	713선산	72	6			
302음성	11	11	513남원	5	5	714군위	61	6			

다음에서는 [표 47]과 [지도 30]에 의거하여 각 지역별로 w탈락규칙이 적용된 양상을 간략히 분석해 보기로 한다.

먼저 경기도의 경우는 w탈락규칙의 적용률은 최저 5%, 최고 21%인데, 16개 군에서는 20%대의 적용률을 보인다. 19개 군의 평균은 13.5%로서, 전국적으로 볼 때, 보통 정도의 적용률을 보이지만 절대적 적용률은 낮은 편이다. 강원도의 경우도 최저 5%, 최고 21%인데, 14개 군의 평균은 11.4%로서, 전국적으로 볼 때, 보통 정도의 적용률을 보이지만 절대적 적용률은 낮은 편이다.

충북의 경우는 최저 5%, 최고 33%의 적용률을 보이는데, 8개 군에서는 10%대 이하의 적용률을 보인다. 다만 영동과 단양은 각각 21%, 33%로서 여타 군과 크게 차이를 보인다. 10개 군 전체의 평균은 13.0%로서, 전국적으로 볼 때, 보통 정도의 적용률을 보이지만 절대적 적용률은 낮은 편이다. 충남의 경우는 최저 5%, 최고 16%의 적용률을 보이며, 15개 군 전체의 평균 적용률은 6.9%로서, 전국적으로 볼 때, 제주도 다음으로 낮은 적용률을 보인다.

전북의 경우는 최저 0%, 최고 63%의 적용률을 보이는데, 고창(58%), 정읍(63%)을 제외한 11개 군에서는 10%대 이하의 적용률을 보인다. 13개 군 전체의 평균 적용률은 15.9%로서, 전국적으로 볼 때, 경남북 다음으로 높지만 절대적 적용률은 낮은 편이다. 전남의 경우는 최저 0%, 최고 16%의 적용률을 보이고, 22개 군 전체의 평균 적용률은 7.3%로서, 전국적으로 볼 때, 그 적용률이 매우 낮은 편이다.

경북의 경우는 최저 21%, 최고 82%의 적용률을 보이는데, 6개 군에서는 70~80%대, 14개 군에서는 50~60%대의 적용률을 보인다. 23개 군 전체의 평균 적용률은 60.1%로서 전국에서 가장 높은 적용률을 보인다. 경남의 경우는 최저 11%, 최고 89%의 적용률을 보이는데, 7개 군에서는 70~80%대, 6개 군에서는 50~60%대의 적용률을 보인다. 19개 군 전체의 평균 적용률은 57.1%로서 경북 다음으로 높은 적용률을 보인다.

제주도의 경우에는 북제주와 남제주에서 다 같이 6%의 적용률을 보여, 전국적으로 볼 때, 그 적용률이 가장 낮은 지역에 해당된다.

이상에서 살펴본 바에 의하면, w탈락규칙의 경우는 그 적용률이 최저 0%에서 최고 89%로 분포되어 있으며, 도별 적용률은 경북(60.1%)>경남(57.1%)>전북(15.9%)>경기(13.5%)>충북(13.0%)>강원(11.4%)>전남(7.3%)>충남(6.9%)>제주(6.0%) 순으로 되어 있다. 그러므로 w탈락규칙의 개신지는 경북일 것으로 추정된다.

그러나 [표 47]과 [지도 30]을 종합하여 보면 경북에서 최고의 적용률을 보인 지역은 금릉(82%)이고, 경남에서 최고의 적용률을 보인 지역은 통영(83%), 함양(84%), 남해(89%)이므로 대체로 보아 경남의 남해안 지역이 개신의 중심지였을 것으로 추정된다. 그렇다면 이 규칙은 경남의 남해안 지역으로부터 경남의 여타 지역과 경북 전역으로 먼저 전파된 다음 주변의 도 지역들로 점점 확대되어 갔을 것으로 추정된다.

다음에서는 [표 47]과 [지도 31]에 의거하여 각 지역별로 w축약규칙이 적용된 양상을 간략히 분석해 보기로 한다.

경기도의 경우는 w축약규칙의 적용률은 최저 0%, 최고 11%인데 19개 군 전체의 평균은 8.3%이다. 전국적으로 볼 때, 보통 정도의 적용률을 보이지만 절대적 적용률은 낮은 편이다. 강원도의 경우는 최저 0%, 최고 17%인데, 14개 군의 평균은 8.2%로서 경기도의 경우와 유사하다. 전국적으로 볼 때,

보통 정도의 적용률을 보이지만 절대적 적용률은 낮은 편이다.

충북의 경우는 최저 0%, 최고 16%인데, 10개 군 전체의 평균은 9.2%로서 상대적으로 높은 편이다. 그러나 절대적 적용률은 낮은 편이다. 충남의 경우는 최저 5%, 최고 11%인데, 10개 군 전체의 평균은 9.0%로서 충북의 경우와 비슷하다. 그러나 절대적 적용률은 낮은 편이다.

전북의 경우는 최저 5%, 최고 16%인데, 13개 군 전체의 평균은 12.0%이다. 이것은 전국에서 가장 높은 적용률이긴 하지만 절대적 적용률은 역시 낮은 편이다. 전국 최고의 적용률이 12.0%에 지나지 않는다는 것은 이 규칙이 아직 큰 세력을 확보하지 못했음을 의미한다. 전남의 경우는 최저 0%, 최고 11%인데, 22개 군의 평균은 8.1%로서 경기도, 강원도의 경우와 유사하다. 전국적으로 볼 때 보통 정도의 적용률을 보이지만 절대적 적용률은 낮은 편이다.

경북의 경우는 최저 0%, 최고 6%인데 13개 군에서 0%의 적용률을 보인다. 23개 군 전체의 평균은 2.6%로서 전국에서 가장 낮다. 경남의 경우는 최저 0%인 지역이 11개 군, 5%인 지역이 3개 군, 6%인 지역이 4개 군인데 유독 하동에서만 17%의 적용률을 보인다. 그 이유는 이 지역에 w탈락규칙의 전파가 상대적으로 늦었기 때문인 것으로 해석된다. 19개 군 전체의 평균은 3.0%로서 경북 다음으로 낮은 적용률을 보인다.

제주도의 경우는 2개 군에서 각각 6%의 적용률을 보이는데 경남북 다음으로 그 적용률이 낮다.

이상에서 살펴본 바에 의하면 w축약규칙의 경우는 그 적용률이 최저 0%에서 최고 17%로 분포되어 있으며, 도별 적용률은 전북(12.0%)>충북(9.2%)>충남(9.0%)>경기(8.3%)>강원(8.2%)>전남(8.1%)>제주(6.0%)>경남(3.0%)>경북(2.6%) 순으로 되어 있다. 그러므로 w축약규칙의 개신지는 전북일 것으로 추정된다.

그런데 최고의 적용률 17%를 보인 지역이 유일하게 하동이기 때문에 다소 문제가 될 수 있으나 이것은 전체 어사 19개 중에서 하동에서 한 개의 어사가 실현되지 않아 18개를 기준으로 비율을 계산했기 때문이고, 실제 w 축약규칙의 적용을 받은 어사는 옥구, 익산, 부안, 정읍, 순창과 하동이 3개로 동일하다. 그래서 여기서는 전북의 옥구, 익산, 부안, 정읍, 순창을 포함하는 전북의 서부 지역을 개신의 중심지로 추정하고자 한다. 이 개신파는 남한의 서부 지역을 중심으로 북과 남으로 전파되어 가고 있으나 그 자체의 세력이 미약하기 때문에 경남북, 충북, 강원 지역에는 거의 영향을 미치지 못한 지역이 많다.

w계 중모음에서 w에 초점을 맞출 때 w유지형은 이 장에서 논의되는 규칙의 전개 양상과는 직접적 관련이 없으나 w탈락형, w축약형과 더불어 상보적 관계를 형성하므로 w유지형의 전국적 분포를 알아보는 것도 w계 중모음의 변화를 이해하는 데 도움이 된다. 물론 w유지형의 실현율은 w탈락형의 실현율과 w축약형의 실현율을 합한 수를 100%에서 뺀 수치가 되는데 그것은 [표 48]에서 보는 바와 같고, 그 분포 양상을 지도에 표시하면 [지도 32]와 같다.

〔표 48〕 w유지형의 실현 빈도(%, 지역별)

군명	비율	군명	비율	군명	비율	군명	비율	군명	비율
101연천	79	210평창	74	413논산	84	613광양	74	719영천	26
102파주	84	211명주	78	414대덕	84	614영암	83	720고령	47
103포천	79	212원성	68	415금산	84	615진도	50	721달성	39
104강화	79	213영월	67	501옥구	74	616해남	74	722청도	33
105김포	74	214정선	74	502익산	74	617강진	79	723월성	32
106고양	79	215삼척	84	503완주	84	618장흥	89	801거창	50
107양주	84	301진천	84	504진안	84	619보성	79	802합천	50
108남양	79	302음성	79	505무주	79	620고흥	79	803창녕	89
109가평	74	303중원	83	506김제	89	621여천	63	804밀양	56
110옹진	74	304제원	78	507부안	74	622완도	79	805울주	84
111시흥	84	305단양	67	508정읍	21	701영풍	50	806함양	11

군명	비율	군명	비율	군명	비율	군명	비율	군명	비율
112광주	89	306청원	84	509임실	79	702봉화	67	807산청	33
113양평	74	307괴산	79	510장수	84	703울진	74	808의령	42
114화성	74	308보은	79	511고창	26	704문경	28	809하동	50
115용인	84	309옥천	79	512순창	79	705예천	22	810진양	21
116이천	74	310영동	63	513남원	89	706안동	44	811함안	83
117여주	79	401서산	84	601영광	84	707영양	39	812의창	21
118평택	84	402당진	84	602장성	95	708상주	28	813김해	28
119안성	68	403아산	84	603담양	83	709의성	44	814양산	33
201철원	83	404천원	89	604곡성	84	710청송	35	815사천	35
202화천	82	405예산	84	605구례	84	711영덕	33	816고성	32
203양구	94	406홍성	84	606함평	63	712금릉	12	817남해	0
204인제	89	407청양	79	607광산	89	713선산	22	818통영	17
205고성	84	408공주	84	608신안	94	714군위	33	819거제	21
206춘성	84	409연기	74	609무안	63	715영일	32	901북제	88
207홍천	83	410보령	84	610나주	84	716성주	39	902남제	88
208양양	89	411부여	84	611화순	68	717칠곡	61		
209횡성	79	412서천	84	612승주	89	718경산	21		

[표 48]에 의하면, w유지형의 실현율 도별 평균이 제주(88.0%)>충남(83.3%)>강원(80.8%)>경기(78.7%)>전남(78.6%)>충북(77.5%)>전북(72.0%)>경남(39.8%)>경북(37.4%)의 순으로 나타난다. 제주도에서 w유지형이 가장 많고 여타 지역에서도 그 유지형이 70~80%대에 이르러 w유지형이 대세를 이룬다. 다만 경남북에서는 30%대의 낮은 비율을 보여 이 지역에서 w계 중모음의 변화가 많았음을 알 수 있다.

6.3. 요약

중세 혹은 근대 국어의 어두 음절 중성에 w계 중모음을 가졌던 19개 어사들의 현대국어 방언형을 『한국방언자료집』에서 찾아 그들의 변화 과정에 적용된 규칙에는 어떤 것이 있는지 살펴보았다. 특히, 부음 w가 그들의 변화에 직접 관여하였는지의 여부에 초점을 맞추어 논의를 전개하였다. 그리고 각 지역(군 단위)에서 각각의 규칙이 적용된 비율이 어떠한지를 통계적으로 살펴봄으로써 각 규칙의 개신지와 그 전개 양상을 밝혀보았다. 그 과정에서 밝혀진 중요한 사항을 요약하면 다음과 같다.

(1) w계 중모음은 통시적으로 볼 때 크게 두 방향으로의 변화를 경험하였다. 하나는 w탈락규칙의 적용에 의해 부음 w가 탈락된 변화이고, 다른 하나는 w축약규칙의 적용에 의해 부음 w가 후행 주음과 축약된 변화이다. 전자의 경우에는 선행자음의 유무와 성질에 따라 그 적용률에 차이를 보이는데, 그것은 음절구조제약과 관련이 있는 것으로 해석된다.

후자의 경우는 전자의 경우보다 그 실현 비율이 낮다. 그러나 모음체계상으로 'ㅘ'는 축약이 불가하므로 이를 제외한 'ㅝ, ㅞ, ㅙ'만으로 통계를 내면 후자의 비율이 오히려 높다. 이것은 변화의 기제로서 탈락보다 축약을 더 선호했으리란 해석을 가능하게 한다.

(2) w탈락규칙은 경남의 남해안 지역이 개신의 중심지였을 것으로 추정되고, 이 중심지로부터 경남의 여타 지역과 경북 전역으로 개신파가 먼저 전파된 다음 주변의 도 지역들로 점점 확대되어 갔을 것으로 추정된다.

(3) w축약규칙의 개신파는 전북의 서부 지역을 중심으로 북과 남으로 전파되어 가고 있으나 그 자체의 세력이 미약하기 때문에 경남북, 충북, 강원 지역에는 거의 영향을 미치지 못한 지역이 많다.

(4) 'ㅝ, ㅞ, ㅙ'에 포함된 각각의 주음 'ㅓ, ㅔ, ㅐ'는 ə>Ǝ, e>E, e>i, ɛ>E의 변화를 경험하기도 하는데, ə>Ǝ는 경북 북부 지역에서, e>E는 전남의 승주, 영암에서, e>i는 경북 북부지역에서, ɛ>E는 전라도와 경상도 지역에서 그 세력이 강함을 볼 수 있다. 그러나 이들 주 모음을 포함한 어사가 매우 제한되어 통계로서의 가치가 떨어진다.

7. ‘ㅣ+ㅏ’의 변화

-‘e>i/i+—’ 규칙의 설정을 중심으로

말음이 ‘ㅣ’인 동사 어간에 ‘ㅏ’로 시작되는 어미가 결합될 때의 방언형을 『한국방언자료집』에서 찾아보면 yə, yɜ, yƎ, yɨ, ye, yE, e, E, iyə, ie, iE, ii, i, ə, ɜ, Ǝ, ƎƎ, iə, iƎ, iɨ, ia 등이 있음을 알 수 있다. 이 장에서는 이 방언형들의 형성 과정에 적용된 음운규칙에는 어떤 것들이 있는지, 그들의 개신지는 어디인지, 그리고 각각의 개신파는 어디에서 어디로 전파되어 갔는지 등에 대해서 고찰해 보고자 한다.

특히 i+ə(←a)의 변화와 관련된 규칙들 가운데 영남지역에서 발생한 특징적인 규칙으로 ‘e>i/i+—’가 있음을 밝히고자 한다. 그리고 이 규칙이 적용되기 전단계의 구조기술을 추적해 봄으로써 현재의 영남방언에서 실현되는 i+ə의 활용형과 15세기 국어에서 실현된 그것과의 사이에 어떠한 연관성이 있는지도 함께 밝혀 보고자 한다.

기존의 연구 업적들[94]에 의하면, 영남 각 지역어에서 어간 말음 i에 부사

---

94) 영남 각 지역어의 ‘i+ə’의 변화에 대한 자세한 내용은 다음의 논문들을 참고하기 바란다.
민원식(1982 : 65-72, 문경), 이시진(1986 : 32-37, 문경), 서보월(1984 : 8-9, 안동), 이동화(1984b : 29-35, 안동), 조신애(1985 : 28-29, 42-44, 안동), 백두현(1985 : 18-20, 상주 화북), 신승원(1982 : 18-19, 25-37, 의성), 최명옥(1979 : 6-11, 영덕군 영해면 어촌), 이동화(1984a : 5-11, 고령), 박명순(1986 : 169-174, 거창), 최명옥(1998b : 104-107, 합천),

형어미 ə가 결합될 때 실현되는 방언형은, 지역과 어사에 따라 다소의 차이가 있으나, 영남방언 전체로 볼 때는 대체로 yə[yƎ], e[E], ə[Ǝ], i의 네 유형이 있음을 알 수 있다. 이들 가운데 yə[yƎ]는 i+ə[Ǝ]에서 i가 y활음화된 것으로 i에 선행하는 자음이 없는 경우에 실현되고, e[E]는 yə[yƎ]가 다시 축약된 것으로 주로 비경구개자음이 선행하는 경우에 실현되며, ə[Ǝ]는 yə[yƎ]에서 다시 y가 탈락된 것으로 주로 경구개자음이 선행하는 경우에 실현된다. 이 세 유형에 대한 설명에서는 대체로 견해의 일치를 보고 있는 듯하다.

그러나 i형에 대해서는 그 변화 과정에 대해서 크게 두 가지의 견해로 나뉘어 있다.

하나는 i+ə가 y활음화규칙의 적용으로 yə가 되고, 이것이 다시 yə→e 규칙의 적용으로 e가 되며, 이것이 또 다시 e→i 규칙의 적용으로 i가 되었다고 설명하는 것이다. 그런데 이 견해에 따르면, 첫째 한 지역어만을 대상으로 하여 볼 때는 형태소내부에서는 e>i 변화를 경험하지 않았는데도 형태소경계에서는 이 변화를 경험한다는 이해하기 어려운 점이 있고, 둘째 영남지역 전체를 대상으로 하여 볼 때는 형태소경계에서 e>i 변화를 경험한 지역이 형태소내부에서 그것을 경험한 지역보다 오히려 넓은데, 이처럼 e>i 변화를 경험한 지역이 형태소경계의 경우에 오히려 넓다는 점도 이해하기 어려운 점이다(7.1 참조).

다른 하나는 i+ə에서 ə가 선행 i에 완전순행동화되어 i로 바뀐 것으로 설명하는 것이다. 이것은 형태소내부에서는 e>i 규칙이 적용되고, 형태소경계에서는 ‘ə→i/i+—’ 규칙이 적용되는 것으로 설명하는 방법이므로, 전자의 설명 방법에서 해결하기 어려웠던 두 가지 문제점을 동시에 해결할 수 있는 장점이 있다. 그러나 이 경우에도 다음과 같은 문제점이 제기될 수 있다.

예를 들어, ‘떼어(開)’와 ‘기어(匍)’의 영남 방언형 가운데는 각각 ‘띠이’와

성인출(1984 : 42-45, 창녕), 배병인(1983 : 69-76, 산청), 최중호(1984 : 40-44, 49-50, 고성), 정인상(1982 : 60-66, 통영), 박정수(1993 : 73-80, 118-119, 경남 전역) 등.

'기이'가 있는데, 후자의 설명 방법에 의하면, 이것은 '띠+어'와 '기+어'에서 어미 '어'가 어간 모음 i에 완전순행동화되어 i로 바뀐 것으로 설명되어 동일하게 취급된다. 그러나 그 실현 지역의 범위를 보면, 전자와 동일한 변화 유형에 속하는 어사들은 앞에서 언급한 형태소내부에서의 그것을 벗어나지 못하고, 후자와 동일한 변화 유형에 속하는 어사들은 형태소경계에서의 그것과 일치하여 양자의 실현 지역 범위에 차이가 있음을 알 수 있다.

기존의 연구에서는 위에서 본 바와 같은 차이가 있음에도 불구하고, 그것을 간과한 측면이 있으며, 이러한 차이는 완전순행동화만으로는 설명하기가 어렵다. 그래서 여기서는 이러한 차이가 무엇 때문인지 그 원인을 밝혀 보고자 하는데, 그것은 영남방언의 중요한 한 특징을 밝히는 작업이 될 것으로 판단된다.

7.1. 변화의 실제

현대국어의 표준어에서 어간 말음이 i인 것으로 취급되는 어사 가운데는 15세기 국어에서부터 그 말음이 i인 경우도 있고, 15세기에는 i가 아닌 다른 모음이었으나 후대의 모음 변화에 의해 그것이 i로 바뀐 경우도 있다. 그리고 표준어에서는 어간 말음이 i가 아닌 것으로 취급되는 어사 가운데서도 지역에 따라서는 그것이 i로 재구조화된 어사들도 있다.

여기서는 전후자의 경우에서 15세기 국어에서부터 어간 말음이 i였던 경우는 본래의 i인 어간으로, 15세기 국어에서 i가 아니었던 경우는 본래의 i가 아닌 어간으로 구분하여 이들 어간에 어미 '어'가 결합될 때의 변천 과정과 각 방언형들의 분포 지역에 대해서 살펴보기로 한다. 다만, 후자의 경우에는 본 장의 논지 전개에 직접적으로 관련된 방언형에 대해서만 고찰하기로 한다.

7.1.1. 어간 말음이 본래의 i인 경우

15세기 국어에서 그 말음이 i였던 어간에 어미 ə(←a)가 결합될 때는 i가 y활음화되어 yə로 실현되는 것이 주류를 이루었으나(예, 가지+어→가져(월석 1：7)), 어사에 따라서는 i순행동화에 의한 y첨가로 iyə로 실현되기도 하였다(예, 두리+어→두리여(월석 2：44)). 그리고 드문 경우이기는 하지만 동일 어사가 경우에 따라서는 y활음화되기도 하고 y첨가되기도 하였다[95](예, 뼈뎌(두초 16：65)~뼈디여(두초 8：70)).

다음에서는 이러한 경향이 현대국어에서는 어떻게 반영되고 있는지 '누비-(衲, 두중 1：6), 치-(<티-, 打, 석보 13：22), 다치-(<다티-, 傷, 능엄 8：102), 때리-(<ᄣᅡ리-, 打, 경신 6), 두드리-(扣, 석보 1：21), 마시-(飮, 월곡 159), 지-(負, 법화 2：165), 찌-(<지-, 肥, 월석 1：26), 끼-(<ᄭᅵ-, 挿, 두초 16：52), 끼-(<ᄭᅵ-, 霧, 월석 14：60), 벗기-(脫, 월석 10：5), 이-(戴, 두초 16：35)' 등의 12개 어사를 중심으로 그 변화 과정과 각 변화형(방언형)의 분포 지역을 살펴보기로 한다.

먼저 12개 어사들의 말음 i에 어미 '어(ə)'[96]가 결합될 때의 방언형을 『한국방언자료집』에서 찾아보면, 전국적으로, yə, yɜ, yƎ, yɨ, ye, yE, e, E, iyə, ie, iE, ii, i, ə, ɜ, Ǝ, ƎƎ, iə, iƎ, iɨ, ia 등의 21유형이[97] 되는데,[98] 다음에서는 이들 각 유형의 변화 과정과 분포 지역에 대해서 살펴보기로 한다.

yə형은 i+ə(←a)에서 i가 y활음화됨으로써 나타난 유형이고, yɜ, yƎ, yɨ형은 yə형의 ə가 각각 ə>ɜ, ə>Ǝ, ə>ɨ 변화를 경험한 유형인데, yɨ형의 경우는

---

95) 동일한 어간에 명사형어미 '옴/움'이 결합된 경우에도 활음화된 형태와 y첨가된 형태의 공존을 볼 수 있다(예, 그류믄(畵, 두초 20：53)~그리요믈(두초 20：30)).

96) 앞의 주 55) 참조.

97) '누비+어'는 경기(10), 강원(9), 충북(5), 충남(8), 전북(6), 전남(1), 경북(11), 경남(12), 제주(2)에서, '때리+어'는 충남(1)에서, '마시+어'는 강원(1)에서, '끼(挿)+어'는 경기(1), 경남(1)에서, '끼(霧)+어'는 강원(1)에서, '이+어'는 강원(1), 제주(1)에서 그 방언형이 등재되지 않았다.

98) 여기서는 전국 138개 군(울릉군 제외)의 자료들을 대상으로 분절음의 변화를 고찰하는 데 주안점을 두었으므로 운소의 변화에 대해서는 특별한 관심을 보이지 않았다.

장음으로만 실현된다. 그런데 이들 네 유형은 어간 말음 i가 y활음화를 경험한 점에서 동일하므로 이 점에 초점을 맞추어 그 실현 지역을 종합해 보면, i에 자음이 선행되지 않는 경우에는 그것이 넓고, 자음이 선행되는 경우에는 그것이 좁음을 알 수 있다.

후자 가운데서는 경구개음이 선행하는 경우에 그것이 가장 좁음을 알 수 있는데, 그 이유는 경구개음이 선행하는 경우에는 어간 말음 i가 y활음화되어 yə가 되었으나 경구개음 다음에서 yə의 y가 다시 탈락되어 다음에서 보게 될 ə, ɜ, ㅋ형으로 실현되기 때문이다. 각 어사들이 이들 네 유형 가운데 어느 하나로 실현되는 지역(군)의 수를 보면 다음과 같다.

선행자음이 없는 '이-'의 경우에는 전국 138개 군(울릉군 제외) 가운데 120개 군(경기(전역), 강원(14),[99] 충북(전역), 충남(12), 전북(7), 전남(20), 경북(20), 경남(18))에서 y활음화를 경험하여 그 빈도가 매우 높다.

선행자음이 있는 경우로서, 순음인 '누비-'의 경우에는 29개 군(경기(9), 강원(5), 충북(2), 충남(6), 전북(4), 전남(3))[100]에서, 치경음인 '때리-, 두드리-, 마시-'의 경우에는 각각 60개 군(경기(18), 강원(11), 충북(8), 충남(14), 전북(5), 전남(2), 제주(2)), 52개 군(경기(18), 강원(11), 충북(5), 충남(13), 전북(2), 전남(1), 제주(2)), 64개 군(경기(전역), 강원(6), 충북(7), 충남(전역), 전북(7), 전남(8), 제주(2))에서 y활음화를 경험하였다.

선행자음이 연구개음인 '벗기-, 끼-(揷), 끼-(霧)'의 경우에는 각각 53개 군(경기(13), 강원(10), 충북(8), 충남(전역), 전북(1), 전남(3), 경북(1), 제주(2)), 14개 군(경기(10), 충북(1), 충남(3)), 13개 군(경기(11), 충북(1), 충남(1))에서 y활음화를 경험하였다. 그런데 같은 연구개음인 '벗기-'에 비해 '끼-(揷)'와 '끼-(霧)'의 경우에 그 실현 지역이 현저히 좁은 것은 다수의 지역에서 '끼-'의 'ㄲ'가 경구개음

99) 어사별로 해당 방언형이 실현되는 군의 수는 별도의 표로 제시된다. 그렇기 때문에 여기서는 한 개의 어사가 해당 방언형으로 실현되든지 혹은 한 개 이상의 어사가 해당 방언형으로 실현되든지 구별함이 없이 특정 군에서 해당 방언형이 실현되기만 하면 그것이 실현되는 군으로 취급하여 ( ) 안에 그 수치를 보였다.

100) 어사 자체가 실현되지 않는 지역이 많아 통계 수치로서의 가치가 낮다.

화되어 선행자음이 경구개음인 경우와 동일한 변화를 보이기 때문이다.

선행자음이 경구개음인 '치-(<티-), 다치-(<다티-), 지-, 찌-'의 경우에는 yə, yɜ, yƎ, yɨ형으로 실현되는 지역이 없다. 다만, 경남 함안에서 '치-'의 경우에 유일하게 yƎ가 실현되는데, 그것도 Ǝ와 병존한다.

ye형은, 15세기 국어에서 i+ə가 y활음화규칙의 적용을 받은 형태(yə)의 후대형인지, 그렇지 않으면 y첨가규칙의 적용을 받은 형태(iyə)의 후대형인지에 따라, 그 변화 과정을 달리 설명할 수 있다.[101]

yə의 후대형으로 볼 경우의 ye형은 i+ə에서 i가 y활음화되어 yə가 된 다음, 이 yə의 ə가 선행 y에 순행동화되어 e로 변화된 것으로 설명할 수 있다(i+ə →yə>ye).[102] 이 설명을 뒷받침해 주는 예로는 '너계(<너겨, 念, 사략 1 : 74a), 섬계(<섬겨, 事, 사략 2 : 35b) 등이 있고, 형태소내부에서의 예로는 'ᄈᆒ(<뼈, 骨, 三강 孝 6 : 4, 두창 하 : 61)'를 들 수 있으며, '여우(狐)'의 영남방언형 '예수(청송, 영덕, 울진), 예호(울진), 예끼(영풍, 문경), 예깽이(문경, 울진)' 등도 이것을 뒷받침해 준다.

iyə의 후대형으로 볼 경우의 ye형은 i+ə가 y첨가에 의해 iyə가 되고, 이것이 다시 y순행동화에 의해 iye가 되었으나 전설성을 지닌 세 음의 연속을 꺼려 iye의 y가 다시 탈락되든지 혹은 iyə의 yə가 바로 e로 축약되든지 하여 ie가 된[103] 다음 다시 i가 y활음화된 것으로 설명할 수 있다(i+ə →iyə(>iye)

---

101) 두 방안은 다 같이 타당성을 지니므로 어느 방안이 더 사실에 가까운 것인지 현재의 필자의 능력으로는 판단할 수가 없다. 그래서 여기서는 다만 예상되는 방안만을 제시하는 것으로 만족하고자 한다.

102) 1910년 전후의 전라도 방언에 반영된 yə>ye로의 변화와 그 음운론적 해석에 대해서는 오종갑(1983)을 참고할 수 있다.

103) iyə가 ie로 바뀌기까지의 과정을 두 경우로 가정하여 설명하였다. 그 이유는 실제의 언어 변화에서는 동일한 구조기술을 지닌 어사라도 규칙의 적용이 늦어져 당해 규칙의 적용 없이 다음 단계의 규칙이 바로 적용되는 경우도 있을 수 있기 때문에 어사에 따라서는 iyə>iye>ie의 과정을 거친 경우도 상정할 수 있고, iyə에서 바로 ie로 변화된 경우도 상정할 수 있기 때문이다. 그런데 전후자의 경우는 다 같이 선행 y의 영향에 의해 후행 ə가 e로 바뀐 것이므로 그 음운론적 기제는 동일한 것으로 보아도 무방하

>ie>ye). 이 설명에서 iyə>iye의 과정을 뒷받침해 주는 예로는 '맛기여서>막기예서(任, 사략 1 : 58)'를 들 수 있다. 그리고 ie>ye의 과정을 뒷받침해 주는 예로는 강원도 인제에서 '피+어'가 p^hie와 p^hye : 의 둘로 실현되고 있음을 들 수 있는데, 이러한 병존은 ie의 단계에 있는 형태가 ie>ye : 의 단계로 넘어가는 과도기를 반영하는 것으로 해석된다.[104)]

ye형의 실현 지역에는 강원도의 화천('마시-, 때리-'),[105)] 인제('마시-, 두드리-'), 평창('마시-'), 원성('마시-'), 삼척('벗기-, 누비-'), 전북의 무주('마시-') 등지가 있다. yE형은 ye가 다시 e>E 변화를 경험한 것인데 이 유형의 실현 지역에는 전남의 강진('누비-')이 있다. e형은 ye형에서 y가 탈락되거나 yə형이 바로 e로 축약된 것으로 설명할 수 있는데 그 실현 지역에는 경기(7), 강원(11), 충북(2), 충남(3), 전북(13), 전남(15), 경남(함안) 등지가 있다. 그리고 E형은 e형이 e>E 변화를 경험한 것인데 그 실현 지역에는 전남(12), 경북(17), 경남(1) 등지가 있다.

그런데 단음절 어간이면서 선행자음이 경구개음인 '치-, 지-, 찌-'와 대부분의 지역에서 경구개음화되어 '찌-'로 실현되는 '끼-(挿)'의 경우에는 e/E형으로 실현된 지역이 없다. 그러나 선행자음이 경구개음인 경우라도 2음절 어간인 '다치-'에 어미 '어'가 결합된 경우에는 33개 군(강원도(9), 전북(3), 전남(8), 경북(13))에서 e/E형으로 실현되는데, 그것은 구개음화규칙과 'ㅕ>ㅖ' 규칙 가운데 어느 것이 먼저 적용되느냐 하는 규칙 적용의 선후 관계 때문인

리라고 본다.

104) '피+어'의 통시적 변화 과정은 다음과 같았을 것으로 추정된다.
어간 '피-'의 15세기 형태는 '픠-'인데, 여기에 어미 '어(← 아)'가 결합될 때의 'ㅢ+ㅓ'는 'ㅢㅕ(ɨyyə)'로 실현되었다. 그리고 어간 모음은 다시 선행 순음에 동화되어 'ㅢㅕ(ɨyyə)>ㅟㅕ(uyyə)'로 변화되는데(예, 퓌여(번박 상 : 7)), 이 uyyə는 u의 재음소화에 의해 wɨyyə가 되고, 이 wɨyyə는 다시 ɨy>i에 의해 wiyə가 되며, 이 wiyə의 w가 다시 선행 순음 아래서 탈락됨으로써 iyə가 나타나게 되었다. 그리고 그 이후의 변화 과정은 본문에서 설명한 것과 동일하다(ɨyyə>uyyə>(wɨyyə)>wiyə>iyə>(iye)>ie>ye :).

105) ( ) 안에 제시된 어간은 각 지역에서 이들 어간에 어미 '어'가 결합될 경우에만 ye형이 실현됨을 의미한다. 이하 같음.

것으로 이해된다. 즉 '다티+어→다텨'에서 구개음화규칙이 먼저 적용된 지역에서는 '다텨>다쳐>다처'로, 'ㅕ>ㅖ' 규칙이 먼저 적용된 지역에서는 '다텨>다톄>다쳬>다체'로 변화되었기 때문인 것으로 설명된다.

iyə형은 i+ə가 i순행동화에 의한 y첨가를 경험한 것인데,[106] 이 유형은 제주(1)에서만 실현된다. ie형은 iyə형의 yə가 y순행동화에 의해 ye가 된 다음 다시 y가 탈락되거나(i+ə→iyə>iye>ie), yə가 바로 e로 축약된 것이고(i+ə→iyə>ie), iE형은 ie형이 다시 e>E 변화를 경험한 것이다. 전자의 실현 지역에는 경기(1), 강원(8), 전북(1)이 있고, 후자의 실현 지역에는 전남(1), 경북(2)이 있는데, 강원 지역에서 ie의 빈도가 높음을 지적할 수 있다.

ii형은 ie형의 e가 e>i 변화를 경험한 것으로 해석할 수 있는데 그 실현 지역에는 전남(2), 경북(21), 경남(17) 등지가 있다. 그리고 i형은 ii형에서 i가 하나 탈락되거나 e형이 e>i 변화를 경험하거나 한 것으로 해석할 수 있는데, 그 실현 지역에는 강원(1), 충북(4), 충남(1), 전북(11), 전남(12), 경북(22), 경남(전역), 제주(1) 등지가 있다.

그런데 ii와 i는 다 같이 e>i 변화를 경험했다는 점에서 동일하므로 이 점에 초점을 맞추어 보면, 이 변화를 경험한 지역은 강원(1), 충북(4), 충남(1), 전북(11), 전남(12), 경북(전역), 경남(전역), 제주(1) 등지가 되어 영남의 전역에서 e>i 변화를 경험하였음을 알 수 있다. 이러한 분포 양상은 이 변화의 중심지가 영남지역이었음을 말해 준다.

ə, ɜ, ɘ형은 각각 yə, yɜ, yɘ형에서 y가 탈락된 것인데 어간 말음 i에 선행하는 자음이 경구개음이거나 치경음일 때만 탈락이 일어난다. y가 탈락된 점에서 이 세 유형은 동일하므로 이 점에 초점을 맞추어 이들의 실현 지역을 종합해서 보면, 선행자음이 경구개음일 때는 전국의 모든 지역에서, 치경음 'ㄹ'일 때('때리어, 두드리어')는 전북(4), 전남(19), 경북(1), 경남(1)에서, 치경

106) i+ə가 iyə로 실현되는 것은 어간형을 분명히 하기 위해 어간 뒤에 y가 첨가된 것이라고 해석하는 견해가 있다(최명옥 1998c : 300).

음 'ㅅ'일 때('마시어')는 경기(1), 강원(1), 전북(1), 전남(1), 경북(2)에서 각각 y가 탈락됨을 알 수 있다. 그리고 이러한 빈도는 전남지역에서 y탈락의 경향이 가장 강함을 말해 준다.

ƎƎ형은 Ǝ형에 어미 Ǝ가 중가된 것으로 이해되는데 경북 영풍에서 '끼어(霧, č'ƎƎ)'의 경우에 iƎ형(č'iƎ)과 병존하여 실현된다.

iə형은 iyə형에서 y가 탈락된 것이고, iƎ 및 iɨ형은 iə형의 ə가 각각 Ǝ, ɨ로 변화된 것이다. 그리고 ia형은 15세기 국어에서 i+a가 i순행동화에 의해 iya가 되었으나 ya가 음모음화되기 전에 y가 탈락된 것이다. iə형은 경기(9), 강원(6), 충북(6), 충남(6), 전북(11), 전남(6), 제주(1)에서, iƎ형은 경북(1), 경남(2)에서, iɨ형은 경기(4)에서, ia형은 경북(6), 경남(1)에서 실현된다.

이상에서 살펴본 어사들의 어간 말음 i에 어미 a가 결합될 때의 방언형들과 그들이 실현되는 군의 수를 표로 보이면 [표49]와 같다.

〔표 49〕 'i+a'의 변화 유형별 실현 빈도(어사별)

유형 / 어사	yə	yɜ	yƎ	yɨ	ye	yE	e	E	iyə	ie	iE
누비(衲)+아	29				0.5	1	3.5	5			
때리(打)+아	58.5				1		16.5	15			
두드리(扣)+아	50.5				1		15.5	9.5			
마시(飮)+아	63				5		11.5	10.5			
벗기(脫)+아	51		1		1		31	15.5			
이(戴)+아	74	5	36	1			1				
치(打)+아			0.5						0.5		
다치(傷)+아							12.5	17.5			
지(負)+아									0.5		
찌(肥)+아									0.5		
끼(插)+아	9.5			4					0.5	1.5	
끼(霧)+아	8.5			4			2.5		0.5	7	2.5
합계	344	5	37.5	9	8.5	1	94	73	2.5	8.5	2.5

어사 \ 유형	ii	i	ə	ɜ	Ǝ	ƎƎ	iə	iƎ	iɨ	ia	x	합계
누비(衲)+아		35									64	138
때리(打)+아		45	1								1	138
두드리(扣)+아		38.5	21		2							138
마시(飮)+아		41.5	3.5		2						1	138
벗기(脫)+아		38.5										138
이(戴)+아		6					13				2	138
치(打)+아		1	96	0.5	39.5							138
다치(傷)+아		34.5	71.5		2							138
지(負)+아			95		41		1.5					138
찌(肥)+아		2.5	94	2	38.5		0.5					138
끼(插)+아	1.5	3	64		33.5		12	1	2	3.5	2	138
끼(霧)+아	38.5	6	43.5			0.5	20.5	1.5	1.5		1	138
합계	40	251.5	489.5	2.5	158.5	0.5	47.5	2.5	3.5	3.5	71	1656

7.1.2. 어간 말음이 본래의 i가 아닌 경우

15세기 국어에서는 그 어간 말음이 i가 아니었으나 현대국어(표준어)에서 또는 일부 방언에서 그 말음이 i로 재구조화된 어간들은 대부분 15세기 국어에서 그 어간 말음이 uy, ɨy, əy, oy 등으로 실현되던 것들이다. 다음에서는 이들 어간 말음에 어미 '어(←아)'가 결합될 때 실현되는 방언형들 가운데 e>i 변화와 직접 관련된 방언형들의 변화 과정과 분포 지역에 대해서 살펴보기로 한다.

7.1.2.1. uy>wɨy>wi>i인 경우

15세기 국어에서 어간 말음이 'ㅟ(uy)'였으나 현대국어에서는 일부 지역에서 그 말음이 i로 재구조화된 어간으로는 '뛰-(<쀠-, 躍, 두초 16 : 2), 쉬-(餲, 두초 16 : 33)' 등이 있다. 이들 어간에 어미 '어(←아)'가 결합될 때의 'ㅟ+ㅓ'

의 방언형은, 전국적으로, üyə, üwə, üe, ü, u, üiə, üə, üɨ, wiyə, wii, wi, wiƎ, we, ö, ii, iiƎ, i, iə, iƎ, yə 등의 유형으로 실현되는데, 이들 가운데 여기서의 논의와 직접적인 관련을 가진 것은 wii, wi, ii, iiƎ, i의 다섯 유형이 된다.

다음에서는 이 다섯 유형의 변화 과정과 분포 지역에 대해서 살펴보기로 한다.

wii형은, 15세기 국어의 uy+ə→uyyə가 근대국어 이후 그 어간이 uy>wɨy[107]>wi로 변화됨으로써[108] wiyə(현대방언에서는 제주도에서만 실현됨.)로 바뀌는데, 이 wiyə의 ə가 y순행동화에 의해 e로 바뀌어 wiye가 되거나, wiyə의 yə가 바로 e로 축약된 다음 다시 e>i 변화를 경험한 것으로 해석된다(uy+ə→uyyə>wɨyyə>wiyə>wiye/wie>wii). 이 유형은 경남(함안)과 경북(봉화)에서 실현된다.

wi형은 wii형에서 i가 하나 탈락되든지 앞의 유형들 가운데 하나인 we형이 e>i 변화를 경험하든지 하여 나타난 유형으로 해석되는데, 충북(단양)과 경남(창녕, 울주)에서 실현된다. 전자에서는 장음으로, 후자에서는 단음으로 실현되어 지역에 따라 보상적 장음화에 차이가 있다.

ii형은 wii형에서 w가 탈락된 것으로 경북(22), 경남(12)에서 실현되고, iiƎ형은 ii형에 어미 '어(Ǝ)'가 중가된 것으로 해석되는데, 경북(의성)에서 실현된다. 그리고 i형은 ii형에서 i가 하나 탈락되든지 wi형에서 w가 탈락되든지 하여 나타난 유형으로 해석되는데, 그 실현 지역에는 충북(단양), 경남(8) 등지가 있으며 모두 장음으로만 실현된다.

그런데 앞에서 살펴본 wii, wi형과 여기서 살펴본 ii, iiƎ, i형은 다 같이 e>i 변화를 경험하였으므로 이 점에 초점을 맞추어 이들의 실현 지역을 종합하면 영남지역에서는 전역에서 그것을 경험하였음을 알 수 있다. 이러한 사실은 영남 전역에서 e>i 변화가 있었음을 의미하는 것이며, 본래부터 어간 말

---

107) uy의 u가 wɨ로 재음소화된 과정에 대해서는 주 19) 참고.
108) 하향이중모음의 단모음화시기에 대해서는 주 32) 참고.

음이 i였던 7.1.1의 경우와 그 분포 경향이 동일함을 말해 준다.

7.1.2.2. ɨy>i인 경우

15세기 국어에서 그 어간 말음이 'ㅢ(ɨy)'였으나 현대국어에서 그것이 i로 재구조화된 어간으로는 '기-(<긔-, 匍, 월곡 1 : 11), 피-(<픠-, 開, 소언 5 : 26)' 등이 있다. 이들 어간에 어미 '어'가 결합될 때의 'ㅣ+ㅓ'의 방언형은, 전국적으로, iyə, ie, ii, i, iə, iɜ, iɨ, yə, yɨ, ye, e, E 등의 유형으로 실현되는데, 이들 가운데 여기서의 논의와 직접적인 관련을 가진 것은 ii, i의 두 유형이다. 다음에서는 이 두 유형의 변화 과정과 분포 지역에 대해서 살펴보기로 한다.

ii형은 ɨy+ə→ɨyyə>iyə>(iye)>ie>ii의 변화 과정으로 설명할 수 있다. 즉, 15세기 국어의 ɨy+ə가 y순행동화에 의한 y첨가로 ɨyyə로 실현되다가 근대국어 이후 어간 모음이 ɨy>i 변화를 경험하자 ɨyyə가 다시 iyə로 바뀐 다음, iyə의 ə가 다시 y순행동화에 의해 e가 됨으로써 iyə가 iye로 바뀌었다. 그러나 전설성을 지닌 세 음이 연속됨을 꺼려 y가 탈락되든지 혹은 iyə의 yə가 바로 e로 축약되든지 하여 ie가 되고, 이것이 다시 e>i 변화를 경험하여 ii가 된 것으로 설명된다. i형은 ii형에서 i가 하나 탈락된 것으로 볼 수도 있고, 앞의 12유형 가운데 하나인 e형이 e>i 변화를 경험한 것으로 볼 수도 있다.

전자의 실현 지역에는 경북(14), 경남(5)이 있고, 후자의 실현 지역에는 경기(3), 강원(2), 충북(4), 전북(1), 전남(2), 경북(전역), 경남(16)이 있다. 그런데 ii형이나 i형은 다 같이 e>i 변화를 경험했다는 점에서는 동일하므로 이 점에 초점을 맞추어 두 경우의 실현 지역을 종합해 보면, 영남지역에서는 전역에서 이 변화를 경험하였음을 알 수 있고, 이와 같은 분포 양상은 앞에서 살펴본 두 경우 — 7.1.1 및 7.1.2.1 — 와 완전히 동일한 것임도 알 수 있다.

7.1.2.3. əy>e>i인 경우

15세기 국어에서 어간 말음이 'ㅔ(əy)'였으나 현대국어의 일부 방언에서 그 어간 말음이 i로 재구조화된 어간에는 '메-(擔, 월곡 119), 떼-(<빼-, 開, 소언 5 : 101)' 등이 있다. 이들 어간에 어미 '어'가 결합될 때의 'ㅔ+ㅓ'의 방언형은, 전국적으로, eya, eyə, iya, əya, ee, EE, e, E, ɛ, ii, i, Ea, eə, eƎ, iə, iƎ, yə, yɨ, ə 등의 유형이 있는데, 이들 가운데 여기서의 논의와 직접적인 관련을 가진 것은 ii, i의 두 유형이다.

다음에서는 이 두 유형의 변화 과정과 분포 지역에 대해서 살펴보기로 한다.

ii형은 əy+ə→əyyə>eyə>(eye)>ee>ii의 변화 과정으로 설명할 수 있다. 즉, 15세기 국어의 əy+ə가 y순행동화에 의한 y첨가로 əyyə로 실현되다가 근대국어 이후 어간 모음이 əy>e 변화를 경험하자 əyyə가 다시 eyə로 바뀌었다. 그런 다음 이 eyə가 또 다시 y순행동화에 의해 eye가 된 뒤 y가 탈락되거나 혹은 yə>e 변화에 의해 ee가 되고, 이것이 다시 e>i 변화를 경험하여 ii가 된 것으로 설명된다. 이 유형은 울진을 제외한 경북 전역에서 '메+어'의 경우에 실현되며 경남지역에서는 그 실현 예를 볼 수 없다.

i형은 ii형에서 i가 하나 탈락된 것으로 볼 수도 있고, 앞에서 본 ee형에서 e가 하나 탈락된 다음 다시 e>i 규칙의 적용을 받아 나타난 것으로 볼 수도 있다(əy+ə→əyyə>eyə>(eye)>ee>ii/e(:)>i(:)). 이 유형은 '메, 떼+어'의 경우에 모두 실현되는데 지역과 어사에 따라서 보상적 장음이 실현되기도 하고 그렇지 않기도 한다. 이 유형의 실현 지역에는 강원(고성), 충북(단양, 보은, 영동), 전남(곡성, 여천, 완도), 경북(의성, 월성을 제외한 전역), 경남(창녕, 밀양, 울주, 의창, 김해, 양산, 거제) 등지가 있다.

앞의 ii형과 i형은 다 같이 e>i 변화를 경험한 것이다. 이 점에 초점을 맞추어 영남지역에서 이 둘이 실현되는 지역을 종합해 보면, 경북지역에서는 전역에서, 경남지역에서는 창녕, 밀양, 울주, 의창, 김해, 양산, 거제 등의 7개 군에서만 이 변화를 경험하였음을 알 수 있다. 그런데 이러한 지역 분포는 앞에서 살펴본 7.1.1, 7.1.2.1 및 7.1.2.2의 경우와는 e>i 변화를 경험한 지역에 차이가 있음을 알 수 있다.

7.1.2.4. oy〉wəy〉we〉wi〉i인 경우

15세기 국어에서 어간 말음이 'ㅚ(oy)'였으나 현대국어의 일부 방언에서 그 어간 말음이 i로 재구조화된 어간에는 '쇠-(老, 두창 상 : 34), 되-(斗量, 번박 상 : 12)' 등이 있다. 이들 어간에 어미 '아'가 결합될 때의 'ㅚ+ㅏ'의 방언형은, 전국적으로, öya, öyə, öa, öə, ö, weyə, wEa, wɛə, wɛɛ, wɛ, we, wE, wi, eyə, ee, EE, e, E, ii, i, eə, iƎ, üa, üə 등의 유형이 있는데, 이들 가운데 여기서의 논의와 직접적인 관련을 가진 것은 wi, ii, i의 세 유형이다.

다음에서는 이 세 유형의 변화 과정과 분포 지역에 대해서 살펴보기로 한다.

wi형은 oy+a→oyya>(wəyya)>weya>weyə>(weye)>wee>wii/we>wi의 변화 과정으로 설명할 수 있다. 즉, 15세기 국어의 oy+a→oyya가 근대국어 이후 그 어간 말 모음이 oy>wəy[109]>we로 변화되어 weya가 된 다음 다시 어미 모음이 음모음화됨으로써 weyə(현대방언에서는 제주도에서만 실현됨.)로 바뀐다. 이 weyə의 yə는 yə>ye>e로 변화되거나 바로 e로 축약되거나 하여 wee로 바뀐다. 그런 다음 이 wee는 다시 e>i 변화로 wii가 되나 i 하나가 탈락됨으로써 wi가 되거나 e가 하나 탈락되어 we가 된 다음 다시 e>i 변화를 경험하거나 하여 wi형이 나타난 것으로 해석된다. 이 유형이 실현되는 지역에는 충북(단양)과 경남(창녕)이 있다.

ii형은 앞의 wi형의 설명 과정에서 본 wii에서 w가 탈락되거나(wee>wii>ii) wee에서 w가 먼저 탈락되어 ee로 바뀐 다음 이것이 다시 e>i 변화를 경험하거나(wee>ee>ii) 하여 나타난 것으로 해석된다. 이 유형은 '쇠+아'의 경우에만 실현되고 그 실현 지역도 경북(21)에 한정되어 있다.

109) oy의 o가 wə로 재음소화된 과정에 대해서는 주 67) 참고.

i형은, ii형에서 i가 하나 탈락된 경우, wi에서 w가 탈락된 경우, e가 i로 바뀐 경우 등으로의 해석이 가능한데, 이 유형은 경남(3)에서 '쇠+아'의 경우에, 충북(1), 경북(3)에서 '되+아'의 경우에 실현된다.

그런데 앞의 wi형, ii형, i형은 다 같이 e>i 변화를 경험한 점에서는 동일하므로 이 점에 초점을 맞추어 영남에서 이 세 유형이 실현되는 지역을 종합해 보면, 경북(금릉, 칠곡을 제외한 전역), 경남(창녕, 밀양, 울주, 김해) 등지임을 알 수 있다. 이러한 지역 분포는 이 지역들에서만 e>i 변화를 경험하였으며 앞의 7.1.1, 7.1.2.1 및 7.1.2.2의 경우와는 차이가 있음을 의미한다.

7.1.3. 'e>i'와 'e>i/i+—'

앞의 7.1.2.1~7.1.2.4에서는 현대국어(표준어)나 일부 방언에서 어간 말음이 i인 경우라도 그것이 15세기 국어에서 'ᅱ, ᅴ'로 소급되는 경우에는 본래부터 i였던 7.1.1의 경우와 동일하게 영남 전역에서 e>i 변화를 경험하였다. 그러나 15세기 국어에서 'ᅦ, ᅬ'로 소급되는 경우에는 경북의 경우에는 전역에서 이 변화를 경험하였으나 경남의 경우에는 창녕, 밀양, 울주, 의창, 김해, 양산, 거제 등의 7개 군에서만 이 변화를 경험하여 본래부터 i였던 경우와는 차이를 보인다.

여기서 문제로 삼고자 하는 것은 전후자가 다 같이 e>i 변화를 경험하였음에도 불구하고 동일한 영남지역 안에서 그 분포 지역에 이러한 차이를 보이는 까닭이 무엇인가 하는 점이다.

오종갑(1999e)에서는 '게, 게으르다, 넷, 네 개, 데리고, 떼, 떼고, 메우지, 베, 베개, 세다, 셋, 세수대야, 제(祭), 제기, 헹군다' 등의 17개 어사를 중심으로 형태소내부에서의 e>i 변화를 살펴보았다. 그 결과, 경북의 경우는 전역에서 이 변화를 경험하고, 경남의 경우는 북부 및 동부 지역(거창, 합천, 창녕, 밀양, 울주, 의창, 김해, 양산, 거제)에서는 이 변화를 경험하였으나 서남부 지역(함양,

산청, 의령, 하동, 진양, 함안, 사천, 고성, 남해, 통영)에서는 이 변화를 경험하지 않았음을 알 수 있었다.[110)]

형태소경계에서 e>i 변화를 경험한 전자의 경우(어간 말음이 'ㅔ, ㅚ'인 경우)와 형태소내부에서 이 변화를 경험한 후자의 경우에서 영남지역의 경우만을 대상으로 그 분포 지역을 대비해 보면, 경북에서는 말할 것도 없고 경남에서도 형태소내부에서 이 변화를 경험한 지역의 범위 안에 들어가는 창녕, 밀양, 울주, 의창, 김해, 양산, 거제 등지에서만 그것을 경험하였음을 알 수 있다.[111)] 형태소경계에서 경험한 e>i 변화 지역이 형태소내부에서 경험한 그것의 범위 안에 포함된다는 사실은 형태소내부에서의 변화가 먼저 일어나고, 그에 뒤이어 형태소경계에서의 변화가 있었음을 의미하는 것으로 이해된다.

그러나 동일한 형태소경계에서의 변화이지만 어간 말음이 'ㅣ, ㅟ, ㅢ'인 경우에는 형태소내부에서 e>i 변화를 경험한 지역의 범위를 벗어나고 있는데, 그 이유는 두 경우에 적용되는 규칙의 차이에서 찾을 수 있을 것으로 보인다.

어간 말음이 'ㅔ, ㅚ'인 경우에 어미 '아'가 결합될 때 영남지역에서는 {əy, oy}+a가 əyya, oyya>əyyə, oyya>əyyə, wəyya>eyə, weya>eyə, weyə>(eye, weye)>ee, wee의 과정으로 변화되었을 것으로 추정된다. 그리고 이 단계에 이르면 ee, wee는 음운체계의 구조적 압력에 의한 e>i 변화를 경험하여 ii, wii가 된 다음 다시 i가 탈락되어 i, wi가 되거나(ee, wee>ii, wii>i, wi) e가 먼저 탈락하여 e, we가 된 다음 다시 e>i 변화를 경험하여 i, wi가 되거나(ee, wee>e, we>i, wi) 한다. 이 경우 e>i 변화를 경험한 지역은 형태소내부에서 e>i 변화

110) e>i 변화의 원인에 대해서는 주 43) 참고.

111) 어간 '메-, 떼-, 쇠-, 되-'에 어미 '어'가 결합된 경우의 방언형들을 통틀어 보면, 영남 이외의 지역에서 e>i 변화를 경험한 지역에는 강원(고성), 충북(단양, 보은, 영동), 전남(곡성, 여천, 완도) 등지가 있는데, 이 지역들 역시 형태소내부에서 e>i 변화를 경험한 지역의 범위 안에 들어간다(오종갑 1999e 참고, 이 책의 Ⅱ.5 참고).

를 경험한 지역의 범위를 벗어나지 않는다.

그러나 어간 말음이 'ㅣ, ㅟ, ㅢ'인 경우에 어미 '아'가 결합될 때는 {i, uy, ɨy}+a가 iya, uyya, ɨyya>iyə, uyyə, ɨyyə>iyə, wɨyyə, ɨyyə>iyə, wiyə, iyə>(iye, wiye, iye)>ie, wie, ie의 과정으로 변화되었을 것으로 추정된다. 만약 이 단계 (ie, wie, ie)에서 e>i 변화를 경험하였다면, 'ㅣ, ㅟ, ㅢ'의 경우도 'ㅔ, ㅚ'의 경우와 마찬가지로 형태소내부에서 e>i 변화를 경험한 지역의 범위를 벗어나지 않았을 것이다. 그러나 실제로는 그 범위를 벗어나 영남 전역에서 e>i 변화를 경험하였다.

어간 말음이 본래의 'ㅔ, ㅚ'인 경우와 본래의 'ㅣ, ㅟ, ㅢ'인 경우에 보이는 이러한 분포상의 차이는 구조적 압력에 의한 e>i 변화가 아닌 또 다른 변화가 있었음을 암시한다. 그런데 'ㅣ, ㅟ, ㅢ'인 경우는 e>i 변화를 경험하기 전단계의 구조기술이 (w)ie인 데 비해, 'ㅔ, ㅚ'인 경우는 그 구조기술이 (w)(e)e로 나타나 e의 앞에 i가 있느냐 없느냐의 차이가 있음을 볼 수 있다. 이 점을 고려하여 여기서는 어간 말음이 본래의 'ㅣ, ㅟ, ㅢ'인 경우에는, 본래의 'ㅔ, ㅚ'인 경우와는 달리, 어미의 e가 어간의 i에 순행동화되어 i로 변화된 것으로 해석하고자 한다. 즉, 구조적 압력에 의한 e>i 변화와는 다른 'e>i/i+—' 규칙을 설정하고자 한다.

7.2. 규칙의 전개 양상

15세기 국어에서는 말음이 i인 어간에 어미 ə(←a)가 결합될 때는 말음 i가 y활음화되거나 말음 i에 순행동화되어 y가 첨가되거나 하는 두 유형의 변화가 있었다. 그러나 현대국어에 이르는 과정에서 이들 유형이 다양한 변화를 경험함으로써 어사에 따라서는 수십 개의 방언형으로 분화되어 실현됨을 앞의 7.1에서 볼 수 있었다. 그리고 그러한 변화들 가운데 영남방언에서 두

드러진 변화로는 e>i 변화가 있는데,[112] 이 변화는 음운체계의 구조적 압력에 의한 변화와 'e>i/i+—' 규칙의 적용에 의한 변화의 둘이 있음을 알 수 있었다.

다음에서는 'e>i/i+—' 규칙을 대상으로 하여 각 군별로 이 규칙이 적용된 어사의 수를 조사하고, 그것을 서로 비교해 봄으로써 이 규칙의 개신지는 어디이며, 이 규칙이 전파되어 간 과정은 어떠한지 그 양상을 살펴보고자 한다.

그런데 앞의 7.1에서 이미 본 바와 같이 'e>i/i+—' 규칙이 적용된 어사는 이 장에서 자료로 삼은 16개 어사('뛰-, 쉬-, 기-(<긔-), 피-(픠-), 누비-, 때리-, 두드리-, 마시-, 벗기-, 이-, 치-, 다치-, 지-, 찌-, 끼(揷)-, 끼(霧)-') 모두가 해당된다. 하지만, 이들 가운데 15세기 국어에서 그 어간 말음이 y였던 '뛰-, 쉬-, 기-(<긔-), 피-(픠-)'의 경우는 지역에 따라서는 그 어간 모음이 i로 재구조화되지 않아 'e>i/i+—' 규칙이 적용될 구조기술을 갖추지 못한 경우도 있다. 그러므로 이 경우까지 합쳐서 그 빈도를 조사한다면 동일한 조건에서의 비교가 될 수 없다. 그래서 여기서는 통계의 신빙성을 높이기 위해 15세기 국어에서도 어간 말음이 i였고, 현대국어에서도 i인 나머지 12개의 어사를 중심으로 그 빈도를 살펴보기로 한다.

12개 어사에 'e>i/i+—' 규칙이 적용된 어사의 수와 백분율을 표로 보이면 [표 50]과 같고, 그 적용 비율을 구분하여 지도에 표시하면 부록의 [지도 33]과 같다.

112) 이 장에서는 자세히 다루지 않았으나 ə>ɜ, e>E, e>i 등도 영남방언에서 볼 수 있는 특징적인 변화라고 할 수 있다. 이들의 개신지에 대해서는 오종갑(1998a, 1999e)와 이 책의 Ⅱ.5를 참고할 수 있다.

〔표 50〕 'e>i/i+ㅡ' 규칙의 적용 빈도(%, 지역별)

군명	어사수	비율	군명	어사수	비율	군명	어사수	비율	군명	어사수	비율
101연천	0/11	0	302음성	0/11	0	512순창	3/12	25	712금릉	6/11	55
102파주	0/11	0	303중원	0/12	0	513남원	2/12	17	713선산	5.5/11	50
103포천	0/12	0	304제원	0/11	0	601영광	0/12	0	714군위	4/11	36
104강화	0/12	0	305단양	7/12	58	602장성	1/12	8	715영일	4.5/12	38
105김포	0/12	0	306청원	0/11	0	603담양	4/12	33	716성주	5.5/12	46
106고양	0/10	0	307괴산	0/11	0	604곡성	2/12	17	717칠곡	6/11	55
107양주	0/11	0	308보은	5/12	42	605구례	1/12	8	718경산	5.5/11	50
108남양	0/11	0	309옥천	1/12	8	606함평	0/12	0	719영천	5.5/11	50
109가평	0/12	0	310영동	5/11	45	607광산	1/12	8	720고령	7/11	64
110옹진	0/12	0	401서산	0/12	0	608신안	0/12	0	721달성	5/11	45
111시흥	0/12	0	402당진	0/11	0	609무안	0/12	0	722청도	5/11	45
112광주	0/12	0	403아산	0/12	0	610나주	1/12	8	723월성	6/11	55
113양평	0/11	0	404천원	0/11	0	611화순	0/12	0	801거창	7/12	58
114화성	0/11	0	405예산	0/11	0	612승주	0/12	0	802합천	7/12	58
115용인	0/12	0	406홍성	0/11	0	613광양	2.5/12	21	803창녕	6/11	55
116이천	0/11	0	407청양	0/11	0	614영암	0/12	0	804밀양	6/11	55
117여주	0/12	0	408공주	0/12	0	615진도	0/12	0	805울주	6.5/11	59
118평택	0/11	0	409연기	0/12	0	616해남	0/11	0	806함양	7/11	64
119안성	0/11	0	410보령	0/11	0	617강진	1/12	8	807산청	5/10	50
201철원	0/12	0	411부여	1/12	8	618장흥	1/12	8	808의령	6/11	55
202화천	0/11	0	412서천	0/12	0	619보성	1/12	8	809하동	6/11	55
203양구	0/11	0	413논산	0/12	0	620고흥	0/12	0	810진양	7/12	58
204인제	0/11	0	414대덕	0/11	0	621여천	6/12	50	811함안	5/11	45
205고성	0.5/11	5	415금산	0/10	0	622완도	1.5/12	13	812의창	7/12	58
206춘성	0/12	0	501옥구	0/11	0	701영풍	1/12	8	813김해	5/11	45
207홍천	0/10	0	502익산	1/12	8	702봉화	0.5/11	5	814양산	7/12	58
208양양	0/10	0	503완주	0/11	0	703울진	4/12	33	815사천	8/12	67
209횡성	0/10	0	504진안	1/11	9	704문경	8/12	67	816고성	6/11	55
210평창	0/12	0	505무주	2/12	17	705예천	7/12	58	817남해	6/11	55
211명주	0/11	0	506김제	0.5/11	5	706안동	5/12	42	818통영	6/11	55
212원성	0/12	0	507부안	0.5/11	5	707영양	2.5/12	21	819거제	7/12	58
213영월	0/12	0	508정읍	2/12	17	708상주	7/12	58	901북제	1/11	9

군명	어사수	비율	군명	어사수	비율	군명	어사수	비율	군명	어사수	비율
214정선	0/11	0	509임실	1/12	8	709의성	4/12	33	902남제	0/10	0
215삼척	0/12	0	510장수	5/12	42	710청송	1/12	8			
301진천	0/12	0	511고창	1.5/11	14	711영덕	2.5/12	21			

위의 [표 50]에 의거하여 'e>i/i+—' 규칙이 적용된 경향을 분석하면 다음과 같다.

경기도의 경우에는 전역에서 'e>i/i+—' 규칙이 전혀 적용되지 않았고, 강원도에서는 5%의 적용률을 보인 고성을 제외하고는 전역에서 이 규칙이 적용되지 않았다. 그리고 충북에서는 6개 군에서는 0%, 1개 군에서는 10% 미만의 적용률을 보여 그 적용 빈도가 매우 낮지만, 단양, 보은, 영동에서는 40~50%대의 높은 적용률을 보인다. 충남에서는 8%의 적용률을 보인 부여를 제외하고는 전역에서 이 규칙이 적용되지 않았다.

전북에서는 7개 군에서는 10% 미만이고, 4개 군에서는 10%대, 1개 군에서는 20%대로 대체로 낮은 적용률을 보이나 장수에서는 40%대의 높은 적용률을 보인다. 전남에서는 17개 군에서 10% 미만이고, 2개 군에서 10%대, 1개 군에서 20%대를 보여 역시 낮은 적용률을 보이나 여천에서는 50%대의 높은 적용률을 보이는데, 이 여천은 경남의 하동과 접경된 지역이다. 그리고 담양에서는 경북이나 경남과 접경되지 않으면서도 주변 지역에 비해 높은 30%대의 적용률을 보인 점이 주목을 끈다.

경북에서는 동북부 지역인 영양, 봉화, 청송에서 10% 미만의 적용률을 보이고, 역시 동북부 지역에 속하는 영양, 영덕에서 20%대의 적용률을 보이며, 울진, 의성, 군위, 영일에서는 30%대의 비교적 높은 적용률을 보인다. 그리고 서부와 남부 지역에서는 40~50%대의 높은 적용률을 보이는데, 특히 문경과 고령에서는 60%대로 가장 높은 적용률을 보인다. 경남에서는 함안과 김해에서 40%대의 적용률을 보인 것 이외에는 전부 50%대 이상의 매우 높은 적용률을 보이는데, 특히 함양과 사천에서는 60%대의 적용률을 보여 경남에서는 그것이 가장 높은 지역에 속한다.

이상에서 살펴본 각 지역별 적용률과 [지도 33]을 종합하여 살펴보면, 'e>i/i+—' 규칙은 전국적으로 보아 경북의 문경과 고령, 경남의 함양과 사천에서 다 같이 60%대의 높은 적용률을 보이는데, 그 가운데서도 경북의 서북부인 문경과 경남의 서남부인 사천이 67%로서 최고의 적용률을 보임을 알 수 있다.

그런데 이 두 지역은 지리적으로 서로 인접한 지역이 아니므로 이들 각각을 개신의 중심지로 볼 수도 있겠으나 지도상으로 보아 두 지역을 중심으로 이 규칙이 각각 발생해서 전파되었으리라는 근거를 찾기 어렵고, 경북의 서남부인 고령과 경남의 서북부인 함안에서도 64%의 높은 적용률을 보이고 있으므로 어느 한 지역 혹은 두 지역을 개신의 중심지로 추정하기가 어렵다. 그래서 여기서는 이들 지역을 모두 포괄하는 보다 큰 단위로서 경북의 동북부 지역을 제외한 영남지역을 개신의 중심지로 추정해 두고자 한다.

그렇다면 강원도에서 유일하게 이 규칙이 적용된 고성은 해로를 통해 경북 방언이 전파된 것으로 해석할 수 있다. 그리고 충북의 단양, 보은, 영동, 전북의 장수, 전남의 여천 등지에서 40~50%대의 높은 적용률을 보인 것은 이들 지역이 영남지역과 접경된 지역이므로 일찍부터 이 규칙이 이들 지역으로 전파되어 갔기 때문인 것으로 해석할 수 있다.

그런데 i+ə→iyə>ie>ii의 과정에서 ie>ii의 단계에 적용된 'e>i/i+—' 규칙의 개신지가 영남지역이라면 그 전시대의 변화인 iyə>ie의 단계에 적용된 yə>e 규칙과 i+ə→iyə의 단계에 적용된 y첨가규칙의 개신지 역시 영남지역이 아닐까 하는 의문을 가질 수 있다.[113] 다음에서는 iyə로부터의 변화형

113) 오종갑(1999e)에서는 형태소 내부에 적용된 yə>e 규칙의 개신지가 경남의 남부 해안 및 도서 지역일 것으로 추정한 바 있다. 그래서 여기서는 yə>e 규칙의 개신지에 대해서는 별도로 논의하지 않기로 한다(보다 자세한 내용에 대해서는 이 책의 Ⅱ.3을 참고

전체를 대상으로 하여 각 지역별(군 단위) 빈도를 조사한 다음 y첨가규칙의 개신지를 추정해 보기로 하되, 이 규칙과 상충하는 관계에 있는 y활음화규칙의 개신지도 동시에 추정해 보기로 한다.

i+ə가 현대국어에서 실현되는 방언형은 yə, yɜ, yƎ, yɨ, ye, yE, e, E, iyə, ie, iE, ii, i, ə, ɜ, Ǝ, ƎƎ, iə, iƎ, iɨ, ia 등의 유형이 있음을 앞의 7.1.1에서 보았다. 그런데 이들 가운데 yə, yɜ, yƎ, yɨ, ə, ɜ, Ǝ, ƎƎ는 15세기 국어에서 i+ə가 y활음화규칙의 적용을 받음으로써 실현되었던 yə의 후대의 변화형이고, iyə, ie, iE, ii, i, iə, iƎ, iɨ, ia는 15세기 국어에서 i+ə가 y첨가규칙의 적용을 받음으로써 실현되었던 iyə[iya]의 후대의 변화형인 것으로 추정하였다.

그러나 나머지 ye, yE, e, E의 넷은 15세기 국어의 yə가 후대에 변화된 것으로도 설명이 가능하고, iyə가 변화된 것으로도 설명이 가능하여 어느 한쪽만의 변화로 추정하기가 불가능하였다. ye, yE, e, E가 어느 쪽으로부터의 변화형인지가 분명히 밝혀진 다음 그 사용 빈도를 조사하는 것이 바람직한 일이겠으나, 그렇지 못하므로, 여기서는 양자의 경우를 모두 가정하여 y활음화규칙 및 y첨가규칙의 적용 빈도를 조사해 보기로 한다.

먼저 ye, yE, e, E를 15세기 국어 yə의 후대형인 것으로 가정하면, ye, yE, e, E를 포함하여 yə, yɜ, yƎ, yɨ, ə, ɜ, Ǝ, ƎƎ는 15세기 국어 yə의 후대형이 되고, 나머지 방언형 iyə, ie, iE, ii, i, iə, iƎ, iɨ, ia는 15세기 국어 iyə의 후대형이 된다. 이 경우의 y활음화규칙과 y첨가규칙이 각 지역(군 단위)에서 적용된 빈도를 표로 보이면 [표 51]과 같고, 그 적용률을 구분하여 지도에 표시하면 [지도 34](y활음화) 및 [지도 35](y첨가)와 같다

하기 바람.).

〔표 51〕 y활음화 및 y첨가 규칙의 적용 빈도(1)(지역별)

군명	y활음화		y첨가		군명	y활음화		y첨가	
	어사수	비율(%)	어사수	비율(%)		어사수	비율(%)	어사수	비율(%)
101연천	10.5/11	95	0.5/11	5	511고창	9/11	82	2/11	18
102파주	11/11	100	0/11	0	512순창	8.5/12	71	3.5/12	29
103포천	12/12	100	0/12	0	513남원	9/12	75	3/12	25
104강화	12/12	100	0/12	0	601영광	12/12	100	0/12	0
105김포	12/12	100	0/12	0	602장성	11/12	92	1/12	8
106고양	10/10	100	0/10	0	603담양	7/12	58	5/12	42
107양주	11/11	100	0/11	0	604곡성	9/12	75	3/12	25
108남양	9.5/12	79	2.5/12	21	605구례	11/12	92	1/12	8
109가평	11/11	100	0/11	0	606함평	12/12	100	0/12	0
110옹진	11.5/12	96	0.5/12	4	607광산	10/12	83	2/12	17
111시흥	10.5/12	87	1.5/12	13	608신안	11.5/12	96	0.5/12	4
112광주	12/12	100	0/12	0	609무안	12/12	100	0/12	0
113양평	9/11	82	2/11	18	610나주	11/12	92	1/12	8
114화성	9/11	82	2/11	18	611화순	10.5/12	87	1.5/12	13
115용인	10.5/12	87	1.5/12	13	612승주	11/12	92	1/12	8
116이천	10/11	91	1/11	9	613광양	9/12	75	3/12	25
117여주	12/12	100	0/12	0	614영암	12/12	100	0/12	0
118평택	11/11	100	0/11	0	615진도	12/12	100	0/12	0
119안성	9/11	82	2/11	18	616해남	11/11	100	0/11	0
201철원	10.5/12	87	1.5/12	13	617강진	11/12	92	1/12	8
202화천	10/11	91	1/11	9	618장흥	11/12	92	1/12	8
203양구	10/11	91	1/11	9	619보성	11/12	92	1/12	8
204인제	10/11	91	1/11	9	620고흥	12/12	100	0/12	0
205고성	10/11	91	1/11	9	621여천	6/12	50	6/12	50
206춘성	11/12	92	1/12	8	622완도	10.5/12	87	1.5/12	13
207홍천	9/10	90	1/10	10	701영풍	10.5/12	87	1.5/12	13
208양양	8.5/10	85	1.5/10	15	702봉화	9.5/11	86	1.5/11	14
209횡성	10/10	100	0/10	0	703울진	8/12	67	4/12	33
210평창	11/12	92	1/12	8	704문경	4/12	33	8/12	67
211명주	9/11	82	2/11	18	705예천	5/12	42	7/12	58
212원성	11/12	92	1/12	8	706안동	6.5/12	54	5.5/12	46

군명	y활음화		y첨가	
	어사수	비율(%)	어사수	비율(%)
213영월	11/12	92	1/12	8
214정선	10/11	91	1/11	9
215삼척	11.5/12	96	0.5/12	4
301진천	11.5/12	96	0.5/12	4
302음성	10/11	91	1/11	9
303중원	9.5/12	79	2.5/12	21
304제원	10/11	91	1/11	9
305단양	5/12	42	7/12	58
306청원	11/11	100	0/11	0
307괴산	10/11	91	1/11	9
308보은	7/12	58	5/12	42
309옥천	10.5/12	87	1.5/12	13
310영동	6/11	55	5/11	45
401서산	12/12	100	0/12	0
402당진	11/11	100	0/11	0
403아산	12/12	100	0/12	0
404천원	10/11	91	1/11	9
405예산	11/11	100	0/11	0
406홍성	10.5/11	95	0.5/11	5
407청양	10/11	91	1/11	9
408공주	12/12	100	0/12	0
409연기	11/12	92	1/12	8
410보령	11/11	100	0/11	0
411부여	11/12	92	1/12	8
412서천	12/12	100	0/12	0
413논산	12/12	100	0/12	0
414대덕	9.5/11	86	1.5/11	14
415금산	8.5/10	85	1.5/10	15
501옥구	9.5/11	86	1.5/11	14
502익산	10/12	83	2/12	17
503완주	10.5/11	95	0.5/11	5
504진안	9.5/11	86	1.5/11	14
707영양	9.5/12	79	2.5/12	21
708상주	5/12	42	7/12	58
709의성	8/12	67	4/12	33
710청송	10.5/12	87	1.5/12	13
711영덕	9.5/12	79	2.5/12	21
712금릉	5/11	45	6/11	55
713선산	5/11	45	6/11	55
714군위	7/11	64	4/11	36
715영일	7.5/12	62	4.5/12	38
716성주	6.5/12	54	5.5/12	46
717칠곡	5/11	45	6/11	55
718경산	5.5/11	50	5.5/11	50
719영천	5/11	45	6/11	55
720고령	3.5/11	32	7.5/11	68
721달성	6/11	55	5/11	45
722청도	5.5/11	50	5.5/11	50
723월성	4.5/11	41	6.5/11	59
801거창	5/12	42	7/12	58
802합천	5/12	42	7/12	58
803창녕	4.5/11	41	6.5/11	59
804밀양	5/11	45	6/11	55
805울주	4.5/11	41	6.5/11	59
806함양	4/11	36	7/11	64
807산청	4/10	40	6/10	60
808의령	5/11	45	6/11	55
809하동	5/11	45	6/11	55
810진양	5/12	42	7/12	58
811함안	5/11	45	6/11	55
812의창	5/12	42	7/12	58
813김해	6/11	55	5/11	45
814양산	5/12	42	7/12	58
815사천	4/12	33	8/12	67

군명	y활음화		y첨가		군명	y활음화		y첨가	
	어사수	비율(%)	어사수	비율(%)		어사수	비율(%)	어사수	비율(%)
505무주	9/12	75	3/12	25	816고성	5/11	45	6/11	55
506김제	9.5/11	86	1.5/11	14	817남해	5/11	45	6/11	55
507부안	10.5/11	95	0.5/11	5	818통영	5/11	45	6/11	55
508정읍	8/12	67	4/12	33	819거제	5/12	42	7/12	58
509임실	9/12	75	3/12	25	901북제	7.5/11	68	3.5/11	32
510장수	7/12	58	5/12	42	902남제	9/10	90	1/10	10

위의 [표 51]과 [지도 34], [지도 35]에 의하면 y활음화규칙과 y첨가규칙의 적용률은 서로 반비례하는 관계에 있음을 알 수 있다. 그런데 전자의 경우 90% 이상의 높은 적용률을 보이는 지역은 경기(13), 강원(12), 충북(5), 충남(13), 전북(2), 전남(15), 제주(1) 등지로서 주로 강원도와 남한의 서쪽 지역에 치우쳐 있고, 후자의 경우 50% 이상의 높은 적용률을 보이는 지역은 충북(1), 전남(1), 경북(11), 경남(18) 등지로서 주로 영남지역에 치우쳐 있음을 알 수 있다. 이러한 점으로 볼 때 y첨가규칙의 개신지는 영남지역이라고 할 수 있으며, 충북(1)과 전남(1)에 해당하는 단양과 여천은 영남지역과 접경된 지역으로서 일찍부터 영남방언의 영향을 받았기 때문에 그 적용률이 높은 것으로 해석할 수 있다.

ye, yE, e, E가 15세기 국어 iyə의 후대형인 것으로 가정하면, 앞의 유형들 가운데 yə, yɜ, yƎ, yɨ, ə, ɜ, Ǝ, ƎƎ는 15세기 국어 yə의 후대형이 되고, 나머지 방언형 iyə, ie, iE, ii, i, iə, iƎ, iɨ, ia는 ye, yE, e, E와 함께 15세기 국어 iyə의 후대형이 된다. 이 경우의 y활음화규칙과 y첨가규칙이 각 지역(군 단위)에서 적용된 빈도를 표로 보이면 [표 52]와 같다.114)

114) 이 적용률에 따른 지도는 번거로움을 피하기 위해 생략하였다.

〔표 52〕 y활음화 및 y첨가 규칙의 적용 빈도(2)(지역별)

군명	y활음화		y첨가		군명	y활음화		y첨가	
	어사수	비율(%)	어사수	비율(%)		어사수	비율(%)	어사수	비율(%)
101연천	10.5/11	95	0.5/11	5	511고창	7/11	64	4/11	36
102파주	11/11	100	0/11	0	512순창	7.5/12	62	4.5/12	38
103포천	12/12	100	0/12	0	513남원	6/12	50	6/12	50
104강화	12/12	100	0/12	0	601영광	7/12	58	5/12	42
105김포	11/12	92	1/12	8	602장성	10/12	83	2/12	17
106고양	10/10	100	0/10	0	603담양	7/12	58	5/12	42
107양주	11/11	100	0/11	0	604곡성	8/12	67	4/12	33
108남양	9.5/12	79	2.5/12	21	605구례	5/12	42	7/12	58
109가평	10/11	91	1/11	9	606함평	10/12	83	2/12	17
110옹진	11.5/12	96	0.5/12	4	607광산	6/12	50	6/12	50
111시흥	9.5/12	79	2.5/12	21	608신안	9.5/12	79	2.5/12	21
112광주	11/12	92	1/12	8	609무안	8/12	67	4/12	33
113양평	6/11	55	5/11	45	610나주	7/12	58	5/12	42
114화성	8/11	73	3/11	27	611화순	7/12	58	5/12	42
115용인	10.5/12	87	1.5/12	13	612승주	6/12	50	6/12	50
116이천	10/11	91	1/11	9	613광양	5.5/12	46	6.5/12	54
117여주	12/12	100	0/12	0	614영암	9/12	75	3/12	25
118평택	11/11	100	0/11	0	615진도	11/12	92	1/12	8
119안성	8/11	73	3/11	27	616해남	9/11	82	2/11	18
201철원	10.5/12	87	1.5/12	13	617강진	8/12	67	4/12	33
202화천	7/11	64	4/11	36	618장흥	9/12	75	3/12	25
203양구	9.5/11	86	1.5/11	14	619보성	8.5/12	71	3.5/12	29
204인제	6/11	55	5/11	45	620고흥	7/12	58	5/12	42
205고성	9/11	82	2/11	18	621여천	6/12	50	6/12	50
206춘성	11/12	92	1/12	8	622완도	8/12	67	4/12	33
207홍천	9/10	90	1/10	10	701영풍	7.5/12	62	4.5/12	38
208양양	8/10	80	2/10	20	702봉화	5/11	45	6/11	55
209횡성	9/10	90	1/10	10	703울진	5/12	42	7/12	58
210평창	6/12	50	6/12	50	704문경	4/12	33	8/12	67
211명주	9/11	82	2/11	18	705예천	5/12	42	7/12	58
212원성	10/12	83	2/12	17	706안동	5.5/12	46	6.5/12	54

군명	y활음화		y첨가		군명	y활음화		y첨가	
	어사수	비율(%)	어사수	비율(%)		어사수	비율(%)	어사수	비율(%)
213영월	7/12	58	5/12	42	707영양	6/12	50	6/12	50
214정선	5/11	45	6/11	55	708상주	4.5/12	37	7.5/12	63
215삼척	6/12	50	6/12	50	709의성	7/12	58	5/12	42
301진천	11.5/12	96	0.5/12	4	710청송	4.5/12	37	7.5/12	63
302음성	8/11	73	3/11	27	711영덕	4.5/12	37	7.5/12	63
303중원	9.5/12	79	2.5/12	21	712금릉	5/11	45	6/11	55
304제원	9/11	82	2/11	18	713선산	4/11	36	7/11	64
305단양	5/12	42	7/12	58	714군위	5/11	45	6/11	55
306청원	11/11	100	0/11	0	715영일	3.5/12	29	8.5/12	71
307괴산	10/11	91	1/11	9	716성주	4.5/12	37	7.5/12	63
308보은	7/12	58	5/12	42	717칠곡	5/11	45	6/11	55
309옥천	10.5/12	87	1.5/12	13	718경산	3.5/11	32	7.5/11	68
310영동	6/11	55	5/11	45	719영천	4/11	36	7/11	64
401서산	12/12	100	0/12	0	720고령	3.5/11	32	7.5/11	68
402당진	11/11	100	0/11	0	721달성	5/11	45	6/11	55
403아산	12/12	100	0/12	0	722청도	4.5/11	41	6.5/11	59
404천원	10/11	91	1/11	9	723월성	4.5/11	41	6.5/11	59
405예산	11/11	100	0/11	0	801거창	5/12	42	7/12	58
406홍성	10.5/11	95	0.5/11	5	802합천	5/12	42	7/12	58
407청양	10/11	91	1/11	9	803창녕	4.5/11	41	6.5/11	59
408공주	12/12	100	0/12	0	804밀양	5/11	45	6/11	55
409연기	11/12	92	1/12	8	805울주	4.5/11	41	6.5/11	59
410보령	11/11	100	0/11	0	806함양	4/11	36	7/11	64
411부여	10.5/12	87	1.5/12	13	807산청	4/10	40	6/10	60
412서천	12/12	100	0/12	0	808의령	5/11	45	6/11	55
413논산	10.5/12	87	1.5/12	13	809하동	5/11	45	6/11	55
414대덕	8.5/11	77	2.5/11	23	810진양	5/12	42	7/12	58
415금산	8.5/10	85	1.5/10	15	811함안	4/11	36	7/11	64
501옥구	6.5/11	59	4.5/11	41	812의창	5/12	42	7/12	58
502익산	8/12	67	4/12	33	813김해	5/11	45	6/11	55
503완주	8.5/11	77	2.5/11	23	814양산	5/12	42	7/12	58
504진안	8.5/11	77	2.5/11	23	815사천	4/12	33	8/12	67

군명	y활음화		y첨가		군명	y활음화		y첨가	
	어사수	비율(%)	어사수	비율(%)		어사수	비율(%)	어사수	비율(%)
505무주	7/12	58	5/12	42	816고성	5/11	45	6/11	55
506김제	6.5/11	59	4.5/11	41	817남해	5/11	45	6/11	55
507부안	8.5/11	77	2.5/11	23	818통영	5/11	45	6/11	55
508정읍	7/12	58	5/12	42	819거제	5/12	42	7/12	58
509임실	6.5/12	54	5.5/12	46	901북제	7.5/11	68	3.5/11	32
510장수	6/12	50	6/12	50	902남제	9/10	90	1/10	10

위의 [표 52]에 의하면 y활음화규칙과 y첨가규칙의 적용률은 역시 반비례하는 관계에 있음을 알 수 있다. 그런데 전자의 경우 90% 이상의 높은 적용률을 보이는 지역은 경기(13), 강원(3), 충북(3), 충남(11), 전남(1), 제주(1) 등지이다. 이것을 앞의 경우와 비교하면 강원도와 전남에서 그 수가 대폭 줄어들고 경기와 충남 지역만으로 그 범위가 좁혀지긴 하였으나 비영남지역에 y활음화규칙의 중심 세력권이 있음을 아는 데는 어려움이 없다.

후자의 경우 50% 이상의 높은 적용률을 보이는 지역은 강원(3), 충북(1), 전북(2), 전남(5), 경북(21), 경남(전역) 등지로서 앞의 경우와 비교하여 강원(3), 전북(2), 전남(4) 등지가 추가되긴 하였으나 이 경우에도 역시 영남지역에서 그 적용률이 압도적으로 높음을 알 수 있다.

ye, yE, e, E를 yə의 후대형 혹은 iyə의 후대형 어느 쪽으로 가정하든지 y활음화규칙의 중심 세력권은 비영남지역(대체로 경기와 충남인 것으로 추정됨.)이고, y첨가규칙의 중심 세력권은 영남지역임을 위의 논의에서 알 수 있었다. 그렇다면, 국어 방언의 전파 경로에서 볼 때 y활음화규칙은 경기와 충남 등지에서 주변 지역으로 그 세력이 전파되고,[115] y첨가규칙은 영남지역에서

115) 『한국방언자료집』에 비견할 만한 북한의 방언자료집이 없기 때문에 이 규칙이 경기나 충북이 아닌 북한 지역에 그 개신지를 두고 있었는지는 현재로서는 말할 수 없다. 그리고 여기서는 y활음화규칙의 개신지를 추정하기보다는 y첨가 규칙의 개신지를 추정하는 데 초점을 두었기 때문에 y활음화규칙의 경우는 그 개신지가 비영남지역이라

주변지역으로 전파된 것으로 해석된다.

두 규칙의 개신지를 위와 같이 볼 때, 15세기 국어의 문헌자료에서 i를 말음으로 가진 어간에 어미 ə(←a)가 결합된 경우 대부분의 어사들은 y활음화를 경험하고, 일부의 어사는 y첨가를 경험한 이유를 합리적으로 설명할 수 있게 된다. 즉, 전자의 경우에는 비영남지역(경기 및 충남)에서 발달한 y활음화 규칙이 적용되고, 후자의 경우에는 영남지역에서 발달한 y첨가규칙이 중앙어에 전파되어 그것이 적용되었기 때문이다. 그리고 한 어사가 y활음화형과 y첨가형의 둘로 나타난 것은 이 두 규칙이 동일 어사에 경쟁적으로 적용되었기 때문이다.

7.3. 요약

이 장에서는 15세기 국어에서 어간 말음이 i였던 12개 어사 — 누비-(衲), 치-(打), 다치-(傷), 때리-(打), 두드리-(扣), 마시-(飮), 지-(負), 찌-(肥), 끼-(挿), 끼-(霧), 벗기-(脫), 이-(戴) — 와 어간 말음이 y였던 8개 어사 — 뛰-(躍), 쉬-(餲), 기-(<긔-, 匍), 피-(<픠-, 開), 메-(擔), 떼-(<뻬-, 開), 쇠-(老), 되-(斗量) — 에 어미 '아'가 결합될 때의 방언형을 『한국방언자료집』에서 찾아 그들의 변화 과정과 분포 지역에 대해서 살펴보았다. 특히, 영남지역에서 'e>i/i+—' 규칙이 있었음을 입증하고, 그 규칙이 전국적으로 어떻게 전파되어 있는지 그 양상을 밝히는 데 초점을 맞추어 살펴보았다. 그 과정에서 밝혀진 중요한 사항을 요약하여 결론으로 삼으면 다음과 같다.

(1) 영남방언에는 음운체계의 구조적 압력에 의한 e>i 변화와는 달리 형태소경계에서 발달된 'e>i/i+—' 규칙의 적용에 의한 변화가 있었는데, 그 규

는 사실만 밝혀지는 것으로도 충분하므로 더 깊이 논의하지 않기로 한다.

칙의 개신지는 영남지역(경북의 동북부 지역 제외)이었던 것으로 추정된다.

(2) 'e>i/i+—' 규칙은 영남지역과 접경된 충북, 전북, 전남, 강원 등지로 전파되어 간 것으로 추정되는데, 충북의 단양, 보은, 영동, 전북의 장수, 전남의 여천 등지에서는 비교적 높은 적용률을 보인다.

(3) 15세기 국어에서 i를 말음으로 가진 동사 어간에 어미 '아'가 결합될 때는 말음 i가 y로 활음화된 형태가 주류를 이루었으나 일부 어사에서는 y가 첨가된 형태도 있었고, 또 일부 어사에서는 전후자의 형태가 공존하는 경우도 있었다. 동일 시대에 이렇게 세 유형이 공존한 이유는 비영남지역(경기 및 충남)에서 발달한 y활음화규칙과 영남지역에서 발달한 y첨가규칙이 경쟁적으로 적용되었기 때문인 것으로 해석된다.

—"'i+ə'의 음운론적 변화와 영남방언 —'e>i/i+—' 규칙의 설정과 그 전개 양상을 중심으로—"란 제목으로 『어문학』(한국어문학회) 제77집, pp.47-78에 수록됨, 2002.

8. 'ㅜ/ㅗ+ㅓ/ㅏ'의 변화

중세국어에서 'ㅜ/ㅗ'를 말음으로 가진 동사 어간에 어미 '어/아'가 결합될 때는 ① 아무런 변화도 경험하지 않는 경우(u/o+ə/a→uə/oa), ② u/o가 활음화되어 w로 실현되는 경우(u/o+ə/a→wə/wa), ③ u/o가 가진 원순성에 순행동화되어 어미에 w가 첨가되는 경우(u/o+ə/a→uwə/owa)의 세 유형으로 실현되었다. 그러나 이 세 유형이 현대국어의 여러 방언에서 실현되는 방언형을 종합해 보면, ①의 유형은 ua, uə, uƎ/oa 등으로, ②의 유형은 wa, wə, wƎ, wɜ, we, o, owa, a, ə, Ǝ, e, E, ɛ/wa, a 등으로, ③의 유형은 uwa, uwə, uwƎ, u/owa 등으로 실현되어 방언들 사이에 상당한 차이가 있음을 알 수 있다.

이 장에서는 이 방언형들의 형성 과정에 적용된 음운규칙에는 어떤 것이 있는지, 그들의 개신지는 어디인지, 그리고 각각의 개신파는 어디에서 어디로 전파되어 갔는지 등에 대해서 살펴보기로 한다. 특히, 'ㅜ+ㅓ'의 변화와 관련된 규칙들 가운데 'ㅜ'완전순행동화규칙이 영남방언의 특징적인 규칙으로 인정되고 있는데, 이 규칙이 통시적으로 발달된 고모음화규칙('o>u/u+—')에 근거를 두고 있음을 밝혀 보고자 한다.

영남의 각 지역 방언을 음운론적으로 연구한 논문들에서는 'ㅜ/ㅗ+ㅓ/ㅏ'의 변화를 거의 모두 다루고 있는데, 그들에서 설정된 음운규칙을 보면 다음과 같다.

먼저 백두현(1985, 상주 화북)에서는 w활음화규칙과 축약규칙(wə→o)의 둘이 설정되었는데, 이것은 중부방언과 경북방언의 전이지대의 성격이 반영된 것으로 해석되었다. 정인상(1982, 통영), 배병인(1983, 산청), 최중호(1984, 고성), 박명순(1986, 거창), 서보월(1984, 안동), 조신애(1985, 안동), 최명옥(1979, 영덕 영해), 민원식(1982, 문경), 이시진(1986, 문경), 신승원(1982, 의성)에서는 w활음화규칙, w탈락규칙, 축약규칙의 셋이 설정되었고, 성인출(1984, 창녕)에서는 세 개의 규칙이 설정된 점에서는 동일하나 축약규칙 대신 완전순행동화규칙이 설정되어 차이를 보인다.

그리고 이동화(1984a, 고령)와 최명옥(1998b : 89-123, 합천)에서는 w활음화규칙, w탈락규칙, 축약규칙, 완전순행동화규칙의 넷이 설정되었는데, 앞의 창녕과 여기의 고령, 합천은 서로 인접한 지역으로서 이들 지역에 다 같이 완전순행동화규칙이 설정되고 있음이 특징적이다.

박정수(1993)에서는 경남 전역으로 볼 때는 앞의 네 규칙이 설정되나 세부적으로는 지역에 따라 차이가 있고, 또 어간의 음절수나 구조조건에 따라서도 차이가 있음이 지적되었다. 거기에 제시된 내용을 개략적으로 보면, w활음화규칙과 w탈락규칙은 서부 지역에서, 축약규칙은 서부와 동부 지역에서, 완전순행동화규칙은 중부 지역에서 활발하게 적용되는 것으로 보고 있는 듯하다.

위에서 본 바와 같이, 영남방언 전체를 두고 볼 때는 w활음화, w탈락, 축약, 완전순행동화의 네 규칙이 공시적으로 설정되나 대상 지역에 따라서 2개부터 4개까지의 규칙이 설정되어 다소의 차이가 있음을 알 수 있다. 그러나 위의 논문들에서는 각각의 지역에 한정되어 연구가 이루어졌기 때문에 그들 사이의 규칙 전파 관계가 어떠한지에 대해서는 알 수가 없다.

그리고 박정수(1993)에서는 그 대상 범위가 경남 전역으로 되어 있으나 경남 이외 지역 방언과의 비교가 이루어지지 않았기 때문에 각각의 규칙이 영남지역에서 발생한 것인지, 즉 영남방언의 특성을 나타내는 것인지의 여부에 대해서는 역시 해답을 주지 못한다.

통시적 관점에서 'ㅜ/ㅗ+ㅓ/ㅏ'의 변화를 다룬 업적으로는 백두현(1992 : 193-195, 210-211)이 있다. 거기에서는 영남방언에서 'ㅜ/ㅗ+ㅓ/ㅏ'가 경험한 통시적 규칙으로 w활음화, w탈락, 축약, w첨가의 넷을 들고 있다. 이 규칙들과 공시적으로 설정된 네 규칙을 비교해 보면, 앞의 세 규칙은 서로 일치하나, 전자의 완전순행동화규칙과 후자의 w첨가규칙은 서로 일치하지 않음을 알 수 있는데, 이러한 불일치는 완전순행동화규칙이 w첨가규칙과 모종의 관련성이 있으리라는 추정을 가능하게 해 준다.

그런데 백두현(1992 : 193-195, 210-211)에는 w첨가규칙이 16세기 이후 20세기의 20년대에 이르기까지 영남방언에 존재했음을 보여 주는 자료는 제시되어 있으나 그 이후의 변화나 완전순행동화와의 관련성 등에 대해서는 달리 논의되지 않았다. 그리고 앞에 제시된 논문들에서도 w첨가규칙과 관련된 자료나 논의는 전혀 발견되지 않는다. 그래서 이 장에서는 w첨가규칙의 소멸 여부, w첨가규칙과 완전순행동화규칙 사이의 관련성 등을 밝혀 보고자 하는데, 이러한 작업은 'ㅜ/ㅗ+ㅓ/ㅏ'의 변화에 대한 또 다른 한 부분을 이해하는 데 기여할 것으로 생각된다.

8.1. 변화의 실제

중세국어 혹은 근대국어에서 어간 말음이 'ㅜ/ㅗ'였던 17개 동사 어간들의 현대국어 형태 — '두-(置, 석보 6 : 23), 쑤-(粥, 벽신 3), 주-(與, 석보 19 : 3), 추-(舞, 역어 상 : 60), 꾸-(<ᄭᅮ-, 夢, 월곡 67), 꾸-(<ᄣᅮ-, 貸, 삼강 효 : 9), 가두-(<가도-, 囚, 석보 9 : 8), 맞추-(<마초-, 覈, 자회 하 : 29), 가꾸-(<갓고-, 養, 청구 p.87), 바꾸-(<밧고-, 易, 능엄 2 : 13), 싸우-(<싸호-, 鬪, 용가 87), 배우-(<ᄇᆡ호-, 學, 석보 9 : 13), 오-(來, 석보 9 : 24), 보-(見, 석보 9 : 30), 쏘-(射, 훈해 합자), 꼬-(<ᄭᅩ-, 索, 월석

13 : 62), 호-(縫, 구간 6 : 72)' — 에 어미 '아'[116]가 결합될 때의 방언형을 『한국방언자료집』에서 찾아 그들이 현대국어에 이르는 과정에서 어떠한 변화를 경험했는지 살펴보면 다음과 같다.

8.1.1. 어간 말음이 'ㅜ'인 경우

'ㅜ'를 말음으로 가진 동사 어간에 어미 '아'가 결합될 때의 현대국어 방언형에는 ua, uə, uƎ, wa, wə, wƎ, wɜ, we, o, owa, a, ə, Ǝ, e, E, ɛ, uwa, uwə, uwƎ, u 등이 있다.[117] 다음에서는 편의상 어간 모음 'ㅜ'가 아무런 변화도 경험하지 않은 무변화형, 비음절화된 w활음화형, 어미에 w가 첨가된 w첨가형, 그리고 어간이 재구성되어 그 말음이 'ㅜ/ㅗ'가 아닌 다른 형태로 변화된 기타의 네 부류로 나누어 그 변화 과정을 살펴보기로 한다.

8.1.1.1. 무변화형

이 유형은 어간 말 모음이 아무런 변화도 경험하지 않은 것인데, 여기에 해당되는 방언형에는 ua, uə, uƎ가 있다.

ua형은 모음조화가 이루어지지 않은 형태로서 단음절 어간인 '추-(舞), 부-(見), 쑤-(射)'에서만 실현된다. 이들 가운데 '추-'의 경우는 경남의 울주에서 실현되고, 뒤의 둘은 각각 '보-, 쏘-'가 재구성된 어간인데, '부-'의 경우는 전북의 옥구, 완주, 진안에서, '쑤-'의 경우는 경기도의 화성에서 실현된다.

uə, uƎ형은 모음조화가 이루어진 형태인데, uƎ는 uə의 ə가 다시 ə>Ǝ 변화를 경험한 것이다. uə는 경기(9), 강원(4), 충북(6), 충남(11), 전북(7), 전남(20),

116) 여기서의 '아'는 어미 '아, 아도, 아서, 아라, 았다' 가운데 하나 혹은 둘을 대표한다(주 55) 참조).

117) 운소까지 고려할 경우에는 더 많은 유형이 되나 본 연구에서는 전국 138개 군의 자료들을 대상으로 분절음의 변화를 고찰하는 데 주안점을 두었기 때문에 분절음의 변화를 설명하기 위해 필요한 경우 이외에는 운소에 대한 언급은 하지 않기로 한다.

경남(함양), 제주(전역)에서, uƎ는 경북(8), 경남(5)에서 실현되는데, 이러한 분포는 ə>Ǝ 변화[118]의 개신지가 영남지역이었으리라는 추정을 가능하게 한다.

무변화형으로 실현된 어사의 총수는 뒤의 [표 53]에서 보는 바와 같이 147.5개이다. 이것은 어간 말음이 'ㅜ'인 12개의 어사와 어간 말음이 'ㅗ'인 어사가 재구성되어 'ㅜ'로 바뀐 어사 3개를 포함한 15개 어사가 전국 138개 군(울릉군 제외)에서 실현 가능한 총수 1227.5개의 12.0%에 해당된다. 그러나 다른 어사로 실현되거나 방언형이 조사되지 않은 156개를 제외하고 실제로 실현된 어사 총수인 1071.5개를 기준으로 하면 13.8%에 해당된다. 그리고 단음절 어간 : 이음절 어간에서의 실현 빈도는 143.5/691.5개(20.8%) : 4/380개(1.1%)로서 단음절 어간에서 무변화형의 빈도가 훨씬 높다.

8.1.1.2. w활음화형

이 유형에 해당되는 방언형에는 wa, wə, wƎ, wɜ, we, o, owa, a, ə, Ǝ, e, E, ε 등이 있다.

wa형과 wə형은 u+a의 결합에서 u가 활음화규칙의 적용에 의해 w로 바뀐 것인데, 전후자는 모음조화규칙의 적용 여부에서 차이를 보인다. wƎ형과 wɜ형은 wə형의 ə가 다시 ə>Ǝ/ɜ 변화[119]를 경험한 것이다. we형은 강원도의 홍천, 평창, 영월에서 '맞추+아'의 경우에만 실현된다. 그런데 홍천에서 ə(<wə)와 we가 공존하는 점으로 미루어 보아 ə>e 변화가 있었음을 짐작할

118) 오종갑(1999e)에서는 ə>Ǝ 규칙과 ɨ>Ǝ 규칙은 둘 다 영남지역에서 발생한 규칙이긴 하나 전자의 적용 지역이 후자의 그것보다 넓음을 근거로 하여 전자가 후자보다 먼저 발생한 규칙일 것으로 추정하였다. 그리고 ə가 폐구조음원칙(김진우 1988b : 521)에 의해 Ǝ로 변화되어 ɨ와의 변별력이 약화되자 연쇄적인 상승이 불가능한 ɨ는 오히려 하강하여 Ǝ와 합류가 이루어진 것으로 해석하였다. 이 책의 Ⅱ.2 참조

119) ə>ɜ 변화의 개신지는 경기도의 동남부지역으로서 그 개신파는 충남북과 전북지역으로 전파되어 간 것으로 추정된다(오종갑 2005 참고, 이 책 Ⅱ.2 참고).

수 있으나 그렇게 변화된 이유가 무엇인지는 분명하지 않다.[120)]

이 유형들이 실현된 어사의 수는 각각 wa(5), wə(580), wƎ(13), wɜ(2.5), we(2.5)로서 모음조화를 경험한 어사의 수가 그렇지 않은 어사의 수보다 압도적으로 많다. 그런데 모음조화를 경험하지 않은 wa는 단음절 어간에서만 실현되어 앞의 무변화형의 경우에서 모음조화를 경험하지 않은 형태가 단음절 어간에서만 실현되는 것과 동일한 경향을 보인다.

그런데 뒤의 [표 54]를 보면 이음절어간에서도 wa와 a(<wa)로 실현된 방언형이 247개나 되어 현대국어(표준어)의 기준에서 보면 이들은 모두 모음조화되지 않은 형태로 취급할 수 있다. 그런데도 이들을 어말 모음이 'ㅜ'인 어사로 취급하여 모음조화되지 않은 형태로 다루지 않고 'ㅗ'인 어사로 취급하여 모음조화된 형태로 다루어 둘로 구분한 이유는 다음과 같다.

이음절 어간 '가두-, 맞추-, 가꾸-, 바꾸-, 싸우-, 배우-'는 중세국어에서는 그 어간 말음이 'ㅗ'였는데, 이 'ㅗ'가 현대국어에 이르는 과정에서 자음어미 앞에서는 'ㅗ>ㅜ'변화를 경험하였다. 그러나 모음어미 '아' 앞에서는 다수의 지역에서 'ㅗ'가 아직도 유지되어 '가두고, 가돠'와 같은 활용형을 보이는데, 이것은 자음어미와 모음어미 앞에서 그 어간이 서로 다른 쌍형어간을 이루고 있음을 의미한다.[121)] 이에 비해, 여타의 지역에서는 그 활용형

---

120) 굳이 설명하자면 이들 지역에서 선행 'ㅊ'의 전설성에 동화되어 wə가 we로 전설화된 것으로 볼 수 있을 듯하다.

121) 최전승(1997)에서도 전라방언에서 이와 유사한 활용형을 보인 예들의 기저형을 자음어미 앞에서는 'ㅜ'형, 모음어미 앞에서는 'ㅗ'형으로 설정한 바 있다.
공시적으로는 '가두고, 가돠'와 같은 활용형에서 어간말 모음 'ㅜ'가 '부분중립모음'이기 때문에 어간의 첫 음절 모음과 어미의 모음이 모음조화를 이루어 '가두+아→가돠'와 같은 형태가 나타났다고 설명할 수도 있을 것이다(이기문 1972b : 139-140 참고).
그러나 통시적으로 보면 '가도고, 가돠>가두고, 가돠>가두고, 가둬'의 과정을 거쳤음이 분명하고, 국어의 모음조화가 기저형의 왼쪽 음절에서 오른쪽 음절로 '연속 반복 적용'의 방법을 취하고 있으므로(이근규 1986 : 78-84 참고), 여기서는 가운데 음절에 위치한 '부분중립모음'을 건너뛰어 어두음절 모음과 어미 모음이 조화를 이룬 것으로는 보지 않는 입장을 취하고 있다.

이 '가두고, 가둬'처럼 실현되어 자음어미나 모음어미 모두의 앞에서 어간 말음이 'ㅜ'로 실현되는데, 이것은 어간 말음이 'ㅜ'로 재구성되었음을 의미한다.

그러므로 [표 53]의 이음절어간은 'ㅜ+ㅏ'의 결합에서 모음조화규칙과 활음화규칙의 적용을 받아 그 방언형이 wə(wƎ, wɜ)형으로, [표 54]의 이음절어간은 'ㅗ+ㅏ'의 결합에서 활음화규칙의 적용만 받아 wa형으로 실현된 것으로 해석된다. 따라서 통계 처리 과정에서는 전자는 어간 말음이 'ㅜ'인 어사로, 후자는 어간 말음이 'ㅗ'인 어사로 취급하여 구분하였다.

어간 말음이 'ㅜ'이면서 모음조화되지 않은 유형은, [표 53]의 전체를 통틀어 보면, 앞에서 본 ua, wa와 함께 뒤에서 보게 될 a, uwa형이 있는데, 이들은 모두 단음절 어간에서만 발견된다. 그 실현 지역과 어사의 수는 경기도 옹진(1), 화성(0.5), 강원도 삼척(4), 전북 옥구(0.5), 완주(0.5), 진안(0.5), 경북 울진(0.5), 영양(1), 영덕(0.5), 선산(1), 군위(1), 성주(1), 칠곡(1.5), 경산(2.5), 영천(1), 고령(1), 달성(1), 청도(1), 월성(3), 경남 울주(4.5), 양산(4.5) 등과 같다. 이러한 분포는 경기와 전북의 몇 곳을 제외하면 대체로 강원도의 삼척을 포함한 경남북의 동해안 지역과 경북의 남부지역에 해당되는데, 그것은 이들 지역에 모음조화규칙이 늦게 전파되었음을 의미한다.

o형은 앞의 wə형이 wə>o 규칙의 적용에 의해 축약된 것이다.[122] 이 유형은 단음절어간 : 이음절어간의 실현 어사 수가 105/691.5(15.2%) : 12/380(3.2%)의 비율로 나타나 이음절어간에서 wə>o 규칙의 적용률이 낮다. 그 이유로는 이음절어간의 경우에는 'ㅜ'를 지닌 어간 말음절의 두음에 자음이 있을 경우에만 축약규칙이 적용되나 자음 없이 '우'로만 이루어진 음절의 경우,

122) 'u+ə → wə → o'의 과정에서 wə가 o로 바뀐 것은 w의 후설원순성이 ə에 영향을 미쳤기 때문인데, 이것은 i 말음 어간에 어미 ə가 결합될 때 i가 활음 y로 바뀌고, 이 y의 전설평순성이 ə에 영향을 미쳐 e로 바뀌는 현상과 평행적 관계를 보인다(정인상 1982 참고).

u+ə → wə → o　　　　i+ə → yə → e

이를테면, '싸우-, 배우-' 등의 경우에는 그것이 적용되지 않음을 들 수 있다.

그런데 후자에서 그것이 적용되지 않는 이유는 축약 자체가 모음충돌을 회피하기 위한 과정인데 만약 축약되어 '싸오, 배오'가 되면 다시 모음충돌의 구조를 형성하기 때문인 것으로 해석된다. 그러나 이것이 전적인 이유는 아닌 듯하다. 동일하게 음절 두음에 자음을 가진 경우에도 이음절어간의 경우에는 일음절어간의 경우에 비해 축약의 비율이 다소 낮기 때문이다. 이로 미루어 볼 때 음절 위치가 축약규칙의 적용에 다소나마 영향을 끼치고 있음을 짐작할 수 있다.

owa형은 경남의 울주와 양산에서만 실현되는 유형으로서, 울주에서는 '쑤+아'의 'ㅜ+ㅏ'가 o, owa의 두 유형으로 실현되고, 양산에서는 '주+아'가 owa로 실현된다. o형은 앞에서 본 바와 같이 uə>wə>o의 과정을 겪은 것이고, owa형은 이 o형에 어미 '아'가 중가되어 oa가 된 다음 다시 w첨가가 이루어진 것으로 해석된다(u+a>uə>wə>o>o+a>owa). 이 유형은 단음절 어간에서만 나타나는데, 그 실현 어사의 수도 1.5개에 지나지 않는다.

a, ə, Ǝ, e형은 각각 wa, wə, wƎ, we형에서 w가 탈락된 것이다. 그리고 ɛ형과 E형은 다 같이 '배우+어(<아)'의 방언형 pɛː, pEː에서 발견되는 유형인데, 전자는 pɛu+ə가 w활음화, w탈락, 완전순행동화, 동음탈락 등의 규칙을 적용 받아 실현된 것으로, 후자는 전자에서 적용된 규칙들 이외에 ɛ>E 규칙이 하나 더 적용되어 실현된 것으로 해석된다(pɛu+ə>pɛwə>pɛə>pɛɛ>pɛː>pEː). a, ə, Ǝ, e, ɛ, E형은 다 같이 w탈락을 경험하였는데 그 비율은 단음절어간(90.5/691.5(13.1%)) : 이음절어간(40/380(10.5%))으로서 양자 간에 큰 차이는 보이지 않는다.

지금까지 살펴본 wa, wə, wƎ, w3, we, o, owa, a, ə, Ǝ, e, ɛ, E형은, 어간모음의 변화에 초점을 맞추면, 모두 w활음화를 경험한 유형에 속한다. 이 유형에 속하는 어사의 총수는 850.5개로서 전체 실현 어사 1071.5개(전체 실현

가능 어사 1227.5개에서 기타의 156개를 제외한 어사 수)의 79.4%에 해당된다.

8.1.1.3. w첨가형

이 유형에 해당되는 방언형에는 uwa, uwə, uwƎ, u 등이 있다.

uwa와 uwə는 다 같이 'ㅜ+ㅏ/ㅓ'의 결합에서 'ㅏ/ㅓ'가 선행 'ㅜ'의 순행동화에 의한 w첨가로 wa/wə로 바뀐 것이고, uwƎ형은 uwə형의 ə가 다시 ə>Ǝ 변화를 경험한 것이다. 이 세 유형은 단음절 어간에서만 실현되는데, 그 실현 지역을 보면 uwa는 경남(2)에서, uwə는 강원(2), 전북(1), 제주(2)에서, uwƎ는 경남(4)에서 실현되어 앞의 w활음화형에 비해 그 실현 지역이 매우 제한되어 있음을 알 수 있다.

u형은 공시적으로는 u+ə가 완전순행동화규칙의 적용에 의해 uu로 된 다음 동음탈락이 이루어진 것으로 설명하고 있다(성인출(1984, 창녕), 이동화(1984a, 고령), 최명옥(1998b : 89-123, 합천), 박정수(1993, 경남) 등 참고). 그러나 통시적으로는 u+ə에서 w가 첨가되어 uwə가 되고, 이것이 다시 wə>o 규칙에 의해 uo로 바뀐 다음 이것이 또다시 'o>u/u+—' 규칙의 적용에 의해 uu로 바뀌었으나 다시 동음이 탈락되어 u형이 나타난 것으로 설명된다(u+ə →uwə>uo>uu>u(:))[123].

u형이 어간 말음 u에 의해 어미 ə가 u로 완전순행동화된 것이 아니라 그 전 단계에 w가 첨가된 다음 앞에서 설명한 바와 같은 과정을 거쳐 변화되었음은 다음 어사들의 변화 과정에서도 확인할 수 있다.

---

123) 이 과정은 i말음 어간에 어미 '어'가 결합될 때의 변화 과정과 평행적 관계를 보인다. 다만 전자의 경우는 u의 원순성에 의한 동화로 후행 어미에 w가 첨가되고, 후자의 경우는 i의 전설성에 의한 동화로 y가 첨가되는 점에서 차이를 보일 뿐이다. 활음이 첨가된 뒤의 축약, 고모음화, 동음탈락의 과정은 서로 일치한다. i+ə의 변화에 대해서는 오종갑(2002)와 이 책의 Ⅱ.7을 참고하기 바람.

u+ə>uwə>uo>uu>u(:)

i+ə>iyə>ie>ii>i(:)

15세기 국어에서 말음에 'ㅸ'를 가진 어간 '구ᇦ-(炙), 누ᇦ-(臥)'에 어미 '아'가 결합될 때는 '구ᄫᅥ, 누ᄫᅥ'로 실현되었으나 『한국방언자료집』에 의하면 현대 국어의 제 방언에서는 uβ+a가 uba, ubƎ, ubu, uwa, uwə, u, uə, wa, wə, 3, o 등으로 실현됨을 알 수 있다. 이들 가운데 여기서의 논의와 직접적으로 관련된 것은 β>w 변화를 경험한 uwa, uwə, u인데, 이들의 변화 과정은 'ㅜ' 말음 어간에 어미 '아'가 결합될 때 나타나는 w첨가형의 통시적 변화 과정과 동일한 양상을 보여준다.

uwa, uwə는 어미 '아'가 모음조화규칙을 경험했느냐의 여부에는 차이가 있으나 β>w 변화를 그대로 유지하고 있는 형태이고, u는 uwə의 wə가 축약되어 o가 된 다음 다시 o>u 변화를 경험한 다음 동음이 탈락된 것이다. 이처럼 β>w 변화를 경험한 다음에 나타난 일련의 변화 과정과 어간 말음이 'ㅜ'인 어간에 어미 '어'가 결합될 때 나타났던 u형이 경험한 변화 과정이 동일하다는 것은 u형이 경험한 변화 과정 중에 w가 첨가되는 과정이 있었음을 입증해 주는 것이다.

15세기 국어에서 'ㅿ'를 말음으로 가졌던 동사 어간 '줏-(<ᄌᆞᇫ-, 拾)'에 어미 '아'가 결합될 때의 'uz+a'의 현대국어 방언형은 usə, uwa, uwə, uo, u, uə, wa, wə, a, o, oƎ, owa 등으로 실현되는데,[124] 이 가운데 uwa, uwə, uo, u도 여기서의 논의와 직접적인 관련을 가진다. uwa, uwə는 어간 말음 'ㅿ'가 탈락되자 'ㅜ'가 동화주가 되어 후행 어미에 w를 첨가시킨 형태이고, uo는

124) 어간 말음이 'ㅸ, ㅿ'인 어사들의 방언형과 그 실현 빈도를 보면 다음과 같다.

방언형 / 어사	uba	ubƎ	ubu	usə	uwa	uwə	uo	u	uə	wa	wə	a	3	o	oƎ	owa	합계
굽+아	2.5	14	2		1	26		17	22.5	1	51		0.5	0.5			138
눕+아	2	13.5				36.5		19	40.5		26.5						138
줏+아				66	2	7	1	24	10	1	12.5	2.5		10	1	1	138
합계	4.5	27.5	2	66	3	69.5	1	60	73	2	90	2.5	0.5	10.5	1	1	414

* 여기서는 표준어 '줍다'를 '줏다'로 표기하였다. 필자는 표준어의 '줍-'이 '줏-'으로 바뀌어야 한다는 견해를 가지고 있는데 그 이유에 대해서는 오종갑(1997a)를 참고하기 바람.

uwə의 wə가 o로 축약된 형태이며, u는 uo의 o가 선행 u에 동화되어 u로 바뀐 다음 다시 동음탈락된 것이다. uo는 경남 남해에서 실현된 유형인데, uwə>uo의 과정을 실증해 주는 점에서 자료적 가치가 크다고 하겠다.[125)]

u형은 어간 말음이 'ㅜ'일 때는 어간의 음절수에 관계없이 실현된다. 그 실현 지역은 경기(2), 강원(1), 전북(1), 경북(8), 경남(14) 등지이고, 어간 말음이 'ㅸ'를 후행시킨 'ㅜ'일 때는 충북(1), 전남(1), 경북(7), 경남(15) 등지이며, 어간 말음이 'ㅿ'를 후행시킨 'ㅜ'일 때는 경기(1), 충북(1), 전남(1), 경북(12), 경남(10) 등지이다. 이 세 경우의 실현 지역을 비교해 보면 모두 영남지역에서 u형이 다수 실현되는 공통점이 발견된다. 이러한 공통점은 이 세 경우가 동일한 방언권에서, 동일한 변화 과정을 경험한 것임을 말해 줄 뿐만 아니라 'o>u/u+—' 규칙의 개신지가 영남지역이었으리라는 추정을 가능하게 한다.

지금까지 uwa, uwə, uwƎ, u형은 다 같이 w첨가규칙을 경험하였음을 논의하였는데, 이 규칙을 경험한 어사의 총수는 73.5개로서 기타를 제외한 전체 실현 어사 1071.5개의 6.9%에 해당된다.

8.1.1.4. 기타

여기서는 중세국어 혹은 근대국어에서는 어간 말음이 'ㅜ'이었으나 현대국어에서 그 어간 말음이 재구성된 것, 말음이 'ㅜ'인 어사와는 관련이 없는 다른 어사로 실현된 것, 그리고 해당 방언형이 등재되지 않은 것 등에 대해서 살펴보기로 한다.

---

125) '굽, 눕, 줏 + 어'의 공시적 변동과정에서 완전순행동화규칙을 설정한 논문에는 최명옥(1976), 정인상(1982), 민원식(1982), 배병인(1984), 최중호(1984), 성인출(1984), 이동화(1984a) 등이 있는데, 이들에서는 다 같이 어간 말 자음이 탈락된 다음 어미 ə가 어간 말 모음 u에 바로 완전순행동화되는 것으로 설명하고 있다. 그런데 정인상(1982), 배병인(1984), 최중호(1984)에서는 자음이 탈락된 뒤에 어간말 모음이 활음화되지 않고 완전순행동화되는 이유는, 탈락된 자음에 대한 보상적 장음화로 u가 u：로 바뀌는데 이때의 장음이 활음화를 제약하기 때문이라고 한다.

puz+ə → puzə → pu：ə → pu：u → pu：

먼저 방언형이 등재되지 않은 지역에는 강원도 원성과 인제의 두 곳이 있는데, 이 지역에서는 '(장기)두+어'의 방언형이 등재되지 않았다. 다음으로 다른 어사가 실현된 지역에는 '두+어'(경남 의령), '(죽) 쑤+어'(경북 금릉, 달성, 경남 의창), '(돈) 꾸+어'(전북 임실, 전남 장성, 경북 금릉, 월성, 경남 산청, 진양, 사천, 하동), '가꾸+어라'(전남 장성)가 있다.

어간 말음이 재구성된 예는 '두-, (꿈)꾸-, (돈)꾸-, 쑤-, 추-'에서 발견되는데 어간별로 그 방언형을 보면 다음과 같다.

어간 '두-, (꿈)꾸-, (돈)꾸-'는 그 말음이 ü 혹은 wi로 재구성되었다.

전자의 ü에 어미 '아'가 결합될 때는 ü+a>üə>üyə>üe>üi>ü : 의 발달 과정을 거치는데, 경기(4), 강원 (5), 충북(1), 충남(1), 전북(11), 전남(18)에서는 üə의 단계를, 강원(1), 전북(1)에서는 ü의 전설성에 의한 동화로 y가 첨가된 üyə의 단계를, 강원(8), 전북(1), 전남(2)에서는 üyə에서 yə가 축약된 üe의 단계를, 전남(2)에서는 üe의 e가 e>i변화를 경험하여 üi가 된 다음 다시 전설성의 중복을 피해 i가 탈락된 ü : 의 단계를 각각 반영하고 있다.

그런데 ü에 '아'가 결합된 경우이면서 그 방언형이 we로 실현된 지역 — 경기(3), 강원(9), 충남(1), 전북(5), 전남(1) — 이 발견되기도 한다. 그 이유는 we와 üe가 강원도의 화천, 양구, 철원 등지에서 병존하는 점으로 보아 üe의 ü가 ɥ로 활음화되었으나 전설성을 지닌 e 앞에서 그 전설성이 소멸되어 we로 바뀌었기 때문인 것으로 해석된다.

후자의 wi에 어미 '아'가 결합될 때의 방언형에는 wiyə, we, wE형이 있다. wiyə형은 wi+a가 모음조화규칙과 전설성동화에 의한 y첨가규칙의 적용을 받은 형태이고(wi+a>wiə>wiyə), we형은 wiyə가 다시 yə>e변화를 경험하여 wie가 된 다음 i가 활음화되어 wye가 되었으나 다시 y가 탈락되어 we가 된 것으로 해석된다(wi+a>wiə>wiyə>wie>wye>we). 전자의 실현 지역에는 남제주가 있고, 후자의 실현 지역에는 경기(3), 강원(4), 충북(1)이 있다.

전남 완도에서는 wE형이 발견되는데 이것은 앞에서 본 wi+a>wiə>wiyə>

wie>wye>we의 we가 다시 e>E 변화를 경험한 것으로서, 이 경우에는 어간이 단일화되어 자음어미 앞에서도 그 어간이 wE로 재구성되었다. 남해에서는 we가 e>i 변화를 경험하여 wi로 바뀐 다음 w가 다시 탈락된 i형이 실현되는데, 이 경우에도 어간이 단일화되어 자음어미 앞에서 그 어간이 i로 재구성되었다. 그리고 거제에서는 wE형의 w가 성절음화되어 uE형으로 실현되는데 자음어미 앞에서도 그 어간이 uE로 재구성되었다.

그런데 경기(파주, 양평), 강원(홍천)에서는 자음어미 앞에서는 그 어간이 u인데도 어미 '아'가 결합된 방언형이 we로 실현된다. 이것은 인접 지역의 영향을 받았거나 모음어미 앞에서만 그 어간이 wi로 재구성된 쌍형어간이기 때문에 나타난 유형으로 해석된다.

표준어의 '(춤)추+어'의 'ㅜ+ㅓ'에 해당되는 방언형이 ə, Ǝ로 실현되고 자음어미 앞에서는 그 어간이 '츠-, 치-'로 실현되는 지역이 있다. 어간 '츠-'는 '추+어'가 '춰'를 거쳐 '처'가 된 다음 어간을 단일화시키기 위해 자음어미 앞에서도 어간이 '처-'로 재구성되었으나 다시 '처->츠-'의 변화를 겪은 것으로 해석할 수 있다. 그리고 어간 '치'는 '츠-'가 다시 전설모음화되어 나타난 것으로 해석할 수 있다.

그러나 이 해석에서 문제가 되는 것은 'ㅓ>ㅡ' 변화의 이유가 무엇인가 하는 점이다. 중부방언에서 발견되는 장모음의 'ㅓ:'가 고모음화되어 'ㅡ:'로 바뀐 경우와 동일한 변화로 해석할 수도 있겠으나 '츠-'로 실현되는 지역이 전남(고흥)이고, '치-'로 실현되는 지역이 전남(무안, 신안, 완도), 경남(거창, 사천, 남해, 거제, 통영)인데 이들 지역에서는, 특히 경남지역에서는 'ㅓ>ㅡ' 규칙이 존재하지 않기 때문에 그렇게 해석할 수가 없다.

그래서 여기서는 '츠-'의 경우는 중세국어의 형태 '츠-(舞, 월석 1 : 44)'가 현대 방언에까지 그대로 존속된 것으로, '치-'의 경우는 '츠-'의 'ㅡ'가 전설모음화되어 그 어간이 재구성된 것으로 해석하고자 한다. 그러면 방언형 ə/Ǝ는 '츠+어 → 처(ə/Ǝ)' 혹은 '치+어 → 쳐 → 처(ə/Ǝ)'의 과정을 거쳐 나타난 것으로 해석할 수 있다.

어간 '추-'의 경우와 유사한 방언형을 보이는 어간에 '쑤-'가 있다. 이 경우에는 어미 '어'가 결합되면 'ㅜ+ㅓ'의 방언형이 ə, ƎI로 실현되고 자음어미 앞에서는 그 어간이 '쓰-, 씨-'로 실현되는데, 그 실현 지역에는 전북(장수), 전남(신안, 승주, 해남, 강진, 장흥, 고흥, 여천, 완도), 경남(사천, 고성, 남해, 거제) 등지가 있다. 만약 이 지역들에 장모음의 'ㅓ'가 'ㅡ'로 바뀌는 규칙이 존재했다면 '쑤+어>쒀：>써：'의 'ㅓ'가 'ㅡ'로 바뀌어 어간 '쓰-'가 재구성되고, 이것은 다시 전설모음화('ㅡ>ㅣ') 되어 어간 '씨-'가 재구성된 것으로 해석할 수 있을 것이다.

그러나 앞의 지역들 가운데 신안과 승주를 제외한 여타 지역은 'ㅓ>ㅡ' 규칙이 존재하지 않는 지역이므로[126] 이와 같은 해석이 타당성을 가지기 어렵다. 그래서 여기서는 이 경우의 어간을 '쓰-, 씨-'로 보아 어간 말음이 'ㅜ'인 어사에서 제외하였다. 어간을 '쓰-, 씨-'로 보면 방언형 ə, ƎI는 '쓰+어→써(ə/ƎI)'나 혹은 '씨+어→쎠→써(ə/ƎI)'의 과정에서 나타난 것으로 해석된다.

앞의 8.1.1에서 살펴본 12개의 'ㅜ' 말음 어간과 원래는 어간 말음이 'ㅗ'였으나 그것이 'ㅜ'로 재구성된 어간(8.1.2 참조)에 어미 '어'가 결합될 때의 방언형과 그들의 실현 빈도를 표로 보이면 [표 53]과 같다. 그런데 이음절어간에서 그 어간 말음이 아직 'ㅗ'를 유지하고 있는 것으로 해석한 경우의 예는 뒤의 [표 54]에서 제시하였다.

---

126) 'ㅓ：>ㅡ：' 규칙의 개신지는 경기도 남부 지역인 것으로 추정되는데, 이 규칙이 전국의 각 군에서 적용된 빈도에 대해서는 오종갑(2005)와 이 책의 Ⅱ.3을 참고하기 바람.

〔표 53〕 'ㅜ+ㅓ'의 변화 유형별 실현 빈도(어사별)

유형 \ 어사			두+어	쑤+어	주+어	추+어	꾸+어(꿈)	꾸+어(돈)	가두+어	맞추+어	가꾸+어
무변화형		ua				1					
		uə	8.5	33.5	30.5	26	8.5	19	3		
		uƎ	2	1.5	2.5	4	3.5	1			
w 활음화형	w유지	wa		1	1	1					
		wə	31	45	56	53.5	37	54.5	53.5	49	61
		wƎ		2	0.5	0.5	2	1			1
		wɜ	0.5	1							
		we								2.5	
	wə〉o	o	16.5	13	31.5	12.5	14.5	11.5	3	1	2
		owa		0.5	1						
	w탈락	a		4.5	6						
		ə		3.5		7.5				12	
		Ǝ	16.5	11	0.5	11.5	11	12.5	1		1.5
		e								3.5	
		E									
		ɛ									
w첨가형		uwa	0.5	1		1	2	2			
		uwə	2	2	3	3	0.5	1.5			
		uwƎ	1		0.5	0.5		1			
		u	5.5	2.5	5	7	10	7	3	4.5	2
기타			54	16		9	49	27			1
합계			138	138	138	138	138	138	63.5	72.5	68.5

유형 \ 어사			비꾸+어	싸우+어	배우+어	부+아	쑤+아	꾸+아	소계	합계(%)
무변화형		ua				1.5	0.5		3	147.5 (12.0)
		uə	1						130	
		uƎ							14.5	
w 활음화형	w유지	wa						2	5	850.5 (69.3)
		wə	45.5	49	45				580	
		wƎ	1	2	1			2	13	
		wɜ		1					2.5	
		we							2.5	
	wə〉o	o	6				3	1	115.5	
		owa							1.5	

유형 \ 어사			비꾸+어	싸우+어	배우+어	부+아	쑤+아	꾸+아	소계	합계 (%)
	w탈락	a					3	1.5	15	
		ə	2		1				26	
		Ǝ			1.5		1	0.5	68.5	
		e							3.5	
		E			3				3	
		ε			14.5				14.5	
w첨가형		uwa				1	0.5	1	9	73.5 (6.0)
		uwə							12	
		uwƎ							3	
		u	2.5		0.5				49.5	
기타									156	156 (12.7)
합계			58	52	66.5	2.5	8	8	1,227.5	1227.5 (100)

8.1.2. 어간 말음이 'ㅗ'인 경우

중세국어에서 'ㅗ'를 말음으로 가졌던 동사 어간에 어미 '아'가 결합될 때의 현대국어 방언형에는 oa, ua, uƎ, wa, wƎ, o, a, Ǝ, owa, uwa 등이 있다. 여기서도 편의상 앞의 'ㅜ'의 경우와 마찬 가지로 어간 모음 'ㅗ'가 아무런 변화도 경험하지 않은 무변화형, 비음절화된 w활음화형, 어미에 w가 첨가된 w첨가형, 기타의 네 부류로 나누어 그 변화 과정을 살펴보기로 한다.

8.1.2.1. 무변화형

이 유형에 속하는 방언형에는 oa, ua가 있는데 어간 말 모음 'ㅗ'에 자음이 선행되지 않을 때는 이 유형은 실현되지 않는다.

oa는 'ㅗ+ㅏ'가 아무런 변화도 경험하지 않고 그대로 실현된 것이다. ua는 전북(옥구, 완주, 진안)에서 '보+아'(ㅗ+ㅏ)의 방언형으로, 경기(화성)에서 '쏘

+아'(ㅗ+ㅏ)의 방언형으로 각각 실현된 것인데, 이 네 군에서는 다 같이 ua가 wa와 공존한다. 그런데 이들 지역에서 어간 '보-, 쏘-'가 자음어미 '지'와 결합될 때는 어간모음 'ㅗ'가 그대로 실현되고 모음어미와 결합될 때는 어간모음이 'ㅗ' 또는 'ㅜ'로 실현되어 차이를 보인다. 그래서 여기서는 '쏘지, 쏴~쑤아'와 같은 활용형에서 '쏘지, 쏴'가 짝을 이룰 때는 어간 말 모음이 'ㅗ'인 경우로 해석하고, '쏘지, 쑤아'가 짝을 이룰 때는 자음어미 앞에서는 어간말 모음이 'ㅗ'이고, 모음어미 앞에서는 어간 말 모음이 'ㅜ'인 쌍형어간으로 해석하고자 한다.

어간 말 모음의 변화에 초점을 맞추면, oa형은 아무런 변화도 경험하지 않은 형태이고, ua형은 어간 말 모음이 재구조화된 형태이므로 통계 처리 과정에서는 전자는 어간 말 모음이 'ㅗ'인 어간으로, 후자는 어간말 모음이 'ㅜ'인 어간으로 취급되어야 한다.

그렇다면 'ㅗ' 말음 어간에서 무변화형으로 실현된 어사의 수는, [표 54]에서 보는 바와 같이, 앞의 8.1.1.2에서 'ㅜ' 말음을 지닌 이음절어간 중에서 그 어간 말 모음을 'ㅗ'인 것으로 해석한 어사들을 포함하여 41.5개가 된다. 이것은 총 어사 1118.5개에서 기타의 34개를 제외한 1084.5개의 3.8%에 해당된다.

8.1.2.2. w활음화형

이 유형에 해당되는 방언형에는 wa, wƎ, o, a, Ǝ 등이 있다.

wa형은 'ㅗ+ㅏ'의 결합에서 'ㅗ'가 활음 w로 바뀐 것인데 다수의 지역에서 이 유형이 실현된다. wƎ는 경북의 울진과 영덕에서 '꾸(<꼬)+아'의 방언형으로 실현된 것이나 강원(삼척)과 경북(칠곡)에서는 동일한 '꾸(<꼬)+아'가 wa형으로 실현되어 모음조화규칙의 적용 여부에서 차이를 보이기도 한다. 뒤의 두 경우는 표준어에서는 그 어간 말 모음이 'ㅗ'이지만 이들 지역에서는 그것이 'ㅜ'로 재구성된 것으로 해석되므로 앞의 [표 53]에서 그 방언형

을 제시하였다.

o형은 그 실현된 방언형은 동일하나 어간 기저형의 말음이 o인 경우와 u인 경우의 두 부류로 나누어진다.

먼저 경북(청송, 영덕, 영일, 월성)에서는 어간 '쏘-, 꼬-'에 자음어미가 결합될 때는 어간 말 모음이 u로 실현되고 모음어미 '아'가 결합될 때는 그 방언형이 o형으로 실현된다([표 53] 참조). 이 경우의 o형은 'ㅜ+ㅓ'가 wə로 활음화된 다음 다시 o로 축약된 것이다.

이에 비해, 충북(단양), 경북(문경, 예천, 안동, 상주, 금릉, 선산, 성주, 칠곡, 달성)에서는 어간 '쏘-, 꼬-, 호-'에 자음어미가 결합될 때는 어간 말 모음 o가 그대로 실현되고 모음어미 '아'가 결합될 때도 o형으로 실현되는데, 후자의 o는, 앞의 축약과는 달리, 어미의 'ㅏ'가 어간 말 모음 'ㅗ'에 완전동화된 다음 다시 동음이 탈락된 것으로 해석된다(o+a → oo → o(:)). 그러므로 전자의 경우는 어간 말 모음이 'ㅜ'인 어간으로, 후자의 경우는 그것이 'ㅗ'인 어간으로 구분되어야 한다.

a형 역시 그 실현된 방언형은 동일하나 어간 기저형의 말음이 o를 유지하는 경우, u로 재구성된 경우, a로 재구성된 경우의 세 부류로 나누어진다.

기저형의 어간 말 모음이 o인 경우에는 'ㅗ+ㅏ'가 활음화에 의해 wa가 된 다음 다시 w가 탈락되어 a형이 나타나게 되었다. 그리고 기저형의 어간 말 모음이 u로 재구성된 경우는 자음어미가 결합될 때는 그 어간 말 모음이 'ㅜ'로, 모음어미 '아'가 결합될 때는 a형으로 실현된 경우를 말하는 것이다([표 53] 참조). 이 경우의 a는 'ㅜ+ㅏ'가 활음화를 경험하여 wa가 된 다음 다시 w가 탈락된 것으로 해석된다.

그런데 후자에서 wa를 'ㅗ+ㅏ'가 활음화된 것으로 해석하지 않고 'ㅜ+ㅏ'가 활음화된 것으로 해석하는 이유는, 첫째 자음어미 앞에서 그 어간 말음이 'ㅜ'로 바뀌었고, 둘째 이 유형의 실현 지역이 경북의 영양, 영덕, 경산, 영천, 월성 등지로서, 앞의 8.1.1.2에서 본 어간 말 모음이 'ㅜ'이면서 모음조화를 경험하지 않았던 지역들과 유사한 분포를 보이기 때문이다.

기저형의 어간 말 모음이 a로 재구성된 경우의 a형은, 공시적으로는 'ㅏ+ㅏ'가 동음탈락을 경험한 것으로 해석되나, 통시적으로는 'ㅗ+ㅏ'가 활음화에 의해 wa가 된 다음 다시 w가 탈락된 것으로 해석된다. 그러므로 여기서는 이 유형을, 어간 말 모음이 공시적으로는 'ㅏ'로 재구성되었지만 통시적으로는 w활음화를 경험한 것이 확실하므로, 통계 처리 과정에서 'ㅗ'말음을 가진 어간으로서 w활음화와 w탈락을 경험한 어사로 처리하였다. 이 유형이 실현되는 지역에는 '쏘+아'의 경우에는 경남(산청)이 있고, '꼬+아'의 경우에는 전남(여천), 경남(합천, 함양, 산청, 의령, 하동, 진양, 사천, 고성, 남해, 통영, 거제)이 있다.

ɜ형은 wɜ형에서 w가 탈락된 것인데, 이 유형은 경북 월성과 경남 의령에서 어간 '쏘-, 꼬-'가 '쑤-, 꾸-'로 재구성된 형태에 어미 '아'가 결합될 때 실현된다([표 53] 참조).

앞에서 살펴본 wa, wɜ, o, a, ɜ형 가운데 wɜ, ɜ형은 어간 말 모음이 'ㅗ'에서 'ㅜ'로 재구성된 경우의 방언형에 해당되고, o형은 일부는 어간 말음이 'ㅗ'이긴 하지만 어미 '아'와의 결합에서 완전순행동화규칙이 적용된 것이고, 일부는 어간 말음이 'ㅜ'로 재구성된 다음 활음화를 거쳐 어미 '어(←아)'와의 축약이 이루어진 것이다. 그러므로 어간 말음이 'ㅗ'이면서 w활음화를 경험한 방언형은 wa형과 a형의 두 유형뿐이다. 이 두 유형의, 즉 w활음화형의 실현 어사 수는 1015.5/1084.5(=1118.5-34)개로서 그 비율은 93.6%에 이른다.

8.1.2.3. w첨가형

이 유형에 해당되는 방언형에는 owa, uwa가 있다.

owa형은 'ㅗ+ㅏ'의 결합에서 'ㅗ'순행동화에 의한 w첨가가 이루어진 것이다. 이 유형의 실현 지역에는 충남(1), 경남(6), 제주(전역)가 있다.

uwa형은 어간 말 모음이 'ㅜ'로 재구성된 어간에 어미 '아'가 결합되자 w

첨가가 이루어진 것인데 이 유형은 경남 울주 한 지역에서, 그것도 '꾸-(<꼬-)'의 활용형에서 '꾸지, 꾸와'처럼 실현된다. 그런데 경기도 옹진에서는 '보+지, 아'의 방언형이 '보지, 부와'처럼 실현되어 자음어미 '지' 앞에서는 그 기저형이 '보-'이고, 모음어미 '아' 앞에서는 그것이 '부-'인 쌍형어간을 이루기도 한다.

경남 울주에서는 '쏘+지, 아'의 방언형이 '쑤지, 쏘와~쑤와'처럼 실현되어 이 지역에서도 방언형 uwa가 발견된다. 이 경우에는 '쑤지, 쑤와'로 짝을 이룰 때는 어간 말 모음 'ㅗ'가 'ㅜ'로 재구성된 것으로 해석되고, '쑤지, 쏘와'와 짝을 이룰 때는 자음어미 앞에서는 '쑤-'이고 모음어미 앞에서는 '쏘-'인 쌍형어간으로 해석된다. '쏘와'와 '쑤와'가 공존하는 것은 어간 말 모음 'ㅗ'가 'ㅜ'로 재구성되어가는 과도기를 보여 준다고 하겠다.

앞에서 살펴본 owa, uwa형은 다 같이 w첨가형에 속한다. 하지만 uwa는 어간 말음이 'ㅜ'로 재구성된 유형이므로 이것은 'ㅗ'말음 어간의 통계 처리 과정에서는 제외되어야 한다. 이들을 제외한, 어간 말음이 'ㅗ'인 경우로서 w첨가가 이루어진 어사의 수는 17/1084.5(1118.5-34)개로서 그 실현율은 1.6%에 해당된다.

8.1.2.4. 기타형

여기서는 중세국어 혹은 근대국어에서는 어간 말음이 'ㅗ'이었으나 현대국어에서 그 어간 말음이 재구성된 것, 말음이 'ㅗ'인 어사와는 관련이 없는 다른 어사로 실현된 것, 그리고 해당 방언형이 등재되지 않은 것 등에 대해서 살펴보기로 한다.

먼저 어간 말음이 재구성된 예는 '(선)보-'에서 발견되는데, '보+지, 아'의 방언형이 충남(홍성, 서천)에서 'pöǰi, pöə'처럼 실현되어 그 어간이 '뵈-'로 재구성되었음을 알 수 있다. 그리고 전북 완주에서는 '꼬+았다'가 다른 어사로 대치되었으며, 경기(1), 전남(11), 경북(3), 경남(15)에서는 '호+았다'가 다른 어사로 대치되었다. 방언형이 등재되지 않은 지역에는 전남(함평)이 있는데, 이 지역에서는 '호+았다'의 방언형이 등재되지 않았다.

앞의 세 경우는 모두 어간 말음이 'ㅗ'인 어사에는 포함되지 않으므로 통계 처리 과정에서 이들은 제외되었다.

앞의 8.1.2에서 살펴본 5개 어사의 방언형과, 앞의 8.1.1에서 쌍형어간으로 취급하여 그 어간 말 모음을 'ㅗ'로 처리한 어사들의 방언형을 종합하여 그 실현 빈도를 표로 보이면 [표 54]와 같다.

〔표 54〕 'ㅗ+ㅏ'의 변화 유형별 실현 빈도(어사별)127)

유형 / 어사	무변화	w활음화		w첨가	완전동화	기타	합계
		w유지	w탈락				
	oa	wa	a	owa	o		
오+아		136.5	1.5				138
보+아	3.5	69.5	59.5	1		2	135.5
쏘+아	22.5	74.5	19	7	7		130
꼬+아	7	94.5	19	7	1.5	1	130
호+아	8.5	89.5	5	2	2	31	138
가도+아		27.5	47				74.5
맞초+아		19	46.5				65.5
가꼬+아		37	32.5				69.5
바꼬+아		32.5	47.5				80
싸오+아		83	3				86
배오+아		48	23.5				71.5
소계	41.5	711.5	304	17	10.5	34	1,118.5
합계 (%)	41.5 (3.7)	1015.5 (90.8)		17 (1.6)	10.5 (0.9)	34 (3.0)	1,118.5 (100)

127) 공시태의 기저형에서 어말 모음이 a로 재구성된 경우는 통시적으로 'ㅗ+ㅏ'가 wa로 실현되다가 다시 w가 탈락된 것으로 해석할 수 있으므로 [표 54]에서 별도로 구별하여 나타내지 않았다.

앞의 8.1.1과 8.1.2에서 살펴본 바에 의하면, 어간 말 모음이 'ㅜ'인 경우와 'ㅗ'인 경우에 각각 어미 '아'가 결합될 때 적용된 규칙에는, 전자의 경우에는 w활음화, w첨가, w탈락, wə>o, 'o>u/u+—', a>ə, ə>Ǝ/ɜ 등이 있고, 후자의 경우에는 w활음화, w첨가, w탈락, 'ㅗ' 완전순행동화 등이 있어 양자가 경험한 규칙에서 차이가 있음을 알 수 있다. 그리고 규칙의 적용 빈도 측면에서도 w활음화는 전자보다는 후자에서 그 빈도가 훨씬 높은 데 비해, w첨가와 무변화는 전자에서 다소 높은 빈도를 보여 양자 사이에 차이가 있음을 알 수 있다.

8.2. 규칙의 전개 양상

말음이 'ㅜ/ㅗ'인 동사 어간에 어미 '아'가 결합될 때 이것이 통시적으로 경험한 음운규칙에는 여러 가지가 있음을 앞에서 보았다. 이들 가운데 a>ə 규칙과 ə>Ǝ/ɜ 규칙의 개신지와 그 전개 양상에 관해서는 각각 오종갑(1999e)와 오종갑(2005)에서 다룬 바 있다.

그리고 'ㅗ' 완전순행동화규칙의 적용 지역과 실현 빈도는 앞의 8.1.2에서 본 바와 같이 충북 단양(1.5), 경북 문경(1), 예천(1), 안동(0.5), 상주(1), 금릉(0.5), 선산(1), 성주(2), 칠곡(1), 달성(1)과 같은데, 충북 단양을 제외하면 주로 경북의 서부에 속하는 지역들이다. 이러한 분포 경향과 실현 빈도로 볼 때 'ㅗ' 완전순행동화규칙은 경북 서부지역에서 그 개신파가 발생한 것으로 이해된다.

다음에서는 위에서 언급한 규칙들을 제외한 w활음화, w첨가, w탈락, wə>o, 'o>u/u+—' 규칙들이 전국 138개 군(울릉군 제외)의 각각에서 어느 정도의 빈도로 실현되는지 살펴보기로 한다.

앞의 셋은 어간 말 모음이 'ㅜ'인 경우와 'ㅗ'인 경우에 관계없이 적용되나 뒤의 둘은 'ㅜ'인 경우에만 적용되는 규칙이다. 그러므로 전자에서는 17개의 어사([표 53]과 [표 54]를 합친 총수 2346개에서 기타의 190개를 제외한 2156개)가, 후자에서는 15개의 어사([표 53]의 총수 1227.5개에서 기타의 156개를 제외한 1071.5개)가 통계의 대상이 된다.

또 한 가지 유의할 점은 wə>o의 통계에서는 u형으로 실현된 방언형들도 포함되어야 한다는 점이다. 그 이유는 uwə>uo>uu>u로 변화되는 과정에서 u형도 wə>o규칙의 적용을 받았기 때문이다.

전국 138개 군에서 각 규칙이 적용된 빈도를 표로 보이면 [표 55] 및 [표 56]과 같다.

〔표 55〕 무변화, w활음화, w첨가, w탈락 규칙의 적용 빈도(지역별)

군명	무변화	비율(%)	w활음화	비율(%)	w첨가	비율(%)	w탈락	비율(%)
101연천	1.5/16	9	14.5/16	91	0/16	0	0/16	0
102파주	2.5/15	17	12.5/15	83	0/15	0	1.5/15	10
103포천	1/15	7	14/15	93	0/15	0	1/15	7
104강화	3.5/16	22	12.5/16	78	0/16	0	0.5/16	3
105김포	6/17	35	11/17	65	0/17	0	2/17	12
106고양	0/16	0	16/16	100	0/16	0	1.5/16	9
107양주	2.5/16	16	13.5/16	84	0/16	0	0/16	0
108남양	1/16	6	15/16	94	0/16	0	1/16	6
109가평	1/14	7	13/14	93	0/14	0	1/14	7
110옹진	0/17	0	16/17	94	1/17	6	1/17	6
111시흥	0/17	0	17/17	100	0/17	0	0.5/17	3
112광주	0/17	0	17/17	100	0/17	0	2/17	12
113양평	0/15	0	14/15	93	1/15	7	0/15	0
114화성	0.5/17	3	16.5/17	97	0/17	0	0.5/17	3
115용인	0/17	0	17/17	100	0/17	0	0.5/17	3
116이천	0/17	0	17/17	100	0/17	0	0.5/17	3
117여주	0/17	0	17/17	100	0/17	0	0/17	0
118평택	4/17	24	13/17	76	0/17	0	1/17	6
119안성	0/17	0	16.5/17	97	0.5/17	3	0.5/17	3

군명	무변화	비율(%)	w활음화	비율(%)	w첨가	비율(%)	w탈락	비율(%)
201철원	0.5/15	3	12.5/15	83	2/15	13	2/15	13
202화천	2/15	13	13/15	87	0/15	0	1/15	7
203양구	1/15	7	14/15	93	0/15	0	2/15	13
204인제	0/15	0	13/15	87	2/15	13	1/15	7
205고성	3.5/15	23	11.5/15	77	0/15	0	1/15	7
206춘성	0/15	0	15/15	100	0/15	0	2/15	13
207홍천	0.5/15	3	14.5/15	97	0/15	0	0.5/15	3
208양양	0/16	0	16/16	100	0/16	0	1/16	6
209횡성	0/15	0	15/15	100	0/15	0	0/15	0
210평창	0/15	0	15/15	100	0/15	0	1/15	7
211명주	0/15	0	15/15	100	0/15	0	1/15	7
212원성	0/15	0	14/15	93	1/15	7	0/15	0
213영월	0/15	0	15/15	100	0/15	0	0/15	0
214정선	0/15	0	15/15	100	0/15	0	1/15	7
215삼척	0/15	0	15/15	100	0/15	0	0/15	0
301진천	1.5/17	9	15.5/17	91	0/17	0	0/17	0
302음성	0/17	0	17/17	100	0/17	0	1/17	6
303중원	5.5/17	32	11.5/17	68	0/17	0	0/17	0
304제원	0.5/16	3	15.5/16	97	0/16	0	0/16	0
305단양	0/16	0	14.5/16	91	0/16	0	1/16	6
306청원	1.5/17	9	15.5/17	91	0/17	0	0/17	0
307괴산	0/17	0	17/17	100	0/17	0	0/17	0
308보은	1/17	6	16/17	94	0/17	0	0/17	0
309옥천	0.5/17	3	16.5/17	97	0/17	0	0/17	0
310영동	0.5/17	3	16.5/17	97	0/17	0	3/17	18
401서산	3/17	18	14/17	82	0/17	0	0/17	0
402당진	2.5/16	16	13.5/16	84	0/16	0	0/16	0
403아산	0/17	0	17/17	100	0/17	0	0.5/17	3
404천원	2/17	12	15/17	88	0/17	0	0/17	0
405예산	1/17	6	16/17	94	0/17	0	0/17	0
406홍성	5.5/16	34	10.5/16	66	0/16	0	0.5/16	3
407청양	1/17	6	16/17	94	0/17	0	0/17	0
408공주	0/17	0	17/17	100	0/17	0	0/17	0

군명	무변화	비율(%)	w활음화	비율(%)	w첨가	비율(%)	w탈락	비율(%)
409연기	4/17	24	13/17	76	0/17	0	0/17	0
410보령	0/17	0	16.5/17	97	0.5/17	3	0/17	0
411부여	1.5/17	9	15.5/17	91	0/17	0	0/17	0
412서천	4/16	25	12/16	75	0/16	0	1/16	6
413논산	0/16	0	16/16	100	0/16	0	0/16	0
414대덕	4/17	24	13/17	76	0/17	0	0/17	0
415금산	2.5/17	15	14.5/17	85	0/17	0	0/17	0
501옥구	1.5/16	9	14.5/16	91	0/16	0	0/16	0
502익산	0.5/16	3	15.5/16	97	0/16	0	0/16	0
503완주	1.5/13	12	11.5/13	88	0/13	0	1/13	8
504진안	3.5/15	23	11.5/15	77	0/15	0	0/15	0
505무주	0/17	0	17/17	100	0/17	0	1/17	6
506김제	2.5/14	18	11.5/14	82	0/14	0	1.5/14	11
507부안	4.5/16	28	11.5/16	72	0/16	0	0/16	0
508정읍	1.5/14	11	11/14	79	1.5/14	11	1/14	7
509임실	1.5/14	11	12.5/14	89	0/14	0	1/14	7
510장수	0/13	0	13/13	100	0/13	0	3/13	23
511고창	3/15	20	12/15	80	0/15	0	3/15	20
512순창	0/14	0	14/14	100	0/14	0	1/14	7
513남원	0/14	0	14/14	100	0/14	0	0/14	0
601영광	5/14	36	9/14	64	0/14	0	3/14	21
602장성	5/13	38	8/13	62	0/13	0	1/13	8
603담양	6/14	43	8/14	57	0/14	0	0/14	0
604곡성	5/15	33	10/15	67	0/15	0	1/15	7
605구례	0/14	0	14/14	100	0/14	0	1/14	7
606함평	3.5/14	25	10.5/14	75	0/14	0	4.5/14	32
607광산	3.5/14	25	10.5/14	75	0/14	0	0/14	0
608신안	1/11	9	10/11	91	0/11	0	1/11	9
609무안	1/13	8	12/13	92	0/13	0	1/13	8
610나주	2.5/14	18	11.5/14	82	0/14	0	0/14	0
611화순	4/15	27	11/15	73	0/15	0	2/15	13
612승주	4.5/14	32	9.5/14	68	0/14	0	0/14	0
613광양	2.5/15	17	12.5/15	83	0/15	0	4.5/15	30

군명	무변화	비율(%)	w활음화	비율(%)	w첨가	비율(%)	w탈락	비율(%)
614영암	1.5/14	11	12.5/14	89	0/14	0	3/14	21
615진도	8/15	53	7/15	47	0/15	0	4/15	27
616해남	4/14	29	10/14	71	0/14	0	5/14	36
617강진	3/13	23	10/13	77	0/13	0	2/13	15
618장흥	3/13	23	10/13	77	0/13	0	2/13	15
619보성	3.5/14	25	10.5/14	75	0/14	0	2/14	14
620고흥	3/13	23	10/13	77	0/13	0	0/13	0
621여천	1/15	7	14/15	93	0/15	0	4/15	27
622완도	0.5/12	4	11.5/12	96	0/12	0	2/12	17
701영풍	0.5/16	3	13.5/16	84	2/16	13	5/16	31
702봉화	0/17	0	17/17	100	0/17	0	10.5/17	62
703울진	0.5/16	3	15.5/16	97	0/16	0	7.5/16	47
704문경	0/17	0	16/17	94	0/17	0	7/17	41
705예천	0/17	0	16/17	94	0/17	0	11/17	65
706안동	0/17	0	16.5/17	97	0/17	0	11/17	65
707영양	1/17	6	16/17	94	0/17	0	11.5/17	68
708상주	0/17	0	16/17	94	0/17	0	7/17	41
709의성	7/17	41	10/17	59	0/17	0	7/17	41
710청송	0/17	0	17/17	100	0/17	0	8/17	47
711영덕	0/17	0	17/17	100	0/17	0	7.5/17	44
712금릉	0/15	0	13/15	87	1.5/15	10	9.5/15	63
713선산	0.5/17	3	14/17	82	1.5/17	9	9/17	53
714군위	0/17	0	16/17	94	1/17	6	9/17	53
715영일	0/17	0	17/17	100	0/17	0	7/17	41
716성주	0.5/17	3	14/17	82	0.5/17	3	8/17	47
717칠곡	0.5/17	3	15/17	88	0.5/17	3	9/17	53
718경산	0/17	0	17/17	100	0/17	0	11.5/17	68
719영천	0/17	0	17/17	100	0/17	0	9/17	53
720고령	0/17	0	16.5/17	97	0.5/17	3	11.5/17	68
721달성	0/16	0	15/16	94	0/16	0	10/16	63
722청도	0.5/17	3	16/17	94	0.5/17	3	9/17	53
723월성	0/15	0	15/15	100	0/15	0	10.5/15	70
801거창	0.5/15	3	12/15	80	2.5/15	17	8/15	53

군명	무변화	비율(%)	w활음화	비율(%)	w첨가	비율(%)	w탈락	비율(%)
802합천	0/17	0	13/17	76	4/17	24	6/17	35
803창녕	0.5/16	3	11/16	69	4.5/16	28	5/16	31
804밀양	0/16	0	7/16	44	9/16	56	3/16	19
805울주	1/16	6	10/16	63	5/16	31	3/16	19
806함양	1.5/16	9	13.5/16	84	1/16	6	10.5/16	66
807산청	4/15	27	11/15	73	0/15	0	8/15	53
808의령	0/16	0	14/16	88	2/16	13	9/16	56
809하동	0/15	0	14/15	93	1/15	7	7/15	47
810진양	0/15	0	15/15	100	0/15	0	10/15	67
811함안	1.5/17	9	14/17	82	1.5/17	9	4/17	24
812의창	2.5/15	17	8/15	53	4.5/15	30	5/15	33
813김해	0/16	0	8/16	50	8/16	50	7/16	44
814양산	1/17	6	9/17	53	7/17	41	4/17	24
815사천	0/13	0	13/13	100	0/13	0	9/13	69
816고성	0/15	0	13/15	87	2/15	13	8/15	53
817남해	0/13	0	13/13	100	0/13	0	10/13	77
818통영	0/15	0	15/15	100	0/15	0	11/15	73
819거제	0/11	0	11/11	100	2/11	18	9/11	82
901북제	0.5/17	3	7/17	41	9.5/17	56	0.5/17	3
902남제	1/15	7	5.5/15	37	9.5/15	63	0.5/15	3

〔표 56〕 wə〉o, o〉u 규칙의 적용 빈도(지역별)

군명	wə〉o	비율(%)	o〉u	비율(%)	군명	wə〉o	비율(%)	o〉u	비율(%)
101연천	0/9	0	0/9	0	511고창	0/4	0	0/4	0
102파주	0/10	0	0/10	0	512순창	0/3	0	0/3	0
103포천	0/7	0	0/7	0	513남원	0/3	0	0/3	0
104강화	0/10	0	0/10	0	601영광	0/4	0	0/4	0
105김포	0/11	0	0/11	0	602장성	0/5	0	0/5	0
106고양	6/10	60	0/10	0	603담양	0/3	0	0/3	0
107양주	0/10	0	0/10	0	604곡성	0/4	0	0/4	0
108남양	0/7	0	0/7	0	605구례	0/3	0	0/3	0
109가평	0/9	0	0/9	0	606함평	0/4	0	0/4	0

군명	wə〉o	비율(%)	o〉u	비율(%)	군명	wə〉o	비율(%)	o〉u	비율(%)
110옹진	0/13	0	0/13	0	607광산	0/4	0	0/4	0
111시흥	0.5/12	4	0/12	0	608신안	0/3	0	0/3	0
112광주	1/11	9	0/11	0	609무안	0/3	0	0/3	0
113양평	1.5/10	15	1/10	10	610나주	0/6	0	0/6	0
114화성	0/13	0	0/13	0	611화순	0/4	0	0/4	0
115용인	0/12	0	0/12	0	612승주	0/4	0	0/4	0
116이천	1/12	8	0/12	0	613광양	1/5	20	0/5	0
117여주	0/12	0	0/12	0	614영암	0/6	0	0/6	0
118평택	0/11	0	0/11	0	615진도	0/7	0	0/7	0
119안성	0.5/12	4	0.5/12	4	616해남	0/4	0	0/4	0
201철원	0/7	0	0/7	0	617강진	0/4	0	0/4	0
202화천	0/6	0	0/6	0	618장흥	0/3	0	0/3	0
203양구	0/7	0	0/7	0	619보성	0/4	0	0/4	0
204인제	0/8	0	0/8	0	620고흥	0/3	0	0/3	0
205고성	0/8	0	0/8	0	621여천	1/5	20	0/5	0
206춘성	0/7	0	0/7	0	622완도	1/5	20	0/5	0
207홍천	0.5/9	6	0/9	0	701영풍	7.5/8	94	2/8	25
208양양	0/11	0	0/11	0	702봉화	2.5/7	36	0/7	0
209횡성	0/9	0	0/9	0	703울진	3/10	30	0/10	0
210평창	0/10	0	0/10	0	704문경	5/6	83	0/6	0
211명주	3.5/10	35	0/10	0	705예천	2/6	33	0/6	0
212원성	1/10	10	1/10	10	706안동	2/6	33	0/6	0
213영월	1.5/10	15	0/10	0	707영양	2/7	29	0/7	0
214정선	0/10	0	0/10	0	708상주	5/6	83	0/6	0
215삼척	0/5	0	0/5	0	709의성	0/6	0	0/6	0
301진천	0/12	0	0/12	0	710청송	7/8	88	0/8	0
302음성	1/12	8	0/12	0	711영덕	5.5/10	55	0/10	0
303중원	0/12	0	0/12	0	712금릉	2/4	50	1.5/4	38
304제원	0/11	0	0/11	0	713선산	3.5/6	58	1.5/6	25
305단양	6/11	55	0/11	0	714군위	4/6	67	1/6	17
306청원	0/12	0	0/12	0	715영일	6/7	86	0/7	0
307괴산	0/12	0	0/12	0	716성주	3.5/7	50	0.5/7	7
308보은	0/12	0	0/12	0	717칠곡	2.5/8	31	0.5/8	6

군명	wə〉o	비율(%)	o〉u	비율(%)	군명	wə〉o	비율(%)	o〉u	비율(%)
309옥천	0/9	0	0/9	0	718경산	2.5/7	36	0/7	0
310영동	0/6	0	0/6	0	719영천	5/7	71	0/7	0
401서산	0/12	0	0/12	0	720고령	1.5/7	21	0.5/7	7
402당진	0/11	0	0/11	0	721달성	3/5	60	0/5	0
403아산	0/12	0	0/12	0	722청도	4.5/7	64	0.5/7	7
404천원	0/12	0	0/12	0	723월성	2.5/7	36	0/7	0
405예산	0/12	0	0/12	0	801거창	1.5/5	30	0.5/5	10
406홍성	0/12	0	0/12	0	802합천	5/7	71	4/7	57
407청양	0/12	0	0/12	0	803창녕	3.5/6	58	2.5/6	42
408공주	0/12	0	0/12	0	804밀양	7/7	100	7/7	100
409연기	0/12	0	0/12	0	805울주	2.5/8	31	0.5/8	6
410보령	0/11	0	0/11	0	806함양	3/6	50	1/6	17
411부여	0/12	0	0/12	0	807산청	0/5	0	0/5	0
412서천	0/12	0	0/12	0	808의령	3/7	43	2/7	29
413논산	0/11	0	0/11	0	809하동	2/5	40	1/5	20
414대덕	0/12	0	0/12	0	810진양	2/5	40	0/5	0
415금산	0/12	0	0/12	0	811함안	0.5/7	7	0.5/7	7
501옥구	0/12	0	0/12	0	812의창	4/5	80	4/5	80
502익산	1/11	9	0/11	0	813김해	6/6	100	6/6	100
503완주	0/10	0	0/10	0	814양산	1.5/6	25	0.5/6	8
504진안	0/11	0	0/11	0	815사천	1/3	33	0/3	0
505무주	0/8	0	0/8	0	816고성	4/5	80	2/5	40
506김제	0/8	0	0/8	0	817남해	1/3	33	0/3	0
507부안	0/10	0	0/10	0	818통영	1.5/5	30	0/5	0
508정읍	1/8	13	1/8	13	819거제	2/3	67	2/3	67
509임실	0/3	0	0/3	0	901북제	2.5/9	28	2.5/9	28
510장수	0/2	0	0/2	0	902남제	2/7	29	2/7	29

다음에서는 [표 55], [표 56]과 [지도 36]에 의거하여 각 지역별로 w활음화규칙이 적용된 양상을 간략히 분석해 보기로 한다.

w활음화규칙은, 전국적으로 보면, 그 적용률이 37%에서 100%까지 걸쳐 있는데 전국의 평균 적용률은 86.5%로서 매우 높다. 도별로는 강원(94.5%)>

경북(92.7%)>충북(92.6%)>경기(91.5%)>전북(88.9%)>충남(87.2%)>경남(78.7%)>전남(76.9%)>제주(39.0%)로 나타나 강원도가 가장 높은 적용률을 보인다. 그리고 최고인 100%의 적용률을 보인 지역은 경기(6/19), 강원(8/15), 충북(2/10), 충남(3/15), 전북(4/13), 전남(1/22), 경북(7/23), 경남(5/19)으로 나타나는데 이 경우에도 강원 지역의 빈도가 높다. 그래서 여기서는 강원 지역을 w활음화규칙의 개신지로 추정해 두고자 한다.[128]

w첨가규칙은, 전국적으로 보면, 그 적용률이 0%에서 59%까지 걸쳐 있는데 전국 138개 군의 평균 적용률은 4.2%로서 매우 낮다. 도별로는 제주(59.5%)>경남(18.1%)>강원(2.2%)/경북(2.2%)>전북(0.9%)>경기(0.8%)>충남(0.2%)>충북(0.0%)/전남(0.0%)로 나타나 제주도가 월등히 높은 적용률을 보이므로 제주도를 이 규칙의 개신지로 추정할 수 있겠다. 그러나 제주도가 개신지가 되어 그 개신파가 육지 방언으로 전파되어 갔다고 해석하는 데는 어려움이 있다. 그렇다면 육지에서는 경남지역이 개신의 중심지가 되고, 이곳으로부터 다른 지역으로 그 개신파가 전파되어 갔으리라는 추정을 할 수도 있겠으나 이 문제는 그렇게 간단히 처리할 것은 아닌 듯하다.

[지도 37]에 의하면 경기도의 옹진, 양평, 안성, 강원도의 철원, 인제, 원성, 충남의 보령, 전북의 정읍, 경북의 영풍 등지는 각각 고립된 어도(語島)로 나타나고, 여타의 경남북에서 나타나는 지역들은 보다 큰 어도(혹은 잔재지역)로 나타나고 있다. 이러한 분포는 방언의 연속성에 비추어 볼 때 이전 시대에는 한반도(남한) 전체가 w첨가규칙의 적용 지역으로 연속되어 있었으나 새로운 개신파인 w활음화규칙의 전파에 의해 그 연속성이 단절되었을 것이라는 해석을 가능하게 한다.

---

128) 현대국어 방언에서 w활음화규칙의 적용률이 매우 높기 때문에 [지도 36]에서 제1개신지가 분명히 드러나지 않으나 과거의 어느 시기에는 한 지점이 개신의 중심지가 되고, 이 지역으로부터 건너뛰기 확산 방식으로 개신파가 전파된 결과 현재와 같은 분포 경향을 초래하게 되었으리라는 추정을 해 볼 수도 있다.

이러한 해석은 근대 이전의 문헌 자료들을 통해서도 그 타당성이 입증된다. 이를테면, 중앙어를 반영한 문헌들뿐만 아니라 경상도 방언을 반영한 것으로 추정되는 『여씨향약언해』(1518, 존경각본), 전라도 방언을 반영한 것으로 추정되는 『권념요록, 』(1637, 구례 화엄사 개간), 충북방언을 반영한 것으로 추정되는 『여소학』(1882) 등에서 w첨가규칙이 적용된 예들이 발견되기 때문이다.[129] 그것을 보이면 예(1)과 같다.

(1) ① ᄀᆞ초와(내훈 2 : 67), 두워(두초 6 : 3), ᄃᆞ토와(능엄 2 : 20), 모도와(법화 2 : 178), 밧고와(두초 8 : 46).
② ᄀᆞ초와(여씨 17b), 가도와(여씨 32a), 보와(여씨 29b), 모도와(여씨 31b), 주워(여씨 30a).
③ 가도와(권념 3a), ᄭᅮᆷᄭᅮ워(권념 24a).
④ 일우워(여소 1 : 5b), 거두워서(여소 2 : 30a), 노왓던(여소 3 : 46b).

w첨가규칙이 한반도(남한) 전역에 전파되어 있었다면 이제 남은 문제는 위의 통계 자료에 나타난 수치 그대로 영남지역이 이 규칙의 개신지가 되었느냐의 여부가 될 것이다. 그런데 통시적으로 볼 때는 영남지역보다 더 많은 빈도로 w첨가규칙이 적용되었던 지역이라도 w활음화규칙의 적용 확대로 현대국어에서는 그것의 적용률이 0%로 나타날 수도 있다.

그러므로 이 문제를 해결하기 위해서는 보다 이른 시기의 각 지역의 w첨가규칙 적용 빈도를 비교해 볼 필요가 있다. 그러나 동일 시기의 각 지역 방언을 비교해 볼 수 있는 문헌 자료가 구비되어 있지 않은 실정이므로 여기서는 중앙어와 영남방언을 반영한 문헌만을 대상으로 그 적용률을 비교해 보기로 한다.

1518년에 간행된 중앙어 자료 『번역소학』과 역시 같은 해에 간행된 영남

129) 『여소학』의 서지적 성격과 거기에 반영된 음운현상에 대해서는 이재춘(1991)을 참고할 수 있다.

방언 자료 『정속언해, 이원주 소장본』, 『이륜행실도, 옥산서원본』, 『여씨향약언해』에서 w첨가규칙이 적용될 수 있는 구조 조건, 즉 어간의 말음절이 Cu/Co이고 여기에 어미 '어/아'가 결합된 경우의 활용형을 찾아보면 다음과 같다.

(2) ① 모도와(번소 9 : 13a), 밧고와(번소 7 : 39a), ᄀ초와(번소 7 : 17a, 9 : 87b), 거두어(번소 8 : 24b)～거두워(번소 8 : 5a), ᄃ토아(번소 6 : 36b, 9 : 68b)～ᄃ토와(번소 7 : 41b, 8 : 42b), 보아X(번소 10 : 24b, 8 : 17a, 9 : 45b, 9 : 82b, 7 : 12b)～보와X(번소 8 : 17b, 8 : 31b, 9 : 16a, 9 : 38a, 9 : 9b, 8 : 14a, 7 : 20b, 9 : 83a), ᄡ아(번소 9 : 77b, 9 : 78a)～ᄡ와(번소 9 : 78a), 나토아(번소 9 : 47b), 두어(번소 7 : 50b, 7 : 8a, 8 : 20a, 9 : 11a), ᄊ어(번소 9 : 33a), 주어X(번소 10 : 15a, 9 : 23b, 9 : 59a, 9 : 84b), 몬토아셔(번소 9 : 15a), 니수어(번소 9 : 32b), 맛보아(번소 9 : 105a).

② 보아(정속 2a, 이륜 48a)～보와(여씨 29b), 맛보아(정속 2a, 이륜 15b), 모도아(정속 9b, 이륜 25a, 28a, 31a, 40a)～모도와(여씨 31b), 두어(정속 21b, 21b)～둬(여씨 6a), 거두어(정속 23b), 주어(정속 27b, 29b, 29b, 이륜 12b, 28a, 35a)～주워(여씨 30a, 30a)～줘든(여씨 17b), 븟도도아(정속 29a), 밧고아(이륜 26a), ᄀ초와(여씨 17b, 23a, 23a), 가도와(여씨 32a).

위의 예에서 (2)①은 『번역소학』에서, (2)②는 『정속언해』, 『이륜행실도』, 『여씨향약언해』에서 w첨가규칙이 적용될 수 있는 구조 조건을 갖춘 예들과 실제로 w첨가규칙이 적용된 예들을 모두 보인 것이다. 실현 가능한 예에서 w첨가규칙이 적용된 예들이 차지하는 비율을 계산하면 실제 적용률이 될 것이다.

그러나 어간의 종류에 따라 규칙 적용이 편중된 경우가 있기 때문에 어간별로 그 적용률을 먼저 계산한 다음 이들을 합산하여 다시 어간의 수로 나누어 평균 적용률을 계산하였다. 그 결과 (2)①의 경우는 평균 35.3%의 적용률을, (2)②의 경우는 평균 23.9%의 적용률을 보여 중앙어에서 w첨가규칙의 적용률이 다소 높음을 알 수 있었다.

뿐만 아니라, 중앙어 자료로서 그 간행 연대가 1549년(?)으로 추정되는 『번역박통사』와 영남방언 자료로서 1569년에 간행된 『칠대만법, 地叱方寺本』에서 w첨가규칙이 적용된 예들의 적용률을 비교한 결과에서도 중앙어에서 그 적용률이 다소 높음을 알 수 있었다. 그 예들을 보면 다음과 같다.

(3) ① 주어(번박 10a, 21a)~주워(번박 22a, 22a, 67a), 나ᅀᅩ와(번박 18b), 두엇다(번박 62a)~두워(번박 22b, 52b, 67a), 거두워(번박 24b), 보아(번박 33b)~보와X(번박 25a, 62a), 맛보와(번박 35b), 견주워(번박 38b), 나토와(번박 50b), 모도아(번박 52b), 마초아(번박 61b)~마초와(번박 53b), ᄡᅩ아(번박 55a).
② 모도아(칠대 2b, 15a)~모도와(칠대 2a, 17a, 18a, 18a, 22b), ᄀᆞ초아(칠대 4a)~ᄀᆞᆫ초와(칠대 14a), 도도아(칠대 7a)~도도와(칠대 5b), 보아든(칠대 8a, 8a), ᄀᆞᆷ초와(칠대 17b).

『칠대만법』보다 20년 정도 앞서 간행된 것으로 추정되는 『번역박통사』에서는 w첨가규칙의 적용률이 약 68.3%로 나타나고, 『칠대만법』에서는 약 54.3%로 나타난다. 시기적으로 앞서 있었음에도 불구하고 중앙어 자료에서 오히려 w첨가규칙의 적용률이 높다는 것은 이 규칙이 중앙어에서 먼저 발생했으리라는 추정을 가능하게 해 준다.

16세기 초엽과 중엽의 자료를 통해서 얻어진 결과를 종합해 볼 때 중앙어보다 영남방언에서 w첨가규칙의 적용률이 다소 낮다는 결론을 얻을 수 있는데, 이것은 w첨가규칙의 개신지가 비영남지역이었으리라는 추정을 가능하게 한다. 그런데도 현대국어 방언에서 영남지역, 특히 경남의 동북부지역에서 w첨가규칙의 적용률이 높게 나타난 것은 이 지역에서 w활음화규칙의 확산이 여타 지역보다 상대적으로 늦어진 데 원인이 있는 것으로 해석할 수 있다.

이러한 해석의 타당성은 근대 이전의 문헌 자료에서도 입증된다.

15세기의 중앙어에서는 자음이 선행되지 않거나 자음 'ㅎ'가 선행되는 'ㅜ/ㅗ'말음 어간에 어미 '어/아'가 결합될 때는 w활음화규칙이 필수적으로 적용되고, 자음('ㅎ' 제외)이 선행될 때는 w첨가규칙이 수의적으로 적용되어 두 규칙이 모음충돌 회피를 위한 공모성을 지니고 있었다.

그런데 후자의 환경에서도 15세기에 일시적으로 w활음화규칙이 적용된 예들이 나타나기도 하였으나 곧 소멸되었으며, 그 이후로는 두 규칙의 적용 환경에 대한 대립이 19세기 말까지 계속되어 왔다(김영선 1999 : 247-257 참고). 그러나 그 뒤에 다시 w활음화규칙이 자음을 선행한 경우에까지 그 적용 범위를 확대시켜 현대 중부방언에서는 [표 55]에서 보는 것처럼 w첨가규칙의 적용 예가 매우 드물게 되었다.

이러한 경향은 영남방언을 반영한 자료들에서도 동일하게 나타난다.

중앙어와는 달리 영남방언에서는 자음이 선행된 경우에까지 w활음화규칙이 적용된 예가 여씨향약언해(1518)(예, 둬(6a), 줘든(17b)), 중간본 두시언해(1632)(예, ᄃᆞ톼(3 : 18a, 3 : 48b, 3 : 52b), 도톼(3 : 18a)), 염불보권문(동화사본, 1764)(예, 낫톼내는(21a)) 등에서 발견되는 점으로 보아 이 경우에까지 w활음화규칙의 적용 범위를 계속 확대해 간 것으로 보인다.

그러나 동일한 영남방언을 반영한 문헌으로 추정되는 정속언해(1518), 이륜행실도(1518), 칠대만법(1569), 해인사본의 염불보권문(1776)과 왕랑반혼전(1776), 경북대본의 염불보권문(1776) 등에서는 자음이 선행된 경우의 예들이 다수 발견되나 그들 가운데서 w활음화규칙의 적용을 받은 예는 전혀 발견되지 않는다.

앞의 두 경우에서 본 바와 같이 동일한 영남방언을 반영한 문헌일지라도 w활음화규칙의 적용 정도에 차이를 보이는 것은 자음이 선행한 경우에까지 확대되어 간 w활음화규칙의 세력이 매우 약했음을 의미하는 것으로 해석된다. 그렇지만 계속 확대되어 온 이 세력에 19세기 말에 급격히 확산된 중부 방언의 세력이 가세하자 w활음화규칙의 적용 영역은 보다 빨리 확대되어 가고, w첨가규칙의 적용 영역은 상대적으로 위축되어 간 것으로 해석된다.

w탈락규칙은, 전국적으로 보면, 그 적용률이 0%에서 82%까지 걸쳐 있는데, 전국 138개 군의 평균 적용률은 20.2%로 나타나 그 적용률이 낮은 편이다. 도별로는 경북(53.8%)>경남(48.7%)>전남(14.0%)>전북(6.9%)>강원(6.0%)>경기(4.9%)>충북(3.0%), 제주(3.0%)>충남(0.8%)으로 나타나 경북이 가장 높은 적용률을 보인다. 그러나 최고의 적용률인 82%의 적용률을 보인 지역이 경남 거제이고, 그 다음으로 높은 적용률인 77%와 73%의 적용률을 보인 지역도 각각 경남의 남해와 통영인 점으로 보아 이들 지역이 개신의 중심지가 된 것으로 판단된다.

그런데 [지도 38]을 보면 경남의 경우에는 거제, 남해, 통영을 중심으로 한 남해안 지역이 w탈락의 중심지를 이루고, 경북의 경우에는 고령, 달성, 경산, 월성을 중심으로 한 남부 지역과 봉화, 예천, 안동, 영양을 중심으로 한 북부 지역이 각각 w탈락의 중심지를 이루고 있다. 이것은 개신지로부터 주변 지역으로 갈수록 해당 규칙의 적용률이 낮아지는 방언 전파의 일반적 경향에 비추어 볼 때 어느 한 지역에서 다른 지역으로 개신파가 전파되어 간 것으로는 해석되지 않는다. 그래서 여기서는 이 세 지역을 각각 w탈락규칙의 제1, 제2, 제3의 개신지로 추정해 두고자 한다.

wə>o규칙은, 전국적으로 보면, 그 적용률이 0%에서 100%까지 걸쳐 있는데, 전국 138개 군의 평균 적용률은 18.0%로 나타나 그 적용률이 낮은 편이다. 도별로는 경북(51.9%)>경남(48.3%)>제주(28.5%)>충북(6.3%)>경기(5.6%)>강원(4.4%)>전남(2.7%)>전북(1.7%)>충남(0.0%)으로 나타나 경북에서 그 적용률이 가장 높다. 그러나 최고의 적용률을 보인 지역은 경남의 밀양, 김해로서 각각 100%의 적용률을 보이고, 그 주변 지역에서도 단계적으로 적용률이 낮아져 가는 경향을 볼 때 이 지역이 wə>o규칙의 개신지가 된 것으로 추정

된다.

그런데 [지도 39]를 다시 보면 경북의 서북 지역인 영풍, 문경, 상주에서도 80~90%대의 높은 적용률을 보이면서 그 주변 지역으로 갈수록 단계적으로 적용률이 낮아지는 경향을 보인다. 그리고 경북의 영일과 청송에서도 80%대의 높은 적용률을 보이면서 주변 지역으로 갈수록 단계적으로 적용률이 낮아지는 경향을 보인다. 이러한 분포 경향은 어느 한 지역이 개신지가 되고 거기에서 인접지역 확산(neighborhood diffusion)의 방식으로 개신파가 전파되어 간 것으로는 해석하기 어렵다.

그래서 여기서는 wə>o규칙의 개신지를 크게 보아서는 영남지역으로, 세부적으로는 앞에서 본 지역들을 그대로 제1, 제2, 제3의 개신지로 추정하고자 한다. 제1개신지로부터 제2, 제3의 개신지로 개신파가 전파된 방식은 건너뛰기 확산(jumping diffusion)의 방식을 취하고, 각 개신지로부터 주변 지역으로 개신파가 전파되어 간 방식은 인접지역 확산의 방식을 취한 것으로 해석하고자 한다.

고모음화규칙(‘o>u/u+—’)은 전국적으로 보면 그 적용률이 0%에서 100%까지 걸쳐 있는데, 전국 138개 군의 평균 적용률은 5.9%로 나타나 그 적용률이 매우 낮은 편이다. 도별로는 경남(30.7%)>제주(28.5%)>경북(5.7%)>전북(1.0%)>경기(0.7%)/강원(0.7%)>전남(0.0%)/충북(0.0%)/충남(0.0%)으로 나타나 경남이 가장 높은 적용률을 보이는데, 이것은 경남지역이 ‘o>u/u+—’ 규칙의 개신지였으리라는 추정을 가능하게 한다. 군별로 볼 때도 최고의 적용률인 100%의 적용률을 보인 지역이 경남의 밀양과 김해이고, 순차적으로 적용률이 낮아진 지역도 경남의 의창(80%), 거제(67%), 창녕(42%), 고성(40%) 등지로 나타나므로 이 규칙의 개신지는 경남지역, 그 중에서도 밀양과 김해였으리라는 추정을 가능하게 한다([지도 40] 참조).

‘ㅜ/ㅗ+ㅓ/ㅏ’의 결합에서 ‘ㅜ/ㅗ’가 w활음화되는 경우나 어미에 w가 첨가되는 경우를 제외한 경우, 즉 어간 말음 ‘ㅜ/ㅗ’가 아무런 변화도 경험하지 않은 경우를 무변화형이란 이름으로 불러 왔다. 무변화형은 이 장에서 논의되는 규칙의 전개 양상과는 직접적 관련이 없으나 w활음화형, w첨가형과 더불어 상보적 관계를 형성하므로 무변화형의 전국적 분포를 알아보는 것도 'ㅜ/ㅗ+ㅓ/ㅏ'의 변화를 이해하는 데 도움이 된다. 물론 무변화형의 실현율은 w활음화형의 실현율과 w첨가형의 실현율을 합한 수를 100%에서 뺀 수치가 되는데, 그것은 [표 55]에서 보는 바와 같고 그 분포 양상을 지도에 표시하면 [지도 41]과 같다.

[표 55]에 의하면 무변화형의 전국 평균 실현율은 9.0%이고, 도별 평균 실현율은 전남(23.1%)>충남(12.6%)>전북(10.4%)>경기(7.7%)>충북(6.5%)>제주(5.0%)>경남(4.2%)>강원(3.3%)>경북(2.8%)의 순서로 낮아짐을 알 수 있다. 그리고 이러한 수치와 [지도 41]의 분포 양상을 함께 고려하면 남한의 서쪽 지역에서 무변화형이 상대적으로 많이 실현되고, 동쪽 지역에서 그것이 상대적으로 적게 실현됨을 알 수 있다.

8.3. 요약

이 장에서는 중세국어에서 'ㅜ/ㅗ'를 말음으로 가진 17개의 동사 어간에 어미 '어/아'가 결합될 때의 활용형이 현대국어의 여러 방언에서는 어떻게 실현되고 있는지를 『한국방언자료집』에서 찾아 그들의 변화 과정에 적용된 음운규칙에는 어떤 것이 있는지를 밝혀보고자 하였다. 그리고 각각의 음운규칙이 전국 138개 군에서 적용된 비율을 근거로 하여 전국언어지도를 그리고 그것을 해석함으로써 각 규칙의 개신지, 전개 양상, 그리고 현대국어 속에서 영남방언이 차지하는 위치를 밝혀보고자 하였다. 그 과정에서 밝혀진 중요한 사항을 요약하면 다음과 같다.

(1) 'ㅜ/ㅗ+ㅓ/ㅏ'가 경험한 중요한 규칙에는 w활음화규칙, w첨가규칙, w

탈락규칙, wə>o 규칙, 'o>u/u+ㅡ' 규칙 등이 있는데, 뒤의 넷은 주로 영남 방언에서 적용되었다.

(2) w활음화규칙의 평균 적용률은 86.5%로서 다섯 개 규칙 중에서 그 적용률이 가장 높다. 이 규칙의 개신지는 강원도 지역으로 추정된다.

(3) w첨가규칙의 개신지는 비영남지역이었을 것으로 추정된다. 그럼에도 불구하고 영남방언에서 w첨가규칙의 적용률이 높은 것은 이 방언에서 w활음화규칙의 확산이 여타 방언에서의 그것보다 상대적으로 늦어진 데 원인이 있는 것으로 해석된다.

(4) w탈락규칙의 개신지는 경남 남해안 지역(거제, 남해, 통영)이 제1개신지로, 경북 남부지역(고령, 달성, 경산, 월성)과 경북 북부지역(봉화, 예천, 안동, 영양)이 각각 제2, 제3의 개신지로 추정된다.

(5) wə>o 규칙의 개신지는 경남 동부지역(밀양, 김해)이 제1개신지로, 경북 서북 지역(영풍, 문경, 상주)과 경북 동부지역(영일, 청송)이 각각 제2, 제3의 개신지로 추정된다.

(6) 'o>u/u+ㅡ' 규칙의 개신지는 경남 동부지역(밀양, 김해)이었을 것으로 추정된다.

—"'ㅜ/ㅗ+ㅓ/ㅏ'의 음운론적 변화와 영남방언의 위상"이란 제목으로
『어문학』(한국어문학회) 제92집, pp.49-88에 수록됨, 2006.

9. 어미 '아X'의 변화

고대국어에서는 말음절 모음이 양성모음인 어간이나 음성모음인 어간이나 구분 없이 부사형어미는 '아X' 하나만이 결합되어 모음조화가 이루어지지 않았던 것으로 추정된다.[130] 그러다가 후대로 오면서 말음절 모음이 양성모음인 어간 뒤에서는 '아X'가 그대로 결합되나, 음성모음인 어간 뒤에서는 '아X'가 '어X'로 바뀌어 결합됨으로써 후기중세국어에서는 거의 완벽하게 모음조화가 형성되었다.

그러나 근대국어를 거쳐 현대국어에 이르는 과정에서 말음절 모음이 양성모음인 어간 뒤에서도 그 어미가 '어X'로 바뀌어 결합됨으로써 모음조화는 붕괴되어 갔다. 그 결과, 현대국어에서는 말음절 모음이 'ㅗ, ㅏ'인 어간을 제외하고는 거의 모든 어간에 '어X'가 결합되는 상황에 이르게 되었다.

위와 같은 일련의 과정을 어간 '막-, 먹-'에 어미 '-아X'가 결합되는 경우를 예로 들어 나타내면 대체적으로 다음과 같이 된다.

---

130) 서재극(1969)에서는 경주지역어를 자료로 하여 부사형어미 '아'는 고대국어에서 모음조화를 모르는 양성모음 단일형이었음을 논증한 바 있고, 최명옥(1982 : 44-51)에서도 월성지역어를 자료로 이를 재확인하였다. 그리고 이근규(1986)과 오종갑(1984 : 205-240)에서도 이러한 견해를 보이고 있다.

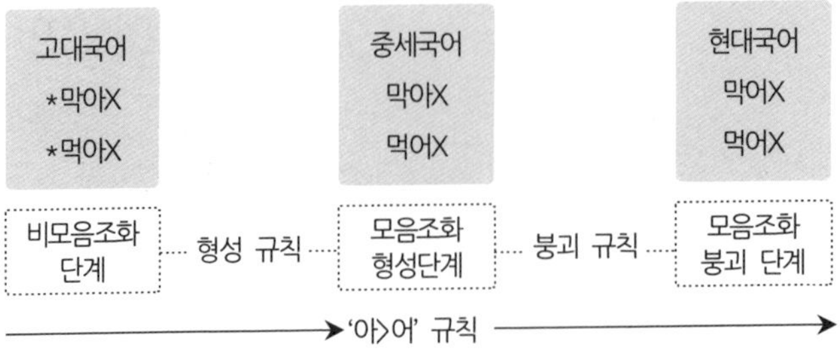

부사형어미가 보이는 이러한 변화('아X>어X')에 대한 연구는 중앙어를 대상으로 한 것도 있고, 개별 지역어를 대상으로 한 것도 있는데, 이러한 연구들의 결과로 국어의 각 방언 간에는 '아X>어X' 변화에서 상당한 차이가 있음이 밝혀졌다. 그러나 이러한 연구들은 대부분 개별 방언을 대상으로 한 것이기 때문에 국어 전체를 두고 볼 때는 그 변화의 양상이 어떠한지, 방언과 방언 사이에는 그 변화에 대해 어떠한 수수 관계가 있었는지 등에 대해서는 잘 알 수 없는 실정이다.

그래서 이 장에서는 ①『한국방언자료집』의 자료들을 활용하여 '아X>어X' 변화의 실상을 분석하고, ② 분석 결과를 바탕으로 '아>어' 규칙의 적용빈도를 군 단위로 통계 처리하며, ③ 통계 처리 과정에서 밝혀진 규칙 적용빈도를 바탕으로 전국언어지도를 작성하고자 한다. 그런 다음 각 군 단위의 적용 빈도를 비교하고, 언어지도를 해석함으로써 '아>어' 규칙의 개신지와 그것의 전파 과정을 밝혀 보고자 한다.

그런데 '아X>어X' 변화 과정에서는 어간 모음의 성질, 어간 말음절의 개폐 여부, 어간 음절수의 많고 적음에 따라 그 변화에 차이를 보이므로 자료의 분석과 통계 처리 과정에서는 이러한 조건들이 고려될 것이다.

이 장의 내용과 직접적 관련을 지닌 '아X>어X' 변화에 대해서는 각 지역어를 음운론적으로 연구한 논문들에서는 거의 다 언급되어 있다. 그 가운데서 영남방언과 관련된 것으로는 민원식(1982, 문경), 이시진(1986, 문경), 서보월

(1984, 안동), 이동화(1984b, 안동), 조신애(1985, 안동), 백두현(1985, 상주 화북), 신승원(1982, 의성), 이동화(1984a, 고령), 최명옥(1982, 월성), 박명순(1986, 거창), 문곤섭(1980, 창녕), 성인출(1984, 창녕), 이상규(1984, 울주), 배병인(1983, 산청), 이영길(1976, 진양), 최중호(1984, 고성), 정인상(1982, 통영) 등이 있다.

이와 같이 영남의 여러 지역을 대상으로 연구가 이루어지긴 하였으나 영남의 모든 군 단위에서 연구가 이루어진 것은 아니다. 그래서 이 논문들에서 얻어진 결과를 활용하여 '아X>어X' 변화의 전파 과정에 대해 해석하기에는 어려움이 따르고, 자료의 균질성에서도 문제가 야기된다.

전국 138개 군을 대상으로 '아>어' 변화를 고찰한 논문은 발견되지 않는다. 그러나 영남지역 중에서 경북지역만을 대상으로 하여 '아>어' 변화를 고찰한 논문으로는 최명옥(1998b : 337-372)가 있다. 이 논문에서는 '아>어' 변화의 정도에 따라 경북방언을 네 지역, 즉 ① 부사형어미가 '아'로 실현되는 동해안 지역(울진, 영덕, 영일, 경주 해안), ② 일음절 어간 뒤에서는 모음조화를 보이고 이음절 이상의 어간 뒤에서는 '아'가 많이 실현되는 충청북도와 전라북도에 접한 지역(상주, 금릉), ③ 일음절 어간 뒤에서는 모음조화를 보이지만 이음절 이상의 어간 뒤에서는 '어'로 실현되고 ㅂ변칙동사 뒤에서는 '아'로 실현되는 강원도와 충청북도에 접한 지역(봉화, 영풍, 문경, 예천), ④ 일반적으로 '어'로 실현되는 여타 지역으로 구분하였다.

그런데 ④지역에서 일반적인 방언 전파 경향과 달리 '어'형이 실현된 이유는, ④지역의 농촌(반촌) 주민들이 자기들은 ①지역의 어촌 주민들과 신분 또는 계층이 다르다는 점을 나타내기 위한 징표의 역할로서 '어'형을 취했기 때문이라고 해석하였다. 그러나 ④지역은 경북의 중앙지역으로서 거의 경북의 절반을 차지하는데, 이들 지역 중에는 어촌 지역과 상당한 거리를 두고 있는 지역도 있기 때문에 그런 지역의 주민은 굳이 신분상의 구별을 언어에서 드러내지 않아도 좋을 듯하다. 그런데도 부사형어미의 사용에 구별을 두어 신분의 차이를 드러내려고 했다는 해석은 쉽게 납득이 되지 않는다.

영남지역 중에서 경남지역만을 대상으로 하여 모음조화를 고찰한 논문으로는 박정수(1993 : 59-69, 172)가 있다. 이 논문에서는 모음조화와 관련하여 경남방언권을 세 개의 하위방언권 — 모음조화가 잘 실현되지 않는 지역(울산), 모음조화가 보통으로 실현되는 지역(울산, 함양, 하동을 제외한 전지역), 모음조화가 잘 실현되는 지역(함양, 산청) — 으로 구분하였다. 그리고 이러한 분포 경향은 경남방언권의 동쪽에서부터 모음조화가 차차 허물어져 가고 있음을 시사하는 것이라고 해석하였다.

그런데 박정수(1993 : 59-69, 172)에서는 부사형어미의 기저형을 공시적 입장에서 '어'로 설정하였기 때문에 경남방언권의 동쪽에서부터 모음조화가 허물어져 가는 것으로 해석되었다. 그러나 부사형어미의 기저형을 통시적 입장에서 '아'로 보면 모음조화가 잘 실현되지 않는 지역이나 모음조화가 보통으로 실현되는 지역들은 모음조화가 허물어진 상태가 아니라 아직 모음조화가 완성되지 않은 상태에 머물고 있는 것으로 해석할 수 있다.

9.1. 변화의 실제

여기서는 동사 어간에 어미 '아X'가 결합될 때의 방언형을 『한국방언자료집』에서 찾아 그들이 경험한 변화를 모음조화 형성 과정과 붕괴 과정으로 나누어 살펴보기로 한다.

9.1.1. 모음조화 형성 과정

양성모음 어간과 음성모음 어간의 구분 없이 부사형어미 '아X'가 결합되다가 중세국어 이전의 어느 시기에 음성모음 어간 뒤에서 '아X'가 '어X'로 바뀌어 가게 된 것으로 추정되는데, 이 과정을 여기서는 모음조화 형성 과정이라고 부른다. 다음에서는 기원적 음성모음을 가진 어간들 뒤에서 '아X'가 어떻게 '어X'로 바뀌어 갔는지 고찰해 보기로 한다.

9.1.1.1. 'ㅡ'계 어간

말음절 모음이 'ㅡ'인 개음절어간 — '끄-, 뜨-, 크-, 흐르-, 기르-, 다르-, 따르-, 마르-(乾), 자르-, 모르-' — 에서 말음절의 두음을 제외한 'ㅡ'에 어미 '아X'의 '아'가 결합될 때의 방언형을 『한국방언자료집』에서 찾아보면 a, ə, Ǝ, ɜ, ɨ 등의 유형이 있음을 알 수 있다. 이들 가운데 a는 'ㅡ+ㅏ'에서 ɨ만 탈락된 것이고, ə, Ǝ, ɜ, ɨ는 다 같이 '아>어' 변화를 경험한 다음 다시 ɨ가 탈락된 것인데, 뒤의 셋은 각각 ə>Ǝ, ə>ɜ, ə>ɨ 변화[131]를 더 경험한 것이다.

'ㅡ'계 개음절어간 10개가 전국 138개 군(울릉군 제외)에서 '어(<아)'형을 취한 빈도를 보이면 [표 57]과 같다.

〔표 57〕 'ㅡ'계 개음절어간의 '어'형 빈도

어사 / 빈도	끄+아	뜨+아	크+아	흐르+아	기르+아	다르+아	따르+아	마르+아	자르+아	모르+아	합계
전체 어사수	96	96	90	83	51	79	59	87	82	67	790
'어'형 어사수	96	96	90	83	50	45	33	42	43	17	595
비율(%)	100	100	100	100	98	57	56	48	52	25	74[132]

말음절 모음이 'ㅡ'인 폐음절어간 — '즉-(小), 듣-(聽), 끌-, 들-(擧), 긋-, 즛-(櫓), 끊-, 긁-, 늙-, 읎-(無), 거들-, 드믈-(稀), 헝클-, 어듭-, 맨들-, 다듬-'

131) ə>Ǝ, ə>ɜ, ə>ɨ 규칙의 개신지는 각각 경북 북부지역, 경기도 동남부지역, 경기도 남부지역인 것으로 추정된다(오종갑 2005 참고, 이 책의 Ⅱ.2 참고).

132) 74%는 '어'형 어사 수 595개가 실현 어사 수 790개 중에서 차지하는 비율이 아니라 각 어사들의 비율을 평균한 값이다. 이하 같음.

— 에 어미 '아X'의 '아'가 결합될 때 이 '아'의 방언형을 『한국방언자료집』에서 찾아보면 a형과 ə형의 둘이 발견된다. 전자는 '아>어' 변화를 경험하지 않은 형태이고 후자는 그것을 경험한 형태이다.

그런데 불규칙어간 '긋-, 즛-'에서 어두자음을 제외한 'ɨs'에 어미 '아X'의 '아'가 결합될 때는, 'ㅅ'불규칙활용을 하는 지역에서는 ɨə, ə, ɜ, ɨ의 네 유형이[133] 실현된다. ɨə는 어미 '아'가 '아>어' 변화를 경험한 다음 어간 말 자음 'ㅅ(<ㅿ)'가 탈락된 것이고, ə는 ɨə에서 ɨ가 탈락된 것이며, ɜ와 ɨ는 각각 앞의 ə가 ə>ɜ, ə>ɨ 변화를 더 경험한 것이다.

'—'계 폐음절어간 16개가 전국 138개 군(울릉군 제외)에서 '어(<아)'형을 취한 빈도를 보이면 [표 58]과 같다.

〔표 58〕 '—'계 폐음절어간의 '어'형 빈도

빈도 \ 어사	즉+아	듣+아	끌+아	들+아	긋+아	즛+아	끊+아	긁+아	늙+아	읎+아	거들+아	드물+아	헝클+아	어듭+아	맨들+아	다듬+아	합계
전체 어사수	40	93	68	88	59	27	96	96	96	25	83	12	73	3	86	92	1,037
'어'형 어사수	40	92	68	88	59	27	96	96	96	24	82	12	73	3	65	58	979
비율(%)	100	99	100	100	100	100	100	100	100	96	99	100	100	100	76	63	96

[표 58]을 보면, 어간 말 자음의 성질이 '아>어' 빈도에 영향을 미친 것 같지는 않다. 그런데 각 어사들이 전국에서 실현되는 지역이 3개 군으로부터 96개 군에까지 걸쳐 있어 동일 지역에서 함께 실현되는 어사가 있는가 하면 그렇지 않은 어사도 있다. 그러므로 도표에 나타난 백분율을 단순히 비교해서 '아>어' 변화의 많고 적음을 가리는 것은 통계상으로 별의미가 없는 것으로 판단된다.

133) 주 117) 참조.

다음에서는 비교되는 두 어사가 함께 실현되는 지역을 대상으로 하여 그 빈도를 비교해 보기로 한다.

어간 말 자음의 성질이 '아>어' 빈도에 영향을 미치는지의 여부를 알기 위해서는 16개 어사 모두를 대상으로 하고, 또 그들이 이루는 조합의 수만큼 비교를 하여야 마땅할 것이다. 그러나 실제로는 현대국어에서 '아>어' 변화가 거의 완성되다시피 하여 그러한 비교에서 유의미적인 결과를 얻기가 어렵다.

그래서 여기서는 활용의 과정에서 어간 말 자음이 그대로 유지되거나 바뀌더라도 다른 자음으로 바뀌는 경우(coda의 자음이 유지되는 경우)와, 어간 말 자음이 w활음이나 ø로 바뀌는 경우(coda의 자음이 비자음으로 바뀌는 경우)를 비교하여[134] 이 조건들이 '아>어' 변화에 영향을 미치는지의 여부만을 조사하였다. 그 결과는 다음의 [표 59]와 같다.

〔표 59〕 규칙 : 'ㅅ'불규칙 어간의 '어'형 빈도 비교[135]

규칙 / 불규칙	즈+아	듣+아	끌+아	들+아	끊+아	긁+아	늙+아	읎+아
긋+아	29 : 29 /29	47 : 46 /47	47 : 47 /47	45 : 45 /45	49 : 49 /49	49 : 49 /49	49 : 49 /49	17 : 16 /17
즛+아	16 : 16 /16	27 : 27 /27	27 : 27 /27	23 : 23 /23	27 : 27 /27	27 : 27 /27	27 : 27 /27	11 : 10 /11

[표 59]에 의하면 '긋- : 듣-, 읎-', '즛- : 읎-'의 3개 비교 항목에서는 'ㅅ'불규칙어간에서 '아>어' 빈도가 높고, 13개 항목에서는 양자의 빈도가 동일하며, 규칙어간에서 그 빈도가 높은 경우는 한 항목도 없음을 알 수 있

134) 편의상 전자를 규칙어간, 후자를 불규칙어간이라고 부르기로 한다. 이하 같음.
135) [표 59]의 a : b/c에서 a는 세로축 어사의 '어'형 실현 빈도를, b는 가로축 어사의 '어'형 실현 빈도를, 그리고 c는 a, b 어사가 공통적으로 실현되는 지역의 총수를 가리킨다.

다. 이러한 사실은 말음절 모음이 'ㅡ'인 어간에서는 규칙어간보다 'ㅅ'불규칙어간에서 '아>어' 변화가 더 빨리 진척되었음을 의미한다.

[표 57]과 [표 58]을 비교하면, 개음절어간에서의 '어'형 실현 빈도는 74%이고, 폐음절어간에서의 그것은 96%이기 때문에 전국에서 실현되는 모든 방언형을 대상으로 할 때는 폐음절의 경우가 개음절의 경우보다 '아>어' 빈도가 높다고 할 수 있다. 그러나 세부적으로 보면 어간의 구조조건에 따라 다소의 차이가 있다.

단음절어간의 경우 개음절어간에서는 3개의 어간 모두에서 '아>어' 변화율이 100%이고, 폐음절어간에서는 10개의 어간 중 8개의 어간에서는 그 변화율이 100%로 나타나 이 경우에는 개폐음절 어간에서 그 변화율이 동일하다. 그러나 2개의 폐음절어간 '듣-, 읎-'의 경우는 각각 강원도의 삼척과 명주에서 '아'형이 실현되어 그 변화율이 99%와 96%로 나타나는데, 3개의 개음절어간의 경우는 이 두 지역에서도 모두 '어'형으로만 실현된다. 그러므로 단음절어간의 경우는 폐음절어간보다 개음절어간에서 '아>어' 변화가 더 빨리 진척되었다고 할 수 있다.

이음절어간의 경우 어두음절의 모음이 기원적 음성모음인 '흐르- : 거들-, 드믈-, 헝클-, 어듭-'을 대상으로 하여 '아>어' 빈도를 비교해 보면, '거들-'의 경우만 99%로 나타나고, 여타의 경우는 모두 100%로 나타남을 알 수 있다. '거들-'의 경우가 99%로 나타나는 것은 전남 광양에서 '아'형이 실현되기 때문이다. 만약 '흐르+아'의 방언형이 이 지역에서 '어'형으로 실현된다면 개음절어간에서 '아>어' 변화가 더 빨리 진척되었다고 할 수 있겠으나 이 지역에서 해당 방언형이 실현되지 않아 비교가 불가능하다. 그렇지만 여타 지역은 다 같이 '어'형으로 실현되어 동일하므로 '아>어' 빈도는 양자에서 동일하든지 개음절어간에서 더 높든지 둘 중의 하나로 볼 수 있다.

어두음절 모음이 기원적 양성모음인 '맨들-, 다듬-, 다르-, 따르-, 마르-, 모르-, 자르-'일 때는 개폐음절에서 다 같이 '아>어' 빈도가 상대적으로 낮고, 양자 사이에도 다소의 차이가 발견된다. 그런데 위의 [표 57]과 [표 58]을 다시 보면, 이 경우에는 어간 말음절의 개폐에 따른 '아>어' 빈도의 차이보다는 개별 어사에 따른 빈도의 차이가 더 크게 나타남을 알 수 있다.

개별 어사에 따른, 이러한 차이는 비교의 대상이 된 전체 실현 어사 수의 차이(이것은 바로 실현 지역의 차이임.)에 기인할 수도 있다. 그래서 다음에서는 이들 어간 — '맨들-, 다듬-, 다르-, 따르-, 마르-, 모르-, 자르-' — 이 모두 실현되는 35개 군을 대상으로 '아>어' 빈도를 비교해 보았다. 그 결과, 개음절어간의 경우에는 '아>어' 변화율이 60%대 이하로, 폐음절어간의 경우에는 그것이 70%대 이상으로 나타남을 알 수 있었다. 이러한 사실은 어두음절 모음이 기원적 양성모음인 이음절어간에서는 개음절어간보다 폐음절어간에서 '아>어' 변화가 더 빨리 진척되었음을 의미한다.

'ㅡ'계 이음절어간에서 말음절의 개폐에 따른 '어'형 실현 빈도를 비교한 결과는 다음의 [표 60]과 같다.

〔표 60〕 'ㅡ'계 개폐음절 어간(양음)의 '어'형 빈도 비교

어간 말음절	개음절					폐음절	
어사	다르+아	따르+아	마르+아	모르+아	자르+아	맨들+아	다듬+아
전체 어사수	35	35	35	35	35	35	35
'어'형 어사수	22	21	18	10	21	30	26
비율(%)	63	60	51	29	60	86	74

[표 57]과 [표 58]에 의거하여 어간 음절수와 '아>어' 빈도의 관계를 비교해 보면 일음절어간의 경우가 이음절어간의 경우보다 그 빈도가 높음은 쉽게 알 수 있다. 그런데 그것을 좀 더 구체적으로 보면 개음절어간의 경우는 일음절어간과 이음절어간(음성+음성)의 비교에서는 양자의 빈도가 동일하나, 일음절어간과 이음절어간(양성+음성)의 비교에서는 전자에서 그 빈도가 월등히 높음을 알 수 있다.

폐음절어간의 경우는 일음절어간과 이음절어간(양성+음성)의 비교에서는 전자에서 그 빈도가 높음을 쉽게 알 수 있으나 일음절어간과 이음절어간(음성+음성)에서는 우열을 가리기가 쉽지 않다. 그래서 일음절어간('즉-, 듣-, 끌-, 들-, 긋-, 즞-, 긇-, 긁-, 늙-, 슯-') : 이음절어간('거들-, 드믈-, 헝클-, 어듭-')의 조합이 이루는 40개 비교 항목의 각각이 공통으로 실현되는 지역을 대상으로 그 빈도를 조사하였다. 그 결과 4개 항목은 단음절어간에서, 1개 항목은 2음절어간에서 그 빈도가 높게 나타나고, 나머지 35개 항목에서는 양자에서 그 빈도가 동일하게 나타나 단음절어간에서 그 빈도가 높음을 알 수 있다.

앞에서 본 개음절어간의 경우는 물론이고, 여기서 본 폐음절어간의 경우에도 이음절어간보다 일음절어간에서 '아>어' 빈도가 높게 나타난다. 이것은 이음절어간보다 일음절어간에서 '아>어' 변화가 더 빨리 진척되었음을 의미하는 것으로 해석된다.

9.1.1.2. 'ㅜ'계 어간

말음절 모음이 'ㅜ'인 개음절어간 — '두-, 쑤-, 주-, 추-, 꾸-(夢), 꾸-(借), 띄우-, 메우-, 가두-, 맞추-, 가꾸-, 바꾸-, 싸우-, 배우-, 재우-' — 의 어간 말음 'ㅜ'에 어미 '아X'의 '아'가 결합될 때의 방언형을 『한국방언자료집』에서 찾아보면 ua, uə, uƎ, wa, wə, wƎ, wɜ, o, a, ə, Ǝ, uwa, uwə, uwƎ, u 등의 유형이 있음을 알 수 있다.

ua는 '아>어' 변화를 경험하지 않은 것이고 uə, uƎ는 그것을 경험한 것이다. wa, wə는 ua, uə의 u가 활음화된 것이고 wƎ, wɜ는 wə의 ə가 각각 ə>Ǝ, ə>ɜ 변화를 경험한 것이다. 그리고 o는 wə가 축약된 것이고 a, ə, Ǝ는 각각 wa, wə, wƎ에서 w가 탈락된 것이다.

uwa, uwə, uwƎ, u는 모두 어간 말음 u에 의한 순행동화로 어미에 w가 첨가된 것인데, uwa는 '아>어' 변화를 경험하지 않은 것이고 uwə, uwƎ는 그것을 경험한 것이다. u는 공시적으로는 'ㅜ+ㅓ'에서 'ㅓ'가 'ㅜ'에 완전순행동화되어 uu가 된 다음 동음탈락이 이루어진 것으로 설명되어 왔다(최명옥 1998 : 82). 그러나 통시적으로는 uwə의 wə가 o로 축약된 다음 이 o가 u뒤에서 u로 동화되어 uu가 되었으나 동음 중복에 의해 하나가 탈락된 것(u+ə>uwə>uo>uu>u)으로 설명된다(오종갑 2006 참조).

위에서 살펴본 바를 종합하면 ua, wa, a, uwa의 넷은 '아>어' 변화를 경험하지 않은 형태이고, 나머지 uə, uɜ, wə, wɜ, w3, o, ə, ɜ, uwə, uwɜ, u는 모두 그것을 경험한 형태임을 알 수 있다.

'ㅜ'계 개음절어간 15개가 전국 138개 군에서 '어'형을 취한 빈도를 보이면 [표 61]과 같다.

〔표 61〕 'ㅜ'계 개음절어간의 '어'형 빈도

어사 / 빈도	두+아	쑤+아	주+아	추+아	꾸+아 夢	꾸+아 借	띄우+아	메우+아	가두+아	맞추+아	가꾸+아	바꾸+아	싸우+아	배우+아	재우+아	합계
전체 어사수	68	111	138	128	81	106	128	47	136	122	137	138	138	125	90	1,693
'어'형 어사수	67	105	132	125	79	102	89	26	62	65	68	57	52	52	49	1,130
비율(%)	99	95	96	98	98	96	70	55	46	53	50	41	38	42	54	69

말음절 모음이 'ㅜ'인 폐음절어간 — '눅-, 묵-(食), 죽-, 묶-, 묻-(埋), 묻-(問), 물-(嚙), 굽-(炙), 눕-, 숩-(易), 붓-, 줏-136), 굵-, 묽-, 훑-, 꿇-, 웂-(無), 드물-, 무숩-, 어둡-, 다둠-, 보둠-' — 에 어미 '아X'의 '아'가 결합될 때 이 '아'의 방언형을 『한국방언자료집』에서 찾아보면 a, ə, ɜ, 3, ɨ 등의 유형이 있음을 알 수 있다. 이들 가운데 a는 '아>어' 변화를 경험하지 않은 것이고, ə는 그것을 경험한 것이다. 그리고 ɜ, 3, ɨ는 ə가 다시 ə>ɜ, ə>3, ə>ɨ 변화를 더 경험한 것이다.

136) '줍다'를 '줏다'로 표기한 것에 대해서는 주 124)를 참고하기 바람.

그런데 'ㅂ'불규칙어간인 '굽-, 눕-, 숩-, 무숩-, 어둡-'에서 말음절의 두음을 제외한 up에 어미 a가 결합될 때는 uba, ubə, ubƎ, ubu, uwa, uwə, uwƎ, uə, uƎ, u, wa, wə, wɜ, wŏ 등으로 실현되어 다소 복잡한 양상을 보인다.

uba, ubə, ubƎ, ubu는 지역에 따라 규칙활용을 한 경우의 방언형이다. 이들 가운데 uba는 '아>어' 변화를 경험하지 않은 것이고, ubə는 그것을 경험한 것이며, ubƎ, ubu는 ubə의 ə가 각각 모음상승(ə>Ǝ)과 원순모음화(Ǝ>u)[137]를 경험한 것이다.

uwa, uwə, uwƎ, uə, uƎ, u, wa, wə, wɜ, wŏ는 모두 불규칙활용을 한 경우에 해당된다.

uwa는 'ㅂ'불규칙의 전신인 'ㅸ'(β)가 w로 변화되었으나 a>ə 변화는 경험하지 않은 것이고, uwə는 a>ə와 β>w 둘 다 경험한 것이며, uwƎ는 uwə의 ə가 다시 ə>Ǝ 변화를 경험한 것이다. uə, uƎ는 각각 uwə, uwƎ에서 w가 탈락된 것이고, u는 uwə>uo>uu>u의 과정을 거쳐 변화된 것이다. wa, wə는 각각 uwa, uwə에서 w가 탈락되어 ua, uə가 된 다음 u가 다시 활음화된 것으로 해석된다. wɜ는 wə의 ə가 모음상승된 것이고, wŏ는 wə의 ə가 선행 w의 원순성에 동화되어 원순모음화된 것이다.

'ㅅ'불규칙어간 '붓-, 줏-'에서 음절 두음을 제외한 us에 어미 a가 결합될 경우에도 usə, usƎ, uwa, uwə, uwƎ, uo, u, ua, uə, uƎ, wa, wə, wƎ, wɜ, wŏ, o, ə, Ǝ 등의 유형으로 실현되어 다소 복잡한 양상을 보인다.

usə, usƎ는 규칙활용형에 해당되는데, usə는 어미 '아'가 a>ə 변화를 경험한 것이고 usƎ는 usə의 ə가 다시 ə>Ǝ 변화를 경험한 것이다. 그리고 이 둘을 제외한 uwa, uwə, uwƎ, uo, u, ua, uə, uƎ, wa, wə, wƎ, wɜ, wŏ, o, ə, Ǝ는 모두 불규칙활용형에 해당된다.

137) 원순모음화 예는 경남 창녕에서 '꿉+아'가 k'úbu로 실현된 경우인데, 이것은 어미 '아'가 '어'(Ǝ)로 바뀐 다음 다시 선행 'ㅂ'에 동화되어 'ㅜ'로 바뀐 것으로 설명된다. '어'(Ǝ)의 원순모음화에 대한 자세한 논의는 신승용(2004)를 참고하기 바람.

uwa, uwə, uwƎ, uo, u는 모두 어간말 자음 'ㅅ(<ㅿ)'가 탈락된 다음 어간말음 u에 의한 순행동화로 어미에 w가 첨가된 것이다. 그런데 w가 첨가된 이후의 변화 과정은 'ㅜ'계 개음절어간에서 w가 첨가된 이후의 변화 과정과 동일하다.

ua, uə, uƎ, wa, wə, wƎ, wɜ, wǒ, o, ə, Ǝ는 모두 'ㅅ(<ㅿ)'가 탈락된 다음 w첨가가 이루어지지 않은 형태들이다. 이 형태들은 'ㅅ'가 탈락된 이후에는 앞의 'ㅜ'계 개음절어간에서 w가 첨가되지 않은 형태들과 동일한 변화 과정을 경험한다. 다만, 'ㅜ'계 개음절어간의 경우에는 발견되지 않던 wǒ는 앞의 'ㅂ'불규칙어간의 활용형을 설명하는 과정에서 본 것과 동일한 원순모음화를 경험한 것이다.

위에서 살펴본 바를 종합하면 'ㅂ, ㅅ' 불규칙어간의 활용형들에서 발견되는 여러 방언형들 가운데 uba, uwa, ua, wa의 넷만 '아>어' 변화를 경험하지 않은 형태이고, 나머지는 모두 그것을 경험한 형태임을 알 수 있다.

어간 '묵-(食)'에 어미 '아X'의 '아'가 결합될 때 이 '아'의 방언형은 a, ə, Ǝ, ɜ, ɨ 등으로 실현되어 앞에서 이미 본 바와 차이가 없다. 그러나 이들과는 달리 경남(창녕, 밀양)에서는 múgu로, 경북(봉화, 영양, 의성, 청송, 영천, 청도), 경남(김해, 사천, 거제)에서는 múu로 실현되어 차이를 보인다. múgu는, 앞의 ubu의 설명에서 본 바와 같이, múk+a가 a>ə>Ǝ 변화에 의해 múgƎ가 된 다음 이 múgƎ의 Ǝ가 다시 선행음절의 u에 동화되어 múgu가 되었으며, múu는 múgu에서 g가 약화, 탈락된 것으로 해석된다. 그러므로 이 둘은 a>ə 변화를 경험한 것으로 취급된다.

'ㅜ'계 폐음절어간 22개가 전국 138개 군에서 '어'형을 취한 빈도를 보이면 [표 62]와 같다.

〔표 62〕 'ㅜ'계 폐음절어간의 '어'형 빈도

어사 / 빈도	눅+아	묵+아	죽+아	묶+아	묻+아埋	묻+아問	물+아	굽+아	눕+아	숩+아	붓+아	줏+아
전체 어사수	27	37	136	101	138	138	134	138	138	14	136	135
'어'형 어사수	27	36	135	101	135	135	132	133	135	13	133	132
비율(%)	100	97	99	100	98	98	99	96	98	93	98	98

어사 / 빈도	굵+아	묽+아	훑+아	꿇+아	웂+아	드물+아	무숩+아	어듭+아	다둡+아	보둡+아	합계
전체 어사수	122	77	126	120	31	111	9	120	5	8	2,001
'어'형 어사수	121	77	124	120	31	89	3	99	2	0	1,913
비율(%)	99	100	98	100	100	80	33	83	40	0	87

[표 62]에서 불규칙어간으로서 단음절어간인 것은 '굽-, 눕-, 숩-, 붓-, 줏-'이 있고, 이음절어간인 것은 '어듭-, 무숩-'이 있다. 다음에서는 이들 어간과 규칙어간 사이에서 '아>어' 빈도에 차이가 있는지를 살펴보기로 한다.

먼저 단음절어간의 경우 'ㅂ'불규칙어간('굽-, 눕-, 숩-') : 규칙어간('눅-, 묵-, 죽-, 묶-, 묻-(埋), 묻-(問), 물-, 굵-, 묽-, 훑-, 꿇-, 웂-')의 조합이 형성하는 36개 비교 항목의 각각이 공통적으로 실현되는 지역을 기준으로 하여 '아>어' 빈도를 비교하였다. 그런데 13개 항목에서는 규칙어간에서 그 빈도가 높고, 20개 항목에서는 그 빈도가 동일하며, 3개 항목에서는 두 어사가 함께 실현되는 지역이 없어 비교가 불가능하였다.

'ㅅ'불규칙어간('붓-, 줏-') : 규칙어간('눅-, 묵-, 죽-, 묶-, 묻-(埋), 묻-(問), 물-, 굵-, 묽-, 훑-, 꿇-, 웂-')의 비교에서는 총 24개 비교 항목 가운데 18개 항목에서는 후자에서 '아>어' 빈도가 높고, 4개 항목에서는 양자에서 그 빈도가 동일하며, 2개 항목에서는 전자에서 그 빈도가 높았다. 이러한 사실은, 비교되는 어사에 따라 차이가 없는 것은 아니나, 전체적으로 볼 때는 'ㅂ, ㅅ' 불규칙어간보다 규칙어간에서 '아>어' 변화가 더 빨리 진척되었음을 의미하는 것이다.

이음절어간의 경우는 'ㅅ'불규칙어간은 없고 'ㅂ'불규칙어간만 자료로 제시되었는데, 이것과 규칙어간 사이의 '아>어' 빈도를 비교한 결과 비교 항목인 '어듭- : 드물-', '무숩- : 드물-' 두 경우[138] 모두 규칙어간에서 '아>어' 빈도가 높았다. 그러므로 이 경우에도 앞의 단음절어간의 경우와 마찬가지로 규칙어간에서 '아>어' 변화가 더 빨리 진척되었다고 할 수 있다.

[표 61]과 [표 62]를 비교해 보면 개음절어간의 '아>어' 변화율은 69%이고, 폐음절어간의 그것은 87%로 나타나 폐음절어간에서 변화율이 높음을 알 수 있다. 그러나 이것은 전국을 기준으로 하였을 때의 변화율이기 때문에 동일한 조건에서 개음절어간 : 폐음절어간의 '아>어' 변화율을 비교하기에는 적절하지 못하다. 그래서 다시 각 어사들이 동일 지역에서 실현될 때 개폐음절 간의 '아>어' 변화율에 어떠한 차이가 있는지를 통계적으로 조사하였는데 그 결과는 다음과 같다.

일음절어간의 경우 개음절어간('두-, 쑤-, 주-, 추-, 꾸-(夢), 꾸-(借)') : 폐음절어간('눅-, 묵-(食), 죽-, 묶-, 묻-(埋), 묻-(問), 물-(嚙), 굽-(炙), 눕-, 숩-(易), 붓-, 줏-, 굵-, 묽-, 훑-, 끓-, 읎-(無)')의 조합이 형성하는 102개의 비교 항목 가운데 62개 항목에서는 폐음절어간에서 '아>어' 빈도가 높고, 13개 항목에서는 개음절어간에서 그 빈도가 높으며, 나머지 27개 항목에서는 개폐음절 어간에서 그 빈도가 동일하다.

이음절어간으로서 그 음절 모음이 '음성+음성'인 경우는 개음절어간('띠우-, 메우-') : 폐음절어간('드물-, 무숩-, 어듭-')에서 총 6개의 비교 항목이 형성된다. 이 가운데 4개 항목에서는 폐음절어간에서 그 빈도가 높고, 2개 항목

---

138) 이음절 규칙어간에는 '다둠-, 보둠-'의 둘이 더 있으나 이들은 어간 모음이 '양성+음성'이고, 비교의 주체가 되는 'ㅂ'불규칙어간 '어듭-, 무숩-'은 어간 모음이 '음성+음성'이기 때문에 양자를 비교하는 것은 동일 조건에서의 비교가 되지 못한다. 그래서 여기서의 비교에서는 이 둘을 제외하였다.

에서는 개음절어간에서 그 빈도가 높다.

같은 이음절어간으로서 그 음절 모음이 ‘양성+음성’인 경우는 개음절어간(‘가두-, 맞추-, 가꾸-, 바꾸-, 싸우-, 배우-, 재우-’) : 폐음절어간(‘다듬-, 보듬-’)에서 총 14개의 비교 항목이 형성된다. 이 가운데 5개 항목에서는 폐음절어간에서 그 빈도가 높고, 1개 항목에서는 개음절어간에서 그 빈도가 높으며, 나머지 8개 항목에서는 양자에서 그 빈도가 동일하다.

위의 세 경우를 종합하면, 122개 비교 항목 가운데 폐음절어간에서 그 빈도가 높은 경우가 71개 항목, 개음절어간에서 높은 경우가 16개 항목, 개폐음절어간에서 동일한 경우가 35개 항목으로서 폐음절어간에서 그 빈도가 높음을 알 수 있다.

어간의 음절수에 따른 ‘아>어’ 비율은 개폐음절의 경우를 포괄한 단음절어간 전체가 평균 98%, 다음절어간 전체가 평균 49%로 나타나 그 차이가 매우 크다. 그렇기 때문에 이 경우에는 굳이 동일 지역을 대상으로 그 빈도를 비교할 필요성을 느끼지 않으나 실제로 동일 지역을 대상으로 하여 비교해 본 결과도 단음절어간에서 그 변화율이 높은 것으로 나타났다.

그런데 앞의 9.1.1.1에서 이음절어간의 경우 어두음절 모음이 기원적 음성모음인 경우와 기원적 양성모음인 경우 전자에서 ‘아>어’ 빈도가 높음을 보았다. 여기서도 그러한 경향을 볼 수 있다. 즉, ‘음음’의 개음절어간((‘띄우-, 메우-’) : ‘양음’의 개음절어간(‘가두-, 맞추-, 가꾸-, 바꾸-, 싸우-, 배우-, 재우-’)에서 형성되는 14개의 비교 항목과 ‘음음’의 폐음절어간(‘드물-, 무섭-, 어둡-’) : ‘양음’의 폐음절어간(‘다듬-, 보듬-’)에서 형성되는 6개의 비교 항목 모두에서 ‘음음’인 경우가 ‘양음’인 경우보다 ‘아>어’ 빈도가 높게 나타난다. 그 이유는 후자의 경우는 둘째 음절의 모음도 기원적으로 양성모음이다가 이것이 뒤에 음성모음으로 바뀌었으나 이 바뀐 음성모음이 ‘아>어’ 변화의 결정소로 작용한 시기가 전자의 경우보다 늦었기 때문인 것으로 해석된다.

9.1.1.3. 'ㅟ'계 어간

말음절 모음이 'ㅟ(ü)'인 개음절어간 — '뛰-, (밥)쉬-' — 에서 어간 말음절의 두음을 제외한 'ㅟ'에 어미 '아X'의 '아'가 결합될 때의 방언형을 『한국방언자료집』에서 찾아보면 üyə, üwə, üə, üɨ, üe, ü, üiə, we, ö 등의 유형이 있음을 알 수 있다.

üyə는 공시적으로는 어간 말음 ü의 전설성에 동화되어 어미 '어'에 y가 첨가된 것으로 설명되나, 통시적으로는 중세국어의 uy+ə가 y순행동화에 의한 y첨가로 uyyə로 실현되다가 근대국어 이후 uy가 ü로 단모음화된 것으로 설명된다. 그리고 üwə는 앞의 경우와는 달리 ü의 원순성에 동화되어 어미에 w가 첨가된 것이다.

üə는 üyə에서 y가 탈락된 것이고, üɨ는 üə의 ə가 다시 ə>ɨ 변화를 경험한 것이다. üe는 üyə의 yə가 e로 축약된 것이고, ü는 üe의 e가 e>i 변화를 경험하여 üi가 된 다음 전설모음의 중복을 꺼려 i가 탈락된 것이다. 그런데 지역에 따라서는 üi에 어미 '어'가 중가되어 üiə가 나타나기도 한다.

we는 공시적으로는 üe의 ü가 활음화되어 전설원순반모음 ɥ으로 바뀌어 ɥe가 되었다가 전설성의 중복을 꺼려 ɥ가 후설원순반모음 w로 바뀐 것으로 해석된다. 그러나 통시적으로는 'ㅜ+ㅏ'(uy+a)가 y순행동화와 a>ə에 의해 uyyə가 되었으나 다시 y탈락에 의해 uyə가 되고, 이것이 다시 yə>e에 의해 ue가 된 다음 다시 w활음화에 의해 we가 된 것으로 설명된다. 그리고 ö는 we가 축약되어 단모음화된 것이다. '뛰+아'를 예로 그 과정을 보이면 대체로 ptuy+a → ptuyyə(쀠여, 두초 16 : 2)>ptuyə(뿌여, 동국신속 효5 : 11)>t'ue>t'we>t'ö : 와 같이 된다.

'ㅟ'계 개음절어간 2개가 전국 138개 군에서 '어'형을 취한 빈도를 보이면 [표 63]과 같다.

〔표 63〕 'ㅟ'계 개음절어간의 '어'형 빈도

빈도 \ 어사	뛰+아	쉬+아	합계
전체 어사수	92	89	181
'어'형 어사수	92	89	181
비율(%)	100	100	100

말음절 모음이 'ㅟ(ü)'인 폐음절어간 '쉽-'에서 두음 'ㅅ'를 제외한 üp에 어미 '아X'의 '아'가 결합될 때의 방언형을 『한국방언자료집』에서 찾아보면 übƎ, üwa, üwə, üə, üe, we 등의 유형이 있음을 알 수 있다. übƎ는 규칙활용형이고, 여타의 경우는 불규칙활용형이다.

불규칙활용형인 üwa는 üp+a가 p(<β)>w 변화만 경험한 것이고, üwə는 üp+a가 a>ə와 p(<β)>w의 두 변화를 모두 경험한 것이며, üə는 üwə에서 w가 탈락된 것이다. üe는 üə의 ə가 선행 ü의 전설성에 동화되어 전설모음화된 것이고, we는 üe의 ü가 활음화되어 전설원순반모음 ɥ로 바뀌었다가 다시 후설원순반모음 w로 바뀐 것으로 해석된다. 그러므로 üwa형을 제외한 다른 유형들은 모두 '아>어' 변화를 경험한 것이라고 할 수 있다.

'ㅟ(ü)'계 폐음절어간 '쉽-'이 전국 138개 군에서 '어'형을 취한 빈도를 보이면 [표 64]와 같다.

〔표 64〕 'ㅟ'계 폐음절어간의 '어'형 빈도

빈도 \ 어사	쉽+아	합계
전체 어사수	82	82
'어'형 어사수	81	81
백분율(%)	99	99

[표 63]과 [표 64]를 다시 보면, 개음절어간의 경우는 '아>어' 변화율이

100%로 나타나고 폐음절어간의 경우는 그것이 99%로 나타나, 전국을 대상으로 할 때, 전자에서 그 변화율이 높음을 알 수 있다. 그러나 이것은 동일 지역을 대상으로 한 비교가 아니기 때문에 비교의 정확성이 떨어진다.

그래서 '뛰-, 쉬-' : '쉽-'이 형성하는 2개의 조합이 각각 공통적으로 실현되는 지역의 방언형을 비교해 보았다. 그 결과, 여타 지역에서는 모두 '어'형으로 실현되어 차이가 없으나, 전남 고흥 한 곳에서 개음절어간에서는 '어'형이, 폐음절어간에서는 '아'형[139]이 실현되어 차이를 보였다. 그러므로 이 경우 역시 폐음절어간보다 개음절어간에서 그 변화의 빈도가 높다고 할 수 있다.

9.1.1.4. 'ㅓ'계 어간

말음절 모음이 'ㅓ'인 개음절어간[140] — '서-, 건너-' — 에서 어간 말음절의 두음을 제외한 'ㅓ'에 어미 '아X'의 '아'가 결합될 때의 방언형을 『한국방언자료집』에서 찾아보면 ə, ɘ 등의 유형이 있음을 알 수 있다. 이들 가운데 ə는 ə+a에서 a가 a>ə 변화를 경험하여 əə가 된 다음 동음탈락된 것이고, ɘ는 ə가 다시 ə>ɘ 변화를 경험한 것이므로 둘 다 '아>어' 변화를 경험한 것이다.

'ㅓ'계 개음절어간 2개가 전국 138개 군에서 '어'형을 취한 빈도를 보이면 [표 65]와 같다.

---

139) 배주채(1998 : 130)에서는 '아'형이 실현되는 이유를 어간 '쉽-'이 모음어미 앞에서는 '쉬우-'로 바뀌었기 때문이라고 한다. 그러나 여기서처럼 개폐음절의 차이에 따라 '아→어' 규칙의 적용에 차이가 있는 것으로 해석하면 굳이 쌍형어간을 설정하여 설명하지 않아도 될 것으로 보인다.

140) 말음절 모음이 'ㅓ'인 개음절어간에는 '켜-, 펴-'등도 있으나 자음어미가 결합될 때의 방언형이 조사되어 있지 않고, 또 그 어간모음이 ㅕ>ㅔ>ㅣ 등의 변화를 경험하여 이들 가운데 어느 것이 각 지역에서 실현되는 어간 모음인지 판단할 수 없어 여기서는 제외하였다.

〔표 65〕 'ㅓ'계 개음절어간의 '어'형 빈도

어사 빈도	서+아	건너+아	합계
전체 어사수	136	65	201
'어'형 어사수	136	65	201
비율(%)	100	100	100

말음절 모음이 'ㅓ'인 폐음절어간 — '먹-(食), 썩-, 적-, 걷-, 듣-(聽, 경상도 방언), 얼-, 껄-(引), 덜-(擧), 벗-, 젓-, 껏-(劃), 껂-(切), 멁-(淡), 껅-(瘙), 넑-(老), 젊-, 넓-, 헕-(砥), 없-, 거덜-(助), 헝컬-, 더럽-, 어덥-, 무섭-, 맨덜-, 다덤-, 가엾-, 부끄럽-, 부드럽-' — 에 어미 '아X'의 '아'가 결합될 때 이 '아'의 방언형을 『한국방언자료집』에서 찾아보면 a, ə, ɜ, ɜ, ɨ, i 등의 유형이 있음을 알 수 있다.

이들 중에서 a만이 '아>어' 변화를 경험하지 않은 것이고, ə는 그것을 경험한 것이며, ɜ, ɜ, ɨ는 '아>어' 변화 이외에 각각 ə>ɜ, ə>ɜ, ə>ɨ 변화를 더 경험한 것이다. 그리고 i는 ɨ가 전설마찰음 s 뒤에서 전설모음화한 것이다. 그러므로 a를 제외한 모두가 '아>어' 변화를 경험한 유형이다.

'ㅓ'계 폐음절어간 29개가 전국 138개 군에서 '어'형을 취한 빈도를 보이면 [표 66]과 같다.

〔표 66〕 'ㅓ'계 폐음절어간의 '어'형 빈도

어사 빈도	먹+아	썩+아	적+아	걷+아	듣+아	얼+아	껄+아	덜+아	벗+아	젓+아	껏+아	껂+아	멁+아	껅+아	넑+아
전체 어사수	101	138	40	137	41	138	25	42	138	111	36	38	16	35	38
'어'형 어사수	101	136	40	136	41	136	25	38	138	108	35	37	16	33	38
비율(%)	100	99	100	99	100	99	100	90	100	97	97	97	100	94	100

어사 / 빈도	젊+아	넓+아	훑+아	없+아	거덜+아	헝컬+아	더럽+아	어덥+아	무섭+아	맨덜+아	다덤+아	가엾+아	부끄럽+아	부드럽+아	합계
전체 어사수	128	92	16	82	42	32	122	12	124	42	41	66	129	98	2,100
'어'형 어사수	125	91	14	82	32	30	85	5	93	27	29	60	101	80	1,912
비율(%)	98	99	88	100	76	94	70	42	75	64	71	91	78	82	90

[표 66]에 의하면 'ㅂ'불규칙어간에는 '더럽-, 어덥-, 무섭-, 부끄럽-, 부드럽-'이 있고 'ㅅ'불규칙어간에는 '젓-, 껏-'이 있음을 알 수 있다. 다음에서는 이들 불규칙어간과 그에 대응되는 규칙어간 사이에 '아>어' 빈도에 차이가 있는지 살펴보기로 한다. 그런데 [표 66]에 나타난 빈도는 전국에서 해당 어사가 어느 정도로 '아>어' 변화를 경험했는지를 보여 주기 때문에 동일 조건에서 각 어사들의 빈도를 비교하는 데는 어려움이 있다. 그래서 이들 어사가 함께 실현되는 지역을 기준으로 빈도를 비교하였는데 그 결과는 다음과 같다.[141]

'ㅂ'불규칙어간('더럽-, 어덥-, 무섭-') : 규칙어간('거덜, 헝컬-')에서는 6개의 비교 항목 모두에서 규칙어간이 'ㅂ'불규칙어간보다 '아>어' 빈도가 높았다. 그러나 'ㅅ'불규칙어간('껏-, 젓-') : 규칙어간에서는 34개의 비교 항목 중 규칙어간에서 그 빈도가 높은 경우가 6번, 'ㅅ'불규칙어간에서 그 빈도가 높은 경우가 6번, 양자에서 그 빈도가 동일한 경우가 22번으로 나타나 양자 간의 '아>어' 변화에 별다른 차이점을 발견할 수 없었다.

[표 65]와 [표 66]에 의거하여 어간 말음절의 개폐에 따른 '아>어' 빈도를 비교해 보면, 개음절어간의 경우에는 일이음절 어간 모두에서 한 개씩의 어사만 있고, 폐음절의 경우에는 29개의 어사가 있어 양자를 비교하기에는 어

141) 3음절 불규칙어간의 경우에는 그에 대응하는 3음절 규칙어간이 없어 비교에서 제외하였다.

사의 편중이 심함을 지적할 수 있다. 그럼에도 불구하고 양자를 비교해 보면, 개음절어간의 경우에는 일이음절 어간 모두에서 100%의 변화율을 보이는 데 비해, 폐음절어간의 경우에는 일이음절 어간 모두에서 그보다 낮은 변화율을 보인 어간들이 많이 있다. 그러므로 후자보다 전자에서 '아>어' 빈도가 높다고 해도 무리는 없을 것으로 판단된다.

[표 65]와 [표 66]에 의거하여 어간의 음절수와 '아>어' 빈도의 관계를 보면, 개음절어간의 경우에는 일음절어간과 이음절어간 사이에 그 빈도의 차이가 없음을 알 수 있다. 그러나 폐음절어간의 경우에는 실현 어사 수가 12개에서 138개까지 걸쳐 있어 큰 차이가 있고 '어'형 빈도도 어사에 따라서 큰 차이가 있어 어간의 음절수에 따른 '아>어' 변화의 정도를 일률적으로 말하기는 어렵다. 그러나 대체적으로 보아 단음절 어간의 경우는 평균 98%의 변화율을 보이고, 다음절어간의 경우에는 평균 68%의 변화율을 보이므로 다음절어간보다 단음절 어간에서 '아>어' 변화가 더 빨리 진척되었다고 해도 무리는 없을 것으로 판단된다.

앞의 9.1.1.1과 9.1.1.2에서 말음절 모음이 각각 'ㅡ'와 'ㅜ'인 이음절어간의 경우 어두음절 모음이 기원적 음성모음인 경우와 기원적 양성모음인 경우 전자에서 '아>어' 빈도가 높음을 본 바 있다. 여기서도 그러한 경향이 나타나는데 그것을 보면 다음과 같다.

동일한 규칙어간이면서 어간모음이 '음성+음성'인 경우와 '양성+음성'인 경우, 즉 '거덜-, 헝컬-' : '맨덜-, 다덤-, 가엾-'의 조합에서 형성되는 6개의 비교 항목 가운데 '거덜- : 가엾'의 1개 항목에서만 '양성+음성'의 어간에서 '아>어' 빈도가 높고, 나머지 5개 항목에서는 '음성+음성'의 어간에서 그 빈도가 높다. 이러한 사실은 '양성+음성'보다 '음성+음성'의 어간에서 '아>어' 변화가 더 빨리 진척되었음을 의미한다.

9.1.1.5. 'ㅔ'계 어간

말음절 모음이 'ㅔ'인 개음절어간 — '떼-, 메-, 꿰-' — 에서 어간 말음절의 두음을 제외한 'ㅔ'에 어미 '아X'의 '아'가 결합될 때의 방언형을 『한국방언자료집』에서 찾아보면 eya, eyə, ea, Ea, eə, eƎ, ee, EE, e, E, ɛ 등의 유형이 있음을 알 수 있다.

중세국어에서는 말음이 y인 어간의 경우에는 모두 y순행동화에 의해 어미 '아/어'에 y가 첨가되어 '야/여'로 실현되었다. 그러므로 어간 '떼-, 메-, 꿰-'의 경우도 그것에 결합된 '아/어'가 y순행동화에 의해 '야/여'로 실현되었음은 두말할 필요도 없다. eya, eyə형의 ya, yə는 바로 이 '야/여'가 현대방언에서 그대로 실현된 것인데, 이 '야/여'가 그 이후 다양한 변화를 경험하여 위와 같은 여러 유형으로 나타나게 된 것이다.

ea형은 eya에서 y가 탈락된 것이고, Ea는 ea의 e가 e>E 변화를 경험한 것이므로 eya, ea, Ea는 다 같이 '아>어' 변화를 경험하지 않은 유형에 속한다. eə형은 eyə에서 y가 탈락된 것이고 eƎ는 eə의 ə가 다시 ə>Ǝ 변화를 경험한 것이다. ee는 eyə의 yə가 축약되어 e로 바뀐 것이고 EE는 ee가 e>E 변화를 경험한 것이다. 그리고 e, E는 각각 ee, EE가 동음탈락된 것이며 ɛ는 e가 다시 e>ɛ 변화를 경험한 것이다. 그러므로 eyə, eə, eƎ, ee, EE, e, E, ɛ는 모두 '아>어' 변화를 경험한 유형에 속한다.

각 유형의 변화 과정을 요약하여 보이면 다음과 같다.

e+a > eya > eya > ea > Ea
          > eyə > eə > eƎ
                 > ee > e > ɛ
                      > EE > E

'ㅔ'계 개음절어간 3개가 전국 138개 군에서 '어'형을 취한 빈도를 보이면 [표 67]과 같다.

〔표 67〕 'ㅔ'계 개음절어간의 '어'형 빈도

빈도 \ 어사	떼+아	메+아	꿰+아	합계
전체 어사수	54	49	31	134
'어'형 어사수	47	48	30	125
비율(%)	87	98	97	94

말음절 모음이 'ㅔ'인 폐음절어간에는 '멥-(辛)' 하나가 있다. 이것은 제주도(북제주, 남제주)에서만 실현되는데, 이 어간은 중세국어의 '믭-'에서 'ㆍ'가 'ㅓ'로 변화되어 형성된 것으로 추정된다. 여기에 어미 '아X'의 아'가 결합될 때 이 '아'의 방언형을 『한국방언자료집』에서 찾아보면 a만 발견되고 ə는 발견되지 않는다.

'ㅔ'계 폐음절어간 '멥-'이 전국 138개 군에서 '어'형을 취한 빈도를 보이면 [표 68]과 같다.

〔표 68〕 'ㅔ'계 폐음절어간의 '어'형 빈도

빈도 \ 어사	멥+아	합계
전체 어사수	2	2
'어'형 어사수	0	0
비율(%)	0	0

[표 68]에서 폐음절어간 '멥-'이 실제로 실현된 지역은 북제주와 남제주의 두 곳인데 이 두 곳의 '아>어' 변화율은 0%이다. 이에 비해 [표 67]의 개음절어간에서 북제주와 남제주 두 곳의 그것은 94%이다. 그러므로 'ㅔ'계 어간에서는 폐음절어간보다 개음절어간에서 '아>어' 변화가 더 빨리 진척되었다고 할 수 있다.

9.1.1.6. 'ㅣ'계 어간

'ㅣ'는 중성모음이기 때문에 모음조화 형성 과정과 붕괴 과정 어느 쪽에도 포함되지 않는다. 그러나 말음절이 'ㅣ'인 어간에 부사형어미 '아X'가 결합되다가 '어X'로 바뀌어 가는 과정이 모음조화 형성 과정과 유사성을 지니므로 이 변화를 모음조화 형성 과정에서 일어난 변화로 취급하여 여기서 함께 다루기로 한다.

말음절 모음이 'ㅣ'인 개음절어간 — '기-, 끼-(霧), 삐-, 이-(戴), 지-, 찌-, 치-, 피-, 당기-, 다치-, 마시-, 때리-, 벗기-, 구기-, 누비-, 부시-, 후비-, 드시-, 비비-, 기다리-, 가리키-, 두드리-' — 에서 어간 말음절의 두음을 제외한 'ㅣ'에 어미 '아X'의 '아'가 결합될 때의 방언형을 『한국방언자료집』에서 찾아보면 ia, a, iə, iɘ, iɨ, yə, yɘ, yɨ, yɜ, ə, ɘ, ɜ, e, E, iyə, ie, ii, i, ye, iE, yE 등의 유형이 있음을 알 수 있다.

ia는 'ㅣ+ㅏ'가 그대로 실현된 것이고, a는 'ㅣ+ㅏ'에서 'ㅣ'가 활음화되어 ya가 된 다음 다시 y가 탈락된 것인데, 이 둘은 다 같이 '아>어' 변화를 경험하지 않은 것이다. iə는 ia의 a가 a>ə 변화를 경험한 것이고, iɘ, iɨ는 iə의 ə가 각각 ə>ɘ, ə>ɨ 변화를 경험한 것이다.

yə, yɘ, yɨ는 각각 iə, iɘ, iɨ의 i가 활음화된 것이고, yɜ는 yə의 ə가 다시 ə>ɜ 변화를 경험한 것이다. ə, ɜ, ɘ는 각각 yə, yɜ, yɘ에서 y가 탈락된 형태이다. e는 yə가 축약된 것이 대부분이나 ye에서 y가 탈락된 것도 있을 것으로 추정된다. 이 e는 지역에 따라 E로 하강되어 실현되기도 한다.

iyə는 i+ə의 ə에 선행 i의 순행동화에 의한 y첨가가 이루어진 것이고,[142)]

---

142) 김정태(1996 : 21-23)과 김영선(1999 : 108)에서는 15세기 국어에서 동사 어간 말음이 i인 경우에 어미 ə가 결합될 때는 어간 말음이 y인 경우와 마찬가지로 i(y)순행동화에 의한 y첨가가 이루어지는 것으로 설명하였으나 필자는 이와는 견해를 달리하고 있다. 오종갑(2002)에서는 15세기 국어에서 i를 말음으로 가진 동사 어간에 어미 '아/어'가 결합될 때는 i가 y로 활음화되는 경우와 어미에 y가 첨가되는 경우의 두 유형으로 실현됨을 지적하고, 그러한 차이가 규칙 발생의 개신지의 차이에 말미암은 것으로 설명

ie는 iyə의 yə가 e로 축약된 것이다. ii는 공시적으로는 i+ə에서 ə가 선행 i에 완전순행동화된 것으로 설명되나, 통시적으로는 ie의 e가 i 뒤에서 e>i 변화[143]를 경험한 것으로 설명된다. 그리고 i는 ii에서 i가 하나 탈락된 것이다.

ye는 ie의 i가 활음화된 것인데, 이것은 다시 y탈락에 의해 e로 실현되기도 하고, 이 e가 다시 e>E 변화를 경험하기도 한다. iE는 ie의 e가 e>E 변화를 경험한 것이고, yE는 iE의 i가 활음화된 것이다. E는 e>E 변화에 의한 것도 있고, yE에서 y가 탈락된 것도 있을 것으로 추정된다.

각 유형의 변화 과정을 요약하여 보이면 다음과 같다.

i+a > ya > a

> iə > yə > ə

> yɜ > ɜ

> e > E

> iƎ > yƎ > Ǝ

> iɨ > yɨ > ɨ

> iyə > ie > ii > i

> ye > e > E

> iE > yE > E

'ㅣ'계 개음절어간 22개가 전국 138개 군에서 '어'형을 취한 빈도를 보이면 [표 69]와 같다.

하였다. 즉, y활음화규칙의 개신지는 비영남지역이고, y첨가규칙의 개신지는 영남지역인데, 이 두 규칙이 동일한 구조기술에 경쟁적으로 적용됨으로 말미암아 그러한 차이가 나타나게 된 것으로 설명하였다.

143) 'e>i/i+—' 규칙의 개신지는 영남지역이었던 것으로 추정된다(오종갑 2002 참고, 이 책의 Ⅱ.7 참고).

〔표 69〕 'ㅣ'계 개음절어간의 '어'형 빈도

빈도 \ 어사	기+아	끼+아	삐+아	이+아	지+아	찌+아	치+아	피+아	당기+아	다치+아	마시+아	때리+아
전체 어사수	138	134	88	136	137	137	137	135	122	138	137	137
'어'형 어사수	138	134	88	136	137	137	137	135	120	138	137	137
비율(%)	100	100	100	100	100	100	100	100	98	100	100	100

빈도 \ 어사	벗기+아	구기+아	누비+아	부시+아	후비+아	드시+아	비비+아	기다리+아	가리키+아	두드리+아	합계
전체 어사수	138	73	74	40	93	107	138	127	58	135	2,559
'어'형 어사수	138	73	74	40	93	107	138	106	57	135	2,535
비율(%)	100	100	100	100	100	100	100	83	98	100	99

말음절 모음이 'ㅣ'인 폐음절어간 — '신-, 싣-, 길-, 일-, 집-, 있-, 싫-, 읽-, 뒤집-' — 에 어미 '아X'의 '아'가 결합될 때 이 '아'의 방언형을 『한국방언자료집』에서 찾아보면 a, ə, ɜ, ɨ의 네 유형이 있음을 알 수 있다. 그런데 이들 유형의 변화 과정에 대해서는 앞에서 설명한 바 있으므로 더 이상의 설명은 생략하기로 한다.

표준어에서 불규칙활용을 하는 어간 '깁-, 싶(쉽)-[144], 잇-, 짓-, 찧-'과 일부 지역에서 불규칙활용을 하는 어간 '씻-'에 어미 '아X'가 결합될 때는 어간 말 자음이 반모음화하거나 탈락된 다음 다시 후행 어미의 두음과 결합되는 과정에서 변화가 초래된다. 그러므로 그 어미가 '아>어' 변화를 경험했는지의 여부를 판단하기가 쉽지 않다.

위의 불규칙어간들에서 두음을 제외한 'ip, is, ih'에 어미 '아X'의 '아'가 결합될 때의 방언형 가운데 불규칙활용을 하는 경우의 활용형만을 『한국방언자료집』에서 찾아보면 iwa, iwə, iwɜ, ia, iə, iɜ, iɨ, ie, ii, i, yə, yɨ, ye, e, ə, ɜ, ɨ 등의 유형이 있음을 알 수 있다. 이들은, 지역에 따라서, '아>어' 규칙

144) 어간 말음절 모음이 i(wi)인 경우만 여기에서 다루고, ü인 경우는 어간 말음절 모음이 ü인 어간에서 다룬다.

이 먼저 적용된 다음 어간말의 자음 변화 규칙이 적용되어 실현된 형태일 수도 있고, 이와는 반대로 자음 변화 규칙이 먼저 적용된 다음 '아>어' 규칙이 적용되어 실현된 형태일 수도 있다.

전후자의 과정 중 어느 과정을 따르든지 상관없이 w(<p), s, h가 탈락된 뒤에는 앞의 개음절어간에서 본 i+a의 변화 과정과 동일한 과정을 경험한다. 그러므로 여기서는 이들 유형들의 변화 과정에 대한 설명은 생략한다. 다만, iwa, iwə, iwƎ는 'ㅂ'불규칙활용에서 p>w 변화를 경험한 다음 w가 탈락되지 않은 유형인데, iwa는 '아>어' 변화를 경험하지 않은 것이고 나머지 둘은 그것을 경험한 것이다.

'ㅣ'계 폐음절어간 15개가 전국 138개 군에서 '어'형을 취한 빈도를 보이면 [표 70]과 같다.

〔표 70〕 'ㅣ'계 폐음절어간의 '어'형 빈도

빈도 \ 어사	신+아	싣+아	길+아	일+아	집+아	깁+아	십+아	씻+아	잇+아	짓+아	있+아	싶+아	찧+아	읽+아	뒤집+아	합계
전체 어사수	137	136	132	73	137	114	33	138	111	138	120	104	137	105	79	1,694
'어'형 어사수	135	134	132	72	134	112	30	138	111	136	119	101	134	105	79	1,672
비율(%)	99	99	100	99	98	98	91	100	100	99	99	97	98	100	100	98

[표 70]에 의하면 규칙어간과 불규칙어간 사이에는 '아>어' 빈도에 별다른 차이를 보이지 않는 듯하다. 그러나 실현 어사 수에서 보면 33개부터 138개까지 걸쳐 있어 지역적 특성이 이들의 변화에 관여하였을 가능성도 생각할 수 있다. 그래서 불규칙어간 '깁-, 십-(易), 씻-, 잇-, 짓-, 찧-'과 규칙어간 '신-, 싣-, 길-, 일-, 집-, 있-, 싶-, 읽-'의 각각이 함께 실현되는 지역을 선정하여 그들 지역에서의 '아>어' 빈도를 비교하였다.

그 결과, 'ㅂ'불규칙어간('깁-, 십-') : 규칙어간('신-, 싣-, 길-, 일-, 집-, 있-,

싶-, 읽-')의 비교에서는 총 16개 비교 항목 가운데 12개 항목에서는 후자에서 '아>어' 빈도가 높고, 1개 항목에서는 전자에서 그 빈도가 높으며, 3개 항목에서는 양자에서 동일한 빈도로 실현됨을 알 수 있었다. 이러한 사실은 전체적으로 볼 때 'ㅂ'불규칙어간보다 규칙어간에서 '아>어' 변화가 더 빨리 진척되었음을 의미하는 것이다.

'ㅅ'불규칙어간('씻-, 잇-, 짓-') : 규칙어간('신-, 싣-, 길-, 일-, 집-, 있-, 싶-, 읽-')의 비교에서는 총 24개 비교 항목 가운데 16개 항목에서는 양자에서 동일한 빈도로 실현되고, 6개 항목에서는 전자에서 '아>어' 빈도가 높으며, 2개 항목에서는 후자에서 그 빈도가 높다. 이러한 사실은, 비교되는 어사에 따라 차이가 없는 것은 아니나, 전체적으로 볼 때는 규칙어간보다 'ㅅ'불규칙어간에서 '아>어' 변화가 더 빨리 진척되었음을 의미하는 것이다.

'ㅎ'불규칙어간('찧-') : 규칙어간('신-, 싣-, 길-, 일-, 집-, 있-, 싶-, 읽-')의 비교에서는 총 8개 비교 항목 가운데 5개 항목에서는 양자에서 동일한 빈도로 실현되고, 3개 항목에서는 전자에서 '아>어' 빈도가 높으며, 후자에서 그 빈도가 높은 항목은 한 개도 없다. 이러한 사실은 전체적으로 볼 때는 규칙어간보다 'ㅎ'불규칙어간에서 '아>어' 변화가 더 빨리 진척되었음을 의미하는 것이다.

[표 69]와 [표 70]에 의거하여 어간 말음절의 개폐에 따른 '아>어' 빈도를 비교하면, 개음절의 경우에는 평균 99%의 변화율을, 폐음절의 경우에는 평균 98%의 변화율을 보여 전자에서 그 변화율이 약간 높다. 그런데 이 경우는 지역별 특성과 어간 음절수의 차이가 고려되지 않은 비교이다. 그래서 위의 어간들을 다시 일음절과 이음절 어간으로 구분하고, 이들의 조합이 공통으로 실현되는 지역의 방언형을 대상으로 하여 개폐음절어간에서의 '아>어' 빈도를 비교해 보았는데, 그 결과는 다음과 같다.

일음절의 개음절어간('기-, 끼-(霧), 삐-, 이-(戴), 지-, 찌-, 치-, 피-') : 폐음절어간('신-, 싣-, 길-, 일-, 집-, 깁-, 십-, 씻-, 잇-, 짓-, 있-, 싶-, 찧-, 읽-')의 조합으로 형성되는 112개의 비교 항목 가운데 양자에서 그 빈도가 동일한 것이 36개 항목, 전자에서 그 빈도가 높은 것이 76개 항목, 후자에서 그 빈도가 높은 것이 0개 항목이다. 이러한 사실은 'ㅣ'계 일음절어간에서는 폐음절어간보다 개음절어간에서 '아>어' 변화가 더 빨리 진척되었음을 의미한다.

이음절의 개음절어간('다치-, 당기-, 마시-, 때리-, 벗기-, 구기-, 누비-, 부시-, 후비-, 드시-, 비비-') : 폐음절어간('뒤집-')의 조합으로 형성되는 11개의 비교 항목에서는 모든 항목에서 개폐음절 어간이 동일한 빈도를 보인다. 이러한 사실은 'ㅣ'계 이음절어간에서는 개폐음절어간이 거의 동시에 '아>어' 변화를 경험했음을 의미하는 것으로 이해된다.

[표 69]와 [표 70]에 의거하여 어간의 음절수와 '아>어' 빈도 사이에는 어떤 관련성이 있는지 살펴보면 다음과 같다.

개음절어간의 경우 일음절어간에서는 모든 어사들의 '아>어' 변화율이 100%로 나타나고, 이음절어간에서도 '당기-'의 경우를 제외하고는 100%의 변화율을 보이며, 삼음절어간에서는 '두드리-'의 경우만 100%의 변화율을 보인다. 그러므로 100%의 변화율을 보인 이들 어사의 경우에는 단음절 : 다음절 어간에서의 '아>어' 변화율이 동일하다고 할 수 있다. 실제로 이들 어사가 공통으로 실현되는 지역의 방언형을 대상으로 한 비교에서도 동일한 변화율을 보인다.

단음절어간과 다음절어간에서 차이가 나는 것은 100% 미만의 어사들인데, 이에는 '당기-, 기다리-, 가리키-'가 있다. 이들과 일음절어간 '기-, 끼-, 삐-, 이-, 지-, 찌-, 치-, 피-'의 조합에서는 총 24개의 비교 항목이 설정되는데, 각 항목이 공통으로 실현되는 지역의 방언형을 대상으로 하여 그 빈도를 비교한 결과 2개 항목에서는 동일하고 22개 항목에서는 일음절어간에서 '아>어' 빈도가 높았다. 그러므로 전체를 통틀어 보면 'ㅣ'계 개음절어간에서는 단음절어간이 다음절어간보다 그 변화율이 높다고 할 수 있다.

폐음절어간의 경우 15개의 어간 중 14개는 일음절어간이고 1개만 이음절어간('뒤집-')인데, 이들의 조합에서 형성되는 비교 항목은 모두 14개가 된다. 이들 가운데 13개 항목에서는 개폐음절어간이 동일한 변화율을 보이고, 1개의 항목(‘십- : 뒤집-’)에서만 이음절어간이 높은 변화율을 보인다. 그러므로 전체적으로 보면 이 경우에는 이음절어간에서 변화율이 높다고 할 수도 있겠다.

그러나 ‘십-’은 ‘ㅂ’불규칙어간이고 ‘뒤집-’은 규칙어간이기 때문에 음절수의 많고 적음에 따른 차이가 반영되었다기보다는 음절 말 자음의 성격이 반영되었다고 볼 수도 있다. 그러므로 ‘ㅣ’계 폐음절어간에서는 일음절어간보다 이음절어간에서 그 변화율이 높다고 말하기에는 어려움이 있다.

앞의 9.1.1.1, 9.1.1.2, 9.1.1.4에서 이음절어간의 경우 어두음절 모음이 기원적 음성모음인 어간이 기원적 양성모음인 어간보다 ‘아>어’ 빈도가 높음을 본 바 있다. 여기서도 이음절어간 ‘당기-’는 어간모음이 ‘양성+중성’으로서 어간모음이 ‘음성+중성’인 경우보다 상대적으로 ‘아>어’ 빈도가 낮아 앞의 경우들과 동일한 경향을 보인다.

9.1.2. 모음조화 붕괴 과정

양성모음 어간에는 ‘아X’가 결합되고 음성모음 어간에는 ‘어X’가 결합되어 모음조화를 이루다가 어느 시기 이후 양성모음 어간 뒤에서 ‘아X’가 ‘어X’로 바뀌어 가는데, 이 과정을 여기서는 모음조화 붕괴 과정이라고 부른다. 다음에서는 기원적 양성모음을 가진 어간들 뒤에서 ‘아X’가 어떻게 ‘어X’로 바뀌어 갔는지 고찰해 보기로 한다.

9.1.2.1. ‘ㆍ’계 어간

말음절 모음이 ‘ㆍ’인 개음절어간은 발견되지 않고, 폐음절어간은 ‘ᄁᆞᆯ-, ᄆᆞᆯ-, ᄆᆞᆽ-, ᄆᆞᆰ-, ᄇᆞᆰ-, ᄉᆞᆱ-, ᄇᆞᆲ-’ 등이 발견되나 모두 제주도(북제주, 남제주)에서만 실현된다. 이들 어간에 어미 ‘아X’의 ‘아’가 결합될 때의 방언형을 『한국방언자료집』에서 찾아보면 모두 ‘아’로만 실현된다. 그러므로 말음절 모음이 ‘ㆍ’인 어간에서는 ‘아>어’ 변화를 경험한 예가 한 개도 없다고 할 수 있다.

〔표 71〕 'ㆍ'계 폐음절어간의 '어'형 빈도

어사 / 빈도	ᄁᆞᆯ+아	ᄆᆞᆯ+아	ᄆᆞᆾ+아	ᄆᆞᆰ+아	ᄇᆞᆰ+아	ᄉᆞᆱ+아	ᄇᆞᆲ+아	합계
전체 어사수	2	2	2	2	2	2	2	14
'어'형 어사수	0	0	0	0	0	0	0	0
비율(%)	0	0	0	0	0	0	0	0

9.1.2.2. 'ㅗ'계 어간

말음절 모음이 'ㅗ'인 개음절어간 — '고-, 꼬-, 보-, 쏘-, 오-, 호-' — 의 어간말음 'ㅗ'에 어미 '아X'의 '아'가 결합될 때의 방언형을 『한국방언자료집』에서 찾아보면 oa, wa, a, owa, o 등의 유형이 있음을 알 수 있다.

oa는 'ㅗ+ㅏ'가 그대로 실현된 것이고, wa는 oa의 o가 활음화된 것이며, a는 wa에서 w가 탈락된 것이다. owa는 'ㅗ+ㅏ'에서 'ㅗ'의 순행동화로 어미 'ㅏ'에 w가 첨가된 것이다. 그러나 o의 경우는 'ㅗ+ㅏ'에서 'ㅏ'가 선행 'ㅗ'에 완전동화되어 oo가 된 다음 o가 하나 탈락된 것으로 해석할 수도 있고, 'ㅗ+ㅓ(<ㅏ)'가 완전동화된 다음 o가 하나 탈락된 것으로 해석할 수도 있다. 그러므로 이 경우는 그 어미가 '아>어' 변화를 경험했는지의 여부를 판단할 수 없어 통계 처리에서 제외하였다.

'ㅗ'계 개음절어간 6개가 전국 138개 군에서 '어'형을 취한 빈도를 보이면 [표 72]와 같다.

〔표 72〕 'ㅗ'계 개음절어간의 '어'형 빈도

어사 / 빈도	고+아	꼬+아	보+아	쏘+아	오+아	호+아	합계
전체 어사수	70	102	136	116	138	107	669
'어'형 어사수	0	0	0	0	0	0	0
비율(%)	0	0	0	0	0	0	0

말음절 모음이 'ㅗ'인 폐음절어간 — '몰-(卷), 돕-, 쫏-(啄), 꽂-, 쫓-, 놓-, 좋-, 볽-(明), 곪-, 옮-, 볿-(踏), 홅-' — 에 어미 '아X'의 '아'가 결합될 때 이 '아'의 방언형을 『한국방언자료집』에서 찾아보면 a, ə, ɜ, ɜ, ɨ, i 등의 유형이 있음을 알 수 있다. 그런데 이들 유형의 변화 과정에 대해서는 앞에서 이미 언급한 바 있으므로 여기서는 설명을 생략하기로 한다.

앞의 어간들 가운데 'ㅂ'불규칙어간 '돕-'에 어미 '아'가 결합될 때는 그 방언형이 towa, toa, towə 등으로 실현된다. towa는 통시적으로 toβa>towa의 과정을 거쳐 형성된 것이고, toa는 towa에서 w가 탈락된 것이다. 그리고 towə는 'toβ+a'가 towa>towə나 toβə>towə의 둘 가운데 하나의 과정을 거쳐 형성된 것으로 해석할 수 있다.

그렇지만, 국어사에서 모음조화가 비교적 엄격히 지켜지던 후기중세국어에서 'ㅸ'는 거의 소실되는 단계에 있었음을 감안할 때 모음조화 붕괴규칙('ㅏ>ㅓ/ㅗ+—')이 'ㅸ>w' 규칙보다 앞섰다고 보기에는 무리가 있는 것으로 판단된다. 그래서 여기서는 toβa>towa>towə의 과정이 더 타당성이 있는 것으로 해석하고자 한다.

'ㅅ'불규칙어간 '쫏-'에 어미 a가 결합될 때는 그 방언형이 č'osa, č'osə, č'osɜ, č'oa, č'wa, č'wə 등으로 실현된다. 앞의 셋은 지역에 따라 규칙활용을 한 것이고 뒤의 셋은 불규칙활용을 한 것이다.

후자의 č'oa는 통시적으로 č'oza('조사', 구방 하 : 32)에서 어간 말음 z가 탈락된 형태이고, č'wa는 č'oa의 o가 활음화된 것이다. č'wə는 č'oz+a가 č'oz+a →č'oza>č'ozə>č'oə>č'wə나 č'oz+a →č'oza>č'oa>č'oə>č'wə의 둘 가운데 하나의 과정을 거쳐 형성된 것으로 해석할 수 있다. 그러나 [표 72]에서 보는 바와 같이 'ㅗ'개음절어간 뒤에서 '아'가 '어'로 바뀌어 실현된 예가 하나도 발견되지 않는 점으로 미루어 전자의 과정이 더 타당성이 있는 것으로 판단된다.

'ㅎ'불규칙어간 '놓-, 좋-'에서 음절 두음을 제외한 oh에 어미 a가 결합될 때는 oa, wa, a, oə, owa, owə 등으로 실현된다.

oa는 oh+a에서 h가 탈락된 것이고, wa는 oa의 o가 활음화된 것이며, a는 wa에서 w가 탈락된 것이다. oə는 oh+a가 oha>ohə>oə나 oha>oa>oə의 둘 가운데 하나의 과정을 거쳐 형성된 것으로 해석할 수 있다. 그러나 이 경우에도 [표 72]에서 보는 바와 같이 'ㅗ'개음절어간 뒤에서 '아'가 '어'로 바뀌어 실현된 예가 하나도 발견되지 않는 점으로 미루어 전자의 과정이 더 타당성이 있는 것으로 판단된다.

owa, owə는 다 같이 h가 탈락된 다음 어간 모음 o에 순행동화되어 어미 a에 w가 첨가된 것이다. 그러나 양자 사이에는 a>ə 규칙의 적용 여부에서 차이가 있다(oha>oa>owa>owə).

'ㅗ'계 폐음절어간 12개가 전국 138개 군에서 '어'형을 취한 빈도를 보이면 [표 73]과 같다.

〔표 73〕 'ㅗ'계 폐음절어간의 '어'형 빈도

빈도 \ 어사	몰+아	돕+아	쫒+아	꽂+아	쫓+아	놓+아	좋+아	볽+아	곪+아	옮+아	볿+아	홅+아	합계
전체 어사수	39	96	113	131	113	138	138	12	104	57	34	23	998
'어'형 어사수	0	2	10	31	31	0	3	0	31	24	0	2	134
비율(%)	0	2	9	24	27	0	2	0	30	42	0	9	12

[표 73]에 의하면 규칙어간과 불규칙어간 사이에는 '아>어' 빈도에 별다른 차이를 보이지 않는 듯하다. 그러나 실현 어사 수에서 보면 12개에서 138개까지 걸쳐 있어 지역적 특성이 이들의 변화에 관여하였을 가능성을 생각할 수 있다. 그래서 불규칙어간 : 규칙어간의 조합이 공통으로 실현되는 지역의 방언형을 대상으로 '아>어' 빈도를 비교하였는데, 그 결과는 다음과 같다.

'ㅂ'불규칙어간('돕-') : 규칙어간('몰-, 꽂-, 쫓-, 볽-, 곪-, 옮-, 볿-, 홅-')이 형성하는 8개의 비교 항목에서는 전자에서 '아>어' 빈도가 높은 것이 0개 항목, 후자에서 '아>어' 빈도가 높은 것이 4개 항목, 양자에서 동일한 것이 4개 항목이다.

'ㅅ'불규칙어간('쫓-') : 규칙어간('몰-, 꽂-, 쫓-, 볽-, 곪-, 옮-, 볿-, 흝-')이 형성하는 8개의 비교 항목에서는 전자에서 그 빈도가 높은 것이 0개 항목, 후자에서 그 빈도가 높은 것이 5개 항목, 비교가 불가능한 것이 3개 항목이다.

'ㅎ'불규칙어간('놓-, 좋-') : 규칙어간('몰-, 꽂-, 쫓-, 볽-, 곪-, 옮-, 볿-, 흝-')이 형성하는 16개의 비교 항목에서는 전자에서 그 빈도가 높은 것이 0개 항목, 후자에서 그 빈도가 높은 것이 10개 항목, 양자에서 동일한 것이 6개 항목이다.

위의 세 경우 모두 규칙어간에서 '아>어' 빈도가 높게 나타났다. 이와 같은 사실은 불규칙어간보다 규칙어간에서 '아>어' 변화가 더 빨리 진척되었음을 의미하는 것이다.

[표 72]와 [표 73]을 비교해 보면, 개음절어간에서는 '어'형이 하나도 실현되지 않고 폐음절어간에서는 어사에 따라 '어'형이 실현되는 경우와 실현되지 않는 경우의 두 경우가 있음을 알 수 있다. 그런데 이 두 표에 나타난 비율은 각 어사들이 공통적으로 실현되는 지역만을 대상으로 한 것이 아니기 때문에 지역별 특성이 무시된 결과라고 할 수 있다.

그래서 개음절어간('고-, 꼬-, 보-, 쏘-, 오-, 호-') : 폐음절어간('몰-, 돕-, 쫓-, 꽂-, 쫓-, 놓-, 좋-, 볽-, 곪-, 옮-, 볿-, 흝-')에서 형성되는 비교 항목의 각각이 공통으로 실현되는 지역들을 대상으로 하여 '아>어' 빈도를 비교하였다. 그 결과, 총 72개의 비교 항목 가운데 개폐음절어간에서 동일한 경우가 25개 항목, 폐음절어간에서 높은 경우가 47개 항목, 개음절어간에서 높은 경우가 0개 항목으로 나타났다. 이러한 사실은 개음절어간보다 폐음절어간에서 '아>어' 변화가 더 빨리 진척되었음을 의미한다.

9.1.2.3. 'ㅚ'계 어간

말음절 모음이 'ㅚ(ö)'인 폐음절어간은 하나도 발견되지 않고, 개음절어간은 '괴-, 되-, 쇠-, 앳되-' 등이 발견된다. 이들 개음절어간에서 말음절의 두음을 제외한 'ㅚ'에 어미 '아X'의 '아'가 결합될 때의 방언형을 『한국방언자료집』에서 찾아보면 öya, öyə, öa, öə, ö, wEa, wEə, we, wE, wɛ, e 등의 유형이 있음을 알 수 있다.

öya, öyə, öa, öə, ö형이 실현되는 지역에서는 자음어미 앞이나 모음어미 앞이나 구별 없이 어간 말 모음이 ö로 실현된다. 이에 비해 wEa, wEə, we, wE, wɛ, e형이 실현되는 지역에서는 자음어미 앞에서는 어간 말 모음이 ö로 실현되나 모음어미 앞에서는 그것이 we[wE]로 실현되어 차이가 있다.

어간 말 모음 'ㅚ'는 중세국어에서는 oy였으나 그 뒤 o가 wə로 재음소화되어 wəy가 된 다음 다시 əy가 e로 축약되어 we가 되고, 이것이 또 다시 ö로 단모음화되는 과정을 경험하였다.[145] 그런데 어간 말 모음 'ㅚ'에 자음어미가 연결될 때는 단모음화(we>ö)가 먼저 일어나고 모음어미가 연결될 때는 그것이 늦게 일어났기 때문에 지역에 따라 단모음화의 여부에 차이가 나타난 것으로 해석된다.

어간 말 모음 'ㅚ'의 위와 같은 변화 과정을 고려하면, wEa, wEə, we, wE, wɛ, e형의 경우는 자음어미 앞에서는 기저형의 어간 말 모음이 ö이나 모음어미 앞에서는 그것이 we[wE]인 쌍형어간으로 취급되어야 한다. 그러면 이들 유형은 말 모음이 e[E]인 개음절어간에서 다루어져야 하므로 여기서는 이들을 통계 처리에서 제외하였다.

öya는 공시적으로는 ö의 전설성에 동화되어 어미 a에 y가 첨가된 것이고, öyə는 öya의 a가 '아>어'변화를 경험한 것으로 설명된다. 그러나 통시적으로는 이 두 형태가 oy+a→oyya>wəyya>weya>öya>öyə와 같은 변화 과정에

145) oy>wəy>we>ö의 변화 과정에 대한 자세한 논의는 최전승(1987)을 참고할 수 있다.

서 형성된 것으로 설명된다. öa, öə는 각각 öya, öyə에서 y가 탈락된 것이고, ö는 öyə에서 yə가 e로 축약되어 öe가 되었으나 전설중모음의 중복으로 말미암아 다시 e가 탈락된 것으로 설명된다.

'ㅚ'계 개음절어간 4개가 전국 138개 군에서 '어'형을 취한 빈도를 보이면 [표 74]와 같다.

〔표 74〕 'ㅚ'계 개음절어간의 '어'형 빈도

빈도 \ 어사	괴+아	되+아	쇠+아	앳되+아	합계
전체 어사수	37	49	42	14	142
'어'형 어사수	25	24	14	14	77
비율(%)	68	49	33	100	63

[표 74]에 의하면 'ㅚ'계 개음절어간에서는 일음절어간보다 이음절어간에서 '아>어' 빈도가 더 높은 것으로 볼 수 있다. 그러나 지역별 특성을 고려하여 비교되는 두 어사들의 각각이 공통으로 실현되는 지역의 방언형을 비교할 때는 일이음절어간에서 '아>어' 변화가 동일한 빈도로 실현됨이 확인된다.

9.1.2.4. 'ㅏ'계 어간

말음절 모음이 'ㅏ'인 개음절어간 — '가-, 까-, 짜-, 차-' — 에서 어간 말음절의 두음을 제외한 'ㅏ'에 어미 '아X'의 '아'가 결합될 때의 방언형을 『한국방언자료집』에서 찾아보면 a 한 개가 발견된다. a는 'ㅏ+ㅏ'가 aa로 실현되다가 동음충돌로 a 한 개가 탈락된 것인데, 이러한 사실은 어미 '아X'의 '아'가 '아>어' 변화를 전혀 경험하지 않았음을 의미하는 것이다.

'ㅏ'계 개음절어간 4개가 전국 138개 군에서 '어'형을 취한 빈도를 보이면 [표 75]와 같다.

〔표 75〕 'ㅏ'계 개음절어간의 '어'형 빈도

빈도＼어사	가+아	까+아	짜+아	차+아	합계
전체 어사수	138	133	83	85	439
'어'형 어사수	0	0	0	0	0
비율(%)	0	0	0	0	0

말음절 모음이 'ㅏ'인 폐음절어간 — '작-, 깎-, 닦-, 안-, 깔-, 말-(卷), 살-, 알-, 감-(洗), 잡-, 낫-(癒), 밭-, 맡-, 쌓-, 낡-, 맑-, 밝-, 닮-, 삶-, 밟-, 핥-, 앓-, 사납-, 아름답-, 보드랍-' — 에 어미 '아X'의 '아'가 결합될 때 이 '아'의 방언형을 『한국방언자료집』에서 찾아보면 a, ə, Ǝ, ɜ, ɨ 등의 유형이 있음을 알 수 있다. 이들 중에서 a만이 a>ə 변화를 경험하지 않은 것이고, ə는 그것을 경험한 것이며, 여타의 경우는 a>ə 변화를 경험한 다음 각각 ə>Ǝ, ə>ɜ, ə>ɨ 변화를 더 경험한 것이다.

그런데 'ㅂ'불규칙어간의 경우에는 어간 말 음절에 어미 '아X'의 '아'가 결합될 때 ap+a가 대부분 awa로 실현되나 지역에 따라서는 w가 탈락되어 aa가 된 다음 다시 동음충돌에 의해 a가 하나 탈락된 형태가 실현되기도 한다. 이 경우도 그 어미가 '아'형인 것으로 취급됨은 말할 필요도 없다(예, 사납+아서 → sanawasə~sanasə).

'아'계 폐음절어간 25개가 전국 138개 군에서 '어'형을 취한 빈도를 보이면 [표 76]과 같다.

〔표 76〕 'ㅏ'계 폐음절어간의 '어'형 빈도

빈도＼어사	작+아	깎+아	닦+아	안+아	깔+아	말+아	살+아	알+아	감+아	잡+아	낫+아	밭+아	맡+아	쌓+아
전체 어사수	76	137	135	92	73	97	136	133	132	138	135	54	138	88
'어'형 어사수	26	72	76	49	18	47	49	52	57	69	43	32	62	0
비율(%)	34	53	56	53	25	48	36	39	43	50	32	59	45	0

빈도 \ 어사	낡+아	맑+아	밝+아	닮+아	삶+아	밟+아	핥+아	앓+아	사납+아	아름답+아	보드랍+아	합계
전체 어사수	129	130	124	114	136	102	98	133	103	134	20	2,787
'어'형 어사수	56	54	56	62	61	56	52	63	37	63	2	1,214
비율(%)	43	42	45	54	45	55	53	47	36	47	10	42

[표 76]에 의하면 'ㅅ, ㅎ' 불규칙어간 '낫-, 쌓-'의 경우는 다른 규칙어간보다 '아>어' 변화율이 상대적으로 낮음을 알 수 있다. 그러나 단음절어간 안에서도 어사에 따라 실현 어사 수에서 큰 차이가 나므로 이 표에 나타난 변화율에는 지역별 특성이 무시되어 있다. 그래서 '낫-, 쌓-'과 각 단음절어간이 함께 실현되는 지역을 대상으로 하여 '아>어' 빈도를 비교하였는데 그 결과는 다음과 같다.

'ㅅ'불규칙어간('낫-')과 20개의 단음절 규칙어간 각각이 형성하는 20개의 비교 항목 가운데 19개 항목은 규칙어간에서 그 빈도가 높고, 1개 항목은 양자에서 그 빈도가 동일하였다. 그리고 'ㅎ'불규칙어간('쌓-')과 단음절의 규칙어간이 형성하는 20개의 비교 항목에서는 20개 항목 모두 규칙어간에서 그 빈도가 높게 나타났다. 이러한 사실은 'ㅅ, ㅎ' 불규칙어간보다 규칙어간에서 '아>어' 변화가 더 빨리 진척되었음을 의미하는 것으로 해석된다.

[표 75]와 [표 76]을 비교해 보면 개음절어간에서는 '아>어' 빈도가 0%이고 폐음절어간에서는 그 빈도가 42%임을 볼 수 있다. 그러므로 비교되는 어사들이 공통으로 실현되는 지역의 방언형을 대상으로 하여 '아>어' 빈도를 비교할 필요도 없이, 'ㅏ'계 어간에서는 개음절어간보다 폐음절어간에서 그 변화가 더 빨리 진척되었다고 할 수 있다.

다음에서는 단음절어간 : 다음절어간에서 '아>어' 변화율에 차이가 있는지 살펴보기로 한다.

먼저 개음절어간의 경우는, [표 75]에서 보는 바와 같이, 단음절어간만 자료로 제시되어 있기 때문에 단음절어간 : 다음절어간 사이에 '아>어' 변화율의 차이가 있는지의 여부를 알 수 없다. 그러나 폐음절어간의 경우는 그것의 비교가 가능한데, 이들 어간의 조합이 각각 공통으로 실현되는 지역의 방언형을 대상으로 그 빈도를 비교한 결과는 다음과 같다.

일음절어간 22개와 이음절어간 '사납-'과의 사이에서 형성되는 22개의 비교 항목에서는 일음절어간에서 빈도가 높은 것이 20개 항목, 이음절어간에서 빈도가 높은 것이 2개 항목으로 나타난다. 그러므로 일음절어간에서 '아>어' 변화가 보다 빨리 진척되었다고 할 수 있다. 일음절어간 22개와 삼음절어간 '보드랍-'과의 비교에서는 일음절어간에서 빈도가 높은 것이 21개 항목, 삼음절어간에서 높은 것이 1개 항목으로 나타난다. 그러므로 이 경우에도 일음절어간에서 그 변화가 더 빨리 진척되었다고 할 수 있다.

그러나 같은 일음절어간 22개와 삼음절어간 '아름답-'과의 비교에서는 양자가 동일한 경우가 1개 항목, 일음절어간에서 높은 경우가 6개 항목, 삼음절어간에서 높은 경우가 15개 항목으로 나타나 이 경우에는 삼음절어간에서 '아>어' 변화가 더 빨리 진척되었다고 할 수 있다. 그러므로 일음절어간과 삼음절어간의 비교에서는 어느 쪽의 변화율이 높다고 일률적으로 말하기가 어려우나 전체적으로 볼 때는 다음절어간보다 단음절어간에서 그 변화율이 더 높다고 할 수 있겠다.

9.1.2.5. 'ㅐ'계 어간

말음절 모음이 'ㅐ'인 개음절어간 — '깨-(破), 깨-(覺), 새-, 포개-, 달래-' — 에서 어간 말음절의 두음을 제외한 'ㅐ'에 어미 '아X'의 '아'가 결합될 때의 방언형을 『한국방언자료집』에서 찾아보면 ɛa, ɛ, E, Eyə, ɛə, EƎ 등의 유형이 있음을 알 수 있다.

ɛa는 공시적으로는 'ㅐ+ㅏ'가 아무런 변화도 경험하지 않은 것으로 해석되지만, 통시적으로는 중세국어의 ayya(<ㅐ+ㅏ)가 ɛya로 바뀐 다음 다시 y가

탈락된 것으로 해석된다. ɛ는 ɛya의 ya가 ɛ로 축약되어 ɛɛ가 된 다음 다시 동음탈락된 것이며 E는 ɛ가 모음상승된 것이다. 그러므로 이 셋은 모두 ‘아>어’ 변화를 경험하지 않은 유형에 속한다.

Eyə는 ɛya의 ya가 yə로 바뀌어 ɛyə가 된 다음 ɛ가 다시 ɛ>E 변화를 경험한 것이고, ɛə는 ɛyə에서 y가 탈락된 것이며, EƎ는 ɛə의 ɛ, ə가 각각 ɛ>E, ə>Ǝ 변화를 경험한 것이다. 그러므로 이 셋은 ‘아>어’ 변화를 경험한 유형에 속한다.

‘ㅐ’계 개음절어간 5개가 전국 138개 군에서 ‘어’형을 취한 빈도를 보이면 [표 77]과 같다.

〔표 77〕 ‘ㅐ’계 개음절어간의 ‘어’형 빈도

어사 / 빈도	깨+아破	깨+아覺	새+아	포개+아	달래+아	합계
전체 어사수	134	136	135	131	132	668
‘어’형 어사수	2	2	2	3	1	10
비율(%)	1	1	1	2	1	1

말음절 모음이 ‘ㅐ’인 폐음절어간 — ‘맵-, 맺-, 밷-’ — 에 어미 ‘아X’의 ‘아’가 결합될 때 이 ‘아’의 방언형을 『한국방언자료집』에서 찾아보면 a, ə, Ǝ, ɜ 등이 발견된다. 이 경우에는 [표 78]에서 보는 바와 같이 ‘아>어’ 변화율이 평균 56%에 이른다. 그런데 세 개의 어간이 실제로 실현되는 지역에는 상당한 차이가 있으므로 이들이 함께 실현되는 67개 군을 대상으로 ‘아>어’ 변화율을 비교해 보면, ‘ㅂ’불규칙어간 ‘맵 ’은 51%(34/67), 규칙어간 ‘밷-’과 ‘맺-’은 각각 54%(36/67)와 81%(54/67)로 나타나 규칙어간에서 ‘아>어’ 변화가 보다 빨리 진척되었음을 알 수 있다.

‘ㅐ’계 폐음절어간 3개가 전국 138개 군에서 ‘어’형을 취한 빈도를 보이면 [표 78]과 같다.

〔표 78〕 'ㅐ'계 폐음절어간의 '어'형 빈도

어사 / 빈도	맵+아	맺+아	밸+아	합계
전체 어사수	134	119	84	337
'어'형 어사수	58	90	42	190
비율(%)	43	76	50	56

[표 77]과 [표 78]을 다시 보면, 어사에 따라 그 실현 지역이 84개 군에서 135개 군까지 걸쳐 있으므로 이들 표에 나타난 비율을 단순히 비교하여 개폐음절 가운데 어느 한쪽에서 '아>어' 변화율이 높다고 판단하는 것은 문제가 있다. 그러나 개음절어간의 경우에는 '아>어' 변화율이 평균 1%로 나타나고, 폐음절어간의 경우에는 그것이 평균 56%로 나타나 그 격차가 매우 크다. 그러므로 이 둘을 단순히 비교하여도 '아>어' 변화율의 높고 낮음을 가리는 데는 무리가 없을 것으로 판단된다. 그렇다면 'ㅐ'계 어간에서는 개음절어간보다 폐음절어간에서 '아>어' 변화가 더 빨리 진척되었다고 할 수 있다.

다음에서는 단음절어간 : 다음절어간에서 '아>어' 변화율에 차이가 있는지 살펴보기로 한다.

[표 77]에 의하면, 'ㅐ'계 개음절어간에서는 '아>어' 변화가 이제 시작되는 단계에 들어섰기 때문에 단음절어간 : 다음절어간에서 '아>어' 변화율에 차이가 있는지의 여부를 살펴보는 일 자체가 필요 없을 듯하다. 그러나 시작 단계에서도 그 나름대로 차이가 반영될 수 있기 때문에 일음절어간('깨-(覺), 깨-(破), 새-') : 이음절어간('포개-, 달래-')의 조합으로 형성되는 6개의 비교 항목이 공통으로 실현되는 지역의 방언형을 비교한 결과 6개 항목 모두에서 일음절어간의 '아>어' 빈도가 높았다.

9.2. '아>어' 변화의 기제

앞의 9.1.1에서는 모음조화 형성 과정에서, 9.1.2에서는 모음조화 붕괴 과정에서 '아>어' 변화가 어떻게 이루어졌는지에 대해서 살펴보았다. 여기서는 이 두 경우를 종합하여 '아>어' 변화를 지배하는 음운론적 기제가 무엇인지에 대해서 살펴보기로 한다.

먼저 앞의 9.1.1과 9.1.2에서 살펴본 내용을 종합하면 다음의 [표 79]와 같다.

〔표 79〕 어간의 각 요인에 따른 '어'형 빈도 비교[146]

	말음절 모음	말음절의 개폐	활용의 유형	어간 음절 수	어간 모음 구성
모음조화 형성	ㅡ	개음절>폐음절	'ㅅ'불규칙>규칙	단음절>다음절	음음>양음
	ㅜ	개음절<폐음절	'ㅂ'불규칙<규칙 'ㅅ'불규칙<규칙	단음절>다음절	음음>양음
	ㅟ	개음절>폐음절			
	ㅓ	개음절>폐음절	'ㅂ'불규칙<규칙 'ㅅ'불규칙=규칙	단음절>다음절	음음>양음
	ㅔ	개음절>폐음절			
	ㅣ	개음절>폐음절	'ㅂ'불규칙<규칙 'ㅅ'불규칙>규칙 'ㅎ'불규칙>규칙	단음절>다음절	음중>양중
모음조화 붕괴	·				
	ㅗ	개음절<폐음절	'ㅂ'불규칙<규칙 'ㅅ'불규칙<규칙 'ㅎ'불규칙<규칙		
	ㅚ			단음절=다음절	
	ㅏ	개음절<폐음절	'ㅅ'불규칙<규칙 'ㅎ'불규칙<규칙	단음절>다음절	
	ㅐ	개음절<폐음절	'ㅂ'불규칙<규칙	단음절>다음절	

146) 표에서 x>y, x<y, x=y는 각각 x가 y보다 '어'형의 빈도가 더 높은 경우, 더 낮은 경우, 동일한 경우를 나타내고, 빈칸은 비교가 불가능한 경우를 나타낸다.

모음조화 형성은 어간 말음절의 음성모음(舌小縮모음, 'ㅡ, ㅜ, ㅟ, ㅓ, ㅔ') 뒤에서 양성모음 어미 '아(舌縮모음)'가 음성모음 어미 '어(舌小縮모음)'로 동화되어 가는 과정을 말한다. 그런데 [표 79]를 보면 이 과정에서는 'ㅜ'를 제외한 다른 모음들의 경우에는 모두 폐음절어간보다 개음절어간에서 '아>어' 빈도가 높음을 알 수 있다.

이러한 사실은 모음조화 형성 과정에서 선행 어간 모음과 후행 어미 '아'가 직접동화를 이룰 때 모음조화규칙이 먼저 발달하였음을 의미한다. 그리고 그 뒤를 이어서 선후행 모음 사이에 자음이 개재한 경우, 즉 간접동화를 이루는 경우까지 그 적용 범위가 확대되어 갔음을 의미한다.

그런데 음운론적 제약의 측면에서 모음조화 형성 과정을 보면, 개재 자음은 모음조화 형성 과정에서 하나의 제약으로 존재하다가 울림도가 낮은 자음으로부터 시작하여 그것이 높은 자음으로까지 점차적으로 그 제약이 해제되어 갔다고 할 수 있다(후술 참조). 그렇다면 이 제약은 국어 모음조화의 연구에서 미해결로 남아 있는 하나의 과제를 해결할 단서를 제공해 줄 것으로 보인다.

김완진(1971 : 122)에서는 "접미사 형태소의 이형태 가운데 적어도 하나 이상이 모음으로 시작할 경우에만 모음조화가 허락된다."고 하였다. 이것은 모음으로 시작하는 접미사와 자음으로 시작하면서 모음 교체형을 가진 접미사의 두 유형의 접미사에서는 모음조화가 이루어지지만 모음 교체형 없이 자음으로 시작하는 접미사에서는 모음조화가 이루어지지 않음을 의미하는 것으로 이해된다. 그런데 여기서 문제가 되는 것은 자음으로 시작하는 접미사에서는 모음조화가 이루어지지 않는 이유가 무엇이냐 하는 점이다.

자음 접미사에서 모음조화가 이루어지지 않는 이유는 개재 자음의 제약에서 찾을 수 있을 것으로 보인다. 즉, 첫째 경우는 어간 모음과 어미 모음이 바로 연결되기 때문에 모음조화 형성 과정에서 제약을 받지 않은 것이고, 둘째 경우는 개재 자음의 제약이 해제된 것이며, 셋째 경우는 개재 자음의 제약이 해제되지 않음으로써 모음조화가 이루어지지 않은 것이다. 그런데 오종갑(1988 : 205-240)에서는 자음으로 시작하는 접미사 '-ᄂᆞᆯ/늘, -ᄃᆞᆫ/든, -ᄃᆞᆺ/듯, -ᄂᆞ/느-, -다/더-' 등도 모음조화를 경험한 것으로 보았다. 그렇다면 이들도 개재 자음의 제약이 해제된 것으로 해석된다.

모음조화 붕괴는 어간 말음절의 양성모음(설축모음, 'ㆍ, ㅗ, ㅚ, ㅏ, ㅐ') 뒤에서 양성모음 어미 '아(설축모음)'가 음성모음 어미 '어(설소축모음)'로 바뀌어가는 과정을 말한다. 그러므로 이 과정은 후행모음이 선행모음을 닮는, 즉 모음에 의한 모음동화로는 볼 수 없다. 그리고 [표 79]에 의하면 이 과정에서는 개음절어간보다 폐음절어간에서 '아>어' 빈도가 높게 나타남을 알 수 있다. 이러한 사실은 모음조화 붕괴 과정에서는 모음조화 형성 과정과는 달리 음절말 자음(coda)이 있는 경우부터 '아>어' 변화가 시작되어 그것이 없는 경우로 그 변화가 확산되어 가고 있음을 의미한다.

바꾸어 말하면, 모음조화 붕괴 과정은 어간 말 자음의 울림도와 후행 어미 '아'의 울림도 사이에서 형성되는 울림도동화 과정이라고 할 수 있다. 그래서 울림도가 낮은 자음이 어간 말음이 될 때는 후행 어미 '아'와의 울림도 격차가 상대적으로 크기 때문에 그 격차를 줄이기 위해 '아>어' 변화가 먼저 일어나고, 울림도가 높은 모음이 어간 말음이 될 때는 상대적으로 그 격차가 작기 때문에 그것이 늦게 일어난다.

울림도의 높고 낮음이 '아>어' 빈도에 영향을 미친다면, 국어에서 어간 말음절의 coda가 될 수 있는 음에는 자음들과 함께 활음 w, y 등도 있으므로 이들의 울림도 차이도 그 빈도에 영향을 미칠 가능성을 생각해 볼 수 있다. 그런데 이러한 가능성은 [표 79]의 '활용의 유형'에서 현실로 나타난다.

[표 79]의 '활용의 유형'에서 보면 'ㅂ'불규칙어간의 경우는 규칙어간의 경우보다 '아>어' 빈도가 일률적으로 낮음을 알 수 있다. 그 이유를 모음조화 형성 과정과 붕괴 과정의 둘로 나누어 설명해 보기로 한다.

모음조화 형성 과정의 경우는 다시 두 경우로 나누어 볼 수 있다. 하나는

'아>어' 규칙이 먼저 적용되고 β>w 규칙이 나중에 적용되는 경우이다. 이 경우에는 coda의 울림도가 높아지더라도 '아>어' 규칙의 적용에는 아무런 영향을 미치지 않게 된다.

다른 하나는 β>w 규칙이 먼저 적용되고 '아>어' 규칙이 나중에 적용되는 경우이다. 이 경우에는 coda의 울림도와 어미 '아'의 울림도 사이의 격차가 줄어들게 되므로 울림도의 높고 낮음에 영향을 받는 '아>어' 규칙이 늦게 발달하게 되고, 그 결과 그 적용 빈도도 규칙어간보다 낮을 수밖에 없어진다. 그러므로 규칙어간보다 'ㅂ'불규칙어간에서 '아>어'의 빈도가 낮은 것은 후자가 그 원인이라고 할 수 있다.

모음조화 붕괴 과정의 경우도 β>w 규칙이 먼저 적용되고 '아>어' 규칙이 나중에 적용된 것으로 추정된다. 모음조화가 비교적 엄격히 지켜지던 후기중세국어에서 β>w 규칙은 그 역할이 거의 완료되어 'ㅸ'가 소멸되는 단계에 있었다고 할 수 있다. 이에 비해 양성모음 어간 뒤에서 적용되는 '아>어' 규칙은 어간 말음절의 coda가 y인 경우에 한정되어, 그것도 임의적으로 적용되는 단계에 있었다(오종갑 1988 : 230-234). 그러므로 모음조화 붕괴 단계에서의 '아>어' 규칙은 이제 시작되는 단계에 있었다고 할 수 있다.

앞의 'ㅂ'불규칙어간의 경우와는 달리, 규칙어간의 경우는 말음절 coda가 울림도의 변화를 경험하지 않을 뿐만 아니라, 그것의 울림도가 w(<β)보다 낮기 때문에 후행 어미 '아'와의 울림도 격차는 'ㅂ'불규칙어간의 경우보다 더 크게 된다. 그 결과, 규칙어간에서는 울림도동화규칙인 '아>어' 규칙이 'ㅂ'불규칙어간에서보다 더 빨리 발달하게 된다.

그러므로 규칙어간과 'ㅂ'불규칙어간 사이에 나타나는 '아>어' 빈도의 차이는 '아>어' 규칙이 발달한 시기의 선후 차이에 말미암은 것이라고 할 수 있다. 즉, 'ㅂ'불규칙어간의 경우는 '아>어' 규칙이 늦게 발달되자 그에 대한 당연한 귀결로 '어'형의 빈도가 낮아진 데 비해, 규칙어간의 경우는 그것의 발달이 상대적으로 빠르고 그에 따라 '어'형의 빈도도 높아졌기 때문이다. 그런데 이것을 말음절의 coda와 관련시켜 해석하면, coda의 울림도가 높은 경우에는 '아>어' 변화가 더 늦게 시작되어 '아>어' 빈도가 낮고, 그것이 낮은 경우에는 그 변화가 더 일찍 시작되어 그 빈도가 높음을 의미한다.

동일한 불규칙어간이면서도 'ㅅ, ㅎ' 불규칙어간의 경우는, 'ㅂ'불규칙어간의 경우와는 달리, 규칙어간의 경우보다 '아>어' 빈도가 높은 경우, 낮은 경우, 동일한 경우의 세 경우로 나타나 일률적인 경향을 찾을 수 없다. 그 이유도 어간 말자음의 변화 시기와 관련이 있는 것으로 보인다.

주지하는 바와 같이, 'ㅂ'불규칙의 'ㅂ(ㅸ)'와 'ㅅ, ㅎ' 불규칙의 'ㅅ(ㅿ), ㅎ'에서 전자는 상대적으로 이른 시기에 β>w 변화를 경험하고, 후자는 상대적으로 늦은 시기에 'z, h>ø' 변화를 경험하였다. 그러므로 'ㅅ, ㅎ' 불규칙어간의 경우는 'ㅅ(ㅿ), ㅎ'가 울림도가 낮은 자음으로 존속할 때 울림도동화에 의해 '아>어' 변화가 일어나고, 그 다음 그것이 탈락되었기 때문에 'ㅅ(ㅿ), ㅎ' 탈락이 '아>어' 변화의 빈도에는 영향을 미치지 않은 것으로 설명된다.

바꾸어 말하면, 'ㅅ, ㅎ' 불규칙어간의 경우는 어간 말 자음(coda)의 탈락과 상관없이 지역적 특성과 어사에 따라 '아>어' 변화가 이루어졌고, 규칙어간의 경우도 역시 그러하였다. 그 때문에 양자 사이에는 '아>어' 변화에서 일률적인 경향을 보이지 않게 된 것으로 설명된다.

현대국어와는 달리, 중세국어에서 'ㅟ, ㅔ, ㅚ, ㅐ'는 y계 하향이중모음이었기 때문에 이들 음이 어간 말음이 될 때는 y가 coda로 기능하게 되므로 이것이 '아>어' 변화에 어떻게 작용하였는지도 관심의 대상이 된다. 그런데 'ㅜ([표 61]) : ㅟ([표 63])', 'ㅓ([표 65]) : ㅔ([표 67])', 'ㅗ([표 72]) : ㅚ([표 74])', 'ㅏ([표 75]) : ㅐ([표 77])'의 각각에서 '아>어' 빈도를 비교해 보면 다음과 같다.

모음조화 형성 단계를 반영하는 'ㅓ : ㅔ'에서는 coda y가 있는 후자보다 그것이 없는 전자에서 '아>어' 빈도가 높아 앞의 개폐음절의 비교에서 본 바와 동일한 경향을 보인다. 그러나 동일한 형성 단계를 반영하는 'ㅜ : ㅟ'에서는 후자에서 그 빈도가 높아 오히려 모음조화 붕괴 단계에서의 경향과 동일한데, 이러한 경향은 앞의 개폐음절의 비교에서도 본 바 있다. 모음조화 붕괴 단계를 반영하는 'ㅗ : ㅚ'와 'ㅏ : ㅐ'의 경우는 두 경우 모두 후자에서 그 빈도가 높게 나타나 이 경우 역시 앞의 개폐음절의 비교에서 본 바와 동일한 경향을 보인다.

이러한 사실은 어간 말음절의 y가 모음조화의 형성과 붕괴 과정에서 coda로서의 기능을 수행하였음을 말해 준다. 뿐만 아니라, 기원적으로 동일한 음성모음('ㅜ : ㅟ, ㅓ : ㅔ') 혹은 양성모음('ㅗ : ㅚ, ㅏ : ㅐ')이던 것이 현대방언에서 '어'형을 취한 빈도에서 차이를 보이는 이유가 바로 이 y가 작용한 결과가 현대방언에까지 이어지기 때문임을 말해 준다.

기원적 중성모음인 'ㅣ'는 음양에 의한 대립의 짝을 가지지 않는 모음이므로 모음조화의 형성 단계에도, 붕괴 단계에도 소속시킬 수가 없다. 그러나 여기서는 모음조화 형성 단계에 포함시켰는데, 그 이유는 모음조화 형성 단계에서 음성모음 어간들이 보인 음운현상과 동일한 음운현상을 보이기 때문이다. 그 현상을 보면 다음과 같다.

첫째 말음절 모음이 'ㅣ'인 어간에서의 '아>어' 빈도가 말음절 모음이 'ㅡ, ㅜ, ㅟ, ㅓ, ㅔ'인 어간에서의 그것과 대등하게 높다.

둘째 모음조화 형성 단계의 가장 큰 특징이라고 할 수 있는 직접동화(모음에 의한 모음동화)에서 간접동화(coda를 개재시킨 전후 모음의 동화)의 경우로 '아>어' 규칙의 적용 범위가 확대되어 갔다.

셋째 폐음절어간보다 개음절어간에서 '아>어' 빈도가 높다.

지금까지 살펴본 모음조화 형성과 붕괴 과정을 종합하여 '아>어' 규칙의 적용 범위가 확대되어 간 상황을 정리하여 보면 다음과 같다.[147]

---

147) V^-, V^+, V^o, C는 각각 음성모음, 양성모음, 중성모음, 자음을 가리키고, w는 '아>어' 규칙보다 앞서 적용된 'ㅸ>w' 규칙에 의해 생성된 w를 가리킨다.
모음조화 규칙의 적용 범위가 확대되어 간 과정을 밝힌 논문으로는 이근규(1986)이 있다. 이 논문에서는 "어간말 자음의 울림도가 낮은 어간부터 모음조화를 수용하여 점점 어간말 울림도가 높은 어간까지 모음조화를 수용하는 과정"(1986 : 227)을 거친

$\{V^-, V^0\}$+어 > $\{V^-, V^0\}$C+어 > $\{V^-, V^0\}$w+어 > V^+C+어 > V^+w+어 > V^++어

개음절 > 폐음절 > 폐음절 > 개음절

←――― 〈형성 과정〉 ―――→ ←―― 〈붕괴 과정〉 ――→

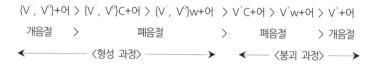

'아>어' 규칙의 적용 범위가 확대되어 간 과정을 음운론적 제약의 측면에서는 다음과 같이 설명할 수 있다.

모음조화 형성 단계에서는 $\{V^-, V^0\}$는 비제약 조건으로서 그 뒤에서 '아>어' 규칙이 적용되나 coda가 개재할 때는 그것이 제약 조건이 되어 '아>어' 규칙이 적용되지 않았다. 그러다가 그 뒤 울림도가 낮은 coda로부터 높은 coda에 이르기까지 차츰 제약이 해제되어 정도의 차이는 있지만 coda의 유무에 관계없이 '아>어' 규칙이 적용되게 되었다.

그러나 모음조화 붕괴 단계에서는 형성 단계에서 제약 조건이었던 coda가 오히려 비제약조건이 되어 그 뒤에서는 '아>어' 규칙이 적용되고(물론 이때도 coda의 울림도에 따라 적용 정도에 차이가 있다.), 형성 단계에서 비제약 조건이었던 모음은 이 경우에는 오히려 제약 조건이 되어 말음이 'ㅗ, ㅏ'인 개음절 어간 뒤에서는 '아>어' 규칙이 적용되지 않았다. 그러므로 동일한 '아>어' 규칙이라도 모음조화 형성 단계에서는 그것이 모음(음절 핵음, nucleus)과 모음(음절 핵음) 간의 舌縮 동화규칙이지만 붕괴 단계에서는 그것이 자음(음절 말음, coda)과 모음(음절 핵음) 간의 울림도 동화규칙이라고 할 수 있다.

그런데 여기서 문제가 되는 것은 말음절 모음이 'ㅜ'인 경우는 그것이 음

것으로 설명하고 있다.

이근규(1986)과 여기서의 견해 사이에 보이는 중요한 차이점은 전자에서는 어간말 자음이 없는 경우, 즉 개음절어간에서 모음조화 규칙이 가장 늦게 발달된 것으로 보는데 비해 후자에서는 그 경우에 모음조화 규칙이 가장 일찍 발달된 것으로 보는 점이다. 다시 말하면, 전자의 경우는 모음조화 형성 규칙이 간접동화규칙으로 출발했다고 보고, 후자의 경우는 그것이 직접동화규칙으로 출발했다고 보는 차이점이 있다. 그러나 자음의 울림도에 따라서 모음조화를 수용하는 정도에 차이가 있었다고 보는 점에 대해서는 양자에 차이가 없다.

성모음이면서도 다른 음성모음 어간들과는 달리 개음절보다 폐음절에서 '어'의 빈도가 더 높게 나타나느냐 하는 점이다. 그 이유는 말음절 모음이 'ㅜ'인 어간은 다른 음성모음 어간들과 달리 모음조화의 발달이 늦어져 그것이 진행되는 도중에 모음조화 붕괴가 시작되자 모음조화 붕괴에 작용하는 음운론적 기제의 영향을 받은 것으로 추정된다.

다시 말하면, coda의 자음이 모음조화 형성 과정에서는 제약으로 작용하므로 말음절 모음이 'ㅜ'인 경우에도 그것이 제약으로 작용해야 할 것이다. 그러나 이 경우에는 모음조화 붕괴 과정에서와 같은 촉진 요소로 작용함으로써, 마치 모음조화 붕괴 과정에서 나타나는 것과 동일하게, 개음절어간보다 폐음절어간에서 '아>어' 변화의 빈도가 더 높게 나타나게 된 것으로 설명된다.

그런데 이러한 설명이 타당성을 가지기 위해서는 말음절에 'ㅡ, ㅓ'를 가진 어간보다 'ㅜ'를 가진 어간에서 '아>어' 빈도가 낮게 나타나야 한다. 이를 입증하기 위해 'ㅜ, ㅡ, ㅓ'를 말음으로 가진 어간[148]에 어미 '아'가 결합될 때의 방언형이 공통으로 실현되는 지역을 대상으로 '아>어' 빈도를 조사하여 비교하였다. 그 결과 'ㅜ'를 말음으로 가진 어간이 'ㅡ, ㅓ'를 말음으로 가진 어간보다 '아>어' 빈도가 낮음이 확인되었다. 그 구체적 내용은 다음과 같다.

먼저 'ㅜ : ㅡ'의 경우로서 일음절 어간 '두-, 쑤-, 주-, 추-, 꾸-(夢), 꾸-(借)' : '끄-, 뜨-, 크-'의 비교에서는 이들 양자의 조합이 형성하는 총 18개의 비교 항목 가운데 9개 항목은 양자에서 '아>어' 빈도가 동일하고, 9개 항목은 후자에서 그 빈도가 높았다. 그리고 이음절어간 '띄우-, 메우-' : '흐르-'의 비교에서는 2개의 비교 항목이 형성되는데, 이 2개 항목 모두 후자에서 그 빈도가 높았다. 그러므로 'ㅜ : ㅡ'의 비교에서는 전자에서 '아>어' 빈도

148) 비교의 정확성을 기하기 위해 coda를 말음으로 가진 경우는 제외하였다. 그리고 'ㅔ, ㅟ'도 중세국어에서는 그 음이 각각 əy, uy로서 여기에 포함된 y가 coda의 역할을 하였으므로 당연히 제외하였다.

가 낮다고 할 수 있다.

그리고 'ㅜ : ㅓ'의 경우로서 일음절어간 '두-, 쑤-, 주-, 추-, 꾸-(夢), 꾸-(借)' : '서-'의 비교에서는 총 6개 비교 항목이 형성되는데, 이 6개 항목 모두에서 전자의 '아>어' 빈도가 낮았다. 이음절어간 '띄우-, 메우-' : '건너-'에서는 2개의 비교 항목이 형성되는데, 이 경우에도 2개 항목 모두 전자의 그것이 낮았다. 그러므로 'ㅜ : ㅓ'의 비교에서도 'ㅜ : ㅡ'의 비교에서와 마찬가지로 전자에서 '아>어' 빈도가 낮다고 할 수 있다.

앞에서 어간 말음이 'ㅓ : ㅔ, ㅜ : ㅟ, ㅗ : ㅚ, ㅏ : ㅐ'인 경우의 '아>어' 빈도를 비교하는 과정에서 'ㅓ : ㅔ'의 경우는 모음조화 형성 단계에서 볼 수 있는 변화 과정과 동일하게 coda가 없는 'ㅓ'에서 그 빈도가 높았다. 그러나 'ㅗ : ㅚ, ㅏ : ㅐ'는 모음조화 붕괴 단계에서 볼 수 있는 변화 과정과 동일하게 coda가 있는 'ㅚ, ㅐ'에서 그 빈도가 높았다.

이러한 경향으로 볼 때 'ㅜ : ㅟ'의 경우는 그것이 음성모음이므로, 'ㅓ : ㅔ'의 경우와 같이, 모음조화 형성 단계에서의 변화 과정과 동일하게 'ㅜ'에서 그 빈도가 높을 것으로 기대된다. 그러나 실제는 coda가 있는 'ㅟ'에서 그 빈도가 높아 모음조화 붕괴 단계의 경우와 동일한 경향을 보인다.

그 이유는, 말음절 모음이 'ㅜ'인 어간에서는 모음조화 붕괴 단계에서 작용하는 음운론적 기제(어간 말음절에 coda가 있을 때 '아>어' 변화가 먼저 시작되고, 그것이 없을 때 그 변화가 늦게 시작됨.)에 따라 '아>어' 변화가 진척되어 왔으므로, 'ㅟ'(uy)에서도 'ㅜ'의 경우와 동일한 기제에 따라 '아>어' 변화가 진척되었기 때문인 것으로 해석된다.

[표 79]에 의하여 어간의 음절수와 '아>어' 빈도와의 관계를 살펴보면, 모음조화 형성과 붕괴 과정의 구별이나 어간 말음절 모음의 종류에 관계없이 다음절어간보다 단음절어간에서 그 빈도가 높음을[149] 알 수 있다. 이러한

149) 말음절 모음이 'ㅚ'인 경우는 단음절어간과 다음절어간에서 '아>어' 빈도가 동일하게 나타났다. 그 이유는 '앳되-' : '괴-, 되-, 쇠-'의 공통 실현 지역이 각각 6, 7, 6개 군

사실은 '아>어' 변화가 단음절어간에서 먼저 발생하고 차츰 다음절어간으로 확대되어 갔음을 의미한다. 그리고 이것을 제약의 측면에서 보면, 동일한 말음절 모음을 가진 어간의 경우 단음절어간에서 '아>어' 변화가 발생할 때 다음절어간에서는 2개 이상의 음절이라는 조건이 하나의 제약으로 존재하다가 차츰 그 제약이 해제되어 다음절어간에서도 '아>어' 변화가 일어나게 된 것으로 해석된다.

이러한 제약의 논리는 중세국어(현대국어에서도 마찬가지임.)에서 어간에 어미가 결합될 때 어미의 첫 음절은 모음조화가 이루어지나 이음절 이하에서는 모음조화가 이루어지지 않은 경우에도 그대로 적용된다. 이를테면, 'ᄋᆞ로/으로, ᄋᆞ라/으라, ᄋᆞᆫ대/은대, ᄋᆞ나/으나, ᄋᆞ락/으락, 아도/어도, 아라/어라, ……' 등의 어미에서 첫 음절은 어간 말음절과 바로 연결되기 때문에 모음조화가 이루어졌으나 이음절 이하에서는 그 중간에 하나 이상의 음절이 개재되어 이것이 모음조화의 제약으로 작용하였기 때문이다.

[표 79]에서는 어간의 음절모음 구성과 '아>어' 빈도의 관계에서 이음절 어간의 음절모음이 '음성+음성'인 경우가 '양성+음성'인 경우보다 각각 '아>어' 빈도가 높게 나타남을 보여 준다. 이렇게 '양성+음성'보다 '음성+음성'에서 그 빈도가 높은 것은 전자의 경우 원래 '양성+양성'이다가 뒤에 '양성+음성'으로 바뀌었으나 이 바뀐 '음성모음'이 '아>어' 변화의 결정소로 작용한 시기가 '음성+음성'의 두 번째 '음성'보다는 늦었기 때문인 것으로 해석된다.150)

으로 나타나고, 또 이들 지역이 '아>어' 변화의 빈도가 높은 경기도, 강원도, 충남북의 일부 군들이기 때문에 그 차이가 드러나지 않은 것으로 생각된다.

150) 어간 음절모음이 '양성+음성'인 어간에 어미 '아'가 결합될 때의 활용형, 이를테면 '가꾸+아→가꽈, 모르+아→몰라'에서 어간 말모음 '우, 으'와 어미 '아'는 모음조화에서 불투명성을 나타낸다. 이러한 불투명성의 발생에 대해 종래 여러 견해가 제시되었는데 그것을 보면 다음과 같다.
이기문(1972b : 139-140)에서는 '으'를 부분적 중립모음으로 취급하였으며, 최명옥(1998 : 111-112), 곽충구(1994 : 107-121), 정승철(1995 : 119-122)에서는 제일음절 모

'음성+중성'인 경우도 '양성+중성'인 경우보다 그 빈도가 높게 나타난다. 그러나 어간 말음절 모음이 'ㅣ'인 경우 다른 이음절어간들에서는 어두 음절의 음양에 관계없이 모두 '아>어' 빈도가 100%로 나타나 차이가 없는데 오직 '당기-'에서만 100% 미만의 빈도를 보여 양자 간에 차이를 보인다.

'당기-'에서 이렇게 낮은 빈도를 보인 이유는 그것의 중세국어 형태가 'ᄃᆞᆼ기-'(양성+양성, 능엄 5 : 24)이다가 그 뒤 'ᄃᆞᆼ긔-(양성+음성, 소언 5 : 70)'를 거쳐 '당기-'(양성+중성)로 바뀌어 모음조화 형성 단계에 참여하게 되었으나 이 바뀐 'ㅣ'가 '아>어' 변화의 결정소로 작용한 시기가 기원적 'ㅣ'를 가진 어간들에 비해서는 늦었기 때문인 것으로 해석된다.

어간 음절모음 구성이 '음성+음성', '음성+중성'인 경우가 각각 '양성+음성', '양성+중성'인 경우보다 '아>어' 빈도가 높은 사실을 제약의 측면에서 설명하면 다음과 같다.

모음조화 형성 규칙은 전후 음절의 모음이 동일한 계열의 모음인 경우('ㅣ'는 앞에서 모음조화 형성 과정에 속하는 모음으로 취급하였으므로 음성모음으로 취급하여도 무방함.)에 먼저 발생하고, 비동일계열 모음으로 구성된 어간의 경우에는 이 규칙에서 제약으로 작용하였다. 그러나 그 이후 이 제약이 차츰 해제되어 현대국어에서는 지역에 따라 이 경우에도 '아>어' 규칙이 적용되게 되었다.

앞에서 논의한 어간 음절수와 어간 음절모음의 구성에 따라 모음조화 형성규칙('아>어')의 적용 범위가 확대되어 간 과정을 요약해 보면 다음과 같다.

일음절어간>이음절어간(동계모음)>이음절어간(비동계모음)

음만 모음조화에 관여하고, 제이음절 이하의 모음은 모음조화에 관여하지 않는 비관여적 모음으로 보았다. 그리고 박종희(2003)에서는 이러한 불투명성의 발생은 감응제약 ☆Ident(low)이 작용하기 때문이라고 하였다. 이에 비해 최전승(1997)에서는 통시적 입장에서 자음어미가 결합될 때는 어간 말모음이 음성모음으로 바뀌었지만 모음어미가 결합될 때는 그것이 양성모음이었던 중세국어의 형태가 현대방언에서도 지속되기 때문이라고 하였다.

9.3. 모음조화와 모음체계

중세국어에서는 ‘·, ㅗ, ㅏ, ㅚ(oy), ㅐ(ay)’를 말음절 모음으로 가진 어간에서는 어미 ‘아X’가 결합되고, ‘ㅡ, ㅜ, ㅓ, ㅟ(uy), ㅔ(əy)’를 말음절 모음으로 가진 어간에서는 어미 ‘어X’가 결합되어 거의 완벽한 모음조화를 이루었다. 그러나 현대국어로 오는 과정에서 ‘ㅚ(oy), ㅐ(ay), ㅟ(uy), ㅔ(əy)’가 ‘ㅚ(ö), ㅐ(ɛ), ㅟ(ü), ㅔ(e)’로 단모음화되어 모음체계에 변화를 가져왔을 뿐만 아니라 ‘아>어’ 규칙의 적용 범위가 계속 확대됨으로 말미암아 모음조화는 많이 붕괴되는 상황에 이르렀다.

앞에서 살펴본 통계 자료에 의거하여 그 상황을 파악해 보면 다음 [표 80]과 같다. 그런데 다음절어간의 경우는 어간 모음 자체에서 음양의 변화를 겪어 동일한 조건에서의 비교가 어려운 경우도 있으므로 여기서는 단음절어간만을 대상으로 하여 그 빈도를 평균하였다.

〔표 80〕 어간 말음절 모음에 따른 ‘어’형 빈도(%)

말음절 모음	ㅡ	ㅜ	ㅓ	ㅟ	ㅔ	·	ㅗ	ㅏ	ㅚ	ㅐ	ㅣ
개음절 어간	100	97	100	100	94		0	0	50	1	100
폐음절 어간	100	98	98	99	0(제주도)	0	12	44		56	98

(빈칸은 해당 어간이 없는 경우임.)

[표 80]에 의하면 기원적 음성모음을 말음절 모음으로 가진 어간에서는 개폐음절의 구별 없이 ‘어’형의 실현 빈도가 90% 이상으로 나타나 ‘아>어’ 변화가 거의 완성되었다고 할 수 있다.[151] 그러나 기원적 양성모음을 말음

151) ‘ㅔ’계 폐음절어간에서는 ‘어’형의 실현 빈도가 0%로 나타나 예외적인 모습을 보인다. 이것은 제주도(다른 지역에서는 ‘ㅔ’계 폐음절어간이 발견되지 않음.)에서 어간 ‘멥-’에 어미 ‘아’가 결합될 때의 ‘아>어’ 실현 빈도인데, 그 빈도가 낮게 나타난 것은 어간 ‘뭅-’이 ‘멥-’으로 변화되었으나 어미 ‘아’는 아직 그에 따른 변화를 겪지 않았기 때문인 것으로 이해된다.

절 모음으로 가진 어간에서는 그 빈도가, 비록 'ㅚ'개음절어간과 'ㅐ'폐음절 어간에서 '어'형이 50% 이상 실현되기는 하나, 음성모음 어간에 비해서 현저히 떨어진다.

양자에서 볼 수 있는 이러한 빈도의 차이는, 정도의 차이는 있지만, 현대국어에서도 중세국어에서와 마찬가지로 음성모음과 양성모음의 대립이 그대로 유지되고 있음을 의미한다. 특히, 개음절의 'ㅜ : ㅗ, ㅓ : ㅏ, ㅔ : ㅐ'와 폐음절의 'ㅡ : ㆍ'에서는 모음조화가 엄격히 지켜지고 있다. 이러한 음양의 대립 관계를 모음조직도에 표시하면 다음과 같다.

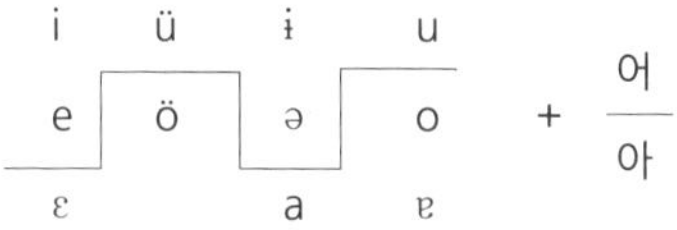

〔그림 17〕 모음체계와 '어/아'의 선택(1)

위의 조직도에서 구획선의 위쪽은 '어'형을 취하고, 아래쪽은 '아'형을 취하는 것이 주된 경향이라고 할 수 있다. 이것은 19세기 이후 y계 이중모음이 단모음화되어 전설계열 모음이 늘어난 것과 상관없이 음성모음계열과 양성모음계열이 대립되고 있음을 보여 준다. 그러나 중세국어의 7모음체계와 여기서의 11모음체계는 모음 상호간의 대립 내용에 있어서는 차이를 가져왔다. 그 결과, 평순모음에서는 고·중모음 : 저모음으로 대립되고, 원순모음에서는 고모음 : 중·저모음이 대립을 이루게 되었다. 그러나 이렇게 해석하고 보면, 어미 '이'를 취하는 어산 보음과 어미 '아'를 취하는 어간 모음은 각각 그것들 끼리 자연부류를 형성하지 못하므로 설명적 타당성을 획득하기가 어렵다.

그런데 김영송(1988 : 109)에서는 훈민정음의 모음체계를 논하면서 '혓바닥과 센입천장과의 좁힘을 不縮, 혀 뒤와 여린입천장과의 좁힘을 小縮, 혀뿌리와 목머리벽과의 좁힘을 縮'으로 해석하여 縮의 자질이 입 안의 좁힘자리와 관계가 있음을 밝히고 있다. 이것은 좁힘자리가 입 안쪽으로 갈수록 모음은 縮의 성질을 더 가지게 됨을 의미한다.

이러한 견해를 염두에 두고 김영송(1981 : 101)을 보면, 'ㅣ, ㅔ, ㅐ, ㅟ, ㅚ'는 다 같이 좁힘점이 센입천장인데, 그 자체 내에서는 'ㅣ'의 좁힘점이 맨 앞쪽이고, 'ㅔ'와 'ㅟ'는 각각 'ㅐ'와 'ㅚ'보다 그 좁힘점이 앞쪽으로 나타나 있다. 그렇다면, 좁힘점이 센입천장인 모음들 자체에서는 'ㅔ, ㅟ'가 각각 'ㅐ, ㅚ'와 縮에 의한 대립의 짝이 된다고 할 수 있다. 그러나 'ㅣ'는 그에 대립되는 짝을 가지지 않는다. 그리고 좁힘점이 연구개인 'ㅡ, ㅓ, ㅜ'는 縮의 정도가 센입천장의 경우보다 더 크고, 좁힘점이 목머리벽인 'ㆍ, ㅏ, ㅗ'는 연구개의 경우보다 縮의 정도가 더 크다.

그러므로 이들은 縮의 정도에 의한 단계대립을 이룬다고 할 수 있는데, 그 정도에 따라 'ㅣ, ㅔ, ㅟ'는 縮$_0$, 'ㅐ, ㅚ'는 縮$_1$, 'ㅡ, ㅓ, ㅜ'는 縮$_2$, 'ㆍ, ㅏ, ㅗ'는 縮$_3$으로 표시하면, 음운론적으로 縮$_0$: 縮$_1$이 서로 대립되고, 縮$_2$: 縮$_3$이 대립되어 각각 '어'형과 '아'형을 취한다고 할 수 있다.[152] 좁힘점이 센입천장인 'ㅔ(e), ㅟ(ü), ㅐ(ɛ), ㅚ(ö)'가 아직 발달하지 않은 15세기 국어에서는 훈민정음 해례에서 지적한 대로 縮$_2$<설소축> : 縮$_3$<설축>의 대립만이 '어/아'

---

152) 김완진(1978 : 132)에서는 현대국어의 모음체계에 '縮'의 자질이 아직 살아 있고, 이 자질의 대립 위에 모음조화가 그 여명을 지탱하고 있다고 보았으며, 김차균(1985)에서는 현대국어에서 어간 말음절의 모음이 설축 모음 'ㅗ, ㅏ'일 때는 설축의 어미 '아'가, 비설축 모음 'ㅣ, ㅔ, ㅐ, ㅟ, ㅚ, ㅡ, ㅓ, ㅜ'일 때는 비설축의 어미 '어'가 결합된다고 하여 현대국어에서도 설축과 비설축이 모음조화에 관여하고 있음을 주장하였다. 그리고 김주원(1993 : 84-85)에서는 현대국어의 모음조화에 대해 "현대국어에서 설축에서 기원한 모음 즉 ㅐ, ㅚ는 여전히 설축성을 유지하여 ㅏ, ㅗ 등과 같은 류를 이루고 있고 설소축에서 기원한 모음 ㅔ, ㅟ는 여전히 설소축모음으로 기능하여 ㅓ, ㅜ 등과 같은 류를 이루고 있다"고 설명함으로써 여기서의 견해와 일치하는 듯하다. 그러나 여기서는 중세국어의 '설불축'에 해당된 자리에서 이중모음의 단모음화에 의해 새로이 '설불축 : 설축'의 대립이 형성된 것으로 본 데 비해 전자에서는 중세국어에서의 대립이 그대로 유지된다고 본 점에서 차이가 있다.

형의 선택에 관여하였음은 두말할 필요도 없다.[153]

지금까지 논의한 바를 그림으로 나타내면 [그림 18]과 같다.[154]

센입천장	여린입천장	목머리
축$_0$ ∴ 축$_1$	축$_2$	축$_3$
ㅣ ㅟ ㅔ ㅚ ㅐ	ㅜ ㅡ ㅓ	
		ㅗ · ㅏ

〔그림 18〕 좁힘점과 설축의 정도

그런데 [그림 18]은 모음의 분류 방법 중 '고대형(ancient model, 관찰의 범위가 입천장에서 목머리에 이르는 입안 전체에 이름.)'을 기준으로 한 것이므로 이것을 '혓바닥형(tongue arch model, 관찰의 범위가 센입천장에서 여린입천장까지의 혓바닥의 단면이 나타내는 아치 모양에 한정됨.)'으로 바꾸어 보면 다음 [그림 19]와 같이 된다. 이것은 전설모음에서도 사선으로 대립되고, 후설모음에서도 사선으로 대립되는, 즉 이중 사선적 대립에 의해 현대국어의 모음조화가 이루어지고 있음을 의미한다.

153) 박종희(1983 : 180-181)에서는 중성모음 'ㅣ'를 'ㅣ$_1$'과 'ㅣ$_2$'로 구분하여 중세국어의 기저모음을 6모음체계('ㅣ$_1$, ㅡ(ㅜ), ㅓ, ㅣ$_2$, ·(ㅗ), ㅏ')로 설정하였다. 그리고 'ㅣ$_1$, ㅡ(ㅜ), ㅓ' : 'ㅣ$_2$, ·(ㅗ), ㅏ'의 대립을 [ATR](Advanced Tongue Root) 자질의 유무에 의한 사선대립으로 보았다. 그런데 여기서 'ㅣ$_1$([+ATR]) : ㅣ$_2$([-ATR])'로 본 것은 본 논문에서 '縮$_0$: 縮$_1$'의 대립을 인정하는 관점과 유사하다고 하겠다.
종래 15세기 국어의 모음체계와 모음조화는 불합치를 이루는데, 그 이유는 모음체계는 시대의 흐름에 따라 변천되었으나 모음조화는 그에 따라 재조정이 일어나지 않았기 때문이라는 견해가 있었다(이기문 1972b : 130-136). 그러나 이러한 견해는 모음조화가 '설축' 자질에 따라 이루어지는데도 모음체계에서는 이것을 고려하지 않았기 때문에 얻어진 결론으로 생각된다.

154) [그림 2]는 김영송(1981 : 101, 129)의 '홀소리 좁힘의 반달 그림'과 '말흐름 속의 홀소리 포르만트 도표'를 참고하여 필자가 재작성한 것이다.

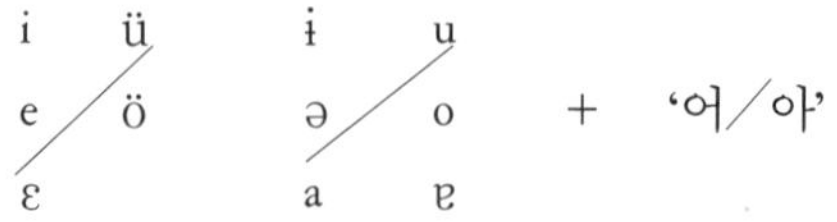

〔그림 19〕 모음체계와 '어/아'의 선택(2)

[그림 19]에 제시된 모음체계는 전국 138개 군을 한 단위로 취급하여 얻어진 결과이다. 그러나 실제로 이러한 모음체계를 가진 방언은 존재하지 않으므로 다음에서는 각 방언의 모음체계에 따라 그것과 모음조화의 관계를 살펴보기로 한다.

먼저 '·'를 음소로 가진 제주도방언에서는 『한국방언자료집』에 의하면 i, e, ɛ, ɨ, ə, a, u, o, ɐ의 9모음체계로 되어 있는데, 이 경우는 전설모음에서는 'e : ɛ'가, 후설모음에서는 'ɨ, ə, u : ɐ, a, o'가 각각 설축에 의한 대립으로 '어/아'를 선택한다고 할 수 있다. 그리고 경기도(15), 강원도(전역), 충북(8), 충남(전역), 전북(고창을 제외한 전역), 전남(10)에서는 i, e, ɛ, ü, ö, ɨ, ə, a, u, o의 10모음체계로 되어 있는데, 이 경우는 '·'의 소멸로 대립의 짝을 잃은 'ㅡ'가 'ㅣ'와 마찬가지로 중성모음이 되었을 뿐 여타의 모음들은 이중 사선적 대립에 의해 모음조화가 이루어지고 있음은 앞에서 본 바와 다름이 없다.

그런데 영남의 대부분 지역에서는 [그림 19]의 모음체계에서 ɐ, ü, ö가 존재하지 않고, ɨ와 ə, e와 ɛ는 각각 합류되어 Ǝ와 E로 바뀌어 6모음체계가 되었다. 뿐만 아니라, e와 ɛ의 합류로 축의 자질에 의한 대립 관계도 소멸되어 모음체계와 모음조화의 관계가 어떻게 바뀌었는지 궁금하다. 그래서 영남지역의 자료만을 중심으로 어간 말음절 모음에 따른 '아>어' 빈도를 조사하였는데, 그것을 보이면 [표 81]과 같다.

〔표 81〕 영남방언의 어간 말음절 모음에 따른 '어'형 빈도(%)

말음절 모음	i	Ǝ	u	E	a	o
개음절 어간	100	100	90	0	0	0
폐음절 어간	96	98	96	38	19	7

[표 81]에서 어간 말음절 모음이 i, Ǝ, u인 경우는 개폐음절 구분 없이 '아>어'의 빈도가 90% 이상으로 나타난다. 그러나 E, a, o인 경우는 그 빈도가 30%대 이하로 나타나 전자에 비해 현저히 낮다. 특히 개음절어간에서는 '아>어' 빈도가 0%로 나타나 모음조화가 거의 완벽하게 이루어지고 있다.

이러한 사실은 영남방언에서 합류된 모음 E가 i와 대립을 형성하며 상대적 설축모음으로 재조정되고, Ǝ, u도 각각 a, o와 음운론적으로는 설불축 : 설축으로 대립을 이루었음을 의미하므로 영남방언의 모음조화는 이중 사선적 조화라고 부를 수 있다. 그런데 이것을 '혓바닥형' 분류 방법에 의해 다시 해석하면, 영남방언에서는 고모음 대 저모음의 대립, 즉 舌高에 의한 수평적 대립이 모음조화에 관여하므로 수평적 모음조화라고 부를 수도 있다.

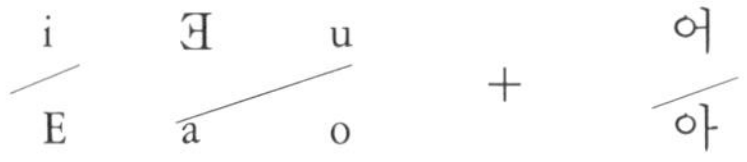

〔그림 20〕 '설축'과 '어/아'의 선택

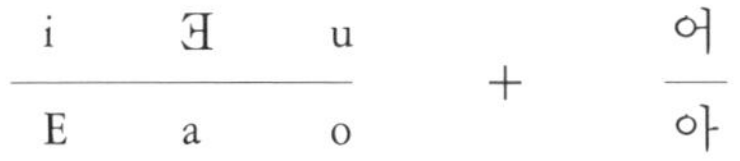

〔그림 21〕 '설고'와 '어/아'의 선택

9.4. 규칙의 전개 양상

동일한 '아>어' 규칙이라도 모음조화 형성 단계에서는 그것이 모음과 모음 간의 설축 동화규칙이지만 모음조화 붕괴 단계에서는 그것이 coda와 모음 간의 울림도 동화규칙의 성격을 갖는다. 그러나 이 두 규칙은 다 같이 '아>어' 변화를 공모하기 때문에 공모규칙으로서의 성격을 가진다. 그러므로 다음에서는 형성 단계와 붕괴 단계를 구별하지 않고 통합하여 전국 138개 군의 각각에서 실현되는 '아>어' 빈도를 구하고, 그것을 비교함으로써 이 규칙이 전파되어 간 과정을 살펴보기로 한다.

먼저 전국 138개 군에서 '아>어' 규칙이 적용된 빈도를 보이면 [표 82]와 같고, 그것을 지도로 나타내면 부록의 [지도 42]와 같다.

〔표 82〕 '아〉어' 규칙의 적용 빈도(%, 지역별)

군명	형성	붕괴	평균	군명	형성	붕괴	평균	군명	형성	붕괴	평균
101연천	93	6	50	403아산	100	58	79	621여천	84	42	63
102파주	96	9	53	404천원	100	56	78	622완도	92	43	68
103포천	91	30	61	405예산	100	57	79	701영풍	91	28	60
104강화	93	0	47	406홍성	100	52	76	702봉화	88	9	49
105김포	93	25	59	407청양	100	55	78	703울진	94	25	60
106고양	96	21	59	408공주	99	54	77	704문경	91	14	53
107양주	94	7	51	409연기	100	55	78	705예천	88	23	56
108남양	92	30	61	410보령	98	53	76	706안동	90	15	53
109가평	93	6	50	411부여	82	26	54	707영양	91	8	50
110옹진	100	34	67	412서천	98	18	58	708상주	88	8	48
111시흥	99	45	72	413논산	99	34	67	709의성	94	23	59
112광주	98	53	76	414대덕	99	32	66	710청송	65	15	40
113양평	99	32	66	415금산	99	49	74	711영덕	84	25	55
114화성	100	55	78	501옥구	99	23	61	712금릉	83	3	43
115용인	99	55	77	502익산	100	24	62	713선산	89	21	55
116이천	100	54	77	503완주	97	17	57	714군위	89	23	56

군명	형성	붕괴	평균	군명	형성	붕괴	평균	군명	형성	붕괴	평균
117여주	99	57	78	504진안	100	22	61	715영일	69	9	39
118평택	99	34	67	505무주	91	2	47	716성주	92	26	59
119안성	92	37	65	506김제	98	22	60	717칠곡	92	10	51
201철원	93	28	61	507부안	98	15	57	718경산	87	21	54
202화천	91	26	59	508정읍	93	26	60	719영천	88	30	59
203양구	93	27	60	509임실	90	1	46	720고령	89	21	55
204인제	94	3	49	510장수	90	0	45	721달성	86	29	58
205고성	85	12	49	511고창	73	14	44	722청도	88	4	46
206춘성	94	3	49	512순창	88	1	45	723월성	85	29	57
207홍천	95	10	53	513남원	89	25	57	801거창	86	1	44
208양양	93	28	61	601영광	91	18	55	802합천	89	8	49
209횡성	88	16	52	602장성	92	12	52	803창녕	82	0	41
210평창	99	50	75	603담양	89	9	49	804밀양	84	8	46
211명주	91	53	72	604곡성	88	4	46	805울주	81	0	41
212원성	98	48	73	605구례	91	0	46	806함양	89	6	48
213영월	99	38	69	606함평	86	23	55	807산청	75	0	38
214정선	92	21	57	607광산	86	13	50	808의령	87	0	44
215삼척	74	32	53	608신안	87	11	49	809하동	92	0	46
301진천	100	55	78	609무안	86	13	50	810진양	87	0	44
302음성	100	44	72	610나주	90	28	59	811함안	87	0	44
303중원	99	54	77	611화순	88	12	50	812의창	87	8	48
304제원	99	41	70	612승주	88	30	59	813김해	86	0	43
305단양	100	44	72	613광양	89	29	59	814양산	70	8	39
306청원	100	53	77	614영암	90	12	51	815사천	84	0	42
307괴산	100	43	72	615진도	88	13	51	816고성	88	0	44
308보은	98	32	65	616해남	89	9	49	817남해	85	0	43
309옥천	94	29	62	617강진	89	14	52	818통영	84	0	42
310영동	90	26	58	618장흥	88	14	51	819거제	85	0	43
401서산	100	56	78	619보성	90	20	55	901북제	77	6	42
402당진	100	57	79	620고흥	77	39	58	902남제	76	6	41

[표 82]에서는 '아>어' 규칙의 도별 평균 적용률이 충남(73.1%)>충북

(70.3%)>경기(63.9%)>강원(59.5%)>전북(54.0%)>전남(53.5%)>경북(52.8%)>경남(43.6%)>제주(41.5%)의 순서로 나타난다. 그리고 최고의 적용률인 79%의 적용률을 보인 지역은 충남의 3개 군(당진, 아산, 예산)에서만 나타나고, 70% 이상의 적용률을 보인 27개 군 가운데서는 충남(11/15개 군)>충북(7/10개 군)>경기(6/19개 군)>강원(3/15개 군)의 순서로 나타난다. 이처럼 세 경우 모두 충남 지역에서 그 빈도가 높게 나타나고, 또 [지도 42]의 분포를 고려할 때 '아>어' 규칙의 개신지는 충남 지역이었으리라고 추정하여도 무리는 없을 것으로 생각된다.

이러한 추정이 가능하다면, '아>어' 규칙은 충남 지역을 개신지로 하여 거기로부터 한반도(남한)의 동쪽, 북쪽, 남쪽으로 그 개신파가 전파되어 갔다고 할 수 있는데, 영남방언의 경우를 좀 더 구체적으로 살펴보면 다음과 같다.

영남방언 중에서 경북방언의 경우는 충남에서 발생한 개신파가 주로 충북과 강원도를 거쳐 전파된 것으로 추정된다. 특히 충북 단양(72%)에서 경북 북부의 영풍(60%)으로, 강원도 명주(72%)에서 해로를 통해 경북 울진(60%)으로 개신파가 먼저 전파된 것으로 추정된다. 그런 다음 계속하여 충북 및 강원도 방언의 영향을 받으면서 개신파가 남하하되, 그 주류가 경북의 중앙 지역으로 전파되어 갔기 때문에 그 끝자락에 위치한 청도(46%), 동부 지역인 영일(39%), 청송(40%), 서부 지역인 상주(48%), 금릉(43%)에서는 상대적으로 낮은 적용률을 보인 것으로 추정된다. 그리고 같은 북부 지역인데도 영풍, 울진과는 달리 봉화(49%)에서 낮은 적용률을 보인 것은 그에 접경한 강원도의 삼척(53%)이 낮은 적용률을 보인 데 원인이 있을 것으로 추정된다.

경남방언의 경우는 그에 접경하고 있는 경북 및 전남북 방언을 통해 개신파가 전파되었을 것으로 추정되는데, 양산(39%)과 산청(38%)을 제외하고는 모든 지역에서 40%대의 적용률을 보인다.

9.5. 모음조화 지수

앞의 9.4에서는 모음조화 형성 과정과 붕괴 과정에서 '아>어' 규칙이 적용된 빈도를 군 단위로 조사하고, 그것을 바탕으로 이 규칙이 전파되어 간 과정을 추정해 보았다. 그러나 모음조화는 형성과 붕괴 과정을 종합적으로 지칭하는 개념이므로 '아>어' 실현 빈도의 높고 낮음과 모음조화가 잘 지켜지는지의 여부와는 별개의 문제가 된다. 그래서 다음에서는 현대방언 가운데 어느 지역 방언에서 모음조화가 가장 잘 지켜지는지, 또 어느 지역에서 그것이 가장 잘 지켜지지 않는지에 대해서 살펴보기로 한다.

모음조화 형성 과정에서는 '아>어' 빈도가 높을수록 모음조화가 잘 이루어진 것이 되고, 모음조화 붕괴 과정에서는 그 빈도가 높을수록 모음조화가 잘 이루어지지 않은 것이 된다. 그러므로 실제로 모음조화를 이루고 있는 비율은 [표 82]의 '형성'란의 비율과, 100%에서 '붕괴'란의 비율을 뺀 값을 합한 것이 된다. 그런데 그 값은 200% 가운데서 차지하는 수치를 나타내므로 그것을 100을 기준으로 하는 수치로 바꾸기 위해 2로 나누고, 그 나누어 얻어진 값을 모음조화 지수라고 부르기로 한다. 각 군 단위의 모음조화 지수를 표로 보이면 [표 83]과 같고, 이것을 지도에 표시하면 부록의 [지도 43]과 같다.

〔표 83〕 모음조화 지수

군명	지수	군명	지수	군명	지수	군명	지수	군명	지수	군명	지수
101연천	94	205고성	87	403아산	71	511고창	80	621여천	71	722청도	92
102파주	94	206춘성	96	404천원	72	512순창	94	622완도	75	723월성	78
103포천	81	207홍천	93	405예산	72	513남원	82	701영풍	82	801거창	93
104강화	97	208양양	83	406홍성	74	601영광	87	702봉화	90	802합천	91
105김포	84	209횡성	86	407청양	73	602장성	90	703울진	85	803창녕	91
106고양	88	210평창	75	408공주	73	603담양	90	704문경	89	804밀양	88
107양주	94	211명주	69	409연기	73	604곡성	92	705예천	83	805울주	91

군명	지수	군명	지수	군명	지수	군명	지수	군명	지수	군명	지수
108남양	81	212원성	75	410보령	73	605구례	96	706안동	88	806함양	92
109가평	94	213영월	81	411부여	78	606함평	82	707영양	92	807산청	88
110옹진	83	214정선	86	412서천	90	607광산	87	708상주	90	808의령	94
111시흥	77	215삼척	71	413논산	83	608신안	88	709의성	86	809하동	96
112광주	73	301진천	73	414대덕	84	609무안	87	710청송	75	810진양	94
113양평	84	302음성	78	415금산	75	610나주	81	711영덕	80	811함안	94
114화성	73	303중원	73	501옥구	88	611화순	88	712금릉	90	812의창	90
115용인	72	304제원	79	502익산	88	612승주	79	713선산	84	813김해	93
116이천	73	305단양	78	503완주	90	613광양	80	714군위	83	814양산	81
117여주	71	306청원	74	504진안	89	614영암	89	715영일	80	815사천	92
118평택	83	307괴산	79	505무주	95	615진도	88	716성주	83	816고성	94
119안성	78	308보은	83	506김제	88	616해남	90	717칠곡	91	817남해	93
201철원	83	309옥천	83	507부안	92	617강진	88	718경산	83	818통영	92
202화천	83	310영동	82	508정읍	84	618장흥	87	719영천	79	819거제	93
203양구	83	401서산	72	509임실	95	619보성	85	720고령	84	901북제	86
204인제	96	402당진	72	510장수	95	620고흥	69	721달성	79	902남제	85

[표 83]에 의하면, 현대국어의 모음조화 지수는 충남(76)<충북(78)<경기(83), 강원(83)<경북(85), 전남(85)<제주(86)<전북(89)<경남(92)의 순으로 나타나 충남방언에서 모음조화가 가장 잘 지켜지지 않고, 경남방언에서 그것이 가장 잘 지켜짐을 알 수 있다. 그런데 [표 83]과 [지도 43]을 동시에 고려하면, 대체적으로 충남 전역, 충북 북부, 경기 남부, 강원 남부가 70%대의 큰 띠를 형성하는데, 이들 지역에서 모음조화가 잘 지켜지지 않는다.

개별 군으로서 모음조화가 가장 잘 지켜지는 지역은 경기도 강화로서 지수 97을 가지고 있으며, 95 이상의 지수를 가지고 모음조화가 잘 지켜지는 군에는 경기도의 강화를 포함하여 강원도의 인제, 춘성, 전북의 무주, 임실, 장수, 전남의 구례, 경남의 하동 등지가 있다. 그러나 강원도의 명주와 전남의 고흥은 지수 69로서 전국에서 모음조화가 가장 잘 지켜지지 않는 지역에 해당된다.

9.6. 요약

이 장에서는 204개의 동사 어간에 부사형어미 '아X'의 '아'가 결합될 때의 방언형을 『한국방언자료집』에서 찾아, 이 '아'가 여러 가지 음운론적 요인에 따라 '어'로 바뀌어 간 과정에 대해서 살펴보았다. 그리고 '아>어' 규칙이 전국 138개 군(울릉군 제외)에서 적용된 빈도를 근거로 하여 전국언어지도를 그리고 그것을 해석함으로써 '아>어' 규칙의 개신지, 전개 양상, 그리고 현대국어 속에서 영남방언이 차지하는 위상을 밝혀 보았다. 그 과정에서 밝혀진 중요한 사항을 요약하면 다음과 같다.

(1) 모음조화 형성 단계에서의 '아>어' 규칙은 어간말 모음과 어미 첫 모음 간의 설축 동화규칙이고, 모음조화 붕괴 단계에서의 그것은 어간말 자음(coda)과 어미 첫 모음(nucleus) 간의 울림도 동화규칙이다.

(2) '아>어' 규칙의 적용 범위가 확대되어 간 과정은 다음과 같다.

$\{V^-, V^0\}$+어 > $\{V^-, V^0\}$C+어 > $\{V^-, V^0\}$w+어 > V^+C+어 > V^+w+어 > V^++어

개음절 > 폐음절 > 폐음절 > 개음절

←〈형성 과정〉→ ←〈붕괴 과정〉→

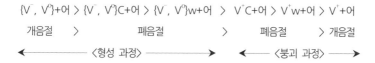

(3) 어간 음절수와 어간 음절 모음의 구성에 따라 모음조화 형성 규칙('아>어')의 적용 범위가 확대되어 간 과정은 다음과 같다.

일음절어간>이음절어간(동계모음)>이음절어간(비동계모음)

(4) 자음을 두음으로 가진 조사나 어미에서 모음조화가 잘 이루어지지 않는 것은 개재자음 제약 때문이고, 조사나 어미의 이음절 이하에서 모음조화가 잘 이루어지지 않는 것은 음절수의 제약이 작용하였기 때문인 것으로 보

인다.

(5) 현대국어의 모음체계는 전후설에서 각각 설축 자질에 의한 사선적 대립을 이루는데, 부사형어미 '아/어'의 선택은 이 체계에 따라 이루어진다. 즉, 현대국어의 모음조화는 이중 사선적 모음조화라고 할 수 있다.

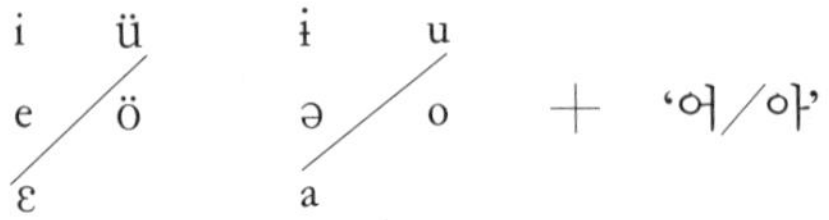

(6) 6모음체계인 영남방언은 설축을 기준으로 할 때는 이중 사선적 모음조화를 이루고, 설고를 기준으로 할 때는 수평적 모음조화를 이룬다고 할 수 있다.

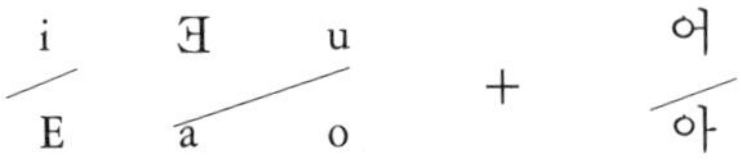

〈'설축'과 '어/아'의 선택〉

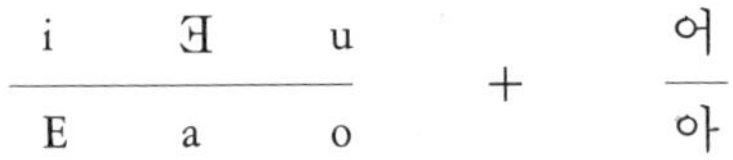

〈'설고'와 '어/아'의 선택〉

(7) '아>어' 규칙의 개신지는 충남 지역이고, 그 개신파는 거기로부터 한반도(남한)의 동쪽, 북쪽, 남쪽으로 전파되어 간 것으로 추정된다.

(8) 영남방언 중에서 경북방언의 경우는 충남에서 발생한 개신파가 주로 충북과 강원도를 거쳐 전파되되, 그 주류는 경북의 중앙 지역으로 전파되어 간 것으로 추정된다. 경남방언의 경우는 그에 접경하고 있는 경북 및 전남북 방언을 통해 개신파가 전파되었을 것으로 추정되나 그 적용률은 낮다.

(9) 모음조화 지수로 볼 때 현대국어에서는 충남(76)<충북(78)<경기(83), 강원(83)<경북(85), 전남(85)<제주(86)<전북(89)<경남(92)의 순으로 모음조화가 잘 지켜진다고 할 수 있다.

—"부사형어미 '아X'의 음운론적 변화와 영남방언의 위상"이란 제목으로
『어문학』(한국어문학회) 제95집, pp.133-202에 수록됨, 2007.

10. 'ㅣ'역행동화

'ㅣ'역행동화에 관한 지금까지의 연구는 주로 각 지역어의 'ㅣ'역행동화 규칙을 확립하는 데 초점이 맞추어졌기 때문에 지역어 상호간에는 'ㅣ'역행동화의 진척 정도에 어떠한 차이가 있는지, 'ㅣ'역행동화규칙의 개신지는 어디이며, 그것은 어디로 전파되어 가고 있는지 등에 대해서는 크게 관심을 기울이지 않았다. 다시 말하면, 'ㅣ'역행동화와 관련된 비교, 대조적 연구가 별로 이루어지지 않음으로써 방언 상호간의 수수관계를 파악하기 어려운 실정이다.

그래서 여기서는 『한국방언자료집』에 나타난 자료들을 활용하여 전국언어지도를 그리고, 그것을 해석함으로써 'ㅣ'역행동화에 대한 전국적 양상을 파악하고, 그 양상 속에서 영남방언이 차지하는 위치를 밝혀 보고자 한다. 특히, 'ㅣ'역행동화가 영남지역에서 발생한 규칙인지의 여부를 밝혀 보고자 한다. 만약 그것이 영남지역에서 발생한 규칙일 때는 그것은 그대로 영남방언의 특징이 될 것이나, 그렇지 않을 때는 어디서 전파되어 왔는지 해명될 것이다.

영남 각 지역어의 'ㅣ'역행동화에 대해서는 많은 연구 업적들이 있다. 먼저 군 단위 지역어들에 대한 업적으로는 최태영(1984, 풍기), 주상대(1989 : 36-50, 울진), 민원식(1982 : 87-94, 문경), 이동화(1984b : 27-29, 안동), 조신애(198

5 : 53-60, 안동), 정철(1991 : 151-154, 의성), 최명옥(1982 : 67-76, 월성), 박명순(1986 : 6-7, 거창), 문곤섭(1980 : 60-71, 창녕), 성인출(1984 : 70-75, 창녕), 최영학(1983, 밀양), 이상규(1984 : 5-9, 울주), 전광현(1979 : 9-12, 함양), 곽창석(1986 : 38-41, 진주), 이영길(1976 : 31-33, 진주 진양), 구현옥(1998 : 45-68, 함안), 최중호(1984 : 59-76, 고성), 김형주(1983 : 57, 남해), 류영남(1982 : 29-30, 남해) 등을 들 수 있는데, 이들에서는 해당 지역어의 'ㅣ'역행동화 실태와 제약조건 등에 대해 다루고 있다.

그리고 김영진(1985)에서는 창원 지역어의 자료를 중심으로 'ㅣ'역행동화의 세대별 실현 양상을 고찰하였으며, 서정목(1981)에서는 진해 지역어에서 성조가 'ㅣ'역행동화에 영향을 미치는 경우가 있음을 지적하였다. 그러나 백두현(1982b)에서는 성주와 금릉 지역어에서 성조와 'ㅣ'역행동화 실현 사이에 특별한 관계가 없음을 지적하였다.

전국은 물론이고 영남의 전역이나 경북의 전역을 대상으로 한 연구 업적은 발견되지 않는다. 그러나 경남의 전역을 대상으로 한 연구 업적에는 박정수(1993 : 91-107)이 있는데, 거기서는 각 지역별 'ㅣ'역행동화의 실태를 비교하여 경남의 서남부와 남부 해안 지역에서 그것이 보다 생산적임을 밝히고, 그러한 현상을 전라방언의 영향으로 보았다. 그리고 'ㅣ'역행동화를 기준으로 볼 때, 서남부 해안 지역, 중서북부 지역, 동부 지역, 그 밖의 지역의 넷으로 나눌 수 있다고 하였다.

이상에서 본 바와 같이, 많은 학자들이 영남 각 지역어의 'ㅣ'역행동화에 대해 관심을 기울여 각 지역어(군 단위)에 대한 'ㅣ'역행동화의 실태는 비교적 상세히 파악되고, 경남지역 전체의 경우도 그 대강의 면모를 파악할 수 있게 되었다. 그러나 경남과 경북은 그 지역적 특성으로 보아 'ㅣ'역행동화에 있어서 상당한 수수관계가 성립되리라고 보는데, 그 점에 대해서는 경북지역에 대한 전반적 고찰의 부재로 그 윤곽조차 파악할 수 없는 실정이다. 뿐만 아니라, 'ㅣ'역행동화에 대한 전국적 양상이 파악되지 않음으로써 국어

방언 속에서 영남방언이 차지하는 위치도 알 수가 없다.

10.1. 변화의 실제

『한국방언자료집』의 『음운편』에는 'ㅣ'역행동화(동화주 i와 y를 포괄하여 'ㅣ'로 나타내기로 한다. 이하 동일.)와 관련된 94개의 어사가 실려 있다.[155] 다음에서는 이들을 피동화주인 모음의 종류에 따라 ① 'ㅡ'계 어사('금(線), 흠, 틈, 이름, 다음, 마음'+이, 틈틈이, 씀씀이, 뜯기다, 들이다, 그린다, 느리다, 흐렸다, 듣기 (싫다), 듣기 (거북하다), 크기도), ② 'ㅓ'계 어사('떡, 성(姓), 시루떡, 섬(石), 풀섬, 섬(島), 섶, 풀섶'+이, 넉넉히, 접히다, 벗기다, 꺾이다, 저리다, 섬긴다, 업힌다, 벗기), ③ 'ㅏ'계 어사('장(醬), 방(房), 안방, 밥, 쌀밥, 짬, 왕, 광, 오광, 앞'+이, 방방이, 짬짬이, 짝짝이, 왕왕이, 잡히다, 맡기다, 깎이다, 다린다, 사귄다, 삭인다, 가기, 붙잡기), ④ 'ㅜ'계 어사('중, 국, 떡국, 숲, 숨, 동풍'+이, 축축히, 뚱뚱이, 굽히다, 굶기다, 묵히다, 우긴다, 묶였다, 축인다, 죽기, 굶기도, 푸기), ⑤ 'ㅗ'계 어사('속, 복, 의복, 곰, 몸, 온몸, 콩, 용, 교통'+이, 똑똑히, 곰곰히, 속이다, 녹이다, 뽑히다, 볶이다, 들볶인다, 높혀라, 쫓겨, 노려, 오기, 속기, 보기, 보기싫다)의 다섯 부류로 나누어 이들의 'ㅣ'역행동화 여부와 그 분포 지역을 살펴보기로 한다. 그리고 동화주의 종류 및 개재자음의 성질에 따라 i역행동화에 어떠한 차이가 있는지의 여부도 함께 살펴보기로 한다.

---

155) '일어서기'에 대한 방언형도 조사되어 있으나 '서>시'의 변화가 'ㅣ'역행동화에 의한 것인지, 전설모음화에 의한 것인지 분명하지 않다. 그래서 여기서는 이 어사를 제외하였다.

10.1.1. 피동화주의 변화 및 분포

10.1.1.1. '—'계

피동화주 '—'는, 전국적으로 보아, ɨ, ə, Ǝ, u, i, e, E, ɨy, ɨ^y, ü, ø 등의 11유형으로 실현되는데,[156] 이들 가운데 ø는 '다음, 마음'에 주격조사 '이'가 결합될 때 '—'가 탈락된 경우이다. 이 경우에는 선행음절의 모음 'ㅏ'가 'ㅣ' 역행동화의 여부에 따라 a, ɛ, E, e, ay, a^y 등으로 실현된다. 영남지역에서는 11개의 유형 가운데 ɨ, Ǝ, u, i, E, ø의 6유형으로만 실현되며, ø인 경우에도 a, E의 둘만 실현된다.[157] 다음에서는 영남지역에서 실현되는 유형들의 변화 과정과 분포 지역을 살펴보기로 한다.

ɨ는 'ㅣ'역행동화 없이 그대로 실현되는 유형으로서 영남지역에서는 경북의 칠곡 한 지역에서, 그것도 '뜯기다, 들이다'의 두 어사에서만 나타난다.

Ǝ 역시 i역행동화 없이 그대로 실현되는 유형이나 영남지역에서 발생한 ɨ>Ǝ규칙(오종갑 1999e 참고)의 적용에 의한 것으로 영남지역에서만 실현된다. 이 유형은 16개의 어사 모두에서 실현되나 지역에 따라 실현되는 어사의 수에는 다소의 차이가 있으며, 경북보다 경남지역에서 약간 우세한 편이다.[158]

---

156) 여기서는 음장 혹은 성조가 변별력을 지니는 지역과 그렇지 않은 지역을 포괄하는 한반도(남한) 전역을 대상으로 하기 때문에 음장과 성조는 고려의 대상으로 삼지 않았다. 그런데 최명옥(1982 : 71-72)에서는 월성 지역어에서 장음이 'ㅣ'역행동화의 제약조건이 되고, 서정목(1981)과 주상대(1989)에서는 각각 진주 지역어와 울진 지역어에서 고조가 제약조건이 됨을 지적한 바 있다. 그러나 박정수(1993)에서는 경남방언에서 성조가 'ㅣ'역행동화의 제약조건이 될 수 없음을 지적하였다.

157) '금, 느리다, 다음, 뜯기다, 씀씀이, 틈, 흠'은 영남 42개 군(울릉도 제외) 가운데 각각 7, 1, 2, 11, 31, 1, 1개 군에서 해당 방언형이 실현되지 않는다. 그리고 '들이다'의 경우는 경북의 5개 군에서는 해당 방언형이 실현되지 않고, 경북의 11개 군에서는 동화주가 i 아닌 u로 바뀌어 'ㅣ'역행동화의 환경을 제공하지 못한다. 영남 이외의 지역에서도 해당 방언형이 실현되지 않거나 동일한 조건에서 비교가 불가능한 예들이 많이 있으나 번거로움을 피하기 위해 일일이 적시하지 않았다. 이하에서도 영남 이외 지역의 경우는 그 예를 제시하지 않기로 한다.

158) 번거로움을 피하기 위해 'ㅣ'역행동화되지 않은 유형의 경우는 분포 지역과 실현 어사수를 제시하지 않기로 한다. 이하 같음.

i는 후설모음 ɨ가 i역행동화에 의해 전설모음으로 바뀐 것으로, 이 유형으로 실현되는 어사의 수는 경북에서는 칠곡(0.5), 예천(2), 선산・문경・고령・성주(3), 상주(3.5), 영양・군위・영풍(4), 영덕(4.5), 청송・울진・달성(5), 봉화・안동(5.5), 청도(6), 영천・월성・금릉(6.5), 영일(7), 경산(8) 등지와 같은데, 남부 지역이 약간 우세한 경향을 보인다. 그리고 경남에서는 함안・함양(1), 산청(2), 창녕・김해(2.5), 울주・양산(3.5), 합천・밀양・진양・고성(4), 의창・의령・거창(4.5), 사천(5), 통영(7), 남해(8), 거제(10), 하동(10.5) 등지와 같은데, 남부 해안 및 도서 지방에서 빈도가 높다. 이 유형은 영남 이외의 지역에서도 다수 실현된다.

'다음, 마음'의 경우에는 i로 실현된 예를 볼 수 없다. 그 이유는 'ㅣ'역행동화규칙이 적용되기 전에 ɨ탈락규칙이 먼저 적용되었기 때문이다. 그런 다음 다시 'ㅣ'역행동화규칙의 적용 여부에 의해 선행음절의 'ㅏ'가 a 혹은 E로 실현된다. 어사에 따라 E(<ε) 실현 지역에 차이를 보이는데, '다음'의 경우는 경남의 3개 군에서만 실현되고, '마음'의 경우는 경북의 17개 군과 경남의 9개 군에서 이 유형이 실현된다.

E는 '틈틈이, 흠이, 흐렸다'의 세 어사에 쓰인 'ㅡ'가 각각 1개 군(경북 영풍, 경남 거제, 경북 금릉)에서만 실현된다. 이 경우에는 이들 지역에서 'ㅡ'가 Ǝ로 변화된 다음 다시 'ㅣ'역행동화로 E가 실현된 것으로 보인다.159) 이것 역시 영남지역에서만 실현되는 유형이다.

u는, 전국적으로 볼 때, 경북 칠곡 한 지역에서만 실현되는 유형인데, 이것은 '금'의 ɨ가 후행의 m에 의해 역행동화(순음화)된 것이나 'ㅣ'역행동화는 일어나지 않았다.

159) ɨ>ə>Ǝ>E의 변화 과정을 추정할 수도 있겠으나 여기서는 그렇게 보지 않는다. 그 이유는 영남의 대부분 지역에서 ɨ와 ə가 다 같이 Ǝ로 실현되나 이들은 각각 ɨ>Ǝ와 ə>Ǝ의 변화를 거친 것이지 ɨ>ə가 된 다음 이 ə와 원래의 ə가 함께 Ǝ로 변화된 것이 아니기 때문이다(오종갑 1999e 참고, 이 책의 Ⅱ.2 참고).

10.1.1.2. 'ㅓ'계

피동화주 'ㅓ'는, 전국적으로 볼 때, ə, Ǝ, ɜ, ɨ, Ɨ, e, E, ɛ, i, ö, əy, ɨy, Ɨ : y, u 등의 14유형으로 실현된다. 이들 가운데 영남지역에서는 ə, Ǝ, ɨ, e, E, i의 6유형만 실현되는데,[160] 다음에서는 영남지역에서 실현되는 유형들의 변화 과정과 분포 지역을 살펴보기로 한다.

ə는 아무런 변화도 겪지 않은 유형으로 영남지역에서는 함양 한 지역에서만 실현되는데, 이 지역에서는 방언형이 등재되지 않은 '풀섬'을 제외한 모든 어사가 이 유형으로 실현된다. Ǝ는 영남방언에서 발생한 ə>Ǝ 변화를 경험하였으나 'ㅣ'역행동화는 경험하지 않은 것으로 중부 경남지역에서 그 빈도가 높은 편이다.

ɨ는 경북의 울진 한 지역에서 '성'의 장모음 ə : 가 ɨ : 로 상승한 경우인데, 경기도 17개 군, 강원도 9개 군, 충북 8개 군, 충남 12개 군, 전북 5개 군에서 이 유형이 실현되는 것으로 보아 중부지방에서 발달한 ə>ɨ 규칙이 강원도를 통해 울진으로 전파된 것으로 보인다.

e는 ə가 'ㅣ'역행동화되어 실현된 유형인데, 이 유형이 실현되는 지역과 어사는 함안(1), 거창 · 산청 · 의령 · 사천(3), 진양 · 고성(4), 합천(6), 하동(9) 등지와 같으며, 이들 지역은 모두 서부 경남에 속하는 지역들이다.

E는 ə가 'ㅣ'역행동화되어 e가 된 다음 다시 e>E규칙이 적용된 유형으로 실현 지역과 어사 수를 보면, 금릉 · 달성 · 영일 · 경산 · 밀양(1), 영풍 · 봉화 · 울진 · 영양 · 의성 · 청송 · 영덕 · 영천 · 월성 · 의창 · 김해(2), 울주 · 양산 · 남해(3), 거창(4), 통영(5), 거제(12) 등지와 같은데, 경북보다는 경남지역에서 그 세력이 강함을 볼 수 있다.

i는 ə가 'ㅣ'역행동화되어 e가 된 다음 다시 e>i규칙이 적용된 유형으로

---

160) '넉넉히, 섶이, 접히다, 풀섬이, 풀섶이'는 영남 42개 군(울릉도 제외) 가운데 각각 17, 16, 21, 41, 30개 군에서 해당 방언형이 실현되지 않는다. 그리고 '꺾이다'는 경북 영덕과 영천에서 동화주 i가 E로 변화되었다.

실현 지역과 어사를 보면, 고령 · 밀양 · 의창 · 남해(1), 울진 · 영천 · 문경 · 예천 · 상주 · 선산 · 군위 · 성주 · 청도 · 안동 · 달성 · 창녕(2), 경산 · 청송(3), 영일 · 칠곡(4), 금릉(6) 등지와 같은데, 앞의 E의 경우와는 달리 경남보다 경북지역이 그 빈도가 높음을 볼 수 있다. 경남북간의 이러한 차이는 e>E규칙이 경남의 남부 도서지역에, e>i규칙이 경북의 서부 지역에 각각 그 개신지를 두고 있는(오종갑 1998a 참고) 것과 관련이 있다.

10.1.1.3. 'ㅏ'계

피동화주 'ㅏ'는, 전국적으로 볼 때, a, E, e, ɛ, ö, öɛ, ay의 7유형으로 실현된다. 이들 가운데 영남지역에서는 a, ɛ, E, e의 4유형으로 실현되는데,161) 다음에서는 영남지역에서 실현되는 유형들의 변화 과정과 분포 지역을 살펴보기로 한다.

a는 피동화주가 아무런 변화도 경험하지 않은 유형으로서 각 지역별 실현 어사수를 보면, 경북지역에서는 남부지역보다는 북부지역에서 약간 높은 경향을 보인다. 그리고 경남지역에서는 남부 해안 및 도서 지역에서 실현 빈도가 낮음을 알 수 있다.

ɛ는 피동화주 a가 동화주 i의 전설성에 동화되어 전설모음으로 바뀐 것인데, 경북 의성에서 '방' 한 어사에서만 실현된다. 그러나 이것도 a형과 공존한다.

E는 피동화주 a가 'ㅣ'역행동화되어 ɛ가 된 다음 다시 ɛ>E 변화(오종갑 1998a 참고)를 거친 것이다. 이 유형이 실현되는 지역과 어사 수를 보면, 경북지역에서는 의성 · 문경(4), 영풍 · 상주(4.5), 봉화 · 성주(5), 청송(5.5), 군위(6), 영양(6.5), 안동 · 선산 · 울진(7), 예천 · 고령(7.5), 달성 · 월성(8), 영덕 · 칠곡

161) '붙잡기, 왕왕이, 잡히다, 짬이, 짬짬이'는 영남 42개 군 가운데서 각각 5, 10, 3, 15, 38개 군에서 해당 방언형이 실현되지 않는다. 그리고 16개 군에서는 '삭인다'의 사동접사 '이'가 '후'로 대체되어 'ㅣ'역행동화의 환경을 제공하지 못한다.

(8.5), 영천(10), 청도(10.5), 경산(11), 영일・금릉(12)의 순서로 나타나 남부지역이 북부지역보다 대체로 실현 빈도가 높은 편이다. 그리고 경남지역에서는 산청(3.5), 함안(4), 김해・양산(4.5), 함양(5), 의창・의령(6), 진양(6.5), 고성(7.5), 창녕(11), 합천(11.5), 울주(14), 남해(14.5), 사천(16), 통영(17), 거창(17.5), 밀양(18), 하동(18.5), 거제(20)의 순서로 나타나 남부 해안 및 도서 지역에서 그 빈도가 높으나 거창이나 밀양 등지에서도 높은 빈도를 보인다.

e는 피동화주 a가 'ㅣ'역행동화되어 ɛ가 된 다음 다시 모음이 상승된 것인데, 이 경우 ɛ>e로 된 것인지 ɛ>E>e로 된 것인지는 판단하기 어렵다. 경남 고성(가기)과 의령(광, 오광)에서 이 유형이 실현된다.

10.1.1.4. 'ㅜ'계

피동화주 u는, 전국적으로 볼 때, E, e, i, u:, ui, uy, uʉ, u^{y}, uㅏ, we, wi, ü, üi, ü^{y}, ə, ɨ, ʉ, ^{w}i 등의 18유형으로 실현된다. 이들 가운데 영남지역에서는 u, Ǝ, ü, wi, ^{w}i, i, ui, E등의 8유형이 실현되는데,[162] 다음에서는 이들의 변화 과정 및 분포 지역을 살펴보기로 한다.

u는 'ㅣ'역행동화 없이 피동화주 u가 그대로 실현된 것이다.

Ǝ는 '푸기'에서만 실현되는 유형으로 순음성을 지닌 'ㅍ+ㅜ'의 연결에서 'ㅜ'가 이화작용에 의해 비순음성의 ɨ로 바뀐[163] 다음 이것이 다시 영남지역에서 발생한 ɨ>Ǝ규칙에 의해 Ǝ로 바뀐 것으로 해석된다. 이 유형은 경북 4개 군과 경남 15개 군에서 실현되며 영남 이외의 지역에서는 이 유형이 실현되지 않는다.

---

162) '동풍이, 뚱뚱이, 묵히다, 우기다, 축축히'는 영남 42개 군 가운데서 각각 1, 9, 1, 22, 12개 군에서 해당 방언형이 실현되지 않으며, '굽히다, 묵히다'는 각각 11, 21개 군에서 사동접사 '히'가 '후'로 바뀌었다. 그리고 '축인다'는 경북의 4개 군에서 사동접사 '이'가 '우'로 대체되었으며, 경남에서는 1개 군을 제외한 전역에서 그 어간이 '추주-'로 바뀌어 'ㅣ'역행동화의 환경을 제공하지 못한다.

163) u>ɨ의 예는 강원도 정선에서 볼 수 있다.

ü는 피동화주 u가 'ㅣ'역행동화된 것으로 영남지역에서는 경남 하동에서 '숨' 한 어사에서만 실현되는데, 인접한 전남 구례에서도 이 유형이 실현되는 것으로 보아 이 방언의 영향으로 보인다. 영남 이외의 지역에서는 다수의 지역에서 이 유형이 실현된다.

wi는 단모음 ü가 음소로 존재하지 않는 지역에서 'ㅣ'역행동화를 이중모음으로 수용한 것인데, 경북 9개 군에서 '우기다'의 'ㅜ'가, 경남 1개 군에서 '굶기다'의 'ㅜ'가 이 유형으로 실현된다. wi의 w가 약화된 ʷi는 울진・청송・영덕・금릉・고령・청도(1), 영일・경산(2) 등지에서 실현된다. wi 혹은 ʷi는 경남보다 경북에서 실현 지역이 넓다.

i는 wi(>ʷi)>i의 변화를 거쳐 나타난 유형으로, 경북지역에서는 군위・울진・문경・예천・성주・의성・칠곡・고령・선산(1), 영덕(1.5), 영풍・상주・월성・달성・경산・영천(2), 청송(2.5), 금릉(3), 청도(4), 영일(5), 경남지역에서는 김해(0.5), 의창(1), 밀양・합천・산청・고성(1.5), 울주・함양(2), 의령・진양(2.5), 하동・거창(3), 남해・사천(3.5), 통영(4), 거제(8)의 순서로 그 실현 어사의 수가 많다. 그러나 경남북 사이에는 별다른 차이가 없으며 다만 경남 거제에서 그 실현 어사의 수가 두드러진다.

ui는 전국에서 유일하게 경북 칠곡 한 지역에서만 실현되는데, 그것도 '숨이(suimi)'의 한 어사에서만 실현된다. 경기도의 화성, 용인, 옹진, 강원도의 화천, 양양, 충북의 음성, 충남의 보령, 서천 등지에서 피동화주 u가 'ㅣ'역행동화를 이중모음 uy로 수용한 것으로 보아 칠곡에서도 이 형태를 수용하였으나 하향이중모음이 존재하지 않기 때문에 그대로 수용하지 못하고 y를 i로 바꾸어 수용한 것으로 해석된다.

E는 전국에서 유일하게 경남 거제에서만 실현되는데 그것도 '푸기(pʰEgi)' 한 어사에서만 실현된다. 이 유형은 u가 비순음화로 ɨ가 되고 이것이 다시 영남지역에서 발생한 ɨ>ᴲ규칙에 의해 ᴲ가 된 다음 'ㅣ'역행동화된 것이다.

10.1.1.5. 'ㅗ'계

피동화주 o는, 전국적으로 볼 때, o, E, ^{w}E, we, ^{w}e, wi, ^{w}i, e, i, ö, öɛ, oy, o^{y}, u, ə, 3, ʉ의 17유형으로 실현된다. 이들 가운데 영남지역에서는 o, u, o^{y}, ö, ^{w}E, ^{w}i, E, e, i 등의 10유형이 실현되는데,[164] 다음에서는 이들의 변화 과정 및 분포 지역을 살펴보기로 한다.

o는 피동화주가 아무런 변화 없이 그대로 실현된 것이다. u는 '똑똑히, 의복'의 둘째 음절이 고모음화된 것으로, 전자의 경우는 밀양, 의령, 함안, 통영에서, 후자의 경우는 남해에서 이 유형이 실현된다.

o^{y}는 경북 울진에서 '몸이'의 한 어사에서 실현되는데, 이것은 피동화주 o가 'ㅣ'역행동화되었으나 그 전설성을 단모음에 수용하지 못하고 약화된 y계하향이중모음으로 수용한 것이다. 이 유형(oy, o^{y})은 경기도 2개 군, 강원도 6개 군, 충북 2개 군, 충남 12개 군에서 실현되는 것으로 보아 울진에서 이 유형이 실현된 것은 강원도 방언의 영향으로 보인다. ö는 피동화음 o가 'ㅣ'역행동화된 것인데, 경남 함안에서는 '속이다, 교통이'가, 하동에서는 '교통이'가 이 유형으로 실현된다.

^{w}E는 피동화주 o가 단모음 ö가 존재하지 않는 지역에서 'ㅣ'역행동화를 이중모음 wE로 수용한 다음 w가 약화된 것이다. 그러나 역사적으로는 o가 'ㅣ'역행동화에 의해 oy가 된 다음 이 oy의 o가 wə로 재음소화되어 wəy가 되고 다시 하향이중모음의 단모음화로 we가 된(백두현 1992 : 111 참고) 다음 영남지역에서 발생한 e>E의 변화로 wE가 되고, 다시 이 w가 약화된 것이다(oy>wəy>we>wE>^{w}E). 이 유형은 '속이, 속이다'의 두 어사에 한정되어 실현되는데, 전자는 경북의 영양, 청송, 의성, 칠곡에서, 후자는 달성, 월성에서 실

---

164) '곰곰히, 노려, 높혀라, 들볶이다, 똑똑히, 속기, 쫓겨'는 영남 42개 군 가운데서 각각 22, 34, 5, 4, 22, 1, 4개 군에서 해당 방언형이 실현되지 않는다. 그리고 '속이다, 녹이다'는 각각 1, 29개 군에서 사동접사 '이'가 '후'로 대체되어 'ㅣ'역행동화의 환경을 제공하지 못한다.

현된다.

^{w}i는 oy>wəy>we까지의 변화 과정은 앞의 경우와 동일하나 앞의 경우(e>E)와는 달리 e>i의 변화를 경험함으로써 wi가 되고 이것의 w가 다시 약화되어 나타난 것이다(oy>wəy>we>wi>^{w}i). 이 유형은 경북의 금릉, 선산, 영일, 칠곡, 청도에서 '속이다' 한 어사에서 실현된다.

e는 we(^{w}e)의 w가 탈락된 형태로서 산청(1), 거창(2), 고성・의령(3), 진양・합천・사천(3.5), 하동(11.5) 등지에서 실현되는데, 모두 서부 경남에 속하는 지역이다. E는 앞의 e가 다시 영남지역에서 발생한 e>E 변화를 겪은 것으로 그 실현 지역과 어사 수를 보면, 군위・칠곡・금릉(1), 영덕・의성・울진・영양・달성(2), 청송・월성(4), 영천・경산・영일(5), 함안・밀양・산청・양산(1), 남해(2), 김해(3), 거창(5), 통영(6), 울주(8), 거제(19) 등지와 같다. 경남북 사이에 큰 차이는 없으나 경남의 거제에서 두드러지게 이 형태가 많이 실현된다.

i는 앞의 e가 다시 영남지역에서 발생한 e>i 변화를 겪은 것으로 의성・성주・경산・예천・달성・창녕・의령・고성・거제(1), 울진・상주・청송・금릉・선산・군위・영일・영천(2), 안동・영덕(3) 등지에서 실현되는데, 주로 경북지역에서 많이 실현된다.

이상의 10.1.1에서는 피동화주 모음에 따라 'ㅣ'역행동화의 여부와 분포 지역에 대해서 살펴보았다. 다음에서는 이들을 종합하여 피동화주 모음의 종류에 따라 'ㅣ'역행동화의 비율에 차이가 있는지의 여부를 살펴보기로 한다.

피동화주 'ㅡ'가 'ㅣ'역행동화되어 실현된 유형은 i, E의 둘이며, 그 실현 방언형 총수는 190개이다. 그런데 영남 42개 군에서 16개 어사가 실현될 수 있는 총수는 672개이나, 이 가운데 지역에 따라 방언형이 실현되지 않거나 피동화주 혹은 동화주가 다른 모음으로 바뀌어 동일 선상에서 비교가 불가능한 예들이 69개가 있어 이들을 제외하면 실제 고려의 대상이 되는 방언형의 숫자는 603개이다. 그러므로 'ㅡ'계 어사가 'ㅣ'역행동화된 비율은 3

2%[165]가 된다. 그리고 이 어사들 가운데 주격조사가 연결된 경우('금(線), 흠, 틈, 이름, 다음, 마음'+이)와 사동·피동접사가 연결된 경우(뜯기다, 들이다)만을 따로 떼어내어 'ㅣ'역행동화된 비율을 보면, 전자의 경우는 30%, 후자의 경우는 62%가 된다.

피동화주 'ㅓ'가 'ㅣ'역행동화되어 실현된 유형은 e, E, i의 셋인데, 그 실현 어사의 총수는 129.5개이고, 실현된 방언형 가운데 비교가 가능한 것은 546개이다. 그러므로 'ㅓ'계 어사가 'ㅣ'역행동화된 비율은 24%가 된다. 그리고 주격조사가 연결된 경우('떡, 성(姓), 시루떡, 섬(石), 풀섬, 섬(島), 섶, 풀섶'+이)와 사동·피동접사가 연결된 경우(접히다, 벗기다, 꺾이다, 업힌다)만을 따로 떼어내어 'ㅣ'역행동화된 비율을 보면, 전자의 경우는 11%, 후자의 경우는 33%가 된다.

피동화주 'ㅏ'가 'ㅣ'역행동화되어 실현된 유형은 ɛ, e, E의 셋인데, 그 실현 어사의 총수는 378개이고, 실현된 방언형 가운데 비교가 가능한 것은 853개이다. 그러므로 'ㅏ'계 어사가 'ㅣ'역행동화된 비율은 44%가 된다. 그리고 주격조사가 연결된 경우('장, 방, 안방, 밥, 쌀밥, 짬, 왕, 광, 오광, 앞'+이)와 사동·피동접사가 연결된 경우(잡히다, 맡기다, 깎이다, 삭인다)만을 따로 떼어내어 'ㅣ'역행동화된 비율을 보면, 전자의 경우는 35%, 후자의 경우는 82%가 된다.

피동화주 'ㅜ'가 'ㅣ'역행동화되어 실현된 유형은 ü, wi, ^{w}i, i, ui의 다섯인데, 그 실현 어사의 총수는 101개이고, 실현된 방언형 가운데 비교가 가능한 것은 600개이다. 그러므로 'ㅜ'계 어사가 'ㅣ'역행동화된 비율은 17%가 된다. 그리고 주격조사가 연결된 경우('중, 국, 떡국, 숲, 숨, 동풍'+이)와 사동·피동접사가 연결된 경우(굽히다, 굶기다, 묵히다, 묶였다, 축인다)만을 따로 떼어내어 'ㅣ'역행동화된 비율을 보면, 전자의 경우는 11%, 후자의 경우는 9%가 된다.

---

165) 소수점 한자리에서 반올림하였다. 이하 같음.

피동화주 'ㅗ'가 'ㅣ'역행동화되어 실현된 유형은 o^y, ö, ^wE, ^wi, E, e, i의 일곱인데, 그 실현 어사의 총수는 132개이고, 실현된 방언형 가운데 비교가 가능한 것은 839.5개이다. 그러므로 'ㅗ'계 어사가 'ㅣ'역행동화된 비율은 16%가 된다. 그리고 주격조사가 연결된 경우('속, 복, 의복, 곰, 몸, 온몸, 콩, 용, 교통'+이)와 사동·피동접사가 연결된 경우(속이다, 녹이다, 뽑히다, 볶이다, 들볶인다, 높혀라, 쫓겨)만을 따로 떼어내어 'ㅣ'역행동화된 비율을 보면, 전자의 경우는 16%, 후자의 경우는 11%가 된다.

이상에서 살펴본 바를 요약하여 표로 보이면 [표 84]와 같다.[166)]

〔표 84〕 피동화주별로 본 'ㅣ'역행동화 빈도(%)

피동화주	주격조사	사동·피동	평균	전체
ㅡ	30	62	46	32
ㅓ	11	33	22	24
ㅏ	35	82	59	44
ㅜ	11	9	10	17
ㅗ	16	11	14	16

[표 84]에 의하면, 주격의 경우는 'ㅏ>ㅡ>ㅗ>ㅓ/ㅜ'의 순서로, 사동·피동의 경우는 'ㅏ>ㅡ>ㅓ>ㅗ>ㅜ'의 순서로, 전체의 경우는 'ㅏ>ㅡ>ㅓ>ㅜ>ㅗ'의 순서로 비율이 낮아지는데, 세 경우 모두에서 순위에 차이가 있음을 볼 수 있다. 이러한 순위상의 차이는 다음의 10.1.3에서 보는 것처럼 어사에 따라 'ㅣ'역행동화에 크게 차이를 보이므로 어떤 어사가 통계 자료로 선택되느냐에 따라 순위가 달라질 수 있음을 의미하는 것으로 생각된다. 그러므로 [표 84]에 나타난 비율은 절대적인 의미는 지니지 못한다.

그러나 주격과 사동을 '평균'한 수치와 '전체'의 경우를 비교해 보면,

166) 아래 표에서 '평균'란은 주격조사와 사동·피동접사가 결합될 때의 'ㅣ'역행동화된 비율을 합하여 평균한 수치이고, '전체'란은 동화주의 문법범주에 의한 구별 없이 94개 어사 전체를 대상으로 할 때의 'ㅣ'역행동화된 비율이다.

'ㅏ>ㅡ>ㅓ'의 순위는 일치하므로 이 순서대로 'ㅣ'역행동화의 비율이 높다고 하겠다. 'ㅜ, ㅗ'의 경우는 순위의 차이가 있으나 상대적으로 비율이 낮은 것으로 미루어 피동화주가 원순모음인 경우에는 대체로 'ㅣ'역행동화의 비율이 다소 낮은 것으로 이해된다.[167)]

10.1.2. 동화주의 동화력

앞의 10.1.1에서는 피동화주를 중심으로 그들의 변화와 분포를 살펴보았다. 여기서는 동화주를 중심으로 문법범주에 따라 그들의 동화력에 차이가 있는지의 여부를 살펴보기로 한다. 먼저 앞의 94개 어사 중 주격조사 '이'가 결합된 39개 어사, 사동 · 피동접사 '이, 기, 히' 등이 결합된 21개 어사, 명사파생접사 '기'가 결합된 13개 어사, 그리고 부사파생접사 '이, 히'가 결합된 8개의 어사에서 'ㅣ'역행동화된 어사의 수를 표로 보이면 [표 85]와 같다.

〔표 85〕 동화주별로 본 'ㅣ'역행동화 빈도

동화주	주격조사	사동·피동접사	명사파생접사	부사파생접사
실현 가능 총수	1638	882	546	336
비교 가능 총수	1525	740	540	215
동화된 어사 수	329.5	247	91.5	82
비율(%)	22	33	17	38

[표 85]에서 보는 바와 같이 주격조사, 사동 · 피동접사, 명사파생접사, 부사파생접사가 결합될 때 영남 42개 군(울릉군 제외)에서 'ㅣ'역행동화된 형태로 실현된 방언형의 총수는 각각 329.5개, 247개, 91.5개, 82개이다. 그런데

167) 서정목(1981 : 35), 최명옥(1982 : 71) 등에서도 o, u의 'ㅣ'역행동화는 생산적이지 못함을 지적하고 있다. 박정수(1993 : 96)에서는 이 경우에 'ㅣ'역행동화가 생산적이지 못한 이유는 o, u에 대립되는 ö, ü가 이 방언에서 아직 발달되지 못하여 체계상 빈칸을 이루고 있기 때문이라고 하였다.

39개, 21개, 13개, 8개의 어사가 42개 군에서 실현 가능한 총수는 각각 1638개, 882개, 546개, 336개이다. 그러나 조사된 자료에 의하면, 지역에 따라서 어사 자체가 실현되지 않거나, 사동접사 '이'가 '후'로 대체되어('삭이다'가 '삭후다'처럼 바뀌어) 'ㅣ'역행동화 여부에 대한 비교가 불가능한 방언형들이 있으므로 이들을 제외하면 비교가 가능한 방언형의 수는 각각 1525개, 740개, 540개, 215개가 된다.

비교 가능한 방언형의 수에서 'ㅣ'역행동화로 실현된 방언형의 수가 차지하는 비율은 각각 22%(329.5/1525), 33%(247/740), 17%(91.5/540), 38%(82/215)가 되는데, 이것은 문법범주에 따라 'ㅣ'역행동화의 동화력에 차이가 있음을 보여 준다. 즉, 명사파생접사<주격조사<사동・피동접사<부사파생접사의 순서로 'ㅣ'역행동화의 동화력이 강함을 보여 준다. 그런데 이러한 동화력의 차이는 명사와 조사, 어근과 접사 사이의 결속도와 관련이 있는 것으로 보인다.[168]

10.1.3. 개재자음 제약

국어의 'ㅣ'역행동화에서 피동화주와 동화주 사이에 [-grave] 자음이 개재될 때는 그것이 제약조건이 됨은 일찍부터 지적되어 왔다(이숭녕 1935, 정인승 1937, 김완진 1971, 허웅 1985 등등).[169] 그러나 최명옥(1998c : 169-207)에서는 'ㅣ'역행동화를 통시적규칙으로 보고 이를 수정하여 [+high, -back] 자질을 지닌 자음이 개재될 때만 그것이 제약된다고 한다.[170] 다음에서는 영남방언에

168) 최태영(1983 : 121)에서도 이 결속도가 동화력에 영향을 미치는 요인이 되는 것으로 보고 있다. 그리고 구현옥(1998 : 53)에서는 강경계와 약경계로서 설명하고 있다.

169) 그 이유에 대해서는 [-grave] 자질을 지닌 자음이 동일한 [-grave] 자질을 지닌 동화주 i의 동화력을 중화시키기 때문이라고도 하고(이숭녕 1935), [-grave] 자음이 개재된 경우에 'ㅣ'역행동화가 일어나면 CVC의 연결에서 동일한 자질을 지닌 음이 셋이나 연속되어 조음상의 어려움이 발생하기 때문이라고도 한다(이병근 1971). 이 외의 학설들에 대해서는 최명옥(1998c : 171-178)과 최전승(1995 : 115-117)을 참고하기 바람.

170) 15세기 이후 20세기 초까지 'ㅣ'역행동화가 확대되어 간 과정과 개재자음의 제약에

서 개재자음에 따라 그것이 어떻게 제약되는지 살펴보기로 한다.

먼저 앞의 94개 어사 가운데 주격조사, 사동·피동접사, 명사파생접사가 결합된 어사들의 개재자음에 따른 'ㅣ'역행동화 실태를 보이면 [표 86]과 같다.

〔표 86〕 개재자음별로 본 'ㅣ'역행동화 빈도

구분	개재자음	어사	지역수(군)
주격조사	ㄱ	국	0
		떡	4
		떡국	3.5
		복	4.5
		속	8.5
		시루떡	3
		의복	4
	ㅁ	곰	3
		금(線)	6
		다음	0
		마음	0
		몸	12
		섬(島)	2
		섬(石)	6.5
		숨	11
		온몸	12
		이름	33.5
		짬	1
		틈	5.5
		풀섬	0
		흠	2
	ㅂ	밥	18
		쌀밥	22
	ㅇ	방	16.5

구분	개재자음	어사	지역수(군)
주격조사	ㅇ	광	8
		교통	9
		동풍	11.5
		성(姓)	9.5
		안방	18.5
		오광	15.5
		왕	8
		용	5
		장	22.5
		중	1
		콩	4
	ㅍ	섶	2.5
		숲	0
		앞	11.5
		풀섶	1
사동·피동접사	ㄱ	녹이다	0
		삭인다	26
		속이다	17.5
	ㄲ	깎이다	21
		꺾이다	0
		들볶인다	1
		묶였다	0
		볶이다	0.5
	ㄱㅎ(kʰ)	묵히다	3.5

구분	개재자음	어사	지역수(군)
사동·피동접사	ㄷㄱ(k')	뜯기다	18.5
	ㄻㄱ(ŋk')	굶기다	7.5
	ㅂㅎ(pʰ)	굽히다	1
		뽑히다	1.5
		업힌다	5
		잡히다	34
		접히다	4
	ㅅㄱ(k')	벗기다	39.5
	ㅊㄱ(k')	쫓겨	6.5
	ㅌㄱ(k')	맡기다	41
	ㅍㅎ(pʰ)	높혀라	1.5
명사파생접사	ㄱ	보기	13.5
		보기싫다	18.5
		가기	4.5
		오기	1
		크기도	0
		푸기	0.5
	ㄱㄱ(k')	속기	5
		죽기	3.5
	ㄷㄱ(k')	듣기	19.5
	ㅅㄱ(k')	벗기	2.5
	ㄻㄱ(ŋk')	굶기도	0.5
	ㅂㄱ(k')	붙잡기	3

대해서는 홍윤표(1994 : 317-336)을 참고하기 바람.

[표 86]에 의하면 주격조사의 경우 순음(ㅁ, ㅂ, ㅍ)과 연구개음(ㄱ, ㅇ)이 개재된 경우에는 동일한 개재자음인데도 'ㅣ'역행동화된 어사가 실현되는 지역이 한 곳도 없는 경우가 있는가 하면 33.5개 군이나 되는 경우도 있어 개재자음의 종류와 'ㅣ'역행동화 사이에는 아무런 관련성이 없음을 알 수 있다.

사동·피동접사 및 명사파생접사의 경우에도 개재자음이 순음이나 연구개음일 때는 'ㅣ'역행동화는 제약되지 않는다. 그리고 그 개재자음이 'ㄱㅎ, ㄷㄱ, ㄹㅁㄱ, ㅂㅎ, ㅅㄱ, ㅊㄱ, ㅌㄱ, ㅍㅎ, ㅂㄱ' 등일 때는 자음축약, 자음탈락, 자음동화 등등의 규칙이 먼저 적용되어 이들이 연구개음이나 순음인 k^h, k', ŋk', p^h 등으로 바뀐 다음 'ㅣ'역행동화규칙이 적용되므로 이 경우에도 'ㅣ'역행동화는 제약되지 않는다.

이러한 사실을 종합할 때 개재자음이 순음이나 연구개음인 경우에는 그것이 'ㅣ'역행동화의 제약 조건이 되지 못하며, '이름(33.5), 맡기다(41), 벗기다(39.5)' 등등과 같이 일상생활에서 자주 사용되는 어사에서 더 많은 동화가 일어난 것으로 이해된다.

다음에서는 개재자음이 치경음이나 경구개음인 'ㄴ, ㄷ, ㄹ, ㅅ, ㅈ, ㅊ, ㅌ' 등의 경우를 보기로 하되 'ㄹ'의 경우부터 보면 다음과 같다.[171]

『한국방언자료집』에는 형태소 내부에서 'ㄹ(r)'가 개재된 어사로서 명사인 경우는 '거머리, 다리미, 마리(단위), 머리, 며느리, 못자리, 보리, 뿌리, 울타리, 조리, 트림, 파리' 등이 등재되어 있다. 이들 가운데 'ㅣ'역행동화된 예가 나타나는 것은 '다리미(>대리비, 8), 못자리(>모재리, 문경), 울타리(>울때리, 문경)' 등이 있고, 『한국방언자료집』에는 그 어사가 등재되어 있지 않으나 '그림>기림'의 예가 추가될 수 있다.

그리고 동사인 경우는 '가렵다(3), 그리다(31), 노려(0), 느리다(7.5), 나린다

171) 이 장에서 주된 자료로 삼은 94개의 어사 이외에 『한국방언자료집』의 『어휘편』과 『문법편』에 실린 자료들도 함께 고려의 대상으로 삼았다.

(12.5), 버리지(棄, 26), 버렸다(汚, 37), 뿌린다(1),[172] 저리다(34), 흐렸다(2)' 등이 등재되어 있다. 이들에서 '노려'의 경우를 제외하면 어사에 따라 다소의 차이가 있긴 하나 모두 'ㅣ'역행동화된 예가 나타나 명사보다는 동사에서 그것이 강한 경향을 볼 수 있다.

형태소경계에서 'ㄹ(r)'가 개재된 어사로서 명사인 경우는 '돌이(0), 하늘이(0)'가, 동사인 경우는 '들이다(17.5), 절이다(25)'와 'ㅎ'가 탈락된 후 'ㄹ'가 남는 '끓인(33)' 등이 등재되어 있다. 이 경우 명사에서는 'ㅣ'역행동화된 예가 발견되지 않고, 동사에서는 다소간에 'ㅣ'역행동화된 예가 발견된다.

그러나 동사인 경우라도 '밝히다, 넓히다, 틀리다, 갈리다(耕), 걸리다(步), 끌리다, 매달리어, 빨리다, 알리다'와 같이 개재자음이 'ㄺㅎ(ɭkʰ), ㄼㅎ(ɭpʰ), ㄹㄹ(ɭʎ)'인 경우와 'ㅎ'가 탈락된 뒤 'ㄹㄹ(ɭʎ)'로 실현되는 '뚫린다'의 경우에는 'ㅣ'역행동화된 예가 발견되지 않는다. 이 경우에는 설측권설음(ɭ)이 개재되어 있다는 공통점을 찾을 수 있다.[173]

그런데 동사의 경우와는 달리 명사의 형태소 내부에서 'ㅣ'역행동화된 예가 드물고, 형태소경계에서는 그러한 예가 발견되지 않는 이유는 무엇일까. 그 이유는 17세기와 18세기의 교체기에 치경음 'ㄷ, ㅌ, ㄴ'가 구개음화되자(이기문 1972b : 64-69) 같은 치경음계열인 'ㄹ'의 경우도 명사에 한해서 경구개음(ʎ)으로 발음되는 경향이 있었기 때문에 이것이 원인이 되어 'ㅣ'역행동화가 제약되었으며, 그것이 현대방언에까지 영향을 미친 것으로 해석된다.

'ㄹ' 이외의 'ㄴ, ㄷ, ㅅ, ㅈ, ㅊ'가 개재된 '아니다, 무늬, 마디, 오디, 반딧불, 가시, 드시다, 가신다(洗), 마시다, 부시어서, 쑤신다, 가져오다, 번지, 간지럽다, 만져지다, 가지(枝, 茄子), 버짐, 훑이다, 훔치다, 고치, 까치, 아침, 고

172) 이것은 경북 영양에서 '뿌린다'가 비순음화되어 p'Ǝrinda가 되고 이것이 다시 'ㅣ'역행동화되어 p'Erinda로 실현된 것이다.

173) 최명옥(1998c : 192)에서는 음절말이나 자음 앞에 쓰인 'ㄹ'을 설측권설음으로 보고 있다.

치다, 다치어서, 무치다, 삯이, 돈이, 값이, 그릇이, 버릇이, 젖이, 숯이, 밭이, 솥이, 팥이, 앉히다, 갇히다, 꽂히다, 묻히다, 미닫이[174]' 등의 어사들은 모두 'ㅣ'역행동화된 예가 발견되지 않는다.

이들 가운데 '무늬[muni], 마디(<ᄆᆞ디, 월인 2 : 56), 오디(<오듸, 자회 상 : 12), 반딧(불)(<반되, 해례 용자)' 등은 동화주 i가 역사적으로 ɨy, ʌy, oy 등에서 변화된 것으로 순정의 i가 아니므로 아직 동화력을 발휘하지 못하고 있는 것으로 해석된다. 그리고 여타의 예들은 개재자음이 경구개음화된 음 또는 경구개음(n^y, s^y, č, $č^h$)이라는 공통점이 있다.

그러나 '저녁, 모시고, 가르치는, 먼지, 모가치(몫)'의 경우에는 각각 '지녁/닉(18), 뫼/미시고(5), 가리치는(8), 멘지(통영), 모개치(청송, 영일)'로 실현되어 'ㅣ'역행동화된 듯한 예가 보인다. 이들 가운데 '저녁'의 경우는 그 옛말이 '져녁'(역어유해 상 : 2, 동문유해 상 : 5)으로 나타나는 점으로 보아 '져'의 'ㅕ'가 y순행동화되어 '졔'가 된 다음 이것이 다시 'ㅖ>ㅔ>ㅣ'로 변화된 것으로 해석할 수 있고(오종갑 1983 참고), '뫼/미시고'의 경우는 그 옛말이 '뫼시고'(두시언해 초간본 24 : 51)이므로 'ㅣ'역행동화와는 관련이 없다.

'가리치는, 멘지, 모개치'의 경우는 'ㅣ'역행동화가 아니라는 근거를 달리 발견할 수가 없다. 그래서 여기서는 이들을 'ㅣ'역행동화된 어사로 해석하고자 한다. 그리고 『한국방언자료집』에는 등재되지 않았으나 '젖히다'는 영남의 여러 지역에서 'ㅣ'역행동화되어 '제치다'로 실현되는데, 이 경우 개재자음이 'ㅊ'임에 유의할 필요가 있다.

이상의 경우들을 종합하면, 개재자음이 순음, 연구개음일 경우에는 제약이 없고, 치경음(t, t^h, n)인 경우에는 동화주 i가 동화력을 발휘하지 못하기 때문에 [+high, −back]의 자질을 지닌 설측권설음(ɭ)과 경구개음(n^y, s^y, č, $č^h$)만

174) 박정수(1993 : 105)에는 김해와 거창에서 '미닫이'가 임의적으로 'ㅣ'역행동화되는 것으로 보고하였는데, 그렇다면, 개재자음이 'ㅈ'인 경우에도 'ㅣ'역행동화되는 단초를 보인 것으로 해석할 수 있다.

이 'ㅣ'역행동화를 제약한다고 할 수 있다. 그러나 č, čʰ의 경우는 그 제약에서 벗어나는 단초를 보인다.

10.2. 규칙의 전개 양상

영남의 각 지역어에서 후설모음 ɨ, ə, a, u, o가 그들 지역어의 모음체계에 따라 'ㅣ'역행동화를 전설의 단모음 혹은 이중모음으로 수용함을 앞에서 보았다. 여기서는 이들을 다 같이 'ㅣ'역행동화규칙이 적용된 것으로 보아 이 규칙이 94개의 어사에 적용된 정도와, 그 적용 정도의 지역별 비교를 통해 이 규칙이 영남의 각 지역(군 단위)으로 전파되어 간 양상을 살펴보기로 한다.

먼저 이 규칙이 94개의 어사에 어느 정도로 적용되고 있는지 그 적용 빈도를 보이면 [표 87]과 같다.

〔표 87〕 'ㅣ'역행동화규칙의 적용 빈도(지역별)

군명	어사수	비율(%)	군명	어사수	비율(%)	군명	어사수	비율(%)
101연천	15/90	17	403아산	24/89	27	621여천	60/83	72
102파주	18.5/93	20	404천원	44/90	49	622완도	18.5/80	23
103포천	21/90	23	405예산	36/89	40	701영풍	13.5/85	16
104강화	25/92	27	406홍성	35/90	39	702봉화	12.5/82	15
105김포	14/91	15	407청양	58/90	64	703울진	21.5/84	26
106고양	18/91	20	408공주	43/90	48	704문경	10.5/85	12
107양주	13.5/91	15	409연기	31.5/89	35	705예천	14/80	18
108남양	14.5/93	16	410보령	36/89	40	706안동	17/85	20
109가평	26/93	28	411부여	33.5/90	37	707영양	16.5/83	20
110옹진	40.5/87	47	412서천	32/90	36	708상주	13.5/81	17
111시흥	19/92	21	413논산	64/90	71	709의성	12/87	14
112광주	15.5/92	17	414대덕	45.5/91	50	710청송	22.5/80	28
113양평	28.5/90	32	415금산	71/89	80	711영덕	22/82	27

군명	어사수	비율(%)	군명	어사수	비율(%)	군명	어사수	비율(%)
114화성	23/93	25	501옥구	33/86	38	712금릉	31.5/82	38
115용인	22.5/92	24	502익산	29.5/88	34	713선산	17.5/75	23
116이천	13/88	15	503완주	52.5/86	61	714군위	17/81	21
117여주	28/94	30	504진안	53.5/85	63	715영일	38.5/80	48
118평택	12/93	13	505무주	44/87	51	716성주	13/80	16
119안성	25.5/91	28	506김제	77.5/90	86	717칠곡	19/85	22
201철원	18/89	20	507부안	27.5/86	32	718경산	33.5/81	41
202화천	37/87	43	508정읍	51.5/87	59	719영천	28/81	35
203양구	22.5/88	26	509임실	55.5/90	62	720고령	13.5/81	17
204인제	32.5/89	37	510장수	78.5/90	87	721달성	23/82	28
205고성	25.5/82	31	511고창	28.5/86	33	722청도	26.5/82	32
206춘성	16.5/88	19	512순창	50.5/86	59	723월성	24.5/89	29
207홍천	26/84	30	513남원	89/91	98	801거창	40/84	48
208양양	51.5/85	61	601영광	17/84	20	802합천	26/79	33
209횡성	16.5/87	19	602장성	17/87	20	803창녕	15/81	19
210평창	15/92	16	603담양	52/86	60	804밀양	28/84	33
211명주	19.5/90	22	604곡성	33/86	38	805울주	27.5/85	32
212원성	39.5/85	46	605구례	85/89	96	806함양	8/82	10
213영월	18/78	23	606함평	14.5/85	17	807산청	10.5/84	13
214정선	19.5/89	22	607광산	18/85	21	808의령	20/87	23
215삼척	30/80	38	608신안	18/82	22	809하동	58.5/85	69
301진천	29/91	32	609무안	13.5/88	15	810진양	19.5/76	26
302음성	60/90	67	610나주	16.5/87	19	811함안	8.5/78	11
303중원	19.5/92	21	611화순	29/87	33	812의창	14.5/78	19
304제원	24/93	26	612승주	45.5/84	54	813김해	11.5/81	14
305단양	17.5/89	20	613광양	61.5/89	69	814양산	12/77	16
306청원	59.5/92	65	614영암	16.5/87	19	815사천	32/84	38
307괴산	46/92	50	615진도	27.5/81	34	816고성	20/84	24
308보은	59.5/88	68	616해남	15.5/90	17	817남해	33/81	41
309옥천	71/90	79	617강진	20.5/82	25	818통영	38/84	45
310영동	45.5/88	52	618장흥	71.5/86	83	819거제	67.5/83	81
401서산	21/92	23	619보성	53.5/87	61	901북제	11/74	15
402당진	36/89	40	620고흥	73/89	82	902남제	8/69	12

[표 87]에 의하면 충남북, 전북, 전남의 동남부, 경남의 남부 해안 및 도서 지역에 'ㅣ'역행동화의 비율이 대체로 높음을 알 수 있다. 그런데 그 비율이 가장 높은 지역은 전북의 남원(98%)이며 그에 인접한 전남 구례에서도 96%의 높은 적용률을 보인다. 이와 같은 높은 적용률은 'ㅣ'역행동화의 제1개신지가 바로 이들 지역임을 추정하게 한다.[175] 다시 말하면, 남원과 구례에서 발생한 'ㅣ'역행동화규칙은 한편으로는 전북의 여타 지역으로, 다른 한편으로는 전남의 동남부 및 경남의 하동 지역으로 보다 일찍 전파되어 간 것으로 추정된다.

[표 87]을 다시 보면, 전남의 장흥과 고흥은 각각 83%, 82%의 높은 적용률을 보이고 또 이들 지역과 연접한 여천이 72%의 높은 적용률을 보인다. 그런데 이들 지역은 제1개신지인 구례와의 사이에 30%, 50%, 60%대의 낮은 적용률을 보이는 지역들을 사이에 두고 있어 이들 지역을 뛰어넘어 개신파가 전파된 것으로 해석하기에는 어려움이 있다. 그래서 여기서는 이들 지역을 제2개신지로 추정해 두기로 한다. 이들 지역에서 발생한 제2개신파는 한편으로는 전남의 다른 지역으로 전파되면서 다른 한편으로는 해로를 따라 경남의 거제로 전파되어 간 것으로 보인다.

충남 금산의 경우도 제1개신지인 남원과의 사이에 있는 50%, 60%대의 지역을 뛰어넘어 80%의 높은 적용률을 보이고 인접한 옥천과 논산에서도 각각 79%, 71%의 높은 적용률을 보이는 점으로 미루어 제1개신지의 개신파가 바로 전파된 것으로 해석하기 어렵다. 그래서 이들 지역을 제3의 개신지

---

175) 소강춘(1989 : 185)에서는 전북의 남동부에서는 'ㅣ'역행동화가 생산적이지만 북서부에서는 비생산적이라고 하는데, 이러한 견해는 여기서의 추정을 더욱 뒷받침해 준다. 참고적으로 [표 87]에 나타난 비율을 바탕으로 'ㅣ'역행동화규칙이 전북 전역으로 확산되어 간 과정을 추정해 보면 남동부에서 북서부로 전파되어 갔다고 할 수 있는데 그 구체적 경로는 다음과 같았을 것으로 추정된다.
남원(90%대) → 장수(80%대) → 진안, 임실, 완주, 순창, 정읍, 무주(60~50%대) → 고창, 부안, 익산, 옥구(30%대)

로 추정해 두기로 한다. 이러한 양상은 전북 김제에서도 볼 수 있는데, 여기서는 86%라는 높은 적용률을 보이면서도 일반적인 방언 전파 과정으로 볼 때 주변 지역과는 매우 큰 격차를 보이기 때문에 이 지역이 또 하나의 개신지였기 때문인지 그렇지 않으면 다른 이유가 있는지 쉽게 판단이 되지 않는다.

'ㅣ'역행동화규칙의 적용률은 10%대에서 90%대까지 분포되어 있는데, 이것을 90%대, 80~70%대, 60~50%대, 40%대 이하 지역으로 나누어 지도에 표시하면 부록의 [지도 44]와 같다.

'ㅣ'역행동화규칙은 영남지역에서 발생한 규칙이 아님을 앞에서 알게 되었다. 그런데 비록 'ㅣ'역행동화규칙이 영남지역에서 발생한 규칙은 아니더라도 이미 영남 전역에 전파되어 있으므로 다음에서는 이 규칙이 영남지역 내부에서 어떻게 전파되어 갔는지 그 전파 경로를 보다 구체적으로 살펴보기로 한다.

영남지역에서의 'ㅣ'역행동화 비율은 10%대에서 80%대까지 걸쳐 있으나 50%대 이상 지역은 거제(81%)와 하동(69%)이 있는데, 이들 지역이 영남지역에서는 1차적인 상륙거점이 된다. 전자의 경우에는 전남의 해안 지역인 장흥(83%)과 고흥(82%) 등지에서 해로를 통해 개신파가 전파된 것으로 보이고, 후자의 경우에는 개신의 중심지인 전남 구례와 접경된 점으로 보아 이 지역을 통해 개신파가 전파된 것으로 보인다.[176] (구례와 접경된 전남 광양에서도 하동과 동일한 69%의 적용률을 보인다.)

이렇게 경남의 남부 해안과 도서 지역에 전파된 개신파는 그 주변에 비교적 높은 적용률을 보이는 40%대(통영, 남해)를 형성하고, 다시 30%대(사천)를 거쳐 20%대(고성, 진양, 의령)로 북상하며(이 20%대는 상륙거점 거창으로부터 남하하는 세력과 마주치게 됨.), 다시 서쪽의 10%대역(함안, 산청 등지로서 이 지역 역시

176) 박정수(1993 : 107)에서는 경남의 서남 지역인 남해, 하동, 거제, 고성에서 'ㅣ'역행동화가 더 생산적으로 실현되는 것을 전라방언의 영향으로 보고 있다.

거창에서 남하하는 세력과 마주치게 됨.)과 동쪽의 10% 대역(창녕, 함안, 의창, 김해, 양산 등지로서 상륙거점 영일로부터 남하하는 세력과 마주치게 됨.)을 형성한 것으로 추정된다.

또 하나의 상륙거점은 48%의 적용률을 보이는 경남 거창과 경북 영일인데, 전자의 경우에는 인접한 전북 무주(51%)로부터, 후자의 경우에는 남해안의 도서 지역으로부터 해로를 통해 개신파가 전파된 것으로 보인다. 거창에서 상륙거점을 확보한 개신파는 북쪽으로는 금릉(38%)을 거쳐 20%대인 선산, 칠곡 등지로, 남쪽으로는 합천(33%)을 거쳐 의령(23%) 등지로 전파되나 이들은 각각 상륙거점 영일로부터 서진해 오는 세력과 상륙거점 하동으로부터 북진해 오는 세력과 20%대역을 형성하면서 마주치게 된 듯하다.

영일에 상륙거점을 확보한 개신파는 남쪽으로는 영천, 경산, 청도, 밀양, 울주, 월성 등지로 전파되어 상대적으로 높은 적용대를 형성하고, 다시 그 개신파는 북쪽(청송, 영덕, 영양, 울진, 안동)과 서쪽(달성, 군위)의 20% 대역을 거쳐 10% 대역(봉화, 의성, 영풍, 예천, 상주, 문경, 성주, 고령)으로 전파된 것으로 추정된다.

영남지역에서의 'ㅣ'역행동화규칙의 적용률은 10%대에서 80%대까지 분포되어 있는데, 이것을 적용률이 10%대, 20%대, 30%대인 지역과 40%대 이상인 지역으로 나누어 지도에 표시하면 아래의 [지도 Ⅰ]과 같다.

〔지도 Ⅰ〕 'ㅣ'역행동화 적용률(영남)

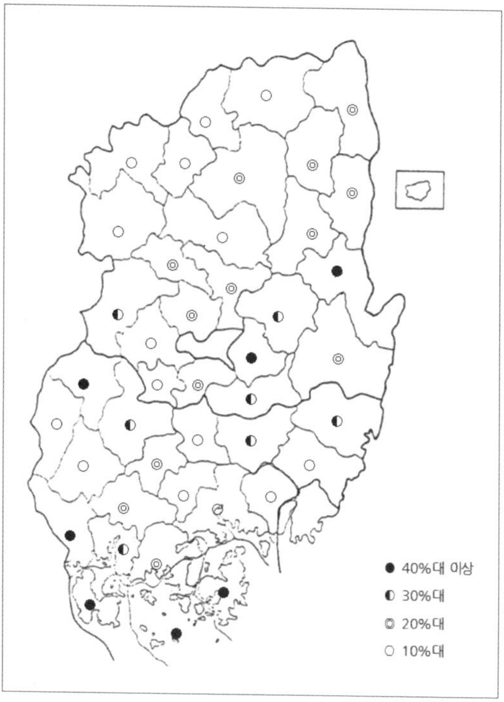

10.3. 요약

이 장에서는 『한국방언자료집』의 『음운편』에 수록된 'ㅣ'역행동화와 관련된 자료들을 활용하여 전국언어지도를 그리고, 그것을 해석함으로써 'ㅣ'역행동화규칙의 개신지가 어디이며, 그 규칙이 지역적으로, 특히 영남지역에서 어떻게 확산되어 갔는지 밝히고자 하였다. 그 결과를 요약하면 다음과 같다.

(1) 'ㅣ'역행동화규칙의 개신지는 제1개신지(전북 남원, 전남 구례), 제2개신지(전남 장흥, 고흥), 제3개신지(충남 금산)의 세 곳으로 추정된다.

(2) 영남지역에서는 거제(제2개신지로부터 전파), 하동(구례로부터 전파), 거창(전북 무주로부터 전파), 영일(남해안의 도서 지역으로부터 해로를 통해 전파) 등지가 상륙거점이 되어 주변 지역으로 개신파가 전파되어 간 것으로 추정된다.

(3) 피동화주에 따라 'ㅣ'역행동화의 정도에 차이가 있는데 'ㅗ, ㅜ<ㅓ<ㅡ<ㅏ'의 순서로 그 비율이 높다.

(4) 동화주에 따라서도 'ㅣ'역행동화의 정도에 차이가 있는데, 명사파생접사('기')<주격조사('이')<사동·피동접사('이, 히, 기')<부사파생접사의 순서로 그 동화력이 강하다.

(5) [+high, -back] 자음이 개재될 경우에는 그것이 'ㅣ'역행동화의 제약으로 작용하고 있으나, 영남지역에서는 'ㅈ(č), ㅊ($\check{c}^h$)'에서 그 제약을 벗어나는 예들이 보인다.

—"'ㅣ'역행동화와 영남방언"이란 제목으로 『국어국문학』(국어국문학회) 125집, pp.93-118에 수록됨, 1999.

Ⅲ. 자음 변화

1. 자음 탈락

C_1C_2를 말음으로 가진 기저형이 단독으로 실현되거나 거기에 자음으로 시작되는 어미가 결합되면 현대국어 방언에서는 C_1이나 C_2 중의 하나가 탈락된다. 그런데 지금까지의 연구에서는 주로 각 지역어의 자음탈락규칙을 정밀화하는 데 초점이 맞추어졌기 때문에 지역어 서로 사이에는 자음탈락에서 어떠한 차이가 있는지, 자음탈락규칙의 개신지는 어디이며, 그것은 어디로 전파되어 가고 있는지 등에 대해서는 크게 관심을 기울이지 않았다.

그래서 여기에서는 『한국방언자료집』에 나타난 자료들을 활용하여 전국 언어지도를 그리고, 그것을 해석함으로써 자음탈락에 대한 전국적 양상을 파악하고, 그 양상 속에서 영남방언이 차지하는 위치를 밝혀 보고자 한다. 특히, 자음탈락규칙이 영남지역에서 발생한 규칙인지의 여부를 밝혀 보고자 한다. 만약 그것이 영남지역에서 발생한 규칙일 때는 그것은 그대로 영남방언의 특징이 될 것이나, 그렇지 않을 때는 어디서 전파되어 왔는지 해명될 것이다.

영남 각 지역어의 자음탈락에 대해서는 많은 연구 업적들이 있다. 먼저 군 단위 지역어들에 대한 업적으로는 민원식(1982 : 31-35, 문경), 이시진(1986 : 58-61, 문경), 이동화(1984b : 47-48, 안동), 조신애(1985 : 62-66, 안동), 백두현(1985 : 7-10, 상주 화북), 신승원(1982 : 57-60, 의성), 정철(1991 : 110-115, 의성), 최명옥

(1979 : 29-30, 영덕 영해), 최명옥(1982 : 152-157, 월성), 박명순(1986 : 190-193, 거창), 최명옥(1998b : 116-118, 합천), 이상규(1984 : 13-15, 울주), 전광현(1979 : 6-7, 함양), 곽창석(1986 : 33-35, 진주), 이영길(1976 : 54-55, 진주 진양), 구현옥(1998 : 138-152, 함안), 배병인(1983 : 140-148, 산청), 정연찬(1980 : 40-44, 고성, 통영), 정인상(1982 : 75-77, 통영), 류영남(1982 : 15-16, 남해) 등을 들 수 있는데, 이들에서는 해당 지역어의 자음탈락 실태를 파악하여 그것을 규칙화하고 있다.

영남지방 전역을 대상으로 한 연구 업적은 발견되지 않으며, 경북 전역만을 대상으로 한 연구 업적도 발견되지 않는다. 그러나 경남의 경우에는 박정수(1993 : 22-25)가 있는데, 거기서는 각 지역의 자음탈락 실태를 비교하였으며, 지역에 따라 차이를 보인 'ㄺ, ㄼ'에 착안하여 'ㄹ'가 탈락되는 지역(거창, 함양, 산청, 하동, 남해, 사천, 진양, 합천, 의령, 함안, 통영, 고성, 거제)과 'ㄱ, ㅂ'가 탈락되는 지역(울주, 양산, 부산, 김해, 창녕, 밀양, 창원)으로 방언이 분화되고 있음을 지적하였다.

이상에서 살펴본 바와 같이, 많은 학자들이 영남 각 지역어의 자음탈락에 대해 관심을 기울여 각 지역어(군 단위)에 대한 자음탈락의 실태는 비교적 상세히 파악되고, 경남지역은 자음탈락에 의한 방언 분화 양상도 그 대강의 면모를 파악할 수 있게 되었다. 그러나 경남과 경북은 그 지역적 특성으로 보아 자음탈락에 있어서 상당한 수수 관계가 성립되리라고 보는데, 그 점에 대해서는 경북지역에 대한 전반적 고찰이 없어 그 윤곽조차 파악할 수 없는 실정이다. 뿐만 아니라, 자음탈락에 대한 전국적 양상이 파악되지 않음으로써 국어 방언 속에서 영남방언이 차지하는 위치도 알 수가 없다.

1.1. 변화의 실제

『한국방언자료집』의 「음운편」에는 자음탈락과 관련된 어사로 '값, 삯+이/도/하고/만', '젊, 맑, 밟, 핥, 없+아//어/-지/-더라/-(는)다'의 곡용과 활용에 대한 방언형들이 실려 있다. 다음에서는 이 어간들이 지니고 있는 자음군이 곡용이나 활용을 할 때 어떻게 변화되었으며, 각 변화형들의 분포 지역이 어떠한지 살펴보기로 한다.

1.1.1. '값'

'값'에 조사 '이'가 결합될 때는 전국적으로 'ㅂㅅ'(C_1C_2)의 'ㅅ'(C_2)가 탈락되는 경우와 그렇지 않은 경우의 두 유형으로 실현된다. 전자의 경우는 'ㅅ'가 탈락된 뒤 남은 'ㅂ'가 유성음화되어 b로 실현되는데, 이 유형이 실현되는 지역에는 경북(10), 경남(1), 경기(3), 충북(4), 충남(1개 군을 제외한 전역), 전북(11), 전남(13), 제주(전역)가 있으며, 이들 지역에서는 '값'이 '갑'으로 재구조화되었다고 할 수 있다.

후자의 경우는 아무런 변화 없이 그대로 실현되는 경우(ps)와 p가 불파화된 다음 그 영향으로 뒤의 s가 경음화되는 경우(ps')의 두 유형으로 나누어진다. ps로 실현되는 지역에는 강원(3), 충북(2), 경북(12)이 있으며, ps'로 실현되는 지역에는 경북(1), 경남(전역), 경기(전역), 강원(13), 충북(5), 충남(3), 전북(4), 전남(15)이 있다.

그런데 여기서 주목할 것은 ps로 실현되는 지역들도 『한국방언자료집』에서는 다 같이 경음(s')이 변별력을 지니는 지역에 속하는데도 이 경우에는 경음화되지 않는다는 점이다. 이러한 사실은 불파음 p 뒤에서 평서해음이 반드시 경음화되는 것은 아님을 의미하는 것이다. 즉 경음화 과정은 앞선 자음 p가 불파화된 다음 다시 후두압축(?)이 첨가되고(이 과정이 없을 때는 경음화되지 않음.), 이 ?와 뒤의 s가 축약의 과정에 의해 경음화가 이루어짐을 의미하는 것으로 이해된다.

'값'에 자음으로 시작되는 조사 '도, 하고, 만'이 결합될 때는 pt/p^h/mm, pt'/p^h/mm, pt'/bɦ/mm, pt'/b^{ɦ}/mm, pt'/b/mm, pt'/ph/mm, pt'/*/mm의 6유형으로 실현된다. 다음에서는 각 유형별로 그 변화 과정과 분포 지역에 대해서 살펴보기로 한다.

pt/p^h/mm형은 '값+도, 하고, 만'에서 '도'가 결합된 경우에는 어간 끝 자음이 불파화되었으나, 뒤의 어미 첫 자음이 경음화되지 않고 모음과 모음 사이에 세 자음이 올 수 없는 제약 때문에 'ㅅ'가 탈락된 것이다. 이것은, 앞에서 주장한 바와 같이, 불파음 뒤에서도 평저해음이 경음화되지 않을 수 있음을 보여 주는 귀중한 예가 된다. 그리고 '하고'가 결합될 때는 'ㅅ'가 탈락된 다음 남은 'ㅂ'와 'ㅎ'가 축약(유기음화)되었으며, '만'이 결합될 때는 'ㅅ'가 탈락된 다음 뒤의 콧소리의 영향으로 'ㅂ'가 비음화된 것이다. 이 유형이 실현되는 지역에는 충북(5)이 있다.

pt'/p^h/mm형은 앞의 유형 pt/p^h/mm와 비교하여 pt에서 t가 경음화된 차이가 있을 뿐이다.[177] 이 유형은 가장 널리 분포되어 있는데, 그 실현 지역에는 경북(18), 경남(9), 경기(전역), 강원(13), 충북(5), 충남(6), 전남(1), 제주(전역)가 있다.

pt'/bɦ/mm형에서 bɦ는 '값+하고'에서 'ㅅ'가 탈락된 다음 모음과 모음 사이의 'ㅂㅎ'가 유성음화된 것인데, 이 유형이 실현되는 지역에는 강원(인제)과 전남(승주)이 있다. 그리고 bɦ가 약화되어 pt'/b^{ɦ}/mm형으로 실현되는 지역에는 충남(당진)과 전북(완주)이 있으며, 약화된 ɦ가 탈락된 pt'/b/mm형이 실현되는 지역에는 경남(11), 강원(2), 충남(5), 전북(완주를 제외한 전역), 전남(7)이

177) pt'를 제외한 다른 실현형들(p^h/mm)의 음운론적 과정은 앞에서 이미 언급하였으므로 여기서는 생략하였다. 앞으로도 이런 경우에는 번거로움을 덜기 위해 그 설명을 생략하기로 한다.

있다.[178)]

pt'/ph/mm형에서 ph는 '값+하고'에서 'ㅅ'가 탈락되었으나 '하고'가 아직 실사로서의 성질을 지니고 있어 유기음화가 일어나지 않은 것인데, 이 유형이 실현되는 지역에는 충남(5), 전남(14)이 있다.

pt'/*/mm형은 '값+하고'가 실현되지 않아 방언형이 등재되지 않은 경우인데 경북(5)에서 실현된다.[179)]

이상에서 살펴본 바를 여기서의 초점인 자음탈락과 관련시켜 종합하면, 영남지역에서 '값'의 'ㅂㅅ'는 자음으로 시작되는 어미 앞에서 오른쪽 자음(C_2) 'ㅅ'가 탈락되는데, 지역에 따라서는 모음으로 시작되는 어미 앞에서도 그것이 탈락됨을 알 수 있다. 그러나 이러한 현상은 영남 이외의 지역에서도 발견되므로 영남방언만의 특징이라고는 할 수 없다.

1.1.2. '삯'

'삯'에 조사 '이'가 결합될 때도, '값'에 '이'가 결합된 경우와 마찬가지로, 전국적으로 'ㄱㅅ'의 'ㅅ'가 탈락되는 경우와 그렇지 않은 경우의 두 유형으로 실현된다. 전자의 경우는 'ㅅ'가 탈락된 뒤 남은 'ㄱ'가 유성음화되어 g로 실현되는데, 이 유형이 실현되는 지역에는 경북(전역), 경남(9), 경기(8), 강원(영월을 제외한 전역), 충북(8), 충남(전역), 전북(전역), 전남(영암을 제외한 전역), 제주(전역)가 있으며, 이들 지역에서는 '삯'이 '삭'으로 재구조화되었다고 할 수 있다.

후자의 경우는 아무런 변화 없이 그대로 실현되는 경우(ks)와 k가 불파화

---

178) 배주채(1998 : 55)에서는 '착하다→ 차가다'와 같은 변화에서 폐쇄음 뒤의 'ㅎ'가 탈락되는 이유는 아직 해명되지 않았다고 하는데, 이것을 k+h>gɦ>gʱ>g의 과정으로 보면 해결될 수 있을 것으로 보인다.

179) 전남 완도에서는 주격조사 결합형으로 재구조화되었다.([kaps'yido, kaps'yiɦago, kaps'yiman])

된 다음 그 영향으로 뒤의 s가 경음화되는 경우(ks')의 두 유형으로 나누어진다. ks로 실현되는 지역에는 충북(청원)과 경북(봉화)이 있으며, ks'로 실현되는 지역에는 경남(10), 경기(9), 충북(1), 전남(1)이 있다. 그런데 여기서 주목할 것은 앞의 ps의 경우에서 s가 p 뒤에서 경음화되지 않던 충북(청원)과 경북(봉화)에서 이 경우에도 역시 경음화되지 않는 점이다.

'삯'에 자음으로 시작되는 조사 '도, 하고, 만'이 결합될 때는 kt/kh/ŋm, kt/kʰ/ŋm, kt'/kh/ŋm, kt'/kʰ/ŋm, kt'/kkʰ/ŋm, kt'/gɦ/ŋm, kt'/g/ŋm, kt'/*/ŋm의 8 유형으로 실현되는데,[180] 다음에서는 각 유형의 변화 과정과 분포 지역에 대해서 살펴보기로 한다.

kt/kh/ŋm형은, '삯+도'의 경우에는 앞의 '값+도'의 경우와 마찬가지로 어미 첫 음이 경음화되지 않고 'ㅅ'만 탈락된 것이고, '삯+하고, 만'의 경우에는 'ㅅ'가 탈락된 다음 유기음화는 경험하지 않고 비음화만 경험한 형태이다. 이 유형이 실현되는 지역에는 충북(보은, 옥천)이 있다. kt/kʰ/ŋm형은 앞의 kt/kh/ŋm형과 비교하여 '삯+하고'에서 유기음화된 점에서 차이가 있는데, 이 유형이 실현되는 지역에는 앞의 '값+도'에서 '도'의 첫 음이 경음화되지 않던 지역인 충북의 진천과 청원이 있다.

kt'/kh/ŋm형은 '삯+도'에서 조사의 첫 음이 경음화된 것으로 이 유형이 실현되는 지역에는 경북(2)이 있으며, 영남 이외의 지역에는 충남(6), 전남(15)이 있다. kt'/kʰ/ŋm형은 '삯+도, 하고, 만'의 연결에서 각각 경음화, 유기음화, 비음화를 경험한 형태로 가장 널리 분포되어 있는 유형이다. 이 유형이 실현되는 지역에는 경북(8), 경남(7), 경기(17), 강원(3), 충북(5), 충남(6), 전남(1)이 있다.

kt'/kkʰ/ŋm형은 '삯+하고'가 유기음화된 다음 이것이 다시 중복자음화된 것인데, 이 유형이 실현되는 지역에는 경북(12)이 있을 뿐이다. kt'/gɦ/ŋm형

180) 강원(9)에서는 '삯+도, 하고, 만'의 방언형이 등재되어 있지 않다.

은 '삯+도, 하고, 만'의 연결에서 각각 경음화, 유성음화, 비음화를 경험한 형태로 전남의 3개 군(구례, 화순, 승주)에서 실현된다. 그리고 kt'/g/ŋm형은 gɦ의 ɦ가 약화되어 탈락된 유형인데, 경남(12), 충남(3), 진안을 제외한 전북(전역), 전남(3)이 있다.

그런데 강원(철원, 화천, 고성), 전북(진안), 경북(상주), 제주(전역)에서는 '삯+도, 만'의 'ㄱㅅ+ㄷ, ㅁ'가 각각 kt', ŋm로 실현되나 '삯+하고'의 방언형은 실현되지 않는다.[181]

이상에서 살펴본 바를 여기서의 초점인 자음탈락과 관련시켜 종합하면, 영남지역에서 '삯'의 'ㄱㅅ'는, 앞의 '값'의 경우와 같이, 자음으로 시작되는 어미 앞에서 오른쪽 자음 'ㅅ'가 탈락되는데, 지역에 따라서는 모음으로 시작되는 어미 앞에서도 그것이 탈락됨을 알 수 있다. 그러나 이러한 현상은 영남 이외의 지역에서도 발견된다.

1.1.3. '젊-'

어간 '젊-'에 어미 '-아/어'가 결합될 때는 어간말 자음 'ㄻ'는 전국에서 모두 lm로 실현되고, 자음으로 시작되는 어미 '-지, -더라, -다'가 결합될 때는 왼쪽 자음(C_1) 'ㄹ'가 다 같이 탈락되어 차이가 없다. 그러나 어미의 첫 음은 경음화되는 경우도 있고, 유성음화되는 경우도 있으며, 이 두 가지가 혼합되는 경우도 있다. 그것을 유형별로 보면 다음과 같다.

mč'/mt'/mt'형은 자음으로 시작되는 어미 '-지, -더라, -다'의 첫 음이 모두 경음화된 것으로 가장 널리 분포되어 있는 유형이다. 이 유형이 실현되는 지역에는 경북(7), 경남(6), 경기 · 충남북 · 전남북(전역), 강원(1)이 있다. 그런데 강원(화천, 정선)과 경북(금릉, 고령, 달성, 청도)에서는 '-지'가 결합될 때의

181) 경기(김포, 시흥), 충북(단양)에서는 '삯' 대신에 '품값'이 쓰이며, 전남(영암)에서는 주격조사 결합형(삯이#)으로 재구조화되었다.

방언형이 실현되지 않고(*/mt'/mt'), 강원(홍천, 영월)에서는 '-더라'가 결합될 때의 방언형이 실현되지 않으며(mč'/*/mt'), 인제에서는 '-더라, -다'가 결합될 때의 방언형이 실현되지 않는다(mč'/*/*).

mč'/mt'/md는 어미 '-지, -더라'의 첫 음은 경음화되나 '-다'의 첫 음은 유성음화된 것으로, 이 유형은 경북(영천)과 경남(밀양)에서만 실현된다. 그러나 경남(울주, 사천)에서는 '-지'의 첫 음은 유성음화되고 '-더라, -다'의 첫 음은 경음화된다(mǰ/mt'/mt'). mč'/md/md는 어미 '-지'의 첫 음은 경음화되나 '-더라'와 '-다'의 첫 음은 유성음화되었는데, 이 유형은 경북(의성)에서만 실현된다.

mč'/mt'/mn은 어미 '-지, -더라'의 첫 음이 경음화되었다. 그런데 '젊+다' 대신에 '젊+는다'의 방언형이 등재되어 다른 경우들과는 차이를 보인다. 그러나 이 경우에도 왼쪽 자음이 탈락되었다는 점에서는 차이가 없다. 이 유형이 실현되는 지역에는 경북(6)이 있다.

mǰ/md/md는 자음으로 시작되는 어미의 첫 음이 모두 유성음화된 것으로 경북(1)과 경남(9)에서 실현된다. 그런데 경북 영덕과 경남 양산에서는 '-더라, -다'의 첫 음이 유성음으로 실현되나 '-지'가 결합된 경우의 방언형이 실현되지 않으며(*/md/md), 제주도에서는 '-더라'가 결합된 경우의 방언형이 실현되지 않는다(mǰ/*/md). 그리고 경북(청송)에서는 '-지, -더라'의 첫 음은 유성음으로 실현되나 '-다'의 첫 음은 경음으로 실현된다(mǰ/md/mt').

경북(1)과 강원(8)에서는 '-다'가 결합될 때는 경음화되나 '-지, -더라'가 결합될 때의 방언형이 실현되지 않으며(*/*/mt'), 강원(양양)에서는 자음으로 시작되는 어미가 결합될 때의 방언형이 등재되지 않았다(*/*/*).

1.1.4. '맑-'

어간 '맑-'에 어미 '-아/어'가 결합될 때는 어간 끝 자음 'ㄺ'가 전국에서 모두 lg로 실현되어 차이가 없다. 그러나 자음으로 시작되는 어미 '-지, -더라, -다'가 결합될 때는 모음 사이에서 세 자음이 실현될 수 없는 표면음성 제약 때문에 'ㄺ' 가운데 하나가 탈락된다. 이 경우 탈락되는 자음은 지역에 따라 'ㄹ'가 탈락되기도 하고, 'ㄱ'가 탈락되기도 하며, 두 경우가 혼합되기도 하여 차이가 있다.

다음에서는 각 경우의 변화 과정과 분포 지역에 대해서 살펴보기로 한다.

먼저 C_1이 탈락되는 경우에는 kč'/kt'/kt'형과 kč'/kt'/kt형의 두 유형이 있는데, 전자는 경북에서는 실현되지 않으나 경남에서는 12개 군에서 실현된다. 영남 이외 지역에서는 2개 군을 제외한 경기(전역), 강원(11), 충북(5), 충남(1개 군을 제외한 전역), 전북(1개 군을 제외한 전역), 전남(16)에서 이 유형이 실현된다.[182] 후자는 충북(옥천)에서만 실현되는 유형인데, '맑+다'에서 어미 '-다'의 첫 음이 앞의 경우와는 달리 경음화되지 않은 차이가 있다.

C_2가 탈락되는 경우에는 lč'/lt'/lt', lč'/ld/lt', lǰ/lt'/lt'의 세 유형이 있다. lč'/lt'/lt'형은 '맑+지, 더라, 다'의 결합에서 어미의 첫 음이 모두 경음화된 다음 'ㄺ'의 'ㄱ'가 탈락된 것이다. lč'/ld/lt'형과 lǰ/lt'/lt'형은 각각 '맑+더라'와 '맑+지'에서 어미 첫 음이 경음화되지 않고, 'ㄺ'의 'ㄱ'가 탈락된 다음 다시 어미의 첫 음이 유성음화된 것이다. lč'/lt'/lt'형이 실현되는 지역에는 경북(19), 경남(5), 강원(4), 충북(1)이 있고, lč'/ld/lt'형과 lǰ/lt'/lt'형이 실현되는 지역에는 각각 경북(의성)과 경남(김해)이 있다.

일률적으로 'ㄺ'의 'ㄹ'가 탈락되든지 또는 'ㄱ'가 탈락되는 앞의 경우와는 달리, 어미의 종류에 따라 혹은 동일한 어미인 경우에도 'ㄹ'가 탈락되기도 하고 'ㄱ'가 탈락되기도 하여 차이를 보이는 경우가 있다. 그 이유는 'ㄹ'탈락규칙과 'ㄱ'탈락규칙이 경쟁적으로 작용하기 때문인 것으로 해석된다. 그 실현형과 지역을 보면 다음과 같다.[183]

182) 강원(7)에서는 '맑+지, 더라'에, 충북(1), 전북(1)에서는 '맑+지'에, 제주에서는 '맑+더라'에 해당되는 방언형이 실현되지 않는 것으로 조사되어 있다.

kč'/kt'/kt',lt'(충북 제원), kč'/kt'/lt'(경남 함양), kč'/lt'/kt'(경기 화성), kč'/lt'/lt'(충북 청원, 경북 울진, 월성), lč',kč'/lt',kt'/lt',kt'(경북 금릉), lč'/kt'/lt'(경기 광주, 충남 서산).

1.1.5. '밟-'

어간 '밟-'에 어미 '-아/어'가 결합될 때는 어간 끝 자음 'ㄼ'가 전국에서 모두 lb로 실현되어 차이가 없다.[184] 그러나 자음으로 시작되는 어미 '-지, -더라, -는다'가 결합될 때는 모음과 모음 사이에서 세 자음이 실현될 수 없는 표면음성제약 때문에 'ㄼ' 가운데 하나가 탈락된다. 이 경우 탈락되는 자음은 지역에 따라 'ㄹ'가 탈락되기도 하고, 'ㅂ'가 탈락되기도 하며, 두 경우가 혼합되기도 하여 차이가 있다.

다음에서는 각 경우의 변화 과정과 분포 지역에 대해서 살펴보기로 한다.

C_1인 'ㄹ'가 탈락되는 경우에는 /pč'/pt'/mn형과 /mč'/mt'/mn형의 두 유형이 있는데, 전자는 '밟+지, 더라'에서는 어미의 첫 음이 경음화된 다음 'ㄹ'가 탈락된 것이고, '밟+는다'에서는 'ㄹ'가 탈락된 다음 'ㅂ'가 뒤의 'ㄴ'에 의해 비음화된 것이다. 이 유형은 경북(1), 경남(12), 경기(7), 강원(12), 충북(9), 충남(9), 전남북(전역)[185], 제주(전역)에서 실현된다.[186] 후자는 경기(강화)에서만 실현되는데, 이 유형은 모음으로 시작되는 어미 앞에서는 그 어간이 '밟-'으

---

183) 전남 무안 · 영암에서는 어간 '맑-'이 ma : lga-로, 장성 · 보성 · 완도에서는 ma : lgə-로, 진도에서는 mo : lga-로 재구조화되었기 때문에 여기서 논의하는 자음탈락의 환경을 제공하지 못한다.

184) 제주도에서는 lb형 이외에 llw형도 실현되는데, 후자는 중세국어의 '볼바(석보 11 : 1)'가 'ㅸ>w' 변화로 lw가 되고, 이것에 다시 동자음첨가(오종갑, 1988 : 35-56 참고)가 이루어져 llw가 된 것으로 해석된다.

185) 전남(4)에서는 '밟+는다'의 'ㄼ+ㄴ'가 mn형으로 실현되기도 하고, '-는다'가 '-은다'로 대체되어 polbɨnda로 실현되기도 한다. 그리고 전북(1)과 전남(3)에서는 mn형은 실현되지 않고 polbɨnda로만 실현되며, 전남(2)에서는 '밟+지'가 polbɨǰi로 실현된다.

186) 전북(5)과 제주에서는 '밟+더라'의 방언형이, 강원(8)에서는 '밟+더라, 는다'의 방언형이, 전북(1)에서는 '밟+지'의 방언형이 실현되지 않는 것으로 조사되어 있다.

로 유지되나, 자음으로 시작되는 어미 앞에서는 '밤-'으로 바뀐 것이다.

C_2인 'ㅂ'가 탈락되는 경우에는 lč'/lt'/ll형으로만 실현되는데,[187] 이것은 '밟+지, 더라'의 결합에서 어미의 첫 음이 경음화된 다음 'ㅂ'가 탈락된 것이고, '밟+는다'에서는 'ㅂ'가 탈락된 다음 유음화가 이루어진 것이다. 이 유형은 금릉과 고령을 제외한 경북 전역과 경남의 6개 군에서 실현되며, 영남 이외의 지역에서는 경기(5), 강원(3), 충남(3)에서 실현된다. 이러한 분포 경향을 볼 때 '밟-'의 'ㄼ'에서 'ㅂ'가 탈락되는 것은 다른 지역보다 영남지역에서, 특히 경북지역에서 우세한 경향이 있음을 알 수 있다.

일률적으로 'ㄼ'의 'ㄹ'가 탈락되든지 또는 'ㅂ'가 탈락되는 앞의 경우와는 달리, 어미의 종류에 따라 혹은 동일한 어미인 경우에도 'ㄹ'가 탈락되기도 하고 'ㅂ'가 탈락되기도 하여 차이를 보이는 경우가 있다. 그 이유는 'ㄹ' 탈락규칙과 'ㅂ'탈락규칙이 경쟁적으로 작용하기 때문인 것으로 해석된다. 그 실현형과 지역을 보면 다음과 같다.

pč',lč'/lt',pt'/mn(경북 금릉), pč',lč'/lt'/mn(경기 화성, 안성), lč'/lt'/mn(경기 김포, 충북 청원, 충남 당진, 예산), lč'/pt'/mn(충남 아산), pč'/lt'/ll(경기 여주), pč'/lt'/mn(경기 남양주), pč'/pt'/ll(경남 합천), pč'/*/ll(경기 평택).

1.1.6. '핥-'

어간 '핥-'에 어미 '-아/어'가 결합될 때는 어간 끝 자음 'ㄹㅌ'가 전국에서 모두 lt^h로만 실현된다.[188] 그러나 자음으로 시작되는 어미 '-지, -더라'가 결합될 때는 어미의 첫 음이 경음화된 다음 'ㅌ'가 탈락되어 lč'/lt'로 실현

---

187) 경기(1)에서는 '밟+는다'의, 강원(2)에서는 '밟+더라, 는다'의, 강원(1)에서는 '밟+지'의 방언형이 실현되지 않는 것으로 조사되어 있다.

188) 제주도에서는 그 어간이 halli-로 재구조화되어 여기에 어미 -a가 결합되면 halla로 실현되는데, 남제주에서는 $halt^ha$와 병존하고 있다. 그리고 북제주에서는 어미 '-는다'가 결합된 hallinda와 '-은다'가 결합된 $halt^hinda$가 병존한다.

된다. 그리고 '-는다'가 결합될 때는 'ㅌ'가 탈락된 다음 어미 첫 음 'ㄴ'가 'ㄹ'에 동화되어 ll로 실현되는데,189) 이 유형은 전국에서 실현된다.

그런데 어간 끝 자음 'ㄹㅌ'에서 'ㅌ'가 탈락되는 점에서는 차이가 없으나 경북(영풍)에서는 '핥+고'에서 어미의 첫 음이 경음 아닌 유기음 k^h로, 전북(옥구, 정읍)에서는 어미 '-고, -지'의 첫 음이 각각 k^h, $\check{c}^h$로, 강원(철원), 경북(예천), 경남(밀양, 산청, 하동)에서는 어미 '-더라'의 첫 음이 t^h로 실현된다. 이것은 'ㅌ'가 불파화된 다음 h가 첨가되고, 이것이 다시 뒤의 어미 첫 음과 축약(유기음화)된 다음 'ㄹㅌ'의 'ㅌ'가 탈락된 것이다.

1.1.7. '없-'

어간 '없-'에 어미 '-아/어'가 결합될 때는 제주도를 제외하고는 모든 지역에서 두 개의 자음이 그대로 실현된다. 그러나 그 실현되는 음가에는 차이가 있다. 즉 전국의 대부분 지역에서 'ㅄ'가 ps'로 실현되나 안동을 제외한 경북 전역에서는 'ㅄ'의 'ㅅ'가 경음화되지 않은 ps로 실현되고, 경기(김포)와 경남(합천, 하동, 거제)에서는 'ㅄ'의 'ㅂ'가 비음화되어 각각 ms'와 ms로 실현된다. 후자의 경우에는 자음으로 시작되는 어미 앞에서도 'ㅂ'가 m로 바뀌어 실현되므로 그 어간이 '엾-'으로 재구조화되었다고 할 수 있다. 그리고 경남(사천, 고성, 통영, 진양, 의창, 김해, 남해)에서는 어미에 따라 그 어간이 '없-' 혹은 '엾-'으로 실현되어 혼란을 보인다.

자음으로 시작되는 어미 '-지, -더라, -다'가 결합될 때는 어미 첫 음이 경음화된 다음 'ㅅ'가 탈락되어 pč'/pt'/pt'로 실현됨이 주된 경향이다.190) 그

189) 경북(14)에서는 어미 '-지' 대신에 '-고'가 결합된 방언형이 제시되어 있는데, 이 경우 '-고'의 첫 음은 모두 경음화되었다. 그리고 강원(12)에서는 어미 '-더라, -는다'가 결합된 경우의 방언형이 제시되어 있지 않으며, 경기(1), 전북(3), 전남(11)에서는 어미에 따라 그 어간이 $halt^hi$-, $holt^hi$-로 바뀐 경우가 있다.

190) 3개 군을 제외한 경북 전역에서 어미 '-지' 대신 '-고'가 결합된 형태가 조사되어 있

러나 강원(평창)에서는 어미 '-다'의, 충남(부여)에서는 어미 '-더라'의, 전북(익산)에서는 어미 '-지'의 첫 음이 경음화되지 않는데, 이것은 어간말 자음이 불파화되더라도 어미 첫 음(ㄷ, ㅈ)이 반드시 경음화되는 것이 아님을 의미한다.

제주도에서는 '없+어/지/더라/다'가 əsə/əč'i/x/ət'a처럼 실현되어 특이한 모습을 보이는데, 이것은 어간 '없-'에서 왼쪽 자음 'ㅂ'가 탈락되어 그 어간이 '엇-'으로 재구조화된 것이다.191)

1.2. 규칙의 전개 양상

'값, 삯, 젊-, 맑-, 밟-, 핥-, 없-' 등에 쓰인 어간 끝 자음이, 곡용과 활용을 할 때, 어떻게 실현되며, 그 분포 지역이 어떠한지를 지금까지 살펴보았다. 그 결과, 이들의 변화와 직접적으로 관련된 규칙에는 C_1C_2에서 C_1이 탈락되는 규칙과 C_2가 탈락되는 규칙이 있음을 알 수 있었다. 다음에서는 이 규칙들이 7개의 어사에 적용된 빈도와, 그 적용 빈도의 지역별 비교를 통해 이 규칙들이 영남의 각 지역(군 단위)으로 전파되어 간 양상을 살펴보기로 한다.

먼저 C_1탈락규칙과 C_2탈락규칙이 7개의 어사에 어느 정도로 적용되고 있는지 그 적용 어사의 수 및 비율을 표로 보이면 [표 88]과 같다.

는데, 이들 지역에서는 '-고'의 첫 음 'ㄱ'가 모두 경음화되었다. 그리고 강원도의 9개 군에서는 어간 '없-'의 활용형에 대한 방언형이 등재되지 않았고, 철원과 양양에서는 '없+더라, 다'의, 화천과 영월에서는 '없+지'의, 양구에서는 '없+지, 더라'의 방언형이 등재되지 않았다.

191) 고동호(1993 : 11)과 정승철(1995 : 192)에서는 이 '엇-'을 '잇(有)-'에 유추된 형태로 보고 있다. 제주도에서는 이밖에도 '돐(周年, 내훈 초 1 : 58)>돗', '낛(釣, 훈해 21)>낫, 낙' 등과 같은 예가 보고된(정승철 1995 : 187) 것으로 보아, 중앙어와는 달리 어간말 자음군에서 왼쪽 자음(C_1)이 탈락되는 규칙이 상당히 발달되어 있었던 것으로 보인다.

〔표 88〕 자음탈락규칙의 적용 빈도(지역별)

군명	어사수		비율(%)		군명	어사수		비율(%)	
	C_1	C_2	C_1	C_2		C_1	C_2	C_1	C_2
101연천	3/7	4/7	43	57	511고창	3/7	4/7	43	57
102파주	3/7	4/7	43	57	512순창	3/7	4/7	43	57
103포천	3/7	4/7	43	57	513남원	3/7	4/7	43	57
104강화	3/7	4/7	43	57	601영광	3/7	4/7	43	57
105김포	2.5/6	3.5/6	42	58	602장성	2/6	4/6	33	67
106고양	3/7	4/7	43	57	603담양	3/7	4/7	43	57
107양주	2/7	5/7	29	71	604곡성	3/7	4/7	43	57
108남양	2.5/7	4.5/7	36	64	605구례	3/7	4/7	43	57
109가평	3/7	4/7	43	57	606함평	3/7	4/7	43	57
110옹진	2/7	5/7	29	71	607광산	3/7	4/7	43	57
111시흥	2/6	4/6	33	67	608신안	3/7	4/7	43	57
112광주	1.5/7	5.5/7	21	79	609무안	2/6	4/6	33	67
113양평	3/7	4/7	43	57	610나주	3/7	4/7	43	57
114화성	2/7	5/7	29	71	611화순	3/7	4/7	43	57
115용인	2/7	5/7	29	71	612승주	3/7	4/7	43	57
116이천	3/7	4/7	43	57	613광양	3/7	4/7	43	57
117여주	2.5/7	4.5/7	36	64	614영암	2/5	3/5	40	60
118평택	2.5/7	4.5/7	36	64	615진도	2/6	4/6	33	67
119안성	2.5/7	4.5/7	36	64	616해남	3/7	4/7	43	57
201철원	3/7	4/7	43	57	617강진	3/7	4/7	43	57
202화천	3/7	4/7	43	57	618장흥	3/7	4/7	43	57
203양구	3/7	4/7	43	57	619보성	2/6	4/6	33	67
204인제	2/6	4/6	33	67	620고흥	3/7	4/7	43	57
205고성	3/6	3/6	50	50	621여천	3/7	4/7	43	57
206춘성	3/6	3/6	50	50	622완도	2/5	3/5	40	60
207홍천	3/6	3/6	50	50	701영풍	1/7	6/7	14	86
208양양	2/7	5/7	29	71	702봉화	1/7	6/7	14	86
209횡성	3/6	3/6	50	50	703울진	1.5/7	5.5/7	21	79
210평창	3/7	4/7	43	57	704문경	1/7	6/7	14	86
211명주	2/6	4/6	33	67	705예천	1/7	6/7	14	86
212원성	3/6	3/6	50	50	706안동	1/7	6/7	14	86

군명	어사수		비율(%)	
	C_1	C_2	C_1	C_2
213영월	3/6	3/6	50	50
214정선	1/6	5/6	17	83
215삼척	1/6	5/6	17	83
301진천	3/7	4/7	43	57
302음성	3/7	4/7	43	57
303중원	3/7	4/7	43	57
304제원	2.5/7	4.5/7	36	64
305단양	2/6	4/6	33	67
306청원	2/7	5/7	29	71
307괴산	3/7	4/7	43	57
308보은	3/7	4/7	43	57
309옥천	3/7	4/7	43	57
310영동	3/7	4/7	43	57
401서산	1.5/7	5.5/7	21	79
402당진	2.5/7	4.5/7	36	64
403아산	2.5/7	4.5/7	36	64
404천원	3/7	4/7	43	57
405예산	2.5/7	4.5/7	36	64
406홍성	2/7	5/7	29	71
407청양	3/7	4/7	43	57
408공주	3/7	4/7	43	57
409연기	3/7	4/7	43	57
410보령	2/7	5/7	29	71
411부여	3/7	4/7	43	57
412서천	3/7	4/7	43	57
413논산	3/7	4/7	43	57
414대덕	3/7	4/7	43	57
415금산	3/7	4/7	43	57
501옥구	3/7	4/7	43	57
502익산	3/7	4/7	43	57
503완주	3/7	4/7	43	57
504진안	3/7	4/7	43	57

군명	어사수		비율(%)	
	C_1	C_2	C_1	C_2
707영양	1/7	6/7	14	86
708상주	1/7	6/7	14	86
709의성	1/7	6/7	14	86
710청송	1/7	6/7	14	86
711영덕	1/7	6/7	14	86
712금릉	2/7	5/7	29	71
713선산	1/7	6/7	14	86
714군위	1/7	6/7	14	86
715영일	1/7	6/7	14	86
716성주	1/7	6/7	14	86
717칠곡	1/7	6/7	14	86
718경산	1/7	6/7	14	86
719영천	1/7	6/7	14	86
720고령	2/7	5/7	29	71
721달성	1/7	6/7	14	86
722청도	1/7	6/7	14	86
723월성	1.5/7	5.5/7	21	79
801거창	3/7	4/7	43	57
802합천	2.5/7	4.5/7	36	64
803창녕	1/7	6/7	14	86
804밀양	1/7	6/7	14	86
805울주	1/7	6/7	14	86
806함양	2.5/7	4.5/7	36	64
807산청	3/7	4/7	43	57
808의령	3/7	4/7	43	57
809하동	3/7	4/7	43	57
810진양	3/7	4/7	43	57
811함안	3/7	4/7	43	57
812의창	1/7	6/7	14	86
813김해	1/7	6/7	14	86
814양산	1/7	6/7	14	86
815사천	3/7	4/7	43	57

군명	어사수		비율(%)		군명	어사수		비율(%)	
	C_1	C_2	C_1	C_2		C_1	C_2	C_1	C_2
505무주	3/7	4/7	43	57	816고성	3/7	4/7	43	57
506김제	3/7	4/7	43	57	817남해	3/7	4/7	43	57
507부안	3/7	4/7	43	57	818통영	3/7	4/7	43	57
508정읍	3/7	4/7	43	57	819거제	3/7	4/7	43	57
509임실	3/7	4/7	43	57	901북제	4/7	3/7	57	43
510장수	3/7	4/7	43	57	902남제	4/7	3/7	57	43

[표 88]에서 보는 바와 같이, C_1탈락규칙의 적용 비율이 높아지면 C_2탈락규칙의 적용 비율이 낮아지고, 반대로 C_2탈락규칙의 적용 비율이 높아지면 C_1탈락규칙의 적용 비율이 낮아진다. 이러한 사실은 이 두 규칙의 적용 비율이 서로 반비례적 관계에 있으며, 이 두 규칙이 상충하는 관계에 있음을 의미한다.

그런데 [표 88]을 다시 보면, C_1탈락규칙의 적용 비율이 상대적으로 높은 40% 이상의 지역은 경북의 대부분 지역과 경남의 동북부 지역을 제외한 지역에 속하며, 반대로 C_2탈락규칙의 적용 비율이 상대적으로 높은 80% 이상의 지역은 경북의 대부분 지역과 경남의 동북부 지역임을 알 수 있다. 이러한 사실은 C_2탈락규칙의 개신지는 영남지역이며,[192] C_1탈락규칙의 개신지는 영남 이외의 지역임을 의미하는 것이다.

C_1탈락규칙은 영남 이외의 지역에서 발생하고 C_2탈락규칙은 영남지역에서 발생한 것임을 앞에서 보았다. 그렇다면 동일한 지역에서 C_1탈락규칙 적

192) 'C_2탈락규칙의 개신지가 영남지역'이란 표현은 남한 지역에 한정된 것이며, 북한 지역에서도 이 규칙의 개신지가 존재할 수 있음을 배제한 것은 아니다. 그러나 북한 지역에 대해서도 『한국방언자료집』과 같은 자료집이 존재하지 않는 현재의 여건과 필자 개인적인 능력의 한계로 북한 지역에도 이 규칙의 개신지가 존재하는지, 존재한다면 어느 지역인지 등에 대해서는 판단할 수 없는 입장이다. 그런데 'C_2탈락 지도'를 보면 북한의 어느 지역에서 이 규칙이 발생하고, 그것이 영남지역으로 전파되어 온 것이 아님은 확실한 듯하다.

용 어사와 C_2탈락규칙 적용 어사가 병존하고, 동일한 어간인데도 결합되는 어미의 종류에 따라 두 규칙이 선택적으로 적용되며, 동일 어미가 결합되는 경우에서조차 두 유형이 병존하는 것은 두 규칙이 경쟁적으로 작용했기 때문인 것으로 해석된다.[193]

C_2탈락을 중심으로 그 탈락률이 40~50%대, 60~70%대, 80%대인 지역으로 나누어 그것을 지도에 표시하면 부록의 [지도 45]와 같다.

그런데 앞의 1.1.3에서 살펴본 '젊다'의 경우와 같이, 자음군 'ㄻ'의 경우는 전국의 모든 지역에서 C_1만이 탈락되어 두 규칙이 상충 관계에 있다는 여기서의 주장과는 다른 모습을 보인다. 그 이유는 무엇일까. 이 물음에 대한 해답은 어간 '읽-, 넓-, 옮-' 등에 어미가 결합될 때 각 방언에서 실현되는 방언형들에서 찾을 수 있다.[194]

읽- : ik- (irɨ-로 실현되는 지역을 제외한 지역)
　　irɨ-(irƎ-, iri-, il-) (경남북 전역, 전남 2개 군, 강원도 4개 군)
넓- : nəp- (nərɨ-로 실현되는 지역을 제외한 지역)
　　nərɨ-(nƎrƎ-, nƎri-, nƎl-) (경북 16개 군, 경남 7개 군, 전남 3개 군, 강원도 13개 군, 경기도 전역, 제주도 1개 군)
옮- : om- (orɨ-로 실현되는 지역을 제외한 지역)
　　orɨ-(orƎ-, ori-) (경북 13개 군, 경남 14개 군, 옥구를 제외한 전북 전역, 전남 15개 군, 충북 2개 군, 충남 5개 군, 강원도 1개 군, 경기도 1개 군, 제주도 전역)

위의 대비에서 보면, 어간 '읽-, 넓-'에 자음으로 시작되는 어미가 결합될 때, C_1탈락지역에서는 'ㄹ'가 탈락되나 C_2탈락지역에서는 'ㄱ, ㅂ'가 탈락된

193) 이병근(1979 : 77-78)에서는 서울・경기지역어의 'ㄹ'계자음군('ㄺ, ㄻ')에서 'ㄹ'가 탈락되기도 하고 'ㄱ, ㅂ'가 탈락되기도 하여 세대차를 보인다고 하는데, 이 경우도 두 규칙이 경쟁적으로 작용한 것으로 해석할 수 있겠다.

194) 여기서는 자음군 'ㄻ'에서 C_2가 탈락되는지의 여부를 밝히는 데 목적이 있으므로 C_1이 탈락되는 경우의 다양한 변이형들과 그 실현 지역은 구체적으로 제시하지 않았다.

다음 i가 첨가된 형태로 재구조화되었음을 알 수 있다. (지역에 따라서는 C2가 탈락된 다음 i가 첨가되지 않는 지역도 있음.) '옮-(ori-)'의 경우도, 이와 마찬가지로, C_2가 탈락된 다음 i가 첨가된 형태로 재구조화된 것이다.[195] 그렇다면 C_2 탈락지역에서는 모든 어간말 자음군에서 C_2가 탈락되는 것이 원칙이나 어사에 따라 C_1탈락규칙의 적용을 받는 어사들도 있으며(이것은 C1탈락지역에서 C2가 탈락되는 어사가 있는 것과 마찬가지 현상임.), '젊-'은 바로 이 경우에 해당되는 어사라고 할 수 있다.[196]

C_2지역에서 C_2가 탈락되는 것은[197] 모음과 모음 사이에 세 자음이 올 수 없는 표면음성제약 때문이다.[198] 그런데 이 제약을 충족시키기 위해서는 C_1이 탈락될 수도 있으나 그렇지 않고 C_2가 탈락된 것은 그것이 모음과 직접 연결되지 못해 인접 음과의 결속력이 약하기 때문인 것으로 이해된다. 이것을 규칙화하면 다음과 같다.

C_2탈락규칙 : $C_2 > \text{ø} / C_1 — \{\#, C_3\}$

그런데 C_1지역에서도 'ㄺ, ㄻ, ㄼ, ㄿ'를 제외한 자음군(ㄳ, ㄵ, ㄶ, ㄽ, ㄾ, ㅀ,

195) 최명옥(1982 : 73)에서는 여기서와는 다른 문맥이기는 하지만 월성지역어에서 '病이 올랐다(옮았다).'가 쓰임에 주목하였으며, 백두현(1992 : 359)에서는 '옰ᄃᆞ록'(두중 9 : 36a)을 '옮ᄃᆞ록'에서 'ㅁ'가 탈락된 형태로 보았다.

196) 어간 '젊-'은 중세국어에서 '졈-'(졈고(법화 5 : 120), 져믄(석보 6 : 11))으로 나타나다가 근대국어에 들어와 '졂-'(졀문(인어대방 1 : 18))으로 바뀌어 나타나므로 그동안에 'ㄹ'첨가가 있었고, 이것은 다시 현대국어에 이르는 과정에서 y가 탈락된 것('젊-')임을 알 수 있다. 그러므로 통시적으로 볼 때는 어간 '젊-'이 현대국어에서 C_1만이 탈락되는 것은 'ㄻ'에서 'ㄹ'가 탈락된 것이 아니라 자음어미 앞에서는, 모음 간에 세 자음이 올 수 없는 표면음성제약 때문에, 아예 'ㄹ'첨가가 이루어지지 않은 것으로 해석할 수도 있다.

197) C_2가 'ㅎ'이고 여기에 'ㄱ, ㄷ, ㅈ'로 시작되는 어미가 결합될 때는 유기음화규칙이 먼저 적용된 다음 C_2탈락규칙이 적용된다.

198) 15세기 국어에서는 유성자음이 앞선 자음군의 경우 어중에서 3개의 자음까지 실현되었으나, 17세기에 와서는 표면음성제약으로 2개의 자음까지만 실현 가능했다고 한다(홍윤표, 1994 : 194-232).

ㅄ)은 C_2탈락규칙의 적용을 받기 때문에 C_2탈락지역과 차이를 보이는 것은 'ㄺ, ㄻ, ㄼ, ㄿ'의 경우에 한정된다.[199] 이 경우 C_2 위치의 'ㄱ, ㅁ, ㅂ, ㅍ'는 [+cons, −cor]의 자연부류를 형성하므로 [+cons, −cor] 자음 앞에서 'ㄹ'가 탈락되는 규칙이 설정될 수 있으며, 그 탈락의 이유는 연결되는 자음의 음운론적 강도 차이 때문인 것으로 보인다.[200] 이것을 규칙화하면 다음과 같은데, 이 규칙은 C_2탈락규칙에 앞서 적용된다.

C_1탈락규칙 : r > ø / — [+cons, −cor]

영남지역이 C_2탈락규칙의 개신지임은[201] [표 88]과 [지도 45]에서 확인할 수 있으나, 영남의 어느 지역이 그 세력의 중심이 되며, 그 세력이 어디로 전파되어 갔는지는 그것만으로는 추정하기 어렵다. 그래서 다음에서는 앞에서 다룬 '젊다, 맑다, 밟다'와 함께 'ㄹ'계 자음군(ㄺ, ㄻ, ㄼ, ㄿ)을 포함하는 다른 어사들 — 굵다, 긁지, 늙는다, 닭도, 묽지, 밝다, 붉다, 읽는다, 흙도, 굶기다, 삶다, 옮다, 넓다, 섧다, 얇다, 짧다, 읊다 — 을 추가하여 통계를 내어 보기로 한다.[202]

---

199) 제주도방언은 그 지리적 특이성으로 말미암아 육지방언에 별다른 영향을 미쳤을 것으로는 생각되지 않는다. 그래서 여기서는 제주도방언의 경우는 고려의 대상에서 제외하였다.

200) 김차균(1983 : 29)에서는 치조음보다 순음과 연구개음이 음운론적 강도가 강한 것으로 보고 있으며, 배주채(1998 : 100)에서도 그렇게 보고 있다.

201) 'ㄳ, ㄵ, ㄶ, ㄽ, ㄾ, ㅀ, ㅄ'의 경우는 C_1탈락지역과 C_2탈락지역의 구별 없이 모든 지역(제주도 제외)에서 C_2가 탈락되므로, 이 경우의 개신지는 'ㄺ, ㄻ, ㄼ, ㄿ'에서 C_2가 탈락될 때의 개신지와는 별도로 논의해야 한다고 할 수도 있다. 그러나 'ㄳ, ㄵ, ㄶ, ㄽ, ㄾ, ㅀ, ㅄ'에서 C_2가 탈락되고, 여기에 더하여 'ㄺ, ㄻ, ㄼ, ㄿ'까지도 C_2가 탈락되는 지역과, 전자에서는 C_2가 탈락되나 후자에서는 C_1이 탈락되는 지역을 대비할 때, 모든 자음군에서 C_2가 탈락되는 지역을 C_2탈락의 세력이 강한 지역, 즉 개신지로 보는 것은 당연한 판단일 것이다. 그래서 여기서는 영남지역을 전후자의 경우를 모두 포함하는 C_2탈락규칙의 개신지로 보았다.

202) 'ㄺ, ㄻ, ㄼ, ㄿ' 이외의 자음군에서는 모두 C2가 탈락되므로 이들은 통계에 포함시켜도 무의미하다.

〔표 89〕 C_2탈락규칙의 적용 빈도(영남지역)

군명	어사수	비율(%)	군명	어사수	비율(%)	군명	어사수	비율(%)
701영풍	16/20	80	715영일	14/19	74	806함양	3/20	15
702봉화	16/20	80	716성주	15.5/20	78	807산청	2/20	10
703울진	14/19	74	717칠곡	14/20	70	808의령	3/19	16
704문경	14.5/19	76	718경산	16/20	80	809하동	3/19	16
705예천	15/19	79	719영천	15/20	75	810진양	3/19	16
706안동	15/20	75	720고령	9.5/20	48	811함안	2/18	11
707영양	14/20	70	721달성	14/20	70	812의창	12/19	63
708상주	14/20	70	722청도	17/20	85	813김해	14/19	74
709의성	17/20	85	723월성	15/19	79	814양산	13/18	72
710청송	16/19	84	801거창	3/20	15	815사천	2/20	10
711영덕	14/19	74	802합천	4.5/19	24	816고성	2/18	11
712금릉	9/20	45	803창녕	14.5/20	73	817남해	4/19	21
713선산	14.5/20	73	804밀양	13.5/20	68	818통영	4.5/19	24
714군위	16/20	80	805울주	13/18	72	819거제	3/19	16

[표 89]에 의하면 C_2가 탈락되는 비율이 80% 이상인 지역은 영풍, 봉화, 의성, 청송, 군위, 경산, 청도 등 전부 경북에 해당되는 지역이다. 그러므로 C_2탈락규칙은 이들 지역이 중심 세력권을 형성한다고 할 수 있는데, 이들 지역 가운데서도 의성과 청송은 각각 85%, 84%로서 상대적으로 높은 적용률을 보이고, 청도 역시 85%의 높은 적용율을 보인다. 그래서 여기서는 이들 지역을 핵심지역으로 판단하고자 한다. 다시 말하면, 의성과 청송은 경북 중부 지방에서, 청도는 남부 지방에서 핵심지역이 되어 그 세력을 각각 주변 지역으로 전파시킨 것으로 판단하고자 한다.

중부 지방의 핵심지역인 의성과 청송에서 발달한 C_2탈락규칙의 세력은 북쪽으로는 영풍, 봉화, 예천[203] 등지로, 남쪽으로는 군위로 전파되고, 남부

203) 예천은 그 적용률이 79%로 나타나 80%인 영풍, 봉화와는 1%의 차이가 있으나, 전자에서는 '읊다'라는 어사 자체가 사용되지 않고, 후자에서는 그것이 사용됨으로써 나타난 차이이기 때문에 80% 지역과 동일시하여도 문제가 없을 것으로 판단된다.

지방의 핵심지역인 청도에서 발달한 C_2탈락규칙의 세력은 북쪽의 경산으로 전파되어 위의 지역들과 함께 80%대를 형성하였다. 그리고 이들 80% 대역에서 다시 주변의 월성, 성주, 안동, 영양, 울진, 영덕, 영천, 영일, 문경, 선산, 상주, 칠곡, 달성 등지로 전파되어 70% 대역을 형성함(두 개신파가 만나는 지점은 추정이 불가능하다.)과 아울러 경남지역까지 그 세력을 확장하여 낙동강 동쪽 지역인 경남의 창녕, 울주, 양산, 김해 등지를 70% 대역으로, 밀양과 의창은 60% 대역으로 확보하였다.

경북의 금릉과 고령은 50% 대역을 형성하는데, 후자는 경북에서 가장 낮은 적용률을 보이는 지역이다. 그리고 경남의 낙동강 서쪽 지역(의창 제외)인 거창, 합천, 의령, 함양, 산청, 하동, 진양, 함안, 고성, 사천, 남해, 통영, 거제 등지는 10~20% 대역으로서 가장 낮은 적용률을 보이는데, 이것은 이들 지역에 C_2탈락규칙의 개신파가 가장 늦게 도달되었음을 의미한다.

C_2탈락규칙의 적용률은 10%대, 20%대, 40%대, 60%대, 70%대, 80%대로 되어 있는데, 이들을 20%대 이하, 40%대, 60%대, 70%대, 80%대로 나누어 지도에 표시하면 아래의 [지도 II]와 같다.

〔지도 II〕 C_2탈락규칙 적용률(영남)

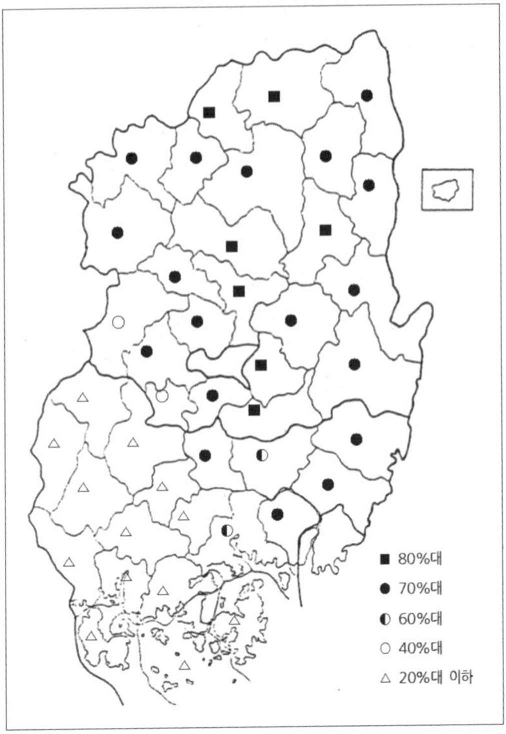

C_1탈락규칙의 경우는 [표 88]에 나타난 통계 자료에 의하면, 제주도에서 57%의 높은 적용률을 보여 이 지역이 C_1탈락규칙의 개신지가 된 듯하다. 그러나 제주도의 지리적 특성 때문에 제주도에서 발생한 음운규칙이 육지로 전파되었다고는 보기 어렵다. 제주도를 제외하면 강원도의 고성, 춘성, 홍천, 횡성, 원성, 영월 등지에서 50%의 높은 적용률을 보이기 때문에 이 지역이 개신의 중심지가 될 수 있을 듯하다. 그러나 이 경우에도 43%의 적용률을 보이는 지역들과 비교해 보면, C_1이 탈락된 어사의 절대수는 오히려 43% 지역에서는 4개이고, 이 경우에는 3개이므로 그 탈락 비율의 고저를 가려 개신지를 추정하기에는 어려움이 있다.

[표 88]에서 C_1탈락규칙의 개신지를 추정하기 어려운 것은 통계 자료의 부족 때문임은 물론이다. 그러므로 다음에서는 앞의 C_2탈락규칙의 경우와 마찬가지로 '젊다, 맑다, 밟다'와 함께 'ㄹ'계 자음군(ㄺ, ㄻ, ㄼ, ㄿ)을 가진 다른 어사들 — 굵다, 긁지, 늙는다, 닭도, 묽지, 밝다, 붉다, 읽는다, 흙도, 굶기다, 삶다, 옮다, 넓다, 섧다, 얇다, 짧다, 읊다 — 을 추가하여 통계를 내어 봄으로써 C_1탈락규칙의 개신지를 추정해 보기로 한다.

〔표 90〕 C_1탈락규칙의 적용 빈도(지역별)

군명	어사수	비율(%)	군명	어사수	비율(%)
101연천	15/19	79	511고창	16/17	94
102파주	15/19	79	512순창	15/16	94
103포천	15/19	79	513남원	14/15	93
104강화	15/19	79	601영광	14/14	100
105김포	15/19	79	602장성	13.5/14	96
106고양	16/20	80	603담양	14.5/15	97
107양주	14/20	70	604곡성	15/16	94
108남양	15/18	83	605구례	15/18	83
109가평	12/18	67	606함평	14/15	93
110옹진	14/18	78	607광산	14/15	93
111시흥	14/18	78	608신안	12/12	100
112광주	12.5/18	69	609무안	14/14	100
113양평	14/19	74	610나주	14/15	93
114화성	15/20	75	611화순	15/17	88
115용인	14/19	74	612승주	16/18	89
116이천	15/18	83	613광양	15.5/19	82
117여주	14/19	74	614영암	10.5/12	88
118평택	14/19	74	615진도	11/13	85
119안성	16/20	80	616해남	15/16	94
201철원	11/17	65	617강진	15/16	94
202화천	15/19	79	618장흥	13/14	93
203양구	15/18	83	619보성	13/13	100
204인제	14/19	74	620고흥	13/14	93

군명	어시수	비율(%)	군명	어시수	비율(%)
205고성	14/19	74	621여천	15/17	88
206춘성	14/19	74	622완도	13/14	93
207홍천	17/19	89	701영풍	4/20	20
208양양	11/20	55	702봉화	4/20	20
209횡성	16/19	84	703울진	5/19	26
210평창	15/18	83	704문경	4.5/19	24
211명주	7.5/20	38	705예천	4/19	21
212원성	13/19	68	706안동	5/20	25
213영월	17/19	89	707영양	6/20	30
214정선	6/18	33	708상주	6/20	30
215삼척	8/20	40	709의성	3/20	15
301진천	15/19	79	710청송	3/19	16
302음성	15.5/19	82	711영덕	5/19	26
303중원	16/19	84	712금릉	11/20	55
304제원	16/20	80	713선산	5.5/20	28
305단양	11.5/19	61	714군위	4/20	20
306청원	13/20	65	715영일	5/19	26
307괴산	15.5/19	82	716성주	4.5/20	23
308보은	16/17	94	717칠곡	6/20	30
309옥천	15.5/16	97	718경산	4/20	20
310영동	17.5/19	92	719영천	5/20	25
401서산	14/20	70	720고령	10.5/20	53
402당진	14.5/19	76	721달성	6/20	30
403아산	14.5/19	76	722청도	3/20	15
404천원	15/19	79	723월성	4/19	21
405예산	15.5/20	78	801거창	17/20	85
406홍성	14/20	70	802합천	14.5/19	76
407청양	15/19	79	803창녕	5.5/20	28
408공주	15/20	75	804밀양	6.5/20	33
409연기	15/19	79	805울주	5/18	28
410보령	14/19	74	806함양	17/20	85
411부여	19/20	95	807산청	18/20	90
412서천	16.5/19	87	808의령	16/19	84

군명	어사수	비율(%)	군명	어사수	비율(%)
413논산	15/16	94	809하동	16/19	84
414대덕	14/16	88	810진양	16/19	84
415금산	15/17	88	811함안	16/18	89
501옥구	16/16	100	812의창	7/19	37
502익산	15/16	94	813김해	5/19	26
503완주	14/15	93	814양산	5/18	28
504진안	15/16	94	815사천	18/20	90
505무주	15/16	94	816고성	16/18	89
506김제	16.5/17	97	817남해	15/19	79
507부안	16/17	94	818통영	14.5/19	76
508정읍	15/16	94	819거제	16/19	84
509임실	14/15	93	901북제	15.5/19	82
510장수	15/16	94	902남제	16/19	84

[표 90]에 의하면 C_1(ㄹ)탈락규칙의 적용 비율이 90% 이상으로 높은 지역에는 전북(전역), 전남(15), 충북(3), 충남(2), 경남(2) 등지가 있다. 이러한 분포 경향으로 볼 때 C_1탈락규칙의 세력이 가장 강한 지역은 전라도 지역이라고 할 수 있다. 그 중에서도 서해의 해안·도서 지역인 전남의 무안, 영광, 신안은 그 적용률이 100%일 뿐만 아니라 지역적으로도 서로 인접하고 있어, 이들 지역이 개신의 중심 지역이 된 것으로 추정된다.

전남의 서쪽 해안·도서 지역에서 발생한 C_1탈락규칙은 동쪽과 북쪽으로 그 세력을 전파해 갔는데, 북쪽으로는 전북과 충청도 일부 지역에 90% 대역을 형성하고, 그 세력은 계속 북상하면서 충청·강원·경기 일부 지역에 80% 대역을 형성하며, 여타 지역에는 60~70% 대역을 형성해 간 것으로 추정된다. 그리고 동쪽으로는 경남지역으로 그 세력이 전파되어 낙동강 서쪽 지역(의창 제외)까지는 지역에 따라 60%대에서 90%대까지의 적용률을 보이나, 경남의 낙동강 동쪽 지역과 의창, 경북 전역, 강원도의 삼척, 정선, 명주, 양양 등지에서는 50%대 이하의 낮은 적용률을 보인다. 이들 지역에서 낮은 적용률을 보이는 것은 C_2탈락규칙과의 충돌 때문임은 두말할 여지가 없다.

C_1(ㄹ)탈락규칙이 적용된 정도를 100%, 90%대, 80%대, 70~60%대, 50%대 이하로 나누어 지도에 표시하면 부록의 [지도 46]과 같다.

1.3. 요약

이 장에서는 『한국방언자료집』의 「음운편」에 수록된 자음탈락과 관련된 자료들을 활용하여 전국 언어지도를 그렸다. 그리고 그것을 해석함으로써 어간말자음군(C_1C_2)에서 자음을 탈락시키는 규칙에는 어떤 것이 있으며, 그 규칙은 지역적으로, 특히 영남지역에서 어떻게 확산되어 갔는지 밝히고자 하였다. 그 결과를 요약하면 다음과 같다.

(1) 자음탈락규칙에는 C_1(ㄹ)탈락규칙과 C_2탈락규칙의 둘이 있는데, 이 두 규칙은 전국적으로 전파되어 있으며 상충하는 관계에 있다.

(2) C_1탈락규칙은 전남의 서쪽 해안・도서 지역(무안, 영광, 신안)에서 발생하고, C_2탈락규칙은 경북 중부 지역(의성, 청송)과 남부 지역(청도)에서 발생한 것으로 추정된다.

(3) 경북 중부 지역과 남부 지역에서 발생한 C_2탈락규칙은 영남의 전역으로 전파되어 순차적으로 80%, 70%, 60%, 40% 대역을 형성한다. 그러나 경남의 낙동강 서쪽 지역(의창 제외)인 거창, 합천, 의령, 함양, 산청, 하동, 진양, 함안, 고성, 사천, 남해, 통영, 거제 등지에는 그 개신파가 가장 늦게 전파되어, 영남 지방에서 C2탈락규칙이 가장 적게 적용되는 지역으로 남아 있다.

—"자음탈락과 영남방언"이란 제목으로 『한글』(한글학회) 246호, pp.99-130에 수록됨, 1999.

2. 유기음화

국어의 유기음화가 전국적으로 나타나는 음운현상임은 익히 아는 바이다. 하지만 그 개신지가 어디인지, 또 지역에 따라 규칙의 적용 정도에 어떤 차이가 있는지, 만약 차이가 있다면 그러한 차이가 무엇 때문인지 등에 관한 물음에 쉽게 답할 수 없는 것이 현재의 실정이라고 할 수 있다.

그래서 이 장에서는 위와 같은 의문점들을 염두에 두고, 특히 유기음화와 관련된 영남방언의 특성과 그 전개 양상을 밝히고자 한다. 그러기 위해 먼저 『한국방언자료집』에 나타난 자료들을 활용하여 전국언어지도를 그리고, 그것을 해석함으로써 유기음화의 전국적 흐름을 파악하고자 한다. 그런 다음 다시 그 속에서 영남방언이 차지하는 위치를 밝힘으로써 그것이 영남방언에서 발생한 규칙인지의 여부를 판단하고자 한다. 만약 그것이 영남방언에서 발생한 규칙일 때는 그것은 그대로 영남방언의 특징이 될 것이나, 그렇지 않을 때는 어디서 전파되어 왔는지 해명될 것이다.

유기음화와 관련하여 영남지방 전역에 대한 연구 업적은 발견되지 않는다. 그러나 영남의 하위지역어들에 대한 음운론적 연구에서 부분적으로 유기음화를 다룬 논문들은 많이 발견되는데, 먼저 경북방언과 관련된 논문들에 나타난 견해들을 보면 다음과 같다.

최명옥(1979 : 25-29)에서는 경북 영덕군 영해면 어촌 지역어의 음운론적 연구에서 '놓+고→녹코, 놓+더라→논터라' 등의 자료를 제시하였으나 그것에 대한 별다른 설명은 하지 않았다. 그리고 최명옥(1980 : 209, 1982 : 143)에서는 명사 말음 'ㅂ, ㄷ, ㄱ'에 조사 '하고' 및 동사 '하-'의 'ㅎ'가 결합될 때는 월성어를 포함한 동남방언과 서남방언에서 유기음화가 이루어지지 않는데, 그 이유는 명사 말음이 먼저 'ㅎ' 앞에서 불파화된 다음 모종의 음운과정을 거쳐 'ㅎ'가 탈락되는 것으로 해석하였다. 그러나 모종의 음운과정이 어떤 것인지에 대해서는 의문으로 남겨 두었다.

백두현(1985 : 97-100)에서는 경북 상주군 하북 지역어의 유기음화에 대해 설명하면서, 경북방언에서는 조사 '하고', 파생접사 '-하다', 구형성의 '하다' 등은 선행의 평저해음(ㅂ, ㄷ, ㅈ, ㄱ)과 결합될 때 h가 약화, 탈락되어 유기음화가 실현되지 않는 데 비해, 이 지역어에서는 중부방언의 영향으로 그것이 실현되고 있음을 보고하였다.

정철(1991 : 70-73)에서는 경북 의성 지역어의 유기음화에 대해, 동사의 어간 말음 'ㅎ'와 어미의 두음 'ㄷ, ㅈ, ㄱ'가 결합되면 유기음화되나 조사 '하고' 및 자립형태소 '한다, 하나' 등이 선행 자립형태소 말음 'ㅂ, ㄷ, ㄱ' 등과 결합될 때는, '평이한 말씨에서는 유기음화되지 않고, 감정이 고조된 대화에서는 때때로 유기음화'됨을 보고하였다. 그리고 '답답하다'와 같은 예는 유기음화가 실현되기 전에 먼저 '하'가 탈락되고 남은 '다'의 'ㄷ'가 경음화된다고 하였다.

경남방언과 관련된 논문들에 나타난 학자들의 견해에는 다음과 같은 것이 있다.

정인상(1982 : 72, 75-76)에서는 경남 통영 지역어의 용언 활용에서 어간 말음 'ㅎ'가 평저해음과 결합될 때 유기음화됨을 지적하였으며, 배병인(1983 : 133-135, 143-146)에서는 경남 산청 지역어에서 어간말 자음 'ㅎ'가 'ㄱ, ㄷ, ㅈ'로 시작되는 어미와 결합될 때 이들은 서로 도치되어 유기음화됨을 지적하였다.

박정수(1993 : 43-45)에서는 경남 전역에서 용언의 경우 'ㄱ, ㄷ, ㅂ, ㅈ'의 앞 혹은 뒤에 'ㅎ'가 연결되면, 이들이 필연, 보편적으로 유기음화되나, 명사 뒤에 조사 '하고'가 연결될 때는 '하고'의 'ㅎ'가 약화, 탈락되어 유기음화되지 않음을 보고하였다.

이상에서 보는 바와 같이, 영남방언에서 유기음화가 실현됨은 여러 논문에서 지적되고, 중앙어와의 차이점도 부분적으로 지적되었다. 그러나 영남방언 전체를 두고 각 지역에 따라 유기음화의 진척에 어느 정도의 차이가 있으며, 그러한 차이가 무엇 때문인지 등에 관한 유기적인 해석은 찾아 볼 수 없다.

2.1. 변화의 실제

『한국방언자료집』의 「음운편」에 수록된, 유기음화와 관련된 어사로는 '놓게, 좋더라, 떡하고 밥하고, 굽혀라, 먹힌다, 急히, 速히, 깨끗하군요, 못했읍니다[204], 떡했니, 밥하고' 등이 있다. 다음에서는 이들을 유별하여 유기음화의 경향을 살펴보기로 한다.

2.1.1. 'ㄱ+ㅎ' 및 'ㅎ+ㄱ'

'먹힌다'의 'ㄱ+ㅎ'는, 어사 자체가 존재하지 않는 남제주, 북제주와 kk^h로 나타난 경북 청송을 제외한, 전지역에서 k^h로 유기음화되었다([지도 52] 참조).[205] 그리고 '속히'의 'ㄱ+ㅎ'는, 경북 울진에서 '속히'라는 어사 대신에

204) 한글맞춤법에 따르면 '못했습니다'로 표기하여야 하나 여기서는 『한국방언자료집』의 표기를 그대로 따랐다.

205) 음소와 음성을 특별히 구별할 필요가 있는 경우 이외에는 / /나 [ ]를 표시하지 않았다.

'급히'라는 어사가 사용된 경우와, 강원도의 철원, 양구, 평창, 명주, 원성, 전북의 완주에서 kk^h로 나타난 경우 이외에는 모두 k^h로 유기음화되었다([지도 53, 54] 참조).

앞의 두 예에서 'ㄱ+ㅎ'가 k^h로 유기음화된 것은 'ㅎ'의 유기성이 앞의 'ㄱ'에 축약된 것이다. 그리고 'ㄱ+ㅎ'가 kk^h로 나타난 것은 'ㄱ+ㅎ'가 앞의 경우처럼 축약되어 k^h가 된 다음 다시 중복자음화에 의해 kk^h가 된 것이다. 이 경우에는 'ㄱ'중복자음화규칙이 먼저 적용된 다음 유기음화규칙이 적용된 것으로 해석하여도 문제는 없다. 그러나 '놓게'와 같은 경우에도 강원도 방언에서 중복자음화된 형태가 발견되는데([지도 47] 참조), 그 경우에도 'ㄱ' 중복자음화규칙이 먼저 적용된 다음 유기음화규칙이 적용된 것으로 해석하면 $nokk^he$가 아닌 nokke가 도출되어 기대하는 형태를 얻을 수 없다.

그런데 '속히'의 경우는, '먹힌다'의 경우와는 달리, 경북의 안동, 청송, 영덕, 선산, 영일, 경산, 영천, 청도와 경남의 울주에서는 'ㄱ+ㅎ'가 k^h로 유기음화되지 않고 g로 유성음화된 예들 — s'ogi, sEgi, s'Egi — 이 나타난다. 이것은 경북과의 접경지역인 경남 울주에서 sok^hi와 s'Egi가 병존하는 경우를 제외하면 경북방언에서만 나타나는 형태이다.

'ㄱ+ㅎ'가 g로 나타난 것은 두 가지로 해석해 볼 수 있다. 하나는 'ㄱ+ㅎ'가 유기음화되어 $so.k^hi$(cv.cv)가 되었으나 그것이 cvc.v로 음절이 재구성되어 $sok^h.i$가 된 다음 k^h가 불파음화, 평음화, 유성음화를 거쳐 sogi가 된 것으로 해석하는 것이다. 다른 하나는 'ㄱ+ㅎ'가 모음 사이에서 유성음화되어 gɦ가 된 다음 ɦ가 탈락되고 g만 남은 것으로 해석하는 것이다. 이 두 가지 해석 중 어느 것이 더 타당한지는 판단하기가 쉽지 않다.

그런데 『한국방언자료집』에서 '잎이'의 방언형을 찾아보면, 전국의 많은 지역에서 ibi와 같은 형태가 발견되는데, 이것은 전자의 해석이 더 타당성이 있음을 말해 주는 듯하다. 그러나 [지도 49]와 [지도 57]에 의하면 'ㄱ+ㅎ'가 gɦ 혹은 $g^ɦ$로 나타나는데, 이 경우에는 전자의 방법으로는 해석이 되지 않는다. 그래서 여기에서는 '잎이'의 p^h가 b로 변화된 과정을 ip^hi > iphi > ibɦi > $ib^{\text{ɦ}}i$ > ibi로 해석하되, iphi의 출현은 p+h > p^h에 대한 과도교정으로 보고, 그 이후의 변화는 후자의 방법으로 해석하여 두 경우를 동일하게 처리하고자 한다.[206)]

'떡하고 (밥하고)'의 'ㄱ+ㅎ'는, 전국적으로 볼 때, kh, k^h, kk^h, gɦ, $g^{\text{ɦ}}$, g의 여섯 가지 유형으로 나타난다([지도 49] 참조). 이들 중 영남방언에서는 kh, k^h, kk^h, g의 네 유형만 나타나는데, 그 분포 지역 및 변화 과정을 살펴보면 다음과 같다.

먼저 경북의 울진, 경남의 거창, 합천, 창녕, 함양 등지에서는 경기도와 충북 전역, 강원도와 충남의 많은 지역에서 적용되는 유기음화규칙이 이들 지역에서도 적용되어 'ㄱ+ㅎ'가 k^h로 나타난다. 그러나 영남지방 전체로 볼 때는 소수의 지역에서만 나타나는 현상이다. 이에 비해, 경북의 의성, 청송, 영덕, 금릉, 선산, 성주, 영천, 고령, 달성 등지에서는 이러한 유기음화규칙의 적용 없이 kh가 그대로 실현된다.[207)] 그것은 조사 '하고'가 아직 실사로서의 성질을 지니고 있기 때문인 것으로 생각되며, 이러한 현상은 경북방언이 지닌 한 특징으로 볼 수 있다. 경북의 영풍, 봉화, 문경, 예천, 안동, 영양, 상주, 군위, 경산, 월성 등지에서는 'ㄱ+ㅎ'가 유기음화된 다음 다시 중복자음화되어 kk^h로 나타나는데, 이것 역시 경북방언에서만 볼 수 있는 한 특징이다.

강원도의 인제, 고성, 충남의 보령, 서천, 전북의 익산, 완주, 진안, 무주, 부안, 임실, 장수, 고창, 순창, 남원, 전남의 장성, 담양, 곡성, 구례, 함평, 광산, 신안, 무안, 화순, 영암, 해남, 보성, 여천, 경남의 창녕, 밀양, 울주, 산청, 의령, 하동, 진양, 함안, 의창, 김해, 양산, 사천, 고성, 남해, 통영, 거제 등지

---

206) 경북(영덕, 영천), 경남(울주)에서 sok^hi, sEgi, s'Egi가 병존함을 볼 때, 이들 지역에서는 k^h가 바로 유성음 g로 바뀌었을 가능성도 생각해 볼 수 있다. 그러나 여기서는 동일한 기저형에 유기음화규칙과 유성음화규칙이 각각 적용되어 나타난 병존형으로 본다.

207) 이처럼 유기음화를 경험하지 않은 지역에는 충남의 서산, 당진, 예산, 홍성, 청양, 금산 등지가 추가된다.

에서는 'ㄱ+ㅎ'가 g로 나타나는데, 이 g는 경북방언에서는 나타나지 않아 경남방언과의 차이점으로 인식된다. 그리고 이 g가 나타난 과정은 모음간의 kh가 먼저 유성음화되어 gɦ가 되고(전북의 옥구, 전남의 영광, 나주, 승주, 광양, 진도, 강진, 장흥, 고흥, 완도), 이것이 축약되어 $g^ɦ$가 된 다음(전북의 김제, 정읍), 다시 기가 소멸되어 g가 남은 것으로 해석된다(kh>gɦ>$g^ɦ$>g).

이러한 해석이 가능하다면, 개신파의 전파 과정은 g만이 나타나는 경남지역에서 먼저 유성음화규칙(kh>gɦ)이 발생하여 그것이 제1개신파가 되어 경남 이외의 지역(전남, 전북 등)으로 전파되고, 다시 제2개신파(gɦ>$g^ɦ$)와 제3개신파($g^ɦ$>g)가 이들 지역으로 전파되어 간 것으로 해석되므로 경남지역이 방사원점이 된다고 할 수 있다.[208]

'떡했니'의 'ㄱ+ㅎ'는, 전국적으로 볼 때, kh, k^h, kk^h, gɦ, g의 다섯 가지 유형으로 나타난다([지도 57] 참조). 이들 중 영남방언에서는 kh, kk^h, g[209]의 세 유형만 나타난다. 앞의 '떡하고'에서도 경북방언에서는 9개 군에서 kh가 그대로 나타났는데, '떡했니'의 경우에는 14개 군에서 kh가 그대로 나타난다. 이것은 중부지방의 대부분 지역에서 유기음화되어 k^h로 나타나는 것과는 큰 차이가 있다.

경남방언에서는 '떡하고'의 경우에는 kh가 그대로 나타난 지역이 한 곳도 없었으나, '떡했니'의 경우에는 모든 지역에서 kh로 나타나 양자 사이에 차이가 있다. 그것은 '떡했니'를 음운구(phonological phrase)로 생각하지 않고 두 개의 어사로 나누어 생각하기 때문인 것으로 이해된다.

그러나 경북의 9개 군(봉화, 문경, 안동, 영양, 상주, 군위, 영일, 경산, 영천)에서는 kk^h로 나타나 유기음화와 중복자음화를 경험하였다. 이러한 현상이 정선(강원) 한 곳에서 더 보이기는 하나 이것은 경북방언이 방사원점이 되어 그 개

208) 경북의 영일, 칠곡, 청도에서는 조사 '하고' 대신에 '캉'이 사용되어 유기음화의 환경이 소멸되었으며, 경북의 청송, 영천에서는 '떡하고'와 '떡캉'이 병존한다.

209) g는 경남의 함안에서만 나타나는데 그것도 kh와 병존하고 있다.

신파가 전파된 것으로 해석할 수 있다. 그러므로 앞의 '떡하고'의 경우에서도 지적한 바와 같이, 유기음화에 이은 중복자음화는 경북방언의 특징이라고 하겠다.

'놓게'의 'ㅎ+ㄱ'는, 전국적으로 볼 때, k^h, kk^h의 두 가지 유형으로 나타난다([지도 47] 참조).[210] 이들 중 영남방언에서는 k^h만이 나타나는데 이것은 여타 방언의 그것과 차이가 없다. 다만, 강원도의 철원, 고성, 홍천, 양양, 평창, 명주, 정선 등에서 kk^h가 나타나 차이를 보인다.

그런데 강원도에서는 '속히'의 경우에도 5개 군(철원, 양구, 평창, 명주, 원성)에서 유기음화에 이어 중복자음화를 경험했음을 앞에서 이미 보았다. 이에 비해, '떡하고 (밥하고), 떡했니'의 경우에는 경북지역에서만 독점적으로 kk^h가 나타나 이들 지역만이 유기음화에 이어 중복자음화를 경험했음을 볼 수 있었다.($kh>k^h>kk^h$). '속히, 놓게, 먹힌다, 떡하고, 떡했니'의 다섯 어사 중 앞의 둘은 강원도방언에서만 중복자음화를 보이고, 뒤의 셋은 경북방언에서만 중복자음화를 보이므로 개신파가 어느 방언에서 어느 방언으로 전파되었는지 판단하기가 쉽지 않다. 이에 대한 판단은 잠시 보류해 두기로 한다.

2.1.2. 'ㄷ+ㅎ' 및 'ㅎ+ㄷ'

'깨끗하군요'의 'ㄷ(←ㅅ)+ㅎ'는, 전국적으로 볼 때, th, t^h, tt^h, dɦ, lɦ[211], $d^ɦ$, d의 일곱 가지 유형으로 나타난다([지도 55] 참조). 이들 중 영남방언에서는 th, t^h, tt^h, d의 네 유형만 나타나는데, 그 분포 지역 및 변화 과정을 살펴보면 다음과 같다.

---

210) 강원도의 양구, 전북의 고창, 전남의 영광, 담양, 함평, 나주, 화순, 승주, 광양, 장흥, 보성, 고흥, 여천, 완도, 경북의 울진 등지에서는 '놓게'가 아닌 '노레, 노아라, 노쏘' 등이 조사되어 있어 유기음화의 환경을 제공하지 못한다.

211) lɦ는 양구(강원)와 광양(전남)에서 나타나는데, 이것은 th가 유성음간에서 dɦ로 된 다음 dɦ의 d가 다시 유음화된 것으로 해석된다.

경북 고령에서는 k'Ek'ㅋthanEyo가 나타나는데, 이것은 영남방언에서 'ㄷ+ㅎ'가 th로 나타난 유일한 예이다. 'ㄷ+ㅎ'가 중부방언에서는 주로 유기음화되어 t^h로 나타나는 데 비해, 영남방언에서는 경북의 칠곡, 경남의 거창, 창녕, 함양, 의령, 양산, 고성, 남해, 통영, 거제 등지에서만 t^h로 나타나고, 경북의 영풍, 봉화, 울진, 문경, 예천, 안동, 영양, 상주, 의성, 청송, 금릉, 선산, 군위, 성주, 영천, 고령, 달성, 청도, 월성 등지에서는 유기음화된 다음 다시 중복자음화되어 tt^h로 나타난다.

이처럼 t^h와 tt^h가 나타난 지역은 유기음화를 경험한 지역이고, 여타의 지역은 그것을 경험하지 않은 지역임을 의미한다. 그리고 이 중복자음화는 경북방언에서만 나타나므로 이것은 경북방언의 특징이라고 할 수 있으며, 경남방언과의 차이를 보여 주는 하나의 기준이 된다.

유기음화를 경험하지 않은 지역에는 경남의 합천, 밀양, 산청, 하동, 진양, 함안, 의창, 사천 등지가 있으며, 이들 지역에서는 'ㄷ+ㅎ'가 d로 나타난다. 그런데 이 d는, 전남(영광, 나주, 영암, 진도, 고흥)의 dɦ와 충남(서산), 전북(옥구, 장수)의 $d^{ɦ}$로 미루어 볼 때, th>dɦ>$d^{ɦ}$>d의 변화 과정을 겪은 것으로 해석된다.

경북의 영덕, 영일, 경산 등지에서는 '깨끗하다' 대신에 '마뜩하다'가 사용되어 'ㄷ+ㅎ'의 환경을 제공하지 못하며, 경북의 청송, 영천, 달성, 월성 등지에서는 두 어사가 병존한다. 그리고 경남의 울주에서는 k'Ek'ㅋthata에서 ha가 탈락되어 유기음화의 환경이 파괴되었으나(k'Ek'ㅋthata>k'Ek'ㅋtta>k'Ek'ㅋt'a), 경남 김해의 k'Ek'ㅋt^ha에서는 ha의 a가 탈락된 다음 't+h'가 t^h로 유기음화된 것이므로 김해는 유기음화된 지역에 포함시켜도 무방할 것으로 생각된다.

'못했읍니다'의 'ㄷ(←ㅅ)+ㅎ'는, 전국적으로 볼 때, t^h, dɦ, $d^{ɦ}$, nɦ, n, ɦ, d의 일곱 가지 유형으로 나타난다([지도 56] 참조). 이들 중 영남방언에서는 t^h, nɦ, n, ɦ, d의 다섯 유형만 나타나는데, 그 분포 지역 및 변화 과정은 다음과 같다.

t^h로 실현되는 지역에는 경북의 영풍, 울진, 문경, 예천, 상주, 의성, 영덕, 선산, 군위, 영일, 성주, 칠곡, 영천, 청도, 월성 등지가 있는데, 이것은 중부 지방의 유기음화규칙이 경북방언에 전파되었음을 의미한다. 경남에서 유기음화가 전파된 지역에는 경북과의 접경지역인 창녕 한 지역이 있다. 그러나 거기에서는 t^h와 n가 병존한다.

nɦ로 실현되는 지역에는 경북의 고령, 달성 등지가 있는데, 이들 지역에서는 'motha-'의 t가 m에 비음동화되어 n로 바뀌자 h가 비음과 모음 사이에서 유성음화되어 nɦ가 나타난 것으로 해석된다. 그리고 경남의 합천, 창녕, 밀양, 함양, 의령, 진양, 의창, 김해, 양산, 사천, 통영, 거제 등지에서는 n로만 실현되는데, 이것은 nɦ에서 ɦ가 탈락된 것이다. 이와는 달리 n가 탈락되고 ɦ만 남은 지역도 있는데, 그러한 지역에는 경북의 봉화, 안동, 영양, 청송, 경산, 경남의 거창, 남해 등지가 있다. 이러한 변화들은 영남방언에서만 볼 수 있으므로 영남방언의 특징이라고 할 수 있다.

d로 실현되는 지역에는 경남의 울주, 산청, 하동, 함안, 고성 등지가 있다. 이 d는 th>dɦ>$d^ɦ$>d의 과정을 겪은 것으로 생각된다.

'좋더라'의 'ㅎ+ㄷ'는, 전국적으로 볼 때, t^h, tt^h의 두 가지 유형으로 나타난다([지도 48] 참조). 이들 중 tt^h는 강원도의 인제, 양양 두 지역에서만 나타나고, 영남지역을 포함한 나머지 지역에서는 전부 t^h로 나타난다.

2.1.3. 'ㅂ+ㅎ'

'(떡하고) 밥하고'의 'ㅂ+ㅎ'는, 전국적으로 볼 때, ph, p^h, pp^h, bɦ, $b^ɦ$, b의 여섯 가지 유형으로 나타난다([지도 50] 참조). 이들 중 영남방언에서는 ph, p^h, pp^h, b의 네 유형만 나타나는데, 그 분포 지역 및 변화 과정은 다음과 같다.

먼저 경북의 울진, 안동, 영양, 상주, 경남의 거창, 합천, 창녕, 의창 등지에서는 경기도와 충북 전역, 강원도와 충남의 대부분 지역에서 적용되는 유기음화규칙이 이들 지역에서도 적용되어 'ㅂ+ㅎ'가 p^h로 실현된다. 그러나 영남지방 전체로 볼 때는 소수의 지역에 지나지 않는다.

이에 비해, 경북의 의성, 청송, 영덕, 금릉, 선산, 성주, 경산, 영천, 고령, 달성 등지에서는 이러한 유기음화규칙의 적용 없이 ph가 그대로 실현된다.[212] 그것은 조사 '하고'가 아직 실사로서의 성질을 지니고 있기 때문인 것으로 생각되며, 이러한 현상은 경북방언에서 두드러지게 나타난다.

경북의 영풍, 봉화, 문경, 예천, 군위, 월성 등지에서는 'ㅂ+ㅎ'가 축약되어 p^h가 된 다음 다시 중복자음화되어 pp^h로 실현되는데, 이것은 경북방언에서만 볼 수 있는 한 특징이다.

b로 나타나는 지역에는 경남의 창녕, 밀양, 울주, 함양, 산청, 의령, 하동, 진양, 함안, 김해, 양산, 사천, 고성, 남해, 통영, 거제 등지와, 경남 이외의 지역인 강원도의 인제, 양양, 충남의 보령, 서천, 전북의 옥구, 익산, 완주, 진안, 무주, 김제, 부안, 임실, 장수, 고창, 순창, 남원, 전남의 장성, 담양, 곡성, 구례, 함평, 광산, 신안, 무안, 화순, 영암, 해남, 보성, 여천 등지가 있다.

그러나 이 b는 경북방언에서는 나타나지 않아 경남방언과의 차이점으로 인식되며, 그것이 나타나게 된 과정은 모음간의 ph가 유성음화되어 bɦ가 되고(전남의 영광, 나주, 승주, 광양, 진도, 강진, 장흥, 고흥, 완도), 이것이 축약되어 다시 $b^ɦ$가 된 다음(강원도 고성, 전북 정읍), 다시 기가 소멸되어 b가 남은 것으로 해석된다(ph>bɦ>$b^ɦ$>b).

이러한 해석이 가능하다면, 개신파의 전파 과정은 b만이 나타나는 경남지역에서 먼저 유성음화규칙(ph>bɦ)이 발생하여 그것이 제1개신파가 되어 경남 이외의 지역(전남, 전북 등)으로 전파되고, 다시 제2개신파(gɦ>$g^ɦ$)와 제3개신파($g^ɦ$>g)가 이들 지역으로 전파되어 간 것으로 해석되므로 경남지역이 방사원점이 된다고 할 수 있다.[213]

212) 앞의 '(밥하고) 떡하고'의 경우처럼 이 경우에도 유기음화를 경험하지 않은 지역에 충남의 서산, 당진, 예산, 홍성, 청양, 금산 등지가 추가된다.

'굽혀라'는, 전국적으로 볼 때, '굽혀라'계와 '굽후리라'계[214]의 두 어형으로 크게 나누어진다([지도 51] 참조). '굽후리라'계로 실현되는 지역은 경기도의 김포, 고양, 강원도의 화천, 양구, 춘성, 양양, 원성, 충북의 음성, 전북의 옥구, 익산, 완주, 무주, 장수, 전남의 무안, 장흥, 경북의 영풍, 청송, 영덕, 선산, 영천, 고령, 달성, 월성, 경남의 울주, 산청, 진양, 함안, 양산, 사천 등지의 29개 군이고, '굽혀라'계와 '굽후리라'계가 공존하는 지역은 경기도의 안성, 강원도의 정선, 충북의 단양, 괴산, 옥천, 충남의 홍성, 보령, 논산, 대덕, 금산, 전북의 김제, 부안, 전남의 담양, 영암, 진도, 경북의 의성, 금릉, 경남의 의창 등지의 18개 군이며, 여타의 군에서는 모두 '굽혀라'계가 쓰인다.

그런데 여기서의 초점이 되는 유기음화와 관련하여 볼 때, '굽혀라'계는 대체로 유기음화되어 pʰ로 실현되고, '굽후리라'계는 유성음화되어 b로 실현되는 경향을 볼 수 있다. 그러나 영남방언에서는 양계가 모두 유기음화되었으며, 다만 경북의 영풍, 금릉, 월성에서 유성음화된 형태가 나타나는데, 이들 중 금릉과 월성에서는 유기음화된 형태(kupʰira, k'upʰurira)와 유성음화된 형태(k'uburira, k'ubʉrira)가 병존한다.

경북의 청송, 경남의 울주, 의창에서는 pʰ가 k'로 바뀌었는데, 이것은 'k'upʰu-'에서 연구개음 k'가 후행의 순음 pʰ에 영향을 미쳐 연구개 경음으로 동화된 것이다. 경북 의성에서는 g로도 나타나는데, 이것은 'kuphu-> kubɦu-> kubʱu-> kubu-> kugu-'의 과정을 거친 것으로 보인다. 마지막 단계의 g는 b가 연구개음 k에 위치동화된 것이다.

'급히'는, 전국적으로 볼 때, '급히'계와 '속히'계의 두 유형으로 나타난다([지도 53] 참조). '속히'계로 나타나는 지역은 경북의 영풍, 문경, 예천, 상주,

---

213) 경북의 영일, 칠곡, 청도 등지에서는 조사 '하고' 대신에 '캉'이 사용되어 유기음화의 환경을 제공하지 못하며, 경북의 청송, 영천 등지에서는 '하고'와 '캉'이 병존한다.

214) 경남 진양에서 kupʰa : ra라는 방언형이 나타나는데 이것은 '굽+후+아라'로 분석된다. 이 경우 '후'는 사동접사 '히'에 대응되는 것이다. 그러면 '굽후리라'는 사동접사 '후'에 다시 사동접사 '리'가 중가된 것으로 해석된다.

청송, 영덕, 금릉, 선산, 군위, 영일, 성주, 고령, 달성, 청도 등지의 14개 군이고, '급히'계와 '속히'계가 공존하는 지역은 전남의 구례, 영암, 경북의 경산, 영천 등지의 4개 군이며, 여타 지역에서는 '급히'계가 쓰인다. '급히'의 'ㅂ+ㅎ'는 전국에서 p^h로 실현되며, 다만 전남 강진에서 '급히'가 아닌 '급하게'의 'ㅂ+ㅎ'가 b로 유성음화되어 나타난다. '속히'의 'ㄱ+ㅎ'는 k^h, g의 둘로 나타나는데 이들의 변화 과정은 앞에서의 설명으로 미룬다.

'밥하고'의 'ㅂ+ㅎ'는, 전국적으로 볼 때, ph, p^h, pp^h, bɦ, $b^ɦ$, b의 여섯 유형으로 나타나는데, 이들 중 영남지역에서는 ph, p^h, pp^h, b의 네 유형만 나타난다([지도 58] 참조).

앞에서 살펴 본 '(떡하고) 밥하고'에서도 경북지역에서는 10개 군에서 ph가 그대로 나타났는데, 동사 '밥하고'의 경우에는 14개 군에서 ph가 그대로 나타난다. 이것은 중부지방의 대부분 지역에서 유기음화되어 p^h로 나타나는 것과는 큰 차이가 있다. 그리고 경남지역에서는 '(떡하고) 밥하고'의 경우에는 ph가 그대로 나타난 지역이 한 곳도 없었으나, '밥하고'의 경우에는 의령 한 곳에서 ph가 나타난다. 이렇게 ph가 그대로 나타난 것은 '밥하고'를 음운구(phonological phrase)로 생각하지 않고 두 개의 단어로 나누어 생각하기 때문인 것으로 이해된다.

그러나 영남지역에서도 유기음화되어 p^h로 나타나는 곳이 있다. 앞의 '(떡하고) 밥하고'의 경우에는 'ㅂ+ㅎ'가 8개 군(경북의 울진, 안동, 영양, 상주, 경남의 거창, 합천, 창녕, 의창)에서 유기음화되어 p^h로 나타난 데 비해, '밥하고'의 경우에는 4개 군(경남의 거창, 창녕, 밀양, 고성)에서만 유기음화되었다. 그리고 경북의 11개 군(영풍, 봉화, 울진, 문경, 예천, 안동, 영양, 상주, 칠곡, 경산, 월성)에서는 'ㅂ+ㅎ'가 유기음화를 경험한 다음 다시 중복자음화되어 pp^h로 나타난다. 이처럼 유기음화에 이은 중복자음화는 앞의 '(떡하고) 밥하고'의 경우에서도 지적한 바와 같이 경북방언만의 특징이라고 하겠다.

여기서 잠깐 앞에서 보류해 두었던 중복자음화규칙의 개신지가 강원도인

지 경북인지를 살펴보기로 한다.[215]

조사된 12개의 어사 중 중복자음화를 경험한 어사는 '먹힌다, 속히, 떡하고 (밥하고), 놓게, 깨끗하군요, 좋더라, (떡하고) 밥하고, 떡했니, 밥하고' 등의 9개이다. 이들의 분포를 보이면 [표 91]과 같다.

〔표 91〕 중복자음화규칙의 적용 양상

어사 \ 군명	201 철원	202 화천	203 양구	204 인제	205 고성	206 춘성	207 홍천	208 양양	209 횡성	210 평창	211 명주	212 원성	213 영월
속히	o		o							o	o	o	
놓게	o			o			o	o		o	o		
좋더라				o				o					
떡했니													
먹힌다													
떡하고(조사)													
깨끗하군요													
밥하고(조사)													
밥하고													

어사 \ 군명	214 정선	215 삼척	701 영풍	702 봉화	703 울진	704 문경	705 예천	706 안동	707 영양	708 상주	709 의성	710 청송	711 영덕
속히													
놓게	o												
좋더라													
떡했니	o			o		o		o	o	o			
먹힌다												o	
떡하고(조사)			o	o		o	o	o	o	o			
깨끗하군요			o	o	o	o	o	o	o	o	o	o	
밥하고(조사)			o	o		o	o						
밥하고			o	o	o	o	o	o	o	o			

215) 강원도와 경북을 제외한 다른 지역에서는 유일하게 전북 완주에서 '속히'가 중복자음화되어 나타난다.

군명 / 어사	712 금릉	713 선산	714 군위	715 영일	716 성주	717 칠곡	718 경산	719 영천	720 고령	721 달성	722 청도	723 월성
속히												
놓게												
좋더라												
떡했니			o	o			o	o				
먹힌다												
떡하고(조사)			o				o					o
깨끗하군요	o	o	o		o			o		o	o	o
밥하고(조사)			o									o
밥하고						o	o					o

위의 표에서 보면 중복자음화되어 나타난 어사가 강원도방언에서는 '속히, 놓게, 좋더라, 떡했니'의 넷이고, 경북방언에서는 '떡했니, 먹힌다, 떡하고(조사), 깨끗하군요, 밥하고(조사), 밥하고'의 여섯이다. 그러므로 중복자음화된 어사의 수만으로 판단한다면 경북방언에서 중복자음화규칙이 발생하여 강원도방언으로 전파되어 갔다고 할 수 있을 것이다.

그러나 그 내용을 보면 정선(강원)의 '떡했니'를 제외하면 경북과 강원도에서 중복자음화된 어사들은 상보적인 모습을 보인다. '먹힌다'와 '하-'가 연결된 어사는 경북에서만 중복자음화되었고, 여타의 경우는 강원도에서만 중복자음화되었다. 이러한 현상은 이 중복자음화규칙이 어느 한 방언에서 발생하여 다른 방언으로 전파되어 갔다기보다는 두 방언에서 독자적으로 발생한 것으로 이해된다. 그러므로 이 중복자음화규칙은 경북방언의 특징임과 동시에 강원도방언의 특징이 된다고 할 수 있으며, 정선의 '떡했니'에서 나타난 중복자음화는 경북방언의 영향으로 해석할 수 있다.

앞의 '(떡하고) 밥하고'에서 'ㅂ+ㅎ'가 b로 실현되느냐의 여부가 경남방언과 경북방언을 구별 짓는 한 기준이 됨을 지적한 바 있다. 이 기준은 '밥하고'의 경우에도 적용된다. '(떡하고) 밥하고'의 경우에는 경남의 16개 군(창녕, 밀양, 울주, 함양, 산청, 의령, 하동, 진양, 함안, 김해, 양산, 사천, 고성, 남해, 통영, 거제)에서 b로 나타났으나, 경북에서는 한 곳에서도 나타나지 않았다. 이에 비해, '밥하고'의 경우에는 경남의 15개 군(합천, 창녕, 울주, 함양, 산청, 의령, 하동, 진양, 함안, 의창, 김해, 사천, 남해, 통영, 거제)과 경북의 1개 군(금릉)에서 b가 나타나나 경남북방언을 구분 짓는 기준이 됨에는 변함이 없다.

b가 나타나게 된 과정은 모음간의 ph가 유성음화되어 bɦ가 되고(전북의 진안, 김제, 임실, 장수, 전남의 영광, 담양, 곡성, 구례, 함평, 광산, 나주, 승주, 광양, 진도, 강진), 이것이 축약되어 다시 $b^{ɦ}$가 되며(충남의 서산, 당진, 홍성, 청양, 보령, 부여, 전북의 옥구), 다시 기가 소멸되어 b가 남은 것(경남의 15개 군, 경북의 1개 군 이외에 강원도의 화천, 인제, 고성, 양양, 평창, 충남의 예산, 전북의 무주, 부안, 고창, 순창, 남원, 전남의 화순, 영암, 해남, 장흥, 보성, 완도)으로 해석된다(ph>bɦ>$b^{ɦ}$>b).[216]

이러한 해석이 가능하다면, 개신파의 전파 과정은 b만이 나타나는 경남지역에서 먼저 발생한 유성음화규칙(ph>bɦ)이 제1개신파가 되어 경남 이외의 지역(전남, 전북 등)으로 전파되고, 다시 제2개신파(bɦ>$b^{ɦ}$)와 제3개신파($g^{ɦ}$>g)가 이들 지역으로 전파되어 간 것으로 해석되므로 경남지역이 방사원점이 된다고 할 수 있다.[217]

2.2. 규칙의 전개 양상

여기서는 앞에서 살펴본 12개 어사에 적용된 음운규칙들의 적용 빈도를 조사하고, 그것을 바탕으로 하여 규칙별로 영남방언의 분화 양상을 살펴보기로 한다.

먼저 [부록]에 제시된 언어지도에 의거하여 유기음화와 관련된 분절음들

---

216) 여기서 경남방언의 경우에 분포가 가장 넓음을 주목할 필요가 있다.

217) 경남 양산에서는 pabㅋl hago가 나타나 유기음화의 환경을 제공하지 못한다.

의 연결('ㄱ, ㄷ, ㅂ+ㅎ' 혹은 'ㅎ+ㄱ, ㄷ')이 어떤 형태로 실현되는지를 조사하여 군별로 그 빈도를 보이면 다음과 같다.

〔표 92〕 'ㄱ, ㄷ, ㅂ+ㅎ' 혹은 'ㅎ+ㄱ, ㄷ'의 실현 양상

방언형 / 군명	kh	kʰ	kkʰ	g	nɦ	ɦ	n	기타[218]
701영풍	1	5	4					2
702봉화		6.5	5			0.5		
703울진	1	7	2					2
704문경	1	6	4					1
705예천	1	6	3					2
706안동		6	4	1		1		
707영양		7	4			1		
708상주		7	4					1
709의성	4	6.5	1					0.5
710청송	3	2	1.5	1		1		3.5
711영덕	4	4.5		0.5				3
712금릉	3	4.5	1	2				1.5
713선산	4	4	1	1				2
714군위	1	6	4					1
715영일	1	5	1	1				4
716성주	4	6	1					1
717칠곡	1	8	1					2
718경산	1	4.5	3	1		1		1.5
719영천	2	5	1.5	0.5				3
720고령	5	4			1			2
721달성	4	4	0.5		1			2.5
722청도	2	5	1	1				3
723월성	1	6	3.5					1.5
801거창	1	10				1		
802합천	1	8		1.5			1	0.5
803창녕	1	9		1.5			0.5	
804밀양	1	7		3			1	
805울주	1	4.5		4.5				2

방언형 / 군명	kh	k^h	kk^h	g	nɦ	ɦ	n	기타[218]
806함양	1	8		2			1	
807산청	1	5		5				1
808의령	1.5	7		2.5			1	
809하동	1	6		5				
810진양	1	5		4			1	1
811함안	1	5		5				1
812의창	1	6.5		3			1	0.5
813김해	1	7		3			1	
814양산	1	6		2			1	2
815사천	1	5		4			1	1
816고성	1	8		3				
817남해	1	7		3		1		
818통영	1	7		3			1	
819거제	1	7		3			1	

위의 표에서 유기음화규칙과 관련된 것은 k^h와 kk^h의 두 경우로서, 전자는 유기음화규칙이 바로 적용된 것이고, 후자는 유기음화규칙이 적용된 후 다시 중복자음화규칙이 적용된 것이다. 그러므로 각 지역별 유기음화규칙의 적용 빈도는 이 둘을 합한 것으로 계산해야 하는데, 그 빈도를 보면 다음과 같다.

청송에서는 3.5번, 고령에서는 4번, 울주, 영덕, 달성에서는 4.5번, 진양, 사천, 선산, 함안, 산청에서는 5번, 금릉에서는 5.5번, 영일, 양산, 하동, 청도에서는 6번, 영천, 의창에서는 6.5번, 통영, 김해, 밀양, 남해, 거제, 의령, 성주에서는 7번, 경산, 의성에서는 7.5번, 합천, 고성, 함양에서는 8번, 울진, 예천, 영풍, 창녕, 칠곡에서는 9번, 월성에서는 9.5번, 문경, 군위, 안동, 거창에서는 10번, 상주, 영양에서는 11번, 봉화에서는 11.5번으로 나타난다.

유기음화의 빈도로 볼 때 영남지역에서 유기음화를 경험하지 않은 군은

218) 여기서의 'kh, k^h, kk^h, g'는 각각 'kh, th, ph', 'k^h, t^h, p^h', 'kk^h, tt^h, pp^h', 'g, d, b'를 대표한다. 이하 같음.

없으며, 영남 이외의 지역으로부터 전파되어 온 유기음화규칙의 영남지역에서의 상륙 거점은 대체로 경북의 북부지역(핵심 지역은 봉화군)이라고 할 수 있다. 그리고 그 개신파는 경북의 남부 및 경남지역으로 전파되어 간 것으로 추정할 수 있다.

유기음화규칙의 적용 정도는 산술적으로 볼 때 15단계로 나눌 수 있다. 그러나 이렇게 여러 단계로 나누는 것은 무의미하므로 여기서는 그 적용 정도를 3단계로 나누어 12개의 어사 중 4개 이하인 지역은 그 적용 정도가 낮은 지역(○)으로, 5개 이상 8개 이하인 지역은 보통의 지역(◐)으로, 9개 이상인 지역은 높은 지역(●)으로 구분하여 지도에 표시하면 아래의 [지도 Ⅲ]과 같다.[219]

〔지도 Ⅲ〕 유기음화 빈도(영남)

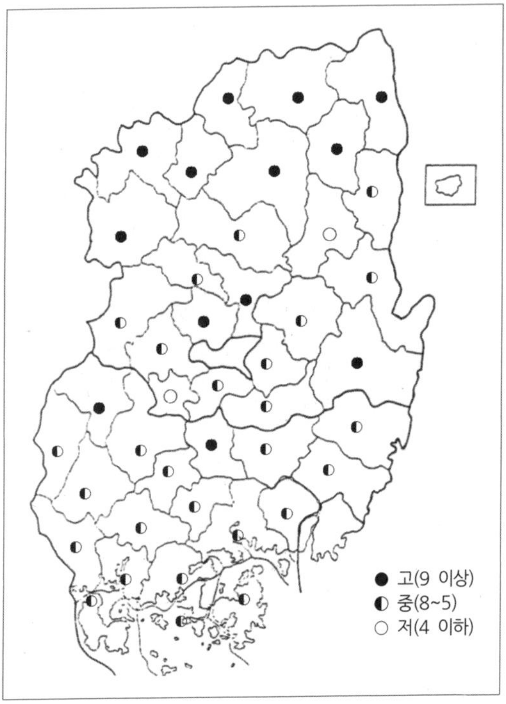

219) 통계 수치에서 0.5인 경우는 1로 계산하였다.

kkʰ는 중복자음화규칙이 적용된 경우인데, 이 경우는 영남방언 중에서는 경북방언에서만 나타나므로 경북방언의 한 특징이 된다. 그 빈도수를 보면, 영덕, 고령에서는 한 번도 나타나지 않고, 달성에서는 0.5번, 영일, 금릉, 선산, 청도, 성주, 칠곡, 의성에서는 1번, 청송, 영천에서는 1.5번, 울진에서는 2번, 경산, 예천에서는 3번, 월성에서는 3.5번, 문경, 안동, 영양, 영풍, 상주, 군위에서는 4번, 봉화에서는 5번으로 나타나므로 중복자음화 역시 유기음화의 경우와 마찬가지로 그 개신지가 경북의 북부 지역(핵심 지역은 봉화군)임을 짐작할 수 있다.

그런데 경북의 북부 지역이 중복자음화의 개신지가 되는 것은, 중복자음화가 유기음화를 전제로 하는 규칙임을 고려할 때, 당연한 귀결이라고 하겠다. 중복자음화의 정도는 산술적으로는 9단계로 나누어 볼 수 있으나 여기서도 역시 세 단계(○ : 1 이하, ◐ : 1.5~3, ● : 3.5 이상)로 나누어 표시하면 [지도 Ⅳ]와 같다.[220)]

220) 여기서 중복자음화의 정도를 3단계로 나눈 점은 앞의 유기음화의 경우와 동일하나 그 내용면에서는 차이가 있다. 즉, 중복자음화의 경우는 그 세력이 아직 강하지 못해 그 정도를 유기음화의 경우와 동일하게 절대적인 빈도로 대비할 경우 봉화군을 제외한 모든 지역이 그 세력이 약한 지역이 된다. 이럴 경우에는 그 세력의 전파 과정이 뚜렷이 드러나지 않으므로 여기서는 중복자음화된 어사들의 상대적 빈도를 지도에 표시하여 그 전파 과정을 한 눈에 볼 수 있게 하였다. 그리고 중복자음화된 어사가 하나도 나타나지 않는 지역은 별도로 x로 표시하였다.

〔지도 Ⅳ〕 중복자음화 빈도(영남)

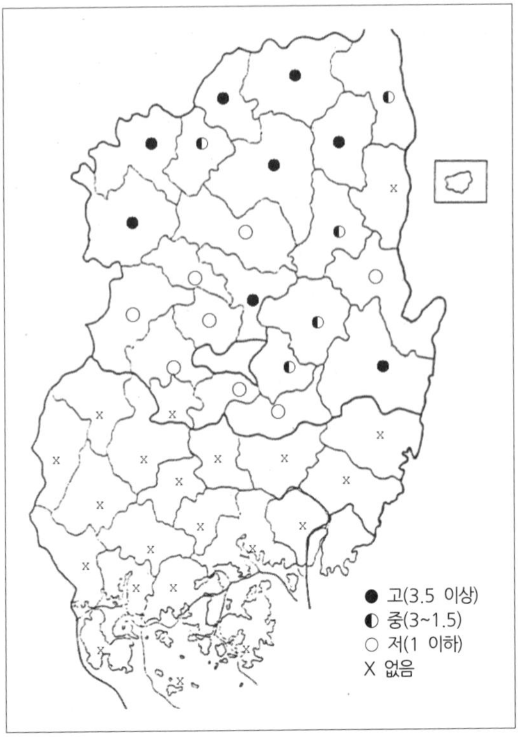

g는 앞에서 살펴 본 바와 같이 kh>gɦ>gʱ>g의 과정을 거쳐 나타난 형태이다. 그리고 타도의 방언형까지 고려할 때 공시적으로도 그 도출 과정을 kh→gɦ→gʱ→g로 해석할 수 있다. 그러나 영남방언에서는 gɦ, gʱ의 실현형은 없고 g만 나타나므로 'ㅎ'탈락규칙이 적용된 것으로 해석된다.

이 규칙은 영풍, 칠곡, 봉화, 군위, 울진, 달성, 문경, 거창, 예천, 성주, 영양, 고령, 상주, 의성, 월성에서는 한 번도 적용되지 않았고, 영천, 영덕에서는 0.5번, 영일, 경산, 청송, 안동, 선산, 청도에서는 1번만 적용되었는데, 거창을 제외하고는 1번 이하로 적용된 지역은 모두 경북에 속하는 군들이다. 합천, 창녕에서는 1.5번, 양산, 함양, 금릉에서는 2번, 의령에서는 2.5번, 고성, 밀양, 거제, 통영, 남해, 김해, 의창에서는 3번, 사천, 진양에서는 4번, 울주에서는 4.5번, 함안, 하동, 산청에서는 5번이나 적용되었는데, 두 번 이상 적용된 군은 금릉(경북)을 제외하면 전부 경남에 속하는 군들이다. 이러한 사실은 이 규칙의 개신지가 경남, 특히 경남의 중서부 지역(함안, 하동, 산청)이며, 그 개신파가 대체로 경남의 동부 지역을 거쳐 경북지역으로 북상하였음을 짐작하게 한다.

규칙의 적용 빈도를 3단계(○ : 0.5~1.5, ◐ : 2~3, ● : 4~5)로 나누어 표시하면 아래의 [지도 V]와 같다.

〔지도 V〕'ㅎ'탈락 빈도(영남)

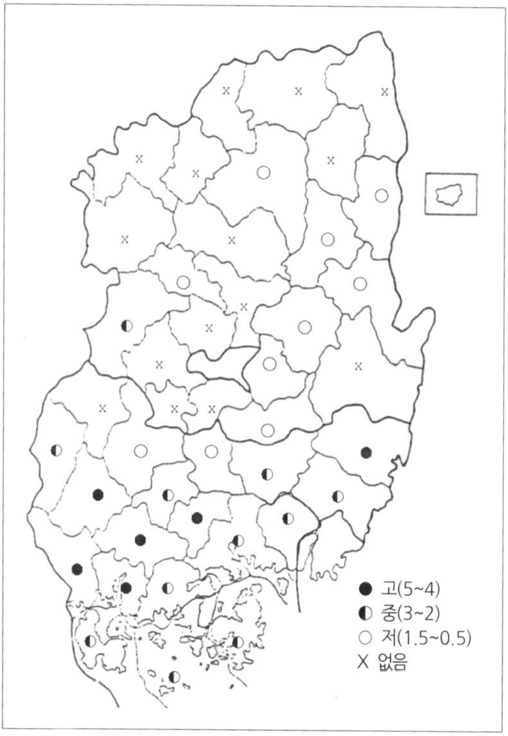

12개 어사에 유기음화규칙, 중복자음화규칙, 그리고 'ㅎ'탈락규칙이 적용된 빈도를 살펴본 결과 유기음화규칙은 영남 이외의 지역에서 발생하여 영남지역으로 전파되고, 중복자음화규칙은 경북지역과 강원도 지역에서 각각 독자적으로 발생하였을 것으로 추정하였다. 그리고 'ㅎ'탈락규칙은 경남지역에서 발생하여 여타 지역으로 전파되었을 것으로 추정하였다.

중복자음화규칙의 경우는, 앞에서 본 바와 같이, 그 규칙이 적용된 예들이 경북과 강원도에 치우쳐 있어 한반도의 여타 방언과의 수수 관계를 굳이 고찰할 필요성을 느끼지 않는다. 그러나 유기음화규칙과 'ㅎ'탈락규칙의 경우는 각각 어디로부터 그 개신파가 전파되어 왔으며 어디로 그것이 전파되어 갔는지 고찰하는 것이 영남방언의 특징을 두드러지게 하는 작업이 될 것으로 판단된다. 그래서 다음에서는 이들 두 규칙이 전국 138개 군(울릉군 제외)에서 적용된 빈도를 조사하여 그것을 지도에 표시함으로써 그들의 전파 과정을 추정해 보기로 한다.

먼저 두 규칙이 12개 어사에 적용된 빈도를 보이면 다음 [표 93]과 같다.

〔표 93〕 유기음화와 'ㅎ'탈락 규칙의 적용 빈도(지역별)

군명	유기음화		'ㅎ'탈락		군명	유기음화		'ㅎ'탈락	
	어사수	비율(%)	어사수	비율(%)		어사수	비율(%)	어사수	비율(%)
101연천	12/12	100	0/12	0	511고창	5/11	45	5/11	45
102파주	12/12	100	0/12	0	512순창	5/12	42	5/12	42
103포천	12/12	100	0/12	0	513남원	5/12	42	5/12	42
104강화	11.5/12	96	0.5/12	4	601영광	5/11	45	0/11	0
105김포	10/11	91	0/11	0	602장성	6/12	50	5/12	42
106고양	11/11	100	0/11	0	603담양	5/11	45	3/11	27
107양주	12/12	100	0/12	0	604곡성	6/12	50	4/12	33
108남양	12/12	100	0/12	0	605구례	6/12	50	4/12	33
109가평	12/12	100	0/12	0	606함평	6/12	50	4/12	33
110옹진	11.5/12	96	0.5/12	4	607광산	6/12	50	3/12	25
111시흥	12/12	100	0/12	0	608신안	6/12	50	3/12	25

군명	유기음화		'ㅎ'탈락		군명	유기음화		'ㅎ'탈락	
	어사수	비율(%)	어사수	비율(%)		어사수	비율(%)	어사수	비율(%)
112광주	12/12	100	0/12	0	609무안	5/11	45	5.5/11	50
113양평	12/12	100	0/12	0	610나주	5/11	45	0/11	0
114화성	12/12	100	0/12	0	611화순	5/11	45	5/11	45
115용인	12/12	100	0/12	0	612승주	5/11	45	2/11	18
116이천	12/12	100	0/12	0	613광양	5/11	45	0/11	0
117여주	12/12	100	0/12	0	614영암	6/12	50	5/12	42
118평택	12/12	100	0/12	0	615진도	6/12	50	1/12	8
119안성	12/12	100	0/12	0	616해남	6/12	50	5/12	42
201철원	11/12	92	0/12	0	617강진	5/12	42	3/12	25
202화천	6/9	67	1/9	11	618장흥	4/10	40	3/10	30
203양구	5/10	50	1/10	10	619보성	5/11	45	5/11	45
204인제	8/12	67	4/12	33	620고흥	4.5/11	41	0.5/11	5
205고성	7/12	58	3/12	25	621여천	5/11	45	3/11	27
206춘성	11/11	100	0/11	0	622완도	5/11	45	2/11	18
207홍천	11/11	100	0/11	0	701영풍	9/10	90	0/10	0
208양양	9/11	82	2/11	18	702봉화	11.5/12	96	0/12	0
209횡성	12/12	100	0/12	0	703울진	10/11	91	0/11	0
210평창	11/12	92	1/12	8	704문경	10/11	91	0/11	0
211명주	12/12	100	0/12	0	705예천	9/10	90	0/10	0
212원성	11/11	100	0/11	0	706안동	10/12	83	1/12	8
213영월	12/12	100	0/12	0	707영양	11/12	92	0/12	0
214정선	12/12	100	0/12	0	708상주	11/11	100	0/11	0
215삼척	11/12	92	0/12	0	709의성	8/12	67	0/12	0
301진천	12/12	100	0/12	0	710청송	4/10	40	1/10	10
302음성	11/11	100	0/11	0	711영덕	4.5/9	50	0.5/9	6
303중원	11/12	92	1/12	8	712금릉	6/11	55	2/11	18
304제원	12/12	100	0/12	0	713선산	5/10	50	1/10	10
305단양	12/12	100	0/12	0	714군위	10/11	91	0/11	0
306청원	12/12	100	0/12	0	715영일	6/8	75	1/8	13
307괴산	12/12	100	0/12	0	716성주	7/11	64	0/11	0
308보은	11.5/12	96	0.5/12	4	717칠곡	9/10	90	0/10	0
309옥천	12/12	100	0/12	0	718경산	8/11	73	1/11	9

군명	유기음화		'ㅎ'탈락		군명	유기음화		'ㅎ'탈락	
	어사수	비율(%)	어사수	비율(%)		어사수	비율(%)	어사수	비율(%)
310영동	12/12	100	0/12	0	719영천	6.5/11	59	0.5/11	5
401서산	6/12	50	1/12	8	720고령	4/10	40	0/10	0
402당진	6/12	50	2/12	17	721달성	5/10	50	0/10	0
403아산	12/12	100	0/12	0	722청도	6/9	67	1/9	11
404천원	12/12	100	0/12	0	723월성	10/11	91	0/11	0
405예산	7/12	58	3/12	25	801거창	10/12	83	0/12	0
406홍성	7/12	58	1/12	8	802합천	8/12	67	2/12	17
407청양	5/12	42	3/12	25	803창녕	9/12	75	3/12	25
408공주	11/12	92	1/12	8	804밀양	7/12	58	3/12	25
409연기	11/12	92	1/12	8	805울주	4.5/11	41	4.5/11	41
410보령	8/12	67	3/12	25	806함양	8/12	67	2/12	17
411부여	9/12	75	2/12	17	807산청	5/11	45	5/11	45
412서천	7/12	58	4/12	33	808의령	7/12	58	2.5/12	21
413논산	8/12	67	1/12	8	809하동	6/12	50	5/12	42
414대덕	11/12	92	1/12	8	810진양	5/11	45	4/11	36
415금산	7/12	58	1/12	8	811함안	5/11	45	5/11	45
501옥구	5/11	45	1/11	9	812의창	6/12	50	3/12	25
502익산	4/11	36	4/11	36	813김해	7/12	58	3/12	25
503완주	4/11	36	4/11	36	814양산	6/11	55	3/11	27
504진안	5/12	42	4/12	33	815사천	5/11	45	4/11	36
505무주	4.5/12	38	5/12	42	816고성	8/12	67	3/12	25
506김제	5/12	42	3/12	25	817남해	7/12	58	3/12	25
507부안	5/12	42	5/12	42	818통영	7/12	58	3/12	25
508정읍	5/12	42	2/12	17	819거제	7/12	58	3/12	25
509임실	5/12	42	4/12	33	901북제	9/9	100	0/9	0
510장수	4/12	33	3/12	25	902남제	9/9	100	0/9	0

다음에서는 [표 93]과 [부록]의 [지도 59] 및 [지도 60]에 의거하여 지역별로 각각의 규칙이 어떻게 수용되었는지 그 양상을 간략히 분석해 보기로 한다.

유기음화규칙은, 전국적으로 보면, 그 빈도가 33%에서 100%까지 걸쳐 있는데, 도별로는 제주(100%)>경기(99.1%)>충북(98.8%)>강원(86.7%)>경북(73.7%)>충남(70.6%)>경남(57.0%)>전남(46.5%)>전북(40.5%)으로 나타나 제주에서 가장 높은 빈도를 보이는 반면 전북에서 가장 낮은 빈도를 보인다. 그리고 최고의 빈도(100%)를 보인 지역은 제주도가 2/2개 군, 경기도가 16/19개 군, 충북이 8/10개 군, 강원도가 7/15개 군, 경북이 1/23(울릉군 제외)개 군, 충남이 2/15개 군으로 나타난다.

유기음화의 빈도가 100%로 나타나는 제주도가 유기음화의 개신지라고 할 수 있겠으나 제주에서 발생한 개신파가 육지로 전파되어 전국적으로 확산되어 갔다고 해석하기에는 어려움이 있다. 그래서 여기서는 제주도 이외의 지역에서 도별 평균이 가장 높고 최고 빈도를 보인 군의 수도 가장 많은 경기 지역을 개신의 중심지로 추정하고자 한다. 그리고 여기서 발생한 개신파가 한편으로는 충북과 충남을 거쳐 전라도지역으로, 다른 한편으로는 강원도를 거쳐 경상도지역으로 전파되어 갔을 것으로 추정하고자 한다.

'ㅎ'탈락규칙은, 전국적으로 보면, 그 빈도가 0%에서 50%까지 걸쳐 있는데, 도별로는 전북(32.9%)>경남(28.0%)>전남(26.1%)>충남(13.2%)>강원(7.0%)>경북(3.9%)>충북(1.2%)>경기(0.4%)>제주(0.0%)로 나타나 전북에서 가장 높은 빈도를 보이는 반면 제주도에서 가장 낮은 빈도를 보인다. 그리고 최고의 빈도인 50%의 빈도를 보인 지역은 전남 무안이고, 그 다음으로 높은 40%대의 빈도를 보인 지역은 전북이 5개 군(무주, 부안, 고창, 순천, 남원), 전남이 5개 군(장성, 화순, 영암, 해남, 보성), 경남이 4개 군(산청, 하동, 울주, 함안)이다.

지역별로 그 세력의 우열을 가늠하기 어려운, 이와 같은 분포는 전북, 전남, 경남이 모두 개신지가 되었을 것이라는 추정을 하게 한다. 그러나 인접한 3개의 도가 모두 개신의 중심지가 되었다고 해석하기에는 다소 미흡한 점이 있다. 그래서 여기서는 지도상에 나타난 분포를 고려하여 전남의 서남 해안 지역을 개신의 중심지로 추정해 두고자 한다.

전남의 서남 해안 지역이 'ㅎ'탈락규칙의 개신지로 추정될 수 있다면 이

지역에서 발생한 개신파는 한편으로는 전남의 동부 지역으로 전파되고, 다른 한편으로는 해로를 따라 전북의 고창, 부안 등지와 충남의 서천으로 전파되었을 것으로 추정된다. 그런 다음 다시 전자의 지역으로부터는 전북의 남부 지역을 거쳐 북부 지역으로 그것이 확산되고, 후자의 지역으로부터는 주로 충남의 서부지역을 따라 그것이 북상해 갔을 것으로 추정된다.

경남의 경우는 전라도로부터 경남의 서부 지역으로 전파된 개신파가 다시 동부 지역으로 전파되는 한편 경북으로도, 미약하기는 하지만, 전파되어 간 것으로 추정된다. 특이하게도 중간 지역들을 뛰어넘어 강원도의 양양, 명주, 인제, 양구, 화천 등지에도 'ㅎ'탈락규칙이 전파되었는데, 그것은 개신파가 해로를 따라 전파되었기 때문인 것으로 추정된다.

2.3. 요약

이 장에서는 『한국방언자료집』의 「음운편」에 수록된 자료들을 활용하여 전국언어지도를 그리고, 그것을 해석함으로써 유기음화와 관련된 영남방언의 특성과 그 전개 양상을 밝히고자 하였다. 그 결과, 유기음화규칙은 경기지역에서 발생하여 영남지역으로 전파되어 온 것으로 추정하였다. 그러나 어사와 지역에 따라 유기음화의 전개 양상은 상당한 차이를 보였는데, 그러한 차이를 보인 주된 이유는 유기음화규칙과 그에 대립되는 'ㅎ'탈락규칙이 상충되었기 때문인 것으로 해석하였다. 그 구체적인 내용을 요약하면 다음과 같다.

(1) 유기음화규칙의 개신지는 경기 지역으로 추정되는데, 이 개신파는 한편으로는 충남북을 거쳐 전라도지역으로 전파되고, 다른 한편으로는 강원도를 거쳐 경상도지역으로 전파되었을 것으로 추정된다.

(2) 중복자음화규칙은 강원도방언과 함께 경북방언의 특징이 된다. 그런

데 경남방언에서는 이 규칙이 전혀 적용되지 않아 그것의 적용 여부는 경남북방언을 구별 짓는 한 기준이 된다.

(3) 'ㅎ'탈락규칙의 개신지는 전남의 서남 해안 지역으로 추정되는데, 이 개신파는 한편으로는 전남의 동부 지역으로 전파되고, 다른 한편으로는 해로를 따라 전북의 고창, 부안 등지와 충남의 서천으로 전파되었을 것으로 추정된다. 경상도지역의 경우는 전라도로부터 경남의 서부 지역으로 개신파가 전파되었으나 경북지역에는 그 세력이 미약하다.

—"유기음화와 관련된 영남방언의 특성과 그 전개"란 제목으로 『인문연구』(영남대) 제19권 제1호, pp.1-37에 수록됨, 1997.

3. 어두경음화

중세 혹은 근대 국어의 어두에서는 평음으로 실현되던 'ㄱ', 'ㄷ', 'ㅂ', 'ㅅ', 'ㅈ'가 현대국어의 여러 방언에서는 그 반영음이 각각 'ㄱ, ㄲ', 'ㄷ, ㄸ', 'ㅂ, ㅃ', 'ㅅ, ㅆ', 'ㅈ, ㅉ' 등으로 실현되어 그동안에 경음화가 이루어져 왔음을 알 수 있다. 그러나 그 내부를 들여다보면 지역에 따라서 경음화의 진척 여부에 상당한 차이가 있음도 알 수 있다. 특히 'ㅅ'의 경음화와 관련해서는 경음화가 전혀 이루어지지 않은 지역도 있음을 알 수 있다.

지역에 따라 경음화의 정도에 차이가 있고, 특히 영남방언에서는 파열음('ㄱ, ㄷ, ㅂ, ㅈ')이냐 마찰음('ㅅ')이냐에 따라 경음화에 차이를 보인 점에 대해서는 기존의 연구에서도 관심을 기울였는데, 그것을 보면 다음과 같다.

최학근(1982 : 323-346)에서는 어두에 사용된 'ㄱ, ㄷ, ㅂ, ㅈ'는 영남방언에서 매우 활발하게 경음화가 이루어지므로 이것을 영남방언의 특징으로 지적하였다. 그러나 'ㅅ'의 경우는 전자의 경우와는 달리 영남의 서부지역에서는 경음화되나 동부지역에서는 경음화되지 않는다고 하였는데 그것이 어느 방언의 특징인지에 대해서는 언급하지 않았다. 'ㅅ'의 경음화가 어느 방언의 특징인지 밝혀지지 않은 것은 표준어와 영남방언만을 비교의 대상으로 삼았기 때문에 국어 방언 전체 속에서 그것이 차지하는 위상을 규정할 수 없었기 때문이다.

김덕호(1993)에서는 어두 'ㅅ'의 비경음화 지역에 대해서 고찰하였는데, 거기서는 어두 'ㅅ' 경음화의 개신지를 서남 방언권으로 보고 있다. 그리고 경북의 청도, 월성, 경산, 영천, 영일 등지는 'ㅅ' 비경음 실현 지역으로 보았는데, 이들 지역에서 경음이 실현되지 않는 것은 신라어가 기층으로 작용했기 때문이라고 해석하였다. 그러나 'ㅅ' 비경음화를 신라어의 기층에 의한 것으로 해석하는 것은 파열음의 경우를 함께 고려하지 않았기 때문에 얻어진 결론으로 이해된다.

다시 말하면, 신라어가 기층으로 작용하여 'ㅅ'의 경음화가 이루어지지 않았다면 'ㄱ, ㄷ, ㅂ, ㅈ'의 경음화도 이루어지지 않았어야 할 텐데 사실은 이들 지역에서 후자의 경음화는, 전국적으로 보아, 가장 강하게 이루어지고 있다. 그렇다면 동일한 경음화에서, 신라어가 전자에서는 경음화의 기층어로, 후자에서는 비경음화의 기층어로 작용한 것으로 해석해야 하는데 이러한 차이가 무엇 때문인지 밝혀져야 할 것이다.

백두현(1992 : 292-299)에서는 영남의 일부 지역에서 'ㅅ'의 경음화가 이루어지지 않은 원인을 두 경우로 가정하여 설명하였다. 첫째는 'ㅅ'와 'ㅿ'가 대립관계를 이루고 있던 시기에는 'ㅅ'가 경음의 성격도 함께 가지고 있었기 때문에 그것이 경음화되지 않았을 것이라고 해석하였다. 둘째는 'ㅄ'가 'ㅆ'로 경음화되는 지역에서는 'ㅆ'가 나타나지만 'ㅂ'가 탈락되는 지역에서는 'ㅅ'만 나타난다고 보았다.

그런데 중세 중앙어에서는 'ㅅ'와 'ㅿ'가 대립관계를 이루고 있을 때 이미 'ㅆ'가 나타나므로 이들의 대립관계가 경음화의 여부를 결정하는 요인은 아닌 듯하다. 둘째의 해석은 'ㅂ'탈락의 여부가 'ㅅ'의 경음화 여부와 관련이 있는 것으로 보고 있는데 이것은 타당한 관찰로 판단된다. 'ㅄ'에서 'ㅂ'가 후행음을 경음화시킨 다음 탈락되면 'ㅆ'가 되고 그냥 탈락되면 'ㅅ'만 남는 것은 당연한 귀결이다. 그렇지만 이 'ㅂ'탈락이 원래부터 어두에 'ㅅ'만을 가진 어사의 경음화, 이를테면, '슷다>씻다'와 같은 경음화를 막는 이유가 무엇인지에 대한 해답은 제공하지 못한다.

최학근(1982 : 323-346)에서 'ㅅ>ㅆ'의 개신지가 논의되지 않은 것이나 김덕호(1993)에서 'ㅅ' 비경음화를 신라어의 기층에 의한 것으로 해석한 것 등은 국어 방언권 전체 속에서 파열음이나 마찰음의 경음화가 다루어지지 않고 주로 중앙어(표준어)와만 비교가 이루어졌기 때문이다. 그 결과 방언 상호간에는 그것의 변화에 어떠한 차이가 있는지, 또 그 변화의 개신지는 어디인지, 개신파는 어디에서 어디로 전파되어 가고 있는지 등에 대해서는 알 수가 없는 실정이다. 다시 말하면, 어두경음화와 관련된 비교, 대조적 연구가 이루어지지 않음으로써 방언 상호간의 수수 관계를 파악하기 어려운 실정이다.

방언 상호간의 비교, 대조에 의한 연구, 특히 전국적인 차원에서의 비교, 대조가 부진한 것은 방언 자료의 수집에 어려움이 있기 때문임은 두말할 필요도 없다. 그런데 다행히도 『한국방언자료집』이 간행됨에 따라 각 지역 방언의 어휘, 음운, 형태 등의 연구는 물론이고, 이들의 비교를 통해 각 방언의 특징을 밝히는 일이 가능해졌으며, 전국적인 언어지도의 작성을 통해 방언 상호간의 수수 관계를 밝히는 일도 가능해졌다.

이 장에서는 ① 『한국방언자료집』에 나타난 자료들을 활용하여 어두경음화의 실상을 분석하고, ② 분석 결과를 바탕으로 어두경음화의 빈도를 군 단위로 통계 처리하며, ③ 통계 처리 과정에서 밝혀진 변화 빈도를 바탕으로 전국언어지도를 작성하고자 한다. ④ 그런 다음 각 군 단위의 변화 빈도를 비교하고, 언어지도를 해석함으로써 파열음의 어두경음화와 마찰음의 그것을 구분하여 각각의 개신지와 개신파의 전파 과정을 추정해 보고자 한다.

3.1. 변화의 실제

고대국어의 자음체계에는 평음과 유기음 계열은 존재했으나 경음계열은 존재하지 않았을 것으로 추정하고 있다(박병채 1971 : 307-317, 이기문 1972b : 89-91). 그러나 중세국어의 자음체계에는 평음과 유기음 계열은 물론이고 경음 계열도 존재하였을 것으로 추정하고 있다(이기문 1972b : 47-55, 허웅 1982 : 378). 그렇다면 고대국어와 중세국어 사이의 어느 시기에 경음이 발생했다고 할 수 있겠는데, 그 발생 원인에 대한 견해들을 보면 다음과 같다.

김형규(1978 : 65-78)에서는 합용병서를 국어 경음의 원류로 보고 있다. 즉, 'ㅂ'계 합용병서의 'ㅂ'는 원래 제 음가를 가지고 있었으나 후대에 와서 후행음을 경음화시킴으로써 경음이 발달하게 된 것으로 보고 있다. 그리고 'ㅅ'계 합용병서의 경음화는 다시 세 경우로 나누어 설명하였다. 첫째는 기원적으로는 'ㅂ'계였으나 경음화되어 'ㅅ'계로 표기된 경우, 둘째는 기원적으로는 'ㅅ' 두음을 가진 음절이었으나 모음의 탈락으로 'ㅅ'계 병서가 되고 이것이 다시 경음으로 바뀐 경우, 셋째는 어두 평음의 강음화(경음화) 현상에 의해 'ㅅ'계 병서로 표기된 경우로 나누어 설명하였다. 이 견해는 경음의 발달이 자생적이냐의 여부에 따라 두 경우로 나눌 수 있는데, 평음의 강음화(경음화)는 자생적 변화이고 여타의 경우는 비자생적(결합적) 변화이다.

이기문(1972b : 53-55)에서는 어두 경음화의 원인을 ① 표현의 강화, ② 사이시옷과 결합된 발음의 일반화, ③ 후행 음절의 경음에 의한 역행동화 등으로 보고 있다. 이 견해에서 ①은 자생적 변화를, ②와 ③은 비자생적 변화를 나타낸다.

앞에서 본 김형규(1978 : 65-78)에서나 이기문(1972b : 53-55)에서나 다 같이 자생적 변화와 비자생적 변화를 어두경음화의 원인으로 언급하고[221] 있지

221) 위진(2008 : 115-116)에는 기존의 연구들에서 언급되었던 심리작용, 음운환경 이외에 의미 분화가 경음화의 원인으로 추가되어 있다.

만 양자 중 어느 쪽이 먼저 경음화 되었는지에 대해서는 달리 언급이 없다. 그런데 이 문제는 국어음운사에서 경음이 음운으로 자리 잡게 된 연원을 밝혀 주는 일이 됨과 동시에 현대국어에서 'ㅆ'를 음운으로 가지지 않은 방언이 존재하게 된 이유가 무엇인지를 밝히는 관건이 된다.

고대국어와 중세국어 사이의 어느 시기에 경음이 발생했다면 그것을 확인하기 위해서는 신라나 고려 시대의 언어 자료를 분석하는 작업이 선행되어야 할 것이다. 그러나 한자를 빌어 표기된 신라어나 고려어의 자료를 통해 경음화의 여부를 판단하는 일은 자료상의 제약 때문에 자의적 해석에 빠질 우려가 있다. 그래서 여기서는 15세기 이후의 변화를 통해 그 이전의 변화 경향을 추정해 보기로 하는데 그것은 언어 변화의 계속성을 믿기 때문이다.

다음에서는 근대 이전의 국어에서 어두복자음을 가졌던 어사와 단자음 'ㄱ, ㄷ, ㅂ, ㅅ, ㅈ'를 가졌던 어사가 현대국어에서 각각 경음화된 정도를 비교함으로써 경음화의 선후 관계를 밝혀 보기로 한다.

근대 이전의 국어에서 어두복자음을 가졌던 어사들로서『한국방언자료집』에 그 현대 방언형이 조사되어 있는 어사로는

① 'ㅴ'계 어사가 7개(깨(<ᄢᅢ, 사해 상 : 10), 깨-(<ᄢᅢ-, 破, 능엄 2 : 48), 꾸-(<ᄢᅮ-, 借, 삼강 효 : 9), 끄-(<ᄢᅳ-, 석보 6 : 33), 끼-(<ᄢᅵ-, 挾, 두초 10 : 26), 까-(<ᄢᆞ-, 석보 13 : 10), 꿰-(<ᄢᅰ-, 월곡 14)) 있고,

② 'ㅂ'계 어사가 22개(따로따로(<ᄠᆞ로, 석보 6 : 7), 따르-(<ᄠᆞ로-, 박중 하 : 24), 따-(<ᄠᆞ-, 摘, 월곡 99), 딸기(<ᄠᆞᆯ기, 자회 상 : 12), 때(<ᄠᆡ, 垢, 석보 6 : 27), 떫-(<ᄠᅥᆲ-, 두초 18 : 16), 떼(<ᄠᅦ, 群, 노걸 하 : 22), 떼-(<ᄠᅦ-, 소언 5 : 101), 뛰-(<ᄠᅱ-, 躍, 금삼 2 : 12), 뜨-(<ᄠᅳ-, 浮, 능엄 1 : 47), 뜯기-(<ᄠᅳᆮ-, 摘, 두초 20 : 51), 뜰(<ᄠᅳᇙ, 두초 8 : 17), 띄우-(<ᄠᅴ오-, 월석 8 : 99), 싸-(<ᄡᆞ-, 尿, 구간 1 : 43), 쌀밥(<ᄡᆞᆯ밥, 두초 22 : 20), 쐐기(<ᄡᅩ야기, 물보), 쑤시-(<ᄡᅮ시-, 계축 9), 씌우-(<ᄡᅴ우-, 법화 4 : 35), 찌-(<ᄧᅵ-, 蒸, 능엄 6 : 89), 짜-(<ᄧᆞ-, 법화 7 : 119), 짝짝이(<ᄧᅡᆨᄧᅡᆨ이, 몽류 하 : 17), 쫓-(<ᄧᅩᆾ-, 월석 10 : 24)) 있

으며,

③ ‘ㅅ’계 어사가 28개(깨끗이(<ᄶᆡᄀᆞ지, 마언 하 : 19), 꼬-(<ᄭᅩ-, 월석 13 : 62), 꽈리(<ᄭᅪ리, 구방 상 : 63), 꾸-(<ᄭᅮ-, 夢, 월곡 67), 꿈(<ᄭᅮᆷ, 용가 13), 꿩(<ᄭᅯᆼ, 용가 88), 꿰매-(<ᄭᅰᄆᆡ-, 여사 3 : 6), 뀌-(<ᄭᅱ-, 청구 113), 끓-(<ᄭᅳᆶ-, 삼역 1 : 16), 끼-(<ᄭᅵ-(이끼), 월석 2 : 75), 끼-(<ᄭᅵ-(반지), 능엄 4 : 62), 까닭(<ᄭᆞ닭, 한중 566), 깔-(<ᄭᆞᆯ-, 월곡 66), 깨-(<ᄭᆡ-, 覺, 석보 9 : 31), 때리-(<ᄯᅡ리-, 경신 6), 떡(<ᄯᅥᆨ, 월석 1 : 42), 또아리(<ᄯᅩ아리, 유물 5), 똥(<ᄯᅩᆼ, 법화 1 : 4), 뜨-(<ᄯᅳ-, 揖, 두초 15 : 24), 땀띠(<ᄯᆞᆷ되야기, 자회 중 : 33), 땅거미(<ᄯᅡᇮ, 훈해 합자), 뺨(<ᄲᅣᆷ, 유합 상 : 21), 뼈(<ᄲᅧ, 자회 상 : 28), 뽑-(<ᄲᅩᆸ-, 번박 상 : 44), 뽕나무(<ᄲᅩᆼ나모, 자회 상 : 10), 뾰족하-(<ᄲᅭ죡ᄒᆞ-, 청구 120), 빨-(<ᄲᆞᆯ-, 濯, 월석 2 : 51), 빨리(<ᄲᆞᆯ리, 석보 6 : 40)) 있다.

그런데 ‘ㅂ’계의 ‘ㅄ’를 제외한 복자음은 전국 138개 군에서 모두 100%의 경음화율을 보이고, ‘ㅄ’는 88%의 경음화율을 보인다.[222] ‘ㅄ’가 다른 복자음과는 달리 88%의 경음화율을 보이는 것은 경상도의 일부 지역에서 ‘ㅂ’탈락규칙이 적용되어 ‘ㅅ’만 남았기 때문이다. 100%의 경음화율을 보인 경우는 제외하고 ‘ㅄ’의 경우만 어사별 경음화율을 보이면 [표 94]와 같다.

222) “15세기 국어 표기에 사용된 합용병서자(‘ㅴ, ㅵ, ㅲ, ㅄ, ㅶ, ㅺ, ㅼ, ㅽ’)의 음가에 대해서는 모두 철자대로 발음되었다고 보는 견해(최현배 1940, 허웅 1982, 박창원 1991), 모두 경음으로 발음되었다고 보는 견해(김민수 1955, 박병채 1989, 이동림 1964, 도수희 1971, 우민섭 1988), 그리고 ‘ㅂ’계는 자음군으로, ‘ㅅ’계는 경음으로, ‘ㅄ’계는 ‘ㅂ’와 경음의 결합으로 보는 견해(이기문 1972b, 이숭녕 1982, 이남덕 1968, 오정란 1988) 등”이 있으나 동일 부류 내에서도 세부적으로는 차이를 보이기도 한다(오종갑 1996 참고). 여기서는 ‘모두 철자대로 발음되었다’는 견해를 따르기로 한다.
그리고 복자음의 경음화 과정은 ‘ㅄ’계가 17세기에 들어와서 그 일부가 ‘ㅅ’계와, 다른 일부가 ‘ㅂ’계와 합류되었으며, ‘ㅅ’계는 16세기에, ‘ㅂ’계는 17세기 말에 각각 경음으로 바뀌어 경음화가 완성된 것으로 본다(허웅 1982 : 460 참고). 이 장에서는 편의상 ‘ㅄ’계, ‘ㅂ’계, ‘ㅅ’계의 경음화를 구분하지 않고 ‘복자음 경음화’로 부르기로 한다.

〔표 94〕 ‘ㅄ’의 경음화(‘ㅄ>ㅆ’) 빈도

자음	어사	군의 수	비율(%)
ㅄ	싸-(<ᄡᅡ-, 尿)	125/138	91
	쌀밥(<ᄡᆞㄹ밥)	126/138	91
	쐐기(<ᄡᅬ야기)	88/105	84
	쑤시-(<ᄡᅮ시-)	100/109	92
	씌우-(<ᄡᅴ우-)	102/126	81
	평균	108/123	88

『한국방언자료집』에는 어두 단자음의 경음화와 관련된 69개의 어사가 발견된다.223) 다음에서는 이들을 자음의 종류별(‘ㄱ’계 34개, ‘ㄷ’계 10개, ‘ㅂ’계 7

223) 실제로는 이보다 더 많은 어사가 발견된다. 그러나 여기서는 중세 혹은 근대 국어에서 평음을 두음으로 가진, 기원적인 어사가 발견되고 또 전국 138개 군(울릉군 제외) 중 최소한 한 개 이상의 군에서 경음으로 실현되는 어사들을 중심으로 어두경음화를 고찰하였다. 통계 처리된 어사를 제시하면 다음과 같다.
‘ㄱ’계 : 꽃(<곶, 용가 2), 가루(<ᄀᆞᄅᆞ, 법화 1 : 223), 가시(<가싀, 동문 상 : 63), 가위(<ᄀᆞᇫ애, 번박 상 : 39), 가지(茄子, 자회 상 : 13), 갈퀴(<갈키, 동문 하 : 16), 감다(<ᄀᆞᆷ-, 洗, 석보 9 : 22), 개구리(<개고리, 유합 상 : 15), 개암(<개옴, 자회 상 : 11), 검은자위(<검-, 두초 15 : 30), 게(월곡 10 : 9), 게으르-(삼강 열11), 고갱이(<고ᄀᆡ양, 구간 1 : 42), 고들빼기(<고돌ᄡᆡᆨ이, 해동 p.95), 고양이(유물 1), 고욤(자회 상 : 12), 고지(<고ᅀᅩ-, 烹, 자회 하 : 13), 고치(<고티, 훈해 용자), 곱하다(<곱-, 월석 1 : 48), 괭이(<광이, 태평 1 : 119), 구기다(<구긔-, 동문 상 : 56), 구린내(<구리-, 구간 3 : 40), 구석(소언 2 : 10), 굴뚝(<굴ᄯᅮᆨ, 동문 상 : 35), 굵다(석보 6 : 32), 굽는다(월석 2 : 9), 그릇(월곡 4), 그을렀다(역보 56), 그을음(유물 5), 긁지(월석 7 : 18), 긋다 (<그ᅀᅳ-, 劃, 두초 22 : 33), 까치(<가치, 용가 7), 깎아야(<갉-, 월곡 120), 꽂아(곶-, 두초 24 : 8).
‘ㄷ’계 : 다듬다(<다돔-, 번박 상 : 52), 다듬이질(<다돔이, 박중 중 : 4), 닦지(<닸-, 석보 9 : 35), 두꺼비(<둗거비, 사해 하 : 31), 두껍다(<둗겁-, 법화 6 : 18), 두더지(<두더쥐, 역어 하 : 33), 두드리다(능엄 7 : 18), 두지(碁, 동문 하 : 32), 뜸부기(<듬브기, 자회 상 : 17), 찧고(<딯-, 두초 7 : 18).
‘ㅂ’계 : 박쥐(<붉쥐, 구간 6 : 68), 번데기(<본도기, 자회 상 : 22), 번지(平板, 물보), 병아리(유물), 부뚜막(<붓두막, 역보 14), 붉다(<븕-, 두초 7 : 26), 뿌리(<불휘, 용가 2).
‘ㅅ’계 : 써레(<서흐레, 자회 하 : 31), 수수(<슈슈, 자회 상 : 12), 시래기(<시락이, 물보), 씻다(<슷-, 구간 6 : 86), 삵괭이(<ᄉᆞᆰ, 자회 상 : 19), 쇠서(<쇠-, 구방 하 : 48), 삶고(<ᄉᆞᇝ-, 월석 23 : 80), 씻어라(<슷-, 자회 하 : 20), 썩지(<석-, 능엄 4 : 80), 삯이(<삯, 번박 상 : 11), 쏟지(<솓-, 훈해 합자), 삶지(<ᄉᆞᇝ-, 능엄 1 : 81), 속(<속, 월석 1 : 13), 속이다(<소기-, 능엄 8 : 77).

개, ‘ㅅ’계 14개, ‘ㅈ’계 4개)로 나누어 각 어사들의 경음화 여부와 그 분포 지역을 살펴보기로 한다.

먼저 이들의 각각이 전국 138개 군에서 경음화되어 실현되는 군의 수를 보이면 다음의 [표 95]와 같다.

〔표 95〕 어두경음화의 실현 빈도(‘ㄱ, ㄷ, ㅂ, ㅅ, ㅈ’)

자음	어사	군의 수	비율(%)	자음	어사	군의 수	비율(%)
ㄱ	꽃	138/138	100	ㄷ	찧고	138/138	100
	가루	1/138	1		다듬이질	57/138	41
	굵다	1/134	1		두껍다	59/138	43
	그릇	1/138	1		다듬다	65/138	47
	고양이	2/138	1		두꺼비	68/135	50
	가위	4/138	3		닭지	95/138	69
	구석	6/138	4		두드리다	109/138	79
	게	12/138	9		뜸부기	119/123	97
	고욤	12/122	10		평균	75/136	55
	굴뚝	24/138	17	ㅂ	부뚜막	5/136	4
	게으르다	24/138	17		번지	4/72	6
	긁지	29/134	22		붉다	45/126	36
	고지(엿)	33/138	24		병아리	57/138	41
	곱하다	36/126	29		번데기	49/113	43
	가지	49/138	36		박쥐	69/135	51
	갈퀴	52/137	38		뿌리	138/138	100
	긋다	45/118	38		평균	52/123	40
	구린내	54/138	39	ㅅ	쇠서	6/138	4
	고들빼기	45/111	41		속	19/138	14
	굽는다	59/138	43		속이다	28/138	20
	고갱이	28/62	45		삵괭이	37/137	27
	검은자위	59/121	49		수수	59/136	43
	괭이	72/138	52		삶고	77/138	56

‘ㅈ’계 : 작다(<쟉-, 유합 하 : 47), 저리다(동문 하 : 7), 주름살(<주룸, 자회 중 : 23), 집다(남명 하 : 70).

자음	어사	군의 수	비율(%)	자음	어사	군의 수	비율(%)
ㄱ	개구리	82/136	60	ㅅ	시래기	79/136	58
	감다	82/136	60		삯이	78/128	61
	고치	82/133	62		삶지	84/138	61
	개암	80/130	62		씻어라	88/138	64
	가시	74/106	70		씻다	95/137	69
	구기다	118/138	86		썩지	113/138	82
	그을음	120/136	88		쏟지	113/130	87
	깎아야	125/138	91		써레	123/136	90
	그을렸다	125/134	93		평균	71/136	53
	까치	135/136	99	ㅈ	저리다	3/131	2
	꽂아	133/133	100		주름살	5/115	4
	평균	57/131	44		작다	10/138	7
ㄷ	두더지	6/135	4		집다	12/138	9
	두지	31/138	22		평균	8/131	6

위의 [표 95]에 의하면 'ㄱ'계 어사 중에는 '가루, 굵다, 그릇, 고양이'처럼 1/138개 군에서만 경음화되는 어사들이 있는가 하면 '꽂'처럼 138/138개 군에서 경음화되는 어사도 있어 어사별로 경음화의 정도에 상당한 차이가 있음을 알 수 있다. 그러나 이러한 경음화 빈도의 차이가 무엇에 연유하는지는 알 수가 없다. 'ㄱ'계 어사의 경음화율은 평균 44%에 이른다. 'ㄷ'계 어사는 6/135개 군에서 138/138개 군에 이르기까지 경음화가 이루어졌는데 경음화율은 평균 55%에 이른다.

'ㅂ'계 어사는 5/136개 군에서 138/138개 군에 이르기까지 경음화가 이루어졌는데 경음화율은 평균 40%에 이르고, 'ㅅ'계 어사는 6/138개 군에서 123/136 군에 이르기까지 경음화가 이루어졌는데 경음화율은 평균 53%에 이른다. 그리고 'ㅈ'계 어사는 3/131개 군에서 12/138개 군에 이르기까지 경음화가 이루어졌는데 경음화율은 평균 6%에 이른다. 여기서 주목되는 것은 'ㅈ'의 경우가 'ㄱ, ㄷ, ㅂ, ㅅ'의 경우보다 경음화율이 현저히 낮은 점인

데,[224] 이것은 국어음운사에서 전자의 경음이 후자의 경음보다 늦게 발달했음을 의미한다.[225]

앞에서 본 어두 복자음의 경음화율('ㅄ'를 제외한 복자음 100%, 'ㅄ' 88%)과 여기서 본 어두 단자음의 경음화율('ㄱ(44%), ㄷ(55%), ㅂ(40%), ㅅ(53%), ㅈ(6%)')의 차이는 단자음보다는 복자음의 경음화가 먼저 이루어졌을 가능성을 말해 준다. 즉 국어음운사에서 경음이 음운으로 자리 잡게 된 것은 단자음의 경음화(자생적 변화)에 의한 것이 아니라 복자음의 경음화(결합적 변화)에 의한 것이었을 가능성을 말해 준다.

3.2. 규칙의 전개 양상

국어음운사에서 경음이 음운으로 자리 잡게 된 것은 어두복자음이 경음화되었기 때문일 것이란 가능성을 앞에서 제기했다. 그리고 그에 이어 자생적 변화에 의해 어두의 단자음(평음)이 경음화됨으로써 경음을 지닌 어사는 크게 불어난 것으로 추정된다. 다음에서는 이 두 경우의 경음화가 전국의 138개 군(울릉군 제외)에서 어느 정도로 진척되었는지를 살펴보기로 한다.

그런데 'ㅄ'를 제외한 여타의 복자음은 전국의 모든 군에서 경음화가 완성되었으므로[226] 이 경우에 해당되는 어사들의 경음화 빈도를 군 단위로 제시하는 것은 무의미하다. 그래서 여기서는 'ㅄ'경음화규칙('ㅄ>ㅆ')과 상충하는 관계에 있던 'ㅂ'탈락규칙('ㅄ>ㅅ')의 경우만 살펴보기로 하는데, 그

224) 위진(2008 : 131)에서는 "조음위치가 성대와 가까운 자음일수록" 어두경음화의 빈도가 높은 것으로 보아('ㄱ>ㅈ>ㅅ>ㄷ>ㅂ') 여기와는 차이가 있다.

225) 이기문(1972b : 52-53)에서는 15세기 국어에 'ㄱ, ㄷ, ㅂ, ㅅ, ㅎ'의 경음은 있었으나 'ㅈ'의 경음은 근대어에 와서 발달한 것으로 보고 있다.

226) 이 때문에 어두 복자음의 경음화가 어느 지역에서 먼저 발생하였는지 현대 방언 자료만으로 그 개신지를 추정하기는 불가능하다.

것의 적용 빈도는 [표 96]과 같고,[227] 그 빈도를 지도에 표시하면 [지도 61]과 같다.

〔표 96〕 'ㅂ'탈락('ㅄ>ㅅ')규칙의 적용 빈도(지역별)

군명	어사수	비율(%)	군명	어사수	비율(%)	군명	어사수	비율(%)
213영월	1/5	20	701영풍	1/3	33	714군위	3/4	75
308보은	1/5	20	702봉화	1/3	33	715영일	3/3	100
413논산	1/5	20	703울진	2/3	67	716성주	2/4	50
601영광	1/5	20	704문경	3/5	60	717칠곡	1/3	33
602장성	1/5	20	705예천	2/4	50	718경산	3/3	100
603담양	1/5	20	706안동	2/4	50	719영천	5/5	100
606함평	1/5	20	707영양	1/3	33	720고령	5/5	100
607광산	1/5	20	708상주	1/3	33	721달성	4/4	100
609무안	1/5	20	709의성	1/3	33	722청도	3/4	75
610나주	1/5	20	710청송	4/4	100	723월성	4/4	100
613광양	1/5	20	711영덕	3/3	100	804밀양	2/4	50
614영암	1/5	20	712금릉	1/3	33	814양산	2/2	100
615진도	2/5	40	713선산	2/3	67			

[표 96]에 의하면 'ㅂ'탈락규칙('ㅄ>ㅅ')이 가장 많이 적용된 지역은 청송, 영덕, 영일, 경산, 영천, 고령, 달성, 월성, 양산 등지로서 그 적용률이 100%임을 알 수 있는데, 경남의 양산을 제외하면 전부 경북의 동남부 지역에 해당된다. 그러므로 이들 지역을 'ㅂ'탈락규칙의 개신지로 추정하여도 무리는 없을 것으로 판단된다. 그리고 이들 지역에서 발생된 개신파는 한편으로는 경북의 서북부 지역으로 전파되고 다른 한편으로는 미약하나마 해로를 통해 전남의 서부 지역으로 전파되어 간 것으로 추정된다.

다음에서는 단자음(평음)의 경음화가 전국의 138개 군(울릉군 제외)에서 어느 정도로 진척되었는지를 폐쇄음('ㄱ, ㄷ, ㅂ, ㅈ')의 경우와 마찰음('ㅅ')의 경

227) 적용 빈도가 0인 지역은 번거로움을 피하기 위해 제시하지 않았다.

우로 구분하여 살펴보기로 한다.

먼저 폐쇄음('ㄱ, ㄷ, ㅂ, ㅈ')을 두음으로 가진 55개의 어사가 전국 138개 군(울릉군 제외)에서 경음으로 실현된 빈도를 보이면 [표 97]과 같고, 그것을 지도에 표시하면 [지도 62]와 같다.

〔표 97〕 어두경음화 실현 빈도(폐쇄음 종합, 지역별)

군명	어사수	비율(%)	군명	어사수	비율(%)	군명	어사수	비율(%)
101연천	12/54	22	403아산	14/55	25	621여천	29/51	57
102파주	9/55	16	404천원	13/55	24	622완도	19/48	40
103포천	11/55	20	405예산	14/55	25	701영풍	34/52	65
104강화	9/53	17	406홍성	11/55	20	702봉화	31/52	60
105김포	11/55	20	407청양	16/54	30	703울진	35/52	67
106고양	9/53	17	408공주	14/55	25	704문경	32/52	62
107양주	9/55	16	409연기	15/55	27	705예천	37/54	69
108남양	9/55	16	410보령	10/53	19	706안동	31/51	61
109가평	12/55	22	411부여	15/54	28	707영양	33/51	65
110옹진	11/52	21	412서천	11/54	20	708상주	33/52	63
111시흥	11/55	20	413논산	12/54	22	709의성	34/53	64
112광주	12/55	22	414대덕	18/55	33	710청송	36/52	69
113양평	11/55	20	415금산	16/53	30	711영덕	31/52	60
114화성	10/55	18	501옥구	13/54	24	712금릉	30/49	61
115용인	14/55	25	502익산	14/53	26	713선산	35/51	69
116이천	16/55	29	503완주	12/53	23	714군위	33/53	62
117여주	14/55	25	504진안	22/54	41	715영일	36/51	71
118평택	10/55	18	505무주	26/54	48	716성주	32/51	63
119안성	16/55	29	506김제	21/53	40	717칠곡	34/52	65
201철원	9/52	17	507부안	20/53	38	718경산	38/52	73
202화천	10/50	20	508정읍	21/52	40	719영천	39/54	72
203양구	11/51	22	509임실	24/53	45	720고령	34/51	67
204인제	14/52	27	510장수	26/53	49	721달성	38/52	73
205고성	16/51	31	511고창	24/52	46	722청도	39/54	72
206춘성	12/54	22	512순창	22/52	42	723월성	44/55	80
207홍천	13/53	25	513남원	25/53	47	801거창	34/51	67

군명	어사수	비율(%)	군명	어사수	비율(%)	군명	어사수	비율(%)
208양양	11/52	21	601영광	22/47	47	802합천	36/49	73
209횡성	12/53	23	602장성	20/50	40	803창녕	36/50	72
210평창	23/49	47	603담양	23/53	43	804밀양	38/51	75
211명주	22/51	43	604곡성	24/52	46	805울주	36/50	72
212원성	17/51	33	605구례	29/51	57	806함양	33/51	65
213영월	25/52	48	606함평	24/51	47	807산청	27/49	55
214정선	27/52	52	607광산	20/47	43	808의령	32/51	63
215삼척	24/49	49	608신안	21/47	45	809하동	25/50	50
301진천	15/55	27	609무안	21/50	42	810진양	32/49	65
302음성	16/55	29	610나주	26/51	51	811함안	30/51	59
303중원	16/55	29	611화순	19/50	38	812의창	35/50	70
304제원	16/55	29	612승주	31/51	61	813김해	32/50	64
305단양	25/54	46	613광양	31/52	60	814양산	38/50	76
306청원	15/55	27	614영암	23/48	48	815사천	31/50	62
307괴산	20/55	36	615진도	18/48	38	816고성	33/51	65
308보은	23/55	42	616해남	21/52	40	817남해	29/50	58
309옥천	23/55	42	617강진	22/50	44	818통영	29/49	59
310영동	28/55	51	618장흥	23/50	46	819거제	29/49	59
401서산	11/54	20	619보성	22/50	44	901북제	12/42	29
402당진	13/54	24	620고흥	26/48	54	902남제	14/42	33

[표 97]에 의거하여 각 지역별 어두경음화('ㄱ, ㄷ, ㅂ, ㅈ')의 경향을 분석하면 다음과 같다.228)

경기도에서 어두경음화의 빈도가 상대적으로 높은 지역은 이천(29%), 안성(29%), 여주(25%), 용인(25%)이고, 여타 지역은 20%로부터 16%에까지 걸쳐 있다. 그런데 앞의 네 지역은 경기도의 남동부 지역으로서 용인을 제외하고는 충청남북도의 음성, 진천, 천원과 각각 접경하고 있음을 감안할 때 경음

228) 폐쇄음('ㄱ, ㄷ, ㅂ, ㅈ')의 경음화율을 도별로 보면 다음과 같다.
경북(67%)>경남(65%)>전남(47%)>전북(39%)>충북(36%)>강원(32%)>제주(31%)>충남(25%)>경기(21%)

화의 개신파는 이들 지역으로부터 전파된 것으로 추정된다. 경기도 19개 군 전체의 평균 경음화율은 21%로서 전국 9개 도 중에서 가장 낮다.

강원도에서 어두경음화의 비율이 높은 지역은 50%대의 정선, 40%대의 삼척, 영월, 평창, 명주 등지인데, 이들 지역은 경북 북부 지역으로부터 개신파가 전파되어 온 것으로 판단된다. 강원도의 여타 지역은 북부 지역으로 가면서 30%대, 20%대, 10%대로 경음화율이 줄어드는데 이것은 방언 전파의 전형적 모습을 보인 것이다. 강원도 15개 군 전체의 평균 경음화율은 32%로서, 전국적으로 볼 때, 낮은 편에 속한다.

충북에서 어두경음화의 비율이 높은 지역은 50%대의 영동, 40%대의 단양, 보은, 옥천 등지인데, 이들 지역은 경북 서부 지역으로부터 개신파의 영향을 받은 것으로 보인다. 여타 지역은 30%대와 20%대의 경음화율을 보여주는데 이들 지역은 앞의 네 지역으로부터 영향을 받음과 동시에 경북 서부 지역으로부터도 영향을 받은 것으로 판단된다. 충북 10개 군 전체의 평균 경음화율은 36%로서, 전국적으로 볼 때, 중간 정도에 해당된다.

충남에서 어두경음화율이 높은 지역은 30%대의 대덕, 금산, 청양이고, 여타 지역은 20%대와 10%대의 경음화율을 보인다. 그런데 서쪽으로 갈수록 그 비율이 낮아지는 것으로 보아 개신파가 주로 충북으로부터 전파된 것으로 추측된다. 충남 15개 군 전체의 평균 경음화율은 25%로서, 전국적으로 볼 때, 경기도 다음으로 그 비율이 낮다.

전북에서 어두경음화율이 높은 지역은 40%대의 장수, 무주, 남원, 고창, 임실, 순창, 진안, 김제, 정읍 등지이고, 여타 지역은 30%대와 20%대의 경음화율을 보인다. 그런데 이들 중 무주, 장수, 남원이 경북 혹은 경남의 서부 지역과 접경하고 고창과 순창은 전남과 접경하고 있음을 감안할 때 전북의 동부 지역으로는 경상도로부터, 전북의 남부 지역으로는 전남으로부터 경음화의 개신파가 전파되었을 것으로 추정된다. 전북 13개 군 전체의 평균 경음화율은 39%로서, 전국적으로 볼 때, 중간 정도에 해당된다.

전남에서 어두경음화율이 높은 지역은 60%대의 승주, 광양, 50%대의 구례, 여천, 고흥, 나주 등지인데, 이들 중 구례와 광양이 경남의 하동과 접경하고 있으므로 하동으로부터 개신파가 전파되어 왔을 것으로 추정할 수 있다. 그러나 하동의 경우는 경음화율이 50%로서 구례와 광양의 57%, 60%보다 낮으므로 하동으로부터 개신파가 전해 온 것으로 해석하기는 어렵다. 그래서 여기서는 경남의 남부 해안·도서 지역으로부터 해로를 통해 그 개신파가 이들 지역으로 전파되고, 그것이 다시 전남의 서부 지역으로 전파되어 갔을 것으로 추정하고자 한다. 전남 22개 군 전체의 평균 경음화율은 47%로서, 전국적으로 볼 때, 중간 정도에 해당된다.

경북에서 어두경음화율이 높은 지역은 80%대의 월성, 70%대의 달성, 경산, 청도, 영천, 영일 등지로서 경북의 동남부 지역에 해당된다. 여타 지역은 모두 60%대의 경음화율을 보인다. 그러므로 경북지역에서는 동남부 지역으로부터 여타 지역으로 개신파가 전파되었을 것으로 추정된다. 경북 23개 군(울릉군 제외) 전체의 평균 경음화율은 67%로서 9개 도 가운데 가장 높다.

경남에서 어두경음화율이 높은 지역은 70%대의 양산, 밀양, 합천, 창녕, 울주, 의창 등지로서 합천을 제외하면 대체로 경남의 동북부 지역에 해당된다. 여타 지역은 60%대가 7개 군, 50%대가 6개 군인데, 동북부 지역에서 멀어질수록 그 비율이 낮아짐을 볼 수 있다. 70%대 지역인 동북부 지역으로부터 서남부 지역으로 가면서 그 비율이 60%대, 50%대, 40%대로 낮아지는 것은 개신파가 순차적으로 이들 지역에 전파되어 갔음을 말하는 것이다. 경남 19개 군 전체의 평균 경음화율은 65%로서 경북 다음으로 높다.

제주도에서는 평균 31%의 경음화율을 보이는데, 전국적으로 볼 때, 그 비율은 낮은 편에 속한다.

이상에서 살펴본 각 지역별 경음화율과 [지도 62]를 종합해 보면, 도별로는 경북이 그 비율이 가장 높고, 군별로는 80%대~70%대의 비율을 보인 경북의 동남부 지역(월성, 달성, 경산, 청도, 영천)과 경남의 동북부 지역(양산, 밀양,

합천, 창녕, 울주)이 그 비율이 가장 높음을 알 수 있다.

그런데 [지도 62]를 다시 보면, 경북의 동남부 지역과 경남의 동북부 지역이 중심이 되어 주변 지역으로 갈수록 그 비율이 낮아짐을 볼 수 있다. 이러한 분포 경향은 폐쇄음 경음화의 개신지가 바로 이들 지역이었으리라는 추정을 가능하게 한다. 그리고 경북의 동남부 지역과 경남의 동북부 지역이 경음화의 개신지일 경우 그 개신파는 경남북 내부에서의 확산과 동시에 인접 도인 강원, 충북, 전북, 전남 등지로 전파되고, 다시 충남, 경기 등지로 전파되어 갔으리라는 추정을 가능하게 한다.

마찰음('ㅅ')을 두음으로 가진 14개의 어사가 전국 138개 군(울릉군 제외)에서 경음으로 실현된 빈도를 보이면 [표 98]과 같고, 그것을 지도에 표시하면 [지도 63]과 같다.

〔표 98〕 어두경음화 실현 빈도('ㅅ', 지역별)

군명	어사수	비율(%)	군명	어사수	비율(%)	군명	어사수	비율(%)
101연천	5/14	36	403아산	9/14	64	621여천	10/14	71
102파주	5/14	36	404천원	8/14	57	622완도	7/13	54
103포천	6/14	43	405예산	9/14	64	701영풍	1/14	7
104강화	4/14	29	406홍성	7/14	50	702봉화	5/14	36
105김포	4/12	33	407청양	9/14	64	703울진	3/14	21
106고양	5/14	36	408공주	9/14	64	704문경	2/14	14
107양주	5/14	36	409연기	10/14	71	705예천	3/14	21
108남양	6/14	43	410보령	7/14	50	706안동	8/14	57
109가평	7/14	50	411부여	9/14	64	707영양	2/14	14
110옹진	6/14	43	412서천	7/14	50	708상주	3/14	21
111시흥	6/13	46	413논산	9/14	64	709의성	3/14	21
112광주	6/13	46	414대덕	8/13	62	710청송	3/14	21
113양평	7/14	50	415금산	10/14	71	711영덕	3/14	21
114화성	6/13	46	501옥구	7/14	50	712금릉	9/14	64
115용인	6/13	46	502익산	6/14	43	713선산	2/14	14
116이천	5/14	36	503완주	6/14	43	714군위	2/14	14

군명	어사수	비율(%)	군명	어사수	비율(%)	군명	어사수	비율(%)
117여주	5/14	36	504진안	8/14	57	715영일	1/14	7
118평택	6/14	43	505무주	10/14	71	716성주	2/14	14
119안성	7/13	54	506김제	7/14	50	717칠곡	1/14	7
201철원	6/14	43	507부안	7/14	50	718경산	0/14	0
202화천	8/14	57	508정읍	7/14	50	719영천	1/14	7
203양구	5/14	36	509임실	9/14	64	720고령	2/14	14
204인제	9/14	64	510장수	8/14	57	721달성	2/14	14
205고성	8/14	57	511고창	8/14	57	722청도	1/14	7
206춘성	8/14	57	512순창	8/14	57	723월성	1/14	7
207홍천	7/14	50	513남원	9/14	64	801거창	13/14	93
208양양	5/13	38	601영광	8/14	57	802합천	10/14	71
209횡성	7/14	50	602장성	7/13	54	803창녕	11/14	79
210평창	7/14	50	603담양	7/14	50	804밀양	6/14	43
211명주	7/14	50	604곡성	9/14	64	805울주	9/14	64
212원성	9/14	64	605구례	9/13	69	806함양	12/14	86
213영월	10/14	71	606함평	8/14	57	807산청	12/14	86
214정선	10/14	71	607광산	8/14	57	808의령	12/14	86
215삼척	6/13	46	608신안	5/13	38	809하동	13/14	93
301진천	9/14	64	609무안	7/14	50	810진양	13/14	93
302음성	8/13	62	610나주	8/14	57	811함안	13/14	93
303중원	7/14	50	611화순	8/14	57	812의창	11/14	79
304제원	8/13	62	612승주	9/13	69	813김해	13/14	93
305단양	9/13	69	613광양	10/14	71	814양산	8/14	57
306청원	8/14	57	614영암	7/13	54	815사천	13/14	93
307괴산	9/13	69	615진도	5/13	38	816고성	13/14	93
308보은	9/14	64	616해남	7/14	50	817남해	13/14	93
309옥천	9/14	64	617강진	7/14	50	818통영	13/14	93
310영동	10/14	71	618장흥	7/13	54	819거제	13/14	93
401서산	9/14	64	619보성	8/14	57	901북제	8/12	67
402당진	10/14	71	620고흥	8/14	57	902남제	7/12	58

[표 98]에 의거하여 각 지역별 어두경음화('ㅅ>ㅆ')의 경향을 분석하면 다

음과 같다.[229]

경기도에서 'ㅅ' 경음화의 빈도가 높은 지역은 60%대의 적용률을 보인 안성, 양평, 가평 등지이고, 이외의 지역은 강화(45%) 한 지역을 제외하고는 모두 50%대의 빈도를 보인다. 그런데 가평, 양평, 안성과 접경한 강원도의 춘성, 원성, 충북의 진천 등지가 모두 70%대의 경음화율을 보이므로 이들 지역으로부터 개신파가 전파되었을 것으로 추정된다. 그리고 접경 지역에 위치한 다른 군들도 모두 접경한 타도의 군들보다 그 빈도가 낮은 것으로 보아 이 군들로부터 개신파가 전파되었을 것으로 추정된다. 경기도 19개 군 전체의 경음화율은 평균 54%로서, 전국적으로 볼 때, 낮은 지역에 속한다.

강원도에서 'ㅅ' 경음화의 빈도가 가장 높은 지역은 80%의 적용률을 보인 영월과 정선이고, 인접 지역인 원성, 횡성, 평창, 명주 등지에서 그 적용률이 낮아지는 점으로 보아 영월과 정선을 중심으로 개신파가 전파되어 간 것으로 추정된다. 그런데 [지도 63]을 보면 영월과 접경한 단양이 70%대의 적용률을 보이므로 이 지역에서 영월로 개신파가 전파되었다고 하기는 어렵다. 그러나 단양의 실제 적용률은 79%로서 80%인 영월과 1%의 차이가 날 뿐이므로 그 적용률에 유의미적인 차이는 없다고 할 수 있다. 그렇다면 강원도 지역에는 충북 지역으로부터 그 개신파가 전파된 것으로 해석하여도 무리는 없을 것으로 생각된다. 강원도 15개 군 전체의 경음화율은 평균 67%로서, 전국적으로 볼 때, 보통 정도의 지역에 속한다.

충북에서 'ㅅ' 경음화의 빈도가 가장 높은 지역은 80%의 적용률을 보인 영동이고, 중원(65%)을 제외한 나머지 8개 군은 모두 70%대의 적용률을 보인다. 그런데 영동과 접경한 군이 전북 무주(80%)인 점을 감안할 때 이 지역으로부터 개신파가 전파되었을 것으로 추정된다. 충북의 10개 군 전체의

229) 마찰음('ㅅ')의 경음화율을 도별로 보면 다음과 같다.
경남(85%)>충북(75%)>제주(74%)>충남(73%)>전남(70%)>전북(68%)>강원(67%)>경기(54%)>경북(28%)

경음화율은 평균 75%로서 전국의 9개 도 중에서 두 번째로 높은 지역에 속한다.

충남에서 'ㅅ' 경음화의 빈도가 가장 높은 지역은 80%의 적용률을 보인 금산, 당진, 연기이므로 이들 지역으로부터 70%대와 60%대의 지역으로 개신파가 전파되었을 것으로 추정된다. 그러나 [지도 63]을 보면 충북의 경우와 마찬가지로 전북의 무주(80%)로부터 충남의 금산으로 개신파가 전파되고 이 개신파는 다시 북쪽과 서쪽으로 확산되어 갔을 것으로 추정하는 것이 보다 합리적일 것으로 생각된다. 충남의 15개 군 전체의 경음화율은 평균 73%로서, 전국적으로 볼 때, 비교적 높은 지역에 속한다.

전북에서 'ㅅ' 경음화의 빈도가 가장 높은 지역은 80%의 적용률을 보인 무주이고, 그 다음으로 높은 지역은 장수, 남원, 진안, 임실, 순창 등지로서 70%의 적용률을 보인다. 그런데 이들 지역은 경남의 거창(95%)과 함양(90%)에 접경하거나 근접하고 있으므로 경남의 서쪽 지역으로부터 전북의 동쪽 지역으로 개신파가 전파되고, 이것이 다시 60%대의 서쪽 지역으로 전파되었을 것으로 추정된다. 전북의 13개 군 전체의 경음화율은 평균 68%로서, 전국적으로 볼 때, 보통 정도의 지역에 속한다.

전남에서 'ㅅ' 경음화의 빈도가 가장 높은 지역은 80%의 적용률을 보인 광양과 여천인데 이들 지역은 각각 경남의 하동(95%)과 남해(95%)에 접경해 있다. 그러므로 전남의 경우에는 서부 경남으로부터 개신파가 전파되었을 것으로 추정되며, 이 개신파는 전남의 동북지역(70%대)을 거쳐 서남지역(60%대~50%대)으로 확산되었을 것으로 추정된다. 전남의 22개 군 전체의 적용률은 평균 70%로서, 전국적으로 볼 때, 보통 정도의 지역에 속한다.

경북에서 'ㅅ' 경음화의 빈도가 가장 높은 지역은 64%의 적용률을 보인 금릉인데, 이 지역은 경남의 거창(95%)으로부터 개신파가 전파되었을 것으로 추정된다. 그리고 안동은 57%의 적용률을 보여 금릉 다음으로 그것이 높은데, 접경지인 봉화(50%), 영풍(30%), 예천(45%), 의성(45%), 청송(25%), 영양(35%)

등지가 안동보다 적용률이 낮은 점으로 볼 때 안동에서 이들 지역으로 개신파가 전파되어 갔을 것으로 추정된다.[230] 여타 지역은 7%에서 36%까지의 경음화율을 보이고, 경산의 경우는 전국에서 유일하게 경음화율이 0%이다. 경북의 23개 군(울릉군 제외) 전체의 경음화율은 평균 28%로서, 전국적으로 볼 때, 그 적용률이 가장 낮다.

앞의 [표 96]의 설명에서 본 바와 같이 'ㅂ'탈락규칙('ㅄ>ㅅ')이 100% 적용된 지역에는 경북의 8개 군(청송, 영덕, 영일, 경산, 영천, 고령, 달성, 월성)과 경남의 1개 군(양산)이 있다. 여기서 'ㅂ'가 100% 탈락되었다는 것은 이들 지역에서는 다른 지역과는 달리 복자음의 경음화('ㅄ>ㅆ')에 의한 음소 'ㅆ'의 생성이 없었음을 의미하는 것이다. 그런데 [표 98]에서는 평음 'ㅅ'가 전혀 경음화되지 않은 지역에 경북의 경산 한 지역이 있음을 볼 수 있다. 전후자가 보여 주는 비경음화 지역의 차이는 복자음의 경음화에 의한 경음 음소의 생성 없이 자생적 변화에 의한 경음 음소의 생성이 가능했음을 의미하는 것으로 해석할 수 있다.

경남에서 'ㅅ' 경음화의 빈도가 높은 지역은 거창, 하동, 진양, 함안, 사천, 고성, 남해, 통영, 거제 등지로서 이들 지역은 95%의 적용률을 보인다. 그리고 함양, 산청, 의령, 김해 등지는 90%의 적용률을 보여 전체 19개 군 가운데 13개 군이 90%대의 높은 적용률을 보인다. 여타 지역(창녕, 의창, 합천, 울주, 양산, 밀양)은 85%에서 40%에 걸쳐 있는데 합천을 제외하면 대체로 동부 경남에 속하는 군들이다. 이러한 분포 경향은 경남지역에서는 서남부 지역에서 동북부 지역으로 개신파가 전파되었을 것이란 추정을 가능하게 한다. 경남의 19개 군 전체의 경음화율은 평균 85%로서, 전국적으로 볼 때, 그 적용률이 가장 높다.

제주도에서는 평균 74%의 경음화율을 보이는데, 전국적으로 볼 때, 그 비

230) 안동에서 경음화율이 높은 이유가 무엇인지 정확히 알기는 어렵다. 여기서는 이 지역이 반촌이라는 특수성이 작용했을 가능성을 제기해 둔다.

율은 대체로 높은 편에 속한다.

이상에서 살펴본 각 지역별 'ㅅ' 경음화율과 [지도 63]을 종합해 보면, 도별로는 경남이 그 비율이 가장 높고, 군별로도 경남의 거창, 하동, 진양, 함안, 사천, 고성, 남해, 통영, 거제 등지가 그 비율(95%)이 가장 높음을 알 수 있다. 이러한 분포 경향은 'ㅅ' 경음화의 개신지가 바로 이들 지역(경남 서남부 지역)이었으리라는 추정을 가능하게 한다. 그리고 이 개신파의 주류는 전라도를 거쳐 충청도 지역으로 전파되고 이것은 다시 경기도와 강원도 지역으로 전파되어 갔으나 경남의 동북부와 경북지역으로 전파된 개신파는 그 세력이 미약했던 것으로 보인다.

폐쇄음('ㄱ, ㄷ, ㅂ, ㅈ')의 경음화는 영남 전역에서 그 적용률이 높다. 이에 비해 마찰음('ㅅ')의 경음화는 서부 경남에서는 적용률이 높으나 동부 경남과 경북지역에서는 그 적용률이 낮음을 앞에서 보았다. 동일한 경음화인데도 폐쇄음의 경음화와 마찰음의 그것이 적용률에서 이렇게 차이를 보인 것은 두 개신파의 개신지가 서로 다르고, 또 개신파의 주류가 서로 다른 방향으로 흘러갔기 때문인 것으로 판단된다.231)

그런데 여기서 한 가지 유의할 점은 앞에서 얻어진 결론이 폐쇄음('ㄱ, ㄷ, ㅂ, ㅈ')의 경음화에서는 이들을 묶어서 한 덩어리로 취급하고 'ㅅ'는 단독으로 취급하여 통계를 내었기 때문에 얻어진 것일 수도 있다. 그래서 다음에서는 'ㄱ, ㄷ, ㅂ, ㅈ'의 각각을 달리 취급하여 그 개신지를 추정해 보기로 한다.

먼저 앞의 통계 처리에서 다루었던 55개의 어사들 중 'ㄱ'와 관련된 어사는 34개, ㄷ는 10개, ㅂ는 7개, ㅈ는 4개인데, 이들 각각이 전국 138개 군(울릉군 제외)에서 실현된 경음화의 비율을 보이면 다음의 [표 99]와 같다.

---

231) 위진(2008 : 131-132)에서는 어두경음화의 개신지를 전남을 중심으로 한 남부방언으로 보았다. 그러나 다른 지역 방언들에 대한 검토의 여지를 남겨 두었다.

〔표 99〕 어두경음화 실현 빈도(%, 'ㄱ, ㄷ, ㅂ, ㅈ', 지역별)

군명	ㄱ	ㄷ	ㅂ	ㅈ	군명	ㄱ	ㄷ	ㅂ	ㅈ
101연천	24	30	14	0	511고창	44	50	67	25
102파주	18	20	14	0	512순창	38	50	67	25
103포천	21	20	29	0	513남원	52	50	50	0
104강화	19	20	14	0	601영광	43	60	80	0
105김포	21	20	29	0	602장성	39	50	60	0
106고양	16	20	29	0	603담양	41	70	43	0
107양주	15	30	14	0	604곡성	42	70	60	0
108남양	15	30	14	0	605구례	53	80	80	0
109가평	21	30	29	0	606함평	45	60	67	0
110옹진	23	30	14	0	607광산	43	50	67	0
111시흥	24	20	14	0	608신안	46	50	60	0
112광주	24	30	14	0	609무안	42	40	80	0
113양평	21	20	29	0	610나주	48	70	67	0
114화성	21	20	14	0	611화순	39	50	40	0
115용인	29	30	14	0	612승주	56	80	60	50
116이천	29	40	29	0	613광양	61	80	60	0
117여주	29	20	29	0	614영암	45	60	80	0
118평택	18	30	14	0	615진도	34	40	80	0
119안성	32	30	29	0	616해남	38	50	67	0
201철원	19	20	17	0	617강진	35	70	60	25
202화천	21	30	14	0	618장흥	45	60	60	0
203양구	23	33	14	0	619보성	44	50	75	0
204인제	28	44	14	0	620고흥	48	80	60	25
205고성	31	50	29	0	621여천	56	80	60	0
206춘성	27	20	14	0	622완도	31	70	60	0
207홍천	27	33	14	0	701영풍	68	78	60	25
208양양	25	22	14	0	702봉화	59	80	50	25
209횡성	28	20	14	0	703울진	69	80	57	33
210평창	47	67	33	25	704문경	65	70	60	0
211명주	42	67	43	0	705예천	71	70	71	33
212원성	34	50	17	0	706안동	72	67	33	0
213영월	53	44	43	25	707영양	61	78	83	33

군명	ㄱ	ㄷ	ㅂ	ㅈ	군명	ㄱ	ㄷ	ㅂ	ㅈ
214정선	56	78	29	0	708상주	69	70	50	25
215삼척	47	89	29	0	709의성	64	80	83	0
301진천	32	30	14	0	710청송	69	90	83	0
302음성	32	30	29	0	711영덕	59	70	60	33
303중원	35	30	14	0	712금릉	67	80	33	0
304제원	38	20	14	0	713선산	69	90	50	33
305단양	44	70	43	0	714군위	65	70	67	0
306청원	32	30	14	0	715영일	71	100	60	0
307괴산	44	40	14	0	716성주	63	80	67	0
308보은	50	50	14	0	717칠곡	66	90	50	25
309옥천	47	50	14	25	718경산	70	100	83	0
310영동	53	60	43	25	719영천	74	90	67	25
401서산	21	30	14	0	720고령	71	90	50	0
402당진	27	30	14	0	721달성	74	80	86	25
403아산	26	40	14	0	722청도	76	70	71	50
404천원	24	40	14	0	723월성	79	90	86	50
405예산	24	50	14	0	801거창	69	80	67	0
406홍성	21	30	14	0	802합천	73	90	83	0
407청양	30	40	14	25	803창녕	71	90	83	0
408공주	26	40	14	0	804밀양	75	90	83	0
409연기	29	40	14	0	805울주	72	90	67	0
410보령	18	30	17	0	806함양	65	80	71	0
411부여	27	40	29	0	807산청	52	80	60	0
412서천	21	30	14	0	808의령	65	80	67	0
413논산	24	30	14	0	809하동	50	70	40	0
414대덕	35	40	14	25	810진양	70	80	60	0
415금산	30	30	50	0	811함안	63	70	57	0
501옥구	24	30	29	0	812의창	74	80	67	0
502익산	27	30	17	25	813김해	65	80	67	0
503완주	24	20	33	0	814양산	77	100	83	0
504진안	42	40	57	0	815사천	59	90	60	0
505무주	52	60	43	0	816고성	61	90	80	0
506김제	36	40	67	25	817남해	63	67	60	0

군명	ㄱ	ㄷ	ㅂ	ㅈ	군명	ㄱ	ㄷ	ㅂ	ㅈ
507부안	36	40	67	0	818통영	60	80	50	0
508정읍	34	60	67	0	819거제	59	78	50	0
509임실	42	50	83	0	901북제	19	50	75	0
510장수	42	60	83	25	902남제	27	63	50	0

[표 99]에 의거하여 'ㄱ, ㄷ, ㅂ, ㅈ' 각각의 경음화 개신지를 추정하면 다음과 같다.

'ㄱ'의 경우에는 최고의 적용률인 70%대의 적용률을 지닌 지역이 경북의 예천, 영일, 영천, 고령, 안동, 달성, 청도, 경산, 월성, 경남의 합천, 창녕, 밀양, 울주, 진양, 의창, 양산 등지이고, 'ㄷ'의 경우에는 상대적으로 높은 적용률인 100%~90%의 적용률을 지닌 지역이 경북의 영일, 경산, 청송, 선산, 칠곡, 영천, 고령, 월성, 경남의 양산, 합천, 창녕, 밀양, 울주, 사천, 고성 등지이다.

그리고 'ㅂ'의 경우에는 최고의 적용률인 80%대의 적용률을 지닌 지역이 전북의 임실, 장수, 전남의 영광, 구례, 무안, 영암, 진도, 경북의 영양, 의성, 청송, 경산, 달성, 월성, 고성, 경남의 합천, 창녕, 밀양, 양산 등지이고, 'ㅈ'의 경우에는 최고의 적용률인 50%대의 적용률을 지닌 지역이 전남의 승주, 경북의 청도, 월성 등지이다.

그런데 이들 지역 가운데서 'ㄱ, ㄷ, ㅂ, ㅈ'의 네 경우 모두에 포함되는 지역은 경북의 월성이며 'ㅂ'의 경우를 제외하고는 적용률도 최고의 수치를 보인다. 이러한 사실은 폐쇄음('ㄱ, ㄷ, ㅂ, ㅈ')의 경음화가 다 같이 월성 지역을 개신지로 하여 발달되었을 것으로 추정하게 하는데, 이것은 앞의 [표 97]을 검토하는 과정에서 추정한 개신지가 더욱 압축된 것에 지나지 않는다. 그러므로 폐쇄음 전체를 통계 처리하여 얻어진 개신지와 개별 폐쇄음을 통계 처리하여 얻어진 개신지는 동일하다고 보아도 무리는 없을 것으로 판단된다.

3.3. 요약

이 장에서는 중세나 근대 국어에서 어두 복자음을 가졌던 어사 57개와 어두 단자음(평음)을 가졌던 어사 69개의 현대국어 방언형을 『한국방언자료집』에서 찾아 이들의 경음화 여부와 거기에 적용된 규칙(변화)들에 대해서 살펴보았다. 그리고 이 과정에서 밝혀진 각각의 음운규칙(변화)이 각 지역(군 단위)에서 어느 정도로 적용되었는지를 통계적으로 살펴봄으로써 각 규칙의 개신지와 그 전개 양상을 밝혀 보았다. 그 과정에서 밝혀진 중요한 사항을 요약하면 다음과 같다.

(1) 어두 복자음의 경음화율이 어두 단자음의 경음화율보다 높다. 이것은 전자의 경음화가 후자의 그것보다 일찍 발달한 것임과 동시에 국어 음운사에서 경음이 음운으로 자리 잡게 된 것이 전자의 경음화에 의한 것일 가능성을 의미한다.

(2) 어두 복자음의 역사적 변화 과정에 적용된 음운규칙에는 복자음 경음화규칙과 'ㅂ'탈락규칙('ㅄ>ㅅ')이 있었다. 전자는 전국적으로 그 적용률이 매우 높기 때문에 개신지가 어디인지를 추정하기 어렵다. 후자의 개신지는 경북의 동남부 지역이었을 것으로 추정되며, 이 지역에서 발생된 개신파는 한편으로는 경북의 서북부 지역으로 전파되고, 다른 한편으로는 미약하나마 해로를 통해 전남의 서부 지역으로 전파되어 간 것으로 추정된다.

(3) 어두 단자음의 경음화는 폐쇄음('ㄱ, ㄷ, ㅂ, ㅈ')의 경우와 마찰음('ㅅ')의 경우로 구별된다. 전자의 개신지는 경북의 동남부 지역과 경남의 동북부 지역이었을 것으로 추정되는데, 그 개신파는 경남북 내부에서의 확산과 동시에 인접 도로 전파되어 갔을 것으로 추정된다. 후자의 개신지는 경남의 서남부 지역이었을 것으로 추정되는데, 그 개신파의 주류는 전라도를 거쳐 충청도 지역으로 전파되고 그 아류는 경남의 동북부와 경북지역으로 전파되어 갔으나 그 세력은 미약했던 것으로 추정된다.

(4) 경북 경산 지역에서 'ㅆ'가 음소로 존재하지 않는 것은 어두 복자음('ㅄ')이나 어두 단자음('ㅅ')의 어느 것도 이 지역에서 경음화되지 않았기 때문이다.

—"국어 방언에 반영된 어두경음화"란 제목으로 『한민족어문학』(한민족어문학회) 제58집, pp.239-271에 수록됨, 2011.

4. 어중경음화

국어의 각 방언에 나타난 경음화의 연구에서는 주로 'ㅆ'의 음소 설정 여부나 각 지역어의 경음화규칙을 확립하는 데 초점이 맞추어졌다. 때문에 각 지역어에서 경음화가 어느 정도로 진척되었는지, 지역어 상호간에는 경음화의 진척 정도에 어떠한 차이가 있는지, 경음화규칙의 개신지는 어디이며, 그것은 어디로 전파되어 가고 있는지 등에 대해서는 크게 관심을 기울이지 않았다.

그래서 이 장에서는 『한국방언자료집』에 나타난 자료들을 활용하여 전국 언어지도를 그리고, 그것을 해석함으로써 어중경음화에 대한 전국적 양상을 파악하고, 그 양상 속에서 영남방언이 차지하는 위치를 밝혀 보고자 한다. 특히, 경음화규칙이 영남지역에서 발생한 규칙인지의 여부를 밝혀 보고자 한다. 만약 그것이 영남지역에서 발생한 규칙일 때는 그것은 그대로 영남방언의 특징이 될 것이나, 그렇지 않을 때는 어디서 전파되어 왔는지 해명될 것이다.

영남지방 전역에서 p', t', č', k'의 넷은 경음 음소로 설정되나 s'는 음소로 설정되지 않는 지역이 있다. 그래서 s'의 음소 설정 여부에 대해서 많은 학자들이 관심을 기울였는데, 그들 연구 업적을 종합해 보면, 대체로 낙동강을 경계로 동쪽 지역에서는 'ㅅ : ㅆ'가 대립되지 않고, 서쪽 지역에서는 그것이

대립되고 있음을 알 수 있다.[232)]

그리고 영남지역의 경음화현상에 대한 학자들의 견해는 어두경음화와 어중경음화의 두 경우로 나누어 볼 수 있다.

어두경음화의 경우 영남 전역에 대한 것으로는 김형규(1974 : 83-85)와 최학근(1982 : 323-346)을 들 수 있다. 전자에서는 경상남북도와 전라남북도에서 어두강음화(경음화, 유기음화) 현상이 가장 강하게 나타난다고 하였고, 후자에서는 어두경음화를 경상도방언의 한 특징으로 보았다.

그리고 김재문(1977 : 119)에서는 서부경남에서 어두경음화가 매우 우세함을 지적하였으며, 민원식(1982, 문경), 최임식(1994, 안동 옹천), 전광현(1979, 함양), 곽창석(1986, 진양), 정영주(1987, 창녕), 이영길(1976, 진주·진양), 김영송(1973, 김해), 류영남(1982, 남해), 김형주(1983, 남해) 등에서는 해당 지역어들의 어두경음화현상에 대해서 다루고 있는데 이들 논문에서도 한결같이 중앙어보다 그것이 현저함을 지적하고 있다.

어중경음화의 경우에는 민원식(1982, 문경), 조신애(1985, 안동), 백두현(1985, 상주 화북), 정철(1991, 의성), 신승원(1996, 의성), 최명옥(1982, 월성), 김영진(1985, 김해, 창원, 남지, 진주), 박명순(1982, 거창), 최명옥(1998b : 89-123, 합천), 구현옥(1998, 함안), 김영송(1973, 김해) 등에서 해당 지역어의 경음화 실태를 자세히 파악하여 그것을 규칙화하고 있다.

이상에서 살펴 본 바와 같이, 많은 학자들이 영남 각 지역어의 경음체계와 경음화현상에 대해 관심을 기울였다. 그 결과, 경음체계에 의한 영남방언의 구획에는 상당한 진척이 이루어졌고, 어두경음화현상에 대해서도 영남방언이 여타 방언에 비해 경음화가 많이 진척되고 있음이 밝혀졌다.

---

232) 'ㅆ'의 음소 설정 여부에 관해서는 다음의 논문들을 참고할 수 있는데, 영남 전역에 관한 것으로는 최명옥(1998b : 425), 이상규(1998 : 114) 등이 있고, 경북지역에 관한 것으로는 김덕호(1993 : 93), 천시권(1965 : 2-4) 등이 있으며, 경남지역에 관한 것으로는 김영송(1973), 김택구(1991 : 20), 박정수(1993 : 12), 김재문(1977 : 21) 등이 있다.

그러나 어중경음화현상에 관해서는 앞에서도 지적한 바와 같이 주로 각 지역어 단위로 연구가 이루어졌기 때문에 영남방언이 다른 방언과 어떻게 다른지는 알기가 어렵다. 이를테면, 영남방언 내부의 각 지역어에서의 경음화 정도에는 어떤 차이가 있는지, 어중경음화도 어두경음화의 경우와 마찬가지로 영남방언에서 우세한 세력을 형성하는지, 경음화규칙의 개신지는 어디이며, 또 그것이 어디에서 어디로 전파되고 있는지 등에 대해서는 알기가 어렵다.

4.1. 변화의 실제

『한국방언자료집』의 「음운편」에는 경음화와 관련된 어사로 '밥도, 떡국도, 손도, 발도, 밭보다, 밭부터, 긁겠다, 긁지, 먹겠다, 먹지, 삶겠다, 삶지, 삼겠다, 삼지, 쏟겠다, 쏟지, 안겠다, 안지, 앉겠다, 앉지, 입겠다, 입지, 할 수(있다), 어렸을 적, 먹을 것' 등의 25개 어사가 실려 있다. 다음에서는 이들 25개 어사에 포함된 '도, 보다, 부터(이상 조사), 겠, 지(이상 어미), 수, 적, 것(이상 의존명사)' 등의 두음이 어떻게 변화되었으며, 또 그들의 분포 지역이 어떠한지를 살펴봄으로써 그들의 변화와 관련된 음운규칙과 그 규칙의 영남지역에서의 발생 여부에 대해서 알아보기로 한다.

4.1.1. '도'

조사 '도'는 선행음절의 말자음에 따라 그 실현형에 차이를 보인다. '밥도'의 'ㅂ+ㄷ'는 전국의 모든 지역에서 pt'로 실현되어 '도'의 'ㄷ'가 t'로 경음화되었다. 그런데 '떡국도'의 'ㄱ+ㄷ'는 전국적으로 볼 때 kt와 kt'의 두 유형으로 실현되어 앞의 경우와 차이가 있다. 이들 가운데 kt는 선행음절 말음이 무성자음으로서 불파화되더라도 후행의 'ㄷ'가 반드시 경음화되는 것이 아님을 보여 주는 중요한 예가 된다.

이 예들은 다른 한편으로는 국어의 경음화가 선행음절 말자음이 불파화된 다음 성문압축(?)이 수반되고, 이것이 후행의 평음과 축약되어 경음화가 이루어짐을 말해 주는 것이다.[233] kt형이 실현되는 지역에는 강원도의 1개 군(화천), 충북의 5개 군(진천, 청원, 보은, 옥천, 영동)이 있으며, 이들 지역을 제외한 다른 지역들에서는 모두 kt'로 실현되어 경음화됨을 알 수 있다.

선행음절 말음이 무성자음인 앞의 경우와는 달리 그것이 유성자음인 '손도'의 경우에는 '도'의 'ㄷ'가 전국의 모든 지역에서 유성음화되어 d로 실현되고, '발도'의 경우에도 경북(14), 경남(1), 강원(3) 등지의 18개 군에서 경음 t'로 실현된 경우를 제외하고는 전역에서 유성음 d로 실현된다. 그런데 이들 18개 군은 앞의 '밥도, 떡국도'에서도 모두 경음화된 지역이다. 그러므로 조사 '도'만을 고려한다면 이들 지역에서 경음화가 더 빨리 진척되었다고 할 수 있는데 특히 경북지역에서 그러하다.

4.1.2. '보다'

'밭보다'의 'ㅌ+ㅂ'는, 전국적으로 볼 때, tp', pp', p', tp의 4유형으로 실현되는데,[234] 영남지역에서도 이 네 유형이 모두 실현된다. 다음에서는 이들의 변화 과정 및 분포 지역을 살펴보기로 한다.

tp'는 선행음절의 'ㅌ'가 불파화되고 그에 이어 ?가 삽입되자 이것과 후행의 'ㅂ'가 축약되어 경음 p'로 실현된 것인데, 대다수의 지역에서 이 유형이 실현된다.

pp'는 앞에서 본 tp'의 변화 과정에 다시 조음위치 동화과정이 추가된 것

233) 경음의 개념에 관한 학설들은 오정란(1988 : 9-11)을 참고하기 바람.
234) 강원(5), 경북(1), 제주(1)에서는 해당 어사가 실현되지 않는다.

으로, 이 유형이 실현되는 지역에는 경북(6), 강원(6), 전북(1)이 있다. 그리고 p'는 pp'에서 동기관적 음 p가 탈락된 것으로 이 유형이 실현되는 지역에는 경남(3), 경기(1), 강원(2), 전북(3), 전남(6), 북제주 등지가 있다.

tp는 앞의 tp'의 경우와는 달리 선행의 'ㅌ'가 불파화되더라도 ?삽입이 수반되지 않기 때문에 후행의 'ㅂ'가 경음화되지 않은 p로 실현된 것인데, 이 유형이 실현되는 지역에는 경북(4)과 충북(6)이 있다.

4.1.3. '부터'

'밭부터'의 'ㅌ+ㅂ'는, 전국적으로 볼 때, tp', tp, pp', p', pp의 5유형[235] 이 실현되어 앞의 '밭보다'와 비교하면 pp형이 더 실현된다는 점에서 차이가 있으며, 그 실현 지역에서도 차이가 있다. 이들 가운데 영남지역에서는 pp'를 제외한 네 유형이 실현되는데, 그들의 변화 과정 및 분포 지역은 다음과 같다.

tp'는 앞의 '밭보다'의 경우와 동일한 음운과정을 가지는데, 영남지역에서는 경북(금릉)과, 함양을 제외한 경남 전역에서 실현되어 경북보다는 경남지역에서 경음화가 우세하다. 영남 이외의 지역에서는 경기(전역), 강원(3), 충북(5), 충남(전역), 전북(9), 전남(12)에서 실현되어 4유형 가운데 가장 넓은 분포를 보인다.

p'는 강원도의 양구와 삼척에서 pp'가 실현되고, 또 앞의 '밭보다'의 경우를 고려할 때 tp'>pp'>p'의 과정을 거쳐 나타난 유형으로 이해되는데, 영남에서 이 유형이 실현되는 지역에는 경남(함양)이 있을 뿐이다. 영남 이외의 지역에서는 강원(3), 전북(3), 전남(9), 제주(1)에서 이 유형이 실현된다.

tp는 앞에서 본 바와 같이 'ㅌ'가 불파화되나 ?삽입이 수반되지 않았기 때

235) 강원(5)과 제주(1)에서는 해당 어사가 실현되지 않으며 전북(1)에서는 해당 어사와 다른 어사가 조사되어 있다.

문에 후행의 'ㅂ'가 경음화되지 못하고 그대로 실현된 것인데, 영남지역에서는 경북(16)에서 실현되며, 여타 지역에서는 충북(5), 전남(1)에서 실현된다. 그리고 pp는 tp의 t가 위치동화된 것인데, 경북(6)과 강원(2)에서 실현된다.

이상에서 살펴본 '부터'의 두음 'ㅂ'의 경음화 여부를 종합해 보면, 경북의 경우에는 금릉 한 지역을 제외하고는 전역에서 비경음화되고, 경남의 경우에는 전역에서 경음화되어 경남북 사이에 뚜렷한 차이를 보인다. 그런데 여기서 주목할 것은 앞에서 살펴본 조사 '도'의 경우에는 오히려 경북지역에서 경음화가 더 빨리 진척되었으나 이 경우에는 그렇지 않다는 점이다. 이러한 사실은 어사에 따라 경음화의 진척에 크게 차이가 있음을 말해 주는 것이다.

4.1.4. '지'

'먹지, 쏟지, 입지, 앉지'에 결합된 어미 '지'의 두음 'ㅈ'는 전국의 모든 지역에서 경음으로 실현되어 영남지역만의 두드러진 특징은 발견되지 않는다. 그러나 'ㄱ, ㄷ, ㅂ, ㄵ+ㅈ'가 변화되는 과정과 그들의 분포 지역에는 다소의 차이가 있는 경우도 있기 때문에 이들에 대해서 살펴보면 다음과 같다.

'먹지, 입지'의 경우는 어간말 자음의 불파화에 이은 경음화로 전국의 모든 지역에서 각각 kč', pč'로 실현된다. 그러나 '쏟지'의 경우에는 tč'와 č'의 두 유형으로 실현된다.[236] 전자의 실현 지역에는 경기(5), 강원(전역), 충북(6), 충남(7), 전북(1), 전남(2), 경북(17) 등 도합 53개 군이 있고, 후자의 실현 지역에는 경기(13), 충북(4), 충남(8), 전북(10), 전남(6), 경북(6), 경남(함양을 제외한 전역), 제주(전역) 등 도합 67개 군이 있는데, 후자의 분포 지역이 약간 넓은 편이다. 경남북을 대비해 보면 경남의 경우에는 해당 어사가 실현되지 않는

236) 경기(1), 전북(2), 전남(14), 경남(1)에서는 해당 어사와는 다른 어사로, 혹은 재구조화된 형태로 실현되어 경음화 실현 여부에 대한 비교가 불가능하다.

함양을 제외한 전역이 č'로 실현되고, 경북의 경우에는 23개 군 가운데 17개 군에서 tč'로 실현되어 차이가 있음을 알 수 있다.

'앉지'의 'ㄵ+ㅈ'는 전국의 138개 군(울릉군 제외) 가운데 121개 군에서는 nč'로, 여타 군에서는 ŋč'로 실현되어,[237] 어미 '지'의 두음 'ㅈ'가 모두 경음화되었다. 이것은 선행음절의 말자음 'ㅈ'가 ʔ로 바뀌자 이것과 후행의 'ㅈ'가 축약(경음화)된 것이다.[238]

여기서 'ㄵ'의 'ㅈ'가 탈락된 다음 'ㄴ' 뒤에서 '지'의 'ㅈ'가 경음화된 것으로 보지 않고 'ㄵ'의 'ㅈ'를 č>ʔ의 변화로 보는 것은, 다음에서 보게 될 '안지'의 경우에는 'ㄴ+ㅈ'가 nǰ나 mǰ와 같이 실현되어 'ㅈ'가 유성음화되는 지역이 17개 군(청송, 영덕, 합천, 밀양, 울주, 진양, 함안, 의창, 김해, 양산, 사천, 고성, 남해, 통영, 거제, 북제주, 남제주)이나 있기 때문이다.

즉, '안지'의 경우에는 선행음절 말자음 'ㄴ' 뒤에서 'ㅈ'가 모두 경음화되는 것은 아니다. 이에 비해 '앉지'의 경우에는 '지'의 두음 'ㅈ'가 모두 경음화되는데, 이것은 'ㄵ'에서 'ㅈ'가 탈락되고 남은 'ㄴ' 뒤에서 ʔ삽입이 이루어졌기 때문이 아니라 'ㅈ'의 변화에 원인이 있는 것으로 보아야 하기 때문이다.[239] 이러한 해석 방법은 다음의 '긁지'의 경우에도 그대로 적용된다.

---

237) ŋč'형으로 실현되는 지역에는 전북(1)과 전남(15)이 있다. 이들 지역에서는 어간 '앉-'이 어미('-고, -겠-' 등)의 두음 'ㄱ' 앞에서 실현되는 변이형 /앙-/과 모음어미('-아, -으니' 등) 앞에서 실현되는 변이형 /앉-/이 혼태되어 '앙ㅈ-'으로 바뀌고, 지역에 따라서는 이것이 다시 위치동화에 의해 '앙ㄱ-'으로 바뀌기도 한다. 여기의 ŋč'형은 이들 어간에 결합된 어미 '지'의 두음이 경음화된 것이다.

238) 오정란(1988 : 194-199)에서는 겹받침 중의 한 자음이 탈락되면 그 흔적으로 자립분절소 [ʔ]가 남고, 그것이 후행의 평음을 경음화시킨다고 한다.

239) 이러한 해석과는 달리 'ㄵ'의 'ㅈ'가 불파음 [t̚]로 바뀐 다음 ʔ가 삽입되고, 이것이 다시 어미 '지'의 'ㅈ'와 축약(경음화)된 것으로 해석할 수도 있을 것이다. 그러나 여기서는 그러한 해석을 취하지 않는다. 그 이유는 조사 '도, 보다, 부터'나 '긁지'의 방언형에서 보는 바와 같이 불파음 뒤에서 평음이 반드시 경음화되는 것이 아니기 때문이다.

'ㄵ'의 'ㅈ'가 ʔ로 바뀌었다는 여기서의 주장은 통시적 자료에서도 뒷받침된다. 15세기 국어에서 어간 말음이 'ㄴ, ㅈ'인 '안(抱)-, 즞(吠)-' 등에 어미 '-고'가 연결될 때

'긁지'의 'ㄺ+ㅈ'는, 전국적으로 볼 때, kč, kč', lč', lč^{h}, č'의 5유형으로 실현된다.[240] 이들 가운데 영남지역에서는 kč', lč', lč^{h}의 3유형이 실현되는데, 다음에서는 이들의 변화 과정 및 분포 지역에 대해서 살펴보기로 한다.

kč'는 'ㄱ'의 불파화와 그에 이은 ʔ삽입으로 후행의 'ㅈ'가 경음화된 다음 모음 간에 세 자음이 올 수 없는 음운론적 제약 때문에 'ㄺ+ㅈ'에서 'ㄹ'가 탈락된 것이다.[241] 이 유형은 영남지역에서는 경북(2)과 경남(11)에서 실현된다. 그리고 영남 이외의 지역에서는 경기(전역), 강원(12), 충북(8), 충남(전역), 전북(전역), 전남(21), 제주(전역)에서 이 유형이 실현된다.

lč'는 앞의 kč'의 경우와 같이 모음 사이에 세 자음이 올 수 없는 음운론적 제약 때문에 두 개의 자음이 실현되는 점은 동일하다. 그러나 앞의 경우와 다른 점은 앞의 경우에는 'ㄱ'불파화와 그에 이은 ʔ삽입으로 'ㅈ'가 경음화된 다음 'ㄹ'가 탈락된 데 비해, 이 경우에는 'ㄺ+ㅈ'의 연결에서 'ㄱ'가 ʔ로 변화되고, 이것이 다시 후행의 'ㅈ'와 축약되어 č'로 경음화되었다는 것이다.[242] 이 유형은 영남지역에서는 경북(19), 경남(1)에서 실현되고, 영남 이

어미 '고'의 'ㄱ'는 경음화되지 않는다. 그런데도 '앉+고'는 'ᄋᆞᇇ고(ansko, 월곡 182), 안ᄭᅩ(ank'o, 석보 11 : 1)' 등으로 표기되었다. 이것은 '앉-'의 'ㅈ'가 탈락된 다음 'ㄴ' 뒤에서 ʔ가 삽입되거나 '앉-'의 'ㅈ'가 불파음 [t]로 바뀐 다음 ʔ가 삽입된 것이 아니라, '앉-'의 'ㅈ'가 'ㅅ'와 중화된 다음 이 'ㅅ'가 다시 ʔ로 변화되어 후행의 'ㄱ'와 축약(경음화)되는 과도기를 반영한 것으로 해석된다. 이러한 경향은 17세기 국어에서도 마찬가지다. (안고<抱, 동신 열 1 : 8b>, ᄂᆞᆾ고<低, 여훈 상 : 33a>, 안ᄭᅩ<坐, 가언 2 : 21b>)

240) kč형은 강원(2), 충북(2)에서 실현되는데 이것은 불파음 k 뒤에서 평음 č가 반드시 경음화되는 것이 아님을 보여 준다. 그리고 경남(5)에서는 어간 '긁-'이 '끈질-'로 재구조화되었다.

241) 17세기 국어에서 'ᄆᆞᆰ디(마언 상 : 11a), ᄆᆞᆰᄶᅵ(마언 하 : 54a)'와 같은 표기가 발견되는 것은 어간말 자음군이 단순화되기 전에 불파음 'ㄱ' 뒤에서 경음화가 이루어졌음을 의미한다. 그리고 여기의 kč'형은 이 유형의 변화를 이어받은 다음 다시 'ㄹ'를 탈락시킨 것으로 판단된다.

242) 두시언해 중간본에서 'ᄆᆞᆳ도다(7 : 7b), ᄂᆞᆳ고(3 : 4b)'와 같은 표기 형태가 발견되는데, 이것은 'ㄺ'의 'ㄱ'가 ʔ로 변화되었음을 표기에 반영한 것이며, 여기의 lč'는 이 유형의 변화를 이어받은 것으로 판단된다.

외의 지역에서는 경기도의 광주와 강원도의 정선에서만 실현된다.

lčh는 경북의 영덕, 청도, 경남의 밀양, 의창에서만 실현된다. 그런데 이 lčh는 앞의 lč'의 경우와 동일한 변화 과정을 거치나 다만 'ㄱ'가 ? 아닌 h로 변화됨으로써 이것이 후행의 'ㅈ'와 축약(유기음화)되어 나타난 유형이다.

어간말 자음이 무성자음인 '먹-, 쏟-, 입-, 앉-, 긁-'에 결합된 어미 '지'의 두음 'ㅈ'는 영남 전역에서 경음화('긁지'의 경우는 일부 지역에서 유기음화)됨을 보았다. 다음에서는 어간말 자음이 유성자음인 '안-, 삼-, 삶-'에 결합된 어미 '지'의 두음 'ㅈ'는 어떻게 실현되는지 살펴보기로 한다.

'안지'의 'ㄴ+ㅈ'는, 전국적으로 볼 때, nč', nǰ, mǰ'의 3유형[243]으로 실현되는데 영남지역에서도 이 3유형이 모두 실현된다. 이들 가운데 nč'는 n 뒤에서 ?가 삽입되고 그것이 다시 후행의 č와 축약(경음화)된 것이다. 영남지역에서는 청송, 영덕을 제외한 경북 전역과 경남 4개 군에서 실현된다. 영남 이외의 지역에서는 남제주를 제외한 전역에서 실현된다.

nǰ는 nč의 č가 유성음 사이에서 유성음화된 것으로 경북(2)과 경남(5)에서 실현되며, 영남 이외의 지역에서는 제주도에서 실현된다. 그리고 mǰ가 실현되는 지역에는 경남(8)이 있다.[244]

'삼지'의 'ㅁ+ㅈ'는, 전국적으로 볼 때, mč', mǰ의 2유형으로 실현되는데 영남지역에서도 이 2유형이 모두 실현된다. mč'는 전국의 대부분 지역에서 실현되고 mǰ는 경북(3), 경남(13), 제주(2)에서 실현된다.[245]

'삶지'의 'ㄻ+ㅈ'는 앞의 '삼지'의 경우와 동일한 mč', mǰ의 2유형으로 실

243) 어간 '안-'이 전남(15)에서는 '보듬-'으로, 경남(2)에서는 '아덤-'으로 대체되었다.

244) 이들 지역에서는 어간 '안-'이 '암-'으로 바뀌었는데, 그 이유가 무엇인지는 이해하기 어렵다. 경남지역에서 '抱擁'의 의미를 가진 어사에 '보듬-'과 '안-'의 둘이 있는데, 일부 지역에서는 이 둘의 혼태로 추정되는 '아듬-'이 사용되는 것으로 보아 '암-'도 혼태의 일종이 아닌가 한다.

245) 곽충구(1994 : 202)에서는 함북 육진방언에서 체언이나 용언의 어간말 자음이 m, n, r인 경우에는 후속 어미의 두음이 장애음일지라도 경음화되지 않고 유성음화된다고 한다.

현되는데, mč'는 전국의 대부분 지역에서 실현되고 mǰ는 경북(3), 경남(12), 제주(2)에서 실현된다. 다만 경북의 경우는 의성 대신에 달성이 들어갔으며, 경남의 경우는 합천 한 지역이 줄어들었을 뿐이다.

이상에서 살펴본 바를 종합하면, '안지, 삼지, 삶지'에 쓰인 '지'의 두음 'ㅈ'는 경음화되기도 하고 유성음화되기도 하는데, 전국의 대다수 지역에서는 경음화가 절대적으로 우세함을 보이나 경남지역에서는 유성음화가 우세함을 보이므로 이 유성음화는 경남방언의 특징으로 볼 수 있다.[246]

4.1.5. '겠'

선어말어미 '겠'의 'ㄱ'가 경음화되는지의 여부를 그에 선행하는 어간말음의 종류에 따라 살펴보기로 하되, 어간 말음이 무성자음인 경우부터 보면 다음과 같다.

'먹겠다'에 쓰인 'ㄱ+ㄱ'는, 전국적으로 볼 때, kk', k', kk, g의 4유형으로 실현된다.[247] 이들 가운데 영남지역에서는 kk', k'의 두 유형이 실현되는데, 다음에서는 이들의 변화 과정과 분포 지역을 살펴보기로 한다.

kk'는 어간 말음 k 뒤에 ʔ가 삽입되고 이것이 다시 어미의 두음 k와 축약된 것이다. 영남지역에서는 경북(15)에서 실현되고, 영남 이외의 지역에서는 경기(1), 강원(화천을 제외한 전역), 충북(1)에서 실현된다.

k'는 kk'에서 동기관적 음 k가 탈락된 것인데 이 유형이 주류를 이룬다.

---

246) 제주도 지역 역시 유성음화가 우세하나 여기서는 고려의 대상에서 제외하였다.

247) kk는 충남의 홍성에서만 실현되는 유형인데 k 뒤에서도 k가 경음화되지 않을 수 있음을 보여 주는 예라고 할 수 있다. 그리고 g는 충북의 제원에서만 실현되는 유형으로 이것은 kk의 연결에서 후행의 k가 경음화되기 전에 선행의 k가 동기관적 음의 연결을 꺼려 탈락된 뒤에 다시 남은 k가 모음 사이에서 유성음화된 것이다.
제주도에서는 '먹겠다'에 해당되는 어사가 məkʰiyə, məgikʰyə 등으로 실현되고, 경북 영일에서는 mʌ́ult'a로 실현되어 경음화 여부에 대한 비교가 불가능하다. 그리고 전북 완주에서는 해당 활용형과는 다른 활용형이 조사되어 있다.

영남지역에서는 경북(7)과 경남(전역)에서 실현되는데, 앞의 kk'로 실현되는 지역과 비교해 보면 경남의 경우가 경북보다는 k탈락 세력이 훨씬 강함을 볼 수 있다. 그러나 동기관적 음의 탈락이 경남방언의 특징이라고 말하기는 어렵다. 경남 이외에도 경기(옹진을 제외한 전역), 충북(8), 충남(홍성을 제외한 전역), 전북(완주를 제외한 전역), 전남(전역) 등지에서 매우 강한 세력으로 탈락되기 때문이다.

'쏟겠다'의 'ㄷ+ㄱ'는, 전국적으로 볼 때, tk', kk', k'의 3유형으로 실현되어 'ㄱ'가 전역에서 경음화됨을 알 수 있다.[248] 영남지역에서도 이들 3유형이 모두 실현된다. tk'는 'ㄷ+ㄱ' 변화의 제1개신파로서 영남지역에서는 경북(17)에서만 실현되고, 영남 이외의 지역에서는 경기(6), 충북(4), 충남(11)에서 실현되는데, 이들 지역은 다음에서 보게 될 제2, 제3의 개신파가 아직 전파되지 않은 지역이다.

kk'는 'ㄷ+ㄱ' 변화의 제2개신파로서 영남지역에서는 경북(금릉)에서만 실현되는데, 이것은 인접한 전북방언의 영향으로 보인다. 영남 이외의 지역에서는 철원을 제외한 강원도 전역에서 실현된다. 그런데도 금릉에서 실현되는 방언형을 강원도방언의 영향으로 보지 않는 것은 금릉이 지역적으로 강원도와 접경되어 있지 않을 뿐만 아니라, 다음에서 보게 될 전북방언형 k'는 그 전단계로 kk'를 설정할 수 있는데, 이것이 금릉으로 전파된 것으로 해석되기 때문이다.

k'는 'ㄷ+ㄱ' 변화의 제3개신파로서 kk'에서 동기관적 음 k가 탈락된 것이다. 영남지역에서는 경북(5)과 경남(함양을 제외한 전역)에서 실현되고, 영남 이외의 지역에서는 경기(11), 충북(6), 충남(4), 전북(김제를 제외한 전역), 전남(9)

248) 경기(2), 전북(1), 전남(12), 경남(1), 제주(전역)에서는 해당 어사와는 다른 어사로, 혹은 재구조화된 형태로 실현되어 경음화 실현 여부에 대한 비교가 불가능하다. 그리고 강원도 철원에서는 해당 어사가 실현되지 않으며, 전남 보성에서는 다른 활용형이 조사되어 있다.

에서 실현된다. 이러한 분포로 볼 때 제3개신파는 대체로 경남과 전남북에서 우세한 세력을 지니고 있음을 알 수 있는데, 이 세력은 경북과 충남북의 일부 지역을 거쳐 경기도의 일부 지역으로 확산되어 간 것으로 해석된다.

이상에서 살펴본 바를 종합하면, 경북지역에서는 제1, 2, 3개신파가 다 존재하나 제1개신파가 주된 세력을 형성하고 경남지역에서는 모든 지역에서 제3개신파가 실현되고 있어 경남북 사이에는 'ㄷ+ㄱ'의 실현형에 상당한 차이가 있음을 알 수 있다.

'입겠다'는, 전국적으로 볼 때, pk', kk', k', kk의 4유형으로 실현된다.[249] 이들 가운데 영남지역에서는 pk', kk', k'의 세 유형이 실현되는데, 다음에서는 이들의 변화 과정과 분포 지역을 살펴보기로 한다.

pk'는 'ㅂ+ㄱ'의 'ㄱ'가 경음화된 유형으로서 영남지역에서는 경북(10)과 경남(15)에서 실현되고, 영남 이외의 지역에서는 경기(6), 강원(5), 충북(6), 충남(예산을 제외한 전역), 전북(3), 전남(9)에서 실현된다. 이들 지역은 'ㅂ+ㄱ' 변화의 제1개신파가 그대로 머무르고 있는 지역이다.

kk'는 pk'의 p를 동기관적 음으로 변화시키는 p>k규칙이 적용된 것으로 'ㅂ+ㄱ' 변화의 제2개신파가 된다. 영남지역에서는 경북(12)에서만 실현되고, 영남 이외의 지역에서는 강원(6), 충북(1), 전북(1)에서 실현된다.

k'는 kk'에서 동기관적 음 k가 탈락된 것으로서 'ㅂ+ㄱ' 변화의 제3개신파가 된다. 영남지역에서는 경북(1)과 경남(4)에서 실현되고, 영남 이외의 지역에서는 경기(13), 강원(2), 충북(3), 충남(1), 전북(8), 전남(13)에서 실현된다.

이상에서 살펴본 바를 종합하면, 경북지역에서는 제2개신파가 주된 세력을 형성하고 있긴 하나 경남과 충북의 접경지대에서는 제1개신파가 세력을 형성하고 있음을 알 수 있다. 그런데 경남지역에서는 제3개신파가 산발적으

---

249) kk형은 강원도의 정선, 평창에서 실현되는 유형인데, k 뒤에서 k가 경음화되지 않을 수도 있음을 보여 주는 예이다. 그리고 제주도에서는 ibʉk^{h}yə로 실현되고, 전북 완주에서는 다른 활용형이 조사되어 있다.

로 실현되나 제1개신파가 압도적으로 우세하여 경남북 사이에는 'ㅂ+ㄱ'의 실현형에서도 상당한 차이가 있음을 알 수 있다.

'안겠다'의 'ㄴ+ㄱ'는, 전국적으로 볼 때, nk', ŋk', mk', ng, ŋg, mg의 6유형으로 실현되는데,[250] 영남지역에서도 이들 유형이 모두 실현된다. 다음에서는 영남지역에서의 이들의 변화 과정과 분포 지역을 살펴보기로 한다.

nk'는 'ㄴ+ㄱ'의 'ㄱ'가 유성자음 뒤에서 경음화된 유형으로서 n 뒤에 ʔ가 삽입된 다음 그것이 다시 후행의 k와 축약된 것이다. 영남지역에서는 경북(4)과 경남(1)에서 실현된다. ŋk'는 nk'의 n가 동기관적 음으로 동화된 것으로 경북(13)과 경남(2)에서 실현된다. 그리고 mk'가 실현되는 지역에는 경남(2)이 있다.

nk', ŋk', mk'는 여기서의 초점인 경음화의 입장에서 보면 모두 경음화된 것이며, 이들을 통틀어 보면 영남지역에서는 경북의 경우는 17개 군에서, 경남의 경우는 5개 군에서 경음화가 실현되므로 경북지역이 경남지역보다 그것의 세력이 강함을 알 수 있다. 그러나 이 경우 영남지역을 제외한 여타 지역에서는 전북 옥구를 제외한 전역에서 경음화되므로 이 경음화규칙은 영남지역에 개신지를 둔 것으로는 보이지 않는다.

ng는 경남(4)에서만 실현되는 유형으로 'ㄴ+ㄱ'의 'ㄱ'가 유성음 사이에서 유성음화된 것이다. ŋg는 ng의 n가 동기관적 음으로 동화된 것으로 경북(6)과 경남(2)에서 실현되며, 영남 이외의 지역에서는 전북(옥구)에서만 실현된다. mg는 경남(6)에서 실현된다.

ng, ŋg, mg는 여기서의 초점인 경음화의 입장에서 보면 모두 비경음화(유성음화)된 유형으로 이들의 실현 지역을 통틀어 보면 경북(6)과 경남(12), 전북(1)이 있을 뿐이다. 그러므로 이 유성음화는 영남방언의 특징으로 보아도 무리가 없을 것으로 판단된다.

---

250) 제주도에서는 어미 '겠다'에 해당되는 형태가 '-으켜'로 실현된다.

'삼겠다'의 'ㅁ+ㄱ'는 전국적으로 mk', ŋk', mg, ŋg의 4유형으로 실현되는데, 영남지역에서도 이들 유형이 모두 실현된다.[251] 다음에서는 영남지역에서의 이들의 변화 과정과 분포 지역을 살펴보기로 한다.

mk'는 'ㅁ+ㄱ'의 'ㄱ'가 유성자음 뒤에서 경음화된 유형으로서 이것은 m 뒤에 ʔ가 삽입된 다음 그것이 다시 후행의 k와 축약된 것이다. 영남지역에서는 경북 1개 군과 경남 5개 군에서 실현된다. ŋk'는 mk'의 m가 동기관적 음으로 동화된 것인데, 영남지역에서는 경북 8개 군과 경남 2개 군에서 실현된다.

mg는 영남지역에서만 실현되는 유형으로 경북 9개 군과 경남 11개 군에서 실현되는데, 이 유형은 'ㅁ+ㄱ'의 'ㄱ'가 유성음 사이에서 유성음화된 것이다. ŋg 역시 영남지역에서만 실현되는 유형으로 경북 4개 군과 경남 1개 군에서 실현되는데, 이 유형은 ng의 n가 동기관적 음으로 동화된 것이다.

'삶겠다'의 'ㄻ+ㄱ'는 앞의 '삼겠다'의 경우와 동일한 mk', ŋk', mg, ŋg의 4유형으로 실현되는데, 영남지역에서도 이들 유형이 모두 실현된다. 다음에서는 영남지역에서의 이들의 분포 지역만을 살펴보기로 한다.

mk'는 경북(1)과 경남(6)에서 실현되고, ŋk'는 경북(10)과 경남(2)에서 실현된다. mg와 ŋg는 영남지역에서만 실현되는 유형으로 영남방언의 특징으로 볼 수 있는데, 전자는 경북(4)과 경남(10)에서 실현되고, 후자는 경북(8)과 경남(1)에서 실현된다.

'앉겠다'의 'ㄵ+ㄱ'는, 전국적으로 볼 때, nk', ŋk', ŋg의 3유형으로 실현되는데, 영남지역에서도 이 세 유형이 모두 실현된다. 이들 가운데 nk'는 'ㄵ'의 'ㅈ'가 ʔ로 변화된 다음 이것이 후행의 'ㄱ'와 축약된 것인데(앞의 '앉지'의 경우 참조), 영남지역에서는 경북(3)과 경남(17)에서 실현된다.

ŋk'는 nk'의 n가 동기관적 음으로 동화된 것인데, 영남지역에서는 경북(19)

---

251) 충북 진천과 제주도에서는 각각 sa : mak'ət'a, samɨkʰyə로 실현되어 동일 조건에서의 비교가 불가능하며, 경북 봉화에서는 방언형이 등재되지 않았다.

과 경남(2)에서 실현된다. 그런데 앞의 nk'의 실현 지역과 동시에 고려하면 경북에서는 대체로 동화규칙이 적용된 형태가, 경남에서는 동화규칙이 적용되지 않은 형태가 주류를 이룬다고 할 수 있다.

ŋg는 경북(청도)에서만 실현되는 형태인데, 'ㄵ+ㄱ'에서 'ㅈ'가 탈락된 다음 'ㄱ'가 유성음 사이에서 유성음화되고 다시 'ㄴ'가 동기관적 음으로 동화된 것으로 예외적인 형태라고 할 수 있다. 이 예외적인 경우를 제외하면 전국적으로 경음화된 형태만 실현된다.

'긁겠다'의 'ㄺ+ㄱ'는, 전국적으로 볼 때, kk', k', k^h, lk', lk^h, kk의 6유형이 실현된다.[252] 이들 가운데 영남지역에서는 kk', k', lk', lk^h, k^h의 5유형이 실현되는데, 다음에서는 이들의 변화 과정과 분포 지역을 살펴보기로 한다.

kk'는 어간 말음 'ㄱ'의 불파화와 그에 이은 ʔ삽입으로 후행의 'ㄱ'가 경음화된 다음 'ㄹ'가 탈락된 것이다. 이 유형은 영남지역에서는 경북(금릉)에서만 실현된다. k'는 kk'에서 k가 탈락된 것으로 영남지역에서는 경남(12)에서 실현된다.

lk'는 'ㄺ+ㄱ'의 연결에서 'ㄺ'의 'ㄱ'가 ʔ로 변화되고, 이것이 다시 후행의 'ㄱ'와 축약되어 k'로 경음화된 것이다. 이 유형은 영남지역에서는 경북(15)에서 실현되고, 영남 이외의 지역에서는 경기(4), 강원(1), 충남(9)에서 실현된다.

lk^h는 앞의 lk'의 경우와 동일한 변화 과정을 거치나 다만 'ㄱ'가 ʔ 아닌 h로 변화됨으로써 이것이 후행의 'ㄱ'와 축약(유기음화)되어 나타난 유형이다. 이 유형은, 전국적으로 볼 때, 영남지역에서만 실현되어 영남방언의 특징이라고 할 수 있다. 경북 6개 군(울진, 영양, 영덕, 고령, 달성, 청도)과 경남 3개 군

252) 여기서도 kk형에 주목할 필요가 있는데, 이 유형은 강원도 철원과 충북 청원에서 실현된다. 그리고 경남의 합천, 울주, 김해, 양산에서는 어사가 '건(낀)질-'로 대체되었고, 전남 신안에서는 어간이 '글그-'로, 제주도에서는 어미가 '-으커'로 실현되어 동일 조건에서의 비교가 불가능하다. 그리고 강원도 화천의 경우는 방언형이 등재되지 않았으며 전북 진안에서는 다른 활용형이 조사되었다.

(창녕, 밀양, 의창)에서 이 유형이 실현된다. 그런데 경북의 안동에서는 lk^h에서 다시 l이 탈락된 k^h가 실현된다.

4.1.6. '수'

'할 수 있다'에서 '수'의 두음 'ㅅ'는 영남 이외의 지역에서는 모두 경음으로 실현된다. 그러나 영남지역에서는 s'로 실현되는 경우와 s로 실현되는 경우의 둘로 나누어진다.

s'는 경북의 1개 군(금릉)과 경남의 11개 군(거창, 창녕, 함양, 산청, 의령, 김해, 양산, 사천, 고성, 남해, 거제)에서 실현된다. 금릉의 경우는 인접한 충북 영동과 전북 무주가 모두 경음으로 실현되는 지역이므로 이들 지역의 영향을 받은 것으로 생각된다. 경남의 경우도 주로 전라도의 접경 지역과 남해안 및 도서 지역에서 경음이 실현되는 것으로 보아 전라도방언의 영향을 받은 것으로 생각된다.

s는 영남지역에서만 실현되므로 영남방언의 특징으로 지적될 수 있다. 이것은 이들 지역의 음소체계에 s : s'의 대립이 존재하지 않기 때문에 원래의 s가 그대로 실현된 것이라고 해석할 수 있다(최명옥 1998b : 425-426). 경북의 금릉을 제외한 전역과 경남의 8개 군(합천, 밀양, 울주, 하동, 진양, 함안, 의창, 통영)에서 이 형태가 실현된다.

4.1.7. '것'

'먹을 것'에 쓰인 '것'의 'ㄱ'는 전국에서 경음화된 형태로만 실현된다.

4.1.8. '적'

'어렸을 적'에 쓰인 '적'의 두음 'ㅈ'는 전국의 거의 전역에서 경음화된 č' 로 실현되나 경기도 2개 군과 경남 4개 군에서는 평음 č로 실현된다.[253)]

4.2. 규칙의 전개 양상

조사 '도, 보다, 부터', 어미 '겠, 지', 의존명사 '수, 적, 것' 등의 두음이 그에 선행하는 어간말 자음의 종류에 따라 어떻게 변화되는지와 그들의 분포 지역에 대해서 지금까지 살펴보았다. 그 결과, 이들의 변화와 직접적으로 관련된 규칙에는 경음화규칙, 유성음화규칙, 유기음화규칙 등이 있음을 알 수 있었다.

이들 중 유기음화규칙에 대해서는 이미 오종갑(1997b)에서 다룬 적이 있다. 그러므로 여기서는 경음화규칙과 유성음화규칙만을 고려하여 이들 규칙이 25개의 어사에 적용된 정도와, 그 적용 정도의 지역별 비교를 통해 이들 규칙이 영남의 각 지역(군 단위)으로 전파되어 간 양상을 살펴보기로 한다.

먼저 각 규칙이 25개의 어사에 어느 정도로 적용되고 있는지 그 적용 빈도를 보기로 하되, 경음화규칙이 적용된 경우부터 보이면 다음의 [표 100]과 같다.

---

253) 경기(1), 강원(1), 전남(8), 경북(20), 경남(1)에서는 '어렸을 적'이 아닌 '어렸을(어릴) 때'로 실현되어 비교가 불가능하다.

〔표 100〕 어중경음화규칙의 적용 빈도(지역별)

군명	어사수	비율(%)	군명	어사수	비율(%)	군명	어사수	비율(%)
101연천	22/25	88	403아산	23/25	92	621여천	23/25	92
102파주	23/25	92	404천원	23/25	92	622완도	18/20	90
103포천	23/25	92	405예산	23/25	92	701영풍	21/24	88
104강화	23/25	92	406홍성	22/25	88	702봉화	18/23	78
105김포	21/23	91	407청양	23/25	92	703울진	20/24	83
106고양	23/25	92	408공주	23/25	92	704문경	18.5/24	77
107양주	23/25	92	409연기	23/25	92	705예천	20/24	83
108남양	23/25	92	410보령	23/25	92	706안동	20/24	83
109가평	22/25	88	411부여	23/25	92	707영양	20/24	83
110옹진	23/25	92	412서천	23/25	92	708상주	18/24	75
111시흥	23/25	92	413논산	23/25	92	709의성	17/24	71
112광주	23/25	92	414대덕	23/25	92	710청송	14/25	56
113양평	23/25	92	415금산	23/25	92	711영덕	13/24	54
114화성	23/25	92	501옥구	22/25	88	712금릉	23/25	92
115용인	22/24	92	502익산	23/25	92	713선산	20/24	83
116이천	23/25	92	503완주	20/24	83	714군위	20/24	83
117여주	23/25	92	504진안	22/24	92	715영일	20/23	87
118평택	23/25	92	505무주	23/25	92	716성주	18/24	75
119안성	22/24	92	506김제	21/23	91	717칠곡	19/24	79
201철원	20/24	83	507부안	23/25	92	718경산	18/24	75
202화천	19/22	86	508정읍	23/25	92	719영천	18/24	75
203양구	22/25	88	509임실	23/25	92	720고령	16/23	70
204인제	23/25	92	510장수	23/25	92	721달성	17/24	71
205고성	22/25	88	511고창	23/25	92	722청도	14/23	61
206춘성	21/23	91	512순창	23/25	92	723월성	18/24	75
207홍천	20/22	91	513남원	22/24	92	801거창	22/25	88
208양양	20/22	91	601영광	20/22	91	802합천	15/23	65
209횡성	21/23	91	602장성	18/20	90	803창녕	20/23	87
210평창	22/25	88	603담양	20/22	91	804밀양	14/25	56
211명주	24/25	96	604곡성	22/24	92	805울주	14/23	61
212원성	22/24	92	605구례	21/23	91	806함양	21/23	91
213영월	23/25	92	606함평	23/25	92	807산청	23/25	92

군명	어사수	비율(%)	군명	어사수	비율(%)	군명	어사수	비율(%)
214정선	21/24	88	607광산	18/20	90	808의령	20/24	83
215삼척	24/25	96	608신안	19/21	90	809하동	20/23	87
301진천	19/24	79	609무안	20/22	91	810진양	19/25	76
302음성	23/25	92	610나주	20/22	91	811함안	15/24	63
303중원	22/25	88	611화순	23/25	92	812의창	14/25	56
304제원	22/25	88	612승주	19/21	90	813김해	15/23	65
305단양	23/25	92	613광양	20/22	91	814양산	16/23	70
306청원	18/25	72	614영암	19/21	90	815사천	19/25	76
307괴산	23/25	92	615진도	18/20	90	816고성	17/25	68
308보은	20/25	80	616해남	23/25	92	817남해	16/25	64
309옥천	20/25	80	617강진	19/21	90	818통영	16/25	64
310영동	19/25	76	618장흥	19/21	90	819거제	16/25	64
401서산	23/25	92	619보성	19/21	90	901북제	12.5/16	78
402당진	23/25	92	620고흥	18/21	86	902남제	7/12	58

[표 100]에서는 어중경음화규칙의 도별 평균 적용률이 충남(91.7%)>경기(91.5%)>전북(90.9%)>전남(90.6%)>강원(90.2%)>충북(83.9%)>경북(76.4%)>경남(72.4%)>제주(68.0%)의 순서로 나타나므로 도별로는 충남 지역이 어중경음화규칙의 개신지가 된다고 할 수 있겠다. 그러나 군 단위로는 강원도의 명주, 삼척 두 군이 최고의 적용률인 96%의 적용률을 보인다. 그래서 여기서는 포괄적으로 평균 90% 이상의 높은 적용률을 보인 남한의 서쪽 지역(충남, 경기, 전남북)과 강원도 지역(북부 지역 제외)을 경음화 규칙의 개신지로 추정해 두고자 한다.

영남지역에서 경음화의 비율이 90% 이상인 지역은 경북의 금릉(92%)과 경남의 함양(91%), 산청(92%)이 있을 뿐이다. 경북의 금릉은 92%의 적용률을 보이는 전북 무주와, 경남의 함양은 역시 92%의 적용률을 보이는 전북의 장수, 남원과 접경되어 있으며, 산청은 함양과 접경되어 있다. 이와 같은 분포 경향은 경음화규칙이 영남지역에서 발생한 규칙이 아님을 확인시켜 주며,

영남지역에서의 경음화는 인접한 도의 경음화 세력이 전파되었기 때문임을 알게 한다.

다시 말하면, 경북의 경우는 강원도를 통해 경북의 북부지역으로 그 세력이 남하하고, 또 한편으로는 전북 무주를 통해 그 세력이 동진한 것으로 보이며, 경남의 경우는 전라도와의 접경지대를 통해 그 세력이 동진한 것으로 보인다. 그리고 이러한 세력 전파의 마지막 지점에 있는 경남의 동부 및 남부 해안・도서 지역은 경음화의 세력이 약한 지역으로 남게 된 것으로 보인다.

어중경음화의 적용률은 90%대에서 50%대까지 분포되어 있는데, 이것을 적용률이 높은 지역(90%대), 보통인 지역(80~70%대), 낮은 지역(60~50%대)으로 나누어 지도에 표시하면 부록의 [지도 64]와 같다.

경음화의 세력이 영남지역에서 강하지 못하다는 것은 상대적으로 경음화에 대립되는 규칙이 이 지역에 존재하고 있음을 의미하는데, 그 중요한 규칙으로 유성음화를 들 수 있다.

다음에서는 25개의 어사 가운데 유성음화의 예를 보인 8개의 어사[254] — 손도, 발도, 안지, 안겠다, 삼지, 삼겠다, 삶지, 삶겠다 — 를 중심으로 영남지역에서 유성음화규칙이 어느 정도로 적용되고 있는지 그 적용 양상을 살펴보기로 한다.

먼저 유성음화규칙이 적용된 어사의 수[255]와 백분율을 표로 보이면 다음의 [표 101]과 같다.

254) 음성 환경으로 보아 유성음화가 가능한 8개의 어사를 선택하였다. 그런데 충북 제원에서는 '먹겠다'가 mɜget'a로, 경북 청도에서는 '앉겠다'가 aŋgÉt'a로 실현되어 유성음화된 특이한 예가 발견되나 이들은 통계에서 제외하였다. 그리고 경남의 창녕과 하동에서는 어간 '안-'이 '아덤-'으로 대체되고, 경북 봉화에서는 '삼겠다'에 해당되는 방언형이 실현되지 않으므로 이들 역시 통계에서 제외하였다.

255) 영남 이외의 지역에서도 유성음화규칙이 적용된 어사들이 있으나 강원도의 명주, 정선, 삼척에서는 1개로, 충북 제원에서는 3개로, 여타 지역에서는 모두 2개로 실현되어 그 적용률이 매우 낮다.

〔표 101〕 유성음화규칙의 적용 빈도(1)(지역별)

군명	701 영풍	702 봉화	703 울진	704 문경	705 예천	706 안동	707 영양	708 상주	709 의성	710 청송	711 영덕	712 금릉	713 선산	714 군위
어사수	1/8	2/7	1/8	3.5/8	2/8	1/8	1/8	4/8	4/8	8/8	7/8	2/8	2/8	2/8
비율(%)	12	29	12	44	25	12	12	50	50	100	88	25	25	25
군명	715 영일	716 성주	717 칠곡	718 경산	719 영천	720 고령	721 달성	722 청도	723 월성	801 거창	802 합천	803 창녕	804 밀양	805 울주
어사수	1/8	4/8	3/8	4/8	3/8	4/8	4/8	5/8	4/8	2/8	6/8	2/6	8/8	8/8
비율(%)	12	50	38	50	38	50	50	62	50	25	75	33	100	100
군명	806 함양	807 산청	808 의령	809 하동	810 진양	811 함안	812 의창	813 김해	814 양산	815 사천	816 고성	817 남해	818 통영	819 거제
어사수	2/8	2/8	4/8	2/6	5/8	8/8	8/8	8/8	7/8	6/8	8/8	8/8	8/8	8/8
비율(%)	25	25	50	33	62	100	100	100	88	75	100	100	100	100

위의 [표 101]에 의하면 유성음화는 [표 100]의 경음화에서 80%대 이상의 높은 적용률을 보이던 15개 군(영풍, 울진, 예천, 안동, 영양, 금릉, 선산, 군위, 영일, 거창, 창녕, 함양, 산청, 의령, 하동) 가운데 경남 의령에서만 50%의 적용률을 보일 뿐 여타 지역에서는 모두 30%대 이하의 낮은 적용률을 보인다.

보통 정도인 70%대의 적용률을 보이던 14개 군(봉화, 문경, 상주, 의성, 성주, 칠곡, 경산, 영천, 고령, 달성, 월성, 진양, 양산, 사천) 가운데서는 양산에서 88%의 높은 적용률을 보이고, 영천, 봉화, 칠곡에서는 30%대 이하의 낮은 적용률을 보이나 여타 지역에서는 모두 보통 정도(40~70%대)의 적용률을 보인다.

경음화에서 낮은 적용률(50~60%대)을 보이던 13개 군(청송, 영덕, 청도, 합천, 밀양, 울주, 함안, 의창, 김해, 고성, 남해, 통영, 거제) 가운데서는 청도와 합천에서 보통 정도의 적용률을 보일 뿐 여타 지역에서는 매우 높은 적용률을 보인다. 이와 같은 사실은 어중경음화규칙과 유성음화규칙(비록 변이음규칙이기는 하나)이 대립적 관계에 있으며, 대체적으로 볼 때, 그 적용률에서 반비례적 관계에 있음을 말해 주는 것이다.

유성음화규칙이 적용되는 비율이 높은 지역(80%대 이상), 보통인 지역

(40~70%대), 낮은 지역(30%대 이하)을 구분하여 지도에 표시하면 [지도 VI]과 같다.

〔지도 VI〕 유성음화규칙 적용률(1, 영남)

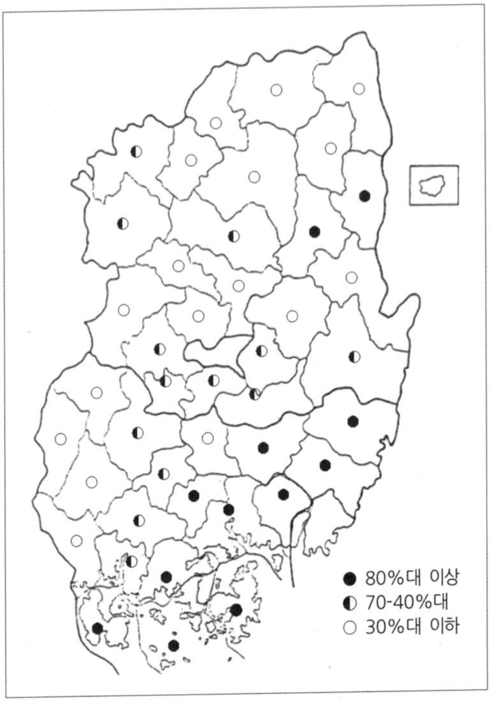

영남지역에서 유성음화 세력이 강하다는 것은 이 규칙이 영남지역에서 발생한 것일 가능성을 제기한다. 그러나 이렇게 단정하기에는 한 가지 의문점이 제기된다. 그것은 앞에서 본 경음화 지역에서도 중세국어에서는 유성음 사이에서 'ㅂ, ㄷ, ㅈ, ㄱ'가 유성음화되었을 것이란 점이다.

그렇다면 유성음화 지역에서는 중세국어 이후로 유성음화규칙이 그대로 유지되는 것이고, 경음화 지역에서는 어간말의 유성자음 뒤에서 유성음화되다가 그 뒤 무성자음 뒤에서 적용되던 경음화규칙의 적용 범위가 유성자음 뒤에까지 확대된 것으로 해석된다는 점이다.256) 이러한 해석이 가능하다면 유성음화 지역은 유성음화의 잔존지역일 뿐 유성음화가 이 지역만의 특징이라고 단정하기는 어려워진다.

오종갑(1997b)에서는 영남 이외의 지역에서 전파된 유기음화규칙과 영남지역에서 발생된 유성음화규칙이 영남지역에서 대립되고 있음을 지적한 바 있다. 그런데 거기서 다룬 어사들 가운데는, 앞의 경음화의 경우처럼, 한반도 전역에서 유성음으로 실현되던 음들이 다시 유기음화규칙의 적용 범위가 확대되어 유기음화된 것이 아닌 경우가 있었다.

바꾸어 말하면, 원래부터 무성음으로 실현되던 어사들이 유기음화 지역에서는 유기음화규칙의 발생으로 유기음으로, 유성음화 지역에서는 유성음화 규칙의 적용 범위가 확대되어 유성음으로 실현된 어사들이 있었다. 예를 들어, /pap+hako/와 같은 경우 유기음화 지역에서는 유기음화규칙이 적용되어 [pap^{h}ago]로 실현되나, 유성음화 지역에서는 유성음화규칙이 모음 사이의 ph에까지 확대 적용되어 /pap+hako/ →>[pabɦago]>[pab^{ɦ}ago]>[pabago]로 실현된다. 이러한 사실은 영남지역에서는 일반적으로 유기음화될 수 있는 환경에까지 유성음화규칙이 확대되어 갈 만큼 강력한 세력을 지니고 있었음을 의미하는 것이다. 그렇다면 이 유성음화규칙은 영남방언의 한 특징으로 해석될 수도 있을 것이다.

그러나 여기서는 그러한 해석을 취하지 않기로 한다. 그 이유는 현대방언

---

256) 예를 들어, '안지'와 '먹지'가 다 같이 경음화되는 지역에서는 어간 '먹-' 뒤에서 먼저 ʔ첨가가 일어나서 후행의 'ㅈ'와 축약(경음화)되다가 다시 어간 '안-' 뒤에서도 ʔ첨가가 일어나 후행의 'ㅈ'와 축약(경음화)이 일어난 것인데, 이것은 규칙의 적용 범위가 확대된 것으로 규칙 재배열에 해당된다.

	/məkči/	/anči/		/məkči/	/anči/
유성음화	—	anǰi	ʔ첨가	məkʔči	anʔči
ʔ점가	mək ʔči	—	경음화	məkč'i	anč'i
경음화	məkč'i	—	유성음화	—	—
	[məkč'i]	[anǰi]		[məkč'i]	[anč'i]

에서 /ph/, /th/, /kh/가 각각 [bɦ], [dɦ], [gɦ]로 실현되는 지역이 다수 있고,[257] 또 이들 음이 실현되는 지역이 유성음화의 잔존지역이기 때문이다. 바꾸어 말하면, /p/, [t], [k]가 변이음규칙(유성음화)의 적용에 의해 각각 [b], [d], [g]로 실현되는 것처럼, /ph/, /th/, /kh/도 변이음규칙(유성음화)의 적용에 의해 각각 [bɦ], [dɦ], [gɦ]로 실현되었다는 설명이 보다 합리적인 것으로 판단되기 때문이다.

그런데 오종갑(1997b)에서는 표준어를 기준으로 볼 때 유기음화가 가능한 음성환경에서 유성음화되는 어사들을 다루었고, 여기서는 경음화가 가능한 음성환경에서 유성음화되는 어사들을 다루었다. 그러므로 이 둘을 종합하면 유성음화규칙의 전개 양상이 보다 정확히 밝혀질 수 있을 것으로 생각된다.

다음에서는 이 두 자료를 종합하여 유성음화규칙의 전개 양상을 살펴보기로 한다.

오종갑(1997b)에는 지역에 따라 유성음화를 보인 어사들에 '떡하고(조사), 밥하고(조사), 속히, 깨끗하군요, 떡했니, 밥하고, 굽혀라, 못했습니다' 등이 제시되어 있다. 그런데 '굽혀라'의 경우는 영남 42개 군(울릉군 제외) 가운데 '굽혀라'계로 실현되는 지역이 28개 군(중복 지역 포함, 이하 동일)이고, '굽후리라'계로 실현되는 지역이 16개 군이며, '못했습니다'의 경우는 '못했습니다'계로 실현되는 지역이 23개 군이고, '몬했습니다'계로 실현되는 지역이 21개 군이나 된다. 그러므로 이들의 유성음화를 동일선상에서 비교하는 것은 적절하지 못한 것으로 생각되어 이 둘은 통계에서 제외하였다.

이 두 어사를 제외한 6개의 어사와 이 장에서 다루고 있는 '손도, 발도, 안지, 안겠다, 삼지, 삼겠다, 삶지, 삶겠다'의 8개 어사를 종합하여 유성음화규칙이 적용된 어사의 수와 그 적용률을 살펴보았는데 그것을 표로 보이면 다음의 [표 102]와 같다.

---

257) /ph/, /th/, /kh/가 각각 [bɦ], [dɦ], [gɦ]로 실현되는 지역들은 오종갑(1997b)를 참고하기 바람.

〔표 102〕 유성음화규칙의 적용 빈도(2)(지역별)

군명	701 영풍	702 봉화	703 울진	704 문경	705 예천	706 안동	707 영양	708 상주	709 의성	710 청송	711 영덕	712 금릉	713 선산	714 군위
어사수	1/14	2/13	1/13	3.5/14	2/13	2/14	1/14	4/14	4/14	9/14	7.5/13	3/14	3/14	2/14
비율(%)	7	15	8	25	15	14	7	29	29	64	58	21	21	14
군명	715 영일	716 성주	717 칠곡	718 경산	719 영천	720 고령	721 달성	722 청도	723월성	801 거창	802 합천	803 창녕	804 밀양	805 울주
어사수	2/11	4/14	3/12	5/13	3.5/14	4/14	4/14	6/12	4/14	2/14	8/14	3.5/12	11/14	11.5/13
비율(%)	18	29	25	38	25	29	29	50	29	14	57	29	79	88
군명	806 함양	807 산청	808 의령	809 하동	810 진양	811 함안	812 의창	813 김해	814 양산	815 사천	816 고성	817 남해	818 통영	819 거제
어사수	4/14	6/14	6.5/14	6/12	9/14	12/14	11/14	11/14	9/13	10/14	10/14	11/14	11/14	11/14
비율(%)	29	43	46	50	64	86	79	79	69	71	71	79	79	79

위의 [표 102]에 의하면 70%대 이상의 높은 적용률을 보이는 지역은 모두 경남의 동부 및 남부 해안·도서 지역에 속한다. 오직 양산에서 69%의 적용률을 보여 주변 지역보다 약간 낮은 편이고, 서북쪽으로 갈수록 대체로 그 적용률이 떨어진다. 그리고 경북에서는 청도, 영덕, 청송을 제외한 지역에서는 모두 30%대 이하의 낮은 적용률을 보이며, 그 가운데서도 북부지역이 가장 낮은 적용률을 보인다. 유성음화규칙의 이와 같은 적용 양상은 이 규칙의 가장 보수적인 지역이 경남의 동부 및 남부 해안·도서지역이며, 경남의 서북부지역과 경북의 북부지역으로 갈수록 그 보수성이 약해지고 있음을 의미하는 것이다.

유성음화규칙이 적용되는 비율이 높은 지역(70%대 이상), 보통인 지역(60~40%대), 낮은 지역(30%대 이하)으로 구분하여 지도에 표시하면 [지도 Ⅶ]과 같다.

〔지도 Ⅶ〕 유성음화규칙 적용률(2, 영남)

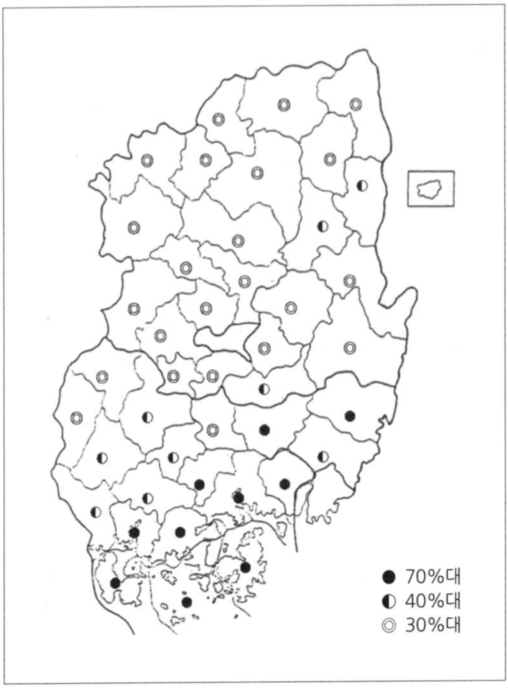

4.3. 요약

이 장에서는 『한국방언자료집』의 「음운편」에 수록된 자료들을 활용하여 전국언어지도를 그리고, 그것을 해석함으로써 어중경음화가 영남방언에서 어떻게 전개되고 있는지 그 양상을 밝히고자 하였다. 그 결과를 요약하면 다음과 같다.

(1) 어중경음화규칙은 영남 이외의 지역(남한의 서쪽지역과 강원도 남부지역)에서 그 개신파가 발생한 것으로 추정된다.

(2) 어중경음화규칙은 강원도를 통해 그 세력이 경북의 북부지역으로 남

하하고, 또 한편으로는 충북 및 전라도와의 접경지역을 통해 그 세력이 동진하였다. 그러나 상대적으로 먼 거리에 위치한 경남의 동부 및 남부의 해안·도서지역은 어중경음화의 세력이 가장 약한 지역으로 남아 있다.

(3) 유성음화규칙은 변이음규칙이기는 하나 영남지역에서 경음화규칙에 대립적인 성격을 지닌다. 그리고 (2)의 결과에 의한 당연한 귀결이긴 하나 경남의 동부 및 남부의 해안·도서지역이 유성음화의 가장 보수적인 지역이며, 경남의 서북부 및 경북의 북부지역으로 갈수록 그 보수성이 약화된다.

—"경음화와 영남방언"이란 제목으로 『어문학』(한국어문학회) 제67집, pp.79-106에 수록됨, 1999.

5. /*b, *d, *z, *g/의 변화

중세국어에서 교체형 'ㅂ~ㅸ', 'ㄷ~ㄹ', 'ㅅ~ㅿ', 'ㄱ~ø'를 가졌던 어사들의 현대국어 방언형을 보면, 'ㅂ~ㅸ'는 'ㅂ~w', 'ㄷ~ㄹ'는 'ㄷ~ㄹ', 'ㅅ~ㅿ'는 'ㅅ~ø', 'ㄱ~ø'는 'ㄱ~ø' 등으로 실현된다. 그러나 'ㅸ, ㄹ, ㅿ, ø'와 같은 교체형을 가지지 않았던 'ㅂ, ㄷ, ㅅ, ㄱ'는 현대국어 방언에서도 'w, ㄹ, ø, ø'와 같은 교체형을 가지지 않는다. 그래서 기존의 연구에서는 전자와 후자의 역사적 기저형을 ① 다 같이 /*p, *t, *s, *k/로 추정하는 견해, ② 전자는 /*ß, *ð, *z, *ɣ/로, 후자는 /*p, *t, *s, *k/로 추정하는 견해, ③ 전자는 /*b, *d, *z, *g/로, 후자는 /*p, *t, *s, *k/로 추정하는 견해의 셋으로 나누어져 있었다.[258]

그런데 오종갑(1981)에서는, ③과 동일하게, 전자의 역사적 기저형은 /*b, *d, *z, *g/로, 후자의 그것은 /*p, *t, *s, *k/로 추정하고 그 근거를 다음과 같이 제시하였다(오종갑 1988 : 111-112 참고).

첫째, Jakobson의 이른바 함축적 일반성(implicational universal)에 비추어 볼 때

---

258) ①의 입장을 취한 연구로는 이숭녕(1958, 1960), 김형규(1978), 허웅(1978a), 남광우(1979), 유창돈(1973), 서정범(1975) 등이 있고, ②의 입장을 취한 연구로는 김차균(1971), 이기문(1972a, 1972b), 최명옥(1978), Ramsy(1978) 등을 들 수 있다. 그리고 ③의 입장을 취한 연구로는 Hashimoto & Yu Chang-Kyun(1972), Moon Yang-Soo(1974, 1975), 이병건(1976) 등을 들 수 있다(오종갑 1981 참고).

무성장애음 계열 /*p, *t, *s, *k/와 유성장애음 계열 /*b, *d, *z, *g/의 대립은 언어의 일반성에 부합한다.

둘째, Poppe(1965 : 197-199)에서는 Altai 공통조어에 무성장애음 계열(p, t, k)과 유성장애음 계열(b, d, g)의 대립을 추정하고 있는데, 이것은 국어의 역사적 기저형에 /*p, *t, *s, *k/와 /*b, *d, *z, *g/의 대립을 추정할 근거를 마련해 준다.

셋째, 후기 중세국어의 [ß]는 /*b/가 intervocalic에서 마찰음화한 것인데 이러한 현상은 여러 언어에서 발견된다.

넷째, /*b, *d, *z, *g/는 어두와 어말에서 무성음화 되었는데, 이는 조음상의 설명이 가능할 뿐만 아니라, 실제로 영어의 유성장애음들이 어두와 어말에서 무성음화되는 경향이 있으며, 어말에서의 무성음화는 흔히 지적되는 사실이다.

다섯째, 무엇보다도 중요한 증거는 어두 및 음절 말에서 유성장애음이 사용된 흔적이 있다(설설, 앞이, ㅿ 없다, 웃보- 등). 그리고 '돋+*기-'가 '둘이-'로 변화된 것은 말음 'ㄷ'와 두음 'ㄱ'가 유성음이 아니고서는 일어날 수 없는 현상이다.

여기서는 중세국어의 어사들에 나타난 교체형 'ㅂ~ㅸ', 'ㄷ~ㄹ', 'ㅅ~ㅿ', 'ㄱ~ø'에 대한 역사적 기저형을 /*b, *d, *z, *g/로 추정하고 이들이 현대국어에 이르는 과정에서 어떻게 변화되었는지를 『한국방언자료집』에 나타난 자료들을 활용하여 고찰해 보기로 한다.

5.1. 변화의 실제

5.1.1. /*b/의 변화

역사적 기저형 /*b/가 현대국어에 이르는 과정에서 어떻게 변화되었는가를 형태소 내부와 형태소 경계로 나누어 살펴보기로 한다.

5.1.1.1. 형태소 내부('{V, r}—V')

중세국어에서 /ㅸ/를 가졌던 것으로 추정되는 어사를 『한국방언자료집』에서 찾아보면 '가오리(<가오리(동의 탕액 : 24)<*가ᄫᆞ리), 누나(<누위/누의(두초 23 : 46, 월석 2 : 6)<*누ᄫᅴ), 누에(<누에(훈해 용자)<*누ᄫᅦ), 다리(<ᄃᆞᆯ이(왜어 상 : 44)<*ᄃᆞᆯᄫᅵ), 벙어리(<버워리(석보 19 : 6)<*버ᄫᅥ리), 이웃(<이웆(두초 15 : 5)<*이ᄫᅮᆽ), 확(<호왁(자회 중 : 11)<*호ᄫᆞᆨ), 졸-(<ᄌᆞ올-(두초 21 : 45)<*ᄌᆞᄫᆞᆯ-)' 등이 발견되는데, 이들에 쓰인 /ㅸ/는 역사적 기저형 /*b/가 중세국어에 이르는 과정에서 변화된 것임은 앞에서 지적한 바와 같다.

먼저 이들에 포함된 /*b/가 현대국어의 제 방언에서 어떻게 실현되는가를 보이면 다음의 [표 103]과 같다.

〔표 103〕 '{V, r}*bV'의 변화 양상

방언형 \ 어사		가오리	누나	누에	다리	벙어리	이웃	확	졸+고	합계
		*가ᄫᆞ리	*누ᄫᅴ	*누ᄫᅦ	*ᄃᆞᆯᄫᅵ	*버ᄫᅥ리	*이ᄫᅮᆽ	*호ᄫᆞᆨ	*ᄌᆞᄫᆞᆯ-	
p	abo	5								5
	abu	13							43	56
	ƎbƎ					27				27
	Ǝbɜ					2				2
	əbə					32				32
	ɜbɜ					1				1
	Ǝbu					9				9
	ibi			12						12

방언형 \ 어사		가오리 *가ᄫᆞ리	누나 *누ᄫᅴ	누에 *누ᄫᅦ	다리 *ᄃᆞᆯᄫᅵ	벙어리 *버ᄫᅥ리	이웃 *이ᄫᅮᆺ	확 *호박	졸+고 *ᄌᆞᄫᆞᆯ-	합계
p	ibu						4			4
	lbi				64					64
	oba							42		42
	obu								1	1
	ubE			2						2
	ubi			1						1
	ubu		16							16
	wibE			2						2
	wibi			6						6
m	əmə					1				1
소계		18	16	23	64	72	4	42	44	283
ŋ	EŋE					2				2
	əŋə					35				35
	ɜŋə					21				21
	ɜŋɜ					4				4
w	ao	101							11	112
	au	6							17	23
	Eo	6								6
	ɛo	2								2
	iu						98			98
	iyu						1			1
	lwi				1					1
	oɦwa							1		1
	ru				20					20
	u		88							88
	uŋu		2							2
	uu		15							15
	uwE			2						2
	wao	1								1
	yu						35			35
ø	a							11		11
	i			2						2

방언형 \ 어사		가오리	누나	누에	다리	벙어리	이웃	확	졸+고	합계
		*가ᄫᅳ리	*누ᄫᅴ	*누ᄫᅦ	*ᄃᆞᄫᅵ	*버ᄫᅥ리	*이ᄫᅳᆺ	*호박	*ᄌᆞᄫᆞᆯ-	
ø	llE				1					1
	o							2	63	65
	ö			4						4
	oa							3		3
	oɨ								1	1
	oŋə					3				3
	ou								2	2
	re				1					1
	rE				3					3
	rɛ				2					2
	ri				46					46
	ü		4	9						13
	ue			26						26
	uE			10						10
	üe			25						25
	üE			10						10
	üə			8						8
	ui		12	2						14
	uŋe			6						6
	uŋE			3						3
	uyə			1						1
	wa							72		72
	we			5						5
	wi		1							1
	wiE			1						1
	wii			1						1
소계		116	122	115	74	65	134	89	94	809
기타		4				1		7		12
총계		138	138	138	138	138	138	138	138	1,104

[표 103]에 의하면 형태소 내부의 /*b/는 [b, m, ŋ, w, ø]의 다섯 유형으로

실현됨을 볼 수 있는데, 다음에서는 이들의 변화 과정에 대해서 살펴보기로 한다.

/p/형은 그 방언형이 [abo, abu, ƎbƎ, Ǝbɜ, əbə, ɜbɜ, Ǝbu, ibi, ibu, lbi, oba, obu, ubE, ubi, ubu, wibE, wibi] 등에서 보는 것처럼 '{V, r}—V' 환경에서 모두 [b]로 실현되므로 역사적 기저형 /*b/가 이 환경에서 아무른 변화도 겪지 않고 그대로 실현된 것이라는 해석을 가능하게 한다. 그러나 이렇게 해석하면 현대국어의 음소체계에 /b/를 설정해야 하는 어려움이 있다. 그래서 여기서는 뒤에서 보게 될 무성음화규칙 /*b/>/p/의 적용 범위가 이 환경에까지 확대됨으로써 이 환경에서도 /*b/가 /p/로 무성음화되고, 이 /p/가 다시 /p/>[b]로 유성음화된 것으로 해석하고자 한다. 이러한 해석의 타당성은 뒤에서 보게 될 /*z/>/s/의 무성음화에서 뒷받침된다.

/m/형은, 전남 영광에서, '벙어리'의 방언형 [pəməri]에서 발견되는 유형이다. 이 유형은 영광을 제외한 전남의 모든 지역에서 /pəpəri/로 실현됨을 볼 때 전후 음절의 /p/가 이화작용을 일으켜 뒤의 /p/가 /m/로 바뀐 것으로 해석된다. /ŋ/형 역시 '벙어리'의 방언형에서만 발견되는 유형인데, 이 /ŋ/는 /*b/가 모음 간에서 /*β/>/w/>/ø/로 약화·탈락되어 모음충돌이 일어나자 이 충돌을 피하기 위해 첨가된 것으로 해석된다(*pəbəri/>/*pəβəri/>/pəwəri/>/pəəri/>/pəŋəri/). /w/형은 '{V, r}—V' 환경에서 /*b/>/*β/>/w/로 약화된 것이고, /ø/형은 앞에서와 같은 단계를 거친 다음 다시 /w/가 탈락된 것이다.

이상에서 살펴본 바를 무성음화규칙과 약화·탈락규칙의 측면에서 종합하면, /b, m/형은 다 같이 '{V, r}—V' 환경에서 /*b/>/p/로 무성음화된 것이고, /ŋ, w, ø/형은 /*b/가 동일한 환경에서 약화·탈락된 것임을 알 수 있다. 그리고 '{V, r}—V' 환경에서 전자(무성음화) 대 후자(약화·탈락)의 실현 빈도는 283/1092개[259](26.0%) : 809/1092(74.0%)로서 후자의 경우가 우세함을 알

259) 1092개는 역사적 기저형 /*b/를 가졌을 것으로 추정되는 어사로서 현대국어 방언에서 실제로 실현된 어사의 총수인데, 이것은 실현 가능한 어사의 총수 1104개에서 실현되

수 있다.

5.1.1.2. 형태소 경계

형태소 경계에서 역사적 기저형 /*b/가 실현될 수 있는 환경은 자음이 선행 혹은 후행하는 경우('C+—' 혹은 '—+C'), 유성음과 모음 사이에 놓이는 경우('{V, r}—+V')의 두 경우로 나누어 볼 수 있다. 다음에서는 이 두 경우에 쓰인 /*b/가 현대국어에 이르는 과정에서 어떻게 변화되었는지 살펴보기로 한다.

5.1.1.2.1. 자음의 전후('%—+C')

자음 뒤에서 /*b/가 쓰인 것으로 추정되는 어사로는 『한국방언자료집』에서 '마름(<말왐(두초 7 : 7)<*말밤)'의 한 예가 발견된다. 이 어사는 전국 90개 군에서 실현되는데, 그 중에서 /p/로 실현된 군의 수는 43개 군(47.8%)이고 /ø/로 실현된 군의 수는 47개 군(52.2%)이다.

자음 앞에서 /*b/가 쓰인 것으로 추정되는 어사로는 『한국방언자료집』에서 '굽(<구ᇦ-, 월석 2 : 9)+고, 굽+는다, 깁(<기ᇦ-, 능엄 5 : 82)+는다, 깁+지, 눕(<누ᇦ-, 석보 6 : 33)+지, 더럽(<더러ᇦ-, 월석 1 : 35)+더라, 더럽+지, 돕(<도ᇦ-, 용가 96)+고, 두껍(<둗거ᇦ-, 월석 21 : 19)+다, 맵(<ᄆᆡᇦ-, 석보 6 : 30)+다, 무섭(<므싀여ᇦ-, 월석 2 : 23)+고, 무섭+다, 부드럽(<부드러ᇦ-, 월석 14 : 55)+더라, 부드럽+지, 섧(<셟-, 월곡 139)+게, 섧+다, 쉽(<쉬ᇦ-, 훈언)+고, 쉽+다, 어렵(<어려ᇦ-, 석보 13 : 37)+고, 어렵+다, 춥(<치ᇦ-, 삼강 효 : 1)+고, 춥+다' 등이 발견된다.

중세국어 형태에서 볼 수 있는 'ㅸ'는 역사적 기저형 /*b/가 중세국어에 이르는 과정에서 변화된 것임은 앞에서 지적한 바와 같다. 그러나 자음의 전후 환경에서 /*b/는 'ㅸ'의 단계를 거치지 않고 바로 /p/로 무성음화되었다.

다음에서는 이들 어사에 포함된 /*b/가 현대국어의 여러 방언에 이르는 과정에서 어떻게 변화되었는지 살펴보기로 한다.

지 않거나 다른 어사로 바뀌어 실현된 어사 12개를 제외한 수치다.

〔표 104〕 '*b+C'의 변화 양상

방언형 \ 어사		굽+고	돕+고	무섭+고	쉽+고	어렵+고	춥+고	섧+게	굽+는다	깁+는다	두껍+다	맵+다	무섭+다	섧+다	쉽+다	어렵+다	춥+다	더럽+더라	부드럽+더라	깁+지	눕+지	더럽+지	부드럽+지	합계
p	pk'	7	34	54	57	72	45	13																282
	pt'										138	131	138	20	119	138	138	127	126					1,075
	pč'																			56	70	92	99	317
m	mn								59	51														110
t	tk'	6																						6
	tč'																			15	23			38
n	nn								56	66														122
k	kk'	34	24	30	15	21	35	1																160
	kč'																				2			2
$\varnothing_1$	k'	87	38	53	43	44	58	2																325
	k^h	3																						3
	lk'							79																79
	lt'													62										62
	č'																			36	38			74
	$č^h$																			21	3			24
소계		137	96	137	115	137	138	95	115	117	138	131	138	82	119	138	138	127	126	128	136	92	99	2,679
u	upk'		2																					2
	upt'											7												7
	upč'																			1				1
	uk'		7																					7
	ug		29																					29
	udʒ																			2				2
	un									3														3
w	wag		1																					1
$\varnothing_2$	ø								21	16														37
	g	1																						1
	dʒ																			2	1			3
소계		1	39	0	0	0	0	0	21	19	0	7	0	0	0	0	0	0	0	5	1	0	0	93
x			3	1	23	1		43	2	2				56	19			11	12	5	1	46	39	264
합계		138	138	138	138	138	138	138	138	138	138	138	138	138	138	138	138	138	138	138	138	138	138	3,036

[표 104]에 의하면 자음(C) 앞의 /*b/는 [p, m, t, n, k, u, w, ø]의 여덟 유형으로 실현됨을 볼 수 있는데, 다음에서는 이들의 변화 과정에 대해서 살펴보기로 한다.

/p/형은 [pk', pt', pč']에서 보는 바와 같이 /*b/가 자음 /k, t, č/ 앞에서 무성음화된 것이고, /m/형은 앞의 /p/가 다시 후행의 비음 /n/에 의해 비음화된 것이다. /t/형은 [tk', tč']에서 볼 수 있는데, 전자는 /p/가 후행하는 /k/의 조음위치에 이끌려 불완전동화된 것이고, 후자는 전설성 자음 /č/ 앞에서 /p/가 전설자음으로 바뀐 것으로 해석된다. /n/형은 [nn]에서 볼 수 있는데 이것은 /p/가 후행 /n/의 조음방법에 동화되어 [m]로 바뀐 다음 다시 조음위치에 동화된 것이다.

/k/형은 [kk', kč']에서 보는 바와 같이 /*b/가 후행의 /k/나 /č/와 연결될 때 실현되었는데, 양자의 경우 모두 후행 자음에 의해 무성음화(/p/) 된 것으로 해석된다. 그러나 이 /p/가 다시 /k/로 바뀌는 과정은, 전자의 경우는 후행 자음의 후설성에 의한 후설음화로 해석되고, 후자의 경우는 선행 모음 /u/의 후설성에 의한 후설음화로 해석된다.

/u/형에 속한 방언형에는 [upk', upt', upč', uk', ug, uʤ, un] 등이 있는데 이들은 모두 어간이 재구성된 것이다. 이들의 재구성 과정은 다음과 같이 설명된다.

[upk']는 '돕+고'의 활용에서 나타난 형태이다. 이것은 '돕+으니→도우니'와 같은 형태에서 얻어진 '도우-'와 '돕다'와 같은 형태에서 얻어진 '-ㅂ다'가 혼태에 의해 '도웁다'로 어간이 재구성된 것으로 해석된다. [upt']는 '맵+으니→매우니'에서 얻어진 '매우-'와 '맵다'의 '-ㅂ다'가 혼태에 의해 '매웁다'로 재구성된 것으로 해석된다. 그리고 [upč']는 '깁+으니→기우니'의 '기우'와 '깁다'의 '-ㅂ다'가 혼태에 의해 '기웁다'로 재구성된 것으로 해석된다. [uk']는 '도우꼬'에서 볼 수 있는데, 이것은 앞의 [upk']의 경우와 동일하게 어간이 재구성된 다음 [ukk'](연구개음화)>[uk'](k탈락)'의 과정을 거친

것으로 해석된다. 이 넷의 경우는 모음어미가 결합될 때의 '*b>ß>w'와 자음어미가 결합될 때의 '*b>p'가 재구성 어간에 공존하므로 /*b/의 약화·탈락에도 해당되고 /*b/의 무성음화에도 해당된다.[260]

[ug], [uʤ], [un]은 '도우고, 기우지, 기운'과 같은 형태에서 실현된 것인데, 이들은 다 같이 모음어미가 결합될 때의 어간형 '도우-, 기우-'가 자음어미 앞에서까지 확대 사용된, 즉 재구성된 것이다. /w/형은 [wag]에서 볼 수 있는데, 이것은 '돕+아서→도와서'와 같은 형태에서 '도와-' 부분이 어간으로 재구성되고 여기에 어미 '고'가 결합된 경우에 나타난 것이다.

/ø/형은 '*b+C'에서 /*b/가 탈락된 것으로 이에 속한 방언형에는 [ø, g, ʤ, k', kʰ, lk', lt', č', čʰ] 등이 있다. 이 중에서 방언형 [ø]는 어간 '굽-, 줍-(깁-, 전남 방언형)'에서 'ㅂ'가 탈락된 '구-, 주-'로 재구성된 어간에 '-ㄴ다'가 결합되어 이루어진 '군다, 준다'와 같은 형태에서 발견되는 것이다. 그런데 어간이 '구-, 주-'로 재구성된 것은 '굽(b)+어, 줍(b)+어>구벙, 주벙>구워, 주워>구오, 주오>구우, 주우>구, 주'와 같은 과정을 거친 '구, 주'가 자음어미 앞에까지 확산되어 어간단일화를 이룬 것으로 해석된다.

[g]는 전북 장수에서 '굽+고'의 방언형 '구고'에서 나타나는 것인데, 이것은 '*굽(b)+어>구벙>구워>구어>궈'의 과정에서 /*b/가 약화·탈락됨으로써 나타난 '구-'가 자음어미 앞에까지 확산되어 어간단일화가 이루어짐으로써 나타난 것이다. [ʤ]는 전남 장흥에서 '줍+지(깁지), 눕+지'의 방언형에서 나타난 것인데, 이것은 '줍+어, 눕+어>주어, 누어'의 '주-, 누-'가 자음어미 앞에까지 확대 사용되어 어간이 '주-, 누-'로 재구성되고 여기에 어미 '지'가 결합됨으로써 나타난 것으로 해석된다.

[k', kʰ]는 *b+k>pk(무성음화)>pʔk/phk(ʔ/h첨가)>pk'/pkʰ(축약)>kk'/kkʰ(조음위치동화)>k'/kʰ(k탈락)의 과정을 거친 것이고, [lk', lt']는 *lb+k/t>lpk/lpt(무성음

260) 통계 처리에서는 양자의 각각에 포함시킬 수도 있겠으나 통시적으로 볼 때 'X우-'형이 'X웁-'보다 먼저 형성된 것이므로 여기서는 약화·탈락으로 처리하기로 한다.

화)>lpʔk/lpʔt(ʔ첨가)>lpk'/lpt'(축약)>lk'/lt'(자음군단순화)의 과정을 거친 것이다. [č', č^h]는 *b+c>pc(무성음화)>pʔč/phč(ʔ/h첨가)>pč'/pč^h(축약)>tč'/tč^h(전설성동화)>č'/č^h(t탈락)의 과정을 거친 것이다. 그러므로 이 여섯의 경우에는 그 일차적 변화는 무성음화라고 할 수 있다.

이상에서 살펴본 바를 무성음화와 약화·탈락의 측면에서 종합하면 /p, m, t, n, k, ø$_1$/형은 다 같이 '—+C' 환경에서 /*b/>/p/로 무성음화된 것이고, /u, w, ø$_2$/형은 /*b/가 동일한 환경에서 약화·탈락된 것임을 알 수 있다. 그리고 '—+C' 환경에서 전자(무성음화) 대 후자(약화·탈락)의 실현 빈도는 2,679/2772(3036-264)개(96.6%) : 93/2772개(3.4%)로서 전자의 경우가 절대적으로 우세함을 알 수 있다.

5.1.1.2.2. 유성음 사이('{V, r}—+V')

'{V, r}—+V'의 환경에서 /*b/가 쓰인 것으로 추정되는 어사로는 『한국방언자료집』에서 '간지럽+아, 굽+아, 깁+아라, 눕+아서, 더럽+아서, 더럽+으면, 돕+아서, 돕+으니까, 두껍+은, 떫+아서, 떫+은, 맵+아서, 맵+은, 무섭+아서, 무섭+으니까, 무섭+은, 부드럽+아서, 부드럽+으면, 부끄럽+아서, 쉽+아서, 쉽+아서, 쉽+은, 어둡+았다, 어렵+으니, 춥+으면' 등이 발견된다. 그런데 이들 어사에 포함된 /*b/는 현대국어의 여러 방언에 이르는 과정에서 /p/형, /w/형, /ø/형의 세 유형으로의 변화를 보인다. 다음에서는 이들 유형이 나타나게 된 과정을 살펴보기로 한다.

먼저 '{V, r}—+V' 환경에서 /*b/>/p/로의 변화를 보인 예들을 보이면 [표 105]와 같다.

〔표 105〕 '{V, r}*b+V'의 변화 양상(1)

방언형 \ 어사		눕+아서	돕+아서	떫+아서	부끄럽+아서	더럽+아서	부드럽+아서	맵+아서	섧+아서	무섭+아서	쉽+아서	굽+아	간지럽+아	어둡+았다
p	aba						8						10	
	abƎ				1									
	abu													
	Eba							21						
	Ǝba				14	24	12			17			9	7
	əba					1	1			1				
	EbƎ							11						
	ɛbə							1						
	ƎbƎ				16	12	15			18			4	4
	əbə				1	1	1			1				
	əbɨ													
	ebu													
	Ebu													
	Ǝbu													
	əbu													
	iba													
	ibƎ										17			
	ibə													
	ibu													
	obu													
	uba	2			1						1	2		8
	ubƎ	14									12	13		11
	ubə											1		
	übƎ										1			
	ubu											2		
	übu													
	wibƎ										1			
	wibu													
	lba			4					1					
	lbƎ			38			2		31					
	lbə			64					3		1			

방언형 \ 어사		늪+아서	돕+아서	떫+아서	부끄럽+아서	더럽+아서	부드럽+아서	맵+아서	섧+아서	무섭+아서	쉽+아서	굽+아	간지럽+아	어듭+았다
p	lbɨ													
	lbu													
	lbwa								1					
소계		16	0	106	33	38	39	33	36	37	33	18	23	30

방언형 \ 어사		깁+아라	돕+으니까	무섭+으니까	어렵+으니	두껍+은	떫+은	맵+은	무섭+은	쉽+은	더럽+으면	부드럽+으면	춥+으면	소계
p	aba													18
	abƎ													1
	abu				5							5	2	12
	Eba													21
	Ǝba				1									84
	əba													3
	EbƎ							2						13
	ɛbə													1
	ƎbƎ			5							1			75
	əbə													4
	əbɨ										2			2
	ebu				1									1
	Ebu							32						32
	Ǝbu			23	24	18			19		32	26		142
	əbu			1	1									2
	iba	1												1
	ibƎ	33								1				51
	ibə	2												2
	ibu								1	8			8	17
	obu				1									1
	uba													14
	ubƎ									1				51
	ubə													1
	übƎ													1
	ubu					4				15			17	38

방언형 \ 어사		깁+이라	돕+으니까	무섭+으니까	어렵+으니	두껍+은	떫+은	맵+은	무섭+은	쉽+은	더럽+으면	부드럽+으면	춥+으면	소계
p	üibu									1				1
	wibƎ													1
	wibu									2				2
	lba													5
	lbƎ						2							73
	lbə													68
	lbɨ						51							51
	lbu						53							53
	lbwa													1
소계		36	0	29	33	22	106	34	20	28	35	31	27	843

[표 105]에서는 기저형 /*b/가 '{V, r}—+V' 환경에서 모두 [b]로 실현되므로 역사적 기저형이 아무런 변화 없이 그대로 실현되었다고 할 수 있다. 그러나 이렇게 해석하면 무상장애음과 유성장애음의 대립이 존재하지 않는 현대국어의 음운체계에 유성장애음 /b/를 음운으로 설정해야 하는 어려움이 있다. 그래서 여기서는 /*b/가 자음 앞에서 무성음화되던 규칙이 '{V, r}—+V' 환경에까지 확대 적용되어 무성음 /p/로 바뀐 다음 이것이 다시 변이음 규칙인 유성음화규칙에 의해 [b]로 실현된 것으로 해석하고자 한다. 이러한 해석은 뒤에서 볼 /*z/가 모음 사이에서 /s/로 무성음화된 변화에서도 뒷받침된다.

어사별로 본 무성음화의 빈도는 어간 '돕-'이 0/138*100=0%인데 반하여 어간 '떫-'은 106/120*100=88.3%나 되어 어사별로 크게 차이가 있다. 이것은 모음과 모음 사이보다는 자음('ㄹ')과 모음 사이에서 무성음화가 더 빨리 진행되었음을 의미한다. 여타의 어사에서는 그 빈도에서 특이한 점이 발견되지 않는다.

'{V, r}—+V' 환경에서 /*b/>/w/로의 변화를 보인 예들은 다음의 [표 106]

에서 보는 바와 같다.

〔표 106〕 '{V, r}*b+V'의 변화 양상(2)

방언형 \ 어사		눕+아서	돕+아서	떫+아서	부끄럽+아서	더럽+아서	부드럽+아서	맵+아서	섧+아서	무섭+아서	쉽+아서	굽+아	간지럽+아	어둡+았다
w	awa						2						11	
	awə												1	
	ewa							20						
	ɛwa							38						
	əwa				8	10	5			8			10	
	Ǝwa				4	1				3			3	1
	əwə				51	50	40			53			34	
	ƎwƎ				4	4	2			3				
	ɛwə							42						
	Ewə							2						
	iwa										1			
	iwə										6			
	iwƎ										3			
	ɨwə									1				2
	lwa								1					
	owa		87		1		1							
	owə		3											
	rwa			1					1					
	rwə			5					6					
	uwa					1			1	9		1		12
	uwə	31			1					3		22		35
	uwƎ	5									1	4		1
	üwa										1			
	üwə										48			
	wiwa										2			
	wiwƎ										2			
	oo		2											
	wa				1	1						1	1	

방언형＼어사		높+아서	돕+아서	떫+아서	부끄럽+아서	더럽+아서	부드럽+아서	맵+아서	섧+아서	무섭+아서	쉽+아서	굽+아	간지럽+아	어둡+었다
w	wə	29			2		1					48		42
	wƎ											1		
	uu	5										7		
	u	14										11		
	wo											2		
	we										3			
	ö										1			
	ü													
	ou													
	au													
	ɛu													
	eu													
	Eu													
	wiu													
	üu													
	iu													
	əu													
	Ǝu													
	ɨu													
	ru													
소계		84	92	6	72	67	51	102	9	80	68	97	60	93

방언형＼어사		깁+이라	돕+으니까	무섭+으니까	어렵+으니	두껍+은	떫+은	맵+은	무섭+은	쉽+은	더럽+으면	부드럽+으면	춥+으면	소계
w	awa													13
	awə													1
	ewa													20
	ɛwa													38
	əwa													41
	Ǝwa													12
	əwə													228
	ƎwƎ													13

방언형 \ 어사		깁+아라	돕+으니까	무섭+으니까	어렵+으니	두껍+은	떫+은	맵+은	무섭+은	쉽+은	더럽+으면	부드럽+으면	춥+으면	소계
	ɛwə													42
	Ewə													2
	iwa													1
	iwə	10												16
	iwƎ													3
	ɨwə													3
	lwa													1
	owa		2											91
	owə													3
	rwa													2
	rwə													11
	uwa													24
	uwə	3												95
	uwƎ													11
	üwa													1
w	üwə													48
	wiwa													2
	wiwƎ													2
	oo													2
	wa													4
	wə	5				1								128
	wƎ													1
	uu			4	3	5			6	3			53	86
	u	1		1	6	2			1		1		48	85
	wo													2
	we													3
	ö													1
	ü									26				26
	ou		127			3						1		131
	au											3	1	4
	ɛu							80						80
	eu							2						2

방언형 \ 어사		깁+아라	돕+으니까	무섭+으니까	어렵+으니	두껍+은	떫+은	맵+은	무섭+은	쉽+은	더럽+으면	부드럽+으면	춥+으면	소계
w	Eu							21						21
	wiu									5				5
	üu									47				47
	iu				1					10			3	14
	əu			67	72	62			75		52	47		375
	Ǝu			13	6	18			21		7	4		69
	ɨu				1									1
	ru						6							6
소계		19	129	85	89	91	6	103	103	91	60	55	105	1,817

[표 106]에서는 기저형 /*b/가 '{V, r}—+V' 환경에서 /w/로 변화된 방언형들을 보인 것인데, 이 방언형들은 중세국어에서는 모두 /ㅸ/를 가졌던 어사들이다. 그러므로 /*b/는 /ß/를 거친 다음 다시 /w/로 변화되었다고 할 수 있다. 그런데 [표 106]에 제시된 방언형을 보면 표면에 [w]가 드러난 경우와 그렇지 않은 경우가 있으므로 그 변화 과정에 대해서 살펴보기로 한다.

방언형 [awa, awə, ewa, ɛwa, əwa, Ǝwa, əwə, ƎwƎ, ɛwə, Ewə, iwa, iwə, iwƎ, ɨwə, lwa, owa, owə, rwa, rwə, uwa, uwə, uwƎ, üwa, üwə, wiwa, wiwƎ] 등에서는 모두 [w]가 실현되는데, 이것은 '{V, r}—+a' 환경에서 /*b/가 /*b/>/ß/>/w/의 과정을 거쳐 변화된 것이다. 그리고 [oo, wa, wə, wƎ, uu, u, wo, we, ö, ü]도 /*b/>/ß/>/w/의 과정을 거쳤으나 w가 후행 모음과 결합되어 변화된 것인데 그 변화 과정은 다음과 같다.

o*b+a>oßa>owa>owə>oo
u*b+a>ußa>uwa>ua>wa
>ußə>uwə>uə>wə
>ußə>uwə>uə>wə>wƎ

>ußə>uwə>uo>uu

>ußə>uwə>uo>uu>u

>ußə>uwə>uo>wo

uy*b+a>uyßə>uywə>uyə>ue>we

>uyßə>uywə>uyə>ue>we>ö

uy*b+ɨ>uyβɨ>uywɨ>uyu>üu>ü

방언형 [ou, au, ɛu, eu, Eu, wiu, üu, iu, əu, Ǝu, ɨu, ru] 등은 /*b/가 '{V, r}—+ɨ' 환경에서 /*b/>/ß/>/w/의 과정을 거쳐 변화된 다음 후행의 ɨ와 결합되어 u로 변화된 것인데 그 과정은 다음과 같다.

o*b+ɨ>oßɨ>owɨ>ou

a*b+ɨ>aßɨ>awɨ>au

ɛ*b+ɨ>ɛßɨ>ɛwɨ>ɛu>eu/Eu

uy*b+ɨ>uyßɨ>uywɨ>uyu>wiu/üu>iu

ə*b+ɨ>əßɨ>əwɨ>əu>Ǝu/ɨu

r*b+ɨ>rßɨ>rwɨ>ru

'{V, r}—+V' 환경에서 /*b/>/ø/로의 변화를 보인 예들은 다음의 [표 107]에서 보는 바와 같다.

〔표 107〕 '{V, r}*b+V'의 변화 양상(3)

어사 / 방언형		눕 + 아서	돕 + 아서	떫 + 아서	부끄럽 + 아서	더럽 + 아서	부드럽 + 아서	맵 + 아서	섧 + 아서	무섭 + 아서	쉽 + 아서	굽 + 아	간지럽 + 아	어둡 + 았다
ø	e													
	ɛ							1						
	ə				30	22	33		6	18			14	
	ø													
	rə			8					18					
	o													

방언형 \ 어사		눕+아서	돕+아서	떫+아서	부끄럽+아서	더럽+아서	부드럽+아서	맵+아서	섧+아서	무섭+아서	쉽+아서	굽+아	간지럽+아	어둡+았다
ø	oɨ													
	rɨ													
	uɨ													
	Ǝ													
	əy													
	ɨ													
	a				1								18	
	aa												1	
	Ea							1						
	i													
	ie													
	iƎ										1			
	iə													
	ii													
	oa		46											
	oə													1
	rƎ								1					
	uƎ	3										2		4
	uə	34										20		7
	yə													
	yɨ													
	ɜ											1		
	ƎƎ				1								2	
	üe										1			
	üə										27			
소계		37	46	8	32	22	33	2	25	18	29	23	35	12
기타		1		18	1	11	15	1	68	3	8		20	3
실현총수		137	138	120	137	127	123	137	70	135	130	138	118	135
합계		138	138	138	138	138	138	138	138	138	138	138	138	138

방언형 \ 어사		깁+아라	돕+으니까	무섭+으니까	어렵+으니	두껍+은	떫+은	맵+은	무섭+은	쉽+은	더럽+으면	부드럽+으면	춥+으면	소계
ø	e	10										1		11
	ɛ							1						2
	ə	4		21	11	25	5		15		30	14		248
	ø						1							1
	rə													26
	o		2											2
	oɨ		2											2
	rɨ						2							2
	uɨ			1									1	2
	Ǝ				1									1
	əy											2		2
	ɨ			1								2		3
	a													19
	aa													1
	Ea													1
	i	4												4
	ie	1												1
	iƎ	1												2
	iə	33												33
	ii	6												6
	oa													46
	oə													1
	rƎ													1
	uƎ													9
	uə	15												76
	yə	7												7
	yɨ	2												2
	ɜ													1
	ƎƎ													3
	üe													1
	üə													27
소계		83	4	23	12	25	8	1	15	0	30	19	1	543

어사 / 방언형	깁 + 이라	돕 + 으니까	무섭 + 으니까	어렵 + 으니	두껍 + 은	떫 + 은	맵 + 은	무섭 + 은	쉽 + 은	더럽 + 으면	부드럽 + 으면	춥 + 으면	소계
기타		5	1	4		18			19	13	33	5	247
실현총수	138	133	137	134	138	120	138	138	119	125	105	133	3,203
합계	138	138	138	138	138	138	138	138	138	138	138	138	3,450

[표 107]에서는 기저형 /*b/가 '{V, r}—+V' 환경에서 /ø/로 변화된 방언형들을 보인 것인데, 이 방언형들은 중세국어에서는 모두 /ㅸ/를 가졌던 어사들이다. 그러므로 /*b/는 /ß/를 거친 다음 다시 /w/로 변화되었으나 이 /w/가 다시 탈락되어 /ø/로 변화되었다고 할 수 있다. 다음에서는 [표 107]에 제시된 방언형들이 어떠한 과정을 거쳐 /ø/로 실현되었는지 살펴보기로 하되, '아'계 어미가 결합된 경우와 '으'계 어미가 결합된 경우로 나누어 살펴보기로 한다.

'{V, r}—+a' 환경에서 /*b/가 변화된 양상을 보여 주는 방언형에는 [aa, iə, oa, oə, ƎƎ, rə, uə, iƎ, rƎ, uƎ, ɜ, Ea, ie, ii, i, yə, yɨ, e, üə, üe, ɛ, a, ə] 등이 있다. 이들 가운데 [aa, iə, oa, oə, ƎƎ, rə, uə]형은 다 같이 /*b/가 '{V, r}—+a' 환경에서 /*b/>/ß/>/w/>/ø/로의 변화를 겪은 것이다. 그리고 [iƎ, rƎ, uƎ]형은 앞의 [iə, rə, uə]의 [ə]가 다시 [ə]>[Ǝ]로 모음상승된 것이다. [ɜ]형은 [uwə]에서 [w]가 탈락되어 [uə]가 되고, 이것이 다시 활음화에 의해 [wə]가 되었으나 또 다시 w탈락과 모음하강의 과정을 겪은 것이다. [Ea]형은 [ɛwa]에서 [w]가 탈락된 다음 다시 [ɛa]>[Ea]로 변화된 것이다.

[ie, ii, i, yə, yɨ, e]형은 다 같이 /i*b+a/>/iβə/>/iwə/>/iə/의 단계를 거친 점에서는 동일하다. 뿐만 아니라, 앞의 셋은 i순행동화에 의한 y첨가로 [iə]가 [iyə]로 바뀌고 이것이 다시 축약에 의해 [ie]가 된 과정까지도 동일하다. 그런 다음 [ie]는 다시 모음상승에 의해 [ii]로 변하기도 하는데 이 [ii]는 다시 동음생략에 의해 [i]만 남기도 한다. 뒤의 셋은 [iə]의 단계까지는 앞의 셋과

동일하나 다음 단계에서 y첨가가 아닌 y활음화가 적용되어 [yə]로 바뀐 점에서 서로 차이가 있다. [e]형은 [yə]가 축약된 것이고, [yɨ]형은 [yə]의 [ə]가 모음상승 된 것이다.

[üə, üe]형은 다 같이 /*uyb+a/>/uyβə/>/uywə/>/uyə/>/uyyə/>/üyə/의 과정을 거친 점에서는 동일하다. 그러나 /üə/형은 /üyə/의 /y/가 탈락된 것이고, /üe/는 üyə/의 /yə/가 /e/로 축약된 것이란 점에서 차이가 있다. [a, ə]형은 /*ab+a, *əb+ə/의 /b/가 /*b/>/ß/>/w/로 변화된 다음 w탈락과 동음생략을 거친 것이다. /ɛ/형 역시 /*ayb+a/의 /b/가 앞의 경우와 동일한 변화를 거쳤으나 y순행동화에 의한 y첨가, 모음축약, 동음생략 등의 과정을 거친 것이다 (/*ayb+a/>/ayβa/>/aywa/>/aya/>/ayya/>/ɛɛ/>/ɛ/).

'{V, r}—+ɨ' 환경에서 /*b/가 실현된 양상을 보여 주는 방언형에는 [oɨ, uɨ, rɨ, ɛ, ə, o, ᴲ, əy, e, ɨ, ø] 등이 있다. 이들은 다 같이 '{V, r}—+ɨ' 환경에서 /*b/>/ß/>/w/>/ø/로의 변화를 겪었는데, 이 경우가 [표 106]의 경우와 다른 점은 /w/가 후행의 ɨ와 축약되지 않고 탈락되었다는 것이다. 이들의 변화 과정은 다음과 같이 설명된다.

방언형 [oɨ, uɨ, rɨ]는 /*b/>/ß/>/w/의 과정을 겪은 /w/가 유성음 사이에서 탈락된 것이고, 방언형 [ɛ, ə, o]는 /w/의 탈락으로 야기된 모음충돌이 원인이 되어 후행의 /ɨ/가 탈락된 것이다. [ᴲ]형은 [ə]형이 다시 모음상승 된 것이다.

[əy, e, ɨ]형은 다 같이 /w/가 탈락된 다음 모음충돌로 다시 후행의 /ɨ/가 탈락된 점에서는 동일하다. 그러나 [əy, e]형은 후행 어미 '으면'의 '으'가 탈락된 다음 남은 '면'의 y에 의한 y역행동화로 y첨가가 이루어져 əy가 되었으며, 이 əy는 다시 축약되어 e로 변화되었다. [ɨ]형은 앞에서 본 [ə]형이 다시 모음상승 된 것이다. [ø]형은 '살+은→산' 등에서 보는 바와 같이, r 뒤에서 ɨ('은'의 '으')가 탈락된 다음 다시 후행의 'n'으로 말미암아 선행 r가 탈락된 것이다.

/*b/가 '{V, r}—+ɨ' 환경에서 약화・탈락된 과정을 간략히 나타내면 대체로 다음과 같이 된다.

{V, r}*bɨ>{V, r}ßɨ>{V, r}wɨ>{V, r}ɨ>{V, r}
(V=o, u, ɛ, ə)

이상에서 살펴본 바를 무성음화와 약화·탈락의 측면에서 종합하면 /p/형은 '{V, r}—+V' 환경에서 /*b/>/p/로 무성음화된 것이고, /w/형은 /*b/가 동일한 환경에서 약화된 것이며, /ø/형은 약화된 /w/가 다시 동일한 환경에서 탈락된 것이다. 그러므로 /*b/의 약화·탈락에는 /w/형과 /ø/형이 모두 포함된다. '{V, r}—+V' 환경에서 /*b/가 무성음화된 빈도는 843/3203(3450-247)×100=26.3%이고, 동일 환경에서 약화·탈락된 빈도는 2360/3203×100=73.7%이다. 그리고 /*b/>/w/를 경험한 어사 중 다시 /w/탈락을 경험한 어사의 빈도는 543/2360(543+1817)=23.0%이다.

5.1.2. /*d/의 변화

역사적 기저형 /*d/가 현대국어에 이르는 과정에서 어떻게 변화되었는가를 알기 위해서는 형태소 내부와 형태소 경계로 나누어 살펴보는 것이 순리일 것이다. 그러나 형태소 내부에서의 변화를 알 수 있는 자료가 『한국방언자료집』에서는 발견되지 않는다. 그러므로 여기서는 형태소 경계에서의 변화만을 살펴보기로 한다.

5.1.2.1. 형태소 경계

형태소 경계에서 역사적 기저형 /*d/가 실현될 수 있는 환경은 자음이 후행하는 경우('—+C')와 모음과 모음 사이에 놓이는 경우('V—+V')의 두 경우로 나누어 볼 수 있다. 다음에서는 역사적 기저형 /*d/를 가졌던 것으로 추정되는 어사를 『한국방언자료집』에서 찾아 이들 어사에 포함된 /*d/가 현대국어에 이르는 과정에서 어떻게 변화되었는지 살펴보기로 한다.

5.1.2.1.1. 자음 앞('—+C')

자음 앞에서 /*d/가 쓰인 것으로 추정되는 어사는 '듣(용가 98)+고, 묻(용가 111, 問)+고, 싣(석보 6 : 15)+고, 걷(월곡 130)+는다, 싣+는다, 걷+다마다, 묻+지' 등이 발견되는데, 이들 어사에 포함된 /*d/가 현대국어의 여러 방언에서 실현된 양상을 보면 다음 [표 108]과 같다.

〔표 108〕 '*d+C'의 변화 양상

방언형 \ 어사		듣+고	묻(問)+고	싣+고	걷+는다	싣+는다	걷+다마다	묻+지	합계
t	tk'	35	36	4					75
	tt'						7		7
	tč'							27	27
n	nn				100	23			123
k	kk'	31	25	10					66
ø	č'							100	100
	t'						47		47
	k'	68	55	17					140
	k^h			1					1
소계		134	116	32	100	23	54	127	586
rh	$l\check{c}^h$							2	2
	lk^h		3	42					45
rʔ	lt'						25		25
	lč'							7	7
	lk'	2	17	64					83
rʔ/rh	ll				34	109			143
r	ld						3		3
	r	2			3	6			11
소계		4	20	106	37	115	28	9	319
기타			2		1		56	2	61
합계		138	138	138	138	138	138	138	966

[표 108]에 의하면 자음 앞의 /*d/는 /t, n, k, ø, rh, rʔ, r/의 일곱 유형으로 실현됨을 볼 수 있는데, 다음에서는 이들의 변화 과정에 대해서 살펴보기로 한다.

/t/형은 방언형 [tk', tt', tč']에서 보는 바와 같이 /*d/가 자음 /k, t, č/ 앞에서 무성음화된 것이고, /n/형과 /k/형은 다 같이 자음 앞에서 무성음화된 점에서는 동일하나 전자의 경우는 /t/가 다시 뒤의 비음 /n/에 조음방법동화 된 것이고, 후자의 경우는 /t/가 뒤의 /k/에 조음위치동화 된 것이다.

/ø/형은 방언형 [č', t', k', k^h]에서 볼 수 있다. [č', t']는 *d+č/t>tč/tt(무성음화)>tʔč//tʔt(ʔ첨가)>tč'/tt'(경음화)>č'/t'(t탈락)의 과정을 거친 것으로, [k']는 *d+k>tk(무성음화)>tʔk(ʔ첨가)>tk'(경음화)>kk'(연구개음화)>k'(k탈락)의 과정을 거친 것으로 해석된다. 그리고 [k^h]는 *d+k>tk(무성음화)>thk(h첨가)>tk^h(유기음화)>kk^h(연구개음화)>k^h(k탈락)의 과정을 거친 것으로 해석된다. 앞의 [k']는 어중경음화규칙이 적용된 데 비해 뒤의 [k^h]는 유기음화규칙이 적용된 점에서 차이가 있다.

/rh/형은 방언형 [$lč^h$, lk^h]에서 볼 수 있다. /*d/가 /č, k/ 앞에서 /rh/로 변화된 다음 /h/와 /č, k/가 축약되어 /$rč^h$, rk^h/가 되고, 여기에 다시 불파음화규칙이 적용되어 [$lč^h$, lk^h]가 된 것으로 해석된다. 그리고 /rʔ/형은 [lt', lč', lk']에서 볼 수 있는데, 이것은 /*d/가 /t, č, k/ 앞에서 /rʔ/로 변화된 다음 /ʔ/와 /t, č, k/가 축약되어 나타난 것으로 해석된다.

방언형 [ll]은 /*d/+/n/>/{rʔ, rh}n/>/rn/({ʔ, h} 탈락)>/rr/(유음화)의 과정을 거친 다음 다시 이음규칙인 불파음화규칙과 설측음화규칙의 적용을 받은 것으로 해석된다. 그런데 여기서 /*d/가 /rʔ/ 혹은 /rh/로 변한 것으로 해석한 이유는 '싣+고'가 '실꼬, 실코'의 두 유형으로 변화된 예가 발견되기 때문이다.

/r/형은 방언형 [ld, r]에서 볼 수 있다. 전자의 [ld]는 후행 자음 /t/ 앞에서 /*d/가 /r/로 바뀌어 /rt/로 된 다음 다시 불파음화와 유성음화에 의해 [ld]가 된 것으로 해석된다. 후자의 [r]는 활용형 '실꼬, 시른다'로부터 분석된 유형

인데, 이 경우 쉽게 생각할 수 있는 어간 기저형은 '싫-'이 될 것이다. 그런데 '싫+고'의 결합에서는 '실꼬'의 형태를 얻을 수 있으나 '싫+는다'의 결합에서는 '시른다'의 형태를 얻을 수 없다. 이 결합은 '앓+는다'가 '알른다'가 되는 것처럼 '실른다'로 되어야 할 것이기 때문이다. 이러한 문제점을 해결하기 위해서는 전자의 어간 기저형은 '싫-'로, 후자의 그것은 '시르-'로 달리 설정하는, 즉 쌍형어간을 설정하는 것이 하나의 방법이 될 것이다('싫+고→실꼬, 시르+ㄴ다→시른다').

/rh/, /rʔ/, /r/형은 역사적 기저형 /*d/가 동일한 자음 앞인데도 서로 달리 변화된 것으로 해석하였다. 그러나 통시적으로 볼 때 활용형 '실꼬/실코, 시러'는 활용형 '싣꼬/싣코, 시러'의 다음 단계에 나타난 것이라고 할 수 있으므로 양자의 '시러'는 동일한 변화 과정을 겪은 것으로 해석된다. 그렇다면 '싣꼬/싣코, 시러'의 경우는 모음어미 앞에서 '*d>ㄹ'의 변화가 일어났으나 자음어미 앞에서는 아직 변화가 일어나지 않은 것이고, '실꼬/실코, 시러'의 경우는 그 변화가 자음어미 앞에까지 확대된 것으로 해석된다.

다시 말하면, /rh/, /rʔ/, /r/는, 앞에서 설명한 바와 같이, /*d/가 자음 앞에서 바로 변화된 것이 아니라 모음어미 앞에서 실현되던 /r/가 자음어미 앞에까지 확산되어 어간단일화가 일어난 것이라고 할 수 있다. *d+k>tk(무성음화)>tʔk/thk(ʔ/h첨가)>tk'/tk^h(축약)>rk'/rk^h('t>r', 어간단일화).

이상에서 살펴본 바를 무성음화와 약화・탈락의 측면에서 종합하면 /t, n, k, ø/형은 '—+C' 환경에서 /*d/>/t/로 무성음화된 것이고, /rʔ, rh, r/형은 /*d/가 동일한 환경에서 약화된 것이다. '{V, r}—+C' 환경에서 /*d/가 무성음화된 빈도는 586/905(966-61)×100=64.8%이고, 동일 환경에서 약화된 빈도는 319/905×100=35.2%이다.

5.1.2.1.2. 모음 사이('V—+V')

'V—+V'의 환경에서 /*d/가 쓰인 것으로 추정되는 어사로는 『한국방언자료집』에서 '걷+어, 걷+으나, 듣+어, 듣+으나, 묻+어, 묻+으니까, 싣+어라' 등이 발견된다. 그런데 이 어사들에 포함된 /*d/는 현대국어의 여러 방언에 이르는 과정에서 모두 /r/형으로만 변화되고, 앞에서 본 바와 같은, 무성음화(/*d/>/t/) 된 예는 발견되지 않는다.

'V—+V' 환경에서 /*d/>/r/로의 변화를 보인 예들은 다음의 [표 109]와 같다.

〔표 109〕 'V*d+V'의 변화 양상

방언형 \ 어사		걷+으나	듣+으나	묻+으니까	걷+어	듣+어	묻+어	싣+어라	합계
r	əri	138							138
	iri		138						138
	uri			138					138
	ərə				138				138
	irə					138			138
	urə						138		138
	irə							138	138
합계		138	138	138	138	138	138	138	966

5.1.3. /*z/의 변화

역사적 기저형 /*z/가 현대국어에 이르는 과정에서 어떻게 변화되었는가를 형태소 내부와 형태소 경계로 나누어 살펴보기로 한다.

5.1.3.1. 형태소 내부('V—V')

중세국어의 형태소 내부에서 /ㅿ/를 가졌던 것으로 추정되는 어사를 『한국방언자료집』에서 찾아보면 '겨울(<겨ᅀᅳᆯ, 두초 19 : 31), 마을(<ᄆᆞᅀᆞᆶ, 월석 1 : 46), 가을(<ᄀᆞᅀᆞᆶ, 두초 7 : 3), 구유(<구ᅀᅲ, 자회 중 : 19), 그을음(<그ᅀᅳ름, 자회 하 : 35), 냉

이(<나싀, 자회 상 : 14), 김매다(<기슴미다, 자회 하 : 5), 아우(타다)(<아ᅀᆞ, 훈해 용자)' 등이 발견된다. 중세국어 형태에서 볼 수 있는 'ㅿ'는 역사적 기저형 /*z/가 중세국어에 이르기까지 그대로 유지된 것으로 해석된다.

다음에서는 이들에 쓰인 /*z/가 현대국어의 제 방언에서 어떻게 실현되는지를 살펴보기로 한다.

〔표 110〕 'V*zV'의 변화 양상

어사 / 방언형		겨울	마을	가을	구유	그을음	냉이	김매다	아우(타다)	합계
s	ansE						1			1
	ansi						2			2
	asa						6			6
	asE						37			37
	asɛ						7			7
	asi		29	18			32		81	160
	asɨ						6			6
	ɐsɨ		2	2						4
	aso								1	1
	asu						24		35	59
	Ǝsi	4				27				31
	əsi	2				1				3
	əsɨ	2								2
	isƎ							4		4
	isi					6		76		82
	isɨ							9		9
	ɨsɨ					40				40
	osɨ		2							2
	usE				1					1
	use				1					1
	usi				50					50
	usu				26					26
ʧ	ɨʤi					2				2

어사 / 방언형		겨울	마을	가을	구유	그을음	냉이	김매다	아우(타다)	합계
소계		8	33	20	78	76	115	89	117	536
ø	a		12	19						31
	aa			11						11
	aƎ		6	23						29
	aə			1						1
	ai		1				1		3	5
	aɨ		58	59						117
	aŋi						1			1
	ao			2					4	6
	au			3					14	17
	e	1								1
	eƎ	5								5
	EƎ	5								5
	Ei						1			1
	eɨ	4								4
	eo	1								1
	eu	1								1
	Eu	2								2
	i							40		40
	iƎ	1								1
	iu							1		1
	ui				5					5
	uŋi				1					1
	uŋyə				1					1
	uwi				1					1
	uy				1					1
	uyə				2					2
	uyu				16					16
	we				1					1
	wi				1					1
	wii				2					2
	Ǝ	1				1				2
	ə	1								1

방언형 \ 어사		겨울	마을	가을	구유	그을음	냉이	김매다	아우(타다)	합계
ø	ƎƎ	17								17
	əƎ	1								1
	ɛi						2			2
	əɨ	28								28
	ɛŋi						13			13
	Ǝu	3								3
	əu	50								50
	ɜu	3								3
	ɨ	1				58				59
	ɨ̈					1				1
	ü				4					4
	üe				1					1
	üi				1					1
	üyə				2					2
	üyu				3					3
소계		125	77	118	42	60	18	41	21	502
기타		5	28		18	2	5	8		66
합계		138	138	138	138	138	138	138	138	1,104

[표 110]에 의하면 형태소 내부의 /*z/는 /s, ʧ, ø/의 세 유형으로 실현됨을 볼 수 있는데, 다음에서는 이들의 변화 과정에 대해서 살펴보기로 한다.

/s/형은 그 실현 환경이 'V—V'로 되어 있는데 이것은 역사적 기저형 /*z/가 이들 환경에서 /s/로 무성음화된 것이다. 그러나 z가 모음 간에서 s로 무성음화 되었다는 것은 음운론적 해석이 불가능하다. 그러므로 여기서는 뒤에서 보게 될, 자음 앞에서의 무성음화규칙 /*z/>/s/가 그 적용 범위가 이 환경에까지 확대됨으로써, 즉 어휘평준화 됨으로써 이 환경에서도 /*z/가 /s/로 변화된 것으로 해석하고자 한다.

/ʧ/형은 경북의 경산([k'iʤirƎm])과 경주([k'iʤiriɨm])에서 실현된 유형이다. /s/형과 마찬가지로 그 실현 환경이 'V—V'로 되어 있는데, 이것은 역사적 기

저형 /*z/가 이 환경에서 /ʧ/로 무성음화된 다음 변이음규칙인 유성음화에 의해 [ʤ]로 바뀐 것으로 해석된다. /ø/형은 'V—V' 환경에서 /*z/가 약화 · 탈락된 것이다.

앞에서 살펴본 바를 무성음화규칙과 약화 · 탈락규칙의 측면에서 종합하면, /s, ʧ/형은 다 같이 'V—V' 환경에서 무성음화된 것이긴 하나 후자의 경우는 파찰음화되었다는 점에서 동일하게 취급될 것은 아니다. /ø/형은 /*z/가 동일한 환경에서 약화 · 탈락된 것임을 알 수 있다. 그리고 전자(/*z/>/s/) 대 후자(/*z/>/ø/)의 실현 빈도는 534/1,038(51.4%) : 502/1,038(48.4%)로서 그 실현 빈도가 비슷한데, 이것은 약화 · 탈락의 빈도가 훨씬 높은 /*b/의 경우와는 차이가 있다.

5.1.3.2. 형태소경계

형태소 경계에서 역사적 기저형 /*z/가 실현될 수 있는 환경은 자음이 후행하는 경우('—+C'), 모음과 모음 사이에 놓이는 경우('V—+V')의 두 경우로 나누어 볼 수 있다.

5.1.3.2.1. 자음 앞('—+C')

자음 앞에서 /*z/가 쓰인 것으로 추정되는 어사로는 『한국방언자료집』에서 '낫(<ᄂᆞᇫ-, 법화 6 : 155)+고, 붓(<ᄇᆞᇫ-, 注, 용가 109)+고, 잇(<니ᇫ-, 월곡 5)+고, 젓(<저ᇫ-, 두초 25 : 40)+는다, 젓+지, 줏(<주ᇫ-, 두초 7 : 18)+고, 줏+는다' 등이 발견되는데, 중세국어 형태에서 볼 수 있는 '△'는 역사적 기저형 /*z/가 중세국어에 이르기까지 그대로 유지된 것으로 해석된다.

다음에서는 이들 어사에 쓰인 /*z/가 현대국어의 여러 방언에 이르는 과정에서 어떻게 변화되었는지 살펴보기로 한다.

〔표 111〕 '*z+C'의 변화 양상

방언형 \ 어사		낫+고	붓+고	잇+고	줏+고	젓+는다	줏+는다	젓+지	합계
t	tk'	24	14	28	20				86
	tč'							30	30
k	kk'	10	25	9	22				66
	kkʰ	2	1						3
n	nn					61	115		176
ŋ	ŋk'			2					2
ø₁	č'							107	107
	k'	77	96	67	95				335
	kʰ	2	2						4
	n					1			1
s	sɨʤ							1	1
	sig			1					1
	sɨg			1					1
	sin						2		2
	sɨn					3	6		9
	sug			4					4
	suk'			2					2
	sukʰ			15					15
	sun						2		2
	suug			4					4
	sag			3					3
소계		115	138	136	137	65	125	138	854
p	pk'				1				1
m	mn						13		13
기타		23		2		73			98
합계		138	138	138	138	138	138	138	966

[표 111]에 의하면 자음 앞의 /*z/는 /t, k, n, ŋ, ø₁, s, p, m/의 여덟 유형으로 실현됨을 볼 수 있는데, 다음에서는 이들의 변화 과정에 대해서 살펴보기로 한다.

/t/형은 [tk', tč']에서 보는 바와 같이 /*z/가 자음 /k, č/ 앞에서 /s/로 무성음화된 다음 다시 /t/로 변화된 것이고, /k/형은 앞의 /t/가 후행의 /k/에 조음위치동화된 것이다. 그리고 /n/형과 /ŋ/형은 앞의 /t/와 /k/가 다 같이 후행의 비음 /n/에 조음방법동화된 것이다.

/ø₁/형은 방언형 [č', k', kʰ, n]에서 볼 수 있는 유형이다. [č']는 *z+č>sč(무성음화)>tč(폐쇄음화)>tʔč(ʔ첨가)>tč'(경음화)>č'(t탈락)의 변화를, [k', kʰ]는 *z+k>sk(무성음화)>tk(폐쇄음화)>tʔk/thk(ʔ/h첨가)>tk'/tkʰ(축약)>kk'/kkʰ(조음위치동화)>k'/kʰ(k탈락)의 변화를, [n]는 z+n>sn(무성음화)>tn(폐쇄음화)>nn(비음화)의 변화를 겪은 것이다.

/s/형은 방언형 [sɨʤ, sɨg, sɨn, sig, sin, sug, suk', sukʰ, sun, suug, sag] 등에서 실현되는 유형이다. [sɨʤ, sɨg, sɨn]는 어간 말음 *z가 s로 무성음화된 다음 모음 ɨ가 첨가되어 어간이 재구성된 것으로 보이고, [sig, sin]은 앞에서 첨가된 ɨ가 s 뒤에서 전설모음화된 것으로 보인다.

그리고 [sug, suk', sukʰ, sun, suug]에서 볼 수 있는 [su]는 '닚+구(접미사)>닚우(g탈락)>니수(연음)>이수(무성음화, n탈락)'의 과정을 거쳐 생성된 것으로 해석된다. [sag]의 [sa]는 재구성된 어간 '이수-'에 어미 '아'가 결합된 형태, 즉 'isu+a>iswa(w활음화)>isa(w탈락)'의 sa가 어간 말음절로 재구성된 것으로 해석된다.

/p/형은 '줏+고'가 '줍꼬'로 실현된 경우에 볼 수 있는 유형인데, 이것은 '굽+고'가 '굽꼬'로 실현된 경우와 그 실현 양상이 유사하다. 그 이유는 '줏+어'와 '굽+어'의 활용형이 각각 '구어, 구워, 궈'와 '주어, 주워, 줘' 등과 같이 실현되어 그 활용 유형에 동일성을 보임으로써 어간 '줏-'이 '줍-'으로 과도교정 되었기 때문인 것으로 해석된다. /m/형은 /p/형이 후행의 비음에 동화된 것이다.

이상에서 본 바와 같이 과도교정형 /p, m/를 제외한 나머지 방언형 /t, k, n, ŋ, ø₁, s/는 모두 무성음화(*z>s) 과정을 거친 것이다.

5.1.3.2.2. 모음 사이('V—+V')

'V—+V'의 환경에서 /*z/가 쓰인 것으로 추정되는 어사로는『한국방언자료집』에서 '낫+아서, 낫+으니까, 붓(<븟-, 腫, 용가 109)+았다, 붓(<븟-)+아서, 잇+아서, 젓+아라, 젓+아서, 줏+아라, 짓(<짓-, 월곡 98)+았다, 쫓(<좇-, 구방하 : 32)+아' 등이 발견된다. 그리고 이들 어사에 포함된 /*z/는 현대국어의 제 방언에 이르는 과정에서 /s/형, /ʧ/형, /ø/형의 세 유형으로의 변화를 보이는데, 이것은 형태소 내부의 경우와 동일하다. 다음에서는 이들 유형이 나타나게 된 과정을 살펴보기로 한다.

먼저 'V—+V' 환경에서 /*z/가 변화된 유형을 보이면 다음의 [표 112]와 같다.

〔표 112〕 'V*z+V'의 변화 유형

방언형 \ 어사		낫+으니까	쫓+아	낫+아서	붓(注)+아서	잇+아서	젓+아서	젓+아라	줏+아라	붓(腫)+았다	짓+았다	합계
s	asa			44								44
	asƎ	27		1								28
	asə			39								39
	asi	22										22
	asɨ	31										31
	Ǝsa						1	2				3
	əsa						1					1
	ƎsƎ						36	36				72
	əsə						57	54				111
	isa					20						20
	isƎ					18						18
	isə					63					9	72
	ɨse											0
	ɨsə											0
	isɨ					1						1
	ɨsi											0
	ɨsɨ							2				2

방언형＼어사		낫+으니까	쫏+아	낫+아서	붓(注)+아서	잇+아서	젓+아서	젓+아라	줏+아라	붓(腫)+았다	짓+았다	합계
s	iswa					1						1
	ɨsyə											0
	osa		69									69
	osƎ		2									2
	osə		2									2
	osi		1									1
	usə				38				63	37		138
	usƎ									8		8
	usɨ								2			2
소계		80	74	84	38	103	95	94	65	45	9	687
ø	a	43		34								77
	aa	5	1	16					3			25
	aƎ	2		1								3
	aə			1								1
	aɨ	6										6
	e										5	5
	Ǝ				1						1	2
	ə				2		7	10		1	4	24
	ɜ											0
	Ǝa											0
	ee					1					2	3
	ƎƎ				12		2	1		7	4	26
	əƎ											0
	əə						5	7				12
	i										3	3
	ɨ						17	15			1	33
	ia										2	2
	ie					4					6	10
	iƎ					1					6	7
	iə					20					61	81
	ɨə						9	9				18
	ii										29	29
	iɨ										3	3
	ɨɨ											0

방언형 \ 어사		낫+으니까	쪼+아	낫+아서	붓(注)+아서	잇+아서	젓+아서	젓+아라	줏+아라	붓(腫)+았다	짓+았다	합계
ø	o				1				1	2		4
	oa		17									17
	oə		1									1
	oo		1						9			10
	ooƎ								1			1
	owa		1						1			2
	u				12				9	4		25
	ua				2							2
	uƎ				2				1			3
	uə				15				9	19		43
	uo								1			1
	uu				11				15	12		38
	uwa								2	1		3
	uwƎ				1				2			3
	uwə				2				5			7
	wa		31		1				1	1		34
	wƎ				1							1
	wə				34				13	32		79
	wɜ				2							2
	wo				1							1
	ye					1						1
	yɨ					4					2	6
	iŋə					2						2
소계		56	52	52	100	33	40	42	73	79	129	656
ʧ	ƎʤƎ						2	2				4
	oʤa		6									6
소계		0	6	0	0	0	2	2	0	0	0	10
ø1	ik'a					1						1
	ik'ə					1						1
소계		0	0	0	0	2	0	0	0	0	0	2
기타		2	6	2			1			14		25
합계		138	138	138	138	138	138	138	138	138	138	1,380

/s/형은 방언형 [asa, asƎ, asə, asi, asɨ, Ǝsa, əsa, ƎsƎ, əsə, isa, isƎ, isə, ɨse, ɨsə, isɨ, ɨsi, ɨsɨ, iswa, ɨsyə, osa, osƎ, osə, osi, usə, usƎ, usɨ]에서 보는 바와 같이 'V—+V' 환경에서 /*z/>/s/로 무성음화된 것이다. 그러나 음운론적 기제로 볼 때 모음 사이에서 유성자음이 무성자음으로 바뀐다는 것은 가능하지 않다. 그러므로 이 경우의 /s/는 '*z>s/—+C' 규칙에 의해 형성된 /s/가 모음어미 앞에까지 확대된 어간단일화로 해석할 수 있다.

/ø/형은 방언형 [a, aa, aƎ, aə, aɨ, e, Ǝ, ə, ɜ, Ǝa, ee, ƎƎ, Ǝə, əə, i, ɨ, ia, ie, iƎ, iə, ɨə, ii, iɨ, ɨɨ, o, oa, oə, oo, ooƎ, owa, u, ua, uƎ, uə, uo, uu, uwa, uwƎ, uwə, wa, wƎ, wə, wɜ, wo, ye, yɨ, iŋə] 등에서 보는 바와 같이 'V—+V' 환경에서 /*z/가 탈락된 것이다. 그런데 같은 /ø/형이긴 하나 방언형 [iŋə]는 'V—+V' 환경에서 /*z/가 탈락된 다음 모음충돌을 막기 위해 ŋ이 첨가된 것이다.

/ʧ/형은 '쫓+아'와 '젓+아'의 방언형 '쪼자[ʧ'oʤa], 저저[ʧƎʤƎ]에서 발견되는데, 전자는 경북의 영덕, 군위, 영일, 경산, 영천과 경남의 울주에서 실현되고, 후자는 경북 월성과 경남 울주에서 실현된다. 두 방언형에서 [ʤ]가 실현된 것은 역사적 기저형 /*z/가 'V—+V' 환경에서 /ʧ/로 무성음화된 다음 다시 변이음규칙인 유성음화규칙에 의해 유성음화되었기 때문이다.

/$ø_1$/형은 방언형 [ik'a], [ik'ə]에서 분석된다. 이 두 방언형은 'i*z+gu(접미사)+a>iskua(무성음화)>itkwa(폐쇄음화)>itʔkwa(ʔ첨가)>itk'wa(경음화)>ikk'wa(연구개음화)>iøk'wa(k탈락)>iøk'wa/iøk'wə(a>ə)>iøk'a/iøk'ə(w탈락)'의 과정을 거쳐 나타난 것이다. 이 과정에서 /*z/는 무성음화에 의해 /s/가 된 다음 다시 여러 과정을 거쳐 탈락되었다. 그러므로 이 경우의 /*z/>/s/는 'V—+V' 환경에서의 변화가 아닌 '—+C' 환경에서의 변화로 취급되어야 할 것이다.

앞에서 살펴본 바를 무성음화규칙과 약화·탈락규칙의 측면에서 종합하면, /s/형은 'V—+V' 환경에서 /*z/가 무성음화된 것이고, /ø/형은 /*z/가 동일한 환경에서 약화·탈락된 것임을 알 수 있다. 전자(/*z/>/s/) 대 후자(/*z/>/ø/)의 실현 빈도는 687/1353(1380-2-25)개(50.8%) : 656/1353개(48.5%)로서 전자의 경우가 약간 높다.

5.1.4. /*g/의 변화

역사적 기저형 /*g/가 현대국어에 이르는 과정에서 어떻게 변화되었는가를 형태소 내부와 형태소 경계로 나누어 살펴보기로 한다.

5.1.4.1. 형태소 내부('V_d—V')

역사적 기저형 /*g/를 가졌던 것으로 추정되는 어사를 『한국방언자료집』에서 찾아보면 '가루(<ᄀᆞᄅᆞ(자회 중 : 22)<*ᄀᆞᆯᄀᆞ), 모래(<몰애(두초 7 : 7)<*몰개), 무(<무ᅀᅮ(두초 16 : 70)<*묷구), 수수(<슈슈(자회 상 : 12)<*슋규), 시렁(소언 2 : 20)<*실경), 시루(<시르(구방 상 : 71)<*실그), 여우(<여ᅀᆞ(월곡 70)<*엿ᄀᆞ), 자루(<ᄌᆞᄅᆞ(금삼 2 : 12)<*ᄌᆞᆯᄀᆞ, 柄), 달래고(<달애-(용가 18)<*달개-), 담그어(<ᄃᆞᆷ으-(유물 5)<*ᄃᆞᆷᄀᆞ-), 심는다(<시므-(석보 19 : 33)<*심그-)' 등이 발견된다. 다음에서는 이들에 포함된 /*g/가 현대국어의 여러 방언에서 어떻게 실현되는가를 살펴보기로 한다.

〔표 113〕 'V_d*gV'의 변화 유형

방언형 \ 어사		가루	모래	무	수수	시렁	시루	여우	자루(柄)	달래고	담그어	심는다	합계
k	k'eŋi							6					6
	k'Eŋi							3					3
	k'i				6			4					10
	k'u			9	13								22
	k'weŋi							1					1
	lga					3							3
	lge									1			1
	lgE		20							57			77
	lgɛ		2							29			31

방언형 \ 어사		가루	모래	무	수수	시렁	시루	여우	자루(柄)	달래고	담그어	심는다	합계
k	lgƎ					31							31
	lgə					40							40
	lgɜ					5							5
	lgi	11					6		3	1			21
	lgo					1							1
	lgwa					8							8
	lgwə					7							7
	lgwi									1			1
	mg										1		1
	mgw										2		2
	ŋg										44		44
	ŋgi											2	2
	ŋgɨ											5	5
	ŋgu											50	50
	ŋgw										51		51
소계		11	22	9	19	95	6	14	3	89	98	57	423
ø	llE		2							25			27
	llɛ									19			19
	llə					6							6
	lli	4					1		4	3			12
	llu	6					3		8				17
	m										28	64	92
	mu										2	13	15
	ra					3							3
	rE		56										56
	rɛ		33										33
	rƎ					2							2
	rə					28							28
	ri	44					59		45				148
	rɨ	2							1				3
	ro	5							3				8
	rak								2				2

방언형 \ 어사		가루	모래	무	수수	시렁	시루	여우	자루(柄)	달래고	담그어	심는다	합계
ø	rok								2				2
	ru	66					69		70				205
	si			49	48			53					150
	su			43	68			30					141
	ʤi				1								1
	i							1					1
	u			9				34					43
	ui							1					1
	uy							1					1
	wi(u, uy)							2					2
	y			2									2
	yu			2									2
	ɨy							1					1
	ø			22									22
소계		127	91	127	117	39	132	123	135	47	30	77	1,045
기타			25	2	2	4		1		2	10	4	50
합계		138	138	138	138	138	138	138	138	138	138	138	1,518

[표 113]에 의하면 형태소 내부의 /*g/는 /k, ø/의 두 유형으로 실현됨을 볼 수 있는데, 다음에서는 이들의 변화 과정에 대해서 살펴보기로 한다.

/k/형은 방언형 [k'eŋi, k'Eŋi, k'i, k'u, k'weŋi, lga, lge, lgE, lgɛ, lgƎ, lgə, lgɜ, lgi, lgo, lgwa, lgwə, lgwi, mg, mgw, ŋg, ŋgi, ŋgɨ, ŋgu, ŋgw] 등에서 볼 수 있는 유형이다. 이 방언형들에 나타난 [k']는 '*z+g>sk(무성음화)>tk(폐쇄음화)>tʔk(ʔ첨가)>tk'(경음화)>kk'(연구개음화)>k'(k탈락)'의 과정을 거쳐 나타난 것으로 해석된다. 그리고 이 방언형들에 나타난 [g]는 /r, m, ŋ/과 모음 사이에서 /*g/가 아무런 변화 없이 그대로 실현된 것으로 해석할 수도 있겠으나, 앞의 *z>s에서 본 바와 같이, 무성음화된 다음 다시 변이음규칙의 적용으로 유성음화된 것으로 해석하는 것이 음운체계상으로 볼 때 더 타당할 것으로 보

인다.

/ø/형은 방언형 [llE, llɛ, llə, lli, llu, m, mu, ra, rE, rɛ, rᴲ, rə, ri, rɨ, ro, rak, rok, ru, si, su, ʤi, i, u, ui, uᴲu, uy, wi(u, uy), y, yu, ɨy, ø] 등에서 볼 수 있는 유형이다. 이들은 모두 'V$_d$—V' 환경에서 /*g/가 탈락된 유형이다. 이들 중 [llE, llɛ, llə, lli, llu]의 경우는 'r—V' 환경에서 /*g/가 탈락된 다음 /r/가 중복되어 /rr/가 되는데, 이것이 다시 불파음화와 설측음화를 거쳐 [ll]로 바뀐 것이다. 그리고 방언형 [ra, rE, rɛ, rᴲ, rə, ri, rɨ, ro, ru, rak, rok]의 경우는 'r—V' 환경에서 /*g/가 탈락된 다음 후행 모음에 /r/가 연음된 것이고, 방언형 [su, si]는 'z—V' 환경에서 /*g/가 탈락된 다음 후행 모음에 /z/가 연음된 다음 다시 무성음화된 것이다.

그런데 방언형 [rak, rok]의 경우는 중세국어의 'ᄌᆞᄅᆞ'나 현대 표준어의 '자루'에서는 볼 수 없는 말자음 /k/를 가지고 있다. 그것은 이 어사의 역사적 기저형이 '*ᄌᆞᆯᄀᆞᆨ'(/*tsʌrgʌg/)이었으리라는 추정을 가능하게 한다. 다시 말하면, '*ᄌᆞᆯᄀᆞᆨ'은 'ㄱ' 탈락으로 '*ᄌᆞᄅᆞᆨ'으로 된 다음 모음 변화에 의하여 '자락, 자록'이 된 것으로 해석된다. 그리고 '자르, 자리, 자로, 자루, 잘리, 잘루'는 각각 '*ᄌᆞᆯᄀᆞᆨ>*ᄌᆞᆯᄀᆞ(말음 g탈락)>ᄌᆞᄅᆞ(g탈락)>ᄌᆞ르, ᄌᆞ로(ʌ>ɨ/o)>자르, 자로(ʌ>a)>자르, 자리(ɨ>i), 자로, 자루(모음조화붕괴)>자르, 자리, 자로, 자루, 잘리(동자음첨가), 잘루(동자음첨가)'의 과정을 거친 것으로 해석된다.

[ʤi]의 [ʤ]는 /z*g/의 연결에서 /*g/가 탈락된 다음 모음 간에서 /z/가 무성파찰음 /ʧ/로 바뀐 다음 다시 모음 간에서 유성음화된 것이다.

[i, u, ui, uy, wi, y, yu, ɨy, ø]는 /z*gV/의 연결에서 나타나는 방언형인데, 이 경우에는 'z—V'에서 /*g/가 탈락된 다음 다시 모음 간에서 /z/가 탈락된 것이다. 즉, '무우, 무, 무유, 뮈'는 '*무ᇫ구(*muzgu)>무ᅀᅮ(g탈락)>무ᅀᅮ, 무ᅀᅲ(y첨가), 무ᅀᅵ(이화)>무우, 무유, 무이(ᅀ탈락)>무우, 무(동음생략), 무유, 뮈(활음화)'의 과정을 거쳐 나타난 것으로 해석된다.

그리고 '여의, 여우, 여우이, 여위(yəwi), 여위(yəuy), 여이'는 '*여ᇫ기>여ᇫ긔

(·>ㅡ)>여싀(ㄱ탈락)>여싀, 여쉬(ㅡ>ㅜ), 여ᅀᅵ(단모음화)>여싀, 여쉬, 여수(y탈락), 여ᅀᅵ>여의, 여위(yəuy), 여우, 여이(ᅀ탈락)>여의, 여위(yəuy), 여위(yəuy>yəwɨy>yəwi), 여우이(uy>ui(음절화)), 여우, 여이’의 과정을 거쳐 나타난 것으로 해석된다.

이상에서 살펴본 바를 무성음화와 약화·탈락의 측면에서 종합하면, /k/형은 ‘V_d—V’ 환경에서 /*g/가 /*g/>/k/로 무성음화된 것이고, /ø/형은 /*g/가 동일한 환경에서 약화·탈락된 것이다. 전자의 빈도는 423/1468×100=28.8%이고 후자의 빈도는 1045/1468×100=71.2%이다.

5.1.4.2. 형태소 경계(‘V_d+—V’)

형태소 경계에서 역사적 기저형 /*g/가 쓰인 것으로 추정되는 어사로는 『한국방언자료집』에서 ‘기르(<기ᄅᆞ-(소언 2 : 41)<길+*구/ᄋᆞ-)+고, 말리(<말이-(석보 13 : 46)<말+*기-, 止)+ㄴ다, 메우(<메우-<*몡+구-, 두초 20 : 15)+지’ 등이 발견된다. 다음에서는 이들 어사에 포함된 /*g/가 현대국어의 여러 방언에 이르는 과정에서 어떻게 변화되었는지 살펴보기로 한다.

〔표 114〕 ‘V_d+*gV’의 변화 유형

방언형 \ 어사		기르고	말린다	메우지	합계
k	k’u			16	16
	kʰu			18	18
	kʰa			3	3
	lgi		58		58
	lgu	36			36
	lk’u	1			1
소계		37	58	37	132
ø	a			1	1

방언형 \ 어사		기르고	말린다	메우지	합계
ø	ra	5			5
	rƎ	2			2
	rɨ	5			5
	lli	4	80		84
	llɨ	36			36
	ru	45			45
	llu	4			4
	su			3	3
	u			48	48
	i			4	4
	ø			45	45
소계		101	80	101	282
합계		138	138	138	414

[표 114]에 의하면 /*g/는 /k, ø/의 두 유형으로 변화되었음을 볼 수 있는데, 다음에서는 편의상 어사별로 그 변화 과정을 살펴보기로 한다.

'기르고'의 방언형에는 [ra, rƎ, rɨ, llɨ, lli, lk'u, lgu, ru, llu] 등이 발견되는데, 이들 가운데 [ra, rƎ, rɨ, llɨ, lli]는 기저형 '길+ 으(사동접미사)+고'로부터 변화된 것으로 해석된다. 즉 [ra, rƎ, rɨ]는 '/r+ʌ/>/rʌ/>/ra, rɨ(ʌ>a, ɨ)/>/ra, rə(음모음화), rɨ/>[ra, rƎ(ə>Ǝ), rɨ]'의 과정을 거쳐 변화되고, [llɨ, lli]는 '/r+ʌ/>/rɨ/>/rrɨ/(중복자음화)>/rrɨ, rri/(전설모음화)/>[llɨ, lli](불파음화, 설측음화)'의 과정을 거쳐 변화된 것으로 해석된다. 그런데 이 방언형들에는 기저형 자체에 /*g/가 존재하지 않으므로 /*g/의 변화와는 무관하다.

방언형 [lk'u, lgu, ru, llu]는 기저형 '길+*구+고'로부터 변화된 것으로 해석된다. 즉 [lgu]는 '/r+*gu/>/rku/(무성음화)>[lgu](불파음화, 유성음화)'의 과정을, [lk'u]는 '/r+*gu/>/rku/>/rʔku/(ʔ첨가)/rk'u/(경음화)>[lk'u](불파음화)의 과정을, [ru, llu]는 '/r+*gu/>/ru/(*g탈락)>/ru, rru(중복자음화)/>[ru, llu(불파음화, 설측음

화)]'의 과정을 거친 것으로 해석된다.

'말린다'의 방언형에는 [lgi, lli] 등이 발견되는데, 이 중 [lgi]는 '말+*기+ㄴ다'의 'r+*gi'에서 /*g/가 무성음화되어 /rki/로 바뀐 다음 다시 유성음화된 것이다. 그리고 [lli]는 'r+*gi'에서 /*g/가 탈락되어 /ri/가 된 다음 다시 중복자음화에 의해 [rri]가 되고 이것이 또 다시 변이음규칙(불파음화, 설측음화)의 적용을 받은 것이다.

'메우지'의 방언형에는 [k'u, kʰu, kʰa, su, u, a, i, ø] 등이 발견된다. 이들 가운데 [k'u, kʰu, kʰa, su, u, a]는 기저형 '몌+*구+지'의 'z+*gu'에서 변화된 것으로 해석된다. [k'u, kʰu]는 '/z+*gu/>/sku/(무성음화)>/tku/(폐쇄음화)>/tʔku/thku/(ʔ/h첨가)>/tk'u/tkʰu/(자음축약)>/kk'u/kkʰu/(연구개음화)>/k'u/kʰu/(k탈락)'의 과정을 거친 것이다. [kʰa]는 앞의 /kʰu/에 어미 /a/가 결합되어 /kʰwa/가 되었으나 다시 /w/가 탈락되어 /kʰa/가 되었는데 이것이 어간으로 재구성되어 '메카-'가 된 것으로 해석된다. [su, u]는 '/z+*gu/>/zu/(g탈락)>/su/(무성음화), /u/(z탈락)'의 과정을 거친 것이고, [a]는 앞의 /u/에 어미 /a/가 결합되어 /wa/가 되었으나 다시 /w/가 탈락되어 /a/가 되었는데, 이것이 어간으로 재구성되어 '메아-'가 된 것이다.

[i, ø]는 기저형 '몌+*기+지>몠*기지(ㅕ>ㅖ)>멦*기지(ㅖ>ㅔ)'의 'z+*gi'에서 변화된 것이다. [i]는 /z*g/가 탈락되어 어간이 '메이-'로 재구성된 것이고, [ø] 역시 /z*g/가 탈락된 것은 마찬가지나 '메이->미이-(e>i)>미-(i탈락)'의 과정을 더 거쳐 어간이 '미-'로 재구성된 것이다.

이상에서 살펴본 바를 무성음화와 약화·탈락의 측면에서 종합하면, '기르고'의 방언형 [lk'u, lgu], '말린다'의 [lgi], '메우지'의 [k'u, kʰu, kʰa]는 '{r, z}+—V'의 환경에서 무성음화(/*g/>/k/) 된 것이고, '기르고'의 [ru, llu], '말린다'의 [lli], '메우지'의 [su, u, a, i, ø]는 /*g/가 동일한 환경에서 약화·탈락된 것임을 알 수 있다. '{r, z}+—V'의 환경에서 /*g/가 무성음화된 빈도는 132/362(414-52)×100=36.5%이고, 동일 환경에서 약화·탈락된 빈도는

230(282-52)/362×100=63.5%이다.

5.2. 규칙의 전개 양상

역사적 기저형 /*b/는 현대국어의 여러 방언에서 그 방언형이 /k, m, n, $ø_1$, p, t, u, w, ŋ, ø, $ø_2$/ 등으로 실현되었는데, 앞의 여섯은 일차적으로 무성음화(/*b/>/p/)를 경험한 것이고, 뒤의 다섯은 일차적으로 약화·탈락(/*b/>/w/)을 경험한 것임을 앞에서 보았다. 다음에서는 이 두 유형이 전국 138개 군(울릉군 제외)에서 실현되는 빈도를 조사하여 무성음화와 약화·탈락의 개신지 및 그 전파 과정을 살펴보기로 한다. 양자의 빈도를 먼저 보이면 다음의 [표 115]와 같다.

〔표 115〕 /*b/>/p/, /*b/>/w, ø/의 적용 빈도(지역별)

군명	*b>p	비율(%)	*b>w, ø	비율(%)	군명	*b>p	비율(%)	*b>w, ø	비율(%)
101연천	24/54	44	30/54	56	511고창	19/50	38	31/50	62
102파주	23/52	44	29/52	56	512순창	17/51	33	34/51	67
103포천	24/55	44	31/55	56	513남원	22/52	42	30/52	58
104강화	23/54	43	31/54	57	601영광	17/49	35	32/49	65
105김포	24/55	44	31/55	56	602장성	18/48	38	30/48	63
106고양	24/53	45	29/53	55	603담양	17/47	36	30/47	64
107양주	23/53	43	30/53	57	604곡성	20/50	40	30/50	60
108남양	20/51	39	31/51	61	605구례	21/51	41	30/51	59
109가평	23/52	44	29/52	56	606함평	18/48	38	30/48	63
110옹진	24/51	47	27/51	53	607광산	16/46	35	30/46	65
111시흥	22/53	42	31/53	58	608신안	16/48	33	32/48	67
112광주	22/50	44	28/50	56	609무안	16/47	34	31/47	66
113양평	23/51	45	28/51	55	610나주	18/47	38	29/47	62
114화성	23/52	44	29/52	56	611화순	18/49	37	31/49	63
115용인	24/54	44	30/54	56	612승주	21/50	42	29/50	58

군명	*b〉p	비율(%)	*b〉w, ø	비율(%)	군명	*b〉p	비율(%)	*b〉w, ø	비율(%)
116이천	24/53	45	29/53	55	613광양	30/54	56	24/54	44
117여주	24/53	45	29/53	55	614영암	16/46	35	30/46	65
118평택	24/54	44	30/54	56	615진도	18/45	40	27/45	60
119안성	24/53	45	29/53	55	616해남	18/51	35	33/51	65
201철원	20/44	45	24/44	55	617강진	16/46	35	30/46	65
202화천	23/50	46	27/50	54	618장흥	15/47	32	32/47	68
203양구	20/45	44	25/45	56	619보성	17/47	36	30/47	64
204인제	19/45	42	26/45	58	620고흥	20/50	40	30/50	60
205고성	20/47	43	27/47	57	621여천	29/50	58	21/50	42
206춘성	20/45	44	25/45	56	622완도	16/47	34	31/47	66
207홍천	23/50	46	27/50	54	701영풍	32/52	62	20/52	38
208양양	21/45	47	24/45	53	702봉화	31/49	63	18/49	37
209횡성	19/42	45	23/42	55	703울진	29/52	56	23/52	44
210평창	23/51	45	28/51	55	704문경	32/48	67	16/48	33
211명주	22/49	45	27/49	55	705예천	32/47	68	15/47	32
212원성	19/46	41	27/46	59	706안동	32/52	62	20/52	38
213영월	21/45	47	24/45	53	707영양	42/50	84	8 /50	16
214정선	22/45	49	23/45	51	708상주	33/49	67	16/49	33
215삼척	26/52	50	26/52	50	709의성	46/54	85	8 /54	15
301진천	24/54	44	30/54	56	710청송	48/53	91	5 /53	9
302음성	22/51	43	29/51	57	711영덕	34/51	67	17/51	33
303중원	22/52	42	30/52	58	712금릉	46/52	88	6 /52	12
304제원	23/55	42	32/55	58	713선산	36/48	75	12/48	25
305단양	25/54	46	29/54	54	714군위	48/51	94	3 /51	6
306청원	24/52	46	28/52	54	715영일	46/52	88	6 /52	12
307괴산	26/54	48	28/54	52	716성주	46/51	90	5 /51	10
308보은	24/53	45	29/53	55	717칠곡	42/52	81	10/52	19
309옥천	22/53	42	31/53	58	718경산	49/51	96	2 /51	4
310영동	26/55	47	29/55	53	719영천	46/51	90	5 /51	10
401서산	23/53	43	30/53	57	720고령	47/53	89	6 /53	11
402당진	23/54	43	31/54	57	721달성	45/49	92	4 /49	8
403아산	24/55	44	31/55	56	722청도	50/53	94	3 /53	6
404천원	24/55	44	31/55	56	723월성	51/54	94	3 /54	6

군명	*b〉p	비율(%)	*b〉w, ø	비율(%)	군명	*b〉p	비율(%)	*b〉w, ø	비율(%)
405예산	24/54	44	30/54	56	801거창	39/55	71	16/55	29
406홍성	24/54	44	30/54	56	802합천	45/55	82	10/55	18
407청양	24/55	44	31/55	56	803창녕	47/54	87	7 /54	13
408공주	23/53	43	30/53	57	804밀양	42/54	78	12/54	22
409연기	24/54	44	30/54	56	805울주	44/52	85	8 /52	15
410보령	24/54	44	30/54	56	806함양	38/55	69	17/55	31
411부여	23/54	43	31/54	57	807산청	38/55	69	17/55	31
412서천	22/55	40	33/55	60	808의령	46/54	85	8 /54	15
413논산	21/52	40	31/52	60	809하동	33/54	61	21/54	39
414대덕	25/53	47	28/53	53	810진양	39/55	71	16/55	29
415금산	23/53	43	30/53	57	811함안	43/55	78	12/55	22
501옥구	19/51	37	32/51	63	812의창	49/55	89	6 /55	11
502익산	18/49	37	31/49	63	813김해	49/55	89	6 /55	11
503완주	19/49	39	30/49	61	814양산	49/55	89	6 /55	11
504진안	20/51	39	31/51	61	815사천	40/55	73	15/55	27
505무주	22/51	43	29/51	57	816고성	45/55	82	10/55	18
506김제	20/52	38	32/52	62	817남해	42/54	78	12/54	22
507부안	19/51	37	32/51	63	818통영	45/55	82	10/55	18
508정읍	19/51	37	32/51	63	819거제	41/55	75	14/55	25
509임실	17/52	33	35/52	67	901북제	19/43	44	24/43	56
510장수	19/52	37	33/52	63	902남제	19/43	44	24/43	56

[표 115]에 의하면 /*b/>/p의 빈도가 경북(80.1%)>경남(78.6%)>강원(45.3%)>충북(44.5%)>제주(44.0%)/경기(44.0%)>충남(43.3%)>전남(38.5%)>전북(37.7%)의 순서로 되어, 경북과 경남지역에서 그것이 월등히 높음을 알 수 있다. 그러므로 /*b/>/p의 개신지는 이들 지역 중의 어느 한 지역이라고 할 수 있을 것이다.

그런데 최고의 빈도라고 할 수 있는 90% 이상의 빈도를 보인 지역이 경북의 경우는 8/23개 군, 경남의 경우는 0/19개 군으로 나타나므로 이 변화의 개신지는 경북지역, 그 중에도 북부 지역이라고 할 수 있겠다. 그리고 [지도

65]에 의하면 이 개신파는 한편으로는 경남을 거쳐 전라도 지역으로, 다른 한편으로는 강원도와 충청도 지역을 거쳐 경기도 지역으로 전파되어 갔을 것으로 추정된다.

/*b/>/w/의 빈도는, 이 변화가 앞의 무성음화와 상충하는 변화이기 때문에 당연한 귀결이기는 하지만, 무성음화의 경우와는 정반대인 전북(62.3%)>전남(61.5%)>충남(56.7%)>경기(56.1%)>제주(56.0%)>충북(55.5%)>강원(54.7%)>경남(21.4%)>경북(19.9%)의 순서로 되어 전북과 전남지역의 빈도가 상대적으로 높다. 그러므로 이들 지역이 개신지일 가능성이 있다.

그리고 최고의 빈도라고 할 수 있는 60% 이상의 빈도를 보인 지역이 전북의 경우는 11/13개 군(84.6%), 전남의 경우는 18/22개 군(81.8%)으로 나타나 전북이 약간 우세하나 [지도 66]에 비추어 볼 때 두 지역을 굳이 구별할 필요를 느끼지 못한다. 그래서 여기서는 전남북을 하나로 묶어 /*b/>/w/의 개신지로 추정하고자 한다. 이러한 추정이 가능하다면 그 개신파는 충청도를 거쳐 경기도와 강원도로 전파되어 갔을 것으로 추정되며, 그 중에서 충북과 강원도로 전파된 개신파는 전남북의 개신파와 함께 영남지역으로 전파되어 갔을 것으로 추정된다.

역사적 기저형 /*d/는 현대국어의 제 방언에서 그 방언형이 /t, n, k, ø, rʔ, rh, r/ 등으로 실현되었다. 앞의 넷은 일차적으로 무성음화(/*d/>/t/)를 경험한 것이고, 뒤의 셋은 일차적으로 약화·탈락(/*d/>/r/)을 경험한 것임을 앞에서 보았다. 다음에서는 이 두 유형이 전국 138개 군(울릉군 제외)에서 실현되는 빈도를 조사하여 무성음화와 약화·탈락의 개신지 및 그 전파 과정을 살펴보기로 하되, 양자의 빈도를 먼저 보이면 다음의 [표 116]과 같다.

〔표 116〕 /*d/>/t/, /*d/>/r/의 적용 빈도(지역별)

군명	*d>t	비율(%)	*d>r	비율(%)	군명	*d>t	비율(%)	*d>r	비율(%)
101연천	7/14	50	7/14	50	511고창	1/13	8	12/13	92
102파주	3/13	23	10/13	77	512순창	1/14	7	13/14	93
103포천	7/14	50	7/14	50	513남원	2/14	14	12/14	86
104강화	4/13	31	9/13	69	601영광	2/14	14	12/14	86
105김포	4/13	31	9/13	69	602장성	3/14	21	11/14	79
106고양	5/14	36	9/14	64	603담양	3/14	21	11/14	79
107양주	6/13	46	7/13	54	604곡성	2/14	14	12/14	86
108남양	6/14	43	8/14	57	605구례	2/14	14	12/14	86
109가평	7/14	50	7/14	50	606함평	1/14	7	13/14	93
110옹진	5/14	36	9/14	64	607광산	1/14	7	13/14	93
111시흥	4/13	31	9/13	69	608신안	2/14	14	12/14	86
112광주	4/13	31	9/13	69	609무안	3/14	21	11/14	79
113양평	7/14	50	7/14	50	610나주	2/14	14	12/14	86
114화성	5/14	36	9/14	64	611화순	1/14	7	13/14	93
115용인	5/14	36	9/14	64	612승주	4/14	29	10/14	71
116이천	5/13	38	8/13	62	613광양	5/14	36	9/14	64
117여주	6/14	43	8/14	57	614영암	3/14	21	11/14	79
118평택	4/13	31	9/13	69	615진도	3/14	21	11/14	79
119안성	5/14	36	9/14	64	616해남	3/14	21	11/14	79
201철원	7/14	50	7/14	50	617강진	3/13	23	10/13	77
202화천	5/12	42	7/12	58	618장흥	4/14	29	10/14	71
203양구	7/14	50	7/14	50	619보성	4/14	29	10/14	71
204인제	6/14	43	8/14	57	620고흥	3/14	21	11/14	79
205고성	7/14	50	7/14	50	621여천	4/13	31	9/13	69
206춘성	7/14	50	7/14	50	622완도	3/13	23	10/13	77
207홍천	6/13	46	7/13	54	701영풍	1/13	8	12/13	92
208양양	3/14	21	11/14	79	702봉화	3/13	23	10/13	77
209횡성	7/14	50	7/14	50	703울진	3/13	23	10/13	77
210평창	6/14	43	8/14	57	704문경	5/13	38	8/13	62
211명주	2/14	14	12/14	86	705예천	3/13	23	10/13	77
212원성	6/13	46	7/13	54	706안동	2/13	15	11/13	85
213영월	5/13	38	8/13	62	707영양	4/13	31	9/13	69

군명	*d>t	비율(%)	*d>r	비율(%)	군명	*d>t	비율(%)	*d>r	비율(%)
214정선	0/14	0	14/14	100	708상주	5/13	38	8/13	62
215삼척	1/14	7	13/14	93	709의성	4/13	31	9/13	69
301진천	5/14	36	9/14	64	710청송	6/13	46	7/13	54
302음성	5/14	36	9/14	64	711영덕	4/13	31	9/13	69
303중원	6/14	43	8/14	57	712금릉	5/13	38	8/13	62
304제원	5/14	36	9/14	64	713선산	4/13	31	9/13	69
305단양	4/14	29	10/14	71	714군위	4/13	31	9/13	69
306청원	5/14	36	9/14	64	715영일	4/13	31	9/13	69
307괴산	5/14	36	9/14	64	716성주	4/13	31	9/13	69
308보은	4/13	31	9/13	69	717칠곡	4/13	31	9/13	69
309옥천	4/13	31	9/13	69	718경산	4/13	31	9/13	69
310영동	4/13	31	9/13	69	719영천	4/13	31	9/13	69
401서산	6/14	43	8/14	57	720고령	4/13	31	9/13	69
402당진	5/14	36	9/14	64	721달성	4/13	31	9/13	69
403아산	5/14	36	9/14	64	722청도	5/13	38	8/13	62
404천원	5/14	36	9/14	64	723월성	4/13	31	9/13	69
405예산	5/14	36	9/14	64	801거창	5/14	36	9/14	64
406홍성	5/14	36	9/14	64	802합천	4/13	31	9/13	69
407청양	5/14	36	9/14	64	803창녕	5/14	36	9/14	64
408공주	5/14	36	9/14	64	804밀양	5/14	36	9/14	64
409연기	5/14	36	9/14	64	805울주	5/13	38	8/13	62
410보령	5/14	36	9/14	64	806함양	4/13	31	9/13	69
411부여	5/14	36	9/14	64	807산청	5/14	36	9/14	64
412서천	5/14	36	9/14	64	808의령	4/13	31	9/13	69
413논산	5/14	36	9/14	64	809하동	4/13	31	9/13	69
414대덕	5/14	36	9/14	64	810진양	4/13	31	9/13	69
415금산	5/14	36	9/14	64	811함안	5/14	36	9/14	64
501옥구	4/14	29	10/14	71	812의창	4/13	31	9/13	69
502익산	5/14	36	9/14	64	813김해	6/13	46	7/13	54
503완주	3/14	21	11/14	79	814양산	6/13	46	7/13	54
504진안	3/14	21	11/14	79	815사천	4/13	31	9/13	69
505무주	4/14	29	10/14	71	816고성	4/13	31	9/13	69
506김제	5/14	36	9/14	64	817남해	5/13	38	8/13	62

군명	*d>t	비율(%)	*d>r	비율(%)	군명	*d>t	비율(%)	*d>r	비율(%)
507부안	3/13	23	10/13	77	818통영	6/13	46	7/13	54
508정읍	2/13	15	11/13	85	819거제	6/13	46	7/13	54
509임실	2/14	14	12/14	86	901북제	5/13	38	8/13	62
510장수	3/14	21	11/14	79	902남제	4/13	31	9/13	69

[표 116]에 의하면 /*d/>/t/의 빈도가 경기(38.3%)>강원(36.7%)>충남(36.5%)>경남(36.2%)>충북(34.5%)/제주(34.5%)>경북(30.1%)>전북(21.1%)>전남(19.9%)의 순서로 되어 경기 지역의 빈도가 상대적으로 높으므로 빈도로만 보아서는 경기 지역이 개신의 중심지라고 할 수 있을 것이다. 그러나 [지도 67]을 보면 50%대의 높은 빈도를 보인 지역이 강원도의 북부와 경기도의 동북부 지역에 집중된 점을 볼 때 이들 지역을 개신의 중심지로 추정하여도 무방하리라고 생각된다. 그렇다면 이 개신파는 한반도의 남쪽 지역으로 전파되어 가되 주로 충남북을 거쳐 경북(동북부 지역 제외)과 경남 지역으로 전파되어 간 것으로 추정할 수 있다.[261]

*d>r의 빈도는 전남(80.1%)>전북(78.9%)>경북(69.9%)>제주(65.5%)>충북(65.5%)>경남(63.8%)>충남(63.5%)>강원(63.3%)>경기(61.7%)의 순서로 나타나 전남과 전북 지역의 빈도가 상대적으로 높다. 그러므로 도별 빈도로만 보아서는 이 두 지역 중의 어느 한 지역이 개신의 중심지가 된다고 할 수 있을 것이다.

그러나 [지도 68]에 의하면 전남북의 접경 지역에 집중되어 높은 빈도를 보이고, 또 강원도 동남부 지역과 경북의 동북부 지역에서도 상대적으로 높은 빈도를 보인다. 그런데 전자의 지역과 후자의 지역 사이에는 어느 한쪽에서 다른 한쪽으로 개신파가 전파되어 갔을 것으로는 보이지 않는다. 그러

261) 경남의 동남부 해안 지역(김해, 양산, 통영, 거제)에서 상대적으로 높은 빈도를 보이는데, 경남의 경우는 육로뿐만 아니라 해로를 통해서도 개신파가 전파되었을 가능성도 생각해 볼 수 있다.

므로 이 개신파는 두 지역에서 독자적으로 발생한 것으로 보는 것이 합리적 해석이라고 생각된다. 그래서 여기서는 이 변화의 개신지를 둘로 나누어 전남북의 접경 지역을 제1개신지로, 강원도의 동남부 지역을 제2개신지로 추정하고자 한다.

역사적 기저형 /*z/는 현대국어의 여러 방언에서 그 방언형이 /t, k, n, ŋ, $ø_1$, s, ø/형[262] 등으로 실현되었는데, 앞의 여섯은 일차적으로 무성음화(/*z/>/s/)를 경험한 것이고, 뒤의 하나는 일차적으로 약화・탈락(/*z/>/ø/)을 경험한 것임을 앞에서 보았다. 다음에서는 이 두 유형이 전국 138개 군(울릉군 제외)에서 실현되는 빈도를 조사하여 무성음화와 약화・탈락의 개신지 및 그 전파 과정을 살펴보기로 하되, 양자의 빈도를 먼저 보이면 다음의 [표 117]과 같다.

〔표 117〕 /*z/〉/s/, /*z/〉/ø/의 적용 빈도(지역별)

군명	*z〉s	비율(%)	*z〉ø	비율(%)	군명	*z〉s	비율(%)	*z〉ø	비율(%)
101연천	08/25	32	17/25	68	511고창	19/24	79	5 /24	21
102파주	07/25	28	18/25	72	512순창	22/24	92	2 /24	8
103포천	06/25	24	18/25	72	513남원	19/24	79	5 /24	21
104강화	07/25	28	18/25	72	601영광	22/23	96	1 /23	4
105김포	06/23	26	17/23	74	602장성	20/23	87	3 /23	13
106고양	05/24	21	18/24	75	603담양	17/22	77	5 /22	23
107양주	06/25	24	18/25	72	604곡성	22/24	92	2 /24	8
108남양	07/25	28	18/25	72	605구례	21/25	84	4 /25	16
109가평	07/25	28	18/25	72	606함평	21/23	91	2 /23	9
110옹진	11/24	46	13/24	54	607광산	20/23	87	3 /23	13
111시흥	06/25	24	18/25	72	608신안	22/24	92	2 /24	8
112광주	06/24	25	18/24	75	609무안	20/22	91	2 /22	9
113양평	07/24	29	16/24	67	610나주	23/25	92	2 /25	8

262) 방언형 중에는 /p, m, ʧ/도 포함되나 이들은 (/*z/>/s)/, /*z/>/ø/와는 직접적 관련이 없다.

군명	*z>s	비율(%)	*z>ø	비율(%)	군명	*z>s	비율(%)	*z>ø	비율(%)
114화성	08/24	33	16/24	67	611화순	22/22	100	0 /22	0
115용인	08/24	33	16/24	67	612승주	21/23	91	2 /23	9
116이천	10/24	42	14/24	58	613광양	17/22	77	4 /22	18
117여주	09/25	36	16/25	64	614영암	22/24	92	2 /24	8
118평택	08/25	32	17/25	68	615진도	23/24	96	1 /24	4
119안성	09/24	38	15/24	63	616해남	21/23	91	2 /23	9
201철원	06/23	26	16/23	70	617강진	20/23	87	3 /23	13
202화천	07/24	29	17/24	71	618장흥	21/24	88	3 /24	12
203양구	07/23	30	16/23	70	619보성	21/23	91	2 /23	9
204인제	08/23	35	15/23	65	620고흥	22/24	92	2 /24	8
205고성	07/22	32	15/22	68	621여천	20/22	91	2 /22	9
206춘성	07/23	30	16/23	70	622완도	22/23	96	1 /23	4
207홍천	07/21	33	14/21	67	701영풍	14/23	61	8 /23	35
208양양	11/24	46	13/24	54	702봉화	11/24	46	11/24	46
209횡성	08/24	33	16/24	67	703울진	13/24	54	11/24	46
210평창	08/23	35	15/23	65	704문경	17/23	74	6 /23	26
211명주	07/22	32	15/22	68	705예천	17/24	71	7 /24	29
212원성	10/24	42	14/24	58	706안동	15/23	65	8 /23	35
213영월	10/23	43	13/23	57	707영양	17/23	74	6 /23	26
214정선	11/25	44	14/25	56	708상주	18/24	75	6 /24	25
215삼척	11/24	46	12/24	50	709의성	17/23	74	6 /23	26
301진천	13/25	52	12/25	48	710청송	17/24	71	7 /24	29
302음성	09/23	39	14/23	61	711영덕	15/23	65	6 /23	26
303중원	11/25	44	14/25	56	712금릉	17/24	71	7 /24	29
304제원	12/24	50	12/24	50	713선산	18/24	75	6 /24	25
305단양	11/23	48	12/23	52	714군위	16/22	73	5 /22	23
306청원	15/25	60	10/25	40	715영일	15/22	68	5 /22	23
307괴산	11/24	46	13/24	54	716성주	17/24	71	7 /24	29
308보은	15/24	63	9 /24	38	717칠곡	16/24	67	8 /24	33
309옥천	17/24	71	7 /24	29	718경산	14/24	58	7 /24	29
310영동	17/24	71	7 /24	29	719영천	15/24	63	7 /24	29
401서산	16/25	64	9 /25	36	720고령	18/24	75	6 /24	25
402당진	17/25	68	8 /25	32	721달성	18/24	75	6 /24	25

군명	$^*z>s$	비율(%)	$^*z>ø$	비율(%)	군명	$^*z>s$	비율(%)	$^*z>ø$	비율(%)
403아산	15/24	63	9 /24	38	722청도	17/23	74	6 /23	26
404천원	14/25	56	11/25	44	723월성	15/24	63	6 /24	25
405예산	15/24	62	9 /24	38	801거창	16/21	76	5 /21	24
406홍성	16/25	64	9 /25	36	802합천	18/24	75	6 /24	25
407청양	16/24	67	8 /24	33	803창녕	18/23	78	5 /23	22
408공주	18/25	72	7 /25	28	804밀양	17/24	71	7 /24	29
409연기	14/24	58	10/24	42	805울주	10/22	45	9 /22	41
410보령	16/24	67	8 /24	33	806함양	16/23	70	7 /23	30
411부여	15/24	62	9 /24	38	807산청	20/25	80	5 /25	20
412서천	18/24	75	6 /24	25	808의령	14/21	67	6 /21	29
413논산	16/24	67	8 /24	33	809하동	16/22	73	6 /22	27
414대덕	14/24	58	10/24	42	810진양	18/23	78	5 /23	22
415금산	19/24	79	5 /24	21	811함안	16/22	73	6 /22	27
501옥구	18/24	75	6 /24	25	812의창	18/23	78	5 /23	22
502익산	18/23	78	5 /23	22	813김해	18/24	75	6 /24	25
503완주	17/23	74	6 /23	26	814양산	17/22	77	5 /22	23
504진안	19/24	79	5 /24	21	815사천	18/24	75	6 /24	25
505무주	16/23	70	7 /23	30	816고성	18/23	78	5 /23	22
506김제	18/22	82	4 /22	18	817남해	17/24	71	7 /24	29
507부안	19/24	79	5 /24	21	818통영	19/24	79	5 /24	21
508정읍	20/24	83	4 /24	17	819거제	19/25	76	6 /25	24
509임실	21/24	87	3 /24	13	901북제	21/22	95	1 /22	5
510장수	20/24	83	4 /24	17	902남제	22/22	100	0 /22	0

[표 117]에 의하면 /*z/>/s/의 빈도가 제주(97.5%)>전남(90.1%)>전북(80.0%)>경남(73.4%)>충남(65.4%)>경북(60.0%)>충북(54.4%)>강원(35.7%)>경기(30.4%)의 순서로 되어 제주도가 가장 높은 빈도를 보인다. 그러나 제주도에서 발생된 개신파가 육지로 전파되었다고 보기는 어려우므로 여기서는 전남지역을 개신의 중심지로 추정하고자 한다. 그렇다면 이 지역에서 발생된 개신파는 한편으로는 전북지역을 거쳐 경기 지역으로 북상하고, 다른 한편으로는 경남지역을 거쳐 경북 및 강원 지역으로 북상한 것으로 추정할 수 있다([지도 69]

참조]).

/*z/>/ø/의 빈도는 경기(68.6%)>강원(63.7%)>충북(45.7%)>충남(34.6%)>경북(29.1%)>경남(25.6%)>전북(20.0%)>전남(9.8%)>제주(2.5%)의 순서로 되어 경기도에서의 빈도가 가장 높다. 뿐만 아니라 최고의 빈도인 70%대의 지역도 경기도에서는 10/19개 군, 강원도에서는 4/15개 군으로 나타나 전자에서 그 적용률이 높음을 보이므로 여기서는 경기 지역을 개신의 중심지로 추정하고자 한다. 그리고 [지도 70]을 보면 이 개신파는 경기도의 북부 지역에서 발생하여 한편으로는 강원 지역을 거쳐 경북과 경남으로 남하하고, 다른 한편으로는 충남북을 거쳐 전북과 전남 지역으로 전파되어 간 것으로 추정된다.

역사적 기저형 /*g/는 현대국어의 여러 방언에서 그 방언형이 /k, ø/형 등으로 실현되었는데, /k/는 일차적으로 무성음화(/*g/>/k/)를 경험한 것이고, /ø/는 일차적으로 약화・탈락(/*g/>/ø/)을 경험한 것임을 앞에서 보았다. 다음에서는 이 두 유형이 전국 138개 군(울릉군 제외)에서 실현되는 빈도를 조사하여 무성음화와 약화・탈락의 개신지 및 그 전파 과정을 살펴보기로 하되, 양자의 빈도를 먼저 보이면 다음의 [표 118]과 같다.

〔표 118〕 /*g/>/k/, /*g/>/ø/의 적용 빈도(지역별)

군명	*g>k	비율(%)	*g>ø	비율(%)	군명	*g>k	비율(%)	*g>ø	비율(%)
101연천	1/12	8	11/12	92	511고창	2/14	14	12/14	86
102파주	1/13	8	12/13	92	512순창	6/14	43	8/14	57
103포천	1/13	8	12/13	92	513남원	4/14	29	10/14	71
104강화	1/12	8	11/12	92	601영광	3/13	23	10/13	77
105김포	1/13	8	12/13	92	602장성	4/13	31	9/13	69
106고양	1/13	8	12/13	92	603담양	5/13	38	8/13	62
107양주	1/13	8	12/13	92	604곡성	4/14	29	10/14	71
108남양	2/13	15	11/13	85	605구례	4/13	31	9/13	69
109가평	2/13	15	11/13	85	606함평	3/13	23	10/13	77
110옹진	2/12	17	10/12	83	607광산	4/13	31	9/13	69

군명	*g>k	비율(%)	*g>ø	비율(%)	군명	*g>k	비율(%)	*g>ø	비율(%)
111시흥	2/13	15	11/13	85	608신안	3/13	23	10/13	77
112광주	2/13	15	11/13	85	609무안	3/14	21	11/14	79
113양평	3/13	23	10/13	77	610나주	5/14	36	9/14	64
114화성	1/13	8	12/13	92	611화순	4/14	29	10/14	71
115용인	2/13	15	11/13	85	612승주	5/14	36	9/14	64
116이천	2/11	18	9/11	82	613광양	4/14	29	10/14	71
117여주	3/13	23	10/13	77	614영암	3/12	25	9/12	75
118평택	1/13	8	12/13	92	615진도	2/12	17	10/12	83
119안성	3/13	23	10/13	77	616해남	3/14	21	11/14	79
201철원	4/12	33	8/12	67	617강진	4/13	31	9/13	69
202화천	4/13	31	9/13	69	618장흥	5/14	36	9/14	64
203양구	5/13	38	8/13	62	619보성	5/13	38	8/13	62
204인제	5/13	38	8/13	62	620고흥	5/13	38	8/13	62
205고성	8/13	62	5/13	38	621여천	5/13	38	8/13	62
206춘성	4/13	31	9/13	69	622완도	4/12	33	8/12	67
207홍천	3/13	23	10/13	77	701영풍	8/13	62	5/13	38
208양양	5/12	42	7/12	58	702봉화	8/14	57	6/14	43
209횡성	4/13	31	9/13	69	703울진	7/14	50	7/14	50
210평창	6/13	46	7/13	54	704문경	7/13	54	6/13	46
211명주	7/13	54	6/13	46	705예천	9/14	64	5/14	36
212원성	4/13	31	9/13	69	706안동	7/14	50	7/14	50
213영월	9/13	69	4/13	31	707영양	9/14	64	5/14	36
214정선	7/13	54	6/13	46	708상주	8/14	57	6/14	43
215삼척	8/12	67	4/12	33	709의성	7/14	50	7/14	50
301진천	3/13	23	10/13	77	710청송	7/14	50	7/14	50
302음성	3/13	23	10/13	77	711영덕	3/14	21	11/14	79
303중원	2/13	15	11/13	85	712금릉	7/14	50	7/14	50
304제원	3/13	23	10/13	77	713선산	6/14	43	8/14	57
305단양	5/14	36	9/14	64	714군위	7/14	50	7/14	50
306청원	4/14	29	10/14	71	715영일	6/14	43	8/14	57
307괴산	4/14	29	10/14	71	716성주	7/14	50	7/14	50
308보은	4/13	31	9/13	69	717칠곡	3/12	25	9/12	75
309옥천	4/13	31	9/13	69	718경산	7/14	50	7/14	50

군명	*g〉k	비율(%)	*g〉ø	비율(%)	군명	*g〉k	비율(%)	*g〉ø	비율(%)
310영동	6/14	43	8/14	57	719영천	6/14	43	8/14	57
401서산	1/13	8	12/13	92	720고령	6/14	43	8/14	57
402당진	2/13	15	11/13	85	721달성	7/14	50	7/14	50
403아산	2/13	15	11/13	85	722청도	5/12	42	7/12	58
404천원	2/13	15	11/13	85	723월성	8/13	62	5/13	38
405예산	0/12	0	12/12	100	801거창	3/14	21	11/14	79
406홍성	2/13	15	11/13	85	802합천	3/14	21	11/14	79
407청양	2/12	17	10/12	83	803창녕	5/13	38	8/13	62
408공주	3/13	23	10/13	77	804밀양	4/14	29	10/14	71
409연기	4/14	29	10/14	71	805울주	2/14	14	12/14	86
410보령	1/13	8	12/13	92	806함양	6/14	43	8/14	57
411부여	2/13	15	11/13	85	807산청	4/14	29	10/14	71
412서천	1/13	8	12/13	92	808의령	6/14	43	8/14	57
413논산	3/13	23	10/13	77	809하동	4/13	31	9/13	69
414대덕	5/14	36	9/14	64	810진양	5/14	36	9/14	64
415금산	4/13	31	9/13	69	811함안	3/14	21	11/14	79
501옥구	1/14	7	13/14	93	812의창	4/13	31	9/13	69
502익산	4/14	29	10/14	71	813김해	4/14	29	10/14	71
503완주	2/14	14	12/14	86	814양산	5/14	36	9/14	64
504진안	4/13	31	9/13	69	815사천	3/14	21	11/14	79
505무주	4/13	31	9/13	69	816고성	5/14	36	9/14	64
506김제	3/14	21	11/14	79	817남해	3/13	23	10/13	77
507부안	1/14	7	13/14	93	818통영	4/13	31	9/13	69
508정읍	3/14	21	11/14	79	819거제	3/13	23	10/13	77
509임실	5/13	38	8/13	62	901북제	2/11	18	9/11	82
510장수	7/14	50	7/14	50	902남제	2/11	18	9/11	82

[표 118]에 의하면 /*g/>/k/의 빈도는 경북(49.1%)>강원(43.3%)>전남(29.9%)>경남(29.3%)>충북(28.3%)>전북(25.8%)>제주(18.0%)>충남(17.2%)>경기(13.2%)의 순서로 되어 경북이 가장 높다. 그러나 상대적으로 높은 60%대의 빈도를 보인 군의 수는 강원도가 3/15개 군(20%), 경북이 4/23개 군(17%)으로 나타나 오

히려 강원도 지역의 빈도가 높다. 그래서 여기서는 빈도수 평균치와 [지도 71]의 분포 경향을 종합하여 강원도 동남부 지역과 경북 북부 지역을 합쳐 이 변화의 개신지로 추정해 두고자 한다. 그렇다면 이 개신파는 한편으로는 강원도 북부 지역과 경북의 남부 지역을 거쳐 경남지역으로 전파되어 가고, 다른 한편으로는 한반도의 서쪽 지역으로 그 영역을 확대해 갔을 것으로 추정된다.

/*g/>/ø/의 빈도는 경기(86.8%)>충남(82.8%)>제주(82.0%)>전북(74.2%)>충북(71.7%)>경남(70.7%)>전남(70.1%)>강원(56.7%)>경북(50.9%)의 순서로 되어 경기도가 가장 높고, 상대적으로 높은 90%대의 빈도를 보인 군의 수도 경기도에서 9/19개 군(47.4%), 충남에서 4/15개 군(26.7%)으로 나타나 전자에서 높다. 그러므로 여기서는 경기 지역을 이 변화의 개신지로 추정하고자 한다.

이러한 추정이 가능하다면 충남을 비롯하여 전북, 전남의 서쪽 지역에서 이 변화의 빈도가 높은 것은 해로를 통해 이들 지역으로 개신파가 전파되었기 때문이라는 해석이 가능해진다. 뿐만 아니라, 경남의 울주와 경북 영일에서도 주변 지역에 비해 상대적으로 빈도가 높은 것은 이들 지역에도 해로를 통해 개신파가 먼저 전파되어 왔기 때문이라는 해석이 가능해진다([지도 72] 참조).

5.3. 요약

이 장에서는 『한국방언자료집』에 수록된 자료들을 활용하여 역사적 기저형 /*b, *d, *z, *g/가 현대국어에 이르는 과정에서 어떻게 변화되었는지 살펴보았다. 그 결과 이들의 일차적 변화에 관여된 규칙에는 무성음화규칙(/*b, *d, *z, *g/>/p, t, s, k/)과 약화 · 탈락규칙(/*b, *d, *z, *g/>/w, r, ø, ø/)의 둘이 있으며 양자는 상충하는 관계에 있음을 알게 되었다. 그리고 이 규칙들의 개신지와 전파 과정은 다음과 같았을 것으로 추정된다.

(1) /*b/>/p/의 개신지는 경북 북부지역으로 추정되는데, 이 개신파는 한편으로는 경남을 거쳐 전라도 지역으로, 다른 한편으로는 강원도와 충청도 지역을 거쳐 경기도 지역으로 전파되어 갔을 것으로 추정된다. /*b/>/w/의 개신지는 전라도 지역으로 추정되고, 그 개신파는 충청도를 거쳐 경기도와 강원도로 전파되어 갔을 것으로 추정되며, 충북과 강원도로 전파된 개신파는 전남북의 개신파와 함께 영남지역으로 전파되어 갔을 것으로 추정된다.

(2) /*d/>/t/의 개신지는 강원도 북부와 경기도 동북부 지역으로 추정되는데, 이 개신파는 한반도의 남쪽 지역으로 전파되어 가되 주로 충남북을 거쳐 경남지역으로 전파되어 간 것으로 추정된다. /*d/>/r/의 개신지는 두 지역—제1개신지는 전남과 전북의 접경 지역, 제2개신지는 강원도의 동남부 지역—이었던 것으로 추정되는데, 전자는 한편으로는 전남의 남부 지역으로, 다른 한편으로는 전북을 거쳐 북상한 것으로 추정되며, 후자는 경북을 거쳐 경남지역으로 전파되어 갔을 것으로 추정된다.

(3) /*z/>/s/의 개신지는 전남지역으로 추정되는데, 이 개신파는 한편으로는 전북지역을 거쳐 경기지역으로 북상하고, 다른 한편으로는 경남지역을 거쳐 경북 및 강원 지역으로 북상한 것으로 추정된다. /*z/>/ø/의 개신지는 경기도의 북부 지역으로 추정되는데, 이 개신파는 한편으로는 강원 지역을 거쳐 경북과 경남으로 남하하고, 다른 한편으로는 충남북을 거쳐 전북과 전남지역으로 전파되어 간 것으로 추정된다.

(4) /*g/>/k/의 개신지는 강원도 동남부 지역과 경북 북부 지역으로 추정되는데, 이 개신파는 한편으로는 강원도 북부 지역과 경북의 남부 지역을 거쳐 경남지역으로 전파되고, 다른 한편으로는 한반도의 서쪽 지역으로 전파된 것으로 추정된다. /*g/>/ø/의 개신지는 경기 지역으로 추정되는데, 이 지역에서 발생된 개신파는 해로를 통해 충남과 전남북의 서쪽 지역으로 전파될 뿐만 아니라 경남 울주와 경북 영일 등지로 전파된 것으로 추정된다.

Ⅳ. 방언 구획

Ⅳ. 방언 구획

방언구획의 방법으로는 ① 등어선속(bundle of isogloss)의 두께에 의한 방법, ② 언어적 거리(linguistic distance)의 차이에 의한 방법, ③ 이미지 등어선(image isogloss)에 의한 방법 등이 있다.[263] ①의 방법에 의한 국내의 연구로는 이익섭(1981), 소강춘(1989), 박정수(1993), 최명옥(1994) 등이 있고, ②의 방법에 의한 연구로는 이기갑(1986), 김충회(1992), 김택구(1991) 등이 있으며, ③의 방법에 의한 연구로는 이익섭(1981)과 신승원(1990) 등이 있는데, 여기서는 부분적으로 이 방법이 적용되었다.

이 장에서는 ②의 방법을 원용하여 국어방언권을 구획해 보고자 한다. 이 방법은 수집된 방언 자료의 인접 지역 간의 대비를 통해 일치하지 않는 항목수의 백분율(언어적 거리, linguistic distance)을 기준으로 방언권을 구획하는 것으로 Jean Séguy(1973)에 의해 고안되었다. 여기서도 인접 지역 간의 언어적 거리를 기준으로 방언권을 구획하고자 한다.

앞의 Ⅱ장과 Ⅲ장에서 고찰한 각 규칙들은 규칙에 따라 그 적용률이 전반적으로 높은 경우도 있고, 전반적으로 낮은 경우도 있어 일정하지 않다. 비록 각 규칙이 대등한 성격을 지니고 있다고 하더라도 적용률이 높은 규칙은

---

263) 각 방법에 대한 자세한 설명은 이상규(1995 : 129-146)을 참고하기 바람.

특정 방언에서 상대적으로 차지하는 비중이 높고 적용률이 낮은 규칙은 상대적으로 차지하는 비중이 낮다고 할 수 있다.

그래서 여기서는 각 군에서 각각의 규칙이 적용된 비율을 합산하여 해당 군의 규칙 적용률 총계를 구하고 이것을 다시 군별로 비교하여 언어적 거리를 측정한 다음 그것을 기준으로 방언권을 구획하고자 한다. 그러나 Jean Séguy(1973)의 방법과는 달리 동질성의 정도를 고려하여 먼저 네 개의 부류로 묶은 다음 다시 각 부류들 간의 이질성을 고려하여 방언구획을 확정하기로 한다.

앞에서 고찰한 (1) ʌ>ɨ, (2) ʌ>a, (3) ʌ>o_1, (4) ʌ>o_2, (5) ʌ>ə, (6) ʌ>ɐ, (7) ɨ>Ǝ, (8) ə>Ǝ, (9) ə>ɨ, (10) ə>ɜ, (11) y순행동화(ㅕ), (12) y탈락(ㅕ), (13) ya/yə>ɛ/e(어미 ㅑ/ㅕ), (14) y탈락(어미 ㅑ/ㅕ), (15) ɛ>E, (16) e>E, (17) e>i, (18) ɨy>i, (19) ɨy>ɨ, (20) oy>ö, (21) oy>we, (22) uy>ü, (23) uy>wi, (24) w탈락(어두음절), (25) w축약(어두음절), (26) 'e>i/i+—', (27) y활음화, (28) y첨가, (29) w활음화(ㅜ/ㅗ+ㅓ/ㅏ), (30) w첨가(ㅜ/ㅗ+ㅓ/ㅏ), (31) w탈락(ㅜ/ㅗ+ㅓ/ㅏ), (32) wə>o (ㅜ/ㅗ+ㅓ/ㅏ), (33) 'o>u/u+—', (34) a>ə, (35) 'ㅣ'역행동화, (36) C_1탈락, (37) C_2탈락, (38) 유기음화, (39) 'ㅎ'탈락, (40) 'ㅂ'탈락(ㅄ>ㅅ), (41) 어두경음화(폐쇄음), (42) 어두경음화(ㅅ>ㅆ), (43) 어중경음화, (44) *b>p, (45) *b>w, ø, (46) *d>t, (47) *d>r, (48) *z>s, (49) *z>ø, (50) *g>k, (51) *g>ø 등의 규칙이 군 단위에서 적용된 비율은 [표 119]와 같은데, 이 비율을 지도에 표시하면 [지도 73]과 같다.

〔표 119〕 51개 규칙의 총 적용 빈도(%)[264]

군명	적용률합계	비율	군명	적용률합계	비율	군명	적용률합계	비율
101연천	1,809	35	403아산	1,862	37	621여천	2,043	40
102파주	1,773	35	404천원	1,849	36	622완도	2,045	40
103포천	1,818	36	405예산	1,807	35	701영풍	2,300	45
104강화	1,765	35	406홍성	1,755	34	702봉화	2,214	43
105김포	1,774	35	407청양	1,831	36	703울진	2,181	43
106고양	1,855	36	408공주	1,886	37	704문경	2,404	47
107양주	1,775	35	409연기	1,801	35	705예천	2,367	46
108남양	1,845	36	410보령	1,792	35	706안동	2,353	46
109가평	1,830	36	411부여	1,842	36	707영양	2,262	44
110옹진	1,875	37	412서천	1,801	35	708상주	2,350	46
111시흥	1,881	37	413논산	1,932	38	709의성	2,094	41
112광주	1,862	37	414대덕	1,851	36	710청송	2,299	45
113양평	1,891	37	415금산	1,888	37	711영덕	2,256	44
114화성	1,890	37	501옥구	1,885	37	712금릉	2,495	49
115용인	1,882	37	502익산	1,892	37	713선산	2,392	47
116이천	1,817	36	503완주	1,869	37	714군위	2,363	46
117여주	1,810	35	504진안	1,879	37	715영일	2,385	47
118평택	1,768	35	505무주	1,923	38	716성주	2,281	45
119안성	1,898	37	506김제	1,936	38	717칠곡	2,261	44
201철원	1,743	34	507부안	1,843	36	718경산	2,383	47
202화천	1,858	36	508정읍	2,001	39	719영천	2,396	47
203양구	1,814	36	509임실	1,892	37	720고령	2,340	46
204인제	1,880	37	510장수	1,962	38	721달성	2,365	46
205고성	1,764	35	511고창	2,063	40	722청도	2,309	45
206춘성	1,799	35	512순창	1,931	38	723월성	2,371	46
207홍천	1,893	37	513남원	1,930	38	801거창	2,361	46
208양양	1,792	35	601영광	2,020	40	802합천	2,370	46
209횡성	1,847	36	602장성	2,014	39	803창녕	2,389	47

264) 아래 표의 비율은 51개 규칙이 각 군에서 실제로 적용된 적용률 합계가 적용 가능한 적용률 5100%(=51개 규칙×100%)에 대한 백분율을 나타낸다. 이를테면 101 연천군의 경우는 비율이 35%로 되어 있는데 이것은 51개 규칙의 실제 적용률 합계 1809%가 가능한 적용률 5100%의 35%가 된다는 뜻이다.

군명	적용률합계	비율	군명	적용률합계	비율	군명	적용률합계	비율
210평창	1,877	37	603담양	2,043	40	804밀양	2,503	49
211명주	1,871	37	604곡성	1,867	37	805울주	2,251	44
212원성	1,955	38	605구례	2,009	39	806함양	2,306	45
213영월	1,920	38	606함평	1,993	39	807산청	2,243	44
214정선	1,839	36	607광산	1,998	39	808의령	2,330	46
215삼척	1,837	36	608신안	1,958	38	809하동	2,353	46
301진천	1,806	35	609무안	2,048	40	810진양	2,358	46
302음성	1,961	38	610나주	1,924	38	811함안	2,187	43
303중원	1,811	36	611화순	1,866	37	812의창	2,470	48
304제원	1,891	37	612승주	1,946	38	813김해	2,503	49
305단양	2,111	41	613광양	1,953	38	814양산	2,410	47
306청원	1,803	35	614영암	2,025	40	815사천	2,368	46
307괴산	1,957	38	615진도	1,993	39	816고성	2,424	48
308보은	1,994	39	616해남	1,900	37	817남해	2,450	48
309옥천	1,972	39	617강진	1,985	39	818통영	2,421	47
310영동	2,037	40	618장흥	1,872	37	819거제	2,616	51
401서산	1,767	35	619보성	2,035	40	901북제	1,798	35
402당진	1,784	35	620고흥	1,858	36	902남제	1746	34

[표 119]와 [지도 73]에 의거하여 방언권을 구획하면 다음과 같다.

먼저 언어적 거리(규칙 적용률)를 세 부류로 구별하여 방언권을 구획하면 국어의 방언권은 동남방언권(44% 이상), 서남방언권(43~39%), 중부방언권(38~34%)의 셋으로 구획할 수 있다.

동남방언권에는 경북과 경남 지역이 포함된다. 그런데 [지도73]을 다시 보면 경북과 강원도의 경계 지역인 봉화, 울진이 각각 43%의 적용률을 보여 경북에 속하는 군이면서도 중부방언권에 소속됨을 볼 수 있다. 그러나 이 두 지역이 중부방언권에 소속되는 것이 타당한지에 대해서는 수긍하기 어려운 점이 있다.

봉화와 울진은 인접 군인 강원도의 삼척, 영월과는 언어적 거리가 각각

3%와 4%인 데 비해 경북의 인접 군인 영풍, 안동, 영양, 영덕과는 각각 2%, 3%, 1%, 1%의 거리를 가지고 있다. 그러므로 이 두 군은 언어적 거리가 더 가까운 동남방언권에 포함시키는 것이 더 타당하다고 할 수 있다. 이러한 해석이 가능하다면 비록 경북 의성(41%)과 경남 함안(43%)의 적용률이 다소 낮은 점이 있긴 하나 이 두 군과 나머지 군들을 통틀어 동남방언권으로 설정하여도 무방하리라고 생각된다.

서남방언권에는 전북의 2개 군(정읍, 고창)과 전남의 13개 군(영광, 장성, 담양, 구례, 함평, 광산, 무안, 영암, 진도, 강진, 보성, 여천, 완도)이 포함된다. 충북의 단양, 보은, 옥천, 영동 등지도 각각 41%, 39%, 39%, 40%의 적용률을 보이므로 이 지역들도 서남방언권에 포함시킬 수 있겠다. 그러나 이 지역들은 서남방언권의 중심 지역과는 상당히 떨어져 있으므로 거기에 포함시키지 않았다. 이 방언권에 포함되는 지역이 전북의 2개 군과 전남의 13개 군에 한정된 것은 다음에서 보게 될 중부방언권의 영향력이 전북의 대부분 지역과 전남의 다수 지역으로 확대되었기 때문인 것으로 판단된다.

중부방언권에는 경기도 전역, 강원도 전역, 충남북 전역, 전북 전역(고창, 정읍 제외)이 포함된다. 그리고 서남방언권에서 제외되었던 충북의 단양, 보은, 옥천, 영동 등지도 이 방언권에 포함된다. 그 이유는 '단양 : 제원 · 영월'의 언어적 거리가 4% · 3%인 데 비해 '단양 : 영풍 · 예천 · 문경'의 그것은 4% · 5% · 6%로 나타나 전자의 언어적 거리가 후자의 그것보다 더 가깝고, 보은, 옥천, 영동의 경우도 동남방언권에 속하는 군과의 언어적 거리보다 중부방언권에 속하는 군과의 그것이 더 가깝기 때문이다.

제주지역은 북제주와 남제주의 적용률이 각각 35%와 34%로 나타나는데 이 같은 적용률은 중부방언권의 적용률과 차이가 없다. 그러므로 이 지역은 중부방언권에 소속될 수도 있겠으나 그 지리적 특성 및 음운규칙 이외의 언어적 특성을 고려하여 별도의 방언권, 즉 제주방언권으로 설정하고자 한다.

지금까지 살펴본 방언권 구획[265]을 요약하면 다음과 같고, 이것을 지도에 표시하면 [지도 74]와 같다.

① 중부방언권 : 경기, 강원, 충남북, 전북(고창, 정읍 제외)
② 동남방언권 : 경상남북도
③ 서남방언권 : 전남(13개 군), 전북(고창, 정읍)
④ 제주방언권 : 제주도

265) 기존의 국어 방언권 구획에 대해서는 이상규(2003 : 439-446)을 참고하기 바람.

V. 결론

Ⅴ. 결론

이 책에서는 『한국방언자료집』의 [음운편]에 수록된 자료들을 분석하여 국어 방언의 변화에 관여한 음운규칙에는 ʌ>ɨ, ʌ>a, ʌ>o_1, ʌ>o_2, ʌ>ə, ʌ>ɐ, ɨ>Ǝ, ə>Ǝ, ə>ɨ, ə>ɜ, y순행동화(ㅕ), y탈락(ㅕ), ya/yə>ɛ/e(어미 ㅑ/ㅕ), y탈락(어미 ㅑ/ㅕ), ɛ>E, e>E, e>i, ɨy>i, ɨy>ɨ, oy>ö, oy>we, uy>ü, uy>wi, w탈락(어두음절), w축약(어두음절), 'e>i/i+—', y활음화, y첨가, w활음화(ㅜ/ㅗ+ㅓ/ㅏ), w첨가(ㅜ/ㅗ+ㅓ/ㅏ), w탈락(ㅜ/ㅗ+ㅓ/ㅏ), wə>o(ㅜ/ㅗ+ㅓ/ㅏ), 'o>u/u+—', a>ə, 'ㅣ'역행동화, C_1탈락, C_2탈락, 유기음화, 'ㅎ'탈락, 'ㅂ'탈락(ㅄ>ㅅ), 어두경음화(폐쇄음), 어두경음화(ㅅ>ㅆ), 어중경음화, *b>p, *b>w/ø, *d>t, *d>r, *z>s, *z>ø, *g>k, *g>ø 등이 있음을 밝혔다.

그런 다음 이 규칙들이 전국적으로 적용된 빈도를 군 단위로 통계 처리하고 그 통계 자료를 바탕으로 전국언어지도를 그렸다. 다시 그 지도를 해석함으로써 각 규칙들의 개신지와 그 전파 경로를 추정하였으며 마지막으로 국어의 방언권을 구획하였다.

여기서 얻어진 결과를 요약하여 결론으로 삼으면 다음과 같다.[266]

(1) 모음조화 붕괴 규칙('·>—')의 적용 범위는 '[V, +RTR, +grave]({[C,

266) 각 규칙의 전파 경로는 본문의 내용을 참고하기 바람.

+grave], h})[ʌ, +RTR, +grave]'로부터 '[V, +RTR, +grave][C, −grave][ʌ, +RTR, +grave]'로 확대되어 갔기 때문에 전자의 구조기술을 가진 어사에서는 후자의 구조기술을 가진 어사에서보다 모음조화가 더 빨리 붕괴되었다. 이 규칙의 개신지는 경남지역으로 추정된다.

(2) '·'의 변화와 관련된 규칙에는 '·>ㅡ, ·>ㅏ, ·>ㅗ$_1$, ·>ㅗ$_2$, ·>ㅓ, ʌ>ɐ' 등이 있는데, 이 규칙들의 개신지는 각각 경남, 경북, 강원도 북부, 전남, 전북, 제주 지역으로 추정된다.

(3) 15세기 국어의 모음체계에서는 설축, 구축, 구장 자질이 변별자질로서 기능하고, '·'의 비음운화 이후에는 모음체계가 재조정되어 설축, 설위, 원평 자질이 변별자질로 기능하게 되었다.

(4) ɨ>Ǝ, ə>Ǝ, ə>ɨ, ə>ɜ 규칙의 개신지는 각각 경남, 영남, 경기, 경기 지역으로 추정되는데, 앞의 두 규칙의 음운론적 기제는 폐구조음원칙의 작용이라고 할 수 있다.

(5) 'ㅕ(yə)'는 통시적으로 두 방향으로의 변화를 경험하였다. 하나는 y순행동화규칙에 의한 변화이고, 다른 하나는 y탈락규칙에 의한 변화이다. 전자의 개신지는 영남지역으로, 후자의 개신지는 충남지역으로 추정된다.

(6) 어미 'ㅑ/ㅕ'(ya/yə)의 변화와 관련된 규칙에는 y축약규칙과 y탈락규칙의 둘이 있는데, 전자의 개신지는 영남지역으로, 후자의 개신지는 호남의 중·서부지역으로 추정된다.

(7) 모음 'ㅐ(ɛ), ㅔ(e)'의 변화에는 세 개의 규칙(ɛ>E, e>E, e>i)이 크게 관여하였다. ɛ>E는 폐구조음원칙이 그 발생 원인이 되었고, e>E와 e>i는 ɛ>E로 말미암아 e와 E의 간극이 좁혀진 것이 그 발생 원인이 되었을 것으로 추정된다. ɛ>E와 e>E는 다 같이 경남지역이 그 개신지로 추정되고, e>i는 경북의 서부 지역이 주 개신지로 추정된다.

(8) ɨy>i의 개신지는 경상도 지역으로, ɨy>ɨ의 개신지는 전북 서부 지역으로 추정된다.

(9) ‘ㅟ, ㅚ’는 두 방향으로의 변화를 겪었다. 하나는 단모음화(oy>ö, uy>ü)이고 다른 하나는 상승이중모음화(oy>we, uy>wi)이다. 전자의 개신지는 전라도 지역(제1개신지)과 강원도 지역(제2개신지)으로, 후자의 개신지는 경북지역으로 추정된다.

(10) w계 중모음의 변화와 관련된 규칙에는 w탈락규칙과 w축약규칙의 둘이 있다. 전자의 개신지는 경남의 남해안 지역으로, 후자의 개신지는 전북의 서부지역으로 추정된다.

(11) i를 말음으로 가진 동사 어간에 어미 ‘아’가 결합될 때는 두 유형의 변화를 겪었다. 하나는 y활음화규칙이 적용된 것이고 다른 하나는 y첨가규칙이 적용된 것이다. 전자의 개신지는 비영남지역(경기 및 충남)으로, 후자의 개신지는 영남지역(경북의 동북부 지역 제외)으로 추정된다.

(12) 영남방언에는 음운체계의 구조적 압력에 의한 e>i 변화와는 달리 형태소경계에서 발달된 ‘e>i/i+—’ 규칙의 적용에 의한 변화가 있었다. 이 규칙의 개신지는 영남지역(경북의 동북부 지역 제외)으로 추정된다.

(13) ‘ㅜ/ㅗ’를 말음으로 가진 동사 어간에 어미 ‘아’가 결합될 때 적용된 중요한 규칙에는 w활음화규칙, w첨가규칙, w탈락규칙, wə>o 규칙, ‘o>u/u+—’ 규칙 등이 있다. 앞의 두 규칙의 개신지는 각각 강원도 지역, 비영남지역으로 추정되고, 뒤의 세 규칙의 개신지는 각각 경남 남해안 지역(거제, 남해, 통영), 경남 동부지역(밀양, 김해), 경남 동부지역(밀양, 김해)으로 추정된다.

(14) 모음조화 형성 단계에서 어미에 적용된 ‘아>어’ 규칙은 어간말 모음과 어미 첫 모음 간의 설축동화규칙이고, 모음조화 붕괴 단계에서의 그것은 어간말 자음(coda)과 어미 첫 모음(nucleus) 간의 울림도 동화규칙이다.

(15) ‘아>어’ 규칙의 적용 범위가 확대되어 간 과정은 다음과 같다.

$\{V^-, V^o\}$+어 > $\{V^-, V^o\}$C+어 > $\{V^-, V^o\}$w+어 > V^+C+어 > V^+w+어 > V^++어

개음절 > 폐음절 > 폐음절 > 개음절

← 〈형성 과정〉 → ← 〈붕괴 과정〉 →

(16) 자음을 두음으로 가진 조사나 어미에서 모음조화가 잘 이루어지지 않는 것은 개재자음제약 때문이다.

(17) 현대국어의 모음체계는 전후설에서 각각 설축 자질에 의한 사선적 대립을 이루는데, 어미 '아/어'의 선택은 이 체계에 따라 이루어진다. 즉, 현대국어의 모음조화는 이중 사선적 모음조화라고 할 수 있다.

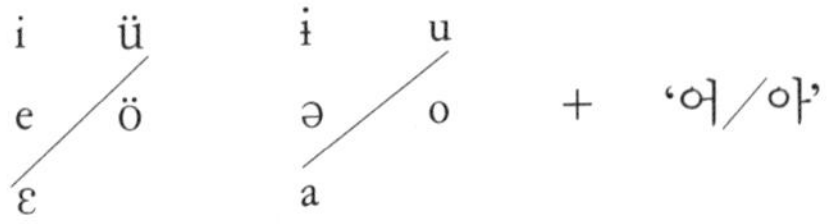

(18) 6모음체계인 영남방언은 설축을 기준으로 할 때는 이중 사선적 모음조화를 이루고, 설고를 기준으로 할 때는 수평적 모음조화를 이룬다고 할 수 있다.

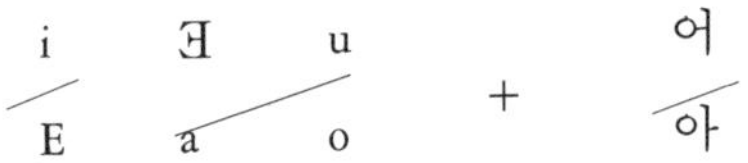

〈'설축'과 '어/아'의 선택〉

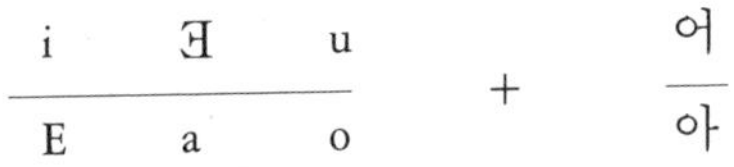

〈'설고'와 '어/아'의 선택〉

(19) '아>어' 규칙의 개신지는 충남 지역으로 추정된다.

(20) 'ㅣ'역행동화규칙은 피동화주와 동화주의 문법 범주에 따라 그 적용

정도에 차이가 있고, 양자의 사이에 [+high, −back] 자음이 개재될 경우에는 그것이 제약으로 작용한다. 'ㅣ'역행동화규칙의 주된 개신지는 전북 남원과 전남 구례로 추정된다.

(21) 자음탈락규칙에는 C_1(ㄹ)탈락규칙과 C_2탈락규칙의 둘이 있다. 전자의 개신지는 전남의 서쪽 해안・도서 지역(무안, 영광, 신안)으로, 후자의 개신지는 경북 중부 및 남부 지역(청도)으로 추정된다.

(22) 유기음화규칙의 개신지는 경기 지역으로, 'ㅎ'탈락규칙의 개신지는 전남의 서남 해안 지역으로 추정된다.

(23) 어두 복자음의 경음화율이 어두 단자음의 그것보다 높다. 이러한 사실은 전자의 경음화가 후자의 그것보다 일찍 발달한 것임과 동시에 국어 음운사에서 경음이 음운으로 자리 잡게 된 것이 전자의 경음화에 의한 것일 가능성을 의미한다.

(24) 어두 복자음의 변화와 관련된 규칙에는 복자음 경음화규칙과 'ㅂ'탈락규칙('ㅄ>ㅅ')이 있었다. 전자는 전국적으로 그 적용률이 매우 높기 때문에 개신지가 어디인지를 추정하기 어렵다. 후자의 개신지는 경북의 동남부 지역이었을 것으로 추정된다.

(25) 어두 단자음의 경음화는 폐쇄음('ㄱ, ㄷ, ㅂ, ㅈ')의 경우와 마찰음('ㅅ')의 경우로 구별된다. 전자의 개신지는 경북의 동남부지역과 경남의 동북부지역으로, 후자의 개신지는 경남의 서남부지역으로 추정된다.

(26) 어중경음화규칙은 영남 이외의 지역(남한의 서쪽지역과 강원도 남부지역)에서 그 개신파가 발생한 것으로 추정된다.

(27) 역사적 기저형 /*b, *d, *z, *g/의 변화와 관련된 규칙에는 무성음화규칙(/*b, *d, *z, *g/>/p, t, s, k/)과 약화・탈락규칙(/*b, *d, *z, *g/>/w, r, ø, ø/)의 둘이 있다.

(28) /*b/>/p/, /*d/>/t/, /*z/>/s/, /*g/>/k/ 규칙의 개신지는 각각 경북 북부지역, 강원도 북부・경기도 동북부 지역, 전남 지역, 강원도 동남부지역・경북

북부지역으로 추정된다.

/*b/>/w/, /*d/>/r/, /*z/>/ø/, /*g/>/ø/ 규칙의 개신지는 각각 전라도지역, 전남북 접경지역·강원도 동남부지역, 경기도 북부지역, 경기도 지역으로 추정된다.

(29) 51개의 음운규칙 가운데 대략 중부방언권에서 13개, 동남방언권에서 24개, 서남방언권에서 13개의 규칙이 발생한 것으로 추정된다. 제주방언권에서는 ʌ>ɐ 규칙이 발생한 것으로 추정되고 이외에도 ʌ>ə, ɨy>i, oy>we, uy>wi, /*z/>/s/ 규칙이 육지의 방언보다 먼저 혹은 같은 시기에 발생했을 것으로 추정된다.

참고문헌

건설부 국립지리원(1985), 『韓國地誌 (지방편Ⅲ)』.

고동호(1993), "제주방언의 음절말 자음군의 변화", 조선어연구회 발표요지.

곽창석(1986), "진주지역어의 음운론적 연구", 석사학위논문(경남대).

곽충구(1982), "아산지역어의 이중모음 변화와 이중모음화", 『방언』 6.

곽충구(1994), 『함북 육진방언의 음운론』, 국어학회.

구현옥(1998), 『함안 지역어의 음운 변동 현상』, 한국문화사.

권재선(1979), 『병서연구』, 수도문화사.

권재선(1981), "청도방언의 모음체계 변천의 연구", 『한국언어문학논집』(대구대) 1.

권재선(1992), 『훈민정음의 표기법과 음운』, 우골탑.

김경숙(1997), "어중 [-g-], [-b-], [-z-]의 분화에 관한 지리언어학적 연구", 석사학위논문(경북대).

김덕호(1992), 『경북 상주지역어의 음운 연구』, 『문학과 언어』(경북대) 13.

김덕호(1993), "어두 ㅅ 비경음 실현 지역의 지리언어학적 고찰", 『어문론총』(경북어문학회) 27.

김덕호(1997), "경북방언의 지리언어학적 연구", 박사학위논문(경북대).

김무림(1997), "경음의 음운사", 『국어국문학』 119.

김민수(1955), "합용병서 음가론", 『국어국문학』 13.

김반섭(1983), "경주지역어의 경음화현상 연구", 석사논문(계명대).

김영선(1999), 『국어사의 동화 현상과 음절화 연구』, 국학자료원.

김영송(1973), "김해방언의 음운", 『김해지구 종합 학술조사 보고』(부산대).

김영송(1974), "경남방언", 『국어방언학』, 형설출판사.

김영송(1977), "경남방언 음운", 『한글』(한글학회) 159.

김영송(1981), 『우리말 소리의 연구』, 과학사.

김영송(1988), "훈민정음의 모음체계", 『훈민정음의 이해』, 한신문화사.

김영진(1985), "경남방언의 몇 가지 음운현상", 『가라문화』(경남대) 3.

김영태(1975), 『경상남도방언연구(1)』, 진명문화사.

김영태(1998), 『경남방언과 지명 연구』, 경남대 출판부.

김완진(1963), "국어 모음체계의 신고찰", 『진단학보』 24.

김완진(1971), "음운현상과 형태론적 제약", 『학술원논문집』 10.

김완진(1971), 『국어 음운체계의 연구』, 일조각.

김완진(1975), "음운론적 유인에 의한 형태소 중가에 대하여", 『국어학』(국어학회) 3.

김완진(1978), "모음체계와 모음조화에 대한 반성", 『어학연구』 14-2.

김원보(2006), “제주방언 화자의 세대별(20대, 50대, 70대) 단모음의 음향분석과 모음체계”, 『언어과학연구』 39.
김재문(1977), “서부경남방언의 음운 연구”, 『진주교대 논문집』 15.
김재문(1984), “경남방언과 전남방언과의 방언경계선상의 음운 고찰”, 『진주문화』(진주교대) 5.
김정태(1996), 『국어 과도음 연구』, 박이정.
김정태(2004), “천안 방언 ‘어→으’의 모음상승에 대하여”, 『한글』 266.
김주원(1984), “18세기 경상도 방언의 음운현상”, 『인문연구』(영남대) 6.
김주원(1993), 『모음조화의 연구』, 영남대 출판부.
김주필(1996), “경상도 방언의 ㅔ와 ㅐ의 합류 과정에 대하여”, 『이기문 교수 정년퇴임 기념논문집』, 신구문화사.
김주필(2003), “후기 중세국어의 음운현상과 모음체계”, 『어문연구』 31-1.
김진우(1967), “Some Phonological Rules in Korean”, 『어학연구』 5.
김진우(1988a), 『언어소전(Ⅰ)』, 탑출판사.
김진우(1988b), “국어음운론에 있어서의 공모성”, 『Sojourns in Language Ⅱ』, Tower Press.
김차균(1971), “변칙용언 연구”, 『한글』 147.
김차균(1983), 『음운론의 원리』, 창학사.
김차균(1985), “훈민정음 해례의 모음체계”, 『선오당 김형기 선생 팔질기념국어학논총』, 어문연구회.
김충회(1985), “충북 충주방언의 음운론적 고찰”, 『개신어문연구』(충북대) 4.
김충회(1992), 『충청북도의 언어지리학』, 인하대 출판부.
김택구(1991), “경상남도방언의 지리적 분화에 관한 연구”, 박사학위논문(건국대).
김한수(1988), “경북 상주방언의 음운론적 특징 연구”, 석사학위논문(경희대).
김형규(1974), 『한국방언연구』, 서울대 출판부.
김형규(1978), 『증보 국어사연구』, 일조각.
김형주(1983), “남해방언의 음운 연구”, 『석당논총』(동아대) 7.
남광우(1979), 『국어학논문집』, 일조각.
남영종(1988), “영해지역어의 통시음운론적 연구”, 석사학위논문(영남대).
도수희(1971), “각자병서 연구”, 『한글학회 50돌 기념논문집』.
도수희(1983), “한국어 음운사에 있어서 부음 y에 대하여”, 『한글』 179.
류영남(1982), “남해도 방언의 음운 연구”, 석사학위논문(부산대).
문곤섭(1980), “창녕방언의 모음체계 연구”, 석사학위논문(경남대).
민원식(1982), “문경지역어의 음운론적 연구”, 석사학위논문(충북대).
박경래(1984), “괴산방언의 음운에 대한 세대별 연구”, 『국어연구』 57.
박명순(1982), “경남 거창 방언 연구”, 『논문집』(청주사대) 11.
박명순(1986), “거창방언의 형태음소적 고찰”, 『동천 조건상선생 고희기념논총』.
박명순(1987), “거창지역어의 음운 연구”, 박사학위논문(성균관대).

박병채(1971), 『고대국어의 연구』, 고려대 출판부.
박병채(1989), 『국어발달사』, 세영사.
박정수(1993), “변동규칙에 의한 경남방언의 분화 연구”, 박사학위논문(동아대).
박종덕(2004), “/E/, /Ǝ/ 생성의 동기적 관련성”, 『한글』 264.
박종희(1983), 『국어음운론 연구』, 원광대 출판국.
박종희(1993), “중세국어 ‘ㅕ’의 통시적 발달과 방언분화”, 『국어 음운론연구(Ⅱ)』, 원광대 출판국.
박종희(1995), “중세국어 이중모음의 통시적 발달”, 『국어학』(국어학회) 26.
박종희(2003), “전북방언 모음조화의 불투명성”, 『국어국문학』(국어국문학회) 134.
박지홍(1975), “양산방언의 음운”, 『어문학』(한국어문학회) 33.
박지홍(1983), “경상도 방언의 하위방언권 설정”, 『인문논총』(부산대) 24.
박창원(1983), “고성지역어의 모음사에 대하여”, 『국어연구』 54.
박창원(1986), “국어 모음체계에 대한 한 가설”, 『국어국문학』(국어국문학회) 95.
박창원(1991), “국어 자음군 연구”, 박사학위논문(서울대).
배병인(1983), “산청방언의 음운론적 연구”, 석사학위논문(고려대).
배주채(1998), 『고흥방언 음운론』, 태학사.
백두현(1982a), 『금릉지역어의 음운론적 연구』, 석사학위논문(경북대).
백두현(1982b), “성조와 움라우트”, 『어문논총』(경북대) 16.
백두현(1985), “상주 화북지역어의 음운론적 특징”, 『소당천시권박사 환갑기념 국어학논총』.
백두현(1992), 『영남문헌어의 음운사 연구』, 태학사.
서보월(1984), “안동지역어의 음운론적 연구”, 『안동문화』(안동대) 5.
서보월(1988), “송천동의 방언음운론”, 『안동문화』(안동대) 9.
서재극(1969), “경주방언의 부사형 -a와 향찰 -良-”, 『어문학』21.
서정목(1981), “경남 진해지역어의 움라우트 현상에 대하여”, 『방언』 5.
서정범(1975), 『현실음의 국어사적 연구』, 범우사.
서주열(1980), “전남·경남방언의 등어지대 연구”, 석사학위논문(명지대).
성인출(1984), “창녕지역어의 음운론적 연구”, 석사학위논문(계명대).
소강춘(1989), 『방언분화의 음운론적 연구』, 한신문화사.
송 민(1986), 『전기근대국어 음운론 연구』, 국어학회.
신승용(2003), 『음운 변화의 원인과 과정』, 국어학회.
신승용(2004), “ㅓ(Ǝ) 원순모음화 현상 연구”, 『국어학』(국어학회) 44.
신승원(1982), “의성지역어의 음운론적 연구”, 석사학위논문(영남대).
신승원(1990), “영풍지역어의 분화 양상”, 『영남어문학』(영남어문학회) 17.
신승원(1996), “경북 의성지역어의 음운론적 분화 연구”, 박사학위논문(영남대).
신지영(1999), “이중모음 체계의 음운사적 변화와 이중모음/ㅢ/”, 『민족문화』(고려대) 32.
심병기(1985), “임실지역어의 음운론적 연구”, 석사학위논문(전북대).
오정란(1988), 『경음의 국어사적 연구』, 한신문화사.

오종갑(1981), "국어 유성저해음의 변천에 관한 연구", 박사학위논문(영남대).
오종갑(1982), "『칠대만법』에 나타난 경상도방언적 요소", 『긍포 조규설교수 회갑기념 국어학논총』.
오종갑(1983), "'ㅑ, ㅕ, ㅛ, ㅠ'의 변천", 『한국학논집』(계명대) 10.
오종갑(1984), "모음조화의 재검토", 『목천 유창균 선생 환갑기념 논문집』, 계명대 출판부.
오종갑(1987), "국어의 원순모음화 현상", 『영남어문학』(영남어문학회) 14
오종갑(1988), 『국어 음운의 통시적 연구』, 계명대 출판부.
오종갑(1991), "전라도 방언의 자음음운 현상", 『들메 서재극 박사 환갑기념논문집』.
오종갑(1994), "19세기 후기 전라방언의 모음음운 현상과 제약", 『인문연구』(영남대) 16-1.
오종갑(1996), "국어 어두 합용병서 표기의 변천", 『국어국문학』 117.
오종갑(1997a), "어간 '즙-'의 방언분화와 표준어 문제", 『인문연구』(영남대) 18-2.
오종갑(1997b), "유기음화와 관련된 영남방언의 특성과 그 전개", 『인문연구』(영남대) 19-1.
오종갑(1997c), "w계이중모음의 변화와 관련된 영남방언의 특성과 그 전개", 『영남어문학』(영남어문학회) 32.
오종갑(1998a), "ㅔ, ㅐ의 변화와 관련된 영남방언의 특성과 그 전개", 『청암김영태 박사 환갑기념 논문집』, 태학사.
오종갑(1998b), "울릉도 방언의 음운론적 연구", 『울릉도・독도의 종합적 연구』, 민족문화연구소(영남대).
오종갑(1998c), "울릉도 지역의 방언에 대한 실태조사(음운편 I)", 『영남어문학』(영남어문학회) 33.
오종갑(1999a), "y계이중모음의 변화와 관련된 영남방언의 특성과 그 전개", 『인문연구』(영남대) 20-2.
오종갑(1999b), "경음화와 영남방언", 『어문학』(한국어문학회) 67.
오종갑(1999c), "i(y)역행동화와 영남방언", 『국어국문학』(국어국문학회) 125.
오종갑(1999d), "울릉도 지역의 방언에 대한 실태조사(음운편II)", 『한민족어문학』(한민족어문학회) 34.
오종갑(1999e), "영남방언의 음운론적 특성과 그 전개", 『한민족어문학』(한민족어문학회) 35집.
오종갑(1999f), "자음탈락과 영남방언", 『한글』(한글학회) 246.
오종갑(2000a), "영남하위방언의 자음음운현상 대조", 『어문학』(한국어문학회) 70
오종갑(2000b), "양산지역어의 자음음운현상", 『한민족어문학』(한민족어문학회) 36.
오종갑(2000c), "영남하위방언의 모음음운현상 대조", 『한글』(한글학회) 250.
오종갑(2002), "i+ə의 음운론적 변화와 영남방언", 『어문학』(한국어문학회) 77.
오종갑(2003), "동해안 어촌 지역어의 음운론적 비교", 『어문학』 82.
오종갑(2004), "'Vy+a/ə'의 음운론적 변화와 영남방언", 『한글』(한글학회) 265.
오종갑(2005), "'ㅕ'의 음운론적 변화와 영남방언", 『한민족어문학』(한민족어문학회) 46.
오종갑(2006), "'ㅜ/ㅗ+ㅓ/ㅏ'의 음운론적 변화와 영남방언", 『어문학』(한국어문학회) 92.
오종갑(2007), "부사형어미 '아X'의 음운론적 변화와 영남방언의 위상", 『어문학』(한국어문학회) 95.
오종갑(2009), "국어 방언에 반영된 '·'의 변화", 『어문학』(한국어문학회) 103.
오종갑(2012), "국어 방언에 반영된 'ㅡ, ㅓ'의 변화", 『늘 푸른 나무』(영남대).
우민섭(1988), "15세기 국어의 초성병서 연구", 중앙대 박사학위 논문.
위 진(2008), "전남방언에 나타난 어두경음화", 『한국언어문학』 65.
유구상(1975), "남해도 방언의 일반적 고찰", 『어문논집』(고려대) 16.
유창균(1996), "낙동강 유역의 언어", 『낙동강유역사연구』, 수서원.
유창돈(1963), 『언문지주해』, 신구문화사.
유창돈(1973), 『이조국어사연구』, 선명문화사.
유창돈(1977), 『이조어사전』, 연세대 출판부.
유 희(1824), 『언문지』(유창돈 : 『언문지 주해』(신구문화사, 1963)에 수록).
이광호(1978), "경남방언의 이중모음에 대하여", 『국어학』(국어학회) 6.
이극노(1937), "'·'의 음가에 대하여", 『한글』(한글학회) 5-8.
이근규(1986), 『중세국어 모음조화의 연구』, 창학사.
이기갑(1986), 『전라남도의 언어지리』, 탑출판사.
이기동(1983), "전북 임실지역어의 음운론적 연구", 『한국언어문학』 22.
이기문(1972a), 『국어사개설』, 탑출판사.
이기문(1972b), 『국어음운사연구』, 한국문화연구소.
이기문 외(1984), 『국어음운론』, 학연사.
이기백(1969), "경상북도의 방언구획", 『동서문화』(계명대) 3.
이남덕(1968), "15세기 국어의 된소리고", 『이숭녕박사 송수기념논총』.
이돈주(1978), 『전남방언』, 형설출판사.
이동림(1964), "語頭語末 複子音 形成 及 促音 「叱」과 ㄱ, ㅅ(ㄷ), ㅂ 關係", 『국어국문학논집』(동국대) 5.
이동화(1984a), "고령지역어의 모음순행동화", 『영남어문학』(영남어문학회) 11집.
이동화(1984b), "안동지역어의 음운동화와 삭제", 석사학위논문(영남대).
이병건(1976), 『현대 한국어의 생성음운론』, 일지사.
이병건(1978), "한국어의 음운 변천", 『언어학』(한국언어학회).
이병근(1971), "운봉지역어의 움라우트현상", 『김형규 박사 송수기념논총』.
이병근(1973), "동해안 방언의 이중모음에 대하여", 『진단학보』(진단학회) 36.
이병근(1975), "음운규칙과 비음운론적 제약", 『국어학』(국어학회) 3.
이병근(1979), 『음운현상에 있어서의 제약』, 탑출판사.
이상규(1984), "울주지역어의 음운", 『어문논총』(경북대) 19집.
이상규(1995), 『방언학』, 학연사.
이상규(1998), "동남방언", 『새국어생활』(국립국어연구원) 8-4.
이상규(2003), 『국어방언학』, 학연사.
이상규·백두현 외(1996), 『내일을 위한 방언 연구』, 경북대 출판부.

이숭녕(1935), "움라우트 현상을 통하여 본 '·'의 음가고", 『신흥』 8.

이숭녕(1949), 『국어음운론연구 제1집 「·」음고』, 을유문화사.

이숭녕(1958), "순음고-특히 순경음 「ㅸ」를 중심으로 하여", 『음운론연구』, 민중서관.

이숭녕(1960), "ㅿ 음고", 『국어학논고』, 동양출판사.

이숭녕(1967), "한국방언사", 『한국문화사대계』(고려대 민족문화연구소) Ⅴ.

이숭녕(1982), 『중세국어문법』, 을유문화사.

이승재(1980), 『구례지역어의 음운체계』, 『국어연구』(국어학회) 45.

이시진(1986), "문경지역어의 음운론적 연구", 석사학위논문(영남대).

이시진(1996), "경북방언의 공시음운론적 연구", 박사학위논문(영남대).

이영길(1976), "서부 경남방언 연구", 석사학위논문(동아대).

이용호(1984), "남원지역어의 모음음운현상", 석사학위논문(계명대).

이익섭(1981), 『영동 영서의 언어분화』, 서울대 출판부.

이재춘(1991), "19세기 충북방언의 음운론적 연구", 석사학위논문(단국대).

이혜숙(1968), "생성음운론에 의한 한국어 방언차에 대한 규칙설정 및 방언 상호간의 관련성 연구", 『논총』(이화여대 한국문화 연구원) 16.

전광현(1976), "남원지역어의 어말 -U형 어휘에 대한 통시음운론적 고찰", 『국어학』(국어학회) 4.

전광현(1977), "전라북도 익산지역어의 음운론적 연구", 『어학』(전북대) 4.

전광현(1979), "경남 함양지역어의 음운론적 고찰", 『동양학』(단국대) 9.

정승철(1995), 『제주도 방언의 통시음운론』, 태학사.

정연찬(1968), "경남방언의 모음체계", 『국문학논집』(단국대) 2집.

정연찬(1980), "경남방언 음운의 몇 가지 문제", 『방언』 4.

정영주(1985), "경상남도 진양군 정촌면의 세대차에 의한 방언의 음운현상", 『금천문화』(대한신학대).

정영주(1987), "경상남도 창녕지역 방언의 세대차에 의한 음운현상", 『부암김승곤 박사 회갑기념논총』.

정인상(1982), "통영지역어의 용언활용에 대한 음운론적 고찰", 『방언』 6.

정인승(1937), "'ㅣ'역행동화 문제, 그 처리와 방법", 『한글』(한글학회) 41.

정정덕(1982), "경남방언의 음운현상", 『마산대학 논문집』 4.

정 철(1991), 『경북 중부 지역어 연구』, 경북대 출판부.

조성귀(1983), "옥천방언 연구", 석사학위논문(충남대).

조신애(1985), "안동지역어의 음운론적 연구", 석사학위논문(계명대).

주상대(1989), "울진지역어의 모음음운현상", 박사학위논문(계명대).

천시권(1965), "경북지방의 방언구획", 『어문학』 13.

최명옥(1976), "서남경남방언의 부사화접사 '-아'의 음운현상", 『국어학』(국어학회) 4.

최명옥(1978), "ㅸ, ㅿ와 동남방언", 『어학연구』 14·2.

최명옥(1979), "동해안방언의 음운론적 연구", 『방언』(한국정신문화연구원) 2.

최명옥(1980), 『경북 동해안 방언 연구』, 영남대 출판부.
최명옥(1982), 『월성지역어의 음운론』, 영남대 출판부.
최명옥(1992), "경상남북도간의 방언분화 연구", 『애산학보』(애산학회) 13.
최명옥(1994), "경상북도의 방언구획 시론", 『우리말 연구』, 우골탑.
최명옥(1995), "'X ㅣ]Vst 어Y'의 음운론", 『국어음운론과 자료』에 재수록, 태학사.
최명옥(1998a), "진양지역어와 김해지역어의 대조연구", 『청암 김영태 박사 환갑기념 논문집』.
최명옥(1998b), 『한국어 방언연구의 실제』, 태학사.
최명옥(1998c), 『국어음운론과 자료』, 태학사.
최세화(1976), 『15세기 국어의 중모음 연구』, 아세아문화사.
최영학(1983), "경남 밀양지역어의 움라우트현상에 대하여", 석사논문(연세대).
최임식(1984), "19세기 후기 서북방언의 모음체계", 석사학위논문(계명대).
최임식(1994), 『국어방언의 음운사적 연구』, 문창사.
최전승(1987), "이중모음 '외, 위'의 단모음화 과정과 모음체계의 변화", 『어학』(전북대) 14.
최전승(1995), 『한국어 방언사 연구』, 태학사.
최전승(1997), "용언 활용의 비생성적 성격과 부사형어미 '-아/어'의 교체현상", 『국어학 연구의 새 지평』(성재이돈주 선생 화갑기념), 태학사.
최전승(2004), 『한국어 방언의 공시적 구조와 통시적 변화』, 도서출판 역락.
최중호(1984), "고성지역어의 음운론적 연구", 석사학위논문(경남대).
최태영(1978), "전주방언의 이중모음", 『국어문학』(전북대) 19.
최태영(1983), 『방언음운론』, 형설출판사.
최태영(1984), "풍기지역어의 움라우트 현상", 『숭실어문』(숭실대) 1.
최학근(1982), 『한국방언학』, 태학사.
최학근(1990), 『한국방언사전』, 현문사.
최학근(1994), 『증보 한국방언사전』, 명문당.
최한조(1997), 『대구말의 음운현상과 성조연구』, 홍익출판사.
최현배(1970), 『고친 한글갈』, 정음사.
한국정신문화연구원(1987-1995), 『한국방언자료집』(Ⅰ~Ⅸ).
한영균(1991), "움라우트의 음운사적 해석에 대하여", 『주시경학보』 8.
허 웅(1978a), 『국어음운학』, 정음사.
허 웅(1978b), 『우리 옛말본』, 샘 문화사.
허 웅(1982), 『개고 신판 국어음운학』, 정음사.
허 웅(1985), 『국어음운학』, 샘문화사.
현우종(1988), "제주도 방언 「·」음가의 음성학적 연구", 『탐라문화』 7.
현진건(2000), 『륙진방언 연구』, 도서출판 역락.
현평효(1962), 『제주도 방언 연구』, 정연사.
홍윤표(1994), 『근대국어 연구(1)』, 태학사.
홍윤표 등(1995), 『17세기 국어사전』, 태학사.

황인권(1999), 『한국방언연구』(충남 편), 국학자료원.
小倉進平(1944), 『朝鮮語方言의 硏究』(上,下), 東京：岩波書店.
河野六郎(1945), 『朝鮮方言學試攷 —'鋏'語攷-』, 東京：東都書籍.
Anttila, Raimo(1974), *An Introduction to Historical and Comparative Linguistics*, New York : Macmillan Publishing Co.
Brown, G.(1972), *Phonological rules and dialect variation*, Cambridge Univ. Press.
Bynon, T.(1977), *Historical Linguistics*, Cambridge Univ. Press.
Cheun, Sang-Buom(1975), *Phonological Aspects of Late Middle Korean*, Seoul : Pan Korea Book Corporation.
Chamber J. K. & Trudgill P.(1980), *Dialectology*, Cambridge Univ. Press.
Clement, G. N. and S. J. Keyser(1983), *CV Phonology*, The MIT Press.
Davis, Lawrence M.(1990), *Statistics in Dialectology*, the University of Alabama Press.
Francis, W. N.(1983), *Dialectology,* Longman, London.
Harms, Robert T.(1968), *Introduction to Phonological Theory*, Englewood Cliffs, New Jersey : Prentice-Hall.
Hashimoto, M. J. & Yu, Chang-Kyun(1972), "Phonological Distinction of Korean Consonants," *EOMUNHAK*, 26.
Jeffers & Lehiste(1979), *Principles and Methods for historical linguistics*, Cambridge, Mass. : M.I.T. Press.
Kenstowicz/Kisseberth(1979), *Generative Phonology*, New York : Academic Press.
Kim, Young-Key(1975), *Korean Consonantal Phonology*, Pagoda Press.
King, Robert D.(1969), *Historical Linguistics and Gererative Grammar*, Englewood Cliffs, New Yor k : Prentice-Hall.
Labov, W.(1969), *The Social Stratification of English in New York City*, Center for Applied Linguistics, Washington.
Ladefoged, Peter(1975), *A Course in Phonetics*, New York : Harcourt Brace Jovanovich.
Moon, Yang-Soo(1975), "The Development of the Korean Phonemic System," *Hong Dae Non Chong,* (Hong-ik uni.) 7.
Newton, B. E.(1972), *The Generative Interpretation of Dialect*, Cambridge Univ. Press.
Poppe, Nicholas(1965), *Introduction to Altaic Linguistic*, Otto Harrassowitz, Wiesbaden.
Ramsy, S. R.(1978), *Accent and Morphology in Korean Dialects*, Seoul : Pagoda Press.
Saporta, S.(1965), "Ordered rules, dialect differences and historical processes," *Language*, 41 : 218-224.
Séguy, J.(1973), *Les atlas linguistique de la France par régions*, Langue Francais 18.
Trudgill, P.(1990), *The Dialects of England*, Oxford : Blackwell.

[부록] 지도

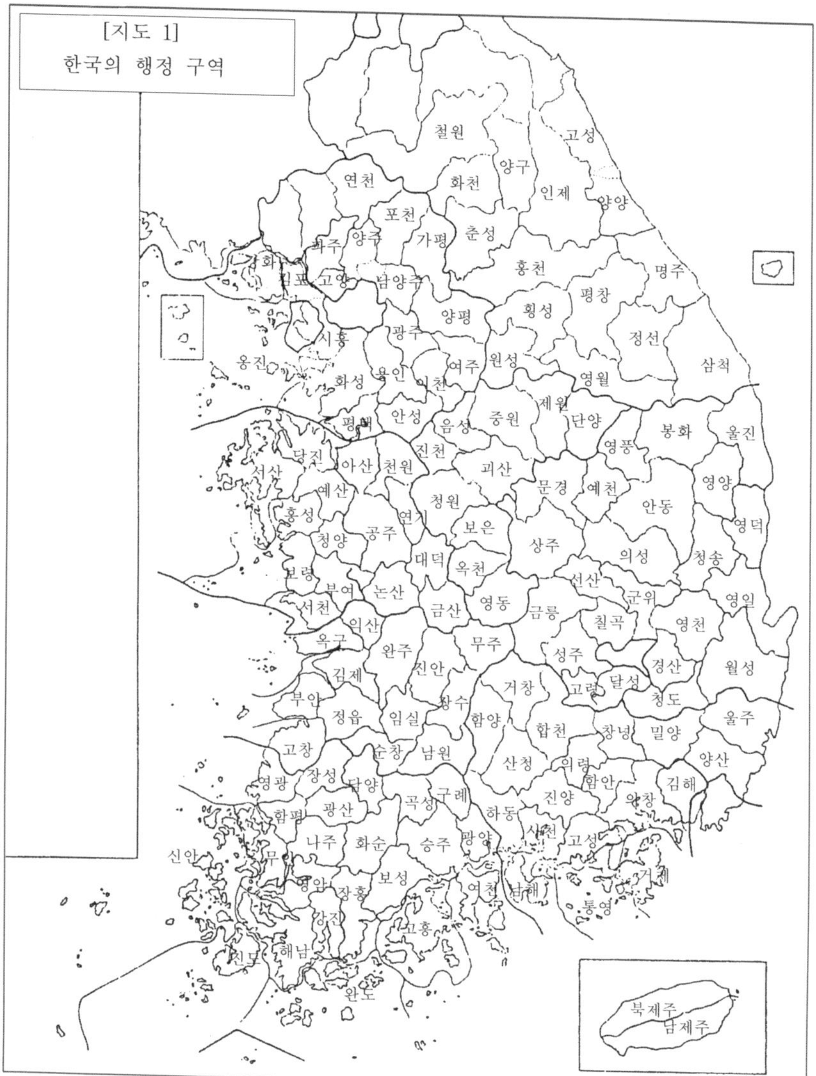
철원
고성
양구
연천
화천
인제
양양
포천
파주
양주
가평
춘성
강화
김포
고양
남양주
홍천
명주
평창
횡성
양평
시흥
광주
정선
옹진
원성
여주
삼척
화성
용인
이천
영월
제원
평택
안성
중원
단양
음성
봉화
울진
당진
영풍
진천
서산
아산
천원
괴산
예산
문경
예천
영양
청원
안동
홍성
연기
보은
영덕
공주
청양
상주
의성
청송
대덕
옥천
보령
선산
부여
논산
군위
영일
서천
금산
영동
금릉
칠곡
영천
익산
옥구
완주
무주
성주
경산
월성
김제
진안
거창
고령
달성
부안
청도
장수
정읍
임실
함양
합천
창녕
밀양
울주
고창
순창
남원
산청
의령
양산
영광
장성
담양
함안
김해
진양
곡성
구례
광산
함평
하동
사천
고성
나주
화순
승주
광양
신안
거제
영암
보성
장흥
여천
남해
통영
강진
고흥
진도
해남
완도
북제주
남제주

[지도 1]
한국의 행정 구역

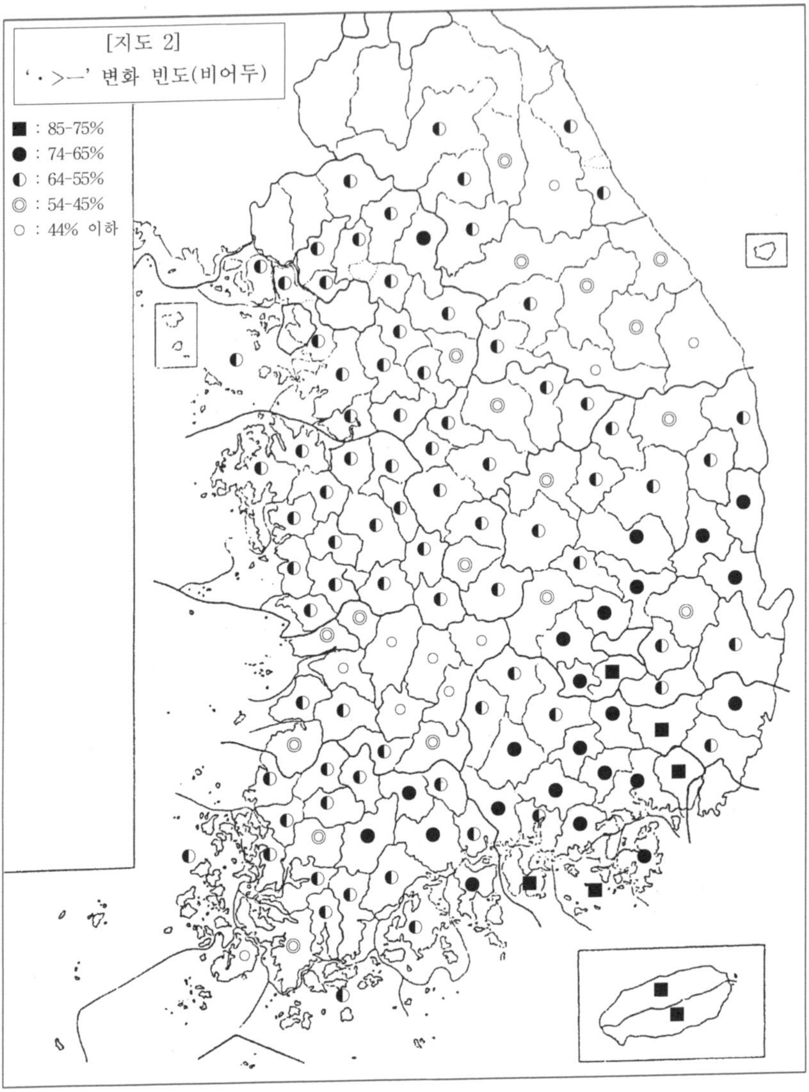
[지도 2]
'·>ㅡ' 변화 빈도(비어두)
■ : 85-75%
● : 74-65%
◐ : 64-55%
◎ : 54-45%
○ : 44% 이하

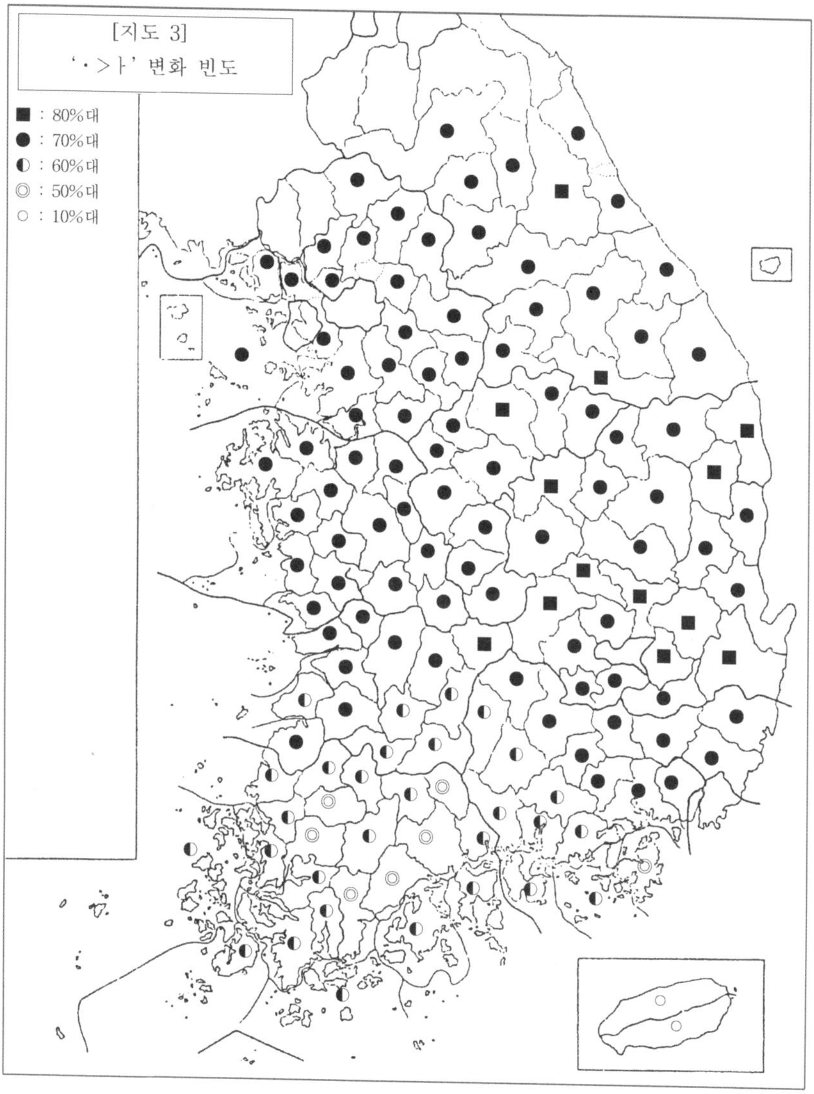
[지도 3]
'·>ㅏ' 변화 빈도
■ : 80%대
● : 70%대
◐ : 60%대
◎ : 50%대
○ : 10%대

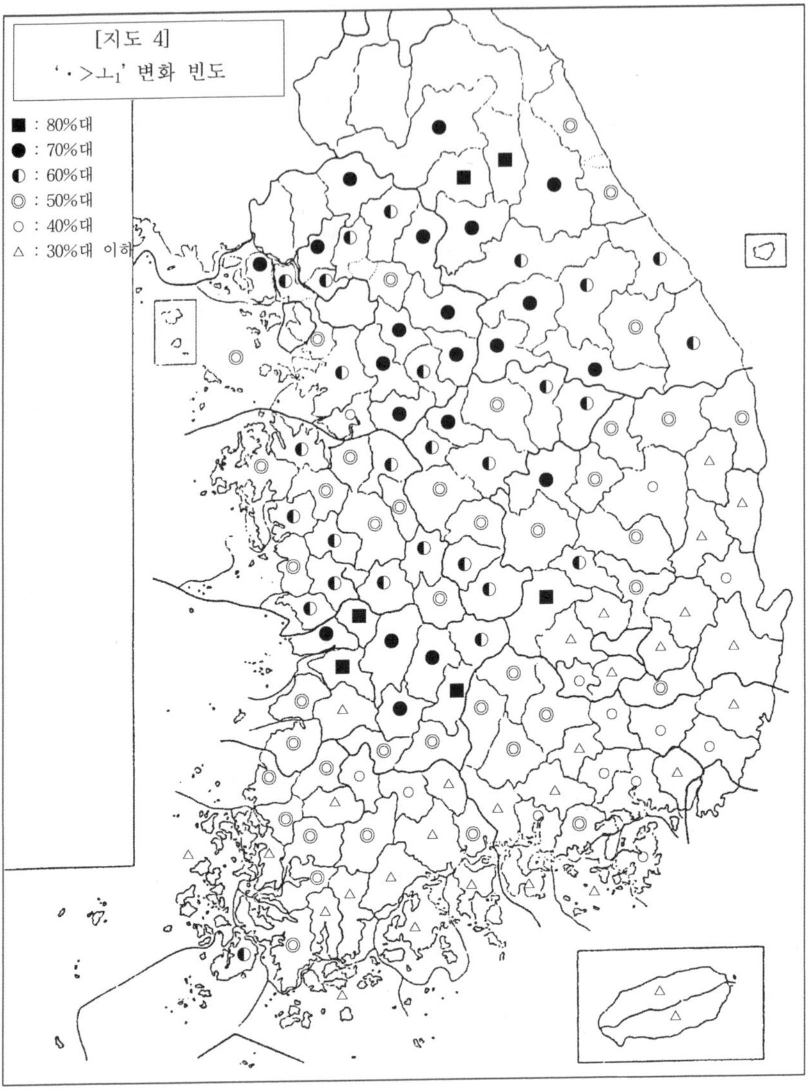
[지도 4]
'·>ㅗ₁' 변화 빈도
■ : 80%대
● : 70%대
◐ : 60%대
◎ : 50%대
○ : 40%대
△ : 30%대 이하

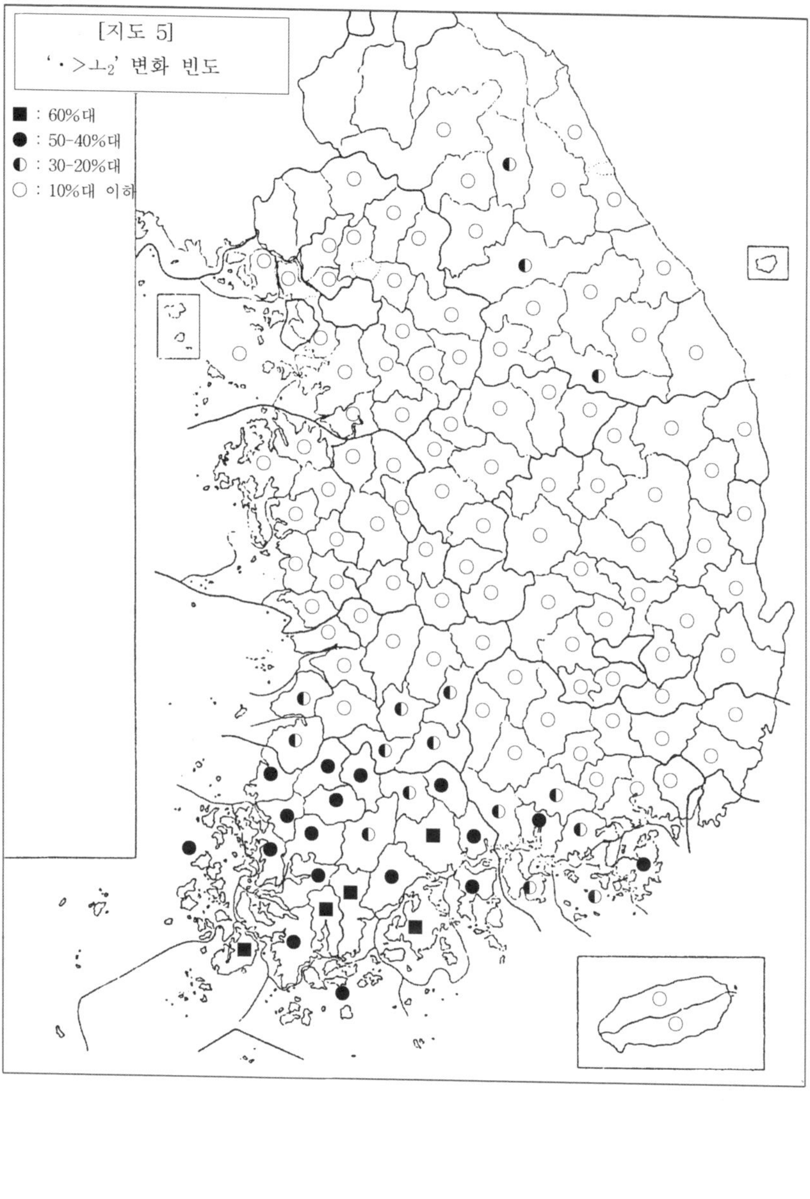
[지도 5]
'·>ㅗ₂' 변화 빈도
■ : 60%대
● : 50-40%대
◐ : 30-20%대
○ : 10%대 이하

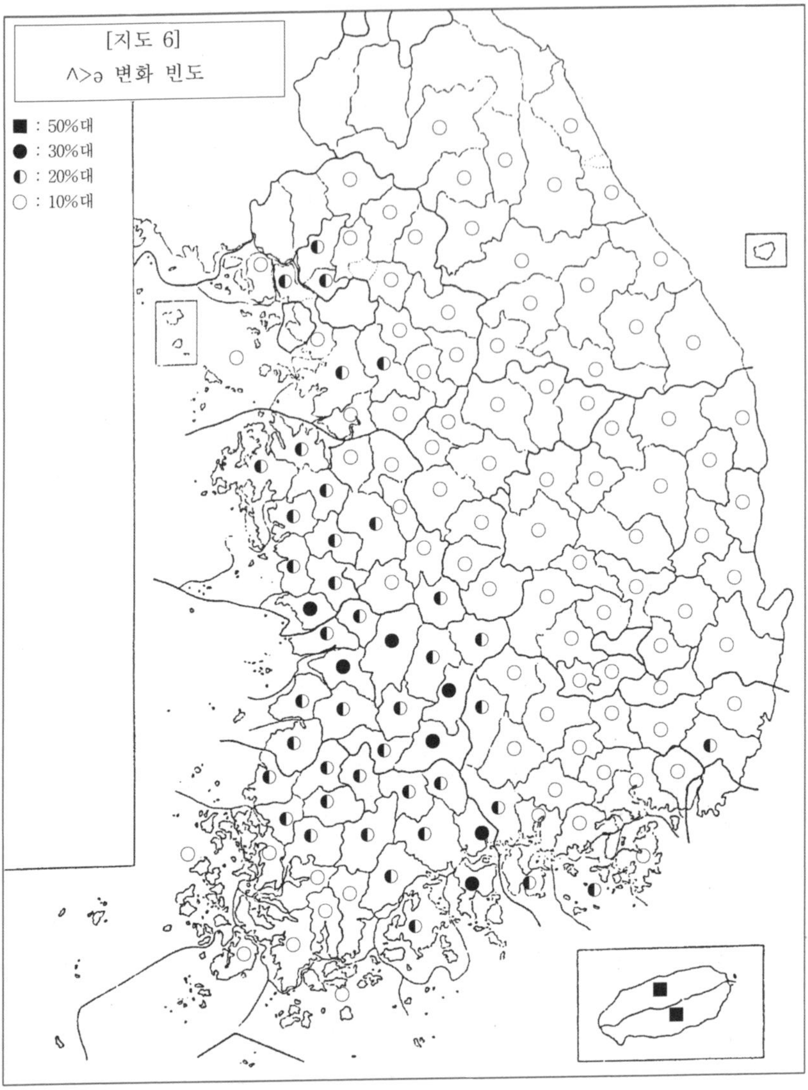
[지도 6]
ʌ>ə 변화 빈도
■ : 50%대
● : 30%대
◐ : 20%대
○ : 10%대

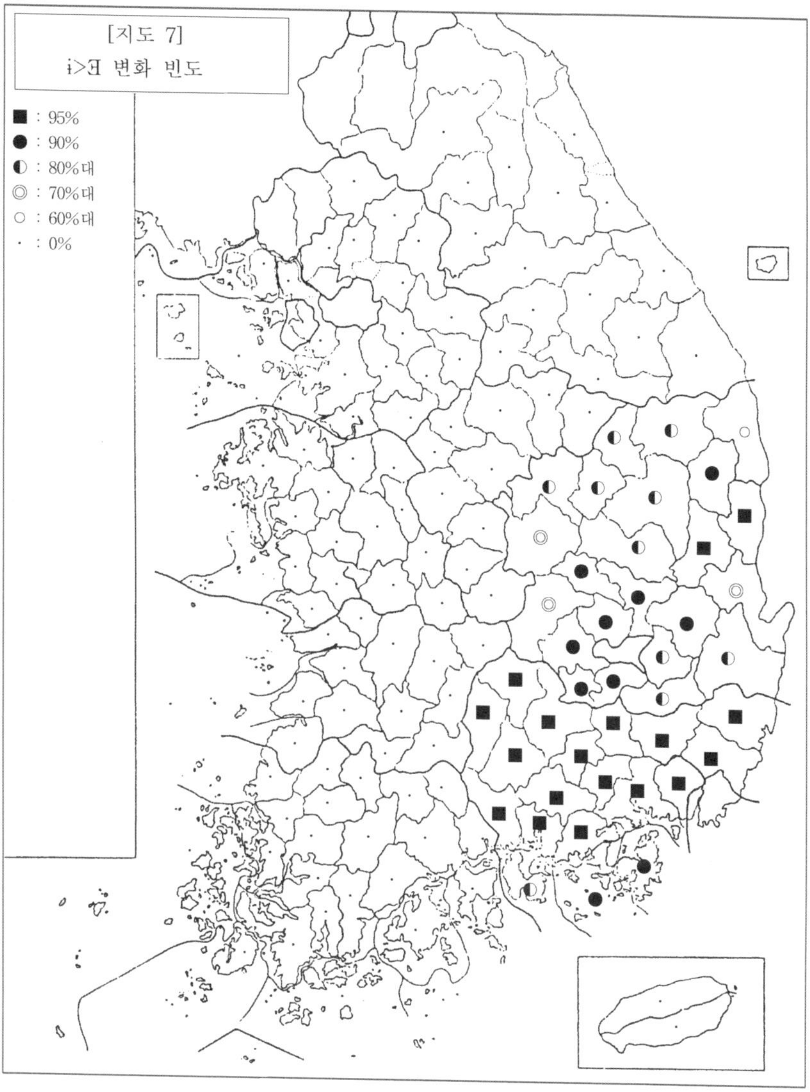
[지도 7]
ɨ>ə 변화 빈도
■ : 95%
● : 90%
◐ : 80%대
◎ : 70%대
○ : 60%대
· : 0%

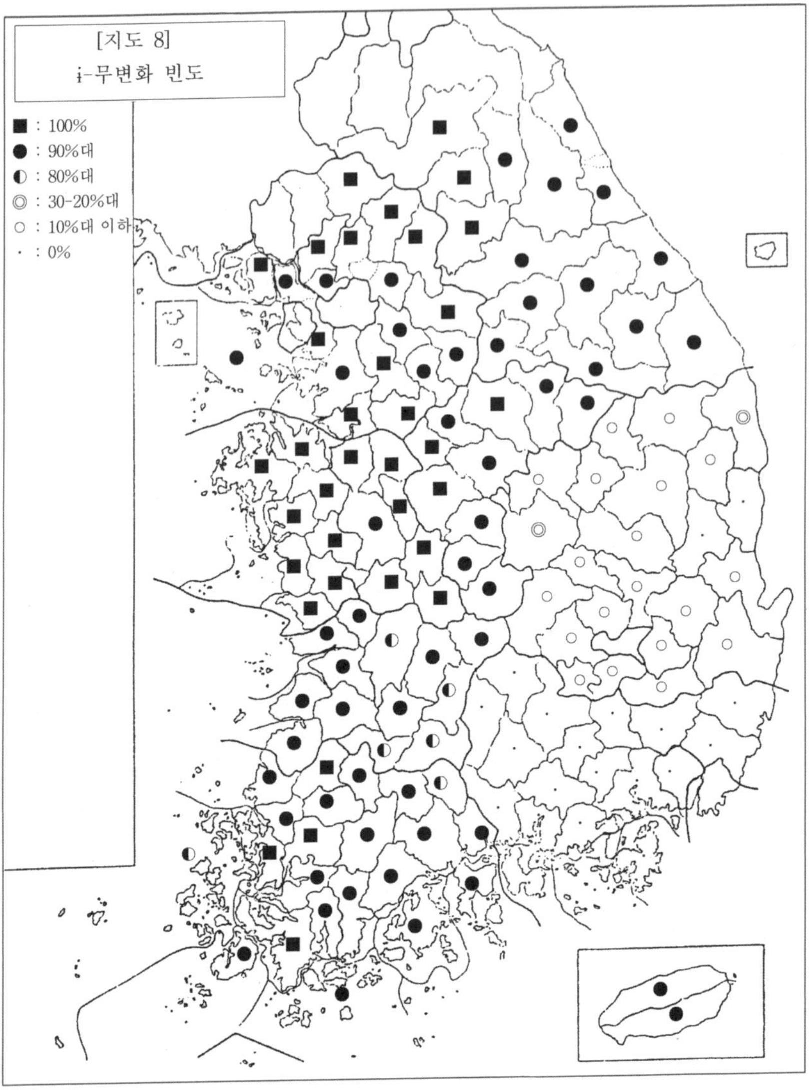
[지도 8]
ɨ-무변화 빈도
■ : 100%
● : 90%대
◐ : 80%대
◎ : 30-20%대
○ : 10%대 이하
· : 0%

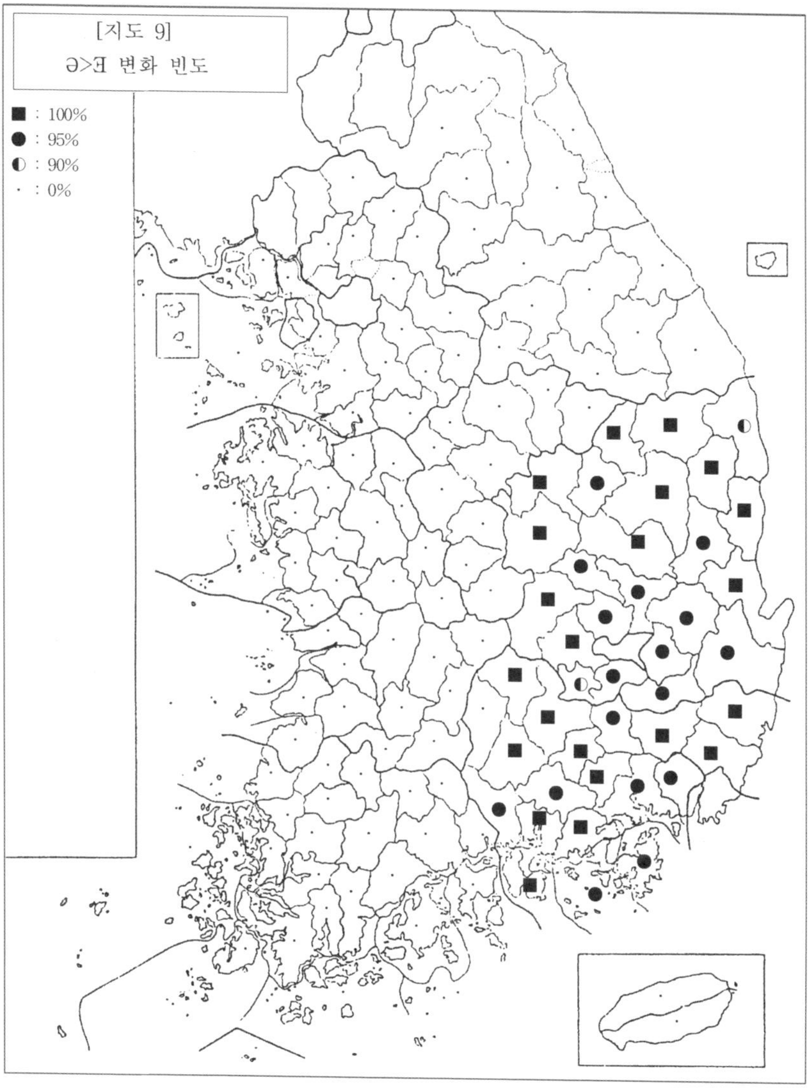
[지도 9]
ə>ɜ 변화 빈도
■ : 100%
● : 95%
◐ : 90%
· : 0%

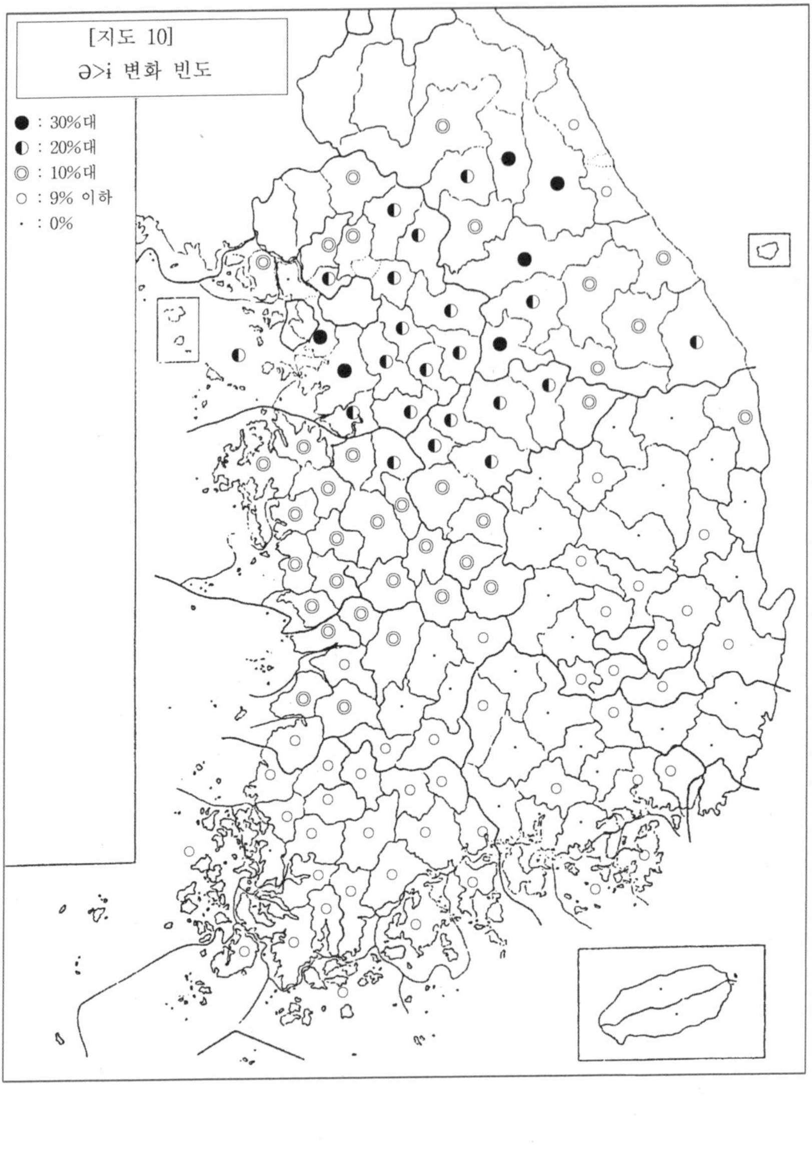
[지도 10]
ə>ɨ 변화 빈도
● : 30%대
◐ : 20%대
◎ : 10%대
○ : 9% 이하
· : 0%

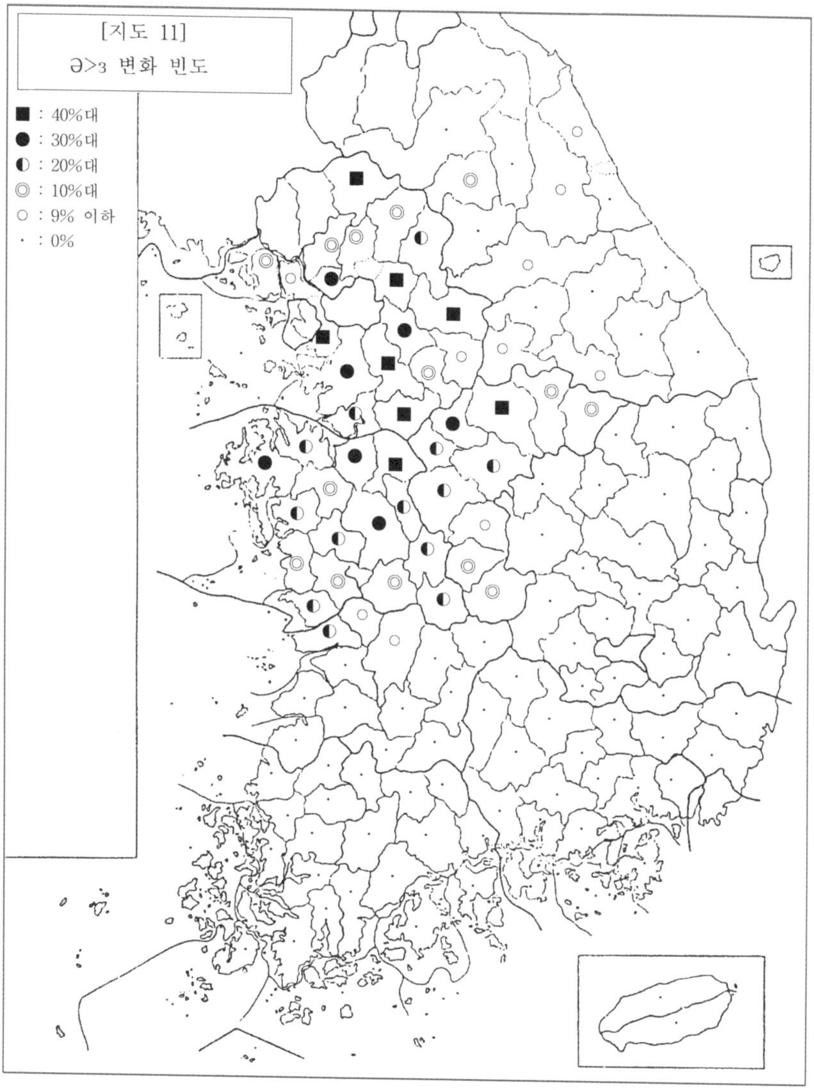
[지도 11]
ə>ɜ 변화 빈도
■ : 40%대
● : 30%대
◐ : 20%대
◎ : 10%대
○ : 9% 이하
· : 0%

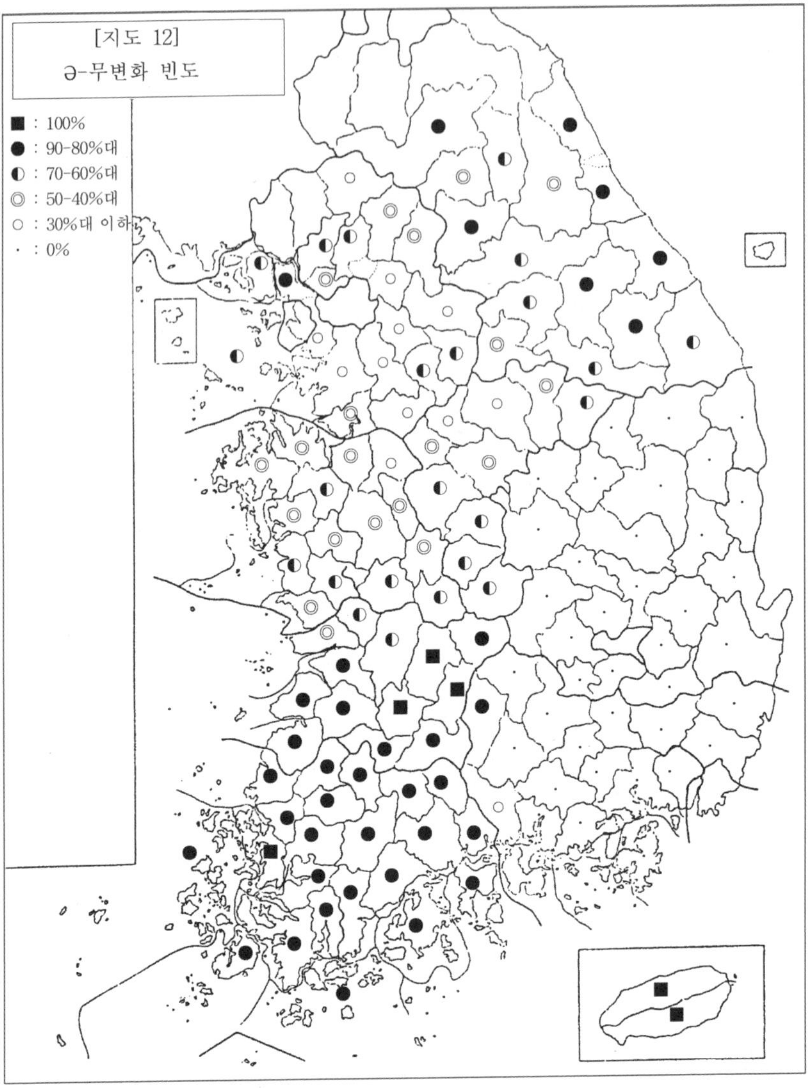
[지도 12]
ə-무변화 빈도
■ : 100%
● : 90-80%대
◐ : 70-60%대
◎ : 50-40%대
○ : 30%대 이하
· : 0%

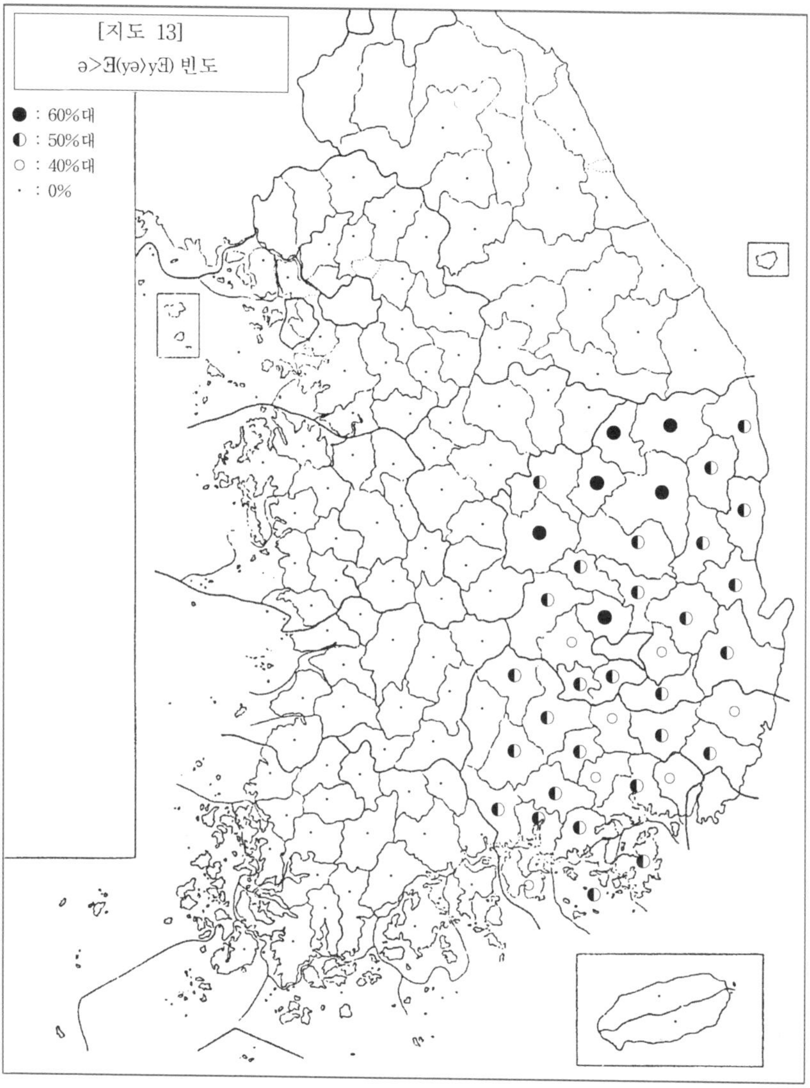
[지도 13]
ə>Ǝ(yə〉yƎ) 빈도
● : 60%대
◐ : 50%대
○ : 40%대
· : 0%

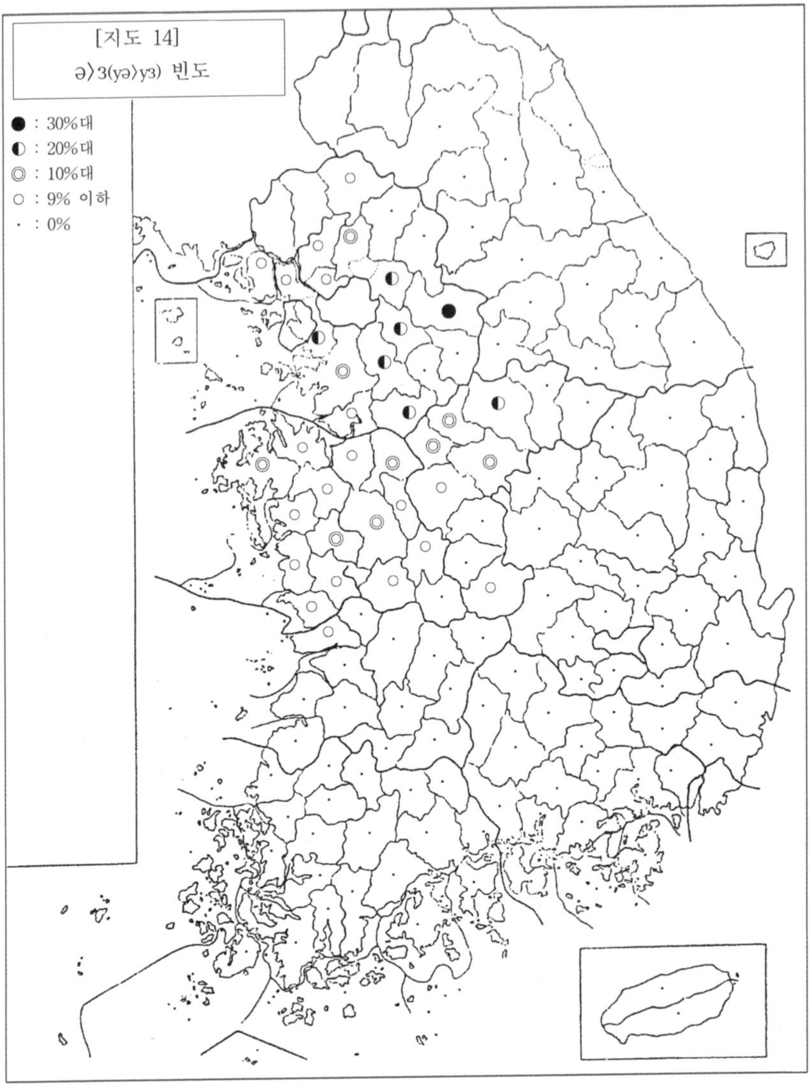
[지도 14]
ə〉ɜ(yə〉yɜ) 빈도
● : 30%대
◐ : 20%대
◎ : 10%대
○ : 9% 이하
· : 0%

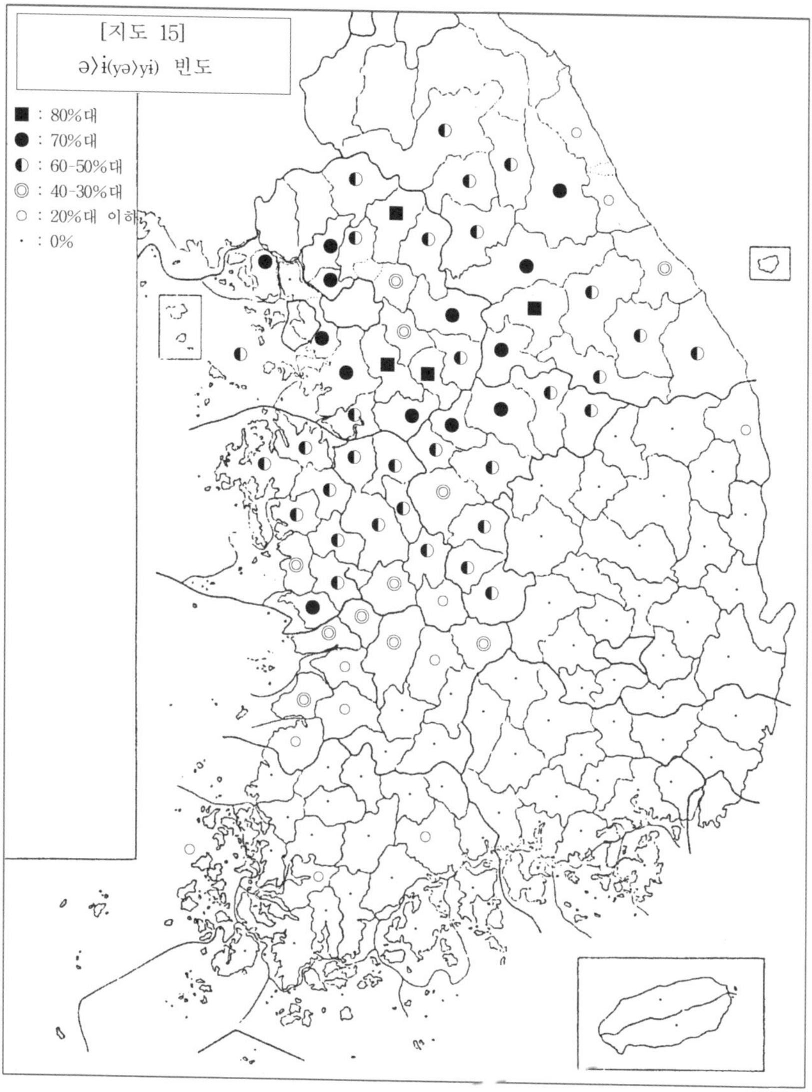
[지도 15]
ə〉ɨ(yə〉yɨ) 빈도
■ : 80%대
● : 70%대
◐ : 60-50%대
◎ : 40-30%대
○ : 20%대 이하
· : 0%

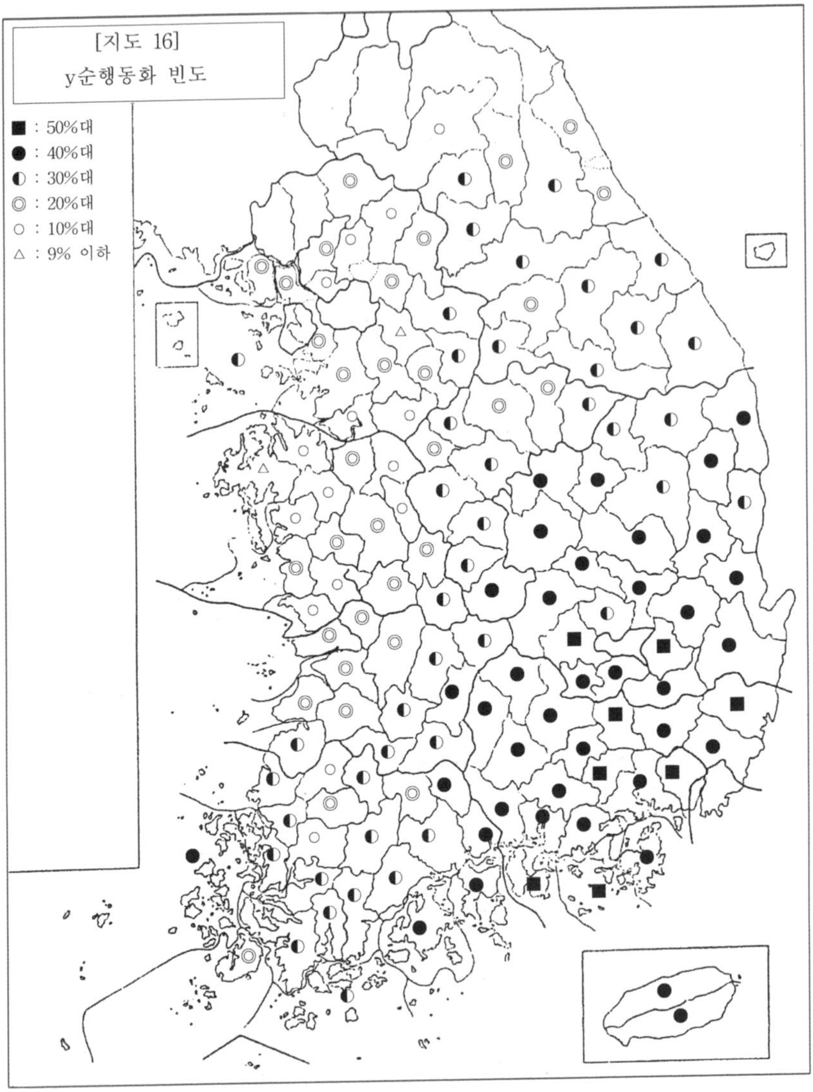
[지도 16]
y순행동화 빈도
■ : 50%대
● : 40%대
◐ : 30%대
◎ : 20%대
○ : 10%대
△ : 9% 이하

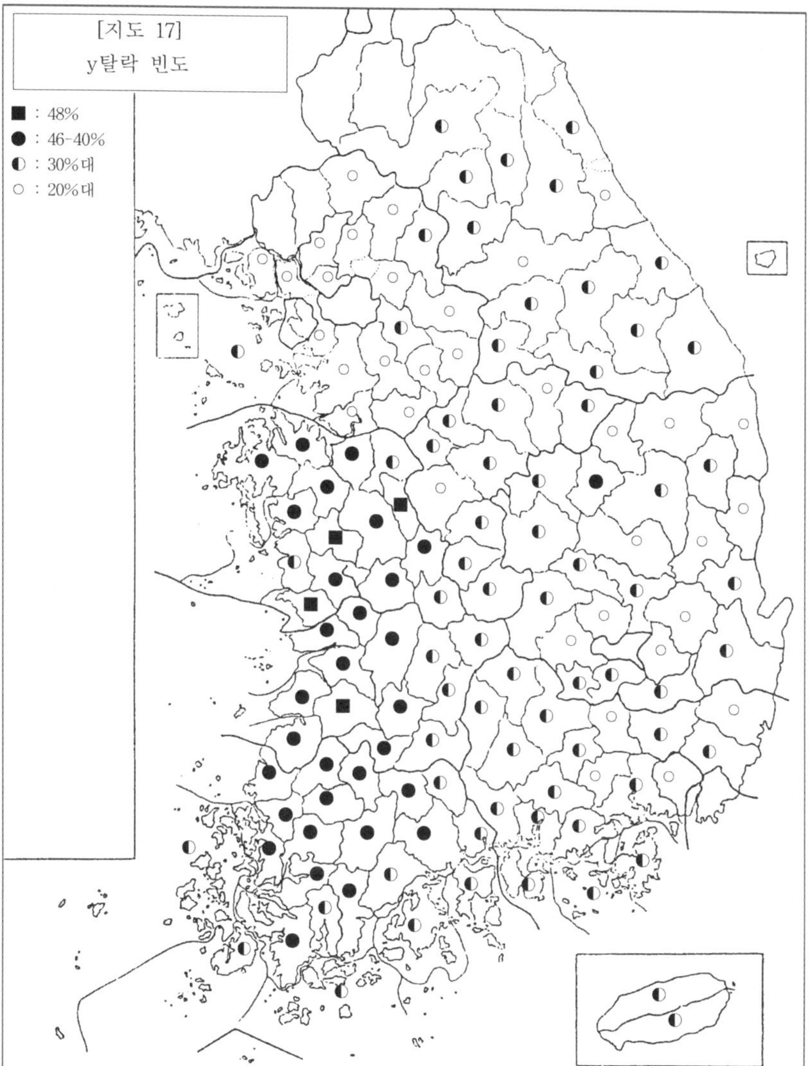
[지도 17]
y탈락 빈도
■ : 48%
● : 46-40%
◐ : 30%대
○ : 20%대

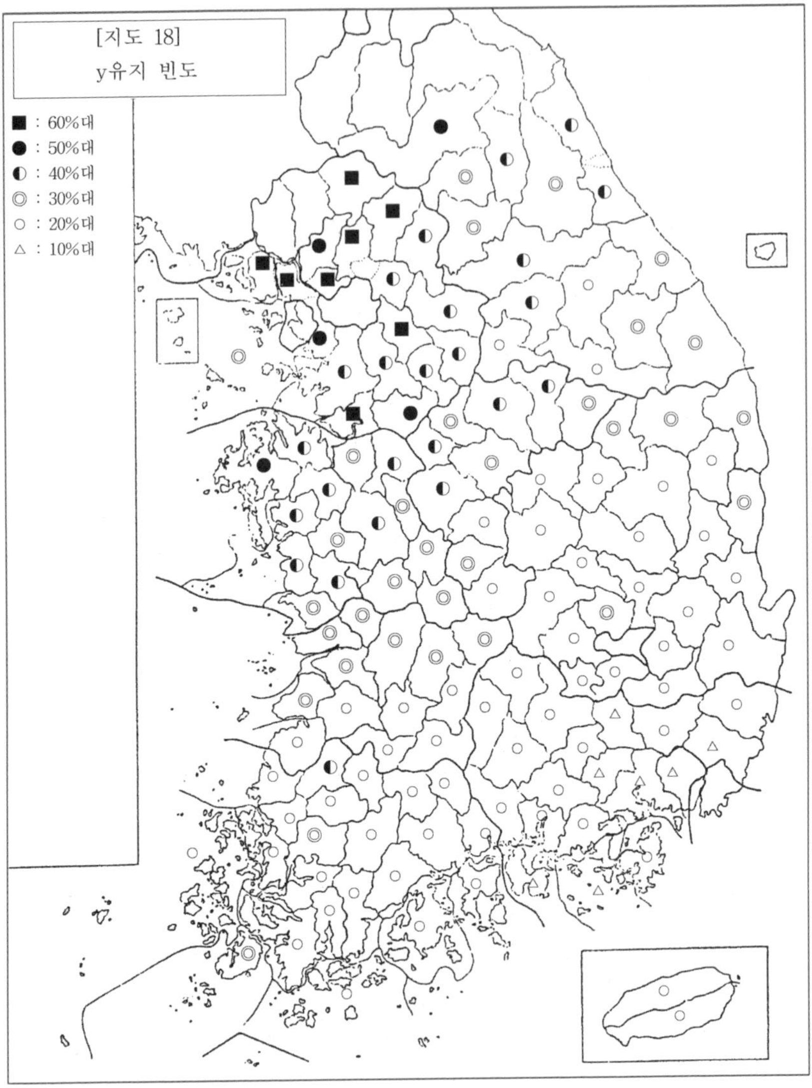
[지도 18]
y유지 빈도
■ : 60%대
● : 50%대
◐ : 40%대
◎ : 30%대
○ : 20%대
△ : 10%대

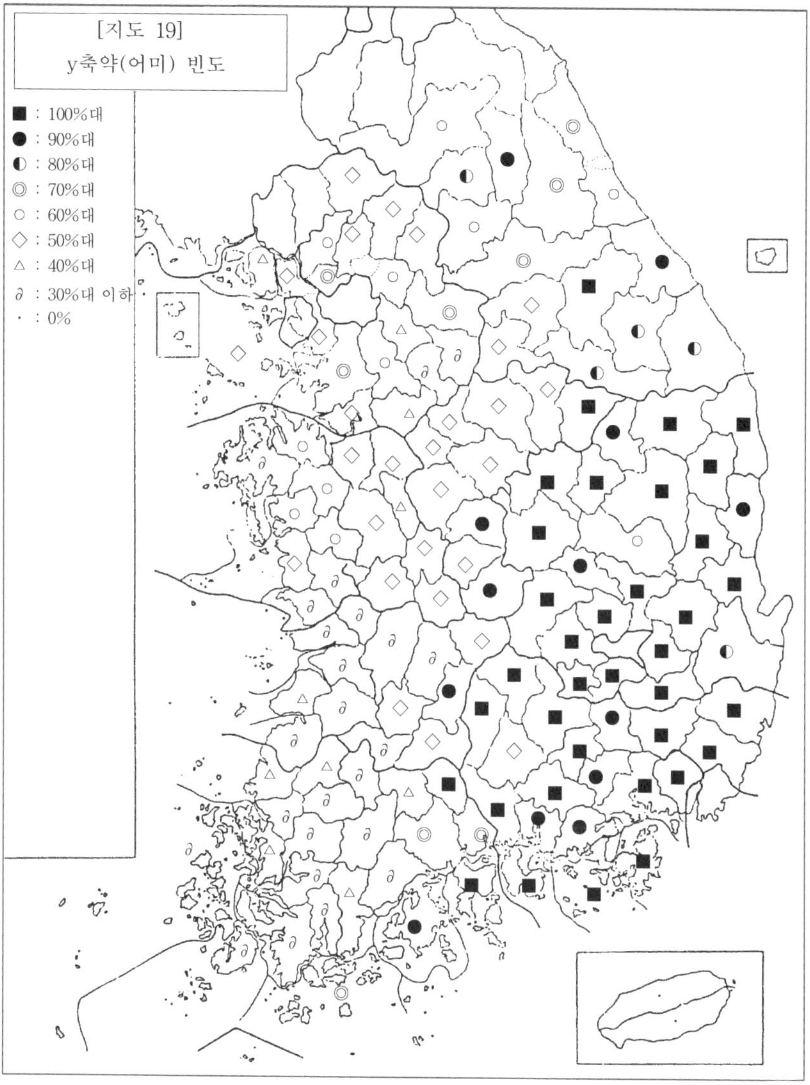
[지도 19]
y축약(어미) 빈도
■ : 100%대
● : 90%대
◐ : 80%대
◎ : 70%대
○ : 60%대
◇ : 50%대
△ : 40%대
∂ : 30%대 이하
· : 0%

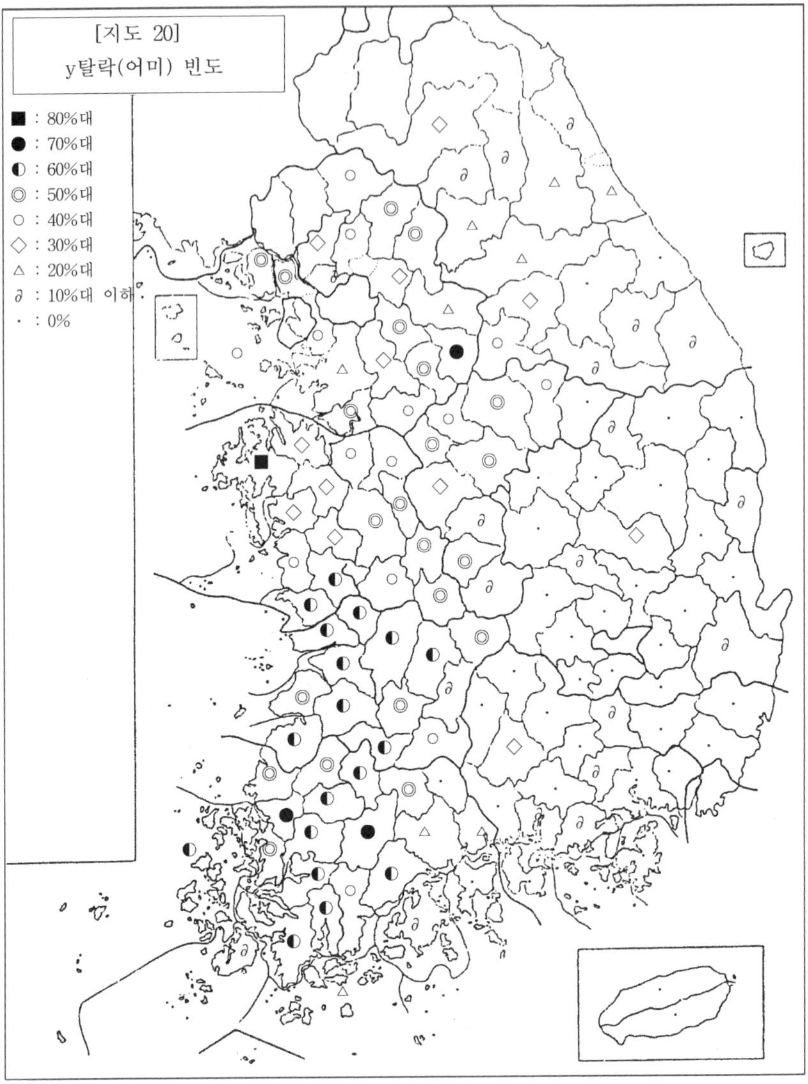
[지도 20]
y탈락(어미) 빈도
■ : 80%대
● : 70%대
◐ : 60%대
◎ : 50%대
○ : 40%대
◇ : 30%대
△ : 20%대
∂ : 10%대 이하
· : 0%

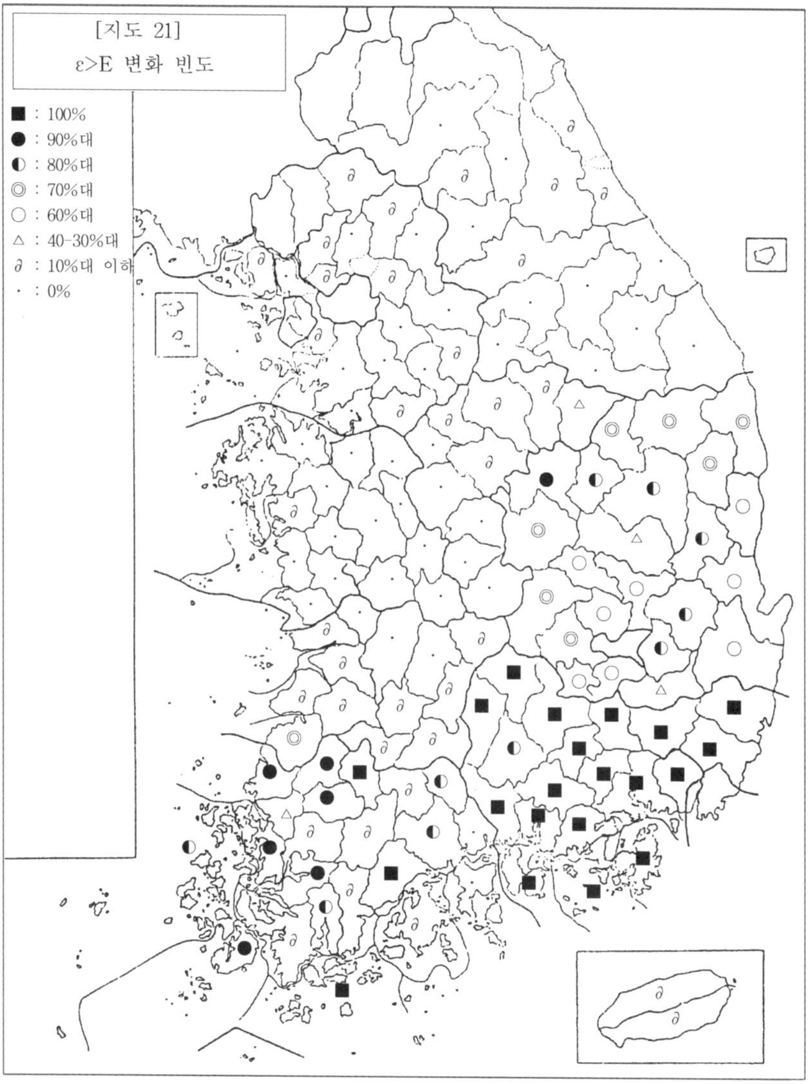
[지도 21]
ε>E 변화 빈도
■ : 100%
● : 90%대
◐ : 80%대
◎ : 70%대
○ : 60%대
△ : 40-30%대
∂ : 10%대 이하
· : 0%

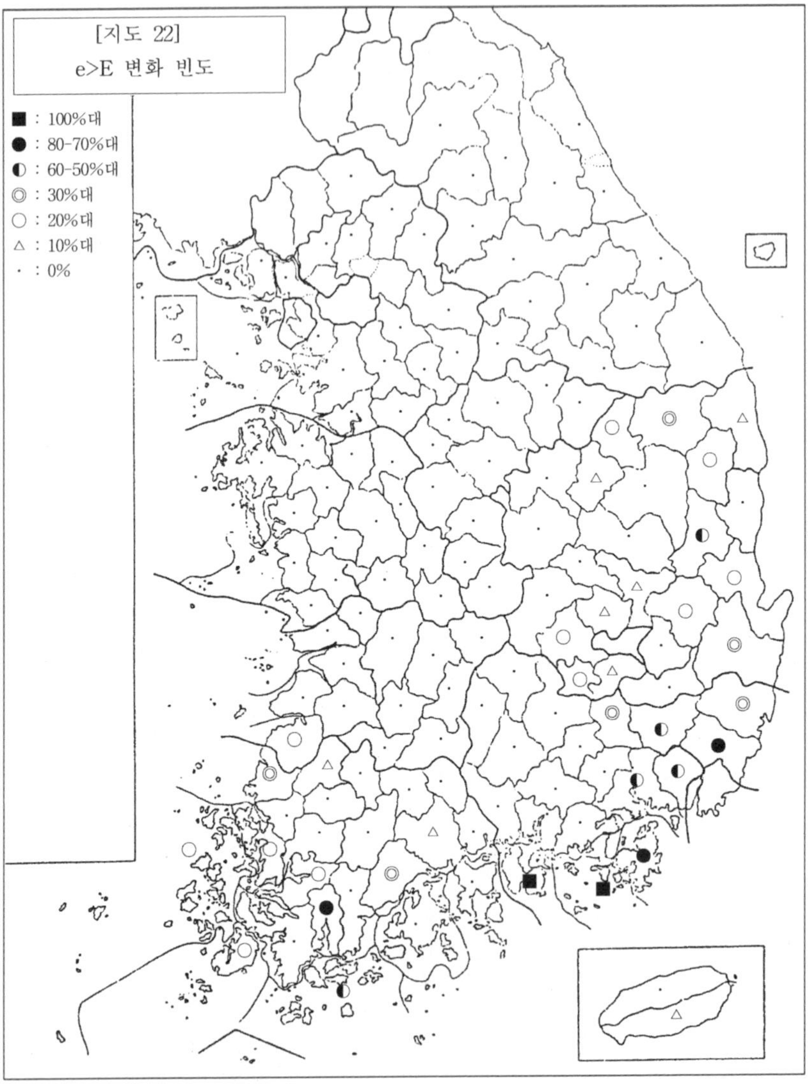
[지도 22]
e>E 변화 빈도
■ : 100%대
● : 80-70%대
◐ : 60-50%대
◎ : 30%대
○ : 20%대
△ : 10%대
· : 0%

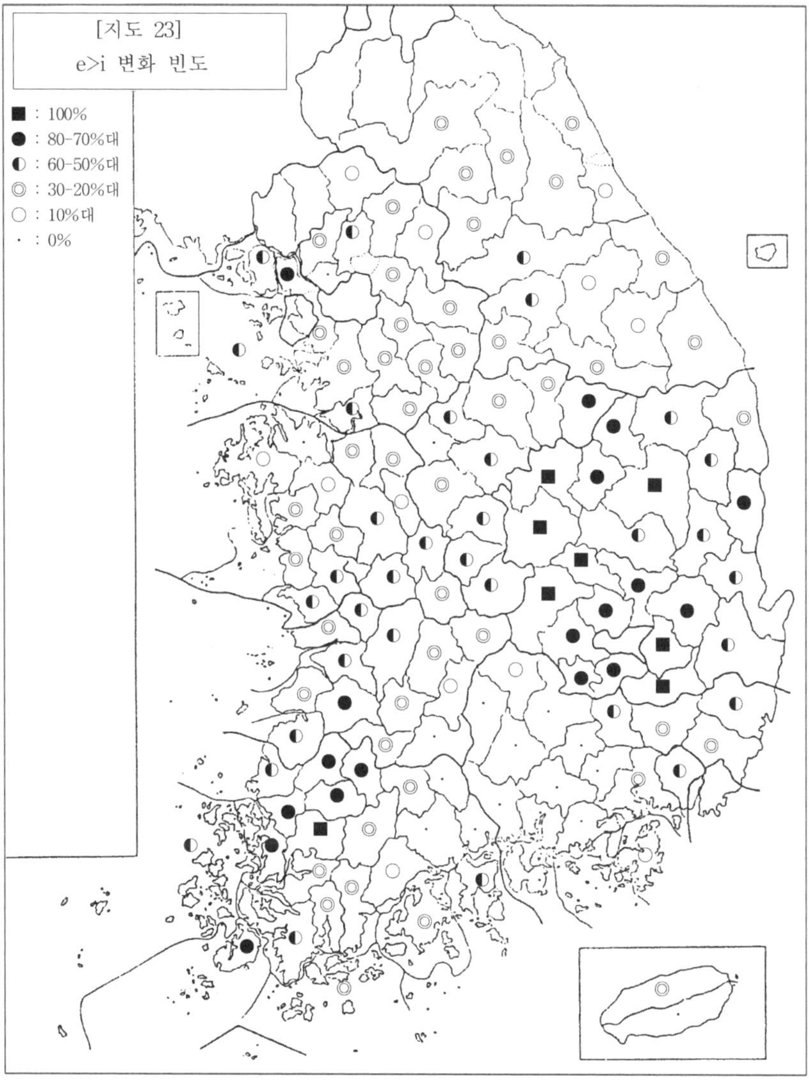
[지도 23]
e>i 변화 빈도
■ : 100%
● : 80-70%대
◐ : 60-50%대
◎ : 30-20%대
○ : 10%대
· : 0%

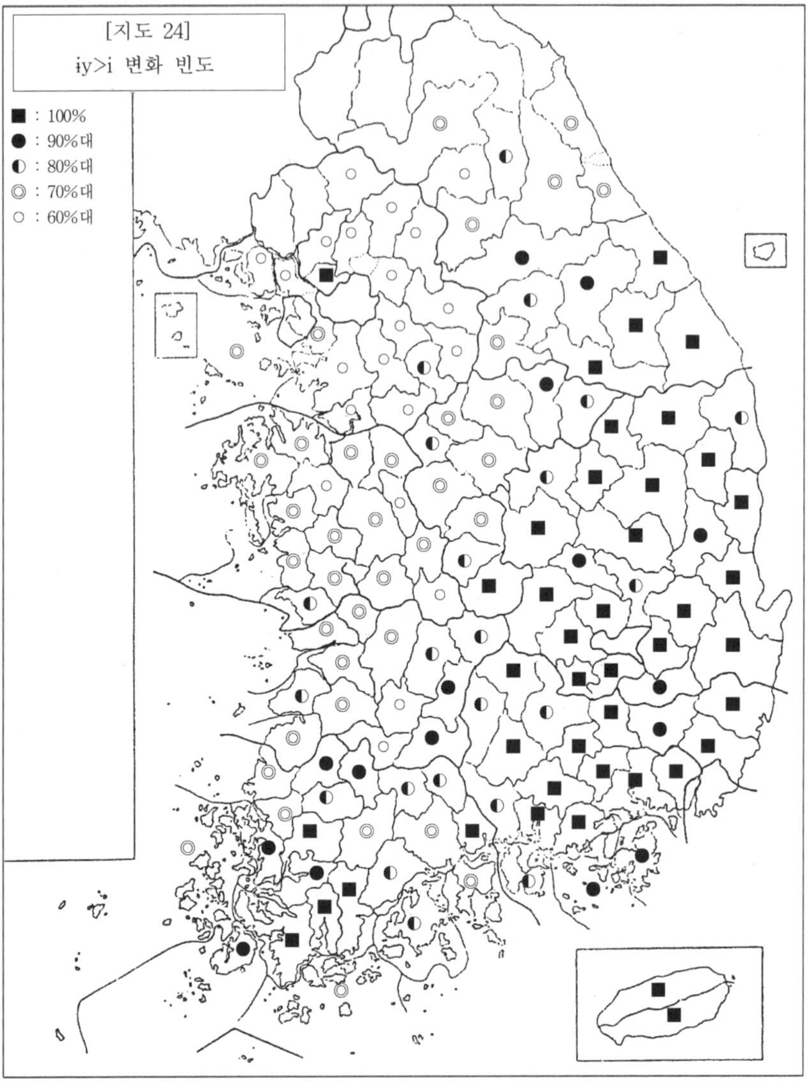
[지도 24]
ɨy>i 변화 빈도
■ : 100%
● : 90%대
◐ : 80%대
◎ : 70%대
○ : 60%대

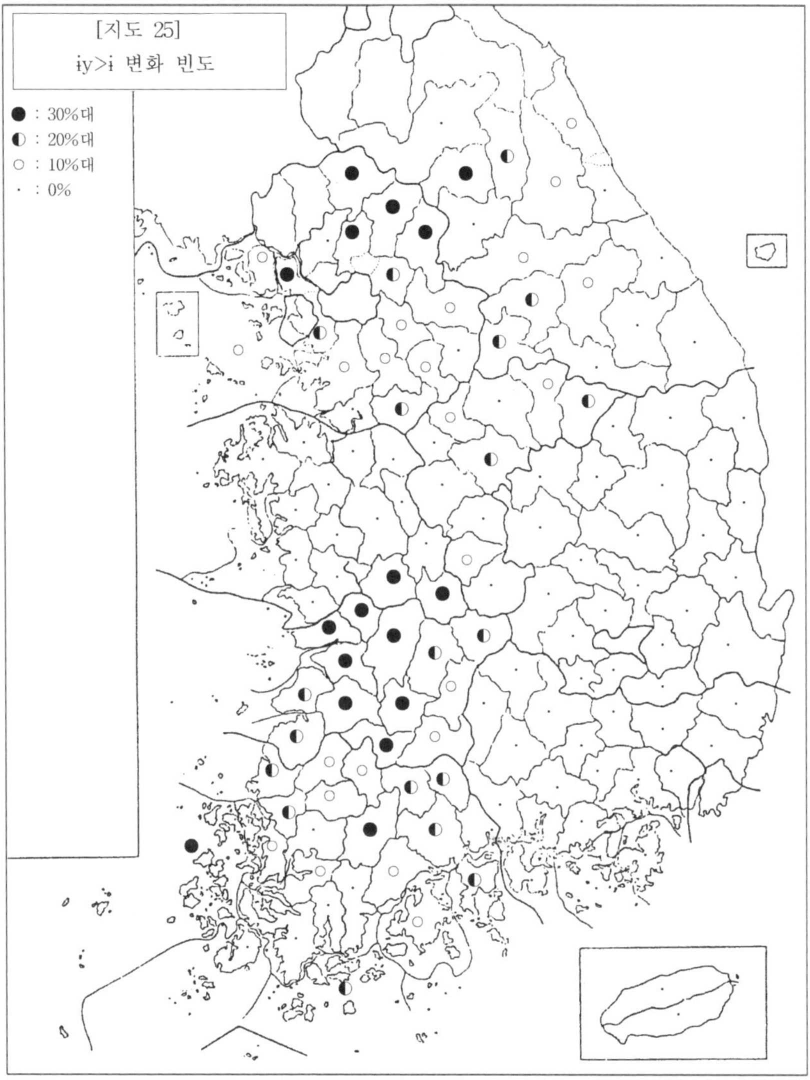
[지도 25]
ɨy>ɨ 변화 빈도
● : 30%대
◐ : 20%대
○ : 10%대
· : 0%

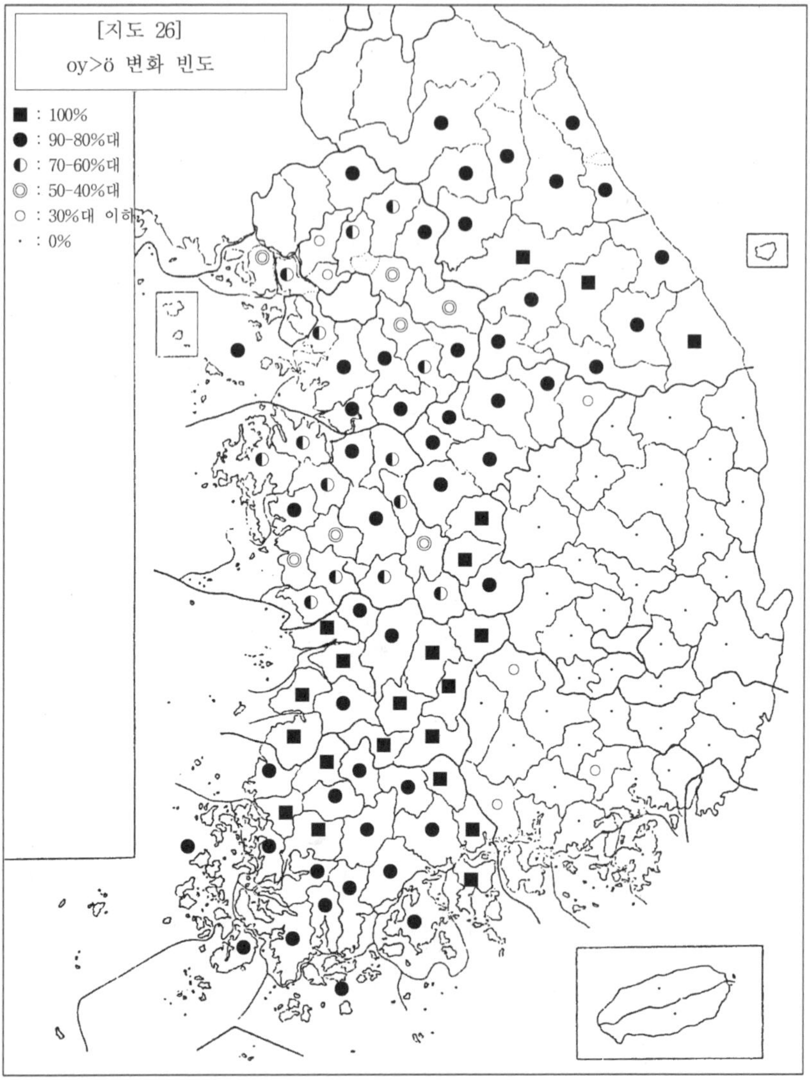
[지도 26]
oy>ö 변화 빈도
■ : 100%
● : 90-80%대
◐ : 70-60%대
◎ : 50-40%대
○ : 30%대 이하
· : 0%

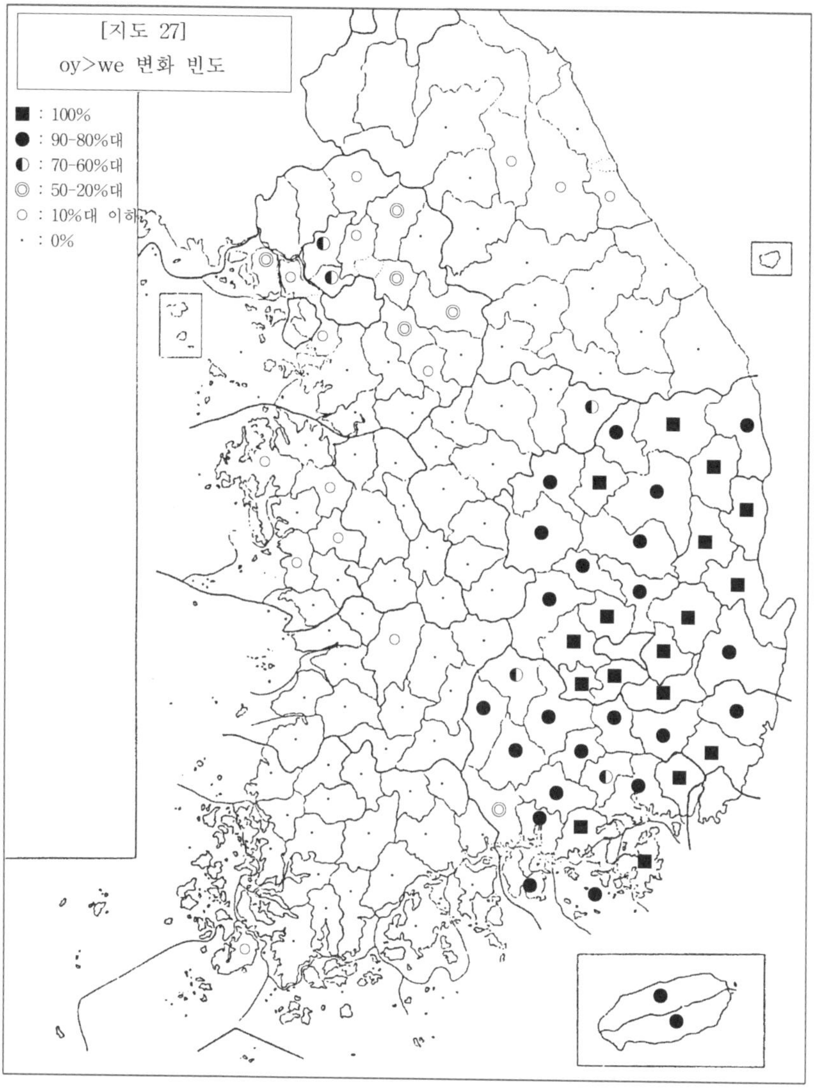
[지도 27]
oy>we 변화 빈도
■ : 100%
● : 90-80%대
◐ : 70-60%대
◎ : 50-20%대
○ : 10%대 이하
· : 0%

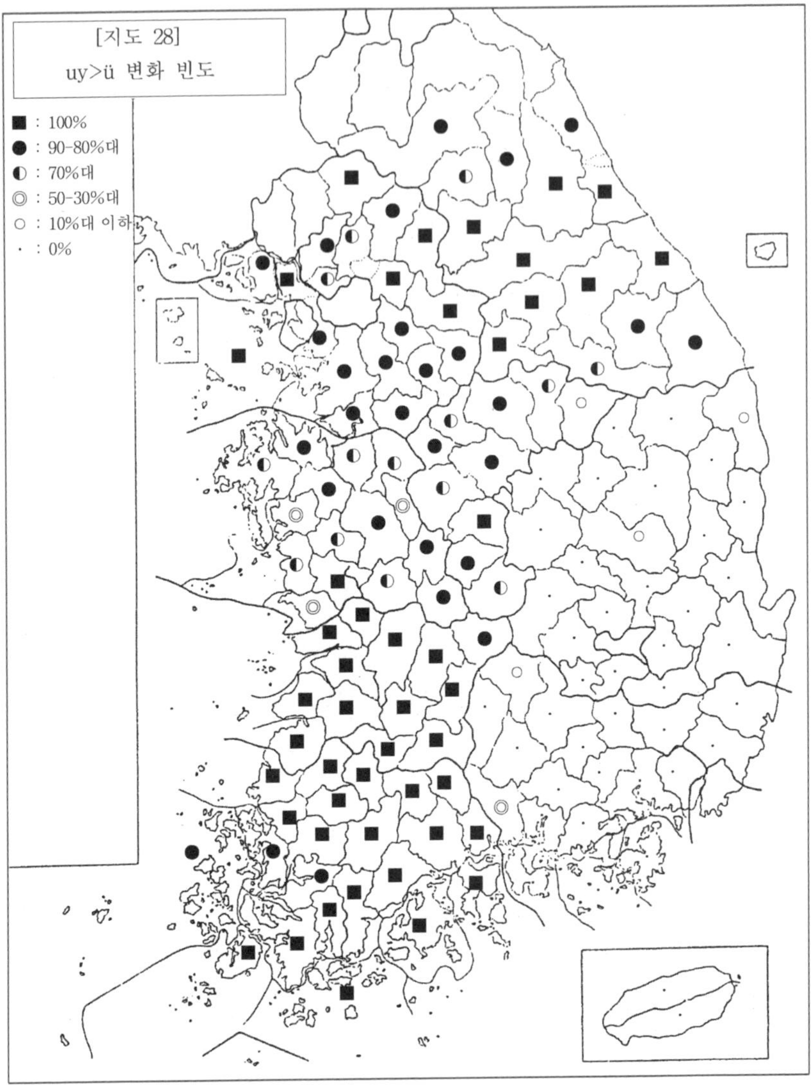
[지도 28]
uy>ü 변화 빈도
■ : 100%
● : 90-80%대
◐ : 70%대
◎ : 50-30%대
○ : 10%대 이하
· : 0%

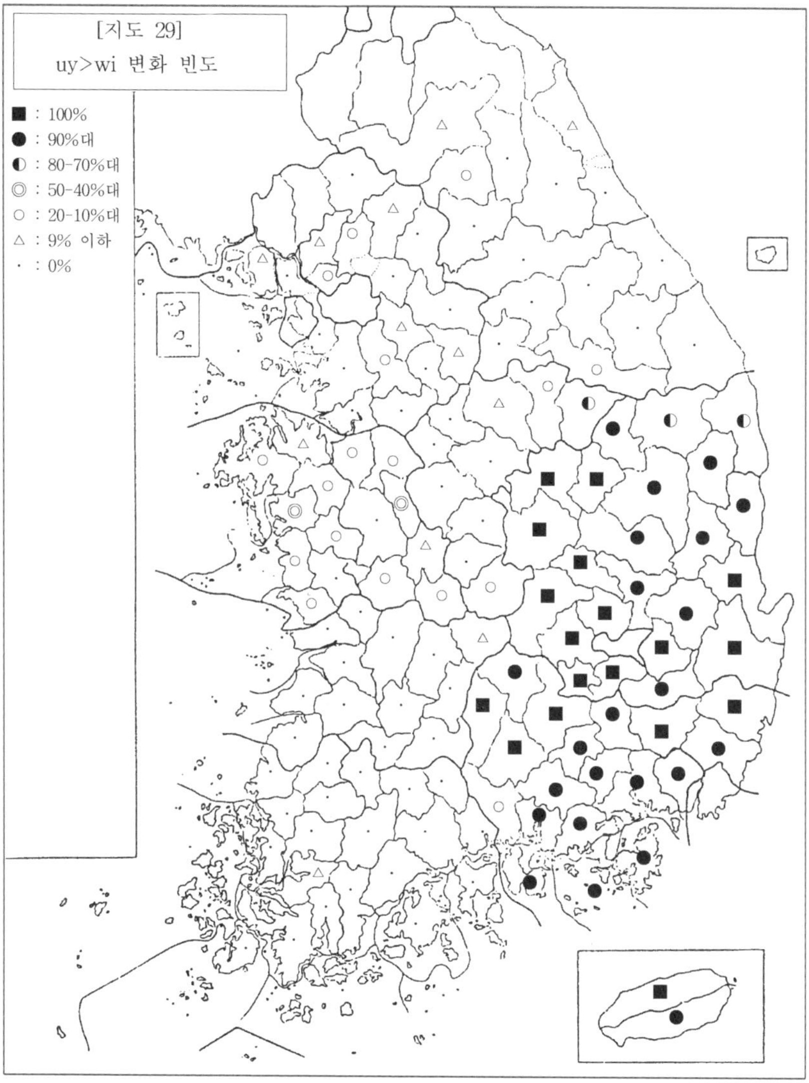
[지도 29]
uy>wi 변화 빈도
■ : 100%
● : 90%대
◐ : 80-70%대
◎ : 50-40%대
○ : 20-10%대
△ : 9% 이하
· : 0%

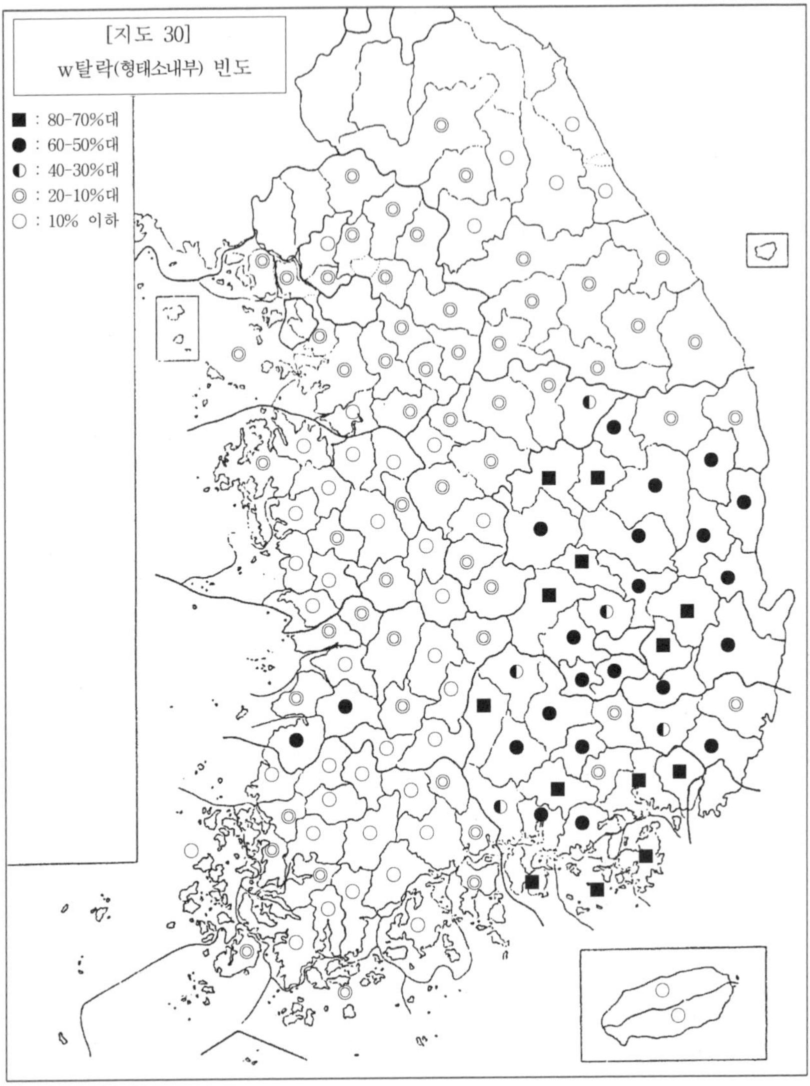
[지도 30]
w탈락(형태소내부) 빈도
■ : 80-70%대
● : 60-50%대
◐ : 40-30%대
◎ : 20-10%대
○ : 10% 이하

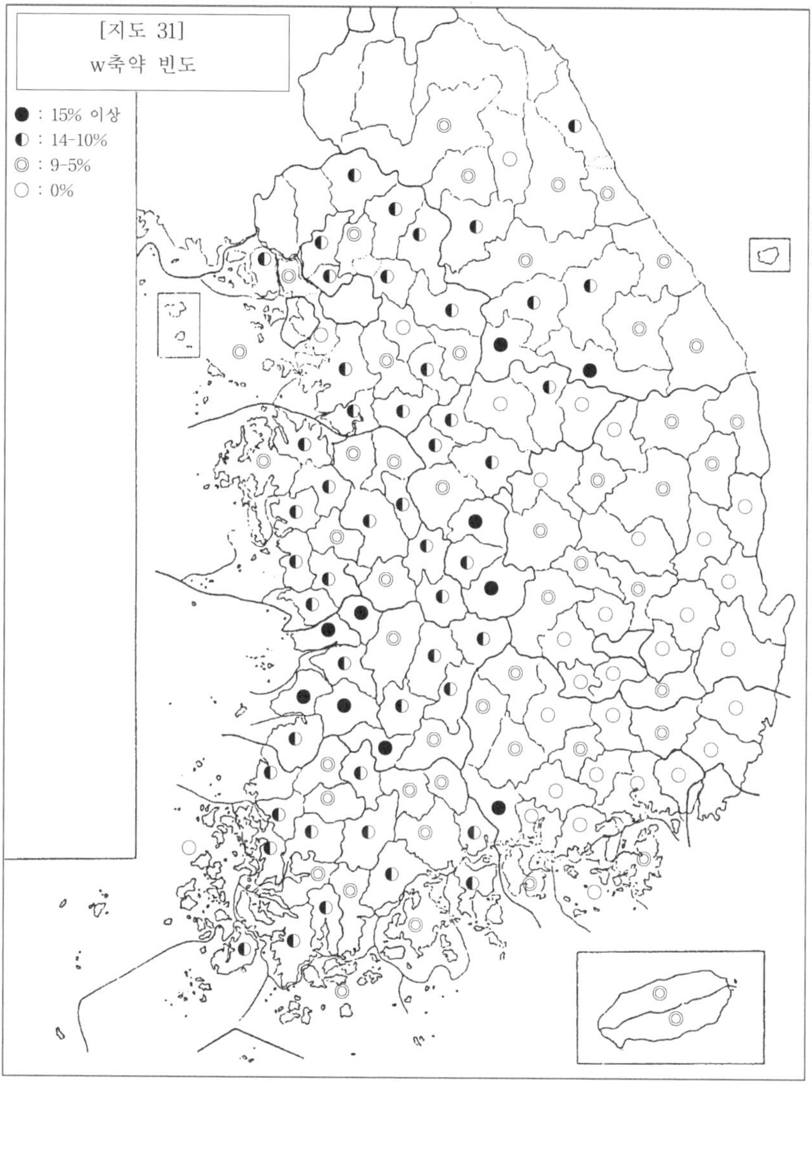
[지도 31]
w축약 빈도
● : 15% 이상
◐ : 14-10%
◎ : 9-5%
○ : 0%

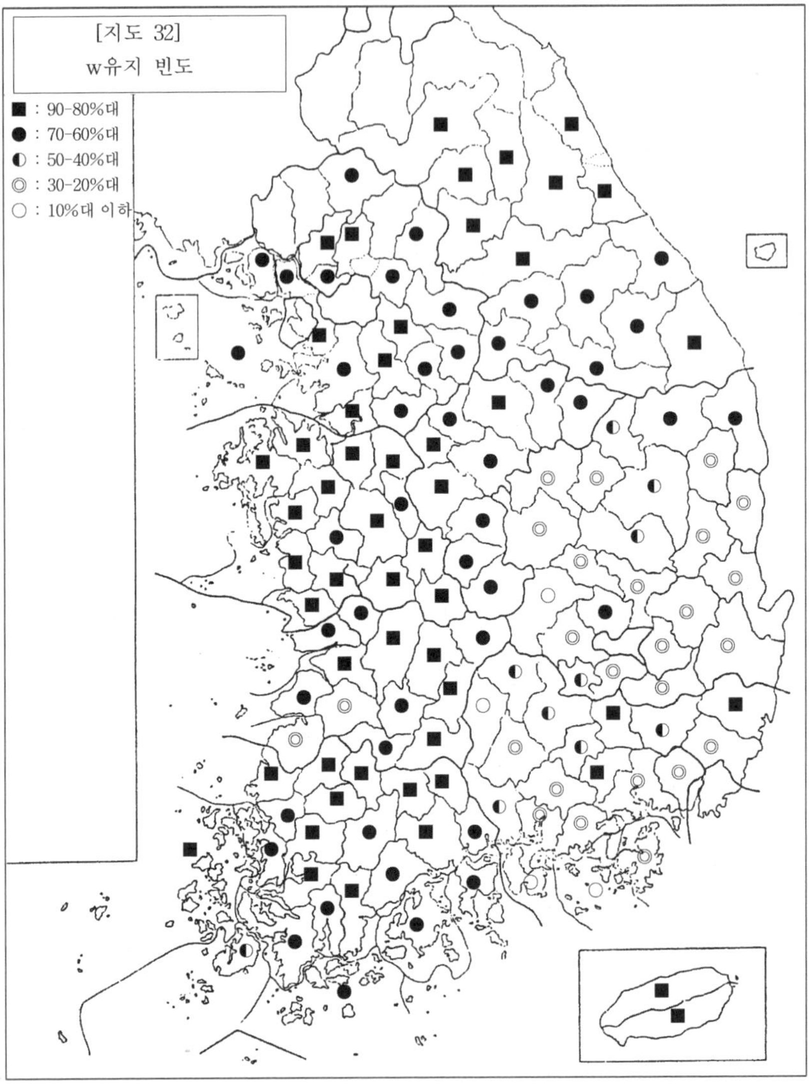
[지도 32]
w유지 빈도
■ : 90-80%대
● : 70-60%대
◐ : 50-40%대
◎ : 30-20%대
○ : 10%대 이하

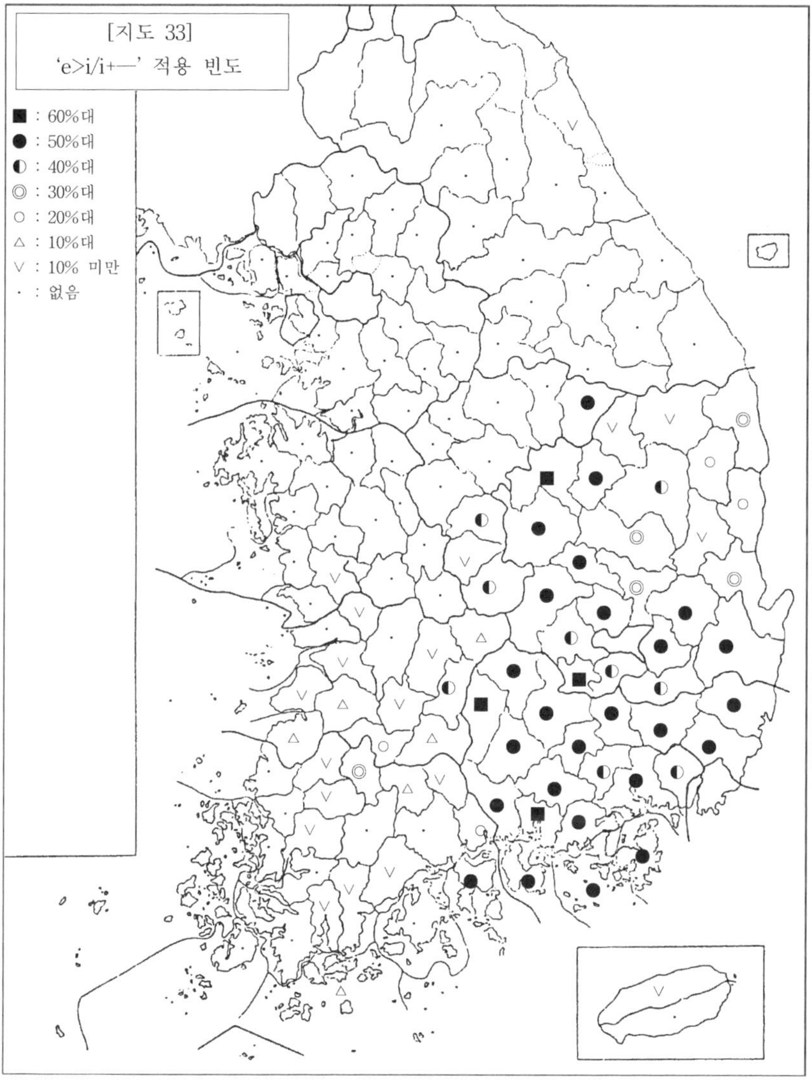
[지도 33]
'e>i/i+—' 적용 빈도
■ : 60%대
● : 50%대
◐ : 40%대
◎ : 30%대
○ : 20%대
△ : 10%대
∨ : 10% 미만
· : 없음

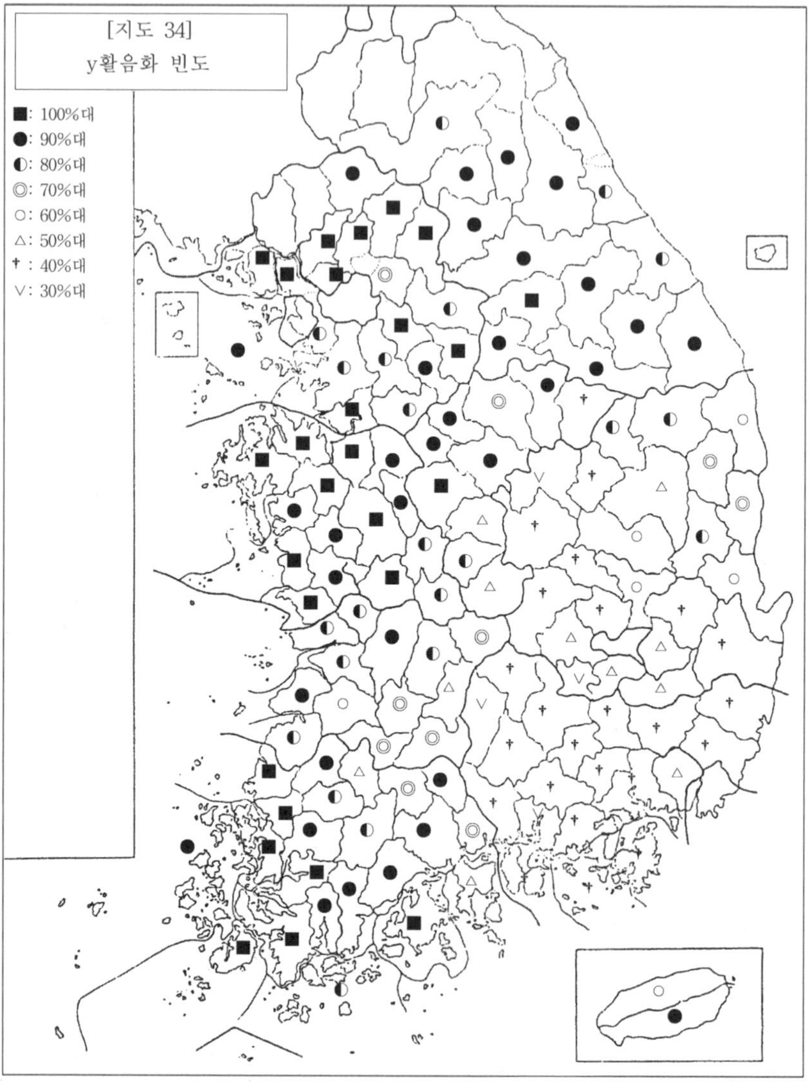
[지도 34]
y활음화 빈도
■: 100%대
●: 90%대
◐: 80%대
◎: 70%대
○: 60%대
△: 50%대
†: 40%대
∨: 30%대

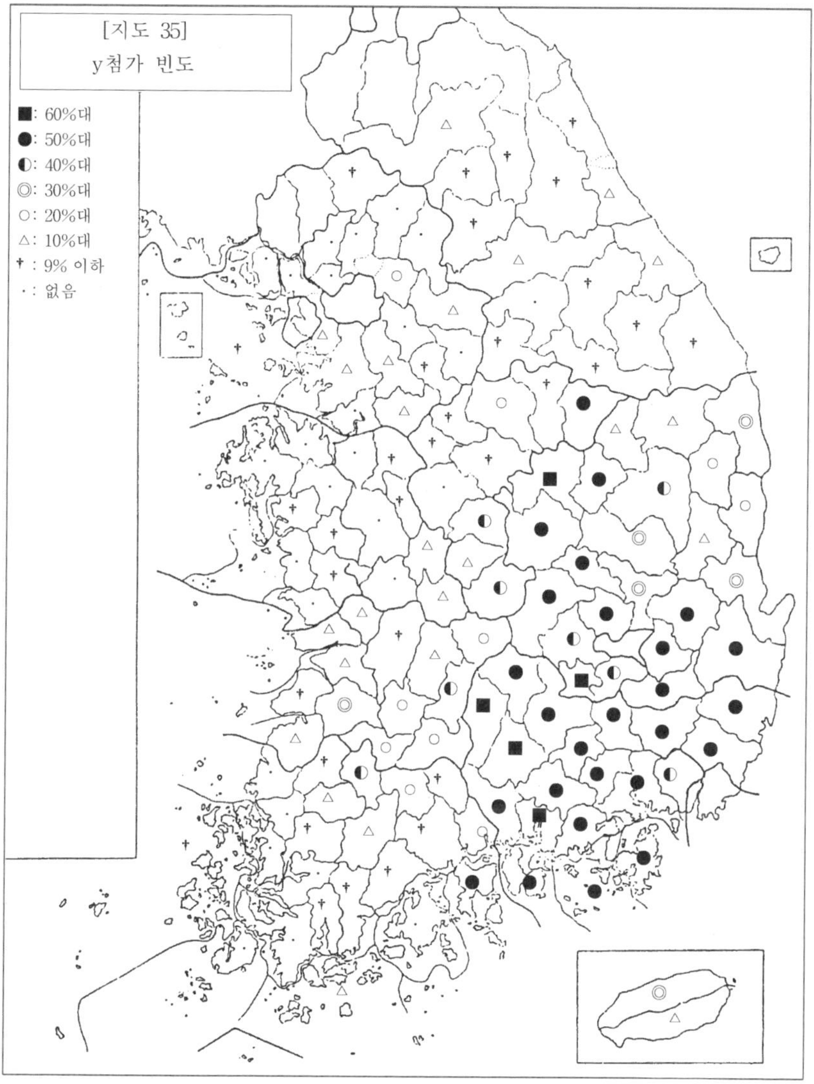
[지도 35]
y첨가 빈도
■: 60%대
●: 50%대
◐: 40%대
◎: 30%대
○: 20%대
△: 10%대
†: 9% 이하
·: 없음

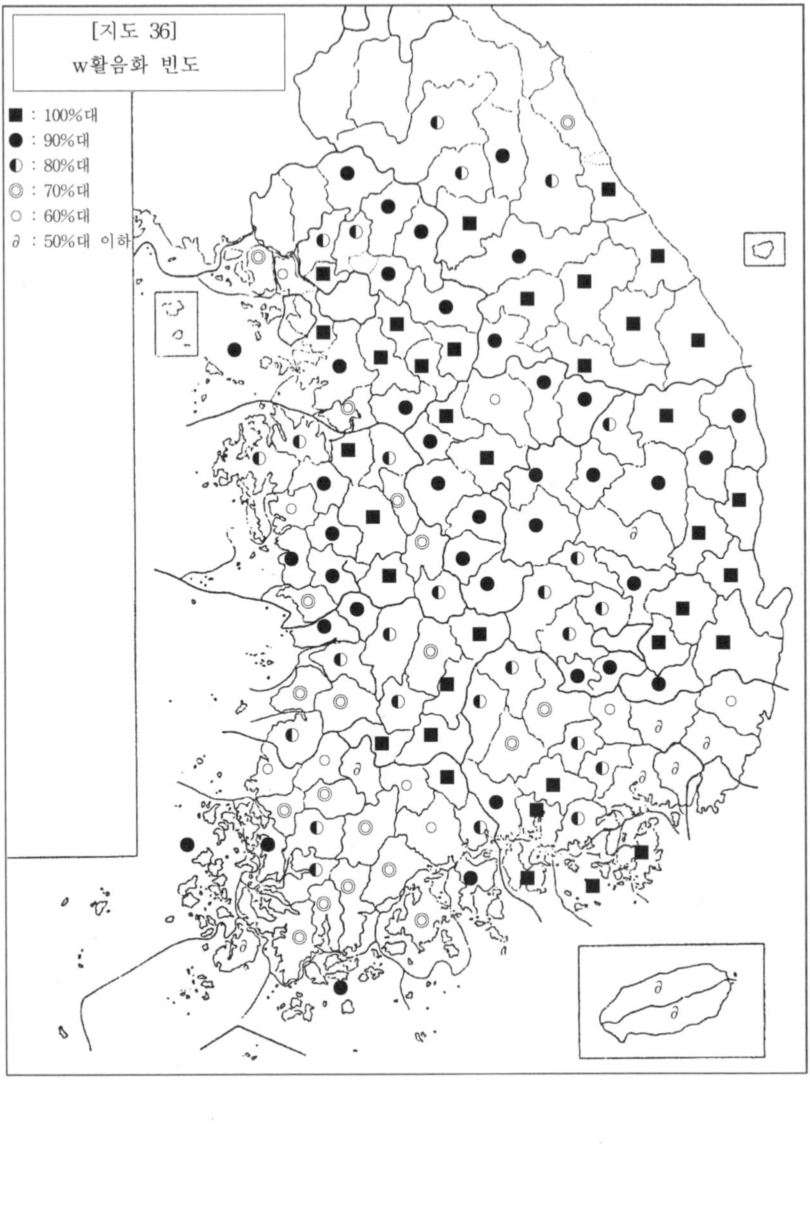
[지도 36]
w활음화 빈도
■ : 100%대
● : 90%대
◐ : 80%대
◎ : 70%대
○ : 60%대
∂ : 50%대 이하

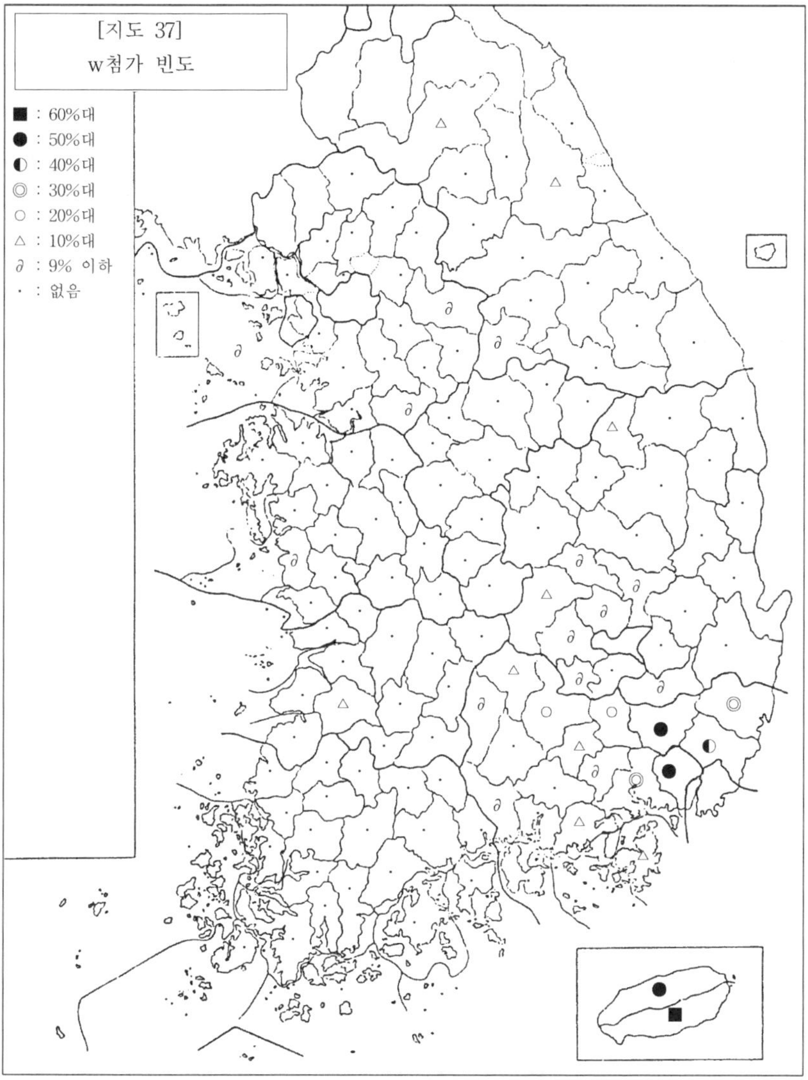
[지도 37]
w첨가 빈도
■ : 60%대
● : 50%대
◐ : 40%대
◎ : 30%대
○ : 20%대
△ : 10%대
∂ : 9% 이하
· : 없음

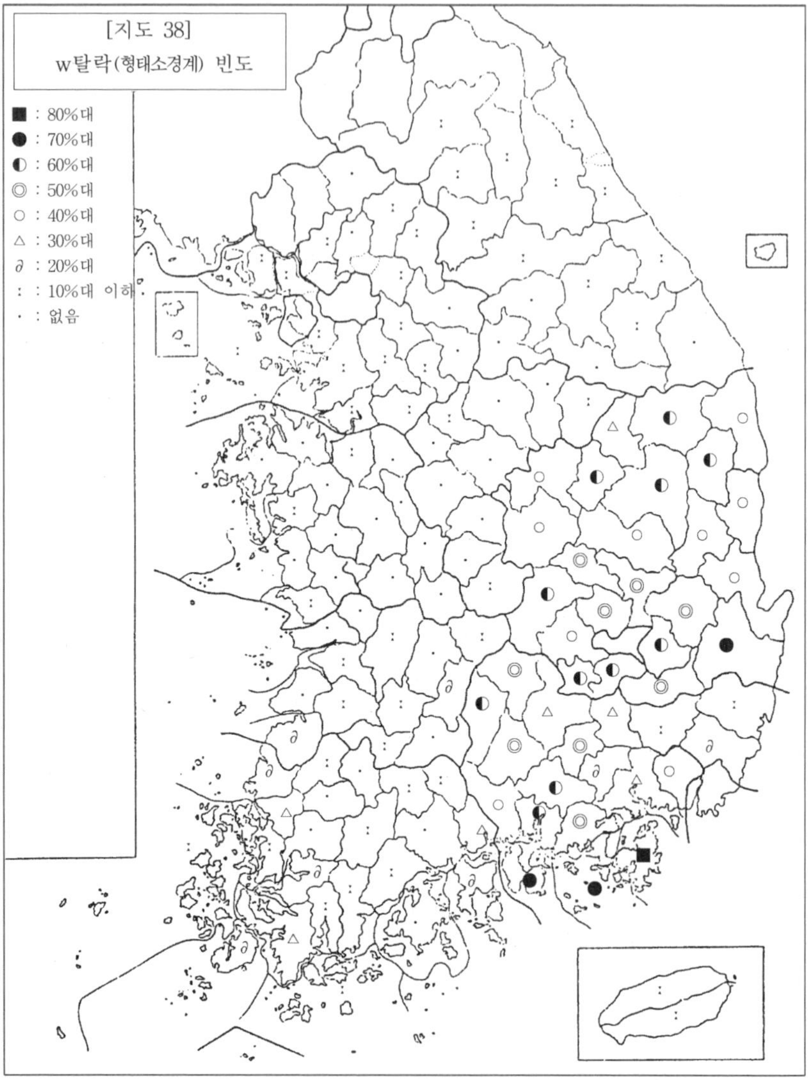
[지도 38]
w탈락(형태소경계) 빈도
■ : 80%대
● : 70%대
◐ : 60%대
◎ : 50%대
○ : 40%대
△ : 30%대
∂ : 20%대
: : 10%대 이하
· : 없음

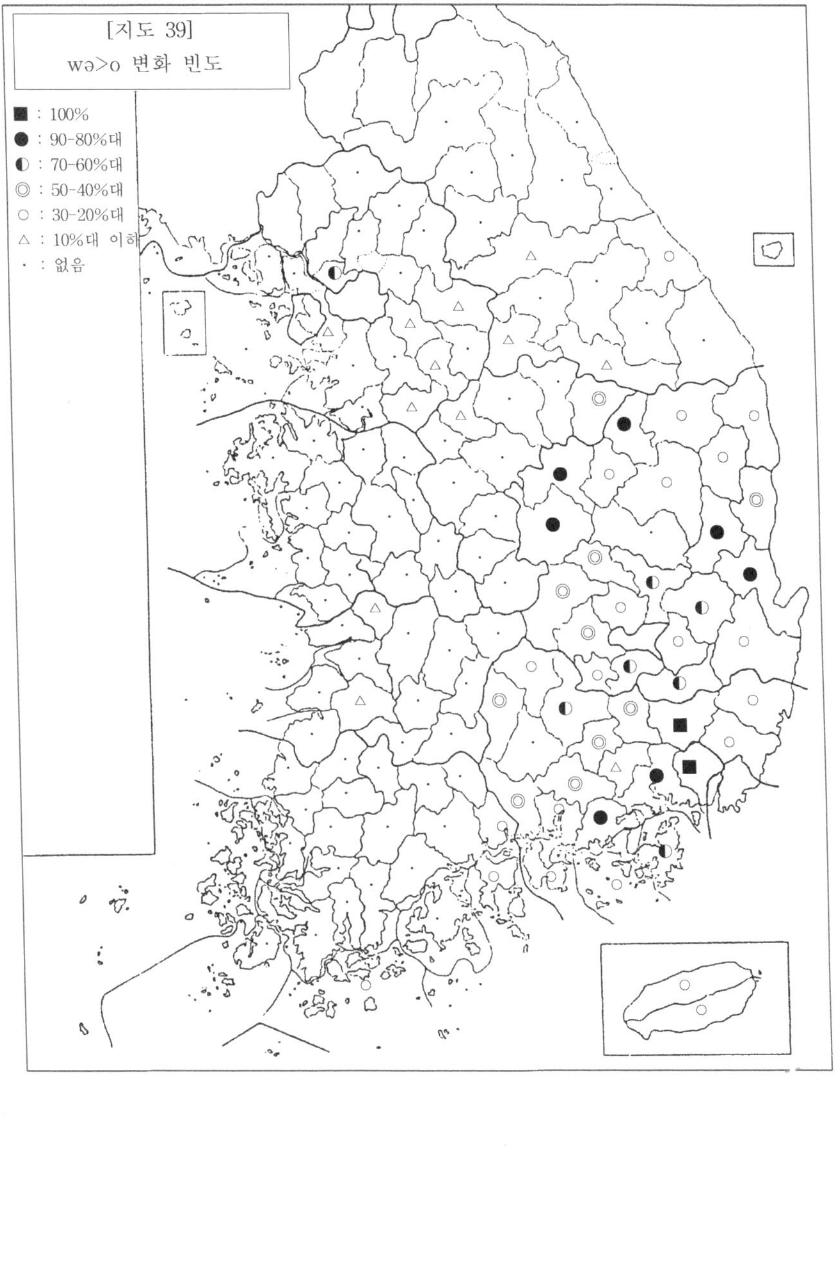
[지도 39]
wə>o 변화 빈도
■ : 100%
● : 90-80%대
◐ : 70-60%대
◎ : 50-40%대
○ : 30-20%대
△ : 10%대 이하
· : 없음

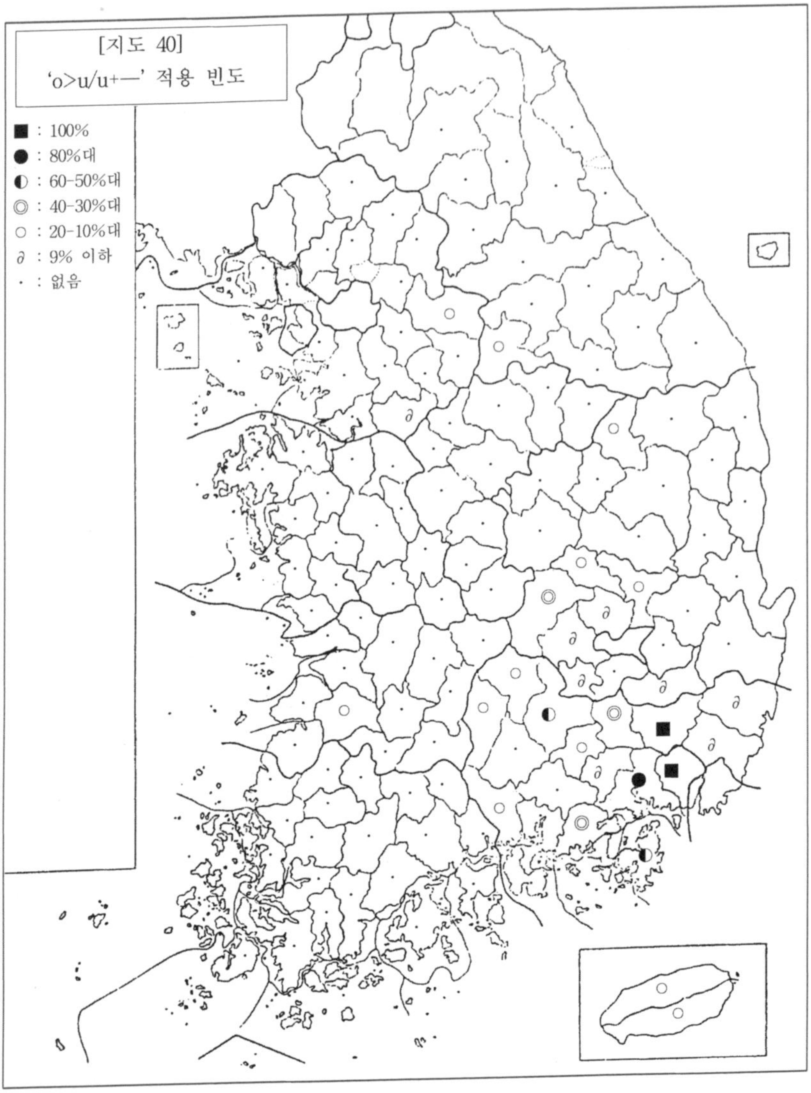
[지도 40]
'o>u/u+—' 적용 빈도
■ : 100%
● : 80%대
◐ : 60-50%대
◎ : 40-30%대
○ : 20-10%대
∂ : 9% 이하
· : 없음

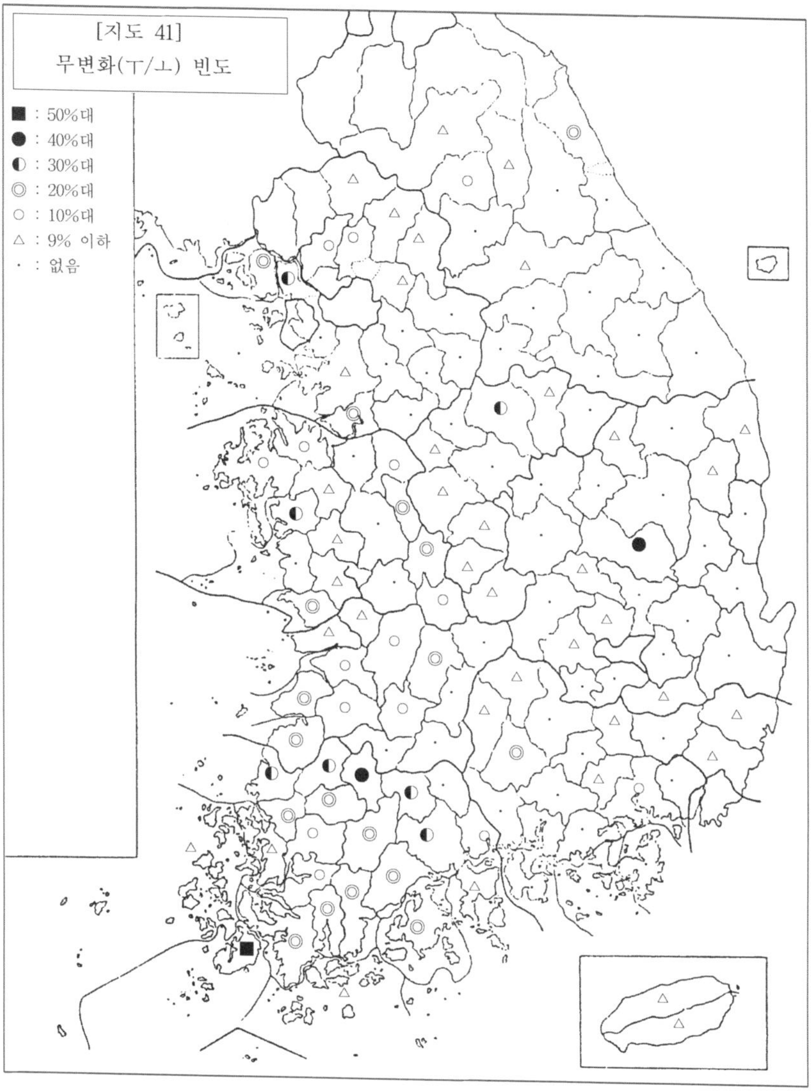
[지도 41]
무변화(ㅜ/ㅗ) 빈도
■ : 50%대
● : 40%대
◐ : 30%대
◎ : 20%대
○ : 10%대
△ : 9% 이하
· : 없음

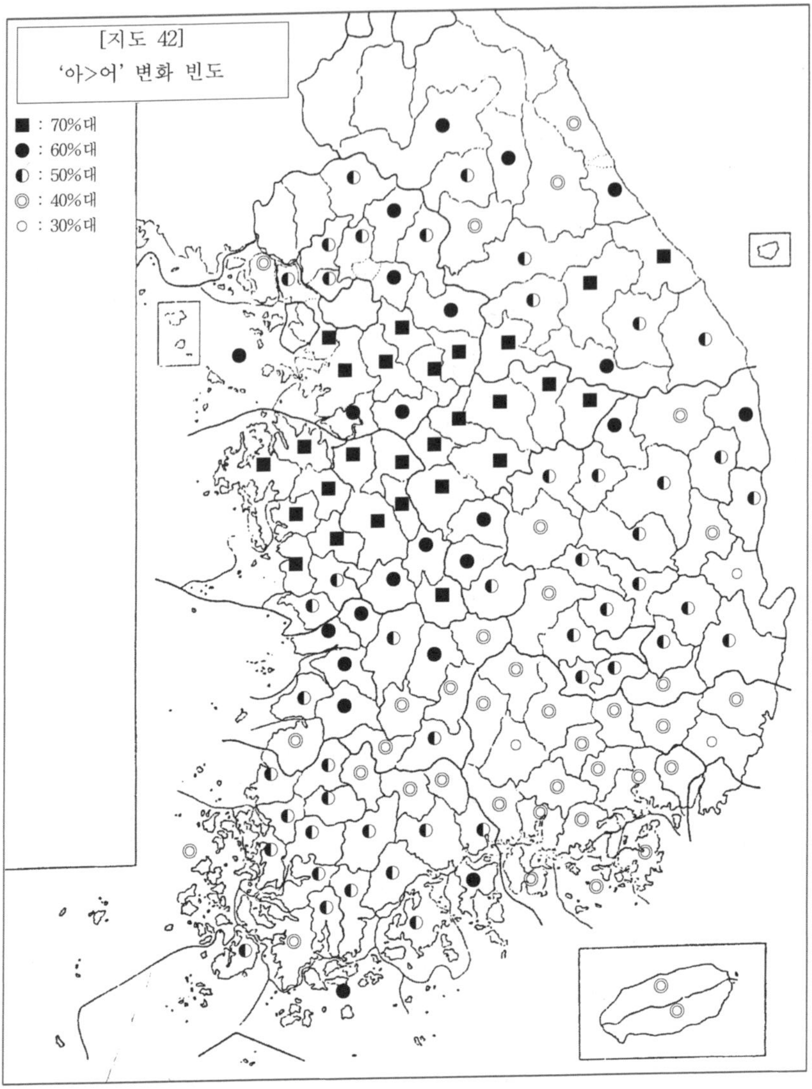
[지도 42]
'아>어' 변화 빈도
■ : 70%대
● : 60%대
◐ : 50%대
◎ : 40%대
○ : 30%대

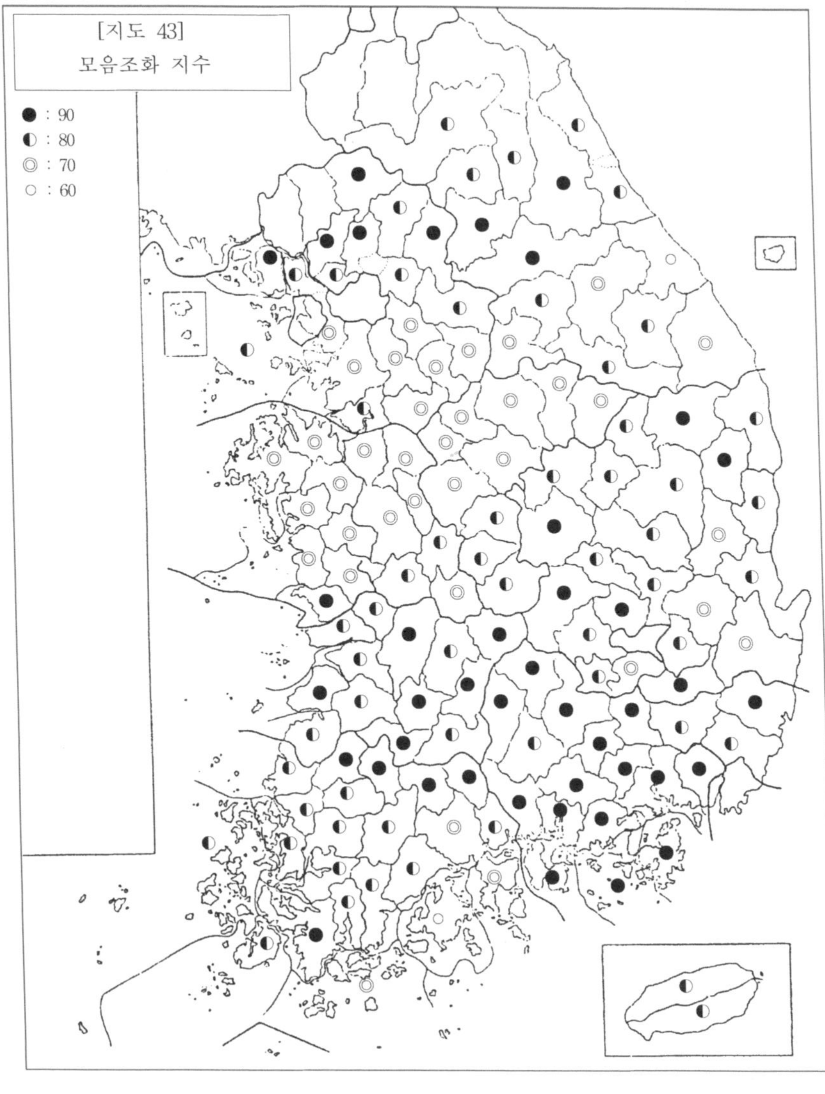
[지도 43]
모음조화 지수
● : 90
◐ : 80
◎ : 70
○ : 60

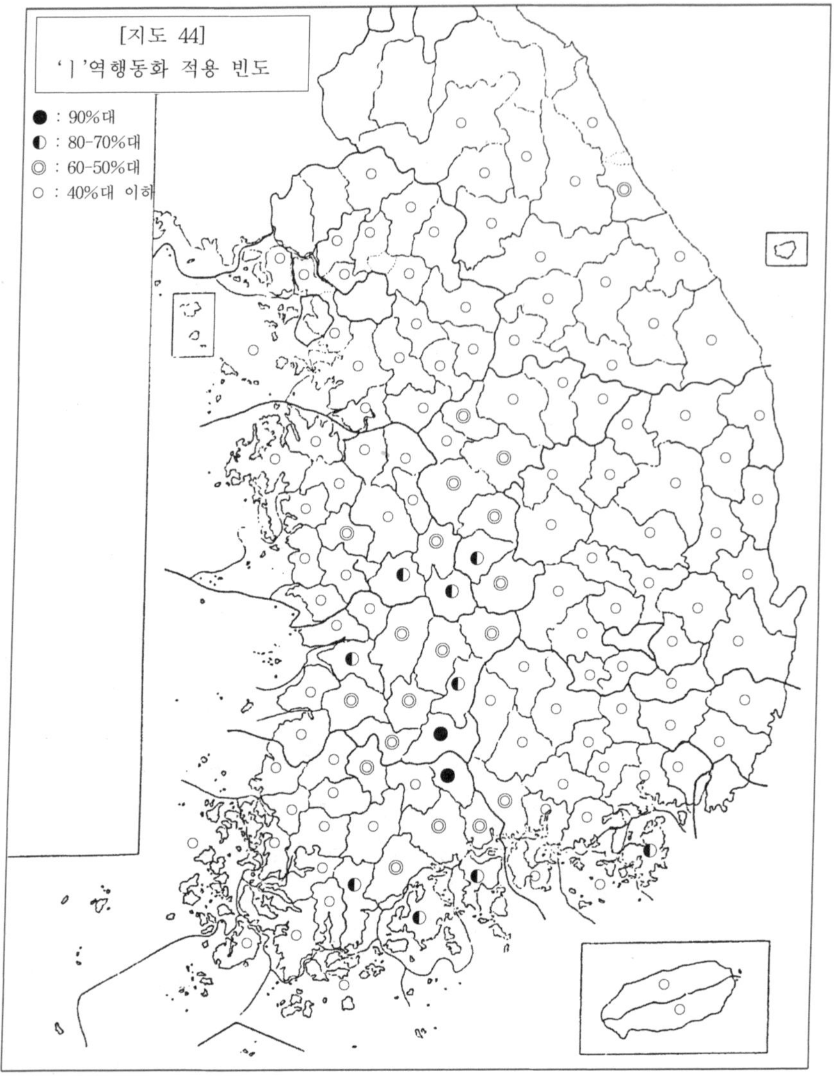
[지도 44]
'ㅣ'역행동화 적용 빈도
● : 90%대
◐ : 80-70%대
◎ : 60-50%대
○ : 40%대 이하

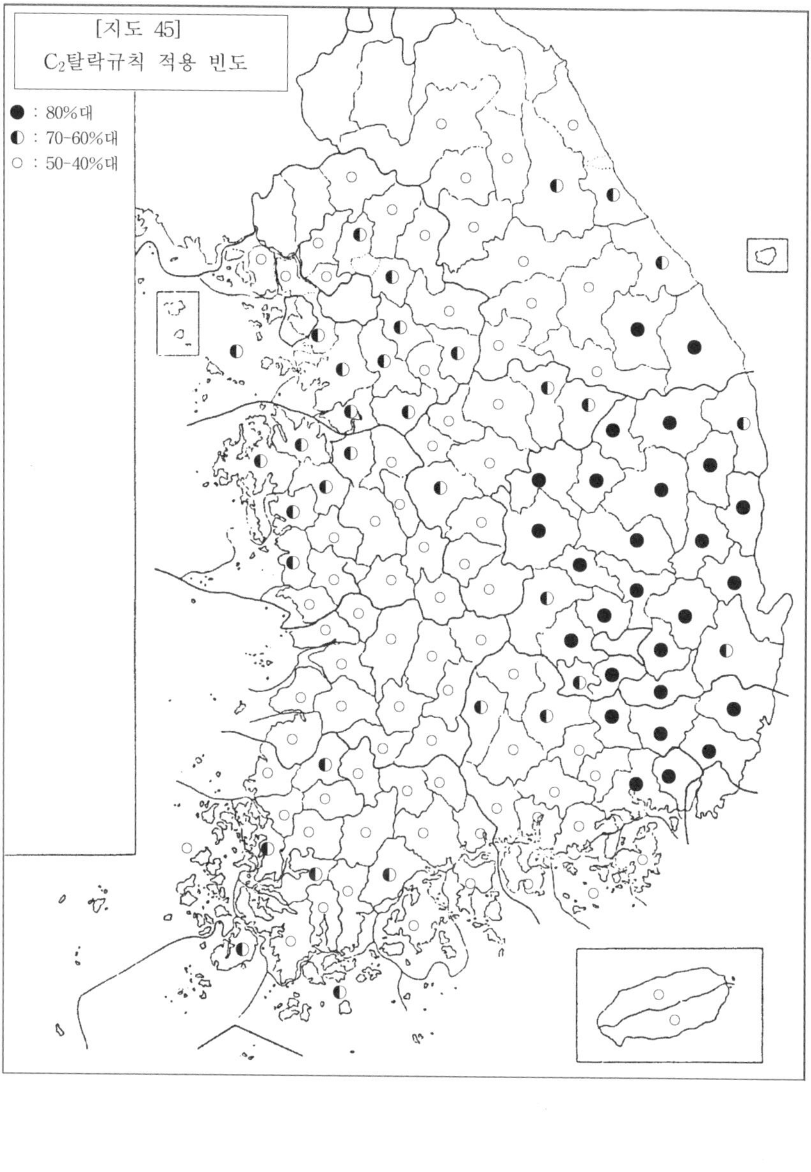
[지도 45]
C₂탈락규칙 적용 빈도
● : 80%대
◐ : 70-60%대
○ : 50-40%대

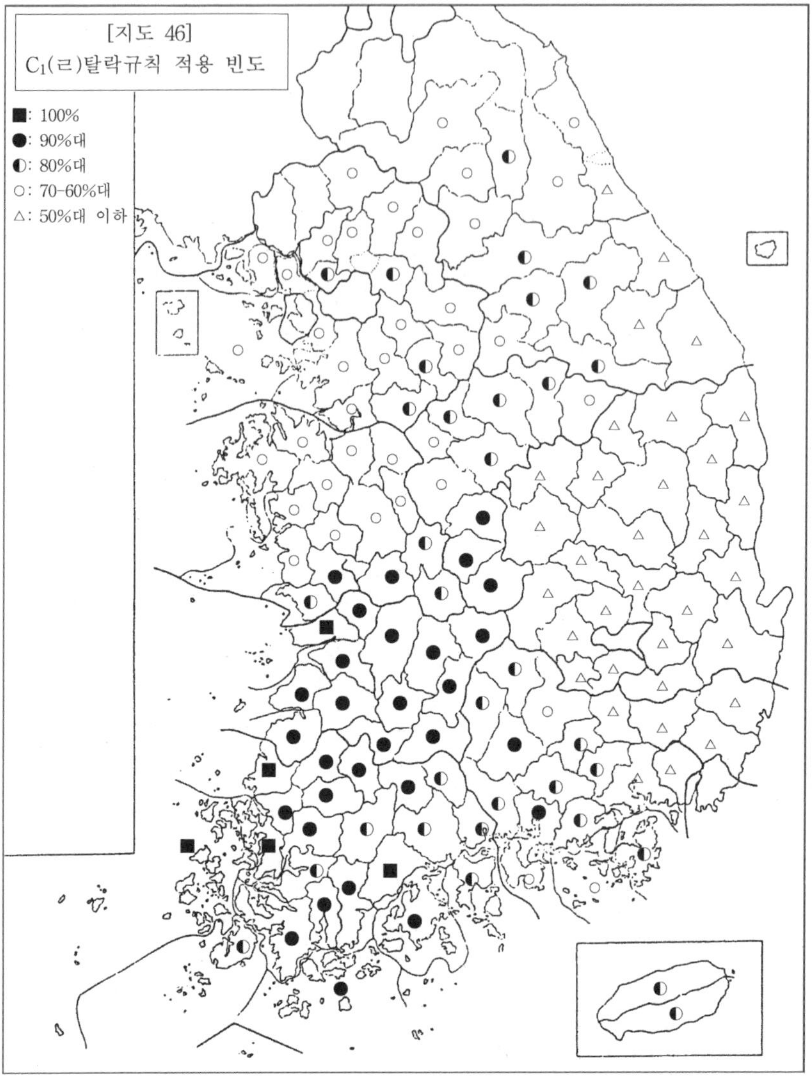
[지도 46]
C1(ㄹ)탈락규칙 적용 빈도
■: 100%
●: 90%대
◐: 80%대
○: 70-60%대
△: 50%대 이하

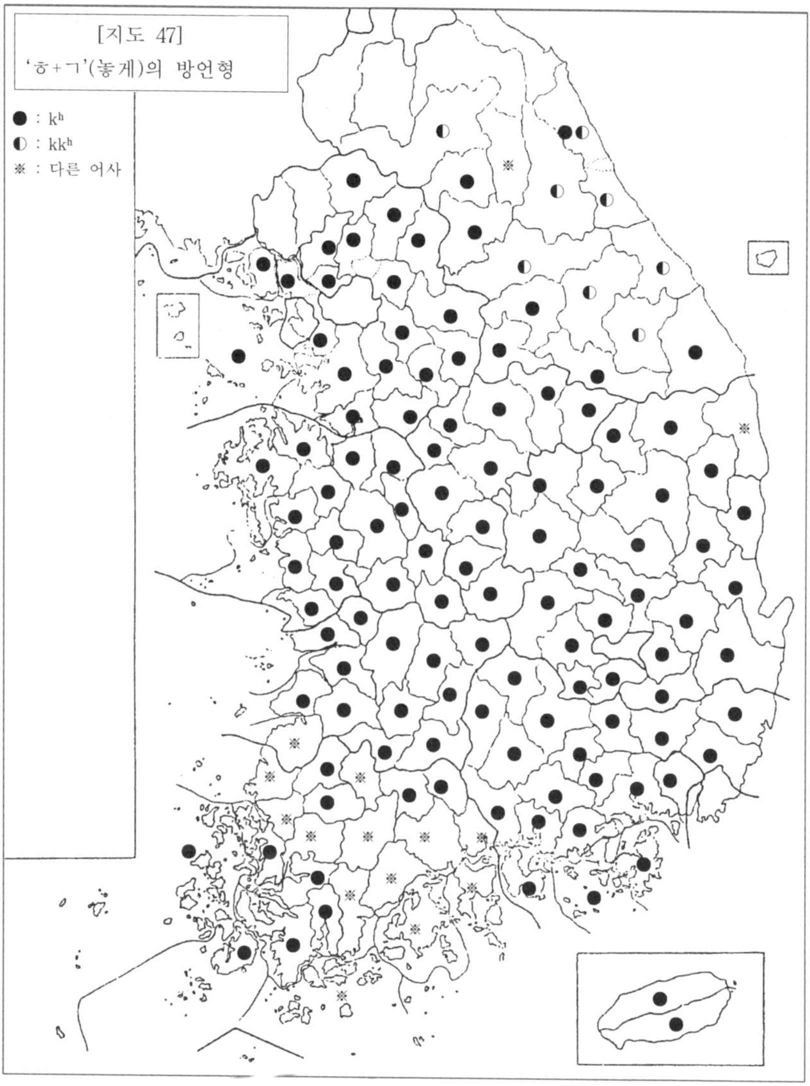
[지도 47]
'ㅎ+ㄱ'(놓게)의 방언형
● : k^h
◐ : kk^h
※ : 다른 어사

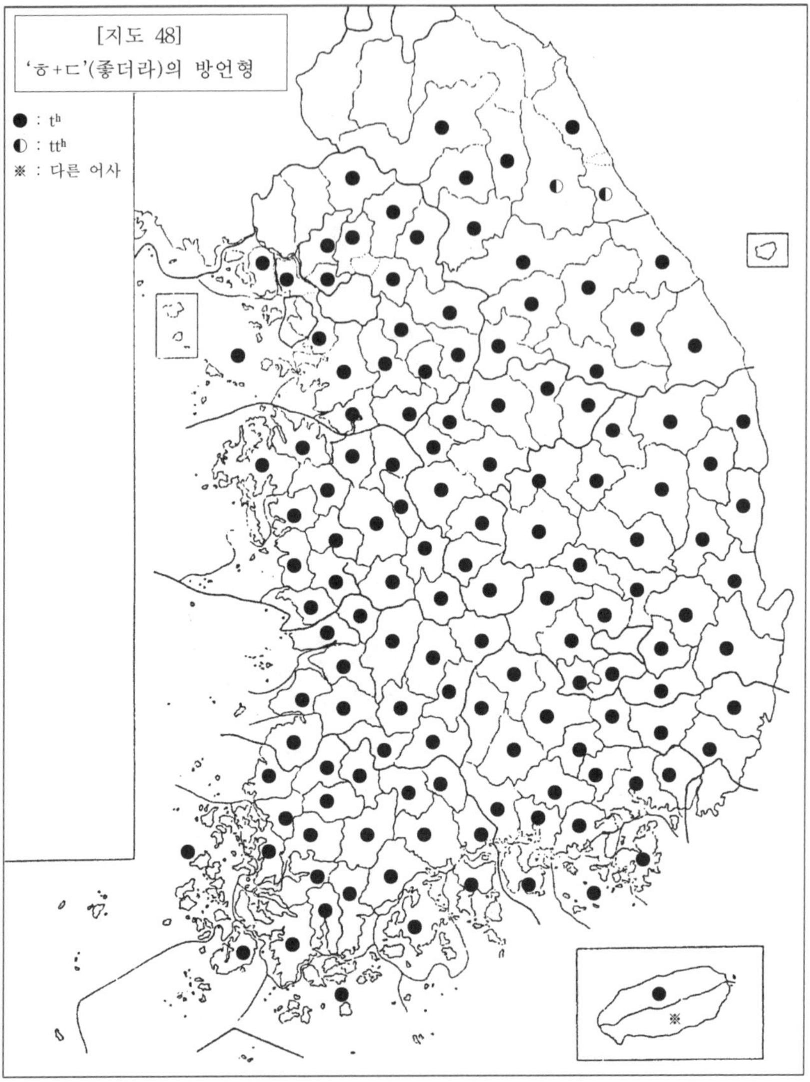
[지도 48]
'ㅎ+ㄷ'(좋더라)의 방언형
● : tʰ
◐ : ttʰ
※ : 다른 어사

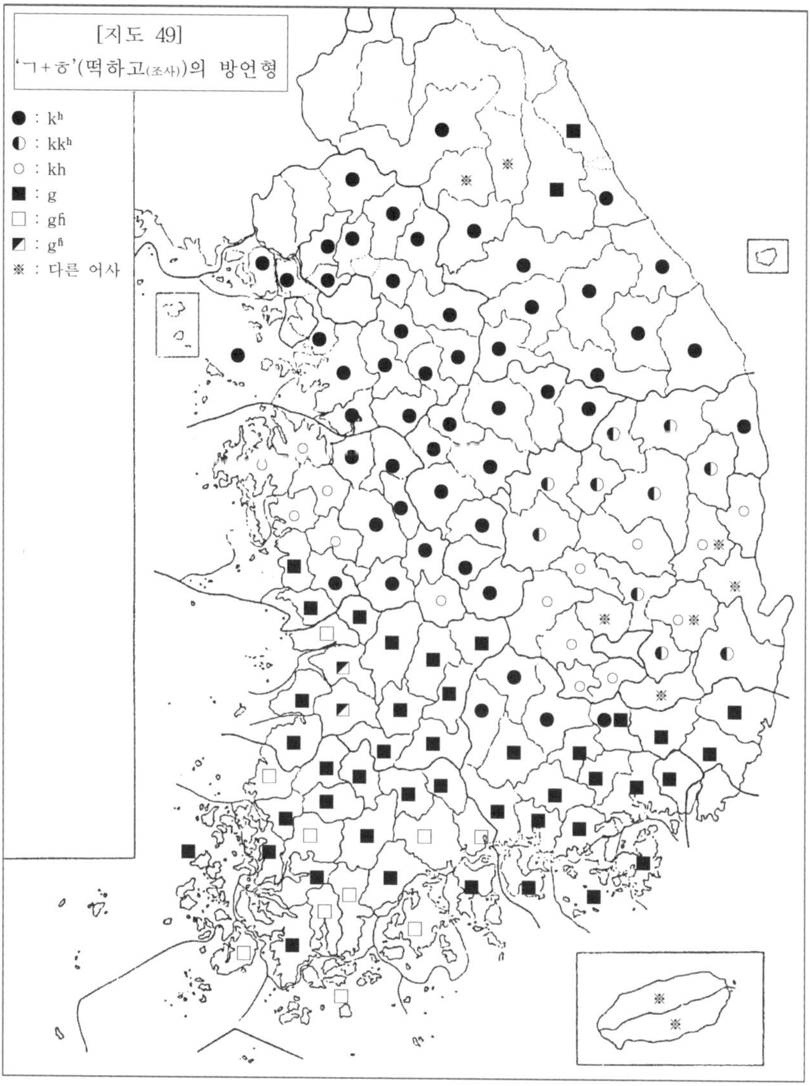
[지도 49]
'ㄱ+ㅎ'(떡하고(조사))의 방언형
● : kʰ
◐ : kkʰ
○ : kh
■ : g
□ : gɦ
◩ : gʱ
※ : 다른 어사

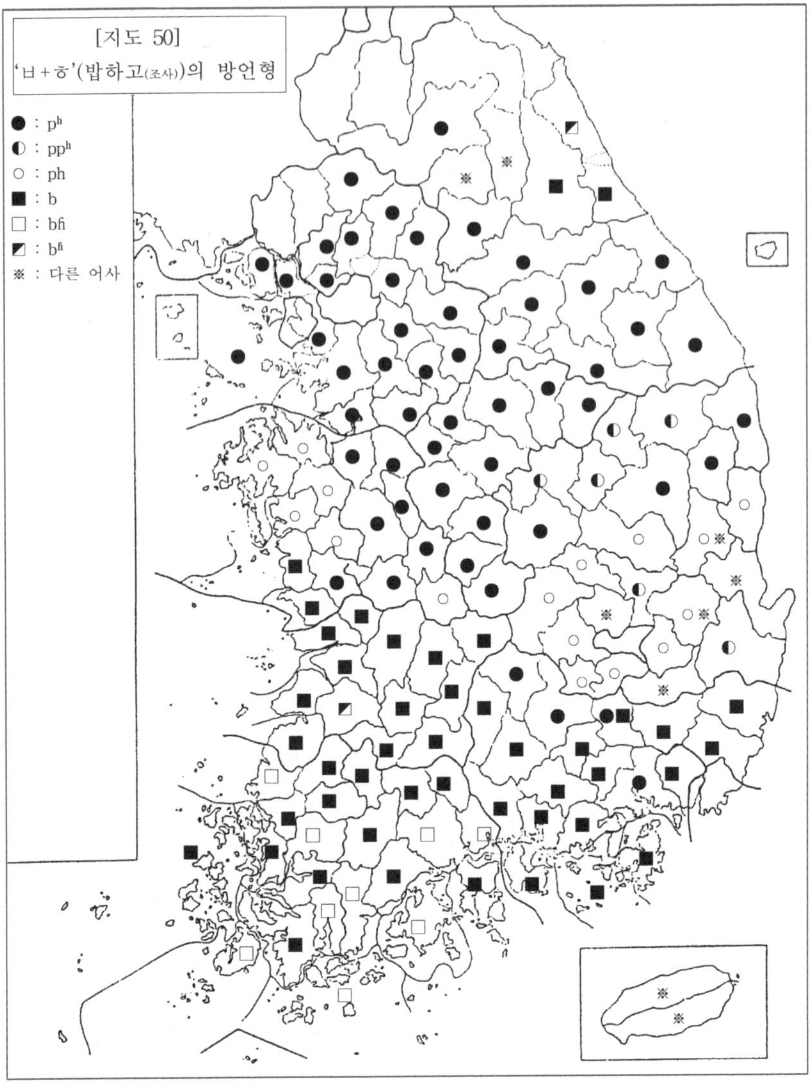
[지도 50]
'ㅂ+ㅎ'(밥하고(조사))의 방언형
● : pʰ
◐ : ppʰ
○ : ph
■ : b
□ : bɦ
◪ : bʱ
※ : 다른 어사

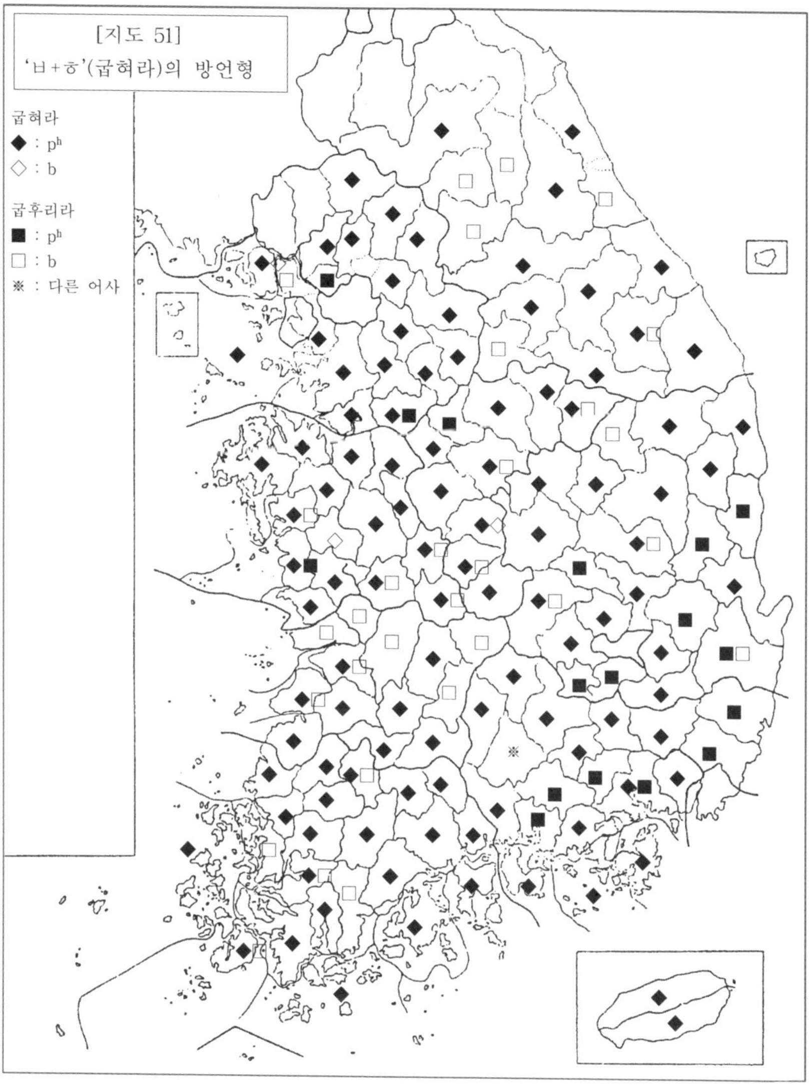
[지도 51]
'ㅂ+ㅎ'(굽혀라)의 방언형
굽혀라
◆ : pʰ
◇ : b
굽후리라
■ : pʰ
□ : b
※ : 다른 어사

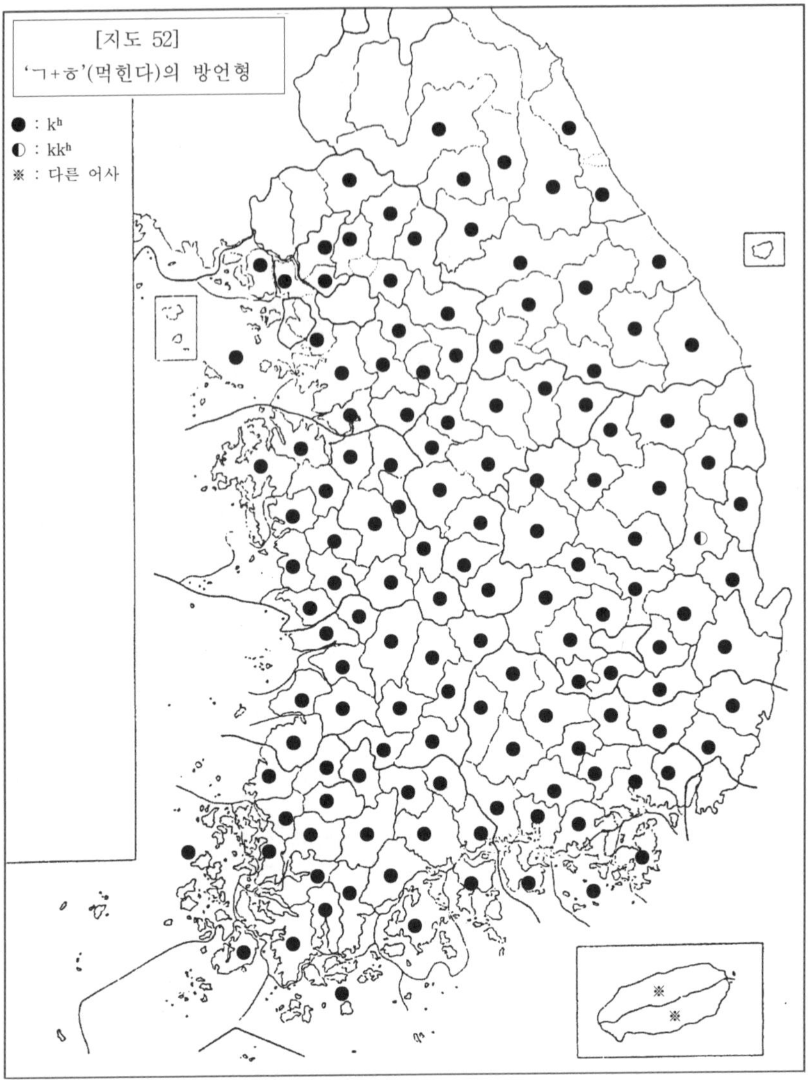
[지도 52]
'ㄱ+ㅎ'(먹힌다)의 방언형
● : kʰ
◐ : kkʰ
※ : 다른 어사

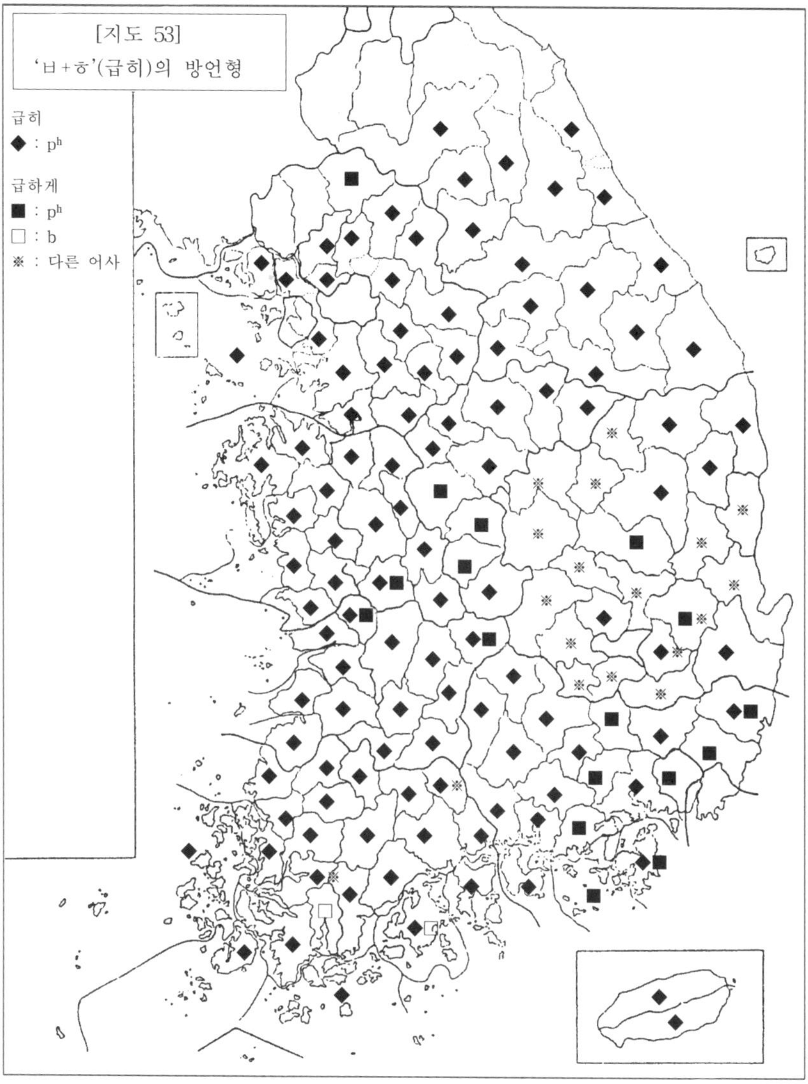
[지도 53]
'ㅂ+ㅎ'(급히)의 방언형
급히
◆ : p^h
급하게
■ : p^h
□ : b
※ : 다른 어사

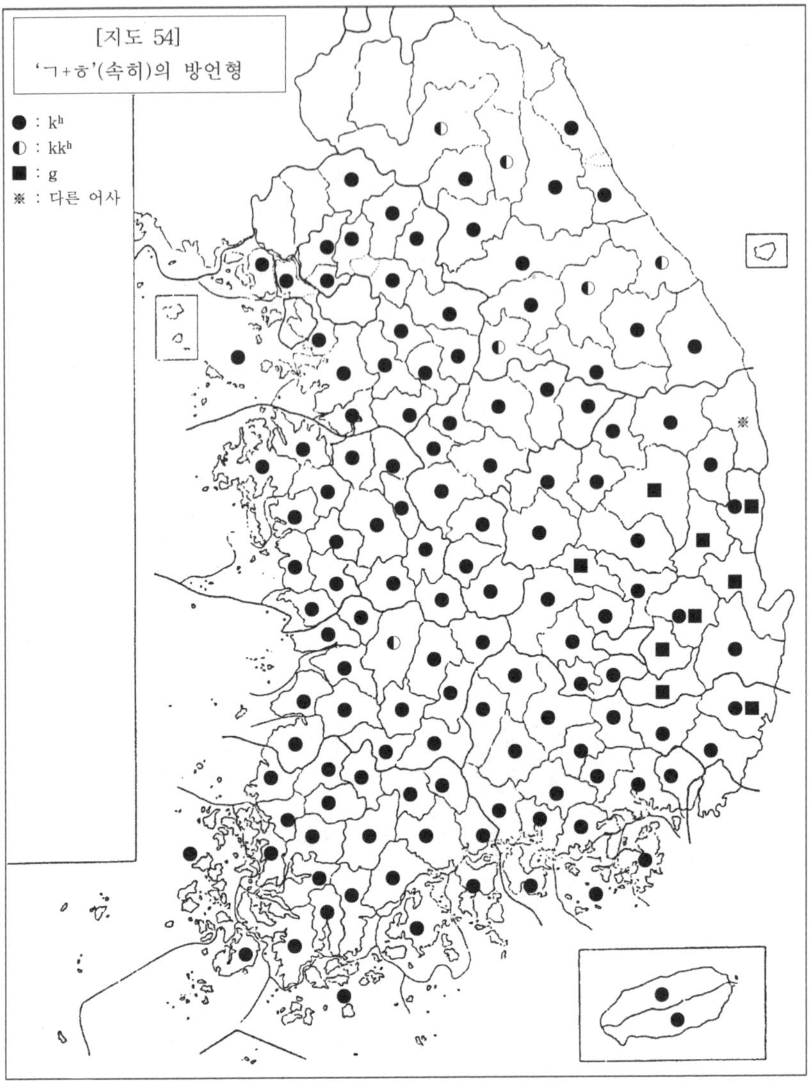
[지도 54]
'ㄱ+ㅎ'(속히)의 방언형
● : kʰ
◐ : kkʰ
■ : g
※ : 다른 어사

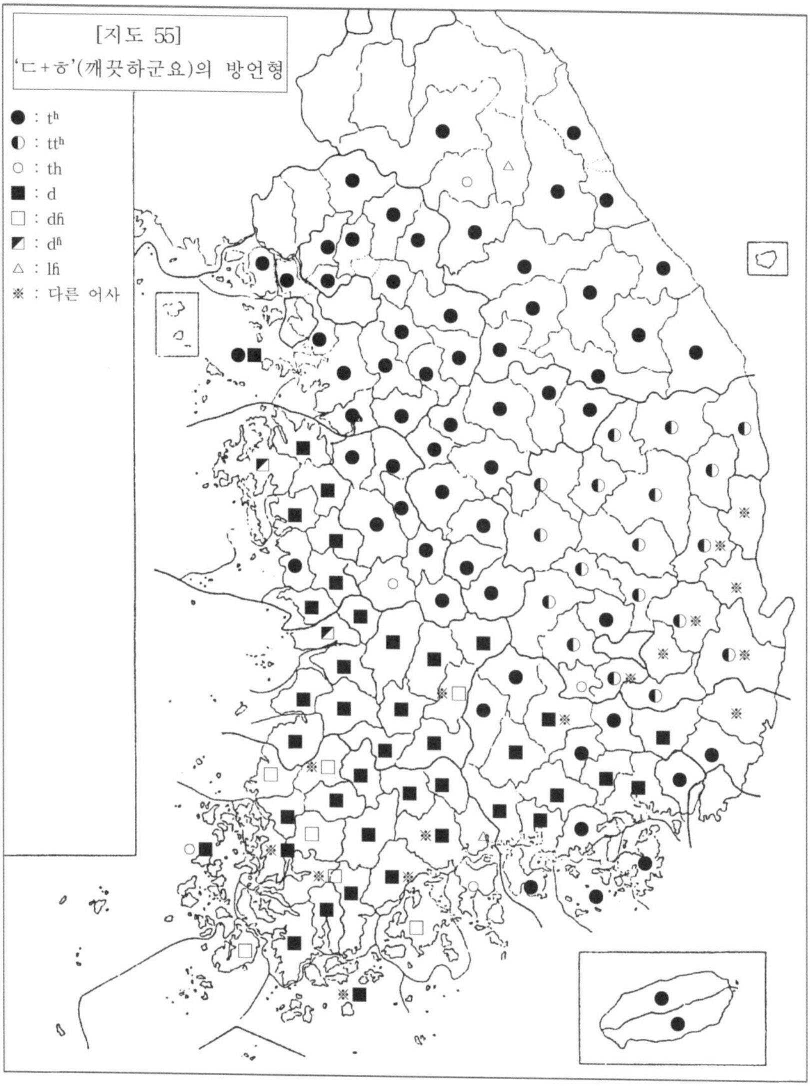

[지도 55]
'ㄷ+ㅎ'(깨끗하군요)의 방언형

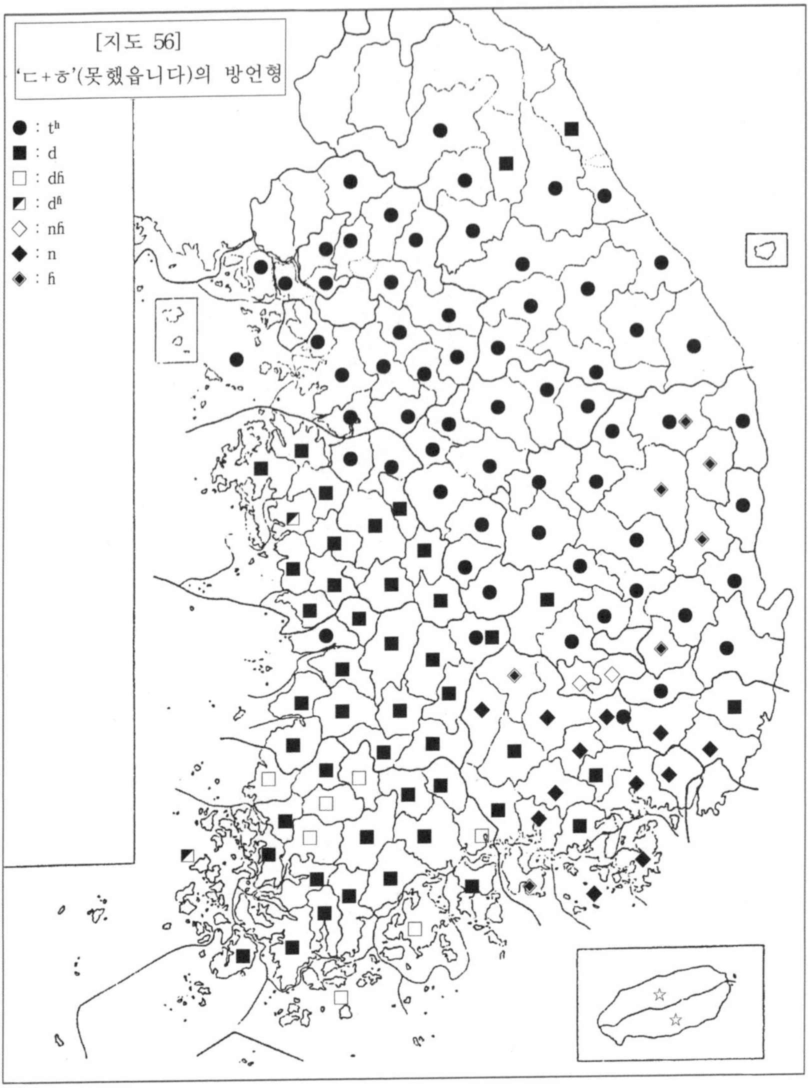

[지도 56]
'ㄷ+ㅎ'(못했읍니다)의 방언형

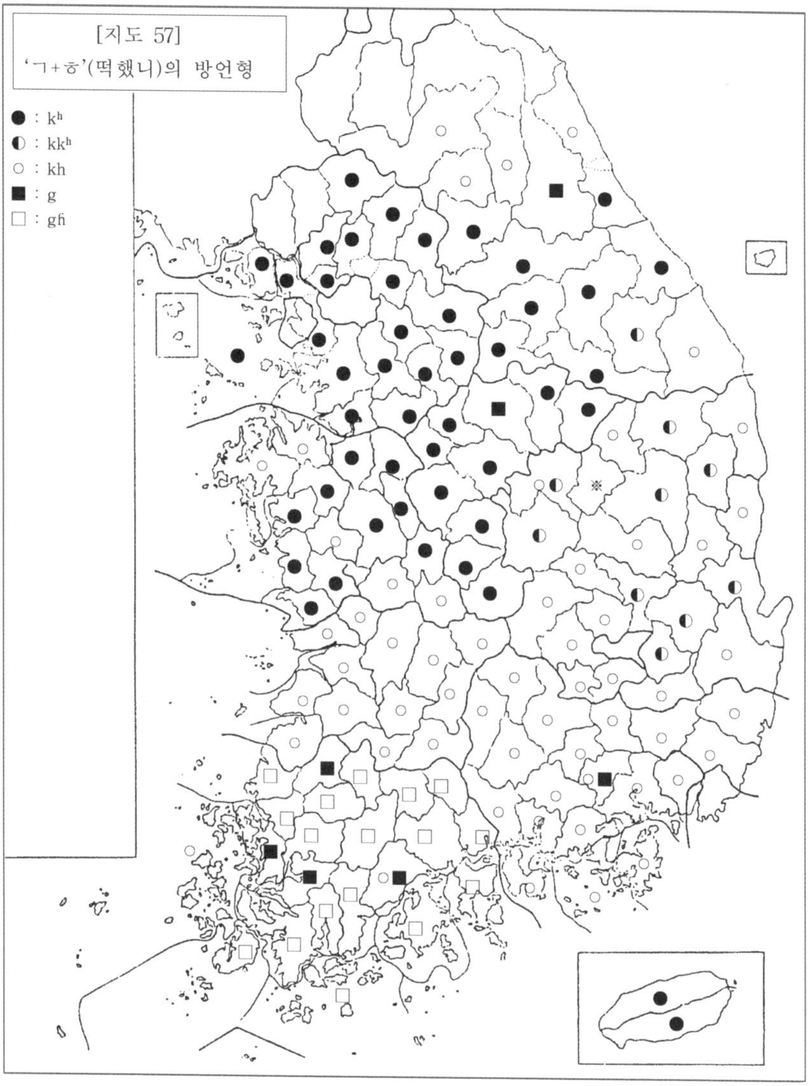
[지도 57]
'ㄱ+ㅎ'(떡했니)의 방언형
● : kʰ
◐ : kkʰ
○ : kh
■ : g
□ : gɦ

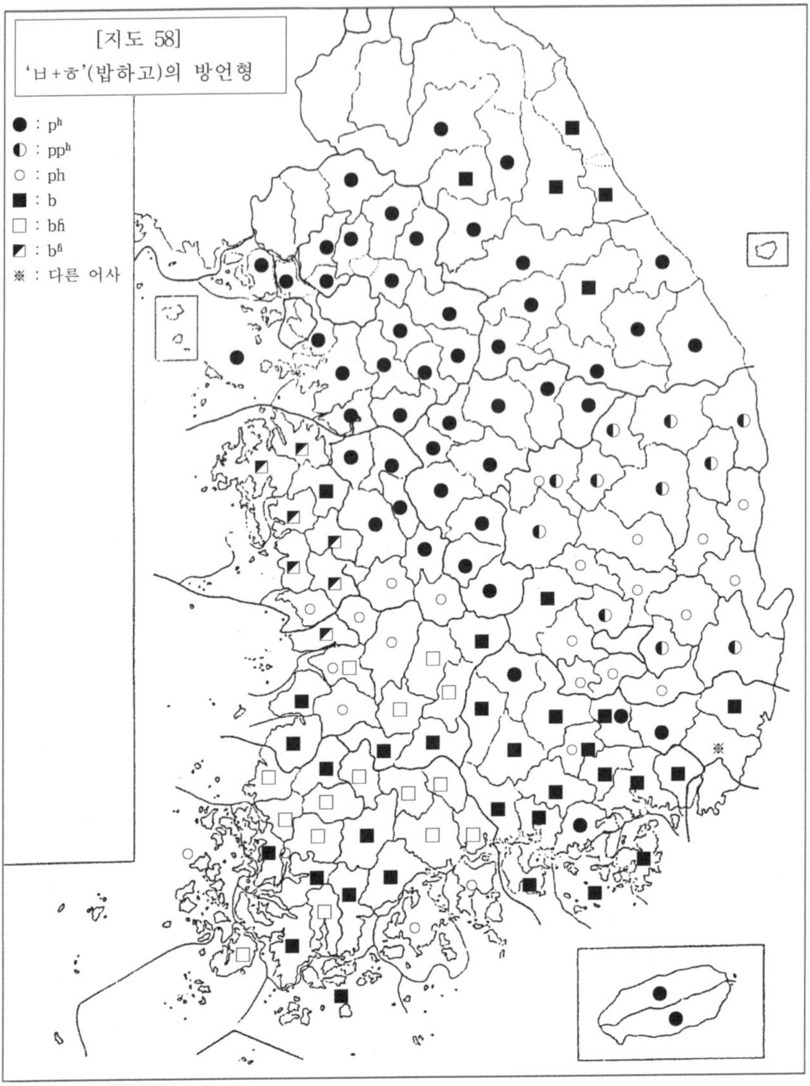
[지도 58]
'ㅂ+ㅎ'(밥하고)의 방언형
● : pʰ
◐ : ppʰ
○ : ph
■ : b
□ : bɦ
◪ : bᶠ
※ : 다른 어사

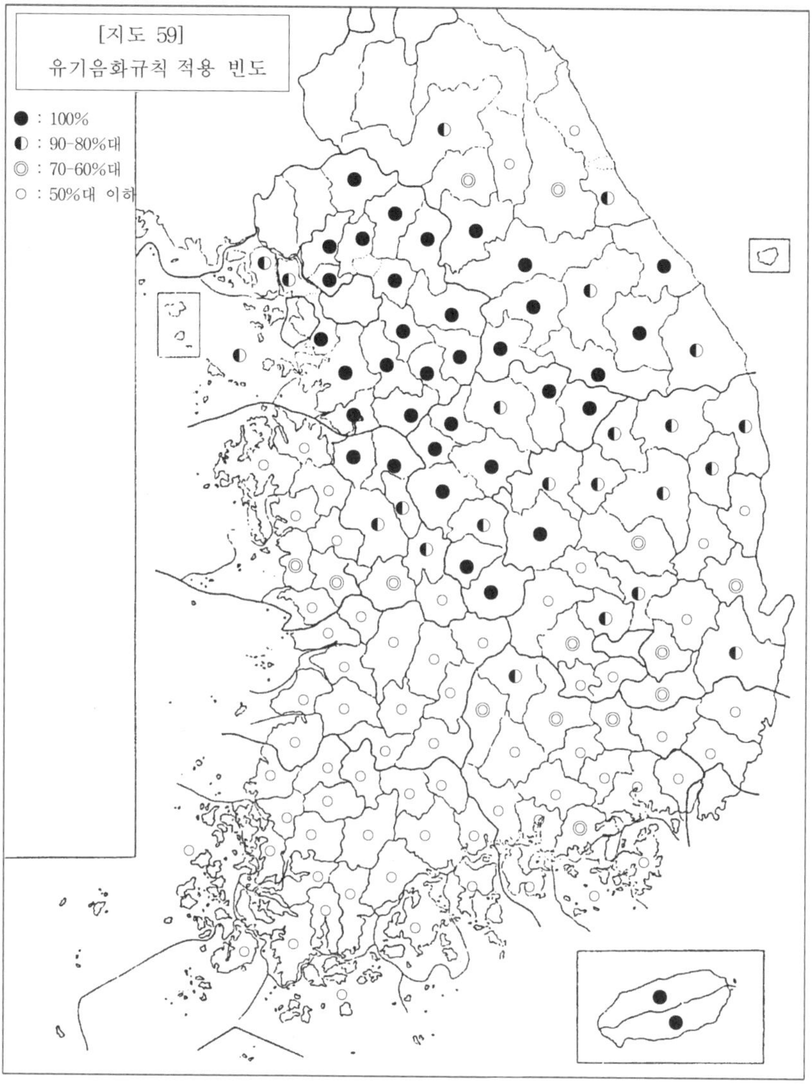
[지도 59]
유기음화규칙 적용 빈도
● : 100%
◐ : 90-80%대
◎ : 70-60%대
○ : 50%대 이하

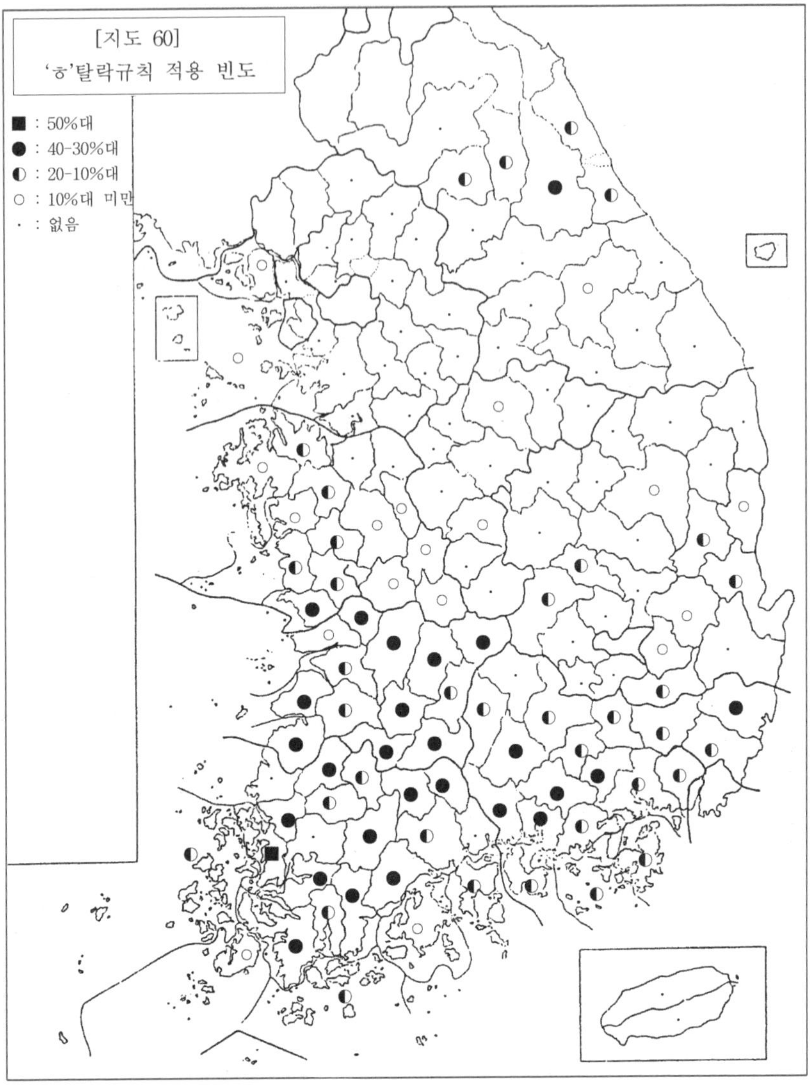
[지도 60]
'ㅎ'탈락규칙 적용 빈도
■ : 50%대
● : 40-30%대
◐ : 20-10%대
○ : 10%대 미만
· : 없음

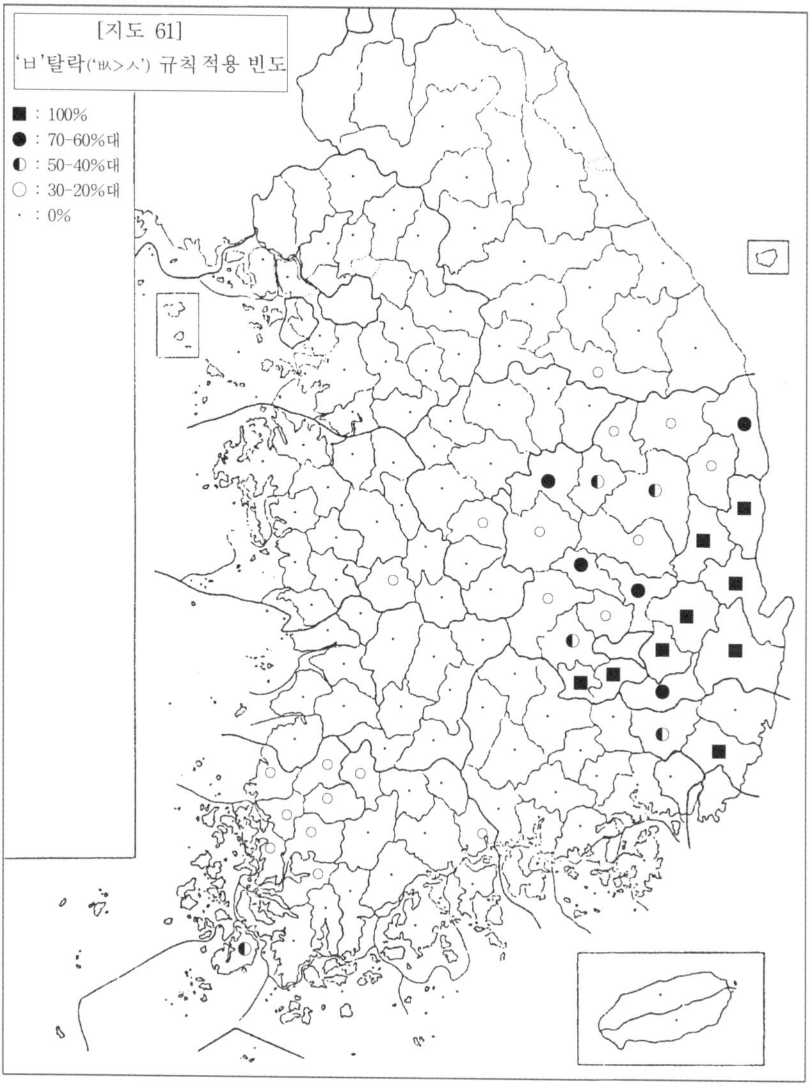

[지도 61]
'ㅂ'탈락('ㅄ>ㅅ') 규칙 적용 빈도
■ : 100%
● : 70-60%대
◐ : 50-40%대
○ : 30-20%대
· : 0%

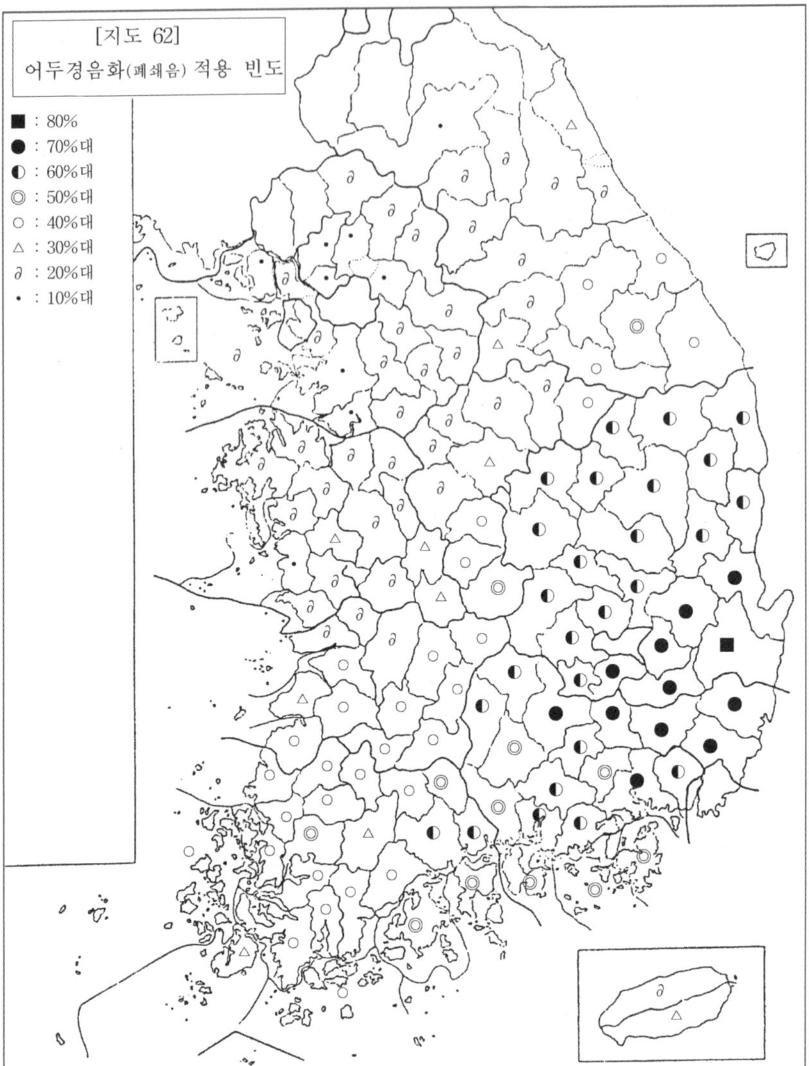
[지도 62]
어두경음화(폐쇄음) 적용 빈도
■ : 80%
● : 70%대
◐ : 60%대
◎ : 50%대
○ : 40%대
△ : 30%대
∂ : 20%대
• : 10%대

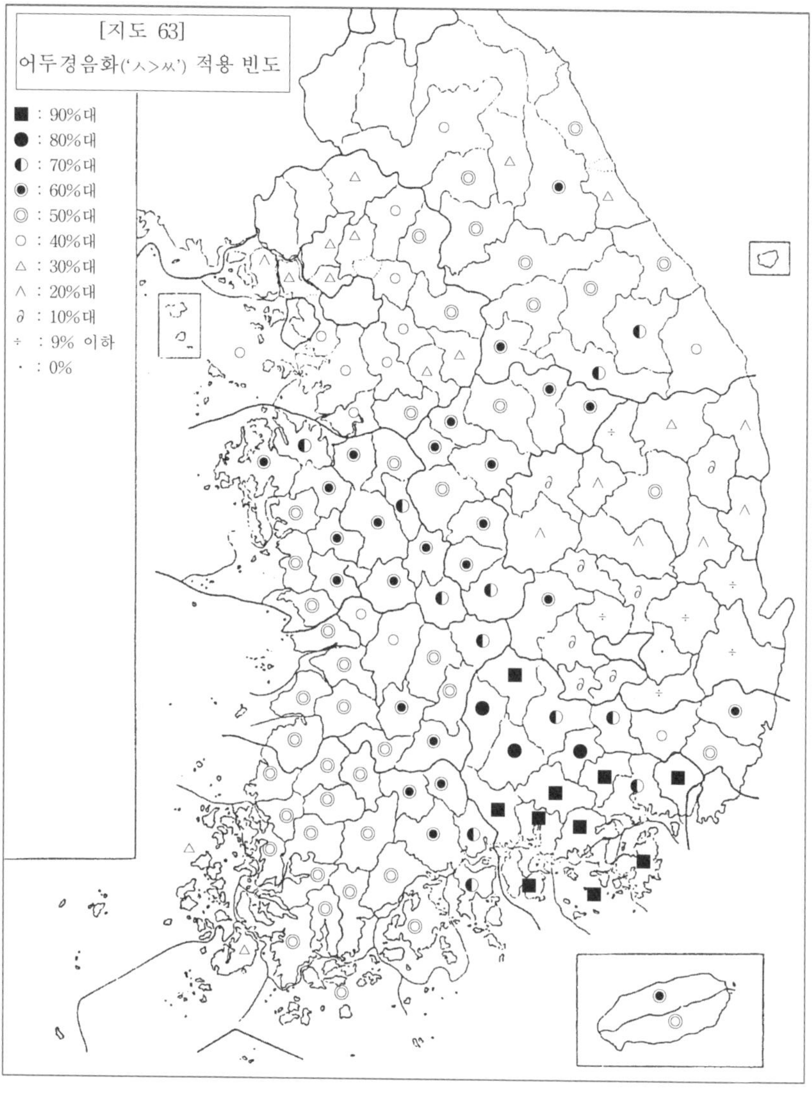
[지도 63]
어두경음화('ㅅ>ㅆ') 적용 빈도
■ : 90%대
● : 80%대
◐ : 70%대
◉ : 60%대
◎ : 50%대
○ : 40%대
△ : 30%대
∧ : 20%대
∂ : 10%대
÷ : 9% 이하
· : 0%

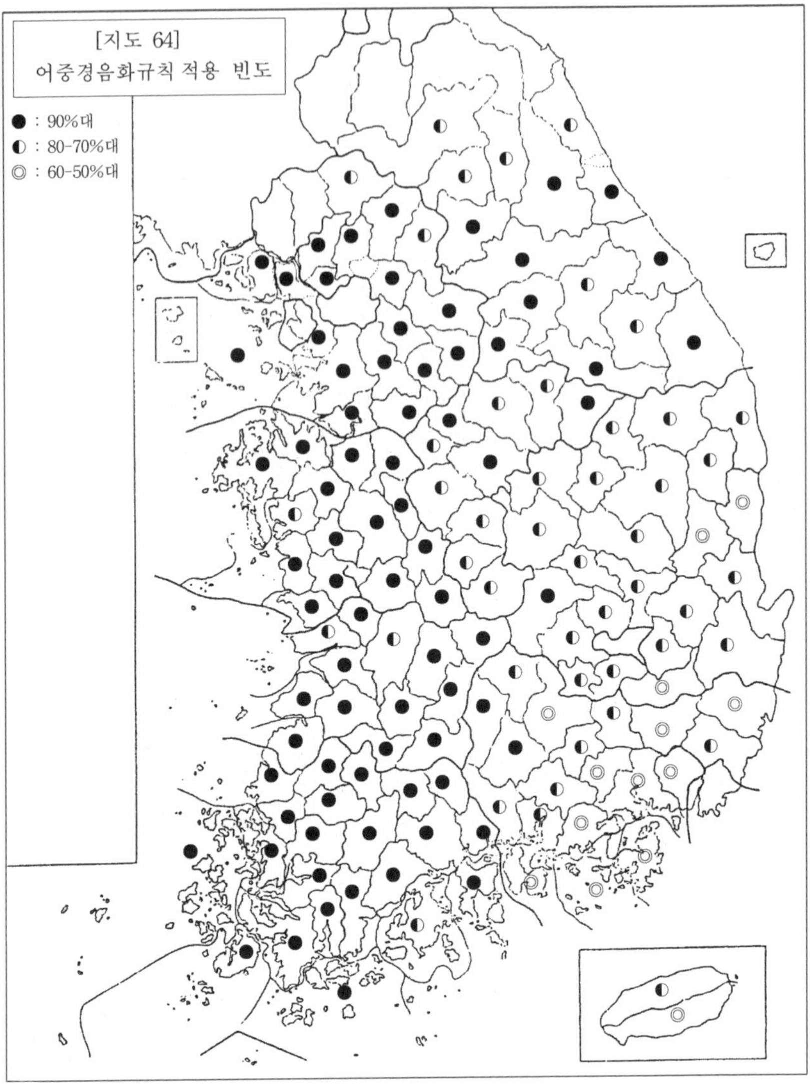
[지도 64]
어중경음화규칙 적용 빈도
● : 90%대
◐ : 80-70%대
◎ : 60-50%대

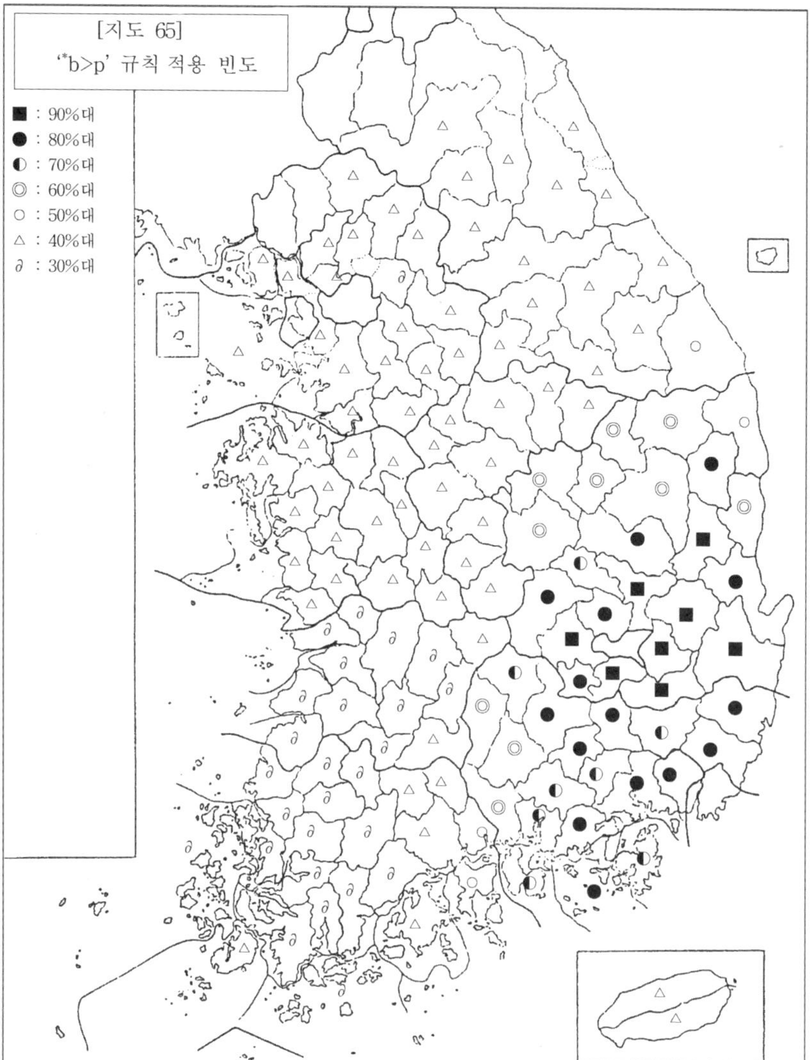
[지도 65]
'*b>p' 규칙 적용 빈도
■ : 90%대
● : 80%대
◐ : 70%대
◎ : 60%대
○ : 50%대
△ : 40%대
∂ : 30%대

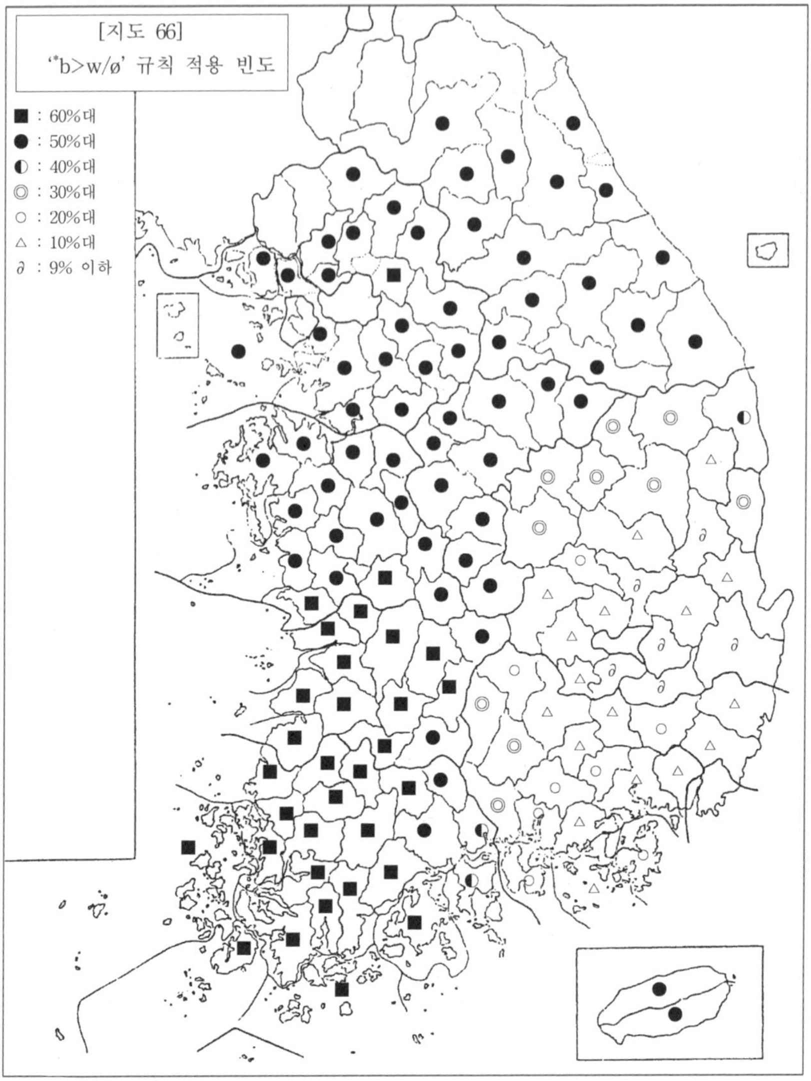
[지도 66]
'*b>w/ø' 규칙 적용 빈도
■ : 60%대
● : 50%대
◐ : 40%대
◎ : 30%대
○ : 20%대
△ : 10%대
∂ : 9% 이하

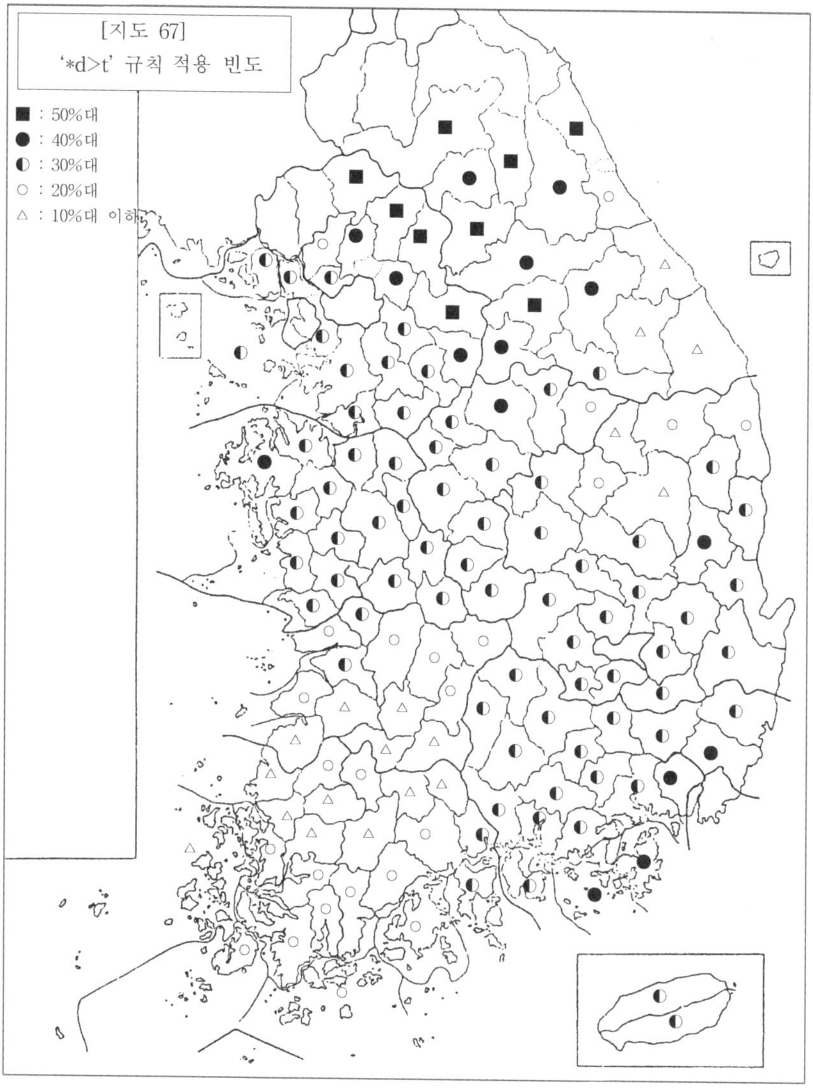
[지도 67]
'*d>t' 규칙 적용 빈도
■ : 50%대
● : 40%대
◐ : 30%대
○ : 20%대
△ : 10%대 이하

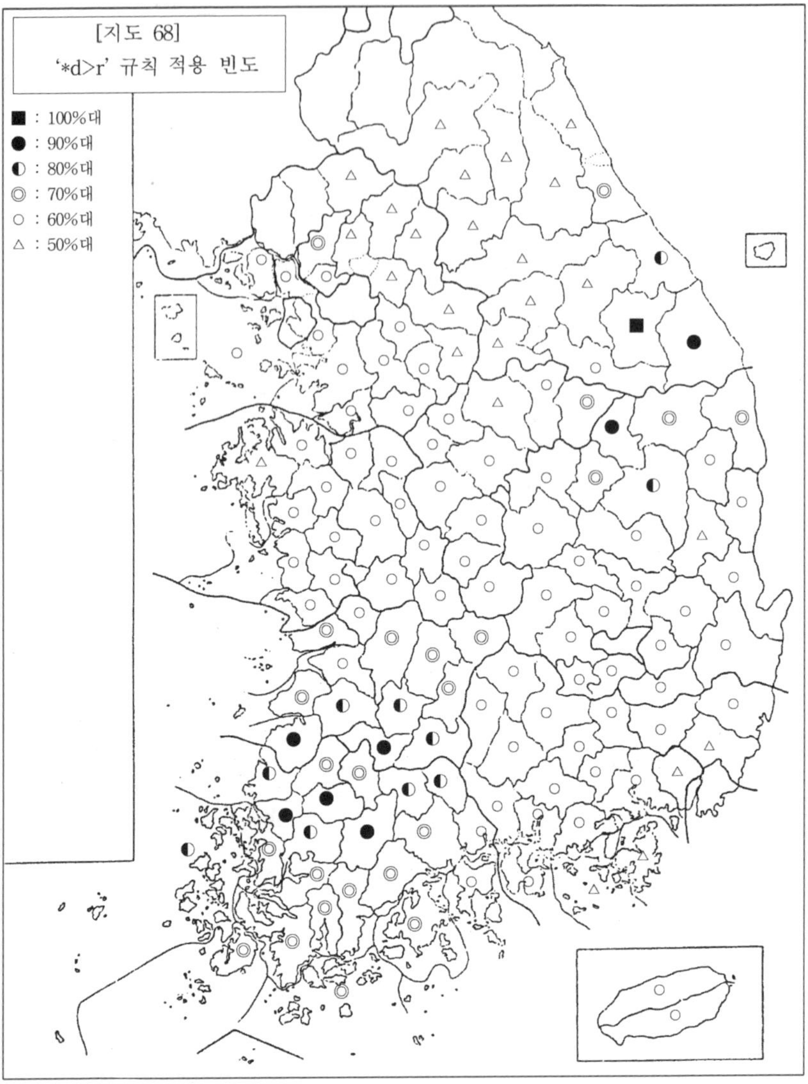

[지도 68]
'*d>r' 규칙 적용 빈도

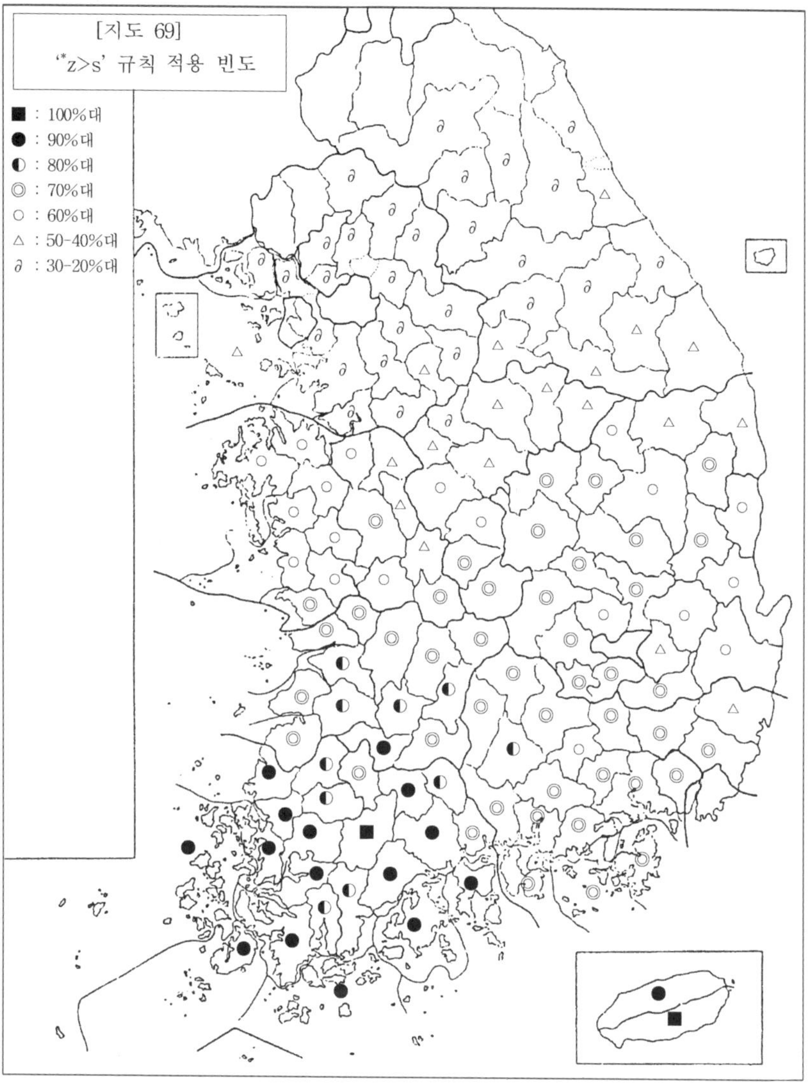
[지도 69]
'*z>s' 규칙 적용 빈도
■ : 100%대
● : 90%대
◐ : 80%대
◎ : 70%대
○ : 60%대
△ : 50-40%대
∂ : 30-20%대

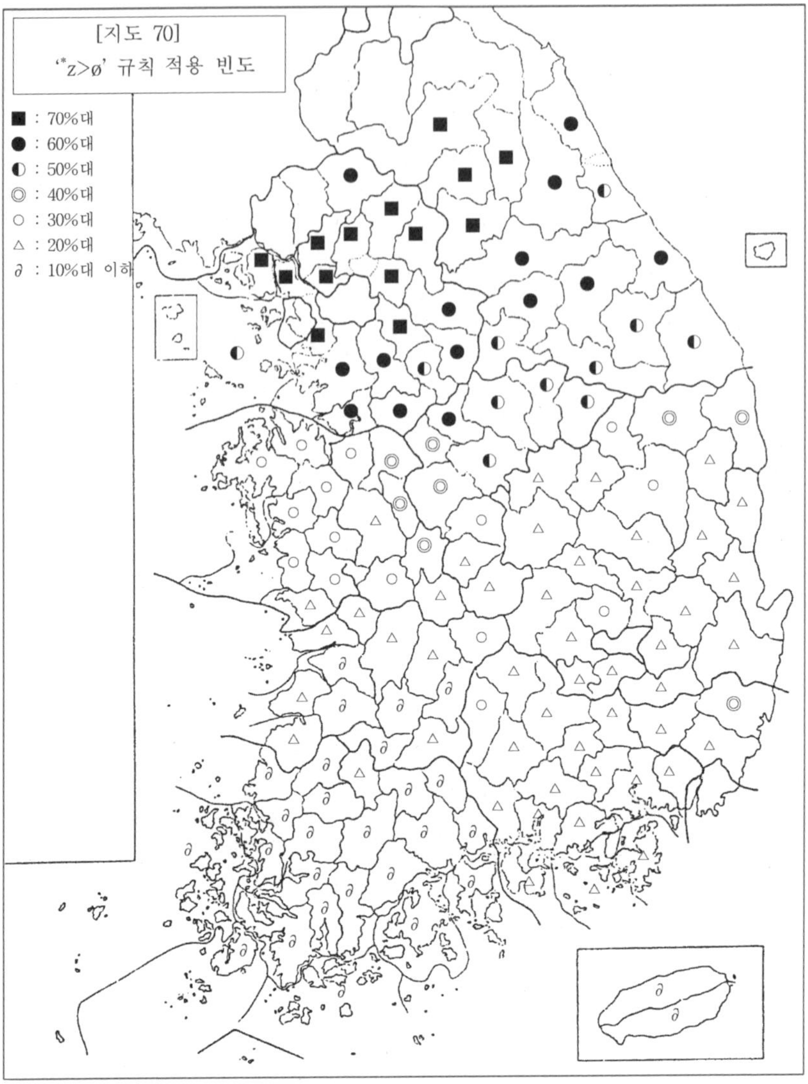
[지도 70]
'*z>ø' 규칙 적용 빈도
■ : 70%대
● : 60%대
◐ : 50%대
◎ : 40%대
○ : 30%대
△ : 20%대
∂ : 10%대 이하

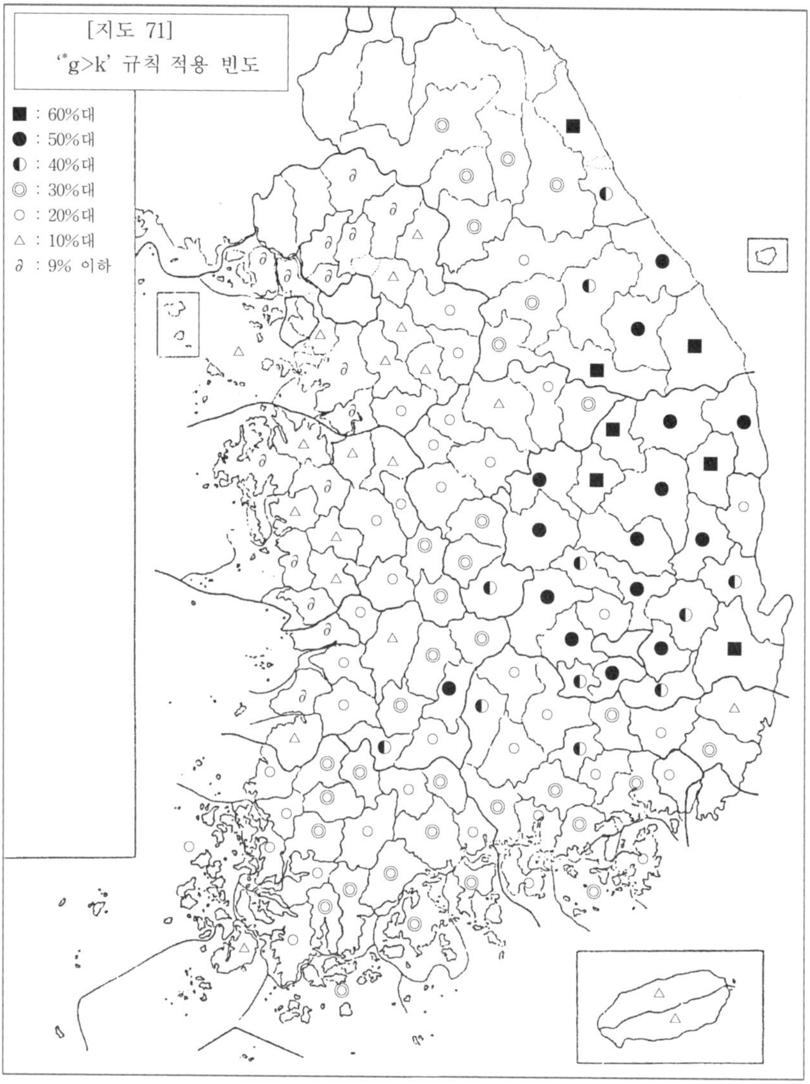
[지도 71]
'*g>k' 규칙 적용 빈도
■ : 60%대
● : 50%대
◐ : 40%대
◎ : 30%대
○ : 20%대
△ : 10%대
∂ : 9% 이하

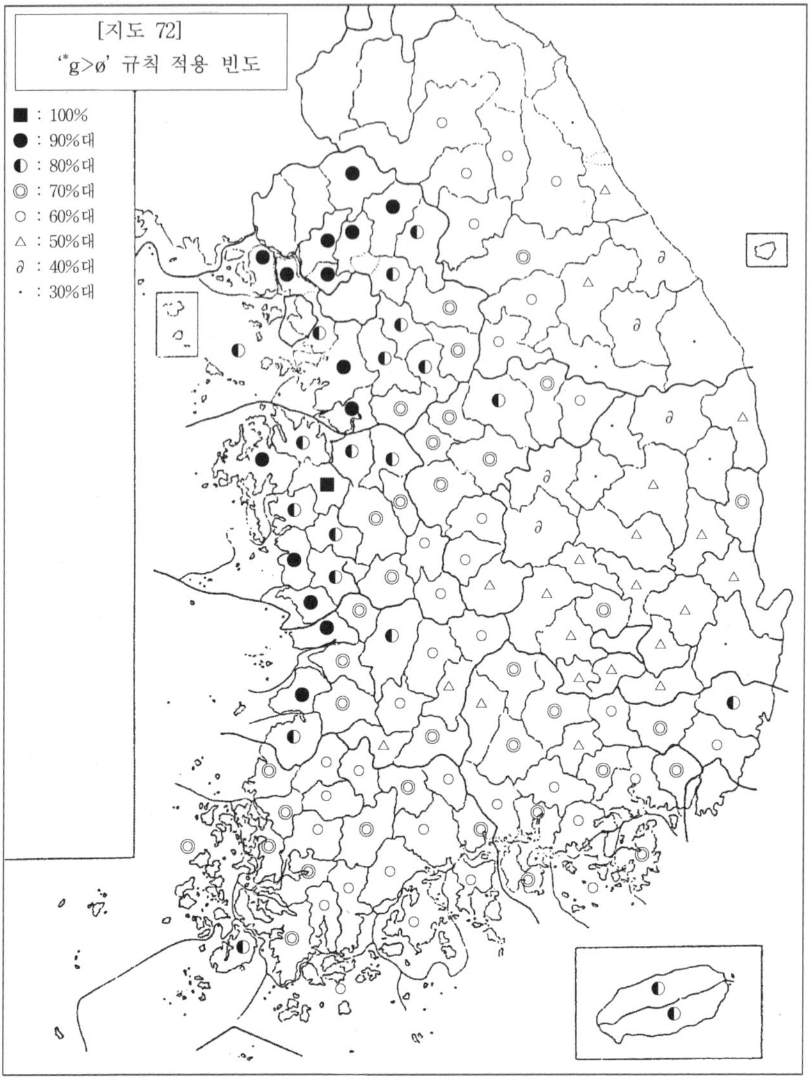
[지도 72]
'*g>ø' 규칙 적용 빈도
■ : 100%
● : 90%대
◐ : 80%대
◎ : 70%대
○ : 60%대
△ : 50%대
∂ : 40%대
· : 30%대

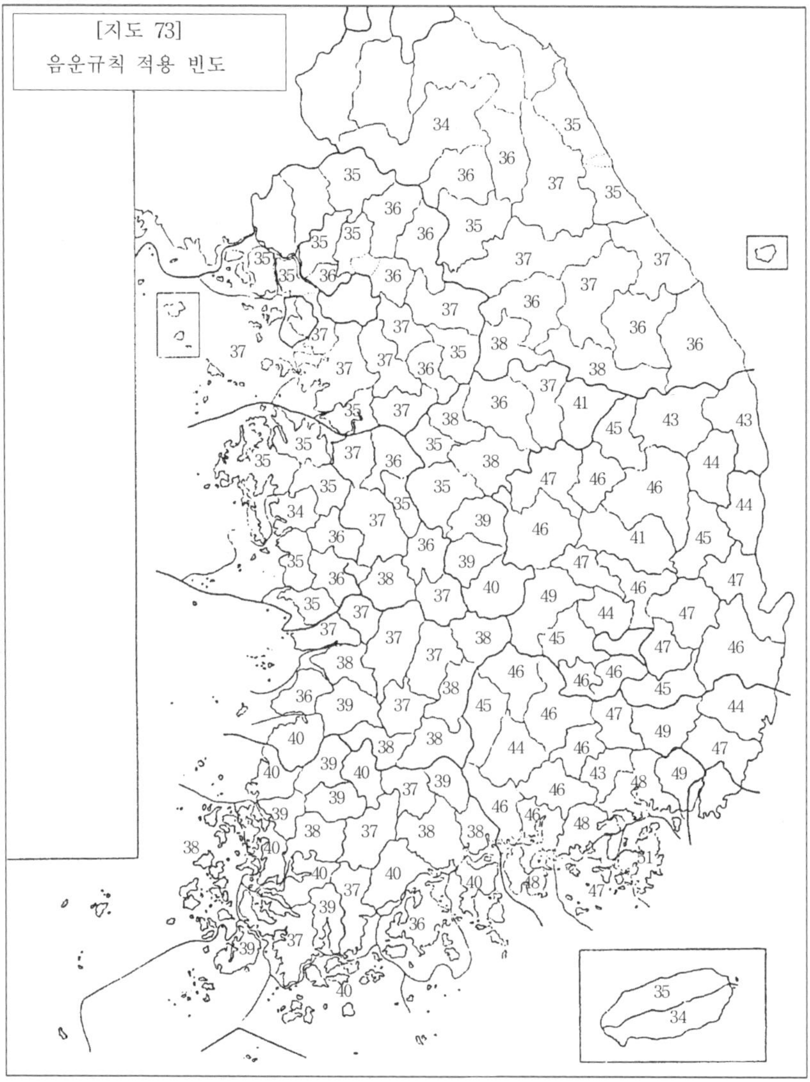

[지도 73]
음운규칙 적용 빈도

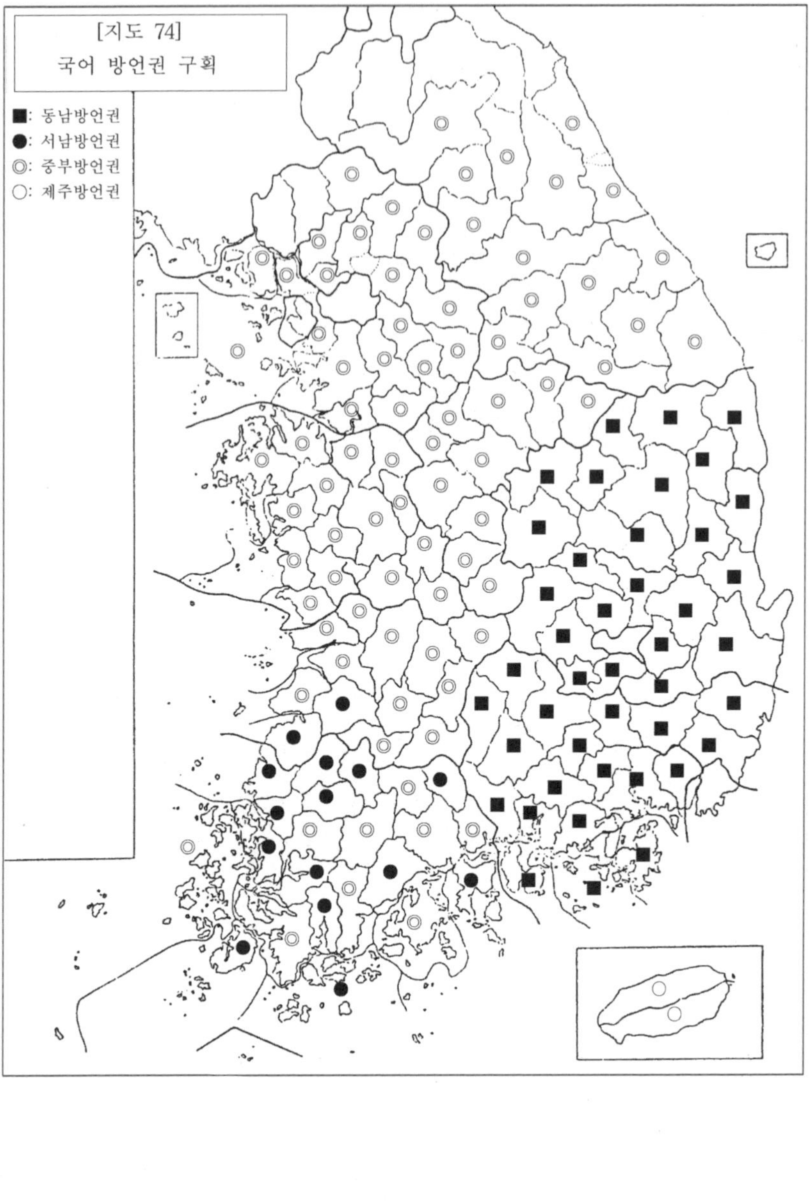
[지도 74]
국어 방언권 구획
■: 동남방언권
●: 서남방언권
◎: 중부방언권
○: 제주방언권

[부론] 울릉도 지역의 방언에 대한 실태 조사(음운편)

Ⅰ. 서론[1)]

1) 본 연구는 울릉도 지역에서 사용되고 있는 언어의 실태를 조사하여 그 음운론적 정체성을 규명하는 데 목적이 있다.

한 민족의 언어는 그 민족정신의 소산으로서 그 속에는 그 민족의 오랜 역사와 문화가 어리어 있음은 주지하는 바와 같다. 그렇다면, 한 지역의 언어적 특징을 드러내는 지역방언 속에는 그 지역 주민의 오랜 전통과 문화가 담겨 있을 것임은 두말 할 필요가 없다. 뿐만 아니라, 이 방언은 지역 주민들 사이에 친근감을 불러일으키고 주민 상호간의 단결을 조장하여 애향심을 불러일으키기도 한다. 지역 방언이 가진 이러한 순기능들을 고려할 때, 울릉도 지역 주민들의 자기들 방언에 대한 정체성의 확인은 울릉도의 발전은 물론이고, 그 부속 도서인 독도의 개발 보전에도 더욱 단결된 힘을 보여 줄 원동력이 될 것으로 기대된다.

---

* "이 논문은 1997년 한국학술진흥재단의 공모과제 연구비에 의하여 연구되었음."

** 오종갑(1998b)에서는 울릉도 천부리의 언어를 음운론적으로 연구한 바 있다. 본 연구에서도 천부리의 경우에는 앞의 논문에서 이용한 방언 자료를 그대로 이용하였으며, 천부리의 음운현상과 관련된 부분에서는 부분적으로 일치하는 내용이 있음을 밝혀 둔다.

1) 본고에서 사용되는 술어 '울릉도 방언'은 전통적 지역 방언학의 입장에서 보아 울릉도 지역이 하나의 독립된 방언권을 형성하기 때문에 붙여진 명칭이 아니다. 다만 표준어에 대립되는 용어로서 울릉군에서 그 주민들이 사용하고 있는 언어라는 의미를 지니고 있다.

울릉도 지역의 방언에 대해서는 1973년 고려대학교 민속언어조사단에서 행한 간략한 낱말 조사 자료와 『鬱陵郡誌』(362-370쪽)에 수록된 약간의 어휘 조사 자료가 있으나 본격적인 조사・연구는 이루어진 적이 없다. 한국정신문화연구원에서 실시한 전국방언조사에서도 울릉도 지역은 제외되어 있다. 이러한 연유로 우리는 우리나라 주요 섬들 가운데 하나이고 유명한 관광지이며 일만 명 이상의 우리 국민이 살고 있는 울릉도에 대해, 적어도 방언학적 입장에서는, 어떠한 공식적인 언급도 할 수 없는 상태에 놓여 있다.

울릉도는 오랫동안 空島로 남아 있다가 육지의 주민들이 이주하여 살기 시작한 기간은 110여 년에 지나지 않는다고 한다.[2)] 이처럼 짧은 기간은, 방언학적으로 볼 때, 독자적인 방언권이 형성될 수 있는 충분한 기간이 될 수 없으며, 이러한 이유로 울릉도 지역어는 전통적인 지역 방언학의 연구 대상이 되지 못한다. 그렇다고 하더라도 그것이 국어의 일부를 구성하고 있는 실체인 이상, 그 학문적 관점이 무엇이건 간에, 국어학의 발전이라는 처지에서도 그냥 방치해 둘 대상이 아님은 자명하다.

2) 鬱陵島 沿革을 『鬱陵郡誌』(40-45쪽, 105-106쪽)에 의거하여 간략히 살펴보면 다음과 같다.

512년 新羅 智證王 13년 異斯夫가 于山國을 征伐함
930년 高麗 太祖 13년 芋陵島의 使節이 麗朝에 貢物을 바침
1157년 高麗 毅宗 11년 羽陵島에 空島 政策 실시
1417년 朝鮮 太宗 17년 鬱陵島 居民을 모두 本土로 刷出
1438년 朝鮮 世宗 20년 武陵島 居民 男女 66명을 刷出
1696년 朝鮮 肅宗 22년 日本 德川幕部가 鬱陵島가 朝鮮의 영토임을 확인
1697년 朝鮮 肅宗 23년 定期巡察制 실시
1882년 朝鮮 高宗 19년 開拓令 頒布(島長制)
1883년 朝鮮 高宗 20년 本土 募民 16戶 54名을 移住시킴
1900년 朝鮮 光武 4년 郡制 실시, 江原道 鬱陵島를 鬱島郡으로 改稱
1907년 朝鮮 隆熙 1년, 慶尙南道 管轄
1914년 慶尙北道 管轄
1915년 島司制 실시(鬱陵島)
1949년 郡制 실시(鬱陵郡)
1998년 현재 鬱陵郡의 行政區域은 1個邑, 2個面, 1個面出張所에 26個里이며, 全體 3.922세대에 주민수는 10,712 명임.

110여 년의 세월은, 비록 이주민 일세대에서는 자기들 출신지의 말을 그대로 사용하고 있다고 하더라도, 그 2세대들 혹은 3세대들은 서로간의 교류로 언어에 혼효를 일으킬 수 있고, 그 결과 1세대 출신지의 언어(이하에서는 '원적지 방언'으로 부르기로 함.)에 다소의 변화를 가져올 수 있는 충분한 기간이 될 것이다. 따라서 이 기간 동안에 이루어진 언어의 변화 방향과 그 정도를 탐색해 보는 작업의 필요성은 절실하다고 하겠다.

육지의 여러 지역에서 각기 다른 방언을 말하던 주민들이 하나의 섬으로 이주하여 1세기가 넘는 기간 동안 살아오고 있다는 사실에서, 비록 독자적인 체계의 방언이 완전히 형성되어 있지는 않다고 하더라도, 그와 같은 변화의 방향과 진전의 단계는 어느 정도 파악할 수 있으리라고 판단된다. 이러한 관점에서 울릉도 지역의 방언은 국어 방언학 분야에서도 결코 그 가치를 무시할 수 없는 대상이 되리라고 본다.

최근의 국내·외적 상황으로, 독도나 울릉도 등 동해의 도서 지역에 대한 관심이 무척 높아지고 있다. 일본에는 독도에 대해 연구하는 기관이나 연구소와 같은 단체가 3,000개가 넘는다고 한다. 이와 같은 점을 고려하면, 우리 국어학계가 그 동안 일만 명이 넘는 국민이 살고 있는 울릉도 지역의 언어에 대해서 너무 무관심했다는 생각을 지울 수 없다. 비록 울릉도 지역의 방언이 독자적인 체계를 형성하고 있지는 않다고 하더라도, 그것이 어떠한 상태에 있는지, 어떠한 방향으로 변화해 가고 있는지, 어느 지역의 방언이 방언 통합의 주도적 위치에 있는지 등에 대해서는 지속적인 관심을 가질 필요가 있는 것이다.

2) 본 연구의 목적은, 첫째, 울릉도에 이주한 후 경과된 세대수와 원적지 방언의 유지에 어떠한 상관관계가 있는지를 밝히고, 둘째, 울릉도 방언이 완전한 형태는 아니지만 어느 정도로 정착되었는지를 밝히는 데 있다. 그런데, 첫째의 목적을 효과적으로 달성하기 위해서는, ① 먼저 이주 1세대의 원거수지에 따라 제보자들을 몇 개의 그룹으로 나누고, 각 그룹 안에서 다시 이

주 후 경과된 세대수별로 제보자를 구분하여 방언 자료를 수집하고, ② 수집된 방언 자료를 각각의 원적지 방언 자료와 비교하여 그 異同을 밝히는 작업이 필요하다.

둘째의 목적을 달성하기 위해서는, ① 노년층 그룹은 노년층 그룹대로 조사된 자료를 비교하고, 소년층 그룹은 소년층 그룹대로 조사된 자료를 비교하여, 노년층 세대에서 정착된 울릉도 방언형들과 소년층 세대에서 정착된 울릉도 방언형들을 확정하고, ② 다시 노년층 그룹에서 확정된 방언형들과 소년층 그룹에서 확정된 방언형들을 비교하는 작업이 필요하다. 이 단계에 이르면 울릉도 지역 방언의 형성 정도와 세대별 언어 차이까지 드러나게 된다.

그러나 본 연구에서는 짧은 연구 기간과 제보자 선정의 제약 때문에 원적지 방언에 차이가 있는 다섯 사람의 제보자를 선정하되, 노년층에서는 이주 3세대인 세 사람의 제보자를, 소년층에서는 이주 4세대와 6세대에서 각 한 사람씩의 제보자를 선정하여 방언 자료를 수집하였다. 그리고 방언조사 질문지는 한국정신문화연구원에서 간행한 『한국방언조사질문지』를 이용하였으며, 원적지 방언 자료 역시 한국정신문화연구원의 『한국방언자료집』에 실린 자료를 그대로 이용하였다.

3) 조사지점으로는 북면 천부리, 서면 태하리, 그리고 울릉읍 저동리 등 세 곳을 선정하였다. 이렇게 세 지역을 선정한 이유는 울릉군이 1개 읍과 2개 면으로 구성되어 있기 때문에 혹시 있을지도 모르는 지역적인 방언의 차이를 염두에 두었기 때문이다. 각 면과 읍에서 선정된 마을을 개관하면 다음과 같다.

천부리를 선정한 것은 다른 지역보다 비교적 오래된 마을이고, 또 교통이 불편하여[3] 외지인의 왕래가 적은 마을이기 때문에 주민들 사이의 언어적

3) 울릉도에는 아직까지 섬 일주도로가 완전히 개통되지 않았다. 그래서 천부리로 들어가기 위해서는 저동에서 도선을 이용하여 섬목에서 하선하고, 다시 버스로 천부까지 가야

동질성이 보다 빨리 형성되었으리라는 가정 때문이었다.[4] 천부리는 4개 리로 구성되어 있다. 그 중 천부1리(가구수 : 249가구, 주민수 : 655명)에서 소년층의 제보자를 선정하였는데, 이 마을은 半農半漁 地域이라 할 수 있다. 그리고 천부2리(가구수 : 20가구, 주민수 : 42명)에서 노년층의 제보자를 선정하였는데, 이 마을은 천부 1리에서 약 1km 정도 떨어진 곳으로 약초 및 잡곡 등의 재배를 주로 하는 농촌 마을이라 정착성이 강하다. 동일 지역에서 제보자를 선정하지 않은 것은 적절한 제보자를 구할 수 없었기 때문이다.[5]

태하리는 태하 1리(가구수 : 194가구, 주민수 : 533명)와 태하 2리(가구수 : 32가구, 주민수 : 67명)의 2개 리로 구성되어 있다. 태하 1리는 개척 당시 本島의 군청 소재지였으나 1914년 군청이 도동으로 이전됨에 따라 서면에 속하게 되었으며, 이곳에는 울릉도 수호신을 모신 聖霞神堂이 있어 出漁 때나 새로 배를 만들면 반드시 이곳에서 祭祀를 올린다고 한다. 태하 2리는 현포라고도 불리는데 원래는 북면에 속하였으나 1914년 태하동에 합병되어 현재에 이르고 있다. 그리고 주민들의 생업은 어업과 농업이며, 농업의 경우는 산채밭을 경작하는 밭농사가 주종을 이루고 있다. 본 연구에서는 태하 1리에서 노소년층의 제보자를 함께 선정하였다.

저동리는 1리(가구수 : 526가구, 주민수 : 1552명), 2리(가구수 : 118가구, 356명), 3

하는 불편함이 있다. 그러나 어느 정도의 풍랑만 있어도 도선이 운항되지 않기 때문에 그 왕래의 불편함은 육지에서는 도저히 느낄 수 없는 것이었다.

4) 천부리를 조사지점으로 선정함에 있어서 한영균(1984)가 크게 참고가 되었다.

5) 『鬱陵郡誌』(99쪽)에 의하면, 천부1리는 옛船艙, 倭船艙으로도 불리고, 천부2리는 本天府로도 불리는데, 그 내력을 다음과 같이 설명하고 있다.

옛船艙, 倭船艙 : 조선시대에 왜놈들이 이곳에서 배를 만들고 고기를 잡고 이 섬의 珍樹貴木을 도벌하여 가져갔기 때문에 왜선창이라고도 하고, 또 옛날부터 선창이었다는 뜻에서 옛선창이라고도 하였으나 그 후 동명을 天府라고 하였다.

本天府 : 開拓民들이 이곳에 와서 보니 숲이 울창하여 사방의 地勢를 알 수 없었다. 그래서 한 곳에서 나무를 베어 보니 사람이 살기 좋고 지역도 평평하여 天府之地라 하여 天府라고 하였으나 後에 행정동명 제정 당시 倭船艙을 천부라 하였기 때문에 이곳을 본래의 천부라고 하여 本天府라고 하였다.

리(가구수 : 35가구, 주민수 : 88명)의 3개 리로 구성되어 있는데, 울릉도 내에서는 교통이 편리하고 어업전진기지(행정구역상 도동 3리에 속함.)가 설치되어 있는 어항으로서 외부인의 왕래가 잦은 곳이며, 주민들은 주로 어업에 종사하고 있다. 본 연구에서는 저동 1리에서 노년층의 제보자를 선정하였다.

조사지점을 지도에 표시하면 다음과 같다.

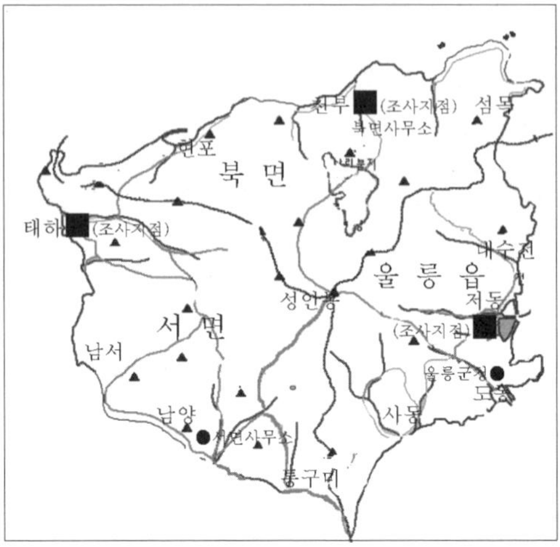

4) 선정된 제보자는 천부리의 남재권 씨, 김현미 양, 태하리의 김남표 씨, 정혜진 양, 저동리의 김창수 씨 등 다섯 명인데, 이 분들에 대해 간략히 소개하면 다음과 같다.

남재권 씨(60세)는 천부리의 노년층 제보자로서, 남씨의 曾祖父(경북 경주군 외동면 출신)가 祖父를 낳아 가지고 울릉도로 이주하였다고 한다. 그리고 父는 울릉도 태생이며 祖母와 母도 울릉도 태생이라고 한다. 남씨 역시 울릉도 태생임은 말할 필요도 없다. 그러므로 남씨의 경우는 이주 3세대이면서 胎生 2세대이다. 남씨는 울릉수산고등학교(현재의 울릉종합고등학교)를 졸업하였으며 농업에 종사하고 있다.

김현미 양(19세)은 천부리의 소년층 제보자로서, 김양의 高高祖父(경남 울주군 언양 출신)가 울릉도로 이주하였으며(이분의 선산이 울릉도에 있다고 함.), 高祖父, 曾祖父, 祖父, 父는 모두 울릉도 태생이다. 그리고 김 양의 高祖母는 강원도 삼척 출신이고, 曾祖母, 祖母 및 母는 모두 울릉도 태생이며, 김 양의 外祖父는 경남 밀양에서 울릉도로 이주하였다고 한다. 그러므로 김 양의 경우는 울릉도 이주 6세대이면서 태생으로는 5세대에 해당된다. 김 양은 현재 울릉종합고등학교 3학년에 재학 중이다.

김남표 씨(72세)는 태하리의 노년층 제보자로서, 김 씨의 조부가 10대 소년시절에 울릉도로 이주하였으며, 조모는 조부보다 먼저 이주하였는데, 당시의 나이는 7세였다고 한다. 그리고 부와 모는 다 같이 울릉도 태생이며, 김 씨와 김 씨의 부인 역시 울릉도 태생이다. 그러므로 김 씨는 울릉도 이주 3세대이면서 태생 2세대에 해당된다. 김 씨는 일제 때 보통학교를 졸업하였으며 현재 농업에 종사하고 있다.

정혜진 양(16세)은 태하리 소년층 제보자로서, 정 양의 증조부(경북 영덕 출신)가 울릉도로 이주하였고, 조부와 조모, 부와 모는 다 같이 울릉도 태생이며, 정 양 역시 울릉도 태생이다. 그러므로 정 양은 이주 4세대이면서 태생 3세대에 해당된다. 정 양은 현재 울릉중학교 태하 분교 3학년에 재학 중이다.

김창수 씨(77세)는 저동리의 노년층 제보자로서, 증조부(경남 밀양 출신)가 김 씨의 조부가 20세 되던 해에 울릉도로 이주하였고, 부와 모는 다 같이 울릉도 태생이며, 김 씨 역시 울릉도 태생이다. 김 씨는 특별히 교육을 받은 바는 없고 현재 농업에 종사하고 있다.

5) 본 연구를 위한 자료조사는, 천부리의 경우는 1998년 1월 13일부터 17일까지 5일 동안에 이루어졌고, 태하리의 경우는 1998년 2월20일에서 24일까지 5일 동안 이루어졌으며, 저동의 경우는 1998년 4월 25일부터 28일까지 4일 동안에 이루어졌다. 그리고 1998년 4월 11, 12일과 1998년 7월 24, 25일에 전화에 의한 확인조사가 있었다.

Ⅱ. 음운체계

1. 음소체계

1) 자음체계

『한국방언자료집』에는 자음체계 수립을 위한 별도의 자료편이 제시되어 있지 않다. 그래서 여기서는 <부록>에 실린 자료 전체를 대상으로 각 방언의 자음목록을 작성하고 그것들을 비교함으로써 원적지 방언과 울릉도 방언 사이에 어느 정도의 차이가 있는지 살펴본 다음 다시 울릉도에서 자음이 어느 정도로 정착되었는지 살펴보기로 한다.

(1) 원적지 방언과의 비교

경주 : 천부(老), 명주 : 태하(老), 밀양 : 저동(老), 울주 : 천부(少), 영덕 : 태하(少)에서는 다 같이 그들의 자음목록에 p, p', p^h, m, t, t', t^h, s, n, r, č, č', $\check{c}^h$, k, k', k^h, ŋ, h 등의 18개가 포함되어 상호간에 차이가 없다. 다만, s'와 ʔ가 각 지역의 자음목록에 포함되느냐의 여부에서만 차이를 보이는데, 다음에서

이들을 중심으로 원적지 방언형과 그에 대응되는 울릉도 방언형을 비교해 보기로 한다.

먼저 s'의 경우부터 보면, 경주[6] : 천부(老)에서는 다 같이 s와 s'가 변별되지 않아 음소로 설정되지 않는다. 그러나 명주 : 태하(老), 울주 : 천부(少), 영덕 : 태하(少)에서는 s와 s'가 변별되어 다 같이 s'가 음소로 설정됨을 알 수 있다. 이러한 사실은 이주 일세대의 자음체계가 후대에까지 그대로 존속되고 있음을 의미하는 것이다. 그런데, 밀양 : 저동(老)의 경우에는 전자에서는 s와 s'가 변별되는데 비해, 후자에서는 그것이 변별되지 않아 상호간에 차이가 있다. 저동(老)는 앞의 천부(老)나 태하(老)의 경우와 동일한 이주 3세대이지만 원적지 방언의 영향에서 벗어나 있으므로 원적지 방언의 존속 여부에는 개인적인 차이가 있음을 볼 수 있다.

다음에서는 ʔ의 존재 여부를 원적지 방언과 비교해 보기로 한다.

① 경주 : 천부(老)의 경우 전자에서는 표준어의 '줍+는다, 고, 어라'에 대응되는 방언형이 čo ː nnƎnda, čo ː kk'o, čóora로 실현되어 ʔ의 존재를 확인할 수 있다.[7] 이들에서는 어간말 자음에서 p 혹은 s를 찾을 수 없을 뿐만 아니라 어미 '고'를 k'o로 경음화시킬 수 있는 자음은 ʔ 이외에는 달리 생각할 수 없기 때문이다. 그러면 čo ː nnƎnda의 경우는 어간말 자음 ʔ가 n 앞에서 조음위치동화된 다음 다시 조음방법동화를 거쳐 n로, čo ː kk'o의 경우는 ʔ+k가 축약(경음화)되어 k'가 된 다음 다시 양음절화된 것이다. čóora는 모음 사이에서 ʔ가 탈락된 것으로 설명된다. 이에 비해, 후자에서는 표준어의 '낫, 붓+고, 으니까, 어서'에 대응되는 방언형 na ː k'o, ńaƎnyik'a, náasƎ와 puk'o, puƎnyik'a, puƎsƎ 등에서 ʔ의 존재를 확인할 수 있다. 그러므로 경주와 천부

6) 『한국방언자료집』에서는 월성군으로 되어 있으나 현재의 행정명이 경주군이므로 이렇게 바꾸어 부르기로 한다.

7) 최명옥(1982 : 101)에서도 경주지역어의 자음 음소에 ʔ를 설정하고 있다. 그리고 어간 '줍-'의 재구조화와 그에 관련된 전국적 방언분화의 자세한 내용은 오종갑(1997)을 참고할 수 있다.

-(老)에서는 다 같이 ʔ가 음소로 설정된다.

② 명주 : 태하(老)의 경우 전자에서는 어간 '묻-, 걷-'의 활용형이 muk'o, murɨnyi, murə, mulč'i와 kə : llɨnda, kə́rə, kə́rɨna, kə : lt'amada 등으로 실현되고, 후자에서는 그 활용형이 mu : lk'o, mu : llɨnda, múrƎ, múrƎsƎ와 kə : llɨnda, kə : lt'amada, kə́rə, kə́rɨna 등으로 실현되는데, 이 양자에서 어간 말음 t는 찾아 볼 수 없을 뿐만 아니라, 후행하는 어미의 두음을 경음화시키는 점을 볼 때 어간 말음에 성문파열음 ʔ가 존재하고 있음을 확인할 수 있다. 즉, 이들의 어간이 각각 murʔ-과 kə : rʔ-으로 재구조화되었다고 할 수 있다. 그런데 이들은 각각 mur-(吻), kə : r-(懸) 등과 최소대립쌍을 이루므로 ʔ는 하나의 음소로 설정될 수 있다.

③ 밀양 : 저동(老)의 경우 '붓-'의 활용형이 전자에서는 puk'ó, pu : sƎ처럼, 후자에서는 puk'o, poara처럼 실현되어 어간 말음 s는 찾아 볼 수 없을 뿐만 아니라, 후행되는 어미 '고'가 경음화되어 k'o로 실현되는 것은 어간 말음에 성문파열음 ʔ가 존재하고 있음을 확인시켜 준다.

④ 울주 : 천부(少)의 경우 전자에서는 표준어의 '낫+고, 으니, 아서'에 해당되는 방언형이 nak'o, nǎ : i, ná : sƎ로 실현되고, 후자에서는 na : k'o, náɨnyik'a, náasƎ로 실현되어 양자 모두에서 어간 말음에 성문파열음 ʔ가 존재하고 있음을 확인시켜 준다.

⑤ 영덕 : 태하(少)의 경우는 전자에서는 '붓+고, 어'에 해당되는 방언형이 púk'o, pƎƎ처럼 실현되어 ʔ의 존재를 확인할 수 있으며, 후자에서도 '낫+고, 아'에 해당되는 방언형이 na : k'o, náasƎ처럼 실현되어 ʔ의 존재를 확인할 수 있다.

(2) 방언형의 정착

여기서는 울릉도 제보자들 상호간의 언어를 비교해 봄으로써 울릉도 방언의 자음체계가 어떻게 정착되어 가고 있는지 살펴보기로 한다.

'p, p', p^h, m, t, t', t^h, s, n, r, č, č', $\check{c}^h$, k, k', k^h, ŋ, h, ʔ' 등의 19개 자음은, 앞에서 이미 언급한 바와 같이, 울릉도 노소년층에서 차이가 없으므로 그대로 울릉도 방언의 자음음소로 정착되었다고 할 수 있다. 그러나 s'의 경우는 상호간에 차이를 보여 정착이 이루어지지 않았다. 즉, 노년층의 경우는 천부(老)와 저동(老)에서는 s와 s'가 변별되지 않으나 태하(老)에서는 그것이 변별되어 정착이 이루어지지 않고 소년층의 경우는 s와 s'가 변별되므로 그것이 하나의 음소로 정착되었다고 할 수 있다. 그러므로 울릉도 전체로 볼 때는 앞의 19개 자음만이 자음음소로 정착되었다고 할 수 있으며, 정착된 자음음소를 체계화하면 다음과 같다.

p	t	č	k	
p'	t	č'	k'	ʔ
p^h	t^h	$\check{c}^h$	k^h	
	s			h
m	n		ŋ	
	r			

지금까지 울릉도 방언 제보자들의 자음목록과 그에 대응되는 원적지 방언의 자음목록을 비교하고, 또 제보자들 상호간의 그것을 비교함으로써 울릉도 방언에서 자음이 어느 정도로 정착되었는지 살펴보았다. 거기에서 얻어진 결과를 하나의 표로 나타내면 다음의 [표 Ⅰ]과 같다.[8)]

8) 도표의 '유지 혹은 정착 비율'에서 '유지 비율'은 '경주 : 천부(老), 명주 : 태하(老), 밀양 : 저동(老), 울주 : 천부(少), 영덕 : 태하(少)'의 경우에 해당되는 것으로서 원적지 방언이 그에 대응되는 울릉도 방언에서 어느 정도로 유지되고 있는지를 나타내는 비율이고, '정착 비율'은 '노년층, 소년층, 정착'의 난에 해당되는 것으로서 '노년층'란은 노년층만을 볼 때, '소년층'란은 소년층만을 볼 때, 그리고 '정착'란은 노소년층을 통틀어 볼 때 각각 울릉도의 방언형이 어느 정도로 정착되었는지를 나타내는 비율이다.

〔표 1〕 자음의 정착

지역 / 자음	경주 : 천부(老)	명주 : 태하(老)	밀양 : 저동(老)	울주 : 천부(少)	영덕 : 태하(少)	노년층	소년층	정착
p	o	o	o	o	o	o	o	o
p'	o	o	o	o	o	o	o	o
p^h	o	o	o	o	o	o	o	o
m	o	o	o	o	o	o	o	o
t	o	o	o	o	o	o	o	o
t'	o	o	o	o	o	o	o	o
t^h	o	o	o	o	o	o	o	o
s	o	o	o	o	o	o	o	o
s'	w	o	x	o	o	x	o	x
n	o	o	o	o	o	o	o	o
r	o	o	o	o	o	o	o	o
č	o	o	o	o	o	o	o	o
č'	o	o	o	o	o	o	o	o
$č^h$	o	o	o	o	o	o	o	o
k	o	o	o	o	o	o	o	o
k'	o	o	o	o	o	o	o	o
k^h	o	o	o	o	o	o	o	o
ŋ	o	o	o	o	o	o	o	o
ʔ	o	o	o	o	o	o	o	o
h	o	o	o	o	o	o	o	o
유지 혹은 정착 비율(%)	19/19 (100)	20/20 (100)	19/20 (95)	20/20 (100)	20/20 (100)	19/20 (95)	20/20 (100)	19/20 (95)

2) 모음체계

(가) 단모음

여기서는 <부록>의 '단모음'편에 실린 '기(旗), 시(生時), 티(塵), 떼(群), 테(輪), 때(垢), 태(胎), 귀(耳), 쉬(蠅卵), 쥐(鼠), 뙤(윷놀이의), 쇠(鐵), 글(文), 틀(機), 걸(윷), 털(毛), 달(月), 꿀(蜜), 꼴(形)' 등의 어사들에 포함된 모음들의 방언형을 중심으로 울릉도 지역의 방언형과 그에 대응되는 원적지의 방언형을 비교한 다음, 다시 울릉도 제보자들만의 방언형을 상호 비교함으로써 울릉도 지역의 단모음이 어느 정도로 정착되어 가고 있는지 살펴보기로 한다.

(1) 원적지 방언과의 비교

① 천부(老)에서는 '기, 시'의 'ㅣ'는 i로, '떼, 테'의 'ㅔ'는 E로, '틀, 글'의 'ㅡ'와 '털, 걸'의 'ㅓ'는 다 같이 Ǝ로, '달, 꿀, 꼴'의 'ㅏ, ㅜ, ㅗ'는 각각 a, u, o로 실현되며, 천부(老)의 원적지인 경주에서도 동일하게 실현된다. 그러나 '때, 태'의 'ㅐ'는 천부(老)에서는 다 같이 E로 실현되고, 경주에서는 전자는 ɛ로, 후자는 E로 실현되어 차이가 있는데, 이 ɛ는 E의 자유변이음으로 처리할 수 있으므로 단모음체계상의 차이로 보기는 어렵다.

'귀, 쉬, 쥐'의 'ㅟ'는 천부(老)에서는 모두 이중모음 wi로 실현되나 경주에서는 w가 탈락된 단모음 i로 실현되어 차이가 있으며, '쇠'의 'ㅚ'도 천부(老)에서는 이중모음 wE로, 경주에서는 단모음 E로 실현되어 차이가 있다. 그러나 '뙤'의 'ㅚ'는 천부(老)와 경주에서 다 같이 단모음 o로 실현되었다. 그러므로 표준어와는 달리 천부(老)와 경주에서는 다 같이 단모음 ü와 ö는 존재하지 않는다고 할 수 있다.

이상에서 살펴본 바를 종합하면, 개별 어사에 따라 실현되는 모음에 차이가 있긴 하나, 천부(老)와 경주 방언의 단모음 목록에는 i, E, Ǝ, a, u, o의 6개가 존재하므로, 단모음체계상으로는 아무런 차이가 없음을 알 수 있다.

② 명주 방언은 표준어의 경우와 동일한 10단모음체계(i, e, ɛ, ü, ö, ɨ, ə, a, u, o)로 되어 있는데, 태하(老)에서는 이들 중 i, ɨ, a, u, o의 다섯은 명주의 경우와 일치한다. 그러나 명주의 e와 ɛ는 태하(老)에서는 E 하나로 통합되었으며, ü, ö는 각각 이중모음 wi, wE로 변화되었다. 그리고 ə는 혀의 위치가 다소 상승된 Ǝ로 실현된다. 그 결과, 태하(老)에서는 7단모음체계(i, E, ɨ, Ǝ, a, u, o)로 바뀌어 두 방언 사이에는 상당한 차이를 보인다.

③ 밀양 방언과 저동(老)의 단모음 목록에는 다 같이 6단모음(i, E, Ǝ, a, u, o)이 포함되므로 단모음목록상으로 보아서는 차이가 없다. 그러나 단모음 E의 경우에는 개별 어사에 따라 차이를 보인다. 이를테면, '떼, 테'의 'ㅔ'는 밀양에서는 각각 t'i와 t^hi/t^hE로 실현되는 데 비해, 저동(老)에서는 t'E와 t^hE로만 실현되어 차이가 있다. 밀양에서 'ㅔ'가 i로 실현된 것은 모음상승 때문이다.[9]

④ 울주와 천부(少)에서는 다 같이 '기, 시', '걸, 털', '달', '꿀', '꼴' 등에 포함된 'ㅣ, ㅓ, ㅏ, ㅜ, ㅗ'가 각각 i, Ǝ, a, u, o로 실현되어 차이가 없으며, '떼, 테'와 '때, 태' 등에 포함된 'ㅔ'와 'ㅐ'는 다 같이 E로 실현되어 e와 ɛ의 구별이 소멸되었다. 그리고 '귀, 쥐'의 'ㅟ'는 wi로, '뙤, 쇠'의 'ㅚ'는 각각 o와 wE로 실현되어 이중모음 혹은 단모음으로 변화되었으므로, 울주와 천부(少)에서는 다 같이 단모음 ü와 ö는 존재하지 않음을 확인할 수 있다. 그러나 '글, 틀'의 'ㅡ'는 울주에서는 Ǝ로, 천부(少)에서는 ɨ로 실현되어 차이가 있다.

이상에서 살펴본 바를 종합하면, 울주에서의 6단모음(i, E, Ǝ, a, u, o) 중 Ǝ를 제외한 다섯 개의 모음은 서로 차이가 없으나, 울주의 Ǝ는 천부(少)에서는 ɨ와 Ǝ의 둘로 분화되어 7단모음(i, E, ɨ, Ǝ, a, u, o)으로 실현된다고 할 수 있다.

⑤ 영덕과 태하(少)에서는 다 같이 '기, 시, 티', '때, 태', '걸, 털', '달', '꿀', '꼴' 등에 포함된 'ㅣ, ㅐ, ㅓ, ㅏ, ㅜ, ㅗ'가 각각 단모음 i, E, Ǝ, a, u, o로 실현되어 차이가 없다. 그러나 '떼'의 'ㅔ'는 영덕에서는 i/E로, '테'의 'ㅔ'는 E로만 실현되고, 태하(少)에서는 이 두 어사 모두에서 E로만 실현되어 어사에 따라 차이를 보인다. 그리고 '귀, 쉬, 쥐'의 'ㅟ'는 영덕에서는 단모음 i로, 태하(少)에서는 이중모음 wi로, '뙤(윷놀이의), 쇠'의 'ㅚ'는 영덕에서는 각각 o와 E로, 태하(少)에서는 o와 wE로 실현되어, 영덕과 태하(少)에서는 다 같이 단모음 ü와 ö는 존재하지 않음을 확인할 수 있다. '글, 틀'의 'ㅡ'는 영덕에

9) 영남방언의 ㅔ>ㅣ 변화에 대한 자세한 내용은 오종갑(1998a)를 참고할 수 있다.

서는 Ǝ로, 태하(少)에서는 ɨ로 실현되어 차이가 있다.

이상에서 살펴본 바를 종합하면, 영덕 방언에는 6단모음(i, E, Ǝ, a, u, o)이, 태하(少)에는 7단모음(i, E, ɨ, Ǝ, a, u, o)이 존재함을 알 수 있는데, 양자 사이에 보인 이러한 차이는 영덕의 Ǝ가 태하(少)에서는 ɨ와 Ǝ의 둘로 분화되어 실현되기 때문이다.

(2) 방언형의 정착

여기서는 울릉도 제보자들 상호간의 언어를 비교해 봄으로써 울릉도 방언의 단모음체계가 어떻게 정착되어 가고 있는지 살펴보기로 한다.

먼저 노년층 제보자들의 언어를 비교해 보면, 천부(老), 저동(老)에서는 6단모음체계(i, E, Ǝ, a, u, o)로 되어 있으나, 태하(老)에서는 7단모음체계(i, E, ɨ, Ǝ, a, u, o)로 되어 있으므로, 노년층의 언어에서는 i, E, a, u, o의 다섯은 정착이 이루어졌다고 할 수 있다. 그러나 표준어의 '一'와 'ㅓ'에 해당되는 모음은, 이 둘이 변별되는 경우와 그렇지 않은 경우의 둘로 나누어지므로, 아직 울릉도 방언형으로 정착이 이루어지지 않았다고 할 수 있다.

소년층의 경우에는 천부(少)와 태하(少)에서 다 같이 7단모음체계를 지니고 있어 소년층에서는 7단모음체계로 정착되었다고 할 수 있다. 그런데 여기서 소년층의 단모음체계가 정착된 것을 두고 세대별 차이를 반영하는 것으로 이해하는 것은 무리가 있다. 왜냐하면 노년층에서도 단모음체계가 정착되어 있다면 그렇게 볼 수 있겠으나 노년층에서는 아직도 정착 단계에 있기 때문이다. 정착 단계에 있는 울릉도 방언의 단모음 목록을 보면 다음과 같다.

i	Ǝ	u
E	a	o

(천부(老), 저동(老))

i	ɨ	u
E	Ǝ	o
	a	

(태하(老), 소년층)

지금까지 울릉도 제보자들의 언어와 그들의 원적지 방언을 비교하고, 또 상호간의 언어를 비교함으로써 울릉도 방언의 단모음이 어느 정도로 정착되었는지 살펴보았다. 거기에서 얻어진 결과를 하나의 표로 나타내면 다음의 [표 II]와 같다.

〔표 II〕 단모음의 정착

지역 / 단모음	경주 : 천부(老)	명주 : 태하(老)	밀양 : 저동(老)	울주 : 천부(少)	영덕 : 태하(少)	노년층	소년층	정착
i	o	o	o	o	o	o	o	o
e		x						
E	o		o	o	o	o	o	o
ɛ		x						
ü		x						
ö		x						
ɨ		o		x	x	x	o	x
Ǝ	o		o	o	o	o	o	o
ə		x						
a	o	o	o	o	o	o	o	o
u	o	o	o	o	o	o	o	o
o	o	o	o	o	o	o	o	o
유지 혹은 정착 비율(%)	6/6 (100)	5/10 (50)	6/6 (100)	6/7 (85.7)	6/7 (85.7)	6/7 (85.7)	7/7 (100)	6/7 (85.7)

(나) 이중모음

경주 : 천부(老), 명주 : 태하(老), 밀양 : 저동(老), 울주 : 천부(少), 영덕 : 태하(少)에서는 다 같이 반모음 y와 w가 사용된다. 다음에서는 이 y와 w를 포함하고 있는 어사 — 예의, 계획, 여럿, 令監, 열(十), 열쇠, 열지/열어라, 물결, 양념, 고약, 유리, 석유, 요, 담요, 의논, 椅子, 무늬, 쥐, 귀(耳), 쉬(蠅卵), 웬일, 궤짝, 왜국, 왜(何), 횃대, 원망, 권투, 왕, 과부, 쇠, 뙤(윷놀이의), 외국, 오이(瓜) — 에 포함된 이중모음들의 방언형을 중심으로 울릉도 지역의 방언형과 그에

대응되는 원적지의 방언형을 비교한 다음, 다시 울릉도 제보자들만의 방언형을 상호 비교함으로써 울릉도 지역의 이중모음이 어느 정도로 정착되었는지 살펴보기로 한다.

(1) 원적지 방언과의 비교

① 천부(老)에서는 y계 이중모음에 yE, yƎ, ya, yu, yo의 다섯이 사용되고, 경주 방언에서는 yƎ, ya, yu, yo의 넷이 사용되고 있어 상호간에 차이가 있는데, 그 차이의 내역은 다음과 같다.

표준어의 'ㅕ, ㅑ, ㅛ'에 해당되는 이중모음들은 천부(老)와 경주에서 다 같이 자음의 선행 여부에 관계없이 각각 yƎ, ya, yo로 실현되며, '의논, 의자'와 같이 자음이 선행되지 않는 'ㅢ'는 i로 실현되어 두 지역 사이에 차이가 없다. 그러나 '예의 , 계획', '유리, 석유'의 'ㅖ'와 'ㅠ'는 천부(老)에서는 자음이 선행되지 않을 때는 yE, yu로, 자음이 선행될 때는 E, yu로 실현되나, 경주에서는 전자의 경우는 자음의 선행 여부에 관계없이 E로 실현되고, 후자의 경우는 자음이 선행되지 않을 때는 yu로, 자음이 선행될 때는 u로 실현되어 상호간에 차이를 보인다. 그리고 '무늬'의 경우도 천부(老)에서는 múni처럼 실현되어 자음이 선행되지 않는 경우와 동일한 i로 실현되나, 경주에서는 múnE처럼 E로 실현되어 차이를 보인다.

천부(老)와 경주에서는 다 같이 w계 이중모음에 wi, wE, wƎ, wa의 넷이 사용되고 있어 체계상으로는 차이가 없다. 그러나 천부(老)에서는 이 네 개의 이중모음에 포함된 w가 자음의 선행 여부와는 관계없이 그대로 유지되나, 경주에서는 그들에 자음이 선행될 때 w가 탈락되므로 천부(老)의 경우와는 차이가 있다. 다만, 마찰음이 선행될 때는 s^{w}i, h^{w}É처럼 약화된 w가 실현되기도 한다. 그리고 '왜국'의 경우는 자음이 선행되지 않는데도 Éguk/wÉguk처럼 w가 탈락되기도 하여 천부(老)의 경우와는 차이가 있다.

② 태하(老)의 y계 이중모음에는 yE, yƎ, ya, yu, yo의 다섯이 있고, 명주의

그것에는 ye, yə, yɨ, ya, yu, yo의 여섯이 있어 체계상 상당한 차이를 보인다. 그 결과 실제 어사의 실현에서도 ya, yu, yo를 포함하는 어사들은 그 이중모음의 실현이 동일하나 여타의 경우에는 전부 차이가 난다. 이처럼 y계 이중모음에 크게 차이를 보이는 것은 단모음체계의 차이에 그 원인이 있음은 두말할 필요가 없다.

y탈락의 여부에서는 서로가 동일한데, y가 탈락된 예는 '계획'의 'ㅖ'에서 볼 수 있고, 여타의 경우에는 그것이 탈락되지 않는다. 그런데 'ㅢ'를 포함하는 어사의 경우에는 선행자음이 없는 경우 명주에서는 축약에 의해 i로 실현되고, 태하(老)에서는 y가 탈락된 ɨ로 실현되어 차이가 있으나, 선행자음이 있을 경우에는 다 같이 i로 실현되어 차이가 없다.

태하(老)에는 w계 이중모음에 wi, wE, wƎ, wa의 넷이 있고, 명주에는 we, wɛ, wə, wa의 넷이 있다. 그러므로 w계 이중모음에서 서로 일치하는 것은 wa 하나밖에 없으며, 실제 어사에서도 wa를 포함한 경우에만 그것의 실현이 동일하다. 앞의 y계에서와 마찬가지로 이 경우의 차이도 단모음체계의 차이에 그 원인이 있는데, 태하(老)의 wi는 명주의 ü에, wE는 ö/we/wɛ에, wƎ는 wə에 각각 대응된다.

w탈락 여부에서는 태하(老)와 명주에서 다 같이 선행자음의 유무에 관계없이 그것이 탈락되지 않는다. 다만, '권투'의 경우 명주에서 k'ónt^{h}u/kwə : nt^{h}u의 둘로 실현되는 것이 태하(老)에서는 ko : nt^{h}u로만 실현되어 부분적 일치를 보이는데, k'ónt^{h}u의 o는 wə가 축약된 것이다.

③ 저동(老)와 밀양 방언의 y계 이중모음에는 다 같이 yE, yƎ, ya, yu, yo의 다섯이 있어 차이가 없다. y의 탈락 여부에서도 '계획'에 대한 방언형 kE : yƎk : kiyÉk에서 보는 것처럼 자음이 선행된 'ㅖ'의 경우에만 그것이 탈락되고, 여디의 경우에는 탈락되지 않아 차이가 없다. kE : yƎk : kiyÉk에서 보인 E : i의 차이는 밀양에서 y가 탈락된 뒤 다시 보음상승이 이루어졌기 때문이다. 'ㅢ'의 경우는 저동(老)에서는 자음의 선행 여부와 관계없이 i로 실현되

고, 밀양에서는 ƎI로 실현되어 차이가 있다. i로 실현된 것은 ɨy가 축약된 것이고, ƎI는 ɨy의 y가 탈락된 뒤 모음하강이 이루어진 것이다.

저동(老)와 밀양에서는 다 같이 표준어의 'ㅟ', 'ㅞ, ㅙ, ㅚ', 'ㅝ', 'ㅘ'에 해당되는 음이 각각 w계 이중모음 wi, wE, wƎ, wa로 실현되어 체계상으로는 차이가 없다. 그런데 같은 'ㅚ'이면서도 '뙤'의 'ㅚ'는 o로 단모음화되었는데, 이것 역시 저동(老)와 밀양이 동일하다. 그러나 저동(老)에서는 이들 이중모음의 w가 자음의 선행 여부에 관계없이 그대로 실현되는데 비해, 밀양에서는 'Éguk(왜국), hEt'E(횃대), sE(쇠)'의 경우에 w가 탈락되어 w탈락 여부에서 차이를 보인다.

'궤짝, 왜'의 경우는 w를 유지하는 점에서는 동일하나 밀양에서는 전자의 'ㅞ'는 wi로, 후자의 'ㅙ'는 wE로 실현된다. 이에 비해 저동(老)에서는 각각 wE와 wa로 실현되어 밀양의 경우와는 차이가 있다. '오이'의 경우도 저동(老)에서는 oi로, 밀양에서는 wE로 실현되어 차이가 있다.

④ 천부(少)에서는 y계 이중모음에 yE, yƎ, ya, yu, yo, ɨy의 여섯이 사용되고, 울주에서는 yE, yƎ, ya, yu, yo의 다섯이 사용되어 양자 사이에는 y계 이중모음의 목록에서 차이를 보인다. 그러나 y의 탈락 여부에 대해서는 yE, yƎ, ya, yu, yo 가운데 yE는 자음이 선행될 때 그것이 탈락되고, 여타의 경우는 자음의 선행 여부에 관계없이 그것이 탈락되지 않는다. 이 점은 천부(少)와 울주의 경우가 동일하다. 다만, 울주에서는 '물결'이 mulk'El로 실현되어 축약현상을 보인다.

'ㅢ'의 경우는 천부(少)에서는 자음이 선행되지 않을 때는 ɨy로, 그것이 선행될 때는 i로 실현된다. 이에 비해 울주에서는 자음이 선행되지 않을 때는 i로 축약되어 전자의 경우와 차이가 있으나, 자음이 선행되는 경우에는 어사 '무늬'가 다른 것으로 대체되어 비교가 불가능하다.

천부(少)와 울주 방언에는 다 같이 w계 이중모음에 wi, wE, wƎ, wa의 넷이 있으며, 이들은 자음의 선행 여부와 관계없이 w가 탈락되지 않는다. 그리고

'뙤'의 'ㅚ'가 다 같이 단모음 o로 실현되는 점도 서로 동일하다. 그러나 '오이'의 경우는 천부(少)에서는 oi로, 울주에서는 wE로 실현되어 차이가 있으며, '쉬, 횃대'의 경우는 천부(少)에서 그 어사가 실현되지 않아 비교가 불가능하다.

⑤ 태하(少)에서는 y계 이중모음에 yE, yƎ, ya, yu, yo, ɨy의 여섯이 사용되고, 영덕에서는 yE, yƎ, ya, yu, yo의 다섯이 사용되어 체계상으로 차이가 있다. y의 탈락 여부에서도 차이가 있는데, 태하(少)에서는 자음이 선행될 경우에만 yE의 y가 탈락되고 여타의 경우에는 그것이 탈락되지 않으나, 영덕에서는 yE의 경우에는 자음의 선행 여부와 관계없이 그것이 탈락되고 yu의 경우에는 자음이 선행될 때만 그것이 탈락된다.

'ㅢ'의 경우는 태하(少)에서는 자음이 선행되지 않을 때는 ɨy로, 그것이 선행될 때는 i로 실현된다. 이에 비해 영덕에서는 자음의 선행 여부와 관계없이 i로만 실현되어 차이가 있다. '고약'의 경우는 태하(少)에서 그 어사 자체가 실현되지 않아 비교가 불가능하다.

태하(少)와 영덕에는 다 같이 w계 이중모음에 wi, wE, wƎ, wa의 넷이 있는데, 태하(少)에서는 자음의 선행 여부와 관계없이 w가 탈락되지 않는다. 그러나 영덕에서는 자음이 선행될 때는 wi, wƎ, wa의 경우에는 w가 탈락되고, wE의 경우에는 자음이 선행될 때는 약화된 w가 실현되며, 자음이 선행되지 않을 때는 임의로 그것이 탈락된다. 그런데 이 wE는 'ㅞ', 'ㅙ', 'ㅚ'의 셋에 기원을 둔 것으로서, 태하(少)에서는 이 세 경우 모두가 wE로 실현되나, 영덕에서는 'ㅞ'는 wi로, 'ㅙ, ㅚ'는 wE로 된 다음 다시 선행 자음의 유무에 의해 w탈락 여부가 결정된다.

개별 어사에 따라 차이나는 점을 보면, '왜'의 경우는 w를 유지하는 점에서는 동일하나 영덕에서는 wa로, 태하(少)에서는 wE로 실현되어 차이가 있고, '오이'의 경우는 태하(少)에서는 oi로, 울주에서는 wE로 실현되어 차이가 있음을 알 수 있다. 그러나 '뙤'의 'ㅚ'는 다 같이 단모음 o로 실현되어 차이가 없다. '횃대'의 경우는 태하(少)에서 그 어사가 사용되지 않아 비교가 불가능하다.

(2) 방언형의 정착

여기서는 울릉도 제보자들 상호간의 언어를 비교해 봄으로써 울릉도 방언의 이중모음체계가 어떻게 정착되어 가고 있는지 살펴보기로 한다.

먼저 노년층 제보자들의 언어를 비교해 보면, 천부(老), 태하(老), 저동(老)에서 다 같이 y계 이중모음에 yE, yƎ, ya, yu, yo의 다섯이 있고, w계 이중모음에는 wi, wE, wƎ, wa의 넷이 있다. 그러므로 노년층의 언어에서는 이들 이중모음의 정착이 이루어졌다고 할 수 있다. 소년층의 경우에는 천부(少)와 태하(少)에서 다 같이 y계 이중모음에 yE, yƎ, ya, yu, yo, ɨy의 여섯이 있고, w계 이중모음에는 wi, wE, wƎ, wa의 넷이 있다. 그러므로 소년층의 경우에도 이들 이중모음의 정착이 이루어졌다고 할 수 있다.

노소년층을 동시에 비교하면, 소년층에서 나타나는 ɨy가 노년층에서는 나타나지 않아 차이가 있으나, 노년층은 노년층대로 정착이 이루어졌고 소년층은 소년층대로 정착이 이루어졌음을 알 수 있다. 그러므로 울릉도 방언 전체로 볼 때 이중모음체계는 정착이 이루어졌으며, 노년층과 소년층의 체계상의 차이는 세대별 차이로 해석된다. 울릉도 방언의 이중모음체계를 그림으로 보이면 다음과 같다.

노년층			소년층			노소년층	
	yƎ	yu	ɨy	yƎ	yu	wi	wƎ
yE	ya	yo	yE	ya	yo	wE	wa
(노년층)			(소년층)			(노소년층)	

지금까지 울릉도 제보자들의 언어와 그들의 원적지 방언을 비교하고, 또 제보자들 상호간의 언어를 비교함으로써 울릉도 방언의 이중모음이 어느 정

도로 정착되어 가고 있는지를 살펴보았다. 거기에서 얻어진 결과를 하나의 표로 나타내면 다음의 [표 Ⅲ]과 같다.10)

〔표 Ⅲ〕 이중모음의 정착

항목	지역 어사	경주: 천부(老)		명주: 태하(老)		밀양: 저동(老)		울주: 천부(少)		영덕: 태하(少)		노년층		소년층		정착 및 세대차	
ㅖ	예의 계획	x o	1/2	x x	0	o x	1/2	o o	2/2	x o	1/2	o o	2/2	o o	2/2	o o	2/2
ㅕ	여럿 令監 열(十) 열쇠 열어라	o o o o o	1/2	x x x x x	0	o o o o o	1/2	o o o o o	1/2	o o o o o	1/2	o o o o o	1/2	o o o o o	1/2	o o o o o	1/2
	물결	o	1/2	x	0	o	1/2	x	0	o	1/2	o	1/2	o	1/2	o	1/2
ㅑ	양념 고약	o o	2/2	w o	1/1	o o	2/2	o o	2/2	o w	1/1	o o	2/2	o w	1/1	o w	1/1
ㅠ	유리 석유	o x	1/2	o o	2/2	o o	2/2	o o	2/2	o x	1/2	o o	2/2	o o	2/2	o o	2/2
ㅛ	요 담요	o o	2/2	o o	2/2	o o	2/2	o o	2/2	o o	2/2	o o	2/2	o o	2/2	o o	2/2
ㅢ	의논 椅子	o o	1/2	x x	0	x x	0	x x	0	x x	0	x x	0	o o	1/2	x x	0
	무늬	x	0	o	1/2	x	0	w	w	o	1/2	o	1/2	o	1/2	o	1/2
ㅟ	쥐 귀(耳) 쉬(蠅卵)	x x o	1/3	x x x	0	o o o	3/3	o o w	2/2	x x x	0	o o o	3/3	o o w	2/2	o o w	2/2
ㅞ	웬일 궤짝	x x	0	w x	0	w x	0	o o	2/2	x x	0	w o	1/1	o o	2/2	w o	1/1
ㅙ	왜국 왜(何)	x o	1/4	x x	0	x x	0	o o	1/2	x x	0	o o	1/2	o x	1/4	o x	1/4
	횃대	o	1/2	x	0	x	0	w	w	w	w	o	1/2	w	w	w	w
ㅝ	원망 권투	o x	1/2	x x	0	o o	2/2	o o	2/2	o x	1/2	o x	1/2	o o	2/2	o x	1/2
ㅘ	왕	o	1/2	o	2/2	o	2/2	o	2/2	o	1/2	o	2/2	o	2/2	o	2/2

10) 항목별로 1점씩 배정하고 w로 표시된 부분은 비교가 불가능한 어사들로서 통계 처리에서 제외하였다. 이하 같음.

항목	지역 / 어사	경주 : 천부(老)		명주 : 태하(老)		밀양 : 저동(老)		울주 : 천부(少)		영덕 : 태하(少)		노년층		소년층		정착 및 세대차	
	과부	x		o		o		o		x		o		o		o	
ㅢ	쇠 뙤	x o	1/4	x w	0	x o	1/4	o o	1/2	x o	1/4	o o	1/2	o o	1/2	o o	1/2
	외국 오이(瓜)	o w	1/2	x x	0	o x	1/4	o x	1/4	o x	1/4	o x	1/4	o o	1/2	o x	1/4
유지 혹은 정착 비율 (%)		7.33/12 (61.1)		4.5/12 (37.5)		8/12 (66.7)		9.75/11 (88.6)		6/11.5 (52.2)		10.75/12 (89.6)		11.25/11.5 (98.2)		10/11.5 (87.0)	

2. 운소체계

(1) 원적지 방언과의 비교

경주 : 천부(老), 명주 : 태하(老), 밀양 : 저동(老), 울주 : 천부(少), 영덕 : 태하(少)에서는 모두 성조와 음장이 복합적으로 실현된다. 이들 지역의 음절 단위에서 실현되는 운소형을 <부록>의 자료에서 종합해 보면, ① 높으면서 짧게 발음되는 것(pÉ, 梨), ② 높으면서 길게 발음되는 것(k'É : (ǰit'a), 破)[11], ③ 낮으면서 짧게 발음되는 것(pE, 腹), ④ 낮으면서 길게 발음되는 것(pE : , 倍), ⑤ 높은 데서 낮아지면서 길게 발음되는 것(hwí : (nda), 曲)의 다섯 유형이 있음을 알 수 있다. 그런데 여기서 모라(mora)의 개념을 도입하여 단음절을 1모라로, 장음절을 2모라로 해석하면, ①의 경우는 高短調, ②의 경우는 高短・高短調,

11) 『한국방언자료집』에 의하면, 밀양 방언의 운소 표기에서 'x́ : '와 같은 형태가 발견되는데, 여기서는 이것을 'x́ x́ '와 같이 해석하여 高短・高短調로 처리하였다. 그런데 여기서 한 가지 주의할 것은 본고의 표기방식에서는 밀양의 경우와 동일한 표기 형태 'x́ : '가 高短・低短調로 해석되는 점이다. 약간의 주의가 필요하나 원래의 표기 방식을 존중하는 뜻에서 원적지 방언 표기에서는 『한국방언자료집』의 표기 형태를 그대로 두었다.

③의 경우는 低短調, ④의 경우는 低短・低短調, ⑤의 경우는 高短・低短調로 재해석할 수 있다. 그것을 그림으로 나타내면 다음과 같다.

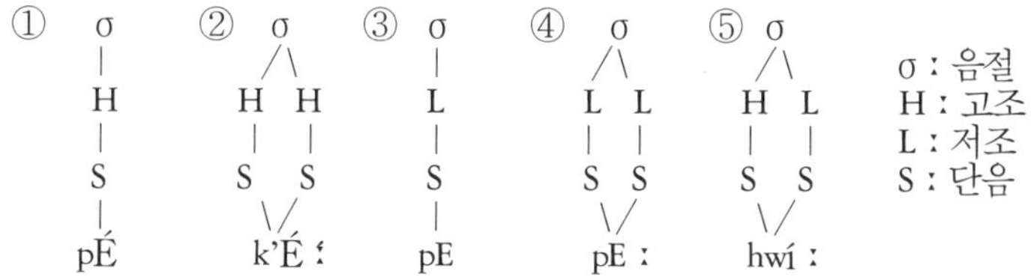

그런데 위의 그림에서 ②, ④, ⑤는 각각 HS・HS, LS・LS, HS・LS의 복합조이므로 이들을 분석하여 변별적 요소만을 취하면 HS와 LS만 남게 되어, 결국 ① 및 ③과 동일한 운율형만 남게 된다. 그러므로 이들 방언의 운소에는 HS와 LS의 두 개만 존재한다고 할 수 있는데, 이것을 다시 高低와 音長으로 구분하면, 결국 이들 방언의 운소에는 H(高調), L(低調), S(短音)의 셋이 존재하는 것이 된다. 따라서 이들 방언은 다 같이 성조・음장언어라고 할 수 있다.[12)]

이들 방언의 운소체계가 성조와 음장의 복합적인 요소를 가지고 있음을 위에서 보았다. 그러나 이들 운소가 결합하여 형성하는 표면운소형에는 지역에 따라 차이가 있는데, 이들은 운소 변화 과정에서 표면운소제약(surface prosodic constraints)으로 작용한다. 다음에서는 원적지 방언과 그에 대응되는 울릉도 제보자들의 언어를 비교한 다음, 다시 울릉도 제보자들의 언어를 서로 비교함으로써 울릉도 방언에서 운소형이 어느 정도로 정착되어 가고 있는지 살펴보기로 한다.

① 경주 : 천부(老)에서는 다 같이 그 표면운소형에 $[LS]_1$형과 $[LS]_0[HS][LS]_0$형의 둘이 있어 표면운소형으로만 보면 상호간에 차이가 없다.[13)] 그러나 개

12) 성조 및 음장에 의한 최소대립어의 예는 번거로움을 피해 여기서는 제시하지 않기로 한다. [부록]의 자료 참고.

별 어사에서는 상당한 차이를 보인다.14)

② 명주 : 태하(老)의 경우 전자에서는 표면 운소형에 [LS]$_1$형, [LS]$_0^1$[HS][LS]$_0$형의 둘이 있으나, 후자에서는 [LS]$_1$형과 [LS]$_0$[HS][LS]$_0$형 둘이 있어, 두 번째의 유형에서 차이를 보인다.15)

③ 밀양 : 저동(老)의 경우 전자에서는 [LS]$_1$형과 [LS]$_0$[HS]([HS])[LS]$_0$형의 둘이 있고, 후자에서는 [LS]$_1$형과 [LS]$_0$[HS][LS]$_0$형의 둘이 있어, 이 경우에도 두 번째 유형에서 차이를 보인다.16)

---

13) 경주와 천부(老)에서 실현되는 표면운소형들의 예를 보면 다음과 같다.
① 경주의 경우
[LS]$_1$형 : kƎm, čapč'i, pEǰočʰa, tƎmudƎra, ču : l, pE : ga, Ǝ : psƎmƎ, tƎ : rƎbʉmƎn, tƎ : rƎbaǰƎt'a.
[LS]$_0$[HS][LS]$_0$형 : hEbarEgiǰóčʰa, pudƎrƎ́bƎ, hEbarÉgiE, hƎrƎ́mƎn, čapʰÉEt'a, samáguǰočʰa, sa : ramǰóčʰa, són, pÉga, hƎ́llƎsƎ, hánƎrEsƎ, mÉnʉrihantʰE.
② 천부(老)의 경우
[LS]$_1$형 : pE, k'Enda, k'amasƎ, tƎmurƎsƎ, ki : , a : lǰi, sa : rami, sa : ramk'aǰi, tƎ : rƎbƎǰƎtt'a.
[LS]$_0$[HS][LS]$_0$형 : pudƎrƎpt'Ǝ́ra, hƎrƎdƎ́ra, hEbarágiga, hEbarágik'aǰi, hƎrƎ́ǰi, samáguga, mináriEsƎ, allyí : tt'a, allyí : ǰƎtt'a, nún, čápč'i, árasƎ, hánƎlk'aǰi, mÉnƎrik'aǰi.
14) 여기서는 개별 어사들의 차이에 대한 구체적 언급은 번거로움을 피하기 위해 생략하였다. 그러나 어떤 어사들에서 상호간에 차이를 보이는지는 다음의 [표 Ⅳ]에서 확인할 수 있다. 이하 다른 항목의 경우에서도 동일함.
15) 명주와 태하(老)에서 실현되는 표면운소형들의 예를 보면 다음과 같다.
① 명주의 경우
[LS]$_1$형 : pam, t'ünda, k'amgyə́ta, hɨrɨdəra, pak'ukʰiget'a, če : , pɛ : ga, sa : rɛmi, tɨ : rəpʰyətt'a.
[LS]$_0^1$[HS][LS]$_0$형 : pɛgó, k'amúnyi, anpʰúllyinda, menáries, mál, pɛ́ga, čábasə, púdɨrəwə, ménurihantʰe.
② 태하(老)의 경우
[LS]$_1$형 : pol, tEnda, k'amt'Ǝra, ƎpsEp'utt'a, tƎ : l, pE : ga, pE : k'aǰi, tƎ : rƎpt'Ǝra.
[LS]$_0$[HS][LS]$_0$형 : pudɨrƎpt'Ǝ́ra morɨdƎ́ra, pudɨrƎ́wƎsƎ, hEbarágiǰočʰa, k'aŋk'É : , hɨrɨ́ myƎn, samáguga, mináriga, mináriǰočʰa, pʰullÉ : tt'a, pám, pÉga, pÉEsƎ, árƎǰƎtt'a, myƎ́nɨriǰočʰa.
16) 밀양과 저동(老)에서 실현되는 표면운소형들의 예를 보면 다음과 같다.
① 밀양의 경우
[LS]$_1$형 : k'i, tEda, nu : n, pE : ga

④ 울주 : 천부(少)의 경우 전자에는 [LS]$_1$형과 (([LS])([HS]))[HS][LS]$_0$형[17]의 둘이 있고, 후자에는 [LS]$_1$형과 [LS]$_0$[HS][LS]$_0$형의 둘이 있어, 이 경우에도 두 번째 유형에서 차이를 보인다.[18]

⑤ 영덕 : 태하(少)의 경우는 양자 모두에서 [LS]$_1$형과 [LS]$_0$[HS][LS]$_0$형의 둘을 지니고 있어 차이가 없다.[19]

[LS]$_0$[HS]([HS])[LS]$_0$형 : hƎrƎdƎ́ra, pudƎrƎ́bumEn, pʰullyí : t'a, sarámE, tƎrƎ́basƎ, samáuk'aǰi, pE : ÉsƎ, pƎ́l, pÉE, múrƎsƎ, állyiǰƎt'a, mÉnƎrifiantʰE, k'É : ǰit'a, morƎ́dƎ́ra, hEbáragiE, hEbáragik'aǰi, tÉndá, tƎ́múlmən, tƎ́múrasə.

② 저동(老)의 경우

[LS]$_1$형 : sƎm, tEnda, tƎmuǰi, tƎmurƎsƎ, nu : n, pE : ga, Ǝ : psƎsƎ, tƎ : rƎpt'Ǝra.

[LS]$_0$[HS][LS]$_0$형 : pudƎrƎpt'Ǝ́ra, pudƎrƎ́pč'i, pudƎrƎ́bƎmyƎn, hEbarÉgiEsƎ, čapt'Ǝ́ra, samáguga, minárik'aǰi, k'amkí : , ƎpsÉ : tt'a, allyí : ǰƎtt'a, són, čápč'i, čÉpʰitt'a, mÉnƎriga, mÉnƎrik'aǰi.

17) (([LS])([HS]))[HS][LS]$_0$형에서 ([LS])와 ([HS])는 동시에 선택될 수 없음.

18) 울주와 천부(少)에서 실현되는 표면운소형들의 예를 보면 다음과 같다.

① 울주의 경우

[LS]$_1$형 : čE, almo, aǰido, k'amaǰƎt'a, pudƎrƎpt'Ǝra, tƎ : l, pE : ga.

(([LS])([HS]))[HS][LS]$_0$형 : hƎrímƎn, samáguga, samáguk'aǰi, allyí : t'a, mál, t'índa, állyit'a, mÉnƎriga, mÉnƎrik'aǰi, k'Éŋgi : t'a, tÉndá, tƎ́múǰi, tƎ́múdƎra, hÉbárEgiga, hÉbárEgik'aǰi.

② 천부(少)의 경우

[LS]$_1$형 : mal, pEga, pEk'aǰi, tƎrƎumyƎn, tƎrƎpʰyƎǰƎtt'a, pE : , pE : ga, a : ldƎra, sa : ramfiantʰE.

[LS]$_0$[HS][LS]$_0$형 : pudɨrƎpt'Ǝ́ra, morɨdƎ́ra, pudɨrƎ́umyƎn, hEbarágiEsƎ, morɨ́ǰi, samágwiEsƎ, p'ól, čápč'i, hánɨri, hánɨlk'aǰi, myƎ́nɨrifiantʰE, twÉ : da.

19) 영덕과 태하(少)에서 실현되는 표면운소형들의 예를 보면 다음과 같다.

① 영덕의 경우

[LS]$_1$: son, pEga, k'amƎsƎ, tƎmudƎra, pa : m, Ǝ : pk'o, pE : EsƎ, sa : maguga, tƎ : rƎbaǰƎt'a.

[LS]$_0$[HS][LS]$_0$: pudƎrƎpt'Ǝ́ra, hƎridƎ́ra, pudƎrƎ́wƎsƎ, mudƎ́ra, ƎpsÉEt'a, pEkíigEt'a, sa : maguk'áǰi, sa : ramfiántʰɛ, tƎ : rƎpʰÉEt'a, sa : máguEsƎ, pól, pÉga, pÉEsƎ, čábumƎnsƎ, mínƎriindE.

② 태하(少)의 경우

[LS]$_1$형 : mal, k'Enda, tɨmulmyƎn, tɨmurƎsƎ, i : l, a : lmyƎn, pE : EsƎ, tƎ : rƎpʰyƎtt'a, tƎ : rƎpʰyƎǰƎtt'a.

[LS]$_0$[HS][LS]$_0$형 : pudɨrƎpt'Ǝ́ra, morɨdƎ́ra, pudɨrƎ́umyƎn, hEbarágiEsƎ, hɨrɨ́ǰi, mináriga, minárjočʰa, allyƎ́ : tt'a, allyƎ́ : ǰƎtt'a, kɨ́m, t'wínda, čábasƎ, hánɨrEsƎ, myƎ́nɨrifiantʰE.

(2) 방언형의 정착

여기서는 울릉도 제보자들 상호간의 언어를 비교해 봄으로써 울릉도 방언의 운소형이 어떻게 정착되어 가고 있는지 살펴보기로 한다.

앞의 원적지 방언과의 비교에서 이미 본 바와 같이 울릉도 노소년층은 다 같이 그 운소형에 [LS]$_1$형과 [LS]$_0$[HS][LS]$_0$형의 둘을 가지고 있다. 그러므로 울릉도 방언의 운소형은 이 두 유형으로 정착되었다고 할 수 있다. 그러나 어사에 따라서는 차이가 있는데, 그 구체적 내용은 [표 4]에서 보는 바와 같다. 다음에서는 이 정착된 어사들을 중심으로 울릉도 방언에서의 운소변화에 대해서 살펴보기로 한다.[20]

(ㄱ) 체언 + 조사의 경우

LS형([LS]$_1$형을 줄여 LS형으로 부르기로 함.)인 조사 '가/이(LS)'가 HS형([LS]$_0$[HS][LS]$_0$형을 줄여 HS형으로 부르기로 함.)의 체언에 연결될 때는 HS형이, LS형의 체언에 연결될 때는 LS형이 그대로 유지되며 운소에 변화가 없다. 그리고 동일한 LS형의 조사인 '에서(LS · LS)'가 HS형이나 LS형의 체언과 연결될 때도 대부분의 어사에서는 체언의 운소형이 그대로 유지된다. 그러나 이 경우 LS형의 체언들 중에는 운소의 변화가 일어나 LS형이 HS형으로 변화되기도 하는데(예, pE(腹) + EsƎ → pÉEsƎ),[21] 그것을 규칙화하면 규칙(1)과 같다.[22]

---

20) 논문의 체제상으로는 뒤의 음운변화에서 운소변화를 다루어야 하겠으나 기술의 편의상 여기서 다루기로 한다.

21) 중세국어에서 '몸(身), ᄯᅡㅎ(地), 못(池)' 등은 去聲인데 여기에 去去聲의 조사 '애서'가 결합되면 체언의 거성이 평성으로 바뀌는 변조 과정이 있음은 이미 보고된 바 있다(허웅, 1963 : 305). 그런데 울릉도 방언에서도 중세국어의 거성이 低調로, 평성이 高調로 바뀌어 실현되기는 하지만 그 변조의 과정은 동일하다.

22) 규칙(1)을 L → H/ # — + L처럼 나타낼 수도 있다. 그러나 울릉도 방언에서는 한 개의 모라에 반드시 고저와 장단을 함께 지니므로 고저와 장단을 동시에 규칙화하는 것이 운소변화를 이해하는 데 편리하다.

규칙(1) : LS → HS/ # —— + LS

HS형의 조사 '까지(HS · LS)'가 체언과 결합될 경우에는 그 체언 말음절의 운소가 LS이면 순행동화되어 조사의 HS · LS가 LS · LS로 바뀐다(예, hánƎl + k'áǰi → hánƎlk'aǰi). 그러나 그 체언 말음절의 운소가 HS이면, 이 경우에는 HS · HS의 연결을 꺼리는 표면운소제약에 의해 앞의 HS가 LS로 변화된다(예, pÉ + k'áǰi → pEk'áǰi). 이 두 경우를 규칙화하면 다음과 같다.

$$\text{규칙(2)}: HS \rightarrow LS/ \left\{ \begin{array}{l} LS + — \\ — + \ \ HS \end{array} \right\}$$

(ㄴ) 용언 어간 + 어미의 경우

HS형의 어미 '-더라(HS · LS)'는 어간 말음절의 운소가 LS일 때는 순행동화되어 어미의 HS가 LS로 변화를 일으키는데, 이것은 앞의 규칙(2)가 적용되기 때문이다(예, Ǝ : ps + tƎ́ra → Ǝ : pt'Ǝra). 그리고 어간 말음절의 운소가 HS일 때는 이것이 LS로 변화를 일으키는데, 그 이유는 HS · HS의 연결을 꺼리는 표면운소제약에 의해 규칙(2)가 적용되기 때문이다(예, pudƎrƎ́p + tƎ́ra → pudƎrƎpt'Ǝ́ra). 이 '-더라'는 앞의 조사 '까지'에서의 운소 변화와 동일하다.

LS형의 어미 '-지(LS)'나 '-으면(LS · LS)'이 용언 어간에 결합될 때는 그것이 HS형이든 LS형이든 운소상의 변화는 일어나지 않는다.

LS형인 어미 '-아/어서(LS · LS)'가 용언 어간에 연결될 때는 원칙적으로는 어간이나 어미에 운소의 변화가 없다. 그러나 어간이 단음절이고 그 운소가 LS · LS일 때는, 위의 경우와는 달리, LS · LS가 HS로 변하는 경우가 있다.[23] (예, a : r + asƎ → árasƎ). 이 경우를 규칙화하면 규칙(3)과 같다.

---

23) 여기에 해당하는 예들은 중세국어에서도 어간 성조 上聲이 平聲으로 變調를 보인 것들인데(허웅, 1963 : 335), 울릉도 방언에서도 평성이 고조로 바뀌어 실현되는 차이가 있을 뿐 그 변조 과정은 동일하다.

규칙(3) : LS · LS → HS/ —— $]_{\sigma,\ v.s.}$ + LS

'르'불규칙으로 분류되는 용언의 어간에 어미 '-아/어서'가 연결되면 '르'의 'ㅡ'가 탈락됨으로 말미암아 음절 축약이 일어나는데, 이 경우에는 두 가지 유형의 운소 변화가 일어난다. 하나는 '허러(LS · HS) + 어서(LS · LS)'가 '헐러서(HS · LS · LS)'와 같이 변화하는 것으로, 그 변화 과정은 음절 축약에 의해 '헐'이 되자 여기에 축약된 음절의 운소까지 연결되어 LS · HS가 되나 이 방언의 각 음절에 실릴 수 있는 운소형은, 앞에서 이미 본 바와 같이, HS, LS, LS · LS, HS · LS의 네 경우밖에 없으므로 이 LS · HS는 수용되기 어렵다. 그래서 이러한 제약에 순응하기 위해 앞의 LS가 삭제된 '헐러서(HS · LS · LS)'가 실현되게 되었다. 이것을 규칙화하면 규칙(4)와 같다.

규칙(4) : LS → ø/ —— $HS]_{\sigma}$

다른 하나는 '모러(LS · HS) + 아서(LS · LS)'가 '몰 : 라서(LS · LS · LS · LS)'처럼 변화하는 경우이다. 이 경우 역시 '르'의 'ㅡ'가 탈락되어 '몰'이 되자 여기에 축약된 음절의 浮游韻素 HS가 연결되어 그 운소가 LS · HS로 되나, 이것은 표면운소제약에 의해 실현될 수 없으므로 뒤의 HS가 LS로 바뀌어 LS · LS · LS · LS로 나타나게 되었다. 이것을 규칙화하면 규칙(5)와 같이 되는데, 이 규칙은 앞의 규칙(4)와 함께 동일한 표면운소제약을 충족시키기 위한 공모규칙의 성격을 지니고 있다.

규칙(5) : HS → LS/ LS —— $]_{\sigma}$

지금까지 울릉도 제보자들의 운소체계와 그에 대응되는 원적지 방언의 그것을 비교하고, 또 제보자들 상호간의 그것을 비교함으로써 울릉도 방언의 운소체계가 어느 정도로 정착되어 가고 있는지 살펴보았다. 거기에서 얻

어진 결과를 하나의 표로 나타내면 다음의 [표 Ⅳ]와 같다.[24)]

〔표 Ⅳ〕 운소의 정착

항목	지역 / 어사	경주 : 천부(老)		명주 : 태하(老)		밀양 : 저동(老)		울주 : 천부(少)		영덕 : 태하(少)		노년층		소년층		정착	
단일어(명사)	감(柿)	o		o		x		o		o		o		o		o	
	매(鷹)	o		o		o		o		o		o		o		o	
	널(板)	o		o		o		o		o		o		o		o	
	속(裏)	o		o		o		o		o		o		o		o	
	죄(罪)	o		o		o		x		o		o		o		o	
	굴(窟)	o		o		x		o		o		o		o		o	
	뒤(後)	o		o		x		x		o		o		o		o	
	밀(蜜)	o		o		o		o		o		o		o		o	
	일(一)	o		x		o		o		o		o		o		o	
	일(事)	o		o		o		o		o		o		o		o	
	덜(小)	o		o		o		x		x		o		x		x	
	들(野)	o		o		o		o		x		o		x		x	
	매(鞭)	o		o		x		x		o		o		x		x	
	벌(罰)	o		x		x		o		o		x		o		x	
	벌(蜂)	o	40/41	o	35/40	o	29/43	x	24/40	x	34/41	o	38/41	o	32/40	●	30/40
	밤(夜)	o		x		o		x		x		o		o		●	
	밤(栗)	o		o		o		x		x		o		o		●	
	눈(雪)	o		o		o		x		o		o		x		x	
	눈(眼)	x		x		o		o		x		o		x		x	
	줄(연장)	o		o		o		w		w		o		w		w	
	줄(絃)	o		o		o		o		o		o		o		o	
	볼(버선)	o		o		o		x		o		o		x		x	
	볼(顔)	o		o		x		x		x		x		x		x	
	제(祭)	w		o		o		w		o		w		w		w	
	귀(耳)	o		x		o		o		o		x		o		x	
	게(蟹)	o		o		x		o		o		o		o		o	
	기(旗)	o		o		x		o		o		o		o		o	
	배(梨)	o		o		o		o		o		o		o		o	

24) ● 표시는 세대차를 나타냄. 이하 같음.

항목	지역 / 어사	경주: 천부(老)		명주: 태하(老)		밀양: 저동(老)		울주: 천부(少)		영덕: 태하(少)		노년층		소년층		정착	
	금(金)	o		o		x		o		o		o		o		o	
	금(線)	o		o		o		x		o		o		o		o	
	섬(島)	o		o		o		o		o		o		o		o	
	섬(石)	w		o		x		w		w		w		w		w	
	말(斗)	o		o		x		x		o		o		o		o	
	말(馬)	o		o		o		o		o		o		o		o	
	말(言)	o		o		o		o		o		o		o		o	
	술(匙)	o		o		o		o		o		o		o		o	
	술(酒)	o		o		x		x		o		o		o		o	
	손(客)	o		w		x		x		o		o		o		o	
	손(孫)	o		w		o		x		o		o		x		x	
	손(手)	o		w		o		o		o		o		o		o	
	메(柊)	o		o		o		o		o		o		o		o	
	배(倍)	o		o		o		o		o		o		o		o	
	배(腹)	o		o		x		x		o		o		o		o	
동사 어간	깨(覺)-	x	5/7	o	2/6	w	3/5	o	4/7	x	4/6	o	6/6	o	4/6	o	4/5
	깨(破)-	o		x		o		x		o		o		x		x	
	되(硬)-	o		o		x		x		o		o		o		o	
	되(升)-	x		x		x		x		w		o		w		w	
	되(化)-	o		x		o		o		o		o		o		o	
	뛰(躍)-	o		x		o		o		o		o		o		o	
	휘(曲)-	o		w		w		o		x		w		x		w	
조사(가/이)	며느리-가	o	9/9	o	6/8	o	6/9	o	6/9	o	8/9	o	9/9	o	9/9	o	9/9
	미나리-가	o		o		o		o		o		o		o		o	
	배(倍)-가	o		o		o		o		o		o		o		o	
	배(腹)-가	o		x		x		x		o		o		o		o	
	배(梨)-가	o		o		o		o		o		o		o		o	
	사람-이	o		o		x		x		o		o		o		o	
	사마귀(痣)-가	o		x		o		o		x		o		o		o	
	하늘-이	o		o		o		o		o		o		o		o	
	해바라기-가	o		w		x		x		o		o		o		o	
조사	며느리 -에(서), -한테	o	7/9	o	4/5	o	6/8	o	6/8	o	7/9	o	9/9	o	9/9	o	9/9

항목	지역 / 어사	경주: 천부(老)		명주: 태하(老)		밀양: 저동(老)		울주: 천부(少)		영덕: 태하(少)		노년층		소년층		정착	
(에서/한테)	미나리-에(서), -한테	o		o		o		o		o		o		o		o	
	배(倍)-에(서), -한테	x		w		x		x		o		o		o		o	
	배(腹)-에(서), -한테	o		o		o		o		o		o		o		o	
	배(梨)-에(서), -한테	o		w		o		o		o		o		o		o	
	사람-에(서), -한테	x		w		w		w		x		o		o		o	
	사마귀-에(서), -한테	o		x		o		o		x		o		o		o	
	하늘-에(서), -한테	o		o		o		o		o		o		o		o	
	해바라기-에(서), -한테	o		w		x		x		o		o		o		o	
조사(까지/조차)	며느리-조차, -까지	o		o		o		o		o		o		o		o	
	미나리-조차, -까지	o		o		o		o		o		o		o		o	
	배(倍)-조차, -까지	o		w		x		x		o		o		o		o	
	배(腹)-조차, -까지	o		x		x		x		o		o		o		o	
	배(梨)-조차, -까지	o	7/9	w	2/4	o	5/8	o	5/9	o	6/8	o	8/8	o	9/9	o	8/8
	사람-조차, -까지	x		w		x		x		x		o		o		o	
	사마귀(痣)-조차, -까지	o		w		o		o		x		o		o		o	
	하늘-조차, -까지	o		x		o		o		o		o		o		o	
	해바라기-조차, -까지	x		w		w		x		w		w		o		w	
어미	감(洙)-더라	o	8/8	x	2/8	x	3/10	x	2/10	o	9/10	o	9/10	o	10/10	o	9/10
	더럽-더라	w		o		x		x		x		o		o		●	

항목	지역 / 어사	경주: 천부(老)		명주: 태하(老)		밀양: 저동(老)		울주: 천부(少)		영덕: 태하(少)		노년층		소년층		정착	
(더라)	드물-더라	o		x		x		x		o		o		o		o	
	모르-더라	o		x		x		x		o		x		o		x	
	물(嚙)-더라	o		x		o		o		o		o		o		o	
	부드럽-더라	w		w		x		x		o		o		o		o	
	알-더라	o		o		x		x		o		o		o		o	
	없-더라	o		w		x		x		o		o		o		o	
	잡-더라	o		x		o		o		o		o		o		o	
	흐르-더라	o		x		o		x		o		o		o		o	
어미(으면)	감(洙)-으면	o		w		x		x		o		o		o		o	
	더럽-으면	o		o		x		x		x		o		o		●	
	드물-으면	o		w		x		x		o		o		o		o	
	모르-으면	o		o		x		o		o		x		o		x	
	물(嚙)-으면	o	10/10	o	4/5	o	4/10	o	4/10	o	8/9	o	9/10	o	10/10	o	9/10
	부드럽-으면	o		w		o		x		w		o		o		o	
	알-으면	o		w		x		x		o		o		o		o	
	없-으면	o		w		x		x		o		o		o		o	
	잡-으면	o		o		o		o		o		o		o		o	
	흐르-으면	o		x		o		o		o		o		o		o	
어미(아/어서)	감-(아/어)서	o		w		x		x		o		o		o		o	
	더럽-(아/어)서	o		o		x		x		x		o		o		●	
	드물-(아/어)서	o		x		x		x		o		o		o		o	
	모르-(아/어)서	o		o		x		x		o		o		o		o	
	물-(아/어)서	o	10/10	o	5/9	o	5/10	o	4/10	o	9/10	o	10/10	o	10/10	o	10/10
	부드럽-(아/어)서	o		x		o		x		o		o		o		o	
	알-(아/어)서	o		x		o		o		o		o		o		o	
	없-(아/어)서	o		x		x		x		o		o		o		o	
	잡-(아/어)서	o		o		o		o		o		o		o		o	
	흐르-(아/어)서	o		o		o		o		o		o		o		o	
어미	감(洙)-지	x	7/10	o	6/9	o	5/10	o	5/9	o	7/10	o	8/10	o	10/10	o	8/10
	더럽-지	o		o		x		x		x		o		o		●	

항목	지역 어사	경주 : 천부(老)		명주 : 태하(老)		밀양 : 저동(老)		울주 : 천부(少)		영덕 : 태하(少)		노년층		소년층		정착	
(지)	드물-지	o		x		x		x		o		o		o		o	
	모르-지	o		o		x		o		o		x		o		x	
	물(嚙)-지	x		o		o		o		x		o		o		o	
	부드럽-지	o		x		o		x		o		o		o		o	
	알-지	o		o		x		x		o		o		o		o	
	없-지	o		w		x		w		o		o		o		o	
	잡-지	x		x		o		o		x		x		o		x	
	흐르-지	o		o		o		o		o		o		o		o	
사동 및 피동	알+리-어졌다(被動)	w		o		x		w		o		x		x		x	
	잡+히-었다(被動)	o		x		x		x		o		o		x		x	
	(돈을) 없앴다	o		w		x		o		o		w		x		w	
	(머리가)감+기-었다(被動)	w		w		w		w		w		w		w		w	
	(머리를)감+기-었다(使動)/	w		x		w		x		o		w		x		w	
	(몸이) 더럽혀졌다	o		w		w		x		o		w		x		w	
	(문제가)풀+리-었다(被動)	o	7/8	w	2/4	x	1/7	o	3/9	w	7/9	o	4/5	x	2/10	x	1/5
	(물건을)잡+히-었다(使動)	o		o		o		x		o		o		o		o	
	(소금을)풀+리-었다(使動)	w		w		w		w		w		w		w		w	
	알+리-었다(使動)	x		w		x		x		o		o		x		x	
	(신발이) 바뀌겠다	o		w		x		o		x		w		o		w	
	(옷을) 더럽혔다	o		w		w		x		x		w		x		w	
유지 혹은 정착 비율(%)		8.82/10 (88.2)		6.03/10 (60.3)		5.15/10 (51.5)		5,03/10 (50.3)		8.08/10 (80.8)		9.33/10 (93.3)		8.67/10 (86.7)		8.35/10 (83.5)	

Ⅲ. 음운현상별 실태

1. 자음탈락

국어에는 모음 사이에서 세 개의 자음이 실현될 수 없는 음운론적 제약이 있다. 그래서 어간 말음이 2개의 자음이고 여기에 다시 자음으로 시작되는 어미가 결합되면 한 자음이 탈락되는데 이것을 자음탈락이라고 한다. 다음에서는 '삯, 앉-, 닭, 흙, 맑-, 삶-, 젊-, 여덟, 밟-, 돐, 훑-, 핥-, 읊-, 값, 없-' 등의 어사를 중심으로 울릉도 지역의 방언형과 그에 대응되는 원적지의 방언형을 비교한 다음, 다시 울릉도 제보자들만의 방언형을 상호 비교함으로써 울릉도 지역에서 자음탈락 현상이 어느 정도로 정착되어 가고 있는지 살펴보기로 한다.

(1) 원적지 방언과의 비교

① 천부(老)와 경주 방언에서는 어간말 자음이 ks, nč, rm, rs, rt^{h}인 경우에는 자음탈락의 방식이 동일하다. 즉, rm의 경우만 선행자음이 탈락되고 여타의 경우는 후행자음이 탈락된다. 그리고 rk, rp, rp^h, ps의 경우는 어사에 따

라 동일한 것도 있고 차이가 나는 것도 있는데, '닭, 밟-, 없-'의 경우는 천부(老)와 경주에서 다 같이 후행자음이 탈락되어 동일하나, '흙, 맑-, 여덟, 값'의 경우는 차이가 있다.

'흙'의 경우는 경주에서는 자음어미 앞에서는 k가 탈락되고 모음어미 앞에서는 임의로 k가 탈락되는데, 천부(老)에서는 자음어미나 모음어미에 관계없이 r가 탈락되기도 하고 k가 탈락되기도 하여 차이가 있다. 그리고 '맑-'의 경우는 천부(老)에서는 r가 탈락되나 경주에서는 어미 '-지' 앞에서는 r가, '-더라, -다' 앞에서는 k가 탈락된다.

'여덟'은 『한국방언자료집』에 그 곡용형이 다양하게 등재되지 않아 정확한 비교가 어려우나 단일어로 쓰일 때는 p가 탈락되다가 그 뒤에 단위를 나타내는 '개, 되, 말' 등이 연결되면 r가 탈락되는 경우도 있고, p가 탈락되는 경우도 있어 일정치 않다. 이에 비해 천부(老)에서는 자음어미 앞에서 일률적으로 p가 탈락된다. '값'은 천부(老)와 경주에서 다 같이 자음어미 앞에서는 s가 탈락되어 동일하다. 그러나 모음어미 앞에서는 전자의 경우는 ps가 그대로 실현되는데 비해, 후자의 경우는 s가 임의로 탈락되어 차이가 있다.

② 태하(老)와 명주에서는 다 같이 어간 말음이 ks, nč, rp, rs, rt^h, ps이고, 여기에 자음으로 시작되는 어미가 결합되면 후행자음이 탈락되고, rm일 때는 선행자음이 탈락되어 차이가 없다. 그런데 체언 말음이 ps인 '값'의 경우 태하(老)에서는 모음어미 앞에서도 s가 탈락되어 명주보다 규칙의 적용 범위가 더욱 확대되었음을 볼 수 있다.

어간말 자음이 rk일 때는 명주에서는 체언이냐 용언이냐에 따라 차이가 있다. 체언의 경우는 어말이나 자음어미 앞에서 r가 탈락되기도 하고 k가 탈락되기도 하나 용언의 경우는 r만 탈락된다. 이에 비해 태하(老)에서는 체언과 용언의 구별 없이 다 같이 k가 탈락되어 명주와는 차이가 있다. rp(읊-)의 경우는 명주에서는 자음어미 앞에서 r가 탈락되나 태하(老)에서는 어사 자체가 사용되지 않아 비교가 불가능하다.

③ 밀양과 저동(老)에서는 어간 말음이 rm, ks, nč, rp, rt^{h}[25], ps인 경우에는 자음탈락 양상이 동일한데, rm의 경우는 선행자음이 탈락되고 여타의 경우는 후행자음이 탈락된다. 그러나 rk의 경우는 밀양에서는 그것이 체언의 말음이냐 용언의 말음이냐에 따라 차이가 있으며, 동일한 체언이라도 어사에 따라서 또한 차이가 있다.

이를테면, '맑-'의 경우는 k가 탈락되고, '닭'의 경우는 r가 탈락되며, '흙'의 경우는 r가 탈락되기도 하고 k가 탈락되기도 한다. 이에 비해 저동(老)에서는 체언과 용언의 구별 없이 후행자음 k가 탈락되어 밀양과는 차이를 보인다.

rs의 경우는 밀양에서는 r로 재구조화되었으나 저동(老)에서는 s탈락형과 유지형이 공존하여 차이가 있다. rp^{h}(읊-)의 경우는 저동(老)에서 어사 자체가 사용되지 않아 비교가 불가능하다.

④ 울주와 천부(少)에서는 어간 말음이 ks, nč, rm, rp, rs, rt^{h}, ps인 경우에는 자음탈락 양상이 동일하다. 이들 가운데 rm는 선행자음이 탈락되고, 여타의 경우는 후행자음이 탈락되는데, 그 가운데 rs는 r로 재구조화되었다. 그러나 rk의 경우는 천부(少)에서는 그것이 체언의 말음이냐 용언의 말음이냐에 따라 차이가 있다.

rk가 체언 말음일 때는 k로 재구조화되었고, 용언 말음일 때는 후행자음 k가 탈락된다. 이에 비해 울주에서는 체언이나 용언에서 다 같이 후행자음이 탈락되는 것이 원칙이나 '닭'의 경우에는 r와 k가 임의로 탈락된다. rp^{h}(읊-)의 경우는 울주에서 어사 자체가 사용되지 않아 비교가 불가능하다.

⑤ 영덕과 태하(少)에서는 어간 말음이 ks, nč, rm, rp, rs, rt^{h}, ps인 경우에는 자음탈락 양상이 동일하다. 이들 가운데 rm의 경우는 선행자음이 탈락되고 여타의 경우는 후행자음이 탈락되는데, 그 가운데 rs(돐)는 r로 재구조화되었다. ps(값)의 경우도 영덕에서는 p(갑)으로 재구조화되었다.

---

25) rt^{h}의 경우는 자음 앞에서 t^{h}가 탈락되는 것이 원칙이나 '훑-<핥-'의 경우 어미 '-더라'가 결합되면 밀양에서는 rt^{h}가 rh로, 저동(老)에서는 rt^{h}가 rʔ로 변해 양자 사이에는 차이가 있다(holt^{h}Ǝra : holt'Ǝra).

rk의 경우는 태하(少)에서는 그것이 체언의 말음이냐 용언의 말음이냐에 따라 차이가 있다. 체언 말음일 때는 선행자음 r가 탈락되고, 용언 말음일 때는 후행자음 k가 탈락된다. 이에 비해 영덕에서는 체언이나 용언에서 다 같이 후행자음이 탈락된다. rp^h(읊-)의 경우 태하(少)에서는 선행자음이 탈락되나 영덕에서는 어간이 '을푸-'로 재구조화되어 비교가 불가능하다.

(2) 방언형의 정착

여기서는 울릉도 제보자들의 언어를 서로 비교해 봄으로써 자음탈락과 관련하여 울릉도 방언이 어떻게 정착되어 가고 있는지 살펴보기로 한다.

먼저 노년층 제보자들의 언어를 비교해 보면, 천부(老), 태하(老), 저동(老)에서 다 같이 어간말 자음 ks, nč, rk(닭, 맑-), rm, rp(밟-), rt^h, ps(없-)에 자음어미가 결합되면, rm에서는 선행자음이 탈락되고, 여타의 경우는 전부 후행자음이 탈락되어 차이가 없음을 알 수 있다. 그러므로 이 경우에는 울릉도 방언형의 정착이 이루어졌다고 할 수 있다. ks 말음을 지닌 체언 '삯'의 경우에는 모음으로 시작되는 조사가 결합될 때도 후행자음 s가 탈락되어 그 어형이 '삭'으로 재구조화되었는데, 이 형태가 울릉도 방언형으로 정착되었다.

그러나 '흙, 여덟, 값, 돐'의 경우는 hƎgi/hƎri, yƎdƎlbi/yƎdƎri, kapsyi/kabi, tolsyi/tori 등에서 보는 것처럼 모음으로 시작되는 조사 앞에서 자음이 탈락되지 않거나 탈락이 진행 중이다. 그러므로 이들 어사의 경우에는 자음어미 앞에서 어간말 자음이 탈락되는 현상은 울릉도의 방언 음운현상으로 정착되었다고 할 수 있으나 모음어미 앞에서의 자음탈락 현상은 아직 정착 단계에 있는 것으로 해석된다. rp^h(읊-)의 경우는 태하(老)와 저동(老)에서 어사 자체가 사용되지 않아 비교가 불가능하다.

소년층 제보자들의 언어를 비교해 보면, '읊다'의 경우 천부(少)에서는 $ɨlp^h$Ǝ, ɨlč'i, ɨlt'Ǝra, ɨllɨnda에서처럼 후행자음이 탈락되는 데 비해, 태하(少)에서는

ɨlpʰƎ, ɨpč'i, ɨpt'a처럼 선행자음이 탈락되어 아직 방언형이 정착되지 않았다. 그러나 여타의 경우들은 천부(少)와 태하(少)가 완전히 일치하여 그들 방언형이 정착되었음을 알 수 있다.

다시 노소년층의 언어를 동시에 비교해 보면, '삯, 앉-, 닭, 맑-, 삶-, 젊-, 밟-, 훑-, 핥-, 없-' 등은 그 실현형이 동일하여 정착이 이루어졌으나,[26] '흙, 여덟, 돐, 값'의 경우는 서로의 실현형에 차이를 보여 아직 정착이 이루어지지 않았음을 알 수 있다. 그런데 정착된 방언형 가운데 어간말 자음이 nč, rk, rp, rtʰ, ps인 경우에는 선행 자음의 종류에 관계없이 후행 자음이 탈락된다. 그 이유는 이 방언에서는 음절말에 두 개의 자음이 올 수 없는 음절말음제약이 있기 때문이다. 이것을 규칙화하면 다음과 같다.

규칙(6) : $C \rightarrow \emptyset \ / \ C \ \text{—} \ ]_{\sigma}$

어간말 자음이 rm인 경우에는 두 자음 중 한 자음이 탈락된 점에서는 위의 경우와 차이가 없으나, 후행 자음이 아닌 선행 자음이 탈락된다는 점에서 차이가 있다. 특히, rk, rp, rtʰ와 이 경우의 rm를 비교하면, 다 같이 r를 선행시키고 있는 점에서 동일한데도 탈락의 과정에서 차이를 보이는 것은 음절말음제약 이외의 다른 요인도 여기에 작용하고 있음을 의미하는데, 그 요인은 연결된 음의 성질에서 찾을 수 있다.

즉, rk, rp, rtʰ, nč와 ps의 경우에는 그 음의 연결이 각각 '공명자음+비공명자음', '비공명자음+비공명자음'으로 되어 있는데, 이에 비해, rm의 경우에는 '공명자음+공명자음'이란 차이를 발견할 수 있다. 후자의 경우를 규칙화하면 규칙(7)과 같이 되는데, 이것은 규칙(6)에 앞서서 적용되어야 한다.

규칙(7) : $\begin{bmatrix} C \\ +son \end{bmatrix} \rightarrow \emptyset \ / \ \text{—}\begin{bmatrix} C \\ +son \end{bmatrix}]_{\sigma}$

26) '삯, 닭'은 '삭, 달'로 이미 재구조화되었기 때문에 자음탈락규칙의 적용을 받지 않는다.

그런데 여기서 한 가지 주목할 것은, '닭'의 실현형에서 노년층의 경우에는 tári, tált'o, talɦágo, tálman에서 보는 것처럼 후행자음이 탈락된 형태로 방언형이 정착되고, 소년층의 경우에는 tági, tákt'o, takhágo, táŋman에서 보는 것처럼 선행자음이 탈락된 형태로 방언형이 정착되었는데, 이와 같은 차이는 세대별 차이로 해석된다는 점이다.

지금까지 울릉도 제보자들의 언어와 그들의 원적지방언을 비교하고, 또 제보자들 상호간의 언어를 비교함으로써 자음탈락과 관련된 음운현상이 울릉도 방언에서 어느 정도로 정착되어 가고 있는지 살펴보았다. 거기에서 얻어진 결과를 하나의 표로 나타내면 다음의 [표 V]와 같다.

〔표 V〕 자음탈락의 정착

항목	지역 / 어사	경주 : 천부(老)		명주 : 태하(老)		밀양 : 저동(老)		울주 : 천부(少)		영덕 : 태하(少)		노년층		소년층		정착	
ㄳ	삯	o	1	o	1	o	1	o	1	o	1	o	1	o	1	o	1
ㄵ	앉-	o	1	o	1	o	1	o	1	o	1	o	1	o	1	o	1
ㄺ	닭	o		x		x		x		x		o		o		●	
	흙	x	1/3	x	0	x	1/3	x	1/3	x	1/3	x	2/3	o	1	x	2/3
	맑-	x		x		o		o		o		o		o		o	
ㄻ	삶-	o	1	o	1	o	1	o	1	o	1	o	1	o	1	o	1
	젊-	o		o		o		o		o		o		o		o	
ㄼ	여덟	x	1/2	o	1	o	1	o	1	o	1	x	1/2	o	1	x	1/2
	밟-	o		o		o		o		o		o		o		o	
ㄽ	돐	o	1	o	1	x	0	o	1	o	1	x	0	o	1	x	0
ㄾ	훑-	o	1	o	1	o	1/2	o	1	o	1	o	1	o	1	o	1
	핥-	o		o		x		o		o		o		o		o	
ㄿ	읊-	w	w	w	w	w	w	w	w	w	w	w	w	x	0	w	w
ㅄ	값	x	1/2	x	1/2	o	1	o	1	x	1/2	x	1/2	o	1	x	1/2
	없-	o		w		o		o		o		o		o		o	
유지 혹은 정착 비율(%)		6.33/8 (79.1)		6.5/8 (81.2)		5.83/8 (72.9)		7.33/8 (91.6)		6.83/8 (85.4)		5.66/8 (70.8)		8/9 (88.9)		5.66/8 (70.8)	

2. 불규칙활용

(1) p불규칙활용의 비교 및 정착

자음어미가 결합되면 어간말 자음 p가 그대로 실현되고, 모음어미가 결합되면 그것이 w로 실현되는 용언들은 p불규칙활용을 하는 용언으로 분류된다. 여기서는 '맵-, 무섭-, 돕-'의 세 어사를 중심으로 원적지 방언과의 異同 및 울릉도 방언에서의 정착 여부를 살펴보기로 한다.

먼저 울릉도 제보자들의 언어를 그들에 대응되는 원적지 방언과 비교하면 다음과 같다.

① 경주 : 천부(老)의 경우 전자에서는 '맵-, 무섭-'의 경우는 규칙활용을 하고, '돕-'의 경우는 모음어미 앞에서나 자음어미 앞에서 다 같이 p가 w로 바뀌어 어간 자체가 tou-로 재구조화되었다. 그런데 이에 대응되는 후자에서는 '맵-'의 경우는 규칙활용을 하고, '무섭-'의 경우는 어미 '-으니까'가 결합될 때와 '-어서'가 결합될 때 차이가 있는데, 전자가 결합될 때는 불규칙활용을, 후자가 결합될 때는 규칙활용을 한다. 그리고 '돕-'의 경우는 모음어미 앞에서만 p가 w로 바뀌는 불규칙활용을 한다. 그러므로 원적지인 경주 방언과 비교하면 '맵-'의 경우만 일치한다고 할 수 있다.

② 명주 : 태하(老)의 경우 전자에서는 '맵-, 무섭-, 돕-' 모두가 불규칙활용을 하는 데 비해, 후자에서는 '맵-'은 규칙활용을 하고, '무섭-'의 경우는 musʌ́u^{ŋ}i, musʌ́bɛsɛ처럼 실현되어 어미의 종류에 따라 불규칙활용을 하기도 하고 규칙활용을 하기도 한다. 그리고 '돕-'의 경우는 그 어간이 tou-로 재구조화되었다. 그러므로 이 경우에는 원적지 방언과 일치하는 예가 하나도 없다.

③ 밀양 : 저동(老)의 경우 전자에서는 '맵-, 무섭-'의 경우는 모음어미의 종류에 따라 불규칙활용을 하기도 하고 규칙활용을 하기도 하여 혼란을 보

이고, '돕-'의 경우는 그 어간이 tou-로 재구조화되었다. 이에 비해 후자에서는 '맵-, 무섭-'의 경우는 규칙활용을 하여 밀양과 차이가 있으나, '돕-'의 경우는 밀양과 마찬가지로 그 어간이 tou-로 재구조화되어 차이가 없다.

④ 울주 : 천부(少)의 경우 전자에서는 '맵-, 무섭-'이 규칙활용을 하는 데 비해, 천부(少)에서는 '맵-'은 규칙활용을, '무섭-'은 불규칙활용을 하여 원적지 방언과 차이가 있다. 그리고 '돕-'의 경우 울주에서는 자음어미 앞에서도 tou-로 실현되어 그 어간이 tou-로 재구조화되었으나 천부(少)에서는 top-으로 실현되어 차이가 있다.

⑤ 영덕 : 태하(少)의 경우 전자에서는 '맵-, 무섭-'이 모음어미 앞에서 b 혹은 w로 실현되는데 비해, 후자에서는 w로만 실현되어 차이가 있다. 그리고 '돕-'의 경우에도 전자에서는 tókk'o, tóu^{ŋ}k'E, tóa, tóuso처럼 자음어미 -ko 앞에서는 조음위치동화에 의해 p가 k로 실현되고, 모음어미 앞에서는 w로, 혹은 이 w가 다시 탈락된 형태로 실현되는데 비해, 후자에서는 그 어간이 tou-로 재구조화된 형태와 그렇지 않은 형태가 공존하여 전자와는 차이가 있다.

이상에서 살펴본 ①~⑤를 바탕으로 울릉도 노년층의 언어를 비교해 보면, '맵-'은 다 같이 규칙활용을 하여 차이가 없으므로 이 경우는 방언형의 정착이 이루어졌다고 할 수 있다. 그러나 '무섭-'의 경우는 규칙활용을 하는 경우도 있고, 어미에 따라서 규칙과 불규칙이 혼용된 경우도 있어 정착이 이루어지지 않았다. '돕-'의 경우는 어간 자체가 top-과 tou-의 둘로 혼용되고 있어 이 경우 역시 정착이 이루어지지 않았다.

소년층의 경우는, 노년층의 경우와는 달리, '무섭-'이 불규칙활용을 하는 것으로 정착되었다. 그러나 '맵-'은 천부(少)에서는 규칙활용을, 태하(少)에서는 불규칙활용을 하여 차이가 있으며, '돕-'의 경우는 천부(少)에서는 어간이 top-으로, 태하(少)에서는 tou-/top-으로 실현되어 상호간에 차이가 있으므로 이 경우는 정착이 이루어졌다고 할 수 없다.

다시 노소간의 언어를 함께 비교하면, p불규칙활용과 관련된 어사로서 울릉도 방언에서 정착이 이루어진 것은 하나도 없다고 할 수 있다.

(2) t불규칙활용의 비교 및 정착

용언의 어간말 자음 t가 자음어미 앞에서는 t로, 모음어미 앞에서는 r로 실현될[27] 때 이 용언을 t불규칙용언으로 분류한다. 여기서는 '묻-, 듣-, 걷-'의 세 어사를 중심으로 살펴보기로 한다.

경주 : 천부(老), 밀양 : 저동(老), 울주 : 천부(少), 영덕 : 태하(少)에서는 다 같이 모음어미 앞에서 t가 r로 실현되어 차이가 없다. 그리고 명주 : 태하(老)에서도 어간 '듣-'의 경우에는 모음어미 앞에서 t가 r로 바뀌는 불규칙활용을 한다. 그런데 '묻-, 걷-'의 경우에는 모음어미 앞에서는 r로, 자음어미 앞에서는 t가 아닌 r?로 실현되므로 어간 자체가 '뭃-, 겛-'로 재구조화된 것으로 해석된다.

이상의 고찰을 종합하면, 울릉도 노년층의 경우에는 '듣-'의 경우만 t불규칙활용을 하는 것으로 그 방언형이 정착되었으며, 소년층의 경우에는 '묻-, 듣-, 걷-' 모두가 t불규칙활용을 하는 것으로 그 방언형이 정착되었음을 알 수 있다. 그리고 노소년층을 함께 고려하면 '듣-'의 경우만 방언형의 정착이 이루어졌다고 할 수 있는데, 이 경우를 규칙화하면 다음과 같다.

규칙(8) : $t \rightarrow r$ / V — $]_{V.S.}$ + V

27) 여기서는 음운환경의 차이에 따른 다양한 변이음들을 제시하지 않고 그 대종만 보였나. 이하 같음.

(3) s불규칙활용의 비교 및 정착

자음어미 앞에서는 어간말 자음 s가 t로 실현되고, 모음어미 앞에서는 그것이 ø로 실현되는 용언들은 s불규칙활용을 하는 용언으로 분류한다. 여기서는 '낫-, 긋-, 붓-'의 세 어사를 중심으로 원적지 방언과의 異同 및 울릉도 방언에서의 정착 여부를 살펴보기로 한다.

먼저 울릉도 제보자들의 방언형을 그들에 대응되는 원적지 방언형과 비교하면 다음과 같다.

① 경주 : 천부(老)에서는, 공시적으로 볼 때, 이들 어사 모두가 s불규칙활용과는 거리가 멀다. 경주에서는 '낫-'의 경우는 규칙활용을 하고, '붓-, 긋-'의 경우는 púkk^{h}o, pƎ́Ǝgàa와 k'Ǝ́kk^{h}o, k'Ǝ́Ǝ^{ŋ}i, k'Ǝ́Ǝ, k'Ǝ́Ǝso에서 보는 것처럼 그 어간말 자음 s가 h로 재구조화되었다. 이에 비해, 천부(老)에서는 '낫-, 붓-'의 경우는 어간말 자음 s가 ʔ로 재구조화되어, 자음어미 -ko가 결합되면 na : k'o, puk'o처럼 자음축약(경음화)이 이루어지고, 모음어미가 결합되면 náƎnyik'a/náasƎ, puƎsƎ에서처럼 ʔ가 탈락된다. 그리고 '긋-'의 경우는 k'Ǝ́nk^{h}o, k'Ǝ́nyik'a, k'Ǝ́ƎsƎ에서 보는 것처럼 모음어미가 결합될 때는 어간말 자음이 탈락되고, 자음어미가 결합될 때는 어간말 자음이 nh로 실현되므로, 이 경우에는 하나의 어간으로부터 그 활용형들을 도출해 낼 수 없다.

② 명주 : 태하(老)의 경우 전자에서는 '낫-, 긋-, 붓-'의 세 어사 모두 그 어간 말음이 ʔ로 재구조화되었다. 이에 비해, 후자에서는 '붓-'의 경우는 s불규칙활용을 하고, '낫-'의 경우는 na : k'o, násɨ^{ŋ}i, náasƎ, náatt'a에서 보는 것처럼, 동일한 모음어미라도 그 종류에 따라 규칙활용을 하기도 하고 불규칙활용을 하기도 하여 혼란을 보이며, '긋-'의 경우는 kɨ́ɨlgo, k'ɨnnɨ́nda, kɨ́Ǝra에서 보는 것처럼 어미 -ko가 결합될 때는 그 어간이 kɨ́ɨl-로, -nɨ́nda, -Ǝra가 결합될 때는 k'ɨs-으로 실현되어 혼란을 보인다. 이러한 혼란은 여러 지역 출신들이 이주하여 함께 살고 있는 울릉도에서는 어쩌면 당연한 일이라고

할 수도 있을 것이다.

③ 밀양 : 저동(老)의 경우 어간 '낫-'은 nak'o/nasƎ́i^{ŋ}k'E/násasƎ : na : k'o/násƎ^{ŋ}i/násƎt'a에서 보는 것처럼 모음어미 앞에서 다 같이 s가 탈락되지 않아 동일하다.[28] 그리고 '긋-'과 '붓-'의 경우는 밀양에서는 그 어간이 각각 k'Ǝh-과 puʔ-으로 재구조화되었는데, 이에 비해, 저동(老)에서는 전자는 그 어간이 k'Ǝ́Ǝ-로 재구조화되어 밀양의 경우와 차이가 있으나, 후자는 밀양과 동일한 puʔ-으로 재구조화되었다.

④ 울주 : 천부(少)의 경우 '낫-, 붓-'은 그 어간말 자음 s가 울주와 천부(少)에서 다 같이 ʔ로 재구조화되어 동일하다. 그러나 '긋-'의 경우는 울주에서는 그 어간이 k'Ǝ́Ǝ-로 재구조화되어 활용형들이 k'Ǝ́Ǝgo, k'ƎƎ́i, k'Ǝ́Ǝ, k'Ǝ : so처럼 실현되는 데 비해, 천부(少)에서는 그 어간이 k'ɨʔ-으로 재구조화되어 활용형들이 k'ɨkk'o, k'ɨ̈nyik'a, k'ɨƎ처럼 실현되어 차이가 있다.

⑤ 영덕 : 태하(少)의 경우 전자에서는 어간 '낫-'은 규칙활용을 하는 어간으로 분류되어 'ㅅ'가 그대로 실현되나 '긋-, 붓-'은 그 어간말 자음이 다 같이 ʔ로 재구조화되었다. 이에 비해 후자에서는 '낫-, 긋-, 붓-' 모두에서 s가 ʔ로 재구조화되었다.

이상에서 살펴본 ①~⑤를 바탕으로 울릉도 노년층의 언어를 비교해 보면, '낫-'의 경우는 규칙과 불규칙으로 그 활용형이 혼란을 보일 뿐만 아니라, 그 어간말 자음이 ʔ로 재구조화된 경우도 있어 방언형이 정착되지 않았음을 알 수 있다. 그리고 '긋-'의 경우는 자음어미 앞에서 실현되는 어간의 형태가 제 각각의 모습을 지니고 있어 차이를 보이고 있으며, '붓-'의 경우는 태하(老)에서만 s불규칙활용을 하고, 여타에서는 그 어간이 puʔ-으로 재구성되어 역시 차이를 보인다. 그러므로 노년층의 경우 방언형이 정착된 것은 하나도 없다고 할 수 있다.

---

28) 밀양의 활용형 náaso에서 보는 것처럼 어미 -aso 앞에서는 s가 탈락되나, 저동(老)에서는 이 형태가 실현되지 않아 비교에서 제외하였다.

소년층의 경우에는, 노년층의 경우와는 달리, '낫-, 긋-, 붓-' 모두가 그 어간말 자음이 ʔ로 재구조화되어 상호간에 일치를 보이므로 그 방언형이 정착되었다고 할 수 있다.

다시 노소간의 언어를 함께 비교하면, s불규칙활용과 관련된 어사로서 울릉도 방언에서 정착이 이루어진 것은, 앞의 p불규칙활용의 경우와 마찬가지로, 하나도 없다고 할 수 있다.

(4) r불규칙활용의 비교 및 정착

용언 어간 말음이 r이고 거기에 어미 -ɨnyik'a, -ɨr, -ɨpnyita, -ɨso 등이 결합되면, 어미의 첫 모음 ɨ가 먼저 탈락되어[29] rn, rr, rp, rs와 같은 복자음으로 실현된다. 이렇게 되면 음절말에 두 개의 자음이 올 수 없다는 음절말 음제약에 의해 한 자음이 탈락된다. 이 경우 어간 말음 r가 n, r, s 앞에서 탈락되는 것은 동일한 치조음의 연결에서 선행 자음이 탈락되는 것이고, p 앞에서 r가 탈락되는 것은 음운론적인 설명이 불가능하므로[30] r불규칙활용으로 취급된다.

그런데 『한국방언자료집』에는 r불규칙활용 여부를 알아보기 위해 r말음 어간에 어미 '-고, -으니까, -아/어서, -오/소[31]' 등이 결합될 때의 활용형이 제시되어 있으므로, 여기서는 이들 어미 앞에서 어간 말음 r가 탈락되는지의 여부를 '알-, 들-, 살-' 세 어사를 중심으로 살펴보았다. 그 결과, 경주 : 천부(老), 명주 : 태하(老), 밀양 : 저동(老), 울주 : 천부(少), 영덕 : 태하(少)에서는

29) ɨ탈락과 관련된 음운론적 제약에 대해서는 오종갑(1994 : 17)을 참고하기 바람.
30) p 앞에서의 r탈락에 대한 설명이 불가능한 이유는, '업'의 중세어 형태가 '숩'이어서 그 당시에는 치조음 z와 동일한 조음위치를 가진 r가 탈락될 수 있는 음운론적 조건이 존재하였으나, 후대에 z가 탈락되어 변화의 조건이 소멸되었기 때문이다.
31) 울릉도 제보자들 경우에는 노소를 불문하고 어미 '-오/소'를 사용하지 않는 경우가 많았다. 특히 소년층의 경우에는 이 어미를 전혀 사용하지 않았다.

다 같이 어미 '-고, -아/어' 앞에서는 어간말 자음 r가 그대로 실현되고, n(-는다, -(으)니까)와 s로 시작되는 어미(-소) 앞에서는 r가 탈락되어 차이가 없다. 그러므로 r불규칙활용과 관련하여 볼 때 울릉도 방언에서 이 세 어사는 정착이 이루어졌다고 할 수 있으며, 이 경우만을 고려하여 규칙화하면 다음과 같다.

규칙(9) : $r \rightarrow \varnothing$ / $—]_{v.s.}$ + {n, s}

(5) k불규칙활용(1)의 비교 및 정착

경주 방언에서는 어간 múk-(mƎ́k-)에 어미 -ko, -nƎnda, -ƎsƎ가 결합되면, 그 활용형이 각각 múkk'o, muŋnƎ́nda, mƎ́gƎsƎ처럼 실현되어 어간말 자음 k의 존재를 확인할 수 있다. 그러나 múk + Ǝŋk'anE의 경우는 múuŋk'anE에서처럼 어간말 자음 k가 탈락되어 개별적인 변화를 보이므로 k불규칙활용(1)이라고 할 수 있다. 이에 비해, 천부(老)에서는 앞의 모든 어미가 결합될 때 k의 존재가 확인되므로 규칙활용을 하는 용언으로 분류되어 경주와 천부(老) 사이에는 차이가 있다. 경주 : 천부(老)에서 볼 수 있는 것과 동일한 현상이 밀양 : 저동(老)에서도 발견되는데, 이 경우 밀양에서는 경주의 -Ǝŋk'anE에 해당되는 어미가 -i^{ŋ}k'E로 바뀐 차이가 있다.

명주 : 태하(老), 울주 : 천부(少), 영덕 : 태하(少)에서는 다 같이 mƎ́k-의 k가 그 활용형들에서 확인되므로 규칙활용을 하는 용언으로 분류된다. 그런데 천부(少)에서는 mƎ́kk'o, mƎŋnɨ́nda, mƎ́gƎsƎ, mƎ́gɨnyik'a와 같은 활용형 이외에 múkk'o, mú : nyik'a와 같은 활용형도 사용되어 k불규칙활용(1)을 보이는데, 원적지인 울주에서는 k규칙활용형으로 실현되어 차이가 있다.

k불규칙활용(1)과 관련하여 울릉도 내부에서 사용되는 방언형들만을 비교해 보면, 노년층의 경우는 '먹-'이 다 같이 규칙활용을 하는 용언으로 정착

되었음을 확인할 수 있으나, 소년층의 경우는 규칙활용을 하는 경우와 불규칙활용을 하는 경우가 공존하므로 아직 어느 한 형태가 방언형으로 정착되었다고는 할 수 없다. 그러므로 노소년층을 동시에 고려하면 '먹-'의 경우는 그 방언형이 아직 울릉도에서 정착되지 않았다고 할 수 있다.

(6) k불규칙활용(2)의 비교 및 정착

표준어의 동사 어간 arh-(患)이 방언에 따라서는 ark-으로 대응되는 경우가 있다. 그런데 이것이 모음어미 앞에서는 alg-으로 실현되나 자음어미 앞에서는 ark-의 k가 h로 약화된다. 그 결과, alh+ko는 álk^{h}o로, alh+nƎnta는 음절 말음에서 두 자음이 올 수 없는 음절말음제약 때문에 h가 탈락되어 r+n의 연결이 되고, 여기에 다시 유음화규칙과 설측음화규칙이 적용되어 ll로 실현된다. 그런데 mark-(淸), irk-(讀) 등과 같이 rk 말음을 가진 다른 용언에서는 이와 같은 활용을 하지 않으므로 이 ark-은 k불규칙활용(2)을 하는 용언으로 분류된다.

① 경주 : 천부(老)의 경우 전자에서는 ark-의 k가 모음어미 앞에서는 g로 실현되고 자음어미 앞에서는 ʔ로 실현되는데, 이에 비해 천부(老)에서는 모음어미 앞에서는 경주의 경우와 동일하나 자음어미 앞에서는 k가 h로 실현되어 차이를 보인다.

② 명주 : 태하(老)의 경우 명주에서는 그 어간이 arh-로서 어미 -ko와 결합될 때는 유기음화되고 모음어미와 결합될 때는 h가 탈락된다. 그러나 태하(老)에서는 이 어사 자체가 쓰이지 않아 비교가 불가능하다.

③ 밀양 : 저동(老)의 경우에는 다 같이 어간 ark-의 k가 모음어미 앞에서는 g로 실현되고 자음어미 앞에서는 h로 실현되어 동일하다.

④ 울주 : 천부(少)의 경우 전자에서는 앞의 밀양의 경우와 동일하게 어간 ark-의 k가 모음어미와 결합될 때는 g로 실현되고, 자음어미와 결합될 때는

h로 실현된다. 이에 비해 후자에서는 그 어간이 arh-로서 어미 -ko와 결합될 때는 유기음화되고 모음어미와 결합될 때는 h가 탈락되어 양자 사이에는 차이가 있다.

⑤ 울주 : 태하(少)의 경우 전자에서는 모음어미 앞에서 k가 실현되는 경우도 있고 그렇지 않은 경우도 있는 데 비해, 후자에서는 앞의 천부(少)의 경우와 동일하여 양자 사이에는 차이가 있다.

이상에서 살펴본 ①~⑤를 바탕으로 울릉도 노년층의 언어를 비교해 보면, 천부(老)와 저동(老)에서는 ark-이 k불규칙활용(2)를 하여 서로 일치하나, 태하(老)에서는 이 어사가 사용되지 않아 비교가 불가능하다. 소년층에서는 그 어간이 표준어와 동일한 arh-로서 자음어미 앞에서는 그것이 그대로 실현되고, 모음어미 앞에서는 h가 탈락되는 형태로 방언형이 정착되었음을 알 수 있다. 그런데 이 경우는 울릉도 전체로 보면 비교가 불가능한 예가 되므로 통계 처리에서는 제외될 수밖에 없다.

(7) E불규칙활용의 비교 및 정착

용언의 어간 뒤에는 일반적으로 연결어미 -əX('-어도, -어서, -어라' 등)가 결합되고, 어간 말음절 모음이 o, a인 경우에는 어미 -aX('-아도, -아서, -아라' 등)가 결합된다. 그러나 어간 ha- 뒤에서는 -a/əX가 아닌 -yəX가 결합되기 때문에 ha-를 yə불규칙활용을 하는 용언으로 취급하고 있다. 그런데 이 -yəX가 경주 : 천부(老), 명주 : 태하(老), 밀양 : 저동(老), 울주 : 천부(少), 영덕 : 태하(少) 모두에서 동일하게 -Ex로 바뀌어 실현된다. 그러므로 어간 ha-는 E불규칙활용을 하는 용언으로 부를 수 있으며, 이것은 울릉도 방언형으로 정착되었다고 할 수 있다.

용언 어간 norah-의 경우도 E불규칙활용을 하는 어간으로 분류된다. 이 경우 경주 : 천부(老)와 영덕 : 태하(少)에서는 각각 na : rÉEsƎ : norÉ : sƎ, nór

EsƎ : noːrEsƎ처럼 실현되어 E불규칙활용을 보이는 점이 동일하나, 명주 : 태하(老)에서는 norɛ́sə : norásƎ로 실현되어 차이를 보인다. 그리고 밀양 : 저동(老)와 울주 : 천부(少)에서도 nórisƎ : norÉːsƎ처럼 실현되어 차이를 보이는데, 이 경우 밀양에서는 그 어간이 이미 nóri-로 재구조화되었다.

이 norah-의 울릉도 방언에서의 정착 여부를 보면, 노년층에서는 천부(老)와 저동(老)의 경우는 E불규칙활용을 하고, 태하(老)의 경우는 규칙활용을 하여 차이가 있으나, 소년층에서는 다 같이 E불규칙활용을 하므로, 울릉도 방언 전체로 볼 때는, 아직 방언형이 정착되지 않았다고 할 수 있다.

울릉도 방언에서도 용언 어간의 말음절 모음이 a인 경우에는 연결어미 -a가 결합되는 것이 일반적이다. 그러나 어간 kat^h-(同)에 어미 -a가 결합될 때는 kat^{h}E와 같이 실현되어 어미가 -E로 바뀌는데, 어미 -a가 어간 kat^h- 뒤에서 -E로 바뀌기 위한 음운론적 조건은 전혀 발견되지 않는다. 그러므로 이 -E는 형태론적으로 결정된 이형태로 처리할 수밖에 없다. 이것은 명령형 어미 -Ǝra에 대해 -kƎra가 있는 것이나 마찬가지다.

형태론적 이형태 -E의 설정이 가능하다면, 울릉도 방언에서 E불규칙활용을 하는 용언 어간으로 정착된 ha-의 활용형 hEː, hEːdo, hEːsƎ, hEːra 등은 ha+Ex의 결합에서 모음연결제약(모음충돌회피)에 순응하기 위해 어간 모음 a가 탈락된 것으로 해석된다. 이처럼 어간 모음 a/Ǝ가 탈락되는 예로는 p^{h}arah+E → p^{h}arEː, p'arkah+E → p'algEː, irƎh+E → irE, kƎrƎh+E → kƎrE, čƎrƎh+E → čƎrE 등을 더 들 수 있는데, 이들은 모두 h가 먼저 탈락된 다음 모음연결제약에 의해 어간 모음 a/Ǝ가 탈락된 것이다.[32] 그런데 명사 말음이 a/Ǝ이고 여기에 조사 E가 결합될 때(예, 바다+애)는 a/Ǝ가 탈락되지

32) E불규칙은, 통시적으로 볼 때, hʌ+a의 연결에서 모음충돌을 회피하기 위해 반모음 y가 첨가되어 hʌya(월석 9 : 17)가 되었으나 그 후 다시 y역행동화에 의해 hʌyya(신속 효 5 : 28)가 된 다음 이것이 다시 ʌy>ay>ɛ>E, ya>ɛ>E 변화에 의해 hEE가 되자 E 하나가 동음탈락된 것으로 해석된다.

않으므로 이 a/Ǝ탈락을 규칙화할 때는 형태론적인 범주화가 필요하다.

규칙(10) : a/Ǝ → ø / — $]_{v.s.}$ + E

(8) rɨ불규칙활용의 비교 및 정착

용언 어간 말음절이 rƎ이고 여기에 어미 -a/ƎX가 결합되면 rƎ의 Ǝ가 탈락된 다음 남은 r가 앞 음절의 말음이 되는데, 이때는 설측음화되어 l로 바뀐다. 그런데 국어에서 선행음절 말음에 l이 올 때는 이 l에 바로 이어 모음으로 시작되는 음절이 올 수 없는 음절연결제약이 있기 때문에 동자음이 첨가되어 ll로 실현된다(hƎrə́+Ǝ→hə́lƎ→hə́llƎ). 이처럼 rɨ불규칙활용형은 음운론적인 설명이 가능하므로 여기서는 불규칙활용으로 취급하지 않기로 한다. [부록]에 제시된 자료 '흐르-'의 방언형들을 보면, 경주 : 천부(老), 명주 : 태하(老), 밀양 : 저동(老), 울주 : 천부(少), 영덕 : 태하(少)에서는 지역에 따라 어간 모음의 차이가 있긴 하나 활용의 방식은 모두가 동일하다. 그러므로 이 경우에는 울릉도 방언형의 정착이 완성되었다고 할 수 있다.

지금까지 울릉도 제보자들의 방언형과 그들의 원적지에서 실현되는 방언형을 비교하고, 또 제보자들 상호간의 방언형을 비교함으로써 불규칙활용과 관련된 음운현상이 울릉도 방언에서 어느 정도로 정착되었는지 살펴보았다. 거기에서 얻어진 결과를 하나의 표로 나타내면 다음의 [표 Ⅵ]과 같다.

〔표 Ⅵ〕 불규칙활용의 정착

항목	어사 \ 지역	경주 : 천부(老)		명주 : 태하(老)		밀양 : 저동(老)		울주 : 천부(少)		영덕 : 태하(少)		노년층		소년층		정착	
ㅂ	맵(辛)-	o	1/3	x	0	x	1/3	o	1/3	x	0	o	1/3	x	1/3	x	0
	무섭(畏)-	x		x		x		x		x		x		o		x	
	돕(助)-	x		x		o		x		x		x		x		x	
ㄷ	묻(問)-	o	3/3	o	3/3	o	3/3	o	3/3	o	3/3	x	1/3	o	3/3	x	1/3
	듣(聽)-	o		o		o		o		o		o		o		o	
	걷(步)-	o		o		o		o		o		x		o		x	
ㅅ	낫(癒)-	x	0	x	0	o	2/3	o	2/3	x	2/3	x	0	o	3/3	x	0
	긋(劃)-	x		x		x		x		o		x		o		x	
	붓(注)-	x		x		o		o		o		x		o		x	
ㄹ	알(知)-	o	3/3	o	3/3	o	3/3	o	3/3	o	3/3	o	3/3	o	3/3	o	3/3
	들(擧)-	o		o		o		o		o		o		o		o	
	살(生)-	o		o		o		o		o		o		o		o	
ㄱ1	먹(食)-	x	0	o	1	x	0	x	0	o	1	o	1	x	0	x	0
ㄱ2	앓(患)-	x	0	w	w	o	1	x	0	x	0	w	w	o	1	w	w
ㅐ	하(爲)-	o	2/2	o	1/2	o	1	o	1/2	o	2/2	o	1/2	o	2/2	o	1/2
	노랗(黃)-	o		x		w		x		o		x		o		x	
르	흐르(流)-	o	1	o	1	o	1	o	1	o	1	o	1	o	1	o	1
유지 혹은 정착 비율(%)		4.33/8 (54.1)		4.5/7 (64.3)		6/8 (75)		4.5/8 (56.3)		5.67/8 (70.9)		4.17/7 (59.6)		6.33/8 (79.1)		2.83/7 (40.4)	

3. 자음축약(유기음화)

C_1C_2의 연결에서 C_1이 h이고 C_2가 평폐쇄음이거나, C_2가 h이고 C_1이 평폐쇄음일 때는 h가 전후의 평폐쇄음을 유기음화시킨 다음 자신은 탈락하는 현상을 유기음화라고 한다. 다음에서는 '놓게, 좋더라, 떡하고(조사), 밥하고(조사), 굽혀라, 먹힌다, 急히, 速히, 깨끗하군요, 못했습니다, 떡 했니, 밥 하고' 등의 12개 어사를 중심으로 울릉도 지역의 방언형과 그에 대응되는 원적지

의 방언형을 비교하고, 다시 울릉도 제보자들만의 방언형을 상호 비교함으로써 울릉도 지역에서 유기음화 현상이 어느 정도로 정착되었는지 살펴보기로 한다.

(1) 원적지 방언과의 비교

① 경주 : 천부(老)의 경우 전자에서는 '떡 했니'를 제외한 다른 어사들은 전부 유기음화된다. 이에 비해 후자에서는 '좋더라, 놓게, 먹힌다, 굽혀라'의 네 어사만 유기음화되고 다른 어사들은 유기음화를 외면하므로, 경주와 비교하여 유기음화의 실현 환경이 매우 축소되었음을 알 수 있다. 그런데 '굽혀라'의 경우 경주에서는 어사 자체가 k'up^{h}úrira/k'ub'ʉrira로 대체되었고, '急히'의 경우는 천부(老)에서 sEgi/p'álli로 어사가 대체되어 유기음화와 관련하여 상호간의 비교가 불가능하다. 그래서 경주 : 천부(老)에서는 '좋더라, 놓게, 먹힌다'의 세 어사는 유기음화되는 점에서 서로 일치하고, '떡 했니'는 유기음화되지 않는 점에서 서로 일치한다.

② 명주 : 태하(老)의 경우 전자에서는 12개 어사가 모두 유기음화된다. 이에 비해 태하(老)에서는 '좋더라, 먹힌다, 놓게'의 세 어사만 유기음화되고 여타의 어사는 유기음화되지 않는데, 이들 중 '깨끗하군요, 急히, 速히, 굽혀라'는 각각 čal hEnannE, p'álli, p'álli, k'ubúrira로 대체되어 비교가 불가능하다. 이 경우 역시 유기음화의 실현 환경이 매우 축소되었음을 알 수 있다.

③ 밀양 : 저동(老)의 경우 '좋더라, 먹힌다, 놓게, 急히, 굽혀라' 등의 5개 어사는 양자 모두에서 유기음화되나, '떡 했니'의 경우에는 양자 모두에서 아무런 변화를 경험하지 않는 점에서 서로 일치한다. 그런데 '밥 하고, 速히'의 두 어사도 밀양에서는 유기음화되나, 저동(老)에서는 전자의 경우에는 아무런 변화 없이 그대로 실현되고, 후자의 경우에는 sEgi와 같이 실현되어 유성음화됨을 볼 수 있다. 여기서 g가 실현된 것은 k+h가 모음 사이에서 유성

음화되어 gɦ가 된 다음 다시 ɦ가 탈락되었기 때문이다.[33)]

나머지 어사 '떡하고(조사), 밥하고(조사), 깨끗하군요, 못했습니다'는 밀양에서는 각각 t'Ǝ́gágo, pábágo, k'Ek'Ǝ́dadƎra, monÉt'a처럼 실현되어 전부 유성음화되었는데, 저동(老)에서는 앞의 셋은 아무런 변화 없이 그대로 실현되어 밀양의 경우와는 차이가 있다. 그러나 마지막의 경우는 mo : nɦEt'a처럼 실현되어 유성음화된 점은 밀양의 경우와 동일하다. 그러나 이 경우에도 밀양에서는 유성음화된 뒤 다시 ɦ가 탈락되고 저동(老)에서는 그렇지 않은 점에서 서로 차이가 있다. 여기서의 접사 mo : n-은 mo : t-이 재구조화된 것이다.

④ 울주 : 천부(少)의 경우 '좋더라, 먹힌다, 놓게'의 세 어사는 양자 모두에서 유기음화되나, '떡 했니'의 경우에는 양자 모두에서 아무런 변화를 경험하지 않는 점에서 서로 일치한다. 그러나 '밥하고(조사), 밥 하고, 떡하고(조사), 못했습니다'에 포함된 'ㅂ+ㅎ, ㄱ+ㅎ, ㅅ(ㄷ)+ㅎ'의 경우 울주에서는 모두 유성음화되는데, 그 과정은 {p, t, k }+ h → {b, d, g}ɦ → b, d, g로 설명된다. 이에 비해 천부(少)에서는 앞의 셋은 아무런 변화를 경험하지 않고, 마지막 것은 유기음화되어 울주의 경우와는 차이가 있다.

그리고 '깨끗하군요'의 경우는 울주에서는 k'Ek'Ǝ́t'a처럼 실현되어 유기음화 이전에 ha가 삭제되는데, 이에 비해 천부(少)에서는 k'Ek'ɨtʰánEyo처럼 유기음화된 형태로 실현되어 차이가 있다. '굽혀라'의 경우는 울주에서 k'uk'úrira, k'upʰúrira처럼 실현되고, '急히, 速히'의 경우는 천부(少)에서 p'álli처럼 실현되어 어사 자체가 다른 것으로 대체되었으므로 이들 어사의 경우에는 비교가 불가능하다.

⑤ 영덕 : 태하(少)의 경우 '먹힌다, 못했습니다, 놓게, 좋더라'의 네 어사는 양자 모두에서 유기음화되는 점에서 서로 일치한다. 그러나 '떡하고(조사),

---

33) k+h가 유성음 사이에서 유성음화되어 gɦ가 된 다음 다시 ɦ가 탈락되는 현상에 대해서는 오종갑(1997a)를 참조할 수 있다.

밥하고(조사), 떡 했니, 밥 하고'의 경우는 영덕에서는 아무런 변화를 경험하지 않는데, 이에 비해 태하(少)에서는 t'Ǝkk^{h}ágo, papp^{h}ágo, t'Ǝkk^{h}E：nna, papp^{h}ago처럼 모두 유기음화된 다음 다시 그 유기음이 양음절화되어 차이가 있다. '速히, 急히, 굽혀라, 깨끗하군요'의 경우에는 앞의 둘은 태하(少)에서 p'álli로 그 어사가 대체되고, 뒤의 둘은 영덕에서 각각 k'up^{h}úrEra와 mat'Ǝk^{h}áda로 어사가 대체되어 비교가 불가능하다.[34)]

(2) 방언형의 정착

여기서는 울릉도 제보자들의 언어를 서로 비교해 봄으로써 자음축약과 관련하여 울릉도 방언이 어떻게 정착되어 가고 있는지 살펴보기로 한다.

먼저 노년층 제보자들의 언어를 비교해 보면, '놓게, 좋더라, 먹힌다'의 세 어사에 대응되는 방언형들은 유기음화된 형태로, '못했습니다'에 대응되는 방언형은 유성음화된 형태로, '떡하고, 밥하고, 떡 했니, 밥 하고' 등은 아무런 변화도 경험하지 않은 형태로 방언형이 정착되었음을 알 수 있다. 그리고 소년층의 경우에는 '놓게, 좋더라, 굽혀라, 먹힌다'의 네 어사만 유기음화된 형태로 방언형이 정착되었음을 알 수 있다.

다시 노소간을 동시에 비교해 보면, '놓게, 좋더라, 먹힌다, 못했습니다'의 네 어사만 일치를 보이므로 이들 넷은 울릉도 방언형으로 정착이 완성되었다고 할 수 있다. 그런데 '못했습니다'의 경우는 노년층에서는 mo：nɦÉnnidƎ처럼 유성음화된 형태로 실현되고, 소년층에서는 mot^{h}Ésɨmnida처럼 유기음화된 형태로 실현되어 세대별 차이를 보인다. 유기음화된 경우만

34) k'up^{h}úrEra의 경우는 어간 kup-에 사동접사 -hu-가 결합된 것으로 분석된다. 그러면 p+h의 연결이 되어 '굽히라'에서의 p+h의 연결과 동일한 음의 연결이 되므로 여기서의 초점인 유기음화와 관련하여 볼 때 비교가 가능하게 된다. 그런데도 여기서 비교의 대상으로 삼지 않은 것은 동일한 음의 연결이라도 어사에 따라 규칙의 적용 정도에 차이가 있기 때문이다.

을 규칙화하면 다음과 같다.

$$\text{규칙(11)} : \{k,\ t\}\ \%\ h_{\ 1\quad 2} \Rightarrow\ [+asp]^{1}\ \ ø^{2}$$

지금까지 울릉도 제보자들의 언어와 그들의 원적지 방언을 비교하고, 또 제보자들 상호간의 언어를 비교함으로써 자음축약과 관련된 음운현상이 울릉도 방언에서 어느 정도로 정착되어 가고 있는지 살펴보았다. 거기에서 얻어진 결과를 하나의 표로 나타내면 다음의 [표 Ⅶ]과 같다.

〔표 Ⅶ〕 자음축약(유기음화)의 정착

항목	지역 / 어사	경주: 천부(老)		명주: 태하(老)		밀양: 저동(老)		울주: 천부(少)		영덕: 태하(少)		노년층		소년층		정착	
ㄱ+ㅎ	떡하고(조사)	x	2/4	x	1/3	x	2/4	x	2/3	x	1/3	o	1	x	1/3	x	1/3
	먹힌다	o		o		o		o		o		o		o		o	
	速히	x		w		x		w		w		w		w		w	
	떡했니	o		x		o		o		x		o		x		x	
ㄷ+ㅎ	깨끗하군요	x	0	w	0	x	0	x	0	w	1	w	1	o	1	w	1
	못했습니다	x		x		x		x		o		o		o		●	
ㅂ+ㅎ	밥하고(조사)	x	0	x	0	x	2/4	x	0	x	0	o	1	x	1/3	x	0
	굽혀라	w		w		o		w		w		w		o		w	
	急히	w		w		o		w		w		w		w		w	
	밥 하고	x		x		x		x		x		o		x		x	
ㅎ+ㄱ	놓게	o	1	o	1	o	1	o	1	o	1	o	1	o	1	o	1
ㅎ+ㄷ	좋더라	o	1	o	1	o	1	o	1	o	1	o	1	o	1	o	1
유지 혹은 정착 비율(%)		2.5/5 (50)		2.33/5 (46.6)		3/5 (60)		2.66/5 (53.2)		3.33/5 (66.6)		5/5 (100)		3.67/5 (73.4)		3.33/5 (66.6)	

4. 경음화

C_1C_2의 연결에서 C_1의 영향으로 C_2가 경음으로 실현되는 현상을 경음화라고 한다. 여기서는 C_1, C_2에 오는 자음의 종류와 어사들의 문법범주 등을 고려하여 'ㄱ'계(먹겠다, 안겠다, 앉겠다, 쏟겠다, 긁겠다, 삶겠다, 삼겠다, 입겠다, 먹을 것), 'ㄷ'계(떡국도, 손도, 발도, 밥도), 'ㅂ'계(밭보다, 밭부터), 'ㅅ'계(할 수 (있다)), 'ㅈ'계(먹지, 안지, 앉지, 쏟지, 긁지, 삶지, 삼지, 입지, 어렸을 적) 등으로 구분하여 울릉도 지역의 방언형과 그에 대응되는 원적지의 방언형을 비교한 다음, 다시 울릉도 제보자들만의 방언형을 상호 비교함으로써 울릉도 지역에서 경음화 현상이 어느 정도로 정착되었는지 살펴보기로 한다.

(1) 원적지 방언과의 비교

① 경주 : 천부(老)의 경우 전자에서는 '손도, 발도, 안겠다, 삶겠다, 안지, 삶지'에 쓰인 '도, 겠, 지'의 두음은 경음화되지 않는데, 이에 비해 천부(老)에서는 이들 모두가 경음화되어 경주보다는 경음화가 더 많이 진척되었음을 보여 준다. 그러나 여타의 어사들은 두 지역에서 모두 경음화되어 서로 일치한다. 다만, '할 수'에 쓰인 '수'의 두음은 두 지역에서 다 같이 경음화되지 않는데, 이것은 이들 두 지역에서 s'가 음소로 존재하지 않기 때문이다. '어릴 적'의 경우는 두 지역에서 다 같이 그 어사가 '어릴 때'로 대체되어 여기서 관심을 기울이는 경음화의 여부와는 관련이 없다.

② 명주 : 태하(老)의 경우 전자에서는 '밭부터'에 쓰인 '부터'의 두음 p와 '할 수'에 쓰인 '수'의 두음 s가 모두 경음으로 실현되나, 태하(老)에서는 아무런 변화 없이 그대로 실현되어 차이가 있다. 이것은 태하(老)에서는 앞의 천부(老)의 경우와는 달리 원적지 방언보다 오히려 경음화가 축소되었음을 의미하는 것이다. 그러나 여타의 어사들은 경음화의 여부에서 서로 일치하

는데, 그들 가운데 '손도'의 '도'는 유성음화되고 나머지 어사들은 모두 경음화된다.

③ 밀양 : 저동(老)의 경우 전자에서는 '손도, 발도', '안겠다, 삶겠다, 삼겠다', '안지, 삶지, 삼지' 등에 쓰인 '도, 겠, 지'의 두음이 모두 유성음화되었으나 저동(老)에서는 경음화되어 차이가 있다. 그리고 '밭부터'에 쓰인 '부터'의 두음 p도 밀양에서는 경음화되었으나 저동(老)에서는 평음이 그대로 실현되어 차이가 있다. 이러한 차이는 저동(老)에서는 원적지 밀양 방언보다 경음화가 더욱 확대되었음을 의미하는 것이다.

여타의 어사들은 두 지역에서 모두 경음화되어 서로 일치한다. 다만, '할 수'에 쓰인 '수'의 두음은 두 지역에서 다 같이 경음화되지 않는데, 이것은 이들 두 지역에서 s'가 음소로 존재하지 않기 때문이다. 그런데 '긁-'의 경우는 밀양에서 그 어간이 '긇-'로 재구조화되고, '어렸을 적'의 경우는 저동(老)에서 그 어사가 '어렸을 때'로 바뀌어 실현되므로 경음화의 여부에 대한 비교가 불가능하다.

④ 울주 : 천부(少)의 경우 전자에서는 '안겠다, 삶겠다, 삼겠다', '안지, 삶지, 삼지' 등에 쓰인 어미 '겠, 지'의 두음이 모두 유성음화되었으나 후자에서는 모두 경음화되어 차이가 있다. 그리고 '밭부터'에 쓰인 '부터'의 두음 p도 울주에서는 경음화되었으나 천부(少)에서는 평음이 그대로 실현되어 차이가 있다. 이러한 차이는 천부(少)에서는 원적지 울주 방언보다 경음화가 더욱 확대되었음을 의미하는 것이다.

여타의 어사들은 경음화의 여부에서 두 지역이 서로 일치하는데, 이들 가운데 '손도, 발도, 할 수'에 쓰인 '도, 수'의 두음은 유성음화되고 나머지 어사들은 모두 경음화된다. '긁-'의 경우는 울주에서 그 어사가 '낀질-'로 바뀌어 동일한 환경에서의 경음화 여부에 대한 비교가 불가능하다.

⑤ 영덕 : 태하(少)의 경우 전자에서는 '안겠다, 삶겠다, 삼겠다', '안지, 삶지, 삼지' 등에 쓰인 어미 '-겠, -지'의 두음이 모두 유성음화되었으나, 후자

에서는 모두 경음화되어 차이가 있다. 그런데 '발도'의 '도'는 오히려 영덕에서는 경음화되는 데 비해 태하(少)에서는 유성음화되어 차이가 있다.

여타의 어사들은 경음화의 여부에서 두 지역이 서로 일치하는데, 이들 가운데 '손도, 할 수'에 쓰인 '도, 수'의 두음은 유성음화되고, 나머지 어사들은 모두 경음화된다. '긁-'과 '어렸을 적'은 영덕에서 앞의 것은 그 어간이 '끓-'로 바뀌었고, 뒤의 것은 '어릴 때'로 대체되어 경음화 여부에 대한 비교가 불가능하다.

(2) 방언형의 정착

여기서는 울릉도 제보자들의 언어를 서로 비교해 봄으로써 경음화와 관련하여 울릉도 방언이 어떻게 정착되어 가고 있는지 살펴보기로 한다.

먼저 노년층 제보자들의 언어를 비교해 보면, '먹겠다, 안겠다, 앉겠다, 긁겠다, 삶겠다, 삼겠다, 입겠다, 먹을 것, 떡국도, 발도, 밥도, 밭보다, 먹지, 안지, 앉지, 긁지, 삶지, 삼지, 입지' 등의 어사는 모두 경음화되는 형태로, '밭부터, 할 수'는 경음화되지 않는 형태로 그 방언형이 정착되었음을 알 수 있다. 그러나 '손도'의 경우는 유성음화되는 경우와 경음화되는 경우가 혼용되고 있으며, '어렸을 적'과 '쏟지, 쏟겠다'의 경우는 어사 자체가 다른 것으로 대체된 경우가 있어 아직 방언형의 정착이 이루어지지 않았음을 알 수 있다.

소년층의 경우에는 '먹겠다, 입겠다, 쏟겠다, 안겠다, 삼겠다, 삶겠다, 긁겠다, 앉겠다, 밥도, 떡국도, 밭보다, 먹지, 입지, 쏟지, 안지, 삼지, 삶지, 긁지, 앉지, 먹을 것, 어렸을 적' 등의 어사들이 전부 경음화되고, '손도, 발도'는 유성음화되며, '밭부터, 할 수'는 아무런 변화를 경험하지 않는다. 이들은 모두 울릉도 소년층의 방언형으로 정착되었다고 할 수 있다.

그런데 [부록]의 자료편에는 '떡쌀, 떡방아, 방법(方法), 창고(倉庫), 있었다, 달(月)도, 말(語)도, 말(馬)부터' 등의 울릉도 방언형이 제시되어 있다. 이것은

『한국방언조사질문지』에서 보충 조사 항목으로 제시된 것인데, 『한국방언자료집』에는 이들에 대한 방언형들이 등재되어 있지 않다. 그러므로 여기서는 울릉도 안에서 사용되는 방언형들만을 비교해 봄으로써 이들 어사가 울릉도에서 어떤 형태로 정착되고 있는지 추가적으로 살펴보기로 한다.

'떡쌀'은 복합어에 쓰인 '쌀'의 경음화 여부를 알아보기 위한 것인데, 천부(老)에서만 sal로 실현될 뿐 여타의 경우에는 전부 경음으로 실현된다. 그러므로 노년층의 경우에는 방언형의 통일이 이루어지지 않았으나, 소년층의 경우에는 방언형이 경음화된 형태로 정착되었다고 할 수 있다.

복합어는 아니지만 동일한 s'를 지닌 '있었다'의 경우에는, 태하(少)의 경우에만 ís'Ǝtt'a로 실현되어 '있-'의 'ㅆ'가 경음으로 실현될 뿐, 여타의 경우에는 모두 ísƎtt'a로 실현되어 경음의 실현을 볼 수 없다. 그러므로 이 경우에는 노년층에서만 비경음화된 형태가 울릉도 방언형으로 정착되고, 소년층에서는 아직 방언형의 정착이 이루어지지 않은 것으로 해석된다.

'떡방아' 역시 복합어에 쓰인 '방아'의 경음화 여부를 알아보기 위한 것인데, 이 경우에는 모두 t'Ǝkp'aŋa로 실현되어 '방아'의 p가 경음화된다. 그러므로 이 경우에는 경음화된 형태가 울릉도 방언형으로 정착되었다고 할 수 있다.

'방법, 창고'는 한자어에서 선행 음절의 말음이 ŋ이고 그 뒤에 평음 p, k가 연결될 때의 경음화 여부를 알아보기 위한 것이다. 이 경우에는 노소 구별 없이 모두 páŋbƎp, čʰáŋgo로 발음하고 있어 ŋ 뒤에 쓰인 p, k는 경음화 아닌 유성음화를 보여 준다. 그러므로 이 경우에는 이 유성음화된 형태가 울릉도 방언형으로 정착되었다고 할 수 있다.

'달(月)도, 말(語)도'는 명사 말음 r 뒤에서 조사 '도'의 t가 경음화되는지의 여부를 알아보기 위한 것이다. 이 경우 노년층에서는 talt'o, ma：lt'o에서처럼 경음화되는 데 비해, 소년층에서는 taldo, ma：ldo에서처럼 경음화되지 않고 오히려 유성음화된다. 그러므로 이 경우에는 노년층에서는 경음화된 형태가, 소년층에서는 유성음화된 형태가 각각 방언형으로 정착되었다고 할 수 있다. 이러한 노소간의 차이는 세대차로 해석된다.

'말(馬)부터'는 명사 말음 r 뒤에서 조사 '부터'의 p가 경음화되는지의 여부를 알아보기 위한 것이다. 이 경우에도 이미 앞에서 살펴본 '밭부터'의 경우와 동일하게 경음화되지 않는다.

이상에서 살펴본 바를 종합하여 울릉도 방언 전체에서의 방언형 정착 경향을 보면, '먹겠다, 안겠다, 앉겠다, 긁겠다, 삶겠다, 삼겠다, 입겠다, 먹을 것, 창고(倉庫), 떡국도, 발도, 달(月)도, 말(語)도, 밥도, 밭보다, 말(馬)부터, 밭부터, 떡방아, 방법(方法), 할 수, 먹지, 안지, 앉지, 긁지, 삶지, 삼지, 입지' 등의 어사들은, 경음화와 관련하여 볼 때, 울릉도 방언형의 정착이 이루어졌다고 할 수 있다.

이들 가운데 '밭부터'와 '할 수'의 두 어사만 아무런 변화도 경험하지 않고[35], 나머지 어사는 전부 경음화된다. 다만, 조사 '도'의 경우 선행 명사의 말음이 r일 때 노년층에서는 경음화되나 소년층에서는 유성음화되어 세대별 차이를 보인다. 한자어와 '말부터'의 경우에는 노소에서 다 같이 유성음화된다.[36] 정착된 방언형에 적용되는 어중경음화규칙을 보이면 다음과 같다.

규칙(12) : {k, t, p, č} → [+glot] / {k, n, t, r, m, p} + —
조건 : r ≠ 용언 어간 말음

지금까지 울릉도 제보자들의 언어와 그들의 원적지 방언을 비교하고, 또 제보자들 상호간의 언어를 비교함으로써, 경음화와 관련된 음운현상이 울릉도 방언에서 어느 정도로 정착되어 가고 있는지 살펴보았다. 거기에서 얻어진 결과를 하나의 표로 나타내면 다음의 [표 Ⅷ]과 같다.

---

35) 이 두 경우 경음화되지 않는 것은 이들 어사를 음운론적 구로 인식하지 않기 때문인 것으로 이해된다.

36) '말부터'는 다음의 경음화규칙에 대한 예외로 남는다.

〔표 Ⅷ〕 경음화의 정착

항목	지역 / 어사	경주 : 천부(老)		명주 : 태하(老)		밀양 : 저동(老)		울주 : 천부(少)		영덕 : 태하(少)		노년층		소년층		정착	
ㄱ	먹겠다	o	7/9	o	8/8	o	5/8	o	5/8	o	5/8	o	9/9	o	10/10	o	9/9
	안겠다	x		o		x		x		x		o		o		o	
	앉겠다	o		o		o		o		o		o		o		o	
	쏟겠다	o		w		o		o		o		w		o		w	
	긁겠다	o		o		w		w		w		o		o		o	
	삶겠다	x		o		x		x		x		o		o		o	
	삼겠다	o		o		x		x		x		o		o		o	
	입겠다	o		o		o		o		o		o		o		o	
	창고(倉庫)	w		w		w		w		w		o		o		o	
	먹을 것	o		o		o		o		o		o		o		o	
ㄷ	떡국도	o	2/4	o	4/4	o	2/4	o	4/4	o	3/4	o	3/4	o	4/4	o	3/4
	손도	x		o		x		o		o		x		o		x	
	달(月)도	w		w		w		w		w		o		o		●	
	말(語)도	w		w		w		w		w		o		o		●	
	발도	x		o		x		o		x		o		o		●	
	밥도	o		o		o		o		o		o		o		o	
ㅂ	밭보다	o	2/2	o	1/2	o	1/2	o	1/2	o	2/2	o	5/5	o	5/5	o	5/5
	밭부터	o		x		x		x		o		o		o		o	
	말(馬)부터	w		w		w		w		w		o		o		o	
	방법(方法)	w		w		w		w		w		o		o		o	
	떡방아	w		w		w		w		w		o		o		o	
ㅅ	있었다	w	1/1	w	0/1	w	1/1	w	1/1	w	1/1	o	2/3	x	2/3	x	1/3
	떡쌀	w		w		w		w		w		x		o		x	
	할 수 (있다)	o		x		o		o		o		o		o		o	
ㅈ	먹지	o	6/8	o	7/7	o	4/7	o	5/8	o	4/7	o	7/7	o	9/9	o	7/7
	안지	x		o		x		x		x		o		o		o	
	앉지	o		o		o		o		o		o		o		o	
	쏟지	o		w		o		o		o		w		o		w	
	긁지	o		o		w		w		w		o		o		o	
	삶지	x		o		x		x		x		o		o		o	
	삼지	o		o		x		x		x		o		o		o	
	입지	o		o		o		o		o		o		o		o	
	어렸을 적	w		w		w		o		w		w		o		w	
유지 혹은 정착 비율(%)		4.03/5 (80.6)		3.5/5 (70)		3.20/5 (64)		3.75/5 (75)		3.95/5 (79)		4.42/5 (88.4)		4.67/5 (93.4)		4.08/5 (81.6)	

5. 비음절화

V_1V_2의 연결에서 모음연결제약으로 말미암아 V_1이 [-syllabic]으로 자질이 변경되어 활음으로 바뀌거나, 두 개의 모음 중 하나가 탈락되어 원래의 두 음절이 한 음절로 바뀌는 현상을 비음절화라고 한다. 여기서는 어간 모음이 i인 경우(끼(挿)-, 끼(霧)-, 피-, 삐-, 지-, 치-, 찌-, 튀기-, 무치-, 훔치-, 알리-, 굴리-, 부시어서, 마시었다, 드시었다, 지었다, 이어라, 내리어라, 들르었다)와 u인 경우(꾸(夢)-, 꾸(借)-, (장기) 두-, (죽) 쑤-, 주-, 추-, 바꾸-, 가두-, 감추-, 태우-, 때우-, 싸우었다, 배우어라, 가꾸어라, 어두웠다, 씌우어라, 띄어, 띄우어라, 오-, 보-, 쏘-, 고-, 놓아라, 좋았다, (모이를) 쪼아)의 둘로 나누어, 울릉도 제보자들의 방언형과 그에 대응되는 원적지 방언형을 비교한 다음 다시 울릉도 방언형의 정착 여부를 살펴보기로 한다.

(1) 원적지 방언과의 비교

① 경주 : 천부(老)의 경우 전자에서는 어간말 모음이 i이고 여기에 어미 -ƎX가 결합되면, ㉠ 아무런 변화도 경험하지 않는 경우(이하에서는 '무변화형'으로 줄여 부름.), ㉡ 어간 모음이 탈락되는 경우(이하에서는 'i탈락형'으로 줄여 부름.), ㉢ 어미 모음이 탈락되는 경우(이하에서는 '어미모음 탈락형'으로 줄여 부름.), ㉣ i가 활음 y로 바뀌는 경우(이하에서는 'y활음화형'으로 줄여 부름.)의 네 유형으로 실현된다. 그리고 이에 대응되는 후자에서도 이 네 유형으로 실현되어 전후자가 동일한 모습을 보인다. 그러나 개별 어사에 따라서는 그 변화 방식에 차이가 있는데, 다음에서는 차이나는 어사들을 대비해 보기로 한다.[37]

경주 : 천부(老)에서 i비음절화의 방식에 차이가 있는 어사들에는 '끼-(挿),

37) 두 지역에서 활음화에 차이를 보이지 않는 예들은 여기서 제시하지 않았다. 뒤의 [부록]을 참고하기 바람. 이하 같음.

지었다, 들르었다, 무치-, 부시어서, 튀기-' 등이 있다.[38] 이들 가운데 어간 '끼-'의 경우는 어미 '-어x'가 결합될 때, 경주에서는 č'ía, č'Ət'a에서처럼 어간 모음이 탈락되기도 하나 천부(老)에서는 아무런 변화도 겪지 않았으며, '지었다'의 경우는 경주에서는 아무런 변화도 겪지 않은 데 비해 천부(老)에서는 어미 모음이 탈락되었다.

표준어의 '들르-'는 경주와 천부(老)에서 다 같이 '덜리-'로 어간이 재구조화되었는데, 전자에서는 어간 모음이 탈락되고 후자에서는 어미 모음이 탈락되어 차이가 있다. '무치-, 부시(바시)어서, 튀기-'는 경주에서 어미 모음이 탈락되는 데 비해, 후자에서는 어간 모음이 탈락되어 차이가 있다. 이러한 차이들로 볼 때 천부(老)에서 특별히 선호하는 음운현상은 없는 듯하다.

'굴리-, 훔치-, 드시었다, 삐-'의 경우에는 비음절화의 방식에 대한 직접적인 비교가 불가능한데, '굴리-, 훔치-'는 『한국방언자료집』에 어사가 등재되지 않았고, '드시었다'와 '삐-'의 경우는 천부(老)에서 어사 자체가 사용되지 않거나 다른 어사로 대체되었기 때문이다.

어간 말모음 o/u에 어미 -ƎX가 결합될 때 천부(老)에서는, ㉠ 어간 모음이 탈락되는 경우[39](이하에서는 'o/u탈락형'으로 줄여 부름.), ㉡ 어미 모음이 탈락되는 경우(이하에서는 '어미모음 탈락형'으로 줄여 부름.), ㉢ 어간 모음이 활음 w로 바뀌는 경우(이하에서는 'w활음화형'으로 줄여 부름.), ㉣ 어간 모음이 활음화된 다음 어미 모음 Ǝ(ə)와 축약되어 o로 바뀐 경우(이하에서는 'o축약형'으로 줄여 부름.), ㉤ 아무런 변화가 없는 경우(이하에서는 '무변화형'으로 줄여 부름.)의 다섯 유형으로 실현된다.[40]

---

38) 어형의 제시에서 어떤 것은 어간만을, 어떤 것은 활용형만을 제시하여 일관성을 지니지 않았는데, 그 이유는 『한국방언자료집』의 표제어에서 그렇게 구분해 놓았기 때문에 조사된 방언형이 그 경우에 국한되기 때문이다.

39) 역사적으로는 o/u+a>wa>a의 과정으로 변화됨.

40) '두-'의 경우는 천부(老)와 경주가 동일한 형태를 가지고 있지만 그 어간이 다 같이 '떠-'로 재구조화되었다. 그러므로 이 경우는 u + a/Ə의 비음절화가 아닌 Ə +a/Ə에서

원적지인 경주에서도 천부(老)의 경우와 동일한 경향을 보이나, ㉡에 해당되는 어사 '꾸(借)-'가 경주에서는 '채-'로 대체되어 그 유형의 존재를 확인하기 어렵다. 그러나 개별 어사에 따라서는 그 변화 방식에 차이가 있는데, 다음에서는 차이나는 어사들을 대비해 보기로 한다.

경주 : 천부(老)에서 o/u비음절화의 방식에 차이를 보인 어사로는 '쑤-, 주-, 보-, 쏘-, 고-' 등이 있다. 이들 가운데 '보-, 쏘-'의 경우는 경주에서는 pa : sƎ/póat'a, sa : sƎ/so : t'a에서처럼 어미의 종류에 따라 차이가 있다. 전자의 경우는 어간모음 탈락형과 무변화형으로 실현되고, 후자의 경우는 sŭji에서 보는 것처럼 그 어간이 '수-'로 바뀌었는데, sa : sƎ의 경우는 어간모음이 탈락된 것이고, so : t'a의 경우는 어간과 어미모음이 축약된 것이다.

'쑤-, 주-, 고-'의 경우는 경주에서는 어간모음 탈락형으로 실현되는 데 비해 천부(老)에서는 '쑤-, 주-, 쏘-'의 셋이 o축약형으로 실현되어 이 방식을 선호하는 것으로 이해된다. '보-'의 경우는 천부에서는 어간모음 탈락형으로만 실현되어 경주 방언의 경우와는 차이를 보인다. '고-'는 경주와 천부(老)에서 다 같이 그 어간이 '꽇-'으로 재구조화되었는데, 천부(老)에서는 어간말 모음이 탈락되지 않고, 경주에서는 그것이 탈락된다. 양자 사이에 이러한 차이를 보인 이유는 ㅎ탈락규칙과 모음탈락규칙의 적용 순서에 차이가 있기 때문이다.

'감추-, 때우-, 태우-, 씌우어라, 꾸(借)-, 어두웠다, 쪼아' 등의 어사는 활음화의 방식에 대한 비교가 불가능한 예들이다. 이들 가운데 '감추-, 때우-, 태우-'는 『한국방언자료집』에 어사가 등재되지 않았고, '씌우어라'는 천부(老)에서 사용되지 않으며, '꾸-'는 그 어간이 경주에서 '채-'로 대체되었다. 그리고 '쪼아, 어두웠다'에 해당되는 방언형들은 경주와 천부(老)에서, č'ósa, ƎdúbƎt'a에서 보는 것처럼, 어간말 자음이 그대로 실현되어 비음절화의 환

의 비음절화가 된다.

경을 이루지 못한다.

② 명주 : 태하(老)의 경우 명주에서는 어간말 모음 i에 어미 '어x'가 결합되면, i탈락형, y활음화형, e/E축약형(i가 활음화를 거친 다음 다시 어미모음과 축약되어 e/E로 실현되는 경우로서, 이하에서는 이렇게 줄여서 부르기로 함.), 무변화형의 네 유형으로 실현되는데, 태하(老)에서도 명주의 경우와 동일하다.

그러나 태하(老)에서는 명주에서 없는 유형인 어미모음 탈락형이 추가적으로 나타나 양자 사이에는 차이가 있다. 그리고 비음절화의 유형으로는 차이가 없는 경우에도 개별 어사에 따라서는 그 비음절화의 방식에 차이를 보이는 경우가 있다. 다음에서는 이들 차이나는 어사들을 대비해 보기로 한다.

명주 : 태하(老)에서 i비음절화의 방식에 차이를 보인 어사로는 '튀기-, 피-, 끼(霧)-, 내리어라, 끼(揷)-' 등이 있다. 이들 가운데 '튀기-'는 명주에서 tʰüŋge/tʰüŋgyə에서 보는 것처럼 e축약형과 y활음화형의 둘로 실현되고, '피-'는 pʰe : sə, pʰe : t'a처럼 e축약형으로만 실현되며, '끼(霧)-'는 k'iəsə, k'iətt'a처럼 무변화형으로 실현된다. 이에 비해 태하(老)에서는 모두가 어미모음 탈락형으로 실현되었는데, 이것은, 앞에서도 지적한 바와 같이, 태하(老)에서는 명주에서와는 달리 비음절화의 방식으로 어미모음 탈락형을 선호하고 있음을 보여 주는 예들이다. 그리고 '내리어라'의 경우는 명주에서는 y활음화형으로, 태하(老)에서는 E축약형으로 실현되어 차이가 있으며, '끼-(揷)'의 경우는 명주에서는 무변화형으로, 태하(老)에서는 i탈락형으로 실현되어 역시 차이가 있다.

'굴리-, 훔치-, 드시었다, 알리-, 부시어서, 마시었다, 들르었다, 삐-' 등의 어사는 활음화의 방식에 대한 비교가 불가능한 예들이다. 이들 가운데 '굴리-, 훔치-, 드시었다'는 『한국방언자료집』에 어사가 등재되지 않았고, '알리-'는 그 어간이 명주에서 '알구-'로 재구조화되었으며, 여타의 경우는 어사 자체가 다른 것으로 대체된 것으로서 비음절화의 방식에 대한 직접적인 대비가 불가능하다.

명주에서는 어간말 모음 o/u에 어미 '-어x'가 결합되면, o/u탈락형, w활음화형, o축약형, 활음 w가 첨가되는 경우(이하에서는 'w첨가형'으로 줄여 부름.)의 네 유형으로 실현된다. 이에 비해 태하(老)에서는 앞의 네 유형은 서로 일치하나 무변화형이 추가되어 양자 사이에는 비음절화의 유형에 차이가 있다.[41] 그런데 비음절화의 유형상으로는 차이가 없는 경우에도 개별 어사에 따라서는 그 비음절화의 방식에 차이를 보이는 어사들이 있으므로, 다음에서는 이들 차이나는 어사들을 대비해 보기로 한다.

명주 : 태하(老)에서 o/u비음절화의 방식에 차이를 보인 어사로는 '띄우어라, 놓아라, 쑤-, 주-, 추-, 쏘-, 고-, 쪼아, 가두-, 바꾸-' 등이 있다. 이들 가운데 '띄우어라, 놓아라'의 경우 명주에서는 w활음화형으로, 태하(老)에서는 o/u탈락형으로 실현되어 차이가 있다.[42] 그리고 '쑤-, 주-, 추-, 쏘-'의 경우도 명주에서는 w활음화형으로 실현되는 데 비해 태하(老)에서는 전부 o축약형으로 실현되어 차이가 있다. 이러한 경향은 경주 : 천부(老)에서도 본 바 있다. 그러나 '가두-, 바꾸-'의 경우는 오히려 명주에서 o축약형으로 실현되고, 태하(老)에서는 전자는 u탈락형으로, 후자는 w활음화형으로 실현되어 차이를 보인다. '쪼-'의 경우는 명주에서 활음화형으로, 태하(老)에서는 무변화형으로 실현되어 역시 차이를 보인다.

'감추-, 때우-, 태우- 씌우어라, 꾸(借)-, 어두웠다, 꾸(夢)-, (장기) 두-' 등의 어사는 o/u활음화의 방식에 대한 비교가 불가능한 예들이다. 이들 가운데 '감추-, 때우-, 태우-'는 『한국방언자료집』에 어사가 등재되지 않았고, '씌우어라'는 태하(老)에서 어사 자체가 실현되지 않으며, '꾸(借)-'는 태하(老)에서 다른 어사로 대체되었다. 그리고 '어두웠다'는 태하(老)에서 ƎdƎ́bƎtt'a와

41) 'w첨가형'과 '무변화형'은 엄밀한 의미에서 비음절화된 것이 아니다. 그러나 여기서는 지역방언의 비교에 목적이 있기 때문에 함께 다루기로 한다.

42) 이러한 차이는, 통시적으로는, w활음화를 거쳐 다시 w가 탈락된 경우와 그렇지 않은 경우의 차이에 해당된다.

같이 실현되어 비음절화의 환경을 제공하지 못하며, '꾸(夢)-, (장기) 두-'는 어간말 모음이 서로 달라 비음절화의 방식에 대한 직접적 비교가 불가능하다.

③ 밀양 : 저동(老)의 경우 전자에서는 어간말 모음 i에 어미 -ƎX가 결합되면, i탈락형, 어미모음 탈락형, y활음화형의 세 유형으로 실현된다. 이에 비해 저동(老)에서는 앞의 세 유형은 서로 일치하나 무변화형이 추가되어 양자 사이에는 비음절화의 유형상에 차이가 있다. 그런데 비음절화의 유형상으로는 차이가 없는 경우에도 개별 어사에 따라서는 그 비음절화의 방식에 차이를 보이는 어사들이 있으므로, 다음에서는 이들 차이나는 어사들을 대비해 보기로 한다.

밀양 : 저동(老)에서 i비음절화의 방식에 차이를 보인 어사로는 '끼(挿)-, 알리-, 지었다' 등이 있다. 이들 가운데 '끼-'는 밀양에서 i탈락형으로 실현되는 데 비해 저동(老)에서는 č'ía, č'Ǝt'a에서처럼 무변화형과 i탈락형이 공존하여 부분적 일치를 보인다. '알리-'와 '지었다'의 경우에는 밀양에서 어미모음 탈락형으로 실현되는 데 비해 저동(老)에서는 전자의 경우는 allyí : t'a/allyƎ́ : t'a에서처럼 어미모음 탈락형과 y활음화형이 공존하고, 후자의 경우는 아무런 변화도 경험하지 않았다. 차이를 보인 세 어사 중 두 개가 부분적 일치를 보이고 나머지 한 개만 차이를 보인 점을 볼 때, 저동(老)에서는 앞의 천부(老)나 태하(老)의 경우보다 원적지 방언이 더 많이 유지되고 있다고 하겠다.

'굴리-, 훔치-, (팔)삐-, 드시었다, 튀기-' 등의 어사는 i비음절화의 방식에 대한 비교가 불가능한 예들이다. 이들 가운데 '굴리-, 훔치-, 삐-'는 『한국방언자료집』에 어사가 등재되지 않았고, '드시었다'는 태하(老)에서 어사 자체가 사용되지 않는다. '튀기-'는 밀양에서는 t^híginda/t^híunda에서 보는 것처럼 어간이 t^hígi-와 t^híu-의 둘로 실현되나, 그 활용형이 t^hígi로 실현되어 전자의 어간과 관련이 있음을 알 수 있다. 그런데 저동(老)에서는 그 어간이

t^hɨ́u-로서 그 활용형도 t^hɨ́a : ga, t^hɨ́a : t’a처럼 실현되어, 여기서의 초점인 비음절화에 대해 동일한 구조기술을 제공하지 못하므로 비교가 불가능하다.

밀양 : 저동(老)의 경우 전자에서는 어간말 모음 o/u에 어미 -ƎX가 결합되면, o/u탈락형, 어미모음 탈락형, w활음화형, w첨가형의 네 유형으로 실현된다. 이에 비해 후자에서는 이들 네 유형은 전자의 경우와 일치하나 이밖에도 o축약형, 무변화형이 추가되어 양자 사이에는 비음절화의 유형상에 차이가 있다.

밀양 : 저동(老)에서 o/u비음절화의 방식에 차이를 보인 어사로는 ‘쑤-, 추-, 주-, 꾸(夢)-, 배우어라, 띄어, 띄우어라, 보-, 쏘-, 좋았다’ 등이 있다. 이들 가운데 밀양에서 어미모음 탈락형으로 실현되는 ‘추-, 주-’와 ‘꾸-’는 저동(老)에서는 전자의 경우는 č^{h}o : sƎ, čo : ga에서처럼 o축약형으로 실현되고, 후자의 경우는 k’uwasƎ처럼 w첨가형으로 실현되어 밀양의 경우와는 차이가 있다.

‘(죽) 쑤-’ 역시 밀양에서는 어미모음 탈락형으로 실현되는 데 비해 저동(老)에서는 sa : t’a, s’o : 에서 보는 것처럼 u탈락형과 o축약형으로 실현되기도 하고, soa : ga에서 보는 것처럼 어간모음과 어미모음이 축약되어 so가 되자 여기에 다시 연결어미 a가 중가된 형태의 세 가지로 실현된다. 이러한 변화 경향은 저동(老)에서 어미모음이 탈락되는 것을 꺼리고 있음을 말해 주는 것이다.

그런데 ‘쏘-’에 어미 ‘어x’가 결합되면, 밀양에서는 sówa, sówat’a처럼 w첨가형으로 실현되고, 저동(老)에서는 soa, so : t’a처럼 실현되어 앞에서 말한 어미모음 탈락을 꺼린다는 판단에 의문을 제기한다. 그러나 이것을 다시 보면, 저동(老)에서는 ‘쏘-’에 해당되는 어간이 suǰi에서 보는 것처럼 ‘수-’로 재구조화되었음을 알 수 있다. 그러면 soa는 앞의 ‘쑤-’의 경우와 같이 어간모음과 어미모음이 축약되어 o가 되고 여기에 다시 어미 a가 重加된 것으로 해석할 수 있고, so : t’a는 어미의 중가가 아직 이루어지지 않은 단계에 머물러 있는 것으로 해석된다. 이처럼 어미모음 탈락을 꺼리는 경향은 앞의 천부(老)나 태하(老)에서도 볼 수 있는데, 태하(老)에서는 어미모음이 탈락되는 경우가 없으며, 천부(老)에서는 한 개의 예(꾸(借)-)에서 볼 수 있을 뿐이다.

'배우어라, 띄어, 띄우어라, 보-'는 밀양에서 전부 w활음화형으로 실현되나, 저동(老)에서는 전부 어간모음 탈락형으로 실현된다. 이것은 후자의 경우에도 활음화에 의해 어간모음이 w로 바뀌었으나, 이 활음 w가 다시 탈락된 것으로 규칙 발달의 시기적 차이를 보이는 것이다. '좋았다'의 경우는 밀양에서는 h탈락규칙이 적용된 다음 다시 o순행동화규칙[43]이 적용되어 čowát'a처럼 실현되는 데 비해, 저동(老)에서는 o순행동화규칙이 먼저 적용된 다음 h탈락규칙이 적용되어 čo : at'a처럼 실현된다. 이러한 차이는 규칙 적용순서의 차이에 따른 방언형의 차이에 해당된다.

'감추-, 때우-, 태우-, 씌우어라, (엿) 고-, 어두웠다, 쪼아, 꾸(借)-, (장기) 두-' 등의 어사는 o/u비음절화 방식에 대한 비교가 불가능한 예들이다. 이들 가운데 '감추-, 때우-, 태우-'는 『한국방언자료집』에 어사가 등재되지 않았고, '씌우어라'는 저동(老)에서 사용되지 않으며, '(엿) 고-'는 밀양에서는 어간이 k'oh-으로, 저동(老)에서는 k'óu-로 재구조화되었으며 음절수에서도 차이가 있다.

'어두웠다, 쪼아'의 경우는 밀양과 저동(老)에서 다 같이 어간 말음절이 폐음절로 실현되어 비음절화의 환경을 제공하지 못한다. '(장기) 두-'의 경우에는 저동(老)에서 어간이 t'Ǝ-로 바뀌어 o/u비음절화와 관계가 없으며, '꾸(借)-'의 경우에는 저동(老)에서 어사 자체가 다른 것으로 대체되었다.

④ 울주 : 천부(少)의 경우 울주에서는 어간말 모음 i에 어미 -ƎX가 결합되면, i탈락형, 어미모음 탈락형, y활음화형, E축약형, 무변화형 등의 다섯 유형으로 실현된다. 이에 비해 천부(少)에서는 앞의 셋은 동일하나 뒤의 둘은

---

43) o순행동화규칙에 대해서는 오종갑(1989 : 32)를 참고하기 바람.

실현되지 않아 양자 사이에는 차이가 있다. 그런데 비음절화의 유형상으로는 차이가 없는 경우에도 개별 어사에 따라서는 그 비음절화의 방식에 차이를 보이는 어사들이 있으므로, 다음에서는 차이를 보인 어사들을 대비해 보기로 한다.

울주 : 천부(少)에서 i비음절화의 방식에 차이를 보인 어사로는 '무치-, 끼(霧)-, 피-, 끼-(挿), 알리-, 튀기-, 마시었다, 부시어서, 이어라, 지었다' 등이 있다. 이들 가운데 '무치-'는 울주에서 어미모음 탈락형이던 것이 천부(少)에서는 i탈락형으로 바뀌었고, '이어라, 지었다'의 경우는 울주에서 전자가 y활음화형으로, 후자가 무변화형으로 실현되던 것이 천부(少)에서는 다 같이 어미모음 탈락형으로 바뀌어 차이를 보인다.

'알리-, 튀기-, 마시었다'는 울주에서 어미모음 탈락형으로, 천부(少)에서는 y활음화형으로 실현되어 차이를 보이고, '끼(霧)-, 피-'는 울주에서 어미모음 탈락형으로, 천부(少)에서는 어미모음 탈락형과 y활음화형의 둘로 실현되어 차이를 보인다. '끼(挿)-'는 울주에서 i탈락형, 어미모음 탈락형, 활음화형의 세 유형으로 실현되는 데 비해 천부(少)에서는 어미모음 탈락형과 y활음화형의 두 유형으로 실현되며, '부시어서'는 울주에서 E축약형으로 실현되는 데 비해 천부(少)에서는 y활음화형으로 실현되어 차이를 보인다. 이들을 종합해 볼 때 천부(少)에서는 대체로 활음화형을 선호하는 방향으로 변화가 이루어지고 있음을 알 수 있다.

'굴리-, 훔치-, 드시었다, (팔)삐-' 등의 어사는 i비음절화의 방식에 대한 비교가 불가능한 예들이다. 이들 가운데 '굴리-, 훔치-, 드시-'는 『한국방언자료집』에 어사가 등재되지 않았고, '(팔)삐-'는 밀양에서 kamút^{h}at'a처럼 실현되어 어사 자체가 다른 것으로 대체되었다.

울주 : 천부(少)의 경우 어간 말모음 o/u에 어미 -ƎX가 결합되면, 전자에서는 o/u탈락형, 어미모음 탈락형, w활음화형, o축약형, 무변화형, w첨가형의 여섯 유형으로 실현되나, 후자에서는 w첨가형이 실현되지 않아 차이가 있

다. 이러한 유형상의 차이는 천부(少)에서 w첨가형을 꺼려하고 있음을 의미한다. 그런데 울주와 천부(少)에서 모든 어사들이 체계적으로 대응되기보다는 어사에 따라 그 변화 유형에 차이를 보인 경우가 있으므로 다음에서는 그들을 대비해 보기로 한다.

울주 : 천부(少)에서 비음절화에 차이를 보인 어사에는 '바꾸-, 싸우었다, 배우어라, 띄어, 띄우어라, 쏘-, 추-, 두-, 꾸(借)-, 쑤-, 꾸(夢)-, 주-, 좋았다' 등이 있다. 이들 가운데 '바꾸-, 싸우었다, 배우어라, 띄어, 띄우어라'와 '쏘-'에 어미 -ƎX가 결합되면, 울주에서는 전자는 w활음화형으로, 후자는 w첨가형으로 실현되는 데 비해, 천부(少)에서는 이들이 전부 o/u탈락형으로 실현된다. 이들로 볼 때 천부(少)에서는 o/u비음절화에서 어간모음이 탈락되는 유형을 선호하는 것으로 이해된다.

'추-'는 울주에서 무변화형인데, 천부(少)에서는 -ƎsƎ가 결합될 때는 w활음화형으로, -Ǝs'ta가 결합될 때는 u탈락형으로 실현되어 울주와는 차이가 있다. '두-'와 '꾸(借)-'는 울주에서 각각 o축약형과 w첨가형으로 실현되는 데 비해, 천부(少)에서는 두 어사가 모두 어미 -ƎsƎ가 결합될 때는 w활음화형으로, -Ǝs'ta가 결합될 때는 u탈락형으로 실현되어 차이가 있다. '쑤-'는 울주에서 s'o : , s'ówat'a처럼 어미에 따라 o축약형과, o축약형에 어미 -aX가 중가된 형태의 둘로 실현되고, '꾸(夢)-'의 경우는 w첨가형으로 실현되는 데 비해, 천부(少)에서는 '쑤-, 꾸-'의 두 어사 모두 w활음화형으로 실현되어 차이가 있다.

어간 '주-'의 경우에는 울주에서는 ču, čúwƎt'a처럼 어미모음 탈락형과 w첨가형의 두 유형으로 실현되나, 천부(少)에서는 čwƎ : sƎ, čo : tt'a처럼 w활음화형과 o축약형의 둘로 실현되어 차이가 있다. '좋았다'는 울주에서는 h가 탈락된 다음 다시 활음 w가 첨가되나 천부(少)에서는 o/u비음절화와 관련된 규칙들이 공적용된 다음 h가 탈락되기 때문에 무변화형으로 실현된다.

'감추-, 때우-, 태우-, 씌우어라, 어두웠다, 쪼아, (엿) 고-' 등의 어사는

o/u비음절화 방식에 대한 비교가 불가능한 예들이다. 이들 가운데 ‘감추-, 때우-, 태우-’는 『한국방언자료집』에 어사가 등재되지 않았고, ‘씌우어라’는 천부(少)에서 실현되지 않는다. ‘어두웠다, (모이를)쪼아’는 울주에서 Ǝ́dubƎt’a, č’óǰa/čusƎ처럼 실현되어 비음절화의 환경을 제공하지 못한다. 그리고 ‘(엿) 고-’의 경우는 어미 ‘어x’가 결합되면 울주와 천부(少)에서 각각 k’ówa, k’wá : sƎ처럼 실현되어 비음절화의 비교가 가능할 듯하나 울주에서는 그 어간이 k’óu-이고, 천부(少)에서는 그것이 k’ó : -이므로 동일선상에 두고 둘을 비교하기에는 어려움이 있다.

⑤ 영덕 : 태하(少)의 경우 전자에서는 어간 말모음 i에 어미 -ƎX가 결합되면, i탈락형, 어미모음 탈락형, y활음화형, E축약형, 무변화형의 다섯 유형 중의 어느 하나로 실현된다. 그러나 후자에서는 E축약형이 실현되지 않아 상호간에 차이가 있다. 이것은 태하(少)에서는 비음절화에서 E축약형으로의 변화를 꺼림을 의미하는 것인데, 이 유형은 천부(少)에서도 나타나지 않음을 이미 본 바 있다. 그리고 i비음절화의 유형상으로는 차이가 없는 경우에도 개별 어사에 따라서는 그 비음절화의 방식에 차이를 보이는 어사들이 있는데, 다음에서는 차이나는 어사들을 대비해 보기로 한다.

영덕 : 태하(少)에서 i비음절화의 방식에 차이를 보인 어사로는 ‘내리어라, 들르었다, 끼(挿)-, 드시었다, 끼(霧)-, 부시어서, 마시었다, 알리-, 찌(肥)-, 무치-, 지었다, 삐-, 이어라’ 등이 있다. 이들 가운데 영덕에서는 ㉠ ‘내리어라, 들르었다, 끼(挿)-’, ㉡ ‘드시었다, 끼(霧)-’, ㉢ ‘부시어서, 마시었다’, ㉣ ‘알리-’ 등의 어간에 어미 -ƎX가 결합되면, ㉠의 경우는 i탈락형으로, ㉡의 경우는 어미모음 탈락형으로, ㉢의 경우는 E축약형으로 실현된다. 그리고, ㉣의 경우는 어미모음 탈락형이나 E축약형으로 실현된다. 이에 비해 태하(少)에서는 이 네 경우 모두 y활음화형으로 바뀌어 영덕과는 차이가 있는데, 이러한 사실은 태하(少)에서 i비음절화의 방식으로 y활음화를 가장 선호하고 있음을 말해 준다.

이밖에 영덕에서는 어간 '찌(肥)-'에 어미 -ƎX가 결합될 때는 i탈락형 혹은 어미모음 탈락형으로 실현되고, '무치-'의 경우는 E축약형으로 실현되는데, 태하(少)에서는 다 같이 i탈락형으로만 실현되어 상호간에 차이가 있다. '지었다'와 '(팔) 삐-'는 영덕에서 각각 i탈락형과 어미모음 탈락형으로, 태하(少)에서는 다 같이 무변화형으로 실현되며, '이어라'는 영덕에서 y활음화형으로, 태하(少)에서는 어미모음 탈락형으로 실현되어 상호간에 차이가 있다.

영덕 : 태하(少)에서도 i비음절화의 방식에 대한 비교가 불가능한 예들이 있다. '굴리-, 훔치-'는 『한국방언자료집』에 어사가 등재되지 않았고, '튀기-'는, 영덕에서는 그 어간이 t^{h}igÉ-로, 태하(少)에서는 t^{h}ɨ́gi-로 나타나 어간모음에 차이가 있으므로, i비음절화라는 동일선상에 두고 양자를 비교하기에는 어려움이 있다.

영덕 : 태하(少)의 경우 전자에서는 어간 말모음 o/u에 어미 -ƎX가 결합되면, o/u탈락형, w활음화형, o축약형, 무변화형의 네 유형으로 실현되나, 후자에서는 w첨가형이 추가되어 비음절화의 유형상에 차이가 있다. 그리고 o/u비음절화의 유형상으로는 차이가 없는 경우에도 개별 어사에 따라서는 그 비음절화의 방식에 차이를 보이는 어사들이 있는데, 다음에서는 차이나는 어사들을 대비해 보기로 한다.

영덕 : 태하(少)에서 o/u비음절화의 방식에 차이를 보인 어사로는 '바꾸-, 배우어라, 가꾸어라, 띄우어라, 꾸(夢)-, 꾸(借)-, (춤)추-, 주-, 가두-, 어두웠다, 놓아라, 쑤-, 쏘-' 등이 있다. 이들 가운데 영덕에서는 ① '바꾸-, 배우어라, 가꾸어라, 띄우어라', ② '꾸(夢)-, 꾸(借)-, 추-' 등의 어간에 어미 -ƎX가 결합되면, ①의 경우는 u탈락형으로, ②의 경우는 o축약형으로 실현되는데, 태하(少)에서는 이들이 모두 w활음화형으로 실현되어 차이가 있다. 이러한 차이는 태하(少)에서 비음절화의 방식으로 w활음화를 선호하고 있음을 의미한다.

'주-'와 '가두-'의 경우에도 영덕에서는 전자가 o축약형으로 실현되는 데 비해, 태하(少)에서는 '주+었다'의 경우에는 čo : tt'a로 실현되어 영덕과 동일하나 '주+어서'의 경우는 čwƎ : sƎ로 실현되어, 어간 '주-'의 경우도 w활음화형으로 바뀌어 가고 있음을 볼 수 있다. 후자는 영덕에서 u탈락형으로 실현되는 데 비해, 태하(少)에서는 -ƎsƎ가 결합될 때는 kadwƎ : sƎ처럼 w활음화형으로, -Ǝs'ta가 결합될 때는 kadúƎtt'a처럼 무변화형으로 실현되어 이 경우 역시 w활음화형으로 바뀌어 가고 있음을 보여 준다.

'어두웠다'의 경우는 영덕에서는 ƎdúƎt'a/ƎdúbƎt'a처럼 실현되어 p→w 변화로 생겨난 w가 다시 탈락되는 형태와 이러한 변화 없이 그대로 실현되는 형태의 두 유형으로 실현되나, 태하(少)에서는 ƎdúwƎtt'a처럼 p→w 변화만 경험하여 양자 사이에 차이가 있다. '놓아라'와 '쑤-'의 경우 영덕에서는 전자의 경우는 o탈락형으로, 후자의 경우는 o축약형으로 실현되나 태하(少)에서는 두 어사 모두 무변화형으로 실현되어 차이가 있다. '쏘-'의 경우는 어미에 따라 어간모음 탈락형 혹은 o축약형으로 실현되나 태하(少)에서는 w첨가형으로 실현되어 차이가 있다.

영덕 : 태하(少)에서도 o/u비음절화의 방식에 대한 비교가 불가능한 예들이 있다. '감추-, 때우-, 태우-'는 『한국방언자료집』에 어사가 등재되지 않았고, '씌우어라'는 태하(少)에서 실현되지 않는다. '쪼아'는 영덕에서 č'ósa, č'ǒja처럼 실현되어 비음절화의 환경을 제공하지 못한다. 그리고 '(장기) 두-, (엿) 고-' 등은 그 어간이 영덕 : 태하(少)에서 각각 t'Ǝ- : tu-, k'u : ?- : k'óu-로 다르게 나타나므로, 동일선상에 두고 비음절화를 비교하기에는 어려움이 있다.

(2) 방언형의 정착

여기서는 울릉도 제보자들의 언어를 서로 비교해 봄으로써 비음절화와 관련하여 울릉도 방언이 어느 정도로 정착되어 가고 있는지 살펴보기로 한다.

먼저 노년층 제보자들의 언어를 비교해 보면, '끼(霧)-, 지-, 치-, 찌-, 훔치-, 이어라, 두-, 주-, 추-, 가두-, 감추-, 태우-, 때우-, 싸우었다, 띄어, 띄우어라, 오-, 보-, 고-, 놓아라' 등의 어사는 비음절화의 방식에서 일치하므로 이 어사들은 노년층 언어에서 정착이 이루어졌다고 할 수 있다.

소년층의 경우에는 '끼(挿)-, 지-, 치-, 찌-, 튀기-, 무치-, 훔치-, 알리-, 굴리-, 부시어서, 마시었다, 드시었다, 이어라, 꾸(夢)-, 주-, 가꾸어라, 어두웠다, 띄어, 오-, 보-, 좋았다, 쪼아' 등의 어사가 비음절화의 방식에서 일치하므로 이 어사들은 소년층의 언어에서 정착이 이루어졌다고 할 수 있다. 다시 노소간을 동시에 비교해 보면, '지-, 치-, 찌-, 훔치-, 이어라, 주-, 띄어, 오-, 보-' 등의 어사만 일치하는데, 이 어사들은 비음절화와 관련하여 울릉도 방언형으로 정착이 이루어졌다고 할 수 있다.

울릉도 방언형으로 정착이 이루어진 어사들 가운데 '지-, 치-, 찌-, 훔치-'는 어간모음 i가 활음 y로 바뀐 다음 다시 탈락되고, '오-'는 w활음화 되며, '보-'의 o는 w활음화 된 다음 다시 이 w가 탈락된다. 그리고 '이어라'는 노년층에서는 y활음화되는 것으로 정착되고, 소년층에서는 어미모음 탈락형으로 정착되었기[44] 때문에 노소간에 차이를 보이는데, 이것은 세대별 차이로 해석된다. '주-' 역시 노년층에서는 o축약형으로, 소년층에서는 -ƎsƎ가 결합될 때는 w활음화형으로, -Ǝs'ta가 결합될 때는 o축약형으로 정착되었는데, 노소를 동시에 고려하면 세대별 차이로 해석된다. 정착된 방언형에 적용되는 음운규칙은 다음과 같다.

규칙(13) : {i, o/u}→ [−syl] / — $]_{v.s.}$ + Ǝ

규칙(14) : y → ø / [+pal] —

44) 소년층에서 어미모음 탈락형으로 실현되는 것은 영일(포항) 방언의 영향으로 보인다.

규칙(15) : w → ø / [+lab] —

규칙(16) : ∃ → ø / # i $]_{v.s.}$ + — (소년층)

규칙(17) : $\underset{1}{w} + \underset{2}{Ǝ} \Rightarrow \overset{1}{ø}\quad \overset{2}{[+round]}$

지금까지 울릉도 제보자들의 방언형과 그들의 원적지 방언형을 비교하고, 또 제보자들 상호간의 방언형을 비교함으로써 비음절화와 관련된 음운현상이 울릉도 방언에서 어느 정도로 정착되어 가고 있는지 살펴보았다. 거기에서 얻어진 결과를 하나의 표로 나타내면 다음의 [표 Ⅸ]와 같다.

〔표 Ⅸ〕 비음절화의 정착

항목	지역 / 어사	경주 : 천부(老)		명주 : 태하(老)		밀양 : 저동(老)		울주 : 천부(少)		영덕 : 태하(少)		노년층		소년층		정착	
	(반지)끼-	x		x		x		x		x		x		o		x	
	(안개)끼-	o		x		o		x		x		o		x		x	
	(꽃)피-	o		x		o		x		o		x		x		x	
	(팔)삐-	w		w		w		w		x		w		x		w	
	(짐)지-	o		o		o		o		o		o		o		o	
	(공)치-	o		o		o		o		o		o		o		o	
	(살)찌-	o		o		o		o		x		o		o		o	
	튀기-	x		x		w		x		w		w		o		w	
	무치-	x		o		o		x		x		x		o		x	
Ⅰ	훔치-	w	9/15	w	6/11	w	11/14	w	5/15	w	3/16	o	6/13	o	13/19	o	5/13
	알리-	o		w		x		x		x		x		o		x	
	굴리-	w		w		w		w		w		x		o		x	
	부시어서	x		w		o		x		x		w		o		w	
	마시었다	o		w		o		x		x		w		o		w	
	드시었다	w		w		w		w		x		w		o		w	
	지었다	x		o		x		x		x		x		x		x	
	이어라	o		o		o		x		x		o		o		●	
	내리어라	o		x		o		o		x		x		x		x	

항목	지역 / 어사	경주: 천부(老)		명주: 태하(老)		밀양: 저동(老)		울주: 천부(少)		영덕: 태하(少)		노년층		소년층		정착	
	들르었다	x		w		o		o		x		w		x		w	
ㅜ/ㅗ	(꿈)꾸-	o		w		x		x		x		x		o		x	
	(돈)꾸-	w		w		w		x		x		w		x		w	
	(장기)두-	o		w		w		x		w		o		x		w	
	(죽)쑤-	x		x		x		x		x		x		x		x	
	(선물)주-	x		x		x		x		x		o		o		●	
	(춤)추-	o		x		x		x		x		o		x		x	
	바꾸-	o		x		o		x		x		x		x		x	
	가두-	o		x		o		o		x		o		x		x	
	감추-	w		w		w		w		w		o		x		x	
	태우-	w		w		w		w		w		o		x		x	
	때우-	w		w		w		w		w		o		x		x	
	싸우었다	o		o		o		x		o		o		x		x	
	배우어라	o	13/18	o	7/17	x	6/16	x	5/18	x	5/18	x	14/21	x	9/24	x	4/20
	가꾸어라	o		o		o		o		x		x		o		x	
	어두웠다	w		w		w		w		x		w		o		w	
	씌우어라	w		w		w		w		w		w		w		w	
	띄어	o		o		x		x		o		o		o		o	
	띄우어라	o		x		x		x		x		o		x		x	
	(비)오-	o		o		o		o		o		o		o		o	
	(선)보-	x		o		x		o		o		o		o		o	
	(활)쏘-	x		x		x		x		x		x		x		x	
	(엿)고-	x		x		w		w		w		o		x		x	
	놓아라	o		x		o		o		x		o		x		x	
	좋았다	o		o		x		x		o		x		o		x	
	쪼아	w		x		w		w		w		w		o		w	
유지 혹은 정착 비율(%)		1.32/2 (66)		0.96/2 (48)		1.16/2 (58)		0.61/2 (30.5)		0.47/2 (23.5)		1.13/2 (56.5)		1.06/2 (53)		0.58/2 (29)	

6. 모음조화

중세국어에서 양성모음은 양성모음과, 음성모음은 음성모음과 어울림으로써 모음조화가 이루어지던 것이 후대로 내려오면서 양성모음 뒤에서도 음성모음이 연결됨으로써 모음조화는 점점 파괴되어 갔다(오종갑 1988 : 205-240). 이러한 경향은 울릉도 방언에서도 확인되는데, 다음에서는 동사 어간에 연결어미 -aX[45]가 결합될 때의 모음조화(고모음화) 실태를 원적지 방언형과 그에 대응되는 울릉도 방언형을 비교한 다음, 다시 울릉도 방언형의 정착 여부를 살펴보기로 한다.

그런데 [부록]에 제시된 모음조화 관련 자료에는 연결어미 -aX의 a가 탈락된 경우가 다수 있어, 그 연결어미가 -aX인지 그렇지 않으면 고모음화된 -ƎX인지 판별하기가 쉽지 않다. 비록 어간 말음절이 폐음절인 경우에 결합된 어미의 유형에 비추어 어간 말음절이 개음절인 경우의 어미의 유형을 짐작할 수 있으나, 방언형에 따라서는 어간 모음이 동일한 경우라도 연결되는 어미의 유형이 달라진 것도 발견되므로, 폐음절의 경우에 비추어 개음절의 경우까지 동일한 것으로 판단하는 것은 정확성을 기대하기 어렵다.

특히, 여기서 문제로 삼고 있는 원적지 방언형과의 비교에서는 낱낱의 낱말을 중심으로 울릉도 제보자들의 언어에서 원적지 방언형이 그대로 존속되느냐의 여부를 따져 통계적으로 처리하기 때문에 그 정확성은 더욱 필요하다. 그래서 여기서는 [부록]에 실린 전체 자료를 대상으로 하여 연결어미 -aX의 형태가 분명히 드러나는 어사들만을 대상으로 삼아 논지를 전개하고자 한다.

---

45) 공시적으로 볼 때는 연결어미의 기저형을 ƎX로 설정하는 것이 타당할 것으로 생각된다. 그러나 여기서의 주된 목적 중의 하나가 원적지 방언과의 비교에 있기 때문에 역사적으로 언어가 발달된 과정에 따라 비교하는 것이 이해하는 데 도움이 된다. 그래서 여기서는 연결어미의 기저형을 aX로 잡았으며, aX가 ƎX로 변화되는 과정을 모음상승(고모음화)으로 보고 논지를 전개하였다.

여기서 대상으로 삼은 것은 '감(洙)-, 낫(癒)-, 맑-, 삶-, 앉-, 밟-, 살(生)-, 아름답-, 알-, 잡-, 맵-, 맺-, 뱉-, 걷-, 더럽-, 먹-, 무섭-, 부끄럽-, 부드럽-, 없-, 젊-, 고(餌)-, 놓-, 돕-, 보-, 오-, 좋-, 쪼(啄)-, 가꾸-, 가두-, 바꾸-, 꾸(夢)-, (장기) 두-, 드물-, 띄우-, 묻-, 물-, 붓-, 훑-, 배우-, 싸우-, 쑤(粥)-, 어둡-, 주-, 추-, 거들-, 게으르-, 긋-, 끄-, 다듬-, 담그-, 듣-, 들-, 모르-, 잠그-, 흐르-, 끼(揷)-, 지(負)-, 찌(肥)-, 치(打)-' 등 60개 어사이다. 그리고 『한국방언자료집』에는 그 방언형이 등재되지 않아 원적지 방언형과 울릉도 제보자들의 방언형과의 비교는 불가능하나 울릉도 제보자들 상호간의 비교가 가능한 '낳-, 얇-, 얹-, 감추-, 굶-, 때우-, 태우-, 훔치-' 등의 8개 어사도 대상으로 삼았다.

(1) 원적지 방언과의 비교

① 경주 : 천부(老)의 경우 전자에서는 어간 말음절 모음이 i, E, Ǝ, u일 때는 연결어미 -ƎX가 결합됨이 주된 경향이며, 어간 말음절 모음이 a, o일 때는 -aX가 결합됨이 주된 경향이나, o일 때는 -aX만 결합된다. 이에 대응되는 후자에서도 이러한 경향은 마찬가지다. 그러나 개별 어사에 따라서는 어간모음이 동일한데도 모음조화에 차이를 보이는 것이 있으므로, 다음에서는 차이나는 어사들을 대비해 보기로 한다.

경주 : 천부(老)에서 모음조화에 차이를 보이는 어사들에는 '끼-, 아름답-, 알-, 맑-, 삶-, 뱉-, 더럽-, 드물-, 쑤-, 주-' 등이 있다. 이들 가운데 어간 말음절 모음이 i인 어간 '끼-'에 연결어미 -aX가 결합되면, 경주에서는 č'ía, č'Ǝt'a에서 보는 것처럼 -aX와 -ƎX의 두 유형으로 실현되는 데 비해 천부(老)에서는 -ƎX로만 실현되어 양자 사이에는 차이가 있다. 즉, 경주에서는 č'i+a의 경우에는 어미모음의 변화가 없으나, č'i+as'ta의 경우에는 고모음화에 의해 č'Ǝt'a처럼 실현된다. 이러한 사실은 경주 방언에서는 어간모음 i

뒤에서 -aX의 a가 ᴲ로 변화되는 과정에 있으며, 천부(老)에서는 그것이 완성되었음을 의미하는 것이다.

'더럽-, 드물-, 쑤-, 아름답-, 주-' 등의 어사에서도 경주방언에서는 전부 -aX만 결합되어 모음상승이 이루어지지 않으나, 천부(老)에서는 이들이 전부 -ᴲX로 바뀌었는데, 이 경우 역시 경주보다는 고모음화가 더 빨리 진척되고 있음을 의미하는 것이다. 앞의 다섯 개 어사들 가운데 어간 '쑤-, 주-'의 경우는 어미 -aX가 결합되면, 경주 : 천부(老)에서 각각 sa : X, ča : X : so : X, čo : X로 실현되는데, 전자의 경우는 {su, ču} + aX가 활음화에 의해 swaX, čwaX로 바뀐 다음 다시 활음탈락과 보상적 장음화를 경험한 것이고, 후자의 경우는 {su, ču} + aX가 고모음화와 활음화에 의해 swᴲX, čwᴲX가 된 다음 다시 모음축약과 보상적 장음화를 경험한 것이다.

경주 방언의 -aX가 천부(老)에서 -ᴲX로 변화되어 가는 경향이 있는가 하면, 다른 한편으로는 경주방언에서 그 어미가 -ᴲX로 실현되거나 혹은 임의적으로 실현되는 málgᴲ, sálmᴲya, pát^{h}ᴲra, árasᴲ/arᴲsᴲ 등이 천부(老)에서는 -aX로만 실현되어 양자 사이에는 차이가 있다. 그러나 수적으로 보아 천부(老)에서는 고모음화가 더욱 확대되는 방향으로 언어가 변해가고 있음을 알 수 있다.

'훔치-, 게으르-, 얹-, 낳-, 얇-, 감추-, 굶-, 때우-, 어둡-, 태우-' 등의 어사는, 경주와 천부(老)에서 실현되는 방언형의 어간모음에 차이가 있는 경우, 어사 자체가 다른 것으로 대체된 경우, 그리고 『한국방언자료집』에 방언형이 등재되지 않은 경우들로서, 그들에 연결되는 어미 -a/ᴲX의 유형에 대한 직접적인 대비가 불가능하다.

② 명주에서는 어간 말음절 모음이 i, E, ü, ɨ, ə, a, u일 때는 어미 -əX가 결합되는 것이 주된 경향이나, 이들 중 ɨ, a인 경우를 제외하고는 전부 -əX만 결합된다. 그리고 어간모음이 o인 경우에는 -aX만 결합된다. 이에 비해 태하(老)에서는 어간 말음절 모음이 i, E, ɨ, ᴲ, u일 때는 어미 -ᴲX가 결합되

는 것이 주된 경향이나, i, E, ƎI일 때는 -ƎX만 결합되며, 어간 말음절 모음이 a, o일 때는 -aX가 결합됨이 주된 경향이나 o일 때는 -aX만 결합되어 양자 사이에는 차이를 보인다.

양자 사이의 가장 큰 차이점은 명주방언에서는 어간말 모음이 a일 때 주로 -əX가 결합되는 데 비해 태하(老)에서는 -aX가 주로 결합되는 것이라고 하겠다. 그리고 주된 경향이 동일한 경우라도 세부적으로는 모음조화에 차이를 보이므로, 다음에서는 차이나는 어사들을 대비해 보기로 한다.

명주 : 태하(老)에서 모음조화에 차이를 보인 어사들에는 '알-, 낫-, 맑-, 삶-, 앉-, 밟-, 살-, 가꾸-, 가두-, 바꾸-, 띄우-, 배우-, 싸우-' 등이 있다. 그런데 명주에서는 이들 어사 가운데 어간 '앉-'의 경우는 -aX가 결합되고, '알-'의 경우는 arasə/árəya에서처럼 -aX와 -əX가 임의로 교체되어 a>ə의 과도기적 현상을 보이며, 여타의 어간은 모두 -əX가 결합되어 a>ə의 변화가 상당히 진척되었음을 보여 준다.

그러나 태하(老)에서는 '앉-'의 경우에 -ƎX가 결합되는 것 이외에는 전부 -aX가 결합되어 명주와는 큰 차이가 있다. 태하(老)에서 보이는 원적지 방언과의 이러한 차이는 울릉도 지역에서 경북방언의 세력이 강하게 작용하고 있기 때문에 태하(老)가 이 경북방언의 영향을 많이 받고 있음을 의미하는 것으로 해석된다.

'두-, 감-, 낳-, 얇-, 게으르-, 담그-, 잠그-, 뱉-, 먹-, 얹-, 무섭-, 없-, 훔치-, 감추-, 굶-, 꾸-, 때우-, 어둡-, 태우-' 등의 어사는, 명주와 태하(老)에서 실현되는 방언형의 어간모음에 차이가 있는 경우, 어사 자체가 다른 것으로 대체된 경우, 그리고 『한국방언자료집』에 방언형이 등재되지 않은 경우들로서, 그들에 연결되는 어미 -a/ƎX의 유형에 대한 직접적인 대비가 불가능하다.

③ 밀양 : 저동(老)의 경우 전자에서는 어간 말음절 모음이 i일 때는 어미 -ƎX가 연결됨이 주된 경향이고, E, ƎI일 때는 -aX와 -ƎX가 비슷한 비율로

결합되며, u일 때는 그 어간이 일음절이면 –ƎX가 결합되고, 이음절이면 –aX가 결합됨이 주된 경향이다. 그리고 a, o일 때는 전부 –aX만 결합된다.

이에 비해 후자에서는 어간 말음절 모음이 i, E, Ǝ일 때는 어미 –ƎX가 결합됨이 주된 경향으로 나타나 E, Ǝ일 때는 전자와 차이가 있다. 어간 말음절 모음이 u일 때는 전자의 경우와 마찬가지로 그 어간이 일음절이면 –ƎX가 결합되고, 이음절이면 –aX가 결합됨이 주된 경향이다. 그리고 어간 모음이 o일 때는 –aX가 결합됨이 주된 경향이나, 어간모음이 a일 때는 –aX와 –ƎX가 비슷한 비율로 결합되어, –aX만 결합되는 전자와는 차이가 있다.

그런데 주된 경향이 동일한 경우라도 세부적으로는 모음조화에 차이를 보이므로, 다음에서는 차이나는 어사들을 대비해 보기로 한다.

밀양 : 저동(老)에서 차이를 보인 어사에는 '알–, 감–, 잡–, 낫–, 담그–, 밝–, 맵–, 뱉–, 아름답–, 거들–, 더럽–, 무섭–, 부끄럽–, 부드럽–, 쪼–, 드물–, 게으르–, 끼(挿)–' 등이 있다. 이들 가운데 끝의 '게으르–, 끼–'의 둘은 밀양에서 그 어미가 –ƎX로 실현되는 데 비해 저동(老)에서 –aX로 실현되어 차이가 있다. 그리고 나머지 어사들은 밀양 방언에서 어미 –aX가 결합된 것들인데, 저동(老)에서는 모두 –ƎX가 결합되어 어미모음이 상승되었음을 볼 수 있다. 이러한 사실은 저동(老)에서 어미모음이 상승되는 방향으로 언어가 변화되어 가고 있음을 시사한다.

'먹–, 어둡–, 쑤–, 꾸(夢)–, 주–, 추–, 훔치–, 얹–, 낳–, 앉–, 얇–, 감추–, 굶–, 붓–, 때우–, 태우–' 등의 어사는, 밀양과 저동(老)의 방언형 상호간에 어간모음의 차이가 있는 경우, 어미가 탈락되어 그 형태가 분명하지 않는 경우, 그리고 『한국방언자료집』에 방언형이 등재되지 않은 경우들로서, 그들에 결합되는 어미 –a/ƎX의 유형에 대한 직접적인 대비가 불가능하다.

④ 울주 : 천부(少)의 경우 전자에서는 어간모음이 i, Ǝ일 때는 어미 –ƎX가, 어간모음이 E, a, o일 때는 –aX가 결합되는 것이 주된 경향이다. 그리고 u일 때는 1음절 어간에서는 –ƎX가, 2음절 어간에서는 –aX가 결합된다. 그

러나 후자에서는 어간모음이 i, E, Ǝ(ɨ)[46], u일 때는 어미 –ƎX가, a, o일 때는 –aX가 결합되는 것이 주된 경향인데, o일 때는 전부 –aX만 결합된다. 그러므로 울주와 천부(少) 사이에는 어간모음이 E, u인 경우에 결합되는 어미의 주류에 차이가 있다.

울주 : 천부(少)에서는 어미 결합의 주된 경향에 차이를 보이는 경우뿐만 아니라, 주된 경향이 동일한 경우라도 세부적으로는 모음조화에 차이를 보이는 어사들이 있는데, 다음에서는 이들을 대비해 보기로 한다.

울주 : 천부(少)에서 차이를 보인 어사에는 '아름답–, 맵–, 맺–, 무섭–, 가꾸–, 꾸(夢)–, 띄우–, 싸우–, 추–' 등이 있다. 이 어사들은 울주에서 모두 어미 –aX가 결합되는 데 비해, 천부(少)에서는 모두 –ƎX가 결합되어 차이가 있다. 그러나 울주의 –ƎX가 천부(少)에서 –aX로 바뀐 예가 없는 것으로 보아, 천부(少)에서는 어미모음이 상승되는 방향으로 언어가 변화되어 가고 있음을 알 수 있다.

'게으르–, 담그–, 뱉–, 쑤–, 훔치–, 얹–, 낳–, 앉–, 얇–, 감추–, 굶–, 붓–, 때우–, 태우–' 등은, 울주와 천부(少)의 방언형 상호간에 어간모음의 차이가 있는 경우, 어간 자체가 달라진 경우, 그리고 『한국방언자료집』에 방언형이 등재되지 않은 경우들로서, 그들에 연결되는 어미 –a/ƎX의 유형에 대한 직접적인 대비가 불가능하다.

⑤ 영덕 : 태하(少)의 경우 전자에서는 i, Ǝ, a, u일 때는 어미 –ƎX가 결합되고, o일 때는 –aX가 결합됨이 주류를 이루나, E일 때는 –aX와 –ƎX가 비슷한 비율로 결합된다. 이에 비해 후자에서는 어간 말음절 모음이 i, Ǝ(ɨ), u일 때는 어미 –ƎX가 결합되고, o일 때는 –aX가 결합됨이 주류를 이루므로,

46) 천부(少) : 울주에서는 모음조화를 논하기 전에 모음체계부터 대비할 필요가 있다. 전자에서는 앞에서 본 바와 같이 7단모음체계이고, 후자의 경우는 6단모음체계로서 서로 차이가 있다. 그런데 전자의 ɨ와 Ǝ는 후자에서 Ǝ 하나로 통합이 이루어졌으므로, 여기서는 전자의 어간 모음이 ɨ, Ǝ인 것과 후자의 어간모음이 Ǝ인 것을 동일 부류로 취급하여 모음조화의 실태를 비교하였다.

i, ꟻ(ɨ), u, o일 때는 전자의 경우와 차이가 없다.

그러나 말음절 모음이 a인 경우에는 영덕에서는 -ꟻX가 주로 결합되는 데 비해 태하(少)에서는 -aX가 주로 결합되고, E인 경우에는 영덕에서는 -aX와 -ꟻX가 비슷한 비율로 결합되는 데 비해 태하(少)에서는 -ꟻX가 결합되어 양자 간에 차이가 있다. 그리고 울주 : 천부(少)에서는 주된 경향에 차이를 보이는 경우뿐만 아니라, 주된 경향이 동일한 경우라도 세부적으로는 모음조화에 차이를 보이는 어사들이 있는데, 다음에서는 이들을 대비해 보기로 한다.

영덕 : 태하(少)에서 모음조화에 차이를 보인 어사들에는 '감-, 맑-, 밟-, 살-, 알-, 맺-, 들-, 잠그-, 가꾸-, 가두-, 바꾸-' 등이 있다. 이들 가운데 '감-, 맑-, 밟-, 살-, 알-'의 경우는 영덕에서 어미 -ꟻX가 결합되어 어간모음 a 뒤에까지 고모음화가 이루어졌으나, 태하(少)에서는 -aX가 결합되어 아직 고모음화가 이루어지지 않았음을 보여 준다.

반면에, '맺-, 들-, 잠그-, 가꾸-, 가두-, 바꾸-' 등의 경우는 그와는 반대로 영덕에서 -aX가 결합되어 고모음화가 이루어지지 않았으나, 태하(少)에서는 -ꟻX가 결합되어 고모음화가 이루어져 차이가 있다. 두 지역에서 보이는 이러한 차이는 태하(少)에서 표준어의 영향을 많이 받은 결과인 것으로 이해된다.

영덕 : 태하(少)의 경우에도 어미 -a/ꟻX의 대비가 불가능한 어사들이 있는데, '부끄럽-, 뱉-, 두-, 담그-, 모르-, 훔치-, 얹-, 낳-, 얇-, 감추-, 굵-, 두-, 때우-, 붓-, 태우-' 등이 그것이다. 이 어사들은, 영덕과 태하(少)에서 실현되는 방언형에서 어간모음에 차이가 있는 경우, 어간 자체가 달라진 경우, 그리고 『한국방언자료집』에 방언형이 등재되지 않은 경우들로서, 그들에 연결되는 어미 -a/ꟻX의 유형에 대한 직접적인 대비가 불가능하다.

지금까지 울릉도 제보자들의 언어를 그들의 원적지 방언형과 비교해 봄으로써 그들의 언어가 어느 방향으로 변해 가고 있는지 살펴보았다. 거기에서 밝혀진 특이한 사실은, 천부(老), 저동(老), 천부(少)에서는 원적지 방언의 -aX가 -ƎX로 바뀐 예가 많은 반면, 태하(老)와 태하(少)에서는 원적지 방언의 -ƎX가 -aX로 바뀐 예가 많이 나타난다는 점이다. 이러한 사실은 원적지 방언 자체에서 고모음화가 상대적으로 덜 진척된 지역(경주, 밀양, 울주)을 원적지로 한 제보자의 경우는 고모음화에 더욱 박차를 가하고, 그 반대인 경우는 비고모음화되어 울릉도 자체의 방언을 형성해 가고 있음을 보여 주는 것으로 이해된다.

(2) 방언형의 정착

다음에서는 노년층은 노년층대로, 소년층은 소년층대로 그들의 방언형을 비교해 보고, 다시 노소년층의 방언형을 비교해 봄으로써 울릉도 방언에서 모음조화가 어느 정도로 정착되어 가고 있는지 살펴보기로 한다.

어간 말음절 모음이 i인 경우 노년층에서는 '지-. 찌-, 치-, 훔치-'에 해당되는 방언형이 정착되었고, 소년층에서는 노년층에서 정착된 어사들 이외에 '끼-'가 추가된다. 그러므로 노소를 동시에 고려하면, 울릉도 방언에서 '지-, 찌-, 치-, 훔치-'가 정착되었다고 할 수 있는데, 이들에는 어미 -ƎX가 결합된다.

어간 말음절 모음이 E인 경우 노년층에서는 '맵-, 맺-'에 해당되는 방언형이 정착되었고, 소년층에서는 노년층의 것 이외에 '뱉-'이 추가된다. 그러므로 노소를 동시에 고려하면, 울릉도 방언에서 '맵-, 맺-'이 정착되었다고 할 수 있는데, 이들에는 어미 -ƎX가 결합된다.

어간 말음절 모음이 Ǝ인 경우 노소년층에서 다 같이 '걷-, 더럽-, 무섭-, 부끄럽-, 부드럽-, 엎-, 없-, 젊-' 등에 해당되는 방언형이 정착되었고, 소년층에서는 '먹-'이 추가된다. 그리고 노소를 동시에 고려하면, '먹-'을 제외한 모든 어사가 정착되었다고 할 수 있는데, 이들에는 어미 -ƎX가 결합된다.

표준어의 ɨ에 해당되는 어간 말음절 모음은 울릉도에서는 노년층에서는 Ǝ로, 소년층에서는 ɨ로 실현되는데, 이 경우에 해당되는 어사들의 경우 노년층에서는 '거들-, 긋-, 끄-, 다듬-, 듣-, 들-, 흐르-, 모르-, 잠그-' 등이 정착되었고, 소년층에서는 노년층에서 정착된 '잠그-'가 정착되지 않고 혼란을 보일 뿐, 여타의 어사는 노년층의 경우와 동일하다. 그러므로 울릉도 방언 전체로 볼 때는 '거들-, 긋-, 끄-, 다듬-, 듣-, 들-, 흐르-, 모르-' 등이 정착되었다고 할 수 있다.[47] 이들 가운데 '모르-'의 경우에만 어미 -aX가 결합되고, 나머지 어사들의 경우에는 어미 -ƎX가 결합된다.

어간 말음절 모음이 a인 경우 노년층에서는 '낳-, 맑-, 살-, 삶-, 아름답-' 등에 해당되는 방언형이 정착되었고, 소년층에서는 '감-, 낫-, 밟-, 앉-, 알-, 얇-, 잡-' 등이 추가된다. 그런데 노년층에서 정착을 이룬 '아름답-'은 소년층에서 정착이 이루어지지 않았기 때문에, 노소를 동시에 고려하면 울릉도 방언에서 '낳-, 맑-, 살-, 삶-'의 네 어사만 정착이 이루어졌다고 할 수 있다. 이들에는 어미 -aX가 결합된다.

어간 말음절 모음이 u인 경우 노년층에서는 '가꾸-, 가두-, 감추-, 굶-, 두-, 드물-, 때우-, 띄우-, 묻-, 물-, 바꾸-, 배우-, 싸우-, 어둡-, 주-, 추-, 태우-, 훑-'에 해당되는 방언형이 정착되었고, 소년층에서는 '꾸(夢)-, 쑤-' 등이 추가되나 '가두-, 감추-, 때우-, 바꾸-, 배우-, 싸우-, 태우-' 등은 오히려 정착을 이루지 못하므로 소년층의 정착 비율이 노년층보다 낮다.

노소를 동시에 고려하면, 울릉도 방언에서 '가꾸-, 굶-, 두-, 드물-, 띄우-, 묻-, 물-, 주-, 추-, 훑-'이 정착되었다고 할 수 있다. 이들 가운데 '가

---

47) '게으르-'의 경우 노년층에서는 그 어간이 '개얼밪-'으로 나타나는데, 여기에 어미 '아X'가 결합되어 이 형태가 방언형으로 정착되었다. 그런데 소년층에서는 어간이 표준어와 동일한 '게으르-'로서 어미도 '어X'가 결합되어 소년층 상호간에는 정착이 이루어졌으나, 노년층과의 모음조화에 대한 비교는 불가능하다. 즉, 노년층의 경우는 어간 말음절 모음이 'ㅏ'이고, 소년층의 경우는 'ㅡ'이기 때문에 동일선상에서의 비교가 무의미하기 때문이다. 이 경우는 어휘론적인 면에서 세대별 차이를 보인 것으로 해석된다.

꾸-, 띄우-'를 제외하고는 전부 어미 -ƎX가 결합된다. 그러나 '가꾸-, 띄우-'에 해당되는 방언형은 노년층의 경우에는 -aX가 결합되고, 소년층의 경우에는 -ƎX가 결합되어 세대별 차이를 보인다.

어간 말음절 모음이 o인 경우 노년층에서는 '고-, 놓-, 돕-, 보-, 오-, 좋-'에 해당되는 방언형이 정착되었고, 소년층에서는 '쪼-'가 추가된다. 그리고 노소를 동시에 고려하면, 울릉도 방언에서 '고-, 놓-, 돕-, 보-, 오-, 좋-'이 정착되었다고 할 수 있는데, 이들에는 어미 -aX가 결합된다.

이상에서 살펴본 정착된 방언형들에 적용되는 음운규칙은 다음과 같다.

규칙(18) : a → Ǝ / {i, E, ɨ, Ǝ, u}$_{v.s.}$ + —
조건 : 노년층의 경우 {i, E, a}(C)u 제외.

지금까지 울릉도 제보자들의 방언형과 그들의 원적지 방언형을 비교하고, 또 제보자들의 방언형을 상호 비교함으로써 모음조화와 관련된 음운현상이 울릉도 방언에서 어느 정도로 정착되었는지 살펴보았다. 거기에서 얻어진 결과를 하나의 표로 나타내면 다음의 [표 X]과 같다.

〔표 X〕 모음조화의 정착

항목	지역 / 어사	경주: 천부(老)		명주: 태하(老)		밀양: 저동(老)		울주: 천부(少)		영덕: 태하(少)		노년층		소년층		정착	
ㅣ	끼(揷)-	x		o		x		o		o		x		o		x	
	지-	o		o		o		o		o		o		o		o	
	찌-	o	3/4	o	4/4	o	3/4	o	4/4	o	4/4	o	4/5	o	5/5	o	4/5
	치-	o		o		o		o		o		o		o		o	
	훔치-	w		w		w		w		w		o		o		o	
ㅐ	맵-	o		o		x		x		o		o		o		o	
	맺-	o	2/3	o	2/2	o	1/3	x	0/2	x	1/2	o	2/3	o	3/3	o	2/2
	밸-	x		w		x		w		w		x		o		w	

항목	지역 / 어사	경주: 천부(老)		명주: 태하(老)		밀양: 저동(老)		울주: 천부(少)		영덕: 태하(少)		노년층		소년층		정착	
ㅡ	거들-	o		o		x		o		o		o		o		o	
	게으르-	w		w		x		w		o		o		o		o	
	긋-	o		o		o		o		o		o		o		o	
	끄-	o		o		o		o		o		o		o		o	
	다듬-	o		o		o		o		o		o		o		o	
	담그-	o	10/10	w	8/8	x	8/11	w	9/9	w	7/9	w	10/10	x	9/11	w	9/10
	듣-	o		o		o		o		o		o		o		o	
	들-	o		o		o		o		x		o		o		o	
	모르-	o		o		o		o		w		o		o		o	
	잠그-	o		w		o		o		x		o		x		x	
	흐르-	o		o		o		o		o		o		o		o	
ㅓ	걷-	o		o		o		o		o		o		o		o	
	더럽-	x		o		x		o		o		o		o		o	
	먹-	o		w		w		o		o		w		o		w	
	무섭-	o		w		x		x		o		o		o		o	
	부끄럽-	o	7/8	o	5/5	x	3/7	o	7/8	w	7/7	o	8/8	o	9/9	o	8/8
	부드럽-	o		o		x		o		o		o		o		o	
	엎-	w		w		w		w		w		o		o		o	
	없-	o		w		o		o		o		o		o		o	
	젊-	o		o		o		o		o		o		o		o	
ㅏ	감-	o		w		x		o		x		x		o		x	
	낫-	o		x		x		o		o		x		o		x	
	낳-	w		w		w		w		w		o		o		o	
	맑-	x		x		o		o		x		o		o		o	
	밟-	o		x		x		o		x		x		o		x	
	살-	o	6/10	x	2/9	o	3/9	o	8/9	x	5/10	o	5/12	o	11/12	o	4/12
	삶-	x		x		o		o		o		o		o		o	
	아름답-	x		o		x		x		o		o		x		x	
	앉-	o		x		w		w		o		x		o		x	
	알-	x		x		x		o		x		x		o		x	
	얇-	w		w		w		w		w		x		o		x	
	잡-	o		o		x		o		o		x		o		x	

항목	지역 / 어사	경주: 천부(老)		명주: 태하(老)		밀양: 저동(老)		울주: 천부(少)		영덕: 태하(少)		노년층		소년층		정착	
ㅜ	가꾸-	o		x		o		x		x		o		o		●	
	가두-	o		x		o		o		x		o		x		x	
	감추-	w		w		w		w		w		o		x		x	
	굶-	w		w		w		w		w		o		o		o	
	꾸(夢)-	o		w		w		x		o		x		o		x	
	(장기) 두-	o		w		o		o		w		o		o		o	
	드물-	x		o		x		o		o		o		o		o	
	때우-	w		w		w		w		w		o		x		x	
	띄우-	o		x		o		x		o		o		o		●	
	묻(問)-	o		o		o		o		o		o		o		o	
	물-	o	12/15	o	7/13	o	10/11	o	10/15	o	12/15	o	18/20	o	13/20	o	11/20
	바꾸-	o		x		o		o		x		o		x		x	
	배우-	o		x		o		o		o		o		x		x	
	붓-	w		w		w		w		w		w		w		w	
	싸우-	o		x		o		x		o		o		x		x	
	쑤-	x		o		w		w		o		x		o		x	
	어둡-	w		w		w		o		o		o		o		o	
	주-	x		o		w		o		o		o		o		o	
	추-	o		o		w		x		o		o		o		o	
	태우-	w		w		w		w		w		o		x		x	
	훑-	o		o		o		o		o		o		o		o	
ㅗ	고-(엿)	o		o		o		o		o		o		o		o	
	놓-	o		o		o		o		o		o		o		o	
	돕(助)-	o		o		o		o		o		o		o		o	
	보-	o	7/7	o	7/7	o	6/7	o	7/7	o	7/7	o	6/7	o	7/7	o	6/7
	오-	o		o		o		o		o		o		o		o	
	좋-	o		o		o		o		o		o		o		o	
	쪼-	o		o		x		o		o		x		o		x	
유지 혹은 정착 비율(%)		5.69/7 (81.3)		5.76/7 (82.3)		4.34/7 (62)		5.43/7 (77.6)		5.58/7 (79.7)		5.64/7 (80.6)		6.38/7 (91.1)		5.11/7 (73)	

7. 움라우트

선행 음절의 후설모음이 후행음절의 i에 역행동화되어 그것이 전설모음으로 바뀌는 현상을 움라우트라고 한다. 여기서는 [부록]의 '움라우트'편에 제시된 '금, 흠, 틈, 틈틈이, 이름, 떡, 성(姓), 시루떡, 섬(石), 풀섬, 섬(島), 넉넉히, …… ' 등의 95개 어사를 중심으로 원적지 방언형과 그에 대응되는 울릉도 방언형을 비교한 다음 울릉도 방언형의 정착 여부를 살펴보기로 한다.

(1) 원적지 방언과의 비교

① 천부(老)에서는 kirinda, wíginda, čirí : nda/čÉrinda, p'Ék'ida(使), mÉk'in-da, sÉgira, swÉginda, čEp^{h}í : tt'a(被), tirinda에서처럼 동사의 어간 형태소 내부 및 동사 어간에 사동(피동)접사가 결합될 때 움라우트가 실현되는데, 이에 대응되는 경주에서도 이들이 모두 움라우트 되어 서로 일치함을 볼 수 있다. 다만, 경주에서 발견되지 않는 tirinda가 천부(老)에서 발견되는데, 이에 대한 경주의 방언형이 tilla : t'a로 조사되어 있어 정확한 비교가 어렵다. 반면, 경주방언에서는 t'ik'ÉEt'a, nyírida, č'Ek'ÉE, tík'i 등도 움라우트 된 형태로 실현되어 양자 사이에는 차이가 있다.

그런데 천부(老)에서는 명사 다음에 주격조사 i가 결합될 때와, 어근에 명사성 및 부사성 접미사 i가 결합될 때는 움라우트 된 예가 전혀 나타나지 않으나, 경주에서는 t^{h}Ǝm-i/t^{h}im-i, čE : ŋ-i, o : gá^{ŋ}-i/o : gÉ^{ŋ}-i, áp^{h}-i/Ép^{h}i, so : g-i/sE : g-i, mEm-i, o : mmEm-i, mEÉmi#/maámi#, paŋbÉ^{ŋ}i, č'akč'Égi, waŋwÉ^{ŋ}i, sƎmsyími, č^{h}ukč^{h}ígi, t'uŋt'í^{ŋ}i에서처럼 움라우트 된 예들이 다수 나타난다. 이러한 사실은 천부(老)의 경우에는 명사에 주격조사가 결합될 때, 어근에 명사성 및 부사성 접미사가 결합될 때, 동사의 어간 형태소 내부 및 동사 어간에 사동(피동)접사가 결합될 때 움라우트가 축소되는 방향으로 언어가 변화되어 가고 있음을 의미하는 듯하다.

여타의 어사들 가운데 '금, 흠, 틈틈이, 이름, 떡, ……' 등 55개 어사는 경주와 천부(老)에서 다 같이 움라우트 되지 않아 상호간에 차이가 없다. 그리고 '풀섬, 넉넉히, 섶, 풀섶, 짬짬이, 똑똑히, 곰곰히, 뜯기다, 접히다, 묵히다, 노려, 일어서기, 붙잡기' 등은, 어사 자체가 실현되지 않거나 다른 어사들로 대체되어 움라우트의 환경을 제공하지 못하는 예들로서, 원적지 방언형과의 비교가 불가능하다.

② 태하(老)에서는 tirinda, p'Ék'i/p'Ek'É : tt'a, čÉrida, síŋginda, sÉginda, čEp^{h}É : tt'a(被)/čÉp^{h}itt'a(使), mÉk'Ett'a, mík^{h}inda, sóginda/swÉginda, kirinda 등의 어사가 움라우트 되었는데, 명주에서도 끝의 kirinda를 제외하고는 전부 움라우트 되었다(sadirínda, pek'inḍa, čerida, seŋginda, sɛginda, čɛp^{h}inda, mɛ́k'igu, mú^{y}gyəra,[48] sö́ginda). 그러나 명주에서는 이외에도 *č^{h}ǘgiǰa/*č^{h}ugiya, nöp^{h}iyanda, tɛrinda, kúŋgyəra/kǘŋgyəra, ep^{h}í : nda/əp^{h}í : nda 등에서 움라우트 된 예들이 더 발견되고, 또 명사에 주격조사 i가 결합된 경우와 명사성 및 부사성 접미사 i가 결합된 경우에도 움라우트 된 예들(syirɨ́t'ə^{y}g-i, ku^{y}g-i, nəŋnék^{h}i#, č'akč'Égi-da, t'uŋt'üŋi, t'okt'ögi#)이 발견되는데, 태하(老)에서는 t'uŋt'í^{ŋ}i 한 어사에서 움라우트 된 예가 발견될 뿐 양자 사이에는 상당한 차이가 있다.

이로 볼 때, 태하(老)에서도 움라우트에 있어서 원적지 방언형과 일치되는 예를 가지기는 하나 주격조사가 결합되는 경우, 명사성 및 부사성 접미사 i가 결합되는 경우, 동사 어간 형태소 내부나 사동(피동)접미사가 결합되는 경우 등에서 움라우트가 축소되는 방향으로 언어의 변화가 진행되는 듯하다.

여타의 어사들 가운데 '금, 흠, 틈, 이름, 떡, ……' 등 56개 어사는 명주와

---

48) mú^{y}gyəra는 선행음절 모음이 움라우트 되었다기보다는 y역행동화에 의해 y가 첨가된 것으로 보아야 할 것이다. 이것은, 통시적으로 볼 때, 움라우트의 선행 단계로 해석되는데, 여기서는 움라우트 된 경우와 동일하게 다루었다. y역행동화 및 y순행동화에 대해서는 오종갑(1988 : 177-203)을 참고하기 바람.

태하(老)에서 다 같이 움라우트 되지 않으므로 상호간에 차이가 없다. 그런데 '틈틈이, 섬(石), 풀섬, 풀섶, 짬, 짬짬이, 왕왕이, 씀씀이, 축축히, 똑똑히, 뜯기다, 느리다, 접히다, 꺾이다, 사귄다, 녹이다, 들볶인다, 노려, 일어서기' 등은, 어사 자체가 실현되지 않거나 다른 어사들로 대체되어 움라우트의 환경을 제공하지 못하는 경우로서, 원적지 방언과의 비교가 불가능하다.

③ 저동(老)에서는 명사에 주격조사 i가 결합되는 경우에는 움라우트 된 예가 발견되지 않으나 명사성 접미사 i가 결합된 경우에는 č'akč'Égi, t'uŋt'í^{ŋ}i에서 보는 것처럼 움라우트 된 예가 발견된다. 그리고 동사 어간 형태소 내부(kirinda, čÉrinda/čÉrƎpt'a, tÉrinda, wíginda)와 동사 어간에 사동(피동)접미사가 결합되는 경우(p'Ék'inda, čÉp^{h}it'a(使)/čap^{h}í ː t'a(被), mÉk'inda, sÉginda, mík^{h}inda, sóginda/swÉginda)에도 움라우트 된 예들이 발견된다. 그런데 저동(老)의 원적지인 밀양 방언에서도 이들 어사는 전부 움라우트 된 형태로 실현되어 서로 일치된다.

그러나 밀양에서는 이밖에도 명사에 주격조사 i가 결합된 경우(írim-í, čEŋ-í, pÉŋ-i, ánp'Éŋ-i, pEb-i, s'álbÉb-i, wÉŋ-i, kwEŋ-í, ogwÉŋ-i, Ép^{h}-i, tá ː m-i/tÉ ː m-i, mE ː m-i), 부사성 접미사 i가 결합된 경우(paŋbÉŋi, waŋwÉŋi), 동사의 어간 형태소 내부(tírínda, sÉginda(交)), 그리고 사동(피동)접미사가 결합된 경우(t'ík'inda, čEp^{h}índa(被), k'Ek'índa(被), kúŋginda/kwíŋginda)에 움라우트 된 어사들이 다수 발견된다.

이로 볼 때, 저동(老)에서도 움라우트에 있어서 원적지 방언형과 일치되는 예를 가지기는 하나 주격조사가 결합되는 경우와 부사성 접미사 i가 결합되는 경우에는 움라우트 되지 않는 방향으로 변화를 일으키고 있으며, 동사 어간 형태소 내부나 사동(피동)접미사가 결합되는 경우에도 움라우트가 축소되는 방향으로 언어의 변화가 진행되는 듯하다.

여타의 어사들 가운데 '금, 흠, 틈, 떡, 성(姓), ……' 등 45개 어사는 저동(老)나 밀양에서 다 같이 움라우트 되지 않는 형태로 실현되어 차이가 없다.

그런데 '틈틈이, 풀섬, 넉넉히, 풀섶, 짬, 짬짬이, 왕왕이, 씀씀이, 뜯기다, 들이다, 사귄다, 우긴다, 축인다, 녹이다, 들볶인다, 쫓겨, 노려' 등은, 저동(老)와 밀양 두 지역 모두에서 혹은 어느 한 지역에서 어사 자체가 실현되지 않거나, 다른 어사들로 대체되어 움라우트의 환경을 제공하지 못하는 경우로서, 원적지 방언형과의 비교가 불가능하다.

④ 천부(少)에서는 čÉrida, čÉp^{h}ida(使)의 두 어사에서 움라우트가 실현되고, 'pógi/pEgi sylt^{h}a'에서는 임의적으로 움라우트가 실현된다. 그런데 이에 대응되는 울주 방언에서도 čÉrida와 'pógi/pEgi sylt^{h}a'가 움라우트 되어 양자 사이에 차이가 없다. 더욱이 후자에서 임의적으로 움라우트 되는 점까지 일치한다.

'잡히다'의 경우는 사동형에 대한 울주의 방언형이 『한국방언자료집』에 실려 있지 않아 비교가 불가능하다. 그런데 『한국방언자료집』에 실린 피동형이 움라우트 된 형태(čEp^{h}ít'a)로 실현되는 점으로 보아 이의 사동형도 움라우트 될 것으로 추정된다. 그러면 천부(少)에서 움라우트 된 어사는 원적지 방언형이 그대로 유지되고 있는 것으로 보아도 무리는 없을 것으로 생각된다.

그러나 울주에서는 이들 이외에도 명사에 주격조사 i가 결합된 경우(írim-i, sEŋ-í, čEŋ-í, pÉŋ-i, ánp'Éŋ-i, pEb-i, s'álbÉb-i, č'Em-i, wÉŋ-i, ogwÉŋ-i, Ép^{h}-i, s'ógi/s'Égi, pog-i/pEg-i, mom-i/mEm-i, onmomi/onmEmi), 명사성 접미사 i가 결합된 경우(č'akč'Égi, t'uŋt'í^{ŋ}i), 부사성 접미사 i가 결합된 경우(paŋbÉŋi, waŋwÉŋi), 동사 어간 형태소 내부(tírínda, kirinda, čÉrinda)와 동사 어간에 사동(피동)접미사가 결합되는 경우(t'ík'inda, p'Ék'inda, čEp^{h}ít'a(피), mÉk'it'a, k'Ek'índa(被), mík^{h}it'a, s'Égit'a(欺), p'Ep^{h}í : t'a), 그리고 명사형어미 ki가 결합된 경우(pógi/pÉgi) 등에서 움라우트 된 예가 다수 발견됨을 고려할 때, 천부(少)에서는 가능한 한 움라우트 되지 않는 방향으로 언어가 변화되어 가는 것으로 추정된다.

여타의 어사들 가운데 '금, 흠, 틈, 틈틈이, 떡, ……' 등 50개의 어사는 천부(少)와 울주에서 다 같이 움라우트 되지 않는 점에서 서로 일치한다. 그리고 '시루떡, 풀섬, 섶, 풀섶, 짬짬이, 씀씀이, 잡히다(使), 사귄다, 삭인다, 우긴다, 축인다, 녹이다, 들볶인다, 노려, 푸기' 등은, 천부(少)와 울주 두 지역 모두에서 혹은 어느 한 지역에서 어사 자체가 실현되지 않거나, 다른 어사들로 대체되어 움라우트의 환경을 제공하지 못하는 경우로서, 원적지 방언형과의 비교가 불가능하다.

⑤ 태하(少)의 경우에는 천부(少)의 경우와 마찬가지로 움라우트 되는 어사가 극히 제한되어 있는데, č'akč'Égi와 t'uŋt'Éŋi 두 어사에서만 움라우트 된다. 후자의 t'uŋt'Éŋi는 t'uŋt'úŋi가 움라우트 되어 t'uŋt'wíŋi[49]가 된 다음 w 탈락에 의해 다시 t'uŋt'íŋi가 되고, 이것이 다시 과도교정에 의해 t'uŋt'éŋi가 된 다음 다시 e>E 변화로 t'uŋt'Éŋi가 된 것으로 해석된다. 그런데 전자의 č'akč'Égi는 원적지 방언에서도 동일하게 실현되는 것으로 보아 이 경우는 원적지 방언형이 그대로 유지되는 것으로 판단되나, t'uŋt'Éŋi의 경우는 『한국방언자료집』에 해당 어형이 나타나지 않아 비교가 불가능하다.

영덕에서는 이들 어사 이외에도 다수의 어사가 움라우트 되고 있는데, t^{h}Ǝm-i/t^{h}im-i, ča^{ŋ} : -i/čE^{ŋ} : -i, páŋ-i/pÉ^{ŋ}-i, anp'á^{ŋ}-ira/anp'É^{ŋ}-ira, pab-i/pEb-i, salbEb-i, áp^{h}-i/Ép^{h}-i, su : m-i/s^{w}i : m-i, kot^{h}í^{ŋ}-i, mEÉmi#, t^{h}Ǝmt^{h}ími, paŋbÉ^{ŋ}i, č'ač'Égi, waŋwÉ^{ŋ}i, č^{h}ukč^{h}ígi, kirinda, p'Ék'inda(使), p'ik'ÉEnda(被), čÉrida, čÉpp^{h}it'a(使), mÉk'inda, sÉginda, č^{h}úginda/č^{h}íginda, č'ok'íi/č'Ek'íi, tík'i, sÉk'i/sók'i, pígi, pígi syilt^{h}a 등이 그것이다. 이로 볼 때 태하(少)에서도 가능한 한 움라우트 되지 않는 방향으로 언어가 바뀌어 가는 것으로 추정된다.

여타의 어사들 가운데 '금, 흠, 이름, 떡, 성(姓), ……' 등 50개의 어사는 태하(少)와 영덕에서 다 같이 움라우트 되지 않는 점에서 서로 일치한다. 그

---

49) 단모음 ü가 존재하지 않기 때문에 이중모음 wi로 실현된 것임.

리고 '섬(石), 풀섬, 넉넉히, 섶, 풀섶, 방방이, 짬짬이, 왕왕이, 씀씀이, 뚱뚱이, 똑똑히, 곰곰히, 뜯기다, 들이다, 굽히다, 묵히다, 들볶인다, 노려' 등은, 태하(少)와 영덕 두 지역 모두에서 혹은 어느 한 지역에서 어사 자체가 실현되지 않거나, 다른 어사들로 대체되어 움라우트의 환경을 제공하지 못하는 경우로서, 원적지 방언형과의 비교가 불가능하다.

(2) 방언형의 정착

지금까지 울릉도 제보자들의 방언형과 그에 대응되는 원적지 방언형을 비교해 보았다. 그 과정에서 울릉도에서는 노소 구별 없이 움라우트가 축소되는 방향으로 언어가 변화되어 가고 있음을 볼 수 있었다. 특히 소년층의 경우에는 두세 개의 어사를 제외하고는 거의 움라우트를 외면하고 있었다. 다음에서는 노년층은 노년층대로, 소년층은 소년층대로 그들의 언어를 비교해 보고, 다시 노소년층의 언어를 비교해 봄으로써 움라우트와 관련하여 울릉도 방언형의 정착 여부 및 세대 간의 차이를 살펴보기로 한다.

노년층의 경우에는 '잡히다(使), 삭인다, 저리다, 벗기다, 맡기다, 그린다' 등의 어사가 움라우트 된 형태로 정착이 이루어졌으며, 여타의 어사들은 노년층 상호간에 차이를 보이거나, 움라우트 여부에 대한 비교가 불가능한 어사들을 제외하고는 전부 움라우트 되지 않는 형태로 정착이 이루어졌다.

그러나 소년층의 경우에는 움라우트 된 형태로 정착된 어사는 한 개도 발견되지 않으며, 소년층 역시 상호간에 차이를 보이거나 움라우트 여부에 대한 비교가 불가능한 어사들을 제외하고는, 전부 움라우트 되지 않는 형태로 방언형의 정착이 이루어졌다고 할 수 있다. 그러므로 울릉도 방언 전체로 볼 때는 움라우트 된 형태로 방언형의 정착이 이루어진 어사는 한 개도 없다고 할 수 있다.

그런데 노년층에서 움라우트 된 앞의 6개 어사 가운데, 소년층에서 움라우트 여부에 차이를 보이거나 비교가 불가능한 '잡히다, 삭인다, 저리다'의 세 어사를 제외한, 나머지 세 어사 '벗기다, 맡기다, 그린다'는 소년층에서 움라우트 되지 않는 형태로 정착되었다. 그러므로 이 경우의 노소간의 차이는 세대별 차이로 해석할 수 있다.

'틈틈이, 시루떡, 섬(石), 풀섬, 넉넉히, 섶, 풀섶, 짬, 짬짬이, 왕왕이, 방방이, 삭인다, 씀씀이, 축축히, 똑똑히, 뜯기다, 들이다, 접히다, 느리다, 꺾이다, 사귄다, 굽히다, 우긴다, 묵힌다, 녹인다, 들뿍인다, 노려, 일어서기' 등의 어사는 제보자들의 일부 혹은 전부에 의해 그 어사가 사용되지 않거나, 동화주가 되는 i(y)모음이 다른 모음으로 바뀌거나, 혹은 다른 어사로 대체되어 움라우트 여부에 대한 비교가 불가능하다.

지금까지 울릉도 제보자들의 언어와 그들의 원적지방언을 비교하고, 또 제보자들의 언어를 서로 비교함으로써 움라우트가 울릉도 방언에서 어느 정도로 정착되어 가고 있는지 살펴보았다. 거기에서 얻어진 결과를 하나의 표로 나타내면 다음의 [표 XI]과 같다.

〔표 XI〕 움라우트의 정착

항목	어사 \ 지역	경주: 천부(老)		명주: 태하(老)		밀양: 저동(老)		울주: 천부(少)		영덕: 태하(少)		노년층		소년층		정착	
ㅡ	흠	o		o		o		o		o		o		o		o	
	틈	x		o		o		o		x		o		o		o	
	마음	x		o		x		o		x		o		o		o	
	이름	o		o		x		x		o		o		o		o	
	다음	o	8/12	o	10/11	x	8/11	o	10/14	o	7/12	o	10/10	o	14/14	o	10/10
	금	o		o		o		o		o		o		o		o	
	틈틈이	o		w		w		o		x		w		o		w	
	씀씀이	x		w		w		w		w		w		o		w	
	느리다	w		w		o		o		o		w		o		w	
	흐렸다	o		o		o		o		o		o		o		o	

항목	지역 / 어사	경주 : 천부(老)		명주 : 태하(老)		밀양 : 저동(老)		울주 : 천부(少)		영덕 : 태하(少)		노년층		소년층		정착	
ㅡ	그린다	o		x		o		x		x		o		o		●	
	(사)들이다	w		o		w		x		w		w		o		w	
	뜯기다	w		w		w		x		w		w		w		w	
	크기도(크다)	o		o		o		o		o		o		o		o	
	듣기(싫다)/듣기(거북하다)	x		o		o		o		x		o		o		o	
ㅓ	풀섶	w		w		w		w		w		w		w		w	
	떡	o		o		o		o		o		o		o		o	
	성(姓)	o		o		o		x		o		o		o		o	
	시루떡	o		x		o		w		o		o		w		w	
	섬(石)	o		w		o		o		w		w		w		w	
	풀섬	w		w		w		w		w		w		w		w	
	섬(島)	o		o		o		o		o		o		o		o	
	섶	w		o		o		w		w		w		w		w	
	넉넉히	w	11/11	x	8/11	w	14/14	o	11/13	w	10/12	w	8/9	o	11/12	w	6/8
	벗기다	o		o		o		x		x		o		o		●	
	꺾이다	o		w		o		o		o		w		o		w	
	업힌다	o		x		o		o		o		o		o		o	
	접히다	w		w		o		o		o		w		o		w	
	섬긴다	o		o		o		o		o		x		o		x	
	저리다	o		o		o		o		x		o		x		x	
	일어서기	w		w		o		o		o		w		o		w	
	벗기	o		o		o		o		o		o		o		o	
ㅏ	쌀밥	o		o		x		x		x		o		o		o	
	장(醬)	x		o		x		x		x		o		o		o	
	방(房)	o		o		x		x		x		o		o		o	
	안방	o		o		x		x		x		o		o		o	
	짬	o	14/21	w	16/18	w	7/19	x	5/19	o	10/19	w	16/19	o	18/20	w	13/17
	밥	o		o		x		x		x		o		o		o	
	앞	x		o		x		x		x		o		o		o	
	오광(五光)	x		o		x		x		o		o		o		o	
	왕(王)	o		o		x		x		o		o		o		o	
	광(光, 화투)	o		o		x		o		o		o		o		o	

항목	지역 / 어사	경주: 천부(老)		명주: 태하(老)		밀양: 저동(老)		울주: 천부(少)		영덕: 태하(少)		노년층		소년층		정착	
ㅏ	방방이	x		o		x		x		w		o		w		w	
	왕왕이	x		w		w		o		w		w		w		w	
	짝짝이	x		x		o		x		o		x		x		x	
	짬짬이	w		w		w		w		w		w		o		w	
	다린다	o		x		o		o		o		x		o		x	
	사권다	w		w		w		w		o		w		o		w	
	잡히다(使)	o		w		o		w		x		o		x		x	
	잡히다(被)	o		o		x		x		w		x		o		x	
	깎이다	o		o		x		x		o		o		o		o	
	맡기다	o		o		o		x		x		o		o		●	
	삭인다	o		o		o		w		x		o		w		w	
	붙잡기(싫다)	w		o		o		o		o		o		o		o	
	가기(싫다)	o		o		o		o		o		o		o		o	
ㅜ	국	o		x		o		o		o		o		o		o	
	떡국	o		o		o		o		o		o		o		o	
	동풍(東風)	o		o		o		o		o		o		o		o	
	숲	o		o		o		o		o		o		o		o	
	숨	o		o		o		o		x		o		o		o	
	중(僧)	o		o		o		o		o		o		o		o	
	뚱뚱이	x		o		o		x		w		x		x		x	
	축축히	x		w		o		o		x		w		o		w	
	우긴다	o	14/16	o	13/16	w	13/15	w	13/15	o	11/14	x	12/14	o	15/16	x	12/14
	축인다	o		x		w		w		x		o		o		o	
	굽히다	o		o		o		o		w		w		o		w	
	굶기다	o		x		x		o		o		o		o		o	
	묵히다	w		o		x		x		w		w		w		w	
	묶였다	o		o		o		o		o		o		o		o	
	굶기도	o		o		o		o		o		o		o		o	
	푸기	o		o		o		o		o		o		o		o	
	죽기	o		o		o		o		o		o		o		o	
ㅗ	몸	x		o		o		x		o		o		o		o	
	복(福)	o	16/20	o	17/19	o	19/19	x	13/20	o	14/19	o	18/19	o	20/21	o	17/19
	의복(衣服)	o		o		o		o		o		o		o		o	

항목	지역 / 어사	경주 : 천부(老)	명주 : 태하(老)	밀양 : 저동(老)	울주 : 천부(少)	영덕 : 태하(少)	노년층	소년층	정착
ㅗ	곰(熊)	o	o	o	o	o	o	o	o
	교통(交通)	o	o	o	o	x	o	o	o
	온몸	x	o	o	x	o	o	o	o
	속	x	o	o	x	o	o	o	o
	콩	o	o	o	o	o	o	o	o
	용(龍)	o	o	o	o	o	o	o	o
	똑똑히	w	w	o	o	w	w	o	w
	곰곰히	w	o	o	o	w	o	o	o
	노려	w	w	w	w	w	w	w	w
	쫓겨	x	o	w	o	x	o	o	o
	높혀라	o	x	o	o	o	o	o	o
	들볶인다	o	w	w	w	w	w	o	w
	속이다	o	x	o	x	o	x	o	x
	녹이다	o	w	w	w	o	w	w	w
	뽑히다	o	o	o	x	o	o	o	o
	볶이다	o	o	o	o	o	o	o	o
	보기 싫다	o	o	o	o	x	o	x	x
	오기(싫다)	o	o	o	o	o	o	o	o
	속기(쉽다)	o	o	o	o	x	o	o	o
	보기(싫다)	o	o	o	x	x	o	o	o
유지 혹은 정착 비율(%)		4.01/5 (80.2)	4.23/5 (84.6)	3.96/5 (79.2)	3.34/5 (66.8)	3.47/5 (69.4)	4.54/5 (90.8)	4.71/5 (94.2)	4.27/5 (85.4)

8. 외래어

다른 한자와 결합되어 한자어를 형성할 때, '年, 女, 曜, 禮, 料, 流'의 頭音과, 중국어 및 서구어계의 語音 l, r, b, g 등이 울릉도 방언에서 어떻게 정착되어 가고 있는지를 '一年, 二年, 三年, 六年, 一學年, 二學年, 六學年, 五・六學年, 女子, 子女, 孫女, 禮儀, 婚禮, 料理, 肥料, 流水, 下流, 上流, 月曜日, 火曜日, 리어카, 라디오, 라면, 룩작, 버스, 빽(쓴다), 빠꾸, 껌, 가스' 등의 29 개 어

사를 중심으로 살펴보기로 하되, 한자어의 경우는 頭音의 종류에 따라 '年, 女', '禮, 料, 流', '曜'로 구분하고, l, r, b, g는 묶어서 다루기로 한다.

(1) 원적지 방언과의 비교

<1> 年, 女

'年, 女'의 頭音이 원적지 방언과 그에 대응되는 울릉도 방언에서 어떻게 실현되는지 '一年, 二年, 三年, 六年, 一學年, 二學年, 六學年, 五·六學年, 女子, 子女, 孫女' 등 11개 어사를 중심으로 비교해 보기로 한다.

① 경주 : 천부(老)의 경우 전자에서는 '一年'에 쓰인 '年'의 두음이 유음화되어 illyƎn처럼 실현되고, '女子'와 '孫女'의 '女'는 어두 위치나 선행음절 말자음이 n인 한자의 뒤에 사용된 경우로서, 이 경우에는 '女'의 두음 n가 탈락되어 yƎ : ǰa와 sónyƎ처럼 실현된다. 그러나 여타의 환경에서는 그것이 탈락되지 않는다.

이에 비해, 후자에서는 전자의 경우와 동일한 환경에서 n가 탈락되는 것은 물론이고, 선행음절 말자음이 k인 경우에도 n가 탈락된다. 이 경우에는 k가 후행의 n에 동화되어 ŋ으로 바뀌자 동일한 비자음의 연결을 꺼려 후행의 n가 탈락된 것이다. 그러므로 원적지인 경주보다 n탈락규칙의 적용 범위가 비음 ŋ 뒤에까지 확대되었다고 할 수 있다. 그러나 선행음절 말음이 동일한 비음이라도 m인 경우는 samnyƎ́n에서 보는 것처럼 그것이 탈락되지 않는다.

② 명주 : 태하(老)의 경우 전자에서는 '一年'의 경우는 illyə́n에서 보는 것처럼 '年'의 두음 n가 유음화되고, 어두 위치에서는 '女子(yəǰa)'에서처럼 n가 탈락되며, 여타의 환경에서는 아무런 변화도 없다. 이에 비해, 후자에서는 '子女'의 경우만 아무런 변화를 경험하지 않고, 여타의 경우는 전부 변화를

경험하는데, '一年'의 경우는 전자의 경우와 동일하게 유음화되고, 나머지 어사들에서는 두음 n가 탈락된다.

이것은 원적지 방언에서 어두 위치에서만 n가 탈락되던 것이 태하(老)에서는 어두뿐만 아니라 선행음절의 말자음이 비음(n, m, ŋ)인 경우, 심지어는 '二年(i : yƎn)'에서 보는 것처럼 모음 뒤에까지 n탈락규칙의 적용 범위가 확대되었음을 의미한다.

③ 밀양 : 저동(老)의 경우 전자에서는 '一年'의 경우는 illyƎn처럼 유음화되고, '女子(yƎja)'의 경우는 어두 위치에서 n가 탈락된다. '孫女'의 경우는 '손녀'가 이화작용에 의해 '솔녀'로 바뀐 다음 이것이 다시 유음화되어 '솔려(sóllyƎ)'로 실현된다. 그러나 여타의 어사들은 아무런 변화도 경험하지 않는다.

이에 비해, 후자에서는 '一年, 女子'의 경우는 전자의 경우와 동일하고, '子女'의 경우는 다 같이 아무런 변화를 경험하지 않는 점에서 서로 일치한다. 그러나 '孫女'의 경우는 n가 탈락된 형태(sónyƎ)로 실현되어 차이가 있으며, 나머지 어사들도 후자에서는 전부 두음 n가 탈락되어 전자와는 차이가 있다.

④ 울주 : 천부(少)의 경우 울주에서는 '一年'의 경우는 illyƎn처럼 유음화되고, '二年(iyƎn), 女子(yƎja)'의 경우는 n가 탈락된다. 그런데 '女子'의 경우에 n가 탈락된 것은 두음법칙 때문이고, '二年'에서 n가 탈락된 것은, 동일한 모음 간 환경인데도 子女의 경우에는 그것이 탈락되지 않는 점으로 보아, i—y의 환경 때문인 것으로 보인다. 즉, 구개성을 지닌 두 음 사이에서 n가 구개음으로 약화된 다음 다시 탈락된 것이다. '孫女'의 경우는 '손녀'가 이화작용에 의해 '솔녀'로 바뀐 다음 이것이 다시 유음화되어 '솔려(sóllyƎ)'로 실현된다. 그러나 여타의 어사에서는 n가 그대로 실현된다.

이에 비해, 천부(少)에서는 i : nyƎn, samnyƎn, yuŋnyƎn의 경우에는 n가 실현되나 ilɦaŋyƎn, i : ɦaŋyƎn, yukkʰaŋyƎn, o : ryukkʰaŋyƎn 등의 경우에는 n

가 탈락되어 원적지 방언과의 사이에 차이가 있으며, '孫女'의 경우도 후자에서는 아무런 변화를 경험하지 않아 전자의 경우와는 차이가 있다.

그런데 ilɦaŋyƎn, i : ɦaŋyƎn, yukkʰaŋyƎn, o : ryukkʰaŋyƎn 등에서 n가 탈락되는 것은, 앞의 천부(老)에서 본 바와 같이 선행음절 말음이 모두 k인 경우로서, k가 후행의 n에 동화되어 ŋ으로 바뀌자 동일한 비자음의 연결을 꺼려하기 때문이다. 그러나 천부(少)에서는 yuŋnyƎn의 경우에는 선행자음이 k인데도 동화작용만 일어날 뿐 n는 그대로 실현되고 있으므로, n탈락규칙은 천부(老)의 경우와는 다소 차이가 있다.

⑤ 영덕 : 태하(少)의 경우 영덕에서는 '一年(illyƎn)'의 경우는 유음화되고, '一學年(ilɦaŋyƎn)', '女子(yƎja)'의 경우는 n가 탈락된다. '孫女'의 경우는 '손녀'가 이화작용에 의해 '솔녀'로 바뀐 다음 이것이 다시 유음화되어 '솔려(sóllyƎ)'로 실현된다. 그런데 '一學年'의 경우와 동일한 환경인데도 i : ɦaŋnyƎn, yukʰaŋnyƎn, o : rukʰaŋnyƎn, yuŋnyƎn 등에서는 n가 탈락되지 않는 점으로 보아, 영덕에서는 ŋ 뒤에서의 n 탈락이 시작 단계에 있는 것으로 판단된다. 이에 비해, 태하(少)에서는 '一年(illyƎn)'의 경우는 유음화되어 영덕과 차이가 없으나, 어두나 선행음절 말자음이 비음(n, m, ŋ)인 경우에는 모두 n가 탈락되어 영덕과는 차이가 있다.

〈2〉 禮, 料, 流

'禮, 料, 流'의 頭音 r가 원적지 방언과 그에 대응되는 울릉도 방언에서 어떻게 실현되는지 '禮儀, 婚禮, 料理, 肥料, 流水, 下流, 上流' 등의 7개 어사를 중심으로 비교해 보기로 한다.

① 경주 : 천부(老)에서는 '禮, 料, 流'의 두음 r는 어두에서는 그것이 탈락되고, 모음 사이에서는 그대로 유지되며, 선행음절 말음이 n일 때는 그것을 유음화시킨 다음 다시 설측음화 되어 l로 실현되는데, 이 세 경우는 경주와

천부(老)의 경우가 동일하다. 다만, 경주에서는 '上流(sa : ŋnyu)'에서 보는 것처럼 ŋ 다음에서 r가 비음화 되어 n로 바뀌는 데 비해, 천부(老)에서는 sa : ŋyu에서처럼 비음화 된 n가 다시 탈락되어 양자 사이에는 차이가 있다.

② 명주 : 태하(老)의 경우에는 '禮, 料, 流'의 두음 r의 실현 환경이 어두인 경우, 모음 사이인 경우, 선행음절 말음이 n인 경우 등에서는 앞의 ①의 경우와 동일하다. 그러나 '上流(sa : ŋyu)'의 경우는 앞의 ①의 경우와는 달리 두 지역에서 다 같이 n가 탈락된다. 그러므로 명주와 태하(老)는 '禮, 料, 流'의 두음 r의 실현에서 전혀 차이가 없다고 할 수 있다.

③ 밀양 : 저동(老)의 경우도 '禮, 料, 流'의 두음 r의 실현 환경이 어두인 경우, 모음 사이인 경우, 선행음절 말음이 n인 경우 등에서는 앞의 ①의 경우와 동일하다. 그런데 '下流, 上流'의 경우는 밀양에서 그 어사가 실현되지 않아 비교가 불가능하다.

④ 울주 : 천부(少)의 경우는 앞의 ①에서 경주 : 천부(老)의 경우에 보인 현상과 동일하다.

⑤ 영덕 : 태하(少)의 경우도 앞의 ①에서 경주 : 천부(老)의 경우에 보인 현상과 동일하다.

〈3〉 曜

'月曜日'의 '曜'는 경주·영덕 : 천부(老)·태하(少)에서는 wƎllyóil/wƎryóil : wƎryoil로 실현되어, 전자에서는 선행음절 말음 l과 동일한 음이 후행음절의 두음에 첨가되거나 혹은 그대로 연음된다. 이에 비해 후자에서는 선행음절 말음이 후행음절의 두음에 연음된 형태로만 실현되어 양자 간에는 차이가 있다.

밀양 : 저동(老)의 경우는 wƎllyóil : wƎroil에서 보는 것처럼 전자에서는 동자음이 첨가된 형태로 실현되고, 후자에서는 연음된 뒤 다시 y가 탈락된 형

태로 실현되어 양자 사이에는 차이가 있다. 울주 : 천부(少)에서는 밀양 : 저동(老)의 경우와는 반대로 원적지인 울주에서는 y탈락형으로, 천부(少)에서는 연음된 형태로 실현되어 차이가 있다. 그러나 명주 : 태하(老)에서는 다 같이 연음된 형태로만 실현되어 차이가 없다.

'火曜日'의 경우는 경주, 울주, 영덕에서는 hayoil로, 여타 지역에서는 hwayoil로 실현되어 어형 전체로 볼 때는 지역에 따라 차이가 있으나, 여기서 초점으로 삼고 있는 '曜'의 音 실현에서는 아무런 차이가 없다.

〈4〉 l, r, b, g

여기서는 '리어카(일. rear car), 라디오(영. radio), 라면(중. lamien), 룩작(독. Rucksack)', '버스(bus), 빽(back), 빠꾸(back)', '껌(gum), 까스(gas)'의 어두에 사용된 外國語音 r, l, b, g에 대한 원적지 방언형과 울릉도 방언형을 비교해 보기로 한다.

① 경주 : 천부(老)의 경우 '리어카(rear car), 라디오(radio)'의 두음 r는 두 지역에서 다 같이 n로 실현되어 차이가 없으나, '라면(lamien)'의 두음 l은 경주에서는 r로, 천부(老)에서는 n로 실현되어 차이가 있다. 그런데 '룩작(Rucksack)'의 경우 경주에서는 nyik'usák'u에서처럼 그 두음이 n로 실현되나, 천부(老)에서는 어사 자체가 다른 것('배낭')으로 대체되어 비교가 불가능하다.

'버스(bus), 빽(back), 빠꾸(back)'의 頭音 b와 '껌(gum), 까스(gas)'의 頭音 g는 경주와 천부(老)에서 다 같이 경음 p', k'로 실현되어 양자 간에 차이가 없다.

② 명주 : 태하(老)의 경우 전자에서는 nyiyák'a, rаǰío, na : myən, nyik'úsak'u에서 보는 것처럼 '라디오'의 두음 r만 그대로 실현되고 여타의 경우는 n로 바뀌었다. 이에 비해 후자에서는 nyiyák'a, raǰío, ramEn에서 보는 것처럼 '리어카(rear car)'의 경우만 그 두음이 n로 바뀌고, '라디오(radio), 라면(lamien)'의 경우는 두음 r, l이 r로 실현되어 원적지 방언형과 차이가 있다. 그

런데 '룩작'의 경우는 태하(老)에서 어사 자체가 사용되지 않아 비교가 불가능하다.

'버스(bus), 빽(back), 빠꾸(back)'의 頭音 b와 '껌(gum), 까스(gas)'의 頭音 g는 명주와 태하(老)에서 다 같이 경음 p', k'로 실현되어 양자 간에 차이가 없다.

③ 밀양 : 저동(老)의 경우 전자에서는 nyiák'a, radío, namEn, nyik'ǘsak'u에서 보는 것처럼 '라디오'의 경우만 r로 실현되고 여타의 경우는 n로 실현되는 데 비해, 후자에서는 모두 n로 실현되어 원적지 방언형과는 '라디오'의 경우에 차이를 보인다.

'버스(bus), 빠꾸(back)'의 頭音 b와 '껌(gum), 까스(gas)'의 頭音 g는 명주와 태하(老)에서 다 같이 경음 p', k'로 실현되어 양자 사이에 차이가 없다. 그러나 '빽(back)'의 頭音 b는 밀양 : 저동(老)에서 평음 : 경음의 대립을 보인다(pEgi : p'E : k).

④ 울주 : 천부(少)의 경우 전자에서는 nyiák'a, najío, namyEn, nyik'ǘsak'u에서 보는 것처럼 그 두음이 모두 n로 실현된다. 이에 비해 후자에서는 riƎkhƎ, radío, ramyƎn에서 보는 것처럼 그 두음이 모두 r로 실현되어 원적지 방언형과 차이가 있다. 그런데 '룩작'의 경우는 천부(少)에서 어사 자체가 sEk으로 대체되어 비교가 불가능하다.

'버스(bus), 빽(back), 빠꾸(back)'의 頭音 b와 '껌(gum), 까스(gas)'의 頭音 g는 울주와 천부(少)에서 다 같이 경음 p', k'로 실현되어 양자 사이에 차이가 없다.

⑤ 영덕 : 태하(少)의 경우는 '리어카, 라디오, 라면, 룩작'에 해당되는 영덕의 방언형이 『한국방언자료집』에서 누락되어 비교가 불가능하다. 태하(少)의 경우만 보면 riƎkha/nyiyák'a, radío, ra : myƎn에서 보는 것처럼 두음 r가 실현되는 것이 원칙으로 보이나 '리어카'의 경우는 양형이 공존한다. 그리고 '룩작'의 경우는 어사 자체가 사용되지 않는다.

'버스(bus), 빽(back), 빠꾸(back)'의 頭音 b와 '껌(gum), 까스(gas)'의 頭音 g는 영덕과 태하(少)에서 다 같이 경음 p', k'로 실현되어 양자 간에 차이가 없다.

(2) 방언형의 정착

다음에서는 노년층은 노년층대로, 소년층은 소년층대로 그들의 언어를 비교해 보고, 다시 노소년층의 언어를 비교해 봄으로써 울릉도 방언형의 정착 여부 및 세대 간의 차이를 살펴보기로 한다.

먼저 '年, 女'의 두음 n와 관련하여 노년층에서는 '一年, 六年, 一學年, 二學年, 六學年, 五・六學年, 女子, 子女, 孫女' 등의 어사가 동일한 실현형을 보여 방언형이 정착되었고, 소년층의 경우는 '一年, 二年, 一學年, 二學年, 六學年, 五・六學年, 女子, 子女' 등의 어사가 정착되었다. 그리고 노소를 동시에 비교하면, '一年, 一學年, 二學年, 六學年, 五・六學年, 女子, 子女' 등의 어사가 울릉도 방언형으로 정착되었음을 알 수 있다.

정착된 어사들 가운데 '一年'에 쓰인 '年'의 두음 n는 선행음절 말음 r에 동화되어 r로 바뀐 다음 다시 설측음화 되고, '一學年, 二學年, 六學年, 五・六學年'에 쓰인 '年'의 두음 n는 선행음절 말음 k를 ŋ으로 비음화 시킨 다음, 이 비음 뒤에서 자신이 탈락된다. 그리고 '女子'에 쓰인 '女'의 두음 n는 두음법칙에 의해 탈락되고, '子女'에 쓰인 '女'의 두음 n는 아무런 변화도 경험하지 않는다. 이러한 음운변화를 규칙화하면 다음과 같다.

규칙(19) : n → r / r + —

규칙(20) : n → ø / {#, ŋ} + — y

'禮, 料, 流'의 頭音 r와 관련하여 노년층에서는 '禮儀, 婚禮, 料理, 肥料, 流水, 下流, 上流' 등의 어사가 동일한 실현형을 보여 노년층의 방언형으로 정착되었고, 소년층에서도 이들이 모두 소년층의 방언형으로 정착되었다. 그러므로 이들은 전부 울릉도 방언형으로 정착되었다고 할 수 있다.

그런데 이들 가운데 '禮義, 料理, 流水'의 어두음 r는 모두 탈락되고, '上

流'에 쓰인 '流'의 두음 r는 선행음절 말음 ŋ에 동화되어 n가 되나 비음의 연속을 꺼려 이 n가 다시 앞의 규칙(20)의 적용으로 탈락된다. '婚禮'의 경우는 선행음절 말음 n가 후행의 r에 동화되어 r가 된 다음 다시 자음 앞에서 설측음화 되자 '禮'의 두음 r도 이에 동화되어 설측음 l로 실현된다. 그러나 '肥料, 下流'에 쓰인 '料, 流'의 두음 r는 아무런 변화도 경험하지 않는다. 이러한 음운변화를 규칙화하면 다음과 같다.

규칙(21) : $r \rightarrow ø \ / \ \# - y$

규칙(22) : $r \rightarrow n \ / \ ŋ + -$

규칙(23) : $n \rightarrow r \ / \ - + r$

규칙(24) : $r \rightarrow l \ / \ \begin{Bmatrix} - \{\#, C\} \\ l \ - \end{Bmatrix}$

'月曜日, 火曜日'에 쓰인 '曜'는 노년층의 경우에는 '火曜日'만 다 같이 hwayoil로 실현시켜 이 형태가 노년층의 방언형으로 정착되었고, 소년층의 경우에는 '月曜日, 火曜日'을 다 같이 wƎryóil, hwayoil로 실현시켜 이 형태가 소년층의 방언형으로 정착되었다. 그러므로 울릉도 전체로 보면, '火曜日'의 경우만 아무런 변화가 없는 형태로 그 방언형이 정착되었다고 할 수 있다.

외래어음 l, r를 가진 어사들 가운데 울릉도 노년층에서 그 음이 동일하게 실현되어 방언형으로 정착된 어사에는 '리어카'가 있다. 그리고 소년층에서 정착된 어사에는 '라디오, 라면'이 있는데, 전자의 경우는 그 두음이 n로, 후자의 경우는 그 두음이 r로 실현된다. 그런데 노년층은 노년층대로, 소년층은 소년층대로 정착된 어사를 지니고 있어도 울릉도 전체로 볼 때는 서로 차이가 나므로, 울릉도 방언형으로 정착된 어사는 한 개도 없다고 할 수 있다.

외래어음 b, g의 경우는 노소년층에서 다 같이 그 음이 경음 p', k'로 실현되어, 이 형태가 울릉도 방언형으로 정착되었다고 할 수 있다. 이 경우에 적용되는 음운규칙을 보이면 다음과 같다.

규칙(25) : {b, g} → [+glottal] / # —

지금까지 울릉도 제보자들의 언어와 그들의 원적지 방언을 비교하고, 또 제보자들 언어를 서로 비교함으로써 외래어가 울릉도 방언에서 어느 정도로 정착되어 가고 있는지 살펴보았다. 거기에서 얻어진 결과를 하나의 표로 나타내면 다음의 [표 XII]와 같다.

〔표 XII〕 외래어의 정착

항목	지역 / 어사	경주: 천부(老)		명주: 태하(老)		밀양: 저동(老)		울주: 천부(少)		영덕: 태하(少)		노년층		소년층		정착	
ㄴ	年;一年	o		o		o		o		o		o		o		o	
	二年	o		x		x		x		o		x		o		x	
	三年	o		x		x		o		x		x		x		x	
	六年	x	3/16	x	1/16	x	1/16	o	3/16	x	3/16	o	6/16	x	6/16	x	5/16
	一學年	x		x		x		x		o		o		o		o	
	二學年	x		x		x		x		x		o		o		o	
	六學年	x		x		x		x		x		o		o		o	
	五・六學年	x		x		x		x		x		o		o		o	
	女;女子	o		o		o		o		o		o		o		o	
	子女	o	3/6	o	2/6	o	2/6	o	2/6	o	2/6	o	3/6	o	2/6	o	2/6
	孫女	o		x		x		x		x		o		x		x	
ㄹ	禮;禮儀	o	1/3	o	1/3	o	1/3	o	1/3	o	1/3	o	1/3	o	1/3	o	1/3
	婚禮	o		o		o		o		o		o		o		o	
	料;料理	o	1/3	o	1/3	o	1/3	o	1/3	o	1/3	o	1/3	o	1/3	o	1/3
	肥料	o		o		o		o		o		o		o		o	
	流;流水	o		o		o		o		o		o		o		o	
	下流	o	2/9	o	1/3	w	1/3	o	2/9	o	2/9	o	1/3	o	1/3	o	1/3
	上流	x		o		w		x		x		o		o		o	
y	曜;月曜日	x	1/2	o	2/2	x	1/2	x	1/2	x	1/2	x	1/2	o	2/2	x	1/2
	火曜日	o		o		o		o		o		o		o		o	
r	리어카	o	2/3	o	2/3	o	3/4	x	0/3	w	w	o	1/3	x	2/3	x	0/3

항목	지역 어사	경주: 천부(老)		명주: 태하(老)		밀양: 저동(老)		울주: 천부(少)		영덕: 태하(少)		노년층		소년층		정착	
	라디오	o		o		x		x		w		x		o		x	
	라면	x		x		o		x		w		x		o		x	
	룩작	w		w		o		w		w		w		w		w	
	버스	o		o		o		o		o		o		o		o	
b	빽(쓴다)	o	3/3	o	3/3	x	2/3	o	3/3	o	3/3	o	3/3	o	3/3	o	3/3
	빠꾸	o		o		o		o		o		o		o		o	
g	껌	o	2/2	o	2/2	o	2/2	o	2/2	o	2/2	o	2/2	o	2/2	o	2/2
	까스	o		o		o		o		o		o		o		o	
유지 혹은 정착 비율(%)		4.74/6 (79)		5.06/6 (84.3)		4.31/6 (71.8)		3.91/6 (65.2)		3.91/5 (78.2)		4.71/6 (78.5)		5.38/6 (89.7)		4.15/6 (69.2)	

9. 총괄적 비교

지금까지 울릉도 제보자들의 방언형과 그에 대응되는 원적지 방언형을 음운현상별로 비교함으로써 각 제보자들의 언어 속에 원적지 방언이 어느 정도로 유지되고 있는지, 또 울릉도 제보자들 상호간의 방언형을 비교함으로써 울릉도 방언이 어느 정도로 정착되어 가고 있는지를 살펴보았다. 여기서는 이들을 종합하여 살펴봄으로써, 울릉도에 이주한 이후 경과된 세대수와 원적지 방언의 유지 비율에 어떠한 관계가 있는지와, 울릉도 방언의 정착 비율을 살펴보기로 한다. 먼저 음운현상별 원적지 방언의 유지 비율과 울릉도 방언의 정착 비율을 종합한 표를 보이면 다음의 [표 XIII]과 같다.

〔표 XIII〕 음운현상별 정착 비율(%)

지역 / 항목	경주 : 천부(老)	명주 : 태하(老)	밀양 : 저동(老)	울주 : 천부(少)	영덕 : 태하(少)	노년층	소년층	정착
자음	100	100	95	100	100	95	100	95
단모음	100	50	100	85.7	85.7	85.7	100	85.7
이중모음	61.1	37.5	66.7	88.6	52.2	89.6	98.2	87.0
음장 · 성조	88.2	60.3	51.5	50.3	80.8	93.3	86.7	83.5
자음탈락	79.1	81.2	72.9	91.6	85.4	70.8	88.9	70.8
불규칙활용	54.1	64.3	75	56.3	70.9	59.6	79.1	40.4
자음축약	50	46.6	60	53.2	66.6	100	73.4	66.6
경음화	80.6	70	64	75	79	88.4	93.4	81.6
비음절화	66	48	58	30.5	23.5	56.5	53	29
모음조화	81.3	82.3	62	77.6	79.7	80.6	91.1	77.7
움라우트	80.2	84.6	79.2	66.8	69.4	90.8	94.2	85.4
외래어	79	84.3	71.8	65.2	78.2	78.5	89.7	69.2
유지 혹은 정착 비율 평균	76.6	67.4	71.3	70.1	72.6	82.4	87.3	72.7

위의 표에서는 이주 3세대(태생 2세대)인 천부(老), 태하(老), 저동(老)의 경우에는 원적지 방언의 유지 비율이 각각 76.6%, 67.4%, 71.3%로 나타나고, 이주 4세대(태생 3세대)인 태하(少)의 경우에는 72.6%, 이주 6세대(태생 5세대)인 천부(少)의 경우에는 70.1%로 나타난다. 그러므로 유지 비율이 높은 순서로는 경주 : 천부(老)(3세대)>영덕 : 태하(少)(4세대)>밀양 : 저동(老)(3세대)>울주 : 천부(少)(5세대)>명주 : 태하(老)(3세대)와 같이 된다. 동일한 세대를 경과한 경우에도 유지 비율에 차이를 보이고, 또 3세대인 태하(老)가 6세대인 천부(少)보다 유지 비율이 낮은 점 등을 볼 때, 이주 후 경과된 세대수와 원적지 방언의 유지 비율이 일반적으로 생각하기 쉬운 반비례적 관계로 나타나는 것은 아님을 보여 준다.

그런데 다음의 [표 XIV]를 보면, 다섯 원적지 방언 가운데서는 경주와 영덕이 울릉도 방언의 형성에 주도적 역할을 하는 방언이라고 할 수 있다. 경주와 영덕을 각각 원적지로 둔 천부(老)와 태하(少)에서 원적지 방언과의 유지 비율이 높은 것은 바로 이 주도적 방언과 관계가 있는 것으로 이해된다.

비주도적 방언인 명주, 밀양, 울주를 원적지로 둔 경우에는 원적지 방언의 유지 비율에 어떤 요인이 작용하는지 밝히기가 쉽지 않다. 그런데 울주 : 천부(少)의 경우는, 정착된 울릉도 방언형과 울주 방언이 상당한 비율로 일치함에도 불구하고 유지 비율이 낮은 것은 천부(少)가 울릉도 이주 후 경과된 세대수와 관련이 있는 듯하다. 그리고 명주 : 태하(少)의 경우는 주도 방언과 명주 방언 사이의 차이가 매우 크기 때문에 주도적 방언에 일치하려는 노력의 결과 원적지 방언에서 더욱 멀어진 것으로 해석된다.

울릉도 방언의 정착 경향에서는 노년층에서는 그 정착 비율이 82.4%로, 소년층에서는 그것이 87.3%로 나타나 노소간에 다소의 차이가 있으며, 노소를 망라한 울릉도 전체로 볼 때는 약 73%의 정착률을 보이고 있다. 그런데 노년층보다는 소년층에서 정착 비율이 높은 것은 울릉도 방언이 서서히 독자적 방언권으로 형성되어 가고 있음을 수치상으로 보여 주는 것이라고 하겠다.

앞의 Ⅱ와 Ⅲ에서 이미 본 바와 같이, 울릉도 방언은 아직 완전히 정착되지는 않았지만, 그러한 가운데서도 노소년층 사이에 세대별 차이를 보인 예들이 있었다. 그것은 울릉도 방언의 앞으로의 변화 방향을 시사하는 예들이다. 그리고 노년층에서는 미정착된 어사들이 소년층에서는 정착된 경우가 있는가 하면, 노년층에서 정착된 어사들이 소년층에서 미정착된 경우도 있는데, 이 예들을 검토하면, 울릉도 방언이 어떠한 방향으로 정착(변화)되어 가고 있는지 짐작할 수 있다. 다음에서는 이들을 검토해 봄으로써 울릉도 방언의 정착(변화) 방향을 모색해 보기로 한다.

먼저 음소체계의 경우 노년층에서 미정착된 s'와 ɨ가 소년층에서는 정착되었는데, 이것은 표준어의 영향으로 이 두 음소가 소년층에서 자리 잡아 가고 있음을 의미한다. 그리고 이중모음의 경우는 노년층에서는 i, Ǝ 등으로 혼란을 보이는 'ㅢ'가 소년층에서는 ɨy로 실현되는데, 이것 역시 표준어의 영향이며, 울릉도 방언형으로 정착될 것이 예상된다.

운소의 경우 노소간에 세대별 차이를 보인 어사들에는 ① pƎ：l→pƎl, pa：m→pam, tƎ：rƎp-→tƎrƎp-, ② pám→pam의 두 유형이 있는데, ①의 경우는 장음이 단음으로, ②의 경우는 고조가 저조로 바뀜을 보여 준다. 그런데 노년층에서 미정착된 어사가 소년층에서 정착된 어사로, 노년층에서 정착된 어사가 소년층에서 미정착된 어사로 실현되는 'kwi：, kwi→kwi', 'tƎ：l(野)→tƎ：l, tƎl', 'tƎ：l(減)→tƎ：l, tƎl', 'so：n→so：n, son', 'čap^{h}í：tt'a→čap^{h}yƎ́：tt'a, čap^{h}yƎ́tt'a', 'p^{h}ullyí：t'a→p^{h}ullyƎ́：tt'a, p^{h}ullyƎ́tt'a', 'allyí：tt'a→allyƎ́：tt'a, allyƎ́tt'a' 등도 ①의 유형에 포함되는 것으로, 이들은 모두 울릉도 방언에서 장음이 단음으로 변화되어 가고 있음을 보여 준다.

그리고 ②의 유형에 속하는 다른 예로는 노년층의 미정착형이 소년층에서 정착형으로 실현되는 'pƎl, pƎ́l→pƎl'과, 노년층의 정착형이 소년층에서 미정착형으로 실현되는 'nun→nún, nun' 등을 들 수 있는데, 이들은 울릉도 방언에서 고조가 저조로 바뀌어 가고 있음을 보여 주는 것이다. 그러나 노년층의 정착형 'k'Énda, mE, pol' 등이 소년층에서는 각각 미정착형 'k'Énda, k'É：nda', 'mE, mE：', 'pol, po：l' 등으로 실현되는 경우도 있는데, 이것은 앞의 ①의 유형과는 반대의 경향을 보여 준다. 노년층의 미정착형 'morƎ́-, mórƎ-'는 소년층에서 'morƎ́-'로 실현되어 이 유형이 울릉도 방언형으로 정착될 것으로 판단된다.

자음탈락의 경우 세대별 차이를 보인 어사로는 노년층의 tal이 소년층에서 tak으로 변화된 경우가 있으나, 노년층에서 정착된 어사가 소년층에서 미정착된 것은 없다. 그리고 노년층에서 미정착된 어사가 소년층에서 정착된 것으로는 'kaps, kap→kaps', 'tors, tor→tor', 'yƎ́tƎrp, yƎ́tƎr→yƎ́tƎr', 'hƎ́k, hƎ́r→hƎ́k' 등이 있는데, 이것은 '값, 돐'은 표준어와 동일한 방향으로,

'여덟, 흙'은 각각 yə́tər, hə́k으로 재구조화되는 방향으로 울릉도 방언이 정착되어 가고 있음을 보여 주는 것이다.

불규칙활용의 경우 세대별 차이를 보인 어사는 없으나, 노년층에서 미정착된 어사가 소년층에서 정착된 것으로는 '무섭-, 묻-, 걷-, 노랗-, 긋-, 낫-, 붓-' 등이 있고, 노년층에서 정착된 어사가 소년층에서 미정착된 것으로는 '먹-, 맵-' 등이 있다. 이들 가운데 '무섭-'의 경우는 노년층에서는 어미에 따라 p규칙 혹은 p불규칙으로 실현되나 소년층에서는 p불규칙으로 정착되었다.

'묻-, 걷-'의 경우는 그 어간이 각각 '묻-, 묽'과 '걷-, 걺'로 혼란을 보이던 것이 '묻-'과 '걷-'으로 통일되어 t불규칙활용 용언으로 정착되었다. '노랗-'의 경우도 노년층에서 E불규칙활용과 규칙활용으로 혼란을 보이나 소년층에서는 E불규칙으로 정착되었다. 이들은 모두 표준어의 영향으로 울릉도 방언이 표준어와 동일하게 정착되어 가고 있음을 보여 준다.

'긋-, 낫-, 붓-'의 경우는 노년층에서 그 어간이 각각 '긇-, 끄을-, 꺼어-', '낫-, 낳 : -', '붓-, 붕-' 등으로 혼란을 보이나, 소년층에서는 그 어간말 자음이 모두 ʔ로 재구조화되어, 이 형태가 울릉도 방언형으로 정착될 것으로 판단된다.

'먹-'의 경우는 노년층에서는 규칙활용을 하나 소년층(천부 少)에서 k불규칙활용(1)을 하는 경우가 있는데, 이것은 개인어의 특징으로 보인다. '맵-'의 경우는 노년층에서 p불규칙활용을 하나 소년층에서 p규칙 혹은 p불규칙활용으로 혼란을 보이는데, 이것은 표준어의 영향으로 p불규칙으로의 변화가 진행 중임을 의미한다.

자음축약의 경우 노년층에서는 '못했습니다'의 'ㅅ(ㄷ)+ㅎ'가 유성음화되나, 소년층에서는 유기음화되어 세대별 차이를 보인다. 소년층에서 유기음화를 선호하는 경향은 노년층에서 비유기음화형으로 정착된 어사 '떡하고, 밥하고, 떡 했니, 밥 하고'가 소년층에서 비유기음화형과 유기음화형의 둘로 실현되는 데서도 확인되는데, 이것은 울릉도 방언에서 유기음화가 확산되는 방향으로의 변화가 진행 중임을 의미하는 것이다.

경음화의 경우 '발도, 달도, 말(言)도' 등이 노년층에서는 경음화되나, 소년층에서는 유성음화되어 세대별 차이를 보이는데, 이것은 체언 말음 'ㄹ' 뒤에서 조사 '도'는 경음화되지 않는 방향으로 울릉도 방언이 변화되어 가고 있음을 의미하는 것이다. 그리고 노년층에서 경음화형과 비경음화형으로 혼란을 보이는 '손도'가 소년층에서 비경음화형으로만 실현되는 것도 'ㄹ, ㄴ' 뒤에서는 경음화되지 않는 방향으로 울릉도 방언이 정착되어 가고 있음을 보여 준다.

'떡쌀'의 경우 노년층에서는 'ㅆ'이 s와 s'의 두 유형으로 실현되나, 소년층에서는 s'로만 실현되어 이 유형으로 울릉도 방언이 변화되어 갈 것으로 예측된다. 그리고 '있었다'에서 앞의 'ㅆ'는 노년층에서는 s로만 실현되나, 소년층에서는 s와 s'의 둘로 실현되어 s'가 자리잡아 가는 모습을 보여 준다.

비음절화의 경우 i비음절화에서 세대별 차이를 보인 어사로는 '이어라'가 있고, u비음절화에서 세대별 차이를 보인 어사로는 '주-'가 있다. 전자는 노년층에서는 y활음화형으로 실현되나, 소년층에서는 어미모음 탈락형으로 실현되어 차이를 보이는데, 그 이유는 소년층이 영일(포항) 방언의 영향을 받았기 때문이라는 것을 앞의 주44)에서도 지적한 바 있다.

i비음절화의 경우 노년층에서 혼란을 보이는 어사가 소년층에서 정착된 것으로는 '끼(挿)-, 무치-, 알리-, 굴리-' 등이 있다. 이들은 노년층에서 무변화형, 어간모음 탈락형 등으로 혼란을 보이나, 소년층에서는 y활음화형으로 실현되어 표준어의 경우와 동일하다.

후자의 '주-'는 노년층에서 o축약형으로 실현되는 것이 소년층에서는 어미에 따라 o축약형과 w활음화형의 둘로 실현되는데, 이것은 표준어의 영향으로 w활음화형으로의 변화가 진행 중임을 의미한다. 이러한 경향은 노년층에서 o축약형, w첨가형, 어간모음 탈락형 등으로 혼란을 보이는 '꾸-, 가꾸-' 등이 소년층에서 w활음화형으로 정착된 경우와, 노년층에서 어간모음 탈락형, o축약형 등으로 정착된 '추-, 가두-, 감추-, 태우-, 띄우어라' 등이 소년층에서 역시 w활음화형과 그 밖의 유형으로 혼란을 보이는 것에서도 확인된다.

모음조화의 경우 세대별 차이를 보인 어사에는 '가꾸-, 띄우-'가 있는데, 노년층에서는 어미 -aX가 결합되나, 소년층에서는 -ƏX가 결합되어 고모음화되는 방향으로 울릉도 방언이 정착되어 가고 있음을 보여 준다. 이처럼 고모음화되는 경향은 노년층에서 -aX와 -ƏX로 혼란을 보이는 것이 소년층에서 -ƏX로 정착된 어사 '쑤-, 끼-' 등에서도 확인되며, 노년층에서 -aX로 정착되었으나 소년층에서 -aX와 -ƏX로 혼란을 보이는 '태우-, 잠구-, 가두-, 감추-, 때우-, 바꾸-, 배우-, 싸우-' 등에서도 확인된다. 이러한 고모음화 경향은 표준어의 영향을 받은 것으로 보인다.

그러나 어간모음이 o, a인 경우는 노년층에서 -aX와 -ƏX로 혼란을 보이는 것이 소년층에서 -aX로 정착되어 고모음화를 회피하는데, 이것 역시 표준어의 영향으로 보인다. 이러한 경향을 확인시켜 주는 어사로는 '쪼아, 감-, 밟-, 아름답-, 앉-, 알-, 얇-, 잡-' 등이 있다. 이들 가운데 '아름답-'의 경우는 노년층에서 -ƏX로 정착된 것이 소년층에서 -aX와 -ƏX로 혼란을 보이는 것이고, 여타의 경우는 노년층에서 -aX와 -ƏX로 혼란을 보이는 것이 소년층에서 -aX로 정착된 것이다.

움라우트의 경우 세대별 차이를 보인 어사에는 '그린다, 벗기다, 맡기다' 등이 있다. 노년층에서는 움라우트 된 형태로, 소년층에서는 움라우트 되지 않은 형태로 실현되어, 울릉도 방언이 움라우트 되지 않는 방향으로 변화되어 가고 있음을 짐작하게 한다. 이러한 경향은, 노년층에서 움라우트 된 형태와 그렇지 않은 형태로 혼란을 보이는 '섬긴다, 다린다, 잡히다, 우긴다, 속이다' 등이 소년층에서 움라우트 되지 않은 형태로 정착되고, 노년층에서 움라우트 된 형태로 정착된 '저리다, 잡히다'가 소년층에서 움라우트 된 형태와 그렇지 않은 형태로 혼란을 보이는 데서도 확인된다.

외래어의 경우는 세대별 차이를 보인 어사는 없다. 그러나 노년층에서 혼란을 보이는 'iːnyƎn, iːyƎn', 'wƎryoil, wƎllyoil', 'naǰío, raǰío', 'namyƎn, ramEn' 등은 소년층에서 표준어와 동일한 형태로 정착되어 가고 있다. 그리고 노년층에서 정착된 'yuŋyƎn, sónyƎ, nyiyák'a' 등은 소년층에서 각각 'yuŋnyƎn, yuŋyƎn', 'sónnyƎ, sónyƎ', 'nyiyák'a, riƎkʰa' 등으로 혼란되는데, 이것 역시 표준어와 동일한 형태로 울릉도 방언이 정착되어 가고 있음을 의미한다.

울릉도는 여러 지역에서 이주해 온 사람들이 모여 함께 생활하는 곳이다. 그러므로 각 지역의 방언이 혼재하는 곳이다. 이러한 상황에서 약 73%의 방언형이 정착되었는데, 이 정착 방언형이 육지의 어느 방언의 영향을 가장 많이 받고 있는지를 밝혀 보는 일은 울릉도 방언의 실상을 이해하는데 도움이 되리라고 생각된다. 그래서 다음에서는 정착된 울릉도 방언형(노년층어)과, 다섯 원적지 방언형 및 울릉도 방언의 형성에 비교적 영향을 많이 끼쳤을 것으로 예상되는 동해안 지역의 방언형을 비교해 보았는데, 그것을 보이면 다음의 [표 XIV]와 같다.50)

50) 정착된 어휘 수는 총 324개이나 이 가운데 '경음화' 항목의 '창고, 달도, 말도, 말부터, 방법, 떡방아', '비음절화' 항목의 '훔치-', 그리고 '모음조화' 항목의 '낳-, 얹-, 굶-, 훔치-'는 『한국방언자료집』에 어사가 등재되지 않았으므로, 이들을 제외하면 비교가 가능한 어사의 수는 313개가 된다.
합계란의 ( ) 밖의 수치는 정착된 어사와 원적지 방언의 어사가 일치하는 숫자를 통산한 것이고, ( ) 안의 수치는 위의 백분율을 평균한 것이다.

〔표 XIV〕 울릉도 방언형과 동해안 방언형의 비교

항목	정착 어사	경주	명주	밀양	울주	영덕
자음	19	19(100)	19(100)	19(100)	19(100)	19(100)
단모음	6	6(100)	4(66.7)	6(100)	6(100)	6(100)
이중모음	24	15(62.5)	7(29.2)	19(79.2)	22(91.7)	16(66.7)
음장·성조	97	89(91.8)	56(57.7)	56(57.7)	55(56.7)	89(91.8)
자음탈락	10	9(90)	7(70)	8(80)	9(90)	9(90)
불규칙활용	6	6(100)	6(100)	6(100)	6(100)	6(100)
자음축약	4	3(75)	3(75)	3(75)	3(75)	3(75)
경음화	21	16(76.2)	19(90.5)	11(52.4)	11(52.4)	13(61.9)
비음절화	8	6(75)	7(87.5)	5(62.5)	6(75)	7(87.5)
모음조화	40	33(82.5)	30(75)	29(72.5)	35(87.5)	32(80)
움라우트	58	46(79.3)	52(89.7)	42(72.4)	39(67.2)	42(72.4)
외래어	20	15(75)	16(80)	13(65)	15(75)	16(80)
합계(%)	313	263(83.9)	226(76.8)	217(76.4)	226(80.9)	258(83.8)
항목	정착 어사	영일	울진	삼척	양양	고성
자음	19	19(100)	19(100)	19(100)	19(100)	19(100)
단모음	6	6(100)	6(100)	4(66.7)	4(66.7)	4(66.7)
이중모음	24	13(54.2)	17(70.8)	7(29.2)	7(29.2)	6(25)
음장·성조	97	89(91.8)	84(86.6)	56(57.7)	22(22.7)	26(26.8)
자음탈락	10	9(90)	8(80)	8(80)	8(80)	5(50)
불규칙활용	6	5(83.3)	5(83.3)	6(100)	6(100)	6(100)
자음축약	4	3(75)	3(75)	3(75)	3(75)	3(75)
경음화	21	20(95.2)	20(95.2)	20(95.2)	18(85.7)	19(90.5)
비음절화	8	6(75)	7(87.5)	5(62.5)	5(62.5)	5(62.5)
모음조화	40	29(72.5)	33(82.5)	27(67.5)	31(77.5)	34(85)
움라우트	58	32(55.2)	48(82.8)	43(74.1)	24(41.4)	42(72.4)
외래어	20	15(75)	15(75)	16(80)	12(60)	16(80)
합계(%)	313	246(80.6)	265(84.9)	214(74.0)	159(66.7)	185(69.5)

위의 표는 울릉도 방언형으로 정착된 어사 313개와 그에 대응되는 경주, 명주, 밀양, 울주, 영덕 등의 다섯 원적지 및 동해안의 영일, 울진, 삼척, 양양, 고성 등지의 방언형을 음운현상별로 비교하여, 서로 일치되는 어사의 수

와 그 비율을 보인 것이다. 그런데 이 표에 의하면 음운현상별로 일치의 정도가 높은 지역에 차이가 있음을 볼 수 있다. 즉, 자음목록에서는 모든 지역이, 단모음목록에서는 강원도 지역을 제외한 모든 지역이, 이중모음에서는 울주가, 음장·성조에서는 경주, 영덕, 영일이, 자음탈락에서는 경주, 울주, 영덕, 영일이, 불규칙활용에서는 영일과 울진을 제외한 모든 지역이, 자음축약에서는 모든 지역이, 경음화에서는 영일, 울진, 삼척이, 비음절화에서는 명주, 영덕, 울진이, 모음조화에서는 울주가, 움라우트에서는 명주가, 외래어에서는 명주, 영덕, 삼척, 고성이 각각 높은 일치율을 보인다. 이처럼 음운현상에 따라 일치의 정도가 높은 지역에 차이를 보이는 것은 어느 한 지역의 방언이 울릉도 방언의 형성에 독점적으로 영향을 끼치는 것은 아님을 의미한다.

각 음운현상별 일치율을 종합하면, 울진(84.9%)>경주((83.9%)>영덕(83.8%)>울주(80.9%)>영일(80.6%)>명주(76.8%)>밀양(76.4%)>삼척(74.0%)>고성(69.5%)>양양(66.7%)의 순서로 그 비율이 높음을 알 수 있다. 이것은 모든 음운현상에서 그러한 것은 아니지만, 전체적으로 볼 때, 동해안 방언 가운데서도 경북 방언, 특히 울진 방언이 울릉도 방언의 형성에 가장 큰 영향력을 행사하고 있음을 의미하는 것으로 판단된다.

Ⅳ. 결론

본 연구에서는 울릉도 지역에서 사용되고 있는 언어의 실태를 조사하여 그 음운론적 정체성을 규명하는 데 목적을 두되 다음과 같은 점을 밝히는 데 주안점을 두었다.

① 원적지 방언과 울릉도 방언 제보자들의 언어를 비교하여 원적지 방언의 유지 비율이 이주 이후 경과된 세대수와 어떠한 상관관계가 있는지, ② 노년층과 소년층에서 각각 어느 정도로 방언의 정착이 이루어졌으며, 노소년층을 망라한 울릉도 전체로 볼 때는 어느 정도로 방언의 정착이 이루어졌는지, 그리고 앞으로의 울릉도 방언의 정착(변화) 방향은 어떠한지, ③ 정착된 울릉도 방언형과 동해안 지역의 방언형을 비교함으로써 육지의 어느 지역 방언이 울릉도 방언 형성에 주도적 역할을 하였는지 등에 대해서 중점적으로 살펴보았다.

그 결과 ①의 경우에는 이주 3세대(태생 2세대)인 천부(老), 태하(老), 저동(老)에서는 원적지 방언의 유지 비율이 각각 76.6%, 67.4%, 71.3%로 나타나고, 이주 4세대(태생 3세대)인 태하(少)의 경우에는 72.6%, 이주 6세대(태생 5세대)인 천부(少)의 경우에는 70.1%로 나타나 일반적으로 생각하기 쉬운 반비례적 관계가 아님이 밝혀졌다.

②의 경우에는 노년층의 경우 약 82%, 소년층의 경우 약 87%, 전제적으

로 보아 약 73%의 방언이 정착되었으며, 앞으로 울릉도 방언은 표준어의 영향으로 점차 표준어화 되는 방향으로 정착(변화)되어 갈 것으로 예측된다.

③의 경우에는 울진(84.9%)>경주((83.9%)>영덕(83.8%)>울주(80.9%)>영일(80.6%)>명주(76.8%)>밀양(76.4%)>삼척(74.0%)>고성(69.5%)>양양(66.7%)의 순서로 그 일치 비율이 높은데, 이것은 동해안 지역의 방언 가운데서도 울진 방언이 울릉도 방언의 형성에 주도적 역할을 담당하고 있음을 의미하는 것으로 판단된다.

본론에서 얻어진 결과를 구체적으로 보면 다음과 같다.

(1) 자음체계의 경우에는 경주 : 천부(老)(100%), 명주 : 태하(老)(100%), 울주 : 천부(少)(100%), 영덕 : 태하(少)(100%)>밀양 : 저동(老)(95%)의 순서로 원적지 방언의 유지 비율이 높다. 그리고 노년층에서는 95%, 소년층에서는 100%의 정착률을 보이나, 전체적으로는 95%의 정착률을 보인다. 정착된 울릉도의 자음목록에는 'p, p', pʰ, m, t, t', tʰ, s, n, r, č, č', čʰ, k, k', kʰ, ŋ, h, ʔ' 등 19개의 자음이 포함되나 s'가 자음목록에 추가될 것으로 예측된다. 그리고 정착형과 동해안 지역 방언형과의 비교에서는 전지역이 100%의 일치율을 보인다.

(2) 단모음체계의 경우에는 경주 : 천부(老)(100%), 밀양 : 저동(老)(100%)>울주 : 천부(少)(85.7%), 영덕 : 태하(少)(85.7%)>명주 : 태하(老)(50%)의 순서로 원적지 방언의 유지 비율이 높다. 그리고 노년층에서는 85.7%, 소년층에서는 100%의 정착률을 보이나 전체적으로는 85.7%의 정착률을 보인다. 정착된 단모음목록에는 i, E, Ǝ, a, u, o 등의 6개가 포함되나 ɨ가 그 목록에 추가될 것으로 예측된다. 그리고 정착형과 동해안 지역 방언과의 비교에서는 강원도 지역을 제외한 나머지 지역은 다 같이 100%의 일치율을 보인다.

(3) 이중모음의 경우에는 울주 : 천부(少)(88.6%)>밀양 : 저동(老)(66.7%)>경주 : 천부(老)(61.1%)>영덕 : 태하(少)(52.2%)>명주 : 태하(老)(37.5%)의 순서로 원적지 방언의 유지 비율이 높다. 그리고 노년층에서는 89.6%, 소년층에서는

98.2%의 정착률을 보이나 전체적으로는 87.0%의 정착률을 보인다. 정착된 이중모음목록에는 y계에 yE, yƎ, ya, yu, yo의 5개와, w계에 wi, wE, wƎ, wa의 4개가 포함되나 ɨy가 그 목록에 추가될 것으로 예측된다. 그리고 정착형과 동해안 지역 방언형과의 비교에서는 울주(91.7%)가 가장 높은 일치율을 보인다.

(4) 운소의 경우에는 경주 : 천부(老)(88.2%)>영덕 : 태하(少)(80.8%)>명주 : 태하(老)(60.3%)>밀양 : 저동(老)(51.5%)>울주 : 천부(少)(50.3%)의 순서로 원적지 방언의 유지 비율이 높다. 그리고 노년층에서는 93.3%, 소년층에서는 86.7%의 정착률을 보이나 전체적으로는 83.5%의 정착률을 보인다. 정착된 운소형에는 $[LS]_1$형과 $[LS]_0[HS][LS]_0$형의 둘이 있으나, 소년층에서 長音節이 短音節로, 高調가 低調로 실현되기도 하고, 그 반대로 실현되기도 하여 장단이나 고저의 변별력이 약화될 가능성이 엿보인다. 정착형과 동해안 지역 방언형과의 비교에서는 경주, 영일, 영덕이 다 같이 91.8%로서 가장 높은 일치율을 보인다.

(5) 자음탈락의 경우 울주 : 천부(少)(91.6%)>영덕 : 태하(少)(85.4%)>명주 : 태하(老)(81.2%)>경주 : 천부(老)(79.1%)>밀양 : 저동(老)(72.9%)의 순서로 원적지 방언의 유지 비율이 높다. 그리고 노년층에서는 70.8%, 소년층에서는 88.9%의 정착률을 보이나 전체적으로는 70.8%의 정착률을 보인다. 미정착형 '값, 돐'은 표준어와 동일한 방향으로, '닭, 여덟, 흙'은 각각 '닥, 여덜, 흑'으로 재구조화되는 방향으로 정착이 이루어질 것으로 예상된다. 정착형과 동해안 지역 방언형과의 비교에서는 울진, 경주, 울주, 영덕이 다 같이 90%로서 가장 높은 일치율을 보인다.

(6) 불규칙활용의 경우 밀양 : 저동(老)(75%)>영덕 : 태하(少)(70.9%)>명주 : 태하(老)(64.3%)>울주 : 천부(少)(56.3%)>경주 : 천부(老)(54.1%)의 순서로 원적지 방언의 유지 비율이 높다. 그리고 노년층에서는 59.6%, 소년층에서는 79.1%의 정착률을 보이나 전체적으로는 40.4%의 정착률을 보인다. 미정착형 '무

섭-, 맵-, 묻-, 걷-, 노랗-' 등은 표준어와 동일하게, '긋-, 낫-, 붓-' 등은 어간 말음이 ?로 재구조화되는 방향으로 정착이 이루어질 것으로 예상된다. 정착형과 동해안 지역 방언형과의 비교에서는 영일과 울진을 제외하고는 모두 100%의 일치율을 보인다.

(7) 자음축약(유기음화)의 경우 영덕 : 태하(少)(66.6%)>밀양 : 저동(老)(60%)>울주 : 천부(少)(53.2%)>경주 : 천부(老)(50.0%)>명주 : 태하(老)(46.6%)의 순서로 원적지 방언의 유지 비율이 높다. 그리고 노년층에서는 100%, 소년층에서는 73.4%의 정착률을 보이나 전체적으로는 66.6%의 정착률을 보인다. 이 경우에는 유기음화가 점차 확산되는 방향으로의 변화가 예상된다. 정착형과 동해안 지역 방언형과의 비교에서는 모두 75%의 일치율을 보인다.

(8) 경음화의 경우 경주 : 천부(老)(80.6%)>영덕 : 태하(少)(79%)>울주 : 천부(少)(75%)>명주 : 태하(老)(70%)>밀양 : 저동(老)(64%)의 순서로 원적지 방언의 유지 비율이 높다. 그리고 노년층에서는 88.4%, 소년층에서는 93.4%의 정착률을 보이나 전체적으로는 81.6%의 정착률을 보인다. 세대별 차이를 보이는 '발도, 달도, 말(言)도'와 미정착형 '손도'의 '도'는 경음화되지 않는 방향으로의 변화(정착)가 예상된다. 정착형과 동해안 지역 방언형과의 비교에서는 영일, 울진, 삼척이 다 같이 95.2%로서 가장 높은 일치율을 보인다.

(9) 비음절화의 경우 경주 : 천부(老)(66%)>밀양 : 저동(老)(58%)>명주 : 태하(老)(48%)>울주 : 천부(少)(30.5%)>영덕 : 태하(少)(23.5%)의 순서로 원적지 방언의 유지 비율이 높다. 그리고 노년층에서는 56.5%, 소년층에서는 53%의 정착률을 보이나, 전체적으로는 29%의 정착률을 보여, 여러 음운현상들 가운데 가장 낮은 정착률을 보이는데, 미정착형들은 표준어와 동일한 형태로의 정착이 예상된다. 정착형과 원적지 방언형과의 비교에서는 명주, 영덕, 울진에서 다 같이 87.5%로서 가장 높은 일치율을 보인다.

(10) 모음조화의 경우 명주 : 태하(老)(82.3%)>경주 : 천부(老)(81.3%)>영덕 : 태하(少)(79.7%)>울주 : 천부(少)(77.6%)>밀양 : 저동(老)(62%)의 순서로 원적지

방언의 유지 비율이 높다. 그리고 노년층에서는 80.6%, 소년층에서는 91.1%의 정착률을 보이나 전체적으로는 77.7%의 정착률을 보인다. 미정착형들은 표준어의 영향으로 어간모음이 a, o일 때는 어미 -aX가, 여타의 모음일 때는 -ƎX가 결합되는 방향으로 정착이 이루어질 것으로 예상된다. 정착형과 동해안 지역 방언형과의 비교에서는 울주(87.5%)가 가장 높은 일치율을 보인다.

(11) 움라우트의 경우 명주 : 태하(老)(84.6%)>경주 : 천부(老)(80.2%)>밀양 : 저동(老)(79.2%)>영덕 : 태하(少)(69.4%)>울주 : 천부(少)(66.8%)의 순서로 원적지 방언의 유지 비율이 높다. 그리고 노년층에서는 90.8%, 소년층에서 94.2%의 정착률을 보이나 전체적으로는 85.4%의 정착률을 보인다. 미정착형들은 표준어의 경우와 마찬가지로 움라우트 되지 않는 방향으로의 정착이 예상된다. 정착형과 동해안 지역 방언형과의 비교에서는 명주(89.7%)가 가장 높은 일치율을 보인다.

(12) 외래어의 경우 명주 : 태하(老)(84.3%)>경주 : 천부(老)(79%)>영덕 : 태하(少)(78.2%)>밀양 : 저동(老)(71.8%)>울주 : 천부(少)(65.2%)의 순서로 원적지 방언의 유지 비율이 높다. 그리고 노년층에서는 78.5%, 소년층에서 89.7%의 정착률을 보이나 전체적으로는 69.2%의 정착률을 보인다. 미정착형은 표준어와 동일한 형태로의 정착이 예상된다. 정착형과 동해안 지역 방언형과의 비교에서는 명주, 영덕, 삼척, 고성이 다 같이 80%로서 가장 높은 일치율을 보인다.

우리나라에는 많은 도서 지방이 있지만 이들 지역의 언어에 대한 연구는 상대적으로 소홀한 실정에 놓여 있다. 특히 해당 도서 지역으로의 이주 역사가 짧은 경우에는 지역 방언학적 연구가 어렵다는 점에 기인하여 충분한 관심을 기울이지 못했다. 그러나 앞으로는 이주 역사가 상대적으로 짧거나 특별한 역사적 · 사회적 특징을 지닌 도서 지방의 언어에 대하여, 방언 상호간의 간섭 작용 및 독자적인 방언 형성 과정 등의 관점에서, 연구가 이루어져야 하리라고 본다.

본 연구가 그와 같은 관점의 연구에 하나의 모형이 되고, 울릉도에 대한 문화인류학적 이해의 폭과 깊이를 확충하는 데 실질적으로 기여하며, 방언학계에 새로운 연구 대상과 방법론을 제시함으로써 연구의 지평을 전환하고 확대하는 데 이바지하기를 기대해 본다.

참고문헌

고려대 언어학술조사단(1973), “울릉도 언어 조사 보고”, 『어문논집』(고려대) 14 · 15.

곽창석(1986), “진주지역어의 음운론적 연구”, 석사학위논문(경남대).

곽충구(1982), “아산지역어의 이중모음 변화와 이중모음화”, 『방언』 6.

곽충구(1994), 『함북 육진방언의 음운론』, 국어학회.

권재선(1981), “청도방언의 모음체계 변천의 연구”, 『한국언어문학논집』(대구대) 1.

김공칠(1981), 『방언학』, 학문사.

김덕호(1997), “경북방언의 지리언어학적 연구”, 박사학위논문(경북대).

김영만(1986), “국어 초분절음소의 사적 연구”, 박사학위논문(고려대).

김영송(1973), “김해방언의 음운”, 『김해지구 종합 학술조사 보고』(부산대).

김영송(1974), “경남방언”, 『국어방언학』, 형설출판사.

김영태(1975), 『경상남도방언연구(1)』, 진명문화사.

김재문(1977), “서부경남방언의 음운 연구”, 『진주교대 논문집』 15.

김주원(1995), “중세국어 성조와 경상도 방언 성조의 비교 연구”, 『언어』(한국언어학회) 20-2.

김택구(1991), “경상남도방언의 지리적 분화에 관한 연구”, 박사학위논문(건국대).

김한수(1988), “경북 상주방언의 음운론적 특징 연구”, 석사학위논문(경희대).

김형규(1974), 『한국방언연구』, 서울대 출판부.

김형주(1983), “남해방언의 음운 연구”, 『석당논총』(동아대) 7.

남영종(1988), “영해지역어의 통시음운론적 연구”, 석사학위논문(영남대).

류영남(1982), “남해도 방언의 음운 연구”, 석사학위논문(부산대).

문곤섭(1980), “창녕방언의 모음체계 연구”, 석사학위논문(경남대).

민원식(1982), “문경지역어의 음운론적 연구”, 석사학위논문(충북대).

박경래(1984), “괴산방언의 음운에 대한 세대별 연구”, 『국어연구』 57.

박명순(1987), “거창지역어의 음운 연구”, 박사학위논문(성균관대).

박정수(1993), “변동규칙에 의한 경남방언의 분화 연구”, 박사학위논문(동아대).

박종철(1984), “강원도 방언 연구”, 『숭전어문』(숭전대) 1.

박지홍(1983), “경상도 방언의 하위방언권 설정”, 『인문논총』(부산대) 24.

박창원(1983), “고성지역어의 모음사에 대하여”, 『국어연구』 54.

배병인(1983), “산청방언의 음운론적 연구”, 석사학위논문(고려대).

백두현(1982), “금릉지역어의 음운론적 연구”, 석사학위논문(경북대).

백두현(1985), “상주 화북지역어의 음운론적 특징”, 『소당천시권박사 환갑기념 국어학논총』, 형설출판사.

백두현(1992), 『영남문헌어의 음운사 연구』, 태학사.

서보월(1984), "안동지역어의 음운론적 연구", 『안동문화』(안동대) 5.
서보월(1988), "송천동의 방언음운론", 『안동문화』(안동대) 9.
성인출(1984), "창녕지역어의 음운론적 연구", 석사학위논문(계명대).
소강춘(1989), 『방언분화의 음운론적 연구』, 한신문화사.
신승원(1996), "경북 의성지역어의 음운론적 분화 연구", 박사학위논문(영남대).
오종갑(1988), 『국어음운의 통시적 연구』, 계명대 출판부.
오종갑(1994), "19세기 후기 전라방언의 모음 음운현상과 제약", 『인문연구』(영남대) 16-1.
오종갑(1997a), "어간 '줍-'의 방언분화와 표준어 문제", 『인문연구』(영남대) 18-2.
오종갑(1997b), "유기음화와 관련된 영남방언의 특성과 그 전개", 『인문연구』(영남대) 19-1.
오종갑(1997c), "w계 이중모음의 변화와 관련된 영남방언의 특성과 그 전개", 『영남어문학』 32.
오종갑(1998a), "'ㅔ, ㅐ'의 변화와 관련된 영남방언의 특성과 그 전개", 『청암 김영태 박사 환갑기념 논문집』.
오종갑(1998b), "울릉도 방언의 음운론적 연구", 『독도·울릉도의 종합적 연구』, 민족문화연구소(영남대).
울릉군(1989), 『울릉군지』.
원훈의(1978), "강원도 방언 연구(1)", 『관동향토문화연구』(춘천교대) 2.
유구상(1975), "남해도 방언의 일반적 고찰", 『어문논집』(고려대) 16.
유창균(1996), "낙동강 유역의 언어", 『낙동강유역사연구』, 수서원.
이광호(1978), "경남방언의 이중모음에 대하여", 『국어학』(국어학회) 6집.
이기갑(1986), 『전라남도의 언어지리』, 국어학회.
이기백(1969), "경상북도의 방언구획", 『동서문화』(계명대) 3.
이동화(1984b), "안동지역어의 음운동화와 삭제", 석사학위논문(영남대).
이상규(1995), 『방언학』, 학연사.
이상규·백두현 외(1996), 『내일을 위한 방언 연구』, 경북대 출판부.
이승재(1980), "구례지역어의 음운체계", 『국어연구』 45.
이시진(1986), "문경지역어의 음운론적 연구", 석사학위논문(영남대).
이영길(1976), "서부 경남방언 연구", 석사학위논문(동아대).
이익섭(1981), 『영동 영서의 언어분화』, 서울대 출판부.
이익섭(1984), 『방언학』, 민음사.
전광현(1979), "경남 함양지역어의 음운론적 고찰", 『동양학』(단국대) 9.
전성택(1969), "강릉지방의 방언 연구", 『논문집』(춘천교대) 5-2.
정연찬(1968), "경남방언의 모음체계", 『국문학논집』(단국대) 2.
정영주(1987), "경상남도 창녕지역 방언의 세대차에 의한 음운현상", 『부암 김승곤 박사 회갑기념논총』.
정영호(1993), "남해도 방언의 성조 연구", 석사학위논문(영남대).
정인상(1982), "통영지역어의 용언활용에 대한 음운론적 고찰", 『방언』(한국정신문화연구원) 6.

정정덕(1982), "경남방언의 음운현상", 『마산대 논문집』 4.
정 철(1991), 『경북 중부 지역어 연구』, 경북대 출판부.
천시권(1965), "경북지방의 방언구획", 『어문학』 13.
최명옥(1979), "동해안방언의 음운론적 연구", 『방언』(한국정신문화연구원) 2.
최명옥(1980), 『경북 동해안 방언 연구』, 민족문화논총(영남대 민족문화연구소).
최명옥(1982), 『월성지역어의 음운론』, 영남대 출판부.
최명옥(1992), "경상남북도간의 방언분화 연구", 『애산학보』(애산학회) 13.
최명옥(1994), "경상북도의 방언구획 시론", 『우리말 연구』, 우골탑.
최명옥(1995), "경남 합천지역어의 음운론", 『대동문화연구』(성균관대) 30.
최임식(1994), 『국어방언의 음운사적 연구』, 문창사.
최전승(1995), 『한국어 방언사 연구』, 태학사.
최중호(1984), "고성지역어의 음운론적 연구", 석사학위논문(경남대).
최태영(1983), 『방언음운론』, 형설출판사.
최학근(1990), 『증보 한국방언사전』, 명문당.
한국정신문화연구원(1987-1995), 『한국방언자료집』(Ⅰ~Ⅸ).
한영균(1984), "강원·경북울릉·제주방언의 현지조사 과정과 반성", 『방언』 7.
허 웅(1963), 『중세 국어 연구』, 정음사.

[부록] 자료편

1. 단모음

지역 / 어사	천부(老)	태하(老)	저동(老)	천부(少)	태하(少)
01.단모음 ㅣ티 ㅔ테 ㅐ태 ㅟ쥐 ㅚ쇠 ㅡ틀 ㅓ털 ㅏ달 ㅜ꿀 ㅗ꼴	i E E wi wE Ǝ Ǝ a u o	i E E wi wE ɨ Ǝ a u o	i E E wi wE Ǝ Ǝ a u o	i E E wi wE ɨ Ǝ a u o	i E E wi wE ɨ Ǝ a u o
02-1. ㅔ : ㅐ 떼(群) 때(垢)	t'É t'E	t'E t'E	t'E t'E	t'É t'E	t'E t'E
02-2.A ㅡ : ㅓ 틀(機) 털(毛)	 t^{h}Ǝl t^{h}Ǝ́l	 t^{h}ɨl t^{h}Ǝ́l	 t^{h}Ǝl t^{h}Ǝ́l	 t^{h}ɨl t^{h}Ǝ́l	 t^{h}ɨl t^{h}Ǝ́l
02-2.B ㅡ : ㅓ 글(文) 걸(윷)	 kƎl kƎ : l	 kɨl kƎ : l	 kƎl kƎl	 kɨl kƎl	 kɨl kƎ : l
02-3.A ㅣ : ㅟ 기(旗) 귀(耳)	 kí kwi	 kí kwi :	 kí kwi	 kí kwi	 kí kwi :
02-3.B ㅣ : ㅟ 시(生時) 쉬(蠅卵)	 syí swi :	 syí swi :	 syí swi :	 syí x	 syí swi :
02. 떼(群) 뙤(윷놀이의)	t'E t'ó	t'E t'ó	t'E t'ó	t'E t'ó	t'E t'ó

2. 이중모음

지역 / 어사	천부(老)	태하(老)	저동(老)	천부(少)	태하(少)
03-1. ㅕ : 여럿 물결	yƎrƎt mulk'yƎl	yƎrƎsi mulk'yƎl	yƎ́rƎbun mulk'yƎl	yƎrƎt mulk'yƎl	yƎrƎsi mulk'yƎl
03-2. ㅖ : 예의 계획	yE : i kE : ɦwEk	yE : i kE : ɦwEk	yEi kE : yƎk	yE : i kE : ɦwEk	yE : i kE : ɦwEk
03-3. ㅑ : 양념 고약	yaŋyƎm ko : yak	yaŋyƎm ko : yak	yaŋnyim koyak	yaŋyƎm koyak	yaŋyƎm x
03-4. ㅠ : 유리 석유	yurí sƎgyu	yuri sƎgyu	yurí sƎgyu	yurí sƎgyu	yuri sƎgyu

어사 \ 지역	천부(老)	태하(老)	저동(老)	천부(少)	태하(少)
03-5. ㅛ : 요 담요	yó ta : myo	yo ta : myo	yo ta : myo	yó ta : mnyo	yo ta : myo
03-6. ㅞ : 웬일 궤짝	wE : n-il kwE : č'ak	u : č'E kwE : č'ak	u : yE kwE :	wE : n-il kwE : č'ak	wE : n-il kwE :
03-7. ㅙ : 왜국 횃대	*wÉnom hwE : tt'E	*wÉnom hwEtt'E	*wÉnƎm hwE :	wÉguk x	*wÉnom x
03-8. ㅝ : 원망 권투	wƎ : nmaŋ kwƎ : ntʰu	wƎ : mmaŋ ko : ntʰu	wƎ : mmaŋ kwƎ : ntʰu	wƎ : nmaŋ kwƎ : ntʰu	wƎ : nmaŋ kwƎ : ntʰu
03-9. ㅘ : 왕 과부	waŋ kwa : bu	waŋ kwa : bu	waŋ kwa : bu	waŋ kwa : bu	waŋ kwa : bu
03-10. ㅢ : 의논 무늬	i : non múni	ɨ : non múni	i : nun múni	ɨynon múni	ɨy : non múni
03.보충①왜국 외국	*wÉnom wE : guk	*wÉnom wE : guk	*wÉnƎm wE : guk	*wÉguk wE : guk	*wÉnom wE : guk
03.보충②왜(何) 오이(瓜)	wa : wE :	wa : wE :	wa : oi	wE/wa oi	wE oi
03.보충③椅子 利子	íǰa iǰa	ɨǰa íǰa	íǰa íǰa	ɨ́yǰa iǰa	ɨ́yǰa iǰa
03.보충④슈監 열(十)	yƎ : ŋgam yƎl	yƎ : ŋgam yƎ : l	yƎ : ŋgam yƎl	yƎ : ŋgam yƎl	yƎ : ŋgam yƎl
03.보충⑤열쇠 열-지(-어라)	yƎ : lswE yƎ́rƎra	yƎ : lswE yƎ́rƎra	yƎ : lswE yƎ́rƎra	yƎ : lswE yƎ́rƎra	yƎ : lswE yƎ́rƎra

3. 音長・聲調

어사 \ 지역	천부(老)	태하(老)	저동(老)	천부(少)	태하(少)
04.장모음 ㅣ밀(蜜) ㅔ메(柊) ㅐ매(鷹) ㅟ뒤(後) ㅚ죄(罪) ㅡ들(野) ㅓ널(板) ㅏ감(柿) ㅜ굴(窟) ㅗ속(裏)	 i : E : E : i : E : Ǝ : Ǝ : a : u : o :	 i : E : E : wi : wE : ɨ : Ǝ : a : u : o :	 i : E : E : i : E : Ǝ : Ǝ : a : u : o :	 i : E : E : i : E : ɨ : Ǝ : a : u : o :	 i : E : E : wi : wE : ɨ Ǝ : a : u : o :
05-1 ㅣ : 일(一)/ 일(事)	íl i : l	íl i : l	íl i : l	íl i : l	íl i : l
05-2 ㅟ : 뛰(躍)-/	t'índa	t'índa	t'índa	t'índa	t'wínda

어사 \ 지역	천부(老)	태하(老)	저동(老)	천부(少)	태하(少)
휘(曲)-	húaǰinda/ hwí : nda	húa (čamnɨnda)	húaǰinda/ hwí : nda	huaǰinda/ hwí : nda	hwi : nda
05-3 ㅚ : 되(升)-/ 되(硬)-	tEnda tE : da	tEnda twE : da	tEnda twE : da	twÉ : da twE : da	x twE : da
05-4A ㅐ : 깨(破)-/ 깨(覺)-	k'Énda k'Enda	k'Énda k'Enda	k'Énda k'Enda	k'É : nda k'Enda	k'Énda k'Enda
05-4B ㅐ : 매(鞭)-/ 매(鷲)-	mE mE :	mE mE :	mE mE :	mE : mE :	mE mE :
05-5 ㅓ : 벌(罰)/ 벌(蜂)	pƎl pƎ : l	pƎl pƎ : l	pƎl pƎ : l	pƎl pƎl	pƎl pƎl
05-6 ㅏ : 밤(夜)/ 밤(栗)	pám pa : m	pám pa : m	pám p'a : m	pam pam	pam pam
05-7A ㅜ : 눈(眼)/ 눈(雪)	nún nu : n	nún nu : n	nún nu : n	nun nun	nún nu : n
05-7B ㅜ : 줄(絃)/ 줄(연장)	čúl ču : l	čúl ču : l	čúl ču : l	čúl x	čúl x
05-8 ㅗ : 볼(顔)/ 볼(버선)	p'ól pol	p'ol pol	p'ól pol	p'ól po : l	pol pol
05-9 ㅔ/ㅚ : 제(祭)/ 죄(罪)	x čwE :	čE : čwE :	čE čwE :	x čwE :	čE : čwE :
05-10 ㅡ/ㅓ : 들(野) 덜(小)	tƎ : l tƎ : l	tɨ : l tƎ : l	tƎ : l tƎ : l	tɨ : l tƎ : l	tɨl tƎl
06-1 ㅣ 기(旗)/ 귀(耳)/ 게(蟹)	kí kwi ki :	kí kwi : ki :	kí kwi ki :	kí kwi kE :	kí kwi kE :
06-2 ㅔ 되(化)- 되(升)- 되(硬)-	tÉnda tEnda tE : da	tÉnda tEnda twE : da	tÉnda tEnda twE : da	twÉda twÉ : da twE : da	twÉnda x twE : da
06-3 ㅐ 배(梨) 배(腹) 배(倍)	pÉ pE pE :	pÉ pE pE :	pÉ pE pE :	pÉ pE pE :	pÉ pE pE :
06-4 ㅡ 금(金) 금(線)	kƎ́m kƎm	kɨ́m kɨm	kƎ́m kƎm	kɨ́m kɨm	kɨ́m kɨm
06-5 ㅓ 섬(石) 섬(島)	x sƎ : m	x sƎ : m	sƎm sƎ : m	x sƎ : m	x sƎ : m
06-6 ㅏ 말(馬) 말(斗)	mál mal	mál mal	mál mal	mál mal	mál mal

어사 \ 지역	천부(老)	태하(老)	저동(老)	천부(少)	태하(少)
말(言)	ma : l	ma : l	ma : l	ma : l	ma : l
06-7 ㅜ 술(匙) 술(酒)	sul súl	sul súl	sul súl	sul súl	sul súl
06-8 ㅗ 손(手) 손(客) 손(孫)	son són so : n	son són so : n	son són so : n	son són son	son són so : n
07-1A 배(梨)-가/ -에(서), -한테/ -조차, -까지	pÉga pÉEsƎ pEk'áǰi	pÉga pÉEsƎ pEk'áǰi	pÉga pÉEsƎ pEk'áǰi	pÉga pÉE pEk'áǰi	pÉga pÉEsƎ pEk'áǰi
07-1B 배(腹)-가/ -에(서), -한테/ -조차, -까지	pEga pÉEsƎ pEk'aǰi	pEga pÉEsƎ pEk'aǰi	pEga pÉEsƎ pEk'aǰi	pEga pÉEsƎ pEk'aǰi	pEga pÉEsƎ pEk'aǰi
07-1C 배(倍)-가/ -에(서), -한테/ -조차, -까지	pE : ga pE : EsƎ pE : k'aǰi	pE : ga pE : EsƎ pE : k'aǰi	pE : ga pE : EsƎ pE : k'aǰi	pE : ga pE : E pE : k'aǰi	pE : ga pE : EsƎ pE : k'aǰi
07-2A 하늘(天)-이/ -에(서),-한테/ -조차, -까지	hánƎri hánƎrEsƎ hánƎlk'aǰi	hánɨri hánɨrEsƎ hánɨlk'aǰi	hánƎri hánƎrE hánƎlk'aǰi	hánɨri hánɨrEsƎ hánɨlk'aǰi	hánɨri hánɨrEsƎ hánɨlk'aǰi
07-2B 사람(人)-이/ -에(서),-한테/ -조차, -까지	sa : rami sa : ram -ɦant^{h}E sa : ramk'aǰi	sa : rami sa : ram -ɦant^{h}E sa : ramǰoč^{h}a	sa : rami sa : ram -ɦant^{h}E sa : ramk'aǰi	sa : rami sa : ram -ɦant^{h}E sa : ramk'aǰi	sa : rami sa : ram -ɦant^{h}E sa : ramǰoč^{h}a
07-3A미나리(芹)-가/ -에(서),-한테/ -조차, -까지	mináriga mináriEsƎ minárik'aǰi	mináriga mináriEsƎ mináriǰoč^{h}a	mináriga mináriEsƎ minárik'aǰi	mináriga mináriEsƎ minárik'aǰi	mináriga mináriEsƎ mináriǰoč^{h}a
07-3B며느리(婦)-가/ -에(서),-한테/ -조차, -까지	mÉnƎriga mÉnƎri -ɦant^{h}E mÉnƎrik'aǰi	myƎ́nɨriga myƎ́nɨri -ɦant^{h}E myƎ́nɨriǰoč^{h}a	mÉnƎriga mÉnƎri -ɦant^{h}E mÉnƎrik'aǰi	myƎ́nɨriga myƎ́nɨri -ɦant^{h}E myƎ́nɨrik'aǰi	myƎ́nɨriga myƎ́nɨri -ɦant^{h}E myƎ́nɨriǰoč^{h}a
07-3C사마귀(痣)-가/ -에(서),-한테/ -조차, -까지	samáguga samáguEsƎ samáguk'aǰi	samáguga samáguEsƎ samáguk'aǰi	samáguga samáguEsƎ samáguk'aǰi	samágwiga samágwiEsƎ samágwik'aǰi	samágwiga samágwiEsƎ samágwik'aǰi
07-4 해바라기-가/ -에(서),-한테/ -조차, -까지	hEbarágiga hEbarágiEsƎ hEbarágik'aǰi	hEbarágiga hEbarágiEsƎ hEbarági -ǰoč^{h}a	hEbarÉgiga hEbarÉgiEsƎ	hEbarágiga hEbarágiEsƎ hEbarágik'aǰi	hEbarágiga hEbarágiEsƎ hEbarági -ǰoč^{h}a
07보충①그 사람만이	kƎ sáram -manyi	△	kƎsáram -man	△	kƎ : saram -mani

어사＼지역	천부(老)	태하(老)	저동(老)	천부(少)	태하(少)
07보충②세상 사람이	sE : saŋ sa : rami	sE : saŋ sa : rami	sE : saŋ sarami	△	sE : saŋ sa : rami
07보충③많은 세상 사람이	△	△	△	△	ma : nɨn sE : saŋ sa : rami
07보충④사람들이	sa : ramdƎri	sa : ramdɨri	sa : ramdƎri	sa : ramdƎri	sa : ramdɨri
08A 잡(把)-지/ -더라/ -으면/ -(아/어)서	čápč'i čapt'Ǝ́ra čábƎmƎn čábasƎ	čapč'í čapt'Ǝ́ra čábɨmyƎn čábasƎ	čápč'i čapt'Ǝ́ra čábƎmƎn čábasƎ	čápč'i čapt'Ǝ́ra čábɨmyƎn čábasƎ	čápč'i čapt'Ǝ́ra čábɨmyƎn čábasƎ
08B 물(嚙)-지/ -더라/ -으면/ -(아/어)서	múlǰi muldƎ́ra múlmƎn múrƎsƎ	mú(l)ǰi mu(l)dƎ́ra mú(l)myƎn múrƎsƎ	múlǰi muldƎ́ra múlman múrƎsƎ	múlǰi muldƎ́ra múlmyƎn múrƎsƎ	múlǰi muldƎ́ra múlmyƎn múrƎsƎ
08C 알(知)-지/ -더라/ -으면/ -(아/어)서	a : lǰi a : ldƎra a : lmƎn árasƎ	a : lǰi a : ldƎra a : lmyƎn árasƎ	a : ǰi a : dƎra a : lman árasƎ	a : lǰi a : ldƎra a : lmyƎn árasƎ	a : lǰi a : ldƎra a : lmyƎn árasƎ
08D 감(洙)-지/ -더라/ -으면/ -(아/어)서	k'amč'i k'amt'Ǝra k'amƎmƎn k'amasƎ	k'amč'i k'amt'Ǝra k'amɨmyƎm k'amasƎ	k'amč'i k'amt'Ǝra k'amƎmyƎn k'amƎsƎ	k'amč'i k'amt'Ǝra k'amɨmyƎm k'amasƎ	k'amč'i k'amt'Ǝra k'amɨmyƎm k'amasƎ
08E 없(無)-지/ -더라/ -으면/ -(아/어)서	Ǝ : pč'i Ǝ : pt'Ǝra Ǝ : psƎmƎn Ǝ : psƎsƎ	Ǝ : pč'i Ǝ : pt'Ǝra Ǝ : psɨmyƎn Ǝ : psƎsƎ	Ǝ : pč'i Ǝ : pt'Ǝra Ǝ : psƎm -yƎn Ǝ : psƎsƎ	Ǝ : pč'i Ǝ : pt'Ǝra Ǝ : psɨmyƎn Ǝ : psƎsƎ	Ǝ : pč'i Ǝ : pt'Ǝra Ǝ : psɨmyƎn Ǝ : psƎsƎ
08F 더럽-지/ -더라/ -으면/ -(아/어)서	tƎ : rƎpč'i tƎ : rƎpt'Ǝra tƎ : rƎbƎ -mƎn tƎ : rƎbƎsƎ	tƎ : rƎpč'i tƎ : rƎpt'Ǝra tƎ : rƎbu -myƎn tƎ : rƎbƎsƎ	tƎ : rƎpč'i tƎ : rƎpt'Ǝra tƎ : rƎbƎ -myƎn tƎ : rƎbƎsƎ	tƎrƎpč'i tƎrƎpt'Ǝra tƎrƎumyƎn tƎrƎwƎsƎ	tƎrƎpč'i tƎrƎpt'Ǝra tƎrƎumyƎn tƎrƎwƎsƎ
08G 모르(不知)-지/ -더라/ -으면/ -(아/어)서	morƎ́ǰi morƎdƎ́ra morƎ́mƎn mo : llasƎ	morɨ́ǰi morɨdƎ́ra morɨ́myƎn mo : llasƎ	morƎ́ǰi mórƎdƎra mórƎmyƎn mo : llasƎ	morɨ́ǰi morɨdƎ́ra morɨ́myƎn mo : llasƎ	morɨ́ǰi morɨdƎ́ra morɨ́myƎn mo : llasƎ
08H 흐르(流)-지/ -더라/	hƎrƎ́ǰi hƎrƎdƎ́ra	hirɨ́ǰi hirɨdƎ́ra	hƎrƎ́ǰi hƎrƎdƎ́ra	hirɨ́ǰi hirɨdƎ́ra	hirɨ́ǰi hirɨdƎ́ra

지역 어사	천부(老)	태하(老)	저동(老)	천부(少)	태하(少)
-으면/ -(아/어)서	hƎrƎ́mƎn hƎ́llƎsƎ	hɨrɨmyƎn hɨllƎsƎ	hƎrƎ́myƎn hƎ́llƎsƎ	hɨrɨmyƎn hɨllƎsƎ	hɨrɨmyƎn hɨllƎsƎ
08I 드물(稀)-지/ -더라/ -으면/ -(아/어)서	tƎmulǰi tƎmuldƎra tƎmulmƎn tƎmurƎsƎ	tɨmulǰi tƎmudƎra tƎmumyƎn tƎmurƎsƎ	tƎmuǰi tƎmudƎra tƎmumEn tƎmurƎsƎ	tɨmulǰi tɨmuldƎra tɨmulmyƎn tɨmurƎsƎ	tɨmulǰi tɨmuldƎra tɨmulmyƎn tɨmurƎsƎ
08J 부드럽(柔)-지/ -더라/ -으면/ -(아/어)서	pudƎrƎ́pč'i pudƎrƎp -t'Ǝ́ra pudƎrƎ́bƎ -mƎn pudƎrƎ́ -wƎsƎ	pudɨrƎ́pč'i pudɨrƎp -t'Ǝ́ra pudɨrƎ́u -myƎn pudɨrƎ́ -wƎsƎ	pudƎrƎ́pč'i pudƎrƎp -t'Ǝ́ra pudƎrƎ́bƎ -myƎn pudƎrƎ́ -bƎsƎ	pudɨrƎ́pč'i pudɨrƎp -t'Ǝ́ra pudɨrƎ́u -myƎn pudɨrƎ́ -wƎsƎ	pudɨrƎ́pč'i pudɨrƎp -t'Ǝ́ra pudɨrƎ́u -myƎn pudɨrƎ́ -wƎsƎ
09A (물건을)잡+히 -었다(使動)/ (도둑놈이)잡+히 -었다(피동)	čÉp^{h}itt'a čap^{h}í：tt'a	čÉp^{h}yƎtt'a čap^{h}É：tt'a	čÉp^{h}itt'a čap^{h}í：tt'a	čÉp^{h}yƎtt'a čap^{h}yƎ́tt'a	čáp^{h}yƎtt'a čap^{h}yƎ́：tt'a
09B(소금을 물에)풀 +리-었다(使動)/ (문제가)풀+리- 었다(被動)	x p^{h}ullyí：t'a	x p^{h}ullÉ：tt'a	x p^{h}ullyí：t'a	p^{h}ullyƎ́tt'a p^{h}ullyƎ́tt'a	x p^{h}ullyƎ́：tt'a
09C (소식을)알+리 -었다(使動)/ (내가 잘)알+리 -어졌다(被動)	allyí：tt'a allyí：ǰƎtt'a	allÉ：tt'a árƎǰƎtt'a	allyí：tt'a allyí：ǰƎtt'a	allyƎ́tt'a allyƎ́ǰƎtt'a	allyƎ́：tt'a allyƎ́：ǰƎtt'a
09D (머리를) 감+기-었다 (使動)/(머리가) 감+기-었다(被動)	x	k'aŋk'É： (čo：t'a)	k'amk'í： (čunda)	k'amk'yƎ́tt'a	k'amk'yƎ́：t -t'a k'amk'yƎ́： -ǰƎtt'a
09보충① (돈을) 없앴다	ƎpsÉ：tt'a	ƎpsEp'utt'a	ƎpsÉ：tt'a	ƎpsÉtt'a	ƎpsÉ：tt'a
09보충② (신발이) 바뀌겠다	pak'wí：gE -tt'a	pak'uk^{h}Étt'a	pak'í：gEt'a	pak'ígEtt'a	pak'wígEtt'a
09보충③(옷을) 더럽혔다	tƎ：rƎp^{h}it -t'a	*pÉritt'a	*pÉrit'a	tƎrƎp^{h}yƎt -t'a	tƎ：rƎp^{h}yƎt -t'a
09보충④ (몸이) 더럽혀졌다	tƎ：rƎbƎǰƎt -t'a	x	x	tƎrƎp^{h}yƎ -ǰƎtt'a	tƎ：rƎp^{h}yƎ -ǰƎtt'a

4. 억양

어사 \ 지역	천 부(老)	태하(老)	저동(老)	천부(少)	태하(少)
10-1(說明)어디를 가니? (어느 곳에)	Ǝdi kano	Ǝdi kano	ƎdE kano	Ǝdi kano	Ǝdi kano Ǝdi kanɨndE
10-2(判定)어디를 가니? (어디엔가)	Ǝdi kana	Ǝdi kana	ƎdE kana	Ǝdi kana	Ǝdi kana
10-3(修辭)어디를 가니? (아무데도 가지 않음)	Ǝdi kana	Ǝdi kana	ƎdE kana	Ǝdi kana	Ǝdi kana

5. 자음탈락

어사 \ 지역	천부(老)	태하(老)	저동(老)	천부(少)	태하(少)
11-1 값-이/ -도/ -하고/ -만	kapsyi kapt'o kaphago kamman	kabi kapt'o kaphago kamman	kapsyi kapt'o kaphago kamman	kapsyi kapt'o kaphago kamman	kapsyi kapt'o kap^{h}ago kamman
11-2 삯-이/ -도/ -하고/ -만	sági sákt'o sakh́ago sáŋman	sági sákt'o sakh́ago sáŋman	sági sákt'o sakhágo sáŋman	sági sákt'o sakhágo sáŋman	sági sákt'o sak^{h}ágo sáŋman
11(보충) 까닭	x	k'ádagi k'ádakt'o	x	k'ádalgi k'ádakt'o k'adak^{h}ágo k'ádaŋman	k'ádagi k'ádakt'o
지붕	čibúŋi čibúŋdo čibuŋɦágo čibúŋman	△	čibúŋi čibúŋdo čibuŋɦágo čibúŋman	čibúŋi čibúŋdo čibuŋɦágo čibúŋman	čibúŋi čibúŋdo
돐	tori told(t')o tolɦago tolman	tori tolt'o	tolsyi/tori tolt'o tolɦago tolman	tori toldo tolɦago tolman	tori tolt'o
닭	tári tált'o talɦágo tálman	tal tári tált'o	tári tált'o talɦágo tálman	tági tákt'o takhágo táŋman	tak tági tákt'o

지역 어사	천부(老)	태하(老)	저동(老)	천부(少)	태하(少)
여덟	yə́dəlbi yə́dəlt'o yədəlɦágo yə́dəlman	yə́dəl yə́dərida yə́dəlt'o	yədərida yə́dəlt'o yədəlɦágo yə́dəlman	yə́dəri yə́dəldo yədəlɦágo yə́dəlman	yə́dəl yə́dərida yə́dəlt'o
기슭	kísəri kísəlt'o kisəlɦágo kísəlman	*sanp'íal	x	x	kísɨk kísɨgi kísɨkt'o
돌	to : ri to : lt'o to : lɦago to : lman	to : ri to : lt'o	to : ri to : lt'o to : lɦago to : lman	tori tolt'o tolɦago tolman	to : ri to : ldo
흙	hə́gi/hə́ri hə́lt'o həkhágo hə́lman	hɨl hɨri hɨlt'o hɨlman	hə́ri hə́lt'o həlɦágo hə́lman	hɨgi hɨkt'o hɨkhágo hɨŋman	hɨk hɨgi hɨkt'o hɨŋman
12-1 젊-어/아/ -지/ -더라/ -(는)다	čə́lmə čə : mč'i čə : mt'əra čə : mt'a	čə́lmə čə : mč'i čə : mt'əra čə : mt'a	čə́lmə čə : mč'i čə : mt'əra čə : mt'a	čə́lmə čə : mč'i čə : mt'əra čə : mt'a	čə́lmə čə : mč'i čə : mt'əra čə : mt'a
12-2 맑-어/아/ -지/ -더라/ -(는)다	málga málč'i malt'ə́ra mált'a	málga málč'i malt'ə́ra mált'a	málga málč'i malt'ə́ra mált'a	málga málč'i malt'ə́ra mált'a	málga málč'i malt'ə́ra mált'a
12-3 밟-어/아/ -지/ -더라/ -(는)다	pálba pa : lč'i pa : lt'əra pa : llənda	pálba pa : lč'i pa : lt'əra pa : llɨnda	pálbəra pa : lč'i pa : lt'əra pa : llənda	pálba pa : lč'i pa : lt'əra pa : llɨnda	pálba pa : lč'i pa : lt'əra pa : llɨnda
12-4 핥-어/아/ -지/ -더라/ -(는)다	háltʰa hálč'i halt'ə́ra hallə́nda	hóltʰa hólč'i holt'ə́ra hollɨnda	hóltʰə holč'i holt'ə́ra hollə́nda	háltʰa hálč'i halt'ə́ra hallɨnda	háltʰa hálč'i halt'ə́ra hallɨnda
12-5 없-어/아/ -지/ -더라/ -(는)다	ə : psə ə : pč'i ə : pt'əra ə : pt'a	ə : psə ə : pč'i ə : pt'əra ə : pt'a	ə : psə ə : pč'i ə : pt'əra ə : pt'a	ə : psə ə : pč'i ə : pt'əra ə : pt'a	ə : psə ə : pč'i ə : pt'əra ə : pt'a
12(보충) 앉다	ánǰa ánč'i	ánǰəra anč'i	ánǰə anč'i	ánǰa ánč'i	ánǰara ánč'i

지역 / 어사	천부(老)	태하(老)	저동(老)	천부(少)	태하(少)
	ant'Ǝ́ra annǝ́nda	ant'Ǝ́ra annɨnda	ant'Ǝ́ra annǝ́nda	ant'Ǝ́ra annɨnda	ant'Ǝ́ra annɨnda
얹다	Ǝ́nǰƎ Ǝ́nč'i Ǝnt'Ǝ́ra ƎnnƎ́nda	Ǝ́nǰƎra Ǝnč'i Ǝnt'Ǝ́ra Ǝnnɨnda	Ǝ́nǰƎ Ǝnč'í Ǝnt'Ǝ́ra ƎnnƎ́nda	Ǝ́nǰƎ Ǝ́nč'i Ǝnt'Ǝ́ra Ǝnnɨnda	Ǝ́nǰƎra Ǝnč'i Ǝnt'Ǝ́ra Ǝnnɨnda
삶다	sálma samč'i samt'Ǝra samnƎnda	sálma sa : mč'i sa : mnɨnda	sálma sa : mč'i sa : mt'Ǝra sa : mnƎnda	sálma samč'i samt'Ǝra samnɨnda	sálma sa : mč'i sa : mt'a sa : mnɨnda
곪다	kólma komč'i komt'Ǝra komnƎnda	*kwÉŋgisƎ *kwÉŋginda	kólma *kwEŋginda	kólma komč'i komt'Ǝra komnɨnda	kólma ko : mt'a ko : mnɨnda
굶다	kúlmƎ kumč'i kumt'Ǝra kumnƎnda	kúlmƎ ku : mk'o ku : mt'Ǝra ku : mnɨnda	kúlmƎ ku : mč'i ku : mt'Ǝra ku : mnƎnda	kúlmƎ kumč'i kumt'Ǝra kumnɨnda	kúlmƎ ku : mt'a ku : mnɨnda
얇다	yálba yalč'i yalt'Ǝra yalt'a	yálbƎsƎ ya : lt'Ǝra ya : lt'a	yálba ya : lč'i ya : lt'Ǝra ya : lt'a	yálba yalč'i yalt'Ǝra yalt'a	yálbasƎ ya : lč'i ya : lt'Ǝra ya : lt'a
읊다	Ǝ́lp^hƎ Ǝ́lč'i Ǝlt'Ǝ́ra ƎllƎ́nda	x	x	ɨlp^hƎ ɨlč'i ɨlt'Ǝra ɨllɨnda	ɨlp^hƎ ɨpč'i ɨpt'a
훑다	húlt^hƎ húlč'i hult'Ǝ́ra hullƎ́nda	húlt^hƎra hulč'i hullɨnda	húlt^hƎ húlč'i hult'Ǝ́ra hullƎ́nda	húlt^hƎ hulč'i hult'Ǝ́ra hullɨnda	húlt^hƎra hulč'i hullɨnda

6. 불규칙활용

지역 / 어사	천부(老)	태하(老)	저동(老)	천부(少)	태하(少)
13-1A돕(助)-고/ -으니까/ -아/어(서)/ -오/소	tópk'o tóunyik'a tóasʌ tóuso	tóugo *tówa tówa	tóugo tóuni tóa tóuso	topk'o tóunyik'a tóasʌ tóuso	tóugo >topk'o tóunyik'a tówasʌ
13-1B무섭-고/ -으니까/ -아/어(서)/ -오/소	musʌ́pk'o musʌ́unyik'a musʌ́bʌsʌ x	musʌ́pk'o musʌ́u^{ŋ}i musʌ́bʌsʌ x	musʌ́pk'o musʌ́bʌ^{ŋ}i musʌ́bʌsʌ músʌpso/ musʌ́pso	musʌ́pk'o musʌ́unyik'a musʌ́wʌ/ musʌ́ʌsʌ musʌ́pso	musʌ́pk'o musʌ́uyik'a musʌ́wʌsʌ x
13-2A듣(聽)-고/ -으니까/ -아/어(서)/ -오/소	tʌ́tk'o tʌrʌ́nyik'a tʌ́rʌsʌ tʌ́rʌso	tɨkk'o tɨrɨ́^{ŋ}i tɨrʌ x	tʌ́tk'o *tʌ́rʌ (poni) tʌ́rʌ tʌ́rʌ (poso)	tɨtk'o tɨrɨnyik'a tɨrʌsʌ x	tɨtk'o tɨrɨnyik'a tɨrʌsʌ x
13-2B묻(問)-고/ -으니까/ -아/어(서)/ -오/소	mu : tk'o múrʌnyik'a múrʌsʌ múrʌso	mu : lk'o múrʌ (pó^{ŋ}i) múrʌsʌ *mu : llɨnda	mu : kk'o múrʌ múrʌ múrʌso	mu : k'o múrɨnyik'a múrʌsʌ x	mu : tk'o múrɨnyik'a múrʌsʌ x
13-3A 들(擧)-고/ -으니까/ -아/어(서)/ -오/소	tʌ́lgo tʌ́nyik'a tʌ́rʌsʌ x	tɨlgo tɨlgo (po^{ŋ}i) tɨrʌ x	tʌ́lgo tʌ́^{ŋ}i tʌ́rʌ tʌ́so	tɨlgo tɨnyik'a tɨrʌsʌ x	tɨlgo tɨnyik'a tɨrʌsʌ x
13-3B 살(生)-고/ -으니까/ -아/어(서)/ -오/소	sa : lgo sa : nyik'a sárasʌ sa : so	sa : lgo sa : ^{ŋ}i sárasʌ x	sa : lgo sa : nyik'a sára sa : so	sa : lgo sa : nyik'a sárasʌ x	sa : lgo sa : nyik'a sárasʌ x
13-4A 긋(劃)-고/ -으니까/ -아/어(서)/ -오/소	k'ʌ́nk^{h}o k'ʌ́nyik'a k'ʌ́ʌsʌ x	kɨɨlgo x kɨʌra x	k'ʌ́ʌgo k'ʌ́ʌ^{ŋ}k'inE k'ʌ́ʌ k'ʌ́ʌso	k'ɨkk'o k'ɨɨnyik'a k'ɨʌ x	kɨkk'o kɨɨnyik'a kɨʌsʌ x
13-4B 낫(癒)-고/ -으니까/ -아/어(서)/ -오/소	na : k'o náʌnyik'a náasʌ x	na : k'o násɨ^{ŋ}i náasʌ náatt'a	na : k'o násʌ^{ŋ}i násʌt'a x	na : k'o náɨnyik'a náasʌ x	na : k'o náɨnyik'a náasʌ x
13-4(보충)낳(産)-고 -으니까/ -아/어(서)/ -오/소	nók^{h}o náʌnyik'a náasʌ x	nók^{h}o náasɨ^{ŋ}i náasʌ x	nók^{h}o nói^{ŋ}k'a náasʌ x	nák^{h}o náɨnyik'a náasʌ x	nák^{h}o náɨnyik'a náasʌ x

지역 / 어사	천부(老)	태하(老)	저동(老)	천부(少)	태하(少)
13-5 노랗(黃)-고/ -으니까/ -아/어(서)/ -오/소	norák^{h}o noránylk'a norÉ : sƎ x	norák^{h}o x norásƎ x	norák^{h}o norái^{ŋ}k'inE norÉ : sƎ norátso	norák^{h}o noránylk'a norÉ : sƎ x	norák^{h}o noránylk'a no : rEsƎ x
13-6 흐르(流)-고/ -으니까/ -아/어(서)/ -오/소	hƎrƎ́go hƎrƎ́nyik'a hƎ́llƎsƎ x	hɨrɨ́go hɨrɨ́^{ŋ}i hɨ́llƎsƎ x	hƎrƎ́go hƎrƎ́^{ŋ}i hƎ́llƎsƎ x	hɨrɨ́go hɨrɨ́nyik'a hɨ́llƎsƎ x	hɨrɨ́go hɨrɨ́nyik'a hɨ́llƎsƎ x
13-7 하(爲)-고/ -으니까 / -아/어(서)/ -오/소	hágo hányik'a hE : ra haso	hágo há^{ŋ}i hE : sƎ haso	hágo hái^{ŋ}k'ƎnE hE : sƎ haso	hágo hányik'a hE : sƎ haso	hágo hányik'a hE : sƎ x
13(보충)iA 빨(濯) -으나/ -다마다	p'ánámana	p'ánamana	p'ánámana	p'ana	p'anamana
13(보충)iB 걸(懸) -으나/ -다마다	kƎnámana	kƎ : namana	kƎ : namana	kƎ : na	kƎ : namana
13(보충)iC 걷(步) -으나/ -다마다	kƎ́rƎnamana	kƎ́rɨnamana	kƎ́rƎnamana	kƎ́rɨna	kƎ́rɨnamana
13(보충)iiA 알(知) -고 -는다/ -어서/ -으니까	a : lgo a : nda árasƎ x	a : lgo a : nda árasƎ a^{ŋ} : i	a : lgo a : nda árƎsƎ a : nyí	a : lgo a : nda árasƎ a : nyik'a	a : lgo a : nda árasƎ a : nyik'a
13(보충) ii B 앓(患) -고/ -는다/ -어서/ -으니까	álk^{h}o allƎ́nda álgƎsƎ álgƎnyik'a	*ma : ^{ŋ}i -ap^{h}úda	álk^{h}o allƎ́nda álgƎsƎ álgƎnyi	álk^{h}o allɨnda árasƎ árɨnyik'a	álk^{h}o allɨnda árasƎ árɨnyik'a
13(보충) ii C 먹(食) -고/ -는다/ -어서/ -으니까	mƎ́kk'o mƎŋnƎ́nda mƎ́gƎsƎ mƎ́gƎnyik'a	múkk'o muŋnɨ́nda múgƎsƎ múgɨ^{ŋ}i	mƎ́k'o mƎŋnƎ́nda mƎ́gƎsƎ mƎ́gƎ^{ŋ}i	mƎ́kk'o/ múkk'o mƎŋnɨ́nda mƎ́gƎsƎ mƎ́gɨnyik'a/ mú : nyik'a	mƎ́kk'o mƎŋnɨ́nda mƎ́gƎsƎ mƎ́gɨnyik'a

지역 / 어사	천부(老)	태하(老)	저동(老)	천부(少)	태하(少)
붓다	puk'o puƎsƎ	putk'o punnɨ́nda pƎ́Ǝra	puk'o poara	pƎk'o pƎƎsƎ pƎ : nyik'a	púkk'o púwƎsƎ púƎra púunyik'a
맵다	mEpk'o mEbƎsƎ	mÉbƎsƎ mÉbundE	mÉbƎsƎ mÉbƎ^{0}i	mEpk'o mEbƎ mEbɨnyik'a	mÉpk'o mÉwƎsƎ mÉunyik'a
걷다	kƎ : nnƎnda kƎrƎra	kƎ : llɨnda kƎ́rƎ kƎ́rƎtt'a kƎ́rɨ^{0}i	kƎnnƎnda kƎrƎ	kƎrƎ kƎrƎsƎ kƎrɨnyik'a	kƎ : kk'o kƎ́rƎsƎ kƎ́rƎtt'a kƎ́rɨnyik'a

7. 자음축약

지역 / 어사	천부(老)	태하(老)	저동(老)	천부(少)	태하(少)
14-1A 놓게	nók^{h}E	nók^{h}E	nók^{h}E	*nók^{h}o	*nok^{h}o
14-1B 좋더라	čo : t^{h}Ǝra	čo : t^{h}Ǝra	čo : t^{h}Ǝra	čo : t^{h}Ǝra	čot^{h}Ǝra
14-1C 떡하고 밥하고	t'Ǝkhágo paphágo	t'Ǝkhágo paphágo	t'Ǝkhágo paphágo	t'Ǝkhágo paphágo	t'Ǝkk^{h}ágo papp^{h}ágo
14-2A 굽혀라	k'úp^{h}ira	k'ubúrira	k'úp^{h}ira	kúp^{h}yƎra	kúp^{h}yƎra
14-2B 먹힌다	mƎk^{h}ɨ́ : nda	mik^{h}ɨ́nda	mƎk^{h}ɨ́ : nda	mƎk^{h}ɨ́nda	mƎk^{h}ɨ́nda
14-2C 急히	*sEgi/p'álli	*p'álli	kƎp^{h}i	*p'álli	*p'álli
14-2D 速히	sEgi/*p'álli	*p'álli	sEgi	*p'álli	*p'álli
14-3A 깨끗하군요	k'Ek'Ǝtha -nídƎ	*čal hEnan -nE	k'Ek'Ǝt -hada	k'Ek'ɨt^{h}á -nEyo	k'Ek'ɨtt^{h}á -nEyo
14-3B 못했습니다	mo : nɦÉn -nidƎ	mo : nɦEt -t'a	mo : nɦE -t'a	mot^{h}Ésɨm -nida	mo : t^{h}E -sɨmnida
14-4A 떡했니	t'Ǝk hE : -nna	t'Ǝk hE : -nna	t'Ǝk hE : -nna	t'Ǝk hE : -nna	t'Ǝkk^{h}E : -nna
14-4B 밥 하고	pap hágo	pap hágo	pap hágo	pap hago	papp^{h}ago

8. 경음화

지역 / 어사	천부(老)	태하(老)	저동(老)	천부(少)	태하(少)
15-1A 밥도 떡국도	papt’o t’Ǝkk’úkt’o	papt’o t’Ǝkk’úkt’o	papt’o t’Ǝkk’úkt’o	papt’o t’Ǝkk’úkt’o	papt’o t’Ǝkk’úkt’o
15-1B(채소)밭보다 (묵정)밭부터	patp’oda : patpút^{h}Ǝ	patp’oda : patpút^{h}Ǝ	patp’oda : patpƎ́t^{h}Ǝŋ	patp’oda : patpút^{h}Ǝ	patp’oda patpút^{h}Ǝ
15-1C 손도 발도	sont’o palt’o	sondo palt’o	sont’o palt’o	sondo paldo	sondo paldo
15-2A 먹지 먹겠다	mukč’i mukk’Étt’a	mukč’i mukk’Étt’a	mƎkč’i mƎk’Ǝ́t’a	mƎkč’i mƎkk’Étt’a	mƎ́kč’i mƎkk’Étt’a
15-2B 입지 입겠다	ipč’i ipk’Étt’a	ipč’i ipk’Étt’a	ipč’i ipk’Ét’a	ipč’i ipk’Étt’a	ipč’i ipk’Ett’a
15-2C 쏟지 쏟겠다	sotč’i sokk’Étt’a	*putč’i	sotč’i sokk’Ét’a	s’otč’i s’okk’Étt’a	s’ótč’i s’okk’Étt’a
15-2D 안지 안겠다	a : nč’i a : ŋk’Ett’a	a : nč’i a : ŋk’Ett’a	a : nč’i a : ŋk’Et’a	a : nč’i a : ŋk’Ett’a	a : nč’i a : ŋk’Ett’a
15-2E 앉지 앉겠다	anč’i aŋk’Étt’a	anč’i aŋk’Étt’a	anč’i aŋk’Ét’a	anč’i aŋk’Étt’a	ánč’i aŋk’Ett’a
15-2F 삼지 삼겠다	sa : mč’i sa : mk’Et’a	sa : mč’i sa : ŋk’Et’a	sa : mč’i sa : ŋk’Et’a	sa : mč’i sa : mk’Ett’a	sa : mč’i sa : mk’Ett’a
15-2G 삶지 삶겠다	sa : mč’i sa : mk’Et’a	sa : mč’i sa : ŋk’Ett’a	sa : mč’i sa : ŋk’Et’a	sa : mč’i sa : mk’Ett’a	sa : mč’i sa : mk’Ett’a
15-2H 긁지 긁겠다	k’Ǝlč’i k’Ǝlk’Ét’a	k’ɨlč’i k’Ǝlk’Étt’a	k’Ǝlč’i k’Ǝlk’Ét’a	k’ɨlč’i k’ɨlk’Étt’a	k’ɨlč’i k’ɨlk’Étt’a
15-3A 할 수 (있다)	hálsu	hál su	hálsu	hál su	hál su
15-3B 먹을 것	múul k’Ǝ	múul k’Ǝsyi	mƎ́gƎlk’Ǝ	mƎ́gɨl k’Ǝ	mƎ́gɨl k’Ǝt
15-3C 어렸을 적	Ǝ́ril t’E	Ǝ́ril t’E	Ǝ́ril t’E	Ǝ́ril č’Ǝk	ƎryƎs’ɨl č’Ǝk
떡쌀	t’Ǝksal	t’Ǝks’al	t’Ǝks’al	t’Ǝks’al	t’Ǝks’al
떡방아	t’Ǝkp’aŋa	t’Ǝkp’aŋa	t’Ǝkp’á^{ŋ}a	t’Ǝkp’aŋa	t’Ǝkp’aŋa
방법(方法)	páŋbƎp	paŋbƎp	páŋbƎp	páŋbƎp	paŋbƎp
창고(倉庫)	č^{h}áŋgo	č^{h}áŋgo	č^{h}áŋgo	č^{h}áŋgo	č^{h}aŋgo
있었다	ísƎtt’a	ísƎtt’a	ísƎtt’a	ísƎtt’a	ís’Ǝtt’a
달(月)도	talt’o	talt’o	talt’o	taldo	taldo

지역 / 어사	천부(老)	태하(老)	저동(老)	천부(少)	태하(少)
말(語)도	ma : lt'o	ma : lt'o	ma : lt'o	ma : ldo	maldo
말(馬)부터	malbútʰƎ	malbútʰƎ	malbútʰƎŋ	malbútʰƎ	malbutʰƎ

9. 비음절화

지역 / 어사	천부(老)	태하(老)	저동(老)	천부(少)	태하(少)
16-1A ㅣ,(반지)끼-지/ -어(서)/ -었다	k'iǰi/č'iǰi k'íƎsƎ k'íƎtt'a	č'iǰi č'Ǝ č'Ǝtt'a	č'iǰi č'ía č'Ǝt'a	k'iǰi k'yƎ : sƎ k'yƎ : tt'a	k'iǰi k'yƎsƎ k'yƎtt'a
16-1B ㅣ,(안개)끼-지/ -어(서)/ -었다	k'í : ǰi k'í : ga k'í : tt'a	*č'í : go č'í : sƎ č'í : tt'a	k'í : ǰi k'í : sƎ k'í : t'a	k'í : ǰi k'yƎ́ : sƎ k'í : tt'a	k'iǰi k'yƎsƎ k'yƎtt'a
16-1C ㅣ,(꽃)피-지/ -어(서)/ -었다	pʰiǰi pʰi : ga /pʰíƎsƎ pʰi : tt'a	*pʰigo pʰi : ga pʰi : nnE	pʰiǰi pʰi : ga pʰi : t'a	pʰiǰi pʰyƎ : sƎ pʰi : tt'a	pʰiǰi pʰíƎsƎ pʰíƎtt'a
16-1D ㅣ, (팔)빼-지/ -어(서)/ -었다	*kamútʰƎ -tt'a	*kamútʰƎ -tt'a	*kamútʰƎ -tt'a	p'í : ǰi p'yƎ́ : sƎ p'í : tt'a	p'i : ǰi p'íƎsƎ p'íƎtt'a
16-1E ㅣ, (짐)지-지/ -어(서)/ -었다	číǰi čƎsƎ čƎtt'a	číǰi čƎsƎ čƎtt'a	čiǰi čƎsƎ čƎt'a	číǰi čƎsƎ čƎtt'a	číǰi čƎsƎ čƎtt'a
16-1F ㅣ, (공)치-지/ -어(서)/ -었다	čʰiǰi čʰƎ čʰƎtt'a	čʰiǰi čʰƎsƎ čʰƎtt'a	čʰiǰi čʰƎsƎ čʰƎt'a	čʰiǰi čʰƎsƎ čʰƎtt'a	čʰiǰi čʰƎsƎ čʰƎtt'a
16-1G ㅣ, (살)찌-지/ -어(서)/ -었다	č'iǰi č'ƎsƎ č'Ǝtt'a	čiǰi čƎsƎ čƎtt'a	čiǰi čƎsƎ čƎt'a	č'iǰi č'ƎsƎ č'Ǝtt'a	č'iǰi č'ƎsƎ č'Ǝtt'a
튀기다	tʰígiǰi tʰigá : sƎ tʰigá : tt'a	tʰíginda tʰígira	tʰíuǰi tʰía : ga tʰía : t'a	tʰígiǰi tʰígyƎsƎ tʰígyƎtt'a	tʰíginda tʰígyƎ
무치다	múnčʰiǰi múnčʰƎsƎ múnčʰƎtt'a	múnčʰinda múnčʰƎra	múnčʰiǰi múnčʰiga : múnčʰit'a	múčʰiǰi múčʰƎ(sƎ) múčʰƎtt'a	mučʰinda múnčʰinda mučʰƎ

어사 \ 지역	천부(老)	태하(老)	저동(老)	천부(少)	태하(少)
훔치다	húmčʰiǰi húmčʰƎsƎ húmčʰƎtt'a	húmčʰinda húmčʰƎ	húmčʰiǰi húmčʰƎsƎ húmčʰƎt'a	húmčʰiǰi húmčʰƎsƎ húmčʰƎtt'a	húmčʰinda húmčʰƎsƎ
알리다	allí : ǰi allí : ga allí : t'a	allyƎ́ : (čora)	álliǰi/allí : ǰi álliga/allí : -ga, allyƎ́ : allí : t'a /allyƎ́ : t'a	alliǰi allyƎ́sƎ allyƎ́tt'a	allí : nda allyƎ́ : (čunda)
굴리다	kúllyiǰi kúllyi (para) kúllyitt'a	kubúrinda kubúllƎ	kubúriǰi kubúrƎ kubúrƎt'a	kúllyiǰi kúllyƎsƎ kúllyƎtt'a	kúllinda kullyƎ́ : ra
16-1(보충)①ㅣ, 부시어서	pusƎ́sƎ	*sEgɨrábasƎ	pačʰyísƎ/ pasyí : sƎ	pusyƎsƎ	púsyƎsƎ
16-1(보충)②ㅣ, 마시었다	másyitt'a	*muŋnɨ́nda	másyit'a	másyƎtt'a	másyƎtt'a
16-1(보충)③ㅣ, 드시었다	x	*čapsusyio	x	tɨsyƎtt'a	tɨsyƎtt'a
16-1(보충)④ㅣ, 지었다	čí : tt'a	číƎtt'a	číat'a	čí : tt'a	číƎtt'a
16-1(보충)⑤ㅣ, 이어라	yƎra	yƎ : (para)	yƎra	í : ra	ira
16-1(보충)⑥ㅣ, 내리어라	nErí : ra/ nErá : ra	nErÉ : ra	nÉrira	nErí : ra	nÉryƎra
16-1(보충)⑦ㅡ, 들르었다	tƎ́llyitt'a	x	tƎ́llyit'a	tɨ́llyitt'a	tɨllyƎ́ : t'a
16-2Aㅜ,(꿈)꾸-지/ -어(서)/ -었다/	k'uǰi k'o : do k'o : tt'a	k'uǰi k'o : ra k'o : tt'a	k'uǰi k'uwasƎ k'uwat'a	k'uǰi k'wƎ : sƎ k'wƎ : tt'a	k'uǰi k'wƎ : sƎ k'wƎ : tt'a
16-2Bㅜ,(돈)꾸-지/ -어(서)/ -었다	k'uǰi k'u : sƎ k'u : tt'a	*píllinda	*čʰEǰi *čʰÉ : ga *čʰÉ : t'a	k'uǰi k'wƎ : sƎ k'u : tt'a	k'unda k'wƎ : sƎ k'wƎ : tt'a
16-2Cㅜ,(장기)두-지/ -어(서)/ -었다	t'Ǝǰi t'ƎsƎ t'Ǝtt'a	t'ɨǰi t'Ǝ́sƎ t'Ǝ́tt'a	t'Ǝǰi t'ƎsƎ t'Ǝt'a	tuǰi twƎ : sƎ tu : tt'a	tuǰi twƎ : sƎ twƎ : tt'a

지역 / 어사	천부(老)	태하(老)	저동(老)	천부(少)	태하(少)
16-2Dㅜ,(죽)쑤-지/ -어(서)/ -었다	suǰi so : so : tt'a	s'uǰi s'o : s'o : tt'a	suǰi/s'uǰi s'o : /soa : sa : t'a/soat'a	s'uǰi s'wƎ : sƎ s'wƎ : tt'a	s'uǰi s'úƎsƎ s'úƎtt'a
16-2Eㅜ,(선물)주-지/ -어(서)/ -었다	čugo čo : do čo : tt'a	čuǰi čo : sƎ čo : tt'a	čugo čo : ga čo : t'a	čuǰi čwƎ : sƎ čo : tt'a	čuǰi čwƎ : sƎ čo : tt'a
16-2Fㅜ,(춤)추-지/ -어(서)/ -었다	č^{h}ugo č^{h}o : do č^{h}o : tt'a	č^{h}uǰi č^{h}o : sƎ č^{h}o : tt'a	č^{h}uǰi č^{h}o : sƎ č^{h}o : t'a	č^{h}uǰi č^{h}wƎ : sƎ č^{h}Ǝ : tt'a	č^{h}uǰi č^{h}wƎ : sƎ č^{h}wƎ : tt'a
바꾸다	pak'úč^{h}i pak'á : sƎ pak'á : tt'a	pak'úgo pak'útč^{h}a pak'wá : ra pak'wá : tt'a	pak'úǰi pak'á : sƎ pak'á : t'a	pak'uǰi pak'á : sƎ pak'á : tt'a	pak'uǰa pak'wƎ́ : sƎ pak'wƎ́ : tt'a
가두다	kadúč^{h}i kadá : sƎ kadá : tt'a	kadugo kadá : ra kadá : tt'a	kadá : t'a	kaduǰi kadá : sƎ kadá : tt'a	kaduǰi kadwƎ́ : sƎ kadúƎtt'a
감추다	kamč^{h}úč^{h}i kamč^{h}á : sƎ kamč^{h}á : tt'a	kamč^{h}ugo kamč^{h}á : ra kamč^{h}á : tt'a	kamč^{h}úǰi kamč^{h}á : sƎ kamč^{h}á : t'a	kamč^{h}uǰi kamč^{h}á : sƎ kamč^{h}á : tt'a	kamč^{h}uǰi kamč^{h}wƎ́ : -ra kamč^{h}w -Ǝ́ : tt'a
태우다	t^{h}Éuǰi t^{h}ÉasƎ t^{h}Éatt'a	t^{h}Éugo t^{h}Éara t^{h}Éatt'a	t^{h}Éuǰi t^{h}ÉasƎ t^{h}Éat'a	t^{h}Éuǰi t^{h}ÉasƎ t^{h}Éatt'a	t^{h}Éuǰi t^{h}ÉwƎra t^{h}ÉwƎtt'a
때우다	t'Éuǰi t'ÉasƎ t'Éatt'a	t'Éugo t'Éatt'a	t'Éuǰi t'ÉasƎ t'Éat'a	t'Éuǰi t'ÉasƎ t'Éatt'a	t'Éuǰi t'ÉwƎra t'ÉwƎtt'a
16-2(보충)①ㅜ, 싸우었다	sáwatt'a	s'áwatt'a	sáwat'a	s'áatt'a	s'áwƎtt'a
16-2(보충)②ㅜ, 배우어라	pÉara	pÉwara	pÉara	pÉara	pÉwƎra
16-2(보충)③ㅜ, 가꾸어라	kak'ára	kak'wára	kak'ára	kak'wƎ́ra	kak'wƎ́ : ra
16-2(보충)④ㅜ, 어두웠다	ƎdƎ́bƎtt'a	ƎdƎ́bƎtt'a	ƎdƎ́bƎt'a	ƎdúwƎtt'a	ƎdúwƎtt'a
16-2(보충)⑤ㅜ, 씌우어라	x	x	x	x	x

어사 \ 지역	천부(老)	태하(老)	저동(老)	천부(少)	태하(少)
16-2(보충)⑥ㅜ, 띄어	t'ía	t'ía	t'ía	t'íǔji t'íƎ s'Ǝtt'a	t'íƎ
16-2(보충)⑦ㅜ, 띄우어라	t'íara	t'íara	t'íara	t'íuǰi, t'íƎra	t'íwƎra
16-3Aㅗ, (비)오-지/ -아(서)/ -았다	óǰi wasƎ watt'a	*ógo wasƎ watt'a	oǰi wasƎ wat'a	óǰi wasƎ watt'a	óǰi wasƎ watt'a
16-3Bㅗ, (선)보-지/ -아(서)/ -았다	póǰi pa : sƎ pa : tt'a	*pógo pa : tt'a	póǰi pa : sƎ pa : t'a	póǰi pa : sƎ pa : tt'a	póǰi pa : sƎ pa : tt'a
16-3Cㅗ, (활)쏘-지/ -아(서)/ -았다	soǰi so : (para) so : tt'a	*s'unda s'o : (poǰa) s'o : tt'a	suǰi soa so : t'a	s'oǰi s'a : sƎ s'a : tt'a	s'o : ǰi s'ówasƎ s'ówatt'a
16-3Dㅗ, (엿)고-지/ -아(서)/ -았다	k'óč^{h}i k'óasƎ k'óatt'a	*k'ó : go k'óasƎ k'óatt'a	k'óuǰi k'óasƎ k'óat'a	*k'ó : ko k'wá : sƎ k'wá : tt'a	*k'óugo k'óasƎ k'óatt'a
16-3(보충)①ㅗ, 놓아라	náara	ná : ra	ná : ra	ná : ra	nóara
16-3(보충)②ㅗ, 좋았다	čo : att'a	čo : watt'a	čo : at'a	čoatt'a	čoatt'a
16-3(보충)③ㅗ, (모이를) 쪼아	č'óa	čóa	č'oǰƎ	č'óa	č'óasƎ

10. 모음조화

어사 \ 지역	천부(老)	태하(老)	저동(老)	천부(少)	태하(少)
17-1Aㅣ, (눈을) 비비-	pibí : do pibí : sƎ	pibÉ :	pibí : do pibí : sƎ pibí : ra pibí : t'a	pibyƎ́do pibyƎ́sƎ pibyƎ́ra pibí : tt'a	pibyƎ́ :> píbyəsƎ pibyƎ́ : ra> píbyəra
17-1Bㅣ, (줄을) 당기-	t'Éŋgi(ga) t'Éŋgira t'Éŋgitt'a	t'ÉŋgEra	t'Éŋgi t'Éŋgira t'Éŋgit'a	t'ÉŋgyƎdo t'ÉŋgyƎsƎ t'Éŋgira t'ÉŋgyƎtt'a	táŋgyƎra
17-1Cㅣ,	táč^{h}isƎ	táč^{h}isƎ	táč^{h}ƎsƎ	táč^{h}Ǝdo	táč^{h}ƎsƎ

지역 / 어사	천부(老)	태하(老)	저동(老)	천부(少)	태하(少)
(발을) 다치-	táčʰitt'a	táčʰitt'a	táčʰit'a	táčʰƎsƎ táčʰitt'a	táčʰƎtt'a
17-1D ㅣ, (문을) 두드리-	t'udɨ́rira t'udɨ́ritt'a	t'udɨ́rEra	t'udɨ́risƎ t'udɨ́rira t'udɨ́rit'a	t'udɨ́rido t'udɨ́ryƎtt'a t'udɨ́ryƎsƎ t'udɨ́rira	tudɨ́ryƎra
17-1E ㅣ,기다리-	kidárira kidáritt'a	kidárEra	kidárira kidárit'a	kidárido kidáryƎsƎ kidárira kidáryƎtt'a	kidáryƎra
17-1F ㅣ, (집이) 있-	ísƎdo ik'Ǝ́ra	ik'Ǝ́ra	ísƎra/ik'Ǝ́ra	ísƎdo ísƎra ísƎtt'a	ís'Ǝra
17-1G ㅣ, (손으로) 집-	*čóara	*čóara	x	číbƎ číbƎra číbƎtt'a	*čúwƎra
17-2Aㅟ, (말이) 뛰-	t'í : ra t'í : tt'a	t'í : sƎ	t'í : t'í : sƎ	t'í : t'í : tt'a	t'wíƎsƎ
17-2Bㅟ, (밥이) 쉬-	swí : (ga) swí : tt'a	swí : tt'a	swí : (ga) swí : t'a	swi : (ga) syi : tt'a syi : nna	swíƎtt'a
17-2Cㅟ,할퀴-	*k'arÉbinda	*k'ErÉbinda	*k'arÉbit'a	hálkʰitt'a	hálkʰyƎra
17-2Dㅟ, (일이) 쉽-	su : pt'a su : bƎsƎ su : bƎtt'a	su : bƎsƎ	su : bƎsƎ su : bƎt'a	swi : ƎsƎ swi : Ǝtt'a	swi : pt'a swi : wƎtt'a
17-3Aㅔ, (혹을) 떼-	t'i : (ga) t'i : ra t'i : tt'a	t'igo t'i : ra	t'i : t'i : ra t'i : t'a	t'i : (bara) t'i : ra t'i : tt'a	t'inda t'i : ra
17-3Bㅔ, (어깨에) 메-	mi : go mí : ra mí : tt'a	mÉ : ra	mí : ra mí : t'a	mÉ : mÉ : ra mÉ : tt'a	mÉ : ra
17-3Cㅞ, (실을) 꿰-	k'wí : ra k'wí : tt'a	k'wi : nda k'wí :	k'wí : ra k'wí : t'a	k'wÉ : sƎ k'wÉ : ra	k'i : da k'íƎra
17-4Aㅚ, (말을) 되-	tE : ra tE : tt'a	tEnda tE : (para)	tE : tE : ra	tÉ : tÉ : ra	x
17-4Bㅚ, (나물이) 쇠-	syí : tt'a	syí : (ga)	syí : (ga)	x	swíƎsƎ

지역 / 어사	천부(老)	태하(老)	저동(老)	천부(少)	태하(少)
17-4C ㅚ,(얼굴이) 앳되-	*Ǝ́ri poinda	*Ǝ́rigE poinda	x	Ett'yƎ	Ett'íƎsƎ
17-5A ㅐ, (유리를) 깨-	k'É : sƎ k'É : ra	k'É : ra k'É : tt'a	k'É : (para) k'É : sƎ k'É : ra	k'É : k'É : ra k'É : tt'a	k'É : ra k'É : tt'a
17-5B ㅐ, (잠을) 깨-	k'E : do k'E : ra	k'E : tta	k'E : ra k'E : t'a	k'E : ra k'E : tta	k'E : sƎ k'E : tta
17-5C ㅐ, (물이) 새-	swE : (ga) swE : tt'a	sE : (gaǰigo) sE : tt'a	swE : (ga) swE : t'a	sE : sƎ sE : tt'a	sE : (gaǰigo) sE : tt'a
17-5D ㅐ,꿰매-	k'wi : mÉ : -ra	k'í : mE : ra	x	k'EmÉra	k'EmÉ : ra
17-5E ㅐ, (손을) 포개-	pʰogÉ : ra	toŋgÉ : ra	pʰogÉ : ra	pʰogÉ : ra	pʰogÉ : ra
17-5F ㅐ, (침을) 뱉-	páthara	páthara	páthƎra	pÉthƎra	pÉthƎra
17-5G ㅐ, (열매를) 맺-	mÉǰƎtt'a	mÉǰƎtt'a	mÉǰƎt'a	mÉǰƎsƎ mÉǰƎtt'a	mÉǰƎtt'a
17-6A ㅡ, (불을) 끄-	k'Ǝra k'Ǝtt'a	k'Ǝra	k'Ǝra k'Ǝt'a	k'Ǝra k'Ǝtt'a	k'Ǝra
17-6B ㅡ, (일을) 거들-	kƎ : dƎrƎdo kƎ : dƎrƎra kƎ : dƎrƎtt'a	kƎ : dirƎ (ǰo : ra)	kƎ : dƎrƎ kƎ : dƎrƎra kƎ : dƎrƎt'a	kƎ : dirƎ kƎ : dirƎra kƎ : dirƎtt'a	kƎ : dirƎra
17-6C ㅡ, 게으르-	k'EƎlbáǰa(ga) k'EƎlbáǰatt'a/ k'EƎlbátt'a	k'EilbáǰasƎ k'Eilbátt'a	k'EƎlbáǰa k'EƎlbát'a	kEillƎsƎ kEillƎtt'a	kEillƎsƎ
17-6D ㅡ, (나물을) 다듬-	t'adƎ́mƎra t'adƎ́mƎtt'a	*ko : llyira >t'adimƎra	t'adƎ́mƎra t'adƎ́mƎt'a	t'adimƎra t'adimƎtt'a	t'adimƎra
17-6E ㅡ, (술을) 담그-	taŋgunnƎ́nda taŋgá : ra taŋgá : tt'a	taŋgwá : ra	tamnƎnda tamƎra tamat'a	tamgá : sƎ tamgá : ra tamgá : tt'a	tamgwƎ́ : ra
17-6F ㅡ, (문을) 잠그 -	čaŋgá : ra čaŋgá : tt'a	čaŋgwá : ra	čaŋgá : ra čaŋgá : t'a	čamgá : ra čamgá : tt'a	čamgwƎ́ : ra
17-7A ㅓ, (일어) 서-	sƎ : (para) sƎgƎ́ra sƎ : tt'a	sƎ : ra	sƎ : sƎ : t'a *illá : ra	sƎ́ra	sƎ́ra *illá : ra
17-7B ㅕ, (불을) 켜-	sƎra	kʰE : ra	sƎra sƎt'a	kʰyƎsƎ kʰíra	kʰyƎ : ra

어사 \ 지역	천부(老)	태하(老)	저동(老)	천부(少)	태하(少)
17-7C ㅓ, (가슴을) 펴-	p^{h}ɨ́ : ra	p^{h}ɨ́ : ra	p^{h}ɨ́ : ra	p^{h}yƎ : ra	p^{h}yƎ́ : ra /p^{h}ɨ́ : ra
17-7D ㅓ, (냇물을) 건너-	kƎ : nnƎra kƎ : nnƎtt'a	k Ǝ n n E : (kagƎra)	kƎ : nnEra kƎ : nnEt'a	kƎ : nnƎsƎ kƎ : nnƎra	kƎ : nnƎ kƎ : nnƎra
17-7E ㅓ, (양심이) 부끄럽-	puk'ƎrƎ́ -bƎsƎ	puk'ɨrƎ́bƎsƎ	puk'ƎrƎ́ -bƎsƎ	puk'ɨrƎ́ƎsƎ puk'ɨrƎ́Ǝtt'a	puk'ɨrƎ́wƎsƎ
17-8A ㅏ, (알을) 까-	k'att'a	k'a k'att'a	k'asƎ k'at'a	k'asƎ k'ara	x
17-8B ㅏ, (손을) 잡-	čábƎra čábƎtt'a	čábara	čábƎra čábƎt'a	čábasƎ čábara	čábara
17-8C ㅏ, (담을) 쌓-	sáara sáatt'a	*s'algo/s'ago *s'arEra	*sarEgo *sarEra *sarEt'a	s'áasƎ s'áatt'a s'áara	s'áara
17-8D ㅏ, (발을) 밟-	pálbara pálbatt'a	pálbara	pálbara	pálbara	pálbara
17-8E ㅏ, (경치가) 아름답-	arƎmdábƎsƎ arƎmdábƎtt'a	arɨmdáwƎsƎ	arƎmdábƎsƎ arƎmdábƎt'a	arɨmdáƎsƎ arɨmdáatt'a	arɨmdáwƎsƎ

11. 움라우트

어사 \ 지역	천부(老)	태하(老)	저동(老)	천부(少)	태하(少)
18-1A ㅡ, 금	kƎ́m-i	kɨ́m-i	kƎ́m-i	kɨ́m-i	kɨ́m-i
18-1B ㅡ, 흠	hƎ : m-i	hɨ : m-i	hƎ : m-i	hɨ : m-i	hɨ : m-i
18-1C ㅡ, 틈	t^{h}Ǝm-i	t^{h}ɨm-i	t^{h}Ǝm-i	t^{h}ɨm-i	t^{h}ɨm-i
18-1D ㅡ, 틈틈이	t^{h}Ǝmt^{h}Ǝ́mi	x	x	t^{h}ɨmt^{h}ɨ́mi	t^{h}ɨ́mt^{h}ɨ́mi
18-1E ㅡ, 이름	írƎm-i	írɨm-i	írƎm-i	írɨm-i	írɨm-i
18-2A ㅓ, 떡	t'Ǝg-i	t'Ǝg-i	t'Ǝg-i	t'Ǝg-i	t'Ǝg-i
18-2B ㅓ, 성(姓)	sƎ : ŋ-i	sƎ : ŋ-i	sƎ : ŋ-i	sƎ : ŋ-i	sƎ : ŋ-i
18-2C ㅓ, 시루떡	syirút'Ǝg-i	syirɨ́t'Ǝg-i	syirɨ́t'Ǝg-i	x	syirút'Ǝg-i
18-2D ㅓ, 섬(石)	sƎm-i	x	sƎm-i	sƎm-i	x
18-2E ㅓ, 풀섬	x	x	x	x	x
18-2F ㅓ, 섬(島)	sƎ : m-i	sƎ : m-i	sƎ : m-i	sƎ : m-i	sƎ : m-i

어사 \ 지역	천부(老)	태하(老)	저동(老)	천부(少)	태하(少)
18-2Gㅓ, 넉넉히	nƎŋnƎ：k^{h}i	nƎŋnƎ：k^{h}i	nƎŋnƎ：-khagE	nƎŋnƎ：k^{h}i	nƎŋnƎ：k^{h}i
18-2(보충)Aㅓ, 섶	x	*otsƎ́b-i	sƎp^{h}-i	x	x
18-2(보충)Bㅓ, 풀섶	x	x	x	p^{h}ulsƎ́p^{h}i	x
18-3Aㅏ, 장(醬)	ča：ŋ-i	ča：ŋ-i	ča：ŋ-i	ča：ŋ-i	ča：ŋ-i
18-3Bㅏ, 방(房)	páŋ-i	páŋ-i	pá^{ŋ}-i	páŋ-i	páŋ-i
18-3Cㅏ, 안방	anp'aŋ-i	k^{h}ɨnbá^{ŋ}-i	anp'a^{ŋ}-i	anp'aŋ-i	anp'aŋ-i
18-3Dㅏ, 방방이	paŋba^{ŋ}i	paŋbá^{ŋ}i	paŋba^{ŋ}i	paŋba^{ŋ}i	x
18-3Eㅏ, 짝짝이	č'akč'ági	č'akč'ági	č'akč'Égi	č'akč'ági	č'akč'Égi
18-3Fㅏ, 밥	pab-i	pab-i	pab-i	pab-i	pab-i
18-3Gㅏ, 쌀밥	salbab-i	s'albab-i	salbab-i	s'albab-i	s'albab-i
18-3Hㅏ, 짬	č'am-i	x	x	č'am-i	č'am-i
18-3Iㅏ, 짬짬이	x	x	x	č'amč'ámi	č'amč'ami
18-3Jㅏ, 왕(王)	wáŋ-i	wáŋ-i	wá^{ŋ}-i	wáŋ-i	wáŋ-i
8-3Kㅏ, 광(光, 화투)	kwa：ŋ-i	kwa：ŋ-i	kwa：ŋ-i	kwa：ŋ-i	kwa：ŋ-i
18-3Lㅏ, 오광(五光)	o：gwaŋ-i	o：gwaŋ-i	o：gwaŋ-i	o：gwaŋ-i	o：gwaŋ-i
18-3Mㅏ, 왕왕이	waŋwaŋi	x	x	waŋwaŋi	x
18-3(보충)①ㅏ, 앞	áp^{h}-i	áp^{h}-i	áp^{h}-i	áp^{h}-i	áb-i
18-3(보충)②ㅡ,다음	táƎm-i	táɨm-i	táƎm-i	táɨm-i	táɨm-i
18-3(보충)③ㅡ,마음	maƎ́m-i	maɨ́m-i	maƎ́m-i	maɨ́m-i	maɨ́m-i
18-3(보충)④ㅡ,씀씀이	sƎmsƎ́mi	x	x	s'ɨms'ɨ́mi	s'ɨms'ɨ́mi
18-4Aㅜ, 중(僧)	čuŋ-i	čuŋ-i	čuŋ-i	čuŋ-i	čuŋ-i
18-4Bㅜ, 국	kúg-i	kúg-i	kúg-i	kúg-i	kúg-i
18-4Cㅜ, 떡국	t'Ǝk'úg-i	t'Ǝkk'úg-i	t'Ǝk'úg-i	t'Ǝkk'úg-i	t'Ǝkk'úg-i
18-4Dㅜ, 축축히	č^{h}ukč^{h}uk^{h}i	č^{h}ukč^{h}ukhagE	č^{h}ukč^{h}úgi	č^{h}ukč^{h}uk^{h}i	č^{h}ukč^{h}ugi
18-4Eㅜ, 숲	sup^{h}-i	sup^{h}-i	sup^{h}-i	súp^{h}-i	sup^{h}-i
18-4Fㅜ, 숨	su：m-i	su：m-i	sum-i	su：m-i	su：m-i
18-4Gㅜ, 동풍(東風)	toŋp^{h}úŋ-i	toŋp^{h}ú^{ŋ}-i	toŋp^{h}ú^{ŋ}-i	toŋp^{h}úŋ-i	toŋp^{h}úŋ-i
18-4Hㅜ, 뚱뚱이	t'uŋt'úŋi	t'uŋt'í^{ŋ}i	t'uŋt'í^{ŋ}i	t'uŋt'úŋi	t'uŋt'Éŋi
18-5Aㅗ, 속	so：g-i	so：g-i	so：g-i	so：g-i	so：g-i
18-5Bㅗ, 복(福)	pog-i	pog-i	pog-i	pog-i	pog-i
18-5Cㅗ, 의복(衣服)	íbog-i	íbog-i	íbog-i	ɨybog-i	ɨybog-i

어사 \ 지역	천부(老)	태하(老)	저동(老)	천부(少)	태하(少)
18-5Dㅗ, 똑똑히	t'okt'ógi	t'okt'okhagE	t'okt'ógi	t'okt'ók^{h}ɨ	t'okt'ógi
18-5Eㅗ, 곰(熊)	ko ː m-i	ko ː m-i	ko ː m-i	kom-i	ko ː m-i
18-5Fㅗ, 몸	mom-i	mom-i	mom-i	mom-i	mom-i
18-5Gㅗ, 온몸	o ː nmom-i	o ː nmom-i	o ː nmom-i	onmom-i	o ː nmom-i
18-5Hㅗ, 곰곰히	komgomi	komgo ː mi	koŋgomi	komgomɦi	komgo ː mi
18-5Iㅗ, 콩	k^{h}óŋ-i	k^{h}óŋ-i	k^{h}ó^{ŋ}-i	k^{h}óŋ-i	k^{h}óŋ-i
18-5Jㅗ, 용(龍)	yóŋ-i	yóŋ-i	yó^{ŋ}-i	yóŋ-i	yóŋ-i
18-5Kㅗ, 교통(交通)	kyot^{h}óŋ-i	kyót^{h}oŋ-i	kyot^{h}óŋ-i	kyot^{h}oŋ-i	kyot^{h}óŋ-i
19-1Aㅡ, (풀을)뜯기다	*čunda	x	x	t'ɨtk'ída	x
19-1Bㅡ, (사)들이다	tirinda	tirinda	*tɨlla ː t'a	tɨrinda	tɨrinda
19-1(보충)①ㅡ, (그림을) 그린다	kirinda	kirinda	kirinda	kɨrinda	kɨrinda
19-1(보충)②ㅡ, (걸음이) 느리다	*nƎtt'a	*nɨtt'a	nƎrida	nɨ́rida	nɨrida
19-1(보충)③ㅡ, (날씨가) 흐렸다	hƎrí ː tt'a	hɨrí ː tt'a	hƎrí ː t'a	hɨ́ryƎtt'a	hɨ́ryƎtt'a
19-2 Aㅓ, 접히다	čƎpč^{h}í ː tt'a	x	čƎp^{h}í ː t'a čƎpč^{h}í ː t'a	čƎp^{h}í ː da (被)	čƎpp^{h}í ː n -da(被)
19-2 Bㅓ, 벗기다	p'Ék'ida p'Ék'ira(使)	p'Ék'i p'Ek'É ː tt'a	p'Ék'inda	p'Ǝ́k'ida(使)	pƎ́k'inda, p -Ǝ́k'yƎra (使)
19-2Cㅓ, 꺾이다	k'Ǝŋk^{h}í ː n -da	x	k'Ǝk'í ː t'a	k'Ǝk'í ː da	k'Ǝk'yǝ́ ː t'a
19-2(보충)①ㅓ, (손이) 저리다	čirí ː nda/ čÉrinda	čÉrida	čÉrinda čÉrƎpt'a	čÉrida čÉrƎpt'a	čǝ́rida
19-2(보충)②ㅓ, (부모를) 섬긴다	sǝ́ŋginda	síŋginda	sǝ́ŋginda	sǝ́ŋginda	sǝ́mginda
19-2(보충)③ㅓ, (등에) 업힌다	Ǝp^{h}í ː nda	Ǝp^{h}í ː nda	Ǝp^{h}í ː nda	Ǝp^{h}íinda	Ǝp^{h}yǝ́ ː tt'a
19-3Aㅏ,잡히다	čEp^{h}í ː tt'a (被) čÉp^{h}it'a(使)	čEp^{h}É ː tt'a (被) čÉp^{h}itt'a(使)	čÉp^{h}it'a(使) čap^{h}í ː t'a (被)	čÉp^{h}ida(使) čap^{h}í ː da (被)	čap^{h}yǝ́tt'a (被,使)
19-3Bㅏ,맡기다	mÉk'inda	mÉk'Ett'a	mÉk'inda	mák'ida(使)	mákk'ida

어사 \ 지역	천부(老)	태하(老)	저동(老)	천부(少)	태하(少)
19-3Cㅏ,깎이다	k'ak'í ː tt'a (被)	k'ak'í ː nda	k'ak'í ː nda (被)	k'ak'ída	k'akk'í ː da
19-3(보충)①ㅏ, (옷을) 다린다	tárinda	tárinda	tƎ́rinda	tárinda	tárinda
19-3(보충)②ㅏ, (친구를) 사귄다	sagí ː nda	sagúnda sagwá ː ra	sagú ː nda	ságwinda	ságwinda
19-3(보충)③ㅏ, (음식을) 삭인다	sƎ́gira	sƎ́ginda	sƎ́ginda	sakʰúnda	sakʰɨ́ ː nda
19-4Aㅜ, 굽히다	kúpʰinda(使)	k'ubúrinda	k'úpʰinda	kúpʰida	kúppʰinda
19-4Bㅜ, 굶기다	kuŋk'í ː nda	kuŋk'É ː	kuŋgí ː nda	kuŋk'í ː da	kúmgida
19-4Cㅜ, 묵히다	x	míkʰinda	míkʰinda	múkʰinda	x
19-4(보충)①ㅜ, (고집을 피워) 우긴다	wíginda	úginda	wíginda	úginda	úginda
19-4(보충)②ㅜ, (팔이) 묶였다	muk'í ː tt'a	mukk'É ː	muk'í ː t'a	muk'yƎ́ ː t -t'a	muk'yƎ́ ː t -t'a
19-4(보충)③ㅜ, (물로) 축인다	čʰúginda	čʰúginda	čʰugí ː nda	čʰúginda	čʰúginda čʰugyƎ́ ː t -t'a
19-5Aㅗ,속이다	swƎ́ginda	sóginda/ swƎ́ginda	sóginda/ swƎ́ginda	sógyƎtt'a	sóginda
19-5Bㅗ,녹이다	nóginda	nokkʰunnɨ́ -nda	nokʰúnda	nokʰúnda	nóginda
19-5Cㅗ,뽑히다	p'opʰɨ́ ː tt'a	p'opʰɨ́ ː tt'a	p'opʰɨ́ ː t'a	p'opʰyƎ́tt'a	p'opʰyƎ́ ː t -t'a
19-5Dㅗ,볶이다	p'ok'í ː da	p'ok'í ː nnE	p'ok'í ː t'a	p'ok'yƎ́tt'a	p'ok'yƎ́ ː t -t'a
19-5(보충)①ㅗ, (아이들한테) 들볶인다	tƎlp'ok'í ː -nda	x	p'ok'í ː nda	tɨlp'ok'í ː -nda	tɨlp'ok'í ː -nda
19-5(보충)② (빨래줄을) 높혀라	nópʰira	nópʰira	nópʰira	nópʰira	nópʰira nópʰyƎra
19-5(보충)③ㅗ, (닭이 개한테) 쫓겨	č'okk'í ː	č'ok'É ː	č'ok'í	č'ok'yƎ́	č'ok'yƎ́ ː č'ok'í ː nda
19-5(보충)④ㅗ,노려 (보지 마라)	noryƎ ː	*cʰibada (ponda)	*p'aᵑ ː i	*č'ƎryƎ	nóryƎ
20-1A기, 듣기(싫다)/ 듣기 (거북하다)	tƎ́k'i	tɨ́tk'i	tƎ́k'i	tɨ́k'i	tɨ́tk'i

어사 \ 지역	천부(老)	태하(老)	저동(老)	천부(少)	태하(少)
20-1B기, 크기도 (크다)	kʰƎgido	kʰɨgido	kʰƎgido	kʰɨgido	kʰɨgido
20-2A기, 벗기 (쉽다)	pƎ́k'i	pƎ́k'i	pƎ́k'i	pƎ́k'i	pƎ́tk'i
20-2B기, 일어서기 (싫다)	irƎsƎ́gi	*illági	irƎsƎ́gi/ *illági	*illági siltʰa	*illági
20-3A기, 가기 (싫다)	kági	kági	kági	kági	kági
20-3B기, 붙잡기 (싫다)	p'utč'ápk'i	p'uč'ápk'i	p'utč'ápk'i	p'utč'ápk'i	p'utč'ápk'i
20-4A기, 오기 (싫다)	ógi	ógi	ógi	ógi	ógi
20-4B기, 속기 (쉽다)	sókk'i	sókk'i	sókk'i	sókk'i	sókk'i
20-4(보충)①기, (다시) 보기 (싫다)	pógi	pógi	pógi	pógi	pógi
20-4(보충)②기, (얼굴이) 보기 싫다	pógi syiltʰa	pógi syiltʰa	pógi syiltʰa	pógi/pEgi syiltʰa	pógi syiltʰa
20-5A기, 죽기 (싫다)	čúkk'i	čúk'i	čúkk'i	čúkk'i	čúkk'i
20-5B기, 굵기도 (했다)	ku：ŋk'ido	ku：ŋk'ido	ku：ŋk'ido	ku：ŋk'ido	ku：mk'ido
20-5C기, (물) 푸기 (쉽다)	pʰugi	pʰugi	pʰƎgi	pʰƎgi	pʰƎgi

12. 외래어

어사 \ 지역	천부(老)	태하(老)	저동(老)	천부(少)	태하(少)
21-1A 年;一年 二年 三年 六年	illyƎn i：nyƎn samnyƎ́n yuŋyƎn	illyƎn i：yƎn samyƎ́n yuŋyƎn	illyƎn iyƎn samyƎn yuŋyƎn	illyƎn i：nyƎn samnyƎn yuŋnyƎn	illyƎn i：nyƎn samyƎ́n yuŋyƎn
21-1B 年;一學年 二學年	ilɦaŋyƎn i：ɦaŋyƎn	ilɦaŋyƎn i：ɦaŋyƎn	ílɦaŋyƎn i：ɦaŋyƎn	ilɦaŋyƎn i：ɦaŋyƎn	ilɦaŋyƎn i：ɦaŋyƎn
21-1C 年;六學年 五・六學年	yukʰaŋyƎn oryukʰaŋyƎn	yukʰaŋyƎn orukʰaŋyƎn	yukhaŋyƎn orukhaŋyƎn	yukkʰaŋyƎn o：ryukkʰaŋ -yƎn	yukkʰaŋyƎn oryukkʰaŋ -yƎn
21-2 曜;月曜日 火曜日	wƎryoil hwayoil	wƎryoil hwayoil	wƎroil hwayoil	wƎryóil hwayoil	wƎryóil hwayoil
21-3 禮;禮儀 婚禮	yEi hóllyE	yE：i hóllE	yEi hóllEsyik	yEi hóllE	yE：i hóllE

지역 / 어사	천부(老)	태하(老)	저동(老)	천부(少)	태하(少)
21-4 料;料理 肥料	yóri pi：ru	yóri pi：ru	yóri pi：ro	yóri pi：ryo	yóri pi：ryo
21-5 流;流水 下流 上流	yúsu ha：ryu sa：ŋyu	yúsu ha：ryu sa：ŋyu	yúsu ha：ru sa：ŋyu	yúsu ha：ryu sa：ŋyu	yúsu ha：ryu sa：ŋyu
21-6 女;女子 子女 孫女	yƎ́ja čanyƎ sónyƎ	yƎ́ja čanyƎ sónyƎ	yƎ́ja čanyƎ sónyƎ	yƎ́ja čanyƎ sónnyƎ	yƎ́ja čanyƎ sónyƎ
21 (보충) 이년 저년 잡년	inyƎn čƎnyƎn čamnyƎn	iyƎn čƎyƎn čamyƎn	inyƎn čƎnyƎn čamyƎn	inyƎn čƎnyƎn čamyƎn	inyƎn čƎnyƎn čamyƎn
22-1 리어카 라디오 라면 룩작	nyiyák'a naǰío namyƎn *pEnaŋ	nyiyák'a raǰío ramEn x	nyiyák'a naǰío námyƎn nyik'usák'u	riƎ́k^{h}Ǝ radío ramyƎn *sEk	nyiyák'a/ riƎk^{h}a radío ra：myƎn x
22-2 버스 빽(쓴다) 빠꾸	p'ƎsƎ p'Ek p'ak'u	p'Ǝ：su p'É：k p'ak'u	p'Ǝ：su p'E：k p'ak'u	p'Ǝsɨ p'É：k p'ak'u	p'Ǝsɨ p'E：k p'ak'u
22-3 껌 까스	k'Ǝm k'asƎ	k'Ǝm k'ásu	k'Ǝm k'E：su	k'Ǝm k'asɨ	k'Ǝm k'asɨ

—"울릉도 지역의 방언에 대한 실태 조사(음운편)"이란 제목으로 『한민족어문학』(한민족어문학회) 제33집(pp.1-77, 1998), 제34집(pp.1-52, 1999)에 수록됨.

찾아보기

● 표 ●

[부론]

● 지도 ●

[부록의 지도]

● 울릉도 방언 자료 ●

● 용어 ●

ㄱ

ㄴ

ㄷ

ㄹ

ㅁ

ㅂ___

ㅅ___

ㅆ———

ㅿ———

ㅇ———

ㅈ

ㅊ____

ㅍ____

ㅎ____

ㅐ____

ㅑ____

ㅓ____

ㆍ ___

ㆎ ___

저자 오종갑

1945년 경남 김해군에서 출생하였다. 1968년 영남대학교 국어국문학과를 졸업하고, 같은 대학 대학원에 진학하여 1974년 "16세기 국어 성조 연구"로 석사학위를 받았으며, 1981년 "국어 유성저해음의 변천에 관한 연구"로 박사학위를 받았다.

전주대학교 사범대학, 계명대학교 인문과학대학, 영남대학교 문과대학에서 각각 전임강사, 조교수·부교수, 교수를 역임하였으며 2011년 영남대학교에서 명예교수로 추대되었다.

대표 저서에는 『국어 음운의 통시적 연구』(1988, 계명대 출판부)가 있고, 공저에는 『울릉도·동해안 어촌지역의 생활문화 연구』(경인문화사, 2005) 외 2권이 있으며, "어말 거성화의 법칙" 외 다수의 논문이 있다.

국어 방언에 반영된 음운론적 변화

초판 인쇄 2021년 7월 23일
초판 발행 2021년 7월 30일

저　자 오종갑
펴낸이 이대현
편　집 권분옥
디자인 최선주

펴낸곳 도서출판 역락
주　소 서울시 서초구 동광로 46길 6-6(반포동 문창빌딩 2F)
전　화 02-3409-2060(편집부), 2058(영업부)
팩　스 02-3409-2059
등　록 1999년 4월 19일 제303-2002-000014호
이메일 youkrack@hanmail.net

ISBN 979-11-6742-009-1 93710